献礼中国共产党成立一百周年

百年司法培训研究

彭永和/著

法律出版社 LAW PRESS · CHINA

图书在版编目(CIP)数据

百年司法培训研究 / 彭永和著. -- 北京 : 法律出版社, 2021
ISBN 978-7-5197-5710-6

Ⅰ. ①百… Ⅱ. ①彭… Ⅲ. ①司法–培训–历史–中国–1921–2021 Ⅳ. ①D916

中国版本图书馆CIP数据核字(2021)第115935号

百年司法培训研究
BAINIAN SIFA PEIXUN YANJIU

彭永和 著

策划编辑 冯雨春 朱海波
责任编辑 冯雨春 朱海波
装帧设计 鲁 娟

出版发行 法律出版社
编辑统筹 法律应用出版分社
责任校对 邢艳萍
责任印制 吕亚莉
经 销 新华书店

开本 710毫米×1000毫米 1/16
印张 49.75 字数 850千
版本 2021年6月第1版
印次 2021年6月第1次印刷
印刷 中煤(北京)印务有限公司

地址:北京市丰台区莲花池西里7号(100073)
网址:www.lawpress.com.cn
投稿邮箱:info@lawpress.com.cn
举报盗版邮箱:jbwq@lawpress.com.cn

销售电话:010-83938349
客服电话:010-83938350
咨询电话:010-63939796

书号:ISBN 978-7-5197-5710-6
定价:198.00元

凡购买本社图书,如有印装错误,我社负责退换。电话:010-83938349

前　言

《百年司法培训研究》(1921～2021),是我国研究中国共产党百年司法培训史的第一部专著。由于没有相关写作先例及史实著作可资借鉴,在本书写作过程中,作者遵循"再现客观、忠于历史"的写作原则,系统总结了中国共产党建党一百年来人民司法教育培训工作的历史经验及工作规律,深入研究、综合论述、系统记载了我党百年司法培训工作的辉煌历史。

习近平总书记在中央全面依法治国工作会议上强调指出,"要传承中华优秀法律文化,从我国革命、建设、改革的实践中探索适合自己的法治道路"。[①]司法教育培训工作是法院队伍建设的基础性、战略性、前瞻性工作,深入研究司法培训历史不仅对新时代法官队伍建设具有十分重要的启迪作用,而且对建设社会主义法治国家、繁荣社会主义法学理论具有重要意义。本书既是一本史学专著,也是一本史学论著。笔者自 1985 年 4 月从最高人民法院刑事审判第一庭选调从事法官培训工作至今,见证了人民司法教育培训 36 年的发展历程,深感有责任、有义务回顾与总结党的司法教育培训史。总结历史也即研究历史,笔者在总结中思考,在思考中感悟。作为《法官培训条例》《国家法官学院分院建设标准》等法规性文件以及不同历史时期的《全国法院教育培训规划》等重要文件的主要执笔人或参与者,笔者在记载叙述史实的同时,遵循党和国家在不同历史时期的政策、立法精神与司法解释,适当论述了现代中国司法培训制

① 人民网,"党政"专栏,2020 年 11 月 18 日。

度的基本要点及发展方向。

在写作体例上，本书以历史发展年代为主线条，以重大历史事件为关节点，分章论述中国共产党百年司法培训史，从党的司法培训孕育期（1921～1934）、成长期（1935～1948）、成熟期（1949～1956）、反复期（1957～1984）、创新期（1985～1996）、规范期（1997～2011）、新时代（2012～2021）等七个发展阶段司法教育培训制度建设、工作实施、史料研究入手，梳理我党司法教育培训工作的发展脉络，探寻司法培训工作规律，发扬司法培训优良传统，着力研究分析、总结传承中国革命法律文化。本书在客观撰写中国共产党百年司法培训史的同时，深入研究起源于井冈山时期、拓展于中央苏区、全面实施于延安时期、系统建设于新中国成立初期、创新发展于改革开放时期的司法培训经验，重点总结我党司法培训敢于创新实事求是的优良传统、党性教育作为司法培训的刚性要求、纪律政策法律教育培训的内在统一、司法为民与群众路线的宗旨意识、法治与民主相辅相成的辩证关系、司法人员教育与培训形式多样化互补的科学理念、政治建设与业务建设与时俱进的历史经验，这些经验无疑是我党百年斗争与建设史的宝贵精神财富。

“善于学习，就是善于进步。党的历史经验和现实发展都告诉我们，没有全党大学习，没有干部大培训，就没有事业大发展。”①有人民法院，便有人民法院队伍建设，从而有人民法院干部教育培训工作。人民法院干部教育培训工作开展得如何，成为影响干部队伍素质、决定人民法院审判质效的决定性因素。队伍建设与司法工作，教育培训与审判质效，形成了辩证唯物主义决定与被决定、作用与反作用的相互依存、相互影响的矛盾关系。总结中国共产党司法培训史，是探寻、发现不同历史时期人民司法队伍建设规律，以史为鉴、以人为本，实现新时代人民法院队伍建设更大发展、充分发挥司法审判职能作用的基础工作。

司法培训历史及理论是法制史和法学理论研究中的“小众领域”，研究成果较少，研究资料短缺。为撰写《百年司法培训研究》，笔者系统查阅了最高人

① 全国干部培训教材编审指导委员会组织编写：《新时代　新思想　新征程》，人民出版社、党建读物出版社2019年版，序言第1页。

民法院档案馆史料;调集了全国各高级人民法院教育培训历史资料;前往井冈山、宁冈、兴国、宁都、于都、瑞金、赣州、延安等革命圣地,以及广州、武汉、长沙、西安、南京、重庆等地革命遗址进行实地调研,搜集查阅档案馆原始历史文献,召开司法培训与史学专家专题座谈会,现场访谈博物馆、陈列馆、档案馆、史志馆专家,研究了5000余万字、3000余份史学文献与相关成果,所叙述事实均来源于一手资料,所归纳结论均总结于原始素材。鉴于史料浩如烟海,作者在写作过程中,注意以典型事件、典型会议、典型人物、典型工作提纲挈领,还原历史。

习近平总书记在党史学习教育动员大会上强调指出:“我们党的一百年,是矢志践行初心使命的一百年,是筚路蓝缕奠基立业的一百年,是创造辉煌开辟未来的一百年”,“全党同志要做到学史明理、学史增信、学史崇德、学史力行”。① 中国共产党百年司法培训史不仅是我党一百年光辉历史的经典缩影,更是红色司法传统和民主法制建设经验的集中体现。研究与学习百年司法培训史,对于司法工作人员、法学研究人员、法律职业共同体总结历史、明确方向、弘扬传统、启智增慧,推进法治国家、法治政府、法治社会一体建设,具有十分重要的参考价值和导向作用。

唯有铭记历史、研究历史、珍重历史、以史为鉴的民族才能扬帆远航。

谨以此书为礼,献给中国共产党建党一百周年!

彭永和

2021年5月

① 人民网,“党政”专栏,2021年2月20日。

目　录

第一章

司法培训的孕育期，特色鲜明（1921～1934）

“它是站在海岸遥望海中已经看得见桅杆尖头了的一只航船，它是立于高山之巅远看东方已见光芒四射喷薄欲出的一轮朝日，它是躁动于母腹中的快要成熟了的一个婴儿。”①在1930年新年到来之际，在艰难困苦的土地革命时期，毛泽东在《星星之火，可以燎原》一文中对中国革命前景的预测，生动地表明了中国共产党领导下的司法培训工作的孕育与发展历程。

井冈山是中国革命的摇篮。以毛泽东为代表的中国共产党人，把马克思主义的普遍真理和中国革命的具体实践相结合，在这里创建了中国第一个农村革命根据地，为中国革命指明了方向。井冈山斗争孕育的井冈山精神：“坚定执着追理想，实事求是创新路，艰苦奋斗攻难关，依靠群众求胜利”，也是我党司法培训的光荣传统和司法教育的基本原则。井冈山斗争，直接推动了中央革命根据地的建立和中华苏维埃共和国的成立，从革命摇篮到共和国摇篮，奠定了中国革命胜利的基础。1931年11月诞生在江西瑞金的中华苏维埃共和国，是中国共产党领导的第一个具有国家形态的红色政权，是中国共产党领导和管理国家的全面探索和尝试。用法制手段实行民主、保卫政权，是中华苏维埃共和国在政权建设上的成功实践。成立司法机构，培养培训司法人员，也成为苏维埃共和国政权建设的重要内容和工作方面。

---

① 《毛泽东著作选读》（上册），人民出版社1986年版，第37页。

第一节　伴随建党，教育培训的强烈政治属性

一、阶级属性是我党最大的政治属性

1921 年 7 月 23 日，中国共产党第一次全国代表大会在上海召开，13 名代表出席大会，代表着全国 50 多名党员，宣告了一个彪炳千秋的伟大政党——“中国共产党”的成立。

从 1840 年开始，中国丧失独立地位，成为半殖民地半封建国家。在帝国主义和封建主义的双层压迫下，面对严重的民族危机和社会危机，社会各阶级都在思考国家的出路。在孙中山先生的领导和影响下，1911 年 10 月辛亥革命爆发，提出了“振兴中华”的口号和“三民主义”的纲领，推翻了帝国主义代理人——清王朝的统治。由于辛亥革命的局限性，新生的资产阶级共和国只存在了几个月便告夭折。① 诞生于 20 世纪 20 年代的中国共产党，是近代中国历史发展的必然产物，是中国人民在救亡图存过程中顽强求索的必然产物，是中华民族在追求复兴道路上不断觉醒的必然产物。

从 1921 年到 1927 年南昌起义、秋收起义、广州起义前，中国共产党没有自己独立的军队和政权，没有独立的司法工作和司法机构，干部教育工作与党性教育工作合为一体。但是伴随建党，我党便突出强调了中国共产党教育培训工作的强烈政治属性。

马克思、恩格斯在 1848 年 2 月出版的《共产党宣言》中明确指出：“共产党一分钟也不停止培养工人尽可能更加明确地认识资产阶级和无产阶级间敌对情形的意识”，“共产党人到处都支持一切旨在反对现存社会政治制度的革命运动”。② 中国共产党毫不掩饰自己党的政治属性即阶级属性。中国共产党第一次全国代表大会即宣布党的纲领是“以无产阶级革命军队推翻资产阶级”，

---

① 参见中共中央党史研究室：《中国共产党历史第一卷（1921 ~ 1949）》（上册），中共党史出版社 2002 年版，第 15 ~ 16 页、第 66 ~ 67 页。

② 《马克思恩格斯全集》（第 4 卷），人民出版社 1958 年版，第 503 ~ 504 页。

“采取无产阶级专政，以达到阶级斗争的目的——消灭阶级”，“废除资本私有制”，联合第三国际。[①] 1923年6月，中国共产党在广州举行第三次全国代表大会，出席大会的代表30多人，代表全国420名党员。即使党的三大为建立新的革命同盟、在做出共产党员以个人身份加入国民党的决定时，仍然强调了党在政治上的独立性，“在从思想上和组织上建设国民党的整个工作中，我们中国共产党的那些加入国民党的同志起了巨大的作用”。[②]

中国共产党成立初期，与成立于1894年的中国国民党相比，中国共产党还是一个历史很短、人数很少的政党。开展国共合作既是反对帝国主义、反对封建军阀的大革命斗争的需要，也是借势建设和发展我党的需要。1924年1月召开的中国国民党第一次全国代表大会，标志着国民党改组的完成和第一次国共合作的形成。

二、为政治任务服务的黄埔军校、农民运动讲习所、北京秘密党校

在干部教育培训工作中，在共产党人建议下，为造就革命武装的骨干力量，国民党一大决定创办一所陆军军官学校。1924年5月，黄埔军校开学，孙中山兼任总理，蒋介石任校长，廖仲恺为党代表，王柏龄、叶剑英为教授部正副主任。是年11月，中共广东区委委员长周恩来接任黄埔军校政治部主任，开始建立政治部的正常工作秩序和工作制度，加强对学校学生的政治教育。此外，还有熊辉、恽代英、萧楚女、聂荣臻、张秋人等共产党人担任教官及管理工作负责人。事实上，黄埔军校是一所国共合作的，带有浓烈的共产党气息的军校，“把政治教育提到和军事训练同等重要的地位，注重培养学生的爱国思想和革命精神，这是它同一切旧式军校根本不同的地方”。[③]

为了通过系统的政治、军事教育培训培养干部，中国共产党从全国各地选派大批党团员和革命青年到黄埔军校学习，黄埔一期学生中有共产党员和青年

---

① 参见中共中央党史研究室：《中国共产党的九十年》，中共党史出版社、党建读物出版社2016年版，第36～37页。

② 中共中央党史研究室第一研究部：《共产国际、联共（布）与中国革命档案资料丛书》（第1卷），北京图书馆出版社1997年版，第412页。

③ 中共中央党史研究室：《中国共产党的九十年》，中共党史出版社、党建读物出版社2016年版，第61～62页。

团员56人,占学生总数的1/10,包括后来成为我党我军将才的徐向前、陈赓、蒋先云、左权、王尔琢、许继慎等。为突出革命的理想信念和政治教育,在开学典礼上,孙中山先生强调:"要从今天起,立一个志愿,一生一世,都不存在升官发财的心理,只知道做救国救民的事业。"学校确定的《学生公约》要求学员:"坚持不说谎、不欺骗、不偷窃的荣誉信条,也不纵容他人违反;立志成为允文允武、术德兼备的军事领导人才;具备领导管理、解决问题、语文沟通及持续学习四大能力;信守国家、责任、荣誉、牺牲、团结、勇气、自信的核心价值;发挥'亲爱精诚'校训;确定'我是最好的'认知;贯彻尊师重道、存诚务实的要求。"[①]黄埔军校的机构设置也凸显了政治建党建军的核心要求,军校设政治、教育、训练、管理、医学、补给六个部门,分为政治、步兵、炮兵、工兵、辎重兵、宪兵等科。为突出政治,1926年3月,黄埔军校改名为"中央军事政治学校"。

中国共产党在注重高级军事人才培养培训的同时,注重对基层农民运动干部的教育培养。在第一次国共合作时期,1924年7月由国共两党合办的广州农民运动讲习所创立。1926年5月,第六届农民运动讲习所开办,毛泽东同志担任所长,萧楚女任教务长,周恩来、瞿秋白、李立三、张秋人、吴玉章、彭湃、邓中夏等任教员,来自全国20个省区的318名学员参加培训,学制四个月,开设政治、经济、文化、军事、历史等20多门课程。[②] 从教材的发放和课程的设置中,可以看出第六届讲习所对革命理论和政治教育的重视程度:发放的教材有《列宁与农民》《资本制度浅说》《帝国主义浅说》《中国农民问题研究》《苏俄之农业政策》《土地与农民》等;开设的课程有毛泽东主讲《中国农民问题》《农村教育》《地理》并编辑了《农民问题丛书》,周恩来讲授《军事运动与农民运动》,萧楚女讲授《帝国主义、中华民族革命运动史》《社会问题与社会主义》,澎湃讲授《海丰及东江农运状况》,李立三讲授《中国职工运动》,张秋人讲授《各国革命史》,恽代英讲授《中国史概要》。

1927年3月7日,由时任中国国民党中央农民运动委员会委员毛泽东等共产党人创办的中国国民党中央农民运动讲习所开学,学制四个月,800余名

---

① 广东省广州市黄埔区"黄埔军校旧址"陈列展,2018年10月12日。
② 广东省广州市越秀区"农民运动讲习所"陈列展,2018年10月12日。

学生来自全国17个省。毛泽东亲自担任《农民问题》和《农村教育》等主要课程的教学，并作了著名的《湖南农民运动考察报告》的专题报告。恽代英、瞿秋白、彭湃、方志敏、李汉俊、李达、夏明翰等共产党人讲授主干课程或负责主要管理工作。中央农民运动讲习所还设置军事课程，学员也参加实际的革命斗争。中央农民运动讲习所培养了一批具有马克思主义理论水平和实际工作能力的农民运动领导干部。毕业后多数学生被委任为农民协会特派员，深入农村开展农民运动。[①] 中央农民运动讲习所教育的特点：进行以国民革命为中心内容的政治教育，以提高学员的思想政治觉悟。

在建党早期，除国共合作举办教育培训外，中国共产党还力求创办自己的干部学校。1924年5月，中共中央第三届中央执行委员会第一次扩大会议通过的《党内组织及宣传教育问题决议案》明确提出："党内教育的问题非常重要，而且要急于设立党校养成指导人才。"1924年秋，中央执行委员李大钊在与北京区委兼地委委员长赵世炎交谈时指出：干部训练非常重要，我们须赶快为党的工作大发展准备大批的基层和中级领导干部。1925年10月，我党第一所秘密党校开学，对外名称为向北洋政府北京市教育局注册成立的"北京职业补习学校"，设立在西城区蒋养房胡同，实际上是我党北方区委党校，也是我党创办最早的高级党校。[②] 党校第一期培训班招收了北方区委所辖各地委的60名学员，由罗亦农担任教务主任。为了安全起见，培训班实行封闭管理，学员外出一律上报罗亦农批准，学员10人一组，上午、下午上课，夜晚自习、整理笔记。李大钊亲自为学员讲授《土地与农民》课程。1925年11月，第一期学员毕业。因后续形势紧张，北京秘密党校未再举办新的培训班。

三、为土地革命服务的兴国土地训练班

1927年4月12日，蒋介石在上海发动反革命政变，国民党继而在江苏、浙江、安徽、福建、广东等省以"清党"为名大规模捕杀共产党员和革命群众，5月21日"马日事变"发生，7月15日武汉革命政府的汪精卫以"分共"名义正式同

---

① 湖北省武汉市武昌红巷"中央农民运动讲习所"陈列展，2006年3月25日。

② 《北京日报》2016年3月7日："北京党校：我党创办的第一所高级党校。"

共产党决裂，随后对共产党员和革命群众实行大逮捕、大屠杀，国共两党合作发动的大革命宣告失败。

1927 年大革命失败后，中国共产党独立高举革命旗帜，领导中国人民的反帝反封建斗争进入土地革命战争时期。1927 年 8 月 1 日，南昌起义爆发，在以周恩来为书记的中共中央前敌委员会领导下，贺龙、叶挺、朱德、刘伯承等人率领党所掌握和影响的军队打响了武装反抗国民党反动派的第一枪。1927 年 8 月 7 日，毛泽东出席中共中央在汉口召开的紧急会议，在“八七会议”上提出了“今后要非常注意军事，须知政权是从枪杆子中取得的”著名论断，“枪杆子里面出政权”思想由此诞生。1927 年 9 月 9 日，以毛泽东为书记的中共湖南省委前敌委员会发动了湘赣边界秋收起义，以毛泽东为首的中国共产党创建发展了红军和农村革命根据地，逐步开辟了农村包围城市、武装夺取政权的道路。

法律教育培训服务于革命实践与党的工作。1929 年 4 月，为了配合实施兴国土地法，我党第一个法律培训班——“兴国县土地革命干部训练班”在兴国潋江书院崇圣寺内举办，毛泽东亲自主办了该期培训班并授课，参加授课的还有红四军三纵队党代表蔡协民、红四军三纵队司令员伍中豪、兴国县革命委员会党团书记陈奇涵、兴国县总工会委员长谢云龙等。在持续一周的训练班上，毛泽东授课就达 3 天，亲自讲授了“中国共产党对解决农民问题的主张和方针政策”“工农政权”“武装斗争”“兴国县土地法”课程，解说了《兴国县土地法》对《井冈山土地法》的发展和区别。毛泽东在授课时强调：“要像和尚念阿弥陀佛那样，时刻念叨‘争取群众’”，“一刻都不能脱离群众”。训练班印制了《土地法》等教材。在训练班上，毛泽东、贺子珍为了动员农民开展土地革命，利用了流行于上海的儿童歌曲“葡萄仙子”的曲谱，改填革命歌词，形成容易传唱的“工农革命歌”，编入《红军歌集》培训教材，教给学员演唱，以便动员群众。参加训练班的学员有党团负责人陈奇涵、萧华、鄢日新、萧芳全等 48 人。① 毛泽东一直把兴国当作土地革命的样板县、试验田，制定了中央苏区第一部土地法，亲自指导了兴国的土地革命，苦心经营并及时总结经验。原计划半个月的培训班，由于斗争形势的发展，经过一个星期的学习后，学员就回到各地农村，

① 江西省兴国县“兴国县土地革命干部训练班旧址”陈列展，2020 年 11 月 6 日。

组织和发动广大农民开展土地革命。大多数参加训练班学习的同志后来成为中央苏区土地革命的骨干。在兴国土地训练班上，毛泽东所倡导的编写革命歌曲教唱学员、动员群众的教学方法，成为我党后来干部教育培训教学手段不拘一格、丰富多样、讲求实际的理念起源。

有关早期红军思想政治教育机制，1929 年 9 月 1 日的历史文献《陈毅关于朱毛军的历史及其状况的报告》这样总结红四军的教育方式："(一)讲演，由首长召集全体讲话，或做政治报告，或做生活批评，或做工农运动概况报告等。(二)讲课，在军队由三日的休息，作每日必有已显示政治课，由党代表担任去讲，这个讲演比较有计划地，或定于一月讲演许多题目，这些题目是可以连贯地使士兵得到一些有系统的政治智识。(三)早晚点名讲话与呼口号，则例每日士兵生活批评或对于明日行动之煽动宣传。(四)在一次游击工作，一次战斗，一次行动，经过以后的批评，要详细向士兵讲出来。(五)军队立进行识字行动，简易的办法就是要士兵认红军的标语，认得一个标语即将此标语包含的意义策略告诉他。(六)参加群众大会，举行各种纪念会追悼会，俱乐会亦为政治教育之另一种。(七)在士兵委员会内，将士兵编成若干小组，小组会上由各种报告及工作批评，亦为训练的方法之一。"①由上述史料记载可见，毛泽东、朱德领导的红四军不但高度重视部队的思想政治工作，还将思想政治工作贯穿每一次战斗、每一个小组、每一天生活、每一个士兵，针对部队士兵构成及文化结构、建军需要，创造了鲜活管用、接地气、常见效、见长效的政治思想教育方法。

四、苏维埃政府裁判干部训练班：政治要求第一

关于教育培训强烈的政治属性，我们可以从中央苏区江西省苏维埃政府裁判部第四期训练班办班计划的分析加以分析证明。1933 年 10 月 20 日第 6 期《裁判半月刊》刊载了"省裁判部训练新干部的计划"，分析如下：

第一，训练班宗旨是为了培养革命战争急需的裁判人员。此前，江西省裁判部共举行过三期裁判干部训练班，但只是培训的区县两级裁判机关的在职干

---

① 井冈山革命根据地党史资料征集编研协作小组、井冈山革命博物馆编：《井冈山革命根据地》(上)，中共党史资料出版社 1987 年版，第 367 页。

部，不能解决裁判工作缺少工作人员的问题。此次办班，旨在培养新人，“以造就新的干部，建立和充实区一级的组织为目标”，“特别是建立和充实新县边区和落后区域的工作”。也即苏区时期，司法干部培训既包括在职培训，也包括新任培训。

第二，招生对象政治要求第一。受训练青年的资格条件：首先是“政治坚决，对革命有相当认识的积极工农分子”，其次才是个人自愿、年龄、身体、文化条件：“能打破家庭观念，愿做裁判工作，并服从调动者”，“年龄 18 岁以上 35 岁以下身体健康无宿疾及传染病者”，“有相当文化程度，能够了解便条者”。

第三，招生学员性别突出发展女干部的革命斗争需要。训练班招生 70 人，不分男女，均可吸收。规定兴国等 8 县每县选送 5 人，永丰等 10 县每县选送 3 人。此前省裁判部在《劳动妇女开始做裁判工作》一文中强调：“苏区里面的劳动妇女，无论在政治上、经济上、文化上，都站立在与男子同等的地位”，“中央司法委员部及省裁判部前所开办训练班不分男女性别”，是“给予下级吸收劳动妇女做裁判工作的政治影响”。“以后裁判部要注意吸收积极的劳动妇女，来充实裁判机关的组织。”

第四，教学科目分政治课和专门课两类，以政治科目为主，专门课同样贯穿政治要求。训练班各类政治课程有：“普遍政治、目前政治形势与裁判部的中心任务、苏维埃政权、中国共产党与共产青年团、红军问题、肃反问题、查田问题、经济建设、反帝拥苏、职工运动。”训练班开设的专门课有：“裁判部组织系统、各种法庭的性质和组织、审判程序、审判术、违反劳动法的惩办条例、看守工作、解送人犯问题、分别人犯问题、判决书的做法、裁判部与保卫局的关系、没收人犯财物的手续、拘票传票搜查票的用法、惩办反革命条例草案、刑法惩治反革命条例。”

从这份教学计划中，可以看出政治课既是全面的更是具体的，不讲空泛政治，而是结合裁判工作实际和培训对象的青年实际。可以看出专门课既是系统的又是管用的，既围绕裁判工作各项任务，也考量上下左右各种部门工作关系。

第五，训练班将教育培训和干部培养使用统合在一起，由“组织训练委员会担任训练事宜”，真正地将教育培训置放在了革命队伍建设的基础地位。训练班举办 1 个月，自 1933 年 1 月 1 日至 30 日，使新任学员能够系统接受革命理想信念、基本理论、专门业务教育，且来时路费和训练期间的伙食及将来派去各处工作的路费，概由各县裁判部及省裁判部发给，解除了学员的后顾之忧，保障了学员全神贯注完成学业。

由以上分析可以看出，即使放在今天，上述训练班办班计划仍不失为一份精致而典范的新入职司法人员办班计划。

必须提及的是，上述训练班所实施的裁判部系统、法庭组织、审判程序、审判术、检察工作、看守工作、解送人犯、判决书制作等项内容的培训依据，均来自中华苏维埃临时政府中央执行委员会主席毛泽东 1932 年 6 月 9 日颁布的《裁判部暂行组织及裁判条例》。该条例虽然只有短短的 41 条，却非常明确、具体地规定了各级裁判部的性质、任务、组织系统、法庭之组织、审判之手续、各级裁判部的职权、检察员的工作和任务、条例的适用。条例规定的很多内容至今发人深省，诸如："下级裁判部直接隶属于上级裁判部，上级裁判部有委任和撤消下级裁判部长及工作人员之权"，省裁判部设"裁判员二人（其中一人专管刑事案件，另一人专管民事案件）"，"裁判部有随时调用赤卫队、警卫排、民警担任司法范围内各种工作之权"，"在各级裁判部下可设立看首所，以监禁未审判的犯人"，"各级裁判部可以组织巡回法庭，到出事地点去审判比较有意义的案件，以吸收广大的群众来参加旁听"，"简单而不重要的案件，可由裁判部部长或裁判员一人审理之"，"法庭由三人组织而成，裁判部部长或裁判员为主审，其余二人为陪审员"，"主审与陪审员在决定判决书时，以多数的意见为标准"，每次开庭"绝对不许审问完了以后，经过几天才宣布判决书"，"裁判部可用传票、拘票、搜查票"，省、县裁判部检察员"管理案件的预审事宜"，"检察员是代表国家的原告人"。[①] 上述内容，对于当代中国特色社会主义法治建设不但具有重要的历史研究价值，更有继承优良司法传统的借鉴意义。

司法培训的政治属性来源于法律的政治属性，法律既有其本质上的阶级性，又有其自身的发展规律和相对独立共有的规范性。将法律和阶级性分开是根本错误的，不认同法律规范的专业性、规范性也是错误的。1932 年 2 月，何叔衡兼任苏维埃临时最高法庭主席，针对当时王明"左"倾肃反扩大化错误已

---

① 《红色中华》报第 34 期，1932 年 9 月 20 日。

在中央苏区司法工作中造成影响的问题，不少司法干部“宁‘左’勿右”，何叔衡坚持对普通刑事犯罪和反革命犯罪两类不同性质的法律问题实事求是、区别对待。1933 年 3 月 26 日，何叔衡在审理瑞金县苏第 20 号判决书时写道：“关于朱多伸判死刑一案不能批准，朱多伸一名由枪毙改监禁二年。根据口供和判决书所列的事实，是普通刑事案件，并非反革命罪。”1933 年 10 月 10 日，何叔衡在给会昌县苏裁判不得指示信中写道：“第二号判决书主要是些偷牛偷鱼的事，至于与反动土豪通信，到底通的是什么信，发生了什么影响，未曾证明，不能处死。”由于何叔衡在司法政策上抵制了“左”倾肃反扩大化错误，被“左”倾领导人指责为“右倾机会主义者”“政治上动摇”“在肃反运动中没有起积极作用”，在中央政府机关总支委员会和《斗争》杂志上受到集中批判，最后在 1933 年冬被撤销全部领导职务。红军主力长征时何叔衡被留在中央苏区，1935 年 2 月上旬，中国共产党创始人之一、59 岁的何叔衡在突围中牺牲，实践了他生前“要为苏维埃流尽最后一滴血”的革命誓言。① 何叔衡坚持不同犯罪不同处理的法律规范的科学性，坚持实事求是地审查证据、罪刑相应的司法理念，既体现了法学概论、刑法原理的理念问题，更是总结刑事司法历史经验教训、加强司法教育培训、准确把握适用法律的重要立场和原则问题，同样值得当今法治建设、依法治国、司法实践思考。

1933 年冬颁布的《中华苏维埃共和国地方苏维埃暂行组织法（草案）》规定，苏区各级从事司法裁判工作的人员编制：省为 15 人左右，县为 10 人左右，区为 3 人左右。中央苏区全盛时期的 1933 年秋，共有 4 个省级苏维埃政权，80 个县级苏维埃政权，约 800 个区级苏维埃政权。中央苏区从事司法裁判（审判与检察）的工作人员 2000～2500 人，均为苏区举办各种训练班、培训班以及苏维埃干部学校培养出来的专门人才。② 中央苏区司法干部培训工作的规模化、专门化，造就了一批高素质、懂业务的司法干部队伍，为苏维埃司法工作的创立和发展做出了贡献，也奠定了抗日战争和解放战争时期党的政法工作人才基础。

---

① 参见曾维才主编：《中央苏区审判工作研究》，江西高校出版社 1999 年版，第 134～135 页。

② 参见余伯流、凌步机：《中央苏区史》，江西人民出版社 2017 年版，第 1073 页。

第二节　自井冈山革命斗争起，党性教育是司法培训的首要任务

一、第一个县级红色政权裁判部，围绕党的中心工作

1927年10月上旬，毛泽东率领秋收起义部队南下，到达井冈山北麓的宁冈县，与当地农民武装袁文才、王佐两部取得联系，开始创建井冈山革命根据地。1927年11月，毛泽东派出的工农革命军攻占茶陵县城，成立了湘赣边界第一个县级红色革命政权——茶陵县工农兵政府。茶陵县工农兵政府成立后虽然只存在了一个多月，却是井冈山革命根据地建立革命政权的尝试，也是毛泽东关于中国红色政权的实践探索。茶陵县工农兵政府下设民政、财经、青工、妇女四部，但并未设立司法机构。

土地革命初期至1931年11月中华苏维埃共和国建立前，我党和我党建立的根据地有没有司法和司法培训？有学者认为，那时没有立法机关，没有司法机构，没有司法人员，甚至没有法律，因此没有司法。事实上并非如此。中华苏维埃共和国建立前，虽然红军和革命根据地处于初创阶段，各个根据地规模不大，并未连成一片，各个根据地的红色政权机构既不健全甚至存在较短，也没有专门的司法机构和专司司法权的工作人员，但是红军内部和根据地的反革命案件、刑事案件、民事案件是客观存在的，其案件审理和裁决活动是客观存在的，因此司法活动是客观存在的。只是在红军内部，视不同情况，司法权是由军官、士兵委员会、部队党委或前敌委员会行使的；在根据地，司法权一般是由根据地的中共特委统一行使的。

1928年1月，工农革命军攻占遂川县城，成立了遂川县工农兵政府。遂川县工农兵政府是第一个系统体现毛泽东政权建设思想的县级政府典范，也是我党领导下第一个设立临时司法机构的县级红色政权。此前，1927年4月，湖北省黄安县七里区农民协会组建成立了七里坪革命法庭，该法庭是大革命运动中我党建立的司法机构里，机构最健全、工作人员最多、审理程序最规范、迄今保

存较为完整的革命法庭。[①]

遂川县工农兵政府成立当日便公布了《遂川县工农兵政府临时政纲》,这个临时政纲虽然仅有30条,却是遂川县委书记陈正人起草、毛泽东反复修改,全面体现毛泽东红色政权构建思想的建政宣言。按照这个纲要,遂川县工农兵政府最高权力机构为工农兵代表大会,代表大会选举产生工农兵代表大会执行委员会、工农兵代表大会执行委员会常委会、主席,下设5部1室:土地部、财政部、文化教育部、裁判部、军事部、秘书室。[②] 按照1931年12月13日中华苏维埃共和国中央执行委员会《关于处理反革命案件和建立司法机关的暂行程序》的规定,"地方各级司法机关在未设立法院之前,得在省县区三级政府设立裁判所,为临时司法机关,除依据前列各项原则处置反革命案件外,并解决一切刑事和民事的案件"。[③] 在我党的审判事业发展史中,红色政权的裁判所仅定位为临时司法机关,更说明我党对司法机构设置的重视与慎重态度。自遂川县工农兵政府设置裁判部后,红色苏维埃政权乡、区、县、省一级开始普遍设立专司司法审判权的裁判部或司法部。

截至1928年2月,我党先后成立了宁岗、永新、茶陵、遂川4个县委和酃县特别区委。1928年5月20日,毛泽东在宁岗茅坪主持召开湘赣边界党的第一次代表大会,成立了湘赣边界工农兵苏维埃政府,初期下设土地、军事、财政、司法4个部。[④] 说明了在毛泽东和党的建政思想中,司法权得到格外重视。这点也可以在中国共产党建设中华苏维埃政府实践中得到印证,1931年5月9日,中共中央政治局决议中把"建立苏维埃中央临时政府与各区政府来对抗南京国民政府,公布与实施苏维埃政府的一切法令"作为"苏区最紧迫的任务"。[⑤]

从湘赣边界四级工农兵政府的设置架构中,可以发现在革命政权早期我党执政理念中,就已十分重视司法权配置、层层设置临时司法机构。1928年5月后,工农兵政府内设部门不断完善,机构逐步扩充,在湘赣边界工农兵政府层级

---

① 参见最高人民法院:《人民审判百年成就展布展脚本(初稿)》,2021年2月1日。

② 江西省遂川县城名邦街"遂川县工农兵政府旧址"陈列展,2020年11月5日。

③ 郭玉元主编:《人民司法从这里走来》,江西省赣州市中级人民法院2010年10月15日编印,第100页。

④ 参见中共中央文献研究室:《毛泽东传(1893~1949)》,中央文献出版社1996年版,第176页。

⑤ 《中共中央文件选集》(第7册),中共中央党校出版社1991年版,第264页。

中，设立政法部、财政部、秘书处、防务处、土地委员会、军事委员会、建设兼文化委员会、工农运动委员会、青年委员会、妇女委员会、裁判兼肃反委员会；在县工农兵苏维埃政府层级中，设立裁判部、民政部、青年部、妇女部、秘书处、总工会、土地委员会、军事委员会、建设委员会、文化委员会；在区工农兵苏维埃政府层级中，设立裁判兼肃反委员会、财政委员会、土地委员会、粮食委员会、文化委员会、赤卫委员会、妇女委员会、秘书处；在乡工农兵苏维埃政府层级中，设立6名委员、1个秘书，具体为裁判兼肃反委员、财政委员、土地委员、粮食委员、文化委员、赤卫委员、秘书。①

1928年5月25日，中共中央发布《军事工作大纲》，就军事运动的一般原则、扩大工农群众武装问题、建立红军问题、军队中党的组织和政治问题等提出要求，其中规定："在割据区域所建立之军队，可正式定名为红军，取消以前工作革命军的名义。"自此，工农革命军改为中国红军。②

二、反对"单纯军事观点"，加强党的思想教育

教育是培训的内容，培训是教育的手段。培训是教育、培养、训练的集合体。在井冈山根据地时期，党内和红军的教育包括思想教育、党性教育、纪律教育、组织教育、文化教育、社情民意教育。

在党的历史上，思想教育与人才培养、作风历练、法规教育、政治训练、业务培训密不可分，互为补充。1929年12月，毛泽东同志针对红军中存在的各种错误思想，书写了红军第四军第九次党的代表大会决议，指出：针对"单纯军事观点"，纠正的办法是"从教育上提高党内的政治水平，肃清单纯军事观点的理论根源"，"加强官兵的政治训练，特别是对俘虏成份的教育要抓紧"，"编制红军法规，明白地规定红军的任务，军事工作系统和政治工作系统的关系，红军和人民群众的关系，士兵会的权能及其和军事政治机关的关系"。对于如何纠正"极端民主化""非组织观点""绝对平均主义""主观主义""个人主义""流寇思想""盲动主义"等党内错误思想，毛泽东同志都反复强调了"主要是教育党员"

---

① 参见井冈山革命博物馆：《题解井冈山》，中央文献出版社2008年版，第166页。
② 参见井冈山革命博物馆：《题解井冈山》，中央文献出版社2008年版，第104页。

“坚强党的组织、增强党的战斗力”“加强教育、从思想上教育”“从理论上铲除极端民主化的根苗”“执行纪律要得当”。① 在我党我军的初期发展阶段，坚持组织生活与党内规章建设相结合、思想教育与队伍建设相结合、教育训练与战斗力提升相结合，是我党早期教育培训理念的有益探索。

简单地以司法审判为中心，认为司法审判业务好是司法人员任职的第一要求，从而忽视法官思想教育培训重要性的看法是错误的。在红军早期建设中，毛泽东同志所批评的那种错误地认为“军事好，政治自然好，军事不好，政治也不会好”的单纯军事观点，如今仍然存在于“审判业务与政治关系”的错误认识中，乃至错误地认为“审判业务好，政治自然好，审判业务不好，政治也不会好”。无疑，这是现代版的错误的“单纯法律观点”。②

司法教育作为教育体系的一部分，是社会基础教育的延伸和专业化，与社会基础教育有着追根溯源的血缘关系。考察分析中国共产党开辟红色根据地、建立政权、普及教育的原则与理念，是司法教育寻根之旅的内在要求。苏维埃中央政府成立后，党和苏维埃十分重视教育事业的发展，先后颁布了《中华苏维埃共和国小学校制度暂行条例》《小学管理法大纲》等法规。1931 年 11 月《中华苏维埃第一次全国工农兵代表大会宣言》指出：“一切工农劳苦群众及其子弟，有享受国家免费教育之权。”1933 年 9 月 15 日，中华苏维埃共和国中央人民委员会发布《关于教育工作》的第十七号训令，要求“在可能范围内，必须实施普及义务教育的免费与小学教育的优待，至少需做到由政府供给小学学生的书籍与文具费用，和小学教员的伙食”。③ 虽然苏区普通教育一直在探索发展，但各项教育制度当时已经相当完善。

小学教育是我党执政后抓好基础教育的第一关，从小学教育里就融入了红色思想教育的强大基因。在苏区普遍建立了政治挂帅的、服务于革命后代培养的列宁小学。列宁小学是土地革命时期苏区普遍设立的新型小学，原则上以村为单位设立，一个学区的学生一般距离学校不过三里路程。列宁小学学制五年（初级小学三年，高级小学两年），开设国语、算数、游艺（唱歌、运动、手工、国

① 《毛泽东著作选读》（上册），人民出版社 1986 年版，第 25 ~ 36 页。
② 《毛泽东著作选读》（上册），人民出版社 1986 年版，第 26 页。
③ 江西省瑞金市沙洲坝“中华苏维埃临时中央政府旧居”陈列展，2020 年 11 月 8 日。

画）、劳作实习、社会常识等课程，不刻意设立政治课。但国语课程中要包括乡土地理、革命历史、自然和政治等（不单独设立政治、自然等科目）。游艺课亦须与国语、算数及政治、劳动教育相结合。学校中设有共产主义儿童团组织，开展站岗放哨、送信宣传等革命辅助工作。从列宁小学的学生纪律要求及学生组织建设，可以发现红色新型人才培养的革命特征：列宁小学制定有课堂规则、运动场规则、请假规则，要求师生一体严格遵守。凡是无故不到校上课的逃学学生，必须发动学生及儿童团员去动员劝告学生本人及家长，让学生返校。学生违反纪律给予处罚。处罚分三等：最轻的处罚是在儿童墙报上公布犯规学生的名单和事实，发动学生对其批评教育；对屡次犯规不改的学生，经学生大会或代表会决议，给予严重警告或最后严重警告处分；在最后严重警告后仍然犯规者，经全体学生大会讨论并经校长和乡教委批准后给予开除处分。被开除的学生交当地儿童团教育帮助。如能改正错误，仍可恢复学籍。对于优秀学生给予奖励，奖励同样分为三等：墙报表扬；在学生大会上表扬；由学生会议决议请求校长表扬并颁发奖品、奖旗。[①] 可以看出，苏区列宁小学的课程设置既贯穿了革命思想教育原则，又符合一般教育规律；学校管理既发挥校方主导作用，又强调培养学生的自理自治民主意识。这些先进的教育理念与思想，同样应用到了苏区的高等教育和司法培训等职业教育中。

1931 年 11 月 7 日，中华苏维埃共和国临时中央政府在江西瑞金成立。以 1932 年 2 月设立的中华苏维埃共和国临时最高法庭和 1934 年 2 月设立的中华苏维埃共和国最高法院为标志，诞生了中国革命史上最早的人民司法审判机关。苏区红色法律专家梁柏台，曾任苏联伯力省法院审判员、远东 5 省职工苏维埃委员及主席团成员，1931 年 9 月受共产国际东方部委派返回瑞金参加苏维埃第一次全国代表大会筹备，起草了临时中央政府的大批主要法律文件，包括《中华苏维埃共和国宪法大纲》《苏维埃政府组织法》《裁判部暂行组织及裁判条例》《革命法庭条例》《中华苏维埃共和国司法程序》《中华苏维埃共和国惩治反革命条例》《中华苏维埃共和国土地法大纲》《中华苏维埃共和国婚姻条例》。自 1931 年 12 月起，梁柏台先后任司法人民委员部委员、司法部副部长、

① 江西省瑞金市沙洲坝“列宁小学旧居”陈列展，2020 年 11 月 8 日。

部长,直至1934年10月,实际上一直主持人民司法工作。梁柏台指出:“司法机关过去在苏区是没有的,是中央政府成立之后的创举。在司法上,每种工作都是新的创造和建设。”①可以说,人民司法机关的设立,本身就是我党实事求是首创精神的具体体现。

三、党性教育是司法培训的重中之重

为了教育培养司法干部,司法人民委员部委员梁柏台在中央苏区提出并推行了立体化、多渠道的司法干部教育培训体制:第一,开办各类司法干部培训班,主办单位包括中央司法人民委员部、各省裁判部;培训对象包括各级苏维埃裁判部工作人员、书记员、军事裁判部工作人员;培训课程包括理论课、实务课、实习课。第二,采用跟班学习、实习工作的教育训练干部办法。抽调县裁判部人员到省裁判部工作学习,抽调省裁判部人员到司法人民委员会工作学习,由上级有经验的司法干部传帮带,再回到下级裁判所工作。第三,建立司法干部学习制度,要求司法工作人员每天安排一定的学习时间;巡回工作回来,要安排几天时间训练提高。第四,选拔一批年轻干部,对他们进行专业教育培养培训后,充实到司法工作岗位。第五,加强对下级司法机关的指导,尤其是对错误和缺点,要详细加以纠正和指示。除书面文件指导外,强调“派专人下去,实行活的指导”,加强上级司法机关到下级司法机关现场指导工作。同时,加强司法巡视和组织巡视执行力度。第六,发挥模范裁判所示范作用,把先进的瑞金市苏维埃政府裁判科变成司法部工作人员的实习场所。第七,打造稳定的、高水平的司法人员队伍,建立司法人员的委任制、专任制,强调未经上级同意,裁判部工作人员不得调换,裁判部工作人员也不得由其他部人员兼任,不允许裁判部工作人员长期抽调从事其他工作。② 司法人员培训班对不同对象分班实施分类培训,以增强培训的有效性、针对性。1934年2月29日,梁柏台就亲自为裁判部长培训班讲授“土地问题”专题讲座。对于年轻大学生经培训合格者,

---

① 瑞金县人民法院编:《中华苏维埃共和国审判资料选编》,人民法院出版社1991年版,第248页。

② 郭玉元主编:《人民司法从这里走来》,江西省赣州市中级人民法院2010年10月15日编印,第184页。

还予以分派工作。如 1933 年 12 月 9 日苏维埃大学校长毛泽东签发的司法培训班 1608 号《证书》，给予在苏维埃大学司法培训班已完成学习 11 周时间、成绩合格的严庆丰同志，“分配介绍至裁判部工作”。①

早在 1923 年 6 月，我党在召开第三次全国代表大会、制定国共合作方针的同时，就明确提出了“谨严我们的纪律，以立强大的群众共产党之基础”。1925 年 10 月，党的第四届中央执行委员会强调了对党员的党性教育和训练的重要性。1927 年 6 月，中共中央政治局通过的《中国共产党第三次修正章程决案》把“党的建设”列为一章。1924 年至 1927 年的大革命时期，党的中央和地方各级组织注意对干部和党员进行马克思列宁主义基本理论教育和党性教育、无产阶级世界观和人生观教育、严守党的纪律教育、反对和防止贪污腐化教育等。党还大力加强社会宣传教育工作，中央和地方党组织先后创办了许多刊物。其中，中央主办的政治机关报《向导》，1926 年每期销量达 2.5 万份左右。②

审判工作要坚持正确的政治方向，坚持党的领导。干部教育培训的首要内容是党性教育、政治理想信念教育。在井冈山革命根据地建设过程中，毛泽东、朱德等将土地革命、武装斗争、队伍建设、根据地建设有机结合起来，卓有成效地进行了政权建设。1927 年 9 月 29 日至 10 月 3 日，“三湾改编”提出“支部建在连上”，从政治上、组织上保证了党对军队的绝对领导。“三湾改编”前，已经诞生 6 年的中国共产党没有自己的独立武装，在我党整合和影响的国民党军队中，党支部仅设在团一级，政治思想教育缺乏力度。“三湾改编”既是我军最早的建党活动，也是我党我军政治思想教育的历史创举。③ 1928 年，湘赣边界特委就提出了每个党员“都需加以党的基本理论的训练”“确定无产阶级革命的人生观”“造就干部人才”的教育培训目标。④

教育培训即培养训练。在我党的历史上，干部队伍教育培训始终与干部队伍建设并存，也必须与干部队伍建设并存。中国共产党成立后，随着党员队伍

---

① 江西省瑞金市“中华苏维埃共和国史研究院”陈列展，2020 年 11 月 8 日。

② 参见中共中央党史研究室：《中国共产党的九十年》，中共党史出版社、党建读物出版社 2016 年版，第 80～82 页。

③ 参见《星火燎原：全国革命根据地要览（修订版）》，中国发展出版社 2014 年版，第 20 页。

④ 参见井冈山革命博物馆：《题解井冈山》，中央文献出版社 2008 年版，第 248 页。

的扩大,党员的教育问题提上了议事议程。1927 年 12 月,在红军进入井冈山两个月后,工农革命军按照前委书记毛泽东的指示,在宁岗龙江书院创办了军官教导队,这是红军的第一个教导队。由于井冈山斗争惨烈,军事减员严重,干部异常缺乏。毛泽东一方面在给湖南、江西两省省委的报告中申请多派干部前来,另一方面创建教导队训练培养军官和赤卫队指挥人员。第一期教导队学员150 人,都是部队和地方武装中的积极分子。教导队每天三操两讲(早操、中操、晚操;讲形势、讲军事),学政治、学军事、学文化。政治教学有阶级斗争、土地革命、政权建设内容;文化教学则通过解释"打倒帝国主义""实行土地革命""建立红色政权"等政治口号,把识字和政治教育结合起来;军事教学包括队列、单兵刺杀、行军侦查、军事指挥课程。毛泽东时常到龙江书院给学员上课,要求学员做到"三不"(不嫖、不赌、不偷)、"八能"(能写、能说、能唱、能算、能吃苦耐劳、能打仗、能生产劳动、能诚实可靠)。第一期教导队区队长张令彬在《毛委员创办军官教导队》一文中提道:"毛委员很关心我们,经常抽空来给我们上政治课,讲解人民军队的宗旨和性质。学员中有了什么问题,我们也随时到毛委员那儿去反映。毛委员每来讲一次话,都给大家以极大的鼓舞。我们都高兴地把这叫作'毛委员发饷',意思是,他讲一次话,就像给士兵发了一次饷那么重要,士兵们的思想问题很快就解决了。"[①]毛泽东还指示教导队组织学员到古城、茅坪等乡开展社会调查,增强社会实践能力。第一期教导队为期两个月,至 1928 年 2 月下旬结束,在紧张的战争环境下,为我党我军培养了革命骨干。

1928 年"八月失败"时,党内部分同志因暂时挫折而悲观失望,投机分子纷纷反水。为了加强党员教育工作,湘赣边界特委成立了宣教委员会,负责编写教材和实施干部培训,翻印了《共产党十大纲领》《共产党宣言》《共产主义者须知》《党员训练大纲秘密须知》,努力增强党员的基本理论、基本知识教育,纠正非无产阶级思想,"铲除一般同志的机会主义思想和封建小资产阶级思想,确定无产阶级革命人生观",引导受训人员提高认识,启发阶级觉悟和革命

① 《井冈山红色文化资源现场教学读本》,江西人民出版社 2018 年版,第 140 页。

斗志。[①]

党性教育与人民军队建设、与中国革命前途乃至政权建立后与司法培训目标的关系,早在党的政权建设探索中,即已明确地加以探讨与总结。1929 年 11 月,针对“惟党员理论常识太低,须赶紧进行教育”的问题,毛泽东在福建省上杭县古田村起草了“党内教育”“纠正党内非无产阶级意识的不正确倾向”“党的组织”“红军宣传工作”等八个决议草案。在 12 月 28 日至 29 日中共红四军第九次代表大会上,该八个草案获得通过,汇总形成《中国共产党红军第四军第九次代表大会决议案》,也即古田会议决议案。[②] 古田会议决议近 3 万字,主要内容有:第一,规定了红军的性质、宗旨和任务。把宣传工作当作“第一个重大工作”。第二,确定党对红军实行绝对领导的原则。反对以任何借口削弱党对红军的领导,决定党的各级会议必须讨论军事工作。第三,规定了在升级地方政权未建立前,红军的政治机关与军事机关在前卫领导下平行执行各自担负的工作,明确了各自分工,明确组织群众、组织政权工作由政治部负责。第四,强调在红军内部加强思想政治教育,指出在红军中不断开展马克思主义和党的正确路线教育,提高军队政治素质,是完成无产阶级政治任务的中心环节。实行官兵平等,实行民主主义制度。在军政关系上,要求红军指战员尊重人民政权机关。古田会议决议是中国共产党和红军建设的纲领性文件,系统解决了如何把农民为主要成分的军队建设成为无产阶级领导的新型人民军队的根本性问题。

我党自建党建军起特别是中央苏区政权建立后,注重党员的政治思想教育,将干部教育训练与党建军建结合起来,通过引导党员干部学习马克思主义和党的基本知识,使广大党员干部树立共产主义信念和无产阶级价值观、人生观,为艰苦卓绝的革命斗争奠定了坚定的思想和理论基础。第一,将世界观教育贯穿于党建军建全过程。如 1929 年 7 月 23 日,红军第三纵队政治部就编印了《党员训练大纲》,专就支部工作开展宣传训练。1932 年 10 月 25 日,中国工农红军三十八师政治部编印了《支部工作改造大纲》,就党的支部建设与思想

---

① 参见井冈山革命博物馆:《题解井冈山》,中央文献出版社 2008 年版,第 249 页。

② 参见中共中央文献研究室:《毛泽东传(1893～1949)》,中央文献出版社 1996 年版,第 209 页。

教育新要求做部署落实。第二,我党创办的中央党校、苏维埃大学、红军大学等高等和中等学校,组织力量编印了大量马克思主义基本常识教育读本,以各种训练班的形式推广马克思主义理论课程。第三,中央机关成立了马克思主义研究会,各省党政机关也成立了马克思主义研究分会,不定期举办马克思主义理论讲座。中央党校创办了《学术讲演》讲堂,如 1933 年 4 月 9 日洛浦所做的《中国苏维埃政权的现在与未来》讲座,各机关同志自由参加。第四,党中央、中央政府和红军总部举办各类短训班,除加强马克思主义理论学习外,特别强调社会调查和实践,以提高党员干部理论修养和实际工作能力。如 7 月 5 日宁都中心县委举办各区委干部的训练班,共招收 40 名学员,规定必须招收一定比例的女学员。训练班讲究培训活动的鲜活与实用,除理论学习外,安排了充足的实习实践活动,包括参加区委会、赤卫军、区委会工会、群众会议,同时安排了党员讨论、工会工作讨论、苏维埃工作讨论等开放活动。① 第五,为满足广大党员和红军指战员学习需求,中央苏区在十分困难的条件下,出版发行了一批马克思主义革命导师的著作。第六,中央苏区先后出版各类报刊 130 余种,宣传马克思主义的基本理论,宣传党与苏维埃政府的方针政策,帮助苏区军民提高马克思主义理论素养,坚定共产主义思想信念。

四、中央苏区司法训练班的阶级立场教育

中央苏区重视培养具有坚定信念、坚定立场的党员干部,特别注重新任干部的政治思想与党性教育观。1930 年 4 月 5 日,中共赣西南特委规定干部提拔条件为:"第一注意其阶级出身,及其阶级意识的浓厚,不反土地革命者而积极拥护土地革命者;第二工作积极能艰苦耐劳者;第三有活动力量者。"②1931 年 11 月赣南会议通过的《党的建设问题决议案》指出:"对于所提拔的新干部,党必须带有很大的教育性质,时常给予个别的特殊教育。在初提拔起来的时候,一定要按照他的工作能力与兴趣,分配以适当工作,提高他的工作能力,逐

① 江西省兴国县"苏区干部好作风陈列馆"陈列展,2020 年 11 月 6 日。

② 江西省档案馆、中共江西省委党校党史教研室编:《中央革命根据地史料选编》(上),江西人民出版社 1982 年版,第 210 页。

渐提到上级指导机关来工作。”①

司法裁判是红色政权的重要组成部分。伴随红色苏维埃政权的不断扩建，司法业务干部短缺问题愈加严重，仅靠熟悉司法却缺乏无产阶级意识、特别是旧有司法人员开展人民司法工作，背离党的宗旨、脱离工农群众的弊端逐渐显现。1930 年 10 月 31 日中共中央在致赣西南特委的综合指示信中强调：“培养和训练新的干部，是非常重要的工作。这一工作过去做的非常不积极，因此对于旧的动摇的干部表现充分的依恋，这是组织上的右倾。这必须在工作中斗争中加紧新的干部的培养，要坚决引进积极的工人干部与勇敢坚决的分子到指导机关中来。在教育与训练中更须有计划的有系统的以致有耐心的去进行。”②1931 年 8 月 27 日，中共中央在《中央关于干部问题的决议》中进一步指出：“苏维埃区域最近更需要特别去做提拔与训练干部的工作，经常利用这种公开的便利大规模的去举办各种人才的训练，如党校、政治军事学校等，必须保证苏区干部的自给，并能派送干部到苏区周边的主要城市、农村，以及白区中去工作。”③

中央苏区各级党组织注重对女干部的培训教育，特别是对女干部的提拔使用。除专门举办女干部训练班外，在其他培训班里都特别规定招收培养女干部的相应比例。例如，1933 年 8 月江西省苏维埃政府在制订省苏维埃干部学校招生计划时，特别说明拟招收的 360 名学员中“应有三分之一的女性”。中共苏区中央局 1933 年在开展“红五月征收党员突击月”活动中，提出要在一个月内扩大一倍新党员，其中女党员要扩大一倍半。同年 10 月中央司法部《裁判半月刊》载文，要求各级裁判部举办训练班时，必须招收妇女学做裁判工作。④

对现任干部的培训培养，则是采取短期训练班式的高效、速成、规模培养的常规路径。例如，1932 年 1 月至 4 月，江西“省委办两期训练班，兴国、永丰、公略、万泰、赣县、于都县委办了 3 期训练班，于都、胜利也办了 1 期训练班，省苏办了 1 期工作人员训练班。省委从赣县、兴国、公略、万泰、永丰、胜利、寻乌经

① 江西省档案馆、中共江西省委党校党史教研室编：《中央革命根据地史料选编》（上），江西人民出版社 1982 年版，第 634 页。

② 《中央给赣西南特委的综合指示信》，1930 年 10 月 31 日，江西省赣州市档案馆馆藏文件。

③ 《中共中央文件选集》（第 7 册），中共中央党校出版社 1991 年版，第 344 页。

④ 参见《江西苏区妇女运动史料选编》，江西人民出版社 1982 年版，第 105 页。

过训练派往于都、会昌、石城、乐安等县的约40人”。[①] 短期训练班的学习内容有政治常识、党的建设、苏维埃建设、实习课程等。1933年8月10日中共中央组织局就党内教育培训问题致信各级党组织，明确规定：“省委为着训练造就县一级干部、省巡视员、县委训练班的教员及区一级主要干部，省委应经常办训练班，训练时间以四星期为限，每日上课六小时，余为自修时间共一百四十四小时。”其中，“政治常识（主要为共产国际纲领）四十小时，党的建设四十小时，苏维埃建设四十小时，其余时间二十小时（即四天）为出发实习工作”。[②] 上述短期训练班计划，培训内容全面系统，4个板块清晰明了，课时分配细致衔接，体现了政治第一、严谨科学、务实管用的苏维埃干部教育培训思想理念。

苏区对现任干部的培养培训，还努力开拓正规化干部学校的系统规范教育路径。其中，各级党校、干部学校是党系统培养干部的重要基地。中共赣西南特委1930年10月前就办有党校，招收学员60人。学员条件是：县委、区委常委，同时要求具备对党忠诚、工作积极、政治观念正确、身体健康、无不良嗜好、略通文理、30岁以下等。学习内容分为政治、组织、宣传、工运、政权、军事、兵运、CY工作、秘密工作指示、社会、经济等12个科目，授课时间为3星期。1932年春，中央苏区中央局开班了党校，由任弼时兼任校长，重点培养县、区级干部。江西省苏维埃政府1933年8月31日发布命令，创办江西省杜威爱干部学校。该校于1933年9月17日开学，招收学员360人，分设6个班：土地干部、国民经济干部、财政干部、文化教育干部各1个班，内务、劳动、检察、裁判干部2个班。其中，内务、劳动、检察、裁判干部班招生对象，从本组织内部挑选，其他班次可在苏维埃代表和群众团体领导机关中选送学员。学员在校时间33天，144课时，授课分为政治课、常识课、专修课三类。政治课安排有政治、军事、苏维埃政权、经济、土地、妇女等专题授课，常识课安排有地理、自然、算数、唱歌、体操等课程，专修课根据各班次专门工作需要确定特色课程。各班学院毕业后，由苏维埃政府分配工作。1933年春起，中央苏区创办了一系列正规干部学校，主要有马克思共产主义学校（中央党校）、苏维埃大学、红军大学、列宁团校、中央

---

① 《中共江西省委工作总结报告》，1932年5月，江西省赣州市档案馆馆藏文件。

② 《中央组织局关于党内教育计划致各级党部的信》，1933年8月10日，江西省赣州市档案馆馆藏文件。

农业学校、高尔基戏剧学校、中央干部教育学校等。马克思共产主义学校(中央党校)下设新区干部培训班、党政工团干部培训班、高级干部培训班三类班次，其教学方法以自修为主、讲授为辅，学习期间学员参加社会调查和社会实践，以提高实际工作能力。江西、福建等省也开办了系统培训干部的各种专门学校。[①] 这些培训班因地制宜、因时制宜，军事形势稳定时期就定期定点举办培训班，军事形势严峻时期就灵活机动流动办班。

中国革命的特色之一，是枪杆子里面出政权，军队里面出干部。红军初建时期，由于弱小红军的状况及战争的流动性和残酷性，培养军政干部基本上是依靠教导队、教导营等随营学校。朱德和毛泽东的红四军、彭德怀的红五军以及后来的红一军团、红三军团都办有这样的教导队等随营军校。随着我军队伍的扩大和根据地的建立，除随军军校外，我军开始组建正规军校。1930 年年初，闽西党组织创办了闽西红军学校，为中央苏区红军第一所正规军事学校，首批招生 200 人，学制四个月，谭希林、邓子恢分别兼任校长、政治委员。1930 年 5 月，学校更名为中国红军军官学校第一分校，再招生 800 人。是年冬，为纪念彭湃、杨殷烈士，学校更名为红军彭杨军事政治学校。1930 年 4 月，红四军在吉安县创办了中国红军军官学校第三分校，朱德、毛泽东分别兼任校长、政治委员。1930 年 8 月，红二十二军在信丰创办了红军学校，陈毅兼任校长。1931 年冬，中央军委决定整合相关军校资源，成立中国工农红军中央军事政治学校，至 1933 年冬共招生六期学员，培养军政干部 6000 余人。1933 年 10 月，中国工农红军中央军事政治学校扩编为五所学校：红军大学、红军彭杨步兵学校、红军公略步兵学校、红军特科学校、地方游击队干部学校。其中，红军大学为高等军事学校，其余四所为专科军事学校。[②] 红军军事院校是我党培养党政、军政干部，包括司法干部的最早摇篮。

中华苏维埃共和国建立后，专门司法训练班开始开办，重点强化政治教育与党性教育，同时系统实施法律、经济、政权管理理论教育。

1933 年 8 月 16 日，苏区中央人民委员会第 48 次会议通过了创办苏维埃大

---

① 参见余伯流、凌步机：《中央苏区史》，江西人民出版社 2017 年版，第 649 页。

② 参见余伯流、凌步机：《中央苏区史》，江西人民出版社 2017 年版，第 969～971 页。

学的决定，专门培养经济、政治、司法、内务、文教管理干部，招生对象为在党团组织或机关团体中工作半年以上、表现优秀、具有革命经验的骨干干部。大学下设土地、经济、财政、检察、教育、内务、劳动、司法八类班次。教学计划包括理论、实务问题解决、实习三部分。其中，理论课程包括马克思列宁主义理论、党的理论、政权管理理论。毛泽东任苏维埃大学第一任校长，沙可夫任副校长，毛泽东、沙可夫、林伯渠、梁柏台、潘汉年等为大学委员会委员。毛泽东在调研总结长冈乡、才溪乡苏维埃工作经验的基础上，亲自为苏维埃大学学员讲授"乡苏怎样工作"专题报告。苏维埃大学检察和司法培训班以培养苏区急需的检察、司法高级干部为培养目标。关于办学宗旨，苏维埃大学第二任校长瞿秋白在开学典礼上指出："苏维埃大学开学的战斗任务，是为了发展中国的苏维埃革命，供给苏维埃工农运动的干部人才。"中央人民委员会主席张闻天强调了苏维埃大学的中心任务："第一，应当学习领导广大的劳苦群众进行一切战争动员工作，来帮助战争；第二，应当学习改善群众生活问题，学习怎样去保护工人农民的日常利益；第三，苏维埃干部应当学习怎样管理苏维埃政权，怎样管理自己的国家。"①苏维埃大学自 1933 年 9 月至 1934 年 8 月并入中央马克思共产主义学校，先后招生 1500 名学员。苏维埃大学分本科、预科两部。本科学历的为特别班，先补习文化再升入本科的为预科班。

同时，中华苏维埃司法人民委员部及各省苏维埃政府裁判部都积极开设各类司法训练班，努力提高司法干部政治业务素质。《司法人民委员部五个月工作计划(1933 年 8～12 月)》规定：(1)在 9 月举办一个短期培训班，学员由每乡选送一人，上课时间两星期，主要目的是造就一批新干部到新区、落后区、边区帮助组织裁判部的工作；(2)督促江西、福建两省裁判部各办三期训练班，分别训练县、区两级裁判部工作人员和书记员；(3)督促闽赣、粤赣两省裁判部各办一期县一级及中心区裁判部工作人员训练班；(4)开办一期军事裁判过工作人员训练班，以充实各级军事裁判所的工作人员。②

---

① 江西瑞金市委党史办：《苏维埃大学：培养红军军政干部的摇篮》，载《秘书工作》2007 年第 12 期。

② 参见彭光华：《人民司法摇篮(中央苏区人民司法资料选编)》，江西省赣州市中级人民法院 2006 年 5 月编印，第 139 页。

第三节　纪律、政策、法律都是判案依据

一、纪律是我党我军最早的办案依据

中国共产党的法律随政权诞生而产生，“枪杆子里面出政权”，中国共产党的政权又以革命军队先期存在和不断壮大为条件，严密而令行禁止的军队纪律便成为最早的执法依据。纪律、政策、政权、法律的一脉相承而又相互依存的逻辑关系，构成了中国特色马克思主义的法律观。

红军创建时，队伍成分十分复杂，红军士兵来源“多半处于招募及改编敌兵”。其中，红军的主要部分“红四军”的士兵由四种力量组成：第一，朱德、陈毅率领的叶挺、贺龙南昌起义残部，两千余人，1927 年 10 月在潮汕一带失败后，转入广东北江，参加湘南暴动失败后，撤退至江西宁冈与毛泽东会合。第二，毛泽东率领的卢德铭团（张发奎警卫团）及湘东农军，一千余人，卢德铭在“八一南昌起义”后率队去九江，见张发奎业已反革命，乃中途起义，去广东与叶贺会合，梗阻在湘东赣北，遂与平浏农军会合，并由毛泽东率领参加秋收暴动，“最先挂了红旗”，秋收起义失败后，至江西宁冈开展游击战争。第三，湘南郴州、耒阳、永兴、宜章、资兴五县农军，八千人，在湘南暴动失败后，与朱德部队同行至江西宁冈与毛泽东部队会合。第四，当时的井冈山地区绿林（洪会）首领袁文才、王佐军队，三百人。1928 年 4 月，此四种力量成立红四军，朱德任军长，毛泽东任党代表，全军万余人，枪仅两千支。

由于红四军官兵成份的多元性、复杂性，既有起义失败的旧军队官兵，有工人纠察队和农民自卫军，有战场上俘虏的敌军，还有暗藏的反革命分子和投机钻营的投机分子。因此，组建中的红军军队存在严重的军阀主义、无政府主义、官僚主义、单纯军事观点、绝对平均主义、散兵游勇思想等各种非无产阶级思想，只有加强政治思想建设和组织纪律建设，才能提高红军的政治素质和战斗力，更好地担负起创造发展农村根据地的伟大革命斗争任务。

因此，严格的军队纪律就成为红军执法判案的最初依据。1929 年 9 月 1

日，陈毅写给中央的万言材料《关于朱毛红军的历史及其状况的报告》，在第四部分里列举了红四军军纪："四军军纪可以分为下列数项：（一）战时纪律：临阵退却，畏缩不前，违抗命令等，可由军官就地枪决。（二）一般纪律：通敌，叛反，拐抢潜逃，开小差，强奸，乱烧乱杀，敲诈人民财物均处死刑，赌博则没收其所有金钱并决定一月内不发零用费，嫖妓则处以夜不归营之罪，因嫖妓而滋事者量其大小或处死刑或罚勤务或打屁股或手心，其余比较细小之错误则按其轻重处罚之。（三）红军三大纪律，各种纪律宣布之后多而复杂，士兵每每弄不清楚，又特别归纳为三大纪律：A. 不准乱拿工农小商人一点东西。B. 打土豪要归公。C. 一切行动要听指挥。这三条纪律是一个原则，但包括了一切，所以现在红军士兵每每都要抬出这三条来批评他不愿的人。他自己犯了处罚他也就没有话说。"①上述各项红四军的军纪，既包括战时纪律又包括平时纪律，既包括违反军内生活纪律又包括骚扰地方违纪行为，既包括纯粹纪律问题又包括法律与违法问题。"三大纪律"完整地体现了上述精神，虽然简洁，却宜为文化水平较低的红军士兵牢记，作为铁的纪律，树立了法制的尊严。

中国共产党党史学会会员、井冈山市革命博物馆原馆长肖邮华认为："1927 年 10 月 24 日，毛泽东在井冈山茨坪宣布了红军'三大纪律'：一、行动听指挥；二、不拿工人农民一点东西；三、打土豪款子要归公。1928 年 1 月 5 日，遂川县工农兵政府成立，针对士兵借门板睡觉不还等违纪情况，为了严明红军纪律、处理好群众关系，1928 年 1 月 25 日，毛泽东又宣布了'六项注意'：一、上门板；二、捆铺草；三、说话和气；四、买卖公平；五、借东西要还；六、损坏东西要赔。中国共产党最早的判案依据是'三大纪律，六项注意'。也可以说，我党最早的法律性文献就是'三大纪律，六项注意'。"②围绕这些工农革命军早期的纪律规定，中国共产党开展了最早的执纪执法活动。

毛泽东对以法律手段维护健全政权问题看得很重，抓得坚决。在 1928 年 1 月 4 日攻克遂川后，毛泽东亲自指导、修改的《遂川县工农兵政府临时政纲》三十条在遂川县工农兵政府成立大会上通过。内容包括政治、经济、军事、社

---

① 井冈山革命根据地党史资料征集编研协作小组、井冈山革命博物馆编：《井冈山革命根据地》（上），中共党史资料出版社 1987 年版，第 367 页。

② 2020 年 10 月 5 日："肖邮华采访实录"，江西井冈山红色文化教育学院。

会、文化等法律规定,纲要规定:“工人、农民、士兵和其他贫民,都有参与政治的权利”,凡“地主、祠庙、公共机关的田地、山林和一切附属”分给“贫苦人民和退伍士兵耕种使用”,“工农贫民从前的欠债、欠租、欠税、欠捐,一律停止偿还和缴纳”。① 这些只在一个县执行的法律,是可以视为我党执政依据之法律形式的最早例证。

毛泽东还实事求是,亲自调查处理故意违反军纪与过失违反军纪纠纷案件。1928 年 3 月,教导队随毛泽东率领的一团胜利攻克了湖南酃县县城,缴获多多。18 岁的红军战士、教导队副队长陈伯钧搞到了一支手枪,爱不释手。虽然手枪陈旧,扳机锈得扣不动了,但他仍然当宝贝一样,向自己的战友、教导队长吕赤炫耀。吕赤看了后,半开玩笑地说:这就是半斤铁,枪栓拉都拉不动。经陈伯钧擦拭修理一番后,手枪扳机慢慢活动了,此时恰好吕赤率队打土豪从外归来,进第二道门槛时,陈伯钧拿着手枪对准吕赤,说道:看好了,“半斤铁”修好了。便扣动了扳机。陈伯钧万万没想到手枪里还压着子弹,只听“砰”的一声,子弹击中吕赤头部。陈伯钧吓得目瞪口呆,跪地呼喊抢救,吕赤却已死亡。士兵委员会将陈伯钧扭送至毛泽东面前,要求“杀人偿命”,处死陈伯钧。毛泽东详细调查了事情经过,深入了解了陈伯钧和吕赤的素来关系,拆卸查看了“凶器”手枪,确认陈伯钧向来尊重吕赤,作为正副教导队长,两人关系融洽,陈伯钧并不知道手枪弹匣里压有子弹,这是一场“由于未检查枪膛内有无子弹的疏忽,触犯了军纪,顷刻之间造成了过失杀人命案”。毛泽东决定此案不作为故意杀人案处理,而是按过失违反军纪处理,给予了相关严厉的纪律处罚。② 此案的处理不但严肃了军纪,教育了红军官兵,而且为革命保留了将才。后来,陈伯钧成长为我军杰出的高级将领,历任红军军团长、抗日军政大学训练部部长、东北野战军兵团副司令、中国人民解放军军事学院代院长,1955 年被授予上将军衔。

二、中华苏维埃共和国法律的源泉是党的政策

党历来重视法制建设。1931 年 11 月 7 日,中华苏维埃第一次全国代表大

① 中共中央文献研究室:《毛泽东传(1893～1949)》,中央文献出版社 1996 年版,第 170 页。
② 参见曾维东、曾维才:《中华苏维埃共和国审判史》,人民法院出版社 2004 年版,第 38～39 页。

会在江西瑞金县叶坪村谢氏宗祠举行，来自闽西、赣东北、琼崖、中央苏区等全国根据地红军部队及敌统治区的工会代表610人出席了大会。大会主席团决定由任弼时、王稼祥、毛泽东等组成宪法起草委员会，制定了《中华苏维埃共和国宪法大纲》并经大会通过，大会还通过了《中华苏维埃共和国土地法》《中华苏维埃共和国劳动法》《中华苏维埃共和国关于经济政策的决定》等法令。[①] 会议决定中华苏维埃共和国吉林市中央政府设在江西瑞金。《中华苏维埃共和国宪法大纲》规定："中国苏维埃政权所建设的是工人和农民的民主专政的国家，苏维埃全政权是属于工人、农民、红军兵士及一切劳苦民众的。"从而确定了中华苏维埃共和国的政权性质是工农民主专政。《中华苏维埃共和国土地法》《中华苏维埃共和国劳动法》《中华苏维埃共和国关于经济政策的决定》则以法律的形式把土地革命中形成的"平均分配一切土地"的政策固定下来，并规定了工农大众享有的劳动和取得物质待遇等各项权利。[②] 首先是内部纪律，其次是政策，最后上升为法律，纪律、政策、法律都是执法依据，不仅反映了中国共产党政权依据的变迁历史，也是中国共产党建政执政的历史传统。

1931年11月的苏维埃第一次全国代表大会产生了中央执行委员会，毛泽东当选为主席，项英、张国焘为副主席，"毛主席"的称谓由此诞生。中央执行委员会是全国苏维埃代表大会闭幕后的最高权力机关，负责制定法律、监督法律实施。1934年1月，中华苏维埃第二次全国代表大会在瑞金县沙洲坝老茶亭村中央政府礼堂举行，出席大会的正式代表693人，候补代表83人，旁听代表1500人。在苏维埃第二次全国代表大会上，毛泽东继续当选为主席，项英、张国焘仍为副主席。

从井冈山斗争时期到中华苏维埃共和国时期，法律体系的一大特点是除法律法令外，党和政府的政策、规章、决议、命令、纪律、指示乃至意见、批示、信件，都是法律体系的有机组成部分，都是司法办案及司法培训的有效依据。原载于1933年4月14日《红色中华》报的判处龙岩县党的叛徒张海泉、李柄椿死刑的报道，标题为"以革命纪律严厉制裁敌人侦探"。1932年10月24日的《中央司

① 参见中共中央文献研究室：《毛泽东传（1893～1949）》，中央文献出版社1996年版，第273页。

② 参见《中共中央文件选集》（第7册），中共中央党校出版社1991年版，第772～773页。

法人民委员部一年来工作》总结报告专门指出："对于各省和瑞金直属县裁判部的工作，除用命令的指导外，还个别的用书信去指导他们。在检阅每个月工作报告之后，对于工作上的错误和缺点，分别的详细的指示他们，不但对江西、福建和瑞金如此，对湘赣省也有详细的指示。"①举例如下：1932 年 6 月 16 日《中华苏维埃共和国中央执行委员会训令（第 12 号）》："1932 年 3 月 23 日中央执行委员会所颁布的第 6 号训令……有'县一级司法机关无判决死刑权'的规定……本执行委员会决定改为县一级裁判部有判决死刑之权，但没有执行死刑之权，必须得省裁判部的批准后才能执行"；1932 年 10 月 15 日临时最高法庭主席何叔衡给寻乌县裁判部的指示信："苏维埃的法庭，当然要按阶级路线来判决案件……此次判决的兰昌绪……你们只判处兰半年苦工……我们批准兰昌绪应判死刑，请你们要坚决去执行"；②《红色中华》报关于婚姻条例实施的几个问题的解答："有一方坚决要离婚，毫无疑问地要准许离婚""离婚后的债务问题……应该男子负担。"③1933 年 5 月 30 日，中央司法人民委员部在对各级裁判机关的指示中，重申了"绝对废止刑讯"的要求，否则"以故意违反苏维埃的最高法令论罪"。

三、中华苏维埃共和国的司法权配置

中华苏维埃共和国司法机构，以临时最高法庭和最高法院，省、县、区裁判部为主体，同时设置劳动法庭、军事裁判所。与司法机构工作相关的组织机构还有中央司法人民委员部，国家政治保卫局，肃反委员会，检察长、检察员和军事检察所，劳动感化院等。

中央苏区的司法机构，最高一级为最高法院，因在第一次全国苏维埃代表大会上来不及选举产生最高法院，遂在 1932 年 2 月成立临时最高法庭，代行最高法院职权。何叔衡兼任临时最高法庭主席，梁柏台、刘伯承等任委员。1934 年 2 月，中华苏维埃共和国最高法院成立，董必武任最高法院院长。最高法院下设民事法庭、刑事法庭、军事法庭。最高法院权限如下：（1）对于一般法律做

---

① 余伯流、凌步机：《中央苏区史》，江西人民出版社 2017 年版，第 1048～1058 页。

② 《红色中华》报，1932 年 10 月 15 日。

③ 《红色中华》报，1932 年 2 月 24 日。

出法定解释;(2)审查各省裁判部和高级军事裁判所的判决书和决议;(3)审查中央执行委员以外的高级机关职员在执行职务期间的犯法案件;(4)审判不服省裁判部和高级军事裁判所的判决而提起上诉的案件,或检察员不同意省裁判部和高级军事裁判所的判决而提起抗诉的案件。最高法院的判决为终审判决。若遇有中央执行委员会委员犯法,最高法院可组织最高特别法庭审理案件,案件审理完毕,最高特别法庭自行解散。

省、县、区裁判部为地方司法机关。1932 年 6 月,苏维埃中央执行委员会颁布了《裁判部暂行组织及裁判条例》,规定:省、县、区各级苏维埃政府均设立裁判部,城市苏维埃政府设立裁判科,"裁判部为法院未设立之前的临时司法机关,暂时执行司法机关的一切职权,审理刑事民事案件的诉讼事宜"。各级裁判部设立民事法庭和刑事法庭,并科组织巡回法庭。法庭由 3 人组成,由庭长或裁判员任主审,其余 2 人为陪审。主审与陪审员意见实行少数服从多数;若争执不决,以主审意见为主。裁判部实行垂直领导。各级裁判部下设看守所,省、县裁判部须设劳动感化院。各级裁判部的职权:"省裁判部为县裁判部所判决的案件之终审机关,同时又是审判有全省意义的案件的初审机关";"县裁判部为区裁判部所判决的案件之终审机关,同时又是审判有全县意义的案件的初审机关";"区裁判部审理一般不重要的案件,其判决处罚强迫劳动或监禁的期限,不得超过半年。"

需要说明的是,司法教育培训工作制度与实施有关,在中央苏区审判机关与行政机关的关系问题上,在中央一级采取"审政分立制",在地方采取"审政合一制"。所谓"审政分立制",是指在中央政府,审判职权归最高法院,司法行政管理归中央司法人民委员会(司法部),司法部负责司法干部的任免、奖惩、教育与训练。所谓"审政合一制",是指地方和军队各级审判机关,既有审判权又有司法行政权。虽然地方和军队各级审判机关在行政上受中央执行委员会及中央司法人民委员会领导,但由于中央司法人民委员会没有下属机构,其任何命令均由裁判机关贯彻执行,所以裁判机关同时具有审判职能与司法行政管理职能。

劳动法庭,系为保障劳动法的贯彻执行,保护工人的合法利益而设立,其职责为专门解决资本家、工头、老板破坏劳动法、集体合同和劳动合同等案件。依据1933年4月12日中央人民委员会第九号命令，在各城市裁判科下，必须指定专人组织劳动法庭；在各区裁判部下，也须组织劳动法庭，但不必设专人负责，而是以区裁判部人员兼任即可。县以上裁判部不设劳动法庭。

军事裁判所，系专门审理红军部队（包括地方革命武装）和军事机关工作人员违法犯罪案件的裁判机关。军事裁判所分为初级军事裁判所、阵地初级军事裁判所、高级军事裁判所、最高军事裁判会议四种。初级军事裁判所设在红军的军部、师部、军区指挥部和独立师师部；阵地初级军事裁判所设在作战地域内最高级别指挥部内；高级军事裁判所设在中央军事委员会内；最高军事裁判会议设在最高法院内。

中央司法人民委员部，即中央司法部，是苏维埃中央政府的司法行政主管部门，其职责是：督促建立地方各级司法机构，并对这些机构的司法行政工作进行领导；委任和撤销地方裁判部部长和工作人员；培训各级司法干部与工作人员；负责起草相关法律法令草案。

国家政治保卫局，负责红色区域内部的治安保卫和肃反工作，系中央政府人民委员会管辖之下，执行侦查、压制、消灭政治经济上一切反革命的组织、活动、侦探及盗匪等任务的机构。国家政治保卫局在省、县两级及红军中的中央军委、军团、军、师均设分局，上下级之间实行垂直领导。国家政治保卫局对反革命案件有侦查、逮捕、预审之权，并以原告身份向司法机关提起诉讼。第五次反"围剿"战争开始后，苏维埃中央执行委员会赋予了国家政治保卫局直接拘捕、处决反革命分子的权力。1934年4月颁布的《中华苏维埃共和国司法程序》再次授予国家政治保卫局上述特权。这种不受约束的特权，对及时镇压反革命是必要的，但也成为肃反扩大化、产生冤错案件的原因之一。

肃反委员会，是兼具公、检、法三种职权于一身的苏维埃地方临时政府的专政机关。依据1931年12月中央执行委员会颁布的《处理反革命案件和建立司法机关的暂行程序》规定，在建立了苏维埃政权已有六个月，但未设立国家政治保卫局分局或特派员，而只设立了肃反委员会的县和区，若发现了反革命案件，需报国家政治保卫局省分局的同意，方可逮捕犯罪分子。但若反革命已在组织暴动或被白区阻隔，或在其他紧急情况下，区、县肃反委员会有决定逮捕之权。1933年中央执行委员会颁布的《地方苏维埃暂行组织法（草案）》规定：在苏维埃共和国的一切处于暴动时期的地方和红军新占领的地方，在省、县（区、市）、乡苏维埃临时政权革命委员会下，均设立肃反委员会，负责镇压所辖区域内的反革命，与其他刑事犯罪做斗争，维护革命秩序，保障人民权利。

检察长、检察员和军事检察所，是中央苏区时期，在司法机关内设立的负责案件的预审事宜及提起公诉的检察人员。凡送到裁判部的案件，除简单明了、无须预审的案件外，均需经过检察员预审。军事检查所是军队内部的军事检察机关。最高法院内设检察长1人，副检察长1人，检察员若干。地方裁判所，在检察员制度未建立前，可由裁判员1人担负预审工作，代行检察员职能。

在中央苏区，检察机关与审判机关的关系上，无论中央或地方，都采取“审检合一制”，即无论苏维埃中央政府或地方政府，审判与检察没有分开，没有独立单设的检察机构行使检察职能。中央苏区的检察职能，是通过附设在审判机关内的检察长、检察员来实施的。

劳动感化院，系苏区各级裁判部的附属机关，按照中央司法人民委员部颁布的《劳动感化院暂行章程》，“其目的是看守、教育及感化违反苏维埃法令的一切犯人，使这些犯人在监禁期满之后，不再违反苏维埃的法令”。劳动感化院可开设店铺，出卖产品，可兼卖别项商品，以增加收入，并大力发展生产，尽量做到不要政府补贴。犯人每日工作时间为八小时，其余为学习、教育和休息时间。劳动感化院充实文化工作人员，开设俱乐部、列宁室、图书馆，有计划地教育犯人，上识字课、政治课。强调对犯人实行感化教育、劳动改造，是苏区法制工作的成功经验之一，也成为陕甘宁边区对罪犯政策的直接渊源。

四、作为判案主要依据的苏维埃法律体系

中华苏维埃共和国法律体系逐步健全，从1930年到1934年10月，共和国成立前后4年时间里共颁布了120余件法律法令，在一定程度上满足了苏维埃区域社会政治经济生活对法律的需要，也为之后抗日战争、解放战争直至新中国法律体系建设奠定了基础。中华苏维埃共和国前后颁布的法律法令有：

宪法类：《中华苏维埃共和国的国家根本法（宪法）大纲草案》（1930年9月26日）、《中华苏维埃共和国宪法大纲》（1931年11月7日）、《苏维埃组织法》（1929年8月）、《中华苏维埃共和国中央苏维埃组织法》（1934年2月17

日)、《中华苏维埃共和国地方苏维埃暂行组织法(草案)》(1933年12月12日)等，宪法类法律中包含15部苏维埃掌权组织法，10部选举法令；

行政类：《人民委员会训令第六号——关于保护妇女权利与建立妇女生活改善委员会的组织和工作》(1932年6月20日)等行政管理法令，《关于扩大红军问题训令》(1932年9月20日)等工农红军建设法令，《中华苏维埃共和国临时中央政府人民委员会命令第四十二号——为检查和取缔私人枪支禁止冒穿军服事》(1933年4月15日)等公安管理法令，《人民委员会对于赤卫军及政府工作人员勇敢参战而受伤残废及死亡的抚恤问题的决议案》(1932年9月13日《红色中华》报)等民政管理法令，《中华苏维埃共和国临时中央政府人民委员会命令第九号——小学教员优待条例》(1934年2月16日)等文教卫生管理法律；

刑事类：《关于处理反革命案件和建立司法机关的暂行程序》(1931年12月13日)、《中央执行委员会第二十一号训令——关于镇压内部反革命问题》(1933年3月15日)、《中央执行委员会第二十六号训令——关于惩治贪污浪费行为》(1933年12月15日)、《中华苏维埃共和国惩治反革命条例》(1934年4月8日)；

经济法类：《中华苏维埃共和国临时中央政府布告第九号——关于发行"革命战争公债条例"》(1932年6月25日)等经济管理法律法规，《中华苏维埃共和国临时中央政府关于工商业投资暂行条例的决议》(1932年1月13日)等工商业政策法律，《兴国土地法》(1929年4月)、《中华苏维埃共和国土地法》(1931年11月)等土地法律政策，《中华苏维埃共和国暂行税则》(1931年11月)、《中华苏维埃共和国暂行财政条例》(1931年12月)等财政税收法律法规，《中华苏维埃共和国劳动法》(1931年11月7日)、《中央劳动人民委员会命令第二号——社会保险费及失业劳动介绍所》(1932年12月30日)等劳动政策法律；

民法与婚姻类：《中华苏维埃共和国临时中央政府关于借贷暂行条例的决议》(1932年1月27日)、《关于店房没收和租借条例》(1932年8月)、《关于矿产开采权出租办法》(1932年8月)、《中华苏维埃共和国违反劳动法令惩罚条例》(1933年10月15日)、《中华苏维埃共和国婚姻条例》(1931年11月28日)、《中华苏维埃共和国婚姻法》(1934年4月8日)；

诉讼程序及司法制度类:《中华苏维埃共和国中央执行委员会训令第六号——处理反革命案件和建立司法机关的暂行程序》(1931年12月13日)、《中华苏维埃共和国军事裁判所暂行组织条例》(1932年2月1日)、《裁判部暂行组织及裁判条例》(1932年6月9日)、《临时最高法庭给寻乌县苏裁判部的指示信》(1932年10月16日)、《工农检察部的组织条例》(中华苏维埃共和国第一次全国工农兵代表大会通过)、《突击队的组织和工作》(1932年8月13日)、《工农检察部控告局的组织纲要》(1932年9月6日)、《中华苏维埃共和国司法程序》(1934年4月8日)。①

综上所述,中央苏区苏维埃政府的立法建设因为处在白色恐怖包围与战争之中,法律体系的规范性还来不及细细雕琢,法律渊源形式也随需要即时而定,但中央苏区的法律法令初步创建了具有鲜明特色的苏维埃法律体系,其法律已不再像以往工农兵政府的法律法规那样零打碎敲,而是体系较为完整、内容相互协调,覆盖了政治、经济、军事、文化、民生、社会管理方方面面,彰显了中央苏区法制建设的宏大篇章和法制理念。中央苏区这些良好的立法理念和经验,成为延安时期陕甘宁边区法制发展与立法体系成熟的直接来源。

1931年11月至1934年10月,在短短不到三年的时间,中央苏区的法制建设快速发展,取得巨大成就,中央苏区制定颁布的法律法令120余件,司法机构体系初步建立,司法工作按部就班、步入正轨,以在职学习制度、短期训练班、专门人才干部学校培养制度为代表的司法教育培训工作全方位展开,形成了特色鲜明的中华苏维埃司法制度与司法培训特色,有力地服务了中央苏区的政权建设与人民需要。

五、中央苏区司法机制与干部教育的反思

考察中央苏区的司法机制和司法干部教育工作,总结历史经验教训,可以引发以下思考:

第一,中央苏区立法,存在一些针对中国革命本土实际不够的照搬苏联法律条文的情形。突出地表现在共产国际东方部代为起草并提交苏维埃第一次

① 参见余伯流、凌步机:《中央苏区史》,江西人民出版社2017年版,第1048～1058页。

全国代表大会讨论颁布的法律法令，如苏维埃第一次全国代表大会通过的《中华苏维埃共和国宪法大纲》，规定："中国苏维埃政权承认中国境内少数民族的自决权，一直承认到各弱小民族有同中国脱离，自己成立独立的国家的权利"，少数民族也有加入"中国苏维埃联盟"的权利。实行土地国有，剥夺豪绅、资本家、富农、僧侣及一切剥削者"是没有选派代表参加政权和政治上自由的权利的"。

第二，受王明"左"倾教条主义严重影响，特别是自1933年1月临时中央政治局领导人博古等人从上海迁入瑞金后，"左"倾错误全面推行，之后颁布的法律法令也深受影响。如1934年4月颁布的《中华苏维埃共和国惩治反革命条例》，实行镇压反革命扩大化，将许多一般刑事犯罪定为死罪处以极刑；《中华苏维埃共和国司法程序》则将死刑审判权下放至区一级司法机关，在一定程度上造成了乱捕乱杀错误行为的不断增多。

第三，检察监督机关角色淡化。在不少场合下，检察权和审判权交混在一起，机构职能不分，法律制约不够，也是导致肃反扩大化的原因之一。例如，对于大批"AB团"（反布尔什维克组织）要犯的审判，依据的都是子虚乌有的所谓"事实"，仅"莲花县当作'AB团'错杀的有1016人，其中有影响的领导干部在500人以上"。再如，1932年8月3日临时最高法庭对季振同、黄中岳"反革命案件"的审判，判决依据的完全是不实之词。[①]

肃反机关、司法机关乃至整个苏维埃政府工作人员法制观念不强，认为依照法律办事束手束脚，应该"简化程序"，"靠群众路线肃反"。[②] 苏维埃肃反委员会，是集公、检、法三种职权于一身的专政机关，兼有侦查、逮捕、审讯、判决、执行等职能，也是苏维埃特殊历史时期典型的司法机关。

肃反工作缺少监督，缺少办案审查程序、死刑复核程序，也是肃反扩大化的主因之一。对此，1932年10月24日，中央司法部在《中央司法人民委员部一年来工作》报告中反思总结道："中央政府未成立前的肃反工作，不分阶级成份，不分首要与附和，处置不分轻重，在审讯的方法上则偏重肉刑，专信犯人的口供，没有侦查的工作，不注意证据和材料。因此，在肃反工作中有发生苦打成

---

① 参见《中共萍乡地方史》（第1卷），中央党校出版社2003年版，第430页。

② 余伯流、凌步机：《中央苏区史》，江西人民出版社2017年版，第1073～1074页、第1204～1210页。

招的事情。这些错误,在中央执行委员会的第六号训令上已明白地指出来了。"①

第四,司法人员的政治素质、法律意识不高。司法干部的思想素质和业务素质直接关系到办案结果。红军时期肃反运动扩大化,反映了当时整个司法队伍人员的法制意识和办案素质的不足。客观上,中央苏区建立前,红军中及各根据地的法制概念、立法数量、司法机构、司法人员还不健全、不完善、不被充分重视,1931 年 11 月苏维埃第一次全国代表大会中央政府建立后,专设了司法人民委员部,设立了临时最高法庭和最高法院,开始系统建设各级裁判部等司法机关,批量制定和颁布法律法令,规模性开展司法干部教育培训,司法干部队伍的规范化建设和全面素质建设被提上议程,走上"快车道"。

对于以上肃反工作扩大化,特别是肃反工作中轻信口供、偏用肉刑的问题与教训,中华苏维埃共和国中央执行委员会也进行了总结,并在《处理反革命案件和建立司法机关的暂行程序》训令中指出:"临时中央政府严重地告诉各地各级苏维埃政府,各地过去的肃反工作,有许多地方是做的不够的,例如,听到某个或某几个反革命分子的口供,没有充分的证据,未经过侦查的工作,就进行捉人。审问的时候,偏用肉刑,苦打成招的事,时常发现。处置犯人的时候,不分阶级成份,不分首要与附和,以致应当轻办的,却把他重办了(如不释放附和的工农分子)。这些错误在苏区好些地方,好些时候都发现了。"②训令为避免上述违反法律政策的现象再度发生,专门制定了九项具体程序规定,强调要坚决地、迅速地建立革命法律秩序,使革命群众的生命权利和一切法律上应得的权利得到完全的保障。

历史的教训告诉我们:必须加强司法队伍的政治思想教育和带头守法教育,加强司法人员的法治理念教育和司法职业教育,加强严格避免冤错案发生的司法案例教育和传统经验教训教育。同时,正确的司法应当建立在系统的法制框架下,民主与法制共同推进,弘扬民主与法制观念,坚决做到依法保护民主,执法必严、违法必究。

---

① 《红色中华》报,1932 年 11 月 7 日。

② 《红色中华》报第 3 期,1931 年 12 月 28 日。

第四节　群众路线、为民司法是司法培训的生命线

一、人民至上是立党之本，是人民司法的最高宗旨

党的百年历史证明了一条颠扑不破的真理：人民至上是立党之本，群众路线是立国之本。“农民是最讲究实际的。中国共产党领导农民进行土地革命这个事实，使他们迅速地分清了国共两党和两个政权的优劣。大革命失败后，中国革命得以坚持和发展，关键就在于党紧紧依靠占全国人口绝大多数的农民，在农村建立根据地，并在根据地内深入开展土地革命。”[①]国民党也讲“耕者有其田”，但根本没有实行。共产党不仅向农民分田分地，还明确了土地分给农民后，农民享有所有权，可以租赁买卖。共产党让农民实实在在地看到了土地的红利。“党除了工人阶级和最广大人民群众的利益，没有自己的特殊利益。党在任何时候都把群众利益放在第一位，同群众同甘共苦，保持最密切的联系，坚持权为民所用、情为民所系、利为民所谋，不允许任何党员脱离群众，凌驾于群众之上。”[②]人民的指向是具体的，群众的利益是身边的。为人民服务、走群众路线，是亿万个具体事例的不断积累和历史实践。

群众路线、为百姓谋利、为人民司法，一直是人民审判工作的最高宗旨。群众路线作为我党的优秀传统，从井冈山时期到延安时期再到新中国成立至今，既有其历史递进性，也有其内在统一性。依靠群众是井冈山精神的根本，是中国共产党战胜敌人的法宝之一。为解决农民群众对土地根本利益的关心问题，1927年10月起，工农革命军开始打土豪分浮财暴动，直至制定实施土地法。党和红军“真心实意为群众谋利益”，工农百姓则“把革命当成他们的生命”。[③]在瑞金，为把农民关心的土地政策落在实处，毛泽东在主持中央政府工作期间，

① 《中国以共产党的九十年（新民主主义革命时期）》，中央党史出版社、党建读物出版社2016年版，第138页。

② 《中国共产党章程》，载《中国共产党党内重要法规汇编》，党建读物出版社2019年版，第14页。

③ 《学习井冈山》，新华出版社2016年版，第154页。

经常以临时中央政府主席身份开展查田运动,监督实施“按人口平均分配”“抽多补少”“抽肥补瘦”的利于百姓的土地分配政策。①

1927 年 12 月,工农革命军第一团在茶陵遭遇挫败后,毛泽东在宁冈砻市召开全团指战员会议,提出革命军队应承担三大任务:第一,打仗消灭敌人;第二,打土豪筹款子;第三,做群众工作。在上井冈山之前,毛泽东在遂川紫竹山强调了三个一定要:一定要和山上的群众搞好关系,一定要和王佐部队搞好关系,一定要做好群众工作。② 将做群众工作作为军队的任务之一,不仅是毛泽东对人民军队学说的重大贡献,也是我党群众路线的深刻诠释。

在 1934 年 1 月召开的中华苏维埃第二次全国代表大会上,毛泽东总结了党的建政思想,特别强调了群众路线,指出:“一切群众的实际生活问题,都是苏维埃应该注意的重要问题。”要注意、解决群众的切身利益与生活问题,“因为战争是群众的战争,只有动员群众才能进行战争,只有依靠群众才能进行战争。”“政府公职人员由选举而任职,不胜任的由公意而撤换,一切问题的讨论与解决根据于民意。”③

人民是共产党的根,兴国县苏维埃干部关心群众生活、注意工作方法,深受人民爱戴。一是兴国县苏维埃干部着力为百姓干实事,千方百计地提高劳苦大众的文化水平,1936 年著名红色教育家徐特立在陕北瓦窑堡接受美国记者爱德加·斯诺采访时自豪地说:“在我们的模范县兴国,我们有 300 多所小学,约 800 名教师……这与我们这里(陕甘宁边区)全部红军的小学和教师数目相等。我们苏区模范县的文盲已经减到全部人口的 20% 以下了。”斯诺在他的《西行漫记》中写道:“在共产党的模范县兴国,据说 80% 的人口是有文化的——比那个有名的洛克菲勒资助的县份还要高。”二是兴国干部始终与群众患难相依,“有盐同咸、无盐同淡”,没有一点特殊。三是兴国干部十带头:“政治学习带头,军事训练带头,执行勤务带头,参军参战带头,遵纪守法带头,购买公债带头,节省粮食带头,发展生产带头,移风易俗带头,优待红军带头”,用他们的实

① 参见郭兵主编:《红都瑞金》,中央文献出版社 2010 年版,第 87 页。

② 参见中共中央文献研究室:《毛泽东传(1893~1949)》,中央文献出版社 1996 年版,第 167 页。

③ 《毛泽东选集》(第 1 卷),人民出版社 1991 年版,第 138~140 页。

际行动赢得了群众的拥护和爱戴。[①] 兴国县苏维埃政府被毛泽东盛赞创造了“第一等的工作”，“模范兴国”由此名扬天下。

二、中央苏区审判制度是人民的司法制度

1931～1934年中央苏区的司法审判工作是我国人民司法的摇篮和雏形。虽然1931年12月13日中华苏维埃共和国中央执行委员会颁布的第六号训令《关于处理反革命案件和建立司法机关的暂行程序》已要求“得在省县区三级政府设立裁判部”，由于懂得裁判的干部人员短缺，1932年3月起才开始建立省县区级裁判部，1932年6月县级裁判部才完全建立，区级更晚。由于共产国际和中国共产党的隶属关系，虽然苏区的司法审判机制深受苏联模式影响，但具有了鲜明的中国乡土气息。而苏区司法审判制度的创设又深深体现了民主与法制的依存关系以及司法审判群众路线的深刻烙印。

第一，强调通过司法教育群众的法制功能，《裁判部暂行组织及裁判条例》第12条规定：“各级裁判部可以组织巡回法庭，到出事地点去审判比较有重要意义的案件，以吸收广大的群众来参加旁听。”巡回法庭是吸收群众、动员群众、教育群众、依靠群众的重要渠道。

第二，坚持法律平等，设立最高特别法庭专门审判中央执行委员犯法的特殊案件，以向百姓昭示任何人不能超越法律之上和苏维埃司法审判的公平。1934年3月25日，最高特别法庭审理的中央执行委员、于都县苏维埃政府主席熊仙壁贪污渎职案，中央执行委员、工农剧社社长洪水贪污案，都起到了良好的法治宣传教育效果。

第三，设立陪审员制度，吸收群众百姓参加法庭审理，《裁判部暂行组织及裁判条例》规定：“法庭由三人组织而成，裁判部长或裁判员为主审，其余二人为陪审员。”“陪审员由职工会、雇农会、贫民会或其他群众团体选举出来，每审判一次得换掉。无选举权（未满16周岁的人也包括在内）不得当选为陪审员。陪审员在陪审期间，得暂时解放他的本职工作，并需保留他原有的中等工资，陪审员完了以后，仍回去做他的原有工作。”

---

① 江西省兴国县“苏区干部好作风陈列馆”陈列展，2020年11月6日。

第四,实行群众自治的调解制度。民间解决纠纷机制,是中国古代民间解决纠纷的优良传统。人民调解制度则发端于第一次国内革命时期的工农兵运动中。1921 年,浙江萧山县衙前村农民协会章程规定了议事委员的调处和解。1922 年,共产党领导下的广东海丰农民运动成立的“赤山约”农会,下设仲裁部,调解婚姻家庭、债务产业等纠纷。1931 年 11 月,中华苏维埃共和国中央执行委员会第一次会议通过的《苏维埃地方政府暂行组织条例》第 17 条规定:“乡苏维埃有权解决未涉及犯罪行为的各种争执问题。”

第五,公开审判制度,面向群众,将审判置于群众监督之下。《中央司法人民委员部命令第十四号——关于对裁判工作的指示》规定:“解决任何案件,要注意多数群众对于该案件的意见,在审判案件时吸收广大群众来参加旁听审判。”《中央司法委员部对〈裁判部的暂行组织及裁判条例〉的解释》规定:允许群众旁听我们审判案件,是我们中央苏区政权的本分,能使群众支持我们审判案件,也有利于让群众掌握法律并自觉遵守,从而维护中央苏区的秩序。《中央司法委员部对裁判机关工作的指示》为了扩大群众的监督权,甚至明确规定:案件审判时旁听群众发言的,只要是揭发被告人犯罪的,或者道出一些有关帮助法庭审理案件情况的,都应当允许。① 中央苏区司法制度的上述规定,不仅是群众司法路线的充分体现,也是通过审判寓法于教、开展法制教育的生动形式。

司法要为人民服务,促进人民群众对法律的了解、理解与支持。中央苏区非常重视群众法制宣传工作。司法人民委员部委员梁柏台指出:“不但一般工农群众,对于苏维埃政府所颁布的各种条例和法律不很明了,就是苏维埃政府的下一级干部也有不明了的,因此不知不觉中有违反苏维埃法律的事情。以后对于苏维埃的法令,应向工农群众作普遍的宣传解释工作,使一般群众提高法律的常识,以减少犯罪行为,为彻底实现苏维埃的一切法令而斗争!”梁柏台要求“注意法律教育,其方法是指导各级裁判部多做一下工作:甲、多组织巡回法庭到出事地点审判案件;乙、审判案件前后,多出通告、布告等,以吸收群众来参

① 参见郭玉元主编:《人民司法从这里走来》,江西省赣州市中级人民法院 2010 年 10 月 15 日编印,第 3 ~ 26 页。

加审判和明了案件的内容；丙、在各种会议上和文字上向群众做有关司法方面和各种法令的解释工作"。① 为此，中央苏区《红色中华》报几乎每期都有法制宣传教育内容，开辟了"苏维埃法庭"专栏，刊登新颁布的法令或者判决书、典型案例，中央司法人民委员部也经常在报刊上结合实际对一些法令做宣传解释，引导人民群众学法执法，为增强苏区干部群众的法制意识，贯彻执行苏维埃法令，起到了积极的促进作用。

三、为了工农兵利益而走向法制

法制是民主的保障，中央苏区法律体系的构建、司法活动走向规范化，最终目的是工农兵权益的实现、人民民主的保护。法制，是指法律制度体系的建立及其实施过程。仅有零散的法律，不是法制，法制应是体系化的法律制度。仅有静态的法律体系，不是法制，法制应是动态的立法、执法、司法、守法、法律监督过程。法制是政府依法办事，社会依法运行，人民尊法守法，法律至高无上的良好社会形态。

在中国共产党法律制定史上，以"法"命名的历史，起自1928年12月的《井冈山土地法》，经过1929年4月的《兴国土地法》，在中央苏区时期大批法律制定颁布。1931年11月中华苏维埃共和国成立，《中华苏维埃共和国宪法大纲》《苏维埃组织法》《中华苏维埃共和国中央苏维埃组织法》《中华苏维埃共和国地方苏维埃暂行组织法（草案）》《中华苏维埃共和国土地法》《中华苏维埃共和国劳动法》《中华苏维埃共和国婚姻法》《中华苏维埃共和国司法程序》《裁判部暂行组织及裁判条例》等配套法律开始制定、颁布、实施。严格地讲，中国共产党的法制时代，也即中国共产党领导下人民政府的法律制度体系的建立及实施过程，是从中华苏维埃共和国时期开始的。

1932年10月24日的《中央司法人民委员部一年来工作》报告认为，"司法机关过去在苏区是没有的，是中央政府成（立）后的创举。在司法上，每种工作都是新的创造和新的建设，所以特别困难。开始成立司法机关时，就必须注意

① 郭玉元主编：《人民司法从这里走来》，江西省赣州市中级人民法院2010年10月15日编印，第185页。

司法程序的建立，首先请求中央执行委员会颁发了裁判部暂行组织及裁判条例，依据该项条例来建立各级裁判部的工作，来组织法庭，按照所规定的程序来审判案件。由司法人民委员部颁发了各种表格，如案卷、审判记录、判决书、传票、拘票、搜查票、预审记录、工作报告表、搜查记录、苦工队登记表等十种，以备各级裁判部的应用，并且使各级裁判部的公文形式可以统一。”由中央苏区的该工作报告可以判明：第一，中华苏维埃共和国中央政府认为，我党领导下人民政府的司法机关建设，起自中央苏区时期的 1932 年。此前没有司法机关。虽然根据中央执行委员会 1931 年 12 月 13 日颁布的第六号训令，在 1932 年 1 月已由司法人民委员部通令各级政府成立临时司法机关——裁判部，但是因为缺乏干部，懂得裁判工作的人很少，所以从 1932 年 3 月才实际上开始建立裁判部的工作。裁判部实际上做工作是从 1932 年 6 月开始的。第二，司法机关的建立，首先要有司法机关组织法和工作程序的规定。司法不但要有法律依据、执法依据，更重要的是要有懂得法律、懂得裁判的司法人员。第三，司法要将法制，司法活动纳入统一的、规范的轨道当中，做到司法机构司法文书统一、司法报表统一、司法档案统一、司法公文统一，更重要的是做到各级司法机构的审判要求、工作标准统一。

但法制不是断崖式地从“没有”到“有”的截面，民主与法制也不是大风刮来、天生一对的孪生姐妹。民主与法制的密不可分、相生相伴，在中华苏维埃共和国建立前的工农红军和革命根据地民主制度建设与法律司法工作中已有其萌芽与思想。

在土地革命时期，工农革命军的民主与法制思想互为补充。1927 年 9 月开始的“三湾改编”，提出了实行工农革命军内部的民主主义制度，连以上建设士兵委员会，不许官长打骂士兵、士兵有开会说话的自由、废除烦琐礼节、经济公开、官兵待遇平等。士兵委员会也教育士兵自觉遵守各项纪律。作为民主制度的士兵委员会，同时具有监督、执纪、执法权。[①] 1928 年 5 月 20 日，中共湘赣边界“一大”召开之时，红四军三十二团一营一连士兵委员会发现连长赌钱，予

① 参见《井冈山红色文化资源现场教学读本》，江西人民出版社 2018 年版，第 24 页。

以批评教育无果，即处罚该连长为大会站岗一天。①

为了加强红军官兵的民主意识教育，1928 年冬至 1929 年年初，我军第一所军事院校——井冈山红军学校专门开设了相关政治课程，增强士兵对军队管理的民主参与意识，增强红军干部的民主管理水平，使士兵能够“参加军队管理，维持军队纪律，厉行士兵政治教育，对外做群众运动”。红五军党代表滕代远于 1929 年 1 月 12 日给湖南省委的报告中写道：“惟因此人才非常缺乏，现与四军合办的政治训练学生 60 多名，教导队百多名快要毕业了，并决定马上还要开办容一营以上的军官学校。”曾任湘赣边界特委书记的杨克敏 1929 年 2 月 25 日在《关于湘赣边界苏区情况的综合报告》中提道：“关于干部的训练，曾经办了一个四军教导队现又办了一个红军学校，训练一般下级军事政治的干部人才。”②彭德怀、滕代远、张子清、邓萍、陈伯钧、谭希林等诸多领导带头为学员讲授政治、军事课程。红军学校的官兵民主教育与纪律教育，为红军民主管理与严肃军纪奠定了重要基础。

除了加强红军政治民主教育，红军还以士兵委员会为主，实行经济民主。在经济上，部队实行财务公开，在连队配有 1 名采买和 1 名副采买，一个管账一个管银，定期向士兵公布伙食账目，余下的“伙食尾子”官兵平分。士兵委员会参加军队的经济管理，督促各项民主制度的执行，不仅有利于红军官兵的民主意识培养，而且促进了官兵融洽，让广大士兵真切地感受到了红军与国民党军队的本质不同。

四、中央苏区民主与法制的同步推进

我党关于民主与法制辩证关系的思想，在红军建设中废除官长对士兵的肉刑问题上得到充分体现。1929 年 12 月，《中国共产党红军第四军第九次代表大会决议案》指出：“虽然老早就提出了官长不打士兵的口号和规定士兵会有申诉他们的痛苦的权利，但简直没有什么效力，其结果造成官兵间的悬隔，低落了士兵以致官长情绪，逃跑的数目日多，军中充满了怨恨空气，甚至发生自杀的

① 参见井冈山“茅坪士兵委员会旧址”陈列展，2020 年 11 月 6 日。

② 井冈山革命博物馆：《题解井冈山》，中央文献出版社 2008 年版，第 249 页。

事件，这是与红军的斗争任务完全背驰的现象，如不赶快纠正，危险不可胜言。”该决议案认为：一方面，废止肉刑是个官兵平等的民主问题。封建阶级为了维持封建剥削，不得不用最残酷的刑罚做工具，以镇压被剥削者的反抗和叛乱，“这是肉刑为封建时代的产物的理由”。红军第四军产生于封建制度尚未肃清的中国，它的主要成分又多是从封建军阀军队转变来的，封建的思想和习惯依然浓重地存在于官长与士兵当中，打人的习惯与非打不怕的习惯由此而来。这是封建制度不民主的具体体现。资本主义发展民主，抛出自由主义，以发展工农士兵群众的个性，这种民主与封建的不民主是对立的。我们也要实行官兵的民主，“苏维埃政权是最进步的政权，它的下面，不应有一切封建制度的残余存在”。另一方面，官兵平等、废止肉刑，又是个法律的问题、法制的问题。决议将废止肉刑上升到法律的高度，指出：“苏联不但红军中老早没有肉刑，在一般法律上，亦通过严禁肉刑的使用。”以法律促进肉刑的废止，以法制促进民主的推进，这是该决议蕴含的理论价值。因此，该决议也将在红军中废止肉刑这一官兵民主问题提升到法律的高度，强调：“红军废止肉刑的法律程序是：1. 修改红军惩罚条例；2. 由最高军政机关会衔发布废止肉刑的通令，并颁布新的红军惩罚条例；3. 通令发布后，一方面由军政机关召集官长会议，详细说明废止肉刑的理由，使全体官长拥护这个通令的重大改革，良好地努力地在部队中执行起来；4. 另一方面，由士兵会召集士兵代表会议，除拥护这个改革，以后要自觉地遵守纪律外，并要森严群众的纪律制裁，以达到肉刑废止后的良好的收获。”法制是民主的保障，民主是法制的内容，在红军废止肉刑的实践中得到证明。

民主制度也实行在干部教育培训机构的组织管理工作中。据瑞金革命纪念馆馆藏的《文物史料汇编》记载，1931 年，在中央教育干部学校制定并实施了《中央教育干部学校国家职员工会暂行章程》，规定中央教育干部学校工会隶属国家机关雇员支部，本支部“以团结中央教育干部学校全体学生及工作人员的力量，为完善会员的经济生活与文化生活、完成学校的教育任务、拥护苏维埃夺取苏维埃在全国的胜利、转变到社会主义革命建设与社会主义的社会而斗争为宗旨”。支部权力机构组成为支部会员全体会议、支部委员会、支部委员会常委会、小组会。支部委员会由全体会员开会选举正式委员 9 人、候补委员 2

人。候补委员在正式委员出缺时递补，在支部委员会开会时有发言权和表决权。支部委员会从正式支委中选出 1 人为主任，另选举 2 人为副主任，共同组成常委会处理日常事务。全体会员会每月一次，支部委员会半月一次，支部常委会两周一次，小组会半月一次。支部委员会每六月改选一次。支部委员会"组织委员管理会员的登记及统计收取月费，督促小组开会等事；宣传文化委员管理俱乐部、列宁室、墙报、演讲会、讨论会、识字课、体育等事宜；宣传委员管理宣传鼓动事项；经济生活委员管理伙食、卫生、物品采买的登记及分配、稽（查）账目等事项；青年委员管理青年等特殊的工作"。①上述文件证明中央苏区时期的干部培训院校民主管理具有以下特点：（1）学校民主管理依法依规规范进行，民主管理和法制建设同步进行；（2）在院校组织系统的党政管理同时，学生管理与教工管理的自我管理一体化，促进教、学双方的共同归属感与共融共建机制；（3）工会支部，作为院校民主管理的组织形式，事关并处理学校的经济、文化、教育、体育、娱乐、生活一切事务，培养学生和教工的以院为家主人翁精神；（4）工会支部组织架构缜密，委员分配实在管用，支部全体会员会议、支部委员会、支部常委会、小组会层层递进、组织严密，支部委员和候补委员职责分明、有效衔接。苏区中央教育干部学校民主管理完备的工会制度，今天看来，仍然是干部院校民主管理的良好借鉴。

1933 年 5 月 30 日，中央司法人民委员部发布《中央司法人民委员部命令第十四号》，要求各裁判部的司法审判与群众的民主参与相结合，与群众的法制教育相结合。该命令指出："解决任何案件，要注意多数群众对于该案件的意见。在审判案件之前，必须广泛地贴出审判日期，使群众知道某日审判某某案件，吸引广大群众来参加旁听审判。既审之后，应多贴布告，多印判决书。"坚决不许发生在房间里秘密审判的情形，或随便写一个判决书报上级批准的情形。要宣布案件的经过，使群众明了案件的内容。裁判部应时常派代表到各种会议上去做报告，引起群众对裁判部工作的注意，多组织巡回法庭到出事地点去巡回审判，以教育群众。该命令将司法活动在群众的参与、监督之下，是党的民主与法制内在统一、相依相伴、互相促进理念的生动阐释。

---

① 江西省瑞金革命博物馆：《文物史料汇编（章程条例类第一集）》，第 9～11 页。

1931年11月中华苏维埃共和国成立,翻开了中国共产党民主与法制建设的鸿篇大作。在中国共产党的百年历史上,民主与法制建设的篇章萌芽于井冈山,起始于中央苏区,淬炼于陕甘宁边区,成熟于新中国成立后,跨越在党的十八大以后。以2014年10月23日党的十八届四中全会通过的《中共中央关于全面推进依法治国若干重大问题的决定》为标志,中国共产党的民主与法制建设迈上新台阶,开始新征程。

中华苏维埃共和国时期作为党的民主与法制建设的起始阶段,不仅在于革命法律制度体系的创新与建立,司法制度与司法机构的创新与建立,而且在于各项法律的体系化、规范化、制度化的实施推进。

1931年11月7日,中华苏维埃第一次全国代表大会通过的《中华苏维埃共和国宪法大纲》以根本大法的形式,宣告了全体公民的法律地位:"在苏维埃政权领域内的工人、农民、红军兵士及一切劳苦民众和他们的家属,不分男女种族宗教,在苏维埃法律面前一律平等,皆为苏维埃共和国的公民。""法律面前一律平等",这句响彻中华大地一个世纪的口号,从此诞生!

《中华苏维埃共和国宪法大纲》以根本大法的形式,确立了人民的民主权利:第一,确定了管理国家的权利:"中华苏维埃政权所建立的是工人阶级和农民的民主专政的国家,苏维埃全部政权是属于工人农民红军兵士及一切劳苦民众的。在苏维埃政权下,所有工人农民红军兵士及一切劳苦民众都有权选派代表去掌握政权的管理。"第二,确定了生存和利益保障权:"中国苏维埃政权以彻底改善工人阶级的生活状况为目的,制定劳动法,实行八小时工作制,规定最低限度的工资标准","中国苏维埃政权以消灭封建制度及彻底的改善农民生活为目的,颁布土地法,主张没收一切地主阶级的土地,分配给贫农中农"。第三,确定了言论出版集会结社的自由:"中国苏维埃政权以保证工农劳苦民众有言论出版集会结社的自由为目的。反对地主资产阶级的民主,主张工人农民的民主。"第四,确定了妇女权益:"中国苏维埃政权以保证彻底地实行妇女解放为目的。"承认婚姻自由,是妇女逐渐得到脱离家务舒服的物质基础,从而参加社会经济文化生活。第五,确立了人民受教育的权利、宗教信仰的自由:"中国苏维埃政权以保证工农劳苦民众受教育的权利",实行完全免费的普及教育。"中国苏维埃政权以保障工农劳苦民众有真正的信教自由的实际为目的”,绝对实行政教分离的原则,一切苏维埃公民有反宗教的宣传的自由。第六,确定了少数民族的权利:“中国苏维埃政府承认中国境内少数民族的自决权。”第七,承认了外国人的政治权利:对于居住在苏维埃区域内从事劳动的外国人,一律使其享受苏维埃法律所规定的一切政治上的权利。

民主与法制是辩证统一的关系。中华苏维埃共和国时期民主与法制关系的代表文献《中华苏维埃共和国宪法大纲》告诉我们:发展民主必须健全法制,使民主制度化、法律化;弘扬法制必须以民主为基础,以法制确定民主、保护民主。

第五节　实事求是、从实际出发是司法培训的根本原则

一、“三不八能”,通俗易懂的干部培训要求

井冈山和中央苏区时期的司法教育培训工作,我党注重实事求是,有关培训机构、培训类别、培训计划、培训师资等培训要素坚持根植根据地土壤,从实际出发。早在井冈山斗争时期,我党就因地制宜创办了多种不同形式的干部教育培训机构,针对不同对象,多层次全方位实施教育培训。教育的内容包括共产主义常识教育、坚定理想信念教育、党的方针政策教育、工农革命军的宗旨教育、反对旧军阀和非无产阶级思想教育、纪律和法律教育、文化基础教育、国情和社会管理知识教育等。

1927 年 11 月,工农革命军按照时任中共湖南省委前敌委员会书记毛泽东的指示,在宁冈龙市龙江书院开办了军官教导队,100 多名军队和地方武装选派的基层干部、骨干分子在这里接受了培训。毛泽东亲临授课,要求学员做到“三不八能”:不嫖、不赌、不偷;能写、能说、能唱、能算、能打仗、能吃苦耐劳、能生产劳动、能诚实可靠。[①] 短短的半个月集训,学员的政治思想觉悟和军事技能素质得到了极大提高,在边界的武装割据斗争中发挥了重要作用。1828 年

① 江西省井冈山市宁冈龙市“龙江书院旧址”陈列展,2020 年 11 月 5 日。

10 月,为了加强党员教育工作,湘赣边界特委成立了宣教委员会,负责编写教材和实施干部培训。边界特委在步云山、象山庵两地举办了党团训练班,集训区、乡两级党务干部,毛泽东、朱德、陈毅、何挺颖、谭震林、宛希先等特委都到训练班授课,从普及共产主义者须知常识开始,对农民成分居多的党员进行无产阶级思想教育。各县县委也都举办了党团训练班,分别训练基层支部干部。1928 年冬,红四军军委在井冈山茨坪黄竹坳创办了井冈山红军学校,该校的前身即工农革命军在龙江书院开办的军官教导队。彭德怀兼任红军学校校长,学校主要对学员进行党性教育、政治训练和军事训练。红军学校学员主要以原军官教导队学员为基础,同时将红四军各团教导队学员也一并编入。井冈山红军军校虽然存在时间较短,却是我军军事政治院校的最早起源,为井冈山红军培养出了一批政治军事及党务工作干才。

我党注重通过采用通俗易懂的教育方法,开展群众性法制教育与法制宣传。红军每攻克一个城池,就把面对群众的教育与宣传摆在首位,广泛运用识字、读报、演讲、漫画、戏剧、演唱、标语、墙报等宣传教育方式,注重寓教于乐,于通俗易懂的艺术形式中宣传革命道理、扩大红军影响、普及马克思主义常识、宣传红军纪律和法律法规。为了加强文化建设,“三湾改编”后,我党在工农革命军中设立了娱乐科,健全了党代表制度和宣传兵制度,保证了党的路线、方针、政策、律令在军队和民众中的贯彻执行。中央苏区注重面向大众的法治宣传,苏区的红色报纸《红星报》《红色中华》《斗争》《青年实话》《苏区工人》《苏维埃文化》《工农报》《革命与战争》《铁拳》《战士》《红星画报》《少年先锋》《互济画报》等,都开辟了各类法制宣传教育专栏,诸如“苏维埃法庭”“学与法”“苏维埃法律”“铁锤”“突击”“烈焰”“铁棍”“警钟”“轻骑队”“冲锋队”“法律知识”“红板”“黑板”“审判台”等栏目,不但刊登相关法制教育文章或诗画,还刊载法律文件、司法人民委员部指示、裁判部工作经验、审判动态、典型案例。

针对文化基础教育和群众政治觉悟的内在联系,红军在加强群众政治教育宣传工作的同时,注重百姓的文化基础教育。根据地广泛设立了列宁小学、补习学校、红色小学、扫盲识字班、夜校等教育机构,军队和地方普遍成立了文化与政治教育合一的“列宁室”,建设了具有根据地特色的普及教育网络体系。面向工农及其子弟的出版物:《苏维埃公民》《工人千字课》《共产儿童读本》

《红军识字课本》《儿童唱歌集》等，都结合实际简洁通俗地宣传了苏维埃法律知识。中央苏区先后颁布各种法律法规130余部，为了普及相关法律知识，中央苏区先后出版了法律法规单行本几十种，各种单行本包括《中华苏维埃共和国劳动法》《中华苏维埃共和国土地法》《中华苏维埃共和国选举细则》《中国工农红军优待条例》《红军抚恤条例》《中华苏维埃共和国婚姻条例》《中华苏维埃共和国关于经济政策的决定》《苏维埃地方政府暂行组织条例》。

"没有调查，就没有发言权。"这句起源于毛泽东的党建名言，中国特色马克思主义的工作方法，诞生在土地革命时期的1930年5月。调查研究，实事求是、从实际出发，是科学决策的基础工作，也是司法审判审案断案的基础工作。实事求是、理论切合实际是马克思主义活的灵魂。马克思、恩格斯在《共产党宣言》中指出："共产党人的理论原理，决不是以某一个世界改革家所臆想或发现的思想或原则为根据的。"①马克思主义政党本身也在不断否定自己的错误判断与主张，恩格斯的早期著作《共产主义原理》曾预言：无产阶级革命"能不能单独在某个国家内发生呢？答：不能"。"共产主义革命将不仅是一个国家的革命，而将在一切文明国家里，即至少在英国、美国、法国、德国同时发生。"随后，马克思、恩格斯就已发现这个论断"带有空想社会主义影响的痕迹"。②所以，无产阶级政党，从马克思主义创始人那里开始，就已经开始了坚持真理、修正错误的历史唯物主义发展历程。

1930年年初，周恩来赴共产国际汇报工作，李立三主持中央工作。针对中共中央错误地指责红四军"在农村建立红色区域就是保守观念""没有以全国胜利为前提"的说法，针对李立三照搬马列原著和苏联模式，提出"猛烈地扩大红军与坚决地向中心城市发展，是红军当前的主要任务"的错误判断，毛泽东开展了寻乌调查，写出了《反对本本主义》一文。毛泽东指出："你对于某个问题没有调查，就停止你对于某个问题的发言权，这不太野蛮了吗？一点也不野蛮。你对那个问题的现实情况和历史情况既然没有调查，不知底里，对于那个问题的发言便一定是瞎说一顿。""以为上了书的就是对的，文化落后的中国农

---

① 《马克思恩格斯全集》（第4卷），人民出版社1958年版，第479页。
② 《马克思恩格斯全集》，人民出版社1958年版，第368页、第618页。

民至今还存在着这种心理。”“马克思主义的‘本本’是要学习的，但是必须和我国的实际情况相结合。我们需要‘本本’，但是一定要纠正脱离实际情况的本本主义。”“盲目地表面上完全无异议地执行上级的指示，这不是真正在执行上级的指示，这是反对上级指示或者对上级指示怠工的最妙办法。”①在领导中央苏区的革命实践中，以毛泽东为代表的中国共产党人坚持马克思主义基本原理同中国具体实际相结合，毛泽东以身作则、言传身教，带领苏区干部深入调查研究、坚持求真务实的优良作风。上述反对主观主义、本本主义的基本观点，不仅对于党和军队建设，对于司法培训理念也是至为重要的基本观点。上述观点同时也是中国共产党实事求是思想路线的早期经验总结。

走群众路线、为人民司法，是中国共产党的光荣传统。为此，早期人民司法机构做了大量至今具有启迪意义的探索。我党的创始人之一、人民政权的第一任“首席大法官”何叔衡，在中华苏维埃第一次全国代表大会上当选为中央政府工农检察人民委员（部长）。1932 年 2 月 19 日，中央政府决定组建临时最高法庭，委任何叔衡为临时最高法庭主审（主席）。在何叔衡的主持和倡导下，中央苏区探索并创建了依靠人民群众开展司法、检察工作的系列制度：（1）组建突击队。1932 年 8 月 13 日中央工农检察人民委员会颁布的《突击队的组织和工作》规定，中央和地方各级监察机关在进行反腐败工作时，可以组织突击队对相关工作及机关或企业进行检查。凡有选举权的人经过组织遴选都可以当选为突击队员，不离开工作岗位，利用生产空暇开展工作。检查方式：一是公开地突然检查；二是扮作百姓群众私访密查。（2）组建轻骑队。1933 年 12 月 20 日苏区中共中央局通过的《轻骑队的组织和工作大纲》规定：轻骑队的任务是监督检查各机关、各企业、合作社是否存在贪污腐化、官僚主义、消极怠工、行贿受贿等违法乱纪现象。轻骑队在组织上受团组织的领导。（3）建立工农通讯员队伍。根据《中华苏维埃共和国地方苏维埃暂行组织法（草案）》的规定，各级工农检察部门，必须在一切国家机关、企业、学校、社会团体及街道村落中设立工农通讯员。工农通讯员是不脱产的群众监察员，遇有机关和企业人员违法失职、贪污浪费、违反政策或损害群众利益行为时，有权搜集材料，以通信的方

① 《毛泽东选集》（第 1 卷），人民出版社 1991 年版，第 109 ~ 116 页。

式向监察机关报告。（4）组建群众法庭。《工农检察部组织条例》规定：工农检察机关如果发现各级政府机关内有官僚主义者或腐败分子时，可以由监察部门出面组建群众法庭，审理不涉及犯法行为的案件。群众法庭有判决开除工作人员、登报宣传其官僚腐败行为等职权，但若涉及刑事案件，则要由苏维埃法庭审理处罚。[①] 继何叔衡后，1934 年 2 月 3 日，另一位中国共产党的创始人董必武被任命为临时最高法庭主席，随后被任命为新组建的中华苏维埃共和国最高法院院长。1934 年 9 月，毛泽东在于都县城出席了赣南省裁判部干部会议，提出要依靠群众开展裁判工作，搞好查田运动，认真做好肃反工作，严格分清敌友，团结真正的朋友，打击真正的敌人。[②] 在毛泽东建党建政思想的指导下，在何叔衡、董必武等老一辈革命家主持下，我党早期创建的依靠人民开展司法工作制度奠定了后续人民司法事业发展的坚实基础。

二、鲜活的案例，是司法培训的活教材

中央苏区注重利用鲜活的案例进行法制教育，1933 年 5 月 2 日在《红色中华》报刊载的《贪污腐化分子滚出去》案例：国家银行出纳科员袁雨山、刘道彬贪污腐化案，工农检察部为教育群众，召集中央政府各机关工作人员、工厂工人推举五人为审判委员，组成同志审判会，对两人进行审问，确定两人生活腐化并有贪污行为后，被判决开除职务，移送法庭依法讯办。1933 年 6 月 17 日在《红色中华》报刊载的《贪污腐化分子滚出去》案例：江西省木船工人委员长彭士淳、卢汗魁，私吞工人伙食费，把工人的社会保险金挪用做生意，图谋私利、喝酒赌博，公开法庭判处他们罚做苦工 40 天。[③]

事实上，每一个人民司法前辈，都是一个鲜活的指导案例。井冈山和中央苏区的人民司法历史昭示天下：从事人民司法工作，首先须是坚定的革命者。

中华苏维埃共和国最高法院院长董必武（1876～1935 年），是人民司法工

① 江西省瑞金市“中华苏维埃共和国最高法院旧址”陈列展，2020 年 11 月 6 日。

② 郭玉元主编：《人民司法从这里走来》，江西省赣州市中级人民法院 2010 年 10 月 15 日编印，第 206 页。

③ 参见郭玉元主编：《人民司法从这里走来》，江西省赣州市中级人民法院 2010 年 10 月 15 日编印，第 53～54 页。

作的奠基人之一,也是中国共产党的创始人之一、新中国党和国家的卓越领导人之一。“五四运动”后,董必武和陈潭秋创办了马克思主义研究会,1920 年秋在武汉建立了共产主义小组,1921 年 7 月出席了中国共产党第一次全国代表大会。大革命失败后,1927 年 12 月,董必武奉党中央指示经上海去日本,1928 年 8 月由日本转去苏联,在莫斯科大学特别班学习,1929 年春被共产国际保送列宁学院(中央党校)进修,1931 年以优异成绩毕业于列宁学院,留校工作。因革命工作需要,1932 年 3 月董必武受组织安排回国,1932 年秋到达中央苏区工作,任中华苏维埃共和国临时最高法庭第二任主席、最高法院院长。

中华苏维埃共和国第一任临时最高法庭主席何叔衡(1886 ~ 1975 年),是人民司法工作的奠基人之一,也是中国共产党的创始人之一。1918 年,何叔衡和毛泽东、蔡和森一起创办了革命团体新民学会,何叔衡担任最高领导人:执行委员长。1920 年,何叔衡与毛泽东等人发起组织俄罗斯研究会,参加湖南共产主义小组。1921 年 7 月,何叔衡和毛泽东作为湖南共产主义小组代表出席中国共产党第一次全国代表大会。1931 年 11 月,何叔衡由上海,经香港、广东、闽西,到达中央苏区江西瑞金。1932 年 2 月 19 日,何叔衡任中央政府临时最高法庭主席。1935 年 2 月 24 日,在随部队转移途中被敌人包围,因年迈体弱,为不连累战友跳崖负伤,被敌人发现后杀害,牺牲时年 59 岁。

中华苏维埃共和国临时中央政府司法人民委员部副部长梁柏台(1899 ~ 1935 年),是新生苏维埃政权法律制度和法律体系的创始人之一。1920 年 9 月进入上海外国语学社学习,后加入中国社会主义青年团学习,成为最早的青年团员之一。1921 年 4 月,婚后 7 天即赴革命红都苏联,1922 年 8 月入读莫斯科东方大学,年底加入中国共产党。1924 年被分配到海参崴(符拉迪沃斯托克)工作,任中共崴埠支部书记,1927 年后任伯力省法院审判员,从事革命法律研究和司法工作,同时任远东教务部翻译局编译,翻译出版了《联共党纲和党章》《列宁主义入门》等书籍。1931 年 5 月回国,9 月到达瑞金,参加中华苏维埃第一次全国代表大会筹备工作,以宪法撰稿人和法令起草人的身份起草了《中华苏维埃共和国宪法大纲》和其他法令。梁柏台在中华苏维埃共和国临时中央政府成立后一直从事立法与司法工作,开展了创立苏维埃司法制度、设立苏维埃司法机关工作,历任中华苏维埃共和国临时中央政府司法人民委员部副部长，内务部副部长、代理部长，临时最高法庭委员，临时检察长等职。1935 年 3 月 4 日，在留守中央苏区、通过敌人封锁线战斗中，受伤被俘，后被“铲共团”杀害，年仅 36 岁。

三、星火燎原，全国各根据地的司法培训

1927 年春夏，蒋介石、汪精卫相继背叛革命，残酷镇压共产党和革命群众，全国革命形势转入低潮。1927 年 8 月 7 日，中共中央“八七会议”确定了实行土地革命和武装反抗国民党反动派的总方针，决定在湘、鄂、赣、粤四省举行秋收起义。南昌起义、秋收起义、广州起义失败后，中国共产党决定把工作重点转移到农村。一系列农村革命根据地经过艰苦卓绝的斗争，逐步发展壮大。至 1930 年夏，除井冈山革命根据地外，中央根据地以及湘鄂西、海陆丰、豫鄂皖、琼崖、闽浙赣、湘鄂赣、左右江、东江、陕北、陕甘边等根据地均陆续创建起来，纷纷建立了工农革命政权，红军发展到七万余人，占据了十多个省的边界地区或偏僻山区。1931 年 11 月 7 日至 20 日，第一次全国苏维埃代表大会在江西瑞金举行，宣布成立中华苏维埃共和国临时中央政府。毛泽东被选举为中央政府主席，项英、张国焘为副主席。中华苏维埃共和国，是中国共产党建立全国性政权的第一次尝试，也是一次伟大的革命壮举。

1933 年年初，中共临时中央政治局迁入瑞金中央革命根据地，王明“左”倾路线推行者进一步贯彻错误路线，完全排斥了毛泽东的正确领导，推行宗派主义的过火斗争和无情打击政策，同时实行军事上的堡垒战、阵地战，最终导致第五次反“围剿”斗争失败，中共中央和中央红军主力被迫于 1934 年 10 月撤离中央苏区，开始长征。此后，除陕甘革命根据地外，其他革命根据地几乎全部丧失，全国性的苏维埃政权不复存在。

司法教育工作是党的职业教育工作的一个组成部分。关于教育工作的总方针，毛泽东在第二次全国苏维埃代表大会上所做的政府工作报告中指出：“苏维埃文化教育的总方针在什么地方呢？在于以共产主义的精神来教育广大的劳苦民众，在于使文化教育为革命战争和阶级斗争服务，在于使教育与劳动联系起来，在于使广大中国民众都成为享受文明幸福的人。”毛泽东强调：苏维埃文化教育的中心任务“是厉行全部的义务教育，是发展广泛的社会教育，

是努力扫除文盲,是创造大批领导斗争的高级干部”。[①] 在此精神指导下,各级苏维埃政府高度重视文化教育工作,中央政府设立了中央教育部,在省、县、区政府也设立了教育部。其中,在省、县教育部中设立两个科室:普通教育科、社会教育科。职业教育被列为各级苏维埃政府的两大教育任务之一,包括司法教育训练在内的职业教育得到充分重视与发展。

为了把教育培训纳入法制化、规范化的发展轨道,1934 年 5 月至 6 月,中央教育部把苏维埃第一次全国代表大会以来中央政府和中国工农红军总政治部颁布的教育规章进行了汇集修订,共审定了 24 部教育工作规章,编撰出版了《苏维埃教育法规》一书。这是中国共产党领导下人民政府的第一本教育法规汇编。被纳入的教育规章包括初级教育、高等教育、社会教育、艺术教育四类,具体为《教育行政纲要》《江西省第一次教育会议决议案》《小学校制度暂行条例》《小学管理法大纲》《小学教员优待条例》《小学课程教则大纲》《列宁小学学生组织大纲》《小学教员训练班简章》《红色教员联合会暂行章程》《短期师范学校简章》《初级师范学校简章》《高级师范学校简章》《短期职业中学试办章程》《中央农业学校简章》《沈泽民苏维埃大学简章》《夜学校及半日学校办法》《业余补习学校办法》《识字班办法》《俱乐部组织纲要》《苏维埃剧团组织法》《工农剧社暂行章程》《高尔基戏剧学校简章》《红军中俱乐部列宁室的组织与工作》《兴国乡村的教育》等。《苏维埃教育法规》中国共产党红色教育制度与理念体系大全,是中国共产党教育思想和全国苏维埃教育工作经验的集中体现,其编撰出版工作是无产阶级教育家、中央教育部代部长徐特立主持进行的一项依法治教、载入史册的历史性创举。

在 1929 年至 1934 年革命根据地蓬勃建立时期,各根据地以工农兵代表大会为最高权力机构的工农革命政权,普遍设立了以肃反委员会为代表的司法机构,承担了各根据地司法审判工作,并开展了相关教育训练工作。与中央苏区的司法培训规范化建设略有不同,其他各根据地的司法教育训练基本上与党政军干部的教育训练合并进行。

闽西根据地的司法教育工作:1929 年 7 月,在毛泽东指导下,我党在上杭

① 《红色中华》报,1934 年 1 月 26 日。

召开了闽西党的第一次代表大会，选举了以邓子恢为书记的中共闽西特委。1930年3月，在龙岩召开了工农兵代表大会，成立了闽西苏维埃政府，会后成立了闽西政府裁判和肃反委员会及裁判部，颁布了《中华苏维埃共和国中央政府组织法》，要求各县政府成立裁判科，各区、乡政府设立裁判委员1人。会后陆续颁布了《中华苏维埃共和国裁判部的暂行组织及裁判条例》以及土地、劳动、山林、工会、税则、婚姻法令等，开展了相关的法制宣传和司法训练工作。

闽浙赣根据地的司法教育工作：1930年9月，我党决定成立赣东北省委，方志敏任省委书记。1930年11月，成立赣东北省苏维埃政府，方志敏任省苏维埃政府主席。赣东北省后来发展成为闽浙赣革命根据地。赣东北省政权分为省、县、区、乡四级。省府、县府设肃反委员会，集侦查、逮捕、审判、执行职权为一身。1931年5月，赣东北省颁布了《赣东北特区苏维埃暂行刑律》，刑律分为总则、分则两大部分，共149条。总则规定了效力、适用范围、未遂罪、累犯罪、共同犯、自首、加减刑、假释等犯罪和刑罚种类等刑罚的一般原则；分则规定了伪造货币罪、赌博罪、奸非罪、遗弃罪等22种具体犯罪的处刑标准。暂行刑律是各根据地中，较为系统、完整的单行刑事法律。闽浙赣根据地重视文化教育和干部培养工作，1933年，赣东北和闽北共建成小学400余所，7～15岁学龄儿童全部入学，创造了我国教育史上的奇迹。为了培养干部，赣东北和闽北还各创办了1所列宁师范学校，省苏维埃政府专门创办了1所妇女职业学校。1934年1月7日，闽浙赣省委宣传部发布第二号通知，要求通过组织生活会和支部流动训练班，加强党员的经常性教育，规定"七天一次小组生活会"，无故不得缺席。同时规定，"党员要经四次训练"，方可以提拔为干部。

豫鄂皖根据地的司法教育工作：豫鄂皖根据地位于湖北、河南、安徽3省交界的大别山区。1930年2月，我党成立豫鄂皖边特委。1931年2月初，正式成立豫鄂皖特别区委员会和豫鄂皖军委会。1931年5月12日，成立直属中央政治局领导的中共豫鄂皖中央分局，张国焘任分局书记兼军委主席。1931年7月1日，成立豫鄂皖省苏维埃政府。省府下设政治保卫处，负责对案件的侦查、逮捕、审判、执行工作。徐向前在《历史的回顾》一书中回忆道：由于革命斗争的残酷，一些革命意志不坚定者叛变投敌，队伍内部贪污腐化分子时常出现，豫鄂皖根据地有反必肃、有贪必惩，以实际行动教育了红军将士。但在张国焘的错误主导下，也发生了肃反严重扩大化，错办了豫鄂皖特委委员、红二十二师师长许继慎等“第三党”“反革命”案，错杀了以许继慎为代表的一批坚定的革命者。①

湘鄂西根据地的司法教育工作：1938 年春至 1930 年春，贺龙和周逸群分别领导创建了湘鄂边和鄂西洪湖根据地，分别建立了红二军、红六军。1931 年 12 月，湘鄂西第三次工农代表大会选举产生了湘鄂西省苏维埃政权，由湘鄂西省政治保卫局负责办理各类案件，于 1932 年 5 月开始第一次大规模的肃反运动，专靠刑讯逼供办案，对于屈打成招的口供不调查取证，仅凭口供抓捕了党政军干部千余人，几乎全被处决。湘鄂西省的第一次肃反扩大化，导致省苏维埃主席团及各部门主要负责人均被错杀，80% ~90% 的省、县、区苏维埃政府干部被作为改组派惨遭迫害。② 先后在湘鄂西苏区开展的四次大规模肃反运动，给湘鄂西根据地造成了重大损失。肃反运动扩大化中，司法干部办案刑讯逼供、偏听偏信、不讲证据，成为我党司法工作的沉痛教训。在教育培训方面，1929 年 7 月，鄂西特委在监利县举办了一期军政训练班，以提高基层干部政治水平。1931 年湘鄂西中央分局和省委成立后，采取举办党校的办法培训干部，分局和省委的高级党校训练县以上领导干部；县委党校培训一般干部和党员。

海陆丰根据地的司法教育工作：海陆丰根据地是中国土地革命的先锋，在全国第一次召开了县级工农兵代表大会，建立了全国第一个县级苏维埃红色政权，最早打出了苏维埃的旗帜，第一个实行了土地改革。1927 年 11 月 13 日至 18 日，陆丰和海丰先后召开了工农兵代表大会，标志着海陆丰革命根据地的正式建立。在彭湃任特委书记的东江特委领导下，海丰县苏维埃革命政府中，共有工农兵代表 311 人，农民代表占 60%，工人代表占 30%，兵士代表占 10%。海陆丰根据地是“中国第一个苏维埃”，经济上素称鱼米之乡；军事上有南昌起义、广州起义的正规武装 2000 余人；知识分子人才较多，仅部队中就有数百名知识分子干部；党员数量庞大，根据地有 24,000 名党员。③ 早在 1928 年 1 月，

① 参见徐向前：《历史的回顾》（上），解放军出版社 1984 年版，第 135 页、第 154 页。

② 参见曾维东、曾维才：《中华苏维埃共和国审判史》，人民法院出版社 2004 年版，第 170 ~ 174 页。

③ 参见梅黎明主编：《星火燎原，全国革命根据地要览》，中国发展出版社 2014 年版，第 138 页。

海陆丰根据地就开办了党校，招收学员100余人，为期一个月，开设的课程包括《列宁主义大要》《苏维埃建设》《第三国际与世界革命》《各国革命的重要经验》《中国共产党史》《中国党的组织及其政策》《农民与土地革命》《中国国民党史的批评》《军事学》《侦探术》《暴动术》《宣传技术》等理论与实务课程。

湘鄂赣根据地的司法教育工作：湘鄂赣根据地是土地革命时期全国六大革命根据地之一，北至长江湖北一带，南抵株萍铁路，东至赣西北，西至粤汉铁路，鼎盛时期统管40余县。湘鄂赣根据地创始于1928年7月22日彭德怀、滕代远、黄公略领导的国民革命军平江起义，之后成立红五军，下辖5个纵队2000余人；1930年6月发展壮大为红三军团，红军官兵17,000人，彭德怀任军团总指挥。1928年7月24日，平江县苏维埃政府成立。1929年4月12日，湘鄂赣边境暴动委员会成立。1930年7月30日，成立湖南省苏维埃政府，李立三任主席(未到任)。1931年9月23日，湘鄂赣省第一次工农兵代表大会在平江县召开，决定将湖南省苏维埃政府改为湘鄂赣苏维埃政府，管辖湘东北、鄂东南、赣西北地区。湘鄂赣省苏维埃政府除举办列宁小学等普通学校外，为加强职业教育，还专门设立了赤色女子职业学校、工场学校、农场学校、教育养成学校，教学方式为半工半读，学习与实践相结合。对于党员干部，开办党校和训练班，1932年7月，湘鄂赣省委举办第一期党校，调各级干部前来受训，宣讲政治形势、党的策略、组织宣传等问题。

湘赣根据地的司法教育工作：湘赣根据地是在井冈山、湘赣边、赣西南、赣东南根据地基础上发展而来的。1929年1月底井冈山失守后不久，湘赣边特委回到永新，逐步恢复了井冈山、九陇山两块根据地，经过一年的艰苦斗争，以永新为中心的湘赣边根据地逐步形成。1931年10月8日，湘赣省委成立，王首道任省委书记。10月17日，湘赣省苏维埃第一次工农兵代表大会召开，成立了湘赣省苏维埃政府，下辖永新、遂川、莲花、吉安、萍乡、茶陵、酃县、攸县等25个县。1933年6月，任弼时任湘赣省委书记、湘赣省军区政委。湘赣根据地与中央苏区仅一水之隔，在五次反"围剿"斗争中，湘赣根据地的红六军(红三军)发扬自我牺牲精神，有力地牵制了敌人，全方位地支援了中央苏区的红一方面军。湘赣边区注重培养培训党员干部，利用战争间隙创办了党校、红军学校、女子职业学校、列宁干部学校。湘赣省委为了提高干部素质、加强队伍建设,创办了党报《湘赣红旗》以及《革命法庭》、《列宁青年》、《湘赣斗争》、《特别通讯》等十几种报刊。1931年11月,湘赣红军学校开班,后改为中国工农红军军校第四分校,仿照黄埔军校模式,设立了军事队、教导队、特科队3个专业学科,系统开设了政治与军事课程。红军军校第四分校先后开办了五期训练班,培训学员2500人。1932年5月,湘赣省委在永新开办第一期党校训练班,受训学员120人,讲授党的理论、党建工作、苏维埃建设、群众工作等课程。茶陵、永新等相关县委也开办了短期"党务训练班"。

左右江根据地的司法教育工作:1929年12月11日,百色起义胜利举行,成立了中国工农红军第七军和右江苏维埃政府,张云逸任红七军军长,邓小平任政治委员,下辖3个纵队3000余人;1930年2月1日,广西警备第五大队在龙州宣布起义,成立了中国工农红军第八军和左江革命委员会,下辖两个纵队1000余人,中共红八军党委受红七军、红八军总政委邓小平领导。1930年2月5日,桂系军阀攻打龙州,红八军无法立足,撤出龙州,转移作战,左江根据地丧失,红八军并入红七军。1930年秋,应李立三"左"倾冒险主义错误要求,红七军攻打柳州、桂林,损失严重,遂放弃攻打大城市计划,行程近万里、经大小战斗百余次,前去江西与毛泽东、朱德领导的红军会合,1931年4月到达永新,7月进入中央革命根据地,与红一方面军胜利会师。左右江革命根据地时期,红七军成了教导大队和军事政治学校,举办军政训练班。1930年1月,韦拔群在东兰开办军训班。为提高干部素质、解决干部短缺问题,1930年4月,红七军前委和右江特委在东兰举办了一期干部训练班,培训学员100余人。7月,前委又在平马举办一期干部训练班,培训学员50余人。1930年7月至9月,红七军前委对全军进行整训,通过学习文件和组织讨论,深入开展政治思想、组织教育、军事素质教育活动。

琼崖根据地的司法教育工作:1927年9月,琼崖(海南岛)特委发动主要目标为攻占海口、嘉积、三亚三大城市的武装总暴动,反抗国民党统治。10月,暴动失败,讨逆军进入乐会县境内开展斗争,进行整编,琼崖巩固根据地开始建立。11月底,讨逆军继续出征,东路讨逆军建立了琼崖最大的万宁、陵水、崖县红色区域;中路讨逆军开辟了文昌、琼山、安定红色区域;西路讨逆军开辟了澄迈、临高、儋县红色区域。1928年1月,讨逆军改编为工农革命军。1928年3

月，全琼大暴动失败，海南革命转入低潮，进入游击战争。1928年8月12日，全琼第一次工农兵代表大会在乐会县四区召开，成立了琼崖苏维埃政府，选举王文明为主席。1930年8月，全琼第二次工农兵代表大会在母瑞山召开，选举了第二届琼崖苏维埃政府。1931年3月，全琼第三次工农兵代表大会在万宁县召开，选举了第三届琼崖苏维埃政府，通过了土地暂行法（修订）、劳动法令、肃反条例、琼崖苏维埃政府及各级苏维埃政府组织条例。琼崖革命创造了自1927年大革命失败至1950年海南岛解放，孤岛奋战，“23年红旗不倒”的光辉范例。当中十年，海南岛党组织与上级党组织失去联系，中共琼崖党组织从琼崖实际出发，勇于探索，艰苦奋斗，创造性地贯彻了党中央的路线方针政策，这是琼崖革命坚持到最后胜利的根本保证。为了培养教育干部，琼崖特委通过举办短训班和各类学校两种途径，加大人才培养力度。1927年2月，琼崖特委创立了工农军干部学校，培养了军事骨干200余人。1931年创办了琼崖高级列宁干部学校，全琼创办初级列宁学校十余所，全面加强了各级党政军干部培养培训工作。同时，琼崖苏维埃还设立了教师速成学校1所，专资培养各地列宁学校的教师人才。根据地还印发了《琼崖红旗》《布尔什维克生活》《工农兵小报》《新潮》《领导》等报刊，宣传党的方针政策，普及苏维埃红色教育。

川陕根据地的司法教育工作：川陕根据地是除中央苏区、豫鄂皖苏区以外，全国第三大苏区。1932年10月，红四方面军2万余人在张国焘、徐向前的带领下，离开豫鄂皖苏区，转战三千里，进入陕南和川北地区，12月29日落脚在通江县城，创建了川陕根据地。1933年2月7～13日，中共川陕省第一次代表大会举行，中共中央代表、西北军委主席张国焘指导大会。2月17～24日，在通江城召开了川陕省第一次工农兵代表大会，与会代表500余人，成立了川陕省苏维埃政府，讨论通过了《川陕苏维埃临时组织法大纲》以及土地革命、扩大红军、建立地方武装等大会决议。川陕根据地有别于其他根据地，是由原豫鄂皖根据地的红四方面军，远征、解放川陕边而创建的根据地。由于具有过去根据地建设的经验教训，川陕根据地政权建设和土地革命迅速而卓有成效地得到推进，扩编后的红四方面军有5个军11个师共8万余人。1932年2～3月，按照中央指示，为与已在长征途中离开贵州遵义的红一方面军协同作战，张国焘、徐向前、陈昌浩率领红四方面军主动放弃川陕根据地，强行西渡嘉陵江，踏上了长征之路。川陕根据地在建立初级、中级、高级列宁学校,实行完全免费的普及义务教育的同时,建立了党校、苏维埃学校、红军大学、彭杨军事学校等各种干部学校。川陕省文化教育委员会还建立了2所列宁中学、1所工农中学,招收18岁以下的贫雇农子弟80余人,以《红色战士丛书》教材为主,实行专门人才教育,优秀者可直接升入红军大学。举办川陕省妇女学校,先后为川陕苏区培养了300名妇女干部。

在司法工作方面,川陕省苏维埃政府还吸取了豫鄂皖苏区政治保卫局一揽案件侦查、逮捕、审判、执行权,造成高度集权、缺少制约以致冤错案件发生的教训,在苏维埃政府之下,设立了与政治保卫局平级的省革命法庭,专司案件审判权。中共川陕省注重干部的政治理论与思想教育,《中国共产党川陕省第二次代表大会组织问题决议案》强调对新党员有计划地进行政治训练,"每个党员必须加紧基础马克思主义列宁主义的学习","首先要学习什么是共产主义,共产党。特别是要将共产国际中中国革命的问题决议之基本问题来研究,尤其现实革命的复杂,左倾右倾机会主义的发生,更必须加倍坚决地反对一切关于马克思列宁主义的曲解"。[①] 可以说,这段论述呈现了红四方面军在豫鄂皖苏区遭受肃反运动扩大化惨痛教训之后,关于党的实事求是基本路线以及马克思主义中国化思想的深层反思。

四、苏维埃根据地的司法培训优良传统

苏维埃根据地司法干部教育培训制度,是1921年我党建党起至1935年延安陕甘宁革命根据地前最为规范与经典的司法培训制度代表,也是马克思主义基本理论结合中国国情和中国土地革命实际情况的科学应用。系统总结苏维埃根据地司法干部教育培训经验,挖掘90年前的红色司法教育史料宝库,可以梳理出以下熠熠闪光的司法培训精神理念:

第一,高度重视干部教育培训工作,"干部教育是党的干部政策的重要组成部分"。1931年8月27日,中共中央《关于干部问题的决议》指出:"在日常工作中加强锻炼教育干部,用一切方法去提高干部的政治水平线,是每个干部

① 《星火燎原:全国革命根据地要览(修订版)》,中国发展出版社2014年版,第415页。

在日常工作中积极学习，在研究学习中紧张日常工作，彻底纠正那些脱离实际的专门学院式的研究，或者完全放弃学习的事务出发主义。这样，才能一方面推动工作的发展，另一方面加强干部的工作能力。”1932 年 3 月 2 日，中央人民委员会发布了《政府工作人员要加紧学习》的第六号命令。1933 年 9 月《闽赣省革委会训令第三十二号——关于开办训练班问题》提出：“为创造大批干部供给战争的需要，除加紧在实际工作中训练培养新的干部外，各县仍需不断地开办训练班。”苏区不同时期不同部门发布的《临时中央政府人民委员会关于切实执行工作检查命令》《临时中央政府执行委员会为改造地方苏维埃的训令十五号》《对裁判机关工作的指示》《关于青年干部训练》《开办训练班问题》《干部政治教育计划》等法律法规文件，①都强调了必须积极开展苏维埃干部、司法人员的教育培训工作。

第二，“实行强迫教育”，下达各种司法干部训练班办班文件，多渠道培养和招募司法裁判干部。中央人民委员会在 1932 年 3 月 2 日发布《政府工作人员要加紧学习》的第六号命令的同时，即要求举办苏维埃工作人员包括司法人员培训班。1932 年 10 月，中央司法部一年工作报告中专门指出司法裁判干部缺乏，懂法律的干部更缺乏，必须造就一批专业人员，并作出了有关司法裁判干部训练班办班指示。1933 年 5 月 30 日，中央司法人民委员部发布《中央司法人民委员部命令——第十四号》，要求“将各级裁判部的工作人员充实起来，应增加的工作人员，从速到下级及群众中去提拔”，该命令还明确提出了“实行强迫教育”的司法干部组织与教育训练方针。1933 年 8 月 31 日，江西省苏维埃政府颁布了《创办江西省苏维埃干部学校计划书》，决定招收首期学员，开设土地干部、国民经济干部、文化教育干部、内务干部、劳动干部、检察干部、裁判干部训练班。1933 年，中华苏维埃临时中央政府发出关于征求专门技术人才的启示，启示中征求的专门人才范围包括法律专家。由此，一批来自外地及白区的懂法律的专业人员陆续投靠革命，加入了苏区司法工作。②

第三，输送司法干部和培养年轻干部到苏维埃大学、干部学校、党校、军校

---

① “赣州市红色文化研究会瑞金分会”陈列展，2020 年 11 月 8 日。

② 中华苏维埃红色文化研究专家严帆教授采访实录，2020 年 11 月 8 日。

学习提高。1933 年 8 月,中央教育人民委员部制定了《苏维埃大学简章》,规定:“苏维埃大学,以造就苏维埃建设的各项高级干部为任务,校设本科和预科两部。”其中“各项高级干部”包括司法裁判高级干部。《红色中华》报(第 106 期)发表了《苏维埃大学的创立:新建的大学校舍,招收一千五百学生》,本科特别班分设了国民经济、财政、工农检察、教育、内务、劳动、司法裁判 8 个班。马克思共产主义学校(中央党校)内设多种类型的教学班,包括新区工作人员训练班,党团、苏维埃(司法)、工会干部训练班。开设的课程包括马克思列宁主义基本原理、党的建设、苏维埃建设、工人运动、法律、自然科学常识。[①] 被输送培训和培养的司法干部院校包括苏维埃大学、马克思共产主义学校、中央教育干校、红军彭杨军事政治学校、中央军事政治学校、红军学校、红军大学。在这些院校中,法律课往往被作为各类训练班的通设课程。

第四,多层次举办司法干部训练班,对司法干部进行系统教育和培养培训工作。1929 年 4 月,毛泽东在兴国举办了土地干部训练班,由一批受训人员承担了当地的肃反和司法工作。1929 年夏秋间,中共闽西特委举办了两期短训班,训练县、区干部。1932 年 1 月至 4 月,江西省委举办了 2 期训练班,各县诸如兴国、永丰、公略、万泰、赣县、于都县委各举办了 3 期训练班,胜利县举办了 1 期训练班。1933 年 12 月,《中央司法部五个月工作报告》确定:中央办 1 期短期司法训练班,培养 200 名新干部去新区担任裁判工作;江西、福建两省裁判部各办 3 期训练班:一为县级裁判部工作人员,二为区级裁判部工作人员,三为各级裁判部书记员,每期 10 天。兴国县苏维埃政府裁判部专门组织受训人员到法庭实习,以提高裁判部工作人员的实际工作能力。[②]

第五,针对根据地司法工作人员文化基础薄弱的实际,在开展专业训练的同时,大力推进基础文化教育。1934 年 4 月,苏区中央政府颁布了《夜学校及半日学校办法》,要求苏区各地乡村普遍创办夜学校和半日学校。苏区司法工作者中缺少文化基础的工农干部,均积极参加夜学校、半日学校的免费学习。同月,苏区中央政府颁布了《识字班办法》,要求各地推广识字班教育。司法工

① “瑞金市客家文化民俗艺术博物馆”陈列展,2020 年 11 月 8 日。

② 中华苏维埃红色文化研究专家严帆教授采访实录,2020 年 11 月 8 日。

作者特别是基层裁判所工作人员中没有文化基础的，均就地参加识字班免费学习。[①] 上述措施，客观上普遍提高了出身工农、缺少文化基础的司法工作者的文化水平，整体大幅提升了各级苏维埃裁判所人员的工作能力和司法水平。

除了专业训练，司法部注重司法人员文化学习与素质提高的常态化，在实际工作中锻炼提高机关干部，要求司法部干部每天确定一定时间用于学习，每次出去巡视回来，都给他们几天的时间用于训练，在实践、学习、选连中，培养提高干部。

第六，不断创新培训训练方式方法。（1）树典型、建基地、学先进。中央司法部建设了瑞金县裁判部"模范裁判部"样板，指定专人出席瑞金县裁判部会议，指定专人指导瑞金县各区裁判部工作，派出得力干部担任瑞金县裁判部工作，把瑞金县裁判部作为中央司法部工作人员实习场所。在中央司法部和临时最高法庭的指导与关怀下，瑞金县裁判部各项工作走在前列，为各地裁判部树立了学习标杆。（2）建立多向实习工作方式，由区裁判部工作人员调到县裁判部学习工作，由县裁判部工作人员调到省裁判部学习工作，由省裁判部工作人员调到中央司法部学习工作。学习一段时间后，仍回到各自岗位工作。而且，中央司法部坚持实施了这种经常性的实习交流学习工作方式。（3）司法部坚持区别定位，分别办好两类训练班：一是司法部自办短训班，学制两星期，训练班的学生由各区选派 1 人，办班目的是培养新人，学院毕业后前往新区、落后地区、边区开展工作。二是指令指导江西、福建两省开办三期训练班，每期训练班 10 天，训练裁判部工作人员、书记员；指令指导闽赣、粤赣两省裁判部举办为期 10 天的县裁判部和中心区域裁判部工作人员训练班。（4）培养和教育相结合，建立各级司法机关工作人员的委任制，不使他们随便调动，以保持司法队伍的相对稳定，同时造就一批专业技术水平较高的专门司法工作人员。[②] 中央司法人民委员部 1933 年 5 月 30 日发布《中央司法人民委员部命令——第十四号》要求："坚决不许再有派裁判部的工作人员，长时期在外面做一般的工作，将裁判部的工作完全放弃的事情"，"不得上级的同意，不许将裁判部的工作人员调

① "瑞金市中华苏维埃共和国研究院"陈列展，2020 年 11 月 8 日。
② 参见曾维才主编：《中央苏区审判工作研究》，江西高校出版社 1999 年版，第 133 页。

换,对新提拔的工作人员,多注意他们的训练”。这些创新的教育培训方式方法,形成了具有苏区特色的教育培训模式,整体上提高了司法干部的工作水平,有力地促进了各级裁判部的司法工作。

第七,坚持上级司法机关的批复指导制度。临时最高法庭、最高法院对各地裁判部报送的判决案件及判决书,逐一予以审核批复。何叔衡、董必武庭长、院长带头,对于每一例审批的案件都写出具体的书面批复意见,特别是对于事实法律有误的判决,详细具体地指出错在哪里、怎样改正。例如,1932 年 4 月 12 日临时最高法庭发布第二号训令,纠正了江西省裁判部 1932 年 4 月 3 日的第一号、第二号判决书中的四个缺点与错误。临时最高法庭主席何叔衡在临时最高法庭第二号训令中指出:(1)江西省裁判部判决书中认为本判决是最后判决且经其审判的死刑犯无权上诉。但中央执行委员会 1931 年 12 月 13 日颁布的《关于处理反革命案件和建立司法机关的暂行程序》规定:省司法机关作出死刑判决后,被告人在 14 天内有权向中央司法机关上诉。因此,何叔衡指出其错误:“该两案的判决只在该本级裁判后是最后的,但该两案的被告人在 14 日内应有上诉权,中央执行委员会第六号训令内已明白地规定。”(2)江西省裁判部判决书载明:剥夺被判处监禁的被告人选举权的期限起始日期“从监禁之日起”,何叔衡指出其错误:“关于剥夺选举权一项,应从监禁期满之日起算。至于监禁期内,被告人自然无从行使选举权。”(3)江西省裁判部判决书使用了词义含混不清的“着予处决”一词。何叔衡指出:“‘着予处决’字样究竟是着予处决监禁,还是着以处决枪决?以后的判词应有极端明确性,不能稍带含糊性。”(4)江西省裁判部判决书把犯罪事实没有联系的几个被告人放在一个判决书中判决。何叔衡指出其错误:“每一案件,除几个被告人在犯罪的事实上有密切的联系,可共作一个判决书外,其余均宜缮为单独的判决书。”①

最高司法机关的最高首长,就下级司法机关的判决书做出如此细致透彻的修正与指示,不仅说明了何叔衡等老一辈革命家和司法领导高度的责任心和敬业精神、扎实的法学功底和司法实践能力,更说明了上级司法机关的“批复指导制度”对于统一高效的司法体制建设的极端重要性。同时,中央苏区最高法

① 《红色中华》报第 18 期,1932 年 4 月 21 日。

院的“批复指导制度”也给予了我们历史的启发：最高司法机关的主要任务之一，应是检查指导地方法院工作，维护司法政策的全局统一。

第八，以会代训，高效率训练培养干部。作为我党的优良传统，从建党之日起，以会代训、会上教育、会上辅导就是干部教育培养及党的政策部署宣传落实的有效办法。各种司法专门会议更是逢会必训。例如，1932 年 6 月 21 日至 23 日，中央司法部在瑞金召集了江西省、福建省县以上裁判部及瑞金县区以上的裁判部长联席会议，会议全面总结了裁判部工作，强调苏维埃的一切工作应以发展革命战争为中心任务，司法机关要把适应革命战争作为中心工作，保障法律法令实施，镇压反革命。会议最后一项议程，司法部组织各级与会的裁判部部长到瑞金裁判部旁听了该裁判部审判案件的全过程，学习了瑞金裁判部审判工作的好经验。

梁柏台任中央司法部副部长、部长期间，大力推进各级裁判部建设工作，大力推进司法干部培养训练工作，推进司法审判规范化建设工作。1932 年 1 月，中央司法部统领各级政府成立临时司法机关——裁判部；梁柏台怀着对人民司法工作的深厚感情，带领司法部工作人员全力协助各地裁判部建设，1932 年 6 月中央苏区江西、福建两省及瑞金各级裁判部得以建成，在瑞金召开了各地各级裁判部部长联席会议，研究部署工作并“以会代训”。

为了使审判工作尽快规范化，梁柏台从审判工作的细枝末节做起，带领司法部工作人员迅速制定并颁发了各级裁判部所用的案卷、审判记录、判决书、传票、拘票、搜查票、预审记录、工作报告表、搜查记录、苦工队登记表等十种，统一了各级裁判部的公文形式，规范了各级裁判部的案卷管理和审判流程管理。

1933 年 3 月召开的江西、福建两省裁判部会议，专门辅导了各种法律知识以及上述各种司法表格的填报应用工作。中央苏区的裁判工作会议和司法人员训练班，做到了不同岗位人员的分类培训和重点培训相结合、中央和地方裁判部门训练班相结合、普通教育与干部教育相结合、高中级领导干部训练班与一般人员训练相结合、一般训练和专门技术训练相结合。

第九，以基层巡视代培训、以交流检查代指导。如苏区苏维埃政权各部门一样，司法系统也建立了上级巡视下级制度。1932 年 4 月，中央临时最高法庭主席何叔衡就亲自到瑞金县,一方面检查巡视该县裁判工作,另一方面会同县裁判部组成巡回法庭,处理白露、和龙两乡的水利纠纷,使案件得到及时合法的处理。① 1933 年,为指导基层裁判工作,中央司法部建立了巡视检查制度,委派经过专门训练的司法工作人员组成工作团队,前往新建立的省、县、区指导筹建裁判部,到红军部队帮助建立军事裁判所,帮助筹建瑞金初级军事裁判所、指导处理中央政府附近各部队案件。各省裁判部也按照规定,经常性地派员到县、区裁判所巡视检查指导工作,为基层充实选调司法干部。② 1933 年 5 月 30 日,中央司法人民委员部发布《中央司法人民委员部命令——第十四号》,要求"建立巡视制度,上级裁判部必须随时派指导员到下级巡视和指导工作","多用活的指示,少用书面的指示。上级对下级的指示要具体,尤其要合乎实际情形"。

第十,重视发挥司法案例导向作用,以案普法,以案释法。临时中央政府十分注重典型案例的宣传和指导作用。临时最高法庭在依法审核瑞金县裁判部 1932 年 5 月 24 日审判的朱多伸死刑案件时,发现瑞金县裁判部错把一般刑事案件当作反革命案件处理,临时最高法庭主席何叔衡批示指出:"瑞金县苏裁判部第二十号判决书关于朱多伸判处死刑一案不能批准,朱多伸由枪毙改为监禁两年。根据口供和判决书所列举的事实,不过是依法怀私及冒称宁石瑞三县巡视员等,是普通的刑事案件,并非反革命罪。且朱多伸曾组织游击队参加过革命,又年已 72 岁,因此减死刑为监禁。"③中央将这一案例及批示刊载在《红色中华》报,既制裁了犯罪、动员了群众,又宣传了法律、指导了下级裁判工作。党的创始人之一,杰出的无产阶级革命家、马克思主义的政治家和法学家董必武,自 1932 年 9 月至 1934 年 10 月,先后担任中央党校教务长、副校长、临时中央政府工农检察委员会委员、中共中央党务委员会书记、临时最高法庭主席、最高法院院长。1934 年 3 月 25 日,董必武亲自担任主审,何叔衡、罗梓铭为陪审,梁柏台为临时检察长,李澄湘、邹沛甘为书记,组成最高特别法庭,对中央执行委员会委员、于都县苏维埃主席熊仙壁纵容反革命分子、玩忽职守、贪污、包

① 参见肖永清:《中国法制史教程》,法律出版社 1989 年版,第 600 页。

② 参见曾维才主编:《中央苏区审判工作研究》,江西高校出版社 1999 年版,第 131 页。

③ 《红色中华》报,《临时最高法庭批示法字第十七号》,1932 年 6 月 2 日。

庇贪污犯罪一案进行审理,判处熊仙璧有期徒刑一年、剥夺公民权一年。此案宣判后在《红色中华》报第 168 期发表,用以指导各地裁判部办案。同时张贴布告,宣传苏维埃法纪,鼓舞工农群众。①

① 参见曾维才主编:《中央苏区审判工作研究》,江西高校出版社 1999 年版,第 172 页。

第二章

司法培训的成长期,要素渐全(1935~1948)

陕甘宁边区的法制建设与司法培训,既是中央苏区司法理念与司法培训传统的继承,更是我党法制建设与司法培训的发展期、成长期。在这一历史阶段,不仅我党法律体系日益完善健全,在继续执行中央苏区的一些单行条例的基础上,法律体系由中央苏区的120余部法律构成发展为1000余部规范性法律;而且司法机构分工明确、愈加健全,司法培训全面铺开、层次分明。中央层面的宪法研究会、法律研究会相继设置,司法专业化建设与法制建设被提上议程,“坚定正确的政治方向,实事求是的思想路线,全心全意为人民服务的根本宗旨,自力更生、艰苦奋斗的创业精神”的延安精神,成为司法培训的内容与主线。

第一节　边区司法机制与司法培训任务

一、边区司法工作的战争环境

1931年9月18日,日本侵略军进攻沈阳,“九一八事变”爆发,由于国民党当局的不抵抗政策,日军迅速占领东北,成立伪满洲国,中日民族矛盾成为中国社会的主要矛盾,中国进入抗日战争的局部战争阶段。1935年10月19日,中共中央和红一方面军经过两万五千里长征,抵达陕北革命根据地保安县吴起镇。同年8月1日,中华苏维埃共和国政府和中共中央发表了《为抗日救国告全体同胞书》（“八一宣言”），提出抗日民族统一战线的基本内容。1935 年 12 月 9 日，中国共产党在北平组织了“一二·九”大学生示威游行，呼吁“打倒日本帝国主义”“停止内战，一致对外”，获得全国各地民众的热烈响应，给国民党政府实施的“攘外必先安内”政策以巨大压力。1936 年 12 月 12 日，为挽救民族危亡、劝谏蒋介石停止内战、一致抗日，张学良、杨虎城发动了震惊中外的“西安事变”，在西安临潼扣留来陕督战的蒋介石，对蒋介石实行兵谏。在中共中央的努力斡旋下，1936 年 12 月 25 日，蒋介石接受了“停止内战、联共抗日”等六项主张，为和平解决“西安事变”奠定了基础。“西安事变”促成了以国共两党合作为基础的抗日民族统一战线的建立，成为中华民族全民抗战的转折点。[①] 1937 年 7 月 7 日，日军在北平挑起卢沟桥事件，中日战争全面爆发。

1935 年党中央到达陕北前，在中国共产党的领导下，1934 年成立了陕甘边区革命委员会，创立了自己的武装与政权，但在政权初期还未设立专门的司法机构，其司法工作由工农政府统一执掌，其任务是根据党的总任务，即根据组织与扩大工农武装、开展游击战争、发展与巩固革命根据地、摧毁封建势力、打土豪分田地这一总任务，严厉镇压反革命，镇压地主富农的反抗，保护农民分得到土地和其他生产资料，保障男女平等、婚姻自由。

1935 年党中央和中央红军到达陕北后，成立了陕北省和陕甘省工农政府。1936 年中央红军“东渡西征”，又成立了陕甘宁省工农政府。中央工农政府成立了西北办事处，此时开始设立司法机构：中央工农政府西北办事处下设司法部，领导陕北、陕甘、陕甘宁 3 个省及所属县的司法工作和司法行政工作。各省、县、区工农政府设立裁判部，实行两级两审制。在法律依据上，除党中央颁布的决议、规定、指示外，还继续执行中央苏区的一些单行条例，包括中华苏维埃共和国《土地法》《劳动法》《婚姻法》《违反劳动法令惩罚条例》《惩治反革命条例》《司法程序》等。自此，陕甘宁司法工作进一步得以发展。

1937 年 9 月 6 日，党中央决定，为了实现国共合作，建立抗日民族统一战线，一致抗日，中央工农政府西北办事处撤销，成立了受国民党政府领导的陕甘

---

① 参见中共中央党史研究室：《中国共产党的九十年》，中共党史出版社、党建读物出版社 2016 年版，第 141～173 页。

宁边区政府，下辖延属、关中、绥德、庆环、陇东、三边6个专区、1个市、30个县。工农政府西北办事处撤销后，原设立的司法部也随之撤销，同时撤销省、县、区裁判部；改在各县设裁判处，延安市建立地方法院。陕甘宁边区高等法院在原苏维埃特区司法部的基础上组建，1937年7月9日成立，先于边区政府两个月成立。高等法院院长谢觉哉，庭长雷经天，全院配置6人，设置审判法庭、检察处、书记室、看守所等单位。边区高等法院拥有审判、检察和司法行政三种职能，检察机关设在法院之内。1949年2月，边区高等法院设秘书处，下设4科1室，一科管理干部，二科管理批答指导，三科管理监狱和各县看守所，四科管理生产总务，研究室管理各种政策法令、材料的搜集与研究判例的整理工作。审判方面，设民事刑事两庭。

边区的检察制度时有时无，1937年在高等法院设有检察员，1940年春正式在高等法院设立检察处，边区政府任命李木庵为检察长。1942年整编精简时撤销，1946年夏又成立高等检察处，是年冬解放战争开始，干部他调，检察处无形中撤销，直至1949年10月未予恢复。①

在司法行政方面，高等法院下设监狱，直属县1年以上的徒刑犯、非直属县2年以上的徒刑犯均送边区监狱集中教育。监狱下分3个科、1个医务所、1个警卫队：一科为文牍科，二科为管教科，三科为生产总务科。法院既管司法审判也管监狱执行，1949年10月的《陕甘宁边区人民法院司法工作报告》这样分析其合理性："法官在审判时是本阶级利益的代表者，判决以后他又是代表政府政策法令的执行者。这样的民主审判，既合政策法令又能照顾人民进步习惯，方能合情合理地贯彻政策法令的执行，也才能保护人民的利益。"

1946年解放战争前，高等法院监狱有360名人犯，贯彻教育和劳动改造的方针，在监狱领导下设有毛织厂、纺纱厂、位于三十里铺的红寺农场，每天早上按照生活小组保证两小时集体学习。在生产方面，建立了人犯劳动记工分红制，监狱内设有犯人自己办的俱乐部，开展学习、音乐、讨论会等娱乐活动。监狱设有卫生所，方便人犯就医。绝大多数人犯均投入了生产建设竞赛活动，鉴定记功，出狱时会餐喝酒送行。人犯也会对监狱依依不舍。由此，监狱和人犯

① 陕西省延安市"陕甘宁边区高等法院旧址"陈列展，2020年11月19日。

建立了亲密的关系。解放战争爆发后，高等法院提出了“从战争中改造人犯的方针”，人犯除年老体弱的释放回家生产外，基本上随军“立功受奖”。有的甚至立了功、入了党。[①]

1943年春，为了便利群众诉讼，加强县级司法机关建设，边区政府决定在各分区设立高等法院分庭，同年在各县设立了司法处。至此，边区司法机构除高等法院外，下辖3个分庭、29个县司法处、1个地方法院。[②] 分庭庭长由专员兼，县司法处处长由县长兼。

二、边区司法与国民政府法律的双重关系

虽然国共合作后，中共中央为了共同抗战，主动将由原中华苏维埃共和国西北办事处改编的特区政府撤销，成立了自愿受国民党政府领导的陕甘宁边区政府，但我党并没有放弃党的宗旨和中央苏区的革命传统。关于边区法院同时具有的国共合作性质和革命性质两重属性，雷经天1938年在《陕甘宁边区的司法制度》一文中阐述得十分清楚。

第一，关于边区司法体制，雷经天指出尽管边区司法遵从国民政府法律，但边区司法必须遵循苏维埃时代法律制度与法制要求。雷经天指出：“边区高等法院，去年7月间才设立。它是遵照国民政府司法制度，执行司法工作的任务；同时它也是承受过去苏维埃政权时代司法制度的革命传统。因为边区的法律，是建立在人民的基础上的保障人民的利益，巩固抗日的人民的政权，这是边区法律的最高原则。在目前抗战时期，‘抗战高于一切，一切服从抗战’。因此，边区的司法工作都是遵循这个原则，以求抗战达到最后胜利。”

第二，关于边区法院机构，雷经天指出：“现在边区法院采取三级三审制。县政府的承审员（因各种关系尚未设地方法院）是第一级的初审，边区高等法院是第二级的复审，中央最高法院是第三级的终审。在目前，边区法院是受边区政府主席的指示和领导。”事实上，虽然形式上南京国民政府最高法院为边区司法的最高层级终审法院，但实际上，抗战期间，边区政府没有一件案件上诉

① 参见艾绍润编著：《陕甘宁边区审判史》，陕西人民出版社2007年版，第291页。

② 参见马锡五：《新民主主义革命阶段中陕甘宁边区的人民司法工作》，载《政法研究》1955年第1期。

到南京，没有一件案件需要南京最高法院做出终审裁决。

第三，关于边区法律制度，雷经天强调了以边区情况及革命传统为判案主要考量因素。雷经天指出："边区施行的法律，以适应于边区的环境及抗战的需要为标准，采用中央所颁布的各种法律为原则，并参照地方的实际情形。因此，在边区处理的任何的案件，一方面根据法律的条文，同时特别根据事实，说明理由，而斟酌法律上所规定的刑罚加以判决。还有些特殊的过去革命的历史传统，如土地、婚姻等问题的解决，即以革命的传统及边区政府所颁布的一切文告为依据。"

第四，关于边区审判方式的革命属性和进步属性，雷经天更是突出予以了强调：(1)便民诉讼。"边区诉讼是便利人民的诉讼，在边区诉讼的手续非常简单，诉讼当事人不加以任何的限制，诉讼词状不规定任何的形式，只要诉讼的原因说得清楚，看得明白就可以了。"(2)免收费用。"法院受理一切案件，绝对不向诉讼当事人收取任何的讼费，无论呈递状词，出差检验，处理财产，同样的不加诉讼当事人以经济上的负担。"(3)亲民和谐。"法院没有故意摆设庄严的法堂，使犯人产生恐惧。在边区，司法机关审问一切案件，完全采取说服解释的谈话方式。"特别是对民事案件的处理，首先是进行调解，使双方的意见接近，只带自愿地解决。(4)人民陪审与公审。"边区的审判还有一种特殊的形式，就是举行人民的公审。"在公审前由法院主审，部队或群众团体推出代表参加陪审。

1949 年 3 月 8 日，陕甘宁边区高等法院改名为陕甘宁边区人民法院。1950 年 1 月 19 日，陕甘宁边区人民法院随着陕甘宁边区政府的撤销而撤销。1937 年 7 月至 1950 年 1 月，陕甘宁边区高等法院历任院长或代院长及任职时间为：谢觉哉(1937 年 7 月 9 日 ~ 1937 年 7 月 17 日)、董必武(1937 年 7 月 17 日 ~ 1937 年 10 月 11 日)、雷经天(1937 年 10 月 11 日 ~ 1942 年 6 月 9 日)、李木庵(1942 年 6 月 9 日 ~ 1943 年 12 月 31 日)、雷经天(1944 年 1 月 1 日 ~ 1945 年 3 月 25 日)、王子宜(1945 年 3 月 25 日 ~ 1946 年 5 月 3 日)、马锡五(1946 年 5 月 3 日 ~ 1950 年 1 月 19 日)。[①] 高等法院历任院长或代院长都在不同的历史时期，根据不同的司法机构建设情况及队伍人员情况，根据边区政府的干

① 参见汪世荣等：《新中国司法制度的基石》，商务印书馆 2011 年版，第 100 页。

部政治思想业务要求,创造性地开展了司法人员教育培训工作。

三、干部教育学习像“粮食与生产”一样,不可或缺

在我党的发展史上,干部教育培训始终被视为党和政权的基础工作,被摆到生死存亡的战略高度。无论在多么艰难困苦的环境中,无论面对怎样的战争威胁,干部教育培训始终是党的工作的重中之重,也成为服务司法队伍建设、倡导落实司法干部学习培训的载体平台。1938 年 9 月 29 日至 11 月 6 日召开的中国共产党扩大的六届六中全会,批准了以毛泽东为首的中央政治局路线。会期近 40 天的六中全会,既是开会更是统一思想的集中学习。“在党的六中全会上,中央和毛主席提出,把学习作为党员干部尤其是高级干部的一项任务。”① 陈云同志 1939 年 12 月在《学习是共产党员的责任》一文中指出:现在是学习的最好时机。在白区虽有教材教员,但因为白色恐怖,没有学习环境。在苏维埃区域,虽然没有白色恐怖,也有教材教员,但战争频繁,没有学习的机会。在今天,在延安和某些根据地,学习的条件好得多了,要趁机多读些书,增加知识,“我们好多同事总以为一天到晚不停地工作,就算尽了我们对党的全部义务,这种想法是很不全面的。一天到晚工作而不读书,不把工作和学习联系起来,工作的意义就不完整,工作也不能得到不断改进。因为学习是做好工作的一个条件,而且是一个必不可少的条件。”②陈云同志在中国共产党陕甘宁边区第二次代表大会上强调文化和政治是密切相连的,“如果没有文化的提高,要提高政治水平是不可能的”。许多不识字的同志都是好同志,但有时了解问题眼光不远大,不识字不能看报,许多地方发生的事便不了解,许多东西不懂得。“没有文化,政治水平很难提高,不能看得远,只看到目前,只看到陕北。这不行,要看到全中国,看到全世界。”③

1943 年 2 月 24 日《陕甘宁边区简政实施纲要》明确地表白了在抗日战争最艰难、最紧要时期,干部教育培训工作仍然被视为与粮食和生存一样,被作为“必须集中力量办好的”两项重点工作之一。该纲要指出,“依照边区条件和抗

---

① 《陈云文选(一九二六——一九四九年)》,人民出版社 1984 年版,第 121 页。

② 《陈云文选(一九二六——一九四九年)》,人民出版社 1984 年版,第 122 页。

③ 《陈云文选(一九二六——一九四九年)》,人民出版社 1984 年版,第 112 页。

战情势，当前政府工作必须集中力量于急要和首要的任务。第一是发展生产，首先是农业生产，保证军队和干部的给养，以进一步改善民生和培养民力。第二是教育，首先是干部教育和军队教育的增强。这就是目前政府工作中两大急需和首要的任务，其他一切工作都要服从这两大任务的需要，集中力量办好这两件事，才能胜利地渡过难关，准备反攻力量。

司法人员的文化素质是社会成员文化素质的一部分，司法教育训练也是社会成员教育训练的一部分。由于历史原因，陕甘宁边区的整体文化基础是比较弱的。1944 年《陕甘宁边区国民教育概况》指出："在从前，陕北地方，除绥德米脂国民教育略有基础外，其他地区文化教育一般是落后的。那时小学校初级高级合计只有一百二十处，社会教育的组织根本就没有。一般的县份，一百人中，难找到两个识字的；有些县份（如华池、盐池等），两百人中，只能找到一个识字的。"1937 年春季边区政府成立，为大幅度提高社会公众文化水平，1937 年 9 月，边区政府即开始实施识字运动，组织成年男女不脱产识字学习，当年冬季开办第一次冬学，随着"识字组"越来越多，以小学为中心开班半日学校和夜校。据统计，1937 年冬学，边区只有 382 所学校 10,337 名学员。至 1941 年冬学，即扩展到 655 所学校 20,919 名学员；同时创办"识字组"1573 个，创办夜校 527 所、半日校 393 所。① 识字运动对扫除文盲、提高政府工作人员文化水平起到了决定性作用。据 1944 年 12 月安塞县统计，经过识字运动，县区两级干部文盲比例大幅降低：除妇联主任文盲比例仍为 100% 外，工会主任文盲比例降低至 67.1%，区长文盲比例降低至 57.1%，保安助理员（情报、侦查、预审人员）文盲比例降低至 28.6%，区委书记文盲比例降低至 4.3%。② 全民识字运动的开展，也大大促进了司法人员特别是区县基层司法人员文化水平的提升。

四、与"生产运动"并行的"学习运动"

延安时期的"学习运动"起自党的六届六中全会，该次会议是我党历史上

---

① 参见关保英主编：《陕甘宁边区行政救助法典汇编》，山东人民出版社 2016 年版，第 233 ~ 240 页。

② 参见陕西师范大学教育研究所编：《陕甘宁边区教育资料（在职干部教育部分）》，教育科学出版社 1981 年版，第 120 页。

极为重要的一次会议。毛泽东1945年6月10日在党的七大会议讲话中指出："中国共产党历史上有两个重要关键的会议，一次是1935年1月的遵义会议，一次是1938年的六中全会，六中全会是决定中国之命运的。"党的六届六中全会开启了马克思主义中国化的历史进程，毛泽东的领袖地位得以确定，毛泽东思想的科学体系逐渐形成。同时，对于党的干部教育培训事业与历史而言，党的六届六中全会也是极其重要的一次会议，这次会议确定了学习对于队伍建设和党的事业的基础作用，倡导和推动了全党上下的大学习运动，大大提高了全党全军的政治理论、业务文化水平。客观上，此时，抗日战争进入相持阶段，八路军、新四军在战场上连连取得胜利，全党全军也得以开展学习活动。

1938年9月29日至11月6日，中国共产党扩大的中央委员会六届六中全会在延安桥儿沟天主教堂召开。参加会议的有中央委员和候补委员17人，中央各部门和各地区负责人39人，是党的六大以来出席人数最多的一次中央全会。系统总结了我党建党17年来的斗争经验，确定了党争取抗日战争领导权的方针，决定了党的工作重心放在敌后和战区；制定了党的组织机构和纪律原则的系列文件，建立了马克思主义的组织路线；批准了以毛泽东为核心的中央政治局的路线。党的六届六中全会第一次提出了马克思主义中国化的命题。[①]毛泽东指出："马克思主义的中国化，使之在每一表现中带着中国的特性，即使说，按照中国的特点去应用它，成为亟待了解并亟待解决的问题。""马克思主义必须通过民族形式才能实现。没有抽象的马克思主义，只有具体的马克思主义，就是通过民族形式的马克思主义，把马克思主义应用到中国具体环境的具体斗争中去，而不是抽象地应用它。"[②]在这次讲话中，毛泽东首次提出马克思主义中国化的命题，开始系统总结和建立马克思主义中国化的理论体系。

毛泽东代表中共中央政治局，在党的六届六中全会上作了题为《抗日民族战争与抗日统一战线发展的新阶段》的政治报告，作了《统一战线中的独立自主问题》《战争和战略问题》会议结论报告。毛泽东所作的政治报告针对1937年11月回国的中共驻共产国际代表、共产国际执委、主席团成员和候补书记王

① 陕西延安桥儿沟"中国共产党扩大的六届六中全会会址"展示板，2020年11月19日。

② 中央档案馆：《中共中央文件选集》（第11册），中央党校出版社1989年版，第658～659页。

明,其严重的教条主义、脱离中国抗战实际、把共产国际指示神圣化的右倾投降主义的错误倾向,为防止其蔓延而展开了有效的斗争。毛泽东所作的政治报告和六中全会明确提出:要加强党的思想建设和理论建设,号召全党大兴学习之风,必须努力地学习马克思列宁主义理论,善于把马克思列宁主义普遍真理和国际经验同中国具体环境相结合,坚决反对教条主义,废止洋八股,提倡新鲜活泼的中国作风和中国气派。这就是马克思主义中国化的过程,同时也是人民司法培训事业的成长、壮大、成熟过程。司法培训体制也随着马克思主义中国化命题的探索和总结日益健全发展。

1939 年 1 月 17 日,为了全面推进"学习运动",加强干部教育领导和实施力度,中共中央成立干部教育部,任务是"领导全党的马列主义学习和广大在职干部的教育",张闻天任部长,李维汉任副部长,内设党内干部教育科和国民教育科,学习内容是"业务、文化、教育、理论",学习时间为"每日学习两小时"。① 1939 年 5 月 20 日,为执行党的六届六中全会关于学习问题的决议,中共中央干部教育部专题在延安陕公大礼堂举行在职干部教育动员大会,延安各机关、学校、团体代表一千余人参会,李维汉对学习教育的重要性、干部教育进行的情形以及学习的计划、过去的学习小组情况做了报告与检讨。毛泽东在大会上"用通俗的语言,扼要地指出在学习过程中可能发生的困难和学习的方法:要在工作、生产的百忙中,以'挤'的方法获得学习的时间;以'钻'的方法获得问题的了解与深入"。王明在大会上就学习联共(布)党史的重要意义作了报告。最后,张闻天讲演了学习须有持久性和恒心等具体办法。动员大会由下午一时持续到傍晚六时许结束。②

为落实六届六中全会的学习运动要求,在 1939 年 5 月 20 日的在职干部教育动员大会上,毛泽东详细阐述了干部在职学习的意义任务与方式方法,堪称我党教育培训的经典篇章,③毛泽东的主题报告深入浅出、形象生动地系统阐释了我党的教育培训理念:

第一,学习具有普遍意义和永久意义。毛泽东指出:"我们党根据历史的

① 杨永华:《陕甘宁边区法制史稿——宪法、政权组织法篇》,陕西人民出版社 1992 年版,第 472 页。
② 1939 年 5 月 26 日《新中华报》。
③ 参见《毛泽东文选》(第 2 卷),人民出版社 2004 年版,第 247 ~ 250 页。

经验以及目前的环境,在最近发起了两个运动,一个是生产运动,一个是学习运动,这两个运动都是有普遍的意义和永久的意义的。”生产运动是为了穿衣吃饭,我们的子子孙孙也是要穿衣吃饭的,这是生产运动的永久性根据。讲到学习运动,毛泽东引经据典地指出:“古人讲过:‘人不通古今,马牛而襟裾’,就是说,人不知道古今,等于牛马穿了衣裳一样。什么叫‘古’,‘古’就是‘历史’。”通古今就要学习,“共产党员要知道更多的古今”,不但我们要学习,后人也要学习,所以“学习运动也有它的普遍性和永久性”。

第二,为什么学。一是共产党要领导革命,“要领导革命就要学习”。二是“工作中的缺陷迫切需要克服”,发命令是威风,但光有威风而没有本领是无用的。“所有的干部,在有威风之外,还要有本领,这就要学习。”毛泽东指出:我们队伍里边有一种恐慌,不是经济恐慌,也不是政治恐慌,而是本领恐慌。我们有的干部,“过去学的本领只有一点点,今天用一些,明天用一些,渐渐告罄了。好像一个铺子,本来东西不多,一卖就完,空空如也,再开下去就不成了,再开就一定要进货。我们干部的‘进货’,就是学习本领”。三是我们党的特点,我们要建设一个大党,“就要有大批的有学问的干部做骨干”,我们的干部非学习不可,“如果不学习,就不能领导工作,不能改善工作与建设大党”。所以,毛泽东指出六届六中全会关于学习运动的决议是非常重要的。

第三,学什么。学习一定要学时事的问题与党的政策,这两项“是十分需要的,因为这是实际的学问,也就是‘今’的学问”。“不研究党的政策,单学习那些理论是不够的,会跟实际脱节的。”要向实践学习,实践是最好的老师。孙中山在学校里学习的时候没有三民主义,“他的三民主义是出了学校才有的”,先有一民主义,后有二民主义,到了欧洲一趟又有了民生主义。马克思“在学校里并没有学习马克思主义,学的是唯心论”。高尔基是世界上最有名的文学“博士”,他写的文章“天下第一”,但他是学历最低的人,“他没有进过小学,也没有进过中学,大学更没有进过”。

第四,怎么学。一要“挤”,没有工夫不是偷懒的依据,要用“挤”的法子来对付忙,就可以让它让步,“把工作向两方面挤一挤,一个往上一个往下,一定可以挤出两个小时来学习的”。二要“钻”,如木匠钻木头一样钻进去,在中国,本来读书就叫攻书,你要读懂马克思的道理,就非攻不可。“对于难,我们要像仇人一样地进攻它，对于仇人我们是不讲感情的”。正面搞不懂，可以从旁的方面着手，如打仗一样，旁敲侧击，学习也是一样。“工作忙就要‘挤’，看不懂就要‘钻’，用这两个法子来对付它，学习是一定可以获胜的。”

毛泽东强调：要有组织地学习，“我们的方法是采取个人活动与组织活动互相配合”。中央设了干部教育部，全国都须设立这样的机关，建立这样的制度，来领导并进行学习，“要有组织地学习”。毛泽东激励大家都要学习，不可落后，不可偷懒睡觉。从前孔子的学生宰予，别人学习他在睡觉，孔子骂他“朽木不可雕也”。我们不能做懒汉宰予，“对学习有成绩的，就要奖赏，有赏有罚，赏罚分明”。

第五，学到底。“学到底”是一项策略、一个方针。学习切忌浅尝辄止，自以为是。毛泽东指出：“学习一定要学到底，学习的最大敌人是不到‘底’。自己懂了一点，就以为满足了，不要再学习了，这满足就是我们学习运动的最大顽敌。”只要“我们采取学到底的方针，一定可以克服自满的坏现象”。

学到底，就要学一辈子。毛泽东说：在外边有北京大学、复旦大学，在外国有牛津大学、巴黎大学，但它们是“有期大学”。我们的大学是“延安独创”，是一个新发明，天下第一，叫作“无期大学”。“只要你是活着，都可以进我们的大学。”年纪大一点，照样可以学，“人到五十五，才是出山虎”。

五、边区在职干部教育的闪光特色

为了贯彻落实六届六中全会关于学习“大兴学习之风”的号召，中共中央先后下发了两个重要的教育学习指导性文件，即1940年1月3日的《中共中央关于干部学习的指示》①以及1940年3月20日的《中央关于在职干部教育的指示》。② 这两份文件集中反映了延安时期我党的干部教育培训理念和方针政策，反折射了党的百年建设史中认识和处理干部教育培训与党的事业关系的科学视角，凝聚了我党中国特色干部教育培训的方式方法经验体系。现对其主干精神提炼归纳如下：

① 中共中央机关刊物《共产党人》杂志，1940年4月15日。

② 中共中央机关刊物《共产党人》杂志，1940年第6期。

第一,干部教育地位。

关于干部教育培训工作的重要地位及其保障,《中央关于干部学习的指示》强调指出:“各级党的组织必须把干部教育放在党的重要工作的地位上来,经常给予检查、指导和帮助”,全党干部都应当学习和研究马列主义的理论及其在中国的具体应用,各级组织的领导干部尤其是主要领导干部,必须以身作则地领导与提倡其他干部的学习。为了在组织上保障干部教育培训的顺利开展,中央要求“各级党委和政治部的宣传部应设立干部教育科,负责管理干部的教育工作”,“各级党的机关应经常注意检查党校和干部训练班的工作,提高其质量,轮流征调干部入学”,其因环境关系不能办党校者,必须征调干部送中央、中央局或区党委所办学校学习。

《中央关于在职干部教育的指示》进一步强化了干部教育培训的领导机制,指出:“学习的组织责任属于支部,支部应设学习干事。学习的领导属于各级宣传部。各级宣传部应经常检查学习情况,并指导之。”关于教育培训保障工作,该文件强调:“各级宣传部的报告须列入在职干部学习的材料,省及区党委以上宣传部的报告,须寄中央一份。”关于教育培训经费,文件指出:“各级党的组织须为在职干部解决必要的物质资料(书籍等),在经常预算内须列入在职干部所必要的费用。”

第二,干部教育课程。

中央强调干部教育培训课程设置必须贯彻实事求是、理论联系实际、务实管用的原则。《中央关于干部学习的指示》指出,干部学习的“主要课程依据由浅入深由中国到外国的原则大致规定如下:1.初级课程:中国近代革命史、中国革命与中国共产党、游击战争、社会科学常识;2.中级课程:联共党史、马列主义;3.高级课程:政治经济学、历史唯物论与辩证唯物论、近代世界革命史;4.时事政治课程分为中国、日本、国际三个方面的研究;5.军队中应有军事学习课”。上述课程并非一成不变的条条框框,可作为初级党校、中级党校、高级党校的一般标准,但“在各种不同情况下,得增减伸缩之”。各课的进度,由各区党委、各省委及师政治部或军区政治部斟酌具体情形规定。

《中央关于在职干部教育的指示》更是根据实际情况,将我党的干部分为四类,主张在职干部学习针对不同对象,分类教学、设计课程:“现时的在职干部大致分为四类:甲:有相当文化理论水准的老干部。乙:文化理论水准都较低的老干部。丙:有相当文化水准的新干部。丁:工农出身的新干部。”教学课程对应甲类干部、乙类干部、丙类干部、丁类干部,分别设计为甲、乙、丙、丁四类课程,具体为:“甲:联共党史、马列主义、政治经济学、哲学。乙:文化课与中国问题同时并进,然后转入甲类课程,但文化课须提到能够自由阅读普通书报。丙:中国革命与中国共产党(党建)、中国问题,然后转入甲类课程。丁:文化课与党建同时并进,文化课须提到能够阅读书报,党建学完则学中国问题。”

第三,干部教育的教材与教员。

中央强调干部教育培训教材要贯彻统一性和灵活性相结合原则,《中央关于干部学习的指示》规定了教材也即教学内容的统一性和灵活性,指出“各中央局、中央分局、区党委应设法翻印中央出版的关于上述各课程的教科书与参考资料,同时编辑各种适合于下级党部用的教材与提纲”。《中央关于在职干部教育的指示》则进一步规定了教材的就地取材和教学内容的广泛性要求,指出:“时事问题为一切在职干部必须经常研究的项科目(党报为主要材料);军事工作必须研究军事,地方工作干部必须学习必要的军事知识。”凡课本提纲、参考材料已由中央出版的,一律使用。不足的,由各中央局、中央分局、区党委、省委解决。

中央要求干部教育培训教员应具备基本的理论水平,领导干部必须带头走上讲台。《中央关于干部学习的指示》指出:“必须在各级党的组织中和党所领导的军队、政权与学校中,吸收足够的在文化上和理论知识上有相当准备的知识分子党员,参加干部的自学和教育的工作。”《中央关于在职干部教育的指示》强调:“凡八路军新四军所在地,在可能条件下可将军队中和地方组织中(秘密组织除外)的同类干部集中上课,由党内适当的负责同志担任教员。党的领导机关可指定学习顾问(一人或两人),意见指导和检查学习。”

第四,干部教育的方式方法。

中央强调干部教育以自学为主,重返发挥干部自己学习的主动性和积极性,《中央关于干部学习的指示》指出:“在职干部则依其水准及其他具体条件来选择学科科目,每人同时以学习一门为原则”,“凡不识字的和文化水平过低的干部必须以学习文化课消灭文盲为主”。

中央强调干部学习的刚性规定与制度化要求，《中央关于干部学习的指示》强调："建立在职干部平均每日学习两小时的制度，并保持其持久性和经常性。"《中央关于在职干部教育的指示》更是强调了"两小时学习制度"的铁律要求："全党在职干部必须保证平均每日有两小时的学习时间，非因作战和其他紧急事故不可耽搁。各个环节的负责干部必须以身作则地保证之。"

针对成人教育培训的特点，中央强调了自学基础上的学习小组讨论式教学，以及知无不言，言无不尽的优良学风。《中央关于在职干部教育的指示》指出："凡环境许可的地方，可依类编成学习小组，学习小组每月开研讨会两次。学习小组的讨论会，应采用生动的座谈会的方式，相互间应采取同志的友谊的讨论态度，不可采取'斗争'及'戴大帽子'的方式。"关于自学的作用，中央强调："必须使所有在职干部了解：学习的成效主要靠自己努力。因此努力自学是基本的方法。在小组会和大课的前后，必须有充分的自习（预习和复习）。"

第五，创立干部教育节日。

为彰显干部学习的重要性和干部教育培训对党的事业的基础作用，中共中央创设了"学习节"。《中央关于在职干部教育的指示》指出：中央"决定5月5日马克思生日为学习节，总结每年的经验并举行奖励（以计提奖励为原则）"。中央规定，1940年5月5日为我党第一个"学习节"。

第二节　司法培训体系日益完善

一、边区司法的五类渊源

陕甘宁边区的法律制度及司法工作具有主线明确、来源多样的特点，既根据边区革命政权建设的需要制定颁布了上千部法律法规，其法律体系也是原陕甘边和陕北苏区法律制度与司法工作的承续，更与瑞金中央苏区法律制度及司法工作一脉相承，同时又在一定时期内有选择地适用国民党政府的六法全书和审判制度。①

通揽陕甘宁边区法律体系，梳理延安时期各类司法文献，边区司法判案的法律依据有：

第一，陕甘宁边区法律制度及司法工作是原陕甘边区和陕北苏区法律制度与司法工作的承续。中央红军到达陕北后建立的陕甘宁边区，是在共产党领导下的陕甘边区基础上发展起来的。1926 年 3 月 14 ~ 18 日，中共陕甘区第一次代表大会在西安召开，成立中共陕甘区委。1931 年 7 月，刘志丹、马锡五进入华池县南梁地区，组建了陕北第一支独立的革命武装——南梁游击队。1934 年 11 月 7 日，陕甘边区苏维埃政府成立，习仲勋任主席，下设 8 个委员会，但未设立司法机构。1935 年 1 月 25 日召开陕北革命根据地苏维埃代表大会，通过了陕北省苏维埃《政府组织法》《选举法》《土地法》《婚姻法》《劳动法》，选举产生了陕北苏维埃代表大会执行委员会，下设工农检察部、裁判部，自此，陕北苏维埃政权有了司法机构。在此之前，陕甘边区苏维埃政府及各县苏维埃政权均处于隐蔽和流动状态，虽未设立司法机构，但惩处反革命分子的斗争一直在进行，审判程序相对简单，由县委、肃反委员会、保卫局审判实施。1935 年 9 月，成立中共陕甘晋省委，领导 29 个县的苏维埃政权。1935 年 10 月 15 日颁布了依照《陕北苏维埃选举法与组织法》修正的《关于苏维埃选举条例与组织条例的决定》，统一了陕甘晋各级苏维埃政权的组织原则与机构设置。② 1935 年 10 月 19 日，中央红军和毛泽东到达陕北吴起镇，开始建设陕甘宁边区。上述原陕甘边区的苏维埃法律法规，在陕甘宁边区得以沿用。

第二，瑞金中央苏区的法律制度及司法工作理念，在中央红军到达陕北后基本沿用，成为陕甘宁边区法律制度的主要组成部分及司法工作的指导思想。1935 年 10 月 19 日，中华苏维埃共和国中央政府随中央红军到达吴起镇。1935 年 11 月，中华苏维埃共和国中央执行委员会发布布告：为统一和加强西北各省苏维埃运动的领导，决定在陕甘晋苏区设立苏维埃中央政府西北办事处，下设

① 六法全书：南京国民政府建立后，仿照日本，将主要法典编撰在一起，称为“六法全书”。民国初立法采用“民商分立”原则，当时的“六法”指宪法、刑法、民法、商法、刑事诉讼法、民事诉讼法。陕甘宁边区及新中国成立后，“六法全书”概指国民党政府制定的全部法律法规。

② 陕西省延安市“延安革命纪念馆”陈列展，2020 年 11 月 19 日。

财政、粮食、土地、国民经济、教育、司法内务、劳动等部门。中央同时宣布：中华苏维埃中央政府下设的最高法院在西北继续行使权力，董必武仍任最高法院院长。同时设立司法部，谢觉哉任部长，负责陕北省、陕甘省等所属省、县、区裁判部的领导工作。1935 年 12 月 23 日，中央政府西北办事处公布了《苏维埃西北各省暂行选举条例》。1936 年 3 月，陕北省苏维埃政府成立，各级苏维埃政府成立裁判部。1936 年 5 月 17 日，中央电令新设陕甘宁省，马锡五任省苏维埃政府主席。在省、区、县三级设立裁判部，审理所有刑事民事案件。[①] 除新发布的法律法规外，中央苏区的相关法律法规在陕甘宁边区继续适用。例如，1934 年 2 月中央苏区颁布的《中华苏维埃共和国中央苏维埃组织法》，1934 年 4 月颁布的《中华苏维埃共和国婚姻法》以及《工农红军纪律暂行条例》、《中国工农红军刑法草案》。中央政府到达陕北后不久，将上述瑞金苏区的法律法令发给了边区各县司法机关，要求各县在审判案件时作为法律依据引用执行。

第三，由于革命斗争的形势变化、根据地情况与条件变化，原有的法律，无论是陕甘区法律还是瑞金中央苏区法律，都已不能完全适应陕甘宁边区司法实际。根据陕甘宁边区政权建设的现实情况和实际需要，我们重新制定了大量新的法律法规，这些法律法规成为陕甘宁边区法律制度的主体部分。这些法律，继承了我党立法司法传统，借鉴了原有法律法令的合理原则和内容，制定的各类组织法、民事、刑事等法律法令更加缜密，更加适合边区实际。《陕甘宁边区司法概况（一九四四年）》指出："边区现行的地方法令，这完全是适合于边区需要经过人民代表的参议会制定出来的。"

在陕甘宁边区政权 13 年中，中共中央、边区政府、参议会共制定发布法律法规 1000 余部、60 余种，彰显了陕甘宁边区民主法制建设的繁荣昌盛。这些新制定的法律法规包括宪制法律，诸如《陕甘宁边区抗战时期施政纲领》《陕甘宁边区宪法原则》，也包括《刑法总分则草案》《惩治汉奸条例》，还包括治安管理的违警处罚条例，协理土地法律法规，婚姻法律法规，典当、债务法律法规，《陕甘宁边区刑事诉讼条例》《陕甘宁边区民事诉讼条例》《陕甘宁边区军民诉讼暂行条例》等诉讼法律法规。更难能可贵的是，新中国成立后倡导的许多现

① 陕西省延安市"陕甘宁边区高等法院旧址"陈列展，2020 年 11 月 19 日。

代法治理念早在延安时期就已被陕甘宁政府在法律中予以规定。例如,1939年颁布的《陕甘宁边区选举条例》规定:“采取普遍、直接、平等、无记名之投票选举制,选举边区、县及乡三级参议会参议员,组织边区、县及乡参议会。边区政府、县政府、乡政府领导由同级参议会选举产生。”在1942年2月,陕甘宁边区政府颁布了《保障人权财权条例》,明确规定了“边区人民之人权、财权、住宅权不受侵犯”。在1942年颁布的《陕甘宁边区施政纲领》中明确规定:“保证一切抗日人民(地主、资本家、农民、工人等)的人权、政权、财权及言论、出版、机会、结社、信仰、居住、迁徙之自由权。”①

第四,国民党法律也是陕甘宁边区的法律渊源之一。陕甘宁边区法律制度及司法工作在全民抗战初期,有选择地适用国民党政府的六法全书和审判制度。从法律上讲,“西安事变”促成了中国共产党提出的六项主张的实现,包括国民政府停止剿共,联红抗日,承认苏维埃政府的合法地位和共产党的公开活动,允许红军的合法存在和独立编制。在抗战初期,由于实行国共两党联合抗日的统一战线,边区审判机关一段时期内有选择地采用了国民政府的法律。1939年4月4日颁布的《陕甘宁边区抗战时期施政纲领》开明宗义地规定:“陕甘宁边区在国民政府和蒋委员长领导下,本着拥护团结,坚持抗战,争取最后战胜日寇的方针,本着三民主义与抗战建国纲领的原则,根据陕甘宁边区的环境与条件,特制定陕甘宁边区抗战时期施政纲领作为边区一切工作之准绳。”《陕甘宁边区高等法院组织条例》第1条规定:“本条例根据国民政府公布之法院组织法制定之。”《陕甘宁边区司法概况(一九四四年)》强调,其采用“必须不违背以下的四个原则,即:1. 适合抗战团结的需要;2. 适合民主政治;3. 适合边区的历史环境;4. 适合广大人民的利益。”民国政府的法律有好有坏,例如,孙中山先生的建国纲领、抗战建国纲领、禁烟禁毒治罪暂行条例、战时惩治汉奸条例、惩治贪污条例,边区认为是好的,“是为着国家人民着想的法令,也还值得参考”;但反动的法律,如危害民国紧急治罪法、限制异党活动实施办法、图书杂志新闻的检查办法、取缔销售共产书籍办法、保甲条例、保甲连坐法等,这些剥夺人身自由、危害人民利益的法令,“正与边区的民主政治恰恰相反,当然在

① 陕西省延安市“延安革命纪念馆”陈列展,2020年11月19日。

边区不能施行”。

考察边区高等法院档案，1942 年至 1943 年上半年，高等法院判决二审案件46 件，援引六法全书的案件29 件，占全部案件的63%。据非全本考察，在高等法院卷宗中查到的初审法院判决，86 个初审判决中，援引六法全书的案件 15 件，占比 17%。存在于 1942 年 7 月 10 日至 1944 年 2 月的边区第三审机构：边区政府审判委员会，援引六法全书的判决亦有部分，但为数不多。边区司法裁判机构援引六法全书较多的为民事诉讼法、民法，个别援引刑法。其中，“折高氏与李兰香债务纠纷案”“张仲尧与张大迎地界纠纷案”等援引了六法全书中的民事诉讼法，“安福成与赵积余土地所有权案”“王树昌与张鹏九土地优先权案”等援引了六法全书中的民事诉讼法、民法。高等法院在“折高氏与李兰香债务纠纷案”二审过程中，援引了六法全书中的《民事诉讼法》第 385 条第 1 项及第 449 条。该案被上诉人李兰香未出庭，亦未提交书面答状，高等法院援引六法全书中《民事诉讼法》第 385 条第 1 项条文为“言辞辩论期日当事人之一造不到场者，得依到场当事人之申请，由其一造辩论而为判决”，支持了上诉人折高氏的诉求。[①] 分析表明：陕甘宁边区两级司法机构援引六法全书，多为程序性、技术性援引。

第五，政策和习惯。党的政策是法律的灵魂。自井冈山斗争时期第一部土地法起，再到瑞金苏维埃共和国时期，红色政权的法律源于党的政策内容，体现了党的政策要求，服务于党的政策宗旨。法律是社会现实的规律总结和统治阶级的经验需要，一旦制定，便落后于现实。陕甘宁边区政府的法律机制也不例外。况且战争时期，立法与司法都只在于维持基本的社会秩序，法律的简约和应时是不可避免的。而良好的生活习惯、乡规民约，本就是维系社会治安的构成要素。《陕甘宁边区司法概况（一九四四年）》便指出：“边区的法令还不完善，如果没有适当的法令可以援用或参考的时候，处理案件则依据政府的政策及边区人民良好的生活习惯，再逐渐地制定更完备的法令。”

关于政策、法令、善良习惯三者的互补关系，1945 年 12 月 29 日，王子宜代

---

① 延安市中级人民法院编：《陕甘宁边区司法研究》（第二辑），内部资料。2017 年 12 月，第 220 ~ 227 页。

院长在《陕甘宁边区推事审判员联席会议总结》中强调“适合善良习惯，照顾政策法令”，指出调解案件适合善良习惯是可以的，但对落后习惯就不得作为根据。“像济贫恤幼、土地永佃权、开荒三年不问主等，就是善良习惯；户族买卖优先权、为儿打砂锅等，就是落后习惯。”至于调解条件，对政策法令不能有所违背，小的出入是可以的，此所谓“照顾”。

二、培训依据的不断充实

有关刑事法律制度与司法，陕甘宁边区与中央苏区时期相比，有了很大发展，刑事法律规定体系更加完备，内容更加完善具体，法条更加严谨科学。其中，一个重大进步便是分列刑事法律和治安违警法规。为此，陕甘宁边区政府制定发布了一系列刑事法律法规，包括 1938 年 6 月 9 日《陕甘宁边区政府关于处理边界纠纷和保护抗日救国团体、防止汉奸托匪阴谋活动的决定》、1938 年《陕甘宁边区政府公布边区惩治贪污暂行条例》、1939 年 4 月《陕甘宁边区惩治贪污暂行条例（草案）》、1939 年 1 月 1 日《陕甘宁边区政府、第八路军后方留守处布告（第六号）》、1939 年 4 月《陕甘宁边区抗战时期惩治汉奸条例（草案）》、1939 年《陕甘宁边区抗战时期戒严条例（草案）》《陕甘宁边区处置破坏抗战分子条例（草案）》、1939 年 4 月《陕甘宁边区抗战时期惩治盗匪条例（草案）》、1939 年 6 月 10 日《陕甘宁边区政府禁止仇货取缔伪币条例》、1943 年 4 月 9 日《陕甘宁边区政府关于死刑判决及执行程序的指示信》、1945 年 5 月《陕甘宁边区高等法院指示信——关于三十三年各庭处院月报总批答之二由（指字第四号）》《陕甘宁边区高等法院批答——关于三十三年下半年各县月报内总批答之三由》、1944 年 5 月 12 日《陕甘宁边区政府命令——为在各区、县设立监狱看守所由（战字第八一八号）》、1945 年 5 月 22 日《陕甘宁边区政府通令——通令各级政府切实废止肉刑，改进司法工作（底字第 49 号）》、1949 年 7 月 27 日《为巩固政权，镇压反革命，维护生产，提请增高刑期至二十年由》、1949 年 12 月 12 日《陕北人民法院令——为规定无罪释放之人，在所内生产所得除取该本人生活实用外剩余统归被释人建立家务，希查照执行由（查字第五六号）》。除此之外，更是起草制定有 257 条、业已体系化、规范化的《刑法总分则草案》，该草案系完备刑法典形式的刑事立法文件。

陕甘宁立法强调从服务于政权建设和社会管理总目标出发,听取民意,遵从民意,走群众立法路线。以陕甘宁边区政府拟将刑事立法中的罪犯刑期由最高十年提高至二十年为例,《为巩固政权,镇压反革命,维护生产,提请增高刑期至二十年由》强调其理由:一是刑罚体系需要,十年与死刑之间刑罚跨度太大,增设二十年刑罚,罪刑相当。二是有利于罪犯改造,不至于判死刑又罪行较重的罪犯,判处二十年,有利于锻炼罪犯之劳动观点,增加劳力,以维护生产。三是巩固政权、镇压反革命之需要,对反革命分子刑期加长,有利于惩恶扬善。四是人民群众反映,最高刑期十年,群众普遍认为低,百姓以实际事例加以比较,常常认为刑事政策过于宽大,建议增高。

陕甘宁边区还单独制定颁布了违警处罚暂行条例。1942 年 2 月 23 日,陕甘宁边区政府公布了《陕甘宁边区违警罚暂行条例》,在我党的法治建设史上首次确定了体系化的治安管理法规,将违法犯罪行为依其情节轻重,分刑法、治安管理法分别处理。《陕甘宁边区违警罚暂行条例》确定了许多先进法制理念,第 4 条规定了免除责任的条款:“因救护自己或他人紧急危难出于不得已之行为者”;第 7 条规定了“帮助正犯者为从犯得减本罚之四分之一”;第 13 条规定了“违警者于未发觉前向公安机关自首者,得减本罚四分之一或二分之一处罚”,规定了教育为主的处罚原则;第 18 条规定:“受拘留之处置,与拘留期间过半后,确有悔悟实据者,得释放之。”该条例对违警处罚主罚与从罚种类以及适用规定规范有序,特别是将违警行为分为妨害安宁之违警、妨害秩序之违警、妨害公务之违警、妨害交通之违警、妨害风化之违警、妨害卫生之违警、妨害他人身体财产之违警,共八大类 62 种违警行为,细致紧密、科学合理,堪为立法典范。

陕甘宁边区的法律制定工作,对比瑞金中央苏区历史时期,更加细致缜密,更加规范完善。作为司法教育培训依据的法律体系日益成熟和健全,陕甘宁边区的法律不仅体现在 60 多种、1000 多部,更重要的是法律的阶级性更加鲜明、法律的革命性更加强烈、法律的规范性更加科学。陕甘宁边区的法律,在边区各级政府和司法机关的动态运行下,有力地巩固了人民民主政权,维护了社会治安、生产劳动、人民生活秩序,引领了新民主主义的新的社会风尚道德。

陕甘宁边区民事司法依据不但包括重要的法律、单行条例和法规,还包括党中央、西北局、陕甘宁边区政府、陕甘宁边区高等法院颁布的带有法律性质的纲领、决议、决定、布告、法令、指示信等。

土地纠纷司法依据:《陕甘宁边区施政纲领》,1938 年 5 月 15 日陕甘宁边区政府和八路军留守处发布的联合公告,《陕甘宁边区土地条例》《陕甘宁边区土地所有权证条例》《陕甘宁边区地权条例(草案)》《陕甘宁边区土地租佃条例(草案)》《陕甘宁边区政府命令——颁布关于土地典当纠纷处理原则及关于旧债纠纷处理原则》《中共中央关于抗日根据地土地政策的决定》。

债务纠纷司法依据:《陕甘宁边区债务条例》《陕甘宁边区政府、第十八集团军留守处命令》《陕甘宁边区政府命令——颁布关于土地典当纠纷处理原则及关于旧债纠纷处理原则》《陕甘宁边区处理债权债务纠纷办法》《陕甘宁边区高等法院命令——关于典权债权银币折算处理办法由》。

劳资纠纷司法依据:1933 年颁布的《中华苏维埃共和国劳动法》、《陕甘宁边区施政纲领》第 12 条、《陕甘宁边区破产处理办法》、《违反劳动法令惩罚条例》、《陕甘宁边区私营企业劳资争议调处暂行办法》。

环境审判司法依据:《陕甘宁边区森林保护条例》《陕甘宁边区砍伐树木暂行规则》《陕甘宁边区政府通令——关于不得随意拆除各新区城市城墙》。

婚姻政策司法依据:1933 年颁布的《中华苏维埃共和国婚姻法》《陕甘宁边区婚姻暂行条例》《陕甘宁边区暂行婚姻条例第二次修正草案》《陕甘宁边区政府命令——为公布边区婚姻条例由》《陕甘宁边区抗属离婚处理办法》《陕甘宁边区人民法院批答——为批答绥德分庭及子洲、佳县、吴堡三县之三月份报表由》。

税收财政司法依据:《农业税暂行条例》《新区征收公粮暂行办法》《货物税暂行条例》《修正陕甘宁边区营业税暂行条例》《陕甘宁边区税务缉私规章》。

生产建设司法依据:《发展畜牧暂行办法》《陕甘宁边区矿业开采管理暂行条例》《陕甘宁边区实业投资暂行条例》《煤矿煤质检查暂行办法》《国营公营工厂企业中建立工厂与工厂职工代表会议的组织规程》。

金融秩序司法依据:《破坏金融法令惩罚条例》《陕甘宁边区政府关于停用法币使用边币的布告》《陕甘宁边区银行管理外汇办法》。

保障人权司法依据:《保障人权财权条例》《陕甘宁边区继承处理暂行办法》《民法物权编》。

行政执法司法依据：《陕甘宁边区禁止妇女缠足条例》《陕甘宁边区政府违警罚暂行条例》《陕甘宁边区政府关于查禁鸦片烟草的命令》《陕甘宁边区服制规则》《陕甘宁边区简政实施纲要》《陕甘宁边区户籍条例(草案)》《陕甘宁边区民刑事案件调解条例》《陕甘宁边区政府批答——关于归俘人员处理办法》《陕甘宁边区商标注册暂行办法》等。

陕甘宁边区政府机构组织法律包括《陕甘宁边区政府组织草案》《陕甘宁边区高等法院组织条例》《陕甘宁边区政府审判委员会组织条例》《陕甘宁边区司法处组织草案》《陕甘宁边区人民法庭组织条例初稿》《陕甘宁边区选举条例》《陕甘宁边区自卫军组织条例》《陕甘宁边区司法会议议事规则》。

陕甘宁边区诉讼法律包括《陕甘宁边区刑事诉讼条例草案》《陕甘宁边区民事诉讼条例草案》《陕甘宁边区军民诉讼暂行条例》《陕甘宁边区政府命令——关于边区审判改为两级审判制》《陕甘宁边区高等法院指示信——本院规定各县司法处办理杀人案件的程序及应注意之点，指示遵照由》等。

司法培训依据，除边区立法机关的法律法规法令外，还包括具有边区特色的指示信系列。为加强边区政府工作、司法工作，边区各级政府和司法机构建立了简便快捷的工作报告和司法报告制度。边区政府、高等法院对各分庭、司法处司法报告回复的或统一作答的指示信是司法培训的重要内容。例如，1944年2月18日边区政府主席林伯渠、副主席李鼎铭、高等法院院长雷经天签发的《陕甘宁边区政府指示信——传达政府委员会第四次会议关于改善司法工作的总结并指示执行的具体任务》(指字第二十一号)，要求："各级司法工作人员，除参加专署或县政府讨论政府的一年工作报告总结外，须要专门研讨关于改善司法工作的部分，遵照政府指示的原则逐项检讨过去的司法工作，总结经验教训，并拟定新的计划"；"搜集审判经验。每个分庭、每个司法处、每个地方法院，均须将自己的审判经验用具体判例作为材料，写出来寄给高等法院"；"调查民刑事调解经验，区政府(例如柳林区房文礼区长的调解合作就做得好)、乡政府、行政村主任、自然村长或劳动英雄或其他公正人士，热心调解民刑事纠纷足为范例者，每县至少调查搜集两个以上的经验，详细写出，于六月底以前寄到高等法院。"

司法工作报告制度，是我党工作报告制度的一部分。工作报告制度既充分尊重各地、各部门的工作主创性和积极性，又强调了全党集中统一领导原则，以便上级部门和党中央检查、监督、指导下级及全党的工作。在解放战争时期，1948年1月7日，毛泽东在总结我党实施报告制度历史经验，并就即将面临解放战争全面胜利背景下起草的《关于建立报告制度》一文中强调："各中央局和分局(由书记负责，不用秘书代劳)，每两个月，向中央和中央主席做一次工作报告。报告内容包括该区军事、政治、土地改革、整党、经济、宣传和文化等各项活动的动态，活动中发生的问题和倾向，对于这些问题和倾向的解决方法。"各野战军首长和军区首长，"每两个月要做一次政策性的综合报告"。[①] 工作报告制度是中共中央实行民主集中制、反对分散主义和无纪律无政府错误倾向的有效的战略举措。

三、培训机构的层次分明

与土地革命时期和中央苏区数目有限的干部院校不同，抗日战争时期，在毛泽东领导下，我党创办了一系列人才培养院校，包括中国人民抗日军政大学、陕北公学、青年干部训练班、鲁迅艺术学院、马列学院、中共中央党校、中国女子大学等，构成了干部培养教育由普通干部到高级干部、由政治为主培训到综合培训培养、由青年干部培养到在职干部培训、由短期训练培训到系统知识教育等多层次相配套的干部教育培训体制。

抗日军政大学，简称抗大，全称中国人民抗日军事政治大学，是陕甘宁边区中国共产党培养抗日军政干部的学校，前身为中央革命根据地的工农红军大学，到达延安后改称抗日红军大学，1937年改称抗日军政大学。抗大的学员，一部分来自从部队中抽调的优秀红军军政干部，另一部分来自选拔的全国赴延安的优秀知识青年。毛泽东为抗大制定了"坚定正确的政治方向，艰苦朴素的工作作风，灵活机动的战略战术"的教育方针和"团结、紧张、严肃、活泼"的校训。毛泽东的重要著作《矛盾论》《实践论》《论持久战》《中国革命战争的战略问题》等都被列为抗大的必读教材。全面抗战8年，抗大办了8期，总校和分校

---

① 《毛泽东选集》(第4卷)，人民出版社1991年版，第1264～1266页。

共培养了20多万名干部。①

陕北公学，简称陕公，是陕甘宁边区抗日战争初期中国共产党培养干部的学校，1937年9月在延安成立，是一所统一战线性质的学校，由林伯渠、吴玉章、董必武等人筹办，招收学员来自五湖四海，主要招收进步青年，给予短期的革命教育。招收的学员有共产党员也有国民党员，有工人也有农民，有红军也有国民党统治区的干部。1939年，陕北公学一部分并入华北联合大学，一部分仍留在延安，1941年并入延安大学。陕北公学办学4年，培养了1万多名干部。②

中央党校，是陕甘宁边区中国共产党对干部进行系统理论教育的学校，其主要办学目标，根据1941年12月17日《中共中央关于延安干部学校的决定》调整为：中央党校为培养地委以上及团级以上具有相当独立工作能力的党的实际工作干部及军队政治工作干部的高级与中级学校。1942年2月改组直属中央书记处，政治指导由毛泽东负责，组织指导由任弼时负责。1943年3月20日后，毛泽东兼任校长。1943年8月起，中央党校分设6个部：一部培训党的高级干部，二部培训地方中级干部和部队团级干部，三部培训党员知识分子，四部培训军队高级干部，五部培训陕甘宁边区县级干部，六部培训敌后根据地前来延安的县区级干部和青年知识分子。延安党校前身为1933年3月13日在江西瑞金成立的马克思共产主义学校。长征以后，1935年冬在山西瓦窑堡复校、改称中央党校，1937年年初迁至延安。

马列学院，是陕甘宁边区中国共产党培养理论干部的学校，1938年11月中国共产党六届六中全会后在延安创办，以学习研究马克思列宁主义基本理论为重点，共举办5期培训班，招收800余名学员。学员均为党的理论工作骨干，一部分来自资深的红军指挥员和地下党的领导人，另一部分来自已经过抗大、陕公等院校培训过的优秀青年知识分子；学员教育方针注重党的理论和基本政策的训练，强调学习研究马克思主义理论、运用马克思主义方法、解决中国实际问题。1941年改组为马列研究院，1943年5月并入中央党校。

---

① 陕西省延安市"延安革命纪念馆"展示板，2020年11月19日。

② 陕西省延安市"延安革命纪念馆"展示板，2020年11月19日。

行政学院,是陕甘宁边区中国共产党中央委员会西北局和陕甘宁边区政府创办的一所培养和提高边区政权机关工作干部的学校,1940 年 4 月在原来举办的各类行政干部培训班基础上创办,林伯渠兼任院长,李六如、王凌波任副院长,校址设在延安南门外原国民党农业学校旧址。办学宗旨:为边区培养政治坚定、廉洁奉公、新民主主义的行政干部。学校下设普科与专科,学制均为一年,共设四个系。专科下设司法系、财经系、行政系,普科为教育系,系主任由边区政府有关厅负责人兼任。行政学院单独办学 4 年,共招收 3 期学员,第一期 290 人,第二期 130 人,第三期 1500 人。学员报考要经过严格的政审、体检,以及入校文化考试。1944 年并入延安大学。

新文字干部学校,是陕甘宁边区中国共产党培养推广新文字教育教师与干部的专门学校,创立于 1941 年 3 月 18 日,其基础是边区各区县新文字冬学教师训练班,吴玉章兼任校长、王志允任副校长。学校下设高级班和初级班。所谓新文字,即“汉语拉丁化拼音体系”。1940 年 12 月 5 日,陕甘宁边区政府发布《关于推广新文字的规定》,规定自 1941 年 1 月 1 日起,新文字与汉字具有同等法律地位。新文字干部学校具有教师 14 人,学生 79 人,学制两年。新文字干部学校是新文字和新文化推广运动的产物,也是我党推进中国文字改革走拼音化道路的创新尝试,为推广新文字新文化和社会文明做出了贡献。1943 年 4 月,新文字干部学校并入延安大学。

鲁迅艺术学院,简称鲁艺,是中国共产党培养文艺干部的高等艺术学府,1938 年 4 月在延安成立。延安时期,全国成千上万追求光明的热血青年和文艺工作者冲破险阻、奔赴延安;延安同时聚集了一大批德才兼备的革命艺术家,鲁艺应运而生。鲁艺教学目标从最初的服务抗战、服务民族解放战争,调整到中期的建设新民主主义文化目标,再到后期的文艺为群众服务为工农兵服务,实现了教育与生产相结合、文艺与政治相结合,开创了中国文艺新时代,发挥了艺术为抗战服务的最大效能。1940 年,鲁艺更名为鲁迅艺术文学院,1943 年并入延安大学,1945 年 11 月前往东北。

中国女子大学,简称女大,是陕甘宁边区中国共产党培养妇女工作干部的学校,1939 年 7 月在延安成立,以专门培养抗战救国的妇女干部人才为目的,招收来自全国各地、各阶层的妇女学员,以“紧张的学习、艰苦的生活、高尚的道德、互助的作风”为校训，开设中国共产党问题、斗争理论基础、革命工作方法、政治经济学、科学社会主义、妇女运动组织等课程。1941 年 9 月并入延安大学。

民族学院，是陕甘宁边区中国共产党培养民族干部的专门学校，1941 年 9 月在原陕北公学民族部基础上单独设立，高岗兼任院长、高克林任副院长、乌兰夫任教育处处长，校址延安大砭沟。民族学院设一年制初级班、两年制中级班，以及研究生性质的三年制高级班，自 1941 年开办至 1948 年结束，6 年多时间培养了蒙、回、藏、苗、彝、满等少数民族学员 400 余人，开创了我党少数民族教育的新路径，为民族团结做出了贡献，为新中国成立积蓄了少数民族干部人才。1943 年 3 月，民族学院并入延安大学，1944 年 4 月民族学院又从延安大学分出，与三边师范合并成立三边公学。

安吴青年训练班，简称青训班，是陕甘宁边区中国共产党培养青年干部的摇篮，1937 年 10 月 11 日在陕西三原县斗口镇创办，1938 年迁至延安附近的安吴堡，朱德任青训班名誉主任，胡乔木任青训班副主任，主要培养青年干部、发展抗日力量，共举办了 6 期培训班，毕业青年学员 12,000 人。青训班教学强调针对性和实用性，开设青年与青年运动、抗日游击队纲要、游击队怎样机动作战等实战课程。镌刻在青训班学员结业证书上的四行大字，表明了青训班的培训特色与奋斗目标：“聚在这儿我们上了生命的第一课；再会吧我们到战场上去上第二课；我们将亲见祖国在血里得到自由；我们将在灿烂的乐园里上第三课。”1939 年秋，青训班的一部分并入华北联合大学，另一部分仍留延安。1940 年 5 月，改组为泽东青年干部学校。

泽东青年干部学校，是党中央于 1940 年 5 月 3 日在安吴青训班基础上成立的正规青年干部学校，陈云任校长、冯文彬任副校长，学校下设高级部、初级部、艺术部、体育部，招收青年男女学员，前后培训学员 1000 余人。《泽东青年干部学校校歌》由胡乔木作词、冼星海作曲，慷慨激昂的歌词彰显奋勇救国的勇气：“生在英雄的时代，长在人民的旗下，毛泽东的双手，抚育我们长大。坚定意志、艰苦传统、革命精神、民主作风。我们学习虚怀若谷，我们奋斗浩气如虹。记住仇敌未平，破碎河山未整，同胞正在呻吟，天下尚待澄清。太阳照临我们的肝胆，大地倾听我们的誓言。愿将热血灌溉人间，结成自由春花一片。”泽东青年干部学校1941年9月并入延安大学。

延安工人学校,是陕甘宁边区中国共产党培养工人运动干部的学校,1939年5月15日创办于延安城东柳树店,该校以培养党、政府、军队中的工人干部为目标,学校设有化学部、铁工部、木工部、制鞋部、缝衣部,着力培养工人技术骨干。1939年夏并入华北联合大学,前往晋东南敌后根据地。

自然科学院,是陕甘宁边区中国共产党培养科学技术干部的学校,1939年5月在延安成立,初名延安自然科学研究院,1940年1月更名为延安自然科学院,主要培养科学技术干部、服务陕甘宁边区经济建设,下设大学部和中学部,大学部设物力、地矿、生物、化学4个系,中学部分预科和初中两部分。1944年并入延安大学,成为该大学的一个学院。

华北联合大学,简称华北联大,是抗日战争和解放战争时期中国共产党创办的综合性干部学校,成立于1939年夏,由陕北公学、鲁迅艺术学院、延安工人学校、安吴青年训练班4所学校的一部分合并组成。华北联大成立后,开赴敌后抗日前线,1939年9月到达晋察冀边区的阜平县城南庄,初设社会科学、文艺、工人、青年4个部,1941年改设法政、文艺、教育3个学院和群众工作、中学两个部。1948年8月,华北联大与北方大学合并成立华北大学。1950年10月3日,以华北大学为基础合并组建中国人民大学,成为新中国创办的第一所正规大学。

延安大学,简称延大,1941年7月由陕公、女大等相关学校合并成立,是中国共产党创立的第一所综合性大学。下设社会科学院、法学院、教育学院、俄文系、英文系、体育系、中学部,首批学员900余名,校址在女大旧址王家坪。1943年,鲁艺、自然科学院等学校并入,校址设在桥儿沟鲁艺旧址。1946年至1947年,设教育、司法、农业、文艺、会计、行政、新闻、外交8个班和高中部。1947年3月17日撤离延安,开始战时行军办学。1948年4月,西北野战军收复延安,延大迁回延安清凉山。1948年西北局和边区政府决定加强延大正规办学,设立政法系、经建系、文艺系、教育系。1949年5月23日,延大与有关学校合并成立西北人民革命大学,校址迁入西安。1953年,西北人民革命大学改组为西北政法干部学校,1954年年底延大更名为中央政法干校西北分校。1958年7月,恢复重建延安大学。

上述15所陕甘宁边区时期的干部教育培训院校，覆盖了延安党和政权、军队建设的方方面面。从宏观上讲，也覆盖了所有的司法培训领域。这些院校的学员都包括司法工作人员和拟培养为司法工作人员的青年知识分子和相关干部。所有院校均开设有法律和政策课程。特别是中央党校、抗日军政大学、行政学院、延安大学、华北联合大学等系统开展干部理论教育的学校，同时开设党的政策法律通识课程并开设司法干部培训班。行政学院只有4个系，其中就包括司法系；华北联合大学内设3个学院，就专门设置了政法学院；延安大学实行正规化学历教育，设立4个系，其中就包括政法系，后来延安大学一度专注于司法人才培养和培训，直至整所学校改组为西北政法干部学校、中央政法干部学校西北分校。

党对政法工作、司法工作极其重视。究其原因，是因为在我党的建党理念中，法律、政策、纪律、法令、上级机关指示是相通与统一的。简言之，法律和政策是相通的。或者说，在战争年代，政策就是法律，法律就是政策。学习法律就是学习政策，学习政策就是学习法律。必须从历史的角度看待我党的司法工作和司法培训。

举例来说，1937年1月，中央党校在延安桥头沟恢复办学后，下设马列主义、政治经济学、中国问题、党的建设4个教研室，为学员开设哲学、政治经济学、联共（布）党史、中国近代史、中国基本问题、军事、文化等课程。1942年2月1日，毛泽东在中央党校开学典礼上作了《整顿党的工作作风》的报告，由此开始了全党整风运动。1942年2月8日，毛泽东在中央党校又作了《反对党八股》的报告，这个报告成为延安整风运动的又一重要文献。1942年2月28日，中央下发《中央政治局关于党校组织及教育方针的新决定》，决定当年停止党校各班级的既定全部课程教学，对学员集中开展党的路线与政策教育。而在延安整风运动中，党的路线与政策教育，一定意义上就是法纪与法律教育。

对于脱产培训与自学的关系，边区政府更主张干部学习的经常化与平时自学。1939年12月10日，陈云在《关于干部队伍建设的几个问题》中曾经指出：一些同志以为学习便要进党校、马列学院，能够进党校和马列学院学习当然很好，但不能大家都去，因为学院没有那么大，不可能住很多人；同时工作还要有人去做。“问题怎么解决呢？就是毛主席说的进‘长期大学’，就是要坚持自学。你现在二十几岁,活到六十几岁还有四十年,学成之后是头号得‘博士’。只要功夫深,铁杵磨成针。”①

四、培训类别的循序渐进

1927年至1942年,陕甘宁边区高等法院先后举办了3期司法干部训练班,第一期从1937年12月开始,为期14天,培训了26名县裁判员;第二期从1939年12月10日至1940年4月22日,为期5个月,培训了13名县书记员;第三期从1941年7月1日至1942年1月31日,为期7个月,培训了22名高等法院的工作人员。学习课程:法学概论、刑法、民法、刑事审判、民事审判、司法公文、书记员工作、国文、统计、法医学等科目。1944年起,我党开始系统规范开展司法后备人才培养,延安大学开始设立法学院,后改设为司法系,其课程分为政治课、业务科、文化课,业务课以边区政策法令为主,占总课程的66%。②

就培训类别而言,以是否脱产培训为标准,可分为两类:在职培训与脱产培训。

对于在职培训,1942年2月28日,中共中央政治局通过的《关于在职干部教育的决定》强调:干部在职学习是主要手段,“最广大数量的干部,百分之九十以上的干部,还是在工作中”。“对在职干部,就其工作岗位上,施以必须的和可能的教育,实是全部干部教育工作的第一位工作。”该决定还客观地分析了这样做的原因,一是因为我党始终处于游击战争的特点,不但允许我们这样做,而且必须这样做,即使是在延安相对稳定的边区建设与发展时期。对此,我党始终抱有危机感和清醒的认识。事实证明这一判断是客观的、实事求是的。二是“人力财力与工作需要上”,只有这样做。目前不可能举办很多这样的学校,不但因为财力人力不足,更因为大批的干部无法脱离开工作。

对于脱产培训,该决定指出:“着重地、认真地举办干部学校,抽调许多干部进入各种干部学校,施以系统的教育,当然是很重要的任务,对此决定不应该稍有疏忽。”陈云同志在1942年3月24日发表在解放日版上的《到什么地方学

① 《陈云文选(一九二六——一九四九年)》,人民出版社1984年版,第112页。
② 陕西省延安市“陕甘宁边区高等法院旧址”陈列展,2020年11月19日。

习》的署名评论中，谈到脱产教育培训的必要性：抗战初期的抗日军政大学、陕北公学的训练方法，学生在学校只学习几个月，之后就去参加工作。“他们在学校中不只是学习马克思列宁主义的理论，而是培养生气勃勃的革命作风。”现在许多抗大、陕公毕业之后参加了工作的学生，已经在经验、能力、政治上都有了进步，这是正确的训练方法所获得的结果。但脱产学习培训必须避免简单地灌输理论、学习知识。“把没有经验的新干部方在学校里‘学习理论’，教的是一大堆马克思列宁主义的抽象原则，学的是教条，许多学生既没有学到理论，而一接触到实际问题，就目瞪口呆，手足无措。这是不正确的方法，错误的方法。”陈云强调：脱产培训的训练方法、学习方法很重要，真正的理论只有在实际工作中才能逐渐深刻领会。理论是实际的反映，归根结底是来自实际，而不是来自书本。①

就培训类别而言，以培训内容为标准，可分为若干类别。对此，《关于在职干部教育的决定》总结我党干部教育培训的历史情况，根据干部工作需要与成长需要，明确规定了四类干部培训：业务教育、政治教育、文化教育、理论教育。四种教育的时间和课程分配由党政军宣传教育部门制定方案，使其互相联系又不互相冲突、脱节。决定要求各部门，无论业务教育、政治教育、文化教育、理论教育的任何方面，均须贯彻反对主观主义、宗派主义与党八股的精神。在职干部教育是长期的，以发展其业务而不妨碍其业务且不妨碍干部健康为原则。在前方，尤其不能妨碍战争。在情况许可的地方或部门，“一律坚持每日两小时学习制”。在情况不许可的地方和部门，学习时间可以伸缩。要“把教育和学习看做工作的一部分”。要实行对在职干部教育的考核、检测与赏罚制度。在评价鉴定干部的时候，“学习情况如何应作为鉴定标准之一”。

第一类教育：业务教育。

决定指出：“对于一切在职干部，都须给以业务教育。”业务教育的目标，是要有实用性和针对性，做到“做什么，学什么”。

从事军事、政治、党务、文化、教育、宣传、组织、民运、锄奸、财政、经济、金融、医药、卫生及其他任何工作的干部，必须学会精通自己的业务，“这是第一

① 参见《陈云文选（一九二六——九四九年）》，人民出版社1984年版，第184页。

个教育任务与学习任务”。

业务教育分为五项：第一项是关于与各部门业务密切关联的周围情况的调查研究。例如，军事部门精密调查敌、友、我三方面的情况，加以分析研究，择其要点编成教材，用以教育军事干部。第二项是关于与各部门业务密切关联的政策法令指示决定的研究。例如，财政工作人员应熟悉财政政策与财政法令。第三项是关于各部门业务具体经验的研究。例如，党的组织部门研究党的组织工作与干部工作的经验，加以分析综合，抽出要点，写成文件，教育所属干部。第四项是关于各部门业务的历史知识。例如，党的宣传部门将我党二十年宣传鼓励工作及其政策的变化发展，加以叙述与总结，编成教材，教育宣传工作干部；第五项是关于各部门业务的科学知识。例如，军事干部研究军事学，医务干部研究医学，每一部门均需研究自己的理论。

对于上述各项业务学习，各部门领导机关是供给教材、指导学习及考查成绩的责任人，“使所属干部从理论与实际两方面，逐渐达到学会与精通自己职业之目的。轻视学习业务与精通业务的观点是错误的”。

第二类教育：政治教育。

决定指出：“对于一切在职干部，都须给以政治教育。”政治教育之目的，“在于使干部除精通其专门业务局部情况与局部政策之外，还能通晓一般情况与一般政策，扩大干部的眼界，避免偏畸狭隘不顾大局的弊病”。必须指出，好谈一般政治而忽视专门业务的倾向是不对的，但局限于专门业务而忽视一般政治的倾向也是不对的。政治教育范围，包括时事教育及一般政治教育两项。

进行时事教育，要督促所属干部读书看报，对所属干部讲解时事问题，以地区或部门为单位召集干部做时事报告。

进行一般政策教育，是一切干部所应学习的，例如，将中央对时局宣言、中央关于增强党性决定、关于调查研究决定、关于边区施政纲领等，要督促干部阅读或加以解释及讨论。对于那些与本部门业务没有直接关系但有间接关系的一般政策，如有关土地政策对于军事指挥员，也要组织所属干部加以研究。一般情况与一般政策虽为一切干部所必须，但其分量轻重应依据各部门工作性质有所不同。对于医生、技术专家、文学家、艺术家，其分量应当减轻；对于党务工作者、宣传工作人员、政府工作人员及军队政治工作人员，其分量应当加重。对于政治教育缺乏经常性的问题，党政军宣传教育部门应有计划地予以克服。

第三类教育：文化教育。

决定指出：对于一切文化程度太低或不高的干部，除业务教育和政治教育外，必须强调文化教育，反对轻视文化教育的错误观点。学习文化、提高文化水平，是他们全部学习中的一环。文化教育范围暂定为国文、历史、地理、算术、自然、社会、政治。宣传教育部门应负责解决课本问题。

文化教育，要注意针对不同地域和部门条件开展教学。在环境许可的地方，必须一律开办文化补习班或文化补习学校，或一机关独办，或数机关合办，或采取轮训制。在环境不许可的地方，则采取小组学习制。

文化教育，还要注意针对不同教育对象开展教学。文化班或文化学校可分为初级的和中级的两种，初级班为不识文字及粗识文字的人而设，以学至大体相当于高小文化程度为合格；中级班为已有相当于高小程度的人而设，以学至答题相当于中学程度为标准。某些从事宣传教育工作的干部，虽属于知识分子，但有补习国文及文法需要者，则用小组学习制或其他办法补习。“干部分班应以文化程度为标准，不以职位为标准。”

第四类教育：理论教育。

决定指出：高级和中级干部中具有学习理论的资格者，亦即具有一定的文化基础、理解力和学习兴趣者，于业务学习和政治学习之外，均须学习理论。鉴于高中级干部的工作岗位，其理论素养极其重要。高级干部的理论教育，或至今没有引起注意，或脱离实际、成了教条主义的东西。理论教育，分政治科学、思想科学、经济科学、历史科学等项，依次逐步学习之。“理论教育的成败则是革命成败的第一个关键”。

理论学习，必须理论联系实际。决定强调：“学习方法，以理论联系实际为原则。”政治科学的教育学习方法，以马列主义论战争策略的著作为理论材料，以我党二十年奋斗史为实际材料。思想科学的教育学习方法，以马克思主义的思想方法论为理论材料，以近百年中国的思想发展史为实际材料。经济科学的教育学习方法，以马克思主义的政治经济学为理论材料，以近百年中国的经济发展史为实际材料。历史科学的教育学习方法，则要研究外国革命史与中国革命史。在组织教育与学习方法上，应采取高级学习组和中级学习组办法，“以自学为主,加以集体的讨论与指导”。

以上四类教育,《关于在职干部教育的决定》特别强调教育培训的意识形态审查,强调统一教学内容的严格把关:不论任何工作部门,也不论业务教育、政治教育、文化教育、理论教育的任何方面,均须贯彻反对主观主义、宗派主义与党八股的精神。“一切材料均须由领导机关加以审查,任何包含主观主义宗派主义党八股毒素的东西,均须严格加以清除或批评。”

四类教育类型,包括了干部教育培训的全部内容,科学地划分了干部教育培训类别。《关于在职干部教育的决定》把业务教育摆在首位,政治教育其次,文化教育、理论教育依次在后。这样排列的深层意义在于说明:无论何种教育、何种培训,包括必须予以强化的政治教育,都以落实在工作上、促进工作、服务工作、干好工作为最终目的。所以,与工作要求、工作能力、工作效果直接相连的业务教育是排在首位的。同时,该决定强调了业务教育、政治教育是必须开展的教育类别,文化教育、理论教育是相关人员可选择性开展的教育类型。对不同类别教育培训区别分析、区别对待,而不是“一刀切”,什么都重要、什么都必须,体现了我党干部教育政策的务实理念。

《关于在职干部教育的决定》还特别强调了干部教育的重要性。决定指出:“在目前条件下,干部教育工作,在全部教育工作中的比重,应该是第一位的。而在职干部教育工作,在全部干部教育工作中的比重,又应该是第一位的。”各级党政军机关,应把极大的注意力放在干部教育(在职干部教育和干部学校教育)上面。在职干部教育,自1938年党的六届六中全会以来,已经得到相当的重视,但被忽视的现象仍然存在。业务教育没有得到强调。政治教育虽一般地被注意了,但仍不得其法,或轻重不分,或没有经常性。文化教育没有引起党政军机关的充分注意。总之,针对现有的问题,在职干部教育工作,应该是全部教育工作中的重中之重。

可以说,1942年2月28日中共中央政治局通过的《关于在职干部教育的决定》,是我党关于干部教育培训的一份纲领性文件,也是党的六届六中全会强调并开展全党学习活动之后,我党系统总结建党21年来干部教育培训工作的规范性文件。标志着我党关于干部教育培训理念日渐成熟,渐成体系。

司法干部的在职教育培训,是与司法干部的选任标准、任职条件紧密相连的。达不到规定条件的，必须通过教育培训达到条件；选任时具备条件的，要不断通过教育培训保持条件要求。为了健全各级司法组织，在陕甘宁边区政府时期，对于司法干部的调训和培养工作，一直是重视的。挑选干部的对象，着重于工农知识分子。根据 1941 年 5 月 10 日陕甘宁边区高等法院对各县司法工作的指示，司法干部的条件是：（1）要能够忠实于革命事业。（2）要能够奉公守法。（3）要能够分析问题，辨别是非。（4）要能够刻苦耐劳，积极负责。（5）要能够看得懂条文及工作简报。也就是说，"作为一个司法干部，不仅要具有忠于革命的品质，还要具备一定理解能力和文化水平，当时一般是做不到的"。至于干部培养工作，则着重于举办短期训练班的方式。1939 年至 1940 年，高等法院曾先后办过 3 期司法训练班，训练了近百名工农出身的司法干部。随后在 1942 年至 1946 年，又曾在延安大学设立法学院、司法系、司法班，训练和培养司法工作干部。但因工作需要和战争原因，在这里学习的干部，大半未毕业就调做其他工作了。延安光复后，又在延安大学设立司法班。不久西安解放，司法班全体成员由陕甘宁边区高等法院率领，前去西安参加接收工作了。[①]

陕甘宁边区高等法院在司法工作中，特别是在抗日战争结束、司法办案逐步规范化的大背景需求下，急切地感受到年轻化、专业化、系统接受法律大学教育的司法人才短缺，并探索实施了专业人才培养和在职干部培训"两条腿走路"的司法培训模式。

1946 年，经陕甘宁边区第三届参议会选举，马锡五当选为边区高等法院院长后，即带领高等法院干部到子长、延安等县调查研究，听取基层人民对司法工作的意见，听取县司法处干部汇报，发现司法干部的政治业务素质亟须提高，司法工作岗位更是后继乏人，需要从根本上解决问题。马锡五当即建议在延安大学设立司法班，后改为司法系。司法班设立后，马锡五亲自担任教师，讲授工作要求与经验。但因战争原因，延大司法班学员尚未毕业，绝大多数学员就调任其他工作。

为保持司法干部的稳定性和专业素质的提高，马锡五在向边区政府的报告

① 参见马锡五：《新民主主义革命阶段中陕甘宁边区的人民司法工作》，载《政法研究》1955 年第 1 期。

中建议:“当前随着革命形势的发展,急需增加大批司法干部,又因司法工作是一项带有专门性的工作,这就显得司法干部异常缺乏。故对现有司法干部不要轻易调动,过去受过训练,在实际工作中已有相当锻炼的司法干部,应尽量调回司法工作岗位上来。今后除办好延大司法系外,对在职干部也需加强教育。”马锡五强调办好《司法通讯》,以指导司法工作并帮助司法干部学习。同时,马锡五强调整理判例,他说:整理判例本属司法机关的日常工作,由于目前成文法律之不足,判例就显得特别重要。①

第三节　司法培训方法的灵活适用

一、全方位、复合型的培训方法体系

陕甘宁边区高等法院十分重视司法人员的队伍建设和素质提高,为此开展了灵活多样、自修自学、现场教学、集体研讨、案例教学、函授教学、鲜活生动的司法教育培训。第一,边区高等法院重视对全院人的政治思想教育,经常召开批评与自我批评检讨会,要求司法人员永葆艰苦奋斗、廉洁办案的作风。第二,重视司法人员集中学习。自 1938 年始,陕甘宁边区高等法院规定全体人员一天两小时集体学习业务知识制度。第三,加强干部脱产培训。1937 年至 1942 年举办过 3 期审判业务培训班,后又在延安大学专设法律系,对在职司法人员轮流培训。第四,以提交并评比干部自我撰写的学习材料方式促进干部自学。从 1942 年起,高等法院规定各县所有裁判员、检察员、书记员每月应各做法律论文一篇、普通论文一篇,并进行检查评分,奖勤罚懒。第五,制定职业操守训条,增强干部自我修养。高等法院制定了司法干部“廉洁、明辨、公平、正直、果敢、刚毅、详细、谨慎”的十六字训条。要求全体干部时刻对照遵循。② 第六,陕甘宁边区高等法院还通过实践教学,带领司法人员深入基层开展调查研究,促使司法人员了解边区风土民情,思考法律与风俗习惯的关系,提高司法活动效

---

① 参见艾绍润编著:《马锡五审判方式》,陕西人民出版社 2007 年版,第 3 页。

② 陕西省延安市“陕甘宁边区高等法院旧址”陈列展,2020 年 11 月 19 日。

能。同时，边区高等法院还专门编撰了数批司法判例，以补充成文立法的不足，引导司法人员正确适用法律。[①]

有关司法培训的方式方法和要求，边区高等法院历任院长站在不同角度，遵循党的司法理念，提出了不同的要求。

谢觉哉院长强调要在实践中锻炼、培养干部，指出："要在判案的许多实际经验中了解民情；要在人民对于司法的赞否中，证明司法工作的对与否；要在实际中创造新的办法和改正旧的办法；要在实际执行中锻炼司法干部。"

董必武院长十分重视新法律法规制度建设与学习，早在瑞金中央苏区，董必武就曾担任马克思共产主义学校（中央党校）教务长、副校长，董必武院长指出："建立新的政权，自然要创建法律、法令、规章制度。我们把旧的打碎了，一定要建立新的。否则就是无政府主义。"

雷经天院长突出强调了司法干部的素质作风培养，指出："为了纠正法官旧的恶劣习惯，发扬革命的工作作风，保障边区司法干部的模范作用，特以'廉洁、明辨、公平、正直、果敢、刚毅、详细、谨慎'十六字训条作为全边区法官审判工作的标准"。

李木庵院长强调司法教育培训要注意传授务实管用的办案理念与方法，指出："调解民刑案件之方法：一、详查细讯，明其真情，明其曲直，明其根源；二、以理开导，以理析服；三、晓以利害，劝以是非，态度和平，始终如一；四、耐心说服，容人醒悟，寓教育感化之意于处理案件中，使归结于和解一途。"

王子宜院长归纳了边区司法的基本原则，并要求全体干部学习、体会、应用，指出："审判的原则是：一、全面调解，虚心研究，重视证据；二、保证被告人有充分辩论机会；三、迅速处理，照顾生产；四、履行陪审制度，发扬马锡五的群众观点，照顾政策法令；五、调解不是诉讼的必经程序。"

马锡五院长强调司法培训的基本点是群众路线，要教育司法干部联系群众、方便群众、为了群众，指出："国民党反动法院所经常采用的审判方式是高高在上的'坐大堂问案'的方式，而我们所采用的审判方式，是群众路线的审判

---

① 参见汪世荣等：《新中国司法制度的基石》，商务印书馆2011年版，第289页。

方式。”①

培训方法事关培训效果。好的培训方法能够增强学员解决问题的能力,直至事半功倍。不好的培训办法不但达不到培训效果,甚至培养出教条主义、主观主义的书呆子。自1937年11月起,陈云同志任中共中央组织部部长,负责党的建设和干部工作。在1942年发表的《在什么地方学习》一文中,陈云列举了两种教育培训方法:一种是理论教育加革命作风教育的;另一种是抽象教条与空洞理论教育的。前者培养出了“生机勃勃”的工作骨干,后者培养出了面对实际问题“目瞪口呆”的理论学者。陈云指出:“本来这两种学生的政治文化水平是一样的,但因为训练方法的不同,学习方法的不同(工作中学习和学校中学习),而得到了不同的结果。”真正政治上高明的政治家,只能在革命战争中培养,不能专从学校里训练。共产党的真正领袖,是既有丰富的革命经验又有真正革命理论的人。“单靠听讲看书,甚至饱读马克思列宁主义的原理原则,想在政治上真正开展是不可能的。”另一方面,要提高干部的政治水平,克服经验主义,既要在思想方法上、政治上、理论上、党的路线上、政策上加强教育,又要扩充他们革命的斗争经验,并使理论知识和实践经验两者结合起来。②按照这个方向,科学的教育培训方法,既要研究革命实践,又要服务革命实践;既要结合党的政策路线教育,又要服务党的路线政策教育;既要从实践到理论静下心来学习,又要从理论到实践塌下心去工作。

二、“以会代训”的主体培训方式

“以会代训”的方式,是陕甘宁边区司法培训应用最多,也是我党自建党以来广泛采用的教育培训干部、统一认识、统一法令政策、统一行动的培训方法。延安时期,这一方法得以发扬光大,各类司法工作会议、联席会议、经验交流会议、检查检讨会议均同时开展相关的教育与培训活动。这种方式简便易行、会议代表全覆盖,更方便了代表之间的切磋交流,便于不同意见和不同理解之间的研讨交流,有利于统一思想、针对问题做出进一步解答,从而正确把握法令政

① 延安市中级人民法院编:《陕甘宁边区高等法院史迹》(第2版),陕西人民出版社2006年版,第37~47页。

② 参见《陈云文选(一九二六——九四九年)》,人民出版社1984年版,第183页。

策执行尺度。

1940年8月18日，陕甘宁边区高等法院为了检讨和总结历年来的司法工作，召开边区推事审判员联席会议，各分区、县、市推事、审判员，以及延安大学司法系同学等六十余人参加了会议。此次会议"以会代训"，持续一个月，前半个月各地代表学习文件、漫谈反映情况、提出问题，后半个月专题报告、大家研讨问题、提出解决方案。为了准备会议，高等法院会前先行前往绥德、陇东两分区进行调研，先期进行了一个月的座谈研究。在本次联席会议上，高等法院领导及延安大学司法系主任等相关领导李木庵、张曙时、何思敬等都做了工作部署和专题讲话。边区领导也亲临会议讲话，从最高层次上明确了司法政策要求。林伯渠主席在讲话中指出："我们边区所实行的新民主主义司法政策，其目的是在反对汉奸和一切破坏分子，来保障人民的民主自由，人民的团结，人民的一切利益。""我们执行了正确的司法政策，并收到了一些成绩，出现了不少好的司法工作者，有不少新创造，如'马锡五审判方式'，他能深入群众调查研究，很虚心地听取人民的意见，处理案件很谨慎，这种优良的作风是值得表扬的；还有志丹县的审判员奥海清同志，延安县的赵志清同志，也都是司法工作者的模范。但过去的司法工作上还有缺点，如调查研究不深入，解决问题迟缓等，这些缺点必须在今后的工作中彻底改正。"在本次会议上，林伯渠主席要求所有司法工作者"安心工作，忠守职责，全心全意为地人民服务"。①

1945年10月召开的陕甘宁边区司法工作会议，更是持续近两个半月、长达72天，于1945年12月29日结束。如此长时间的会议，与其说是会议，不如说是一次大教育、大培训、大的统一思想集训活动。这是一次全面总结1940年边区推事审判员联席会议以来各项审判工作，为迎接和平建设的新任务，由边区高等法院召开的各分区县、市的推事、审判员联席会议。

1945年7月7日，国民政府卫视委员会宣布抗战由守转攻。1945年7月26日，美、英、中三国共同发表波茨坦公告，敦促日本无条件投降，否则将予以"最后之打击"。1945年8月8日，毛泽东发表《对日寇最后一战》，将原本分散

① 延安市中级人民法院编：《陕甘宁边区高等法院史迹》(第2版)，陕西人民出版社2006年版，第72页。

的抗日根据地一一打通。1945 年 8 月 10 日,延安总部发布命令:八路军、新四军全面开展大反攻。1945 年 8 月 15 日,日本天皇向全日本发表广播讲话,接受波茨坦公告,日本无条件投降,结束战争。1945 年 9 月 2 日,标志着第二次世界大战结束的日本投降签字仪式,在东京湾密苏里号战舰甲板举行。1945 年 9 月 9 日,中国战区受降仪式在中国南京原中央军校大礼堂举行。1945 年 10 月 10 日 10 时 10 分,中国华北战区日本投降受降仪式在北京故宫太和殿举行,20 万满怀胜利喜悦的北平市民蜂拥到故宫,亲眼见证日本投降。自 1931 年 9 月 18 日日军发动侵华战争,中国军民 14 年艰苦抗战,终得胜利。

1945 年 10 月召开边区司法工作会议的重要原因,是日本投降和抗战胜利后,和平发展成为主旋律,依法治国作用凸显。如何通过法律维护社会秩序、促进生产建设,成为必须深入思考研究的重大问题。会前,为准备会议,1945 年 8 ~ 10 月,边区高等法院调动各分庭、县司法处百余名审判干部深入各县、区、乡,就法律适用、司法政策、监所管理等问题开展了全面调查,通过统计数据、典型案例分析问题,形成汇总了上百万字的文字材料。这次司法调研,成为延安时期我党司法调研的工作典范。会议研究了以下工作事项,并统一了司法工作原则要求:

第一,会议重点研究了调解和审判的关系问题,培训并统一了相关司法理念。王子宜代院长指出:自 1943 年提出调解方针和"马锡五审判方式"后,边区的司法工作有了一番新气象,司法工作调查研究、依靠群众的作风加强了,和解了许多纠纷,减少了许多诉讼。但是在执行中开始出现偏向,特别是在提出"调解为主,审判为辅"方针以后,调解工作中的问题和偏向更加严重。问题和偏向具体表现在:(1)强调调解是诉讼的必经程序,认为凡违警调解而到司法机关诉讼的,是手续不完备。因而形成从乡到区、从区到县、从县到分区,层层调解不再审判、审判不成再调解的反复调解。(2)单纯把调解的好坏作为司法工作者成绩的标准,从而强化了司法干部"强化调解""调解了事"的观念。(3)由于调解导向的偏差,事实上一定程度形成了司法工作"遵守政策,合理与否,则可以不管"的错误办案思想。

对此,经过司法工作会议研究讨论,王子宜代院长总结指出:审判与调解不仅形式有别,而且实质有别。审判是法庭依法判决,有强制性;调解是当事人自愿，私下私了，有妥协性。刑事案件，一般的不许调解；民事案件，一般的提倡调解。审判的原则是：查明事实，重视证据；保证被告人有充分辩护的机会；迅速处理，照顾生产；履行陪审制度。调解的原则是：双方之源，不许强迫；适合民间善良习惯，照顾法律政策；调解不是诉讼的必经程序。

第二，在司法制度上，明确了审判的独立性，但在目前过渡时期，各级司法行政、检查、审判等，直接归高等法院领导；高等法院向边区人民代表会议负责，在边区政府领导下开阵工作。

第三，会议强调：加强司法干部的培养、提拔、教育工作。针对新的形势需要，举办司法干部训练班，出版定期的司法刊物。

会议提出了新时期教育培养、选拔使用司法干部的四条标准：(1)学习与掌握法律，熟悉社会风俗习惯。(2)辨别是非轻重，不冤枉人。(3)执法公正无私，做事勤劳慎重，勇于改正错误。(4)切实为人民解除纠纷，对犯错误的采取治病救人态度，切实教育改造。

第四，在监所管理上，会议强调监所管理干部要有足够的群众观点，尊重犯人的人格，适当配备生产时间和学习时间。严禁体罚。使犯人守法期满后成为社会的好公民。

第五，本次司法会议还深入研究总结了土地条例、租佃条例、婚姻条例等司法适用经验和问题，提出了修改完善意见。同时，本次会议对草拟《刑法总分则》、民刑诉讼法等规范性的成文法都提出了具体意见，拟提交下届边区人民代表大会审查。会议还拟定了债务处理办法、继承处理办法，即呈边区政府核准后颁布实施。①

王子宜代院长 1945 年 12 月 29 日在会议总结讲话中指出："这次会议花时间最多的（近 50 天）就是讨论了边区已有和尚在草拟中的一些法令条例。这对立法方面提供了意见，有好处"，"现除最后两种（债务处理办法、继承处理办法），已将意见呈边区政府审查颁布外，其他拟经由边府提交将要召开的下届边区人民代表大会审查决定"。

---

① 参见延安市中级人民法院编：《陕甘宁边区高等法院史迹》（第 2 版），陕西人民出版社 2006 年版，第 9～99 页。

1945年的边区司法工作会议，是我党历史上一次系统的、成功的“以会代训”的教育培训活动。该次会议不仅针对抗战时期边区的刑事、民事、行政等司法工作进行了全面总结，梳理与明辨了存在的司法问题，而且针对抗战胜利后可能来临的和平时期法律、司法的重要作用，就有必要深化的婚姻、土地、继承、刑民事审判、诉讼程序等规范性立法与司法活动，进行了集中的培训辅导与工作部署。司法工作会议的“以会代训”，使参加会议的边区各分区、县、市的全体推事和审判员进一步统一了认识，明确了任务，提高了司法技能。

三、“把屁股端端地坐在老百姓一端”

会议是党政领导开展教育培训的最常见场合及最常见形式。陕甘边区革命根据地的创建者和领导者之一习仲勋，曾在绥德分区司法会议上做过一次著名的报告，主题为《贯彻司法工作正确方向》。其中，司法工作的经典名言:“把屁股端端地坐在老百姓一端”，就出自这一报告。该报告深入浅出地阐释了为人民司法的基本内涵:

第一，“把屁股端端地坐在老百姓一端”。习仲勋指出:“司法工作是人民政权中的一项重要建设，和其他行政工作一样，是替老百姓服务的。这样，就要一心一意老老实实把屁股坐在老百姓这一方面坐得端端的。”就司法机关的屁股就不在老百姓一边，是在少数同志这一边。有钱有势的，可以囤积居奇，贩卖毒品，逍遥法外。对于百姓，则意味着监狱。“与其说他们是解决纠纷，不如说他们是制造纠纷。”这是旧司法的一套，在我们这里吃不开。我们的司法方针是和政治任务配套的，是要“团结人民，教育人民，保护人民的正当权益。”“越是能使老百姓邻里和睦，守望相助，少打官司，不花钱，不误工，安心生产，这个司法工作就算做得好。”过去检讨警区司法工作，曾有个别司法人员硬搬六法全书，侵害老百姓的利益，值得大大地警惕。

第二，“不当‘官’和‘老爷’”。习仲勋指出:“我们司法工作者，既然是为老百姓服务，就应该站在老百姓中间，万不能站在老百姓头上。”中国社会，老百姓怕官怕老爷，是习惯了的。官和老爷也喜欢老百姓怕他们。“但在外面这里，假如有一个司法人员，仍然是‘断官司’‘过堂’板起面孔，摆起架子，叫人家一看他是个‘官’是个‘老爷’，那就很糟糕。”如果说要怕的话，就只能是对敌人、对汉奸。对一般百姓，我们必须和蔼，耐心地说服。当一方有意见、有冤屈时，应当耐心地听，等他讲完，慢慢地向他解释。绝不能未调查未研究，在主观上就存有成见。"这种存有成见的做法，往往只看到表面，看不到实质，会把案件搞错。"所谓秉公处理，不能限制在观点上，尤应孜孜讲求于对人的态度。

第三，"走出衙门，深入乡村"。习仲勋指出：司法工作，如果不从团结老百姓、教育老百姓着眼，只会"断官司""写判决书"，即使官司断得清楚，判决书写得漂亮，也是失败的。必须普及民间调解运动。司法工作人员必须走出衙门，深入乡村，才能把司法政策贯彻得好，才能使司法工作同人民取得密切联系。"千百事件整天发生在人民中，最适当的解决办法，也就在人民中。"绥市五区开了两天的群众会，解决了 190 件人民纠纷。米脂银城市民众会，只用一个星期的时间，就解决了 317 件人民纠纷。这些纠纷，一通过人民就解决得很好很快，若孤独地依靠司法干部，就需要年月。司法干部不要以为自己比老百姓高明。习仲勋强调："新的创造要在老百姓中寻找"，调解模范有很多作风和调解艺术，值得司法干部认真学习。

四、"宣讲先进典型"的培训方式

在培训方法上，边区法院还注重榜样的力量、先进经验的总结，以身边司法优秀干部的审判经验与先进事迹教育干警，使司法教育培训更有针对性、可比性，更为鲜活，更受欢迎。例如 1944 年 4 月，边区高等法院整理推出了志丹县审判员奥海清的先进事迹与审判经验。奥海清 1935 年参加革命，历任乡长、区长，20 世纪 40 年代任志丹县政府审判员。奥海清注重总结审理判断案件的特点，认真调查研究、说服感化、实事求是的工作作风，判明了许多棘手的案件，被老百姓誉为"奥青天"。总结分析奥海清办案的过程与方法，可以窥见其司法理念及办案经验，这些经验不仅对于当年的司法干部培训具有典型意义，对于今天的司法培训仍然不失为经典案例。

奥海清经典办案之一：1939 年，袁家偷了王家糜子三斗六升，当时正值荒年，青黄不接。王家到区政府告状，区政府把袁姓找来，袁家始终不认。奥海清去袁家庄了解情况，在袁家的左邻右舍详细盘问，发现袁家早几天就断顿无粮，几个娃娃饿得成天哭，老婆也闹着要走。但这几日娃娃有了糜子馍馍吃，老婆也不走了。奥海清心中有数,便把物主和袁家叫来,整整劝了半夜,袁家还是不认。奥海清很善意地说:这个荒年,放下粮食不给人吃,也是不对的,为什么不借给人家吃呢?人家饥饿难耐啊!听了这话,袁家猛然醒悟,说:这粮食是我拿去了,没办法,吃了七八升,剩余的在我家地窖里呢。袁家即回去挑了粮食来,一颗不差。此案中,奥海清根据荒年缺粮的困难情况,变官老爷衙门"坐堂问案"为到发案现场"座谈问案",在查清事实的基础上,既判明了公理、动员袁家归还了偷窃的粮食,又给了袁家主动归还的机会,省去了诉讼的麻烦,也挽救了犯法的袁姓一家。

奥海清经典办案之二:1940 年 2 月,奥海清调解了一起土地纠纷案件。志丹县六区三乡袁姓和华池县水饭台区五乡阎姓两家,争执不休的走马梁地有二十垧。在登记土地时,两家都将走马梁登记为自己的,但未注明划分地界。现各执一词。袁姓向志丹县的区乡政府控告,阎姓向华池县的区乡政府控告。当时双方政府书信来往洽商,有时因书信内用词欠妥,导致干部中积累了成见,两县的区乡关系也渐渐有了隔阂,干部见面并不谈话,一直持续两年之久。后来情况更加严重,两家因为耕地打了起来,有一次袁姓拿着铁链锁,阎姓拿着枪,袁姓将阎姓的头部打伤,并将枪也夺去。阎姓则将矛头刺向袁姓的肚子。各告各县政府,书信来往谈判,问题不得解决。到了 1939 年 12 月,奥海清接任了六区区长,经县长委托解决此项土地纠纷。1940 年 2 月,奥海清召集了志丹县六区三乡乡长、村主任等干部,又召集了华池县水饭台区区长、五乡乡长,以及相邻土地两家当事人,总共约 29 人,均到走马梁上,先察看地形,再打起一堆篝火,一边烤火抽烟,一边讨论地界。不到两小时,问题就解决了。奥海清的调解方法很简单:走马梁地界过去没有划清楚,引起两家纠纷,现就以梁子上中间水壕沟为界,近志丹县的归袁姓,近华池县的归阎姓。自此,袁姓、阎姓两家相安无事,志丹县、华池县区县干部关系密切,经常走动交换意见。奥海清身为区长兼审判员,不带官架子,不文来文往,而是注重深入基层,调查研究,说服感化,实事求是解决问题,不仅化解了民事纠纷,还密切了党群关系、两县区乡工作关系。

奥海清经典办案之三:1940 年 3 月,奥海清在六区判明了一件盗窃案。当月正是运盐时期,脚夫傅老五经草料店歇脚时,不小心把路费、本钱忘记在住店的炕上,被人拿去了。傅老五和他的伙伴赶的二三十头牲口,当时就不能走了。奥海清前去解决问题,缜密了解情况,发现店主在收拾炕铺时有作案痕迹,盘问时又发现店主上言不对下语的破绽。他知道这钱是店主拿了,便把脚夫和店主找来,对脚夫说:“你们的钱我知道是谁拿了,你们明天好好在住处的四周找找,俗话说‘好店不露针’,在本店钱一定丢不了,一定可以找到。”第二天,脚夫按照奥海清的话去做,果然在院墙里把钱找到了。脚夫们拿了钱,高高兴兴地驮盐去了。此案并未审判,更未宣判,却解决了问题,这便是司法纠纷“案结事了”的最终目的,而不是机械立案、办案、追究责任、宣判。①

因奥海清善于化解矛盾、深受群众欢迎、审判工作突出,被陕甘宁边区政府主席林伯渠表彰为“模范司法工作者”,并在政府年度报告中被作为典型,提倡学习“马锡五、奥海清审判方式”,号召司法学习他们在审理案件时秉公办事、不徇私情的精神和适合民情、合理解决问题的工作方法。

先进典型的教育培训,也即实践第一的教育目标。毛泽东将我党的教育培训方法上升到哲学理念高度,表述得更加明了透彻:“读书是学习,使用也是学习,而且是更重要的学习。从战争学习战争——这是我们的主要方法。没有进学校机会的人,仍然可以学习战争,就是从战争中学习。革命战争是民众的事,常常不是先学好了再干,而是干起来再学习,干就是学习。”②按照毛泽东的哲学论述,“知彼知己,百战不殆”就包括学习和使用两个阶段,就是在干中学,在学中干。这就是学习的窍门,学习方法的哲学。

关于司法工作的实践观点,针对司法工作既具有经验积累的性质,又具有理性思维的性质,谢觉哉在1943年12月边区政府召开的司法工作检讨会上发言强调:司法工作“不是条文第一,而是实际第一;不是形式第一,而是实际解决问题第一;也不是三级三审形式第一,也不是经验第一,而是拿经验到实际当中去取得新的经验第一”。实践的主体是群众,实践的源泉也是群众,对此,谢觉哉指出:“我们的司法要同群众结合,而成为群众的东西。”③

---

① 《解放日报》,1944年4月13日。

② 《毛泽东选集》(第1卷),人民出版社1991年版,第181～182页。

③ 《陕甘宁边区高等法院档案》,陕西省档案馆,全宗15－96。

五、“公文”“指示信”“月报”培训方式

在教育培训方法上,陕甘宁边区采用最多的,是受益率最广、覆盖率最大、传播效率最快、最为便捷简单的下发司法文件方式,包括命令、训令、指示信、下级司法机构上报月报的批复等方式。其中,既有陕甘宁边区政府的命令,也有边区高等法院的各类指导;既有实体法、程序法规定,也有适用法律的具体问题指导。尤其具体管用的是边区高等法院的批复、大幅、指示信,不仅采用通俗易懂的白话语言解说法律、统一规则,而且多用个案事例加以说明,不仅司法人员可以比附援引,群众百姓也喜闻乐见、宜于理解。由此,不仅统一了法律适用,也开展了普法宣传。此种教育方式,特别适合于陕甘宁边区司法机构人员文化水平普遍较低的实际情况,广受基层政府、司法处、地方法院欢迎。

上述教育培训方式,一纸公文通达全体,无须集中培训,甚至无须集中传达,便了解了上级的全部精神与要求。譬如关于司法机关是否独立于政府问题,1942 年 10 月边区高等法院给各县县长、裁判员的命令指出:“边区现处抗战非常时期,一切政权工作必须统一领导,方能收敏活进行之效,嗣后各县司法工作应由县长负领导之责,各裁判员关于司法行政以及审判工作,概须商同县长办理,不得有固执己见以及闹独立性现象。所有一切对外司法文件,由县长领衔、裁判员副署。特此通令,望各遵照。”①此番文字,道理讲得清楚;作为命令,让人心服口服。该如何处理司法与行政关系,再清楚不过。高等法院的指示信、命令、规定中还注意选用恰当的典型案例通谈司法适用,于案例中看问题,故事看完了,道理也清楚了。以案释理、以案释法,以一案为例引读法律法规,阐述具体条文的应用,又说很多道理,由不得基层司法人员不接受、不照办。

关于监狱工作的指示信。针对边区监狱与看守所的关系、法院判处罪犯刑罚的服刑地点、犯人的教育感化等问题,1944 年 5 月 12 日,陕甘宁边区政府主席林伯渠、副主席李鼎铭、高等法院院长雷经天签署发布的《陕甘宁边区政府命令——为在各分区、县设立监狱看守所由》(战字第八一八号)指出:过去,分区以下之司法机构无监狱及看守所设置,对于犯人之管教多有不便。现决定

① 《陕甘宁边区高等法院档案》,陕西省档案馆,全宗 15-96。

"各分区设立监狱一所，各县设立看守所一所。均直属于分庭及司法处"。"凡罚苦役在六个月以下者，留县看守所；判徒刑六个月以上，三年以下者，送分区监狱；三年以上者，送高等法院监狱。"对犯人着重教育感化，不得有虐待行为。"犯人在教管期间，帮助他们自觉地守法，帮助他们定出个人生产及学习政治、文化的计划，对犯人之生活，如饮食、起居、疾病等，亦须经常关切之。"

关于严禁逼供的指示信。针对改进司法理念、尊重嫌犯人权、严禁逼供问题，1945 年 5 月 22 日，陕甘宁边区政府主席林伯渠、副主席李鼎铭签署发布的《陕甘宁边区政府通令——通令各级政府切实废止肉刑、改进司法工作》（底字第 49 号）指出：自从施政纲领规定"改进司法制度，坚决废止肉刑，重证据不重口供"的方针发布以来，数年来边区的司法工作确有进步。但由于部分干部缺乏群众观点，缺乏调查研究、实事求是的精神，因而各县用刑逼供仍时有发生。"这种违反边区施政纲领及政府法令政策的行为，实为我民主政治中的严重缺点。"该通令以案释法：八月初一晚，王六儿、刘过斌在清涧师家园子公家店里偷布一驮（两捆），当晚清涧县政府保安科将王六儿捕获，交出布一捆，在寻找另一捆时，王六儿趁机逃跑。刘过斌做贼心虚，主动到乡政府报告王六儿给他的布在地窖里。经乡政府报告到县府，保安科王安祥带领警卫队员前去寻布时，刘过斌又生贪财念头，不说真实藏布地方，胡乱指点应付。经盘查解释，交出一部，尚短十八匹隐藏不交。再加追问，便诬称师张锁、郝二成、郝高月、师老命四人知道并伙同偷布。该保安科便将师张锁等四人一起捉拿到县，科长刘光荣、科员惠志升先后审问，因无法取得口供，便捆吊拷打，四人中师张锁捆打较重，右手伤坏，已失去作用。真实案情，直到又将王六儿捕获，才知道偷布者仅为王六儿、刘过斌二人所为。师张锁等四人系刘过斌诬陷。此案最后经高等法院调处，给师张锁以抚育费，使其一面调养残伤，一面经营生产。同时给予对肉刑负有直接责任的科长刘光荣、科员惠志升撤职处分。

关于刑事调解的指示信。针对刑事审判中"命案不准予调解"的司法原则，1945 年 5 月，陕甘宁边区高等法院代院长王子宜签发的《陕甘宁边区高等法院指示信——关于三十三年各庭处月报总批之二由》（指字第 4 号）以案释法：子洲县吴继业诉胡徐氏虐待其女致死一案，缘于被告胡徐氏之子胡玉银与吴继业之女堆儿，自民国三十年结婚后，感情还可以，唯婆母胡徐氏生性刁蛮，对生性懦弱的儿媳妇堆儿常加打骂,堆儿在娘家又遇见三个后继母,因此心中时常苦闷,去年农历七月十五日,胡徐氏为家务与老汉争吵,负气不管家事。次日晨,媳妇问婆婆做什么饭,胡徐氏出口便骂,用手镯在堆儿的头上打了几下,堆儿回家将早饭做好,中午上吊自杀。经该县验尸,头上有紫伤一处,右肩有伤一处,下颚有伤一处,手腕有伤一处,颈项有绳印。本案经现调解无效,后又转托人协同区乡干部调解:除堆儿穿戴及柏木棺材外,由胡徐氏给原告吴继业孝布十个,赔偿诉讼费边币十万元,对胡徐氏严肃斥责后释放。指示信指出:此种婆婆虐待儿媳致死行为,乃旧社会恶习,在边区时有发生。胡徐氏一直虐待儿媳堆儿,当日又有打骂行为,对堆儿的死难辞其咎,应以伤害罪加重科刑。另外,此案已进入司法程序,即应法办。同时,“命案不准予调解”,否则视生命如儿戏,极不负责任。

关于化解矛盾的指示信。为例贯彻案结事了、化解矛盾的办案宗旨,1945年5月《陕甘宁边区高等法院指示信——关于三十三年各庭处月报总批之二由》(指字第4号)以案释法:延川冯有禄诉永远区府枪毙其子冯吕一案,民国三十二年冬整风时,永远区府于腊月初七找冯吕谈政治问题,谈至鸡鸣,人已疲乏,搞了些肉和馍吃,就在区府睡觉。熟睡之际,冯吕趁机逃跑,行到三乡石洞河,落崖毙命。到第十日始发现尸体。乡政府报告区上后,即将该尸体领回掩埋。去年四月,死者之母恐高区政府枪毙其子,要区府抵命。经县府解释不依又到处上告。后经高等法院会同延属专署派员前往处理,原告称:若检验是枪伤要求依法制裁,若检验不是枪伤,就不告了。后到死者坟地验尸,因时过半年,尸体腐烂。当时验得膛骨碎烂,确系落崖致死。但原告始终不满判决。高等法院认为,发现尸体时,乡府、区府处理案件草率又不通知死者家属到场验尸,缺乏纠纷预见性和化解矛盾思考,当请各分庭、各县市司法处、地方各法院转告所属人员树立案结事了意识,引以为戒。

关于程序问题的指示信。为了贯彻人权至上、程序优先的办案理念,1945年5月《陕甘宁边区高等法院指示信——关于三十三年各庭处月报总批之二由》(指字第4号)以案释法:吴旗县慕玉林诉武录杀害其女嫌疑案,被告武录与慕玉林之孙女于民国四十三年自由结婚,平日夫妻感情尚好,不意该妇突然于去年阴历五月二十二日晚,在其夫武录外出变工时,暴死。是晚,武录曾回家送绳一次（卖猪儿换得皮绳两根），但他回家并未到妻子住室，只将皮绳放到另一个窑里便走。第二天得知死讯后，即邀其妻娘家父母前来看验，毛裤带一根绳子勒伤颈项处，经娘家父母同意出丧埋葬。后死者娘家祖父慕玉林听人传说其孙女死因不明，既不像吊死又不像打死，遂于死者埋了三个月之后方来上告，县府将武录拘押在案十五个月之久。后经调查，结果确系上吊自杀。自杀原因：该妇神经不健全，呆傻，又有狐臭，早先与贾正德结婚，后贾正德嫌弃其腋臭与之离异。旋与武录结婚。初时，武录因贫穷娶妻不易，感情甚笃，久而渐厌其病，情感渐疏。该妇自恨其疾患，经历二夫均有不幸，感到前途暗淡，遂寻自尽。高等法院认为：该案若事先经过检验，则不会有这一场官司。同时，慕玉林只是听说孙女死因不明，并无相关证据，该县应先行调查或传唤被告询问，若无具体事实和证据，应不予羁押，令其取保候审、随叫随到。而该县擅将武录羁押，以致冤枉在押十五个月之久。各地法院应牢记：按保障人权条例第 8 条规定“逮捕人犯应有充分证据”，该县轻信原告一面之词，并无实据擅作羁押。更应当警觉的是：初经审讯后并未发现具体事实和证据，即应撤销羁押，将被告保释。但本案持续羁押下去，妨害人权甚为严重，全体司法人员当引以为戒。

关于群众观点的指示信。为了大力弘扬司法工作的群众观点，陕甘宁边区高等法院院长马锡五、副院长乔松山 1948 年 9 月 1 日签发了《陕甘宁边区高等法院指示信——为指示加强调解，劳役交乡执行，法官下乡就地审判，以发展生产由》，该指示信发给各高等分庭庭长、各县司法处处长、地方法院院长，指示信要求：“各级司法人员应坚持法官下乡，就地帮助调解和进行审判的工作制度或工作方法，实质上就是群众观点和群众路线的方法。”唯有如此，才能实事求是地进行调查研究，不拘形式地进行群众审判和切实解决问题。根据不同的案件，或是调解解决或是审判解决，或邀请群众参加或是法官自己审理。下乡巡回审判，这种工作方式不仅足以减少群众时间的浪费，而且足以教育群众又教育司法工作人员。

在培训方式方法上，陕甘宁边区法院注意资政育人、管理育人，一方面注重对受训学员的系统教育培训和理论学习，另一方面加强学员管理，注重在教学中培养和发现人才。陕甘宁边区第二期司法干部训练班共开设 11 门课程，既开设了法学总论、刑法、民法等基础理论课，也开设了国文、统计等知识课程，更突出实际工作需要,开设了司法工作、刑事审判、民事审判、公文、书记工作等实务课程。训练班对每门课程均实行学分考试,严格考试管理,直至留级淘汰。学员考试分数差距较大,以刑事审判科目为例,有满分100分的同学,有成绩良好的同学,也有刚刚及格60分的同学,还有不及格50分的同学。训练班严格管理,通过学籍变动激励学员学习进步。第二期训练班13人中,就包括一名因学习成绩不甚好,从第一期训练班留级到第二期训练班的任君顺学员。训练班注意通过成绩导向引领学员学习,在第二期训练班学员毕业排名表中,特别注明:张祥林与张谔两名学员平均分数相同,同为78.5分,但因为张祥林平时努力学习,所以成绩列在张谔之前。训练班注意学习评价的公平公正,在毕业备注里说明:程芬楼和温亮信两名学员平均分数相同,同为81.9分,但因温亮信刑事审判科目只得50分,未能及格,所以列在程芬楼之后。[①]

六、善良民俗作为司法裁判的依据

陕甘宁边区司法的一大特点,是民事习惯作为司法依据。这是我党司法工作遵循群众路线、尊重民风民俗、实行情理法统一的司法理念的具体体现。为此,陕甘宁边区高等法院认真开展了边区民俗习惯的调查、汇总、甄别、认定工作,形成了我党司法工作与司法培训历程中独特而闪光的一页光辉历史。

第一,民事习惯作为司法依据的实践基础。如何看待民风民俗?民事习惯能否作为司法依据?边区基层司法人员普遍认可习惯,基本观点如下:(1)习惯是风俗,是祖传的办事规矩。合水县司法人员认为:"习惯是人的生活,风俗是人和人的关系,好似政治和经济一样,也如同生产力和生产关系一样。"清涧县司法人员认为:"每个地方有不同的习惯,都是从古代遗传下来的。"(2)习惯是天理、国法、人情的一部分,司法办案应当考虑。清涧县司法人员认为:"我们每解决一件事,是根据天理、国法、人情的原则来处理","法律是根据社会一般人情订出来的"。(3)习惯是人民自愿遵行的,但没有强制性,是否作为法律,值得考虑。新宁县司法人员认为:"习惯风俗是一个地方上人民信仰的自

---

① 参见延安市中级人民法院编:《陕甘宁边区高等法院史迹》(第2版),陕西人民出版社2006年版,第65页。

愿去执行的一种东西，而并没有任何强制性，这叫做习惯风俗，如人民信神信鬼。”清涧县司法人员认为：“风俗行为普遍带着社会的意义难改易，有些可以影响到法律去”；对于习惯，“一般人当做法律使用”。①

第二，民事习惯作为司法依据，合乎民情，应择其善者为司法审判遵循。谢觉哉认为法律应当切合民情，尊重百姓意愿。《谢觉哉传》编写组这样记载道：“当时在边区的干部和群众中，流行一种说法，说‘司法的人不近人情’。谢老认为，这种看法是一种误解，因为法律是本乎人情的，‘合乎人情的习惯即是法’。”② 高等法院代院长王子宜要求司法人员必须“学习与掌握法律，熟悉社会风俗习惯”，“不能把法律和风俗习惯——尤其是善良风俗习惯看成绝对对立的东西，二者均得兼顾”。③ 为此，1944 年 12 月 25 日，高等法院还特别就离婚案件需处理好婚姻条例关于离婚自由的法律规定与陕北民情关系做出指示：“各县处理离婚案件，应当慎重，不能机械地搬用婚姻自由原则，援引‘感情不和’条文（第一届参议会颁布之边区婚姻条例第 11 条第 2 款）。良以陕北乃经济文化落后之区，落后之妇女常因爱富嫌贫，每每籍以感情不和，欲离穷汉，另适富门，致令穷人有再娶之难，且减少其家庭劳动力，影响生产及生活改善。”④

第三，民事习惯作为司法依据，是开展干部函授培训的重点问题之一。在陕甘宁边区司法工作中树立民事习惯作为司法依据的理念，既是尊重民意、司法切合民情的需要，也是起源于高等法院的函授干部教育培训。1942 年 5 月，陕甘宁边区高等法院开始调研、论证、遴选风俗习惯作为法律依据问题，“本院于 1942 年曾设有法律研究组，研究边区现行政策法令，对外县仍继续采用函授办法：每月由本院出题，交各县司法干部写作，写好后寄院批改发回”。有关风俗习惯专题，高等法院函授提出了四个问题：“1. 习惯风俗是什么？2. 习惯风俗和法律运用的关系？3. 你县有些什么风俗习惯（不管哪方面的，摘录主要的，越具体越好，并说明哪些是资产阶级法律）？4. 风俗习惯与习惯法有什么区别？”⑤

---

① 《陕甘宁边区高等法院档案》，陕西省档案馆，全宗 15－57。

② 《谢觉哉传》，人民出版社 1984 年版，第 92 页。

③ 《陕甘宁边区高等法院档案》，陕西省档案馆，全宗 15－70。

④ 《陕甘宁边区高等法院档案》，陕西省档案馆，全宗 15－33。

⑤ 《陕甘宁边区高等法院档案》，陕西省档案馆，全宗 15－193。

由高等法院提出的函授问题可以分析出三层含义：高等法院的问题形式上是函授作业，开展的是有关风俗习惯的调查研究，最终目的是教育司法干部正确认识和选择认可善良的风俗习惯。

第四，民事习惯作为司法依据的调研结果。高等法院有关风俗习惯的函授培训与调研安排，鉴于整风学习、人员精简等多种原因，边区多数县司法处没有完成，从档案记载的调研结果情况看，陕甘宁边区的民事风俗习惯数量可观，共计收集到8个县69个风俗习惯，土地类习惯最多，为27个；婚姻类习惯其次，为25个；契约类习惯8个；继承类习惯3个；其他类6个。

仅以婚姻类为例，各县有如下风俗习惯：(1)吴堡县风俗习惯："选择黄道吉日举行婚礼"；"不捡秦川地，当选好女婿"；"买卖婚姻中贪钱不顾人"。(2)富县风俗习惯："老户与客户不愿通婚；婚姻成立的条件是交付彩礼"；"结婚后丈夫残疾，女子可'招夫养夫'"。(3)新宁县风俗习惯："童养媳、童养婿"；"交钱才有亲，无钱无亲事"；"丈夫有残疾者，可为妻招夫，养活自己"。(4)清涧县风俗习惯："同姓同宗不结婚，结婚要有三媒六证"；"订婚后男死不退彩礼，女死退一半"；"无儿者可招儿女婿，有继承权"；"夫可休妻，或将妻卖给别人"；"夫死妻可以招别人为夫，男子不卖姓，无继承权"；"夫外出死，尸体未找到，妻可招男人为夫，男可卖姓，有继承权"。(5)延安县风俗习惯："婚姻成立以交付彩礼为准。"(6)镇原县风俗习惯："已经订婚者，在第二次送彩礼时被拒绝，称为'没栓上'，不算订婚"；"未婚妻生活困难，可以要求男方帮助一定数量的粮食"。(7)合水县风俗习惯："招婿抱儿，无子者将女儿招婿作儿"；"老年人在儿死后，可以给媳招夫"。①

第五，民事习惯，择善而用，作为司法审判的办案依据。在汇总各县民间风俗习惯后，陕甘宁边区高等法院既不是一概采用各地的民俗习惯，也不是一概否定各地的民俗习惯，而是在尊重民情民意的前提下，根据抗日战争和新民主主义革命的需要，有取有舍，有所扬弃。(1)坚决取缔的民事习惯有："童养媳、童养婿"；"一夫多妻"；"夫可以打骂妻子，为正教"；"正月里赌博娱乐"等。(2)认可保护的民事习惯有："婚姻成立以交付彩礼为准"；"婚约"；"早婚"；

① 《陕甘宁边区高等法院档案》，陕西省档案馆，全宗15－57。

“卖地不卖坟”；“后山有地，前山就有路”；“兄弟三人把产业分三份，不以人口多少来分”等。需要研究把握的民事习惯有：“买卖婚姻”；“亲族对土地的有限购买权”；“寡妇带财产改嫁”；“抗属离婚的习惯”等。①

例如，对“婚约”这一风俗习惯的保护，是边区司法政策的基本要求。对于抗日军人婚约的保护，更是“一切为了抗战”，予以优先保护、特别保护。据《陕甘宁边区妇女运动文献资料》(续集)记载：清涧县一女子与抗日军人订婚后，军人多年杳无音信，女子娘家在征得婆家同意后，女子退婚改嫁，并生一小孩。此时，军人返乡，发现女子与他人结婚生子，便要求女子履行婚约，女子家但觉另婚生子已无退路，遂提出愿以18小米补偿解决前婚约问题，军人坚决不从，只求与婚约女子成婚。依照1939年4月23日《陕甘宁边区婚姻条例》和1942年12月9日《陕甘宁边区抗属离婚处理办法》，出于尊重婚约民事习惯司法政策和保护军婚的特别要求，政府判决该女子与抗日军人结婚。②

陕甘宁边区高等法院对存在于民间的风俗习惯的函授教育，通过广泛征集各地习惯通例，认真研究加以分析甄别，既说明了我党实事求是、尊重民意、走群众路线、从实际出发的司法理念，又引导了各地司法机构摒弃其不当习俗，弘扬善良民风、适用合理民俗，不但弥补了战时边区的立法不足，而且丰富了人民司法理念，总结了民间法制文化传统。其司法作风与优良传统值得当代司法培训发扬传承。

第四节　司法培训计划的科学探索

一、边区司法培训教学计划

教学计划是教育培训的核心纲领和规划方案，包括教育培训的目标、对象、课程、措施、考核、教材、教学管理等要素。陕甘宁边区司法教育培训计划在继承了中央苏区司法培训计划经验的基础上，结合边区实际和司法工作需要，体

① 《陕甘宁边区高等法院档案》，陕西省档案馆，全宗15－57。

② 陕西省妇联：《陕甘宁边区妇女运动文献资料》(续集)，1985年3月内部印发，第374页。

系性、科学性不断增强，教学方式方法不断创新，教学效果不断提升。陕甘宁边区教学计划的特点，表现在以下几个方面：

第一，有的放矢，培训对象明晰确定。边区司法培训的对象覆盖面较大，不仅包括办案的推事、裁判员和辅助办案的书记员、司法秘书人员，还包括看守所、总务科、检察处等部门的工作人员：

（1）数量有限的裁判人员既是培训重点又是培训难点。1937 年 7 月 12 日边区高等法院成立时，还没有专门的审判人员。是年年底高等法院才配备了推事 1 人。1941 年 10 月，雷经天在《陕甘宁边区司法会议上的报告》中指出：高等法院"虽然名义上分开民事、刑事两个法庭，但只有两个推事，实际上是分不开的，分配到谁的案子是刑事，法庭就成了刑事法庭；案子是民事的，这个法庭就成了民事法庭"。① 1942 年 6 月 9 日，李木庵任代院长时，高等法院仅有庭长 1 人，推事 2 人，书记员 2 人。裁判人员的教育培训之难，不仅在于他们同时办理民事、刑事案件，培训内容跨度较大，还在于一些裁判人员来自国民党法院系统、思想意识需要转变，更多的裁判人员来自文化水平较低的工农干部，文化与法律培训需要同时推进。1945 年 12 月边区推事审判员联席会议决定刑事、民事法庭分设，刑事法庭设庭长 1 人，推事 2 人，书记员 3 人；民事法庭设庭长 1 人，推事 3 人，书记员 4 人。1949 年 8 月 7 日，边区人民法院刑庭有 18 人，民庭有 15 人。②

（2）检察人员是当然的司法培训对象。在边区高等法院，沿袭了中央苏区司法机制，检察机关一度是法院下属的职能部门，在高等法院设立初期，1937 年 8 月起高等法院内部设检察员，第一任检察员徐世奎，对案件先行审查，然后提起诉讼。1939 年边区参议会颁布的《陕甘宁边区高等法院组织条例》规定，在边区高等法院内设立检察处，实行审检合署办公，设检察长与检察员。1941 年春，始在高等法院内部设立检察处，李木庵任高等法院首任检察长。1942 年年初，边区实行精兵简政，边区政府裁撤高等法院检察处及各县检察员。1943 年 12 月 10 日，高等法院院长雷经天在边区司法工作检讨会议上的发言中强调

① 韩延龙主编：《法律史论集》（第 5 卷），法律出版社 2004 年版，第 386 页。
② 《陕甘宁边区高等法院档案》，陕西省档案馆，全宗 15 - 140。

审检合一的必要性，指出："检察和司法应该是统一的"，"今天我们边区是一元化，另一方面，我们是调查研究，实事求是，真正为群众解决问题，法庭对审判、检察负完全责任"。[①] 1946年4月4日，林伯渠主席在第三届边区参议会第一次会议上作政府工作报告，强调"健全法律与制度""健全司法机关和检察机关"。[②] 边区第三届参议会第一次会议决定设立检察机关，边区高等法院外独立设置高等检察处，马定邦任检察长，分区和县设立检察员。由于解放战争爆发，1947年4月，高等检察处无形中被撤销。

（3）监所人员培训是司法培训的一部分。《陕甘宁边区高等法院组织条例》规定：高等法院除设立民事庭、刑事庭、书记室、总务科、检察处外，设立看守所，看守所在法院领导下执行职务，下设所长及看守员，配备警卫排负责看押工作。早期看守所关押已决犯和未决犯，实为看守所和监狱合一的组织机构。在看守所内，高等法院将未决犯和已决犯分编为两部分：未决犯暂押在看守所；已决犯被组成劳作队，转移至延安南三十里铺劳动生产所从事生产劳动。1942年9月劳动生产所正式改称为监狱，即由看守所分设出专供关押罪犯服刑及改造的监狱，关押并改造直属县一年以上的徒刑犯、非直属县两年以上的徒刑犯。[③]

（4）书记员、秘书人员、看守人员等其他人员培训，属于司法培训范畴。边区高等法院肩负司法行政事务，除审判和执行案件外，行政管理、档案管理、统计、校对、缮写、油印、生产、后勤均在其列。《陕甘宁边区高等法院1942年工作计划总结》记载："在过去，本院司法工作是缺乏重心的，审判为司法工作的重要阶段，未曾被提到应有的地位，这表现在组织机构和干部配备上，法庭是两个推事，两个书记员，而行政部门秘书室下的一、二、三科则为16人，院长的精力多放在行政和生产上，由于对审判工作不够重视，于是影响了对诉讼案件的积压、迟缓和草率。"[④] 由于处于战争和生产自救时期，同时由于高等法院下设司法行政部门较多、行政事务繁杂，为了生存和司法工作正常运转，繁重的行政负

---

① 《陕甘宁边区高等法院档案》，陕西省档案馆，全宗15－96。

② 中国科学院历史研究所第三所编：《陕甘宁边区参议会文献汇辑》，科学出版社1958年版，第294页。

③ 《边区高等法院看守所1942年年度半年工作总结》，载《陕甘宁边区高等法院档案》，陕西省档案馆，全宗15－517。

④ 《陕甘宁边区高等法院档案》，陕西省档案馆，全宗15－185。

担影响了审判工作,也增加了司法教育培训的日常难度。据1942年6月8日绘制的雷经天院长带职去中央党校学习,与李木庵代院长移交时的干部花名册及档案图书财产清册,高等法院下属的院部裁判人员,秘书室一、二、三科,看守所、警卫排、院部工勤人员、劳动生产所、纺毛工厂、安塞农场、安塞粉坊、纸厂、延安商店、绥德商店等单位人员,共计379人。分列如下:院长1人,院部秘书2人,法庭庭长1人,推事2人,书记员2人,院部行政人员12人,警卫队52人,工勤人员32人,生产人员39人,杂务人员23人,生产劳作队171人,家属2人,小孩2人,其他人员1人,未决犯31人。除去家属、未决犯、已决犯210人外,高等法院具有各类工作人员179人,需要安排教育培训的人员多、类别多、层次不一、内容不一。①

第二,根据战时需要和条件限制情况,司法教育与训练方式倡导在职学习、自学为主、函授为主。边区高等法院司法干部的在职学习,坚持每天集中学习两小时。分庭、各县司法人员以自学与函授为主。一切为了抗战、一切服务抗战,不仅是陕甘宁边区政权建设的主旨,更是陕甘宁边区司法工作、司法培训应当树立的大局意识。边区司法机构的设立、繁简,司法人员的配备、多寡,司法审判的重心、依据,均服从抗战大局。以单纯的"法治观点"衡量陕甘宁边区的司法工作和司法培训,是脱离特定历史阶段的历史虚无主义,是不讲条件的书斋作风。有一些学生学者研究检讨边区的司法工作,总结边区司法工作不足,列举了诸如县长兼任裁判员司法不独立、推事裁判员配备太少不合法制要求、工农司法干部居多法律素养较低、检察权未单设审判监督不够、精兵简政精简司法人员太多体现了对法制工作的忽视等结论,虽丰富了史学研究的视角和反证,却走上了背离历史唯物主义的主观主义道路。犹如衣不遮体、食不果腹,何谈西服革履、依法治国。以边区建设时期,边区专员及县长兼任分庭庭长及司法处处长一事为例,这一体制适应了边区司法专门人员短缺和边区经费严重不足的实际情况,也有利于党的政策的统一实施及树立司法审判的权威。司法,首先是服务政治的工具。1937年7月12日,为了促成抗日统一战线的成立,

① 《雷经天院长离职去中央党校学习向李院长移交的档案图书财产清册和干部名册》,载《陕甘宁边区高等法院档案》,陕西省档案馆,全宗15-117。

先在边区政府成立前，我党即将原苏维埃共和国中央司法部改组为受制于国民政府司法管辖的边区高等法院。1937 年 7 月 23 日，中央司法部在《中华苏维埃共和国中央执行委员会司法部工作报告》中指出："苏维埃政府为了实行抗日的民族统一战线，取消国内两个政权的对立，首先将中央司法部改组为边区高等法院，遵行南京政府颁行之一切不妨碍统一战线的各种法令章程。"①

有关函授教育培训，高等法院采取的基本方式为：每月由高等法院根据边区及各县司法工作现实需要，拟定专门题目，下发各县司法处，由各县组织体司法人员展开讨论，写出相关体会、意见、总结，再上报高等法院予以批答评分。高等法院所拟专题内容涉及政策政治、司法业务、文化教育三部分。此方式着重于对各县全体司法人员的函授教育培训，其优点是教育培训覆盖面广、理论联系实际、受益面大、培训效率高。每两个月测试一次，计入考核成绩。以高等法院开展的 1941 年各县司法人员的函授教育为例，该年度成绩单记载了 1941 年全年各县 38 名裁判员、书记员的作文篇数及成绩，其中 1 篇的 7 名、2 篇的 5 名、3 篇的 6 名、4 篇的 2 名、5 篇的 3 名、6 篇的 4 名、7 篇的 3 名、8 篇的 3 名、9 篇的 1 名、10 篇的 2 名、11 篇的 1 名、12 篇的 1 名，所得考核成绩从 72 分到 89 分不等。②

在开展正规考核的函授教育培训的同时，高等法院还积极开展另外一种函授教育，即"批答指导性函授教育"。1949 年 10 月的《边区人民法院司法工作报告》对此种函授教育总结道："批答制度，除指导工作外，无异于以各县审判的案件做教材，成了培养干部的函授学校。"③"批答指导性函授教育"，既是中华苏维埃共和国时期、中央苏区时期广泛采用的我党司法教育培训的光荣传统，也是收效最快、指导性最强、宣传教育效果最直接的教育方式，尤其适用于战争环境下精简高效、灵活机动的工作需要。在中央苏区，不仅司法工作，我党的其他工作也是广泛利用报刊刊登各种批答指导性文件来开展干部教育培训和民众教育宣传，中央苏区除《红色中华》《红星》《青年实话》三大报外，还有

---

① 中国共产党历史资料丛书编辑委员会：《陕甘宁边区抗日民主根据地 · 文献编》（上），中共党史资料出版社 1990 年版，第 207 页。

② 陕西延安《陕甘宁边区高等法院旧址》陈列展，2020 年 11 月 19 日。

③ 《陕甘宁边区高等法院档案》，陕西省档案馆，全宗 15－212。

《斗争》《实话》《战斗》《党的建设》《布尔什维克》《苏区工人》《无线电日讯》《教育通讯》《苏维埃文化》《少年先锋》《反帝战线》《前委通讯》《时事简报》《苏维埃政权》《政治工作》《战士》《革命与战争》《挺进》《前线》等100余种报刊，其中开辟的具体栏目"社论""要闻""党的生活""赤色战士通讯""红色小词典""大事述评""前线后方""苏维埃教育""问题解答"等栏目，都成为刊登党的重要文献和领导讲话、传播党的政策指示的函授教育工具。正如《红色中华发刊词》所指出，"他的主要任务是要发挥中央政府对中国苏维埃运动的积极领导作用"，"要指导各级苏维埃的实际工作，纠正各级苏维埃在工作中的缺点与错误"，"需要以自我批评的精神，检阅工作的成功与缺点，找出正确的方法，指示各级苏维埃有计划有日程地进行工作，以建立巩固而有能力的苏维埃政权"。①

"批答指导性函授教育"主要依托各分庭、各县司法处每月的案件月报制度及批答制度为实施渠道。边区高等法院要求各分庭、各司法处每月上报案件审理情况报表，1945年12月29日王子宜代院长在《陕甘宁边区推事审判员联席会议总结》中进一步要求，不仅要有月报，还要有半年性的总结，月报与半年总结不仅是审判数字的汇总，还要注意"月报内容着重经验的总结"，"应做不定期的好坏典型例子的报告"。对于各地的月报及半年总结，高等法院都要审核、批答，借此检查、指导、规范下级司法机关的审判工作。以1942年为例，边区高等法院全年复核各县月报判决案件2617件，其中民事834件、刑事1783件；批答请示案件179件（每件行文不少于1次，多者来往行文8次），未结者1件；审核死刑案件，已办结23件，未办结5件。② 自高等法院提出月报制度改革要求后，各地月报更加规范、详尽，每到月终必须填报各类案件分类统计表、已结未结案件登记表、已决未决人犯登记表，逐级呈送审核，每季度及每半年需有书面总结报告，以好的坏的典型案例说明工作，更加方便了高等法院检查指导督促下级司法机关工作，更加有利于高等法院针对分庭和各县司法人员的现实问题函授指导。

---

① 《红色中华》报第1期，1931年12月11日。

② 《陕甘宁边区高等法院档案》，陕西省档案馆，全宗15-185。

“批答指导性函授教育”的另一个途径，是对直接请示行文的批答。按照1943年3月颁布的《陕甘宁边区高等法院分庭组织条例草案》和《陕甘宁边区县司法处组织条例草案》规定，司法处关于法律适用问题、诉讼程序问题和司法行政问题，对如何在司法工作中适用法律法令存有疑问的，可向高等法院分庭请示核批；分庭受理县司法处的请示后仍有疑问、无法解答的，可向高等法院请示核批。

第三，课程设置务实管用，教材内容联系实际。在边区高等法院刚刚成立不久，1937年7月23日，《中华苏维埃共和国中央执行委员会司法部工作报告》强调了边区司法干部培养训练工作安排，在司法部部长谢觉哉的积极主张与策划下，开设了司法讲习班，主要招收现任县裁判部部长和保卫局工作人员。讲习班讲授的主要课程为目前政治形势与我们的任务、民事审判实务、刑事审判实务、检察实务、司法制度、看守所规则等。同时还决定编写司法培训的法学讲义，内容分为民事、刑事、检察等实务，一方面作为司法讲习班教学教材使用，另一方面作为各级司法干部在职学习教育的教材。边区高等法院还采取“以会代训”的教学方式，在相关司法工作会议上穿插教育培训内容。1937年12月，边区高等法院在各县裁判员联席会议中，对参加会议的司法人员进行了应急性的短期培训，上课训练两星期，讲授国民政府民法和刑法，以及审判和检察实务，并对锄奸、土地、婚姻、债务等各类司法实际问题的处理原则进行解说培训。①

从1939年开始，陕甘宁边区高等法院开始脱产培训边区所有司法人员，重点是基层司法人员。每期训练班脱产集中训练三至七个月，开展对各县裁判员、书记员、检察员、看守员的短期训练。培训的科目有政治理论、法律概论、边区法令、民法述要、刑法述要、民事审判实务、刑事审判实务、检察实务、司法行政、司法公文、看守工作、统计法、法医学等。训练班教师主要由高等法院高级司法人员担任。

1939年7月，边区首期司法训练班开班，招收对象为各县裁判员。第一期训练班招收学员28人，毕业26人，1人因病住院，1人因犯错误被开除。

---

① 《中央司法部关于司法工作的条例、指示、训令等》，陕西省档案馆，全宗1－37。

1939 年 11 月 12 日,第二期司法训练班开班,学制约五个月,1940 年 4 月 1 ~4 日毕业测验,4 月 7 日毕业。第二期训练班招收学员 13 人,多为各县书记员、裁判员或区乡工作者,文化水平较低,但学员学习积极性很高。培训期间,培训班要求学员每天写日记并予以检查,帮助学员端正思想、明白事理、改正错字、争取进步。课程设置有司法工作、政治理论、法学概论、民法、刑法、民事审判实务、刑事审判实务、公文、书记工作、国文、统计、法医学。第二期训练班结束,正式毕业 10 人,另外 3 人提前安排工作。毕业的学员普遍学习努力,学习成绩优良,各门课程的平均分在 78.5 ~93.2 分。提前安排工作的 3 人也有良好成绩,其综合测验、各门课程的平均分在 77 ~89.9 分。

1941 年 4 月 7 日,第三期司法训练班开班,学制约七个月,至 1942 年 1 月 31 日毕业。第三期训练班共招收学员 22 名,学业完成后,3 人留在边区高等法院工作,3 人被派往吴堡县、耀县任裁判员,其余学员回原籍工作。①

第四,司法培训师资与高等教育资源共享。边区司法干部教育培训计划共享了边区高等教育资源,边区司法培训不断拓宽师资队伍,授课教师不仅包括边区党政领导,更包括高等学校教师,也将司法干部有计划地派往专业学校接受系统培训。应当指出,陕甘宁边区时期,行政学院和延安大学法律院系的设立,不但从师资、课程、教材诸方面大大促进和提升了司法干部教育培训的层次和水平,而且标志着人民政权自己的法律专门人才培养机制和高等教育法律学科建设的政治起步。1940 年,陕甘宁边区行政学院成立,设立法律、行政、财政经济三个系。行政学院以培养专业化的在职干部为主,其法律系为学制一年的专修科,主要招收边区各级在职司法干部。1940 年 12 月 28 日,中共中央干部教育部副部长李维汉在题为《预祝一九四一年延安干部教育的胜利》一文中指出:“关于延安方面的干部学校教育,抗战初期所采取的三几个月的短期训练班的方式,一般的已经过去了。依我看来,延安的干部学校正处在这种短期训练逐渐进到正规学校的过渡之中。”②1941 年年初,行政学院法律专业改为本科。1941 年 9 月,延安大学成立,下设法学院,为三年制本科,按照全日制普通

① 参见汪世荣等:《新中国司法制度的基石》,商务印书馆 2011 年版,第 88 页。
② 《新中华报》,1941 年 1 月 16 日。

高校招考与遴选学生。1947年3月，国民党对陕甘宁边区实施重点进攻，延安大学根据中共中央部署，全体师生开始辗转行军数千里的“野战大学”办学时期。1947年8月，延安大学转战到山西省临县吴家湾后，办学环境相对稳定，接受了大批撤退至山西的陕甘宁边区司法干部、政府干部，开展了大规模的司法干部培训工作，组建了政法一班和政法二班：政法一班学员94人，班主任为边区曲子县县长兼司法处处长赵耀先；政法二班学员44人，班主任为曹建勋。1948年4月22日，人民解放军收复延安，6月底延安大学回到延安，开展司法后备人才培养，政法系分设行政班与司法班：行政班“以培养县级科员以上干部为目的”，“招收高中毕业或具有同等学历者和初中毕业有两年以上工作经验者”；司法班“以培养地方法院、县司法处书记员、裁判员为目的”，招收对象同样为“高中毕业或具有同等学历者和初中毕业有两年以上工作经验者”，司法班班主任由原边区高等法院书记长仲鲲担任。①

第五，边区司法培训开始探索与法学研究相结合的发展道路，以法学研究夯实司法基础，坚持正确的理论指导实践。1940年4月17日，林伯渠、高自立、谢觉哉、李六如、雷经天等在《新中华报》上为中国新法学会公开招募会员，强调了法学研究对于法律制度、司法工作、法制建设的重要意义，指出：“建立新民主主义——真正革命的三民主义的新中国。当然，在我们全国人民面前摆着的一个重大任务，这个任务就要专门的法律学者和司法工作者，依据中国的历史环境，从事研究，将我们研究所得的作为我们对于新中国的一点贡献，这不是一件很容易的事，因为新的法律和新的司法制度的创造，必须从旧的基础上加以改革，向着更新的方向前进”，“所以我们特发起组织这个中国新法学会，我们希望凡对法律有研究对司法工作有经验或者革新法制抱有深厚兴趣的同志们前来参加”。关于中国新法学会的任务，三天后的《新中华报》指出：“（一）新法学会应当帮助政府拟定新的法律条文；（二）帮助奠定边区新法律与新司法制度的基础；（三）创造与培养大批司法干部。”②可见，自延安起，我党就明确地提出：将法学研究作为司法制度改进的基础和条件，作为司法干部培养

① 参见曾鹿平：《中国共产党延安时期法律高等教育历史简论》，延安大学档案馆数据库“校史研究”栏目，2017年4月4日。

② 《新中华报》，1941年4月17日、20日。

的手段与平台。

二、培训计划因人施教、按需施教

培训计划的核心要求是因人施教、按需施教。陕甘宁边区司法培训在这方面做了充分的调查研究，进行了有益的探索，突出了培训计划的科学性、合理性。

边区司法队伍的人员多元化，较为复杂。1941 年以前，边区司法机关工作人员均系共产党员。1941 年起情况发生变化。1941 年 5 月 1 日由中共边区中央局提出经中共中央政治局批准，边区第二届参议会于 1941 年 11 月通过并颁布《陕甘宁边区施政纲领》，以边区根本法的形式明确规定："本党愿与各党派及一切群众团体进行选举联盟，并在候选名单中确定共产党员占三分之一，以便各党派及无党派人士均能参加边区民意机关之活动与边区行政之管理。在共产党员被选为某一行政机关之主管人员时，应保证机关之职员有三分之二为党外人士充任。共产党应与这些党外人士实行民主合作，不得一意孤行，把持包办。"《陕甘宁边区施政纲领》颁布后，司法机关人员编制也实行"三三制"，即共产党员、其他党派人士、无党派人士各占三分之一。也就是说：共产党员也好，其他党派人士也好，无党无派人士也好，只要是决心共同抗日的，能够为边区的政府和人民做事，都可以参加司法工作。边区司法队伍的人员构成与特性体现在以下几个方面：

第一，以革命的工农干部为主体，政治坚定但文化水平、法律基础薄弱。《陕甘宁边区司法概况(一九四四年)》一文指出："边区的司法干部，大多数是经过革命斗争从群众中产生出来的，不限于学历及文化程度，但必须具备一定的条件，这就是忠实于革命，忠实于国家和人民，忠实于抗战事业，真正能够为人民解决问题，得到人民的信任。""至于法律的知识与司法工作的经验，即在实际工作的过程中培养训练出来，使成为一个更合格的司法干部。"

第二，有过专门法律背景的知识分子，法律基础较好，司法经验较多。《陕甘宁边区司法概况(一九四四年)》一文说明："如前代理高等法院院长李木庵，就在福建当过地方法院院长，在北平、南京执行过律师业务，因为年老体衰，辞职休养。"法庭庭长乔松山是北平法专毕业的，他是一个国民党党员，在南京监察院当过主任书记官，抗战后国民政府撤退，才从南京回边区，1941 年被选为边区第二届参议员，1942 年被委任绥德地方法院院长，1943 年调任高等法院的法庭庭长。“这都是在边区司法工作中负主要责任的。”

第三，外来延安的青年知识分子，革命热情高，文化基础好，但革命经验不足，思想政治素质有待锤炼，他们时而出现教条主义和单纯法律主义的倾向。1943 年，林伯渠在边区政府工作总结报告中就曾这样批评少数缺乏政治敏锐性和实事求是精神的青年知识分子：“司法方面，过去一时期，由于某些人舍不得取去旧司法的眼镜，以致脱离边区和边区人民的需要，以致人民的正当权益或有遭到损害，而破坏分子的不法行为或且反获宽容。”①

事实上，在边区司法干部的选用标准上，曾经存在以法律文化素质为主还是革命思想素质为主的争论。但总体来讲，司法干部的政治素质要求被放在首位。1941 年 5 月 10 日，高等法院对各县司法工作的指示信提出了司法干部的五条标准，“忠实于革命事业”被放在首位。1943 年，林伯渠主席在边区工作总结报告中要求：司法干部“须具备充分的群众路线与对敌观点，把裁判汉奸、反革命当做中心，把保护群众当做天职”。1945 年 12 月，边区推事审判员联席会议总结了司法工作人员的五条要求，便强调了司法干部必须“切实为人民解除纠纷”“执法公正无私”。最为具体明确经典的是，1949 年 9 月，边区直属县审判员座谈会制定了选任审判员的八条标准：（1）要有坚定的阶级立场；（2）要有克己奉公的廉洁品质；（3）要有真正为人民服务的观点；（4）要有虚心学习的精神；（5）要有绝对负责任的态度；（6）要有联系配合其他部门工作的方法；（7）要有组织联系群众的能力；（8）要有与封建恶习斗争的办法。

对外来知识分子，尤其是对来自白区的在国民党司法机构工作过的人员采取什么态度，既体现了我党的“三三制”新民主主义施政原则是否真心真切得以贯彻实施，也体现了党的爱护人才、尊重法律的专业性、专门性属性的客观态度。总体而言，我党对外来知识分子是欢迎的、使用的，反对拒绝使用外来人才的“关门主义”；鉴于复杂的战争环境和人民司法的更高要求，同时又是细致加以甄别和培养教育的。站在不同角度，边区相关负责人发表了对于旧外来知识

① 艾绍润编著：《陕甘宁边区审判史》，陕西人民出版社 2007 年版，第 37 页。

分子、旧司法人员使用的不同因素考量:

第一,胆大一点、加以重用的观点。1941 年 11 月 15 日,边区政府法制委员会委员鲁佛民在《关于边区司法的几点意见》中指出:“现在边区实行统一战线,友区的专门人才进边区的不少,不妨尽先试用,一则可以收‘借才之效’,一则使专门人才能用其所学。我的意见应该把大部分的专门人才集中到高等法院,能使展其所长,然后逐步正式设立各地下级法院”,“专门人才,经过了实地训练,一定能培养出一部分有相当修养的高级司法干部,这岂不是一举两得吗?这是急需要纠正的,或者有人顾及到外来的人不甚可靠,这是一种因噎废食之谈,我们今天实行进步的新民主主义,我们要大胆一点,同时也要大量一点。反对关门主义的倾向”。①

第二,慎重考察、慎重使用的观点。1943 年 12 月 18 日,边区高等法院院长雷经天在《关于改造司法工作的意见》中指出:“关于干部,我认为经过土地革命斗争锻炼出来的工农干部,虽然他们的文化程度较低,不懂得旧的法律条文,但他们的政治立场坚定,与群众发生密切的联系,能够负责地为群众解决问题,给予教育训练,就是边区司法工作的骨干”;“至于外来的知识分子,我们也一样的使用。但没有经过长期的考验,政治面目还不清楚以前,我们是不敢赋以重大责任的”。②

第三,合理使用、尊重专家的观点。1945 年 12 月 30 日,在陕甘宁边区推事、审判员联席会议上,中共中央组织部副部长习仲勋指出:“在司法中的一些专门人才,老的干部,我们应当尊重,特别是一些外来的懂得很多司法的知识分子,比如李老——李木庵,很多这方面的外来同志,他们在这方面做了很多年工作,有些东西是我们要学习的。我们现在搞司法,当然有我们新的法律观点,但是旧的也要懂得,才不至于犯旧的毛病。现在旧的也不懂得,你犯了错误也不知道好坏。所以我们今天不懂得国民党的旧的法律就会犯错误。因此对旧的司法人员、外来的老年知识分子都应当尊重人家,向人家学习司法经验。尊重人家,和他们谈,旧的司法有很多观点是不对的,思想不对的,把它说明白,而不

---

① 《解放日报》,1941 年 11 月 15 日。

② 《陕甘宁边区高等法院档案》,陕西省档案馆,全宗 15 - 96。

是要对人家加以仇视、隔阂,这是不对的。”①

第四,教育改造、适当使用的观点。1946 年 4 月,边区参议会副参议长谢觉哉(此前任中共陕甘宁边区中央局副书记兼边区政府秘书长)在陕甘宁边区第三届参议会上指出:“旧有知识分子深入到人民中去,向人民学习,把原有脱离人民实际事业的知识分子变为替人民服务的实际事业的知识分子,使知识分子和人民大众结合起来,这个工作,陕甘宁边区做得还好。”人民需要法律专家,但必须是“从人民中来”而不是“在人民上或人民外”的立场,“人民法律,要人民能懂、能运用,但不等于不要法律专家。我们不要离开人民与离开实际的所谓‘专家’,而要深通为马克思主义与新民主主义服务的法律专家,因而尽可能选择有文化与工作经验的工农干部做司法工作,改造一些可靠的新的或旧的知识分子从事司法工作,这亦是今后要注意的”。②

司法工作选人用人的标准,同时也体现了司法干部教育培训的方向与要求。也即对于工农干部侧重于文化教育;对于外来知识分子、旧司法机构工作人员,侧重于革命立场与新民主主义世界观教育。

三、突出思想道德与司法作风教育

由于战争原因,边区司法工作最大的问题是司法干部严重不足,特别是精兵简政、司法人员大批精简以后。这也是战争时期系统观下司法工作的特点。高等法院院长雷经天在《边区司法工作报告》中指出:“我们现在因为司法人员缺少,以致就这现有的组织内人员还非常不充实,例如各县的司法人员太不健全,以致有好几个县连裁判员也没有,工作只得由县政府来承担。一些县份连书记员也没有,至于检察员更谈不上。”“我们的裁判员大多是工农干部,但他们大部分是经过长久锻炼的都是经历过苏维埃运动的,所以他们虽然没有高深的文化理论,但都有丰富的实际斗争经验。”

针对以上司法干部短缺、人员成分复杂、知识结构不一的情况,1945 年 12 月 29 日,王子宜代院长在《陕甘宁边区推事审判员联席会议总结》中指出,司

---

① 《陕甘宁边区高等法院档案》,陕西省档案馆,全宗 15－96。

② 王定国、王萍、吉世霖编:《谢觉哉论民主与法制》,法律出版社 1996 年版,第 168 页。

法教育培训的核心是思想教育、作风教育：

第一，要注意“司法人员的修养问题”“品质问题”教育。司法干部审理案件“要全盘分析当地及当事人的处境。例如是真是假，属于主犯或从犯，犯罪者的动机如何等，都得做到很细密的研究审查”。司法人员“不能把法律和风俗习惯——尤其是善良风俗习惯，看成绝对对立的东西，二者均得兼顾”。要深刻了解法律的真实精神和人民的实际利益，这就要求司法人员要不断学习、提高修养。“公正无私、勤劳慎重，也是司法干部的起码标准。”“因为外界影响，往往会使你不自觉的多少有一点偏袒，或抱有成见，或者对工作间有未尽责之处。这是一个品质问题。”同时，旧审判中的“官无悔判”应当反对，我们的司法人员“应该是一发现错误，就勇于改正”，好面子、找托词，根本要不得。我们的司法是对人民负责、替人民服务的，不是当官做老爷的，要对人民负责，错了就改。

第二，要有负责任的精神和态度。司法工作为谁负责？“到底为上级负责”“还是为人民负责”？要为人民负责，“忠实于人民的事业，能够切实地为人民解除纠纷，上级所要求的亦即如此而已”。要避免一种现象：“既不为人民负责，也不为上级负责，或则推上推下，推左推右，或则‘只要事情了，什么都好’。这种‘推事主义’‘了事主义’的倾向，是不负责任的态度。”为人民负责不是抽象名词，要老老实实脚踏实地做一件事，就把一件事做好。

第三，要有民主作风。有些同志不愿听人家讲一个“不”字，“或者满觉得审判是独立的，人家一张嘴，心里就想你又在干涉我呀，这样很不好。处理一个问题，应该倾听各方面意见，和各方面商量研究，所得结论才会比较全面、正确”。对机关内部一起工作的同志，也应当多些民主，少些命令。“老实说，无本领就应该老实点，还装老大，不摔跤，哪里去！”“例如审判员对书记员，遇事要商量，不要人家还未发表意见，就把结论放在前头。”

第四，要有虚心学习的作风。同志中有工作历史长的，有工作历史短的，有工作经验多的，有工作经验少的，都要注意虚心学习。“自命不凡，摆老资格，一旦变成了报复，背在自己身上，就会看不远，没有前途。”“历史在前进，一切都在前进。在前进的过程中必然会有更多的更新的问题”，要“发现新问题，创造新办法；再发现新问题，再创造新办法”。

第五，要学会处理左邻右舍的关系问题。“法庭审判不能孤军作战，首先要和宣传教育机关取得密切联系。过去我们在这方面做得太少，未以更多的获得事实，向人民宣传我们的政策条例，进行教育。”“司法审判应该是独立的，但同志们不要以为一切就可以采取独断专行，这样就成了闹独立性”，和其他方面关系上发生问题时，司法机关首先应该检讨自己、责备自己。我们也同样要求地方党政军各机关对于司法机关和工作人员，也重视、协助之。

第六，要学会司法工作的方法。对待案件，“不必机械地引用法律条文。凡公布了的，酌量可以引用，借作对人民的教育；未公布的，仅供参考，不得引用”。对待法律，“对于旧法律的态度，应该是不盲目地采用，但也不是否定一切。它还有多年的经验，特别是技术方面，在和我们的政策条例无抵触时，可以批判地接受”。

开展思想作风教育是做人的工作，解决干部实际困难也是做人的工作。教育培训干部和关心爱护干部，是人民司法事业的一体两面，互为补充，缺一不可。

高等法院的司法培训注重司法干部的职业道德建设。司法人员从业准则分为两个层次：

司法人员从业准则的第一个层次，是强调司法人员作为边区政务人员，必须恪守边区公务人员行为准则。1943 年 5 月 8 日，陕甘宁前区政府发布战字第 747 号命令，颁布《陕甘宁边区政务人员公约》，①公约共有十条，以“要求”加“注释”的方式提出，简单明了，宜于记住与遵行：“一、忠实施政纲领，贯彻法令、决议。注释：施政纲领是我们的政治方针，法令、决议是它的具体化。”“二、坚持民主集中制，严守政府纪律，服从整个利益。注释：民主集中制是我们的组织原则，对上级要服从，不可闹独立性；对下级要关心，不可犯官僚主义；对同级要照顾全局，不犯本位主义。”“三、调查研究，深入检查，总结经验。注释：这是我们的工作方法。”“四、积极负责，发扬创造精神。注释：这是我们的工作精神。”“五、公正廉洁，奉公守法。注释：这是我们政务人员应有的品格。”

① 参见关保英主编：《陕甘宁边区行政救助法典汇编》，山东人民出版社 2016 年版，第 205～206 页。

“六、互规互助，正人正己，贯彻‘三三制’精神。注释：这是我们内部团结的原则。”“七、爱护群众，密切联系群众。注释：群众是我们的依靠”，“要站在群众之中，不要站在群众之上。”“八、爱护抗日军队，积极帮助军队。注释：八路军是我们的支柱。”“九、提高政治警惕性，严防敌探奸细。注释：要严防敌探奸细和破坏分子的一切活动。”“十、努力学习，学而不厌，诲人不倦。注释：发扬互相批评与自我批评，提高自己，帮助别人，不自高自大，不自暴自弃。”

司法人员从业准则的第二个层次，是在全体公务人员行为准则下的司法人员行为准则。这个准则既从属于公务人员准则，又细化出司法工作特点的行为要求。1939 年，雷经天当选边区高等法院院长后，要求必须加强司法人员政治素质业务素养建设，以完成党和人民交给的边区司法任务，雷经天提出了边区司法人员的十六字训条：“廉洁、明辨、公平、正直、果敢、刚毅、详细、谨慎”，也被称为边区法官办案的“八大原则”。[①] 前四个原则：“廉洁、明辨、公平、正直”，为司法人员职业道德范畴，侧重思想品质要求；后四个原则：“果敢、刚毅、详细、谨慎”，为司法人员工作作风要求，侧重工作规范要求。

司法人员既要遵守公务人员的行为准则，又要遵守司法行业的行为准则，体现了司法从业人员的更高水准、更严要求。2010 年 7 月 28 日，最高人民法院发布《关于进一步加强人民法院文化建设的意见》，强调指出：法院文化是人民法院在长期审判实践和管理活动中逐步形成的共同的价值观念、行为方式、制度规范以及相关物质表现的总称，具有独特的功能和巨大的魅力，能在潜移默化中发挥教育熏陶、引导规范、凝聚激励作用。通知要求总结、提炼、确定法院精神。陕甘宁边区司法人员的十六字训条既是人民法院的时代精神和优良传统，也是人民法院的院风院训和标志性符号，理当为当今人民法院培育和传承。

四、边区司法培训的优良传统

在 1945 年 12 月的司法工作会议上，王子宜代院长还针对边区司法干部反映出的发展进步中客观存在的问题，从边区法制建设角度，负责任地表明了高

---

① 陕西延安《陕甘宁边区高等法院旧址》陈列展，2020 年 11 月 19 日。

等法院的组织态度:一是针对一些干部提出来的“司法干部提拔慢,过去有一块工作的,有的几级提拔,而自己审判员当了多年还是审判员。或者说,司法工作没有出息,要进步只有改行”的问题,王子宜代院长教育干部要看得开,又要有觉悟,允诺高等法院及边区政府领导机关应该注意,而且正在注意,该提升的将陆续提升。二是针对基层司法干部反映的政治待遇低,个别地方把推事审判员当科员一级看,专署署务会和县政府政务会不邀请其参加的问题,王子宜指出这是不对的,“根据高等法庭和县司法处的组织条例,推事应等于专署科长一级,审判员应等于县政府科长一级”,“为使司法工作同其他行政工作不脱节,司法人员能够了解全面情况,对判案有帮助,推事仍得列席专署署务会,审判员仍得列席县政府政务会(副庭长及副处长同)”。

关于边区司法干部教育培训工作,积累了丰富的经验、创设了具有独特生命力的制度办法,至今看来依然很有启发,值得继承借鉴,总结如下:

第一,干部教育和干部使用、奖惩相结合。1942 年以前,边区司法干部由高等法院直接管理;自 1943 年起,改由民政厅统一管理。《边区高等法院两年半工作报告(1942 年～1944 年上半年)》指出:在 1942 年下半年,对干部使用曾发生偏向:“轻视地方的工农干部,重用外来的知识干部。”而在整风审查干部中,在司法机关里,发现一些坏分子进行破坏活动。因此在 1943 年司法干部政府考核中,对于成绩优良者如延安地方法院院长周玉洁、绥德高等分庭推事史文秀、三边分庭推事陈思恭、志丹裁判员奥海清,均获得政府褒奖;对于延川、吴旗、镇原等地工作很坏的裁判员,则给予撤职处分。王子宜代院长 1945 年 12 月 29 日在《陕甘宁边区推事审判员联席会议总结》中提出要建立司法干部奖惩制度,“今后要把这一制度严格建立起来。除边府已颁有正式条例外,高等法院准备另颁发一司法奖惩条例”。

第二,建立月报指导与指示信制度。边区高等法院院长雷经天在《边区司法工作报告》中指出:边区“法院自 1938 年起就有每月的月终报告制度”,各分庭、县、区逐级上报工作月报,“各县每月除少数几个县不能经常由月报外,其他各县都由月终报告”,由边区高等法院批阅并加以指示,“我们在这个月终报告上批答一切问题”,客观上形成了边区高等法院的指示指导、通信指导、教育培训模式。事实上,边区政府和边区高等法院经常通过指示信的形式加强对基层司法的统一指导教育,例如1944年《边区高等法院两年半工作报告(1942年~1944年上半年)》指出,一是改革月报形式:原来月报只是表格,反映不了案件的审理过程和存在的问题,遂要求改为书面报告,“特别注意关于典型案件和范例的写法”;二是讨论研究林主席报告中关于改善司法工作部分,边府1944年2月18日关于清理监所整顿判例总结经验的指示信,采取用调节条例马锡五审判方式的案例来教育干部。

王子宜代院长1945年12月29日在《陕甘宁边区推事审判员联席会议总结》中指出,月报制度并非要求事无巨细,把处理过的案件全报告,以致县书记员差不多每月须拿出1/3的时间写报告。“月报改为每月简报(填三张表),只求对情况做真实反映”,“分庭、县司法处对高等法院应有半年总结报告,内容着重经验的总结”,“高等法院每年至少得视察各分区一次”,“应做不定期的好坏典型例子的报告,待汇做判例”。

第三,会议学习制度和会议检查指导制度。雷经天在《边区司法工作报告》中指出:关于本院的会议制度:科长以上的会议,这个会是讨论司法行政问题,时间不一定,一月一次至两次;有全体工作人员会议,在这个会议上讨论工作和生活上诸琐碎问题。另外,各部门还有工作部署和工作检查会议。边区高等法院“集体办公的制度”是实行了的,“已经证明集体办公对工作是有很大效率的”。“各县的裁判委员会有一月开一次的,也有半月开一次的,有些大的问题在审判委员会上讨论解决之。”

第四,通过法学理论与审判实践问题研究,培养培训干部。边区高等法院针对干部具有较高的文化与业务基础的实际情况,对司法干部的审判业务教育,除派出参加一般的学习外,内部提倡研究型的业务学习及提高教育,《边区高等法院两年半工作报告(1942年~1944年上半年)》指出:“本院于1942年曾设有法律研究组,研究边区现行政策法令。”为加强法律研究,1941年6月8日,陕甘宁边区的“中国新法学会”成立,9月5日,边区政府设立专职法律研究的法制室。10月12日,边区政府扩大法制室建设,张曙时任主任,李木庵等任法制委员,确定了法制室的四项任务:(1)关于边区适用法律之建议及草拟事项;(2)关于边区各种单行法律之审查修正事项;(3)关于外国法律之翻译事项;(4)关于法学杂志之编辑出版事项。由此可见,自陕甘宁边区起,我党已着手准备系统的法制建设、规模立法、国外法律制度翻译借鉴工作，为新中国法制起航奠定了基础。

回顾历史，边区的司法审判、法律研究、干部培训始终紧密相连。1935 年中央红军到达陕北，谢觉哉担任中央工农民主政府司法部部长，经党中央批准，创办了司法讲习班，为陕甘边区革命根据培养了一批司法干部。1945 年创办了中国历史上第一个宪法研究会和法律研究会，谢觉哉亲任主任委员，研究和起草宪法等法律工作。1947 年 2 月 28 日，在法制组小组会上，谢觉哉强调了法制和民主的关系，指出："为了保障民主，必须加强法制，使民主制度法律化"，"民主和法制是不可分离的，没有法制就谈不上什么民主"，"干部成分虽好，而在不民主的条件下，可以变成坏干部、新恶霸"。谢觉哉还提出了"由法律革命到革命法律"的著名论断，强调了新法不是旧法的简单继承，而是一场革命，指出："法律应为进步的新民主主义法律，不是继承旧的法律，而是对旧法律的革命。由法律革命到革命法律，不冲破旧的法律概念及其形式，便不能有革命的法律出来。"①

第五，函授教学与指导法。1941 年 1 月，高等法院规定，各县所有裁判员、检察员、书记员每月应写作法律论文一篇、普通论文一篇，年底统将论文提交高等法院评分并公布成绩。《边区高等法院两年半工作报告（1942 年～1944 年上半年）》指出，对各县司法干部则"采取函授法：每月由本院出题交各县司法干部写作，写好后寄院批改后发回"。后来整风学习紧张，同时高等法院精简后无干部专管，遂予停顿。1944 年拟"恢复过去的出题函授办法，由本院出有关实际工作的问题，由各县司法干部讨论后做成结论报院"。1944 年 9 月以后，每月由高等法院下发题目，由各分庭庭长、县司法处处长召集推事、审判员、书记员、看守员等司法工作人员，其他人员自愿参加，就列出的问题进行集体研究讨论，撰写成文寄回高等法院，由高等法院提出意见后再返回讨论，以便把学习和工作紧密结合起来。9 月的讨论题目为"你们所办的案件中哪几件办的最好，哪几件办的最坏，说明办案的过程和原因"。

关于函授刊物，王子宜代院长 1945 年 12 月在《陕甘宁边区推事审判员联

---

① 艾绍润编著：《陕甘宁边区审判史》，陕西人民出版社 2007 年版，第 186～187 页。

席会议总结》中指出:“我们准备创办一司法通讯,以便同志们互相交换经验,研究问题和灌输司法专门知识。暂为月刊,将来准备发展为半月刊。”这个司法通讯,虽由高等法院主办,实际上是大家的,是我们“业务学习和改进工作的一个很好的园地”。

第六,通过检查巡视开展培训和教育,服务司法干部提高办案水平。1944年9月30日《边区高等法院两年半工作报告(1942年~1944年上半年)》回顾到:过去本院只忙于内务,流于事务主义,兑现司法工作情况不熟悉,很少或从来没有派人下去检查巡视,下面的四方作者都有“人皆有上级我独无”之感,下级有什么问题难以得到讨论和解决。和县长谈吗?县长那样忙就是谈也只是叫看着办。这是在领导一元化以前的情形。领导一元化后情形当然好些,但“‘政府不研究不讨论司法工作,而司法工作干部对本身工作采取马虎态度’,还是常事”。1943年冬开始,高等法院陆续派员到志丹、富县、延安、安塞、固林、清涧、绥德、延长等县检查指导、现场培训,各县亦如此深入区乡,既就地解决了问题,实行了马锡五方式,还搜集研究了各县审判及调解经验和典型案例。

第七,配合司法机构建设,适时举办短期和中期训练班。为尽快提高司法干部的法令政策业务水平,1937年7月9日边区高等法院成立,撤销了各县裁判部,县级审判机关改为承审员,要求各县设承审员1人、书记员1人。为了适应工作需要,当年12月即召开了边区各县承审员联席会议,将承审员一律改为裁判员,并举办了各县裁判员训练班,开展为期两周的集中学习,讲授锄奸、贪污、婚姻、债务、土地、检察实务、民刑法概要等课程,培训学员能够审理一般的民事、刑事案件。各县司法机关自此逐步开始建立,直至1940年,边区23个县(市)的裁判员方才配齐到位。

1939年7月,高等法院又举办了3个月的中期训练班,学员为各县裁判员、检察员、书记员、看守员,讲授课目较为系统全面,包括政治、边区法令、法律概论、民法述要、刑法述要、民事审判、刑事审判、检察工作、统计学、法医学、司法行政、司法公文写作科目等。

1939年12月至1940年4月,高等法院继续举办第二期中期训练班,仍然立足于系统讲授理论和实务课程,同时新增加了书记员工作科目和国文科目讲授。每期训练班进行毕业考试,成绩张榜公布,以激励学员认真学习。1943年

3月30日，陕甘宁边区政府颁布的《边区高等法院分庭组织条例草案》和《陕甘宁边区县司法处组织条例草案》规定，高等法院分庭庭长由专署专员兼任，推事协助庭长办理审判事宜，推事待遇与专署部、局长待遇同，得列席专署署务会议；各县市，除延安设地方法院外，各县均设立司法处，受理辖区第一审民刑诉讼案件，各司法处设处长1人，审判员1人，书记员1人，法警2人。司法处处长由县长兼任，审判员与县政府正科长同级，得列席县政府政务会议。

边区司法干部在职教育培训，还采取资源共享、旁听大学课程的方式。《边区高等法院两年半工作报告（1942年～1944年上半年）》曾记载："在延安大学设有司法系，培养司法干部，本院在职干部也参加听课。"王子宜代院长1945年12月在《陕甘宁边区推事审判员联席会议总结》中指出："今后，应把培养干部当做我们的经常重要工作之一。现拟在延大设司法班，调区委书记、区长或由同等资格的干部30人，及各县书记员30人受训。"

由于边区司法干部的教育培训工作不断加强，干部的办案水平不断提升，群众路线作风不断增强，公平正义办案效果不断提升，陕甘宁边区的社会治安越来越好、案发数量逐年减少。据1944年《边区高等法院两年半工作报告（1942年～1944年上半年）》统计：1942年至1944年上半年两年半来，边区共处理民刑案件4008件，其中民事1897件、刑事2111件。1944年上半年为622件，若全年以两倍计，为1244件，较1942年1832件减少了1/3。刑事2111件中，1942年为1004件，1943年为774件，1944年上半年为333件。案件逐年减少，"这表现了整个边区的进步，这是实行了党中央大政策及其他各类正确政策法令的结果，特别是司法方面之普及民间调解方针收到了减少诉讼的实效"。①

培训计划的根本原则是配合党的中心工作，强调司法培训的阶级性、党性，反对脱离政治的空谈司法、法律性至上。

边区高等法院院长雷经天在《边区司法工作报告》中指出："法律是和政治有密切的联系的，法律是政治的一部分，是服务于政治的，因此司法工作是在政权工作的整个领导之下执行政治任务的。否则，就会使司法工作和整个的政权

① 艾绍润编著：《陕甘宁边区审判史》，陕西人民出版社2007年版，第247页。

工作割裂开来,就不能完成整个政治工作的使命,这是法律和政治的关系,也是司法工作的政治目的,我们边区的司法工作正是表现了这一点的。”雷经天甚至认为“说明法律的阶级性的问题,也就是说什么是法律的问题”。如此将法律的本质揭示为阶级性,而不仅仅是泛谈“法律的阶级性问题”,是雷经天作为法学家特别是无产阶级法学家的理论贡献。雷经天指出:边区是属于国民政府的一个行政区域,它的行政机构是按全国行政区域组织而组织的。所以边区的司法机关也是同其他地区的相同,我们的高等法院相当于省的高等法院,是直接受国民政府最高法院领导的。可是由于最高法院放弃对我们的领导,因此形成了边区只有二级二审的现象。

1949 年 1 月,已任华北人民政府委员兼司法部部长的谢觉哉,在华北人民政府举办的司法训练班上总结了陕甘宁边区人民司法的经验与精髓,讲话指出:“我们已经把旧统治者的最复杂的精巧的作为镇压人民的工具——法庭,变为以社会主义为基础的镇压反动阶级和教育人民的工具”,我们的法律是反映绝大多数人的意志的,是人民大众的,法庭是人民的工具,法律是群众自己创造出来的,掌握在自己手里,群众自己也必须执行。在这次司法培训班上,关于法律与政治、法律与政策的关系,谢觉哉十分明了地强调指出:“我们的法律是服从于政治的,没有离开政治而独立的法律。政治要求什么,法律就规定什么。当法律还没有制成条文的时候,就依据政策行事。”①

五、趋于成熟的边区司法培训理念

培训计划以培训内容为核心。1943 年 2 月 24 日《陕甘宁边区简政实施纲要》是一份体现我党已趋于成熟的教育培训理念的规范性文件。系统研究分析该文件,可以发掘我党有关干部教育培训包括司法培训内容体系的基本要点。

第一,干部教育优先发展。陕甘宁边区地广人稀,经济文化落后;边区建设方方面面急需人力、物力、财力。由于抗日战争处于空前困难的阶段,党中央决定“必须坚持实行节省民力、物力和财力的简政政策”,集中抓好“两大急要和

① 王定国、王萍、吉世霖编:《谢觉哉论民主与法制》,法律出版社 1996 年版,第 156 页。

首要的任务”：“第一是发展生产”；“第二是教育，首先是干部教育和军队教育的增强”。党中央要求，必须像重视生产一样重视教育，树立干部教育优先发展理念。“在业务方面，还存在‘平分秋色’分散精力的现象”，为此，就“必须纠正干部中‘百端俱举’的思想和‘缓急不分’的现象。虽然在实际工作中已经碰到过许多钉子，但这种思想，这种现象，仍然没有纠正过来，而现在则必须纠正过来”。干部教育优先发展，既成为我党的优良传统和战略决策，更是我党带领人民战胜无数艰难困苦，从胜利走向更大胜利的制胜法宝。

第二，司法工作服从边区建设大局理念。教育司法干部服从精兵简政是克服“平分春色”、分散精力观念的必要之举。“简政，是精兵简政政策在政权工作方面的贯彻，是使政权工作达到精简、统一、效能、节约与反对官僚主义的目的。”政府机构负责人同时兼任司法机构负责人，便是精兵简政的措施之一。边区政府是边区政权的首脑部。它应该以掌握政策、掌握干部，组织和领导政策之执行为自己的基本业务。头等重要的是政策的掌握与应用。“高等法院的工作，也首先要掌握适合于边区社会情况的司法政策。”专员公署的主要任务之一，是“掌握并贯彻边府的政策、法令与指示”，为便利人民上诉，“专署须设高等法庭，由专员兼庭长”。县政府是边区各级政府的枢纽，负责“民、财、建、教、保、法各方面工作”，但因处在战争环境中，各项事务不是平均主义、平均用力，“认定组织人民经济和健全乡政府，为县政府的两大基本任务”，便“由县长兼任自卫军大队长及裁判员”。“边区政府既是人民自己的政权，则行政与司法的分离也就没有意义。司法工作应该在各级政府统一领导下进行，在未成立法院的地区，行政长官应兼负审判职责。”此种司法工作体制架构，绝不能以现代的法治观念看待当时，而就当时来讲，政法机构与人员的精简便是服从了边区建设大局，而专员兼庭长、县长兼裁判员反而凸显了对司法工作的器重与支持。

第三，民主集中制的理念教育。新民主主义整体是民主集中制，民主与集中是不能分开的，我们需要民主，同时又需要集中。“在战争年代，尤其需要集中。各种政策法令是根据人民的要求和人民的利益，并听取各方面意见制成的，基本的政策法令是由边区参议会议决的，这是民主；但政策和法令等，一经决定发布，就必须通行，必须遵守，这就是集中。”政权机构比较注意民主。关于集中却常被忽视，体现在政策不统一、法令不统一、制度不统一。因此，集中权力，统一领导，就成了政权机关中一个重要的问题。边区政府本身需要首先贯彻民主集中制及其统一领导的精神，“凡关于政策、法令、制度之设施，人事的进退，以及重要的指示，均须经正副主席裁决”。而司法机关与司法工作便是此种集中形式与实现的重要部门与渠道。将法律、法规、政策、纪律统一作为行为的规范与执法的原则，边区建设继承了我党执政的这项一贯传统。“要坚持统一的政策，统一的政令，统一的制度，统一的领导与统一的政纪——上上下下一律遵守政府的纪律。”为此，边区强调：“在全体政务人员中深入地进行民主集中制与政纪的教育。”

第四，创造性的工作理念教育。《陕甘宁边区简政实施纲要》强调干部的作风建设，指出：“领导上的主要任务，就在于掌握政策与贯彻政策。换句话说，就是要会出主意，尽了领导的责任。没有好政策、好主意，就只有整天忙碌，会流为无原则的事务主义；有了好政策、好主意，却不会指导执行，也会流为空谈。”好主意、好政策，不能凭主观愿望和感想得来，也不可单凭昨天的经验，更不可以忙着抄袭外地的经验。好主意、好政策要从调查研究中得来，要从实际情况的研究得来。“要掌握政策，就必须学习调查研究。”“干部政策问题、农业建设问题、农业累进税问题、减租减息问题、合作社政策改进问题、司法政策问题、国民教育及干部教育的改造问题……所有这些有关政策的重大问题，如果不加以研究，不加以总结，我们的领导就会赶不上边区建设的发展，就会落在它的后面，而领导上思想统一、政策统一的要求，也就难以实现。”了解情况、掌握政策，是领导干部的头等重要任务。领导干部贯彻政策，要做到三个要求：“第一，要善于掌握和使用干部，熟悉下级情况，善于指导干部和下级，把领导机关的政策、法令和指示灵活地应用到具体工作中去，并为贯彻这些政策、法令和指示进行各种必要的宣传和组织工作。第二，需要及时地检查干部及下级执行政策、法令和指示的情况，指导他们克服困难，纠正错误和发扬成绩。第三，需要善于积累和总结执行的经验，用来教育领导人员自己和干部。”

第五，干部的素质提高、使用培养和干部教育培训息息相关的理念。关于干部的教育培养工作。陕甘宁边区三级干部的特点：(1)区乡干部，90%是农民出身的积极分子，阶级感情浓厚、熟悉乡村情况、民众联系密切，但文化基础很差、农民意识较重。（2）县级干部，同样是农民出身占绝大多数，初中、小学程度各占40%。这些干部立场坚定、革命经验丰富，但理论水平低、文化基础差，常常带着狭隘的经验主义。（3）边区一级的干部，70%以上是抗战后陆续参加革命的青年知识分子，他们朝气蓬勃、工作积极，但缺乏实际经验、缺少实事求是的工作作风。针对以上干部情况与数据，边区政府制定具体方案，实施有针对性、区别对待的思想教育和业务培训，重点开展文化学习，反对自由主义、主观主义、官僚主义、宗派主义。同时，"由民政厅统一干部的管理，在该厅设坚强的干部科进行日常工作"，统一整个边区"干部的了解、使用、调整、培养和待遇"，解决干部工作"任意管，无人管；本位主义，各抓一把；用非其才，才不适用；苦乐不均，待遇不一等不合理的现象"。配套制定包括"考核条例、奖惩条例以及学习问题"的干部管理通则制度。

第六，因地制宜，制定切合边区、加强学习、培养干部的工作方案。边区政府制定了结合边区干部人员结构、阶级成份、知识结构实际的工农干部与青年知识干部互相学习、在工作实践中调派大批外地青年知识分子下乡，为专署及各区县充实必要的知识青年。同时清洗破坏分子。外来知识分子与本地工农干部相结合的好处："第一，使政权工作获得新鲜的血液；第二，使工农干部在学习上获得帮助；第三，使外来青年获得实际经验。各级和各部门领导同志须负责使外来青年和本地干部在互相帮助、互相学习的精神下，很好地团结起来。"要在互相学习中加强政权基础建设，"帮助乡政府依据本乡具体情况执行上级的政策、法令和指示"，"帮助乡上总结工作经验，用这些经验配合上级政策和法令，教育乡上干部"。

第七，建立干部教育正规培训体制。《陕甘宁边区简政实施纲要》要求："一方面改造行政学院，使之成为区县级干部学校，在各中学师范学校内接受一定比例的地方干部，设立特别的班；另一方面改造在职干部教育，重新制定适合于各级政权干部的学习计划与学习材料。"该纲要强化了要建立和完善系统培养干部和干部在职教育两条腿走路的干部教育培养培训机制理念。纲要强调培养干部和学习提高要解决实际问题，针对以下问题开展教育培训：一是缺乏联系群众与克服困难的精神和创造性；二是形式主义、文牍主义，好表面铺张、摆空架子，"无益的正规化"；三是事务主义，忙碌于琐碎细节，忽略了大事，看不见新的环境与新的中心任务；四是工作消极应付，做一日和尚撞一天钟；五是执行上级指示不能很好地向群众解释，“滥用强迫命令”。教育培训要坚持问题导向，务实求是，增强针对性、有效性，陕甘宁边区的干部培训理念应该继承弘扬。

第八，教育培训要强调阶级性和党性原则。“三三制”既是加强边区政府民主建设、也是加强党的领导建设的根本制度。自1942年《五一施政纲领》及第二届参议会以来，“三三制”已在各级政府中得到认真执行，实行“三三制”整体上是成功的，一是实现了共产党以外的人士在政府中有说话做事的机会，加强了边区各界的抗日团结；二是参议会决定事项，做到改造了许多脱离群众的原乡政府人员，密切了乡政府同群众的关系；三是一部分开明能干的人士被选进政府，各级政府都有机会听取更多有益的来自各界的意见建议，有利于改进整体工作。但是，截至1943年2月，已有22个县完全实现了“三三制”，尚有8个县还未完成。主要问题：在绥德、吴堡、米脂等8个县乡参议会议员中，非共产党员占大多数，其中共产党员只占19.8%，国民党员占4.9%，其他无党派人士占比高达75.3%。这个结果不但违反了“三三制”原则，更危害了党的领导和影响力。中国共产党毫不掩饰自己的阶级立场，红色政权理应坚持红色主导。纲要不仅提出要教育党员干部与其他党派和无党派开诚布公、互相尊重、互相帮助，平心静气地商讨问题，要尽量吸收拥护边区施政纲领并有工作能力的非共产党人参加工作，同时，必须坚持党的领导、加强党的领导，“坚持民主集中制，统一领导，整饬政纪”。

第九，时刻开展“厉行节约”的理念教育。“厉行节约”是陕甘宁边区渡过困难的需要，是简政和减政的需要，更是我党我军和政府工作的理念与执政传统。“精简本来也就是为了节约，但在这次精简之后，还须厉行节约。”“厉行节约”也是“艰苦奋斗”的优良传统。“不急之务不举，不急之钱不用”，且在急务和急用上，力求合理经济。“除保证给养外，其他消费，概须厉行节省”，提倡勤俭朴素、避免铺张浪费。“要减少公差车马，提倡动手动脚。”要注意一张纸、一片布、一点灯油、一根火柴的节省。要爱惜每件公物，使之多用些日子。要集中力量于急要的经济事业，实行经济核算制，加强管理监督，“要不加预算，并建立严格的审计制度。”要爱惜民力、节制动员，“不浪费一个民力、一匹民畜”。

“厉行节约”也是作风建设，即反对官僚主义与事务主义的作风，反对“一味地抄袭外国的和外地的做法”。同时，必须树立“减员是最大的节约”思想。“简政和减政的另一个方面，就需要实行减员，实行减去一些不急需的机构和人员。”政权机关容易产生“愈往上看，愈见庞大”的头重脚轻问题，“上层人员不精，下层人员较弱”，这是与精兵简政政策相违背的。“厉行节约”的目标之一是加强下级，转入生产战线。要把政府系统（连学校在内）脱离生产的人员缩减至 7500 名，并力戒以前头重脚轻的弊病。

第十，教育培训重在思想理念和作风教育。对于党的方针政策，要教育党员干部“从组织上贯彻，从思想上贯彻”。所有政策问题、制度问题、业务问题、机构问题、干部问题、民主集中制问题，都是思想问题、组织执行问题。“必须在思想上求得一致，组织上才能畅行无阻。”在陕甘宁边区实行精简，如果不把这个政策同陕甘宁边区的实际情况统一起来研究明白，也就无法精简。如果存着“百端俱举”与“平分春色”的思想，就无法精简业务与机构。如果存着某种脱离实际的“正规化”观点，就无法精简制度与机构。如果存着本位主义与成见，就无法调整干部。如果不认识生产的重要性和加强下级的重要，就不可能有大批的干部和人员自愿地下乡，自愿地转到生产中去。如果存着不顾大局、闹独立性和自由主义的思想，就无法坚持民主集中制与整饬政纪，无法统一政府的领导。如果不纠正脱离民众和实际的官僚主义倾向，不纠正事务主义、形式主义和文牍主义，不纠正自以为是的主观主义作风，就无法掌握政策与贯彻政策。要“用思想来指导行动，又用行动来贯彻思想”。各项法令、政策的贯彻执行，从思想上统一认识，增强执行力，这是我党干部教育培训工作的又一优良传统。

六、司法政策与任务

从司法培训内容上，另一份反映我党法律观、司法观的成熟文件，是在陕甘宁边区历史时期的《司法政策与任务》一文，[①]该文印发于 1949 年陕甘宁边区政府时期，系总结、部署边区法律与司法工作的指导性文件，具体作者、印发机

---

① 参见艾绍润主编：《陕甘宁边区法律法规汇编》，陕西人民出版社 2007 年版，第 361～363 页。

关、印发月份不详。这份文件通篇闪烁着马克思主义理论的光辉,透视着陕甘宁根据地司法工作的成功经验,凝聚了从 1921 年至 1949 年 28 年间中国共产党对司法工作探索与实践的智慧结晶,也成为中华人民共和国成立后法制理念、立法工作、司法工作的宝贵精神来源之一。

第一,关于司法政策与党的政策。《司法政策与任务》指出:“党的一切政策,就是司法政策的根据,司法政策不能与党的政策脱离,要分别来说的话,也只能说司法政策是具体地执行党的政策,宣传党的政策是维护党的政策。”有如当前陕北党的政策是和平民主建设、发展生产,这就决定了司法工作的政策是维护和平民主建设、发展生产、镇压破坏建设与不生产分子。

第二,关于司法独立问题。陕甘宁边区的司法组织形式,是由县长兼司法处处长、由专员兼分庭庭长。从这一点来看好像是独立的,其实不是。只是说明“司法工作和别的一般工作是不同的,它是带专门性、技术性的,所以今天的司法工作不是独立的,而是分工单独负责,是确定原则的具体执行”。司法不能脱离行政领导,使县长与专员不兼处长与庭长,那就是孤立的。“从来也没有司法独立的说法,只有说审判独立。”

第三,关于司法工作纳入整体观。对于司法与政府各部门之间的关系与配合,《司法政策与任务》指出:“各部门之间都有配合,才能使司法工作的开展与顺利地进行,否则还要堕落的。”边区有些司法干部高傲自居,不与其他部门工作联系配合,形成了司法工作孤军作战、困难多端的现象。这点我们还应学一学人家,当然不是学他们的欺压愚弄手段,封建统治的司法独立完全是骗人的话。“我们应该联系各部门用各种方法使司法政策深入群众,使群众都成为我们司法工作的助手,普遍与自动地加强调解工作宣传政策等。”

第四,对法律阶级性的认识。法律是有阶级性的。“一般同志认为我们没有明文规定的法律条文,从这里就联想到法律是有阶级性的,只有党的纲领就是我们的基本法,将此能够掌握了,就不会犯原则性的错误。”我们是为人民服务的,我们的法律就是保护劳动人民利益,镇压一切封建侵害劳苦群众利益及一切反革命的阴谋破坏。

第五,对边区法律精神的认识。在民事法律方面,不外乎土地、债务、婚姻等,这些边区政府都有具体的条例,“还有些问题,没有明显的条文发表,但在一般的指示上已存在了它的精神”。在刑事法律方面，边区司法是实行感化教育政策，而不是旧法律的惩办主义，“只要我们能站稳立场，掌握基本法的精神解决问题就行，虽然没有明显的法律条文，是有些困难，但不是主要原因”。即使有明显的条文，还是要看我们的干部能否掌握和执行，例如，《五一施政纲领》明确规定了废除肉刑，但是仍有些干部因理论水平低和工作方法的草率，而不贯彻执行。

第六，关于执法的灵活性。“法律是有灵活性的：基本法是原则性的，但在执行中间要有灵活性。”也就是说，要“根据原则性灵活地运用”。例如，我从前是地主，但在土地革命中把我的土地分给了穷人，以后穷人过得很好而我的成份却改变了，生活亦很困难，但绝不能把以前分出的土地再要回来，而只能按照我现在的成份合理地解决问题。又如在婚姻问题上，自由自主是个原则，但如强制挑拨婚姻的人不能结婚，就是犯了原则的错误。再如债务问题，过去的边币我们承认是合法的，在过去以边币借的债要以现在边币归还的话，那么债主受的损失就太大了，以前九万边币典地两垧，现在九万边币连一个水萝卜都买不来，何谈赎地。

第七，关于法律的专业性。司法工作是科学的专门技术。“司法工作要像个医生，刑事案的犯人就是有病的人，对一个刑事案件的判决，就是给他们治病。”在判决和执行之间，要有侦查战斗的精神，教育当事人，改造人犯就是改造社会。要做好司法工作就要有很好的技术，长期的专门经验。办案不能停留在办案，还要看效果，要跟踪回访，做好后续工作也是司法的重要任务。

第八，关于司法属性的辩证关系。首先，司法是有主动性的，“新民主主义的法律，不应有告状不理的态度，只要是犯法的，一个问题要是牵扯出另一问题时，就主动地去解决”。另外，要主动地深入群众、发动群众、宣传群众、团结群众，才能使司法政策得以贯彻。其次，司法是民主的，司法理念是需要引领的。“要服从多数人的利益，多数劳动群众反对少数豪绅地主，这就是民主性法律。”同时，因为封建传统的影响，司法不能跟着落后群众走，如男人欺压女人的恶习，要多向群众宣传婚姻政策，使群众的落后看法逐渐得到政治上的提高，这叫作“有领导的群众路线”，否则就成为群众的尾巴。

从辩证唯物主义历史观看待陕甘宁边区时期的《司法政策与任务》一文，

文中的系列观点放到现在都是管用的。但有些表述与事例并非完全准确。该文件指出："法律不外乎革命性与科学性，我们要能掌握这个精神，没有法律条文完全可以解决问题。"对于这一观点，若简单对照，可以理解为法律的虚无主义；若结合陕甘宁边区实际，再从马克思主义法的根本理念分析，你会觉得蕴含着深刻哲理。回顾历史、记载历史、分析历史、承继历史，一是要把历史事实放在历史中去看，二是不能纠缠于个别的事例与个别的字句，三是要把握汲取精神元素和思想理念，四是不能以所谓当代的"正规化"理念简单衡量历史。"对历史实践，对党和人民过去的奋斗，任何时候都不能求全责备，'指点'前贤，那不是历史唯物主义的态度。"①

第五节　陕甘宁边区的判例制度

一、边区司法判例属性

判例制度，是陕甘宁边区法制建设的闪光点和司法培训的鲜活教材。判例，是指法院审判应当援引或者可以援引，用来作为审理同类案件依据的先前判决。判例是司法的风向标，也是司法教育培训的重要载体。陕甘宁边区创新了案例指导式培训方式，注重判例发布司法判例指导工作。边区高等法院在下发婚姻判例时特别配套下发了《陕甘宁边区婚姻判例说明》，②分别说明了抗属婚姻、嫌贫爱富、喜新厌旧、因细故如夫妻口角要求离异者、童养媳、寡妇、离婚后至财产处理、病患者婚姻等问题的法律处理原则。分析《陕甘宁边区婚姻判例说明》，可以归纳陕甘宁边区的判例制度的属性如下：

第一，高等法院直接发布"判例"而非"案例"，也即发布的是判案的重要参考，判例具有一定约束力，各分庭、各县司法处可以参照执行。"关于抗属婚姻，无论自己还是友军，必须均无差别。这说明边区司法在保障各抗日阶级利益上是大公无私的。"抗日军属有别于其他人民，为了安定抗日军人之心而有

① 薄一波：《若干重大决策与事件的回顾》，中共中央党校出版社 1991 年版，第 230 页。
② 参见艾绍润主编：《陕甘宁边区法律法规汇编》，陕西人民出版社 2007 年版，第 217 页。

利于抗战，普通婚姻中音讯不通两年可以离婚，但凡遇抗日军属婚姻的，因音讯不通为条件而离婚的，“则须五年”条件。这也是“私益服从公益，一时利益服从永久利益的原则之处理办法”。

第二，判例必须以法律为原则，不违背成文法律规定，“凡这一切结婚离婚问题总的方面以不违背政府颁布的婚姻法为原则”。“童养媳与寡妇得自主婚姻。封建社会的余毒现在边区还有残留，是应该严格取缔的。如贾桂兰、周兰英两案。”

第三，判例可以细化解说法律的既有原则或规定，以期法律适用更加细化。“目前边区主要还是个体经营的私有经济，为了大量发展生产，由夫妻所组成的家庭乃经济机构基础之重要成分，所以不应该轻易叫夫妻离异，家庭破裂、因细故如口角与嫌贫爱富、喜新厌旧、轻视劳动与农村干部而要求离婚者必须批驳之，如王玲、曹秀英个案。”

第四，判例也可以解决既有法律尚未覆盖的具体问题的适用原则。解决个案，在不违反法律的前提下，“按照边区社会的实际情况，具体问题具体处理之”。反对机械执法、司法中的教条主义。如“病患者可以离婚，如侯丁卯一案”。“从张维金案件中知道年龄限制也并非绝对的，有时按地方习俗与当事人自愿也可以灵活处理。”下发的判例，既有正面解说、应予照办的正面判例，也有反面解说、应予更正避免的反面案例。如曹志云一案是“判例中的坏例子，表现出在整风前，司法上存在教条主义与主观主义，该案没有仔细地作调查研究，未按边区社会的实际，而轻率地以‘包办婚姻’‘男女自愿’等教条处理问题”。

二、边区判例制度构成

陕甘宁边区时期许多法律法令、司法文件都提到了判例汇编与判例应用问题。在陕甘宁边区法制建设中，不但有判例研究的过程，有判例汇编的行为，有判例发布的机制，还有数批实体判例的指导与参考历史。陕甘宁边区的判例指导制度，是我党司法史上最早的判例指导制度，具有较为完整的判例编撰体系和判例应用机制。其体系构成包括以下部分：

第一，陕甘宁边区司法判例的性质与作用。陕甘宁边区前后共发布了六批判例,叫"判例"而不是"案例",判例有裁判的标准、范例之意,而不是一般的案例或典型案例,说明边区政府强调了所发布的判决的一定约束力与指导作用。但陕甘宁边区从未说明其发布的"判例"具有强制性、必须比照执行,所以,陕甘宁边区司法不是"判例法"。其案例编撰工作,一方面是采纳民国政府判例编撰制度,使其在陕甘宁边区得以适用和延续的立法与司法活动;另一方面是边区成文法不够完善,编撰判例以弥补法律不足,以适应边区司法人员办案需要以及民众了解法律、遵守法律需要的法制建设新举措。

编撰判例的作用与目的首先是为司法工作服务。案例蕴含着经验与教训,案例折射出办案的理念与思想,案例是审判水平和审判作风的直接体现。为了引起司法工作者对判例工作的充分重视,1944 年 5 月,谢觉哉强调指出:"为要纠正缺点,发扬优点,不是指出便够,而是要从深入实际的审判中总结出经验与教训,改造我们司法工作者所以致此的思想来源,提高我们的审判技术","这是教育自己改进工作的工具,切勿忽视"。①

编撰判例的作用与目的其次是弥补边区制定法的不足。对此,林伯渠主席 1944 年 1 月 6 日在边区政府委员会第四次会议的工作报告中明确指出:"边区现行法令不足,一方面应根据历年经验,将好的判例加以研究整理;发给各级司法机关参考;另一方面由主管机关起草复核与革命三民主义及新民主主义的精神与边区实际的民刑法与诉讼程序。"②

1944 年 7 月发布的边区第一本判例集《陕甘宁边区判例汇编》,高等法院在"例言"部分里说明:"中国的法律,摸索了这么几十年了,但搞出来的东西,多半不是洋教条便是党八股,能够真正适合于中国国情的东西,还是很少的。这一点,虽然边区在历年的努力中,获得了些成就,创造了新的、适合中国国情的、符合新民主主义的政治(革命的三民主义的政治)的东西,但我们并不满足,我们认识到我们的努力还不够,还没有把许多实际的经验,在理论上及法令上树立成很完备的一套。"③

编撰判例的作用与目的还包括宣传边区法律,教育边区人民,使边区百姓

---

① 谢觉哉:《谢觉哉日记》,人民出版社 1984 年版,第 623 页。

② 林伯渠:《林伯渠文集》,华艺出版社 1996 年版,第 169 页。

③ 陕甘宁高等法院:《陕甘宁边区判例汇编》,陕西省档案馆,全宗号 15,案卷号 26。

了解、认同、支持、遵守边区法律。边区百姓文化水平很低，文盲、半文盲占绝大多数。同时，由于历史原因，旧的封建习俗和陋习比比皆是，与新民主主义的法律精神有很大出入。例如旧习俗中，婚姻家庭中的童养媳、男女早婚、买卖婚姻、重男轻女、一夫多妻、休妻出卖、打骂妻子、女子三从四德现象严重。取得百姓对旧婚姻家庭习俗的废止，对新婚姻法的认可和遵从，即是编撰发布判例的群众教育活动。

关于判例的价值，边区参议会议长谢觉哉曾给予一个经典判断：判例是最好的教材，是向实践学习的捷径。1942年4月15日，谢觉哉在《边区参议会常驻会报告》中指出："我们还有很多缺点，没有足够的司法干部，也没有适宜的司法制度，以致人民对司法有诸多不满"，"拿裁判好的例子做教育裁判员的教材，我们应该走捷径，从实际经验中学习，而不可能向法律专门学校一样学的东西。"①

第二，陕甘宁边区司法判例的编撰过程。边区政府汇编判例的过程，在1944年5月至1947年年初。判例汇编，是指将审判实践中形成的典型案例进行系统的整理和编撰，用以规范和指导司法审判的活动。陕甘宁边区时期，1944年年初边区政府倡导编撰判例，由边区高等法院具体实施，以指导审判实践。1944年1月6日，陕甘宁边区政府主席林伯渠在边区政府委员会第四次会议上作政府工作报告，指出："应根据历年经验，将好的判例加以研究整理；发给各级司法机关参考。"随后，1944年2月18日，边区政府发布《陕甘宁边区政府关于司法工作的指示信》，要求各地提供判例："每个司法处，每个地方法院，均须将自己的审判经验用具体判例作为材料写出来，寄给高等法院。此项工作须于五月底以前完成。"

自1944年5月起，在李木庵院长主持下，边区高等法院开展了系列典型案例的编撰工作，编撰小组共由四人组成：时任高等法院院长李木庵、延安地方法院推事石汶、经历不详的张士影和王若林。程序为石汶初选，李木庵审定并修改判词。高等法院择其典型的、优秀的案例加以评语，或分类综述，或总结"案例处理办法摘引"，逐批发布为判例。

① 王定国、王萍、吉世霖编：《谢觉哉论民主与法制》，法律出版社1996年版，第131页。

1944年7月发布的《陕甘宁边区判例汇编》"例言"部分,回顾了数月来的判例编撰历程:"我们编这个册子是根据林主席在卅二年政府工作总结报告中,关于改善司法工作的指示,将历年所处理较典型的判例选出一些,以教育我们的司法干部,供其作为在工作中,应如何掌握政策,判断案件的一些参考。另一方面,作为热心司法工作的人,对新民主主义司法政策的一个研究材料。"可见高等法院编撰判例的初衷,一是供办案参考,二是供研究使用,实际上也是宣传普法的手段之一。

第三,陕甘宁边区司法判例的内容与体例。陕甘宁边区所发布的判例从1944年7月开始,共分六批,包括1944年7月边区高等法院发布的《陕甘宁边区判例汇编》、1945年3月边区高等法院发布的《判案实例括录》、边区高等法院发布的《边区高等法院1938年至1944年刑事案件判决书汇集之一》、边区高等法院发布的《边区高等法院1938年至1944年刑事案件判决书汇集之二》、边区高等法院发布的《边区高等法院1946年刑民事案件判决书汇集(之一)》、边区高等法院发布的《边区高等法院1946年刑民事案件判决书汇集(之二)》。

其中,1944年发布的《陕甘宁边区判例汇编》均为民事案件,涉及婚姻纠纷、土地纠纷等领域。在该判例汇编的"例言"部分,高等法院专门说明了编撰宗旨和体例:"在材料的搜集上,我们没做到从全边区的案件材料中来选(出)各方面典型的判例,而仅只在高等法院和延安市地方法院的材料中,抽选了一些。因之,还说不上完备二字","在份量上,根据边区存在案件的性质及多少来确定,如破坏抗战、婚姻纠纷、土地纠纷是多一些,我们便抽选的比较多一些。在分类上,我们为了使更多的人容易看懂,所以分的比较细微明显,如民事案件的物权类分为土地、房屋、债务等"。

1945年发布的《判案实例括录》所收入的判例均为民事案件,分为"友我婚姻关系;养媳婿类;买卖婚类;寡妇婚姻纠纷类;抢婚类"五类。该判例集不同于以往发布的判例,除了判例编撰体例上不同以往,而且对入选的判例予以加工提炼,总结其裁判规则。

《陕甘宁边区判例汇编》与《判案实例括录》编撰体例上有所不同。1944年的《陕甘宁边区判例汇编》对于入选案例的编撰体例分两部分:判决书及评语,对于原案件判决书未予加工而是原文录入,但在判决书之前或之后对收录的案件予以点评，指出其判决要害、可取之处或问题所在。1945 年的《判案实例括录》并不照搬判决书，而是按照新的三段论编撰体例撰写判例：第一部分，案由与当事人情况简介；第二部分案情，高度概括并简要介绍案件的基本情况；第三部分处理，概括案件原判处的理由及结论。

第四，陕甘宁边区司法判例的历史价值。陕甘宁边区发布的六批司法判例包括两类："好的判例"与"坏的判例"。《陕甘宁边区判例汇编》指出：将"审的好判决与审的坏（不好）的判决一同进行编撰"，"表现出整风前司法上也存在着教条主义与主观主义，该案没有仔细地做调查研究，与未按边区社会的实际，而轻率以'包办婚姻''男女自愿'等教条处理问题，这是应该改进的，所以也特别将它列在判例中"。

例如，在民事类案件中，在《陕甘宁边区判例汇编》中张士影对郭凤英与孙钱柜离婚一案的评语中指出"可做好的判例"，在婚姻案例的"说明"部分指出："曹志荣一案，是判例中的坏例子。"事实上，坏的案例更具有醒目的警示和教育意义。在《边区高等法院 1938 年至 1944 年刑事案件判决书汇集之二》中刑事类案例里，高等法院指出了"好的判例"如孙大庆贩卖鸦片案，刑事附带民事判例中"坏的案例"如惠志荣、贾晓焕（清江）请求解除婚姻案。

"坏的案例"中"曹王氏诉贾清江、曹志荣妨害家庭及曹志荣反诉曹王氏妨害自由案"案情如下：曹志荣与贾清江二人定有婚约，在未解除婚约前提下，曹志荣又与白世鹏恋爱订婚。根据边区高等法院处理婚约问题的司法原则，曹志荣定有婚约，在未解除婚约的情况下，不得再与他人订立婚约。但延安市地方法院却判决："曹志荣与白世鹏恋爱符合民法之 972 条之规定"，承认曹志荣未解除婚约又与白世鹏恋爱的合法性。高等法院认为：延安地方法院的判决违背了高等法院的既有规定，曹志荣尚未成年、未到结婚年龄，在曹志荣与贾清江已签订婚约的情况下，若曹志荣不同意与贾清江结婚，应待其到成年后再决定是否与贾清江结婚，在未解除与贾清江婚约之前，曹志荣不得再与他人订立婚约。所以，高等法院将此案作为"坏的案例"，指出：延安地方法院"这一判决违背人情,可作为坏的判例之一”。①

陕甘宁边区编撰正确适用法律的判例与应当吸取教训的判例,也即具有正反两方面的判例,不仅使当年的判例更具有鲜活性、可比性、指导性、参考性,而且对当今时代建设中国特色案例指导制度具有重要的借鉴意义。

陕甘宁边区司法判例的历史价值还在于判例的分类编撰法:边区判例共分为三个层次。第一个层次:所有的判例分为民事类与刑事类两大类。第二个层次:将民事类判例分为土地纠纷、房屋纠纷、婚姻纠纷、债务纠纷等类别;将刑事案件分为破坏抗战、土匪、逃跑、贪污渎职、肃反、土地法令、妨害婚姻与妨害自由等类型。第三个层次:如民事类的婚姻案件,《陕甘宁边区判例汇编》又将其分为八类:“一、抗属婚姻;二、嫌贫爱富;三、喜新厌旧(包括轻视劳动与农村干部);四、因细故,如夫妻口角要求离婚者;五、童养媳;六、寡妇;七、离婚后至财产处理;八、病患者。”

第五,陕甘宁边区司法判例的理念与规则。陕甘宁边区高等法院对于入选判例,均针对各类案件具有的共同特性,分层次概括了各类案件的处理原则与裁判规则。

对于民事案件的一般处理原则,《陕甘宁边区判例汇编》归纳指出:“(1)私益服从公益;(2)局部利益服从全部利益;(3)少数人利益服从多数人利益;(4)一时利益服从永久利益;(5)富裕者提携贫穷者;(6)有文化者帮助文盲无知者。”关于边区民事审判原则,《陕甘宁边区判例汇编》指出:“新民主主义政策,则系维护各阶级,照顾各阶层利益,国民党现行法律,各阶级利益冲突时,是无法解决的,而我们根据民事案件处理之诸原则,则可得解决。如土地之优先租赁权,属于贫苦急需者;债务之还债,视贫富之具体情况,可令债务人少还、全还或免还。婚姻之自主自愿,可按农村生产组织机构之需要的具体情况及保障抗属等而酌予伸缩。”

对于刑事案件的一般处理原则,《陕甘宁边区判例汇编》归纳指出:“对敌人、汉奸及其他一切破坏分子等,在被俘或被捕后,除绝对坚决不愿悔改者外,

---

① 陕甘宁边区高等法院:《边区高等法院1938年至1944年刑事案件判决书汇集之二》,陕西省档案馆,全宗号15,案卷号28-2。

一律施行宽大政策，予以自新之路”，“已经证明是坚决破坏民族利益者即应依法严惩，绝对不应放任，只有对那些真正表示改悔的，应采取宽大政策”。关于刑罚的确定与执行原则，《陕甘宁边区判例汇编》指出：“司法机关对刑事被告人处刑，除应顾到边区地方治安外，须同时顾到边区生产劳动力及其受刑人家庭之生计——边区刑事诉讼法草案第一章第二条。我们是废除无期徒刑，有期徒刑最高是十年，苦役（劳役）最高是六个月。这是因为抗战需要人力与劳动力，故除判处内乱外患的大案外，其他属于妨害私人利益的杀人伤害等则从轻，在征得双方同意下，可以调解。因之，对刑事案件是采取半干涉主义，盖犯罪是由于当地社会恶劣的环境所致，防止犯罪的办法，不是严惩的问题，而是如何改造的问题，改善他的生活，改造社会，才是基本办法。”

对于民事案件中的婚姻类案件处理原则，《陕甘宁边区判例汇编》归纳指出：“一切结婚离婚问题总的方面都是以不违背政府颁布的婚姻法为原则，而另一则也按照边区社会的实际情况，具体问题具体处理之。”

对于婚姻案件中的童养媳和寡妇案件的处理原则，《陕甘宁边区判例汇编》归纳指出：“童养媳与寡妇不得自主婚姻，是封建社会的遗毒，现在边区还有残留，是应该严格取缔的”，“目前边区主要还是个体经营的私有经济，为了大量发展生产由夫妻所组成的家庭及经济结构基础之重要成份，所以不应轻易叫夫妻离异，家庭破裂”。

上述贯穿在陕甘宁边区司法判例中的理念和原则，全面体现了陕甘宁边区的新民主主义法制原则和人民司法的理念，既是对边区立法精神的重新梳理和系统阐释，更是我们现在了解和继承陕甘宁边区革命法制传统的宝贵一手资料。

三、“马锡五审判方式”及其判例

作为延安最有影响的中国人民抗日军政大学，选拔师资十分严格，毛泽东和中共中央为抗大选调了一批理论水平高、久经战争考验、具有丰富政治军事经验的干部任教或到抗大工作，包括刘伯承、徐向前、林彪、何长工、罗瑞卿、李井泉、许光达、胡耀邦等，同时从大后方请来哲学家艾思奇、翻译家何思敬、文学家任白戈等学者到抗大任教。毛泽东经常为抗大讲课，甚至“三天一小讲，五天一大讲”,讲课内容包括政治、军事、哲学、历史,特别是革命战略问题。每逢抗大开学或结业典礼,毛泽东通常都会到场讲话,鼓励学员认真读书、读好社会“无字之书”。①

中共中央政治局1942年2月通过的《关于在职干部教育的决定》强调了干部教育培训教师及教育保障。“应在党政机关内提高文化教育的地位,最好的文化教员应受到极大的欢迎与优待。”在文化补习班或补习学校,应有专任的教职员,辅之以兼任的教职员。在环境不许可的地方,可采取小组学习制,可“以机关某一文化程度较高的干部,减少其日常工作,请他兼任教员,亦可专任教员”。“对办理文化教育有功的人员应收到奖励。”“对于从事干部教育的人员,尤其是教员,应加以教育。”“为干部教育而需用的员(教员与职员),应加以严格的审查,并应首先调给之。”“各级领导人员由参加教课的责任。”“为干部教育而需用的经费,应最大量地供给之。”每一部门的领导机关及其负责人,必须指导所属干部有秩序地进行学习。各级党委、各级政治部及其宣传教育部门应负总领导的责任。

有关教育培训师资建设,我党的一贯传统与成功做法是,各级党、政、军队领导兼任干部教育培训教员。针对一些中央委员和领导干部不愿做教师、恐惧做教师、想先上党校进修学习的实际问题,时任中央组织部部长、负责干部工作的陈云指出:“在职干部的教员,不止中央委员会的某几个人,是中央委员会的全体。”有些同志也感觉到了自己工作经验少需要到工作中学习,但又以为这次中央党校彻底改组,许多中央委员当教员,不进党校恐怕错过学习机会。因此,虽想参加工作,更想先进党校。“我认为事实上中央委员会的许多同志不仅是党校的教员,而且是全体在职干部的教员。每一个中央的决议、指示,就是学习的最好的讲义。”党校规定学员最多只学三年,即最长的预科学习,但中央委员会是长期的,中央委员做教员的任务是长期的。②

延安时期,司法培训的师资既是固定的也是动态的,既是选拔指定的也是逐步培养的。以马锡五和“马锡五审判方式”为例,马锡五从一名边区审判员

① 陕西省延安市宝塔区《延安革命纪念馆》展示板,2020年11月19日。

② 参见《陈云文选(一九二六——一九四九年)》,人民出版社1984年版,第185页。

到巡回授课介绍审判经验的教员、再到边区高等法院院长，“马锡五审判方式”从一名司法工作者朴素的办案经验上升到边区审判工作原则、再到司法教育培训教科书，充分体现了司法培训师资务实管用和动态发展过程。马锡五（1899～1962），陕西保安县（今志丹县）人，1930年参加革命，1935年加入中国共产党，先后做过兵运工作，参加了创建深感苏区的斗争，历任陕甘省粮食部部长、国民经济部部长、陕甘省苏维埃主席、陕甘宁边区庆环专区和陇东专区副专员。1942年10月任陕甘宁边区陇东专署专员。1943年3月，边区政府决定，在各专署所在地设置边区高等法院分庭，专署专员兼任庭长。于是，马锡五兼任边区高等法院陇东分庭庭长，开始从事司法工作。1946年任陕甘宁边区高等法院院长。解放后，担任最高人民法院西北分院院长。1954年8月，当选为最高人民法院副院长。1962年4月10日病逝。

“马锡五审判方式”是对中国旧的司法体制“坐堂问案”审判方式的彻底改革，成为人民司法审判方式的代表作，有力地推动了我国民主革命司法工作的民主化和群众化，受到人民群众的广泛欢迎和社会各界的好评。1943年，马锡五受到谢觉哉的接见表扬。同年，毛泽东、周恩来肯定了“马锡五审判方式”。1944年1月6日，边区政府主席林伯渠在边区政府委员会第四次会议所作的《边区政府一年工作总结》中指出“提倡马锡五审判方式，以便教育群众”。1944年3月13日，《解放日报》以“马锡五同志的审判方式”为题发表社论，通过典型案例总结了“马锡五审判方式”经验。由此，“马锡五审判方式”走向各抗日根据地，成为人民司法工作的样板。新中国成立至今，“马锡五审判方式”仍然是人民司法的宝贵传统和优良作风。“马锡五审判方式”最初来源于1944年《解放日报》的三个典型案例，现也从这三个案例说起。

“马锡五审判方式”判例之一：封捧儿婚姻纠纷案。

华池县温台区四乡封家园子居民封彦贵，有女儿名叫捧儿，1928年许于张金才次子张柏儿为妻，尚未过门。1942年5月，封彦贵见女儿渐已长大，而当时聘礼大增，遂企图赖婚。一方面教唆捧儿以“婚姻自主”为名要求与张家解除婚姻，另一方面却以法币2400元、硬币48元，暗中许于城壕川南源张宪芝之子为妻。此举，被张金才得知，告发。经华池县府判决，撤销后一次婚约。1943年2月，捧儿赴赵家子钟聚宝家吃喜酒，张柏儿亦到，经人介绍，两人虽未当面交谈，捧儿已表示愿意与之结婚。但同年3月，封彦贵又以法币8000元、硬币20元、哔叽四匹，另许于庆阳县新堡区朱寿昌为妻。张金才得悉后，即纠集张金贵等二十余人，携带棍棒，于3月13日深夜闯入封彦贵家，封姓惊恐四散。张家遂将捧儿抢回成婚。封彦贵控告到县，县府判决：张金才徒刑六个月；封捧儿与张柏儿婚姻无效。判决后，封、张两家均不同意，附近群众亦有不满。

时值马锡五巡视华池县工作，便有上诉前来。马锡五受理后，详询当地乡村干部，又问了附近许多群众，再亲自征求捧儿意见，问她愿不愿意与朱姓结婚，捧儿道："死也要与张柏儿结婚的。"全部真相即明，马锡五便同华池县上同志举行群众性的公开审理，征询群众意见，一致认为：封姓屡卖女儿，扰乱婚姻法，应受处罚；张家黑夜抢亲，有碍治安，也当处罚。马锡五于是判决：张柏儿与封捧儿双方同意结婚，按婚姻自由原则，其婚姻准予有效；但封家黑夜抢亲，妨碍社会秩序，科刑张金才、张金贵以徒刑，其他附和者给予严厉批评；封彦贵以女儿为货物，反复出卖，科以苦役以示警诫。群众听此判决，十分高兴，认为入情入理，非常恰当。受害者表示自己罪有应得，胜利者皆大欢喜，群众受到了守法教育，司法干部也得到了教育训练。

封棒儿婚姻案，之后被改成评剧《刘巧儿》，在中华大地广受欢迎，封棒儿即剧中刘巧儿的原型，马锡五即剧中马主任的原型。后封捧儿改名封芝琴，成为人大代表及妇女干部，四处现身说法，宣传婚姻法。

"马锡五审判方式"判例之二：王治宽土地纠纷案。

合水县五区六乡王家庄王治宽，父在时买得高姓之地一块，计四段五亩，约据上写明：东南北三面俱邻靠王统一家的地，西面为庄窑。王治宽企图霸占王统一家的一亩打粮场地地基，遂故意歪曲方向，把南面说成西面，因此发生土地纠纷，当时区乡干部及四邻群众出面调解，认为王治宽无理。王治宽不服，告到合水县府，县司法处仅凭呈状所说，未往实地调查，便将场地判归王治宽所有。王统一不服，上诉分庭，双方辩论，各有各的道理。马锡五即派分庭石推事前往当地调查，石推事按照马锡五审判精神，协同县、区、乡许多干部，以及约据上有关亲戚及证明人、四邻居住的老年人，共计二十余人，一面展开约据，对照方向仔细丈量，同时征询老年人及四邻意见，一点一滴加以研究。这时，群众首先发言，干部接着发言。王治宽理屈词穷，遂承认自己的占地错误，请求处分。于是群众哈哈大笑起来。

结果，经石推事解释说服：土地仍归王统一，双方互请吃了饭，按照当地农民敬人风俗，王治宽给王统一装了烟，取和了事。一般群众一致欢呼："真是清官断案！"

"马锡五审判方式"判例之三：丁丑两姓土地之争。

合水县五区六乡丑家岘子丑怀荣拥有丑家梁山地，同区二乡丁家北堡子丁万福拥有川子河及附近山地。原来地广人稀，大家对土地都不很重视。八路军到来，实行生产自给后，才注意起土地来。丁丑双方都企图扩大土地面积，于是丁姓从川子河方向向北发展，丑姓从丑家梁方向向南发展，双方接触，发生冲突。1938 年涉诉至宁县政府（友区政权），丑怀荣借助于该县保安队队长（侄女婿）之势，得到县府发给补契承业执照一份，不仅把丑家梁山地，而且把丁万福老业川子河及附近山地 240 多亩完全断给。丁姓不服，上诉平凉高等法院（友区政权），并于当地杀猪请客，以金钱贿赂得力绅士及法院官吏，结果不仅收回川子河及附近山地，而且连所有丑家梁丑姓土地一并归其所有。群众纷纷议论："贪赃枉法，徇情舞弊，两家都无理，谁有面子能抵事，谁有金钱等抵事。"

1940 年，我党合水县政权建立，丑姓又告状前来，当时因百废待兴，无暇详细研究，暂时维持原状。1943 年，经马锡五指派分庭石推事前往就地勘察，会同合水县人员，召集四邻七八人，公正绅士及老年人四人，一个个慢慢地谈，两天后终将以上情况谈清。第三天，召集当地群众及干部二十余人，勘验地形一天，然后先与干部讨论，再征求一般群众及公正人士意见。最后，以石推事和区长为首，组织一批干部及组拿红，分头进行调解，揣测双方心理。最后调解如下：将川子河及附近山地判归丁姓，将丑家梁山地判归丑姓。双方都乐意接受，同意了这一判决。于是，割了疆界，定了息诉契据。数年争论未决的土地纠纷，遂在四天内解决。

《解放日报》在介绍上述案例时总结了"马锡五审判方式"的特点：第一，他是深入调查的。以封捧儿婚姻纠纷案来说，他不像华池县初判那样，不调查不研究，片面地认为张金才抢婚不对；也不像王治宽土地纠纷案合水县府初判一样，不调查不研究，轻信呈状，草率判决。因为深入调查研究，马锡五就能抓住案件关键,从本质上而不是现象上解决问题。今天的司法工作主要靠初审,要多调查研究。联系群众,“关起门来把玩旧型法律教条,是无补于事的”。第二,他是在坚持原则,坚决执行政府政策法令,又照顾群众生活习惯,合理调解。他善于通过群众中有威信的人开展说服解释工作,是为了群众又依靠群众的。马锡五说:“真正群众的意见比法律还厉害,所谓‘三个农民佬,顶一个地方官’。”第三,他的诉讼手续是简便的,审判方法是座谈式而不是坐堂式的。马锡五每年总要往各县巡视数次,封捧儿就是在路上拉住马锡五,在一棵树下告的状。马锡五是真正“民间的”,而不是“衙门的”,真正替人民服务,而不是替人民制造麻烦的。①

关于“马锡五审判方式”经验的主要内容,1944 年 6 月,由李维汉执笔,经毛泽东、周恩来审阅,发给中外记者的《陕甘宁边区建设简介》介绍道:“提倡审判与调解、法庭与群众相结合的马锡五审判方式。”1945 年 1 月 13 日《解放日报》发表“新民主主义的司法工作”一文,将其经验归纳为八点:(1)走出窑洞,到出事地点解决纠纷。(2)深入群众,多方调查研究。(3)坚持原则,掌握政策法令。(4)请有威信的群众做说服解释工作。(5)分析当事人双方的心理,征询意见。(6)邀请有关人员到场评理,共同断案。(7)审案不拘时间地点,不影响生产。(8)态度恳切,使双方乐于接受。

“马锡五审判方式”不仅是马锡五同志审判方式方法的总结,更是边区法院司法作风和审判经验的集中体现,是陕甘宁边区人民司法的符号和时代特征。1949 年 5 月,马锡五在延安大学做报告时,对“马锡五审判方式”的精髓和主旨进行了总结,其总结包括三方面内容:第一,就地审判,不拘形式。第二,深入调查研究。第三,联系群众,解决问题。马锡五强调,“马锡五审判方式”的核心要义是群众路线。马锡五指出:办案要走群众路线,如果不走群众路线,任何所谓的天才家也不可能把工作做好。革命的司法工作者,必须设身处地地体会群众的感情与要求。

---

① 参见《马锡五同志的审判方式》,载《解放日报》,1944 年 3 月 13 日。

第六节　培训理念的务实管用

一、司法培训的群众路线理念

司法培训理念,是指司法培训的基本原则和任务宗旨。司法培训理念既是党的教育培训理念的一部分,也是建党目标和建党原则的具体体现。

陕甘宁边区司法工作的群众路线,是井冈山时期、瑞金苏维埃共和国时期司法工作群众路线思想的继承和延续,更是结合边区抗日战争和解放战争实际情况,不断发扬光大、完善内容、形成体系的过程。

陕甘宁边区司法化解矛盾的理念是:综合考量情理法,学会调解、和解、化解矛盾。要注意宣传群众、教育群众,用群众喜闻乐见、易于接受的方法开展工作,让他们心热起来、行动起来。边区高等法院曾提出民事案件全部调解,刑事案件大部分调解,大事化小、小事化了的化解矛盾司法政策。1950 年 1 月 6 日,刘耀山院长、赵建国副院长签发陕北人民法院指示信《为接受刘聚保杀死郭建华一案沉痛的教训,加强干部群众教育由》(安字第二号),给各分庭庭长、各县法院院长。指示信中指出:清涧县解家沟区周家山居民刘聚保杀死郭建华案,是一个沉痛的事件,对社会的影响是重大的。被害人郭建华死后,棺木、衣服、搬尸人费用、埋葬仪式就用去银洋 425 块 5 角,迫使凶犯刘聚保及受牵连之兄弟刘聚福、刘聚禄三兄弟将大部分资财消耗掉,并卖出常年收益的枣树地一垧,典出 25 垧,使凶犯一家陷入沿街乞讨的境地。同时,该案还迫使事件的促成者郭占富耗费大部资财,并卖出耕耘土地六垧三堆来清偿,生活困难。经司法处理此案结果,使当地每人只有十来垧土地的生产生活基础,影响何其大矣?究其根源,首先是数千年封建统治不能给群众解决诉讼问题,而迫使群众采取动族动户暴力手段。同时,起决定性影响的是我们的干部思想上的麻痹和缺少群众观点导致。清涧县解家沟区自卫军营长贺鸿银虽劝阻非法滋扰,但答应两天内解决却两次未履行承诺,导致事态严重。乡长李天培、乡文书姬光海闻悉此事均未亲临现场处理,酿成人命重果,实则责无旁贷!此案说明干部对群众主观主义作风尤甚，县领导教育群众不够。“他（作者注：指该案件）不仅使社会上丧失了郭建华这样一个强壮劳动力，而且对该案有关人的生产，及经济的发展上起了重大的妨害。”因此，需要吸取刘聚保杀死郭建华案的沉痛教训，检讨干部作风并加强群众观点的教育，广泛动员群众遵守新民主主义政府法令，使之养成良好习惯，“以期尽量减少人民财产之不必要的损失为要”。

陕甘宁边区司法审判将群众路线、为民司法作为司法审判的第一理念，贯穿在审判工作全程，细化到每一个工作环节。1950 年《关于审判工作与量刑的几个问题》总结道：目前在一审法院主要采用的是法庭审判、公开审判、陪审、公审大会等制度，这些制度是在人民革命战争中创造出来的，这就是群众路线的审判制度。这种审判制度，不但能正确地处理每一个案件，而且能把人民法律法令政策贯彻到群众中去，教育人民，树立法治观点。第一，强调“公开审判”中的群众路线。人民法院审理案件，除有妨碍国家机密及有伤社会风化，或有其他特殊情况外，一般均应进行公开审判，吸收人民旁听，不但要给当事人充分辩论权，还可请辩护人；“旁听者在遵循法庭秩序前提下，并经主审人许可亦可发言。”第二，强调“就地审判”中的群众路线。案件发生在哪里就在哪里审判，既可减少人民因诉讼而致误工花钱，又便于听取更多群众意见，且宜弄清是非，还可以得到及时处理，继而借以提高干部工作水平，向群众宣传政策法令。“这是审判员走出法庭，深入群众，调查研究事实真相，站在明处宜于解决问题的审判方式。”第三，强调“陪审”中的群众路线。该文件认为：陪审制度是人民法院联系有关部门处理案件的有效审判方式。要让陪审人员了解全部案情、提供处理意见，互相研究，争取意见一致。这一制度便于结案后执行，特别是表现在妇联同志陪审案件与军属婚姻等问题政治部同志陪审案件上。目前判决书上，陪审员与审判员虽不是同等署名，但在判文后写明某部门某机关某团体某代表陪审，就表明了是对审判负责。“审判后陪审人又可以帮助向当事人就行解释，向群众宣传政策法令。”第四，强调“公布大会”中的群众路线。这不是一种审判制度，一般案件不宜采用，但对某些有特殊教育意义的案件可以采用公审或公审大会进行审判。具体方式：或由群众选举或政府聘请的代表参加，即“代表公审会”；或召开群众大会，由群众直接参加，即“公审大会”，这种审判方式在过去尤其在“镇反”运动中才用过，有些开的好，有些有漏洞，事先必须有充分的准备，犯罪事实弄清，证据确实没有出入，根据当地群众的具体情况公审。今后在“镇反、严肃惩处破坏国家经济建设及虐杀妇女的罪犯，需要采取这种审判方式教育干部和群众”。①

对于陕甘宁边区司法工作的群众路线，1954 年年底，马锡五在担任了最高人民法院副院长后，这样总结道：“陕甘宁边区政府时期，审判制度建设成就之一，就是树立了群众路线的审判方法和作风。这是人民司法机关区别于旧社会的法院的一个显著标志。”马锡五将司法工作的群众路线看作党的群众路线的具体实践，指出：“陕甘宁边区司法机关采取实事求是、为人民服务的审判方法和作风，也就是依靠人民、联系人民、便利人民的群众路线的审判作风。群众路线是党的根本的政治路线和组织路线，也是党的一切工作的基本方法。”“党审判工作依靠与联系人民群众来进行时，也就得到无穷无尽的力量，无论如何错综复杂的案件或纠纷，也就宜于弄清案情和解决。”马锡五完整地总结和阐释了陕甘宁边区司法群众路线在审判方式上的五种实现形式：第一，就地审讯，就是走出法庭，携卷下乡，处理案件，并通过具体案件的处理，进行政策法令宣传，教育群众，减少纠纷。第二，巡回审判。这是陕甘宁边区高等法院及其分庭为了便利人民诉讼或因案情复杂，将案件带到当地，深入对症，进行处理的审判方式。这种方式不仅可以使案件得到迅速正确的处理，而且便于检查、指导下级司法机关工作。第三，公审制。公审这一审判方式早在土地革命时期就已创用，它是对敌斗争和教育群众的有效方法。陕甘宁边区采用公审有三种方式：群众公审会；宣判大会；代表公审会。第四，人民陪审制度。“人民陪审制度是审判工作民主化的一个重要标志。实行人民陪审，不仅可以吸收人民群众参加国家管理，提高人民群众的主人翁思想和政治责任感，而且可以使审判工作置于人民群众监督之下。”陕甘宁边区人民陪审制的形式有三种：由审判机关邀请；由团体选举陪审员；由机关、部队、团体选派代表出席陪审。抗日战争时期主要是第三种陪审形式。第五，调解工作。马锡五指出：我党早在工农政权时期就开始了调解工作，在抗日战争时期更加重视，渐成体系。马锡五总结了边区调解的三项原则：“1. 调解必须双方自愿，不能有任何强迫；2. 调解必须遵守

---

① 艾绍润主编：《陕甘宁边区法律法规汇编》，陕西人民出版社 2007 年版，第 137 页。

政府政策法令，照顾进步风俗习惯；3. 调解不是诉讼的必经程序。”①

司法要讲求效果，陕甘宁边区政府1950年《关于审判工作与量刑的几个问题》要求：法庭审判是日常主要的审判方式，应该注意判案后的效果。如判决一件离婚案，必须注意当事人离婚后的情况和各方面的反映，以衡量判案的正确与否，克服办案不计后果的旧法律思想。

百姓利益第一，1939年4月4日《陕甘宁边区土地条例》第3条规定了土地所有权：“确定土地私有制，人民经分配所得之土地，即为其私人所有。土地改革以前之旧有土地关系，一律作废。”1946年11月2日《解放日报》登载的民政厅在第三届政府委员会第二次会议上的报告《陕甘宁边区地权问题》，指出：边区有50%以上的地区，经过土地革命，实现了“耕者有其田”，但因当时战争环境，红白拉锯，干部注意不够，有些地区为彻底分配土地等原因，导致在地权上还相当普遍地存在问题。现因政权更趋巩固，农民对地权问题日益关心和重视，故目前必须将地权问题做一彻底的整理，使分过土地的地权问题更加确定，保护农民革命时既得之利益，解决土地纠纷，以提高农民生产积极性，发展生产，进一步巩固边区。该报告详细就以多报少隐瞒土地问题、地主收回土地问题、未彻底分配土地地区的地权问题、警区土地问题、公地问题、移难民土地问题、窑洞及定着物问题、坟地问题等民众关心的土地问题作出了具体规定。其中，移民难民为人民群众中的特殊人群，民政厅报告特别要求：为解决移难民的生存困难，稳定移难民的情绪，在其土地不足时，应于公地中予以适当调剂。

陕甘宁边区高等法院十分重视、强调贯彻“我们的法是为谁设的，保护谁的利益的”为民司法理念。马锡五院长、乔松山副院长在1947年10月28日《陕甘宁边区高等法院指示信》中指出：建立革命民主政权已十几年了，我们不能否认司法工作是有成绩的，有创造的，如废止肉刑和无期徒刑，免除讼费，手续简便，巡回法庭，重教育不重惩罚用生产改造犯人的劳动观点等，但是再严格地检讨一下，还非常不够，在这次爱国自卫战争与土改运动中，暴露了我们司法工作的很多缺点甚至错误，特别是司法政策上阶级路线强调不够，重视不够，对“我们的法是为谁设的，保护谁的利益的”没有明确的和足够的认识。“我们的

① 艾绍润编著：《马锡五审判方式》，陕西人民出版社2007年版，第96~104页。

司法工作阶级观点和群众路线不够明确”。

马锡五在任陕甘宁边区高等法院院长时期，强调司法作为政治机关，要为经济发展和党的中心工作服务。在1947年10月28日《陕甘宁边区高等法院指示信》中，马锡五强调：首先，我们司法工作人员要投身到土改运动中去，“我们司法工作者要积极参加，坚决地站在贫雇农立场上，提高他们的思想觉悟，发动他们坚决地向地主阶级做无情的斗争。”其次，要发挥司法的力量服务土改，中共中央公布的《土地法大纲》第13条规定：对于一切违抗或破坏本法的罪犯应组织人民法庭予以审判和处分。关于这个问题，我们的经验还不多，“但它的任务是推动土改运动向前发展，而不是有了这个组织使土改运动、群众情绪受到限制，是可以确定的。人民法庭可使镇压反革命的地主恶霸及制裁坏分子的工作更有系统，更有力量，而不是分散的，不是没系统的，也是可以确定的”。

法律工作，为谁立法，为谁司法，为谁服务，陕甘宁边区政府做了不容置疑的回答。陕甘宁边区高等法院院长马锡五在1947年10月28日《陕甘宁边区高等法院指示信》中指出：“屁股坐在敌人的六法全书上，来为劳动群众服务的观点是绝对错误的，必须彻底纠正。”关于制定法律走群众路线，马锡五指出：“要求你们在运动中收集具体材料，总结农民意见，并将这些材料和意见加以分析整理，按时寄到本院来，作为制定真正符合于劳动群众的新法律的依据，再在执行中来考验它还有些什么不适宜处，再根据广大群众意见予以修改，就这样三番两次地收集意见集中起来，才能制定出比较符合广大群众的法律。”关于司法审判走群众路线，要依靠百姓、为了百姓，马锡五指出：组织人民法庭时要依靠贫雇农、任用贫雇农，“主要的还是根据大多数贫雇农意见”，“要选几个法官，就选几个贫雇农身份的法官（公家人不能超过1/3，主审也应当由当选的法官中推选），大多数贫雇农要给被告什么处罚，就给他什么处罚，我们只要帮助他们调查材料，预先酝酿，把群众中的正确意见发扬起来，则会在人民法庭开庭时意见集中，处理得适当”。

在培训理念上，陕甘宁边区高等法院院长马锡五非常重视司法干部队伍的政治立场和思想意识，司法是带有鲜明政治色彩的国家机器，首先是阶级立场。在1947年10月28日《陕甘宁边区高等法院指示信》中，马锡五指出：“我们党与政府是给工人与贫雇农阶级办事，我们是他们的长工”。司法工作之所以发生错误,“司法工作者的阶级不纯、思想不纯也是最主要的原因,必须予以彻底清查。我们要求各分庭庭长、各县司法处处长、地方法院院长亲自领导有计划地由上而下由下而上检讨司法工作政策、司法工作者的思想和作风,认真检查司法工作者的阶级成份。队伍整编不好,即使有了正确的政策也不能贯彻到底。整编队伍最主要的是搞通思想”。司法工作者一定要“站在贫雇农立场上,为他们翻身而斗争,严格纠正旧法律观点、旧人道主义,在实际斗争中锻炼我们的立场和思想作风。”“只有搞通思想、纪律制裁、整顿队伍三者配合起来,才能整编好我们的队伍,这是转变今后工作的基本问题。”

二、司法培训的服务大局理念

教育培训理念上,边区强调司法工作服从大局,服从党的中心工作。同时根据不同时期政权建设和革命战争需要,部署司法工作,提出司法培训要求:

第一,服从全民抗战统一战线工作的需要。1938 年 5 月 15 日,《陕甘宁边区政府、第八路军后方留守处布告》指出:自“卢沟桥事变”以来,在中央政府和蒋委员长的领导之下。坚决抗战,前线将士,牺牲流血,各党各派,精诚团结,各界人民,协力救亡,这是中华民族的光明大道,抗日胜利的坚强保障,凡属国人,必须遵此前进。“我陕甘宁边区,为中华民国之组成部分,服从中央领导,努力救亡事业”,“不许一人不尽其职,一事不利救亡”。

第二,司法工作服务边区政权建设。上述布告强调:凡在国内和平开始时,属于边区管辖地域内,一切已经分配过之土地房屋及已经废除过之债务,“本府本处当保护人民既得利益,不准擅自变更”。凡在国内和平开始时已经建立及在其后按照中央抗战救国统一展现原则实行改进与发展之军事、经济、正式及民众团体等组织,“本府本处党保护其活动,促进其发展,以至一切阴谋破坏之行为”。

第三,抓边区司法工作之主要矛盾,解决主要问题。1939 年 1 月 1 日,《陕甘宁边区政府、第八路军后方留守处布告(第六号)》强调严查重处六类犯罪:公开或暗地编组保甲,企图推翻民主政权,图谋破坏各种抗日人民团体者;收买流氓、组织非法团体,造言惑众,危害团结抗战,污蔑最高领袖,破坏政府、军队与人民之情感者;在边区擅立捐税,破坏财政,扰乱税收,勒讨已废除之租债,企图敲诈剥削人民，破坏民族团结者；强占民房，聚众赌博，包庇或贩卖鸦片者；擅捕边区人民，抢夺人民牲畜财产，假借名义检查行旅、肆意敲诈者；假借各种名义在人民中进行破坏民主政权和国军之宣传者。上述各项罪行，“无论任何机关与人员，均得以法令惩处之”。

第四，对重点多发犯罪或边区社会经济急需规范之事项，单独制定详细的法律法规依法惩处或规范管理。针对惩治贪污犯罪的实际需要，1938 年颁布了《陕甘宁边区惩治贪污暂行条例》，详细规定了买卖公共物品从中舞弊者、盗窃侵吞公共财物者、违法收募税捐者、伪造和虚报收支账目者等 10 类贪污行为的刑事处罚细则；针对惩治汉奸工作需要，1939 年 4 月颁布了《陕甘宁边区抗战时期惩治汉奸条例(草案)》，对企图颠覆国民政府所属各级政权、阴谋建立傀儡伪政权者，进行各种侦探间谍及一切秘密特务工作者，谋害党政军及人民团体之领袖或其负责人者，以粮食军器资助敌人者等 18 类以汉奸论罪的刑事处罚细则；针对破坏边区犯罪，制定了《陕甘宁边区破坏边区治罪条例》，对以破坏边区为目的，实施杀害、煽惑、侦查、藏匿、策反、破坏、抢掠等犯罪行为进行治罪；针对盗匪猖獗，1939 年 4 月颁布了《陕甘宁边区抗战时期惩治盗匪条例(草案)》，对聚众持械抢劫、掳人勒赎、乘机强奸妇女、勾引军队为匪者等 12 种行为规定了刑事追责条款；针对边区经济发展需要，1939 年 6 月 10 日颁布了《陕甘宁边区政府禁止仇货取缔伪币条例》，规定了“凡敌国出产之一切商品，无论其以敌国商标或冒充友邦及中国商标者，不得买卖之”，“凡属敌国或伪政府之货币不得使用之”等经济、法律制裁措施。

三、司法培训的刑事裁判理念

陕甘宁边区的立法原则、司法原则、司法培训理念，是内在贯通和高度统一的，是人民民主政权法制建设的不同组成部分。其基本主导思想是依靠群众、为了群众，为民立法、为民司法，让百姓看得懂、教育群众遵纪守法。这是边区法律与国民党法律的根本区别。为此，陕甘宁边区的立法与司法、法制宣传与教育，总结了土地革命时期中央苏区及其他红色根据地的法制工作经验与传统，予以继承并发扬光大。现以陕甘宁边区最为精致与完善的法律典范《刑法总、分则草案》以及 1939 年《陕甘宁边区刑罚的特点》文件为例，归纳陕甘宁边区的司法理念要点如下：

第一，公益较私益为重。公私利益，在法律上固然均在保护之列，但公益较私益为重，公私观念，不可混而为一。资产阶级统治的旧刑法，将妨害公家财务与妨害四人财务统一规定，致有“假公济私”的诟病。《刑法总、分则草案》“采公私利益分别规定的立法例，对于纠正‘轻公重私’的流弊诚有必要”。

第二，平等保护原则。《刑法总、分则草案》认为：新时代的社会组织至为重要，对于社会组织的保护法律自应明确规定，因此分草案将社会组织的公共团体，诸如工农组织，以及政治、经济、文化、卫生、生产劳力各组合，与国家机关企业同列于公的范围，加以保护，以期社会繁荣。

第三，避免简单同判的机械司法。现阶段的社会生活，有贫富阶级的不同，因此财物如遇到侵害，在痛苦上也当然有轻重的不同，“富者财物被害，痛苦程度当不甚大；贫者损失财物，即有危及必要生活基础之虞。又贫者因迫于生计而犯的罪，亦不可不予以怜悯的同情，方为合理”。世界进步的刑法，均有此分别规定。

第四，赋予裁判人员一定的自由裁判权符合审判工作规律。旧刑法对于刑的加减事例，有“先加后减”“递加递减”诸程序，在实际应用上过于复杂，不利于百姓的理解与执行。新的立法例则以刑的范围明定分则各条，“在事态上何者应轻、何者应重，由裁判人员依照法定的标准，在法定性的范围内自由酌定”。

第五，废除旧法的原则。旧刑法有身份加重之特殊规定，现在新立法例将各项罪刑范围规定较广，已具有较大的伸缩性，情节较重者自可从法定刑范围内的高度拟刑。旧刑法有亵渎祭祀罪之规定，亦为旧社会所遗传，无继承此项规定之必要。

第六，突出刑法刑事政策的教育功能。“刑事政策以教育感化为主，不采取威吓报复与毁损人格及痛苦身体诸手段。”新刑法目的四项：巩固民主政权及维持法律秩序；教育人犯转变恶习，不至再犯罪；教育大众；使社会上意识薄弱之人有所观感与警觉，从而遏制减少社会犯罪现象。另，中国历史上刑法惯用徒刑名称，带有旧时代刑法重在恐吓痛苦的作用，不能代表新刑法重在教育感化的新意义，故陕甘宁边区新刑法将刑名“徒刑”一词改为“拘束自由的强制教育”。

第七，健全犯人教育体系，丰富犯人教育方法。对犯人的教育包括："政治教育：民主政治常识、社会生活知识；生活教育（增进其生活技能，养成其劳作习惯）；文化教育（分识字、读书及写作）；治疗教育（分医治及安置适当处所）。"新刑法特别设置了"治疗教育"一章，规定"受刑人有传染病及鸦片烟瘾者"送医务所、戒烟处所治疗；"受刑人有精神病或是未成年人"送特殊疗养院或交付父母或亲族或其他个人及社会组织予以监护教育；"受刑人如是游荡成性不务正业之惰民非短期教育所能收效者"，得送入劳动生产场所。

第八，边区废除无期徒刑的深邃理念。边区刑罚采用的刑罚种类为死刑、拘束自由之强制教育（有期徒刑）、苦役、罚金、剥夺公权、没收。废除无期徒刑的理由：对于罪犯，若不至于排斥其在社会之外，在有期徒刑中对其加以教育，以期其恢复自由后做一个好的公民。若不采用此种办法，偏要在死刑下加一个无期徒刑，虽然罪犯的生命没有断绝，却隔绝于家庭、社会之外，此种刑种与死刑并无区别。而且还需要国家担负起终身给养的责任，着于国库亦有很大的损失。此外，犯人既然感到没有恢复自由的机会，自暴自弃以及人身风险都会出现，这与刑事政策的教育宗旨也不相称。

第九，从人性及社会需要考量，缩短拘束自由之强制教育（有期徒刑）刑期。边区有期徒刑一开始最高为五年，1942 年 3 月 31 日《陕甘宁边区政府命令——令边区高等法院将最高徒刑由五年改为十年（战字第 237 号）》鉴于"由许多案子如判死刑殊觉太重，有失宽大之意，但判徒刑五年又嫌太轻，影响人权财权之保障，故改定最高判刑为十年"。但总体来讲，无论五年还是十年，边区的最高徒刑比起旧刑法都不高，一是出于人性的角度，考虑罪犯的实际利益，不让其隔离社会太久；二是出于社会考虑，徒刑过长于国家建设亦无好处。

第十，将旧刑法的拘役改为苦役，一字之差，差别巨大。拘役是剥夺犯人自由而令其服劳役；边区刑罚的苦役不拘禁犯人而令其服劳役，苦役一般适用于轻微犯罪中，若予以拘禁，一则宜染上其他罪犯的恶习，二则丧失了做人体面，足以减低其向上奋进的情绪。苦役则有利于教育改造及犯人的成长。同时，苦役不必送到他处服役，在服役中又可以根据需要调其到别处服役。旧刑法拘役的本质在于令其痛苦，边区刑法的苦役目的在于教育改造。

第十一，边区刑法罚金刑的科学体系。边区刑法罚金分为四种：专科罚金、选科罚金、并科罚金、易科罚金。就罚金刑的本质而言,“只有在有钱人面前才能发生作用,而对于工人及贫苦群众是无法施行的”,这不符合新民主主义政策。边区的罚金刑特点:“很少采用”;“不作为司法收入”;易科罚金不是在于罪犯申请,而是以犯罪情况为标准,如此便打破了“因贫富不同而异其处罚的缺点”。

第十二,保留死刑而慎判死刑的司法政策。边区刑罚保留死刑,是基于阶级统治的需要和尊重民意的需要,“不客气地拿死刑来镇压反动派”,“边区对一个犯人的判处死刑,一定是到了万分的无可争取、一定是大多数群众的要求”。同时,对判处死刑“仍须十分审慎”,“边区对于判处死刑的数字上差不多到了零号”,这说明“我们虽然不主张废止死刑,而事实上等于废止死刑,同样也是说明社会在往前进,死刑终有废止的一天”。

第十三,边区的刑罚不但贯彻教育主义的精神,也贯彻轻刑主义的理念。1938~1939年2年间,全边区二十余县判处的刑事案件,教育释放的785人,六个月以下苦役的819人,一年以下徒刑的317人,二年以下徒刑的155人,三年以下徒刑的71人,四年以下徒刑的35人,五年以下徒刑的36人,死刑129人。综上,训诫后释放的占总数的32.2%,六个月以下苦役的占33.7%,徒刑占22.3%,死刑仅占5.3%。轻刑理念不仅是人道的,而且是进步的,更反映了边区良好的社会秩序。对于边区监狱来说,“可以说是‘收入大大地减少,而支出大大地增多’,将来达到监狱空虚并不是什么很难的事”。

陕甘宁边区的法律体系和司法制度既遵循了法的本质和司法规律,也体现了共产党领导下历史唯物主义的立法理念与司法审判因地制宜、因时制宜的实事求是传统。“‘一切决定于地点时间与条件’这句话应用到任何事物方面,都是对的,当然法律也不在例外。边区是共产党领导长期抗战的根据地,不论就哪方面说都有它的特殊的情形。司法工作为政权中最重要的一环,而司法工作所执行的法律便有它的不同的地方,这是一定的,我们只就边区所采用的刑法来讲,就是一个很明显的例子。”

四、司法培训的实践观点理念

司法培训首先是基于解决干部的短缺和干部政治业务素质提高的需要。

随着抗战形势的发展,无论是延安、各抗日根据地还是抗日前线都亟须大批党性强、素质高的干部承担相关工作。毛泽东在抗战爆发前就指出:“我们的党组织要向全国发展,要自觉地造就成万数的干部,要有几百个最好的群众领袖。这些干部和领袖懂得马克思列宁主义,有政治远见,有工作能力,富于牺牲精神,能独立解决问题,在困难中不动摇,忠心耿耿地为民族、为阶级、为党而工作。”①各类干部包括司法干部在素质上、数量上的严重不足已制约了革命事业的发展,培养大批政治素质第一、德才兼备的干部,被提上党的重要工作日程。在抗日战争空前严重的民族危机下,大批爱国人士特别是知识青年纷纷涌入延安,也为培养造就革命新人提供了客观基础。在六届六中全会上,毛泽东进一步总结干部教育培养经验,把培养干部的问题提到更高的高度,认为:“政治路线确定后,干部就是决定的因素。因此,有计划地培养大批的新干部,就是我们的战斗任务。”②

毛泽东在延安时期干部教育培训工作中,十分强调马克思主义理论与中国国情实际相结合。美国记者埃德加·斯诺在《西行漫记》中写道:“毛泽东是个认真研究哲学的人……他读书的范围不仅限于马克思主义的哲学,而且也读过一些希腊哲学家,斯宾诺莎、康德、歌德、黑格尔、卢梭等人的著作。”③抗大步兵学校教育长郭化若回忆道:“有一次我在毛主席办公室内,看到桌上放着一本《辩证法唯物论教程》。我翻开一看,开头和其他空白处都有墨笔小字的旁注,内容全是中国革命中路线斗争的经验教训。这使我初步理解到毛主席是用马克思主义的立场、观点、方法来分析中国革命的实际问题,并把中国革命的实际经验提高到理论水平上来,充实和发展马列主义。他这些旁注,后来就逐步发展成为他的光辉著作《实践论》。”④

党的革命实践、人民司法实践,必须将马克思主义原理和中国实践相结合,将法学、法律基本原理和中国国情相结合。司法工作者的培训,首先是马克思主义世界观的培训、毛泽东思想及其观点方法的培训。毛泽东在《实践论》中

① 《毛泽东选集》(第1卷),人民出版社1991年版,第277页。

② 《毛泽东选集》(第2卷),人民出版社1991年版,第526页。

③ [美]埃德加·斯诺:《西行漫记》,董乐山译,生活·读书·新知三联书店1979年版,第68页。

④ 郭化若:《学习与回顾》,军事科学出版社1991年版,第201页。

指出理论与实践的基本关系是：实践决定理论，理论的基础是实践，又转回来为实践服务。有了正确的理论，才能使人们对事物的认识不断深化，而这种正确的理论只能从实践中来，再到实践中去接受检验和继续发展。毛泽东在延安时期写下的《新民主主义论》《青年运动的方向》《整顿党的作风》《实践论》《矛盾论》《反对自由主义》《论持久战》《学习和时局》《论联合政府》等众多革命重要文献，分别从政治路线、军事路线、思想路线上总结了土地革命战争时期的历史经验和教训。

1937年7~8月，毛泽东应红军大学（后来的抗日军政大学）的请求，向党政军学员包括司法干部讲授唯物论和辩证法，其讲稿的一部分被整理为《矛盾论》和《实践论》。这两篇文章从理论与实践的结合点上，论证了马克思主义普遍真理与中国革命具体实践相结合的必要性，既是马克思主义中国化的经典著作，也是中国共产党实事求是思想路线的理论基础。1939年10月4日，毛泽东发表《〈论共产党人〉发刊词》，提出统一战线、武装斗争、党的建设是中国革命克敌制胜的三大法宝。毛泽东上述思想，是我党革命实践的探索结晶，也是延安时期司法培训的主要授课内容。

五、司法培训的公平正义理念

司法培训的理念，最重要的是公平正义。它反映了司法的本质与特性。陕甘宁边区政府和高等法院，不仅在司法干部的教育培训中重视法制理念的贯彻实施，更注重在司法活动中全面践行人民民主政权的司法精神。

黄克功枪杀女学生刘茜被判处死刑案，就是延安时期公正司法的典型案例。黄克功，江西南康人，少年时加入红军，参加过井冈山斗争和两万五千里长征，是一名战功显赫当过旅长的资深红军，1937年案发时26岁，时任抗日军政大学第6队队长。

《陕甘宁边区宪法原则》规定："边区人民，不分民族一律平等。"《陕甘宁边区抗战时期施政纲领》规定："实行男女平等，提高妇女在政治上、经济上、社会上的地位，实行自愿的婚姻制度，禁止买卖婚姻与童养媳。"

据陕甘宁边区高等法院1937年刑字第2号刑事判决书记载：黄克功枪杀的刘茜，女性，16岁，陕西定襄人，陕北公学学员，初在太原求学，"卢沟桥事变"

后感国难严重，于 1936 年 8 月舍弃家庭学业来到延安城，即进入抗日军政大学，在第 15 队为学员，学习工作均极努力。当时黄克功时任第 15 队队长，遂得与刘茜认识，通信来往渐涉恋爱，感情尚好。陕北公学成立后，抗大第 15 队全体学员划归公学。黄克功转任抗大第 6 队队长，刘茜留在公学学习，两人关系开始疏远。黄克功向刘茜追求不已，送钱赠物，要求结婚，而刘茜感觉黄克功过于纠缠，产生反感，曾经表示拒绝，并对黄克功给予劝诫。黄克功失望更听信谗言，以为刘茜在公学另有爱人，去信责备，更迫切要求结婚。但刘茜坚决不同意，亦不给予答复。黄克功个人认为失恋是人生莫大耻辱，遂萌生杀害刘茜的动机。1937 年 10 月 5 日饭后，黄克功携带白朗宁手枪，约刘茜河边散步，要求刘茜公开宣布与己结婚，刘茜严厉抗拒，黄克功拔枪威胁，刘茜亦不屈服。黄克功失去理智，向刘茜肋下开枪，刘茜倒地未死，尚呼救命。黄克功又对刘茜头部再加一枪，致刘茜毙命。之后，黄克功回校洗足，清洗衣物，企图湮灭血迹证据。又在刘茜过去谈恋爱的信上加填 10 月 4 日的日期，以便做反证掩饰。

案发后如何处理，群众中有两种意见。一种以多数老同志为代表，认为黄克功罪行严重该处死刑。另一种以外来的知识分子为主，大约百分之八九十青年知识分子不同意枪毙，认为黄克功系长征有功之臣，又年轻有为，革命需要他戴罪立功。

1937 年 10 月 10 日，毛泽东在给时任高等法院刑庭审判长雷经天的亲笔信中指出：“你的及黄克功的信均收阅。黄克功过去斗争历史是光荣的，今天处以极刑，我和党中央的同志都是为之惋惜的。但他犯了不容赦免的大罪，以一个共产党员红军干部而有如此卑鄙的，残忍的，失掉党的立场的，失掉人的立场的行为，如为赦免，便无以教育党，无以教育红军，无以教育革命者，并无以教育做一个普通的人，因此中央与军委便不得不根据他的罪恶行为，根据党与红军的纪律，处他以极刑。正因为黄克功不同于一个普通人，正因为他是一个多年的共产党人，是一个多年的红军，所以不能不这样办。共产党与红军，对于自己的党员与红军成员不能不执行比较一般平民更加严格的纪律。因此国家危难革命紧张之时，黄克功卑鄙无耻残忍自私至如此程度，他之处死，是他的自己行为决定的。一切共产党员，一切红军指战员，一切革命分子，都要以黄克功为前车之鉴。请你在公审会上，当着黄克功及到会群众，除宣布法庭判决外，并宣布我这封信。对刘茜同志之家属,应给予安慰与抚恤。”①

1937 年 10 月 11 日,陕甘宁边区高等法院董必武院长、雷经天代院长签发刑字第 2 号布告,对黄克功“判处死刑,当即验明正身,执行枪决”。

黄克功被判处死刑案,在陕公、在抗大,在延安、在全国都引起了强烈的反响。它成为一堂生动的、现实的思想教育课和法制公开课,充分证明了中国共产党纪律严明,司法公正,铁面无私,秉公办案。它庄严地告知社会:中国共产党才是民族和国家的希望所在。

六、意义深远的“延安司法大检讨活动”

1943 年年初起自高等法院的司法大检讨活动,不仅涉及本土与西方两种司法理念的争执与定论,而且涉及司法干部的选任标准和教育培训的目标任务和方式方法。其司法理念之争的时代价值及司法队伍建设的宗旨要求,至今仍具有现实意义和深远影响。

1942 年 6 月 9 日,边区高等法院院长雷经天带职前往中央党校学习,由李木庵代行院长职务。1943 年年初,雷经天学习归来,认为边区高等法院一年来的工作犯了严重错误,思想上闹独立,政治上的自由主义、业务上的教条主义、作风上的文牍主义、事务主义、官僚主义等,遂对李木庵主持工作期间的高等法院工作进行重新审视,结合 1942 年的延安整风运动和干部审查运动,展开了一场上至边区政府、下至司法干部的司法理念大检讨活动。②

第一,司法大检讨活动涉及的人物。雷经天将司法大检讨活动持不同观点的争议双方,形象地概括为“工农干部”和“外来知识分子干部”。其争议观点的原始材料主要记载在《边区高等法院雷经天、李木庵院长等司法工作研讨会的发言记录》中。③ “工农干部”,主要指土地革命时期成长起来的农民工人出身的司法干部,他们普遍革命立场坚定,文化水平较低,法律知识欠缺。“外来知识分子干部”主要代表为李木庵、朱婴、鲁佛民,他们均为知识分子,主要来

---

① 延安市中级人民法院编:《陕甘宁边区高等法院史迹》(第 2 版),陕西人民出版社 2006 年版,第 102 ~ 108 页。

② 参见汪世荣等:《新中国司法制度的基石》,商务印书馆 2011 年版,第 270 页。

③ 《陕甘宁边区高等法院档案》,陕西省档案馆,全宗 15 – 96。

自白区，文化水平较高，具有深厚的法律背景，对司法理念、法制建设具有革命的情怀和专业的视角。其中，李木庵（1884～1959），为清末秀才，1905 年在京师法政学堂毕业后开始任教，1911 年辛亥革命后任广州地方监察厅检察长，之后在北京、上海担任律师，1925 年入党，1940 年奔赴延安，曾任高等法院检察长、代院长。新中国成立后，李木庵曾任中央人民政府司法部党组书记。朱婴（1889～1970），1921 年考入北京朝阳大学法律系，1924 年加入国民党，后转入共产党，1938 年受董必武安排，在国民党统治区举办进步教育、为延安培养输送青年干部，后奔赴延安，曾任边区司法训练班教务主任、边区高等法院秘书、边区政府秘书。新中国成立后，朱婴曾任西北军政委员会司法部部长、最高人民法院西北分院秘书长、西北大学党委书记。鲁佛民（1881～1944），1912 年考入山东法政专门学校，毕业后任职于山东高等检察厅，后从事律师业务，1926 年加入共产党，“七七事变”后奔赴延安，曾任边区政府教育厅秘书，后调边区政府秘书处工作，在边区政府期间负责法院重点案件的处理。1943 年后任边区政府法制委员会委员。1944 年 5 月 18 日病逝于延安。

参加司法大检讨讨论活动的，还有雷经天、谢觉哉、李维汉、林伯渠等领导人。其中，雷经天（1904～1959），五四时期投身学生运动，1923 年考入厦门大学理科，1925 年加入共产党，先后参加了北伐战争、广州起义、右江根据地建设，曾任右江苏维埃政府主席、边区高等法院庭长，1939 年 1 月在陕甘宁边区第一届参议会上被选为高等法院院长，1945 年调任八路军南下第三支队政委。新中国成立后，雷经天曾任广西省人民政府副主席、最高人民法院中南分院院长、上海华东政法学院院长、上海社会科学院院长。李维汉（1896～1984），1916 年考入湖南省第一师范学校，与毛泽东等创建了新民学会，1919 年赴法留学，参与筹建中国共产党欧洲支部，大革命时期曾任中共湖南省委员会书记，延安时期曾任中央干部教育部副部长、中央宣传部副部长、陕甘宁边区政府秘书长。新中国成立后，李维汉曾任中央人民政府政务院秘书长、中央顾问委员会副主任。

司法大检讨活动的背景，是从国民党统治区来到延安的李木庵、朱婴、鲁佛民等具有法律专业知识的人士，批评了边区司法的“游击主义作风”。1942 年 6 月雷经天带职前往党校学习，李木庵代院长主持边区高等法院工作，着手对司法工作进行大幅度改革,一是对法官的任用条件进行了调整,规定了较严格的文化专业限制条件;二是按照规定条件,辞退了一批文化专业水平较低的司法人员,同时将一批文化层次较高的人员吸纳进司法干部队伍;三是实行了裁判文书制作、审判流程管理等系列司法改革。被辞退的司法人员对上述改革十分不满。1943 年年初雷经天回到法院后也认为问题严重,遂开展了司法大检讨活动。配合干部审查、清理特务的抢救运动,雷经天在清理相关人员的同时,组织就有关问题展开大讨论、大批评活动。①

第二,司法大检讨活动围绕的问题。

1. 司法审级上,是实行"三级三审"还是"二级两审"。为便于审判监督和诉讼权益保障,由张曙时、李木庵、朱婴、鲁佛民等为代表的新法学会主张三级三审并在 1941 年第二届参议会上提出,但未获通过。1942 年朱婴提出在边区政府设立三审机关:边府审委会,获得林伯渠支持。边区审委会负责第三审案件、行政诉讼案件、死刑复核案件等重大案件审理,朱婴任边区审委会秘书。后又增设边区审委会以"法令解释权"职责。② 而雷经天在《关于司法工作检查情况和改造边区司法工作》的报告中指出:边区司法无须像国民党政府那样实行三级三审,立足于边区司法机构设置两级,各县为第一审级,边区高等法院为第二审级,实行二级二审符合边区的实际情况。③

2. 司法与行政的关系及司法独立问题。朱婴根据西方司法理念,主张地方政府不得干预地方司法审判,地方法院不受上级法院管辖,地方政府不得任意调派司法干部,司法经费独立预算,专门司法人员不参加政府会议。朱婴提出了实行司法独立的观点,不仅包括司法机构与政府之间的独立,而且包括不同审级之间的司法机构的独立,④雷经天则认为:上述司法独立的观点是国民党旧法观点,司法必须在行政的领导之下,各县司法处受各县政府领导,高等法院受边区政府领导,在政府一元化的领导下,边区政府发现高等法院判决错误,可

---

① 《陕甘宁边区高等法院档案》,陕西省档案馆,全宗 15 - 96。
② 《陕甘宁边区高等法院档案》,陕西省档案馆,全宗 15 - 96。
③ 《陕甘宁边区高等法院档案》,陕西省档案馆,全宗 15 - 149。
④ 《陕甘宁边区高等法院档案》,陕西省档案馆,全宗 15 - 149。

令其重新审判。①

3.在司法干部的选任条件上,是忠诚于革命摆在第一位,还是特别注重文化专业水平。鲁佛民在《对于边区司法的几点意见》中指出,产生法官的正常路径是:学习期满,通过法官考试,实习候补,正式上任。由于司法工作对于学识与经验的高要求,边区司法虽不应效仿国民政府的严格限制,但不妨先使用从友区过来的法律专门人才,充分发挥其作用,以收"借才之效"。② 李木庵认为,司法干部必须具备两个条件:文化程度,专业人才。考虑到边区文化人才短缺,在实际调用人员和工作使用中,要注意培养和重用诸如王怀安、白平舟、王刚这些文化程度高的专业人才。③ 朱婴也有排斥文化程度不高干部的倾向,在提出派他前往绥德分院担任院长的书记长人选问题上,不愿意接受组织上拟定的孙敬毅陪同前往,认为孙敬毅"公文法律都很生疏",而提出调文化程度较高的郭钟刚任书记长。④ 雷经天则认为:司法是政权中的重要部分,负有保护政权的重大责任,因此选任司法人员的首要条件是忠诚于革命,其次才是业务的熟悉,业务能力可以在参加司法工作后逐步培养提高。⑤

4.在司法干部培训培养上,是通过专业院校培养造就,还是通过短训班加速培养。朱婴在《司法教育应由中央领导案》中指出,中央应该设立专门教育机关,在高等院校设立法学院,例如在延安大学设立法学院,系统培养法律专门人才,这样的管理与培养机制具有以下优势:教育权的统一,凡属专科教育,统由中央领导,防止地方各自为政;法学理论的统一,通过中央的"分析整理和汰劣留良",传播系统的、正确的新民主主义法学理论;加强教育的效率,大规模办学,教学设备齐全,专家报告多,学员切磋多,"与紧紧束缚在狭隘领域中的小训练班大不相同";使得法院本身的工作精神集中,不必既要管审判又要管教育,使审判受到影响。⑥ 雷经天则认为:由中央政府集中培养培训固然好,但教学用的旧东西不能密切联系社会实际和当今问题,而且这种系统化的培养不

① 《陕甘宁边区高等法院档案》,陕西省档案馆,全宗15－96。
② 《陕甘宁边区高等法院档案》,陕西省档案馆,全宗15－150。
③ 《陕甘宁边区高等法院档案》,陕西省档案馆,全宗2－680。
④ 《陕甘宁边区高等法院档案》,陕西省档案馆,全宗15－97。
⑤ 《陕甘宁边区高等法院档案》,陕西省档案馆,全宗15－149。
⑥ 《陕甘宁边区高等法院档案》,陕西省档案馆,全宗15－97。

能救急，不能满足现实司法工作的急切需要，所以目前还是要保持老习惯，由边区高等法院自己举办短期训练班，“教的是实际的东西，用必要的东西来教，学了就能用”。①

第三，司法大检讨活动确定的结论。在审级问题上，考虑到延安尚处在战争环境的包围之中，为避免劳民伤财，并快速解决群众诉讼请求，在边区实行二级二审制。1944 年 2 月 16 日边区政府发布战字第 849 号《边区审判改为二级审》命令，边区政府委员会第四次会议已决定边区司法审判改为二级审，边府审委会着即取消，但凡民刑诉讼，均以边区高等法院为终审机关。林伯渠强调：“国民党的制度我们是不用的，三级三审，检察制度，审判委员会都不要了。”②

在司法独立问题上，坚持“边区政府是整个的，政权领导是政府领导，司法是政权一部分”，所以司法应当是政府领导，在司法领域必须实现“领导一元化”。③ 李维汉指出：“判决是断不能独立的”，有些案件要请示西北局直至毛主席，要根据上面所定的处理方向，去调查搜集材料。“民主集中制要从政府贯彻到法院”，由法院贯彻到分庭推事，审判的对错由上面统一审核，以“保证党的全部领导”。④ 谢觉哉认为：在边区实行独立会有坏的表现，如司法和行政不协调，司法和政府政策配合不够。“法院处理的重大案件、死刑案件，必须同政府商量，从而使得司法同行政统一起来”。⑤

在司法干部选用标准上，《边区高等法院拟制“论边区司法答客问”和“司法问题汇集”》中明确指出：坚持政治标准第一，选用司法干部首先考察政治立场，主要是使用从群众中出来的地方干部，“不拘学历及资历，只要能忠实于革命及人民大众，就能取得人民的信仰”，同时不断提高干部的文化水平与法律专业水平。⑥ 1941 年 5 月，雷经天曾在《陕甘宁高等法院对各县司法工作的指示》中罗列了选用司法干部的五个条件：(1)忠实于革命事业；(2)奉公守法；(3)能够分析问题、辨别是非；(4)刻苦耐劳、积极负责；(5)能看得懂法律条文

---

① 《陕甘宁边区高等法院档案》，陕西省档案馆，全宗 15 -96。
② 《陕甘宁边区高等法院档案》，陕西省档案馆，全宗 15 -96。
③ 《陕甘宁边区高等法院档案》，陕西省档案馆，全宗 15 -61。
④ 《陕甘宁边区高等法院档案》，陕西省档案馆，全宗 15 -96。
⑤ 《陕甘宁边区高等法院档案》，陕西省档案馆，全宗 15 -96。
⑥ 《陕甘宁边区高等法院档案》，陕西省档案馆，全宗 15 -58。

和工作报告。[①] 对比“老五条”，在1943年司法大检讨活动中，雷经天又将上述选用司法干部的政治标准加以细化，针对大检讨活动所要达到的目的要求，以及新形势下干部思想问题与状况，将其政治思想品质要求归纳为“新八点”：(1)忠实于中国共产党；(2)坚定人民大众的立场；(3)决心为边区政权服务；(4)愿意为中国革命奋斗；(5)密切联系群众；(6)廉洁刻苦，积极负责；(7)奉公守法，持正不阿；(8)才干相当，品质正派。[②]

在司法干部教育培训问题上，边区政府采纳了两方面意见，一方面，沿用了短期训练班的培训办法，由边区高等法院因陋就简、短期办班，加快培养训练司法干部；另一方面，在延安大学设立了系统培养专业司法人才的法学院，后改设为司法系，其课程分为政治课、业务科、文化课，政治课，以宣讲马克思主义政治理论为主，业务课除讲授专门审判与技术经验课程外，也充分安排党及边区的各项政策法令理解与适用课程，其中，业务课课程比例占到全部课程的66%，[③]从而增强了人才培养的针对性和实用性。

由上可见，司法大检讨活动形式上表现为本土与西方两种司法理念的交锋，实质上是如何将法制政权建设的一般规律与战争时期延安司法实际相结合的问题。以雷经天为代表的革命传统司法理念，强调从革命司法需要和司法干部实际文化水平普遍低下的实际出发，坚持司法人员的首要条件是忠诚于革命，主张司法工作服务于政权建设需要。以李木庵为代表的西方现代司法理念则强调司法干部的专业化、文化层次和司法活动的规范化。两种观念交锋，最终以实事求是、符合边区实情的司法理念占据主导地位。

难能可贵的是，司法大检讨活动是一次党内有关司法工作的理念之争，和平之争，求同存异，目标一致。虽然司法大检讨活动按照整风审干要求，开展了人员清理与思想大批判，但并没有搞赶尽杀绝的残酷阶级斗争方式。对于司法工作客观存在的问题，谢觉哉指出：“在干部任用上，过去边府审委会实际在靠不住的秘书手里，不对之处颇多”；在审判案件上，不注意调查诉讼当事人的经济状况；不够尊重区乡政府及其他党政负责人的意见；“不是从实际出发而是

① 《陕甘宁边区高等法院档案》，陕西省档案馆，全宗15－25。

② 《陕甘宁边区高等法院档案》，陕西省档案馆，全宗15－149。

③ 《陕甘宁边区高等法院档案》，陕西省档案馆，全宗15－60。

从条文出发,缺乏真实替人民解决问题的心思”。[①] 雷经天则通过司法大检讨的活动分析,认为外来的知识分子干部,没有经过土地革命锻炼,90%以上是问题人士,认为对于知识分子干部的提拔使用“需要经过慎重的考虑和长期的考验”,但也不是不提拔、不使用。甚至李维汉认为朱婴等人“都是坏人”,指出:“新法学会办训练班,那些人把你和张老当成旗帜,现在证明了那些人都是坏人,如孙晓时、王怀安等,学疗人命案他们也是有组织地搞的,他们拿你们做旗帜,用国民党的一套,来反对边区,这些人都是坏人。”[②]但所有这些检讨争论都被作为党的司法工作内部检讨,有错误的一方也只是被教育、批判、停职、改造、挽救的一方。站在延安特定的历史条件下去看,这种司法理念的争议和戒备是十分正常的。后来,李木庵、朱婴、王怀安等当时被批判的对象,又逐步从事党交给的新的工作,甚至重要的领导岗位工作。

1943年陕甘宁边区的司法大检讨活动,对当今的司法理念教育和队伍建设工作仍然具有启迪意义。历史证明:法制建设、法律制度、司法教育培训制度的根本,是实事求是、适合国情、理论与实践相结合。

七、边区司法的大调解理念

陕甘宁边区的教育培训理念,非常重要的一项,是大调解理念、大调解制度。不仅实行民事案件调解,社会纠纷调解,而且实行刑事案件调解。不仅事关司法机关调解,社会组织调解、百姓民间调解,而且将其作为政权管理的基本制度之一。

《边区高等法院两年半工作报告(1942年~1944年上半年)》指出:边区调解制度是1943年建立的。此前,凡是民事案件亦均经过调解,调解不服再判决,各乡亦有人民仲裁员之设立,乡、区政府曾设立调解委员会,但刑事案件还是采取干涉主义,不许调解。1943年,边区政府颁布调解条例,规定刑事案件除妨害国家公益诸罪外,其他刑事案件“亦须调解”,但各县仍是以判决为主。直到1944年,第四次政府委员会强调并制定了“调解为主,审判为辅”新方针,

① 《谢觉哉日记》,人民出版社1984年版,第531页。

② 《雷经天同志的司法工作检讨及绥德县1944年司法工作总结报告》,《陕甘宁边区高等法院档案》,陕西省档案馆,全宗2-680。

边区大调解格局方才开始形成。

陕甘宁边区《刑法总、分则草案》第54条规定："本法分则第二章关于妨害私人利益之罪，除强抢杀人各条规定之罪外，其他各罪如得被害人之同意，得许调解。"按照草案，此条为总则最后一条规定。刑法分则共分两章犯罪：第一章"妨害国家利益之罪"，包括第一节破坏民主政权罪、第二节违反施政秩序罪、第三节违反国民义务罪、第四节违反公共纪律罪、第五节破坏经济金融罪、第六节损坏公家财物罪、第七节违反职务罪、第八节妨害公共卫生罪；第二章"妨害私人利益之罪"，包括第一节妨害个人生命罪、第二节妨害私人身体罪、第三节妨害私人自由罪、第四节妨害家庭安宁罪、第五节妨害私人名誉罪、第六节妨害私人信用罪、第七节妨害秘密罪、第八节妨害私人财物罪。可见，依照边区法律，除"妨害国家利益之罪"外，绝大部分刑事犯罪均可在被害人统一前提下，予以调解结案。陕甘宁边区社会治安良好，在押人犯"收入大大地减少，而支出大大地增多"，与贯彻大调解理念化解纠纷矛盾与刑事犯罪有直接关联。

陕甘宁边区历史时期，大力组织和发展调解工作。虽然国民党法律也规定了调解制度，但陕甘宁边区调解制度不是国民党调解制度的简单照搬。马锡五指出："我们的调解工作和国民党反动统治时期所谓调解工作存在根本的不同。在地主大资产阶级统治时代，他们虽然也调解案件，但这正是土豪劣绅包揽诉讼、吃钱卖法的机会和欺压劳动人民的圈套。他们对杀人的案件可以调解；对虐待和杀伤妇女、儿童的案件也可以调解。有钱的人犯了罪，只要花上些钱，就可以逍遥法外。而我们的调解工作，是增强人民内部互相团结，便利生产，教育人民爱国守法，减少诉争的有效方法，也是实现司法群众化的重要标志。"①

有关大调解制度作为边区政权的管理制度之一，1943年陕甘宁边区政府发布了《关于普及调解工作的指示》，同年，边区高等法院也发布了实行调解办法、改进司法工作作风、减少人民诉讼的指示，从此调解工作全面展开，收到巨大效果。1942年至1944年边区司法机关审理的民刑案件中，调解而结案的百分比逐年上升：1942年民刑事案件中，调解结案的不到18%，1943年上升到

① 马锡五：《新民主主义革命阶段中陕甘宁边区的人民司法工作》，载《政法研究》1955年第1期。

40%，1944年高达48%；在轻微刑事案件中，1942年调解结案的为0.4%，1943年上升到5.6%，1944年达到12%。①

1944年6月7日，边区政府主席林伯渠、副主席李鼎铭、高等法院院长雷经天签发的《陕甘宁边区政府指示信——关于普及调解、总结判例、清理监所指示信》，该文件强调大调解的工作目标是："大事化小、小事化无。增加农村和睦，节省劳力以从事生产。"

研判该文件，可以总结大调解的基本原则如下：

第一，调解的方式，"最主要的是群众自己调解"。因为他们对事情最清楚，利害关系最密切，谁也不能蒙骗谁，占便宜、让步都在明处。绥德西直沟村主任郝维德善于调解，几年来该村没有人向政府打过官司，成为民间调解的模范村。这样的村子，不仅没有为争讼耗费钱财，而且村民和睦互助，坏人坏事自然少、生产效率自然高。边区政府主张全社会关注调解、各界人士从事调解，鼓励有权威的人物、有信仰的老人、社会公正人士、劳动英雄模范多做调解。会调解、调解有成绩的人，应受到政府的奖励和群众的尊敬。为此，边区政府提出大调解的工作目标："百分之九十以上甚至百分之百的争执，最好都能在乡村中由人民自己调解解决。"

群众自己调解为调解的主要方式，社会组织调解、政府调解、司法调解作为补充方式；群众调解在前，社会组织调解、政府调解、司法调解在后。这一调解制度最为管用，最为实际，最为高效，当为当代调解制度继承发扬。

第二，"群众团体调解"与"政府调解"。这是发挥社会团体的自我约束功能，发挥政府的行政管理职能所开展的调解活动，具有一定的权威性与影响力。

群众团体是群众自己的组织，群众自己选出的领导人当然对群众具有威信。而群众团体把调解争讼作为自己的业务之一，更会增加其组织威信，更能和群众密切联系。

各级政府尤其是区政府、乡政府，不仅应接受人民调解的请求，还要主动寻找、调来调解事项予以调解，包括派人前往调解、指定双方当事人的邻友调解、工作人员下乡工作顺带调解、遇事随时就地调解、找来双方当事人予以调解等

① 参见艾绍润编著：《马锡五审判方式》，陕西人民出版社2007年版，第104页。

方式。指示信以案说法:某县一科室人员善于调解,广为传播、有了信用,常有原、被告双方搭伙儿前来请求调解,该科室的同志便招呼双方坐下,了解情况,帮助他们提出适当的法子解决纠纷,并取得双方同意。“各县政府都应该这样做。不过县府调解不如区乡,一则老百姓免多走路,二则乡政府知道情况要多,所以区乡政府更要把调解看作是自己的一件主要工作。”

边区政府将“群众团体调解”与“政府调解”制度排列在司法调解之前,并要求“区乡政府更要把调解看作是自己的一件主要工作”,绝非简单地减轻司法负担考量,而是全社会建立矛盾化解机制的客观需要。此等大调解格局,当是我党化解矛盾大家做、社会治安为第一的社会治安综合治理的关键环节、主干部分。

第三,司法调解。司法“是审判也是调解。这方式的好处:政府和人民共同断案,真正实现了民主;人民懂得了道理又学会了调解,以后争讼就会减少”。审判与调解结合即马锡五审判方式,有司法工作人员亲临争讼现场,召集群众评理,定出双方都愿意接受的也不能不接受的法子,既及时解决纠纷,也现场教育群众。“要发扬这种方式,重大又复杂的案子,定要这样做。”同时,边区政府通过立法创新了司法调解的新方式——“指定调解”方式,《陕甘宁边区民刑事调解条例》第 11 条规定:“法庭以职权依照本条例之规定进行调解;或指定当事人之邻居亲友在外从事调解。”“指定调解”不仅带有灵活性、选择性,同时具有约束性、权威性、强制性,是大调解制度的有机组成部分。

《陕甘宁边区政府指示信——关于普及调解、总结判例、清理监所指示信》强调了调解的自愿原则,“强迫当事人服从调解,以争取调解数字上的锦标”是完全错误的。调解,以自愿为原则,审判则带有强制性。但审判得好,赢的输的一样会自愿地服从。“审判与调解是一件事的两面”。“马锡五审判方式”,即将审判与调解相结合,这是一个大原则既为群众又依靠群众的原则。在此原则下,要据此研究审判的相关问题与做法,“各级政府尤其司法部门,必须遵照调解为主,审判为辅的方针”,按照马锡五审判方式,在实践中应用发挥、创造积累新的经验。

1948 年 9 月 1 日,陕甘宁边区高等法院院长马锡五、副院长乔松山签署了《陕甘宁边区高等法院指示信——为指示加强调解,劳役交乡执行,法官下乡就地审判,以发展生产由》(安字第三号)进一步总结了调解执行经验,丰富和完善了边区调解制度：第一，强调调解的目的是“减少纠纷和增进团结”，使农村劳动力不做无谓浪费，以求集中全力提高生产的目的。第二，各类调解遵循自愿原则，不许有任何强迫，“任何人不愿调解或不服调解有权径向县司法处或地方人民法院起诉”。第三，调解“要遵守政府政策法令，照顾民间善良习惯。就是说：既合人情又合法理”。违反政府法令或迁就民间落后习惯都是错误的，必须予以耐心地说服和纠正。第四，调解要发动群众，主要是当地积极公正的群众，进行周密调查和详细研究，“使其是非轻重完全符合实际又适当照顾经济状况、贫困程度，合理解决”。第五，反革命、土匪、杀人、抢劫、拐骗、吸大烟、贩毒等危害社会的刑事案件，一律不准调解。第六，各级司法机关都应将调解作为本身的主要业务之一，“利用一切机会教育区乡政府及群众团体工作人员，使他们了解这是为人民服务的具体工作”，同时讲清调解原则和办法，帮助解决疑难问题；“通过他们，再领导与帮助群众自己进行调解。”第七，建立工作机制，“各分庭各县司法处和地方法院在工作报告中应将调解工作列为一项”，逐渐建立自下而上的报告统计制度；“考虑和试办在区乡政府中指定工作人员兼管调解工作，在乡政府及乡农会中各设一(名)不脱离生产的调解员”，“考虑和试办将每一调解案件(尤其是土地案件)写成调解书，以作凭证，形式可以不拘”。

伴随着解放战争的逐步推进，我党已开始思考全国解放、统一政权后，司法机构的设置、司法的职能与展开、司法权的行使、全民的法制观念、司法干部的教育培养等深层次问题。1948 年 2 月，陕甘宁边区高等法院草拟了《陕甘宁边区高等法院司法工作总结报告》，报告除了总结边区司法工作经验外，针对即将面临的全国解放的新形势，前瞻性地提出了司法理念和司法教育的若干问题：第一，在司法组织建设方面，回顾总结了边区的经验和问题，根据新的形势需要，提出司法与行政机关分开，司法机关统称为“人民法院”，建议今后行政首长不再兼任司法职务。建议设立独立于法院的检察制度。第二，针对“民主精神发扬不够，干部遵守法令差”，提出要树立“法治精神”。报告指出：仅靠判几件案子，即使判的合情合理、适合政策、群众满意，也还是不够的，应考虑如何在全国“消灭万恶的封建制度，建立新民主主义法律精神”。因此，必须实行土地改革，向封建剥削制度、压迫人民的恶劣势力作无情的斗争，同时还要教育各级干部和广大群众懂得法律政策，自觉遵守法纪，尊重和保障人权，违者要受到法律制裁。第三，充实和培养司法干部。[①]

在我党的历史上，司法工作始终围绕党的中心工作、服务党的中心工作。党在不同历史阶段的政策方针就是司法工作依据，就是审案判案原则。司法培训的任务就是根据形势变化和党的中心工作的转变，教育干部与时俱进，学习政策、掌握政策、执行政策。

八、解放战争时期的司法培训理念

1946年6月至1949年9月的解放战争时期，我党在反对内战、争取民主、实现和平、挽救和平无望的情况下，奋起反抗国民党进攻，人民解放战争成为这一时期党的中心工作。同时，为了给人民解放战争奠定牢固的群众基础，中共中央于1946年5月4日发布了改变解放区土地政策的指示，将抗战以来的“减租减息”政策改为“耕者有其田”政策，支持广大农民获得土地的正当要求，进一步发动农民群众为巩固解放区而斗争。

我党将教育工作置于民族解放与人民福祉的重要位置，即使在残酷激烈、辗转各地的解放战争环境中，仍坚持统筹规划、部署落实。解放战争爆发后，1946年12月20日，陕甘宁边区政府发布《陕甘宁边区战时教育方案》，强调教育必须开展、重点必须突出：各级学校及一切社教组织应立即动员起来，发挥教育上的有生力量，直接或间接地为自卫战争服务，“一切教育工作者都应成为保卫边区的宣传员和组织者”。对于战时教育原则，方案贯彻实事求是的指导思想，要求实行“社会教育与学校教育相联系”“时事教育与文化教育相配合”“教学内容与战争生活相结合”“根据不同地区采取不同的工作方式”。方案处处闪耀着原则性和灵活性相结合的辩证唯物主义思想光辉，如平时教育以学校教育为主，战时教育以社会教育为主；平时教育以文化教育为主，战时教育以时事教育为主；战时教育随机而动，突出强化时事教育，提高学生与群众的政治积极性；在战争巩固区以加强社教为原则，在边缘区以转移分散教育为原则，在敌占区以隐蔽埋伏撤退为原则，在解放区以争取原有干部加强教育改造为原则；战时教育不能与平时教育割裂，应是平时教育的继续与改造；不能孤立地、片面

---

① 参见艾绍润编著：《马锡五审判方式》，陕西人民出版社2007年版，第4页。

地强调加强教育,同样不能因战争环境而放弃必需的教育。①

在解放战争最艰苦的时候,党和边区政府仍然一手抓战争、一手抓教育。1947 年 2 月 13 日,陕甘宁边区政府发布命令,“为了培养边区高级知识分子”,“延安大学高中部文理两科今后必须保持二百名学生名额”,着各中学必须遵照执行、选送成绩优良的学生入校。② 1948 年 4 月 22 日,中国人民解放军歼灭国民党两个师后,胜利光复民主圣地延安。陕甘宁边区政府即于 7 月 8 日发布《关于恢复老区国民教育工作》的指示,要求各县必须有计划地恢复重点在于完小的学校及必要的社教组织,“无论学校教育或社会教育都应与战争生产及群众运动相结合”,“任何使学校与群众脱节、教育与现实脱节的恶劣作风,必须坚决纠正。”各级教育行政机构,分别予以恢复。因战争损失的教材重新予以编印。教育职员普遍实行薪金制:每月每人小米三斗至四斗五,校长、主任酌量增加三五升,以重责任。③

解放战争时期,人民司法工作的主要任务体现在五个方面:

第一,服务解放战争中心工作,投入全部力量,保障战争胜利。首先是人力上的投入,延安司法干部及延安大学司法后备干部批量转入战争一线;部分敌占区司法干部参加战争后勤保障工作直至直接参加军队工作。

第二,自 1946 年党实行“耕者有其田”的土地政策以后,司法机关即根据 1947 年 9 月 13 日全国土地会议通过的《中国土地法大纲》、1948 年 2 月 22 日《中共中央关于在老区半老区进行土地改革工作与整党工作的指示》,细致开展阶级分析、深化土地改革工作,组织人民法庭审判破坏土地改革的罪犯,保障土改政策贯彻实施。

第三,在恢复区和新解放区,配合公安机关,根据“首恶者必办、胁从者不问、立功者受奖”的方针,处理敌伪分子、暗藏的特务破坏分子及土匪流氓。

第四,恢复与建立健全司法机构及必要制度,加强对犯人的管理,实行“法

① 参见关保英主编:《陕甘宁边区行政救助法典汇编》,山东人民出版社 2016 年版,第 351 ~ 355 页。

② 参见关保英主编:《陕甘宁边区行政救助法典汇编》,山东人民出版社 2016 年版,第 362 页。

③ 参见关保英主编:《陕甘宁边区行政救助法典汇编》,山东人民出版社 2016 年版,第 419 ~ 420 页。

官下乡，就地审判”，处理一般民刑案件。

第五，随着解放区的不断扩大，打碎国民党反动法院，接手解放区司法工作，向各地输送人民司法干部，迅速而普遍地建立各地各级司法机构。①

第七节　华北人民法院的司法理念与司法培训

一、为新中国政权建设筹创法律制度

在抗日战争时期，陕甘宁边区司法机构县级设司法处，延安市设地方法院；边区政府设高等法院，并在边区所辖各分区设高等法院分庭，以便于群众诉讼。晋冀鲁豫、晋察冀等根据地司法机构设置大抵相同。解放战争时期，以战争为核心任务，司法审判服务抗战，司法机构有所变化的是：成立了人民法庭服务土改工作，在新解放区的城市中成立了军管会下的军事法庭。解放战争后期，随着解放区域的迅速扩大，解放区人民政权机构不断设立，司法机构也分设在大行政区、省（行署）、县各级。自1948年起，我党领导下的全国司法机构，统一改称为“人民法院”。

在众多人民法院中，具有特殊历史意义的，是坐落在河北省平山县王子村、成立于1948年9月28日的华北人民法院。华北人民法院，既是中央人民政府前身的华北人民政府的最高司法机构，也是1949年10月1日成立的中华人民共和国中央人民政府之最高人民法院的前身。华北人民法院为此前一个月成立的华北人民政府的组成部分，在晋察冀边区高等法院和晋冀鲁豫边区高等法院合并基础上建立，由陈瑾昆担任院长。1949年2月，华北人民法院由平山县迁往北平，进驻司法部街72号，司法管辖地域为河北、陕西、平原、察哈尔、绥远五省及北平、天津两市。工作人员由原来的36人发展到187人。②

谢觉哉（1884年4月27日～1971年6月15日），是我党著名的教育家、法

① 参见马锡五：《新民主主义革命阶段中陕甘宁边区的人民司法工作》，载《政法研究》1955年第1期。

② 参见《新中国成立70周年·最高人民法院从这里走来》，载《中国审判》2019年10月25日。

学家、人民司法制度的奠基人,早年曾在湖南省第一师范学校任教,1925 年加入中国共产党,曾任中华苏维埃共和国临时中央政府和毛泽东的秘书,1934 年 1 月任中央工农政府秘书长兼内务部部长,1935 年到达陕北后,继续任中央工农政府秘书长兼内务部部长,1937 年任司法部部长并代理高等法院院长,1939 年任中央党校副校长,1940 年任中共陕甘宁边区中央局副书记,1942 年任陕甘宁边区参议会副参议长,1946 年 6 月任中共中央法律问题研究委员会主任,1948 年任华北人民政府委员兼司法部部长。自 1945 年谢觉哉发起成立宪法研究会,到 1949 年 10 月 27 日华北人民政府完成历史使命,谢觉哉主导、主抓了党的新法律研究与新法律创设工作。

在以毛泽东为首的党中央策划下,在谢觉哉的带领与主持下,华北人民法院建立前后,已看到全国胜利曙光的共产党人,积极开始了掌管全国政权的配套法律建设工作。1947 年 7 月,毛泽东寄希望于我党的法学家们加快研究新中国法律的进程,指出:“从新的观点出发研究法律,甚为必要。新民主主义的法律,一方面与社会主义的法律相区别,另一方面,又与欧美日本一切资本主义的法律相区别,请本此旨加以研究。”[①]事实上,早在抗日战胜后期,我党就已着手通过系统的法律法学研究构建我党的法律体系。1945 年 11 月,中共中央指令谢觉哉在延安发起成立宪法研究会。谢觉哉亲自起草了《宪法草案大纲》,勾勒了包括国体、人民权利、政权结构、经济制度、地方自治、选举制度等根本法框架。1946 年 5 月 29 日,中共中央又决定在宪法研究会的基础上成立中共中央法律问题研究委员会。而作为我党法律工作的资深领导者,谢觉哉早在 1939 年 6 月 21 日便意识到了我党法制建设、以法治国的必要性和历史趋势,指出要“建立正规的法制,克服政治上的游击现象”。[②] 1947 年 2 月 28 日,谢觉哉指出:“法源在人民新的秩序、新的要求,这些秩序与要求,已经是现实,制法已成为必须和必要。”

首先,我党开始了创建根本大法宪法的研究和起草工作。1946 年 6 月 22 日,中共中央法律问题研究委员会在延安正式成立:主任委员谢觉哉,委员林伯

① 中共中央文献研究室:《毛泽东书信选集》,中央文献出版社 2003 年版,第 260 页。

② 谢觉哉:《谢觉哉日记》(上),人民出版社 1988 年版,第 309 页。

渠、王明、张曙时、刘景范、李木庵、陈伯达、马锡五、王觉民、黄松龄、廖鲁言等。研究委员会工作受中央书记处直接领导。为了研究起草新民主主义性质的宪法，并应对、揭露、批判国民党政府的“五五宪法”，1946 年 7 月 1 日，周恩来致电谢觉哉：不论时局发生什么变化，制宪一事终会提出，我们的发言权必须充分使用，甚盼延安宪法研究会继续工作，有计划地写出些文章广播。[①] 为了方便研究委员会及时了解中央最高层领导的指导思想和立法理念，委员会搬至杨家岭中央办公区。作为根本大法，不同于部门法，宪法的起草工作极其艰难，谢觉哉亲自拟定了理论学习参考书目，包括《国家与革命》《社会发展史》《国家家族之起源》《斯大林宪法审查报告》《联共十八次大会斯大林报告》《论联合政府》，力图将研究会人员的思想统一到马克思主义和新民主主义道路上来。但是，由于不同的学识、经历与观点，更由于六法全书旧法的影响与西方法律思想的影响，研究委员会内部的分歧与争执不断，“新民主主义的宪法由起草到正式通过，将是一个斗争的过程”。[②]

最终，谢觉哉主持的边区宪法草案“修改在十次以上，最终稿已全不存在。大陆法系、英美法系、苏联法系，初颇景仰苏宪，后又接近英美，最后决定我们是写边区的。”[③]1947 年 1 月，周恩来又转达中央指示：法律研究委员会需尽快起草完毕一个全国性的宪法草案，供即将召开的解放区人民代表大会使用，限在 5 月 1 日前完成。由此，区别于“边宪”的“国宪”起草工作又夜以继日，抓紧进行。1947 年 3 月，国民党军队进犯延安，研究委员会成员 4 月疏散进驻山西省临县后甘泉村，继续开展“国宪”研究、起草、统稿工作。7 月 23 日，“国宪”二读会；8 月 16 日，“国宪”三读完毕，形成“甘泉初期宪法草案”。8 月，中央再次发出新的指示，要求法律研究委员会起草一部从形式到内容全新的新民主主义宪法。研究委员会重起炉灶，制定出“甘泉后期宪法草案初稿”。[④] 10 月 22 日，谢觉哉、王明携带宪法草案西渡黄河，重返陕北，向毛泽东、任弼时汇报宪法和其他几个法律起草情况。12 月 7 日，谢觉哉、王明再次西渡黄河，听取中央指示。

---

① 参见中共中央文献研究室：《周恩来书信选集》，中央文献出版社 1988 年版，第 317 页。

② 谢觉哉：《谢觉哉日记》（下），人民出版社 1988 年版，第 865 页。

③ 谢觉哉：《谢觉哉日记》（下），人民出版社 1988 年版，第 1032 页。

④ 谢觉哉：《谢觉哉日记》（下），人民出版社 1988 年版，第 1146 页。

同月,毛泽东《在杨家沟中共中央扩大会议上的讲话》中公开宣布:“关于宪法,近期内不会颁布,过早颁布也是不利的。”[①]宪法出台工作就此暂告一段落。

1948年5月,研究委员会成员到达河北省平山县西柏坡中央所在地。1948年12月12日,为新中国成立预做立法准备的工作日益迫切,中央遂将法律问题研究委员会更改为中央法律委员会,王明为主任,谢觉哉因已任华北人民政府司法部部长、任中央法律委员会副主任,实际上仍以其为主主持中央法律委员会工作。法律委员会委员包括王明、谢觉哉、李木庵、张曙时、郭任之、何思敬、陈瑾昆、杨绍萱、孟庆树。[②]

1948年5月25日,刘少奇代表中央向谢觉哉、陈瑾昆、李木庵、张曙时等下达了新的创设法律任务:华北人民政府快成立了,“可以建立正规的法治了”,“刑法先就旧的改下施行,民法也可以这样,边做边改。有总比无好。现急需稳定秩序,财产要有保证,使人民乐于生产建设”,“旧的经验不是全部否定,亦不是全部通用。哪些部分适用,或不适用,谁也不能先肯定,靠商量,然后看使用时有助于人民建设的就对,否则就改”。[③] 1948年10月,董必武发表了《论新民主主义政权问题》的讲话,指出:“建设新的政权,自然要创建法律、法令、规章、制度。我们把旧的打碎了,一定要建立新的。否则就是无政府主义。”[④]按照中央的指示,法律委员会加紧起草各种法律,创设后的新法先后脱稿送审中央:华北政府组织大纲,县、区、乡政权组织条例,危害解放区治罪条例,选举法,民事诉讼法,民法,惩治反革命条例,刑法。

在起草新法律过程中,如何看待旧法和新法?谢觉哉认为,起草新民主主义法律,是一场革命,必须从内容到形式完全打破:“因法律应为进步的新民主主义的法律,于是不是继承旧的而是对旧的革命。不是对旧的修改,而是形式和内容全部改造”,“新民主主义无前例的,新民主主义法律,自然也无前例。由法律革命到革命法律,不冲破旧的法律概念及其形式,不能有革命的法律出

① 《毛泽东选集》(第4卷),人民出版社1996年版,第331页。

② 参见《中共中央文件选编》(第14册),中央党校出版社1987年版,第440页。

③ 谢觉哉:《谢觉哉日记》(下),人民出版社1988年版,第1203~1204页。

④ 《宪法学资料选编》,中央广播电视大学出版社1985年版,第102页。

来。”[①]起草新法律是一场革命过程，执行新法律也是一场革命过程。这个思想理念真真地道出了革命司法的真谛。

对于起草法律文件，不同法律观点的分歧如何对待，谢觉哉反对扣帽子、打棍子，指出：“抓一顶教条主义大帽子，压在人的头上，使不敢说；也压在自己头上，不再去想。这个害，不少同志还没感觉到。”[②]“前几天会议上有两位同志吵架，至于拍桌，大可不必。不同意见，各以为是，然究正确谁属，要待事实证明。争什么？即正确属我，而人家未了解，有待好好说明，争有何意？”[③]对于学术讨论的不同意见，要避免矛盾尖锐：“言多必失，讲话要看对象，不能接受或不愿接受的人，最好不讲或慢点讲。”[④]

1947 年 7 月，谢觉哉致信林伯渠，指出创新新民主主义法律的多方面不易与困难，“继续搞其他法律，我个人感到困难：一、旧的法律很可采，不是修正就行，而是要重新起炉灶（以前没看不太知道）；二、解放区的经验没有收集整理，作为立法的依据。而要收集整理又非我们坐在这里所能为力；三、苏联的法律我知道太少，而这是可借鉴的主要东西。还有中国法制史，历为学者所不注意。数典忘祖，我想研索一下，没有书，且要到大部头书里去找。”[⑤]法律是现实问题的调节器，是司法经验的结晶提炼。特别是一部革命的、另起炉灶的新法律，必须经过充分的实践经验总结，方有可能。“革命的法要在革命建设稍有成绩之后才有。”[⑥]系列配套的法律，更有待实践探索后提炼。这也是新中国成立时，我党并未批量出台体系性法律的深层次原因。

1949 年 1 月，谢觉哉在华北司法人员训练班上指出：“过去旧中国请外国人来编写法律，虽然很快写好了，而且也颁布了，可是中国人民不要。不是阶级观点不对，就是条文和名词，老百姓也根本不懂。我们的法，要从中国实际出发，即在具体的实际情况和经验中，摸索出规律来。”[⑦]关于起草法律的原则，谢

① 谢觉哉：《谢觉哉日记》（下），人民出版社 1988 年版，第 1071 页。
② 谢觉哉：《谢觉哉日记》（下），人民出版社 1988 年版，第 1031 页。
③ 谢觉哉：《谢觉哉日记》（下），人民出版社 1988 年版，第 1126 页。
④ 谢觉哉：《谢觉哉日记》（下），人民出版社 1988 年版，第 734 页。
⑤ 谢觉哉：《谢觉哉日记》（下），人民出版社 1988 年版，第 1131 页。
⑥ 谢觉哉：《谢觉哉日记》（下），人民出版社 1984 年版，第 737 页。
⑦ 《谢觉哉文集》，人民出版社 1989 年版，第 648 页。

觉哉不主张所谓照搬移植，甚至对于借鉴参考也主张结合国情，谢觉哉以《陕甘宁边区宪法（草案）》起草为例，强调指出："写中国的边区的宪法，不学英美，也不学苏联。人类生活发展规律，我国和外国有很多相似，因此研究外国宪法对我们有帮助，不吸收他们的经验，限制自己在小的时空圈子里，不能写出合适的宪法。但我们是写自己的宪法，要句句是自己的。"国内某些宪法学者入主出奴，"抄袭、模仿不能免，参考参考，模仿模仿，但决不顶事。凡是抄袭的，外国的，总不尽合于中国及边区情形"，"在他是好东西，在我不定是好东西。不要以来头大，就轻于接受"。①

在董必武、谢觉哉等人的大力推动下，华北人民政府法律创设工作迅速展开，先后制定、颁布了200多项法令、条例等行政法规。② 虽然在中央层面，在新中国成立时并未颁布批量法律，但此前，中央法律委员会主任王明、副主任谢觉哉，已于1949年6月向中央提出新政权立法的急迫需要，指出正式宣布废除六法全书后，人民民主政权需要开展必要的法律建设工作，最急需"七种法律大纲"：人民法院组织法暂行大纲，民法大纲，刑法大纲，民事诉讼法大纲，刑事诉讼法大纲，监狱、检察制度暂行条例。③

二、着手破除六法全书旧法理念

人民司法工作，在抗日战争后期特别是解放战争时期面临着一种错误思潮，即对国民党旧法律不自觉的认同，对六法全书不自觉的尊崇。其客观原因，一是1937年9月国共合作抗日、边区政府成立、名义上接受蒋介石国民政府的领导，南京国民政府最高法院为边区司法的最高层级终审法院，使一部分司法工作人员学习和了解了六法全书；二是六法全书作为成文法律体系，由于立法历史较久，规范性较强、法律规定相对完善。这种旧法思想的侵蚀，完全背离了人民司法工作的原则，造成了新旧司法干部的隔阂和矛盾，在司法理念上造成混乱和不必要的争斗，严重妨害了党的政策方针的贯彻执行。

人民司法教育培训，要适应建设新中国的需要，必须对所有司法工作人员

① 谢觉哉：《谢觉哉日记》（下），人民出版社1988年版，第1032页。

② 北京市东交民巷《中国法院博物馆》展示板，第二部分"红色记忆"。

③ 参见郭德宏：《王明年谱》，社会科学文献出版社2014年版，第626页。

进行破除骨子里尊崇六法全书的旧法理念。

对此，1944 年 1 月 6 日，陕甘宁边区政府主席林伯渠在《边区政府委员会关于边区政府一年工作总结报告》中批判了旧法残余影响，强调人民司法作风，指出："一方面要彻底纠正被侵入的坏作风，又一方面要发扬新的创造，是司法工作完全符合于保卫抗战利益，保卫边区民主政权与人民利益的需要。司法机关的法律依据，必须是边区施政纲领及边区政府颁布的各种现行政策法令。司法机关审判案件时，须切实照顾边区人民的实际生活，切实调查研究案情的具体情况，分别其是非轻重。审判人员须具备充分的群众观点与对敌观点，把制裁汉奸、反革命当做中心，把保护群众当作天职。"

针对一些司法工作者"崇拜国民党的伪六法，曾经使边区司法建设工作受到了一定程度的影响"的严峻政治立场问题，[①]1949 年 2 月 22 日，党中央发布了《关于废除国民党的六法全书与确定解放区的司法原则的指示》，宣布："在无产阶级领导的以工农联盟为主体的人民民主专政的政权下，国民党的'六法全书'应该废除，人民的司法工作不能再以国民党的'六法全书'做依据，而应该以人民的新的法律做依据。"该文件严肃批判了尊崇六法全书的错误观点，强调了人民司法的阶级性质，强调指出：

第一，司法工作原则不能再依据六法全书。如果说，抗日战争期间，国共合作期间，延安司法判决引用一些国民党法律条文，是国共合作的需要，那么，在无产阶级领导的以工农联盟为主体的人民民主专政政权下，国民党的六法全书应该废除。"人民的司法工作，不能再以国民党六法全书为依据，而应该以人民的新的法律作依据。"

第二，有相关规定执行相关规定，没有相关规定，执行政策。在人民的法律还不完备的情况下，司法机关的办事原则，应该是"有纲领、法律、命令、条例、决议规定者，从纲领、法律、命令、条例、决议之规定；无纲领、法律、命令、条例、决议者，从新民主主义的政策。"

第三，经常开展马克思主义和毛泽东思想理论学习教育，坚定司法干部政

① 参见马锡五：《新民主主义革命阶段中陕甘宁边区的人民司法工作》，载《政法研究》1955 年第 1 期。

治立场。“司法机关应该经常以蔑视和批判六法全书及国民党其他一切反动法律法令的精神,以蔑视和批判欧美日本资本主义国家一切反人民法律、法令的精神,以学习和掌握马列主义、毛泽东思想的国家观、法律观及新民主主义的政策、纲领、法律、命令、条例、决议的办法,来教育和改造司法干部。”

第四,旧司法干部要从根本上转变理念。要彻底粉碎那些学过旧法律而食古不化的人的错误的和有害的思想,使他们丢下旧包袱,放下臭架子,甘当小学生,重新从马列主义、毛泽东思想及我们的政策、纲领、法律、命令、条例、决议学起,把自己改造成为新民主主义政权下的人民司法干部。“只有这样,他们才能为人民服务,才能与我们的革命司法干部和衷共济,消除所谓新旧司法干部不团结和旧司法人员炫耀国民党的六法全书和自高自大的恶劣现象。”①

在解放战争时期,针对这些原在抗日战争时期就已存在的新旧司法理念纷争问题,我党再次明确强调其重要性和教育培训工作目标,是基于解放战争全国推进、革命根据地不断扩大、制定新法无暇顾及、司法工作现实开展的实际情况,做出上述指示,是加强解放战争人民司法工作和司法队伍建设的重要举措。谢觉哉指出:“不能把旧法律补葺罅漏,而只应把旧法律推翻,在旧法律废墟上建立新法律来,虽然旧法律有多少好材料经验可采用”,“新的法律,不止内容要冲破旧的范围,而且形式也不容为旧形式拘束,要使广大人民能了解”。②《关于废除国民党的六法全书与确定解放区的司法原则的指示》这一重要历史文献,也为创建新中国的司法理念和司法教育奠定了基础,明确了方向。

三、为建设新中国准备人才的司法培训

解放战争时期,经过陕甘宁边区马克思主义中国化的探索与实践,我党的司法培训理念更加科学、日趋完善。为培训培养司法干部,为华北及全国司法工作训练人才,谢觉哉及华北人民政府司法部早在训练班举办的三个月前,即1948年11月起就开始认真筹备司法人员训练班,一方面认真遴选编写了5本训练班培训教材,包括马克思列宁主义的国家观、社会观、法律观;另一方面认

① 中央档案馆:《中共中央文件选集(1949)》,中央党校出版社1992年版,第150~152页。

② 谢觉哉:《谢觉哉日记》(下),人民出版社1984年版,第1087页。

真制定教学计划、精选授课教师、准备授课内容。作为中央法律委员会副主任和华北人民政府司法部部长，谢觉哉自己动手撰写讲稿、修改讲稿。1949 年 1 月，训练班举办，自 1 月 17 日至 22 日，谢觉哉连续五天、每天为训练班授课三小时。

在华北司法干部训练班上，谢觉哉就我党的司法理念进行了专题授课，其讲稿是一篇我党司法教育培训工作理念的经典文献。① 培训班课表为谢觉哉授课拟定的题目是《马列主义的法律观》，谢觉哉谦虚地说：我不想用课程表上的《马列主义的法律观》，我对马列主义的研究有限，说不上来。我讲的内容只是对解放区实行的司法政策的一般性阐述。谢觉哉的专题讲话既总结阐释了我党的司法理念，又在解放前夕为新中国的成立奠定了法制基础与司法培训要求：

第一，法律是阶级的产物，是国家统治的工具。这是我们的司法工作者首先必须明确的司法理念。谢觉哉指出，要了解国家的概念，才能了解法律的概念。国家是一个阶级压迫另一个阶级的工具。法律是行使国家权力的工具。"哪个阶级当权，就有哪个阶级体现本阶级利益的一套法律。我们建立人民民主专政的国家，就得有我们的一套新的法律。"由于掌握政权的阶级变了，而引起了社会各方面发生根本的变化，因而，"我们的法律观，也必然要随之改变。在打碎旧的国家机器的同时，要废除旧法律及其司法制度，建立崭新的有利于加强和巩固人民民主专政的法律和司法制度"。

第二，司法工作者的视野要向前看，具有预见性。谢觉哉强调："我们的司法工作者一定要懂得政治，不懂得政治决不会懂得法律。"司法干部必须注意：社会已经大变，过去的被统治者变成了统治者，我们的司法是新的司法，"我们不要落后于时代。眼睛要向前看，要面对着现实"。当权的阶级换了，反映在司法上究竟有什么？我们已经看到或尚未看到什么？这是司法干部应当研究的问题。比如，资产阶级的法庭是以镇压为目的，而我们的法庭"则以达到教育改造为目的。我们不是要把那一种人永远踏在我们的脚下，而是镇压和惩办为着教育，为着改造成新人"。

① 参见王定国、王萍、吉世霖编：《谢觉哉论民主与法制》，法律出版社 1996 年版，第 159～162 页。

第三,我们的法律是人民大众的,群众自己也必须执行。谢觉哉指出法律的本质:“法律是革命群众为着自己的需要创造出来的,只需加以理论指导,整理出来,经过一定的立法程序,就成法律。”问题是,我们没有把这些创造出来的东西加以研究,一方面是忙着打仗,忙着各方面的社会改造,来不及搞;另一方面是经济基础在发展,法律还在发展和创造或创造过程中。总体来说,是由于我们司法工作者主观努力还不够。“法庭是人民的工具,法律是群众自己创造出来的,掌握在自己手里,群众自己也必须执行。”

第四,“我们的法律是服从于政治的,没有离开政治而独立的法律。”地主资产阶级的法律,是照地主资产阶级的政治需要制定的,“他们的政治需要什么,法律就有什么”。所谓“法律是神圣的超阶级的”,这是“他们有意隐藏他们统治的阶级实质”。谢觉哉还为延安时期司法界争执不休的司法独立问题进行了科学的界定:“所谓司法独立,是说制定出来的法律,大家要遵守。法官应照法律办案。”我们的行政机关,绝不应当叫司法机关做违法的事,相反地,应当帮助司法机关把审判工作做得更好;应当帮助司法机关办案,而不是干涉它办案。关于所谓立法、司法、行政三权分立问题,谢觉哉指出:“三权分立从来没有过,也不可能有。资产阶级国家,资产阶级握有全权,所谓分立是假装的,是用来稳固它的统治。”

第五,共产党的法律是接地气的、符合民情的。谢觉哉指出:“世界上有很多事情,在这个地方是个别的,可以强迫制止;在那个地方却是普遍的,成为社会问题,不是单纯强制所能办得到的。”比如买卖婚姻,在法律上是禁止的,但它是个社会问题,就必须经过妇女运动,经过广泛的、深入的社会教育,才能改正。我们政策的制定,要依据人民的意见与要求,做到“从群众来,又到群众中去。是集中了人民的意见,是民主的,又是集中的。这样立法的群众路线,也必须贯彻到司法工作中去”。

第六,学习法律要有信心,对待法律与司法,不能搞神秘主义,立场、观点最重要。谢觉哉指出:“有的同志说:‘没学过法律,是外行’,这是受了资产阶级的毒”,在实践中学习最为重要。“法律是专家的事”,这种说法也要分析,不是说不要专家,而是说专家应当把人民的很多具体的实际经验,提高到理论上加以整理,成为成文的法律,这是专家的作用。谢觉哉强调:学习法律、执行法律,知识不重要，立场最重要："站在人民之外，或站在人民头上的法律专家，不是专家，而是外行。我们用不着他"；"没有学过法律的人，在实际工作中总结经验，应用马克思主义的立场观点，也可以知道怎样创造出法律。"

第七，司法不能满足于埋头办案，要寻求诊治社会的方法，为社会治理、治标服务。谢觉哉在训练班上对司法作者提出殷切希望："司法工作者一面办案，一面要考虑案件的社会原因"，有些司法工作者，在一个地方干了很久，对这个地方存在什么问题、原因是什么、如何解决问题回答不出来，只会埋头办案，这不是司法工作者应有的态度。"我们不但要办理案件，而且要把那案子发生的原因以及对社会各方面的影响，加以注意和研究，求出诊治社会的方法。"谢觉哉指出：解决问题的基本方法是政治的观点与方法，"我们审判案子，要把案子联系到各方面来看，这就必须有政治认识才行"，我们的政治在前进，法律也在前进，"司法人员不要把自己看得特殊，认为司法工作者可以不懂政治"。谢觉哉告诫司法工作者要辩证地、联系地看待案件，明确司法的最终任务，强调指出："社会上的事，没有一件是孤立的，总是千丝万缕地牵连的。现在社会上抢劫、偷盗的治安案子，都有其一定的社会原因。因此，我们一面办案子，一面要考察社会原因，就可得出哪是治标的，哪是治本的。"

为建立培养人才培训干部长效机制，一方面，谢觉哉主张坚持短期培训、快出人才的训练班方法，亲自起草《关于训练司法干部的决定》；另一方面，谢觉哉与王明、法律委员会的其他同事商谈"一搞新法学研究会，二办法律学校，三出法律刊物"，特别是创办法律学校，直接接受民国时期在法院系统具有一定口碑的朝阳大学，改政法学院为政法大学，研究大学组织大纲、招生简章、教育计划大纲，"谢觉哉为校长，李达为第一副校长，左宗纶为第二副校长"。[①] 1949年6月4日，谢觉哉与王明致信中央，专门强调了司法干部训练问题，计划以政法大学与新法学研究会为基础，开展司法人员的训练工作。[②]

对新中国法律人才的培养与储备，我党业已从法制建设的全局与全过程加以考量，不仅限于司法干部，同时考虑到从业律师的培养与训练。1949年9

---

① 谢觉哉：《谢觉哉日记》（下），人民出版社1984年版，第1287页。

② 参见郭德宏：《王明年谱》，社会科学文献出版社2014年版，第626页。

月,法律委员会再代中共中央起草文件:新中国拟采取公律师为主私律师为辅的律师制度,"旧律师愿在人民民主国家继续执律师业者,须一律重新进入人民政府所办之政法学校或司法训练班或新法学研究机构接受培训,培训合格后方可执业"。[1]

① 郭德宏:《王明年谱》,社会科学文献出版社2014年版,第627页。

第三章

司法培训的成熟期，系统配套（1949～1956）

从1949年中华人民共和国成立到1956年，是新中国创建和发展的七年，也是新中国法制建设走向现实与我党司法培训制度的成熟发展期。中国共产党领导下的人民司法培训事业，伴随着中华人民共和国的诞生，跨入了开天辟地的历史征程，翻开了崭新的历史篇章。在新中国成立初期这个历史阶段，伴随着人民法院的组建与发展，人民法院教育培训事业得以创建并渐具特色，法制建设从理论走向现实，从探索变成实践。这一时期教育培训工作的突出特点是：在彻底推翻国民党政府旧司法体制基础上，重构新中国司法体系与法院教育培训制度，法律与政治紧密结合，公检法教育培训一体实施，从零起步、迅速发展，教育为主、培训为辅，集中实施了配合队伍建设和斗争需要的政治思想教育和业务培训。

第一节　新中国司法培训面临的形势与任务

一、新中国成立前的法律草案储备与新中国成立初的法院体系构建

1949年9月21日至30日，由中国共产党发起召开的，有中国共产党、各民主党派、无党派人士、各人民团体、人民解放军、各地区、各民族以及国外华侨代表等662名代表参加的中国人民政治协商会议第一次全体会议在北京举行。

会议通过了《中国人民政治协商会议组织法》《中国人民政治协商会议共同纲领》。

《中国人民政治协商会议共同纲领》规定了中华人民共和国的国体和政体，规定："中华人民共和国为新民主主义即人民民主主义的国家，实行工人阶级领导的、以工农联盟为基础的、团结各民主阶级和国内各民族的人民民主专政"。"中华人民共和国的国家政权属于人民"，"人民行使国家政权的机关为各级人民代表大会和各级人民政府"，"各级政权机关一律实行民主集中制"。《中国人民政治协商会议共同纲领》还规定了人民军队和军事建设，经济建设的根本方针，关于文化教育、民族政策、外交政策的基本原则。《中国人民政治协商会议共同纲领》成为中国人民的大宪章，在一个时期内起着临时宪法的作用。

中国人民政治协商会议第一次全体会议通过了《中华人民共和国中央人民政府组织法》，一致选举毛泽东为中央人民政府主席，选举朱德、刘少奇、宋庆龄、李济深、张澜、高岗为中央人民政府副主席，陈毅等56人任中央人民政府委员。会议通过北平为中华人民共和国首都，将北平改名为北京；决定以《义勇军进行曲》为代国歌；五星红旗为国旗。

1949年10月1日14时，中央人民政府委员会在中南海勤政殿举行第一次会议。会议一致决议：宣布中华人民共和国中央人民政府成立，接受《中国人民政治协商会议共同纲领》为施政方针，选举林伯渠为秘书长，任命周恩来为中央人民政府政务院总理兼外交部部长，毛泽东为中央人民政府人民革命军事委员会主席，朱德为人民解放军总司令，沈钧儒为中央人民政府最高人民法院院长，罗荣桓为中央人民政府最高人民检察署检察长。

1949年10月1日15时，中央人民政府在天安门广场举行中华人民共和国中央人民政府成立仪式，毛泽东主席庄严宣布中华人民共和国中央人民政府成立！第一面五星红旗冉冉升起，54门礼炮齐鸣28响：象征着中国人民政治协商会议第一次全体会议的54个单位，中国共产党艰苦卓绝的28年奋斗历史。

中华人民共和国的成立，使中华民族彻底结束了一百年来遭受帝国主义侵略压迫的历史，使中国真正成为具有独立主权的国家。新中国的诞生，是中国从近代没落走向强盛的历史转折点，占世界人口1/4的中国人民从此站了起来。

早在解放战争时期，虽然仍处在炮火连天的残酷战争中，我党对新政权建设已高瞻远瞩、未雨绸缪，开始着手新中国立法司法准备工作，开始着手新法院司法干部的培养培训工作。从1948年至中华人民共和国成立，我党组织专班先后起草制定了《县（市）村人民政权组织条例》《县（市）村选举条例》《危害解放区治罪条例》《各级人民代表大会组织条例》《工商业所得税条例》《法院组织条例》《民事诉讼条例》《民法》《婚姻条例》《调解条例》《刑事诉讼法》《刑法》《惩治反革命条例》《审判刑事案件应注意的方法和程序》《人民监察委员会组织条例》《最高人民检察署组织条例》《司法部组织条例》等法律规范性文件。这些法律文件，既为即将诞生的新中国准备了法律草案，也为当时正在进行的解放战争解放区法制建设工作所必需。

1949年进北京之前，在司法干部训练班上，人民司法制度的奠基人之一谢觉哉针对中国旧社会缺乏“守法”观念的历史问题，特别强调了新社会“法制”的重要性，他指出：“如何养成大家守法的观念，是今后一宗大事，我们的旧中国是一个半封建半殖民地的国家，没有经过资本主义民主革命，守法的习惯很差。这要经过相当长的时期才能做好。但首先是工作人员要守法，要以身作则。要知道，建设一个新社会，定要有人人遵守的规章，即只许这样，不许那样，违犯者必罚。我们不要资产阶级的法制，但我们确需要我们的法制。没有法制就谈不上什么民主。因此，对于破坏法制的现象必须严肃对待。对于一个新生的国家来讲，尤其重要。”谢觉哉还特别强调国家工作人员特别是司法工作人员要带头守法，指出：“一个国家的工作人员，如不遵守法律，不按法律规章办事，以致随心所欲，乱‘司’其法，这就必然会破坏这个国家的民主生活，从而使自己走向反面，成为罪犯。”①

新中国人民法院的建立包括中央人民政府的最高人民法院的建立和地方各级人民法院的建立两部分。

1949年10月1日中央人民政府成立之日，最高人民法院即行建立。中央人民政府委员会10月1日任命沈钧儒为最高人民法院院长，10月19日任命吴

① 艾绍润编著：《陕甘宁边区审判史》，陕西人民出版社2007年版，第186页。

溉之、张志让为副院长，任命王明（陈绍禹）、朱良材、冯文彬、许之桢、李培之、费青、贾潜、王怀安、陈瑾昆、吴昱恒、闵刚侯、陆鸿仪、沙彦楷、余钟骆为委员，由上述17人组成最高人民法院委员会。1949年11月1日，最高人民法院正式办公，其主要人员及机构建设以原华北人民法院为基础改建。12月20日，中央人民政府委员会批准《最高人民法院试行组织条例》，规定：最高人民法院设民事审判庭、刑事审判庭、行政审判庭以及办公厅、督导处、编纂处等部门。至1950年4月，最高人民法院除行政审判庭未设置外，其他内设机构设置与人员配备基本完成。除原华北人民法院人员外，补充人员主要为解放军中选调及吸纳的青年知识分子。1952年4月，最高人民法院各大行政区分院设立，包括东北、华北、华东、中南、西北、西南六个分院，开始行使该大行政区最高审判机关职能，负责领导和监督该区各级人民法院的审判工作。

新中国成立的地方人民法院，一部分是在老解放区基础上建立起来的，包括东北全部、华北大部、西北和华东部分法院。另一部分是新接手国民党司法机构，重新组建起来的人民法院，其司法工作人员来自三部分：抽调干部、录用新人、旧机构留用人员。对这三方面司法人员都进行了上岗前的集中短期培训，针对不同对象开展了时事教育、法律教育、政策教育、岗位训练活动。地方法院的设置原则，基本上是建设省一级及县一级两级人民法院。1950年3月起，北京、天津开始设置区一级人民法院。至1950年6月，除解放较晚的西南大区外，全国地方法院基本建立，司法体系基本形成，全国共建立地方各级人民法院1566个，占应建总数的75.7%。

二、接管旧政府的司法人员与司法培训的三大困难

新中国成立，中国共产党面临着严峻考验，司法权问题是其中之一。首先，如何对待和接管国民党旧政府的司法人员并对其开展教育培训，是摆在新中国司法工作面前的一道难题。1949年1月15日，中国人民解放军以战斗的方式解放天津。1月31日，北平和平解放。3月25日，中共中央和人民解放军总部移驻北平。如何接管北平、天津，全国瞩目，也是接下来接管全国大城市和一般城市的典范之例。此前，1948年下半年，我党已陆续接管了若干较大城市，其中，济南和沈阳接管工作创造了良好经验。1948年11月21日，中央肯定并批

转了曾山同志撰写的《关于接管济南的经验的报告》。12 月 14 日,中央又肯定并批转了陈云同志起草的《关于接收沈阳经验简报》。

为接管平、津工作,党中央和毛泽东亲自指挥,专门制定了大量政策,包括不能把农村土改办法施行于平、津郊区的指示,关于各种税收征收问题,关于私营工厂复工问题,关于对外贸易方针问题,关于接收官僚资本企业的指示,关于接管平、津司法机关的建议,关于平、津旧职员接收原则的指示等。其中,如何处理国民党北平司法机关旧职员,如何对待旧司法机关的工作方法和司法制度,党中央的政策是:"接管人员进入平、津后,有区别地对待不同性质的旧机构、旧人员、旧办法、旧制度,把革命进程中不可避免的破坏限制在最小的范围,能够保存的尽量保存,可以利用的尽量利用,哪怕是暂时的也好。这是马克思主义关于打碎旧的国家机器和对资本主义管理进行两重性分析的思想在中国具体条件下的灵活应用。""对国民党的政府机构原则上是打乱、解散;一般人员也给饭吃,但绝不是原职原薪。除少数市政公用部门、卫生部门等机关人员外,对行政、司法、军事、警察等军政人员一般不依靠他们来进行工作,更不依靠他们原来的机构。一般的职员经过训练,除少数必要者回本机关外,主要是另行分派工作。"①在接管当时具有 600 万人口的特大城市上海前,中国共产党非常慎重,接管教育有条不紊。1949 年 5 月,按照中央安排,从全国解放区和其他已经被接管的城市紧急抽调了 5000 名干部,准备全面接管包括上海旧司法系统在内的上海市政。华东野战军特地在江苏丹阳这座小城,为全体接管干部进行入城接管前的教育培训。接管工作拟设立上海市军事管制委员会,军管委下设财经接管委、文教接管委、军事接管委、政务接管委、近郊接管委、运输司令部。政务接管委下设"法院接收处",拟接管旧上海地方法院、高等法院与附属机构以及司法人员、行政文书、诉讼档案。接管干部在认真学习中央关于接管工作的政策纪律,每人还必须熟知和掌握接管上海的知识本《上海概况》。华野司令员陈毅、副司令员粟裕亲自为接管干部讲授接管工作要求,提出解放上海要像"瓷器店里打老鼠",要完整保留上海市政,强调市区作战不得使用重武器,接管工作充分尊重百姓生活,还将"不入民宅"作为纪律写进《入城守则》并

① 薄一波:《若干重大决策与事件的回顾》,中共中央党校出版社 1991 年版,第 9 ~ 10 页。

报告给毛泽东。毛泽东在回电中只批了八个字,却是一气重复四遍的同一个词:“很好,很好,很好,很好!”

新中国成立伊始,人民解放战争还没有完全结束,国民党还有 100 万军队在西南、华南、沿海岛屿负隅顽抗。新中国面临着稳固政权、发展经济两项基本任务。一方面,国内外各种敌对势力对新生的人民政权极尽颠覆和破坏活动,对敌政治斗争成为新政权的首要任务。另一方面,社会发展、经济建设、民众生活成为新政权巩固和发展的社会基石,没有经济的发展和社会的进步,新政权同样难以站稳脚跟。这两项党和国家面临的中心任务,决定和制约着人民法院的工作任务。

新中国成立伊始,百业待兴。在政治、军事、财政、经济、税收、土改、农村、卫生、法制、文化、社会各项新兴工作中,保政权和保民生是两大基石。新中国的诞生,不仅要谦虚谨慎、戒骄戒躁地面对从未有过的“进城大考”,更要面对抓根本、保政权、稳民生的“婴儿出生期”生死存亡问题。在这一时期,法制建设的立法工作与司法审判以及蕴含其中的司法培训,自然短暂地让位于保政权与保民生两大工作主题,并在其中策略性地发挥司法功能作用。在新中国成立伊始的战略谋划中,毛泽东和党中央展现了高超的治国理政能力,毛泽东用六个字通俗易懂而又高度概括了这种策略,叫作“不要四面出击”。首先,裁减军队。在面临进攻广州、进军大西南、向胡宗南部发动进攻、进入新疆、定海作战、聚歼白崇禧、海南岛作战、解放台湾、特别是抗美援朝战争等巨大军事军队需求,党中央仍然决定大幅度裁减军队,仅中南军区即要求复员裁减 53 万至 60 万人,且要求在 1950 年“五月至八月四个月内做到”;华东军区“只留下军队及地方武装共一百万人”;西南军区“是否可以亦照上述意图办理复员工作,只留下军队及地方武装八十万人”;西北军区亦同步考虑,争取四个月内完成,中央下巨大决心复员、裁减军队,原因只有一个:保民生!要节省经费,“减轻人民一部分粮税负担”。[1] 其次,在十个指头工作任务中,鉴于帝国主义反对我们,我国台湾地区、西藏反动派反对我们,国民党残余势力反对我们,地主阶级反对我们,国内宗教界学校文化界中的反动势力反对我们,党和国家面临的另一个

① 《建国以来毛泽东文稿》(第 1 册),中央文献出版社 1987 年版,第 311 页。

紧迫任务就是：保政权！为此，毛泽东和党中央要求：要在南方三亿一千万人口的地区实施土地改革，减租减息，使广大的农民群众拥护我们；要全面调整工商业政策，使广大工人群众拥护我们；要给小工业者找出路，维持他们的生活；要合理调整税收等政策，改善同民族资产阶级的关系；要教育改造知识分子，让广大知识分子不反对我们。毛泽东高度概括这种战略为："不要四面出击"。"绝不可树敌太多，必须在一个方面有所让步，有所缓和，集中力量向另一方面进攻。"①新中国成立伊始的保民生与保政权两大任务互相渗透，互为补充。立法工作与司法审判乃至司法培训事业的开拓与发展，历史性、从属性地服从于大局，服务于大局。

新中国成立初期的人民法院教育培训工作，面临三大困难：一是法院体系正在构建中，机构人员尚未到位；二是作为教育培训对象的法院工作人员组成复杂，思想觉悟参差不齐；三是作为教育培训依据的成文法律欠缺。其中，各地法院留用旧司法人员较思想改造教育任务十分繁重。以接收沈阳市司法机构为例，陈云同志在1948年11月28日起草的《关于接收沈阳经验简报》中指出：东北局于1948年10月27日决定军管会人选，抽调4000名新老干部，由陈云率领，11月2日进驻沈阳。接管沈阳两大工作难点分别是：怎样完整接收，怎样迅速恢复秩序。借鉴1946年接管哈尔滨的成功经验，采取的具体办法是："各按系统，自上而下，原封不动，先接后分"，做到接收的快而完整，同时在政治上、经济上稳定人心。陈云还提出了组织专门接收班子的成功经验："接收一个大城市，除方法对头外，需要有充分准备和各方面称职的干部。依目前形势看，中央和各战略区野战军，均需准备有专门接收大城市的班子，待工作告一段落，即可移交给固定的市委等机关。这样的接收班子，可以积累经验，其中骨干可以暂成专职，依次接收各大城市。"②各政府机关原封不动、完整接收，有利于社会秩序的稳定和管理工作的有序过渡。但带来的现实问题是旧法院司法人员留用过多，思想政治素质教育任务繁重。沈阳市人民法院成立时，全院19名审判人员中，有12名留用人员（包括旧推事、书记官长、执行官），占审判人

---

① 《建国以来毛泽东文稿》（第1册），中央文献出版社1987年版，第397～400页。

② 《陈云文选（一九二六—一九四九年）》，人民出版社1984年版，第273～274页。

员队伍的63.2%。这些人员作风不纯、思想不纯、违法乱纪问题严重,他们的旧法院观点和旧司法作风严重影响了人民法院审判工作的开展。① 1950年,董必武在《要重视司法工作》一文中强调要重点开展三项工作:"一、要建立一系列的司法机构,如各级法院、检察署等,才便于进行工作。二、要准备培养各级司法工作的干部。其来源有三:第一是在老解放区曾经做过司法工作的同志,或者做过其他工作的,这里包括一部分曾做军事工作的同志。第二是旧司法工作人员经过一番改造的,可以吸收其中的部分。第三还必须积极培养和提拔新的司法工作者,补充新鲜血液。现在中国人民大学和各大学里学习法律的学生,乃是涌现大批干部的新的源泉。三、要有法律。目前我们已经有了类似宪法的政协共同纲领以及政府组织法等,很多新的法令也将不断地公布出来。"②

新中国成立伊始,干部的紧缺与补充成为新政权急需解决的当务之急。1948年10月28日,中共中央《关于准备夺取全国政权所需要的全部干部的决议》指出:1948年7月至1950年6月2年间,人民解放军可能夺取的国民党统治区域,将包含1.6亿人口、500个左右的县及大中城市,并建立新政权。所需各类干部5.3万人。中共中央华北局迅即行动,在1948年10月决定在冀鲁豫边区抽调一个完整的区级党委架构干部,包括党、政、军、司法等各类干部,调配3362人南下建设新政权。1949年2月,华北大学的1400名学员大部分随军南下或到各解放区做教育工作。1949年7月31日,华北大学第一部的毕业生5000余人的大部分,与"中国人民解放军南下工作团"召集的团员一道,接受了南下集中培训后,跟随四野部队南下,分配在野战军各军兵种以及湖北、湖南、广东、广西、江西,参加了当地的军管和包括政法机构在内的政权建设工作。③党面临的一项重要工作就是政治斗争,以巩固新生政权。当时,公检法三机关都在建设当中,国家财政能力有限,各政治法律机关既人力不足,又面临共同的发动群众、依靠群众、开展群众运动、镇压反革命、稳定政权的任务。所以,各政法部门联合办公成为现实,政务院政治法律委员会、最高人民法院、最高人民检察署、法制委员会、司法部合署办公。尽管五个机关合署办公并不利于规范的

---

① 参见《辽宁省志·审判志》,辽宁民族出版社2003年版,第179页。
② 董必武:《董必武法学思想研究文集》(第5辑),人民法院出版社2006年版,第625页。
③ 参见孟醒:《毛泽东在50年代》,辽宁人民出版社2014年版,第202~205页。

法制建设要求，且存在一定的政策障碍与实际困难，但鉴于新中国成立初期的实际情况，1951年12月30日，毛泽东在《对董必武等关于五机关合署办公及开展三反斗争情况报告的复信》中仍然予以了充分的肯定。[①] 新中国成立初期，各级政治法律委员会在党委领导下协调公检法三机关联合办公，人民法院的教育培训工作也是按照政治法律委员会的统一部署、作为政治法律干部教育培训任务的一部分开展实施的。

三、第一届全国司法会议与干部的选任与培训

1950年7月26日至8月11日，最高人民法院、最高人民检察署、司法部、法制委员会四部门共同召开第一届全国司法会议，中共中央政治局委员、中央人民政府副主席朱德，中共中央政治局委员、政务院副总理兼政治法律委员会主任董必武，中共中央政治局委员、政务院政治法律委员会副主任彭真出席了会议。最高人民法院院长沈钧儒致开幕词，法制委员会主任王明(陈绍禹)作了《关于目前司法工作的几个问题》的报告，最高人民法院副院长吴溉之作了《人民法院审判工作报告》，最高人民检察署副检察长李六如、司法部部长分别作了检察工作和司法行政工作报告。

第一届全国司法会议，标志着新中国司法制度的初步建立。新中国成立半年后，至1950年上半年，全国各地接近80%的地区已经建立了人民法院，未建缺口主要集中在西南地区和中南地区。新中国成立初期，司法工作面临很多问题，主要体现在：一方面，由于新中国成立初期，司法机构初建及在建未建不足等机构原因，案件积压严重；另一方面，未建法院如何建设，已建法院如何展开工作；更重要的，在各地法院领导和司法干部中，还存在不少思想意识和司法理念问题，包括对旧法的推崇和依赖，对党的政策的理解掌握有偏差，对司法工作的重要性认识不足等问题。针对上述情况，中央人民政府决定召开全国性司法会议，通过会议的方式提高认识、步调一致、统一法院建设任务和解决司法理念及司法政策问题。

---

① 参见毛泽东：《对董必武等关于五机关合署办公及开展三反斗争情况报告的复信》(1951年12月30日)，载《建国以来毛泽东文稿》(第2册)，中央文献出版社1988年版，第652页。

第一届全国司法会议重点解决了以下问题:第一,要求建立健全法院组织机构,目标是在一两年内把尚未建设的法院建设起来,三五年内充实健全。第二,充实和提高干部。充实干部的方针为:“调配一定数量的老干部作骨干,大量培养新干部,大胆选用旧司法人员。”针对实际提出了“提高老干部,培养新干部,改造旧司法干部”的法院队伍建设目标,要求对老干部注重提高文化水平,对年轻知识分子注重在实践中培养锻炼,对旧司法人员要切实加强立场观点教育改造。第三,划清了新旧法律的原则界限,强调了国民党六法全书与新中国法律的本质区别。批评了法律“超阶级”“超政治”错误观点,强调了法律的阶级本质,强调了人民法院的政治性和国家属性。大会明确了国家和法律是阶级矛盾不可调和的产物,司法机关是阶级统治的工具。第四,明确了人民法院三级两审、上诉、复核等基本审判制度,继承了人民司法公开审判、巡回审判、调解制度、陪审制度、法制宣传教育等优良司法传统,统一了各地法院民事审判、刑事审判,特别是处理反革命案件的基本政策要求。

新中国成立伊始,全国各地新政权司法机构是逐步建立的、审判干部是认真遴选的、司法培训是与干部队伍构建同时进行的,这些都体现了我党一以贯之地重视司法、重视司法人员素质建设、重视司法培训工作。同时,也遗留了一些诸如政事权与司法权不分的过渡期法制建设问题,主要体现在政府主要负责人带头示范性地审理裁判案件。1950 年 8 月 19 日,毛泽东在《中央转发华东局关于组织人民法庭指示的批语》中强调:“华东局关于组织人民法庭的指示是正确的,望你们亦就需要情形发这样一个指示。”此前,华东局的指示内容包括关于人民法庭建设及干部配备及司法培训四方面内容:第一,人民法庭设立的先后。先在匪特活动较为频繁的地方及先行进行土地改革之县份设立人民法庭。第二,司法干部配备。应在各县县委副书记、县农协主任、副县长或公安局长等干部中,择一人任县人民法庭审判长,另以一得力的干部任副审判长。第三,开展司法培训。确定担任人民法庭工作的干部及人员,应由各省进行短期的专门训练,先培训后上岗。第四,县长书记带头审案。应在干部较强、工作基础较好之县,先由县长或县委书记直至专员,亲自审讯及办理一二个案件,作为示范，并吸取经验，以教育干部。[①]

司法审判工作，最重要的是配备干部。新中国成立初期各地党政认真选调了一批革命立场坚定、政治素质高、工作能力强的军队干部充实到各地司法审判机关。新中国成立伊始党中央就强调，人民解放军的任务除了解放我国台湾地区和西藏、清剿土匪、国防建设、维持治安、巩固政权外，还要尽可能地参加国家经济建设和其他工作。鉴于人民解放军的指挥员战斗员一般的文化水平太低的情况，为了完成新任务，必须提高全体指挥员战斗员的文化科学与技术水平。中央要求必须“从军队中培养大批的从工农出身的知识分子”。为此，1950 年 8 月 1 日，中央下发了《军委关于在军队中实施文化教育的指示》，要求全军除执行规定的作战任务和生产任务外，必须在今后一个相当时期内“着重学习文化，以提高文化为首要任务，使军队形成为一个巨大的学校”。“全军规模的文化教育，自一九五一年一月正式开始。务求在三年之内，使一般战士及初级小学程度以下的干部达到高级小学的水平，使一般相当于高级小学程度的干部达到初级中学的水平，然后再继续提高。”

军队文化教育活动不仅为输送大批军队优秀干部到地方工作创造了条件，而且创新了我党大规模干部教育培训制度体系。1951 年开始的军队文化教育分在职与离职两种，在职即不脱岗学习，离职即脱岗到学校集中学习。各部队“以在职教育为主”，在职学习设“半日文化学校”，60% 进行文化教育，30% 进行军事教育，10% 进行政治教育。起义部队另增加政治教育时间，可规定政治 60%、军事 30%、文化 10%。“为离职干部办的速成小学和速成中学，暂由军及省军区以上各级举办。”“一级军区可举办离职高级干部的文化补习班。”“各军政大学，一年或一年半内，以文化教育为主。”“凡需要学习与补习文化者，不论职别，均应无例外地依照文化课程的考试甄别”。在职与离职的文化教育，“应一律采取速成的、联系实际的但有时正规的教育方针。”“一切文化学校均应建立正规与合理的考试、分级、编班、升级、留级、毕业及发文凭等项制度”。“各项文化学校的教育，以上课为主要方法，同时重视自修与辅导等活动”。[②] 这些

---

① 参见《建国以来毛泽东文稿》（第 1 册），中央文献出版社 1987 年版，第 472 页。

② 《建国以来毛泽东文稿》（第 1 册），中央文献出版社 1987 年版，第 447～446 页、第 705 页。

军队文化教育思想理念及完整的制度体系，后来成为 1985 年创办全国法院系统大规模四级办学的“全国法院干部业余法律大学”的指导思想和模板借鉴。

经过政权建立后新的探索实践，科学的司法理念逐渐成熟。1951 年 5 月 8 日，在对待犯有死罪的反革命分子是否应当一律判处死刑的问题上，我党树立了“少杀慎杀”以及“提升死刑复核层级”的司法理念。中央决定，在共产党内、人民解放军内、人民政府系统内、教育界、工商界、宗教界，在各民主党派和各人民团体内清出的反革命分子，除罪不至死应判有期或无期徒刑、或予管制监视者外，凡应杀分子，“只杀有血债者，有引起群众愤恨的其他重大罪行如强奸许多妇女掠夺许多财产者，以及最严重的损害国家利益者；其余，一律采取判处死刑、缓期两年执行、在缓刑期内强制劳动，以观后效的政策”。毛泽东将这一“少杀慎杀”政策的理由归纳为四点：“这个政策是一个慎重的政策，可以避免犯错误。这个政策可以获得广大社会人士的同情。这个政策可以分化反革命势力，利于彻底地消灭反革命。这个政策又保存了大批的劳动力，利于国家的建设事业。”同时，中央决定：“其应执行死刑的极少数人（大约占死罪分子的十分之一二），为慎重起见，一律要报请大行政区或大军区批准。”[①]凡人民不要杀的人一律不要杀，人民要求杀的人则必须杀掉，以平民愤而利生产。

新中国成立后，大规模覆盖、全国统一的新政权建设与政权管理如何运行，尤其是如何建设全国统一的法律体系、发挥法律对社会关系调节器的杠杆作用，是中国共产党建党 28 年来从未遇到，且作为执政党必须面对和解决的重大历史课题。尽管我党具有井冈山时期、中央苏区时期、延安时期、解放战争时期部分政权的建政经验和司法经验，面对全国全新的政权建设、经济恢复、敌特反革命威胁及突如其来的抗美援朝战争压力，必须服从于党和国家政治大局的司法体制与司法工作如何开展，在新中国成立初期，是有个重新认识和逐步摸索的过程，并不能说一开始就是完善的、健全的或是成熟的。以 1951 ~ 1952 年的三反运动为例，新中国成立伊始，共产党领导的人民政权以为人民服务为宗旨赢得了人民的信任，但由于旧社会的种种恶习侵袭以及共产党执政地位带来的容易产生腐化现象的原因，共产党干部队伍中的个别不纯分子开始利用职权谋

① 《建国以来毛泽东文稿》（第 2 册），中央文献出版社 1988 年版，第 280 ~ 281 页。

取私利，资产阶级中的不法分子也利用各种手段拉拢腐蚀国家干部，贪污案件时有发生，东北局报告一些干部犯有严重贪污、浪费、官僚主义问题；中共华东军区委员会报告在华东部队、特别是驻南京上海的部队中存在贪污浪费的严重现象。[①] 反贪污、反浪费、反官僚主义已成为保卫新中国、新政权的紧迫任务，三反斗争已上升为国家的重大政治问题。毛泽东和党中央决定，把三反运动同当时正在进行的政党以及军队的整编工作相结合，在 1952 年年初又把三反运动与反对资产阶级的行贿、偷税漏税、盗骗国家资财、偷工减料和盗窃经济情报的"五反"斗争相结合，从当时的形势来看不仅是必要的而且是恰当的，取得了重大的政治、经济、社会影响和效果。但是，如何把惩治、打击贪污等犯罪行为和反浪费、反官僚主义作风问题区别对待，在坚持三反运动由各级党政军机关组织进行中如何发挥政法机关的职能作用，特别是通过发动群众、开展群众运动的方式开展三反运动如何引导群众尊重法律等问题，董必武等老一辈革命家、法学家都有过深刻的反思和总结。[②]

第二节　发扬优良传统，教育培训先行

一、坚持政策与法律统一适用，"树立法治观点"

新中国成立前，我党已有 28 年的革命斗争与建设经验。"要传承中华优秀传统法律文化，从我国革命、建设、改革的实践中探索适合自己的法治道路。"[③]虽然长期处在战争环境中，中国共产党高度重视队伍素质、人才培养、干部教育、政策法规法律教育培训工作。特别是井冈山革命根据地、中华苏维埃共和国、延安陕甘宁边区政府时期，伴随红色政权建设，包括司法人员在内的干部教育培训工作从无到有，从不规范到制度化，从零散实施到系统化，从短期训练班

---

① 参见《建国以来毛泽东文稿》（第 2 册），中央文献出版社 1988 年版，第 648 页、第 671 页。

② 参见《董必武法学文集》，法律出版社 2001 年版，第 196 页。

③ 习近平：《在中央全面依法治国工作会议上的重要讲话》，载中国共产党新闻网，2020 年 11 月 18 日最后访问。

到院校式培养,都积累形成了系列宝贵经验。主要经验如下:

党的纪律、政策和法律密不可分、互为补充,三者同是人民司法工作的判案依据。井冈山时期,毛泽东在荆竹山颁布了"三大纪律",在李家坪颁布了"六项注意"。"三大纪律、六项注意"被作为人民军队的基本法则,保障人民利益的纪律机制,也是工农革命军早期执纪执法的基本准则。延安抗日战争和解放战争时期,"司法机关从事审判的依据,除法律法令外,还包括新民主主义的政策"。[①] 1949 年 4 月,时任华北人民政府主席的董必武颁布训令,要求"各级司法机关办案,有纲领、条例、命令决议等规定的从规定,没有规定的照新民主主义的政策办理"。[②]

保持法院领导干部和法官任职的连续性,是保障队伍建设的稳定性和思想政治专业素养高水平的组织保障。中国共产党的创始人之一董必武,1921 年 7 月参加中国共产党第一次代表大会,1934 年 3 月 13 日任中共中央共产主义学校(中央党校)教务长,1834 年 2 月 3 日任临时最高法庭主席,随后任中华苏维埃共和国最高法院院长,1937 年 3 月 17 日任陕甘宁边区高等法院院长,1954 年 9 月至 1959 年 4 月任最高人民法院院长。新中国司法制度的奠基人之一谢觉哉 1937 年 7 月任陕甘宁边区最高法院院长,1948 年 9 月任华北人民政府司法部部长,1959 年 4 月至 1965 年 1 月任最高人民法院院长。陕甘宁边区高等法院推事(审判员)王怀安,后任最高人民法院审判委员会委员、庭长、副院长。[③]

新中国人民司法的教育培训工作,强调继承和发扬革命根据地时期司法审判工作中我党的群众路线和实事求是的指导思想。1950 年陕北人民法院在给各分庭、各县人民法院的《关于审判工作与量刑的几个问题》文件中,根据各地审判中的实例问题,就司法审判的实事求是与群众路线作出了系列规定,文件不但要求将这些规定"教育人民,树立法治观点",更主要的是将这些规定教育法院干部,"能把人民法律法令政策贯彻到群众中去"。分析《关于审判工作与量刑的几个问题》中的司法传统与教育培训理念,不仅对于新中国成立初期的司法培训教育,对于当今的司法审判也有很大启发:

---

① 汪世荣等:《新中国司法制度的基石》,商务印书馆 2011 年版,第 290 页。

② 《董必武年谱》,中央文献出版社 2007 年版,第 327 页。

③ 陕西延安《陕甘宁边区高等法院旧址》陈列展,2020 年 11 月 19 日。

一是根据群众路线的审判方式和审判制度，反对粗枝大叶、草率定案、不详细调查、不虚心研究分析的官僚主义审判作风。

二是实事求是体现在开庭前，要做充分的准备，先阅卷，提出审讯提纲，确定审讯的主要问题以及欲达到的目的。在第一审讯闭庭后，须悉心审查口供，摘出疑点与追讯的线索及需要调查的问题，以备再次开庭时调查。

三是实事求是体现在讯问方法，要善于启发开导，诚恳地给当事人讲清政策，使其打破顾虑，不要发生对立或恐惧。如在审讯中发现可能为确真的事实时，要多问几遍，以便证实查实。要善于发现问题，在询问中让当事人说完，再从发现的问题入手审讯，以免其即刻发现，不肯吐实。

四是实事求是体现在询问方式上，不宜用开门见山的简单方式，宜由远至近，逐渐缩至中心问题，以求达到目的。同案数犯者，应突破非狡猾顽固的弱者，以便讯清全案，也可令双方到庭质对，以求真实。

五是审讯的态度要实事求是，审讯时要客观，要给被告以充分的辩论机会，对于一般刑民案件，要注意被告的有利条件和败诉者有理的方面，反对主观臆断、感情用事。

六是反对刑讯逼供、诱供、骗供的官僚主义审判作风，逼供、诱供、骗供的结果有的捏造假口供、有的诬陷好人、有的过后反悔，如此种种，都造成人民法院及法官失去威信威严，更严重的有因诱供、骗供失去政策原则立场、在人民群众中造成很坏影响，必须全面调查虚心研究，重视证据，实事求是地进行判决。

七是不能轻易相信口供，草率定案会招致恶果。轻信口供也是不重视调查研究，不重视证据的具体表现。轻信口供是旧司法作风。反过来，若对被告口供不加以分析调查即全部不信甚或不经审讯，只是根据反映材料即行判决，也是错误的。

八是要注重调查方法，调查前应作出调查提纲，在调查地点要首先了解当地社会及各方面情况，如群众觉悟程度、宗教、亲族关系及干部情况等，然后加以分析，从哪方面调查方能得出可靠材料，否则如盲目地相信反映材料，容易走入偏向。

九是要注重调查的体系性，司法调查研究要注意事情发生的时间、地点及具体情况，做出调查笔录，最好使反映材料者签名盖章或捺指印，以示慎重便于副卷。调查时应向调查对象讲明政策,防止发生扩大或缩小甚至歪曲事实或伪证。

十是虚心研究,重视物证。应结合破案证据、调查材料、被告口供三方面加以对照研究、取真去假,认定是非进行判决。对于重大案件可试行三人合审。调查中发现证物应即搜集归案,出事场所应绘图附卷。

十一是区别案件性质,办案须与当前任务紧密结合。例如,新中国成立初期的司法工作,对于企图颠覆人民政权的反革命案和破坏经济建设的贪污案,以及违法贩毒等罪犯,须对情节严重的从重处罚。结合解放初期的党的政策,大力开展解放妇女运动,对严重虐待、杀害妇女的罪犯须严惩处。对婚姻纠纷中伤害他方者,不能简单以伤害罪论处,须以对抗政策法令合并论处。

十二是刑事案件的量刑应综合考量各方因素。一般的量刑应根据犯罪的动机、犯罪手段、犯罪的主客观原因、犯人的出身、犯罪后的表现及态度、主动或被动以及危害程度大小综合判断。量刑轻重必须结合分析这些条件,遵照政策法令才能恰如其分地处分,否则就会产生畸轻畸重之弊。

《关于审判工作与量刑的几个问题》强调:"审判工作必须结合群众路线,以实事求是的科学态度办案。离开这个原则,就会失掉或不能发挥审判工作的职能。"该文件所体现出来的政治站位、抽丝剥茧、细致分析教育方法,对于培养法院干部司法审判群众路线及实事求是思想路线,确实大有益处,值得继承弘扬。

新中国成立初期的人民法院审判工作继承了我党历史上司法工作重视判例指导作用的优良传统,各级法院亦通过下发判例指导工作、开展教育。如1950年陕北人民法院《关于审判工作与量刑的几个问题》文件中,将有关错案典型案例下发给各分庭、各县人民法院,开展案例教育培训。案例一,轻信口供导致错案。岐山祁喜喜被土改工作组持枪强奸一案,法院不仅调查研究,轻易相信口供判处祁父祁振江十年徒刑,经复核提出疑点后,详细调查真相才明,方行改判。案例二,调查不细致导致错案。乾县呈核张文生抢劫案,列举犯罪事实系1950年间联络匪特抢劫武功黄家河黄文彦,烧死黄之弟其母,经核提出疑点,命着实调查后,黄文彦家并未被抢,至烧死其母其弟更无此事。此种粗枝大叶不详细调查即行呈核的严重现象,应严格纠正。案例三,量刑畸轻畸重案。礼泉县惯匪张方才,该犯从1946年起在解放前抢劫九次,因抢劫烧伤事主二人并杀害岳母;解放后抢劫三次,烧伤事主一人,逮捕后藏枪不交,企图继续作恶,原县法院仅判徒刑八年,本院判处死刑。案例四,单凭未经调查核实的反映材料定案。某县对一个犯人,仅凭他人反映材料,对犯人根本没逮捕,更没审讯调查,即给其定罪,判其五年徒刑,呈请上级法院审核,这是草率定案的严重的司法官僚主义作风。案例五,刑讯逼供造成冤案。勉县王清林与陈七娃妹通奸案,陈七娃与其堂兄陈明庆同谋杀害王清林,被王清林知觉逃跑,该县六区花寺乡府即将陈七娃、陈明庆及另外三人逮捕吊打、背压石头、坐软板凳、猴儿抱桃等方式刑讯逼供,认定将王清林杀害,屈打成招并送县法院时,明其不许翻供。该县法院收案后,不加分析研究调查口供的真伪,就以杀人罪即行判决,屈押了陈七娃等人一年多,直至王清林回家方被释放。

二、全面废除"六法全书"的实践与教育

新中国成立初期,"废除六法全书"教育活动成为废除旧法统、建设新政权的首要政治思想教育活动之一。新中国推翻国民党旧政权,必然开展针对旧司法体制、旧留用人员、旧司法思想的"废除旧法统"活动。早在1949年2月2日,中共中央就为此做了准备,发布了《关于废除国民党的〈六法全书〉和确定解放区司法原则的指示》。1949年9月29日通过的《中国人民政治协商会议共同纲领》第17条,以全国临时大宪章的形式明确宣布:"废除国民党反动政府一切压迫人民的法律、法令和司法制度,制定保护人民的法律法令,建立人民司法制度。"

在"废除六法全书"教育活动中,新中国法制奠基人强调:六法全书不仅是法律汇编,更是阶级立场、认识论和方法问题。1949年3月27日,谢觉哉为报社撰写社论《废除旧法律,建设新法律》。在华北人民政府联合办公会专门讨论废除六法全书问题时,谢觉哉指出:"注重于基本问题——阶级立场及辩证唯物论——的了解,此点不解决,要彻底废弃旧的东西及建设新的东西,不能达到。"1949年3月27日,谢觉哉专门为法院留用人员讲解人民民主专政,之后又作了《放下臭架子,甘当小学生》授课报告。[①]

① 参见《董必武法学思想研究文集》(第5辑),人民法院出版社2006年版,第625页。

1950年,董必武在《关于党政治法律方面的思想工作》一文中指出:"在革命胜利以后,我们的人民民主专政的政权废除了旧的法律,这当然是很对的。旧的法律一定要废除,彻底粉碎,不能让它留下任何痕迹。所谓彻底粉碎,是粉碎它的法律系统,因为旧的法律是代表反动统治者的意志的。"①

其中,人民法院工作人员教育培训的最大难点,是旧司法体制中的留用人员的教育改造工作。革命在全国取得基本胜利的时候,中央就曾指示:原推事、检察官、书记官长等一律停止原来职务。但对于并非反革命分子和劣迹昭著分子的人员,如欲参加人民民主国家的司法工作,必须经过思想改造与作风改造,方可甄别录用。关于新政权建立后我党对旧人员的处理原则,新华社1949年9月16日发表社论《六评白皮书》指出:"中共中央已命令全国各地的共产党组织和人民解放军,对于国民党的旧工作人员,只要有一技之长而不是反动有据或劣迹昭著的分子,一概予以维持,不要裁减。十分困难时,饭匀着吃,房子挤着住。已被裁减而生活无着者,收回成命,给以饭吃。"毛泽东在1949年11月2日《中央关于对旧人员处理问题的电报》中,要求各地坚决落实上述原则,强调:"关于新华社九月十六日《六评白皮书》社论中所称对待旧人员的原则及办法,中央曾向各中央局分局前委有了指示,全国各地党的组织、人民解放军及人民政府一律遵照执行,必须避免过去北京上海南京等处粗暴地不负责任地遣散大批旧人员(北京万余人,沪宁两万余人)的错误,不要重犯。"②

1949年11月19日,华中局细化了中央提出的旧人员留用与培训工作问题清单,这些问题清单反映了地方机构落实中央要求的细致思考,问题包括:第一,旧人员留用培训班,是分地域或性质集训还是分散在各单位原地训练,其经费负担采取统筹统支还是由各地支出?第二,按中央要求,受训人员"在受训期间照减薪后的薪资打六折至七折"。减薪后的薪金是指国民党时期的还是解放后政府适当减低后的薪金?第三,中央指示中的"接收之国民党旧工作人员",是专指国民党政府旧工作人员?还是也包括经济、企业、文教、交通、银行人员?如果都包括,是否应有所区别?第四,"一般均应留用"原则,是说要在

① 《董必武法学文集》,法律出版社2001年版,第195~196页。

② 《建国以来毛泽东文稿》(第1册),中央文献出版社1987年版,第116页。

原机关留用?还是包括调训、下乡、退休养老者?第五,按中央指示:“一不是原职原薪,二不是原封不动。”可否理解为专指机关不需要留用而精减的人员?还是不分留用与去职,一律适当减薪?第六,按中央“三个人饭五个人匀着吃,房子挤着住”原则,对正式和额外留用人员、调训人员是否一概适用?对于上述华中局提出的问题,毛泽东和党中央1949年11月22日责令华中局就所提出的问题“逐一提出你们的意见”。[①] 按照中央要求,1949年1月26日,华中局向中央上报了具体落实意见。上述旧人员留用和培训工作,从中央作出原则指示到地方发现疑难问题,再到解决疑难问题,反映了党中央一个明确的指导思想:地方不应简单将工作矛盾或问题上交;地方党政机关在贯彻落实中央政策方针实践中发现和反映问题时,应结合当地实际提出具体解决方案。

三、旧司法人员教育改造重在立场与作风

旧司法人员,在旧社会里属于具有较高社会地位和较好文化基础的知识分子。对于如何改造旧知识分子,毛泽东强调要通过办训练班来解决问题,指出:“对知识分子,要办各种训练班,办军政大学、革命大学,要使用他们,同时对他们进行教育和改造。要让他们学社会发展史、历史唯物论等几门课程。就是那些唯心论者,我们也有办法使他们不反对我们。他们讲上帝造人,我们讲从猿到人。”[②]事实上,我党对旧人员实行包下来的政策早就确定了,但在执行中出了问题:一是北平解放遣散了傅作义旧部军官1.8万人回绥远,每个人发了三个月薪水,但这批军官并不满意,有些成了解放绥远的阻力;二是南京、上海、杭州解放后裁了旧人员2.7万人,引起波动,又重新安置。所以,安置与留用旧人员,包括旧司法人员,要从政治上周密考虑,要包下来,进行教育,再转入岗位。1949年9月24日中央在关于旧人员处理问题的指示中强调:对精简下来的旧人员,“不可踢开不管,而应举办大的训练班,受训期间照减低后的薪资打六折至七折(薪水低的可少打折扣)发给,以保证他们及家属的生活,学习成绩须认真加以考核,量才录用,学习好的尽先录用”。[③]

---

① 《建国以来毛泽东文稿》(第1册),中央文献出版社1987年版,第150～151页。

② 《建国以来毛泽东文稿》(第1册),中央文献出版社1987年版,第398～399页。

③ 薄一波:《若干重大决策与事件的回顾》,中共中央党校出版社1991年版,第15～16页。

对于如何教育改造旧司法人员,从中央苏区就领导我党司法工作的董必武则有更多的体会,他指出旧司法人员中"还存在非常严重的旧法思想和旧司法作风,对我们的人民法院起着严重的侵蚀作用","思想作风已有些改造并有进步表现,但为数不多"。① 董必武特别重视旧司法人员的思想教育与改造工作,既指出其困难也说明了改造成功的可能性和改造的方法路径,"思想改造,不等于是读书,而是要把读的书适当地贯彻到实践中去,要能在实际生活行动上表现出来,才算是真正改造了。因此思想改造,需要经历一个实践过程"。②

新中国成立初期,不只是留用的旧司法人员,新组建的人民法院干警中,也有一些人员政治素质、思想觉悟较低,受旧社会法院影响较深,不自觉地把反动的"六法"观点和旧衙门作风带进人民法院。按照中央要求,各地法院深入开展了针对"六法"观点的整风教育活动。辽宁省人民政府自1950年7月起在辽东、辽西省以及沈阳、旅大等五大市法院开展了为期两个月的整风运动;1951年10~12月,又开展了肃清"六法"观点的学习活动,重点解决为谁司法、坐堂问案、孤立审判、特权思想、脱离群众等突出问题,使广大干警的政治观点、群众观点、为人民服务的观点提升了一步。③ 为了持续开展相关教育、不断纯洁组织与作风,1952年7月30日,最高人民法院、司法部还发布了《关于开展司法改革运动宣传教育工作的通知》。

废除旧法统也即废除旧的教育理念和法制基础,正如马克思、恩格斯所指出的,"你们既然用你们资产阶级的关于自由、教育、法等的见解来衡量我们要废除资产阶级所有制的主张,那么就请你们不要同我们争论吧。你们的观念本身是资产阶级的生产关系和资产阶级的所有制关系的产物,正像你们的法不过是奉为法律的你们阶级的意志,而这种意志的内容是由你们这个阶级物质生活条件来决定的"。④ 新中国成立之初,必须站在政治的高度、立场坚定地贯彻实施"废除六法全书"工作方案。

废除旧的法统不仅是思想理念的扬弃,更应是体制机制的更新。其中,对

① 《董必武法学思想研究文集》(第5辑),人民法院出版社2006年版,第610页。
② 《董必武传》,中央文献出版社2006年版,第750页。
③ 《辽宁省志·审判志》,辽宁民族出版社2003年版,第179页。
④ 《马克思恩格斯全集》(第4卷),人民出版社1958年版,第485页。

于教育培训院校机构首先要进行彻底的清洗和改制。对此，我党有着清醒的认识。中共中央1951年11月30日关于在学校中进行思想改造和组织清理工作的指示指出：学校是培植干部和教育人民的重要机关，党和人民政府必须进行有系统的工作，以期从思想上、政治上和组织上清除学校中的反动遗迹，使全国学校都逐步掌握在我党的领导之下，并逐步取得与保持其革命的纯洁性。“因此，必须立即开始准备有计划、有领导、有步骤地于一年至二年内，在所有大中小学校的教职员工中和高中学校以上的学生中，普遍地进行初步的思想改造工作，培养干部和积极分子，并在这些基础上，在大中小学校的教职员工和专科学校以上（大学一年级）的学生中，组织忠诚老实交代历史的运动，清理其中的反革命分子。”①在这个通知中，中央将废除旧教育理念和机制的重点任务确定为“思想改造”和“组织清理”两项，将重点对象确定为“教职员工”和“高中以上学生”、“专科学校以上学生”，是科学厘清任务、精准实施计划的工作典范。

“废除六法全书”教育活动还站在历史唯物主义立场，坚持了“废除旧法统”的原则性和“批判地个别地采用和修改一些”的灵活性的统一。谢觉哉指出：“旧政权机器不可继承，必要打碎。然后再捡拾其尚可用的材料，供新的建筑用。”②周恩来在1949年2月22日审阅中共中央关于废除国民党六法全书和确定解放区司法原则的文件时指出：“对于旧法律条文，在新民主主义的法律精神下，还可以批判地个别采用和修改一些，而不是基本采用，这对今后司法工作仍然必要。”③

第三节　服务新中国政治经济建设，配套开展司法教育培训

一、1950年镇压反革命运动的司法教育

新中国成立初期，从全国范围来讲，我国还处于局部具有战争、革命尚未结

① 《建国以来毛泽东文稿》（第2册），中央文献出版社1988年版，第526～527页。

② 《谢觉哉日记》，人民出版社1984年版，第1104页。

③ 《周恩来年谱（1898～1949年）》，中央文献出版社、人民出版社1989年版，第815页。

束的历史阶段。1950 年 10 月至 1951 年 12 月,新中国在全国范围内开展了清查和镇压反革命的政治运动,也是新中国成立初期,同抗美援朝、土地改革并称的三大运动之一。该项运动是在毛泽东直接领导指挥下开展的。镇压反革命运动既是政治运动,也是法律斗争。剖析这项运动的全过程,可以总结我党应用法律武器服务和推动革命工作的历史经验。

第一,法律服从于政治需要。毛泽东 1950 年 1 月 17 日在《关于对反革命分子必须打得稳打得准打得狠的电报》中指出:在湘西 21 个县中杀了匪首恶霸特务 4600 余人,准备今年由地方再杀一批,我认为是很必要的。唯有如此,才能使敌焰下降,民气大伸。"如果我们优柔寡断,姑息养奸,则将遗祸人民,脱离群众。"华北新区约有 2000 万人口,是在 1949 年及 1950 年两年内用和平的方式分配土地的,匪首恶霸特务杀得太少,至今地主威风还有很多没有打下来。现当反美、土改两个高潮时期,必须服从政治需要。

第二,法律要注意政策、注意分寸。毛泽东指出:法律要注意政策,不应重犯华北老区 1946 年及 1947 年许多地方犯过的乱捕乱杀错误。要讲究政策:"打得稳,就是要注意策略。打得准,就是不要杀错。打得狠,就是要坚决地杀掉一切应杀的反动分子。"

第三,法律要有规矩,讲求证据、程序。毛泽东 1951 年 1 月 22 日在《关于对反革命分子判刑问题的电报》中要求在镇反运动中区分发挥军事法庭及地方法院的不同作用,根据两类不同人员的犯罪采取不同的审判机构:凡与剿匪有关的匪首恶霸大特务,由军区军分区的军事法庭判处死刑;凡与剿匪无关的反革命分子,则由地方法院或军管会的军法判处死刑;乡村普通恶霸及不法地主,则由农民斗争、监视及由人民法庭判刑。在 1951 年 1 月 24 日《转发华东局关于镇反应注意问题的电报的批语》中指出:"为了不致弄错,将自己陷入被动,对尚无证据的特务及会(道)门头子,应当进行侦察,取得确证,而不要随便捕人杀人。"

第四,法律要注意宣传,取得人民支持。1951 年 2 月 8 日,毛泽东在《中央关于向各界人士解释镇压反革命的必要性的电报》中要求:请注意利用中央政府发布惩治反革命条例的机会,向知识分子、工商界、宗教界、民主党派、民主人士"广泛地解释镇压反革命的完全必要,使他们赞同我们的方针"。要说服那些存有错误思想的社会人士及胆怯的人们。在1951年4月10日《关于镇反工作中两个突出经验的通报》中，毛泽东进一步要求：召开大会，动员各界人物参加，揭露反革命罪恶，宣传镇反政策，消除民主人士思想顾虑，很有必要；大会由地方首长亲自主持，用活人、活事讲解政策；在大会上展览反革命罪证、图片、案卷、供词和真凭实据。

第五，制定专门法律，完善执法依据。1951年2月20日，经政务院71次政务会议通过、中央人民政府委员会第11次会议批准，中央人民政府颁布了《中华人民共和国惩治反革命条例》，条例共21条，规定了认定反革命罪犯的客观标准是“以推翻人民民主政权、破坏人民民主事业”。条例详细规定了勾结帝国主义背叛祖国、持械聚众叛乱、进行间谍或资敌行为、利用封建会道门进行反革命活动等十一项具体反革命犯罪的行为构成及不同刑罚，规定了从轻、减轻、免予处刑的情节，规定了数罪并罚的原则，规定了“比照本条例类似之罪处刑”的条款，规定了溯及力原则和军事法庭依照审判的原则。条例不仅促使镇反工作法制化，而且为新中国成立初期人民法院审理其他犯罪案件提供了客观参考依据。

第六，坚持问题导向，总结经验教训，调整政策法律。《中华人民共和国惩治反革命条例》颁布后，纠正了对反革命宽大无边的右倾偏向，逮捕和处决了大量反革命分子，使镇压反革命工作呈现全国性的高潮，敌焰大降，民气大伸，群众称快。但新的问题随之出现：各地处决反革命总量很大，需要加以收缩；逮捕的大批反革命罪犯，亟待清理；镇反运动已开始出现“左”的倾向，急需纠偏。对此，1951年5月16日，毛泽东批转了《全国公安会议决议》，中央及时采取了调整措施：（1）降低判处死刑的反革命数量，控制在一定比例之内，在城市中杀反革命控制在千分之一的人口比例，对于没有血债、民愤不大的判处死缓，进行劳动改造，以观后效；（2）判处死刑的反革命分子以处决十分之一二为原则，判处死缓的和将捕人批准权一律收回地委专署一级，将杀人批准权一律收回省一级；（3）对于被镇压的反革命分子的家属一不搞株连，二必须留给家属足够生活的财产，三要加强教育，取得拥护；（4）为纠正错误，统一步骤，从县至中央的公安机关，下级每五天向上级报告一次镇反工作。

1950～1951年的镇压反革命运动，讲政治、讲政策、讲法律，很好地注意了应用法律武器巩固政权，特别是在总结政策和执行实践经验基础上制定专门成文法，并与《中国人民政治协商会议共同纲领》第7条相呼应。专门法律细致缜密、科学规范、易于实施。新中国成立初期的镇压反革命运动，是新中国成功的政治运动和法律实践，体现了我党建党30年来重视法制建设的思想理念。

新中国成立初期，司法培训实行师资培养与编写教材并举。此时期是法律教材与师资培养的探索时期。在新中国成立初期，我党一方面重视制定法律，另一方面注重教材编写与教师培养工作。1949年8月，谢觉哉在《司法工作报告》中指出：首先，要做司法工作或其他行政工作的干部，懂得人民民主专政的法律是什么。其次，旧时代学法律的有学问、有正义感的人，只要他们接受训练、改正观点，一样可以为人民服务。因此，办法律培训班、办法律学校是我们教育方面新的课题。编写教材、造就师资又成为必须最先解决的问题。几个月来，一方面筹办政法大学、新法学研究；另一方面组织新法学研究会，设立编译社，介绍社会主义国家、新民主主义国家的法律。这两个工作（办学校与编写东西）正在同时进行。[①]

二、"司法改革运动"与第二届全国司法会议

1952年6月的政法干部训练会议和之后的司法改革运动，在我党司法教育史上具有特别的历史意义。新中国成立初期，鉴于新政权建立后对敌斗争的复杂政治形势，我党从1951年年底开始了"三反"运动，针对运动中发现的问题，最高人民法院、司法部等部门于1952年5月对全国法院开展了工作巡查，发现了大量的人民法院组织不纯、作风不纯、思想不纯问题，甚至贪赃枉法，背离革命立场问题。尤其是旧司法机构留用人员问题严重。根据最高人民法院的调查报告，1952年全国法院共有28,000名司法工作人员，其中旧司法人员6000人，占法院人员队伍总数的22%。而且，这部分留用人员多数为专业人员，担任审判工作。但调查表明，旧司法人员中，除少数经过教育改造和人民司法工作实践，立场、思想、作风都有了根本转变；多数人缺乏思想改造意识，旧的立场、观点没有根本转变，旧的司法作风表现严重，是非不明，吸毒贩毒，奸淫妇

---

① 参见《谢觉哉文集》，人民出版社1989年版，第654页。

女,直至政治立场不分、敌我不分、贪赃枉法、敲诈勒索。

为了解决上述问题,1952 年 6 月,政务院政治法律委员会召开政法干部训练会议,确定了以"思想改造和组织整顿相结合"为方针,在全国法院开展整顿法院队伍的司法改革运动。这项运动是新中国成立初期,针对法院队伍建设存在的现实问题,进行清除旧司法制度影响的重大决策。运动的主旨是:从政治上、思想上、作风上、组织上,彻底改造与整顿司法机关,使各级司法机关保持高度纯洁性,使司法工作与党的方针政策保持一致。

司法改革运动,既是一次司法队伍组织清洗,更是一次大规模的思想政治教育活动。自 1952 年 6 月到 1953 年 2 月,在全国各大区、各级法院,司法改革运动的教育整顿工作持续了八个月,通过查摆问题、教育整顿,达到了纯洁司法组织的目的。全国法院共处理有问题人员 5000 余人,包括将反革命分子、贪污腐化分子清除出法院队伍,以及将旧司法作风严重人员调离法院队伍。

司法改革运动在纯洁了队伍的同时,强化了司法作风教育,在全体司法人员中深入开展了马克思主义国家观、法律观教育,列举了旧法观点和旧司法作风的种种表现。难能可贵的是,此次司法改革教育整顿紧密结合了当时的司法工作实际,在政治立场上结合了包庇反革命犯罪分子等司法表现,在思想上结合了剥夺妇女财产权、继承权等封建意识司法影响问题,在作风上结合了坐堂问案、缺少调查、孤立办案、推诿案件造成积案等司法作风问题,不仅对阶级异己分子进行了清除,更是教育了广大司法干部,树立了正确的司法政治观,强化了为人民司法意识,全面改进了司法作风,进一步密切了法院和群众关系。

在司法培训史上,1953 年 4 月召开的第二届全国司法会议集中说明了司法工作服务党和国家工作大局,既是我党司法工作的优良传统,更是人民司法工作的应有之义。第二届全国司法会议充分体现了人民司法工作的这一本质要求。

1953 年,党和国家的中心工作包括两项:经济建设上,党中央决定自 1953 年起开始大规模的、有计划的经济建设;政治上,党中央决定 1954 年召开第一届全国人民代表大会,1953 年全国由下至上实行人民代表选举。大规模经济建设需要良好的法制环境,需要化解社会矛盾,正确处理人民内部矛盾和敌我矛盾。人民代表选举需要司法的全方位保障和服务。

1953年4月11日至25日，政务院政治法律委员会召开了第二届全国司法会议，会议总结了新中国成立三年来的司法工作经验，为服务党和国家的上述中心工作，落实了中央关于用革命的法制实行人民民主专政的指示，确定了司法工作的中心任务，讨论了化解社会矛盾，解决案件积压问题和错捕、错押、错判问题，研究了司法保障人民选举工作方案。

会议再次就人民司法工作的政治性质强调指出：人民司法工作是具有很强的思想性和政治性的工作，必须有工人阶级政党的坚强领导，必须掌握在忠实于国家和人民利益的干部手里；人民司法工作者必须站稳人民的立场，不断地学习马克思列宁主义、毛泽东思想的理论，学习并遵照党和国家的政策法令，按照群众路线和实事求是的作风，采取最便利于人民的工作方法，才能胜利地完成自己的光荣任务。

同时，会议明确指出，当前司法工作的中心任务是：继续同敌人的暗害破坏行为作斗争及其他一切违反国家法令和危害人民利益的行为进行坚决的斗争，以进一步巩固人民民主专政；“从司法方面保障国家经济建设工作和全国及地方各级人民代表大会选举工作的顺利进行”；积极清理和逐年减少积压的案件，认真检查和处理过去一个时期各级人民法院错捕、错押、错判的案件。

按照第二届全国司法会议要求，从1953年下半年至1954年上半年，各地人民法院重点开展了查案工作、清案工作、建立普选人民法院处理有关普选案件三项重点工作。有关查案工作，经清查处理，错判案件占已决案件的5%～10%。凡是错判的均予以改判纠正，并向当事人及家属认错道歉；凡错捕、错押的，均立即释放。有关清理积案工作，各地法院积极清案，到1953年年底连同新收案件共处理了200多万件民刑事案件，同时注意了清案工作和加强人员补充、制度建设相结合，全国法院通过选调、培训，补充了一万余名法院干部。有关保障服务选举工作，1953年年底共建立普选法庭7889个，受理普选案件17万件，其中选民资格案件约占89%。

党和国家领导人带头继承党的司法工作优良传统，调查研究，实事求是，依法办事，以实际行动教育干部，指导司法工作。1955年，甘肃宕昌县一个四人被判处死刑、一人被判处无期徒刑、两人被判处长期徒刑的“现行反革命案件”，在甘肃引起强烈反响。当年，甘肃大旱少雨，地里的庄稼几乎快要枯死。

当地的农民盼雨心切,便成群结队地拜天求雨。当地干部认为这种做法是封建迷信,出面强行制止,于是干部与群众发生了纠纷,一名乡文书被打。事情反映到省委,正值全国进行第二次肃反运动,甘肃省有关负责人未做深入调查研究便作出决定,将求雨事件中的四个农民判处死刑、一人判处无期徒刑、两人判处长期徒刑。1955 年 10 月 4 日,时任最高人民法院院长的董必武在兰州听取甘肃省政法部门负责人工作汇报,详细了解了事情的起因、案情,董必武严肃地指出:农民有封建迷信思想,只靠政府下命令,强行干涉是不行的。天不下雨,庄稼枯萎,农民急得要死,干部强行干涉挨了打,这怎么能算是反革命活动?怎么能判处死刑和徒刑?董必武对甘肃省政法部门负责人强调指出:办案要特别注意两个界限,一是弄清有罪还是无罪,不能把无罪的判成有罪;二是要弄清该杀不该杀,不该杀的杀了就严重。董必武当场要求:"有反必肃,有错必究",并书写了一副对联:"提高警惕,肃清一切特务分子;防止偏差,不冤枉一个好人。"随后,甘肃省有关负责人组织了省、地、县三级工作组对此案进行了调查,由省法院作出裁定,除一人判处劳役半年外,其余六人宣布无罪释放。同时,武都县另外一起与宕昌县案件相似的案件,也得到纠正。

三、新中国第一部法律:婚姻法的宣传教育培训工作

新中国成立后颁布的第一部法律,是 1950 年 4 月 13 日中央人民政府委员会审议通过、毛泽东主席签发命令、1950 年 5 月 1 日施行的《中华人民共和国婚姻法》,全文共八章二十七条,从新中国第一部法律的立法精神、承继关系、实施情况分析,可以进一步总结我党的法制工作规律和司法培训优良传统。

第一,新中国百废待兴,但第一部法律未直接涉及国家政治制度、经济制度,而是聚焦社会婚姻家庭制度,一方面是婚姻法的起草工作早在新中国成立前就已开展、我党此前婚姻法规政策较为成熟,另一方面体现了我党重视人民群众的新生活、新道德、新风尚建设。1950 年 5 月 1 日中共中央发布的《关于保证执行婚姻法给全党的通知》指出:正确地实行婚姻法,不仅将中国男女群众——尤其是妇女群众,从几千年野蛮落后的旧婚姻制度下解放出来,而且可以建立新的婚姻制度、新的家庭关系、新的社会生活和新的社会道德,以促进新民主主义中国的政治建设、经济建设、文化建设和国防建设的发展。

第二,新中国婚姻法不是凭空而来,而是我党历史上法规政策理念的直接继承。新中国婚姻法第一章第1条明确规定:“废除包办强迫、男尊女卑、漠视子女利益的封建婚姻制度,实行男女婚姻自由、一夫一妻、男女权利平等、保护妇女和子女合法利益的新民主主义婚姻制度。”这些基本原则继承了中央苏区、抗日战争和解放战争时期革命根据地的婚姻制度精神,继承了1931年毛泽东签发的《中华苏维埃共和国婚姻条例》有关婚姻自由、男女平等、一夫一妻等婚姻法律基本原则。

第三,新中国婚姻法的继承和发展关系。1939年4月4日陕甘宁边区政府公布施行的《陕甘宁边区婚姻条例》,共五章二十二条,包括总则、结婚、离婚、婚姻与子女及财产之关系、附则等基本规定与章节条款,以及陕甘宁边区政府1942年12月公布的共19条的《陕甘宁边区婚姻暂行条例第二次修正草案》,都成为新中国婚姻法的直接法律来源。同时,新中国婚姻法根据新的国情民情以及新民主主义社会建设需要,增加了新的法律内容,更加彻底地对封建婚姻制度及家庭关系进行了全面改造,是中国共产党推进民主建设和社会改造的基本法律之一。

第四,新中国婚姻法的宣传和实施,是党中央直接领导部署的重大工作。婚姻法公布实施后,不仅中共中央下发了保障执行婚姻法的专门通知,《人民日报》等新闻媒体广泛持久宣传,动员社会全民守法,中央还开展了婚姻法专项执法督查。1951年年中,中央人民政府派出四个检查组奔赴全国,进行了为期两个月的婚姻法执行情况检查,深入了解法律贯彻过程中的主要问题,督促、指导各地对违反婚姻法执行的拖延、压制、干涉离婚、结婚违纪问题,以及破坏婚姻法刑事犯罪依法依规进行处置。

第五,建立对违反婚姻法执行问题的综合治理体系,司法解决只是其中一环。新中国婚姻法执行一年多,得到了广大人民群众的热烈拥护,但也存在严重的干涉婚姻自由行为。据不完全统计,各地妇女因婚姻不能自主而被杀或被迫自杀的,中南区一年来有一万多人,山东省一年来有1245人。政务院总理周恩来在《切实执行婚姻法,保护妇女合法权益》一文中强调:“这些数字必须引起各级人民政府严重的警惕。各级人民政府对此严重情形绝对不应容忍。”为此,周恩来总理提出建立贯彻执行婚姻法的综合治理体系:(1)提高认识,加强教育。各级人民政府“应教育干部，尤其是区、乡、村（街）级干部和司法干部，认真地学习《中华人民共和国婚姻法》”。要认识到：婚姻法的执行是一项艰巨的社会改革，必须经过经常的、有系统的思想斗争和法律斗争才能贯彻落实。（2）严格执法，以案释法。“各级司法机关与婚姻登记机关在处理婚姻事件时，必须严肃负责，遵守婚姻法的规定，并应通过具体事例加强对婚姻法的宣传”，对于有教育意义的严重案件，应充分准备后举行公审。（3）干部带头，全员守法。“各级人民政府、人民解放军、各民主党派和人民团体的每个干部都应认识到：能够认真坚决地执行婚姻法……是自己在政治上是否愿意彻底反对封建主义的严重考验，也是能否严格地遵守人民政府法令的严重考验”。（4）政府牵头，追究责任。各级人民政府必须把婚姻法的贯彻执行“当作相当长时期内经常的重大政治任务，并领导司法、民政、公安、文教等机关与各民主党派、各人民团体通力合作”，依法制裁犯罪。“今后如有妇女因婚姻问题得不到婚姻法所赋予的权利与保护而被杀或自杀者，区、乡、村（街）级的主要干部，首先应负一定责任。”①

第六，自上而下、自中央到地方，将执法工作当作党和政府的本职工作。政务院总理周恩来 1951 年 9 月发布的《中央人民政府政务院关于检查婚姻法执行情况的指示》强调：本指示下达后，省以上各级人民政府应即督促所属司法、民政、妇联、文教等部门并邀请协商机关及各民主党派和各人民团体参加，进行执法检查，查处杀害妇女或逼致妇女自杀的严重违法案件。“各省、市人民政府应将此项检查结果于十二月底以前向中央人民政府政务院做专题报告。本年内各级人民代表会议及其协商委员会或常务委员会开会时，必须进行一次关于婚姻法的宣传和执行情况的报告和讨论，并将讨论结果按级上报。”

新中国成立初期，在婚姻法学习、宣传、教育培训活动之后，另一场更大规模的新法律颁布、学习、宣传、培训活动随之而来。

四、新中国第一部宪法的宣传教育培训工作

继婚姻法宣传教育活动之后，在这一历史时期，新中国最大的法制事件，是

---

① 《周恩来选集》（下卷），人民出版社 1984 年版，第 55～60 页。

《中华人民共和国宪法》的制定与实施。

1954年9月15日至28日，中华人民共和国第一届全国人民代表大会第一次会议在北京召开。第一届全国人民代表大会第一次会议审议通过了《中华人民共和国宪法》，它是新中国第一部宪法，继承了《中国人民政治协商会议共同纲领》的正确原则，规定了国家的政治、经济、立法和司法制度，是新中国社会主义制度建设的重大成果。这次会议还通过了《中华人民共和国人民法院组织法》，对人民法院的性质、任务、体制、组织机构、审判原则、审判制度等都作了明确规定，组织法的颁布实施标志着人民法院新的架构、实行的审判制度和依法开展审判活动的新阶段。会议选举无产阶级革命家、法学家，中国人民司法制度的主要奠基人之一董必武为最高人民法院院长。

第一届全国人民代表大会通过的《中华人民共和国宪法》(以下简称五四宪法)具有以下特点：

第一，五四宪法是广大人民意志的充分体现。中央人民政府委员会1953年1月13日就成立了以毛泽东同志为首的宪法起草委员会。宪法起草委员会在1954年3月接受了中国共产党中央委员会提出的宪法草案初稿，随即在全国征求了社会各界人士约8000人的意见，用两个多月的时间对这个草稿进行了研究修改。在此基础上修改后的宪法草案，由中央人民政府在1954年6月14日公布，交付全国人民讨论，全国共有1.5亿人参加讨论，提出了许多修改补充意见。宪法起草委员会再度修改，提交1954年9月9日中央人民政府委员会第三十四次会议通过，再提交中华人民共和国第一届全国人民代表大会第一次会议审议通过。

第二，五四宪法是中国人民一百年来英勇斗争历史经验的总结，也是中国近代关于宪法问题和宪制运动历史经验的总结。1840年以后，中国丧失了独立地位。在甲午战争中中国战败以后，以康有为为首的改良派的变法运动遭受失败。以孙中山为首的革命派，坚决主张经过革命来实现他们所期望的民主宪政，爆发了具有伟大历史意义的辛亥革命，推翻了清朝统治，结束了中国两千多年的封建帝制。诞生了中华民国和以孙中山为首的革命的南京临时政府，颁布了具有资产阶级共和国宪法性质的临时约法。辛亥革命使民主共和国的概念深入人心。之后辛亥革命失败，反对北洋军阀政府的斗争失败。抗日战争胜利后，1946年6月，国民党政府发动全国内战，是年11月至12月，国民党违反政协协议，包办了国民大会，通过了所谓的《中华民国宪法》。伪宪公布不到三年，国民党政府垮台。

五四宪法是工人阶级领导的、以工农联盟为基础的人民共和国宪法，既是百年中国人民革命斗争经验的总结，也是中华人民共和国成立五年来历史经验的总结。1949年，中国人民政治协商会议制定了具有临时宪法性质的共同纲领。共同纲领总结了人民跟根据地的经验，宣告了中华人民共和国的成立，确定了中华人民共和国的基本政策。新中国五年来的实践表明，从复杂的经济结构社会过渡到单一社会主义经济结构社会，由新民主主义社会过渡到社会主义社会，是中国社会唯一正确的发展道路。

同时，五四宪法也吸收了国际社会主义运动的经验，参考了苏联的前后几个宪法，以及其他各民主主义国家的宪法，结合了中国的经验和国际的经验。

第三，五四宪法用根本法的形式规定了我国过渡时期的总任务："从中华人民共和国成立到社会主义社会建成，这是一个过渡时期。国家在过渡时期的总任务是逐步实现国家的社会主义工业化，逐步实现对农业、手工业和资本主义工商业的社会主义改造。"从1953年起，我国已经按照社会主义目标，进入有计划的社会主义经济建设时期。

第四，五四宪法规定了国家性质："中华人民共和国是工人阶级领导的、以工农联盟为基础的人民民主国家。"同时规定，在我国人民民主制度下，还存在个体手工业、其他非农业的个体劳动者、民族资产阶级、广泛的人民民主统一战线。五四宪法规定了过渡到社会主义社会的步骤问题："中华人民共和国依靠国家机关和社会力量，通过社会主义工业化和社会主义改造，保证逐步消灭剥削制度，建立社会主义社会。"五四宪法规定了我国人民民主的政治制度和人民的权利义务："中华人民共和国的一切权利属于人民。人民行使权利的机关是全国人民代表大会和地方各级人民代表大会。"五四宪法规定了民族区域自治、各民族平等，各民族都有使用本民族语言文字的自由，都有保持或者改变自己风俗习惯的自由。

五四宪法是什么性质的宪法？是新民主主义性质的宪法，也是社会主义性质的宪法，准确地说：是社会主义过渡阶段的宪法。在1954年的历史阶段，在社会生产结构中既有公有制的成份也有私有制的成份；在社会阶级结构中，既有工农阶级的成份也有资产阶级的成份；在国家法律的保护层面，既有社会主义建设目标的既定道路，也有保护民族资产阶级利益、逐步实行“一化三改”目标的法律规定。刘少奇 1954 年 9 月 15 日在《关于中华人民共和国宪法草案的说明》中指出：在我国，这个时期也叫新民主主义时期，这个时期在经济上的特点，就是既有社会主义，又有资本主义。但不能保持这种状况，社会主义和资本主义两种生产关系不能并存。中国不变成社会主义国家，就变成资本主义国家。所以，必须制定新宪法，向社会主义过渡，而不是继续保留和执行共同纲领。①

第一届全国人民代表大会的召开，结束了自 1949 年 9 月至 1954 年 9 月 5 年间中国人民政治协商会议代行全国人民代表大会职权的历史任务，从此，全国政协不再是最高权力机构，而变成在中国共产党领导下，团结全国各民族、各民主党派、各人民团体、国外华侨和其他爱国人士的人民民主统一战线组织。第一届全国人民代表大会第一次会议审议通过了《中华人民共和国宪法》和其他系列法律，包括《中华人民共和国国务院组织法》《中华人民共和国人民法院组织法》《中华人民共和国人民检察院组织法》《中华人民共和国地方各级人民代表大会和地方各级人民委员会组织法》《中华人民共和国现行法律、法令继续有效的决议》。会议还选举产生或决定产生了中华人民共和国第一届国家主席毛泽东，第一届全国人民代表大会常务委员会委员长刘少奇，第一届国务院总理周恩来，选举了最高人民法院院长董必武、最高人民检察院检察长张鼎丞。

第一届全国人民代表大会第一次会议是新中国法制建设的里程碑，不仅以国家最高权力机构、最高立法机构全国人民代表大会为核心的新的国家政体开始运行，而且国家机构系列组织法颁布实施。《中华人民共和国现行法律、法令继续有效的决议》规定，所有自 1949 年 10 月 1 日中华人民共和国成立以来，由中央人民政府制定、批准的现行法律、法令，除同宪法相抵触的以外，一律继续有效。1954 年 9 月底起，学习新宪法新法律，贯彻新宪法新法律，在政治上、

---

① 《人民日报》，1954 年 9 月 16 日。

社会上动员全国人民力量投入社会主义过渡期建设,形成了立法、司法、守法、普法相结合、大发展的新面貌。

有关五四宪法等法律颁布后的法律实施与贯彻问题,刘少奇强调:我国宪法的颁布,是全国各族人民长期共同奋斗所取得的一个胜利成果。并不是说,宪法公布以后,宪法所规定的任何条文都会自然而然地实现起来。“宪法给了我们目前的奋斗以根本的法律基础,它在我们国家生活的最重要的问题上,规定了什么样的事是合法的,或者是法定必须执行的,又规定了什么样的事是非法的,必须禁止的。”在宪法公布以后,违反宪法规定的现象并不会自行消灭,但是宪法给了我们一个武器,使我们能够有效地为消灭这些现象而斗争。宪法的意义是伟大的,我们只有经过不断的努力学习,经过艰苦的奋斗和顽强的工作,才能实现宪法交给我们的伟大任务。①

五、人民法院组织法与第三届全国司法会议

第一届全国人民代表大会第一次会议通过的《中华人民共和国人民法院组织法》,是确定我国现行法院组织制度与审判制度的最早法律。(1)按照五四宪法规定,人民法院不再按照《中国人民政治协商会议共同纲领》和《人民法院暂行组织条例》规定属于政府的下属部门,而是依法独立出来成为与同级政府并列的自成体系的司法机关。(2)人民法院组织法确定了人民法院的四级两审制,确定了地方法院分为基层人民法院、中级人民法院、高级人民法院三级,并根据需要设立军事法院、铁路运输法院、水上运输法院等专门法院。(3)人民法院组织法继承了巡回法庭方便群众诉讼的优良传统,规定基层人民法院根据具体情况可以设立人民法庭。(4)人民法院组织法确定了“国家的审判权由人民法院统一行使”“人民法院独立进行审判,只服从法律”“一切公民在适用法律上一律平等”“民族平等”等审判工作原则。(5)人民法院组织法确定了“公开审判制度”“辩护制度”“人民陪审员制度”“合议制度”“审判委员会制度”“回避制度”“审判监督制度”等各相关审判制度。其中,人民陪审员制度确定了人民陪审员在审理案件时与审判员有同等权利;合议制度确定了合议庭

---

① 参见《刘少奇选集》(下卷),人民出版社1985年版,第169～170页。

是人民法院的基本审判组织；审判委员会制度确定了审判委员会这种中国特有的审判组织形式，规定其是人民法院内部对审判工作实行集体领导的审判组织。

宪法和人民法院组织法颁布后，最高人民法院在全国法院系统展开了学习法律、培训法律、宣传法律、遵守法律、执行法律、落实法律的教育培训热潮。

1954年11月，最高人民法院和司法部联合召开学习和贯彻人民法院组织法的司法工作座谈会。司法部部长史良致开幕词，董必武院长作重要讲话，司法部副部长魏文伯就人民法院组织法进行授课。会议讨论了学习、宣传、落实人民法院组织法的基本方案，确定了“认识一致、解释一致、行动一致”的工作要求和“由上而下、层层带头、点面结合、积极推进”的工作方针。会议指出：树立依照法律进行审判的思想，是落实人民法院组织法的关键。司法座谈会后，各高级人民法院和司法厅（局）都先后召开会议学习、培训、落实人民法院组织法。通过学习，司法干部的法制观念普遍加强，办案质量普遍提高。①

对于人民法院组织法的立法精神与贯彻执行，已当选最高人民法院院长的董必武强调指出：设立公开审判制度、辩护制度、人民陪审员制度、合议制度、审判委员会制度等各项审判制度的目的，就是防止错判，“过去各地人民法院处理过不少案件，是有成绩的。但其中有错判，错判就是对人民不利。我们要防止错判，减少错判，就必须建立各种制度来保证”。②

1956年2月20日至3月7日，最高人民法院、司法部联合召开第三届全国司法会议。这次会议既是对1955年肃清反革命分子斗争的回顾与总结，又是人民法院组织法实施以后实战经验与问题的回顾和总结。针对反革命残余势力破坏社会主义建设和社会主义改造活动有所反弹的情况，1955年5月14日，中共中央发布了《关于全党必须更加提高警惕性，加强同反革命分子和各种犯罪分子进行斗争的指示》，要求对于一切反革命分子和各种犯罪分子破坏活动的行为，必须坚决从严打击。1955年5月26日，最高人民法院、司法部联合召开座谈会，研究部署肃反运动，提出了肃反审判工作“正确、合法、及时”的

---

① 《当代中国的审判工作》（上），当代中国出版社1993年版，第51~60页。

② 《董必武选集》，人民出版社1985年版，第363页。

工作要求。董必武在座谈会上强调:镇压反革命和执行人民法院组织法没有矛盾,那种认为执行人民法院组织法镇反就会不及时了的观点是错误的,对反革命分子和各种犯罪分子作斗争与执行人民法院组织法、改善审判作风是完全一致的。事实证明,在肃反活动初期,还确实发生了一些法院忽视法律明确规定的审判程序,将侦查、起诉、审判"一揽子"包干到底,不严格执行公开审判、辩护、合议、上诉制度的错误做法。

在第三届全国司法会议上,最高人民法院作了《关于一九五五年肃清反革命分子斗争审判工作经验的初步总结》工作报告。报告总结了肃反运动的重大成绩,指出了审判工作中的严重问题,按照中央要求,提出了今后对于反革命分子实行宽一些的政策,实行"少杀长判"政策,少杀一些,多判长期徒刑或较长期徒刑。可捕可不捕的不捕。彭真副委员长到会讲话,阐述了我国对农业、手工业、资本主义工商业的社会主义改造已经基本完成,国内阶级矛盾已经基本解决,这是中央决定对于反革命分子实行宽一些政策的政治形势基础。在第三届全国司法会议上,彭真副委员长提出了"以事实为依据,以法律为准绳"办案原则,要求人民法院审判工作予以遵行。

第三届全国司法会议上提出的"以事实为依据,以法律为准绳"的办案原则,不仅对于20世纪50年代的肃反斗争具有统领作用,而且对于之后长期的人民法院司法审判工作,都产生了十分深远的历史意义。

第四节　符合国情的新中国司法培训制度基本成型

一、新中国司法培训制度的基本理念

新中国成立初期,在中国共产党的领导下,新中国司法制度根据马克思主义基本原理,结合中国实际、继承我党历史经验、参照苏联既有经验,边废边立、废立结合,在很短的时间内形成了具有中国特色、行之有效的制度体系。人民法院教育培训制度是其中的重要组成部分,伴随着人民法院队伍建设熠熠闪光。

第一,发扬党的优良传统,教育培训工作是队伍建设的前提条件。思想教育优势是我党干部队伍建设的优良传统。干部队伍在,教育培训工作就在。人民法院建设的先提条件,是人民法院队伍建设。早在新中国成立前,解放区法院就开始分批次开展人民司法队伍的干部教育培训工作。大连关东高等法院1948年9月和1949年6月先后举办两期司法训练班,培训学员158人,学员均从社会上招收,毕业后由法院分配工作。1950年1月20日,东北人民政府司法部举办司法干部轮训班,轮训市、县人民法院院长、审判员、助审员,共600余名干部参加轮训。1950年12月1日至1951年1月1日,江西省人民法院接受了100余名年轻的、来自统战部门保送到人民法院工作的干部和一部分向省内各人民法院登记的原中华民国时期的司法人员,这批年轻人年龄在18岁以上35岁以下,具有高中毕业文化程度、历史清白、身体健康、无不良嗜好。江西省人民法院对这批新录用人员集中开展了一个半月的政策、法令学习培训,结业后统一分配到全省各级人民法院工作。

第二,学习新法律、培训新法律是人民法院教育培训工作的主体任务。新中国成立初期,是立法、司法、执法普法的迅速发展时期。出于新政权建设需要,在开展强大、集中的政治教育同时,各地法院也开展了相关法院业务培训。在江苏法院建设中,1949年9月到1950年2月,苏南行署举办了两期苏南司法干部训练班。1950年下半年,苏南各地纷纷举办各种形式的司法干部短期轮训班。1950年冬,苏北人民法院南通分院举办两期人民法庭训练班,轮训人民法庭审判员、调解助理、民政助理、公安助理等计58人。新中国成立初期,江苏各地法院选派县法院院长以上干部去华东司法部轮训,选送部分工农干部去速成中学或文化补习班学习。这些接受培训的司法干部迅速成长为江苏法院的第一批审判业务骨干。

第三,应急性短训与建立正规院校开展系统教育相结合。为了造就大批新民主主义建设和社会主义建设专门人才,单单举办应急性的短期训练班是不够的。中央强调要高度重视专门院校的建设、专门院校的培养教育。1954年7月9日,邓小平在政务院第221次政务会议讨论教育工作时指出:“现在我们是搞建设,干部已成为决定性的因素。我们干部的状况是,一方面不够用,另一方面又有浪费。要充分发挥现有干部的作用,同时要培养大批各方面的建设人才。政务院许多部门的领导人，他们注意抓生产，抓基本建设，这是对的，但是对培养干部重视不够，这主要表现在对自己所管的学校注意的很差。殊不知办好学校，培养干部，才是最基本的建设。现在，有的部门已有几十万员工，几十所学校，他们不去办好这些学校，却总是希望从外面调人。应该主要靠自己培养干部。""办好学校，培养干部，才是最基本的建设"，这一闪光的干部教育理念，与我党十八大后中共中央印发的《2013～2017 年全国干部教育培训规划》重申的"干部教育培训是建设高素质干部队伍的先导性、基础性、战略性工程"理念，一脉相承。

第四，"三反""五反"运动所体现的法律与政治统一关系。新中国成立初期的"三反""五反"运动，是对尚在建设中的人民法院政治思想素质建设的一场考验。新中国成立初期，一些不法资本家为牟取暴利，利用经济手段、资产阶级生活方式拉拢、腐蚀新政权的党政干部。在其侵蚀、影响下，政府机关中贪污、浪费、官僚主义现象严重，有的干部甚至堕落变质。为此，中央决定自 1951 年 12 月起至 1952 年 10 月结束，在党政机关人员中开展"反贪污、反浪费、反官僚主义"的"三反"运动。根据"三反"中发现的问题，又在私营工商者中开展了"反行贿、反偷税漏税、反盗骗国家资财、反偷工减料、反盗窃国家经济情报"的"五反"运动。"三反""五反"既是一场政治运动，积极有序运用法律武器打击犯罪，这场运动有力打击了资产阶级不法分子与国家机关里的贪污腐化分子相互勾结、猖狂从事各类犯罪活动的严重情况，为实现新中国对资本主义工商业的社会主义改造打下了坚实基础；"三反""五反"运动也是新中国建设初期人民法院利用法律武器开展的一场专项斗争，对尚在建设中的人民法院队伍的政治思想建设、司法理念建设，都具有积极的探索与促进意义。

第五，执法者普法，"守法"教育是人民法院教育培训工作的应有之义。新中国成立初期，是共和国全民"守法"教育的黄金时期。"守法"思想教育是新中国成立初期人民法院教育培训工作乃至国家工作人员、全体公民法制教育的主要内容，也是新中国法律制度建设时期法制文化的鲜明特色。董必武指出：要培养群众守法思想，首先要政法干部、国家机关工作人员、党员领导干部做守法表率，"要使群众守法，首先就要求国家机关工作人员，特别是领导者以身作则”。[①] 在1954年党的第二次宣传会议上，董必武专门讨论了“培养人民群众的守法思想问题”，强调“我们的人民民主专政的政权要想办法使人民从不信法、不守法变成信法、守法，这虽然是比较困难的任务，但是我们必须完成这个任务”。[②]

董必武对新中国成立后，部分群众法治意识淡漠的历史根源与社会根源进行剖析，进而阐释法制教育的必要性，到现在都具有现实意义：第一，“人民对旧的统治者的反动法律是仇视和不信任的”，这种心理一直延续到了新中国成立后。第二，新中国成立初期开展的一系列群众运动使人们养成了不尊重法律的心理习惯，“‘三反’、‘五反’、思想改造、民主改革这些大规模的群众运动，对我们政权的巩固是起了很大的作用的，但也有副作用。因为群众运动不是完全依靠法律的，甚至对他们自己创造的表现自己意志的法律有时也不太尊重”。[③] 第三，“我国社会各阶级中，小资产阶级占绝大多数。我们党的成员最大一部分也是小资产阶级出身的人。”“轻视一切法制的心理对小资产阶级是容易投合的。小资产阶级的思想也容易和无政府主义的思想相投合。”[④]鉴于此，必须加大法制教育宣传力度，“必须号召人民自动地遵守宪法和法律”。[⑤]

第六，建立马克思主义主导的、符合本土国情的教育培训模式。新中国成立初期，人民法院教育培训工作建立在马克思主义的科学基础上，在探索中迅速发展完善。新中国成立初期的教育培训在指导思想、办班理念、教学计划、学习方式上都具有相当的参考和传承价值。1950年7月第一届全国司法会议后，9月27日，湖南省人民法院报经湖南临时省政府批准的《湖南省司法干部轮训班第一期教学计划》，在教育内容上，突出政治理论教育兼顾审判业务学习：“政治理论学习以社会发展史、历史唯物主义和国家革命史为主要材料，重点放在国家、社会、法律三个主要观点上。政策业务学习，主要以全国司法会议为内容，并学习人民法庭的一切材料，联系学习新民主主义的各种基本政策、法

① 《董必武法学文集》，法律出版社2001年版，第222页。
② 《董必武法学文集》，法律出版社2001年版，第195页。
③ 《董必武法学文集》，法律出版社2001年版，第196页。
④ 《董必武法学文集》，法律出版社2001年版，第350页。
⑤ 《董必武选集》，人民出版社1985年版，第345页。

令、法律。司法业务要研究民刑事案件的一般具体问题。”在学习阶段上合理布局，政治学习与业务学习穿插、集中培训与业务实习结合：“学习时间定为两个月。社会发展史（社会观国家观法律观）以两个星期时间学完。以两个星期时间学习全国司法会议文件和会议报告精神。以一个星期时间学习人民法庭工作和有关材料。以一个星期时间学习民刑事案件的一般具体问题以及业务实习。最后一个星期作思想总结和鉴定。”在学习方式上强调问题意识、自学为主、研讨互助：“轮训以个人阅读、小组讨论为主，以听报告为辅。小组讨论在于互相帮助互相启发。讨论要结合个人思想和工作，避免漫谈式或座谈式，要组织大家展开讨论，求得真理。小组讨论会上没有解决的问题，应提交班、部，根据情况全班讨论解决。”在培训对象上提出教育培训区别对待：“轮训班吸收一部分在法院工作过的旧人员予以训练，以改造思想为主、学习业务次之。”①

第七，教育培训突出政治学习与革命立场教育。1949 年 11 月至 1950 年 2 月，江西省人民法院开办新入职法院工作人员训练班，经考试录取的青年学生、中小学教员和失业职员等 158 人参加培训，学习科目主要为政治时事、社会发展史、中国近代史、中国革命问题、论人民民主专政基本政策（约法八章、土地大纲、政权工作、经济政策、城市政策）。1951 年 5 月，江西省人民法院开办 169 人参加的为期 106 天的训练班，训练时间安排政治课 36 天，政策业务课 59 天，学员绝大部分为土改工作干部，其中年龄在 25 岁以下的占 67%，大专以上文化程度占 5.33%、高中文化程度占 26.06%。学习科目有社会发展史、论人民民主专政、中国人民政治协商会议共同纲领、婚姻法、土改法、工会法、人民法庭工作、刑事政策、审判工作等。学员通过学习，初步树立了革命人生观、新的法律观、国家观，认识了中国革命的性质、任务、动力和前途，懂得了一些法律专业知识。②

第八，建立每周学习日制度，将干警教育培训常态化，融于工作中。自 20 世纪 50 年代起，辽宁法院系统为提高法院干警业务素质，全省各级法院在职干

---

① 湖南省高级人民法院：《湖南省人民法院 70 年教育培训工作总结》，2019 年 8 月 9 日。
② 《江西分院教育培训资料》，2020 年 3 月 10 日。

部,普遍实行每周五半日业务学习制度,学习内容:党的方针政策和法律法令;马克思主义和毛泽东的有关著作;结合工作实际,总结审判经验。① 江西省人民法院从建院成立起,就把干部的在职自学作为一项制度坚持始终。每个星期二、星期五下午的自学时安排政治学习与业务学习。学习方法包括个人阅读、专题研讨、案例分析、知识竞赛、经验交流等。② 内蒙古各级人民法院在建立初期就制定了自学法律知识的制度,长期安排每周半天时间进行业务学习。建院初期主要学习中共中央有关审判工作的政策及法律,学习《最高人民法院试行组织条例》以及《内蒙古自治区人民法院试行组织条例》等。随着各项法律法规的陆续颁布,内蒙古各级人民法院及时安排足够的时间组织开展系统学习教育,并在审判实践中不断提高。③

第九,教育培训与法学理论研究相辅相成,相互促进。作为法学教育的基础配套工作,新中国成立初期的法学理论研究与出版工作在董必武的积极争取和直接主持下,也从零起步、蒸蒸日上。1953 年 4 月 22 日,在第二届全国司法工作会议期间,新中国成立了第一个法学学术团体:中国政治法律学会,董必武亲任会长。1954 年 5 月 1 日,该学会的会刊《政法研究》(《法学研究》前身)出版,这也是第一份全国性的法学刊物,董必武亲自撰写发刊词。1954 年 12 月 24 日,法律出版社成立。1958 年,中国科学院法学研究所(后来的中国社会科学院法学研究所)成立。在董必武的倡导下,各级政法机关普遍设立了政策和法律研究机构。自此,具有中国特色的法学理论研究蔚然成风,为人民法院教育培训工作打下了良好的理论研究基础。

二、马锡五关于新中国成立初期司法培训的若干思考

五四宪法和《中华人民共和国人民法院组织法》颁布后,全国各级法院按照最高人民法院的工作部署,系统组织、全面开展了新法的学习宣传、教育培训、贯彻落实工作。1955 年,总结对宪法和《中华人民共和国人民法院组织法》的学习贯彻情况,已任最高人民法院副院长的马锡五受董必武委托,一方面系

① 《辽宁省志·审判志》,辽宁民族出版社 2003 年版,第 182 页。

② 《江西分院教育培训资料》,2020 年 3 月 10 日。

③ 《内蒙古自治区法官教育培训工作概述》,2020 年 3 月 15 日。

统总结了革命根据地创建以来人民司法工作的实践经验，另一方面以革命的优良传统检视50年代初期的人民司法工作，对队伍建设和教育培训提出了以下要求：

第一，教育干部正确看待“既要合法，又要及时”的办案原则。新中国成立以后，针对对敌斗争的需要，中央指示，在同反革命分子作斗争时必须掌握“既要合法，又要及时”的原则。所谓“及时”就是要快，要跟上运动；所谓“合法”就是严格遵守程序，遵守法律规定。对于这个原则，法院干部中，“在合法问题上却有一种错误的取消主义倾向，认为‘及时就不能合法，合法就不能及时’，‘既要及时打击敌人，就不可能实行《人民法院组织法》规定的各项审判制度’，把实质上在于保证正确审理案件的程序却错误地理解为可有可无的手续。这种错误的观点不仅在法院干部中有，而且在其他有关部门的干部中也存在”。马锡五指出：个别地方采取“一揽子”的做法，这些观点和做法是错误的，必须认识合法与否的问题是在国家宪法和法院、检察院组织法颁布后遵守法律与违犯法律的原则问题。要做到“既要合法，又要及时”是有困难，正确的解决办法，“是在遵守国家法律的前提下，严密地组织力量，简化不必要的手续，改进工作方法，以提高工作效率。就是说，要把潜力挖出来，加快速度”。

马锡五强调：法院办案不能忽视程序，案件要有起诉书、实行公开审判、给予被告人辩护权，要实行合议制、落实公开审判、一审案件要准予上诉，要贯彻两审终审、加强责任制。“我们在合法问题上强调贯彻这些制度，首先是为了保证正确审判案件防止错判。我们办案就好比工厂生产一样，工厂有好多车间，每一车间都有一定的工序和操作规程。他们各有分工，同时也互相制约。一个车间发生了毛病，就会影响到其他车间的工作。”

第二，要注意总结审判经验，培养和提高干部尤其是领导干部总结审判工作经验的能力。“目前存在于各级法院的一个严重问题是不深入下层，不了解下情，不了解也不经常研究敌情。虽然忙忙碌碌办了不少案件，但因没有分析研究，加以总结，因而摸不清案件发生和发展的规律，抓不住问题的关键。”马锡五指出，1953年最高人民法院曾召开过总结审判经验的座谈会，成效很大，也引起了各地法院对总结审判经验工作的重视。会后收到不少各地法院的专报和典型案件的总结，既便于指导工作，也便于教育干部。马锡五指出，总结审判经验的意义在于:研究掌握社会动态,发现工作漏洞改进不足,积累办案经验提高办案效率,提供给立法机关参考意见,克服工作上的经验主义和保守主义,便于上级法院对下级的政策思想指导。

第三,要教育干部在政治思想上提高认识,改善审判作风。马锡五强调:“必须加强对干部的政治思想教育,提高干部的业务水平。在加强干部的政治思想教育方面,必须特别强调辩证唯物主义思想的教育,好的审判作风是辩证唯物主义在审判工作中的反映。坏的审判作风也就是资产阶级唯心主义思想在审判工作中的反映。”这是防止审判工作中主观臆断、先入为主、偏听偏信、轻信口供不重证据,工作粗糙、不依法办案,乃至诱供、骗供、刑讯逼供等“坏的审判作风”发生的思想基础,也是防止“造成错案,或者错了也不能得到纠正”的根本措施。

马锡五指出:中华人民共和国成立以来,各级人民法院审理了千万件以上的案件,其中绝大部分都是处理的正确的。“人民法院之所以能够对绝大多数案件处理的正确,是与正确的审判作风分不开的。这种正确的审判作风就是在审判工作中切实贯彻了从实际出发、依靠尊重、调查研究、实事求是、重证据不轻信口供(但必须查对口供)、反对逼供信等原则。”

马锡五阐明了司法审判工作和服务政权建设的辩证关系,阐明了党的政策是人民司法工作之魂的本质要求,指出:“人民法院是人民民主专政的重要武器之一,它的活动直接关系着国家和人民的利益,具有强烈的阶级性。”“在提高业务水平方面,首先应该使干部明白在社会主义革命过程中,人民司法工作的作用就是利用审判职能保护社会主义经济基础的巩固和发展。”具体地说,在农村就是保护农业合作化的顺利发展,在城市就是保护国家的社会主义工业化和对资本主义工商业社会主义改造工作的顺利发展。“在这个伟大的社会主义建设和社会主义改造过程中,要使审判工作跟上去,就要认真学习党的政策,学习法律,及时总结经验,克服保守思想和经验主义。”

第四,马锡五特别强调了对书记员培养培训的重要性。在《关于当前审判工作中的几个问题》一文中,马锡五用了将近一半的篇幅,列举了当前书记员工作中存在的问题,详细阐述了书记员工作的标准与要求。马锡五指出,目前书记员工作中存在的问题是比较严重的,主要体现在记录工作、卷宗整理、证据保管三个方面。其中,记录工作主要问题:要素不全、重要数据缺失、字迹潦草、无法客观反映审判过程;卷宗整理主要问题:装订混乱、缺失文件、装订不规范;证据保管主要问题:证据丢失、证据毁坏、证据归档不规范等。马锡五指出:书记员工作中的诸多问题,产生的原因"主要是不少同志对书记员工作的重要性认识不够。如有不少法院的同志认为书记工作只是一些无关紧要的手续工作,只要案子办的正确,记录的好坏,案卷怎样装订整理都没关系"。

在总结革命司法工作历史经验的基础上,有关书记员的工作性质,马锡五指出:"书记员工作并不是什么单纯事务性的工作。记录、整理卷宗、证据保管等工作,都直接与确定被告是否犯罪,适用法律是否正确和检查法院本身活动是否合法与有无依据有着密切的联系。书记员做好书记工作,是案件处理正确和迅速的必要条件,因此它与审判工作是密不可分的,是审判工作中一个重要的、不可缺少的组成部分。"①

三、党的八大召开,董必武总结新中国成立七年的法制工作

1956 年 9 月 15 日至 27 日,中国共产党第八次代表大会在北京召开。时任最高人民法院院长董必武在大会上作主旨发言,总结了新中国成立 7 年来的立法、司法和干部群众守法工作,表达了对法制工作中诸多问题的忧虑及对法制建设的深深期许,提出了法制工作的关键问题和方向要求。

第一,法律不完备的状况在新成立的国家内是不可避免的,但现在不能够再继续下去了。法律不完备的状态,在新成立的国家内是不可避免的,是会存在一些时候的。我们还缺乏一些急需的较完整的基本法规,如刑法、民法、诉讼法、劳动法、土地使用法。但是,现在无论就国家法制建设的需要来说,还是就客观可能性来说,法制都应当逐渐完备起来。法制不完备的现象如果再让它继续下去,甚至拖得过久,无论如何不能不说是一个严重的问题。

第二,对国家法制不重视、不依法办事问题客观存在,对建设社会主义损害较大。董必武指出,法制工作中一个严重的问题是:"我们有少数党员和国家工作人员,对国家的法制有不重视或者不遵守的现象,并且对于这些显现的揭

① 马锡五:《关于当前审判工作中的几个问题》,载《政法研究》1956 年第 1 期。

露和克服,也还没有引起各级党委足够的重视。”董必武强调:“不重视和不遵守国家法制现象的发生,既然有深厚的历史根源和社会根源,加以现在新干部数量很大,他们的经验较少,而我们对于宣传教育工作又做得很不够,所以对于这些现象我们就更不能等闲视之,必须努力设法加以清除。也许清除这种现象需要较长久的时间,但是现在如果不采取有效的办法着手清除,而等待以后去清除,那就给予我们建设社会主义的损害将会更大。我们国家法制是人民意志的体现,所以违反国家法制,就是违背人民的意志。”

第三,法制建设的基本要求是有法可依,有法必依。依法办事有两方面的意义:首先是必须有法可依,我们党应赶快把国家尚不完备的几种重要的法规制定出来,限期写出草案,经中央审核后提请立法机关审议制定;其次是有法必依。“今后对于那些故意违反法律的人,不管他现在地位多高,过去功劳多大,必须一律追究法律责任。”为了尽可能迅速地把我国建设成为一个伟大的社会主义国家,党就必须采取积极的措施,健全我们的人民民主法制。公安、检察、法院和一切国家机关都必须依法办事,这是进一步加强人民民主法制的中心环节。①

董必武在党的八大上的发言,是中国共产党的创建者之一和老一辈革命家、法学家对新中国法制建设的精辟论述和殷切希望。这个“依法办事”民主法制建设意见方案的付诸实施,整整迟到了20年。1978年12月13日,邓小平在中央工作会议上发表了《解放思想,实事求是,团结一致向前看》的重要讲话,与董必武的八大发言一脉相承,邓小平将董必武的“依法办事”“有法可依”“有法必依”要求总结为“有法可依、有法必依、执法必严、违法必究”的社会主义民主与法制建设目标,中国现代化建设中的民主与法制建设航船,自1978年党的十一届三中全会起,开始扬帆启航。

四、新中国成立初期,新中国司法培训体系的成功实践

新中国成立伊始,急需大批政法人才,干部教育培训机构建设被作为必要而急迫的问题提上议程。在新中国政法工作奠基人董必武的积极推动下,中共

---

① 《董必武年谱》,中央文献出版社2007年版,第466~467页。

中央十分重视政法人才培养工作。在国家层面，克服重重困难，在短短的几年内先后设立了中国政法大学、中国新法学研究院、中国人民大学、中央政法干部学校；在省一级建立了地方政法干部学校；在省法院层级，建设了司法干部训练班。承担政法干部教育培训培养以及与此任务相关的院校，通过分级培训、分类实施的制度体系，形成了多渠道培训干部、多层次培养人才的新中国政法干部教育培训机制体系。

第一，建设担负政法干部培养重任的中国政法大学与中国人民大学。1950年7月26日至8月11日，第一届全国司法会议召开。董必武在会上强调："为了加强法律工作，培养法律工作者便成为一个重要的工作。""加强培养法律工作干部，是我们党领导法律思想工作方面的迫切任务之一。"为培养培训政法干部，早在1948年8月4日，董必武就与薄一波、蓝公武、杨秀峰签署了《华北人民政府关于北平政法学院改为政法大学的决定》，成立中国政法大学并任命谢觉哉兼任校长。中国政法大学设立三个培训部：一部负责培训在职司法干部；二部负责教育改造旧司法人员；三部培养自愿学习法律的高中毕业生以及朝阳大学的青年学生。一部、二部学制半年，三部学制三年。由于旧司法人员太多，此后又专门成立了中国新法学研究院，专门承担培训和改造旧司法人员任务，沈钧儒为院长，谢觉哉、李达为副院长。董必武基于新中国成立初期的历史状况，客观地提出了新政权政法干部的组成来源：一是解放区从事政法工作和其他工作包括从事军事工作的同志；二是改造后吸收的旧司法工作人员；三是培养青年知识分子参加政法工作。[①]

新中国成立后，为培养具有马克思列宁主义素养和专业知识的新中国建设人才，中共中央决定以华北大学为基础，合并中国政法大学，调入华北人民革命大学部分干部，组建中国人民大学。1949年12月16日，中央人民政府政务院通过《关于成立中国人民大学的决定》。1950年10月3日，中国人民大学隆重举行开学典礼。中国政法大学结束办学工作，其一部、二部学员提前毕业，三部学员转入中国人民大学法律系继续学习。

第二，建设专门培训培养高级政法干部的中央政法干校。董必武在第一届

---

① 参见《董必武传》，中央文献出版社2006年版，第749页。

全国司法工作会议后提出,各地必须适当建立培训政法干部的专门基地,中央应设立中央政法干校,"一面训练在职干部,同时培养一部分政法教育工作的师资,并取得教学内容和教学方法的经验,以推动和协助各地对政法干部训练工作的开展",要求学员"初步懂得马列主义、毛泽东思想的国家观、法律观,初步懂得国家法令政策,并懂得如何去组织执行"。①

1951 年 7 月 20 日政务院批准了政治法律委员会拟定的《关于筹建中央政治法律干部学校的方案》。按照筹建方案,学校是中央一级的政治法律专业干部学校,同时兼具政治法律部门党校性质。各类培训班学制为 6 个月到 8 个月。培训对象主要为公安、检察、法院领导干部及旧院校的法学教授。培训目标强调提高受训学员的思想理论水平、政治觉悟水平、掌握并执行政策的能力,同时培养从事政法工作的教育干部。

中央政治法律干部学校是中华人民共和国第一所政法干部培训专门学校。1952 年 1 月 8 日,中央政治法律干部学校开学。此前,为轮训政法干部,成立了中央司法干部训练班。训练班与新法学研究院合并成为中央政治法律干部学校。学校设立培训一部、二部。培训一部举办各类高层次研究班,培训市处一级领导干部。培训二部举办普通培训班,培训县科级、法院院长级干部,同时举办师资培训班。培训二部培训规模较大,下设民政、司法、检察、军法四个系。培训学制为 6 个月到 8 个月。学校同时在东北、西北、中南地区设立分校。

中共中央高度重视政法干部教育培训工作,建校初期,学校领导班子高规格配备,学校由政务院政治法律委员会直接领导,彭真同志 1951 年 7 月至 1956 年 11 月兼任中央政治法律干部学校党委书记、校长。中央先后任命内务部部长谢觉哉、公安部部长罗瑞卿、司法部部长史良、最高人民法院院长沈钧儒、中央马列主义学院院长杨献珍、政务院政法办公室副主任陶希晋、政治学家张奚若、人民日报社社长吴冷西等人为副校长,聘请吴玉章、沈钧儒、谭平山、罗瑞卿、许德珩、曾昭抡、陈垣、艾思奇等为校务委员会委员,聘请苏联专家苏达里可夫为学校顾问。1954 年年底,政务院政治法律委员会撤销,中央政治法律干部学校转由高教部接管。1956 年 4 月至 1958 年学校由司法部领导。毛铎同志

---

① 《董必武政治法律文集》,法律出版社 1986 年版,第 162 页。

1956年11月接任彭真担任中央政治法律干部学校党委书记、校长。

1952年至1957年，中央政治法律干部学校培训了6000余名县团级政法干部，轮训了150余名省、部级政法领导干部，承担了东北、西北、中南三个分校的全部讲课任务，调配了300余名优秀毕业学员到中央政法机关工作，编写出版了新中国首部刑法、刑事诉讼法、民法、民事诉讼法教材。

第三，新中国成立初期，为全面实施地方法院干部的教育培训任务，全国各省级法院纷纷举办司法干部训练班开展法院干部培训。1950年7月1日，广西省人民法院借用南宁市黄花岗中学开办广西省司法训练班第1期，参加培训的学员近200人，培训时间3个月。学员大部分来自在职干部，也招收少量的社会青年学生和留用人员。培训的内容有社会发展史、国家和法的理论、刑事和民事法律理论、婚姻法和土地改革政策等。1950年9月30日，举办第2期训练班，参加培训学员100余人。1951年2月2日举办第3期训练班，参加培训学员449人。各期训练班培训时间3个月，培训学员结业后分配到各地人民法院工作。[①] 1951年8月，甘肃省人民委员会决定，甘肃省人民法院设立司法干部训练班；兰州西北民族学院设立司法系；西安西北大学设立法律专修科，轮训全省法院在职干部；各级法院分别利用当地的干部学校轮训在职干部。[②] 1951年10月15日，经福建省人民政府决定，福建省人民法院创办福建省司法干部训练班，全面开展全省法院干部培训工作。[③]

第四，针对队伍建设实际需要，建立文化补习、党和国家政策、法律知识学习的全方位教育培训机制。1949年12月，甘肃省各级人民法院干部551人中，大学文化程度的占6.9%，初高中文化程度的占74.1%，粗通文字的占19%，干部队伍整体文化水平不高，缺乏应有的法律知识。各级法院根据西北军政委员会“提高老干部、培养新干部、改造旧司法干部”的方针，针对干部来源，有所侧重地进行教育培训工作。从文化、业务方面提高老干部，从审判实践中培养新干部，从立场、观点上改造旧司法干部。无论是哪个渠道的干部，到法院后都要进行岗前短期培训，然后分配到各分庭、县市法院工作。采取多种形

① 《广西法院系统教育培训史和培训经验总结》，2020年3月20日。

② 《甘肃分院培训史料》，2020年3月15日。

③ 《福建省高级人民法院教育培训大事记》，2020年3月10日。

式加强学习和培训：组织干部学习党和国家的纲领决议、法律政策、时事政治；建立夜校、以会代训、专题讨论和业务学习制度，对干部进行政治思想、法律知识教育培训；根据干部的文化程度，组织不同程度的文化补习班，全省有60人次参加小学文化班的学习，874人次参加初中文化班学习，254人次参加高中文化班学习。分期分批抽调干部送往中央政治干部学校、西安革命大学、兰州革命大学、甘肃人民法院司法干部训练班和各地的干部学校，进行培训。主要学习苏联的审判经验、解放区的法规条例和军管会公布的法规法令。先后选送147名干部参加学习。省法院开设4期司法干部轮训班。共轮训干部415人。①

第五，开展专项委托培训，大规模培训培养干部。1951年10月6日，广西省人民法院委托广西省人民革命大学举办司法干部培训班，培训学员588人。该班学员于同年11月参加土改工作队，前往桂平县搞土地改革运动。1952年10月返校参加司法改革运动。1953年1～3月集中学习3个月，结业后分配到各地人民法院工作。1952年12月，广西省人民法院与省民政厅委托广西省革命大学继续举办司法训练班，培训学员600人，其中一半为司法班，一半为民政班。司法班的学员有各地人民法院保送的在职干部，有其他单位保送的司法干部，还有从社会招收的青年学生。学习内容包括社会发展史、政治经济学、国家和法的理论、刑事和民事法律理论、法院暂行组织条例、镇压反革命条例、婚姻法、审判业务等。学习时间为1年，结业后分配到各地人民法院工作。②

第六，各地法院干部培训培养工作，采取法院培训培养与选送高等法律院校进修相结合。后分配到各地人民法院工作。1953年以后，广西法院系统每年都选送一批法院的院长、副院长、庭长和审判员，到中南民族学院等院校举办的司法班学习，时间为半年至一年。③ 1954年，江西省全省法院系统先后分两批选送160名干部到中南政法学院学习，每批学习半年。1958年9月，全省法院系统选送审判员、助理审判员、书记员共50人到省行政学院司法训练班学习一年。时间安排为政治理论课占75%，法律专业课占25%。学习科目有马克

① 《甘肃分院培训史料》，2020年3月15日。

② 《广西法院系统教育培训史和培训经验总结》，2020年3月20日。

③ 《广西法院系统教育培训史和培训经验总结》，2020年3月20日。

思主义哲学、政治经济学、无产阶级专政理论、人民法院的性质和任务、司法工作绝对服从中国共产党的领导和审判工作为党的中心工作服务、司法工作与劳动生产相结合、怎样当好审判员、书记员等课程。①

第七，着手规划法院干部全员轮训和分类别培训。1950 年 3 月前后，内蒙古自治区各级人民法院相继成立。到 1954 年，自治区人民法院共通过司法训练班举办干部轮训班 6 期，每期 3 个月，轮训干部 614 人。绥远省人民法院（1954 年 6 月 19 日中央人民政府批准将绥远省划归内蒙古自治区，撤销绥远省建制）共举办各类轮训班 6 期，培训学员 360 人，其中检验人员 62 人，旗县人民法院审判员、书记员 122 人，转业军人 40 人，新服役的工农积极分子 136 人。② 1953 年，根据全国政法干部轮训会议精神，总结法院干部教育的经验，甘肃省法院干部培训工作根据“分工负责，短期轮训，逐步提高，长期培养”的工作方针制定了培训计划。各级法院院长，由中央政治干校轮训，审判员由大行政区干校轮训，书记员由甘肃省人民法院干部训练班轮训。干部培训工作，先院长，再审判员，后行政人员。在第一个五年计划内，分期分批把全省各级法院审判员以上的干部，全部轮训一遍。③

第八，“以会代训”培训方式简便快捷，覆盖率高，成为新中国人民法院教育培训的重要形式之一。新中国成立初期，百废待兴，党和国家以会议和文件的形式发布政策方针成为常态，新的法律和法规也不断出台。最高人民法院及时组织全国性会议学习文件、贯彻落实，每次工作会议特别是审判业务会议都要安排一定时间学习有关政策文件。针对新的法律法规，最高人民法院更会以专门会议和专题培训班并举的形式加以宣传，开展系列培训，用以指导规范审判实践。各地法院经常“以会代训”，及时通过会议传达落实中共中央和最高人民法院的工作要求。江西省 1950 年 12 月召开的第三次全省司法工作会议，全省 88 个司法单位的代表 100 人，会议 7 天，内容之一是学习研究诉讼程序和量刑问题。1954 年 1 月 20 日至 30 日召开的江西省第 8 次全省司法工作会议，全省 97 个法院的正院长、副院长和庭长、审判员共 140 人到会，会议内容之一

① 《江西分院教育培训资料》，2020 年 3 月 10 日。

② 《内蒙古自治区法官教育培训工作概述》，2020 年 3 月 15 日。

③ 《甘肃分院培训史料》，2020 年 3 月 15 日。

是学习人民法院组织法。[①] 1954 年 9 月,第一届全国人民代表大会第一次会议通过、颁布《中华人民共和国宪法》和《中华人民共和国人民法院组织法》。同年 12 月 15 日,甘肃省高级人民法院运用召开第 5 次全省司法工作会议的方式,组织各级人民法院的院长和秘书、庭长、审判员学习《中华人民共和国宪法》和《中华人民共和国人民法院组织法》。会后,各级人民法院以参加会议的代表为骨干,组织全体干警,学习了《中华人民共和国宪法》和《中华人民共和国人民法院组织法》,从而为贯彻执行《中华人民共和国宪法》和《中华人民共和国人民法院组织法》做了充分的组织准备。[②]

第九,形成多种形式综合应用的人民法院教育培训方式方法体系。1949 年至 1953 年,黑龙江省人民法院教育培训主要采取四种方式,一是"讲大课"形式,通过举办"司法工作人员培训",讲授"中国革命与中国共产党""新民主主义司法工作的性质和任务"等内容,为创建新型人民法院奠定了思想和干部基础,把省法院从为敌伪反动剥削阶级服务的工具变成为司法事业服务的工具;二是"上夜校"形式,针对法院干部队伍革命工作热情高的特点,号召干部开展"上夜校""补习班"等教育培训活动;三是"动员会"形式,主要目的是通过各类会议,动员干警贯彻党和国家政策精神,总结工作经验,加强队伍整顿;四是"老带新"形式,对法律业务知识和基本工作技能提高实行老人带新人,包括以悬挂小黑板、记笔记等教育培训方式。[③]

第十,运用典型案例教育干部、开展社会法治宣传、指导各级司法机关依法办案。1951 年,中共中央华北局发现河北省和天津地委、专署有严重的贪污浪费和破坏国家政策法令的行为。经中共中央华北局查实:现任地委书记兼专员张子善和前任地委书记刘青山,先后动用全地区地方粮折款 25 亿元(旧币 1 万元合新币 1 元);从修潮白河的民工供应站中,苛剥获利 22 亿元;贪污修飞机场结余款和发给群众房地补价款 45 亿元;假借修建名义,向银行骗取贷款 40 亿元。贪污挪用公款 200 亿元左右投入地委机关生产,做投机倒把的违法活动。两人还有盗运国家木材、勾结私商贩卖马口铁牟利、破坏国家政策行为,以及铺

① 《江西分院教育培训资料》,2020 年 3 月 10 日。
② 《甘肃分院培训史料》,2020 年 3 月 15 日。
③ 《国家法官学院黑龙江分院教育培训情况》,2020 年 3 月 18 日。

张浪费、送礼行贿、毁灭证据行为。1951年11月29日,中共中央华北局向中央报告情况,11月30日,中央即将案例材料转发各中央局、并转分局、省市区党委,指出:“我们认为华北局的方针是正确的。这件事给中央、中央局、分局、省市区党委提出了警告,必须严重地注意干部被资产阶级腐蚀发生严重贪污行为这一事实,注意发现、揭露和惩处,必须当作一场大斗争来处理。”“望你们注意发现所属的同类事件而即时加以惩处。”[①]1952年2月10日,河北省人民政府举行公审大会,按照毛泽东、党中央关于利用刘青山、张子善案件扩大声势、教育群众的指示,河北各地乃至天津、北京2万群众参加公审大会,包括河北各地的机关代表、群众代表,因本案造成危害的天津专区的灾民代表、民工代表,公审持续两个小时。河北各地还有近20万人有组织地收听了实况广播。公审大会后,很多民主人士给中央、报社去信,称赞共产党了不起。随后河北省人民法院报请最高人民法院批准,判处刘青山、张子善死刑。以此案为契机,在大规模宣传发动的基础上,我党声势浩荡地开展了反贪污、反浪费、反关僚主义的“三反”运动。刘青山、张子善案有力地打击了贪污盗窃国家资财犯罪,深刻教育和警示了干部队伍,向社会宣传了我党坚定执行法纪和法律面前人人平等的法制原则,为各级党政机关整肃党风党纪提供了样板,特别为人民法院裁决同类案件提供了判案遵循。

① 《建国以来毛泽东文稿》(第2册),中央文献出版社1987年版,第528页。

第四章

司法培训的反复期，曲折前进（1957～1984）

在这个历史时期，经过新中国成立初期人民法院教育培训事业的全面建设和初步成型阶段，司法培训继而经历了反右派斗争扩大化和"大跃进"运动等"左"的失误，"左"的思想成为全党的指导思想。"文化大革命"十年动乱，人民法院陷入瘫痪，司法培训无从可言。"文化大革命"后期人民法院逐渐恢复，教育培训开始拨乱反正，酝酿发展，司法培训工作在曲折中前进。这一时期司法培训工作的突出特点，是在曲折发展的历史进程中，集中实施了配合队伍建设和斗争需要的政治思想教育。

第一节 以群众运动为载体的"司法工作大跃进"

一、"司法工作大跃进"与第四次全国司法会议

1957～1965年是"文化大革命"前新中国曲折发展的历史阶段，既经历了反右派斗争扩大化、"大跃进"运动，也经历了"七千人大会"的历史反思、国民经济的"调整、巩固、充实、提高"，[①]这一时期人民法院教育培训工作伴随人民法院的曲折发展，教育培训主要表现为政治思想教育与群众运动教育，法律教

① 中共中央《关于建国以来党的若干历史问题的决议》，1981年6月。

育与审判业务培训基本缺失，新中国成立初期形成的法制理念与培训体系未能得到继续发展甚至受到破坏。

1956年11月，中国共产党八届二中全会决定自1957年起开展党内整风运动。随着运动的开展，自1957年下半年起，整风运动扩大化、反右派斗争开始，“左”的思想逐渐成为全党的指导思想。1958年1月1日，中共中央在南宁召开会议，对“反冒进”进行了批判。这次会议成为“大跃进”的开始。1958年2月2日，《人民日报》发表社论，提出“全面大跃进”的口号。原本为农业、工业领域的“大跃进”，开始向政法领域蔓延。

由于党在指导方针上“左”倾错误的影响，从1957年下半年到1960年，法院工作发生了失误，经历了曲折发展的过程。① 宪法规定的“人民法院独立进行审判，只服从法律”被批判为反对“党的领导”，把“遵守法制”“严格依法办案”批判为“法律至上”，把“学习法律科学”批判为“宣传资产阶级法律观点”。一批审判骨干和法院领导被错划为“右派分子”。反右派斗争搞乱了法院干部的思想，冲击了1955年以来实施宪法和贯彻人民法院组织法的法制宣传教育和法制建设成果，由于依法办案受到批判，轻视法制的思想开始在一些法院干部中蔓延开来，认为法律可有可无。有了政策可以不要法律。②

在“左”倾错误理念的指导下，1958年1月22日，公安部召开部分省市公安厅长会议，制定了《1958年公安工作计划要点》，要求全国公安机关“努力实现无15元以下的盗窃案、无10元以上损失的火灾、无较大群众性迷信活动、无赌博的四无农业合作社和无破坏事故、无百元以上盗窃案、无10元以上火灾的机关、企业、学校”。贵州省公安厅率先响应，于1958年2月提出了、无火灾、无积案、无土匪、无盗窃、无骚乱、无烟毒流行、无赌博活动的“七无”运动目标。政法部门的“大跃进”还使公检法机关的办案程序被破坏，“大跃进”的直接结果是“一长代三长”等诉讼程序简化，互相制约被放弃。③

1958年，在全国“大跃进”运动的影响下，各地人民法院也提出了“司法工

---

① 参见孙琬钟、公丕祥主编：《董必武法学思想研究文集》（第5辑），人民法院出版社2006年版，第173页。

② 参见《当代中国的审判工作》（上），当代中国出版社1993年版，第85～86页。

③ 参见孟醒：《毛泽东在50年代》，辽宁人民出版社2014年版，第412～413页。

作大跃进”,许多地方提出苦战一年到三年,实现“无反革命、无盗窃、无抢劫、无强奸”甚至“无民事纠纷”;提出审判工作要做到“几满意”,即做到公安、检察、群众、当事人对案件处理结果满意;在办案数量上,提出了每人月结百件的高指标;在办案机制上,提出了公安、检察、法院三机关联合办案。为了实现“几无”目标,各地普遍搞大搜捕、地富反坏分子大集训,要求多捕、多判、多管制,企图用加剧阶级斗争的办法,在短时期内消灭一切反革命分子和其他犯罪分子。1958 年一年全国法院受理的一审刑事案件,比 1957 年增长 1.6 倍,发生了混我为敌、错判无辜、轻罪重判的司法偏差。①

“大跃进”使人民法院干部力量受到削弱。一些地方实行公检法三机关合并,更名为“政法部”。没有合并的,多数也是行了合署办公。在“大跃进”运动中,法律规定的程序受到冲击,公检法三机关分工负责的诉讼制度被破除,代之以“一长代三长”和“一员顶三员”,即由法院院长、检察长、公安局局长中的其中一长,各包一片、取代其他两长的错误做法,“一员顶三员”亦与前述相仿。预审、起诉、审判变成了一道程序。随之,大批法院人员被调出,相当一部分是审判业务骨干,1956 年全国法院干部有 41,483 人,到 1958 年年底,只有 32,058 人,减少了 22.7%。② 在人民公社化和“大跃进”运动中,由于精简机构、压缩编制,大批受过正规培训的干部被调离法院,干部教育培训工作基本中断。③

1958 年 6 月 23 日至 8 月 20 日,最高人民法院会同司法部共同召开第四届全国司法会议,近两个月时间的会议用“大鸣大放、大字报、大批判”的形式总结了新中国成立 8 年来的司法工作,肯定了 1958 年的司法工作“大跃进”,指出“司法战线曾犯过违反党的方针的严重的原则性的错误,主要是右倾的错误”,“片面强调保护民主,忽视了法院的专政职能”,会议批判有些法院干部把法神秘化,“甚至成了束缚自己对敌斗争手脚的绳索”。显然,第四届全国司法会议的基本评价和导向是错误的,会议系统批判右倾,批犯依法办案,只能使“左”的错误更加发展,使轻视法制的思想进一步滋生。④ 1958 年 10 月最高人民法

① 参见《当代中国的审判工作》(上),当代中国出版社 1993 年版,第 87 页。

② 参见《当代中国的审判工作》(上),当代中国出版社 1993 年版,第 91 页。

③ 《甘肃分院培训史料》,2020 年 3 月 15 日。

④ 参见《当代中国的审判工作》(上),当代中国出版社 1993 年版,第 92 页。

院会同司法部在郑州召开司法工作现场会，又一次肯定了司法工作“大跃进”，把公检法三机关联合办案称为“破除迷信”，对一些地方县一级政法机关合并的组织形式表示赞许。1960年2月最高人民法院召开的第五次全国司法会议，连续“反右倾”，肯定了“左”的思想和“左”的做法，使“左”倾思想继续发展。

对于“左”倾思想指导下的“反右倾”扩大化和“大跃进”运动所导致的法院指导思想错误，不仅对审判工作形成影响，而且对干部思想造成混乱：由于批判右倾，在一些法院干部中形成了“恐右症”，认为“右”是立场问题、“左”是方法问题，因此“左比右好”的错误思想很有市场。同时，由于错误批判而带来的错误处理，一批依法办案、水平较高的审判干部和法院领导被错误地划为“右派”。最高人民法院在可能的范围内尽量减少其错误影响，在党中央主持调整的情况下尽快纠正错误的思想观念。

二、董必武、谢觉哉两任院长对“司法工作大跃进”的反思和抵制

对于司法工作能不能跃进，董必武表示了存疑和谨慎的态度。在1958年4月8日召开的司法工作座谈会上，董必武与十省、市高级法院、司法厅(局)负责人谈话时指出：“司法工作怎么跃进，怎样跃进的好，我们还没有想好。”“思想是无形的，不好提指标，但思想跃进可以从行动上表现出来。司法工作的跃进，什么是标准？这就要看我们的工作是不是便利于老百姓，是不是有利于巩固人民民主专政，是不是对建设社会主义起保障和促进作用。当然，最要紧的是提高审判质量。”①

在“大跃进”运动中，董必武努力引导各地法院，把做好审判工作作为法院的“实业”和规律，把提高审判质量作为“大跃进”的目标，指出：“在成都会议上，毛主席还提出‘实业’和‘虚业’的问题，‘实业’就是业务，在我们来说就是办案。办案不钻业务是不行的。”“审判是法院的主要工作，在法院来说其他工作没有做好，只是有缺点，审判工作没有做好就是没有完成任务。”②

对于当时一些司法部门提出的不切实际的跃进目标，对于所谓奋斗一到三

---

① 《董必武法学文集》，法律出版社2001年版，第411～412页。
② 《董必武法学文集》，法律出版社2001年版，第418～419页。

年实现“无反革命、无盗窃、无抢劫、无强奸、无民事纠纷”的目标，董必武指出：“反革命是否有？肯定有……有的同志提所谓‘无什么’，这在一个地区或某一问题有可能，说在全国‘无反革命’、‘无讼争’是不可能的。……我们总的看法是，反革命第一是有，第二是不多了。”①董必武提出的上述观点，是马克思主义唯物辩证法的客观判断，但在当时“左”倾思想占绝对主导地位的情况下，是十分难得和清醒的，事实证明也是正确的。

董必武强调不能把人民内部矛盾上升到敌我矛盾处理，提醒社会主义社会中人民内部矛盾是主要的、占大多数的，还是要用民事审判来解决人民内部矛盾问题，董必武指出：“要看到人民内部矛盾是大量的……民事案件也还不少，将来加强调处委员会的工作，到法院来办案的可能会减少，但不能说没有矛盾了。”②

对于“大跃进”中有的司法部门提出审判工作要做到公安、检察、群众、当事人对案件“几满意”目标，董必武认为背离客观、不切实际，指出：“这种口号怎样实现呢？不好检查，无从验证。比如：党委不一定对法院工作都满意，可能在一定时期党委没有来得及过问法院的工作，没有什么意见，过问的话，总不能没有意见。兄弟部门也不会都那样满意，公、检、法三机关的团结不是建筑在满意的基础上，而是建筑在分工负责、互相制约的基础上，完全满意就统一了，也不成其为各个环节了。还有，当事人被判了刑，他能满意吗？……‘几满意’的这种提法是一种空泛的口号，是不符合实际的。”③董必武的上述理念，对现在的司法实践仍然有很强的指导意义。

对于其他有关司法“大跃进”不恰当的做法，董必武也提出了不同意见，建议在思想方法上各地司法部门注意。对于司法工作的群众路线，董必武认为不可能一概要求就地审判，他指出：“群众路线，在法院和其他部门有相同的地方，也有不同的地方。一审案件、上诉案件到当地就审，这种走出法庭，改变鼓励办案的衙门作风，便利于人民是好的，但都走出去也办不到。”董必武认为司法干部参加劳动不能绝对化，他指出：“劳动锻炼是必要的，开始这样要求一下

① 《董必武法学文集》，法律出版社 2001 年版，第 413 ~ 414 页。
② 《董必武法学文集》，法律出版社 2001 年版，第 415 页。
③ 《董必武法学文集》，法律出版社 2001 年版，第 416 ~ 417 页。

也可以,但经常下去劳动是不可能的。”董必武强调司法工作中,不能经常搞突击办案,他指出:“清理积案很好,突击一下也可以;为了某一个问题突击一下也是好的,但不能经常搞突击。”①

1959年4月27日,第二届全国人民代表大会第一次会议选举谢觉哉接任董必武担任最高人民法院院长。人民法院教育培训工作曲折发展的突出表现之一,是审判业务培训缺失,只强调思想政治教育与政策教育。1960年2月,第五次全国司法工作会议召开。1960年4月25日,最高人民法院在给全国人民代表大会常务委员会上报的《关于第五次全国司法工作会议的情况的报告》谈到法院教育培训工作时,指出:“各级人民法院要在党委的统一领导下,掀起学习毛泽东思想的热潮。同时,要结合学习党的方针政策,要通过认真地、持久地学习毛主席著作和党的方针政策,不断提高司法干部的政治思想和政策理论水平,赶上一日千里的发展形势,把工作做得更好。”②

人民法院教育培训工作曲折发展过程中,不乏宝贵的经验与闪光的理念。有关司法干部如何学习马克思主义、学习与应用的关系、理论与办案的关系,谢觉哉曾有过一段精彩的论述。谢觉哉把学习与应用比喻成“看的放矢”:要以马列主义之“矢”,射中国革命之“的”。学习马列主义,是为解决中国革命的理论问题与策略问题,也叫作马克思主义的普遍真理与中国革命的具体实践相结合。我们司法干部学习马列主义、党的政策方针做什么用?是为了办好案子,做好工作,案件就是一个“的”。我这个“矢”如何射法?就一定要弄清楚那个“的”在哪里,是个什么样式的“的”。我们的学习一定要联系实际,采取看“的”放“矢”的态度。学习是为了做好工作,工作当中又可以学习,不能孤立地做工作,也不能孤立地学习。两者的结合,才是理论同实践相结合。③ 谢觉哉有关学习与审判的辩证关系论述,对当今法官教育培训工作理念,仍然具有实际指导意义。

---

① 《董必武法学文集》,法律出版社2001年版,第417页。

② 最高人民法院档案馆:《第五次全国司法工作会议档案》,第19页。

③ 最高人民法院档案馆:《第五次全国司法工作会议档案》,第67～68页。

第二节　全党干部大轮训与司法队伍建设

一、纠正"大跃进""左"倾错误与"社会主义法制"理念的提出

1960年年底,中共中央开始纠正"大跃进"运动以后农村工作中发生的"左"倾错误,决定对国民经济实行"调整、巩固、充实、提高"方针,中央号召各部门、各地区总结"大跃进"以来的经验教训。1961年,最高人民法院在谢觉哉院长的带领下,组织全国各地法院大兴调查研究,发现和解决"大跃进"以来法院工作中的严重问题。1961年8月3日,谢觉哉院长给时任国家主席刘少奇写信,全面总结了相关问题,指出:(1)很多属于人民内部矛盾的案件,被当作敌我矛盾处理了。(2)量刑过重。(3)判处管制的多和劳动加刑的多。(4)审判作风粗糙,存在"审案不调查,判案不讲理"问题。同时,审判制度和法律程序破的多、立的少。法院干部普遍害怕右倾,不敢提意见,不实事求是,甚至浮夸虚报,追求高指标。(5)司法干部量少质弱。① 谢觉哉的信直面问题、敢于担当,说出了许多法院干部想说而不敢说的话。在信中,谢觉哉还提出了制定量刑标准、检查纠正错案、加强宣传交流、大兴调查研究、加强干部教育训练等改进工作措施。

各级地方法院也针对"大跃进"运动带来的错误认识和思想混乱,以及法院队伍建设薄弱等问题,开展并加强了相关教育整顿和培训工作。甘肃省1961年各级法院具有干警1023名,其中受过法律专业培训的310人,仅占干警总数的30%,有些法院的审判业务干部中新调入的无法律基础的干部占70%以上。针对这些问题,1962年,甘肃省重新调整并开展各级法院干部教育培训工作,各级法院的院长规划由中央政法干校实施培训,各级法院的审判员由省政法干校实施培训,书记员和一般干部由各专区干部学校实施培训。②

1962年1月,中共中央召开了扩大的工作会议(七千人大会),总结了1958

① 参见《当代中国的审判工作》(上),当代中国出版社1993年版,第95页。

② 《甘肃分院培训史料》,2020年3月15日。

年以来4年的经验教训，提出了今后的工作方针。1962年5月23日，刘少奇对中央政法小组起草《一九五八年以来政法工作的总结报告》工作作了重要讲话，蕴含了丰富的“社会主义法制”思想：

第一，1958年后政法工作的教训。刘少奇指出：“这几年的错误主要是用处理敌我矛盾的办法去处理人民内部矛盾”，“总的经验教训是混淆两类不同性质的矛盾，主要是误我为敌，打击面过宽”。同时，又没有严格区分处理两类不同性质矛盾的两种不同的方法。处理人民内部矛盾，只能用说服、民主的方法，批评与自我批评的方法。压服，只能用来处理敌我矛盾。

第二，政法机关不仅要对敌专政，也要实行对人民民主。刘少奇指出：公安机关、检察院、法院三个机关对敌人是专政机关，对人民来说，要成为处理人民内部矛盾的机关。“无产阶级法制，就是人民民主的法制，也就是社会主义法制。”法制不一定是指专政方面的，人民内部也要有法制。

第三，党政负责任人要带头遵守法制。法制这几年打击面宽了，是个事实。有的党政负责人，随便批准捕人，根本不理公安局、检察院这一套。甚至有的公社、工厂、工地也随便捕人。“这种破坏法制的行为，必须坚决制止。”

第四，依法行政，谁执法谁普法。“国家工作人员和群众也要受公共章程的约束”。“无产阶级专政条件下，国家也是教育机关。”要把人民教育成共产主义者，不光是靠学校教育。政法机关是专政工具，同时也要教育人民，处理人民内部矛盾。

第五，独立审判与党的领导的辩证关系。有关法院独立审判，刘少奇发表了精辟深邃的观点：“法院独立审判是对的，是宪法规定了的，党委和政府不应该干涉他们判案子。”刘少奇强调指出：“不要提政法机关绝对服从各级党委领导。它违法，就不能服从。如果地方党委的决定同法律、同中央的政策不一致，服从哪一个？在这种情况下，应该服从法律，服从中央的政策。”①

在上述讲话中，刘少奇不仅提出了“社会主义法制”的概念，也提出了依法行政、法制政府的问题，同时指出坚持党的领导要旨在于维护国家的法律、坚持中央的领导。这些闪光的法制思想和工作理念，是新中国成立初期，我党主要

① 《刘少奇选集》（下卷），人民出版社1985年版，第450～452页。

领导人较早进行法制探索、系统思考法制问题、系统推进法制工程的经典范例。

二、60 年代初党员干部大轮训的历史经验

1961 ~ 1962 年，我党根据党的干部队伍建设和实际工作需要，在全党开展了一次干部大轮训工作，这次轮训以开展社会主义建设和党的建设内容教育轮训为主，以 15 万名各地区、各部门县处级以上干部为重点，同时要求各地区、各部门对一般干部展开轮训。领导干部分批轮训时间从 1961 年 11 月到 1962 年 12 月，整整一年有余。这是 1949 年新中国成立以来，我党开展的规模最大、持续最久、效果最好的一次党员领导干部脱产培训运动，对干部队伍建设和社会主义建设事业起到了极大的推进作用。这次干部轮训既继承了以往党的干部教育和培训传统，又诞生了许多好的干部培训经验和思想教育经验，具体经验如下：

第一，有关培训指导方针。全党抓学习，掌握工作规律，提高工作能力，改进工作作风。中央认为，我党正处在社会主义革命和社会主义建设新时期，当前一件最重要的事，是在全党开展一次新的学习运动，重新教育干部，目的是“帮助干部进一步认识和掌握社会主义建设的客观规律，克服某些片面性的认识和在实际工作中右的或‘左’的错误，帮助干部自觉地掌握毛泽东同志一贯提倡的、成为我们党的传统的马克思主义列宁主义作风，克服干部脱离实际、脱离群众、违反政策、违反纪律的错误，以便提高干部的思想政治水平，增强党性，多快好省地进行我国的社会主义建设”。

第二，有关培训的规划。全员培训，领导干部集中一个半月脱产培训，领导干部重点培训与一般干部普遍训练结合。培训对象是全党各级各方面的领导干部，主要是县委书记和相当于这一职务以上的党员干部，特别是县级以上各级党委的书记以及工业、农业、交通、财贸、文教、外事等方面党委的书记，地委县委的第一书记和相当级别的厂矿企业党委书记，必须参加这次轮训。这批干部全党共有 16.3 万人，除去年老体弱的以外，参加轮训的干部约 15 万人。对于这批干部，要求从 1961 年 11 月开始至 1962 年年底，分期分批轮训一遍。每期轮训时间为一个半月左右，各地可以分 5 ~ 7 期实施。县委书记以下的干部训练工作，由各省、市、自治区党委自行安排。

第三，有关培训的内容。规定教材和选读材料相结合，理论读物和实际工作政策相结合。着重务实，斯大林著作也只作为选读材料。培训内容包括社会主义建设和党的建设两个方面。动员干部在这次学习中冷静思考：在近几年工作中和党的生活中有无忽视或违反党规党纪国法的思想行动，有无忽视和违反党的民主集中制、说假话、侵犯群众利益等错误行为，以便接受经验教训，改进今后的工作，不断加强党性锻炼。学习材料包括《社会主义建设的几个问题》《党的生活的几个问题》《关于讨论和试行农村人民公社工作条例(修正草案)的指示》《农村人民公社工作条例(修正草案)》，斯大林的《苏联社会主义经济问题》(选读)。各地还可根据具体情况，自行选用少量的补充材料。

第四，有关培训的方法。自学为主，交流为主，批评与自我批评为主。“培训活动必须贯彻学习理论和总结经验相结合的方法，发扬民主，使干部在心情舒畅、生动活泼的政治空气中自觉地进行思想检查。”每期培训班每天学习时间不超过六小时，不必每天开小组会，每次小组会力求不超过三小时。要求每个学员以自学为主，认真读书和学习文件，撰写学习笔记。为了帮助干部自学，各省、市、自治区党委的主要负责同志，应当向学员做启发报告。学习讨论，以小组漫谈为主要形式。“小组讨论的内容，是自由地交换意见，进行实事求是的批评和自我批评，和风细雨，相互帮助，真正做到敞开思想，畅所欲言。”对于不同的意见，应该采取虚心听倾听、探讨研究的态度，即使有的意见是不对的，也应该采取以理服人的态度进行讨论，不得采取强制接受意见的压服办法，应当允许有不同意见的同志保留自己的意见或者修正自己过去的意见。

第五，有关培训的目的。通过自学和小组讨论，真正明确方向，提高觉悟，改进作风，解决问题，不整人，不戴帽子，不抓辫子，不打棍子。为了达到此类目标，每个学员都“应当根据学习材料的主要内容，特别是党章关于党员的义务和权利的规定和‘党政干部三大纪律、八项注意’，自觉地检查自己的思想，取得经验教训，改进今后的工作，不是追究个人的责任”。这次培训的宗旨，是“弄清思想、团结同志、惩前毖后、治病救人”。对待犯过错误的同志，一定要从团结的愿望出发，经过批评或者斗争，分清是非，在新的基础上达到新的团结。“学习不戴帽子，不抓辫子，不打棍子，认真贯彻执行‘知无不言，言无不尽，言者无罪，闻者足戒’的原则。”检查思想应该着重原则问题，不要去涉及生活细节。“学习过程中,不做思想政治排队”。“小组会不做记录,不进行重点批判”。除了开学、结业和启发报告外,一律不开大会。“学习结束时,不写思想总结,不做鉴定,也不交学习笔记。”

第六,有关培训的保障。混合编班,互相帮助,分别实施,中央监督。参加培训的干部,采取省、地、县三级干部混合编班、编组的办法,可以按工作部门编班,也可以不按工作部门编班。尽可能地把相互熟悉的人员编在一起,以便交流帮助。干部不论职务高低,在学习中都应该以平等态度发表意见,坚持真理,修正错误。“在轮训过程中要注意劳逸结合,不要搞得太紧,以便让干部得到适当休息。”轮训工作由中央局、省、市、自治区党委分别主管,党委中由一名书记负责主持。中央一级的干部轮训、中央各部门在地方的直属企业和事业单位的干部训练、军队干部训练、外事干部训练,分别由有关党委和军委政治部负责。轮训可以利用党校,也可以另行组织训练班。各省、市、自治区党委,应该根据各自情况制定轮训计划,报告中央和中央局。大轮训由中宣部、中组部负责讨论执行办法。

为加强干部队伍建设、提高干部队伍素质,1961 年 9 月 15 日下发的《中共中央关于轮训干部的决定》要求上述形式的“干部短期轮训,在今后若干年内,每隔一年或两年举行一次”。上述中央的方针决策,体现了我党对干部教育和队伍建设的高度重视。虽然“每隔一年或两年一次”的干部轮训计划未能实现,但中央对干部教育培训工作的重视已推动全党开展教育培训蔚然成风,重视教育、重视知识、重视学习的理念已在全党深入人心。

1962 年 11 月 29 日,邓小平在总结已开展一年的干部大轮训工作时指出:轮训有的地方已经完成了,有的还没有完成。已经完成的可以考虑第二轮,第二轮培训可以宣传、学习、落实党的八届十中全会精神为主,贯彻执行以农业为基础、以工业为主导的发展国民经济总方针,切实做好国民经济的调整、巩固、充实、提高工作。“第二轮不一定搞一个半月,不一定还是那些内容”,“轮训中,‘三不’还要不要?‘三不’,就是不抓辫子,不戴帽子,不打棍子。中央书记处讨论了这个问题,‘三不’还是要。中央关于轮训干部的决定中提出的‘三不’原则,要继续贯彻执行”。邓小平还进一步提出了区别党校常规任务和轮训任务,党校要长期办、经常办,有规划性地培养干部工作。“宣传工作会议提出党校和轮训分开，恐怕这个意见是对的。党校，带有经常的性质，学习时间长一点。党校还要培养理论干部，要求学员系统地读些书。轮训，则时间很短。或者把党校分成两部，一部搞经常的党校教育，一部搞轮训，教员也分开。"①邓小平的这一思想，不但现在的党校如此办理，而且对其他干部院校，包括司法培训干部院校办学方针，都仍具有启发意义。

三、第六次全国司法会议，司法培训回到法制轨道

从1961年下半年起，在中共中央的领导下，最高人民法院指导各级人民法院采取有力措施，认真纠正错误，由于历史的局限性，虽然还不能从根本上认识"左"倾指导思想的错误，但人民法院工作毕竟又回到了法制的轨道。

1961年5月，谢觉哉院长在陕西省调研，在陕西省高级人民法院党组扩大会议上指出：人民司法工作必须认真总结经验教训，发扬优良传统，纠正错误思想，坚持法制方向。在会上，谢觉哉提出"要发扬延安作风"，并针对"大跃进"以来的"左"倾错误，专门强调了六点司法工作理念：(1)政治挂帅。司法工作要讲求政治立场、政治站位、政治效果。延安时期，司法工作为政治斗争服务成效显著，"司法工作是为政治服务的，司法工作做得好坏要看它体现到政治上的效果究竟怎样"。(2)轻刑主义。延安时期最长的徒刑开始只有5年，后来改为10年。而且程序上严格审查控制，判3年以上的徒刑案件要报送边区高等法院审批。延安时期的规定不完全适合照搬到现在，"但也不能说那时以10年为最高徒刑的规定不对"。(3)重视罪犯的教育改造。延安的监狱，法院派犯人单独外出劳作，没有逃跑的，因为延安"对犯人的改造教育工作很仔细，使犯人的生活好，认识到只有认罪服法，好好改造才是前途"；"有些罪犯表现得好，被提前释放，名为假释，实际也是真释"。(4)办案依靠群众，深入调查研究。延安出过"马青天"、"奥青天"这样群众喜欢的司法榜样，"注意调查研究，走群众路线，这样的事例很多"。(5)注意调解工作。延安时期出过一本《调解为主，审判为辅》的书，有一个调解条例，"依靠调解确实解决了不少问题"。(6)上下沟通顺畅，以案释理。延安时期，情况掌握得好，高等法院每月有一个情况报

---

① 《邓小平文选》(一九三八—一九六五年)，人民出版社1989年版，第314～315页。

告,办了什么案子,怎样办的,简单明了。不像现在的报告,只罗列些数字,但“不写出具体案子,别人难看懂,不知道你所说的正确的在哪里,错误的在哪里”。①

1962 年 10 月 31 日至 11 月 12 日,最高人民法院召开第六次全国司法会议。会议吸取了前些年审判工作的经验教训,要求注重审判制度和办案程序,严格遵守法制。会议通过的主文件《关于在当前的对敌斗争中审判工作的任务》,强调要严格区分敌我矛盾和人民内部矛盾,针对严厉打击反革命犯罪斗争中存在的主要违反法律政策问题,提出了要划清反革命言论和一般不满言论、划清反革命造谣煽惑与一般传谣、划清反革命集团和落后小集团等法律界限,办案必须严格执行法定的审判制度和审判程序。会议重申了实事求是、依法办案的原则。

第六次司法会议代表着人民法院正视问题、纠正错误、整顿秩序,在经历反右派斗争扩大化、“大跃进”运动“左”的错误后,司法审判工作又回到法制发展道路。

1963 年 7 月和 12 月,最高人民法院分别召开第一次全国民事审判工作会议、第一次全国刑事审判工作会议,分别落实第六次全国司法会议精神,全国各项审判工作进一步得到发展。伴随人民法院工作重新走向发展正轨,法院教育培训工作也开始回暖,各级政法干部培训班恢复举办。1964 年 3 月至 1966 年 6 月,江苏省选调了 43 名基层法院院长参加中央政法干校第八期到第十三期普通班的学习。1966 年 3 月至 7 月,江苏省高级人民法院举办两期司法干部训练班,轮训基层法院和中级法院庭长、审判员 120 名,以此提高基层法院领导干部的管理水平和业务水平。②

1965 年 1 月 3 日,第三届全国人民代表大会第一次会议选举杨秀峰为最高人民法院院长,成为新中国第四任最高人民法院院长。杨秀峰到任后,认真贯彻 1963 年至 1965 年中共中央领导和发动的社会主义教育运动的群众运动方针,领导全国法院落实 1964 年 1 月 14 日中共中央《关于依靠群众力量,加强人民民主专政,把绝大多数“四类分子”改造成为新人的指示》,虽然仍然强调

---

① 王定国、王萍、吉世霖编:《谢觉哉论民主与法制》,法律出版社 1996 年版,第 261 页。

② 江苏省高级人民法院:《开拓奋进、创新发展的江苏法官培训工作》,2019 年 7 月 31 日。

了以阶级斗争为纲，但是在对敌斗争问题上，已经吸取了1958年以后打击面过宽的教训，要求“少捕人，少杀人”，指示强调：对于绝大多数“迄今还表现不好的”地、富、反、坏四类分子，要推广诸暨县枫桥区对敌斗争经验，基本上实行“一个不少，大部分（95%以上）不捉”的方针，依靠群众力量，对他们实行监督、斗争、教育，将他们改造成新人。

1965年12月15日至1966年1月8日，最高人民法院召开第七次全国司法工作会议。会议总结了第六次全国司法工作会议后三年来特别是社会主义教育运动两年来的法院工作，研究了学习毛泽东思想、促进法院工作革命化问题。杨秀峰院长在会议上强调指出：要继续贯彻中共中央在对敌斗争中依靠群众，实行专政、少捕、矛盾不上交方针，把毛泽东关于教育人、改造人的思想贯彻到审判工作的各个环节中去。会议还专题研讨了处理反革命阶级报复案件、奸淫幼女案件、投机倒把案件、破坏军婚案件、刑事申诉案件等会议文件，统一了全国法院思想，明确了解决相关问题的司法政策方案。

第三节　“文化大革命”十年动乱及后期的司法培训复苏需求

一、“文化大革命”对于人民司法的浩劫

“文化大革命”时期是新中国艰难发展的历史阶段，既经历了“文化大革命”的十年浩劫，也取得了粉碎“四人帮”的伟大历史性胜利。“文化大革命”前期人民法院被取消，司法培训已不复存在。“文化大革命”后期，随着人民法院逐步恢复，干警教育培训工作随之开展，其特点突出地表现为政治教育、思想教育、政策教育、群众运动教育。“文化大革命”后，人民法院教育培训工作逐步恢复，着力开展队伍重建与思想整顿工作。

1966～1976年“文化大革命”的十年动乱，人民法院遭受了一场浩劫，新中国成立初期形成的法制理念与培训体系遭受严重破坏。

“文化大革命”开始后，社会陷入混乱，由于大学不招生、工厂不招工、商业和服务业处于停滞状态，城市初高中毕业生既无法升学，也不能分配工作，1968

年12月,毛泽东发出“知识青年到农村去,接受贫下中农的再教育,很有必要”的号召,全国掀起知识青年上山下乡高潮,几年内,上山下乡知识青年人数达到1600万人。1970年,自“文化大革命”开始,高等学校停止招生、“停课闹革命”达四年之久。根据毛泽东“要从有实践经验的工人农民中间选拔学生”的指示,自1970年6月起,党中央决定在部分高校进行试点、恢复招生,但废除了统一考试、择优录取原则,招生“实行群众推荐、领导批准和学校复审相结合的办法”,学制缩短为两年至三年,这种办法招收的学生被称为“工农兵学员”。

二、“文化大革命”对于司法培训的灾难性破坏

“文化大革命”对司法教育培训工作的破坏是灾难性的。陈述历史,不在于宣讲历史故事,而在于总结经验教训,以史为鉴。“文化大革命”已过去45年,痛定思痛,回顾历史,总结这些惨痛教训,对于防止类似“文化大革命”破坏法制、破坏教育、破坏社会秩序事件的发生,坚持依法治国,建设社会主义现代化强国,具有十分重要的启示意义。“文化大革命”对司法教育培训的灾难性破坏主要表现在以下几个方面:

第一,司法培训发展的经济基础受到冲击。“文化大革命”给国家经济建设带来严重灾难,在“全面夺权”中,经济工作的指挥、调度和管理陷入瘫痪,国民经济运行失去控制,原定的1967年国民经济计划无法执行,1968年更是没有年度经济计划。这两年,是我国建立经济计划以来仅有的没有执行年度计划的两年。全国大批工矿交通企业处于停产状态,许多工人离开岗位,交通运输受阻,物资供应困难,1967年工农业总产值比1966年下降9.6%,1968年工农业总产值比1967年再下降4.2%。随着各地革委会的陆续建立、党的九大的召开,国内形势稍趋稳定,国民经济才逐步回升。

第二,司法培训发展的教育基础受到冲击。“文化大革命”的前两年,不仅高校和中学“停课闹革命”,整个国家教育体制均受到毁灭性打击,贻误了一代青少年的教育和成长。上山下乡导致大批知识青年失去在青春年华时在学校接受知识教育的机会,造成国家人才生长断层,给国家长远发展带来困境。在“文化大革命”中,对各类学校实行错误的“教育改革”,广大教师处于被教育、

批判、改造的地位。1971 年在北京召开的全国教育工作会议，通过了张春桥、姚文元修定的会议纪要，提出所谓的“两个估计”，即新中国成立后 17 年无产阶级教育路线基本上没有得到贯彻和执行；大多数教师的世界观基本上是资产阶级的。从而让广大教师背上了沉重的精神枷锁。

1970 年开始恢复部分高校招生以后，由于取消入学考试、实行群众推荐与领导批准入校，工农兵学员入学文化基础普遍较差，大学学习过程中文化、业务课程大量减少，教学质量与人才质量严重下降。推荐上大学，也助长了“走后门”上大学的不正风气，破坏了公平公正的人才选拔标准。这种高等教育极不规范的状况，持续了整整十余年。直到 1977 年恢复高考，择优录取大学生，高校人才培养秩序才逐渐得以恢复。

第三，司法培训的法制理念受到冲击。1967 年 1 月 13 日，中共中央、国务院颁布了《关于在无产阶级文化大革命中加强公安工作的若干规定》，因其内容分为六条，又将政法工作归之为公安工作，被简称为“公安六条”。“公安六条”实际上成为“文化大革命”期间司法办案的依据。“公安六条”严重冲击和背离了新中国成立 17 年来业已形成的实事求是、有法可依、有法必依、公检法三机关分工负责的法制理念和工作制度。1979 年 2 月 17 日，“公安六条”被中共中央宣布撤销。

第四，人民法院直接受到冲击，陷入组织机构瘫痪和司法审判被取消或替代的无序状态。“文化大革命”中，林彪、“四人帮”大肆攻击无产阶级专政和公检法专政机关，在全国掀起砸烂公检法的浪潮，人民法院陷入瘫痪。最高人民法院也受到了北京政法学院学生造反派的冲击，档案库被砸开，院长、副院长被批斗，法院组织瘫痪。1968 年对公安机关（包括公安机关、检察院、法院）实行全面军管，人民法院成为公安机关军管会下属的“审判组织”，从此公安机关军管会行使国家审判权。[①] 司法教育培训完全被政治运动取代，“文化大革命”前已初步规范、初具规模、有序发展的司法教育培训体制，随着人民法院的瘫痪而瘫痪。

第五，党性观念、纪律观念、法制观念的破坏，是民族精神文化传统的破坏。“文化大革命”期间党内民主集中制遭到严重破坏，“踢开党委闹革命”、争权夺

① 参见《江华传》，中共党史出版社 2007 年版，第 348 页。

利、大闹派性等恶劣作风严重损害了建党四十多年形成的党风党纪和优良传统。新中国成立17年来的基本政策和正确路线被推翻,党纪党规和国家法律被作为妨害革命的桎梏被弃置不顾,甚至企业管理、生产流程制度也被作为管、卡、压的资本主义制度而受到废弃。

第六,阶级斗争扩大化、解决矛盾运动化,是"文化大革命"的起因,也是应当吸取的深刻教训。错误判断阶级斗争形势,夸大反党反社会主义势力影响,是新中国成立17年间我党历次犯"左"倾错误的思想根源。而把人民内部矛盾当作敌我矛盾处理,则是影响党内团结、破坏党组织战斗力的客观推手。1978年12月,党的十一届三中全会在总结"文化大革命"教训时指出,在社会主义建设时期,对人民内部矛盾和敌我矛盾,要坚持在宪法和法律的框架下解决处理。这一决策,是我党在治国理政观念和依法治国观念上的重大进步、重大转折。

"文化大革命"十年浩劫告诉我们,加强民主与法制建设不仅应当是司法培训的主要内容,也是全党全国人民经历"文化大革命"后最值得总结的深刻教训之一。新中国成立后,我们党带领人民积极推进社会主义民主法制建设,"但是,在日益繁重的各项建设中,社会主义民主与法制建设不断被打断,以致到'文化大革命'期间,国家本来就比较薄弱的民主法制建设遭到空前的破坏。由于提倡'造反有理'、实行所谓'大民主',全国出现了任意批判、揪斗、体罚、打砸的混乱现象,宪法和各项法律法令成了一纸具文,司法和执法机关被当作'黑机关'遭到砸烂,各级党政领导干部甚至国家主席都遭到揪斗、关押和迫害,公民的基本权利和人身安全失去了保障"。事实证明:"党必须在宪法和法律的范围内活动,任何一级党组织和它的领导人都不能有超出法律之上的权力。"①社会主义民主法制建设,是社会主义现代化国家建设的发展规律和必然要求。

三、坚持丰富和发展毛泽东思想,司法培训伴随法院恢复逐渐回归

总结"文化大革命"的沉痛教训和正确开展对毛泽东同志的历史评价,是

① 中共中央党史研究室:《中国共产党历史》(第2卷)(下册),中共党史出版社2011年版,第980页。

"文化大革命"一个事件的两个方面。而对毛泽东同志的评价,更是事关中国共产党的指导思想和理论基础。1981 年 6 月,党的十一届六中全会通过的《关于建国以来党的若干历史问题的决议》对此进行了全面回应。决议指出:"'文化大革命'不是也不可能是任何意义上的革命或社会进步……是一场由领导者错误发动,被反革命集团利用,给党、国家和各族人民带来严重灾难的内乱。"决议强调:总的来讲,党在新中国成立以后的历史,是在马克思列宁主义、毛泽东思想指导下,社会主义革命和社会主义建设取得巨大成就的历史。决议指出:"毛泽东是伟大的马克思主义者,是伟大的无产阶级革命家、战略家和理论家……就他的一生来看,他对中国革命的功绩远远大于他的过失。他的功绩是第一位的,他的错误是第二位的。"要将毛泽东晚年的错误与他的正确思想区别开来。要求一个革命领袖没有缺点、错误,那不是马克思主义,也不符合毛泽东同志历来对自己的评价。"我们必须继续坚持毛泽东思想,并以符合实际的新原理和新结论丰富和发展毛泽东思想。"①

1971 年 2 月,周恩来在全国公安会议上严厉批评否定政法工作的言论和行为,指出新中国成立 17 年来正确路线在政法战线占主导地位。1972 年起,各级人民法院的组织机构逐步恢复,到 1974 年基本恢复完毕。各地公安机关军管会相继撤销,最高人民法院军代表也宣布撤出,审判权重归人民法院。②1973 年,甘肃省各级法院恢复后逐步配备了 1111 名干部,其中 70% 以上的审判人员不熟悉法律知识和审判业务,不能适应审判工作的需要。③ 伴随着队伍重建中的干警知识结构问题,人民法院教育培训工作服务队伍建设成为新的形势需要。

在"文化大革命"后期,各地人民法院逐渐恢复,各类学习班、训练班、培训班也开始举办,但仍以"左"倾思想教育为主。江苏省高级人民法院在 1973 年各级法院机构恢复后,举办了两期中院庭长和基层法院院长训练班,受当时极

---

① 中共中央党史研究室:《中国共产党的九十年》,中共党史出版社、党建读物出版社 2016 年版,第 666 ~ 667 页。

② 参见《江华传》,中共党史出版社 2007 年版,第 349 页。

③ 《甘肃分院培训史料》,2020 年 3 月 15 日。

“左”政治空气的影响，培训内容大多抛开法律业务而以极“左”思想教育为主。[1] 1975年6月11日，湖南省公安厅政治部、湖南省高级人民法院办公室联合下发《关于省公安干部学校调训学员的通知》，决定1975年第二期调训名额为：区、社公安员230名，消防干部50名，法院干部120名，“学习内容：学习毛主席关于理论问题的重要指示，马克思、恩格斯、列宁、毛主席关于无产阶级专政的理论，学习公安、法院工作路线、方针和政策及基本业务和指示等”。[2]

1975年1月20日，第四届全国人民代表大会常务委员会任命江华为最高人民法院院长。

针对人民法院当时的组织混乱、思想混乱、审判业务混乱局面，当时的教育培训主要是政治学习与思想上的拨乱反正。在1975年10月17日最高人民法院的一次学习会上，江华同志正式提出“砸烂公检法”是错误的。在1975年10月29日全国高级人民法院院长会上，江华指出：“我不晓得在哪一年把人民法院取消了，可能是1967年或是1968年吧。当时有人提出‘砸烂公检法’。人民法院实行军管五六年，最高人民法院只留下七八个人的办案组，地方人民法院的审判业务由公安机关军管会的审批取代了，这是很不正常的。”[3]

第四节　拨乱反正的队伍建设与司法培训

一、拨乱反正奠定法制培训的思想基础

1976年10月6日，担任党和国家重要领导职务的华国锋同叶剑英一道，代表中央政治局，执行党和人民的意志，一举粉碎“四人帮”，结束了“文化大革命”这场灾难，挽救了党，挽救了社会主义事业。华国锋在粉碎“四人帮”这场关系党和国家命运的斗争中起到了决定性作用。粉碎“四人帮”后，华国锋根据广大干部群众的要求，开始复查、平反冤假错案，逐步为一部分干部落实政

---

① 江苏省高级人民法院：《开拓奋进、创新发展的江苏法官培训工作》，2019年7月31日。
② 湖南省高级人民法院：《湖南省人民法院70年教育培训工作总结》，2019年8月9日。
③ 《江华传》，中共党史出版社2007年版，第349页。

策，重新发出为建设社会主义现代化强国而奋斗的号召，提出要千方百计把经济搞上去，使工农业生产得到比较快的恢复和发展。2021 年 2 月 20 日，中共中央召开"纪念华国锋同志诞辰 100 周年座谈会"，指出华国锋"是中国共产党的优秀党员，久经考验的忠诚的共产主义战士，无产阶级革命家"，"为中国革命、建设、改革奉献了毕生精力"。华国锋的一生"是革命的一生、战斗的一生、全心全意为人民服务的一生，为党和人民事业作出了重要贡献"。①

中共中央粉碎"四人帮"后，广大干部群众强烈要求纠正"文化大革命"的错误理论和实践，彻底扭转十年内乱造成的严重局面，使中国社会主义建设事业重新奋起。但全党面临的"文化大革命"遗风仍很严重。

1977 年 7 月，中共十届三中全会恢复了邓小平原任的党政军领导职务。1978 年 3 月，邓小平当选中国人民政治协商会议第五届全国委员会主席。邓小平带领全党，全面推动了拨乱反正、正本清源工作。首先推动思想路线的拨乱反正，反对"两个凡是"的错误方针，领导和支持真理标准问题的讨论，提出必须完整地、准确地理解毛泽东思想，同时提出尽快地把全党工作重点转移到经济建设上来。

1978 年 3 月，第五届全国人民代表大会第一次会议选举江华继续担任最高人民法院院长。在粉碎"四人帮"后，江华遵照中共中央的部署，组织干部学习文件、学习理论，着重引导全国法院干部联系法院实际，集中力量批判林彪、"四人帮"宣传和实行"砸烂公检法"、破坏人民法院的罪行。在 1977 年 10 月召开的华东地区高级人民法院院长座谈会和 11 月召开的部分省市高级人民法院院长座谈会上，江华指出：林彪、"四人帮"掀起的"砸烂公检法"极力把专政机关从政治上搞臭，思想上搞乱，组织上搞垮，业务上搞掉，目的就是毁掉我们的无产阶级专政。②

在粉碎"四人帮"后整顿司法队伍的过程中，最高人民法院特别重视法院干部的思想教育与思想整顿工作，强调各级法院干警要端正思想路线。江华指出："中国共产党的思想路线的根本点，是一切从实际出发，理论联系实际，实

---

① 人民网，2021 年 2 月 20 日。

② 参见《江华传》，中共党史出版社 2007 年版，第 351 页。

事求是。建国30年来,我们的主要教训是什么?就是由于党领导社会主义事业的经验不多,党的领导对形势的分析和对国情的认识有主观主义的偏差,'文化大革命'以前就有过把阶级斗争扩大化和在经济建设上的急躁冒进,后来又发生了'文化大革命'这样全局性的长时间的政治上的严重错误。用一句话说,就是没有实事求是,因此走了许多弯路。"他认为,"文化大革命"中的冤假错案是对实事求是原则的大破坏。江华指出:学习法律,"首先要端正思想路线。思想路线不端正,法律学不好,也执行不好"。①

二、第八次全国人民司法工作会议的历史意义与司法培训新方针

1978年4月25日至5月22日,最高人民法院召开第八次全国人民司法工作会议。这次会议,是继1965年12月召开第七次全国司法工作会议12年之后,也是"文化大革命"十年动乱之后,全国法院系统的一次专门工作会议。会议拨乱反正,深入揭批林彪、"四人帮"破坏人民法院的反革命罪行,重提"加强社会主义法制"的工作目标。江华代表最高人民法院作了《团结起来,为加强社会主义法制,巩固无产阶级专政而奋斗》的工作报告。会议强调了必须把司法工作置于党的领导之下,必须认真执行党的政策和国家法律,必须严格执行法律规定的审判制度和程序,必须努力学好政治、学好业务、又红又专。

第八次全国人民司法工作会议通过的会议纪要,提出了处理刑事申诉、纠正冤假错案的基本原则,指出:"全错的全平,部分错的部分平,不错的不平。"自1978年下半年起,全国法院开始了纠正冤假错案工作。1978年11月,最高人民法院召开第二次全国刑事审判工作会议,专题研究部署全面复查"文化大革命"期间判处的刑事案件工作。

"法"大还是"首长"大,党的领导和法律的关系如何处理,一直是"文化大革命"期间存在错误认识的司法政策问题。1979年3月全国人大常委会法制委员会成立,彭真被任命为法制委员会主任,主持立法工作,使1979年成为中国法制史上的"立法年",立法工作走上快车道。1979年7月1日五届全国人大二次会议一次性通过刑法、刑事诉讼法、中外合资经营企业法等7部重要法

① 《江华传》,中共党史出版社2007年版,第440页。

律。对上述错误观念如何正本清源，彭真指出："是法大，还是哪一位首长，哪一级地方党委大？我看，法大"，"检察院独立行使职权，法院独立进行审判，只服从法律，以事实为依据，以法律为准绳。不管你是什么人，都要服从法律。在法律面前不承认任何人有任何特权。服从法律，就是服从党中央的领导和国家最高权力机关的决定，也就是服从全国人民"。①

司法培训首先是党的方针政策的培训，政治培训、党的思想路线理应摆在全部培训工作的首位。梳理邓小平关于"文化大革命"后拨乱反正重要思想的形成过程，摘选出拨乱反正过程中邓小平有关教育培训的重要观点，不仅是对当时历史时期司法培训主导思想和培训内容的回顾，更是明确把握我党一贯的思想路线、政治路线，开拓新时代、新阶段司法培训工作的理论基础和思想指导。

第一，要准确地完整地把握毛泽东思想，领会毛泽东思想的精髓。1977 年 7 月 21 日，邓小平在党的十届三中全会讲话指出："要对毛泽东思想有一个完整的准确的认识，要善于学习、掌握和运用毛泽东思想的体系来指导我们各项工作。只有这样，才不至于割裂、歪曲毛泽东思想，损害毛泽东思想。"我们不能只从个别词句来理解毛泽东思想，而必须从毛泽东思想的整个体系去获得正确的理解。

第二，要尊重知识，尊重人才。1977 年 8 月 8 日，邓小平在科学和教育工作座谈会上讲话时指出："文化大革命"前的 17 年，"对全国教育战线 17 年的工作怎样估计？我看，主导方面是红线"。"我国的知识分子绝大多数是自觉地为社会主义服务的"，"要尊重知识，尊重人才"。对知识分子除了精神上的鼓励，还要采取其他一些鼓励措施。关于教育制度和教育质量问题，"要树立好的风气。讲风气，无非是党风、军风、民风、学风，最重要的是党风。好的党风也要体现在教育中，这才能培养成好的学风"。"培养好的风气，最主要的是走群众路线和实事求是这两点。"同时要提倡学术交流，坚持百家争鸣，"一个新的科学理论的提出，都是总结、概括实践经验的结果。没有前人或今人、中国人或外国人的实践经验，怎么能概括、提出新的理论？"

---

① 彭真：《论新时期的社会主义民主与法制建设》，中央文献出版社 1989 年版，第 22～25 页。

第三,办好教育,办好学校。邓小平1977年8月23日在中央军委座谈会上讲话时指出:“学校怎么办?我想对学校提出三个要求。首先,训练干部,选拔干部,推荐干部。用形象化的语言说,就是各级学校的本身要起到集体政治部的作用,或者说起到集体干部的作用。”其次,认真学习现代化知识。最后,恢复传统作风,“概括地说,这种作风就是艰苦奋斗的作风,实事求是的作风,群众路线的作风”。办学需要有准备:一是校址可以因陋就简,延安在窑洞都可办,我们搭帐篷也可以办;二是要选好教师和办学的干部,要选最优秀的;三是教材很重要,要统一教材。

1978年3月18日,邓小平在全国科学大会开幕式上进一步系统阐释和强调了科学技术的重要性、教育工作的重要性,强调“科学技术是生产力,这是马克思主义历来的观点”。“我们要全面地正确地执行党的教育方针,端正方向,真正搞好教育改革,使教育事业有一个大的发展,大的提高。教育事业,决不只是教育部门的事,各级党委要认真地作为大事来抓。各行各业都要来支持教育事业,大力兴办教育事业。”

1978年4月22日,邓小平在全国教育工作会议上强调:“我们要提高人民教师的政治地位和社会地位。不但学生应该尊重教师,整个社会都应该尊重教师。”

第四,实践是检验真理的唯一标准,这是党的思想路线拨乱反正的理论基础。1978年5月10日,中央党校内部刊物《理论动态》发表了经中央党校副校长胡耀邦审定的《实践是检验真理的唯一标准》一文。5月11日,《光明日报》以“特约评论员”名义公开发表了这一文章,新华社向全国转发。文章指出:社会实践不仅是检验真理的标准,而且是唯一的标准。马克思主义的理论宝库不是一堆僵死不变的教条。文章指出:对“四人帮”设置的禁区要敢于触及,敢于弄清是非,不能拿现成的公式去限制、宰割、裁剪无限丰富的飞速发展的革命实践。《实践是检验真理的唯一标准》一文与“两个凡是”尖锐对立,触及了盛行多年的思想僵化和个人崇拜的思想深处,受到一些领导人的强烈指责。在此关键时刻,邓小平给予真理标准讨论以有力支持,1978年6月他在全军政治工作会议上反复强调实事求是基本立场,使得该次讨论不断深化,事实上成为十一届三中全会实现伟大历史转折的思想先导。

第五，教育培训干部，要注意教育干部学会应用马克思主义的立场、观点、方法去分析解决问题。1978 年 6 月 2 日，邓小平在全军政治工作会议上指出："我们是历史唯物主义者，研究和解决任何问题都离不开一定的历史条件。"毛泽东同志历来坚持要用马列主义的立场、观点、方法来提出问题，分析问题，解决问题。他历来是按照不同的时间、地点、条件讲问题的。"我们的革命导师马克思、列宁、毛泽东同志历来重视具体的历史条件，重视从研究历史和现状中找出规律性的东西来指导革命。那种否定新的历史条件的观点，就是割断历史，脱离实际，搞形而上学，就是违反辩证法。"

第六，"实事求是"是毛泽东思想的精髓。1978 年 9 月 16 日，邓小平在听取吉林省委常委汇报工作时指出：凡是毛泽东同志圈阅的文件都不能动，凡是毛泽东同志做过的、改过的都不能动，这是不是叫高举毛泽东思想的旗帜呢？不是！这样搞下去，要损害毛泽东思想。毛泽东思想的基本点就是实事求是，就是把马列主义的普遍真理同中国革命的具体实践相结合。"毛泽东同志在延安为中央党校题了'实事求是'四个大字，毛泽东思想的精髓就是这四个字。"我们高举毛泽东思想的旗帜，就要在每一时期，处理各种方针政策问题时，都坚持从实际出发。违反毛泽东同志实事求是的思想，违反辩证唯物主义、历史唯物主义的原理，实际上是唯心主义和形而上学的反映。"按照历史唯物主义的观点来讲，正确的政治领导的成果，归根结底要表现在社会生产力的发展上。"

第七，党的十一届三中全会决定把全党的工作重点转移到社会主义现代化建设上来。1978 年 12 月 18 日至 22 日，党的十一届三中全会在北京举行。1978 年 12 月 25 日《人民日报》发表社论，郑重宣布三中全会的庄严承诺：从今以后，只要不发生大规模的外敌入侵，现代化建设就是全党的中心工作。其他工作包括党的政治工作，都是围绕这个中心工作，并为这个中心工作服务的；不能再搞任何离开这个中心工作，损害现代化建设的"政治运动"和"阶级斗争"了。

此前，中央召开了历时 36 天的中央工作会议，邓小平在会议闭幕式上发表了《解放思想，实事求是，团结一致向前看》的重要讲话，这一讲话实际上成为十一届三中全会的主报告。邓小平指出，解放思想是当前的一个重大问题，民主是解放思想的重要条件，"为了保障民主，必须加强法制。必须是民主制度化、法律化，使这种制度和法律不因领导人的改变而改变，不因领导人的看法和注意力的改变而改变。现在的问题是法律很不完备，很多法律还没有制定出来。往往把领导人的讲话当作'法'，不赞成领导人说的话就叫作'违法'，领导人的话改变了，'法'也就跟着改变"。所以，应当集中力量制定刑法、民法、诉讼法和其他各种必要的法律。①

党的十一届三中全会的重大历史意义，在于实现了党的思想路线的拨乱反正，坚决否定了"两个凡是"的错误方针，重新确立了实事求是的思想路线；党的十一届三中全会实现了党的政治路线的拨乱反正，"及时地、果断地结束全国范围的大规模的揭批林彪、'四人帮'的群众运动"，做出了全党工作重点和全国人民注意力转移到社会主义现代化建设上来的重大决策；党的十一届三中全会实现了党的组织路线的拨乱反正，一大批老一辈革命家重新回到领导岗位，以邓小平为核心的中央第三代领导集体实际上建立起来；全会开始了系统清理重大历史是非的拨乱反正；全会恢复了党的民主集中制的优良传统；全会做出了实行改革开放的新决策，启动了农村改革的新进程。

党的十一届三中全会，对于我国的法制建设而言，是一次具有重大历史意义的会议，也是我党加强法制建设的重大转折点。十一届三中全会着重提出了健全社会主义民主和加强社会主义法制的任务。全会决定根据党的历史经验，健全党的民主集中制，健全党规，严肃党纪，党中央和各级党委要加强集体领导。全会特别强调："为了保障社会主义民主，必须加强社会主义法制，使民主制度化、法律化，使这种制度和法律具有稳定性、连续性和极大的权威，做到有法可依，有法必依，执法必严，违法必究。"

党的十一届三中全会，是我国社会主义法制建设的里程碑。会议指出，在我国，大规模的疾风暴雨式的阶级斗争已经基本结束，对于社会主义社会的阶级斗争，应当按照宪法和法律的程序去解决。十一届三中全会强调："从现在起，应当把立法工作摆到全国人民代表大会及其常务委员会的重要议程上来。"自此，大批法律开始制定、颁布、实施，我国法制建设开始进入立法时代、法制时代。

---

① 参见《邓小平文选》(一九三八——九六五年)，人民出版社 1989 年版，第 35 ~ 143 页。

三、司法培训机构从弱化停办到恢复重启

1957年下半年的反右派斗争，中央政法干校提出“三个紧跟”的口号：“紧跟形势、紧跟党中央和毛主席、紧跟中央各政法专业部门”，混淆了两类不同性质的矛盾，反右派斗争打击面过宽，削弱了学校的教学力量。1958年的“大跃进”和人民公社化运动，造成了严重的经济困难，干校被迫停办三年，学校工作人员也精简了2/3。

地方法院教育培训机构从新中国成立初期的逐步完备培训体系，经历了反右派斗争、“大跃进”运动后，也被弱化或停办。1951年8月，甘肃省人民委员会规划并实施了多层次有机互补的法院干部培训体系：甘肃省人民法院设立司法干部训练班；兰州西北民族学院设立司法系；西安西北大学设立法律专修科，轮训全省法院在职干部；各级法院分别利用当地的干部学校轮训在职干部。1955年1月，法院系统的干部教育培训工作统由省司法厅管理。1958年省司法厅撤销后，法院干部教育培训工作由省高级法院管理。经过多重反复，在人民公社化和“大跃进”运动中，由于机构精简，干部教育培训工作中断。①

1959年3月，中共中央批准中央政法小组报告，决定中央政法干部学校与中央人民公安学院合并，校名沿用“中央政法干部学校”。

“文化大革命”期间，中央政法干部学校停办。1977年10月，公安部党委决定筹备中央政法干部学校复校工作，任命尹肇之任中央政法干部学校临时党委书记。

“文化大革命”后期，由于各级人民法院处于恢复、重建期，各地法院并未建设教育培训基地，人民法院教育培训工作仍由各级政法干校、公安干校为主承担。1978年3月29日，湖南省高级人民法院决定举办民事审判干部和法庭干部培训班，共调训230名全省各县法院民事审判干部和法庭干部集中学习70天，“学习内容：学习马列和毛主席有关著作，五届人大文件和司法业务基础知识，总结交流民事审判、调解和对敌斗争经验”。经省法院党委决定，该培训

---

① 《甘肃分院培训史料》，2020年3月15日。

班委托湖南省公安干校举办。①

鉴于人民法院思想政治教育工作的重要性，最高人民法院教育机构也是“文化大革命”后最高人民法院最早设立的内设机构之一。1977 年 12 月 18 日，中共中央批准任命最高人民法院新的党组成员，“文化大革命”期间最高人民法院党组不复存在的不正常情况得以解决，批准最高人民法院下属五个局级单位：刑庭、民庭、司法行政教育厅、办公厅、政工组。赵石生同志任司法行政教育厅厅长。②

四、十一届三中全会吹响司法培训发展号角

1978～1984 年的人民法院教育培训工作，继承了新中国成立约 30 年来特别是新中国成立初期行之有效的法院教育培训优良传统和制度体系，结合改革开放的形势需要，孕育着无限生机，既体现了“文化大革命”后法院机构与队伍严重破坏后的重建迫切需要，更体现了改革开放对人民法院队伍政治思想与知识能力教育更高要求的发展需求，系统学习与大规模培训呼之欲出。

1978 年 12 月，党的十一届三中全会从根本上冲破了长期以来“左”倾错误的严重束缚，重新确立了马克思主义的政治路线、思想路线、组织路线，作出了把全党工作中心转移到以经济建设为主的社会主义现代化建设上来的战略决策。1979 年 2 月重庆市中级人民法院率先成立经济审判庭，1979 年 8 月最高人民法院成立经济审判庭，此后，全国各地法院先后成立经济审判庭，受理经济案件，为国家经济建设保驾护航。十一届三中全会强调了加强社会主义民主、发展社会主义法制的重要任务，中国社会主义法制建设进入了新的大发展时期。

1979 年 7 月 1 日，第五届全国人民代表大会第二次会议通过了《中华人民共和国刑法》《中华人民共和国刑事诉讼法》《中华人民共和国人民法院组织法》《中华人民共和国人民检察院组织法》等 7 个重要法律。此后，全国人民代表大会陆续审议通过了《中华人民共和国环境保护法》《中华人民共和国经济

① 湖南省高级人民法院：《湖南省人民法院 70 年教育培训工作总结》，2019 年 8 月 9 日。

② 参见《江华传》，中共党史出版社 2007 年版，第 353 页。

合同法》《中华人民共和国民事诉讼法（试行）》《中华人民共和国专利法》《中华人民共和国继承法》《中华人民共和国民法通则》等重要法律，这些法律的颁布是新中国法制建设与法制体系的重要里程碑。1982 年 12 月 4 日，第五届全国人民代表大会第五次会议通过了新时期治国安邦总章程的新宪法，共和国法制建设进入“快车道”。

国家法制建设的迅速发展，呼唤着人民法院队伍建设与教育培训工作更好更快的发展。党的十一届三中全会后，为改变法院干部队伍文化结构，提高干警法律专业水平，加快了干部教育培训工作步伐。

“文化大革命”后，在恢复、重建人民法院的过程中，最高人民法院认识到干部队伍思想政治素质和文化水平，与审判工作要求的严重不适应。1978 年 4 月 24 日，第八次全国司法工作会议召开，江华代表最高人民法院作报告。报告第三部分强调各级人民法院要认真学习新宪法，积极宣传新宪法，在普遍进行新宪法宣传教育基础上，把开展社会主义法制教育作为一项长期的重要工作认真做好。要求各级人民法院通过教育学习，切实解决干部队伍思想不纯、组织不纯、作风不纯的问题。

1979 年 7 月 13 日，全国高级人民法院和军事法院院长会议在北京召开。江华指出：人民法院的干部队伍状况与加强社会主义法制的要求很不适应，这是一个突出的矛盾。我们有个初步意见，建议把法院系统现有人员由 5.9 万人，在两三年内分批增加到 20 万人左右，经过短期专业培训，充实各级人民法院的审判力量。我们要重新教育干部，努力学习马列主义、毛泽东思想，学习政策法律，学习审判业务，还要学点经济理论、科学技术和管理知识。争取从 1979 年起，用三年时间把助理审判员以上干部轮训一遍。①

按照最高人民法院部署，各地法院开始举办“七部新法”培训班。1979 年 7 月，江苏省高级人民法院先后举办两期司法干部训练班，各中级人民法院刑庭正（副）庭长、各基层法院正（副）院长参加。同时，中共江苏省委政法委领导小组举办两期读书班，各中级人民法院正（副）院长，省高级人民法院正（副）庭长 33 人参加。全省各地、市级法院分期分批地采取各种形式轮训基层法院的

---

① 参见《江华司法文集》，人民法院出版社 1989 年版，第 90～92 页。

部分庭长、审判人员和中级人民法院的审判人员，认真学习“七部法律”，切实做好新法实施前的准备工作。

1979年9月9日，中共中央发出《关于坚决保证刑法、刑事诉讼法切实实施的指示》，强调“切实保证人民检察院独立行使检察权，人民法院独立行使审判权”，“取消各级党委审批案件的制度”。全国法院深入开展学习、培训、宣传新法律工作，为正式实施《中华人民共和国刑法》《中华人民共和国刑事诉讼法》《中华人民共和国人民法院组织法》作好全面准备。1980年6月14日，江华在湖北省干部大会上宣讲“两法”，指出：中共中央关于刑法、刑事诉讼法实施的指示，是新中国成立以来甚至建党以来关于政法工作的第一个最重要的最深刻的最好的文件，是我国社会主义法制建设新阶段的重要标志。1954年《中华人民共和国宪法》和《中华人民共和国人民法院组织法》公布以来，人民法院依法独立审判的原则已经确立，但是因为种种原因没有做到这一点。30年来人民法院独立审判没有真正实行过，法制的权威没有树立起来。审判权是国家权力的一部分，只能由人民法院行使。①

1979年10月至11月，广西壮族自治区高级人民法院在南宁举办了6期《中华人民共和国刑法》《中华人民共和国刑事诉讼法》培训班，培训中级人民法院、自治区辖市人民法院副院长、庭长、审判员和县（市）人民法院院长、副院长、庭长以及自治区高级人民法院审判员、助理审判员，共计900余人，每期时间20天。柳州市中级人民法院于同年11月举办了《中华人民共和国刑法》《中华人民共和国刑事诉讼法》培训班，集中全地区法院审判人员学习两个法律。玉林市中级人民法院于1980年2月下旬至4月初举办了由183人参加的司法干部培训班，集中学习两法。② 截至1980年2月，甘肃省除派员参加省委政法小组举办的3期辅导学习班外，全省各地（州）和矿区法院共举办91期《中华人民共和国刑法》《中华人民共和国刑事诉讼法》司法人员学习班，轮训干警1297人，占全省法院（不含高级人民法院）总人数的63%，其中培训审判员以上干部498人。1980年后，甘肃省各级法院利用业大、电大、夜大、函大、

---

① 参见《江华司法文集》，人民法院出版社1989年版，第135页。

② 《广西法院系统教育培训史和培训经验总结》，2020年3月20日。

党校、政法干部教育和自学考试等多种形式、多渠道组织、支持干部学习法律专业知识，逐步改善了全省法院干部队伍的文化结构和法律专业知识结构。①

全国法院在注重干警自身法律意识、法律知识提高的前提下，积极开展社会综合治理与普法宣传工作。1982 年 7 月，最高人民法院召开全国高级人民法院和专门人民法院院长座谈会，专题研究了人民法院参加社会治安综合治理、加强普法宣传工作。确定主要途径是通过依法公开审理和公开宣判刑事案件，进行法制宣传教育；通过办案发现问题，向有关单位提出司法建议。各地法院积极参加社会治安综合治理，开展了多种形式的法制宣传教育活动。除在人民法院依法公开审理、允许群众旁听审判外，还选择有教育意义的典型案件，就地公开审理或公开宣判，震慑犯罪分子，教育人民群众。宣判后通过印发材料，召开座谈会、举办法制教育展览等形式，开展生动有效的法治宣传。

五、司法培训新理念酝酿形成

20 世纪 80 年代初，最高人民法院已经关注并开始重视法院干部的业务素质教育与专业技能培养。1980 年 5 月，江华在干部大会上指出："司法干部队伍是专业队伍，法官是专业人才，应该受专业训练。由于种种原因，造成我们的司法干部队伍的法律专业知识水平比较低，这个状况应当迅速改变。每个司法干部都要努力学习法律专业知识，成为精通业务的专家。那种认为审判工作用不着什么专业知识，什么人都能干的观点，是不对的。把审判工作看成与'文化大革命'中搞专案差不多，那就更错了。随着立法工作的加强，对司法干部的法律专业知识的要求就越来越高。我们要按照专业的要求调整、培养、训练司法干部，也要按照专业的要求逐步调整法院的领导班子。"②

1982 年 9 月 1 日，中国共产党第十二次全国代表大会在北京召开，胡耀邦

① 《甘肃分院培训史料》，2020 年 3 月 15 日。
② 《江华司法文集》，人民法院出版社 1989 年版，第 132 页。

代表党中央作了《全面开创社会主义现代化建设的新局面》主题报告，指出“自从一九七六年十月粉碎江青反革命集团以来，特别是党的十一届三中全会以来，经过全党全军全国各族人民的艰苦努力，我们已经在指导思想上完成了拨乱反正的艰巨任务”。报告指出：“四个现代化的关键是科学技术的现代化。目前我国许多企业生产技术和经营管理落后，大批职工缺乏必要的科学文化知识和操作技能，熟练工人和科学技术人员严重不足。”“必须大力普及初等教育，加强中等职业教育和高等教育，发展包括干部教育、职工教育、农民教育、扫除文盲在内的城乡各级各类教育事业，培养各种专业人才，提高全民族的科学文化水平。”

贯彻落实党的十二大精神，最高人民法院对全国法院干部队伍的知识化、专业化和教育培训工作理念有了新的发展，一是注重了办案主力的审判员队伍的建设，二是提出了审判员队伍的学历结构和法律专业知识问题，三是重点强调了法院领导和审判庭领导的专业化问题，四是有了人员管理学历教育目标雏形。

1982 年 12 月 13 日、17 日，江华在最高人民法院各庭、室、党委负责人座谈会和最高人民法院领导同志座谈会上指出：党的十二大提出了开创社会主义现代化建设新局面的任务，法院工作如何开创新局面？“我们法院的新局面，主要是改变审判员队伍的面貌”，“到 2020 年，审判员绝大多数要科班出身、大学毕业，庭长、副庭长都要政法专业的大学毕业生担任，实现干部队伍知识化、专业化、年轻化”。[①] 1983 年 6 月 30 日，江华同志就赴西南地区对法院队伍建设与装备问题进行全面调研，向中共中央书记处胡耀邦、习仲勋等写了书面报告，指出人民法院审判干部量少质弱问题严重，“质弱，突出表现在法律专业知识和科学文化知识普遍偏低。从全国来讲，四川是文化水平较高的省份之一。现在全省法院干部中，政法院系的大专毕业生仅 498 人，占 4.5%；而小学以下文化程度的占 15%，其中还有相当数量的文盲和半文盲。云南法院少数民族干部小学以下文化程度的占 37%，其中文盲、半文盲的比例更高”。[②] 对于江华同

① 《江华司法文集》，人民法院出版社 1989 年版，第 440 页。

② 《江华司法文集》，人民法院出版社 1989 年版，第 306 页。

志的调研报告，胡耀邦、赵紫阳、习仲勋、陈丕显等中央领导同志都作了批示。最高人民法院主要领导同志对法院队伍文化基础差、学历层次低的关切与呼吁，党中央、国务院对法院队伍建设客观问题的关心与解决，直接促进了两年以后全国法院干部业余法律大学的诞生以及全国法院系统法律专科大规模学历教育的蓬勃开展。

1983年6月20日，第六届全国人民代表大会第一次会议选举郑天翔担任最高人民法院院长。1978年12月国家实行改革开放政策后，经济领域严重犯罪增多，社会领域强奸、抢劫、流氓集团、拐卖人口、强迫引诱容留妇女卖淫等严重刑事犯罪问题突出。1983年8月，中共中央决定在全国范围内开展"严打"斗争，三年为期。1983年11月，全国法院召开第九次全国法院工作会议，研究部署贯彻落实中共中央关于"严打"的方针政策和全国人大关于"严打"的两个决定，郑天翔强调：要坚决贯彻依法从重从快的"严打"方针，坚持以事实为依据，以法律为准绳和质量第一的办案原则。

由于"文化大革命"的严重破坏，人民法院干部队伍量少质弱，各项审判工作捉襟见肘。1978年第八次全国人民司法工作会议就已经提出了提高干部素质、增加法院编制、扩大干部队伍问题。1983年开始的"严打"斗争进一步反映出法院审判人员量少质弱的问题，经济审判等专业领域问题更加突出。郑天翔为首的最高人民法院党组，把在江华院长时期已经萌芽、酝酿的审判人员专业化、知识化和法院教育培训规划理念付诸实施，变为现实，历史性地筹划、创办全国法院干部业余法律大学、中国高级法官培训中心，大幅度提高法院干部的文化水平和专业能力，以适应各项审判工作的迫切需要。

第五节 伴随改革开放，司法培训新理念付诸实践

一、司法培训新理念的基本内容

在"文化大革命"后改革开放的历史阶段，全国各地法院贯彻最高人民法院新时期干部教育培训指导思想，在继承新中国成立以来法院教育培训经验的

基础上,根据时代形势与队伍实际不断创新,“夯实文化基础、突出思想教育、抓好业务培训、着手全员培训”的教育培训新理念新格局逐步实践。

第一,夯实文化基础。针对法院干部队伍学历文化短板,集中开展多层次学历教育。1979 年 10 月,辽宁省高级人民法院报经辽宁省革委会批准,在辽宁省政法干部学校开办法院中专学历班,每期招生 100 人,从应届高中毕业生中择优招考,从 1979 年到 1985 年先后招生 600 人,毕业 399 人,均充实分配到全省各级法院工作。1980 年 8 月,辽宁省高级人民法院与辽宁省人民政府机关业余大学联合举办法院干部大专层次法律班。1983 年,辽宁省高级人民法院又与省司法厅等单位共同举办省广播电视大学法律班,全省法院 888 名干警参加学习,学制三年,毕业后发给大专毕业证书。①

第二,突出思想教育。各地法院教育培训把政治思想教育放在首位。仅 1984 年,山东省高级人民法院就重点开展了四项思想政治与党员教育培训活动。1984 年 2 月,山东省高级人民法院在部署开展了党员干部整党学习轮训。1984 年 3 月,开展“彻底否定‘文化大革命’教育活动”,为期三天:第一天第一单元,从理论上彻底否定“文化大革命”;第二天第二单元,进一步肃清“左”倾影响;第三天第三单元,消除派性,增强党性。1984 年 5 月 4 日,落实《对 1966 年以后入党的党员进行党的基础指示教育安排》,对相关党员开展学习党章、党内政治生活若干准则等教育培训。1984 年 10 月 3 日,山东省高级人民法院集中开展“关于学习《中共中央关于经济体制改革的决定》教育培训活动”。②

第三,抓好业务培训。1980 年,江苏省高级人民法院和江苏省司法厅联合举办三期司法干部训练班,培训法院干警 510 人。1981 年,江苏省高级人民法院和江苏省司法厅再次联合举办经济审判干部培训班和民事审判干部轮训班各一期,主要学习民法原理和民事政策、民事诉讼程序制度。1981 年上半年,江苏省高级人民法院举办 14 次司法业务学习讲座,讲解法理、刑法、刑事诉讼法、婚姻法、国际法等课程。从 1981 年开始,江苏省各级法院推荐部分干警参加华东政法学院法律函授班、苏州大学法律干部专修班和各市、县电视大学法

① 参见《辽宁省志·审判志》,辽宁民族出版社 2003 年版,第 182 页。

② 山东省高级人民法院:《建国后前 35 年教育培训文字类资料》。

律系学习，一部分审判人员接受相对规范的学历教育。[①]

第四，着手全员培训。短期培训与系统培训结合，审判干部培训与法院其他人员培训结合，常规培训与新法培训结合。1978 年年底，山东法院系统大力推进基层法院“调解工作冬训计划”，全省 130 个基层法院，集中开展“冬训工作”的就有 47 个单位，其他法院也是“以会代训”。冬训人员除了法院审判干部，还包括农村生产大队的调解人员、城市街道与居委会的调解人员，厂矿企业调解人员。培训内容包括新时期调解工作任务，肃清林彪、“四人帮”破坏社会主义法制流毒，以实践为检验真理的唯一标准，总结交流经验，促进调解工作大干快上。[②] 文登县人民法院通过“集中学习、重点辅导、解剖案例、典型引路、实习办案”的方式举办 42 名法院干部和公社司法员参加的司法干部训练班，由法院副院长或庭长带队，分 7 个小组到 7 个公社就地办案，开展实践培训。[③] 刑法、刑事诉讼法等 7 个法律公布后，山东省立即开展新法全员培训，截至 1979 年 10 月，山东省 10 个地市中级人民法院就已举办了 23 期新法培训班，集中培训干警 602 人，培训对象不仅包括法院和审判庭领导、审判员、助审员、书记员、司法警察、行政干部，还包括刚刚分配到法院工作尚未明确岗位的人员。[④] 山东潍坊地区中级人民法院针对经济审判“三新”（新机构、新人员、新工作）实际，1981～1983 年，举办了 6 期经济审判培训班，系统开展《中华人民共和国经济合同法》学习培训。[⑤]

二、中央与地方司法培训机构的扩展与强化

“文化大革命”后，政法干部脱产培训刚刚恢复，政法机关（包括公安机关）干部培训仍然是统一规划，由中央政法干部学校、地方政法干部学校统一实施干部培训工作。

中央政法干部学校自 1977 年下半年起开始复校工作，1978 年恢复招生，

---

① 江苏省高级人民法院：《开拓奋进、创新发展——江苏法官培训工作》。

② 山东省高级人民法院：《法院工作简报》，1979 年第 1 期。

③ 山东省高级人民法院：《法院工作简报》，1979 年第 16 期。

④ 山东省高级人民法院：《法院工作简报》，1979 年增刊第 30 期。

⑤ 山东省高级人民法院：《建国后前 35 年教育培训文字类资料》。

原中央人民公安学院也囊括在中央政法干部学校中统一招生。第一期师资班和干训班招收培训学员近 700 人。1979 年,中央政法干部学校转归司法部领导。

1981 年,最高人民法院、最高人民检察院、司法部、公安部联合向中央提交《关于迅速筹建中国政法大学、恢复公安学院和迁建中央政法干部学校的请示报告》,提出调进一批优秀教师建设“中国政法大学”,并将其列为“全国重点大学”。1982 年,中央人民公安学院(1959 年并入中央政法干校)从中央政法干部学校重新独立出来。1983 年 5 月 7 日,中国政法大学成立大会在公安部礼堂举行,确立三院办学体制(本科生院、研究生院、进修学院),以中央政法干校为基础成立中国政法大学进修学院。1983 年 9 月 7 日,中国政法大学进修学院与中国政法大学本科生院、研究生院共同举行开学典礼。1984 年,司法部决定在中国政法大学进修学院的基础上成立中央政法管理干部学院,以适应新时期对干部教育正常化、正规化、制度化的要求。1985 年 10 月 8 日,司法部在昌平举行中央政法管理干部学院成立大会。

党的十一届三中全会后,为适应改革开放和迅速发展的政法队伍建设需要,中共中央批转《全国政法工作会议纪要》,强调指出:“各省、市、自治区都要根据实际需要,争取在 1983 年内办好几所警察学校和司法学校,由中央和地方教育部门列入规划,从扩大的编制数中拨劳动指标。今后增加政法干警主要应当从经过正规院校训练、轮训的合格的年富力强的青年中吸收。”自此,各地承担法院教育培训工作的政法干校迅速恢复。1980 年 3 月 7 日,湖南省司法厅向湖南省委、省政府提交了《关于恢复省政法干校和人员编制的请示报告》。1982 年 10 月 8 日,湖南省司法厅、湖南省高级人民法院、湖南省人民检察院联合向湖南省人民政府提交《关于建立省司法学校的报告》,针对本省司法队伍人员数量不足、素质不高问题,申请建设湖南省司法学校,承担人民法院、人民检察院、司法行政部门的干部培训教育工作。①

人民法院干部培训工作,“文化大革命”结束后至 1985 年,仍由司法部统筹规划组织并负责培训。1984 年 12 月 27 日司法部《关于成立中央政法管理

① 湖南省高级人民法院:《湖南省人民法院 70 年教育培训工作总结》,2019 年 8 月 9 日。

干部学院的通知》明确规定：中央政法管理干部学院的办学任务，是承担全国法院、检察院和司法行政系统地(市)级以上领导干部及其后备人员和政法干部院校法律师资的培训任务。

党的十一届三中全会后，为了加强法制建设，中央从各条战线陆续抽调大批干部到各级公安机关、法院、检察院工作，充实政法队伍。新调入的干部普遍缺乏法律专业知识，急需专业培训。当时，承担政法干部职业培训的只有中央政法干部学校，培训规模无法满足培训需要。经党中央、国务院批准，中央第二政法干部学校应运而生。

1980 年 5 月 6 日，最高人民法院党组、最高人民检察院党组、司法部党组联合报请中共中央、国务院，申请成立中央第二政法干部学校。校址拟定在河南省济源县思礼公社五机部 531 工程的两个工厂。1980 年 6 月 5 日，国务院行文批准。1980 年 7 月 24 日，最高人民法院、最高人民检察院、司法部联合向各省、市、自治区高级人民法院、人民检察院、司法厅(局)发布《关于成立中央第二政法干部学校的通知》，确立学校由司法部和河南省共同领导。首批招生工作由司法部向全国下发招生通知，各地政法部门组织推荐，首期培训班招收学员 800 余人。1980 年 12 月 1 日，中央第二政法干部学校在河南济源县举行开学典礼，正式开始轮训在职的各级法院、检察院、司法行政机关领导和业务骨干。最高人民法院、最高人民检察院、司法部、中共河南省委的有关负责人出席了开学典礼。

中央第二政法干部学校的办学宗旨，是与中央政法干部学校共同培训县级以上政法领导干部，重点培训法院、检察院、司法行政机关的在职干部，面向全国政法系统招生。学校成立时，从全国各地抽调了 20 余名法律专业教师，其中以 20 世纪 60 年代毕业的法律专业大学生为主。鉴于学校的教师队伍人员较少、层次有限，相当一部分的课程外请来自北京的中央政法干校老师主讲。学校开设的课程主要为宪法、刑法、民法、诉讼法，课程以大礼堂集中讲授的大课为主，每门课程讲授较为系统，少则半天、多则数天。在面授教学的同时，学校编印了各类课程简易教材，大多由中央政法干校及其他外请教师的授课记录稿整理而成。

中央第二政法干部学校各类培训班强调专业理论的系统学习与法律技能

的专业培训。培训班学制多为半年。教师除专职教师外，还聘请了最高人民法院、最高人民检察院、公安部、司法部等政法实务部门的领导同志及办案人员。

1984年1月1日，中央第二政法干部学校移交河南省领导管理，同年2月17日，经河南省人民政府批准，中央第二政法干部学校更名为河南省政法干部学院。同年校址迁至郑州。1986年教育部批准河南省政法干部学院更名为河南省政法管理干部学院。2010年，河南省政法管理干部学院与河南财经学院合并为河南财经政法大学。

为加强队伍建设和法院干部教育培训工作，内蒙古自治区高级人民法院根据干部队伍实际情况和审判工作的客观需要，充分考虑到少数民族和边远地区特点，积极争取设立人民法院自己的干部教育培训院校。1984年10月4日，内蒙古自治区人民政府正式批准成立内蒙古自治区法院干部中等专业学校，隶属于内蒙古自治区高级人民法院，纳入全国统一招生计划，主要承担为全区各级法院培养大中专层次法律人才和全区法院在职干警的培训的任务。内蒙古自治区法院干部中等专业学校自1983年开始招收首届学员到1992年最后一届学员毕业，四届大专班共毕业256名学员，三届中专班共毕业187名学员，一届新招收录用干部培训班113名学员，培训各级法院在职干部学员278人。该校为提高内蒙古自治区法院干警的业务素质、改变法院干警的文化知识结构、提高审判工作质效作出了突出贡献。①

三、人民法院教育培训工作的管理与规划

20世纪80年代初期，中央提出干部队伍“革命化、年轻化、知识化、专业化”的“四化”要求。法院干部的知识化、专业化要求尤显迫切，干部教育培训工作压力陡增。最高人民法院按照“四化”要求，注重干部结构调整充实。到1983年6月，最高人民法院在落实干部政策中，除了调回一批老司法干部，还从中央国家机关调进了一批干部，又吸收了一批大专院校毕业的青年，与原来的审判人员形成了老中青三结合的审判队伍，全院干警人数达250余人。②

① 《内蒙古自治区法官教育培训工作概述》，2020年3月15日。
② 《江华司法文集》，人民法院出版社1989年版，第355页。

“文化大革命”结束后至1984年，人民法院干部教育培训工作与队伍建设一样，处于重构阶段。1980年，按照中央要求，司法部正式恢复重建，其重要任务之一是主抓政法干部教育培训规划与实施工作。由司法部统管全国政法院校，统管公安、检察、法院、司法行政部门的干部教育培训工作，以及全国军队转业干部政法专业训练工作。对此，司法部一抓长期规划，二抓培训实施。

在干部教育培训规划方面，司法部起草了全国政法干部教育十年规划，在时任中央政法委员会书记陈丕显主持的例会上获得通过，成为我国政法教育一个时期内的指导性文件。司法部还向国务院提交了《关于加强和建立地方政法干部学校的请示报告》，促进了中央政法干部学校的恢复、中央第二政法干部学校的建立，以及各地政法干校的建设。

在干部教育培训实施方面，在中央政法干校恢复后，司法部在该校主办了几期司法干部包括律师在内的培训班。1983年，司法部在中央政法干校重点抓了“省干班”（省、自治区、直辖市政法领导干部培训班），时任司法部部长刘复之亲自兼任班主任。最高人民法院、最高人民检察院、司法部、民政部四机关干部60余人随班学习。[①]

1984年，司法部经与教育部、中央电大共同研究，拟在中央电大开设法律专业。在最高人民法院、最高人民检察院的支持下，司法部在长春召开了司法干部电化教育工作会议，最高人民法院、最高人民检察院教育处处长，各省、自治区、直辖市司法厅（局）教育处处长参加了会议。该次会议以开办中央电大法律系为契机，开启了政法干部大规模电化教育的新模式。

司法部主抓全国政法干部教育培训工作，在司法部内部归由教育司行使职责。司法部教育司既抓本系统的干部教育培训工作，抓律师、公证员教育培训工作，又抓其他政法各部门、各系统的干部教育培训工作；既抓中央政法干部学校、中央第二政法干部学校建设，又抓全国各省、自治区、直辖市的政法干部院校建设；既抓全国政法院校的普通高等学校建设，又抓辐射全国的电大法律远程教育。其工作层面宽、战线长，政法各部门干部培训实际覆盖面有限，难以满足改革开放时期干部教育培训工作规模化培训的现实需要，直至80年代中期，

---

① 郭阳：《国家司法行政工作重新开局岁月点滴》，载《中国司法》2010年第3期。

人民法院、人民检察院开始自行举办大规模的业大办学、电大办学。

在最高人民法院和司法部的指导下,各高级人民法院加强了法院干警分类培训规划,开始有计划性地针对不同培训对象开展较为系统的岗前培训、岗位培训。江西省高级人民法院在重点举办审判人员培训班的同时,第一,抓领导干部在职培训。1979 年 7 月该院与省政法干校联合举办在职法院领导干部培训班,113 名中级人民法院和基层人民法院正、副院长参训。第二,抓领导干部任职培训。1984 年 10 月该院与省政法干校联合举办 45 名新任基层人民法院院长培训班。第三,抓军转干部培训。1982 年该省法院系统吸收约 200 名中国人民解放军转业干部,该院对其进行法律专业知识培训半年。第四,抓新增编人员培训。1986 年 6 月该院举办新增编到法院工作的干部 363 人培训班。①

① 《江西分院教育培训资料》,2020 年 3 月 10 日。

第五章

司法培训的创新期，与时俱进（1985～1996）

在改革开放和法制建设大背景下，1985～1996年历史时期是人民法院教育培训事业大发展的历史时期。人民法院开始自主办学，创办法院系统自己的高等学校：全国法院干部业余法律大学，大规模开展系统内的学历教育，共培养大专层次法律专科学历生及法律（审判）专业证书生17.1万人。同时，创办中国高级法官培训中心，依照法官法，着手规划和开展法官岗位培训工作。

第一节　创办中国特色的“法律业大”

新中国成立后至“文化大革命”前，人民法院并未创办自己的干部院校。“文化大革命”中，“砸烂公、检、法”，人民法院被实行“军管”，实际上成为各地公安机关军管会下属的“审判组”，人民法院名存实亡，更不可能创办自己的干部院校。“文化大革命”结束后至1984年，人民法院处于恢复和发展时期，法院系统的干部教育培训任务，中央一级的由位于北京的中央政法干部学校及位于河南济源的中央第二政法干校承担，地方法院的干部教育培训任务则主要由各地的政法干校承担。在这一历史阶段，虽然全国法院干警队伍文化结构明显偏低，整体文化素质亟待提高，但人民法院尚未创办自己的干部院校，甚至全国法院系统还没有自己的教育培训工作职能部门。直至1984年，最高人民法院在人事厅内设立教育处(三处),人民法院教育培训工作方才得以独立规划与着手研究。

原最高人民法院办公厅主任,老革命家郑天翔同志的秘书杨树庄同志回忆说:1983 年中央决定郑天翔同志到最高人民法院担任院长后,经过认真的调查研究,郑天翔同志发现全国法院系统存在两大问题,急需抓紧两件大事:一是业务基础薄弱,需要创办一所法院自己的学校;二是物质装备落后,需要解决经费装备等司法行政基础问题。

全国法院干部业余法律大学(以下简称法律业大),作为人民法院系统的首座大学,致力于法院干警的学历教育,筹划于 1984 年,诞生于 1985 年,使命终结于 2001 年。2001 年 12 月,最高人民法院召开全国法院教育培训改革与发展战略研讨会,回顾和总结了法律业大办学 16 年来取得的巨大成就和历史经验。16 年间,法律业大共招收大专学历生 13 届,法律(审判)专业证书生 14 届,培养专科学历生 8.9 万人,培养法律(审判)专业证书生 8.2 万人,合计培养法律大专层次的学员 17.1 万人,其数量超过 1985 年法律业大创办时的全国法院干警总人数。由于法律业大的办学成就,至 2001 年,全国法院队伍中大专以上文化程度的人数已占全体干警的 80%,比创办法律业大的 1985 年提高了 10 倍多,审判人员中大专以上文化程度的人数接近 100%。经过法律业大 16 年的艰苦奋斗,其办学工作极大地提高了各级法院审判人员与其他工作人员的文化专业素质,法院干警学历结构发生历史性的飞跃,为实施《中华人民共和国法官法》、实现法官规范化与专业化管理奠定了扎实、牢固的队伍素质基础。约 30 年后的今天,回头来看法律业大办学的历史功绩,切实感觉到郑天翔老院长及最高人民法院党组当年决策的英明远见。

一、低学历基础制约审判工作

改革开放至 1985 年,我国社会主义法制建设进入一个快速起步的发展阶段,全国人大和全国人大常委会制定和颁布的法律和有关法律问题的决定有 90 多件,经国务院制定或者批准制定的行政法规有 600 多件。而全国法院干部队伍的文化水平、专业知识水平普遍偏低,大学文化程度的干警只占全员总数的 6.77%。这种状况与人民法院担负的审判任务严重不适应。尤其是伴随国家经济建设的快速发展，大量经济纠纷案件，尤其是涉外案件剧增，对法院审判人员的文化水平和专业素质提出了更高的挑战。

据最高人民法院当年统计，截至1984年年底，全国各级人民法院和专门法院共有干警144,467人。根据当年已统计与测算到的143,941名干警，其中，初中以下文化程度的占主体，为87,209人，占总数的60.59%。高中文化程度的46,988人，占总数的32.64%。大学文化程度的9744人，占总数的6.77%。而在大学文化程度的人员中，法律院系毕业的有3942人，仅占总数的2.74%。即使算上在政法院校学过法律的人员，全国法院干警中也仅有12,016人，占干警总数的8.35%。

在全国法院已统计的143,941名干警中，审判人员有76,182人，占干警总数的52.93%。审判人员中，具有初中以下文化程度的占绝对多数，为52,155人，占审判人员的68.46%；具有高中文化程度的18,355人，占审判人员的24.09%；具有大学文化程度的5672人，占审判人员的7.45%。在大学文化程度的审判人员中，法律院校毕业的3062人，仅占审判人员的4.02%。

以上统计说明，截至1984年年底，在全国法院干警队伍中，有93.23%的人没有受过大学教育，有91.65%的人没有受过系统政法教育。在审判人员中，有92.55%的人没有受过大学教育，有82.5%的人没有受过系统政法教育。

显而易见，20世纪80年代，如何为全国人民法院干警的绝大多数、特别是为各级法院审判人员的主体部分进行“大学文化补课”，着重对他们进行系统的法律专业教育，已是摆在最高人民法院党组面前的重大课题，更是摆在国家法制建设面前的重大课题。根据中共中央宣传部、中共中央组织部1980年2月下发的《关于加强干部教育工作的意见》精神，干部教育培训要以解决我国四化建设问题为中心，学习有关的理论与实践知识。文化程度低的干部主要应当学习文化，包括语文、数学、史地和自然常识，凡有条件的，应当在1982年达到初中或高中水平。1984年《中共中央批转〈关于加强干部培训工作的报告〉》指出：对于经济体制改革和国民经济发展急需的经营管理、法律、财会等专门人才，要优先培养。对于45岁以下、未达到中专文化程度的干部，要加强教育培训力度。可见，20世纪80年代，考虑开展人民法院干警队伍“文化补课”工作，与中央的要求是一致的，与当年时代的历史发展趋势是吻合的。

二、切合实际的模式选择

要给全国法院几万甚至十几万的人员进行“大学文化补课”,其模式选择之一:能否采取依托高等政法院校“补课”或者采取人员更新换代、“整体换血”的方式?最高人民法院党组研究分析后给出的回答是否定的。

根据教育部计划司当年统计,截至1984年,全国只有24所大学设有法律专业,另有4所政法院校。自1977年恢复高考招生以来,上述院校共招收法律专业学生12,626人,其中已分配2686人,1984年在校学生9960人。在已分配的学生中,到法院工作的学生占总分配人数的比例较小。以西南政法学院法律系1978级为例,1982年该届共毕业364人,分到法院工作的仅有53人,占该系该届毕业生总数的15%。而中国人民大学法律系1978级共有38名毕业生,只有5人分到法院工作,占该系该届毕业生总数的13%。若以法律专业年均有15%的毕业生到法院工作计算,从1984年到1986年,能分配到法院系统工作的大学毕业生只有1494人。而根据当年的法院干警队伍年龄构成状况,57~61岁的干警人数达到5022人,占干警总数的3.4%。这部分人在3~5年内将陆续退休,依托当时办学规模较小的各级政法院校,全国法院系统中这些自然减员的干警人数都将难以得到补充,更别谈干警队伍的“整体换血”。

模式选择之二:能否采取依托各地政法干校进行系统“补课”的方式?最高人民法院党组研究分析后给出的回答是“此路不通”。

根据司法部教育司1982年统计,全国法院干警受到3个月以上法律专业培训的共有7139人。其中,中央政法干校培训1285人,各省级政法干校培训5854人。预计这个数字在1982年后几年内不会有大的变化。因为,根据国发〔1982〕87号文件精神,司法部准备把各省级政法干校逐步建设成政法干部管理学院,学制由短变长,为两年学制,毕业生给予大专学历。如此,随着教育培训周期的延长,学员培训的数量必然相对减少。所以,在1982年后的几年内,法院干警经过司法部门进行3个月以上法律专业培训的人员,会基本保持在7000人左右。因此,依靠政法干校无法完成大规模的法院干警“文化补课”任务。

同时,当时各地省级政法干校办学工作也面临很大困难,制约了培训数量与培训质量。据司法部1982年统计，由于各省的基础与情况不同，全国政法干校的建设与办学划分为三个类别。第一类，有校址、有师资、能进行规范培训的政法干校。这一类政法干校有11个省、自治区、直辖市，包括北京、河北、河南、山西、辽宁、湖南、广东、四川、贵州、新疆、广西。第二类，无校址、有机构、有人员，边筹建边培训的政法干校。这一类政法干校也有11个省、自治区、直辖市，包括山东、甘肃、黑龙江、吉林、云南、天津、内蒙古、福建、江苏、江西、宁夏。第三类，只有部分师资与管理人员，没有经费、没有校址，靠租借房屋、借调人员办学的政法干校。这一类政法干校有6个省、直辖市，包括湖北、浙江、安徽、上海、青海、陕西。综上，各地省级政法干校尚不完全具备承担各地法院系统干警"补课"任务的办学条件。

此外，鉴于法律高等院校及各地政法干校的基本办学形式均系脱产办学，十几万法院干警要在短时间内全部轮流离岗，接受半年甚至几年的系统教育培训，审判工作及其他法院工作将处于停滞、半停滞状态。因此，全国法院系统的绝大部分法院干警脱产参加较长期限的教育培训，是个脱离实际的理论构思。

模式选择之三：是否可以依靠广播电视大学抑或高等院校的函授教育对法院干警开展教育培训？答案也是否定的。电大或函授教育虽然可以做到业余教学、在岗培训，但这类教育学校是社会性的，教学内容偏重于法学理论，无法针对人民法院的业务特点与行业需要培养人才。另外，广播电视大学、函授、自学考试等形式的办学，容量也有限，有的采取半脱产学习或集中一段时间脱产授课，有的办学周期太长，无法解决在职学习的工学矛盾，无法达到快出人才、多出人才的法院办学要求。

经过半年的调查研究、比较分析、反复论证，最高人民法院党组认为：要给全国法院十几万干警进行"大学文化补课"，其模式首选：创办一所法院自己的新型学校，理论联系实际地对干警进行在岗再教育；学校名称初步确定为"法院业余法律大学"。受郑天翔同志与党组委托，最高人民法院人事厅方光成同志执笔起草法院创办学校的论证报告，并由时任办公厅副主任李玉成同志、时任最高人民法院副院长祝铭山同志修改二稿与三稿。

"法院业余法律大学"1984年论证报告版的办学模式包括以下框架内容：第一，学制与教学形式。拟定学制三年，业余教学。课程设置根据教育部对全国法律院系课程设置的要求,参照广播电大、函授大学的课程设置,突出实际应用和法院业务特点,共设置15~17门课程。授课学时根据教育部的要求和广播电大的安排,不少于电大学时,大体为1600学时以上。师资请高等法律院系具有讲师以上职称的教师以及法院内部理论与实务水平较高的人员担任。教学方式采取录音教学。首期拟招收3万学员,招生对象为法院在职干警,年龄在45岁以下,确实具有高中文化程度的,参加统一考试,成绩合格的录取为正式学员,考试不合格的和年龄45岁以上的,可以随班参加学习。学员学习期满,经统一严格考试,各科成绩合格的,发给毕业文凭,承认大专学历。某几科考试不合格的,可以发给结业证书,不及格的科目可以按照自学考试的办法,在下一轮开班时继续学习,经考试合格仍发给大专毕业文凭(或取得结业证书的,法院内部承认学历,合理使用)。第二,办学组织机构。最高人民法院设总校,事业编制10~14人,不占行政编制。各省、自治区、直辖市高级人民法院设分校。各中级人民法院设分部,负责领导、组织教学与考试,以及有关的行政工作。总校由郑天翔同志担任名誉校长,由一名副院长任校长,另设副校长一至二名。总校设顾问若干人,请法学界专家、学者和法院离休老同志担任。总校下设精干的教务处、办公室两个内设机构。分校设置校长一名,副校长一至二名,下设教务科及办公室,主管教学和后勤工作。分部可设一至二人专职负责办学工作。第三,教学辅导。总校、分校、分部要建立专门的辅导机构,可以从在职和退休干部中选拔大学毕业、有真才实学的同志担任辅导员,也可以适当聘请高等学校教师担任辅导员,负责解决答疑和辅导问题。总校可通过编写辅导教材、录制辅导课的磁带等方式,指导分校、分部的辅导工作。第四,经费。总校的开办费(包括设备、师资报酬、录制教学磁带等)以及经常性的办公经费开支,向中央上报预算,由中央拨付。地方办学经费由地方拨付。此外,办学经费可以从诉讼费收入中提取一部分,但此条内容在下发的通知中不予提及。第五,可否与广播电大法律专业班同步等问题。初步建议,法律业大第一批学员可以与中央广播电视大学法学专业1985级(半脱产)学员同步教学,开设哲学、政治经济学、逻辑学(选修)、法学基础理论四门课,1985年秋季入学,但教学方式为录音教学。

1984年11月8日上午9时,在北京东交民巷27号最高人民法院办公区主楼（原苏联大使馆馆舍）二楼会议室，中共最高人民法院党组召开了一次事关法院教育培训千秋大业的重要会议。会议由时任最高人民法院党组书记、院长郑天翔同志主持，时任副院长王战平、任建新、祝铭山同志参加，已退休的副院长曾汉周、王怀安同志列席，何兰阶、赵石生、胡建伟、项华、李玉成、方光成、钟肇义等同志同时列席。会议专题讨论法院系统开展自己的学历教育和创办"法院业余法律大学"工作。时任人事厅厅长项华同志作了九个方面的主题汇报。谈到教育模式，项华同志认为对比依托模式、联办模式，还是法院自己办学好。谈到操作程序，项华同志认为申请报告应该上报教育部，但如果不行，可否直接上报中央政法委员会。谈到开学事项，项华同志建议：购置办学设备需要申请经费，但考虑到法院亟须办学，没有设备也要办，经费未批下来也要办，1985年秋季一定要开学。赵石生同志意见：根据我们的调查研究，各级法院普遍认为需要办学，有利条件还是有的，人大积极，下面欢迎，有可能性。经费可以争取。可以前往教育部趟趟路子。何兰阶同志意见：赞成办，要抓紧，1985年秋季开学，困难有，要下决心，否则干警素质就无法提高。王怀安同志意见：同意办，要先打报告给中央政法委员会。曾汉周同志意见：赞成，要下决心办。祝铭山同志意见：同意办学。但筹备组的工作量大，要有个专门的班子，一边写报告，一边搭班子。鉴于请人讲课是个难题，从法院队伍中挑选出一些教员问题不大。我们的课要密切联系实际，光依靠统编教材不行。任建新同志意见：现在法院干警素质不高，政法院校又无法满足，同意办，否则无法解决队伍素质问题。已安排和中央政法委员会谈过两次，他们支持办。可以写报告，一是写给丕显、复之同志并中央政法委员会；二是写给中央政法委员会并中共中央书记处、中央。他们建议可否考虑和检察院合办，一部分合，一部分独立。办学经费不是问题，可以写报告，也可以先用行政经费垫支。不能等。王战平同志意见：不办不行，光依靠别人不行。但困难要充分估计到，要边筹备边写报告给中央政法委员会，牵涉经费问题，没有中央政法委员会的表态不好办。

郑天翔同志在会议上作了决策性的重要发言。郑天翔同志说：要从十一届三中全会的要求出发，研究创办法律业大工作。队伍的基本问题要抓，带有紧迫性。我们那个年代就搞学分制，学分制适合于业余学习，时间长点、短点均可。经费问题不算什么，主要看必要性、可行性。司法部办了教育培训，我们也要办。当然,要大力依靠司法部、教育部,要讲法,多层次、多渠道培养人才。我的意见:要下定决心,办个法律业大。第一个问题,办法律业大符合中央方针。我们做了人才预测,法院队伍要大扩充,提高审判员的政治、业务素质,不自力更生不行。正规办不成,先办业余的。我们的干警初中、高中人员那么多,只有培养成大专水平,队伍素质才能大大提高。这个任务靠司法部、教育部都达不到。为什么司法部办了,教育部办了,我们还要办?要把这个问题讲清楚,其他渠道解决不了问题。第二个问题,关于办学形式。学习和工作的矛盾必须考虑。我们这个办法好,真正是业余的,解决了工学矛盾。上外面的学校上不起,钱也拿不起。第三个问题,教材需要研究。要向内行求教,十几门课要切合法院实际,教学内容上要有特殊要求。第四个问题,可行性。大家积极性都有。办正规的,我们没能力。目前只能办业余的。第五个问题,师资问题。教师不愁,我想办法请几个教授。同时,法院也有相当的优势,我们有一批退居二线的老同志积极性很高,离休干部中也有。本院也可以招收一批。搞个筹备小组,请老干部座谈一下,成立个"教学咨询委员会"。各省也有一批人。第六个问题,写报告。要说明为什么办,有什么可能性办。同时提交办学章程。要迁就一点教育部,旁听生最后考。今后,没有文凭不行。培养了人才,就后继有人。要尊重知识、尊重人才、培养人才。没有人才,开创不了局面。教材要编一部分。课程设置拜访一下老同志,看看外面怎么办的。地方电台也可以利用。可以请离退休的老同志担任教员、巡视员,同志们有事干。教师要给待遇,报酬可以比高校老师低点。经费要研究一下。先报中央政法委员会征求意见,开点小片会、座谈会。不要让司法部误会了,我们依靠它,不是不依靠。法院没有法律人才,怎么工作?如判决书怎么写?总得有人讲。要把道理讲清楚。

11 月 8 日的中共最高人民法院党组会议最后确定:创办一所人民法院自己的业余大学,学校全称为"全国法院干部业余法律大学",简称法律业大。会议审议了法律业大的教学计划、组织机构、师资建设、教学辅导、招生计划、办学经费等办学系列框架方案。会议决定成立法律业大筹备小组,在筹办法律业大办学准备工作的同时,起草最高人民法院给中央的《关于创办全国法院干部业余法律大学的报告》。

三、辉煌壮举，抗大式办学

1984 年 12 月 10 日，中共最高人民法院党组向习仲勋同志并彭真同志递交了《关于创办全国法院干部业余法律大学的报告》，报告同时抄报中央政法委员会。

1985 年 1 月 29 日，最高人民法院向全国各高级人民法院下发了《关于创办全国法院干部业余法律大学的通知》［法（人）发〔1985〕1 号］，该通知说明：《关于创办全国法院干部业余法律大学的报告》，“业经习仲勋同志批准”。通知下发了《全国法院干部业余法律大学办学章程》《全国法院干部业余法律大学教学计划（草案）》，要求各高级人民法院“参照办理，并向党委报告，请求支持。同时，立即进行准备工作”。

1985 年 3 月 7 日至 12 日，全国法院人事教育工作座谈会召开。3 月 21 日，最高人民法院下发《关于印发全国法院人事教育工作座谈会文件的通知》，印发奠基创办法律业大的七个重要文件：第一，《全国法院干部业余法律大学教学管理机构设置和教员配备方案》。关于法律业大总校机构，方案规定：最高人民法院院长郑天翔兼任校长，祝铭山副院长兼任常务副校长，项华兼任副校长，单长宗任专职副校长；在校长领导下设校务委员会，负责研究决定办学和教学的重大事项。校务委员会由校长、副校长和最高人民法院有关负责同志组成。在校务委员会下设教务处、校务处两个日常办事机构，并建立各学科教研组。关于上下级办学机构的相互关系，方案规定：“各分校、分部由所在法院领导，办学业务工作受总校、上一级分校领导。教学班亦同。”第二，《全国法院干部业余法律大学各级组织的任务与分工的暂行规定》。第三，《全国法院干部业余法律大学教学计划》（附 1985 级教学计划进度表）。第四，《全国法院干部业余法律大学考试工作暂行规定》。第五，《全国法院干部业余法律大学 1985 年招生简章》。第六，《全国法院干部业余法律大学办学中若干具体工作的说明》。第七，《全国法院干部业余法律大学各分校、分部、教学班招生、考试和开学前准备工作的日程安排意见》。

按照最高人民法院党组和郑天翔院长关于创办法律业大的周密部署，全国法院人事教育工作座谈会要求：各高级法院要立即传达落实全国法院人事教育工作座谈会要求，三月内完成各分校机构组建工作，做好招生动员和准备工作；四五月完成各分部、教学班机构的组建工作；4 月 25 日前完成首届招生报名工作。

1985 年 3 月 14 日，中共中央办公厅秘书局致函最高人民法院、教育部并中央政法委员会，函称："高法院党组一月二十九日《关于创办全国法院干部业余法律大学的报告》，已经中央书记处、国务院和全国人大常委会领导同志批示同意，并指出以下几点：一、必须注意教学质量。教育部和政法委员会等有关部门要帮助法院提高办学质量，把好质量关，防止形式主义。要和衷共济、共同努力发展我国的教育事业。二、这件事不要'一刀切'，而要区别情况，有条件的地方可以先办，条件不具备的地方待有了条件再办。要实事求是，从实际出发。奉嘱谨告。"

至此，全国法院干部业余法律大学，在 20 世纪 80 年代，以一种时代特有的方式，通过一种特殊的审批程序，诞生于中国改革开放的土壤中。法律业大的报批程序是否符合高等学校的审批规范尚且不论；通过正常的高校审批渠道，法律业大能否得到批准也未必可知。但是回头来看，创办法律业大不但是必要的，而且是及时的；不但是夯实队伍建设的基础工作，而且是功在历史的辉煌壮举。正如 1990 年 1 月，江泽民同志在接见第 15 次全国法院工作会议代表时所强调的：法院干部"大量的培养还要靠抗大式的教育"。

箭在弦上，不得不发。时不我待，勇于创新。短短半年的时间内，要创办一所高等学校，对于全国法院来说都是一件没有先例的崭新工作。本着"有条件要上，没有条件创造条件也要上"的大无畏精神，最高人民法院迅速会集各类优秀骨干，从各个庭、厅、室抽调人员，同时从社会上选调教育专门人才，组建法律业大总校。

1985 年 4 月，最高人民法院向劳动人事部递交《关于请求解决新创办的全国法院干部业余法律大学总校编制的报告》。1985 年 5 月 18 日，劳动人事部下发《关于创办全国法院干部业余法律大学总校编制的通知》，"同意全国法院干部业余法律大学总校事业编制三十五人，其中教师人数不少于百分之五十"。随后，最高人民法院根据法律业大总校不断增长的办学需要，继续申请增加编制。劳动人事部 1986 年 6 月 13 日在《关于最高人民法院直属事业单位机构编制的通知》中,同意“全国法院干部业余法律大学总校事业编制在原定三十五人的基础上,增加到五十人”。

根据最高人民法院经中央批准的办学计划,法律业大学制三年,第一届1985级学员计划于1985年秋季入学。有关招生工作,最高人民法院1985年3月9日下发《全国法院干部业余法律大学一九八五年招生简章》,1985年3月21日下发《关于全国法院干部业余法律大学办学中若干具体问题的说明》,规定只招收具有高中毕业或相当文化程度的法院在职干警,不招收社会人员。是否招收法院在职工人,不作统一规定,由各高级人民法院自行确定。对于不具备高中文化水平的干警,需要补习文化基础知识,待达到高中文化水平再报考法律业大。具有国家承认学历的大专院校毕业证,或通过国家高等教育自学考试、得以毕业,但非法律专业的法院干部,可以免试入学。为严格学校招生入口,法律业大规定:在各种大专班未能毕业、仅取得结业证书的人员,须经入学考试合格后,方能录取。正在参加国家高等教育自学考试、尚未毕业的人员,也须经过入学考试合格后,方能录取入学。参加国家高等教育自学考试、单科结业超过2/3者,如果参加入学考试,成绩接近录取分数线的,可以适当照顾,予以录取。

为加强入学考试试卷保密工作,1985级入学考试试卷由法律业大总校统一在承担国家高考试卷印制工作的保密印刷厂印制,各分校严格按照保密规程、按绝密件派专人专车押送。1985年6月28日至7月9日,各高级人民法院分别来京领取试卷。广东、云南等24个高级人民法院包订火车软卧包厢派员领取试卷。北京、河北、天津、山东等4个高级人民法院派专车车队领取试卷。西藏自治区高级人民法院按绝密件保密要求派员乘机领取试卷。法律业大总校共发放各类试卷344包12,030袋。

1985年7月14～15日,法律业大1985级招生考试在全国各地举行。全国各级法院共有82,060名干警报考,实际参加考试的人数为59,623人。经严格考试,确定合格人员,法律业大录取首届学员34,583人,参加考试的干警录取率为58%。

1985年8月12日至17日,最高人民法院在北京京西宾馆召开法律业大第一次工作会议。各高级人民法院汇报了法律业大办学方案和准备工作,讨论了学籍管理规定等办学文件,研究了录取分数线和拟定招生人数。会议讨论了六个办学文件:《关于学员学籍管理暂行规定》(时任秘书长陈肇彬手写)、《关于教学辅导工作的暂行规定》(时任教务处处长方光成手写)、《关于各学科成绩考核暂行办法》、《全国法院干部业余法律大学学员手册》、《全国法院干部业余法律大学学籍卡》、《关于吸收单科生的试行办法》。在 8 月 12 日的预备会上,祝铭山常务副校长指出:这次会议是全国法院系统第一次专门教育工作会议,说明了法院培养干部队伍工作有了新发展,有了新气象,各地法院要进一步明确办学宗旨,处理好工学关系,办学态度要积极、步骤要稳妥,要充分考虑办学条件,办妥办好。8 月 17 日,时任最高人民法院党组副书记、副院长任建新在会议结束讲话时谈到郑天翔院长正在东北视察工作,强调:我代表郑天翔院长讲几点意见,法律业大办学要"慎重初战,务求必胜";一是要保证办学质量,二是要解决好工学矛盾,三是各级法院领导要高度重视加强领导。

1985 年 9 月 13 日(星期五)下午 3 时,法律业大(国家法官学院前身)开学典礼在北京市建国门外大街 11 号"北京国际俱乐部"隆重举行,同时举行颁发教师聘书大会。郑天翔院长兼校长在典礼上讲话指出:"我们办这个学校,是在整党后期的对照检查阶段开始的。是整党过程中提出了一些问题:就是怎样提高审判质量,提高工作效率,用什么办法解决?我们党组决定把办学作为整改的一个内容","办这个大学有点逼上梁山,实在想不出别的办法",法律业大"办学的方针,一是理论联系实际,二是保证质量第一"。开学典礼起,法律业大第一批经考试录取入学的 3 万余名学员满怀希望,肩负 15 万人民法院干警的重托,走入法院自己的大学。

四、尊重教育规律,行政措施保障

高等院校人才培养是一套复杂有序的系统工程。确保教育质量首先要求具备科学合理的培养方案与教学计划。尽管人民法院审判工作急需在短时间内培养大批法律专门人才,但是法律业大不搞短期突击办学,首先选择的还是社会通行的、培养期限较长的三年制业余学制,力图通过不少于三年的系统法律教育,使学员达到全日制高等学校两年制法律专科毕业生水平。三年期间,教学 120 周,每周授课 10 学时左右,学员业余自学时间不少于 15 学时。教学形式主体为电化教学方式，办学初期以录音授课方式为主，辅之以面授函授教学和专题辅导。《全国法院干部业余法律大学1985级教学计划》严格遵守教育部对全日制高等院校两年制法律专科的课程设置要求，参照广播电视大学法律专科和高等院校函授教育课程设置方案，设置必修课15门1030学时，选修课6门260学时，法学动态、审判实务、现代科技讲座若干，总学习时数为3000学时，高于电大、夜大与函授教育的课程设置门数与学时总数。

法律业大学制设计与教学计划充分借鉴各类同等教育院校的教学计划体系，其课程设置博采众长，又突出法院特色。例如1985年，对比电大、夜大、函授大学、高校法律专修科教育等教学计划，我们可以发现：（1）课程设置学制三年的中央电大开设政治理论课3门：党史、哲学、政治经济学；基础课2门：写作基础、司法文书；专业必修课12门：法理、民法、国际私法、宪法、民事诉讼法、婚姻法、刑法、经济法、劳改法、刑事诉讼法、国际公法、律师公证与调解；选修课4门：中国法制史、外国法制史、刑侦常识、法医常识，由学员任选2门。（2）学制三年的北京夜大开设政治理论课3门：党史、哲学、政治经济学；基础课4门：写作基础、司法文书、逻辑学、古汉语；专业必修课9门：法理、经济法、法制史、民法、宪法、民事诉讼法、婚姻法、刑法、刑事诉讼法；选修课5门：中国法律思想史、国际私法、刑侦常识、环境法、劳动法，由学员任选3～4门。（3）学制两年的高等院校法律专修科开设政治理论课2门：党史、哲学；基础课4门：汉语写作、司法文书、逻辑学、体育；专业必修课14门：法理、民法、经济法、法制史、刑事诉讼法、刑侦常识、宪法、民事诉讼法、法医常识、刑法、婚姻法、国际公法、中国司法制度、国际私法；无选修课。（4）学制三年的政法大学函授教育开设政治理论课2门：党史、哲学；基础课2门，均为考查课，包括司法文书、逻辑学；专业必修课9门：法理、民法、经济法、国际法、刑事诉讼法、宪法、刑法、婚姻法、民事诉讼法；无选修课。而法律业大学制设置就长不就短，采取学制三年培养机制，开设政治理论课2门，包括哲学、政治经济学；开设基础课3门，包括写作基础、司法文书、逻辑学，其中司法文书突出审判文书教学；开设专业必修课12门，包括法理、经济法、法制史、民法、宪法、国际私法、国际公法、民事诉讼法、婚姻法、刑法、刑事诉讼法、法医常识，国际公法与国际私法学科以涉外审判需要为出发点，法医常识后改为法医学，以刑事审判与民事审判实际需要为教学出发点;选修课主要参照中央电大课程设置,开设选修课4门,包括中国法制史、外国法制史、刑侦常识、中国法律思想史,由学员任选2门。法律业大各学科学时均比照中央电大各学科学时,就高确定,以确保教学学时与人才培养质量。

确保教育质量有两道重要的自然关口:招生录取入学关与考试考核毕业关。前者要求按既定招生标准选录合格生源,后者要求按既定毕业标准输送合格人才。由于历史原因,法律业大首届招生,由最高人民法院自行组织命题与考试。最高人民法院首先确定入学考试科目为“六门制”:政治、语文、法律常识、历史、地理、数学。除法律常识科目由法律业大总校编订《法律常识考试复习大纲》外,其余五门课程均按照教育部制定的《一九八五年全国各类成人高等教育招生考试复习大纲》由学员开展考前复习。为避免系统内影响,1985级入学考试政治、语文、历史、地理、数学试题由北京市高等教育招生办公室依照教育部颁布的考试复习大纲负责命题;法律常识试题本着略高于高等院校函授教育招生考试水平标准,由最高人民法院负责命题。

入学考试试卷的印制工作,原本考虑到报名考生多、试卷印制数量大、发放范围广,为了方便开展考试工作,最高人民法院1985年3月21日《关于全国法院干部业余法律大学办学中若干具体问题的说明》规定“印制试卷,由总校制成印刷制版纸型,分校取回后,联系承印高考试卷的保密印刷厂印制”。之后,为了严格防止入学考试试题印制与周转过程中的泄密可能,最高人民法院又变更原定办法,改由最高人民法院统一印制试卷、统一分发与管理,按国家绝密件要求领取与押送,指令各地法院试卷必须在考场当场拆封,提前拆封的以违反法院纪律情形追究主要负责人与当事人的行政责任与法律责任。

为保证1985级法律业大入学考试试卷阅卷工作的公平、公正,各分校阅卷工作均外聘高等学校讲师以上人员以及重点高中教师开展集中阅卷。阅卷严格遵守评分细则,坚持一人阅改一题或两人阅改一题,防止偏宽偏严现象发生。由于全国法院干警从事工作所形成的良好文化基础,加上各地法院的招生工作准备较早,1985年3月起就按照最高人民法院的通知要求组织学员进行考前复习,所以法律业大1985级招生考试的总体成绩好于中央电大同年的招生考试:平均每门课在60分以上、总分及格的考生有17,516人,平均每门课在50~60(不含60)分的考生有34,748人;两项合计52,264人,占实考人数的58.3%。也正因如此，1985 年法律业大的招生录取线略高于中央电大的录取分数线，从而保证了入学新生质量，为后续开展法律业大教学、培养高质量法律人才奠定了良好基础。

作为特殊时期的特殊产物，法律业大是法院系统内办学，各级法院领导同时兼任法律业大领导，办学体制系典型的行政办学、行政管理。在遵循教育培训规律的前提下，最高人民法院与各级人民法院积极探索、积累高等教育办学经验，充分利用行政手段，举全院之力，强化教育、促进办学，不断提高办学质量，走出了一条行政与办学相互依存、相互促进的系统办学新路。办学初期，最高人民法院接连就法律业大办学工作下发了十余个行政文件，部署要求、检查落实各项办学工作。人、财、物问题，是办学的基本问题。最高人民法院要求：第一，办学领导。最高人民法院规定“各分校、分部必须有个强有力的领导班子，这是办好学校的关键。请各高、中级法院院长亲自兼任分校校长、分部主任，并配备得力的现职干部任专职副校长、副主任和任各职能机构负责人”。“各教学班主任亦请基层法院院长担任，并配备得力的副主任”。第二，办学人员。最高人民法院督促各级法院迅速组建各级办学班子并投入工作。在筹办初期的 1985 年 3 月，就要求各高级人民法院将“分校办学人员数，校长、副校长、办公室主任、副主任名单，专职副校长情况”上报备案，以备检查。同时，最高人民法院着手组建全国法院师资人才库，要求各分校“将所属系统中，能承担总校讲课、讲座、辅导、编写任务的同志，向总校推荐数名，于 4 月底以前提出推荐名单，说明其专长学科、以备选聘”。第三，教学组织。最高人民法院在办学问题上统筹兼顾，宏观调控，针对军事、铁路、海事等专门法院系统下属法院分散、人少，独立办学有困难的实际情况，要求相关地方法院接纳、支持其学员就读法律业大。第四，办学经费。法律业大作为一所高等院校，其办学工作需要相当的经费支撑。在办学初期，办学工作面临没有专项经费或经费短缺的困难。最高人民法院要求各级法院予以行政办公经费支持，强调“行政经费再困难，也要挤出经费满足法律业大办学需要”。同时，考虑到法院干警的经济困难，最高人民法院行文决定：免予收取法律业大学员的个人学费。

五、一手抓法律业大，一手抓审判工作

考虑到最高人民法院时任院长郑天翔同志系全国最高审判机关的第一负

责人,既要主抓最高人民法院的建设工作,又要谋划全国法院的审判工作,千头万绪、公务繁忙,法律业大1984年论证报告提出“法律业大总校由郑天翔同志担任名誉校长,由一名副院长任校长”。但郑天翔同志说:我不做挂名校长,要做就做名副其实的法律业大校长;各级地方法院也要如此,院长兼任分校校长、分部主任,各级法院领导要一手抓法律业大,一手抓审判工作。

“不做挂名校长”,郑天翔同志是这样说的,也是这样做的。1983~1988年,他在最高人民法院主政五年。自法律业大创办起,郑天翔同志在全国法院调研工作、出席会议,首先问起的必然是法律业大办学的情况、问题、经验、困难;视察工作每到一地,他听取汇报的人员必然包括法律业大办学工作的专职领导,甚至包括一般教师与办学管理人员。郑天翔同志对法律业大的执着用心,体现了老一辈革命家重视教育、重视人才的战略思想。在他的带领下,各地法院领导把教育培训工作摆到了法院建设的突出地位,对法律业大办学工作高度重视、真抓实干。

最高人民法院创办法律业大受到了全国法院干警的热烈欢迎。对人才的培养、对专业的热爱、对知识的渴望,开启了各级法院干警的学习热潮。但也带来了始料不及的办学难题。首先是招生工作面临“爆棚”。伴随“文化大革命”后不同年龄段干警对文化学习的需要、对法律专科大学的向往,首届法律业大招生出现了前所未有的热潮。1985年,全国法院共有干警157,974人,报名人数竟高达82,060人,另有7065人或已具有国家非法律专业大专学历、申请免试入学,或已考取电大的干警申请转入法律业大,上述申请参加法律业大的人员合计89,125人,占到了全国法院干警总数的56.4%。为了尽快提高文化和业务水平,各地法院干警纷纷要求:即使考不上法律业大,也希望以旁听生的身份参加法律业大学习。超过法院干警人数一半以上的人员如果都允许同时进入法律业大学习,审判工作必然受到较大影响。

郑天翔同志与最高人民法院党组认为,审判工作是人民法院的第一要务,即使是干警急需“补课”的特殊历史时期,也必须处理好法律业大办学与审判工作的关系,始终把审判工作放到第一位。经过办案工作测算,最高人民法院党组决定:为保证各级法院审判工作需要,法律业大首届招生,实际录取入学人员以占干警总数的20%左右为宜,不超过干警总数的25%。以后法律业大各届招生遵从此例。照此规定，法律业大采取行政手段，严格控制首届招生入学规模（含转入生、免试生）。例如，北京市法院系统总人数2806人，上报录取人数807人，占总人数的28.76%，最高人民法院实际批准录取700人，占该市法院干警总人数的24.95%。辽宁省法院系统总人数6125人，上报录取人数1962人，占总人数的32.03%，最高人民法院实际批准录取1530人，占该省法院干警总人数的24.98%。福建省法院系统总人数4207人，上报录取人数1405人，占总人数的33.40%，最高人民法院实际批准录取980人，占该省法院干警总人数的23.29%。陕西省法院系统总人数5832人，上报录取人数1828人，占总人数的31.34%，最高人民法院实际批准录取1200人，占该省法院干警总人数的20.58%。广西壮族自治区法院系统总人数5897人，上报录取人数1582人，占总人数的26.83%，最高人民法院实际批准录取1346人，占该区法院干警总人数的22.83%。湖北省法院系统总人数7090人，上报录取人数1959人，占总人数的27.63%，最高人民法院实际批准录取1420人，占该省法院干警总人数的20.03%。广东省法院系统总人数8340人，上报录取人数2300人，占总人数的27.58%，最高人民法院实际批准录取1240人，占该省法院干警总人数的14.87%。1985年，全国法院干警总数157,974人，法律业大首届实际录取34,583人（含转入生、免试生），成功地将首届招生入学人数控制在了全国法院干警总数的21.89%，从而确保了审判一线工作的人力需要。

法律业大办学初期，少数在审判岗位的法律业大学员由于学业耽误了审判工作。中共中央办公厅信访局1985年12月6日编发794号《来信摘要》，转发《杭州市政法系统一工作人员致耀邦同志的来信》。来信称：近几年机关干部为取得大学文凭而竞相上学，有的上最高人民法院办的“业余大学”，有的读电大、函授。由于各个学校授课、考试时间不一，加之作业繁重，造成机关工作各行其是，无法统一组织学习中央及上级的文件。参加读书的同志为了听课、做作业、考试，对工作能推就推，能拖就拖，严重地影响了办案效率和结案的准确性，甚至铸成新的冤案，致使群众怨声载道。没有参加读书的同志也有情绪，认为反正大学文凭拿不到，调资、提干轮不上，工作再好也没有用，得过且过算了。乔石同志12月9日批示：“请中政委同志传阅。青年干警上业余学校是应该支持的，但必须有组织地进行，不影响当前工作。必须真正学有所得，而不能为了混一张文凭。”

作为力主创办法律业大的郑天翔同志，同样意识到解决工学矛盾对法院审判工作的重要意义。认为对这个问题必须在法律业大办学初期就引起足够重视、拿出应对措施。1985 年 12 月 15 日，郑天翔同志批示主管法律业大办学工作的最高人民法院祝铭山副院长、法律业大总校单长宗副校长：“请铭山、长宗同志研究。对工学矛盾问题现在就要有所措施，不要等明年开会才办。各地要加强思想政治工作，不要影响工作。”法律业大为此专门下发了文件，要求各地重视并解决工学矛盾，制定了解决工学矛盾的七点措施：第一，各地法院领导对工学矛盾要恰如其分地做出估计，认真对待，统筹兼顾，合理安排。第二，要调动法院干警的积极性，挖掘潜力，提高工效，提倡三个人的工作两个人干，三天的工作两天干。第三，要调动学员工作和学习的两个积极性，使学员明确学习是为了工作，学习要服从工作，要坚持业余学习为主、自学为主。第四，法律业大的集中授课与辅导时间要严格控制在总校规定的时间以内，不得随意突破，占用工作时间。第五，要改进教学与辅导工作，从成人业余教育的特点出发，贯彻少而精的原则，减轻学员负担。第六，要强调理论联系实际，学以致用，使学员应用学到的专业理论解决审判问题。第七，总结、推广以工作带动办学、以办学促进工作的典型经验。

第二节　规模化的系统内学历教育

法律业大开启了全国法院系统大规模学历教育补课、大幅度提高干警文化业务素质的历史时代，为人民法院高效率、高质量完成日益繁重的审判工作提供了人才智力保障，由于是大规模、全系统的学历教育，从而为 20 世纪 90 年代实施《中华人民共和国法官法》奠定了队伍建设不可或缺的文化基础。

法律业大的办学历史，自 1984 年筹办至 2001 年结束使命，可以划分为五个发展阶段：第一阶段，1984 ~ 1985 年，为法律业大的创始阶段；第二阶段，1986 ~ 1988 年，为法律业大加强学校基础建设的阶段；第三阶段，1989 ~ 1991 年，为法律业大巩固办学成果、拓宽办学领域阶段；第四阶段，1992 ~ 1994 年，为法律业大在大专学历教育基础上再上新台阶阶段；第五阶段，1995～2001年，为法律业大任务转轨、机构过渡阶段。

一、四级办学，院学合一

法律业大创始阶段，最高人民法院着重部署、检查、督促、落实各级法律业大办学机构建设。系统办学，规模培养，健全的组织机构是基础保障。办学机构规范健全，各级法院重视教育培训工作，系统办学的优势就得以体现。办学机构短缺无力，不按教育规律办事，系统办学又必然成为影响教育质量的消极因素。

按照中央批准的法律业大办学章程，法律业大设四级办学组织：最高人民法院设总校，各省、自治区、直辖市高级人民法院设分校，中级人民法院设分部，基层人民法院设教学班。首先，最高人民法院强调办学组织必须科学设置，按照中央与教育部的要求，法律业大办学要“把好质量关，防止形式主义”，不搞“一刀切”。最高人民法院1985年5月9日《关于法律业大办学和招生考试若干问题的答复》明确规定：法律业大办学“应从实际出发，实事求是，对所辖各地区要区别情况，有条件的地方先办，条件不具备的，待有了条件再办”。最高人民法院推广了四川省高级人民法院的办学机构设置办法，认为四川省高级人民法院考虑到凉山、甘孜、阿坝三个自治州不具备办学条件，因此不在当地设立法律业大分部，而是委托西南民族学院为这三个州举办法律中专班，解决他们的干部进修问题是科学合理的。最高人民法院要求，不办法律业大的地方，应积极采取其他办法培训干部，委托高等院校举办大专班或中专班，也可组织干警进行文化补习，为暂不具备办学条件地方的干警参加法律业大第二期招生作好相应准备。

为使各级法律业大办学机构各司其职、有效运转，1985年3月，最高人民法院分别下发了《关于全国法院干部业余法律大学教学管理机构设置和教职员配备方案》《关于全国法院干部业余法律大学办学中若干具体问题的说明》。上述文件遵循教育规律，结合法院特点，按照系统办学要求，对法律业大机构分工、运行机制作出了如下规定：第一，法律业大总校负责办学规划和全国法律业大的组织领导工作。具体负责制定招生计划、教学计划、培养方案，负责招生考试与学期考试、毕业考试的命题与阅卷组织工作，负责选定或者编写教材、教学参考资料，负责聘请专兼职主讲教师并制作录音录像母带，负责培训各分校辅导教师、制定学员作业答案要点、检查分校教学辅导工作，负责审定毕业学员资格、对合格的学员依照国家规定程序颁发毕业证书。第二，各法律业大分校负责本省、自治区、直辖市范围内的法律业大组织管理与教学组织工作，具体负责招生考试、期末考试、毕业考试的组织工作，负责每届招生的报名组织工作、根据招生计划提出录取意见，负责学员注册与学籍管理工作，负责教材订购、音像带制作及教学辅导资料的发放工作，按照教学计划，协调组织、安排、检查各分部教学工作，负责聘请辅导教师、选编适合本地学员需要的教学辅导资料。第三，各法律业大分部负责本地区的法律业大办学组织与管理工作，具体负责招生报名、考试组织、教学组织、学员考勤、学籍管理、巡回辅导等办学管理工作。第四，各教学班是法律业大的基层教学、管理组织，具体负责安排教学时间，播放录音录像，组织学习讨论，进行思想教育，填写学员报表，督促学员自学等项基层办学工作。第五，法律业大各级办学组织受本级人民法院的直接领导，在办学业务工作上受上级办学组织的领导。工作程序主要采取上一级抓下一级的领导模式，必须越级上报请示的须附处理意见。每学期期末，各法律业大分部、分校应对学期工作进行书面总结，分别上报分校、总校。

1985 年 8 月 12 ~ 17 日，最高人民法院召开法律业大第一次工作会议，切实统一关于法律业大的办学思想、规划法律业大的基础建设。会议集中学习了中共中央关于教育体制改革的决定，以及邓小平同志、万里同志、胡启立同志在全国教育工作会议上的讲话，汇报了各地的办学情况与办学方案，讨论了法律业大学籍管理暂行规定等项办学制度，研究了当年法律业大的录取分数线与招生计划方案。

至 1985 年年底，全国各级法院按照最高人民法院的要求，共组建法律业大分校 30 个，分部 340 个，教学班 1800 个。针对法律业大“院学合一”的办学特点，为了发挥法院系统办学的优势，最高人民法院带头强化了总校领导班子建设：“郑天翔同志兼任校长，祝铭山副院长兼任常务副校长，项华（原最高人民法院人事厅厅长）兼任副校长，单长宗任专职副校长”。“在校长领导下设立校务委员会，负责研究办学和教学的重大事项。校务委员会由校长、副校长和最高人民法院有关方面负责人组成。校务委员由郑天翔、祝铭山、王怀安(原最高人民法院副院长)、鲁明健(原最高人民法院研究室主任)、王连义(原最高人民法院司法行政厅厅长)、项华、单长宗、陈肇彬担任。”并要求“各高、中级法院院长亲自兼任分校校长、分部主任”，分校“配备一、二名副校长(不低于本院庭、室正职)，负责分校日常的领导和组织工作”，分部“配备一名专职副主任(不低于本院庭、室正职)，负责分部的日常领导与组织工作”。在最高人民法院的要求和带动下，地方各级法院领导亲自兼任校长、主任，亲自分管法律业大、主抓法律业大，使“院学合一”的领导机制落在实处，法律业大办学工作落在实处。

二、加强学校基础建设

1986～1988年的3年，是法律业大办学的第二阶段，也是法律业大加强学校基础建设的阶段。在这个阶段，最高人民法院在国家教育委员会的指导下，按照高等院校设置与运行规范，全面加强法律业大教学、行政、管理、装备等基础建设工作。同时，最高人民法院为加强教育行政的宏观管理，1988年12月23日设立教育厅，管理最高人民法院直属教育培训机构，组织和指导各地法院开展学历教育、专业证书教育、岗位培训及法院其他教育培训工作。

1986年1月6日至10日，最高人民法院在北京召开了法律业大常务副校长座谈会，最高人民法院院长兼法律业大总校校长郑天翔、最高人民法院副院长任建新等领导同志出席会议，最高人民法院副院长兼法律业大总校常务副院长祝铭山主持会议，各省、自治区、直辖市高级人民法院和铁路运输高级法院法律业大分校常务副校长和少数分校专职副校长参加了座谈会。国家教育委员会副主任邹时炎到会就如何办好法律业大发表了讲话。中共中央组织部、财政部、劳动人事部派员出席了会议。会议总结了法律业大的创建工作与开学半年来的情况与经验，强调各级法院要重视、加强对法律业大的组织领导，妥善处理工学矛盾。针对存在的突出问题，会议研究了解决措施与办法。会议强调：一定要引导学员克服单纯获取文凭、追求学历的思想观念，要教育学员发扬钉子精神，刻苦自学。使学员懂得学习是艰苦的，业余学习更为艰苦，学习是为了更好地服务审判。同时教育办学人员敬业爱岗，研究教学，勤于思考，以献身法律业大为己任,尽快成为法院教育的行家。会议认为,少数法院以审判工作繁重为由,少配甚至不配专职办学人员,使得办学机构专职管理人员短缺,直接影响了教学质量。对此,最高人民法院强调:各级法院必须按照《关于全国法院干部业余法律大学教学管理机构设置和教职员配备方案》规定的“专职办学人员与学员的比例不能低于1:100”的要求,配齐配好专职办学人员,少数办学机构办学人员短缺的法院领导,要“下决心、下狠心抽调骨干担任专职办学人员”。会议认为,加强教学辅导工作是保证教学质量的重要措施,少数分校、分部辅导教师不够的要尽快补齐,不能胜任辅导工作的教师要加以调整,对少数分部确实难以配齐辅导教师的,分校应统筹调剂,帮助解决。

法律业大常务副校长座谈会提出了“下定决心,排除万难,保证质量,坚持下去,持之以恒地把办学的各项工作搞得更好”的阶段办学口号,这个口号也成为法律业大办学15年,艰苦创业、质量第一、追求卓越的真实写照。

1986年4月18日,国家教育委员会、最高人民法院联合下发了《关于切实办好法院干部业余法律大学的通知》,该文件指出:“加强在职人员的培训,提高法律干部队伍的素质是一项紧迫任务。创办法院干部业余法律大学,是加速政法干部培训步伐的一项重要措施。”文件规范了法律业大的性质与定位,认为业大“是一所在系统内招生,以录音、录像、函授教育形式为主的成人高等学校”。文件要求“有关地方教育行政部门要帮助学校和教学管理机构搞好教学力量、教学条件的审核,定期检查教学质量、教学管理和学籍管理等方面的工作”。

1985级法律业大办学,严把质量关,通过自学时数、集中授课、平时作业、期末考试、思想考核等环节严格管理,整治学风,确保人才培养质量。法律业大各学期考试实行全国统一考试、统一命题、统一阅卷,评分标准根据各学科大专水平制定,阅卷工作严格有序,绝非一味迁就本系统学员。以1985级第一学期期末考试为例,哲学课实考人数32,231人,及格率80.72%,不及格人数5570人;写作课实考人数33,256人,及格率90.82%,不及格人数3041人;法学基础理论课实考人数34,785人,及格率87.8%,不及格人数4230人;形式逻辑课实考人数33,263人,及格率92.45%,不及格人数2510人;处理考试违纪学员146人。

1986年4月18日，国家教委批准法律业大第二次招生录取学员，下达招生计划4000人，要求有关入学考试、录取工作执行国家教委(86)教高三字003号文件。自此，法律业大学历教育招生工作纳入国家成人高校统一招生计划。该年度，全国法院共有7335人参加国家成人高等学历教育统一考试，共有4158人达到当地统一录取分数线，考生上线率占考生总数的56.68%，取得了相当优异的成绩。经各地招生考试院录取，法律业大1986级实际入学3940人，实际完成招生计划98.7%，名列各成人院校前茅。

1987年2月5～7日，最高人民法院在济南召开法律业大第二次工作会议，祝铭山、单长宗同志讲话，会议讨论了《全国法院干部业余法律大学教学计划修订方案及说明》《关于加强学籍管理工作若干问题的规定》《关于加强辅导教师队伍建设的补充规定》《全国法院干部业余法律大学关于1987年招生工作的意见》《全国法院干部业余法律大学1987年招生工作简章》《关于学员作业若干问题的补充规定》等文件草稿，提出了规范法律业大办学、加强基础建设的工作目标。

1987～1988年，经国家教委批准并下达计划，法律业大继续在全国法院系统内实行规模招生。其中，1987年招生，全国法院共有10,343人报名，实际参加考试9018人，录取人数4096人，录取率占实考人数的45.4%。1988年法律业大学历教育招生，全国法院共有25,391人报名，实际参加考试21,234人，录取人数9429人，录取率占实考人数的44.4%。

1988年9月，法律业大1985级2.9万名学员喜获国家高等法律专科文凭。这个数字相当于1949年至1979年30年间全国高等院校法律专业毕业人数的总和。10月13日，最高人民法院在北京举行隆重的法律业大首届学员毕业典礼。1985级法律业大学员毕业，实现了全国法院系统自新中国成立以来在干部队伍知识化、专业化方面发生的第一次巨大变化。

在1986～1988年的历史时期，最高人民法院加大力度完善并落实法律业大教学组织与校务管理制度建设。在教学组织方面，制定、完善了《关于教学辅导工作的暂行规定》《关于招收单科生的试行办法》《考试工作暂行规定》《考场规则》《监考守则》《评卷守则》《关于期末考试试题的保密规定》《补考试卷复印、保管工作守则》等系列制度文件。在校务管理方面，制定、完善了《关于学员学籍管理的暂行规定》《关于各科学期和毕业成绩考核的暂行规定》等系列制度文件。在办学保障方面，制定、完善了《关于编写教材、授课、出题等酬金标准的试行规定》等制度文件，最高人民法院还与财政部联合下发了《关于全国法院干部业余法律大学的经费由各级财政部门解决的通知》《关于切实解决人民法院业务经费困难的通知》《关于法院干部业余法律大学分校、分部和教学班的经费标准和列报科目问题的函复》。上述制度与措施，使法律业大办学工作得以保障，逐步走向规范化办学、制度化管理。

三、巩固办学成果、拓宽办学领域

1989～1991年的3年，是法律业大办学的第三阶段，也是法律业大巩固办学成果、拓宽办学领域的发展阶段。在这个阶段，最高人民法院全面加强法律业大教师队伍建设，努力完善学籍管理、考试管理、结业证书管理、单科生教育、招生考试管理制度，督促各办学机构抓好相应工作。同时，法律业大着手筹办法院系统学术研讨会。在这个阶段，最高人民法院在继续抓好专科学历教育的基础上，经国家教委和人事部批准，在法律业大开始举办规模化的法律（审判）专业证书教育。

1988年10月，最高人民法院在北京召开法律业大第三次工作会议，这是在人民法院教育培训史上规模空前的一次盛会。最高人民法院院长、法律业大总校校长任建新同志参加会议，原最高人民法院院长、法律业大总校校长郑天翔同志应邀出席会议，国家教委副主任邹时炎到会讲话，全国人大法律委员会顾问张友渔、最高人民检察院副检察长梁国庆、国务院法制局局长孙琬钟、公安部副部长胡之光、司法部副部长鲁坚、中国法学会会长王仲方、北京大学副校长罗豪才，以及中组部、财政部、人事部、中央党校、北京大学、中国人民大学、中国政法大学、中国人民公安大学、外交学院、北京师范大学、中央政法管理干部学院、北京市成人教育局等单位领导到会。适逢法律业大2.9万名首届毕业生毕业，在洋溢着节日般喜气洋洋的氛围里，总结经验、研究问题、开拓进取成为该次会议的三大主题。

会议讨论了《最高人民法院关于加强法律业大教师队伍若干问题的决定（讨论稿）》《全国法院干部业余法律大学关于严格学籍管理的补充规定（讨论

稿）》《全国法院干部业余法律大学关于颁发结业证书的通知（征求意见稿）》《关于招收单科生的办法（征求意见稿）》《全国法院干部业余法律大学关于颁发单科及格证书的通知（征求意见稿）》《关于1985级学员毕业前补考的实施办法（征求意见稿）》《关于1989级招生工作的安排意见（征求意见稿）》《关于筹备召开学术讨论会的通知（征求意见稿）》等系列办学文件。会议还邀请了各级法律业大的优秀教师和办学人员参加，系统总结了法律业大3年的办学经验，商讨了全面改进教学工作的具体方案。

根据法律业大第三次工作会议精神，为使各级法院领导和审判业务骨干有机会通过法律业大学习法律专业知识，法律业大创办了“单科生教育”，招生对象为具有高中文化程度年满35岁的基层人民法院正副院长、正副庭长、正副科长以及审判员以上人员，学习的科目为法律业大开设的法学基础理论、中国宪法、中国司法制度、诉讼文书写作、中国民法、中国刑法、中国经济法、中国婚姻法、中国民事诉讼法、中国刑事诉讼法、国际私法、海商法等12门课程。单科生随法律业大学员同步学习、同步考试、同步学籍管理，单科考试通过者发给单科及格证书。单科生就读法律（审判）专业证书的，已取得的单科及格证书予以承认。

1989年8月29日～9月1日，最高人民法院在北京召开法律业大第四次工作会议，会议的中心议题是学习、贯彻《中共中央、国务院转发国家教委〈关于当前高等学校工作中几个问题的意见〉的通知》（中发〔1989〕4号），会议研究了“六四”风波后法律业大如何进一步加强重视政治理论课、加强学员思想政治教育、“培养什么样的人的问题”，同时研究了根据中发〔1989〕4号文件，“严格教学管理和学籍管理，整顿学校秩序，端正学风、校风”、加强学校领导、全面提高办学水平等工作的具体措施。

根据全国法院队伍建设的实际需要，1990年法律业大经过国家教委批准，继续开展大规模的学历教育招生，各地法院共有15，917人报名，实际参加考试13，758人，录取人数6074人，录取率占实考人数的44.2%。按照国家教委关于整顿专业证书教育的精神，法律业大1990年少量开展专业证书教育，录取专业证书生1902人；在整顿、提高的基础上，1992年继续开展规模化专业证书教育，录取专业证书生17，185人。1991年，法律业大通过全国成人高考录取学历教育新生6147人。此后,法律业大改革招生制度,决定每三年招生一次。

伴随法律业大办学,全国法院系统学习氛围日渐浓厚。为了倡导人民法院应用性理论研究,深入探讨改革开放形势下审判工作及队伍建设面临的新情况、新问题,法律业大总校与中国高级法官培训中心联合创意筹办“全国法院系统学术讨论会”。1989年5月,法律业大总校与中国高级法官培训中心成功举办了首届全国法院系统学术讨论会。讨论会重点研究探讨了司法改革问题、审判工作为治理经济环境服务问题、技术合同法的理论与实践、所有权理论在新形势下的发展、精神损害赔偿问题、渎职犯罪与单位犯罪的理论与实践、刑事诉讼中的公开审判、刑事申诉案件的处理、民事与行政申诉制度改革等审判工作重点课题。自该年起,研讨会一年举行一次。至2012年,该研讨会已举办24届。法院系统的学术研讨会不仅繁荣了法学理论研究,培养了大批应用性研究人才,诞生了批量具有理论与实践价值的研究成果,更为人民法院各项审判工作及其改革发展提供了素材、奠定了基础。

1990年8月22~26日,最高人民法院在天津召开法律业大第五次工作会议暨法院干部教育培训工作座谈会。此次会议重点研究了1991~1996年全国法院干部教育培训规划、法律业大工作检查、高级法官培训规划工作。最高人民法院副院长、法律业大总校常务副院长祝铭山主持会议,最高人民法院院长、法律业大总校校长、中国高级法官培训中心主任任建新出席会议并讲话,最高人民法院纪检组组长兼人事厅厅长项华、中国高级法官培训中心办公室主任兼法律业大总校副校长单长宗、最高人民法院教育厅厅长兼法律业大总校副校长陈肇彬分别作了工作报告。会议讨论了《1991~1996年全国法院干部教育培训规划(征求意见稿)》《中国高级法官培训中心1991~1996年培训规划(讨论稿)》《关于做好法律业大1991年招生准备工作的通知(讨论稿)》《法官培训中心办学章程(征求意见稿)》《关于做好法院干部到中央党校进修工作的意见(讨论稿)》《关于加强法院干部马克思主义基本理论学习的几条意见(讨论稿)》《关于对拟任法院领导职务的干部实行培训制度的意见(征求意见稿)》等系列文件。

根据第五次法律业大工作会议精神,最高人民法院拟进一步拓宽法律业大办学渠道,为解决法院系统本科人才过少的问题,商请全国高等教育自学考试委员会协调各省、自治区、直辖市自学考试委员会,为全国法院系统开展自考本科教育,招生对象为已具有法律业大毕业文凭的在职干警,考试课程为必修课11门,选修课5门,定于1991年首次开考,全部课程三年考完。最高人民法院委托法律业大总校按照全国高等教育自学考试指导委员会制定的法律专业本科段自学考试计划,制定法院系统自考本科教育的学习与辅导计划,由各法律业大分校组织实施。

四、在大专学历教育基础上再上新台阶

1992～1994年的3年,是法律业大办学的第四阶段。在这个阶段,法律业大仍保持着较大规模的专科层次教育,1993年,法律业大招收学历生6438人;1994年法律业大招收学历生9851人,专业证书生16,976人。这个阶段,也是法律业大在大专学历教育基础上再上新台阶的历史阶段。在这个阶段,鉴于法律业大已培养5.1万名专科学历干警和1.8万名专业证书结业生,考虑到更高层次的队伍建设需要,法律业大开始与地方高等院校联合举办专科起点本科教育与研究生教育,最高人民法院向国家教委申请独立申办专升本教育。同时,各级法律业大普遍展开岗前、换岗、新法律知识等类别岗位培训。

1991年11月15～19日,最高人民法院在福州召开第六次法律业大工作会议,最高人民法院副院长、法律业大常务副校长祝铭山出席会议并讲话。会议议题重点是研究法律业大今后的发展方向、办学形式问题。1985年法律业大创办时,全国法院干警中具有高中文化程度的约8万人,当时提出的任务就是把这8万人培养成大专毕业生。6年过去,经过法律业大的学历教育与专业证书教育,上述任务基本完成,学历教育生源逐渐减少,法律业大何去何从,各地办学有所松懈,管理与质量要求有所下降。祝铭山副院长强调:“长期办学的思想一定不能动摇,现在不能动摇,今后也不该动摇。思想上绝对不能松动,工作上绝对不能滑坡。办学即对干部进行教育培训,是我们的百年大业,必将随着审判工作的发展而发展,随着干部队伍的壮大而壮大。”

第六次法律业大工作会议针对法律业大办学中存在的问题集中进行了研究解决,指出:第一,法律业大必须长期办下去。1985年以后,法院系统几次增编,新进的干警大多数只有中等文化水平,法律业大的培养对象已经不是8万

干警，而是14万干警了。今后几年内，学历教育与专业证书教育还有一定规模，仍将是法律业大的主要任务，必须树立长期办学的思想，注重质量、加强管理。第二，要开展大专起点的本科教育。至1991年年底，全国法院系统干警中大专文化程度以上的有11.3万人，但其中大学本科毕业生只有1.4万人，专科生与本科生的比例不合理。法律业大要依靠普通高校开展专科起点本科教育，优化法院队伍文化知识结构。第三，承担岗位培训任务，针对审判新问题开展岗位培训，提高干警素质。法律业大创办的初衷是专科学历教育，根据形势需要，1988年起增加了专业证书教育，今后还要进行岗位培训。到一定时候，法律业大的办学任务将由学历教育为主转变为岗位培训为主。会议统一了思想，规划了未来工作，讨论通过了《关于法律业大今后发展问题的若干意见》。

1993年3月15～17日，法律业大第七次工作会议在深圳召开，会议的主题之一是“岗位培训工作”，根据《中国教育改革和发展纲要》《关于进一步改革和发展成人高等教育的意见》，研究了法律业大发展的方向、任务，提出要“大力开展岗位培训”，“法律业大的任务将由以学历教育为主过渡到以岗位培训为主”，从而确定了法律业大在进行学历教育的同时，开展岗位培训工作的新时期历史任务。

同年9月9～12日，法律业大改革与发展座谈会在吉林省浑江市召开，最高人民法院副院长、法律业大常务副校长祝铭山到会讲话。会议着力探讨法律业大办学改革和事业发展问题，确定法律业大“学历教育向高学历、高层次发展，非学历教育向正规化岗位培训发展”的办学方向。“两个转变”论题的提出，切中法律业大办学规律，符合法院队伍建设需要，为人民法院教育培训工作的顺利转轨奠定了基础。

自此，各级法律业大陆续依托普通高校举办专升本等高学历教育。自1993年起，北京、上海、天津、黑龙江、辽宁、吉林、山东、江苏、浙江、江西、安徽、河南、湖北、广东、四川、福建等省、市法律业大分校分别与普通高校联合开展了专升本函授班或组织自考助学辅导班。据不完全统计，仅1993年，全国法院就有2000余人被专升本教育录取入学，另有3000余人参加专升本自考。

为培养法院急需的高层次人才，各地法院除积极组织法官报考中国高级法官培训中心研究生班外，辽宁和福建等省还分别与吉林大学、厦门大学开办了法院系统在职攻读硕士学位的研究生班，开拓了高层次人才的培养新渠道。

在这个发展阶段，根据国家政策许可，作为事业教育单位，为弥补办学经费不足，法律业大尝试举办小规模的经济实体，并明确规定四项原则：第一，遵纪守法，遵守最高人民法院的有关规定，依法经营，不能乱创收。第二，要彻底与机关脱钩，不能以法院名义开展经营活动。第三，法律业大搞创收要为教学服务，围绕教学成立公益性、服务性的产业实体。第四，经济实体不能离开发展教育的目的，不能影响教学工作。按照上述原则，北京、天津、河北、山西、辽宁、安徽、福建、江西、河南、湖南、广西、四川、云南、贵州、甘肃、青海、宁夏等 17 个分校兴办了四种类型的校办产业：图书发行站或书店、法律咨询部、法律服务中心、个别商业性或服务型公司。校办产业增加了法律业大预算外收入，弥补了办学经费不足，适当改善了法律业大教师待遇，稳定了师资队伍，增强了法律业大的办学实力。

1994 年 3 月 6～10 日，法律业大在杭州召开专升本教育暨专业证书教育专题座谈会，探讨大力开展专升本教育的新途径。同年 5 月，全国法院系统第二次教育培训工作会议暨法律业大专职副校长会议在北京召开，会议制定了全国法院队伍本科教育的“三六九”规划，号召各级法院把队伍建设的学历教育推向新的发展阶段。

1994 年 6 月 16 日，最高人民法院向国家教委递交《关于全国法院干部业余法律大学申请试办专科起点本科教学班的函》，函附“法律业大法学专业专科起点本科教学班教学计划”。最高人民法院认为，法律业大试办应用型法学专业专升本科教学班，是人民法院队伍建设的迫切需要，教学班采用半脱产授课的形式符合法院实际情况。法律业大专升本科试点教学班拟开设必修课 13 门，教学时数 925 学时；开设选修课 10 门，教学时数 280 课时，教学讲座 80 学时，办案实习与考查课 140 学时，学制三年，半脱产学习，每学期集中面授两个月，其余时间为学员自学、函授、刊授教育。

五、任务转轨，机构过渡

1995～2001 年的 7 年，为法律业大办学的第五阶段，也是法律业大任务转轨，机构过渡阶段。在这个阶段的前三年，法律业大办学任务从专科层次学历教育为主向规范化的岗位培训为主,同时继续开展专升本教育、专科层次学历教育方向发展。这个阶段的后四年,全国法院各级法律业大办学机构先后转型为法官培训中心、法官学院、法官进修(培训)学院等法官培训机构。

1995年3月14~16日,法律业大第八次工作会议在广东省中山市召开。这次会议参加人员规格不高,却是一次对法律业大办学工作具有重要意义的会议。会议根据即将于1995年7月1日实施的《中华人民共和国法官法》,研究了建立规范化的法官培训制度的有关问题。该次会议明确提出法律业大分校、分部主要办学工作向岗位培训转移的实施方案,检查了各地贯彻落实本科教育“三六九”规划的执行情况和规划方案。最高人民法院政治部副主任张力理、法律业大总校专职副校长梁宝俭、方光成、秘书长项寿林,以及各法律业大分校专职副校长等人员参加了会议。会议彰显人文精神,善待法律业大前辈,特邀了蒋克、孙逊、韩汉光、林树中、孟凡才、刘日喜、孙鹰杰、王传歧、章全根、唐其昌、周沁棋、王璐彤、杨富元、王伊瑞、刘先惠、郭煜振、邱仲康、周蔨等18位已退休的法律业大各分校第一任专职副校长列席会议。

在本阶段,各法律业大分校逐步将办学重点转移到岗位培训工作。上海率先在全国成立省级法官培训中心,坚持培训工作为审判服务、为提高法官素质服务、为提高执法水平服务的“三服务”原则,成立法官培训中心前五年,共举办各类培训班59期,其中包括民事、经济审判培训班13期,刑事审判培训班11期,行政审判培训班9期,执行、调研、统计培训班各3期,档案培训班2期,岗前培训与告申培训班各1期,培训干部2164人次,占全市法院干部总数的45.1%。河北省高级人民法院针对人民法庭数量多(1180个)、法庭干警人数多(4512人)的实际情况,法官培训向基层倾斜,大力开展人民法庭全员培训,编写培训书面材料20讲,培训总人数超过7000人,基层法院人民法庭以外的干警也纷纷参加培训。法律业大黑龙江省牡丹江分部有7名工作人员,同时聘任兼职教师7人,在开展学历教育的同时,积极举办短期培训班,开展新上岗人员培训260人,两期法庭庭长培训班72人,四期司法诉讼文书培训班140人,两期书记员培训班90人,一期涉外培训班32人。

同时,各法律业大办学机构积极开展专升本教育。辽宁分校自1988年起就与吉林大学联合举办法院系统专升本函授教育,至1997年,通过专升本教育培养本科生661人。该分校还与吉林大学联办了应用性法律硕士研究生班，首期招收学员24人。云南分校自1994年起与云南大学联合举办专升本函授教育，由云南大学制订教学计划，选聘教师、教材，每学期期末集中面授20天；法律业大分校负责制订人才培养计划、学员思想教育与管理，参与制订教学计划，推荐符合条件的法院系统教师担任课程或专题讲座。江苏分校通过多种办学途径，加速发展专升本教育。南京地区与南京大学，苏州地区与苏州大学，连云港地区与复旦大学，徐州地区与兰州大学，常州、镇江地区则通过自学考试等途径解决所在地法院干部的专升本教育问题。鉴于专升本教育的“瓶颈”是干警外语水平，法律业大盐城分部在市区三个法院举办为期一年的英语补习班，为专升本入学考试与外语教学创造条件。

1997年，最高人民法院成立国家法官学院，集中开展规模化、规范化的岗位培训。事实上，国家法官学院继续行使法律业大总校的办学管理行政职能。法律业大总校两个内设职能部门教务处、校务处随着国家法官学院的设立而解散，法律业大教学组织与教学管理工作由国家法官学院学历部负责，法律业大行政管理事务与学员管理工作由国家法官学院学员管理处（2001年改制为学员学生处）负责。国家法官学院成立后，法律业大进行了最后两届招生，1997年，招收学历生5664人，专业证书生7703人；1998年，招收学历生4206人，专业证书生5079人。国家法官学院坚持法律业大的办学质量，坚持做到质量第一、严格管理、善始善终，在1997年至2001年，下发法律业大教学与管理文件60余份，召开教学与管理工作会议20余次。针对各地办学后期教学管理工作有所松懈的情况，学员管理处按照学院的有关要求，于2000年4月20日及时制定、下发了《关于加强法律业大学籍管理工作的若干规定》（法学〔2000〕32号），就法律业大后期办学工作的教学管理、教务管理、考试纪律、学籍报表、补考与一次性补考、毕结业验证、办学档案、遗留问题、监督机制等九大方面49个问题，进行了统一规范，提出了解决意见。2001年7月16日，学员管理处组织法律业大最后一届学历生（1998级）毕业验证工作；11月5日，法律业大最后一届学历生一次性补考验证，1988级3348名学员取得大专学历毕业证书；2001年11月9日，法律业大各届肄业证书验证完毕，标志着法律业大通过16年的艰苦努力，已圆满完成历史使命。

2001年12月28日,最高人民法院隆重召开全国法院教育培训改革与发展战略研讨会,庆祝法律业大办学16周年并完成历史使命。最高人民法院院长肖扬同志发表了《战略性的转变,历史性的变革》重要讲话,最高人民法院常务副院长祝铭山同志作了《巨大的成就,宝贵的经验》主题报告。祝铭山同志在作报告时深情地指出:"十六年在人类历史长河中仅仅是短暂一瞬。然而,法律业大十六年艰苦创业的风雨历程却给今天和未来所有亲历并见证这段历史,以及继续献身于人民司法事业的广大法官和其他工作人员留下难以忘怀的记忆。"

第三节　切合审判实际的专业证书教育

一、着眼审判骨干的系统化培训

法律(审判)专业证书教育,是指1988年起,法律业大开展的、针对不具有大学法律专科文凭的审判人员等法院骨干所进行的非学历教育的系统法律教育。实行法律(审判)专业证书教育,是继1985年开办全国法院干部业余法律大学之后,人民法院教育培训工作史上的又一项重大改革。也是7年后实施《中华人民共和国法官法》的一项关键性配套改革措施,它是法院队伍建设中的一件大事,对于加强法官教育培训工作,多出人才、快出人才,建设专业化、知识化、正规化、政治业务过硬的法官队伍,有着十分重要的战略意义。

20世纪80年代,人民法院队伍建设的实际情况是:35岁以上的中年干警承担着审判任务的主体部分,但由于历史的原因,这部分人员文化水平普遍偏低,参加国家成人高校统一考试难以过关。以法律业大1986年招生为例,经过国家统一招生考试,法律业大被录取的学员中,绝大部分是近两年到法院工作的24岁以下的新干部,这部分人员占被录取学员的89%。其中,不满20岁的刚刚毕业进入法院的高中毕业生有951人,占被录取人员总数的24%。对比之下,30岁以上的中年干部有165人,仅占被录取人员总数的4.1%。如何让作为审判骨干的中年以上干警受到应有的教育,文化、业务素质得以提高,是人民法院队伍建设面临的重大课题。

人民法院队伍面临的上述问题，在全国各行业普遍存在。国家教委、人事部1988年2月28日印发的《关于成人高等教育试行〈专业证书〉制度的若干规定》指出："我国有相当数量在专业技术岗位或专业性较强的管理岗位上工作的具有高中毕业文化程度的在职人员，他们通过长期的工作实践已具有了一定的专业知识和实践能力，但未达到任职资格所需要的大专毕业文化程度。对其中具备一定条件的同志不必要求他们再接受系统的学历教育以获得大专毕业证书，而应以学习和掌握其他从事专业技术和管理工作所需要的专业知识为主。"国家教委与国家人事部拟创办的专业证书教育既遵循了教育规律与专业技术岗位业务要求，又考虑到了"文化大革命"运动所带来的我国人才断层的实际情况，为解决历史遗留问题开辟了一条创新之路。

1988年4月2日，国家教委邹时炎副主任率领张科、尹凤和同志到最高人民法院，与祝铭山副院长、陈肇彬、方光成同志商谈全国法院教育培训工作，邹时炎同志指出：法律业大不能仅限于进行学历教育，最高人民法院可以依托法律业大在全国法院系统进行《专业证书》教育的试点，摸索积累经验，以利于法院现有的审判工作骨干，包括已具有高等学校非法律专业毕业学历的法院干部系统学习法律专业知识。邹时炎同志的建议为人民法院破解审判骨干系统化培训的难题指明了一条切合实际的发展途径。

最高人民法院抓住契机，迅速开展调研，制定方案，争取国家主管部门支持。经报经国家教委、人事部批准，1988年5月21日，最高人民法院向全国各地各级法院下发了《关于在全国法院系统实行〈法律（审判）专业证书〉教育制度的通知》［法（学）发〔1988〕11号］，率先在全国实行专业证书教育。通知指出：为加强法院干部队伍建设，适应改革开放形势下的审判工作需要，根据国务院批转国家教委《关于改革和发展成人教育的决定》精神，按照国家教委、人事部1988年2月28日印发的《关于成人高等教育试行〈专业证书〉制度的若干规定》，进一步改革法院干部队伍教育培训制度，对尚不具备高等法律专业毕业学历的法院干部，在通过法律业大进行学历教育的同时，由法律业大实行法律（审判）专业证书教育，以提高审判人员的专业素质。自此，法律业大开始举办数以万计学员的规模化专业证书教育。根据国家教委、人事部规定，专业证书教育只能由普通高校以及经国家教委批准备案的成人高校举办,回过头来看,郑天翔同志与最高人民法院1985年下定决心、排除万难创办法律业大,不仅使全国法院开展规模化的学历教育成为可能,而且为1988年起全国法院开展审判骨干规模化系统培训的专业证书教育提供了平台。

事实证明,法律(审判)专业证书教育确实对审判骨干培养起到了关键作用。据1990年年底法律业大总校统计,当时注册在学的23,000名专业证书学员,从职务结构上看,各级法院正副院长、正副庭长有12,000人,占学员总数的53%;各级人大任命的审判员6700人,占学员总数的30%;助理审判员或相当于助理审判员职级的管理干部4000人,占17%。从原文化结构上看,已具有高等院校非法律专业毕业学历的人员有3500人,占学员总数的15%;具有高中毕业学历的16,000人,占学员总数的72%;同等学历的3000人,占学员总数的13%。从年龄结构上看,除已具有高等院校毕业学历者外,其他学员年龄均在35岁以上。从办学效益看,占学员总数43.2%的正副院长、正副庭长,经过两年系统学习,业务水平和能力大大提高。加上大批审判员、助审员的培训,专业证书教育对各级法院提高办案效率和办案质量起到了积极的促进作用。以实际办案为例,1989年、1990年两年,全国年均一审收案290万件,比1988年上升了27.27%。在法院系统干部基本没有增加的情况下,全国法院1989年审结案件比1988年上升29.74%;1990年全国法院结案率又比1989年上升30.81%,办案效率平均提高了1/4。其中一个重要原因,就是法律业大学历教育与专业证书教育使全国法院干警的知识水平与业务素质得到大幅度提高。

二、展望《中华人民共和国法官法》的准学历教育

根据国家教委、人事部规定:专业证书的招生对象须系“从事专业技术工作或专业性较强的管理工作、具有五年以上本岗位专业工龄的在职人员”,“年龄一般应在35岁以上”。根据法院系统的实际情况与工作需要,最高人民法院将法律(审判)专业证书教育招收的对象,确定在“35岁以上,具有高中毕业文化程度的现职审判人员(包括院长、副院长、审判委员会委员、庭长、副庭长、审判员、助审员、执行员和相当于助审员职级的研究人员、信访人员)”。为了更大范围地加速培养人才,适应人民法院各岗位工作需要,最高人民法院经报有

关部门批准，还针对队伍建设实际，对招生对象做了变通处理，将法律（审判）专业证书教育招收的对象拓展出两类，第一类是“具有国家承认的高等院校非法律专业毕业学历，并具有一年以上法院工龄的在职干部”；第二类是“年龄在35岁以上，具有高中毕业文化程度，工作与审判业务密切联系的管理干部”。

最高人民法院关于法律（审判）专业证书教育招生对象的上述决定与变通处理，充分考虑了我国法官职业与国际接轨对学历层次的未来需要，富有远见地预测了将来国家有关法官管理制度的法律对法官任职、履行职务所需的法律专业知识与专业文凭的更高要求。7年之后，1995年2月28日第八届全国人民代表大会常务委员会第十二次会议通过并于同年7月1日实施的《中华人民共和国法官法》，明确规定担任法官必须具备下列条件：“高等院校法律专业本科毕业或者高等院校非法律专业本科毕业具有法律专业知识。”从这个意义上说，1985年最高人民法院创办法律业大并开展规模化法律专科学历教育，以及1988年依托法律业大举办专业证书教育，都是高瞻远瞩的队伍建设的战略举措。

关于专业证书的性质与用途，国家教委、人事部规定，建立《专业证书》制度，意在使专业证书学员“经过有针对性的专业知识学习，达到岗位所需要的大专层次的专业知识水平。《专业证书》可在本行业本专业的工作范围内，作为评定、聘任专业技术职务、管理职务和其他职务的任职资格的依据之一”。最高人民法院结合本系统实际，规定：“成人高等教育《法律（审判）专业证书》不同于大专毕业学历证书，它是依照《中华人民共和国人民法院组织法》规定的人民法院的审判人员必须具有法律专业知识的要求，对各级人民法院的审判人员进行的有针对性、有目的的法律专业知识教育，它是达到审判工作岗位所要求的大专层次法律专业知识水平的一种证明，是人民法院审判人员任职资格的依据之一。”

据此，法律（审判）专业证书是一种新型教育制度，它既不同于学历教育，又比照、类似于学历教育，或称“准学历”教育，具有专业证书者的特定人员，在任职、聘任审判职务及其他专业职务时，与具有大专学历同等对待。

从人民法院的实际情况来看，在开始试行专业证书教育的1988年，全国法院的审判人员中，具有高中文化程度、年龄在35～50岁的有5万余人，他们通过长期的审判工作实践，已经具有一定的审判经验和法律专业知识，成为各地的审判业务骨干。这部分人由于年龄大、工作忙、基础薄、家务重等多种原因，参加法律业大学习有很多困难。同时，他们所承担的岗位工作又急需他们接受系统的法律专业知识教育，以满足任职需求、工作需求。在大学教育的文凭要求与大学教育的实质要求两者之间，最高人民法院寻找到了一个“专业证书教育”的切合实际、合理合法的结合点。

从法制建设的大局及法官知识化、专业化的长远目标出发，最高人民法院还从干部使用政策上鼓励、鞭策不具备专业知识条件的法官参加专业证书学习。1988年5月12日，时任最高人民法院人事厅厅长项华同志在《在法院干部教育座谈会上关于实行〈法律（审判）专业证书〉的制度说明》中强调指出：“实行《法律（审判）专业证书》制度必须同法院系统人事制度改革配套进行，要把教育培训干部同考核、使用干部有机结合起来。我们研究提出，到1995年后，对不具备大专以上文化程度人员，一般不再任命审判员以上职务；对现职干部，属于专业证书教育的对象，有条件参加学习而不参加学习，经考核不具备大专层次的专业知识水平的，应对现任职务进行调整。”

三、具有针对性的“八门课”教学方案

教学方案是人才培养方案的核心内容。教育部、人事部要求：专业证书教学计划“应体现专业的特点，针对性要强，教学要求可有所侧重，一般设置8～10门课程，理论教学总时数不低于800学时”。法律业大严把质量关，一方面按照高等专科院校同类专业相当的规格质量要求设置教学方案，另一方面密切联系审判岗位规范和法院管理工作的实际需求，突出法院特点，讲求学用结合。

本着严格标准、针对性强、管用精简的原则，法律业大的法律（审判）专业证书教育设置8门课程，理论教学时数800学时。具体设置如下：中国宪法50学时，8学分；中国司法制度50学时，8学分；中国刑法120学时，18学分；中国民法120学时，18学分；中国经济法130学时，20学分；刑事诉讼法60学时，9学分；民事诉讼法65学时，10学分；诉讼文书写作40学时，6学分。同时，安排婚姻法专题讲座10学时，结业作业60学时，10学分。以上共计805学时，107学分。

考虑到专业证书教育学员身为审判工作与管理工作骨干、工作任务繁重的实际情况，为更好地解决工学矛盾、做到审判与学习两不误，法律（审判）专业证书教育设置为在职业余学习三年，每学期开展一门至二门课程教学。教学采取录像、录音、面授、函授相结合的授课方式。为了保证教学质量，法律业大在教学计划中规定，对专业证书教育学员，根据各门课程的特点与要求，组织学员开展课堂讨论，并要求学员按照每门课程授课时数与自学时数1∶2的比例安排自学。全部课程学习结束后，要安排八周时间给学员进行专题调查研究，要求学员运用所学知识分析解决审判实践问题，写出调查报告或典型案例分析，作为结业作业。学员完成规定课程，考试成绩全部合格，达到规定总学分，准予结业，发给法律（审判）专业证书。

因为专业证书教育计划切合审判实际，课程设置符合工作需要，深受审判骨干欢迎。如1988级专业证书教育，湖北省高级人民法院审判委员会委员中，就有五位委员参加专业证书学习，包括省高级人民法院副院长杜幼清、副局级审判员张贵元、告审庭庭长朱溉绿、纪检组副组长邓新华、经济庭庭长张立树。他们或是湖北省高级人民法院领导或是该院各审判业务部门主要负责人，论年龄，平均在55岁以上；论文化，都是"文化大革命"前的老高中生或中专毕业生。论职务、论职级、论资历、论年龄，他们都可以不再学习。当看到法律（审判）专业证书的教学计划与培养方案，他们被系统而实用的法学课程设计及教学方式所吸引，积极报考法律业大。三年间，他们克服了年龄大、记忆力差的实际困难，刻苦学习，不耻下问。作为各级领导，面临更大的工学矛盾，他们更是发扬钉子精神，做到了工作、学业两不误。三年过去，他们圆满地完成了专业证书学习，五个人都取得了8门专业成绩平均75分以上的好成绩，在专业证书学员中起到了领导干部的表率作用。

为了加快人才培养，使法官队伍尽快达到未来《中华人民共和国法官法》的任职要求，法律业大在保证教育质量的前提下，还探索了短年制、脱产办学的法律（审判）专业证书教育。1989年，考虑到内蒙古自治区边远旗县法院干警的实际需要，法律业大在内蒙古分校教学基地举办了一期一年制的全脱产专业证书教学班，实际招生34人。1994年5月16日，法律业大总校与最高人民法院教育厅下发文件，考虑到基层法院院长的实际需要，在法律业大福建分校集美培训基地举办一年制、全脱产的法律(审判)专业证书“院长教学班”。同年9月18日,法律业大总校与最高人民法院教育厅又专文批准法律业大湖北分校、山东分校、江西分校举办该省范围内的一年制、全脱产法律(审判)专业证书“院长教学班”。招生对象为全国基层法院年满45岁以上的正副院长,课程设置除全国统一的法律(审判)专业证书八门课程外,另行开设法院文书写作、婚姻法、社会主义市场经济理论研究等讲座。教学采取全面授形式,教师由法律业大总校及相关分校具有讲师以上职称的教师或资深审判员任教。

由于法律(审判)专业证书教育广受欢迎,法律业大1988年原计划招生20,000人,实际招生27,000人。为保证教学质量,专业证书教育原则上三年一招。考虑到特殊地区的特殊需要,经当地教育主管部门批准,法律业大1989年在内蒙古、西藏、甘肃等部分地区招生1400人,1990年在部分省、直辖市招生2100人。1994年在全国招生13,380人。北京市成人教育局在1989年5月5日报送国家教委的《对法院干部业余法律大学教学质量考核验收的报告》中认为:法律业大办学规模“每三年招生一次,每次招生三万人(含大专生和专业证书生),9年左右的时间完成(注:9万人的培养规划),我们认为这个规划基本符合法院工作的实际和法院干部业余法律大学的培养实力”。

四、严格的学历教育管理模式

国家教委、人事部《关于成人高等教育试行〈专业证书〉制度的若干规定》要求“承办院校要认真实施《专业证书》的教学计划和教学大纲,保证教学质量”。为了保证法律(审判)专业证书教育应有的培养规格,法律业大自举办专业证书教育起,就自我加压,提出了更高要求,把法律(审判)专业证书教育纳入专科大学学历教育管理体系中,与专科大学学历教育同教材、同授课、同作业、同管理。最高人民法院《关于在全国法院系统实行〈法律(审判)专业证书〉教育制度的通知》要求专业证书“教学活动按法律业大的教学大纲、教学计划和教学方式进行。学员按法律业大现行学籍管理办法进行管理,并与法律业大学员混同编班、同步学习”。学员在学期间严格教学管理与学籍管理,对学员各门课程学习成绩的考核均采取闭卷考试的方式,考试成绩合格方可取得该课程的学分;对因故在本届缺考课程的学员,允许在下届继续补学、补考,但专业证书生在校不得超过两届。

法律业大严格按照大专学历教育学员学籍管理办法实行规范的专业证书教育学员管理，在入学与注册问题上，要求参加学习的干警须向人事部门书面申请，经所在法院院长推荐，由中级人民法院人事部门审核，报高级人民法院人事部门批准，法律业大文化考核合格后，方能入学。在学员年龄要求上，青海省法院根据省政府规定，学员年龄放宽到30岁以上，西藏自治区在年龄上未作要求，其他地区除已具有高等学校非法律专业学历的法院干部外，学员年龄均要求必须在35岁以上。同时，为更好、更快地培养审判业务骨干，考虑到法院系统每年接收大批军队转业干部以及从其他党政机关调入干部的实际情况，这批干部大都任命了审判职务，法律(审判)专业证书对此类干部的招生学习，在入学资格上予以了适当变通，未照搬国家教委、人事部的专业证书学员需“具有五年以上本岗位专业工龄”的招生条件。事实证明，法律(审判)专业证书教育招生条件之一规定为“年龄在35岁以上，具有高中毕业文化程度的审判人员”，不但符合法院院情，而且符合国家创办专业证书教育制度的初衷。

法律业大对专业证书学员注册后实行全国统一审查、备案制度，各分校专业证书生须在学员入学注册后报法律业大总校审查备案。按照规定的招生条件，法律业大对已招学员进行了认真的资格复查，1988年、1989年两届专业证书学员资格复查，清退不符合条件的人员723人，占注册学员总数的2.5%。其中，现任职务不符合规定条件的680人，年龄不足35岁的43人。

在教学过程中，专业证书每门课程的结业考试均由法律业大总校统一命题，实行全国统一考试。阅卷评分由法律业大总校统一制定评分标准和评分细则，学历生与专业证书生均采用同一标准评分，由法律业大各分校分别统一集中阅卷。课程考试成绩以第一届专业证书教育为例，中国民法课及格率为84.56%，中国民事诉讼法课及格率为85.33%，中国刑法课及格率为86.22%，中国宪法课及格率为88%，中国司法制度课及格率为94.33%。总体而言，专业证书学员各科及格率略低于学历生。考试成绩反映，法律(审判)专业证书教育呈正态发展。

对于举办专业证书脱产教学班，法律业大提出了更为严格的要求，总校专门成立了“脱产班协调领导小组”，要求申请举办脱产班的法律业大分校必须具备师资、校舍条件，一办一批，专门申请。申请前须征得当地教委同意。申请必须详报各科教师详情、教学基地详情、教学设施详情、生源情况、管理与经费计划等。批准举办脱产班的各相关高级法院领导高度重视办班工作，加强领导、精心组织，脱产班工作除有一名高院领导主抓外，主管干部教育培训工作的政治（人事）部门要密切配合法律业大办学工作。为保证教育质量，法律业大1994年9月18日专门下发了《关于〈法律（审判）专业证书〉院长脱产班学籍管理工作的补充规定》，要求招生资格审查与录取通知工作收归法律业大总校，学员定期报到，各地脱产班的课程考试由法律业大总校统一命题，统一评分标准，统一阅卷。建立学员正考、补考、一次性补考制度。严格课程免修审批，由法律业大总校同意审批。脱产班学员一般不予转学，因正当理由可予休学，休学后转入业余班学习。脱产班严格纪律与考勤，规定每门课缺课1/4或缺交作业1/3的，不准参加课程考试；缺课1/3的，勒令退学；平时作业或考试作弊违纪的，该课程作零分处理，情节严重的建议所在单位给予纪律处分。

法律业大严把结业关，每届专业证书结业实行全国统一验证、集中审批。专业证书结业验证由法律业大总校初检、最高人民法院教育厅复核。为达到教育目的，结业前，要求各地办学机构做好结业鉴定工作，在学员详尽的自我总结基础上，以教学班为单位召开鉴定会，进行民主评议，由班主任写出有针对性的教学班书面鉴定意见。其中，学员鉴定少于500字以及教学班鉴定千篇一律的不予结业。办理结业验证须具备完整的《法律（审判）专业证书》《录取新生登记表》《学籍卡》《学员结业登记表》、免修课程证明等书面材料，由验证会议逐一审核。每届验证会议前，法律业大总校都对参加验证的工作人员进行验证培训、提出纪律要求。在工作人员的严格把关下，每届专业证书生结业验证都审核发现了在入学年龄、所任职务、学业成绩、结业考核等不同方面的不合格学员，做出了相应的不予结业处理，确保了法律（审判）专业证书教育的人才培养规格。

五、不断改革培养机制，善始善终确保质量

法律业大自1988年举办法律（审判）专业证书教育以来，结业的学员数量已经占到法律业大办学以来培养的大专层次法律人才总数的60%。专业证书

教育已成为全国法院完成“七八九”干部培训教育规划的重要手段。针对专业证书教育特点，最高人民法院不断改进专业证书培养机制，从1991年起，最高人民法院决定将专业证书教育的学制从三年缩短为二年。1993年法律业大第七次工作会议进一步缩短学制为一年半，并提出教学改革方向，自1993年起，专业证书生精简教学内容，针对专业证书生的特点，提出不同的教学要求，进一步突出了应用性知识的教学，并提高了平时作业占分比例，期末实行分别命题、考试。

专业证书教育的上述系列改革措施，适应了专业证书教育的办学规律。各分校遵循总校提出的专业证书教改方针，区别于学历生，不同程度地对专业证书教学内容、教学方式、管理方式进行了改进。如上海分校从1993级行政法课开始进行教学改革，把原来的由教学班组织的学员看录像、再由辅导老师辅导的教学方式，改为全部集中到分校，实行“老师指导自学—学员看书做作业—老师重点辅导”的教学方式，节省了师资、缓解了工学矛盾，提高了办学质量。行政法课及格率占该学期三门课程及格率之首。从一部分地区来看，经过五年的专业证书规模教育，至1994年，具备接受专业证书教育的人员数已大幅度减少，大面积地开展专业证书教育已接近尾声。经统计，到1993年年底，福建省经过摸底调查，全省只有100余人的可行性生源。上海市专业证书生源仅为75人。四川省虽有1500人生源，鉴于该省专业证书招生经省教委批准由法律业大四川分校自行命题、自行考试，录取率将会很高。经过1994年招生，专业证书教育也将接近尾声。

在专业证书办学后期，各地反映，对比大专学历教育，专业证书教育开始呈现“难”“松”“差”三大问题。

“难”主要表现在管理难度大。专业证书生普遍年龄偏大、担任大小领导职务的学员多、后勤人员多、审判骨干多、工作任务重、学习时间少。这些因素给教学管理带来很大难度。专业证书生平时自学普遍抓得不紧，作业往往拖至各科考试前才一次性交齐。音像课、面授课到课率明显低于学历生，普遍低10%～20%。此外，专业证书生中途退学者多，反复入学者多，也给办学带来一定难度。例如，上海分校1988级、1989级专业证书生留级、流失生占23.5%；辽宁分校中途辍学生占30%。

“松”表现在一些法律业大办学机构对专业证书生放松管理，督促检查不够，严格要求不够。无论授课、作业、考试各个环节都有所宽容。对于缺课、拖欠作业、考试违纪的专业证书学员不作严肃处理。个别分部的学员作业成绩迟迟不上交分校，而将作业分数作为可以随意事后变动的“砝码”，用来“挽救”某些成绩不及格的学员。

“差”有三个方面的表现。一是学习自觉性差。相当一部分专业证书学员缺乏学习的愿望与动力，是组织逼着学，花钱供着学，学员只是被动地完成任务。二是考场纪律差。作弊现象较为严重，如辽宁分校1993年处理的56个考试违纪学员，专业证书生为41名，占78%。三是学习成绩差。各地专业证书生的学习成绩都普遍低于学历生。实行专业证书生单独考试后，这一状况有所改善，但仍低于学历生。以辽宁分校为例：学历生、专业证书生实行统一考试时，专业证书生的考试及格率一般比学历生低15%左右。实行单独考试后，学历生经济法及格率为86.19%，专业证书生为81.1%；学历生行政法及格率为90.8%，专业证书生为87.5%；学历生两科优良率为54%，专业证书生为26%。

1993年年底召开的全国高级法院院长工作会议，高昌礼副院长代表最高人民法院党组所作的工作报告，用了较大篇幅阐述了法院教育工作的重要意义以及加强法律业大建设的具体要求，重申了规范管理、从严治校的法律业大办学方针。这份报告鼓舞了法律业大全体办学人员，对某些地区淡化和削弱法律业大建设起到了警示与鞭策作用。最高人民法院要求各高级法院认真贯彻落实会议精神，真正把报告中所要求的“各级法院领导要把干部教育培训工作作为一项战略任务抓紧抓好”“充实和加强各地法官培训中心、法律业余大学的办学力量”落在实处。要求各级法律业大办学组织则在总结经验的基础上面向未来，制定规划，保证质量，加快发展法官教育培训事业，更好地为审判工作服务。

针对专业证书教育后期存在的系列问题，最高人民法院加强了对法律业大办学的宏观管理。1994年3月6日，最高人民法院专门在杭州召开专业证书教育专题座谈会，强调各级法律业大办学机构要一如既往地抓好专业证书教育，将证书教育与学历教育放到同等重要的位置，克服麻痹、松懈思想。对专业证书教育，要一抓质量、二抓管理、三抓改革，从严要求、注重实效、突出特点、讲究效益。

会议再次强调了关于专业证书生的培养目标，要求必须坚持大专层次标准。专业证书教育是国家认可的大专层次的岗位任职资格教育制度，课程设置、课时安排、教学内容、考核要求都应坚持大专水准。同时根据专业证书教育特点，要进一步深化教学内容、教学方式改革，应注意教学内容的简明性，实用性，要积极创造条件把专业证书生与学历生的教学和管理区别开来，分别编班，分别授课，在各科考核要求上，进一步体现少而精和“要管用”的原则。根据建立社会主义市场经济体制的要求和新形势下的人民法院审判工作发展的实际需要，法律业大总校认为应加快专业证书生的培养速度。业余班仍以一年半为妥。最高人民法院及具备师资条件、办学基地条件的分校可以举办半脱产、全脱产专业证书教学班。同时，从专业证书教育的长远发展考虑，法律（审判）专业证书教育可以分为若干专业，包括刑事审判专业、经济审判专业、民事审判专业、行政审判专业，在课程设置上区别不同审判岗位上的工作需要有所侧重，以培养更具有针对性的应用型法律人才。

第四节　“质量第一”前提下的教学与管理

一、规范的法律业大教学体系

“质量第一”“理论联系实际”是法律业大的办学方针，也是法律业大的生命线。早在法律业大创办时期，1985 年 7 月 6 日，《全国法院干部业余法律大学关于当前办学工作中几个问题的通知》就指出：“法院办学的目的，是为了尽快提高法院审判队伍的素质，更好地为国家四化建设、为党的总任务服务。因此，办学必须坚持培养人才、质量第一的原则。”1988 年 10 月在北京召开的法律业大第三次工作会议强调指出：“无论是对学历教育，还是对专业证书教育，都必须坚定不移地强调质量第一，培养符合国家标准的人才。”

办学 15 年，法律业大的教学体系不断完善，从办学初期单一的音像教学形式逐步发展形成了具有特色的音像教学、面授教学、刊授辅导相结合的综合教学方式。法律业大坚定不移地贯彻"质量第一""理论联系实际"的办学方针，认真抓好每个教学环节的工作。在音像授课和面授辅导中坚持理论联系实际，坚持各科教学计划的大专水准；强调教师集体备课，实行教师授课讲评、教学观摩和教学检查制度；始终坚持每门课平时作业不少于三次；建立各项制度，督促、抓好学员自学。法律业大总校坚持每学期开学前向全国下发《各科教学工作意见和教学进度表》，统一教学要求、教学进程。考虑到法律业大学员在职业余学习的教学重点之一是督促、检测学员平时自学，法律业大不断改进监督与检测手段，创造性地尝试成人教育教学管理新办法，并赋予基层办学组织根据当地学员情况采取适当的、特定的管理办法，法律业大1993年分别下发法学(1993)01号文件和法学(1993)23号文件，决定自1991级第四学期起，适当提高各科学期总成绩中平时成绩的占分比例。其中，学历生各科的平时成绩由10%提高到15%，专业证书生平时成绩由10%提高到20%；平时成绩中，作业题、练习题、期中测验成绩、模拟考试成绩应占主要比例，其余包括学员课堂笔记、自学笔记等可以反映学员学习情况的成绩。为了保证计算标准科学合理、相对统一，法律业大总校要求各分校要认真研究切合实际、能够调动学员学习自觉性的平时成绩计算体系，平时成绩的考核项目及占分比例在分校范围内应予统一，不宜由各个分部分别规定，具体方案应报法律业大总校审查备案。

法律业大办学始终把坚定、正确的政治方向放在首位，通过办学，努力培养一大批忠于党、忠于人民的合格法官。在政治理论课教学过程中，重点让学员掌握建设有中国特色的社会主义理论，在审判实践中自觉为社会主义市场经济建设保驾护航。为使法院工作全面服务于社会发展，1988年后，法律业大开设"中国特色社会主义建设课"，为让学员系统了解中国特色的社会主义建设规律及其建设要求，在审判工作中自觉服务于社会主义经济建设、政治建设、精神文明建设，法律业大总校特别规定：严格该科的学员免修课程审批，凡学员在国家高等自学考试或其他高校取得哲学、政治经济学、中共党史等政治理论课程合格成绩的，一律不得免修，必须参加中国特色社会主义建设课程学习。

为保证教学质量，提高教学水平，法律业大办学15年来，始终坚持学科教学研讨会制度，每学期每门课程至少召开一次全国各分校教师参加的教学研讨会，实行教师集体备课、共同研讨制度。法律业大办学期间，法律业大总校共举办教学研讨会455次，各分校、分部共举办教学研讨会2114次。如1995年11月23日，法律业大总校下发《关于召开1994级第三学期中国经济法第二次教学研讨会的通知》，为照顾各分校教师就近参加的需求，研讨会分东西两个片会，在济南与成都分别举行。研讨会的主要内容有：汇报交流各分校中国经济法的教学情况；研究讨论教学重点、难点、疑点问题；研究部署后半学期教学实施及期末复习与考试的有关安排。为了检查各分校教学工作，通知要求各分校与会教师需携带本分校教学、辅导计划、教师名单、期中测验题和作业题。

各级法律业大精心组织毕业论文撰写、毕业答辩工作，把好在校最后一关。在认真辅导、组织学员撰写毕业论文的基础上，各分校采取多种形式，组织教师深入分部、教学班，对学员进行毕业论文答辩。通过抓好这一环节工作，促进了学员专业综合水平的提高，培养了学员分析、解决审判实践问题的能力。如1994年3月19日，法律业大总校下发《关于认真组织好1991级学历生毕业论文及1992级专业证书生结业作业撰写工作的通知》，要求各地高度重视学员毕业论文与结业作业的撰写工作，各分校要成立以专职副校长牵头的指导委员会，各分部要成立指导小组，撰写论文与论文评定工作分阶段在三个月内完成，各分校要对毕业论文撰写、答辩、评审工作进行书面总结并报告总校，同时各分校提交10～15篇优秀学员论文。通知要求各分校慎选优秀教师指导与参加学员论文撰写、答辩、评审工作，并附发了各学科《论文参考题》。通知重申了毕业论文成绩评定为及格、良好、优秀、不及格的客观标准以及对论文剽窃、抄袭者的处理意见，决定对各分校报送的优秀毕业论文编辑《法律业大学员优秀论文集》，予以出版发行。

法律业大科学合理的教学体系与富有特色的教学管理得到了国家教委与地方教委的一致肯定。1987～1988年，国家教委对法律业大进行了考核验收，国家教委会同北京市教育局，审核了法律业大的教学计划、教学大纲和教材，系统检查了3个法律业大分校，征求了7个省、自治区、直辖市教委的意见，抽查了法律业大9000余份试卷，认为法律业大各项办学指标符合国家教委关于成人高校设置的规定。在国家教委考核验收过程中，对法律业大最大的一项考核工作与考验，是对法律业大全体在册学员的课程统一考试评估，又叫验收抽考。抽考由国家教委指定的全国自学考试委员会命题、组织考试、统一阅卷，意在由独立的、权威的第三方通过对全体学员考试,检验该校的教学水平、办学质量、学员知识掌握程度。全国自学考试委员会对法律业大的抽考共考中国司法制度、中国刑法、中国民法三科,抽考对象为全体法律业大在校生。经过全国自学考试委员会统一评卷,最终,抽考法律业大学员的及格率:中国司法制度及格率为98.85%,中国民法的及格率为92.89%,中国刑法的及格率为71.47%,法律业大面对抽考验收取得了优异的成绩,为法律业大的教学质量交上了一份满意的答卷。

二、法律业大教材的核心地位

法律业大系列教材最早以各学科《讲义》形式出现,1986年2月起在法律业大内部发行、系统内使用,1988年起由人民法院出版社面向社会公开出版发行,并随着社会发展、立法新成果、审判实践的新情况与新问题不断修订再版,以适应审判工作和法律业大教学的实际需要。

法律业大系列教材包括16种核心教材及10种配套案例,具体如下:《法学基础理论》、《写作基础》、《中国司法制度》、《中国宪法》、《法院诉讼文书写作及样式》、《海商法》、《国际私法》、《中国民法》及《案例》、《中国刑法》及《案例》、《中国经济法》及《案例》、《中国民事诉讼法》及《案例》、《中国刑事诉讼法》及《案例》、《中国行政法》及《案例》、《中国行政诉讼法》及《案例》、《法医学》及《案例》、《中国婚姻法》及《案例》。这套教材在准确阐释法理的基础上,注重理论联系实际,立足司法实践,分析和解决审判实践中的问题,具有内容较新、观点正确、联系实际、实用性强的特点,形成了具有法律业大特色与人民法院特色的教材体系。

最高人民法院党组极为重视法律业大系列教材的编写工作,教材编写人员注重理论界与实务界的结合,为保证教材的科学性、权威性、实用性,最高人民法院原院长任建新、原副院长罗豪才、林准、祝铭山、马原、唐德华、刘家琛、江必新都曾主持法律业大教材的编写工作并担任主编。法律业大各学科教材编写人员由两部分组成:法院资深优秀法官;高校、研究机构中的知名教授、学者。如《中国刑法讲义》由最高人民法院副院长林准任主编,著名教授高铭暄、资深法官单长宗、周道鸾、于连泽、张泗汉、解士明担任编写人。《中国经济法讲义》

由最高人民法院时任副院长任建新任主编，资深法官与著名教授费宗祎、徐杰任副主编。《中国行政法讲义》由最高人民法院时任副院长罗豪才任主编，资深法官梁书文、孙常立任副主编。《海商法讲义》由最高人民法院时任副院长任建新任主编，资深法官与著名教授朱曾杰、高準来任副主编。《中国民事诉讼法讲义》由原最高人民法院副院长王怀安任主编，资深法官与著名教授唐德华、柴发邦任副主编。《中国司法制度讲义》由原最高人民法院研究室主任鲁明健任主编，资深法官与著名教授张懋、熊先觉任副主编。《中国行政诉讼法讲义》由最高人民法院副院长马原任主编，资深法官与著名教授黄杰、皮纯协任副主编。

作为全国法院系统的第一套业务教材，法律业大力图使其系列教材在作为学历教育教材的同时，编写成为总结审判业务经验、指导审判实践工作的权威出版物。法律业大各科教材力求从学理上阐释法律的基本原理，介绍法律的基本知识，讲明立法和司法解释的要旨，反映学科法学研究的最新成果与审判实践经验，做到既保持法律体系的科学性，又坚持从实际出发，突出实践性、可行性。为此，理论部分着重讲基本理论、基本观点，审判实践中的经验、问题、意见尽可能多讲，古代的、外国的法律问题原则上不讲或少讲。事实上，法律业大各科教材的主编大多是最高人民法院主管相关审判工作的领导，编写人员也大多是最高人民法院有关审判部门的负责人或有关司法解释文件的起草人员，系列教材的实践性、权威性、实用性、指导性得到了认真落实。在教材写作过程中，各编写组在各级法院进行了大量调研，充分征求了审判一线同志的意见，同时就教材编写工作广泛征求立法机关、高等院校、理论研究等部门意见。如海商法教材编写工作充分征求了中国远洋运输公司、中国国际贸易促进委员会、中国人民保险公司、中国对外经济贸易大学、外交部等社会部门以及交通部海事法院办公室、青岛海事法院、大连海事法院的意见；刑法教材编写工作充分征求了中国人民大学法律系、北京大学法律系、中国政法大学法律系、中国人民公安大学法律系、中国社会科学院法学研究所、中共中央党校法律教研室、山东大学法律系、烟台大学、山东省司法干部管理学院等社会部门以及山东省法院系统、北京市法院系统、军事法院系统、铁路运输法院系统的意见。

法律业大教材系列除了各类《讲义》《教程》外，还包括《教学案例选编》

《课程资料选编》《自学指导书》等辅助教材。《教学案例选编》旨在配合核心教材,使学员通过对案例的阅读、分析,联系实际,开阔视野,以加深对有关课程知识的理解,并培养和锻炼学员应用所学理论分析解决实际案例的操作能力。《课程资料选编》是配合核心教材教学,为学员提供相关法律、法规、规章以及各主管部门的规范性文件,以方便学员查找、对比。各学科《自学指导书》编写体例与核心教材相同,载明学习目的与要求、学习内容与要点、学习参考书目、学习思考题四部分,意在配合核心教材教学,提纲挈领,帮助学员把握知识要点,领会学习要求。

法律业大教材理论联系实际、实践指导性强,不仅深受法律业大学员的喜爱,也受到了法院全体干警的一致欢迎,许多法院指定审判人员学习相关教材,主要教材一再加印,法律业大教材成为法院干部办案的必备读物,甚至成为一些审判人员议案断案的引用依据。对此,法律业大教材编写委员会特别声明:法律业大教材"毕竟是教材,自然不能在人民法院审判案件时引用。至于讲义中的某些解释,包括所列举的一些案例,如果与当前的立法、司法解释矛盾,则应以立法、司法解释为准"。法律业大教材也受到了国家教委的充分肯定。1988年,国家教委委托全国高等教育自学指导委员会、法律专业委员会对法律业大《中国司法制度》《中国刑法》《中国民法》三门课程的教材进行了分析评估,认为这三本教材"突出了理论联系实际的原则,根据我国现行法律和司法解释,正确阐明了三门课程的基本理论、立法精神以及司法实践的新情况、新经验,分析比较深入。这一点是三门教材的突出特点,并优于普通日校编写的教材"。

三、以审判纪律为样本的学籍管理

1985年3月21日最高人民法院《关于全国法院干部业余法律大学教学管理机构设置和教职员配备方案》规定总校"在校部设校务处和教务处两个日常办事机构,并建立各学科教研组,分别负责行政、教务、教学、辅导和教材编写等工作"。为了加强学校管理工作,法律业大注重强化管理人员队伍建设,办学十年后至1995年,法律业大建设了一支懂教育、懂管理的1383人的专职办学管理人员队伍,其中具有副高级职称者52人,具有中级职称者350人。这支队伍爱岗敬业、甘于奉献、相对稳定,仅从事法律业大办学工作满十年的人员就有

260 人。

关于办学管理工作的重要性，1989 年 9 月 1 日，最高人民法院副院长、法律业大总校常务副校长祝铭山同志代表最高人民法院党组指出："管理问题是办学的一个重要问题。我们要一如既往地强调从严办学。应当肯定，我们学校从总体上说，管理是比较严的，获得了有关方面的赞许。从一定意义上说，法律业大取得的成果归功于一个'严'字。一所学校不狠抓管理不可能办好。管理是多方面的，学籍管理一定要照章办事，不可随意变通。考场纪律，处理是教育本人，更重要的是教育他人。"法律业大把最高人民法院的要求落在实处，法律业大总校出台了细致的管理规定，各分校普遍制定了关于严格学籍管理工作的具体细则。很多法律业大管理机构直至最基层的法律业大教学班，都把法律业大管理工作与工作考核、责任追究联系起来。如湖北省麻江县人民法院 1990 年 5 月 25 日出台了《关于加强对全国法院干部业余法律大学学生管理的通知》，规定把"学生学习、工作与经济利益挂钩"："赴分部学习期间，旷课超过五天者，不发该学期学习期间的生活补助费；迟到、早退者，不发当天生活补助费；学期考试不合格者，补考期不发生活补助费；法律业大新生入学考试录取者，一切差旅费由单位报销，未录取者，一切费用自理；学期考试成绩各科均在 80 分以上的学员，发给每科 15 元的奖学金。"1992 年 7 月 28 日，法律业大云南分校由于试卷运送、保管不善，丢失保山地区法院法律业大学历生待评阅的 48 人的写作期末考试试卷、51 人的宪法期末考试试卷、63 人的刑法考试试卷，法律业大决定上述考试试卷全部作废，除了通报批评有关部门和责任人外，决定上述全体学历生重新参加全国统一考试。

法律业大把学校管理工作视为体现法律业大办学水平的重要标准，按照落实审判纪律一样认真抓实抓好。在管理工作中，法律业大以学籍管理为主，认真把好入学资格审查关，坚持学籍资格审查制度，杜绝不符合条件的考生入学；重视学员的平时学籍管理，做好学员平时作业成绩与期末考试成绩的评判、登记工作，特别注意把好学员毕业关。为了保证全校统一的大专办学水平，法律业大办学十五年，始终坚持期末考试"考教分离"，由各分校组织日常教学，由法律业大总校负责统一命题、统一考试、统一阅卷的标准做法，并坚持由总校召开每学期考试后的全国阅卷会议制度，制定详细统一的评分细则。法律业大十五年,共召开阅卷会议 29 次,制定评分细则 75 份。同时,法律业大总校每学期期末向分校派出阅卷工作监督观察员,共派出观察员 858 次。以上措施确保了期末考试作为教学检测手段的客观功能,以及阅卷工作的严肃性、科学性、公正性。

各级法律业大强化管理、从严治校,把严格考试纪律当作一件大事来抓,严格执行总校有关考前教育、考场设置、监考守则、考场规则及其他考试纪律的规定,严明校风校纪,从严处理考试违纪事件。1995 年 1 月 14 日至 15 日,法律业大举行 1994 级专业证书生期末考试。湖南省耒阳市人民法院专业证书学员徐某某(女)因临考三天前生产,找人代考《宪法》《民法》《民事诉讼法》三门课程,法律业大湖南分校对其三门课程作零分处理,不得补考,给予其留校察看校纪处分,建议其所在法院给予其行政处分。湖南省高级人民法院以湘高法学〔1995〕5 号文将此情况通报全省,要求各法律业大分部、教学班以此为鉴,对法律业大学员深入进行考纪教育。同时要求各级法院进一步加强对法律业大考试工作的领导,杜绝考试舞弊行为的再次发生。

为科学、规范实施法律业大办学事务管理,提高管理水平与工作效益,自 1995 年起,法律业大总校着手研究教育行政工作计算机管理。1996 年,国家教委规定实行"成人高等教育计算机管理信息系统",法律业大总校校务处报经国家教委成教司同意,针对法律业大四级办学、教学点覆盖全国、办学统计层次多、数据复杂的特点,与有关公司共同开发了适合法律业大特点、与国家教委计算机管理系统联网的"法律业大教育行政计算机管理软件"。1996 年 11 月 17 日至 12 月 22 日,法律业大总校在山东分校举办了教育行政管理软件培训班,来自 30 个分校的 200 名教育行政管理人员参加了培训。软件包括法律业大各基层办学组织办学基本条件统计,教学辅导计划情况,教师队伍,招生工作情况,学员成绩统计,毕业验证,各类学员注册管理等教育行政工作数据库。该软件分总校版、分校版、分部版三个层次,不仅包括国家教育主管部门要求上报的办学数据,而且包括法律业大日常教育行政管理数据,促进了法律业大办学规范化、现代化、统计数据准确化。

四、制度化、常态化的教学评估

法律业大遵循教育规律，建立了系统的法律业大教学评估制度，努力利用评估手段，检查、提高办学水平。法律业大的评估检查制度与标准体系起源于国家教委1986年对法律业大的评估检查。作为受检对象，一方面，法律业大真切体会到了教学评估对办学工作的检测、促进作用；另一方面，法律业大系统了解了教学评估的标准体系与考评内容。1990年8月，法律业大第五次工作会议讨论了教学评估工作草案方案及指标体系。1991年3月1日，法律业大总校以法学（1991）13号文下发了《法律业大分校工作检查指标体系及分值表》，考评体系共分"办学条件""办学水平""办学效益"三大部分。第一部分办学条件，分为人才条件（含办学领导、教师、管理人员等子项目）、财力条件（含稳定的办学经费、调剂保障的办学经费等子项目）、物力条件及办学规模（含电化教学设备、图书资料、校舍、办公设备、档案资料、教学设施、办学规划等子项目）三大评估类别。第二部分办学水平，分为师资水平（含教师数量、职称构成、年龄结构、教学方法、教学效果、备课情况、科研成果、从事审判工作情况、兼职教师数量与比例、兼职教师构成等子项目）、专业水平（含教学计划、实施计划、课外学时、毕业论文考查、教学研讨会、工作简报、实践课题研究、学术研讨会、岗位培训等子项目）、管理水平（含学籍档案、教学档案、教学制度、班主任配备、机构设置、学生操行评定、校风校纪、教学检查、毕业学员跟踪调查等子项目）、学生水平（含政治理论课教学、课堂纪律、完成作业情况、学生到课率、毕业论文发表情况等子项目）四大评估类别。第三部分办学效益包括毕业学生专业对口、毕业生被提拔使用情况、毕业生单位满意率、毕业生承担重要文件与课题情况、学校继续教育情况等评估项目。

为贯彻国家教委关于整顿成人高校的决定，系统检查法律业大办学、治理办学秩序，1990～1992年，法律业大总校在北京市成人教育局的指导与协助下，对下属27所分校及所属分部，按照65项指标，系统检查了各分校的办学条件、办学质量、办学效益，进行了全面系统的评估鉴定。通过评估，总结了经验，找出了差距，把法律业大办学工作大大向前推进了一步。关于教学评估的对照检查、办学促进作用，法律业大总校副秘书长王世民同志主抓了法律业大的评估检查工作,他在第六次法律业大工作会议上指出:“江泽民同志对法律业大办学评价很高,希望法律业大办成‘抗大’式的学校。抗大式的学校要有抗大式的校风,坚定正确的政治方向,艰苦朴素的工作作风,团结紧张、严肃活泼的优良校风。对各分校的评估检查发现,我们的办学理念还存在差距,要从观念上、认识上、校风上、管理上解决问题。”通过评估检查,法律业大各分校不但找到了差距,制定了改进措施,也总结了具有特色的成功的办学经验,在此基础上坚持表彰先进分部、先进教学班、优秀教师、优秀办学工作者、优秀学员,并在各高级人民法院的支持、配合下,将评优表彰活动与干警个人工作考核、提职晋级结合起来,有力地促进了办学水平的提高。

1996 年,法律业大再次开展为期半年的教学质量检查工作。本次检查就教学组织机构是否健全、教师队伍建设是否符合要求、主要教学环节是否得到保证、保证教学质量的必要办学条件是否具备、考试纪律是否严格、平时的学员学籍管理是否严格有序等六大方面 26 个子项目进行重点检查。检查工作分为两个阶段。第一阶段:1996 年 3 ~ 6 月,各分校全面自查。第二阶段,1996 年 8 ~ 9 月,总校对各分校及所属分部进行检查。自查过程中,为了督促与规范各分校的自查工作,法律业大总校在福州市专门召开了 10 个分校参加的“教学质量检查工作座谈会”。此次检查,系统地总结了法律业大教学工作的实际情况,针对各地办学条件和教学质量上存在的不足、暴露的问题,有针对性地采取措施加以解决。

检查评估也促进了法律业大的基础建设,不断改善了办学条件。办学基础设施是保证办学质量的物质条件。按照成人高校建设标准,通过最高人民法院与财政部的联合发文,法律业大办学经费主要通过财政拨款予以解决,不足部分,各级法院都给予了调剂补足。全校每年办学经费平均保持在 680 万元左右。在各地法院的统一调配下,各个基层法院都建立了法律业大教室。尽管法律业大是业余大学,国家对教舍要求没有过高标准,但由于各地法院高度重视、大力支持,全国各级法律业大建设占地面积达 305, 586 平方米,其中教室面积 79, 162 平方米,其他教学辅助面积 26, 310 平方米,学员宿舍 8264 平方米,其他生活用房 8568 平方米,学校固定资产达 5899 万元。法律业大规范办学档案建设工作,法律业大总校与分校均建有专门档案室,已建立的法律业大档案以学籍档案为主，包括教学档案、师资档案、办学行政档案。各级法律业大共建立办学档案47,090卷。由于法律业大以音像教学为主，各级法律业大分期重点解决了法律业大教学所需的音像设备，而且不断予以更新换代，切实加强教学设施建设，电教设备总资产达1507.91万元，同时加强图书资料建设，在各法律业大分校、分部都设立了图书室，购置图书112万册。

五、以刊促学，完善刊授机制

法律业大校刊《法律适用》(原名《教学与辅导》)，是法律业大教学的主要刊授教材。该刊注重配合教学，刊登各类教学辅导文章，同时着力增强其理论深度及对司法实践的指导作用，该刊自1986年5月创刊至法律业大完成使命，共出版185期。该刊物至今仍在出版，作为国家法官学院校刊和国家核心刊物之一，《法律适用》办刊方向与时俱进、办刊栏目不断调整、刊物内容不断丰富、刊物定位日臻合理，在国家法制建设中已起到不可替代的重要作用。

《教学参考资料》(1991年起更名为《教学与管理》)是由法律业大总校编发的不定期教学辅助刊物材料，重点刊登各类教学辅导文章、教学与管理经验、办学情况简报、各类办学文件等。《教学参考资料》自1986年起编辑发行，因编辑发行周期短、印发至各法律业大分部、贴近日常办学实际，深受各级办学机构及学员的欢迎。例如，1989年法律业大总校编发的《教学参考资料》，从1月3日第1期《江苏高院采取措施解决当前法律业大教学中存在的问题》至12月26日最后一期《几则民法课问题解答》，全年印发42期2.1万份。至法律业大结束，法律业大总校共编辑印发《教学参考资料》(《教学与管理》)416期20.8万份。

《教学参考资料》作为法律业大刊授教学的手段之一，注重配合各科教学、针对学员需要开展辅导。1987年第1期《教学参考资料》编发了法律业大教务处撰写的《关于抽查西北五分校第四学期部分民法试卷的分析情况报告(问题部分摘要)》，详细分析了试卷所反映的300多名学员的学习问题与答卷问题，重点分析了民法课教学中学员有关课程“三基”(基本概念、基本知识、基本原理)掌握不好，缺乏综合分析问题能力，对题意缺乏理解、论述走偏等问题，同时客观地指出了法律业大总校试卷命题覆盖面不宽、部分知识点考点过密，并提出了改进意见。

平时作业管理是法律业大的重要教学手段。依据这一手段可以检查、督促、指导学员平时自学,从而提高教学质量。能否充分发挥平时作业在教学中的积极作用,取决于作业的拟题与答案是否科学,教学重点是否突出,作业布置是否有利于教学目的的实现,批改作业是否科学合理,作业讲评是否及时和有的放矢等环节,其中很重要的一点是要严格作业评分,不能把作业变成期末考试不及格学员的"提分法宝"。针对这一需要,1990 年第 18 期《教学参考资料》编发了牡丹江分部《严格平时作业管理,督促学员平时自学》的经验材料,介绍了他们在作业评分工作中,从根本入手,建立严格的规章制度;吃透总校与分校有关作业评分的精神,严格落实要求;认真研究作业题及评分标准,科学制定作业评分细则;先点后面,建立作业试评制度;实行最后把关、建立评分后的审查复查制度等五点经验。

设立在基层人民法院的教学班是法律业大的最基层办学组织,教学班的管理与建设如何,事关法律业大整体教学质量与办学水平。据此,1991 年第 26 期《教学与管理》转发了法律业大山东分校"教学班建设经验交流会"中《费城县法院领导重视教学班建设》的经验材料,介绍了该县法院领导认识到位、强化管理、完善制度、改善办学条件、优化学习方法、重视学习效果的教学班建设经验。

根据办学工作的发展与教学工作的需要,法律业大的《教学参考资料》不断改进刊物内容与编辑工作,从最初的单页材料、单一主题逐步发展成为胶质装订、栏目众多的复合型刊授材料。如 1994 年第 2 期《教学与管理》分三个栏目刊登了相关资料:"重点工作"栏目刊登了总校《关于九四年招生工作的通报》、海南分校的《海南高院采取有力措施,切实抓好法律业大招生准备工作》;"管理园地"栏目刊登了湖南分校《中院领导要谋法官教育培训这件大事》、上海分校《落实会议精神,抓好教育基础工作》、福建分校《三明分部九一级第二学年工作小结》;"信息交流"栏目刊登了湖北分校《及时动员学习〈邓小平文选〉第三卷》等有关材料。

法律业大还不断丰富刊授形式与内容。1994 年,法律业大总校编辑了《全国法院干部业余法律大学试题集(1985 年～1994 年)》,汇集了十年间法律业大的各科考试试题及答案，包括刑法、刑事诉讼法、刑事侦查学、民法、民事诉讼法、婚姻法、经济法、行政法、行政诉讼法、国际公法、国际私法、海商法、法医学、法学基础理论、宪法、中国法制史、中国司法制度、法院诉讼文书概论、法律专业形式逻辑、哲学、写作基础、政治经济学、中国革命史、马克思主义原理、中国社会主义建设等 25 个科目，共 150 套试题与答案。这些试题与答案体现了各学科教学的基本理论、基本概念、基本内容，体现了教学与立法的结合、与司法的结合，也总结和分析了人民法院审判工作经验，为学员提供了另外一种刊授材料。

为了充分发挥各类教材的刊授作用，法律业大总校校务处 1995 年起草了《关于改进法律业大总校教材工作的意见》，1996 年起草了《关于改进法律业大教材工作的补充意见》，实行法律业大教材发行工作改革，对法律业大各学科教材以及校刊《法律适用》的适时编辑、出版、预订、发行工作进行规范，突出地解决了以往教材到书不及时、影响教学进度的问题，科学地处理了法律业大教材以及时满足法律业大学员需求为主，不断扩大社会影响、面向社会发行的系统需要与市场需要的关系，在为法律业大刊授教学提供切实保障的同时，大大提高了办学的经济效益与社会效益。

此外，各分校及分部均举办有诸如《法律业大通讯》《法官教育》《教学通讯》等各类面向学员的教学辅导材料，全国共 80 余种，编发教学辅导资料 1000 余万字，有力地配合了法律业大总校的音像教学与面授教学，贯彻了各学科教学指导意见，帮助了学员自学，促进了教学水平的不断提高。

第五节　法官培训中心开启专业培训之门

一、中国高级法官培训中心的孕育与诞生

20 世纪 80 年代末，最高人民法院创办的全国法院干部业余法律大学已经运行 3 年，法律业大办学工作如火如荼。当时，法律业大的办学任务，主要是法院系统内规模化的大学专科层次学历教育。1978 年，全国仅有两所政法学院

及北京大学、吉林大学的两个法律系,共设了三种专业、五个专业点,招生1251人,在校生1299人(包括工农兵大学生48人)。十一届三中全会后的10年,我国高等法学教育得到了迅速的恢复与发展。至1987年年底,全国已有36所综合大学、25所政法院校、17所其他院校、21所短期职业大学,共99所普通高等学校设置了法律专业,专业种类增至17种,共157个专业点。1987年法学专业本专科学生的招生数增加到13,139人,为1978年的10.5倍;在校生数达到42,034人,为1978年的32.4倍。法学专业研究生招生数1979年为80人,1987年增加到1469人,为1979年的18.4倍;在校生数1979年为122人,1997年增加到3951人,为1979年的32.4倍。但是,由于普通高等法学教育发展过快,师资明显不足,教师中又大多数缺乏司法工作经验,法学教育经费不足,教学条件与办学需要尚有很大差距,加上高等法学教育与司法实际工作的需求有不相吻合的脱节现象,具有法院特色的全国法院干部业余法律大学仍将保留,并将继续发挥普通高校法学教育无法替代的作用。

早在1984年,最高人民法院党组在研究创办全国法院系统自己的教育培训院校时,就曾研究过法院干部学院的设置问题。根据国务院(国发〔1983〕87号)文件规定,考虑到成立法院系统内的干部学院,其批准权限由最高人民法院行使,最高人民法院党组曾考虑成立法院系统内的两级干部学院。其构思理念为:从现实及长远的观点看问题,法院系统都有必要建立自己的干部培训基地。有了基地才能主动而有计划地对干部进行正规化的培训;有了基地才能根据法院特点有针对性地培养符合需要的专门人才。其基本设想:第一,建立"中央法院干部学院",负责培训中级以上法院领导干部及其后备干部和高级法院审判业务骨干。学院设两年制、三年制的干部专修科和半年或一年左右的专业培训班。第二,各省、自治区、直辖市建立法院干部学校(学院),负责培训基层和中级法院的领导干部及其后备干部和中级法院的审判业务骨干。学校设两年制的中专班或大专班以及半年以上的专业培训班。同时,举办短期培训班,对新增人员进行入门培训。第三,以上两级法院干部院校,还可以根据有关规定,招收初中和高中毕业生,培养法律中专和法律大专生,为法院系统输送人才。

法官培训属于深层次法学教育的延伸,也是培养应用性法律人才的有效途径。1985 年 5 月《中共中央关于教育体制改革的决定》发表以后，我国教育体制改革得到进一步发展，但社会运行机制改革尚未突破，突出地表现在教育主动适应社会主义建设需要的运行机制没有建立起来，各级各类高校培养的人才程度不同地与社会需要相脱节。优化教育结构、发动社会参与、注重办学效益、改革和发展大学后继续教育，已成为新时期职业教育与成人教育的主旋律。时任最高人民法院院长郑天翔与最高人民法院党组高瞻远瞩，从培养跨世纪的人民法院专业人才出发，决定在下大力气抓好法官队伍学历教育补课任务的同时，建立法院系统自己的岗位培训体系。其中，设立高级法官培训中心，建立法院系统高端人才培养机制，是建立法院岗位培训体系的重要开端。与全国法院干部业余法律大学不同，中国高级法官培训中心着眼于高、精、专、应用性法律人才培养，学历层次上以硕士乃至博士为培养目标，岗位培训上以高级法官为培训对象。建立中国高级法官培训中心是我国人民法院加强组织建设的重要措施，对建设具有中国特色的社会主义法官制度、加快社会主义法制建设，具有十分重要的意义。1986 年 12 月 6 日，郑天翔院长就创办高级法官培训机构、加快人民法院高层次人才培养，专报赵紫阳总书记："紫阳同志，这里所提的问题关系全局。投入不是很大，产出可能很大。请能予以支持。"国家教育委员会迅速就设置高级法官培训机构问题进行研究，彭珮云签报李鹏副总理、乔石副总理的国家教育委员会《关于扩大培养高层次法律人才的报告》提道："接到您们对郑天翔同志关于扩大培养高层次法律人才的信的批示后，彭珮云同志出面，已约请国家计委、国家科委、财政部、最高人民法院、最高人民检察院、司法部、公安部有关负责同志磋商。"

经过近两年的筹备，1988 年 2 月 13 日，经中央和国务院领导同志批准，由最高人民法院与国家教委联合创办的"中国高级法官培训中心"在北京宣告成立。作为大学后继续教育基地，中心的办学宗旨是：贯彻教育改革的精神，坚持理论密切联系实际、学以致用的原则，结合我国立法实际和审判工作实际进行教学和研究，讲求实效，开辟培训高级法官和培养应用型高层次法律专门人才的新途径。因为高学历教育与高端培训的实际运作，必须整合国家级法律专家师资队伍、依托知名高校的办学基础与培养经验，中国高级法官培训中心从创办起，在办学机制与培养方案上就定位于与北京大学、中国人民大学等高校合作办学。

1988 年 4 月 7 日，最高人民法院、国家教育委员会下发了《关于联合创办中国高级法官培训中心的决定》[法(训)发〔1988〕7 号]，规定了中心的机构性质、办学原则、办学任务、办学经费等事项。确定培训中心委员会由郑天翔任主任，国家教委一位负责同志、祝铭山、王学珍、吴树青任副主任，并由王泽农、谷春德、单长宗、周道鸾、赵振江、夏自强任委员。在培训中心委员会领导下，暂设办公室，并逐步建立必要的教研组织。培训中心下设进修部、定向研究生管理部，在必要时，可以举办现职法官短期培训班。

1988 年 4 月 26 日，中国高级法官培训中心以法训〔1988〕1 号文件，向各省、自治区、直辖市高级人民法院、解放军军事法院下发了《关于印发〈中国高级法官培训中心进修部 1988 年招生简章〉和考试复习大纲的通知》，决定开办第一期民事法律和经济法律两个专业高级法官培训班，学制一年，主要学习法律专业课和政治理论课，并举办领导管理科学和同审判有关的科学知识讲座。培训班招生举行入学考试。同年 6 月 26 日，中国高级法官培训中心在各高级人民法院同时举行了第一期培训班入学考试。民法专业开考法学基础理论、宪法、民法、民事诉讼法，经济法专业开考法学基础理论、宪法、经济法、民事诉讼法。试卷经中心统一阅卷后，对报考的考生择优录取。学员学习期间的住宿费、学费由中心统一予以解决。

1988 年 6 月 6 日，最高人民法院、国家教育委员会下发《关于调整中国高级法官培训中心委员会部分成员的决定》[法(训)发〔1988〕12 号]，同意郑天翔同志辞去中国高级法官培训中心委员会主任职务，由最高人民法院院长任建新同志任中国高级法官培训中心委员会主任。同时决定，由国家教育委员会副主任滕藤同志任中国高级法官培训中心委员会副主任。

1988 年 9 月 13 日，最高人民法院、国家教委在北京市高级人民法院大法庭举行隆重的首届培训班开学典礼。典礼由最高人民法院副院长、中国高级法官培训中心委员会副主任祝铭山主持，最高人民法院院长、中国高级法官培训中心委员会主任任建新出席典礼并讲话，全国人大法律委员会顾问、中国法学会名誉会长、中国政治学会会长张友渔在典礼上讲话，国家教委副主任、中国高级法官培训中心委员会副主任滕藤做了重要发言，北京大学校务委员会主任、中国高级法官培训中心委员会副主任王学珍致辞，中国人民大学副校长、中国高级法官培训中心委员会副主任吴树青也在典礼上致辞，中国人民大学赵中孚教授代表教师发言。参加典礼的还有最高人民法院副院长华联奎、林准、马原，最高人民法院各庭、厅、室领导以及聘请的教师。中国高级法官培训中心首届学员参加了典礼。

中国高级法官培训中心经过严格的政审与入学考试，共招收首届高级法官培训班学员120名，招收研究生43名。高级法官培训班学员中，经济法律专业招收学员70名，民事法律专业招收学员50名。他们都是中级法院副院长、高级法院副庭长以上或相当职级的干部，具有大学本科毕业或同等学力的文化水平和法律专业知识，有五年以上审判工作经历或十年以上政法工作经历，年龄在50岁以下，将分别在北京大学、中国人民大学进修培训、深造一年。同时，43名研究生都具有大学本科学历，有四年以上法院工作经历，他们将分别在北京大学、中国人民大学攻读硕士学位。

根据《中国高级法官培训中心办学章程》，设置中国高级法官培训中心办公室作为中国高级法官培训中心的常设办公机构，其主要任务是：贯彻执行党和国家有关成人高等教育的方针政策，落实培训中心办学章程的各项规定，管理培训中心思想政治工作、行政工作、教学工作，具体负责高级法官培训工作、科研工作、对外学术交流工作、教材编写工作、各类学员管理工作任务。同时，办公室要以教育改革的精神，协同北京大学、中国人民大学组织教学，努力开辟一条培训高级法官和培养应用型高层次法律专门人才的新途径。1988年，经最高人民法院党组研究，批准中国高级法官培训中心办公室下设两个职能处：校务处、教务处。1989年，根据各项高级法官培训工作的实际需要，培训中心在校务处、教务处外，增设教研室、进修部、研究生部、外语短训部等内设机构，从而建立了后来一直得以延续的培训中心内设机构工作机制。其中，校务处负责编制高级法官培训中心发展规划、各类年度招生计划，处理招生、考试、毕业、结业工作，主管办学行政、人事管理、财务管理、办公文秘等工作。教务处负责教学行政管理工作，协助两校制定教学计划，负责教学计划的实施，负责聘请教师、试卷命题与阅卷、对外学术交流、科研工作等工作。教研室负责教学材料的编写印制工作，协同教务处、进修部实施教学计划，指导学员开展课题研究与论文撰写,协助有关部门做好教材印刷、发行工作,配合有关高校进行教学改革等工作。进修部、研究生部、外语短训部,负责协同有关院校实施学员思想教育管理、主抓学员党团工作、开展有针对性的思想政治工作,协同有关院校实施教学计划、了解教学内容与进程、及时反映学员意见与要求、调整教学安排,负责学员行政管理、纪律教育、生活管理,建立学员学习档案、协同校务处开展学员学籍管理等工作。1989 年,培训中心办公室领导配备一正四副,办公室主任单长宗同志主持办公室全面工作,一名副主任兼最高人民法院教育厅领导,分管办公室与教育厅的联络协调及教研室工作。

“中国高级法官培训中心委员会”是中国高级法官中心的最高领导决策机构。自 1988 年中心成立至 1997 年完成历史使命,委员会共历经四届机构组成。第一届委员会由最高人民法院院长郑天翔担任主任,国家教育委员会副主任滕藤、最高人民法院副院长祝铭山、北京大学校务委员会主任王学珍、中国人民大学副校长吴树青任副主任,王泽农、谷春德、单长宗、周道鸾、赵振江、夏自强任委员。第二届委员会由最高人民法院院长任建新担任主任,国家教育委员会副主任滕藤、最高人民法院副院长祝铭山、北京大学校务委员会主任王学珍、中国人民大学副校长罗国杰任副主任,王泽农、谷春德、单长宗、周道鸾、赵振江、夏自强任委员。自 1994 年起,第三届委员会由最高人民法院院长任建新担任主任,最高人民法院副院长祝铭山、国家教育委员会专职委员陶遵谦、北京大学副校长罗豪才、中国人民大学副校长力康泰任副主任,马樟根、朱传礼、单长宗、周道鸾、梁宝俭、曾宪义、魏振瀛任委员。自 1995 年起,第四届委员会由最高人民法院院长任建新担任主任,最高人民法院副院长祝铭山、国家教育委员会专职委员周远清、北京大学副校长罗豪才、中国人民大学副校长力康泰任副主任,马樟根、朱传礼、单长宗、周道鸾、梁宝俭、曾宪义、魏振瀛任委员。

中国高级法官培训中心委员会第一次会议于 1988 年 2 月 13 日在北京召开,最高人民法院院长兼中国高级法官培训中心委员会主任郑天翔主持会议。会议讨论了培训中心委员会组成人员名单,研究了培训中心办学章程,商定了培训中心办公室及下设机构及人员组成,审议通过了《中国高级法官培训中心进修部 1988 年招生简章》。

中国高级法官培训中心委员会第二次会议于 1988 年 9 月 12 日在北京召

开，最高人民法院院长兼中国高级法官培训中心委员会主任任建新主持会议，会议主要通报了次日即将举行的首届培训班开学典礼事项，以及首届培训班培养方案与教学计划。培训中心办公室主任单长宗向委员会汇报了首届培训班招生情况、学员构成与管理工作方案。

中国高级法官培训中心委员会第三次会议于1990年10月6日在北京召开，最高人民法院院长兼中国高级法官培训中心委员会主任任建新主持会议并讲话。会议内容：第一，增补中国人民大学副校长罗国杰教授为培训中心委员会副主任。第二，审议中心1989～1990学年工作总结和今后工作计划。第三，审议中心1991～1996年培训规划。会议审议通过了《中国高级法官培训中心1991～1996年培训规划》，认为规划中提出中国高级法官培训中心增设进修部，负责组织对现任高级法官的岗位进修轮训；增设培训部，负责对高级法官后备人才进行高级法官资格培训，并逐步做到从经过培训合格取得任职资格的人员中选拔任命高级法官；以及由研究生部和短训班管理部继续举行学位研究生教育及承办短期培训班，是客观可行的。

中国高级法官培训中心委员会第四次会议于1993年4月1日在北京召开，最高人民法院院长兼中国高级法官培训中心委员会主任任建新主持会议。会议议题：第一，任建新同志作主题讲话。第二，调整部分委员会成员，决定国家教委方面：专职委员兼直属高教工作司司长陶遵谦任委员会副主任，马章根、朱传礼为委员；北京大学方面：副校长罗豪才同志任副主任，魏振瀛同志任委员；中国人民大学方面：罗国杰同志不再担任副主任，由副校长力康泰同志兼任副主任，委员仍为曾宪义。第三，培训中心办公室汇报五年来的工作。第四，征求与会委员意见。因为1993年2月时值中国高级法官培训中心成立五周年，中国高级法官培训中心委员会第四次会议后，中心适当开展了纪念活动，召开了专兼职教师座谈会以及高级法官培训中心学员座谈会，总结了办学经验，进一步明确了发展方向。

《中国高级法官培训中心1991～1996年培训规划》是中国高级法官培训中心制订的第一个中长期发展规划，鉴于1997年中国高级法官培训中心完成历史使命，该规划也成为中心唯一的一个中长期发展规划。该规划1989年8月提交“全国法院干部教育培训工作座谈会”讨论，1990年10月经中国高级法官培训中心委员会第三次会议通过并实施。该文件分两个阶段对规划期内的培训工作进行规划。第一阶段,在基地未建立之前(预计 1992 年前),依托北京大学与中国人民大学进行一年制的高级法官资格培训班,每年培训 120 人;同时举办半年制或以下的高级法官岗位进修班,培训对象是中级法院副院长、高级法院副庭长以上干部,1991 年起试办一期,培训 40 人。第二阶段,在基地建立以后(预计 1992 年后),培训能力每年可递增 30% ~50%,力争到 1996 年达到培训能力每年 500 人的培训规模。其中,高级法官资格培训逐步达到每年 240 人的培训规模,高级法官岗位进修每年达到 120 人的培训规模。该规划设计,到 1996 年年底,将全国现有高级法官轮训一遍,同时完成队伍建设要求的高级法官后备人才培养任务。同时,在规划期内,每年开展两年至两年半制学位研究生教育,培养数量 1991 年为 40 人,1996 年为 50 ~60 人;开展学制为一年制的研究生考前外语短训班,1991 年招收 70 人,1996 年招收 90 人。

中国高级法官培训中心办学十年,主要与北京大学、中国人民大学两校合作,共计培养培训学员 6961 人。其中,培养高级法官 801 人(一年制学员 345 人,半年制学员 456 人),高级法官后备人才 720 人,定向研究生 375 人,法官培训师资 149 人,外语受训学员 696 人,新法律培训班学员 2280 人,其他短期培训班学员 1420 人。

二、独树一帜的培训类别与教学体系

中国高级法官培训中心的培训类别主要为以下七类:

第一类,高级法官进修培训。高级法官培训中心,理所当然地应该成为高级法官之家,高级法官在职培训是其核心工作任务。高级法官进修培训的培训对象为已任高级法官的人员,培训目标是更新知识、拓展能力。培训期限三个月以内。高级法官或是各级法院领导,或是最高人民法院、高级人民法院、中级人民法院的审判骨干,其素质与水平直接关系到全国法院的办案质量与工作水平。高级法官进修培训是保障与提高高级法官素质水平的加油站。1991 年起,高级法官培训中心调整培训布局,为系统开展、科学实施高级法官进修培训,专设进修部负责高级法官进修培训的规划、实施、管理工作,并计划每六年轮训一遍全国各级法院中的高级法官。

第二类，高级法官资格培训。高级法官资格培训是高级法官培训中心的另外一项核心任务，与高级法官进修培训一起，组成两位一体的高级法官培训基本格局。高级法官资格培训的任务是为高级法官培养后备人才，培训对象为拟任高级法官的骨干审判人员，培训目标是经过一定期限的系统培养，使受训学员提高履职能力，取得高级法官任职资格。高级法官资格培训期限为半年至一年。为加强此类资格培训，中国高级法官培训中心于 1991 年专门成立培训部，专职负责开展高级法官资格培训工作。

第三类，专家型法官的培养。培养各类审判业务专家，一直是中国高级法官培训中心的办学重心之一。中心注重针对审判实践中的新情况、新问题，不定期地组织法院领导和高级法官进行专门研讨。1990 年起，中心围绕人民法院不同阶段的工作中心，有针对性地举办了不同形式、由各地方法院院长及庭长参加的专题研讨班。譬如针对新兴的海事审判工作，中心举办了“海商法研讨班”；针对涉港澳台案件的不断增多，中心举办了“涉港澳台经济法律研讨班”；针对全面开展行政审判的工作需要，中心举办了“行政法律研讨班”。这些研讨班培训了各级法院以及专门法院的审判骨干，很好地统一了审判要求、指导了法院工作，取得了立竿见影的培训效果，深受各级法院欢迎。

第四类，高层次、应用性审判人才的培养。中国高级法官培训中心还依托普通高校开辟了一条通过研究生教育培养高级审判人才的发展道路。鉴于人民法院所需人才是应用性而非理论型，中国高级法官培训中心还根据国家教委对研究生培养制度的改革意见，向国家教委汇报，与普通高校协商，有计划地开展了培养应用性法学研究生的试点工作。试点工作主要依托北京大学、中国人民大学等高校，从 1988 年开始招生，由各高校定向为法院培养应用性的硕士研究生，涉及 10 个法律专业，同时尝试培养博士研究生。

第五类，师资培训。1985 年，全国法院系统成立全国法院干部业余法律大学。各级教师的水平直接关系到法律业大的教学质量。法律业大教师作为法官的教育者，更新知识在前，教育他人在后；提高能力在前，指导他人在后。从“办学质量第一”的办学方针出发，最高人民法院党组决定克服法律业大办学工作紧张困难，由各级法律业大抽调骨干教师，由中国高级法官培训中心实行“培训者先培训”制度，于 1991 年起开设教师进修班，开展法律业大师资集中培训。培训班主要招收法律业大分校与分部的专职教师与兼职教师,教学计划除了开设高级法官进修班有关课程外,还有针对性地开设了法律专业理论要点、教育学、心理学、教学法等课程,并组织开展观摩教学、修改专业课教学大纲等专业活动。教师进修班分刑法、民法、经济法三个专业分别办班。

第六类,新法律培训。改革开放以来,具有中国特色的中国法律、法制体系逐步形成,新法律法规不断颁布,作为依法审判的法官,理解并执行新法律精神是办案根本。由此,新法律法规培训必然成为法官培训任务的重要组成部分。中国高级法官培训中心注重建立完整的培训体系,除了一年制的长期培训班、半年制或三个月的中期培训班外,中心还根据需要建立了短则三五天、长则十余天的短期培训班制度。无论长期、中期还是短期培训班,中心都注重新法律法规宣传解释工作。短期班运行时间短,举办形式灵活,成为中国高级法官培训中心新法律法规培训的首选形式。

第七类,其他专项培训。中国高级法官培训中心举办的专项培训班涉猎广泛,包括上述七类培训班以外的各类专题、专项培训。譬如中心建立以来,为培养高端审判人才,针对法院系统考生研究生入学考试外语水平较低的实际问题,重点开展了外语专项培训及研究生入学考试补习班。在北京大学、中国人民大学的协助下,中心组织法院系统符合条件的在职法官集中进行研究生考前外语补习。自 1997 年以来,中心共举办六届外语培训班,培训学员 427 人。在将近一年的集中培训中,中心不仅安排学员进行外语补习,还重点安排了研究生考试的专业课教学。实践证明,培训班效果显著,培训班学员参加研究生考试的录取率达到 70% 以上。专项外语培训班办班工作得到了国家教委领导和有关试点单位的高度肯定。

相对于法官培训,高级法官培训具有更大的难度、更高的要求。如何开展高级法官培训,理论上没有研究,实践上缺乏经验。中国高级法官培训中心借鉴国内外高端人才的培养方案,在实践中不断探索、积累经验,逐步形成了教学计划、师资队伍、教学材料、教学方式相互配套的一体化的、适合于高级法官培训培养的教育体系。

第一,教学计划。根据高级法官的培养目标,高级法官培训必须坚持理论联系实际、学以致用的原则,着重提高学员的马克思主义理论和法律专业知识水平，提高学员组织与从事审判重大疑难案件的工作能力以及指导所辖区域或下级法院审判工作的能力，并使学员具备良好的政治素质和职业道德，以便更好地适应国家法制建设对高级法官工作的履职要求。如何使已经具备相当知识、达到较高工作水平的在职法官在理论和能力上更进一步，仅仅依靠具有理论专长的普通高校或具有实践经验的法院单方面培养都无法完成。理论部门与实际部门相结合、高校教育与法院司法相结合，双方合作，取长补短，是培养高级法官的必由之路。中国高级法官培训中心所设计的高级法官培训班教学计划，其课程分为四大模块：基础理论课、法律专业课、审判实务课、相关知识课，每周授课 12～14 学时，共计授课 470～500 课时。

中国高级法官培训中心所举办的高级法官培训班，确立了基础理论课、法律专业课、审判实务课、相关知识课"四位一体"的课程体系。在高级法官培训班课程设置中，中国高级法官培训中心注重法学理论与审判实践的结合，在注重法官思想道德、职业素养教育的同时，重点夯实审判专业基础，拓展受训法官知识面，突出解决学员分析解决重大疑难审判实践问题的能力。其中，基础理论课一般开设 2～3 门，由高校知名专家授课；法律专业课一般开设 12～15 门，分别由高校知名专家、最高人民法院资深法官、国家立法机关专家授课；审判实务课一般开设 4～6 门，由法院系统资深法官授课；相关知识课一般开设 3～5 门，由高校知名专家、最高人民法院资深法官共同授课。

第二，师资队伍。高级法官培训必须有更高层次的教师队伍与之匹配。中心着力建设一支综合社会高端资源，理论界与实务界专家学者荟萃的高级法官培训师资力量。在每期培训班的教师组成上，以北京大学、中国人民大学的副教授以上教师为主，尽量配置知名专家教授；同时选拔聘请学有专长的资深法官、法院研究人员做专题讲座；适当聘请立法机关及其他中央部委专家、其他高校教授、外国专家参与授课。上述师资队伍构成方式，在 20 世纪八九十年代是科学合理的。当时，法院教育培训工作刚刚起步，各审判领域审判业务专家正在培养，整个法官队伍在文化、理论基础上尚显薄弱，以大学教师为主，以法院教师为辅，是高级法官培训的基本师资构建模式。对理论性强、知识面宽的课程，中心主要请大学教师任教；对实践性强、贴近司法工作的专题，中心主要请法院系统理论基础扎实、富有实践经验的法官或具有应用研究基础的研究人员授课;为拓展高级法官视野,中心还注重系统外、法学界外的国内外专家开设专题讲座。分析中国高级法官培训中心举办的历届高级法官培训班,中心聘请的高校教师约占52%,聘请的最高人民法院机关教师约占23%,聘请的其他法院教师约占6%,聘请的社会专家教师约占19%。这种重点突出、点面结合的师资队伍,综合了善于理论解释与善于实践分析的两方面专家,促进了高级法官培训中理论与实践的结合,培养了高级法官理论联系实际、具有跨界视野与国际视野的学风与工作作风。

第三,教学材料。高级法官培训班的教学材料包括教材、案例材料、讲课提纲、辅导资料、参阅资料以及其他教学辅助性材料。中心建立初期,尚未编写培训教材,国内也没有可供采用的高级法官培训材料,学员上课除了参阅有关高校的法学教材外,更多的教学资料是授课教师的讲稿提纲。学员因为忙于课堂笔记,思考机会少,听课效果差,影响了高级法官培训提倡独立思考、着眼分析解决问题的培养目标的实现。同时,高级法官培训也需要具有统一的教学规格、稳定的授课内容。鉴于此,随着培训班班次的逐渐增加,中心开始分批编撰两类教学材料。第一类,普通教学参考资料,包括文件汇编、参阅资料、案例选编等。这是高级法官培训班最早的教学材料。中心组织有关法院的法官、已经结业的学员、教学工作人员,针对审判实践和理论研究中的重点问题与疑难问题,根据教学需要,对有关教学资料边搜集边研究、边编写边印发,力求内容新颖、研究深厚、成果及时、实践指导性强,先后编印《经济法律教学参考资料》8册、《民事法律教学参考资料》4册、《刑事法律教学参考资料》4册、《行政法律教学参考资料》5册;系列教学案例,包括《经济法律教学案例选》6册、《民事法律教学案例选》3册、《刑事法律教学案例选》2册、《行政法律教学案例选》4册;同时编辑出版了《疑难案例选编》《经济纠纷案例评析》两本教学用书。第二类,骨干课程核心教材。随着高级法官培训经验的日渐积累,中心自1991年起,开始组织最高人民法院有关庭室领导及从事高级法官教育的资深法官编撰核心教材。区别于一般的教学参考资料,高级法官培训的核心教材要求理论基础扎实、法律政策性强、切合审判实际、适用期限相对稳定。因此,最高人民法院有关庭室及部门领导费宗绎、黄杰、单长宗、梁书文、孙泊生、沈关生等担任副主编。最早编写的是刑法、行政法教材。其中,中国高级法官培训中心办公室主任单长宗教授组织编写的刑法教材分为18个专题，十几位编写人员均系来自审判一线的刑事法官与研究人员，教材编写工作历经五个月。行政法教材由最高人民法院行政审判庭庭长黄杰领衔编写，教材亦包括18个审判专题。中心还出版了《民事审判实务》《行政审判实务》《经济审判专题研究》等系列教材，受训法官对高级法官培训教材给予了高度评价，认为非常切合审判实际，所选专题针对并研究了司法审判中的重点、难点、疑点问题，具有很强的实用价值和指导意义。

除正式印发的教材与辅助教材外，中心还注重各高级法官培训班授课大纲建设工作。中心规定，为方便学员事先预习、当堂思考与课后复习，各科授课教师均应拟定授课大纲，提前发给学员。其中，由法院系统聘请的系统内教师或系统外教师，其授课提纲由中心办公室负责印发；由北京大学、中国人民大学聘请的教师，其授课提纲由有关高校负责印发。鼓励任教教师印发授课教案，经教师允许，也可由中心办公室代将教师的授课录音整理后，向学员印发文字材料。除此之外，主讲教师应将其指定或推荐的教学参考书籍、参考文件及其他辅助材料目录提前印发受训学员。

第四，教学方式。高级法官培训班系中长期学制办班，其教学要求的基础就是系统理论培训与理论水平提高，所以，主讲教师授课仍是教学的主要方式。一方面，中心要求各门课程的教学要着重培养学员独立的分析理解能力、研究能力、审判实践能力，探讨开发主讲授课、专题讲座、案例研究、知识讲座、难题探讨、音像教学、观摩审判等多种教学形式。另一方面，针对高级法官培训班的培养目标和学员特点，中心不断改进教学方式、探索适合于高级法官需要的教学方法，在授课教学上努力避免“满堂灌”授课，避免“一人堂”教学，而是采用“双向式”“多向式”教学法。首先，无论是基础理论课还是法律专业课，均要求教师不能把高级法官学员等同于大学学生，而要针对高级法官特点，实行教学中的双向交流、互动教学、有的放矢、教学相长。其次，鼓励教师授课更多采取“专题讲授、案例教学、研究讨论相结合”的教学手段。所谓专题授课，是指对实践中或理论上的有关专题，进行比较集中深入地讲解。在讲课中要求突出重点，讲解专题的基本理论点、知识点，理论知识与解决方案的结合点。落脚点是分析、解决问题的思路、方法。所谓案例教学是在专题讲座中务必结合司法审判案例、社会问题案例。对于从事审判工作的法官而言,案例教学具有特殊意义,它可以使抽象的概念具体化,使枯燥的理论生动化,既方便学员理解与掌握基本理论,更锻炼学员分析解决问题的实际能力。中心在每期培训班都准备丰富的典型案例,如刑法专业培训班准备自首、立功、缓刑、累犯案例,民法培训班准备离婚、房地产纠纷、债权债务案例,事先印发学员,安排学员分组讨论、提出小组意见,特别是不同的处理意见,然后由教师组织课堂讨论,学员相互辩论、评价,教师点评、总结。案例讨论不求一致的解决方案,只求提出各自不同的分析思路与解决方法。案例可以深化理论,分析案例可以分解法学原理,案例分析更可以训练学员的逻辑思维能力。案例教学不可以随心所欲,作为教学案例,中心提醒教师事先列明:通过案例教学想解决什么问题,想诠释什么理论,想深化什么知识要点,在此基础上,配合自成体系、自圆其说的理论教学精心挑选案例,开展案例教学。所谓研究讨论则是调动学员积极性,鼓励学员提问,活跃教学氛围。"专题讲授、案例教学、研究讨论相结合",既是对专题授课的要求,也是对教学方法的要求,既有授课内容的标准,也包含实现形式的标准。实践证明,结合实际、教学互动的专题讲座最受学员欢迎。

在高级法官培训教学方式上,中心确定"以学员自学为主",培养学员自我设计、独立思考能力。如上述"中国高级法官培训中心进修部第三期民事法律专业班课程计划表"共开设 21 门课程,只开设必修课 7 门,占课程总数的 33%;开设讲座课 3 门,占课程总数的 14%;开设选修课却高达 11 门,占课程总数的 53%,其中包括任意选修课 7 门。再如,中国高级法官培训中心进修部第三期经济法律专业培训班,按照教学计划共开设 23 门课程。其中开设必修课 9 门,占课程总数的 39%;开设讲座课 4 门,占课程总数的 17%;开设选修课 10 门,占课程总数的 44%,其中包括任意选修课 3 门。同时,每期培训班停课后、结业前,均要求学员独立完成结业论文的撰写创作工作。可见,从课程总体安排及教学计划上,各培训班注重调动并培养学员自我规划、自选学习、独立创新的能力。

三、高端化的管理与培训模式

中国高级法官培训中心举办的各类培训班,多数是依托北京大学和中国人民大学与两校合作举办的。北京大学和中国人民大学的优良校风与雄厚师资给了培训班学员最好的教育。为了培训法官，两校长期为高级法官培训中心提供校舍与后勤保障，两校法律系、法学院总是选派最有名望、最为优秀的教师给高法班上课。北京大学、中国人民大学校、系两级领导在安排年度工作时，总是把高法班的教学与保障放在优先考虑的地位。两校注重给高级法官培训班学员创造最好的环境、最优的条件，带来最佳的培训效果。所有在高法班学习的学员都对两校的学风、校风及所提供的办学条件给予高度评价。学员们纷纷反映，北京大学与中国人民大学良好的校风与学术氛围带给他们的熏陶，将对他们今后的学习与工作产生深远的影响；在两校半年至一年的学习时光是他们人生最美好、最值得回忆的时光，也是他们人生的第二个里程碑，必将促进他们在法官工作岗位上继续前进、再立新功。

中国高级法官培训中心与北京大学、中国人民大学合作培养法官十年，共同举办了进修部一年制培训班培训学员 345 人，半年制培训班培训学员 456 人；同时举办了培训部法官资格培训班培训学员 720 人；研究生管理部与两校合作培养研究生 375 人。经过北京大学、中国人民大学两校培训的法官，大多数成为全国法院审判工作的骨干，相当一批同志担任了各级法院的领导职务，不少同志成为著书立说、学有专长的中青年法律学者。国家法官学院的建立，使最高人民法院有了自己的培训基地，国家法官学院将承担全国法院干部业余法律大学与中国高级法官培训中心的法官教育、培训任务，中国高级法官培训中心依托北京大学、中国人民大学举办高级法官培训班的形式将暂时告一段落。事实证明，伴随国家法官学院开展规范化的法官培训，国家法官学院与两校的合作不但得以继续进行，而且合作的领域更加广泛，合作的项目更加深入，合作的层次不断提高。

鉴于高级法官培训的办班特点，中国高级法官培训中心逐步摸索了符合高级法官培训实际、独特有效的学员管理机制。特点之一：建立不同于法律业大业余学习为主的学员管理制度，将管理重心由课外自学转移到在校培养，由学期管理转移到日常管理。特点之二：建立不同于学历教育的继续教育管理制度，启发学员思考，鼓励互相探讨，实行教学相长，弘扬探索创新。特点之三：建立中心与两校的联合管理机制，双方共同制定培养方案、教学计划、管理制度，双方配置跟班管理人员。特点之四:建立高端管理机制,每个培训班不仅由中心派出优秀的跟班班主任与学员同吃同住同学习,而且由北京大学、中国人民大学选派优秀的专业教师担任培训班指导老师。特点之五:以学员自我管理为主,成立培训班学员班委会、党支部,在管理工作中发挥校方与学员的积极性,着重建设学员自我教育、自我完善、自我管理、民主管理机制,培训班学员的平时考勤、考绩,每月由班委会、支委会评议,定期公布,学员期末总评,采取不记名投票方式民主决定。

中国高级法官培训中心重视建立高级法官培训班有效的管理机制和良好的运行机制,努力通过严格的管理培养一流的人才。第一,在选拔、确定入学学员人选环节上,为维护调训的权威性、办班的严肃性,培训班招生选送学员工作由各高级人民法院人事、政工部门统一负责,以利于建立培训、考核、使用统一管理机制。中心建立了培训班学员保留学籍制度,对于已被录取、但确因工作需要或身体原因无法按期学习的学员,保留学籍、延至下期同专业培训班学习。第二,从学员入学开始,通过开学典礼、学前教育,提高学员对培训学习重要性的认识,帮助学员尽快实现从工作岗位到学习环境、从家庭生活到集体生活的转变。尽管高级法官培训班的学员职级较高、资历较深,中心仍不放松其思想教育工作,在学前教育中加强纪律宣讲与学籍管理规定教育;在学期中,认真组织政治学习,及时向学员传达中央有关会议精神、工作方针和最高人民法院有关司法工作要求。培训班还邀请院内外领导同志作政治形势报告、培训班管理工作总结,多渠道开展学员思想政治工作。第三,对于在学学员加强学籍管理工作,建立完整的培训学员学籍管理制度,分别就"入学与注册""成绩考核与毕(结)业""转学与退学""纪律与奖惩"等事项作出了详细规定。在学籍管理工作中,中心较早采用了11位序号的学员注册管理制度。该项制度成为国家法官学院学员管理序号编写的基本脉络,到目前为止仍为国家法官学院培训学员学籍管理工作中所沿用。第四,根据培训班学员党员占绝大多数的实际,加强学员党支部建设,注重发挥党员的先锋模范工作,发挥培训班党支部的战斗堡垒作用。中心督促、检查培训班定期召开党组织生活会,健全学员党组织生活,通过党支部鼓励学员在学习、作风、纪律方面争做表率,自觉加强法官职业道德建设、维护法官良好的社会形象。中心还通过培训班党支部及时了解学员思想动态,有针对性地改进教学与培训班管理,并对培训班的重大管理问题进行集体研究、共同决策。第五,认真做好学员结业总结工作和结业鉴定工作,通过个人总结和组织鉴定,表扬先进,指出不足,以利于学员找出差距、不断进步,同时利于培训班总结经验、改进工作。中心还坚持将学员在培训班学业成绩及综合表现情况及时反馈各高级人民法院及学员所在单位,建立培训部门与学员所在法院的沟通反馈机制。

为实现高级法官的高端培养目标,中国高级法官培训中心重视研究性法官的培养,要求并鼓励学员在学期间开展学以致用的应用性理论研究。自中心与法律业大 1989 年起举办法院系统学术讨论会,中心创造条件,利用高级法官培训班在北京大学、中国人民大学举办的有利机遇,鼓励、组织学员撰写学术论文,与大学教授合作或在其指导下开展刑事、民事、经济审判等实际问题研究。高级法官培训班的历届学员积极响应中心号召,在培训期间认真总结办案实践经验,结合所学理论深入进行应用法学研究,其撰写的论文,成为法院系统历届学术讨论会论文的重要组成部分。在全国法院系统首届学术讨论会 9 篇一等奖论文中,高级法官培训班结业的学员撰写的论文就有 7 篇,占到一等奖总数的 78% 。另据统计,仅进修部第二期学员,在学期间与结业之后,就在全国 100 多家报刊、杂志发表文章 600 余篇。1989 级、1991 级两期行政法培训班学员,在北京大学罗豪才、姜明安教授的指导下,集体撰写、出版了两本专著。1988 级学员高洪宾、吴合振、杨立新、李君毅、童兆洪、尹鲁先、张根宝、李兴树、陈阜东、金敬荣、刘天兴、刘桂芳、史有勇等同志均合编著作或著有专著。其中,杨立新同志撰写的《侵权特别法通论》《精神损害赔偿释疑》《司法文书写作》《司法口才学》《民事审判若干问题》等著作在法学理论界、司法实务界都获得一致好评。

中国高级法官培训中心在组织高级法官培训班学员积极开展理论研究的同时,还不断总结高级法官培训培养经验,承担了国家教委“七五”重点课题《应用学科高层次专门人才培养途径多样化研究》的研究项目,其研究成果《高级法官培训途径研究》得到国家教委与社会的高度认可,并获得国家教委“八五”重点研究课题的后续研究项目任务。此外,中心还积极倡导在与普通高校联合举办的定向培养硕士、博士研究生中开展高端、深入的应用法学理论研究。

这些学员的科研成果理论起点较高、实践基础扎实、立论新颖独特,其论文质量达到了较高水平,集中展现了法院系统高层次人才的科研能力,其论文被有关部门摘编成集,公开出版。

中国高级法官培训中心不断开拓法院系统高端人才培养路径,除不断改进各个专业的高级法官培训班办班工作外,还逐步转变理念、积累经验,加强对应用性研究生教育的试点与研究生的培养管理工作。自1988年起,根据国家教委关于研究生培养制度的改革精神,中国高级法官培训中心依托北京大学、中国人民大学、中国政法大学、吉林大学、武汉大学、厦门大学、中山大学等院校开展法院在职干部的应用性学位研究生培养试点工作。改革开放后,全国法院案件逐年巨幅增加,1980年至1993年14年间,人民法院受理案件平均年增12.34%,审判专业也不断拓宽,由原来的刑事、民事两类增加到包含经济、海事、行政审判在内的五大类审判业务。而日渐复杂的审判任务急需高素质、高层次的法律专门人才。而截至1993年年底,全国法院有25.1万干警,大专生9.3万人,本科生1.97万人。相比之下,干警中研究生仅有463人,占全国法院系统干警总数的0.17%。审判队伍面临的急需解决的问题,不仅是高层次人才数量过少,而且已有研究生的知识结构也存在问题,在传统法学研究生的培养体制下,研究生专业细化、研究方向窄小,无法适应审判工作对高层次法官知识结构要求宽泛的现实需求。

中国高级法官培训中心在为法院定向培养应用性学位研究生教育工作上,不断更新理念,开拓进取:第一,根据法院工作需要,主动参与研究生培养方案制定工作。早在1988年秋季,中心就针对审判工作的实际需要,主动拟定了《关于法院协调有关高等院校进行应用性研究生培养制度改革的通知》,要求各地法院为有关高校提供法院专业会议资料及其他文件,支持高校编写应用性研究生专业教材,为有关高校教师进行调查研究、参与审判实践提供条件,为研究生开展应用性研究与撰写论文提供方便。第二,在研究生课程设置上,中心协助有关高校改进课程体系,强化司法审判所需要的法律课程教学,安排应用性专题讲座与知识讲座,着力拓宽应用性研究生的知识层面。第三,在培养目标上,中心沟通有关高校,要求他们加强政治理论课教学,培养政治素质良好、理想信念坚定的高层次法官后备人才。同时,帮助高校实践培养有别于普通理论型研究生的改革探索，通过教学互动、案例教学、模拟审判等途径，培养学生提高综合分析、解决问题的能力，驾驭疑难案件审理的能力，以及文字、口头表达能力。第四，改进研究生招生和录取工作，为批量培养应用性研究生创造条件。在国家教委制定的研究生招生计划范围内，中心每年会商有关高校，确定应用类十一个专业定向招生名额，然后会同最高人民法院政治部、教育厅，向全国法院通报有关院校招生计划，督促各高级人民法院组织生源报考。在报考、录取过程中，中心还指导考生根据自身条件均衡报考。为避免法院考生报考学校、报考专业过于集中，影响实际录取，中心每年都会指定专人与法院考生联系，协商报考专业，及时调整部分考生所报院校及专业。在有关高校招生名额有限、无法录取法院优秀考生的情况下，中心及时与国家教委联系，与有关高校协商，除努力争取增加实际录取名额外，协同办理法院考生转校录取手续。第五，在宏观政策上，制定定向研究生培养与使用系列方案。1988 年 11 月 18 日，最高人民法院下发《关于法院干部报考定向研究生和外语培训班的若干规定》[法（训）发〔1988〕26 号]，督促各地法院重视研究生教育，珍惜研究生人才，强调各地法院要制定为审判工作培养定向研究生规划，避免和减少人才流失，防止法院干警通过报考研究生“跳槽”流失的现象发生。中心还加强应用性研究生的使用跟踪调研，除了随时召开在京法院在读研究生座谈会外，对已毕业的应用性研究生开展跟踪问卷调查工作，督促各级法院对已毕业的应用性研究生合理使用、学用结合，充分发挥高端人才的实际作用，确保研究生对口使用。

为了鼓励高级法官培训学员在学期间潜心研究、努力学习，圆满完成各级法院组织委派的培训任务，中国高级法官培训中心建立了优秀学员评选与表彰机制，制定了《优秀学员评选办法》，坚持实施每届培训班表彰制度。制度规定：只有政治表现好、学业成绩优异、模范遵守纪律、积极参加集体活动的品学兼优的学员才能当选优秀学员。为了弘扬正气，培养全面发展的优秀法官，中心还特别规定了三种特别情形可以优先评优：“积极参加政治活动，表现突出”的，以及“学习期间著书或公开发表专业文章、学习成绩突出”的，或“热情为学员服务，工作成绩突出”的。为了严肃纪律，中心同时规定“有违反纪律的行为”，“论文、必修课非优秀，或选修课不及格”，“迟到早退 3 次以上及无故缺勤者”不能参加优秀学员评选。

在管理工作中，中心建立并实施了培训班学员跟踪调查与结业反馈制度，通过跟踪调查不断改进培训工作。在对已毕业的1988级硕士研究生进行跟踪问卷调查和同在京的毕业生进行座谈的基础上，中心组织人员撰写了《关于培养应用型法学硕士研究生试点工作总结与改进的建议》专题材料，该材料在1992年国家教委召开的“全国应用类文科研究生培养工作座谈会”上获得好评。

在1990年开展的对中国高级法官培训中心首届高级法官培训班的结业跟踪调查中，中心设置了系统、完整的调查问卷，内容包括学员基本情况、总体评价、专业成果、改革建议、心得体会五大方面。其中，“基本情况”部分包括参加培训后的人员使用、职务前后变化情况，工作岗位变动情况，社会兼职变动情况。“总体评价”部分包括接受培训与未接受培训的区别，经过培训后收获最明显的项目，把培训所学法律专业知识应用到实践的指导作用，经过培训对提高审判业务能力和领导水平的实际作用等内容。“专业成果”部分包括学员结业回到单位后传播知识成果情况，参加授课、专题、课时、效果情况，撰写文章情况，出版著作情况，编写讲义情况。首届高级法官培训班结业学员120人，发出问卷120份，回收87人87份，汇总数据如下：第一，学员结业后职级、职务得到晋升的25人，占回收问卷学员总数的28.7%。第二，认为接受培训与未参加培训区别很大的学员28人，占回收问卷总数的32.2%；回答“区别较大的”学员55人，占回收问卷总数的63.2%；两项合计占回收问卷总数的95.4%。第三，认为经过培训对提高审判业务能力和领导水平的实际作用很大的学员56人，占回收问卷总数的64.4%；回答“作用较大”的24人，占回收问卷总数的27.58%；两项合计占回收问卷总数的91.98%。第四，认为经过培训对把培训所学法律专业知识应用到实践的指导作用很大的学员23人，占回收问卷总数的26.4%；回答“作用较大”的58人，占回收问卷总数的66.66%；两项合计占回收问卷总数的93.06%。第五，认为经过培训后，增加了专业知识的学员20人，占回收问卷总数的22.98%；回答“提高了业务能力”的63人，占回收问卷总数的72.4%；两项合计占回收问卷总数的95.13%。第六，经过培训后对法院系统或社会开设讲座的学员51人，占回收问卷总人数的58.6%，授课时数累计2483学时，参加听课人数41,129人，对授课效果反映良好以上的评价占总评价的90.76%。第七，经过培训后，首届高级法官培训班学员公开发表论文115篇，约80万字，参加编写讲义18本，撰写著作15部。

中国高级法官培训中心还通过不断加强自身建设来提高培训班管理水平。第一，科学设置内部机构，注重精简高效，突出职业特点。中心从最初的只有两个内设部门、承担简单的培训管理工作，逐步发展到内设校务处、教务处、进修部、培训部、研究生部、教研室、外语短训部等各职能部门，各项高级法官培训工作全面发展、各内设部门各司其职、互相配合的工作格局。第二，合理划分各内设部门职责任务，加强各部门与人员的行政管理，实行办公例会制度。1989年，根据一年来培训中心的运行情况，中心重点抓了各项制度建设工作。经过细致的研究论证，同年11月，中国高级法官培训中心制定并试行了《中国高级法官培训中心办公室职责范围》《中国高级法官培训中心办公室校务处人员分工和职责范围》《中国高级法官培训中心学员学籍管理办法》《中国高级法官培训中心办公室校务处人员分工和职责范围》《中国高级法官培训中心行政管理工作的几项暂行规定》《中国高级法官培训中心办公室进修部、研究生部、外语短训部工作细则》《中国高级法官培训中心办公室教务处工作细则》《中国高级法官培训中心办公室教研室工作细则》。第三，以调动员工工作积极性为根本，在实行人性化管理的同时，实行岗位责任考核办法。1992年11月20日，中心出台了《中国高级法官培训中心财务手续及规章制度》，根据国家规定、结合中心特点，该文件详细规定了中心财务手续、差旅费开支规定、误餐夜餐补助标准、会议管理办法、有关工作餐的规定、劳保用品配备办法、教学经费支出项目等项财务管理办法。该文件理顺了各类财务支出办法，规范了中心办学各类财务项目，在教学工作和酬金待遇方面，在符合国家有关规定标准的前提下，就高不就低，努力改善员工待遇、调动员工工作主动性。1993年9月25日，中心试行了《有关职工福利待遇的内部规定》，为处级领导安装市内电话、负担相关费用；对参加与本职工作有关的业务学习者，由中心分担2/3学费；凡中心正式员工每年享受家庭财产及人身意外伤害保险金额1万元，保险费用由中心统一解决。在关心员工进步与生活的同时，中心严格员工岗位责任制，努力提高中心工作效率与质量，鼓励员工不断改进培训工作，创造和谐奋进的工作环境。

1992 年 10 月 1 日起,中心施行《中国高级法官培训中心办公室实行岗位责任制考核办法》,实行填报“勤务月报表”制度,制定了详细的考核项目与要求标准,按员工工作“积极性、准确性、协调性、创造力、组织力、信息度、领导力、规划力、对应力”等九项指标体系,按百分分值严格考核,执行奖惩。

为了保证培训规格、提高培训质量,更好地实行分类培训、按需施教,中国高级法官培训中心根据队伍建设与形势需要不断地调整培训模式、完善培训管理。

中国高级法官培训中心自 1988 年 9 月开始举办第一期培训班,至 1991 年 7 月,共举办了三期 6 个培训班,培训了 345 名法官,涉及民事、刑事、经济、行政四个法律专业。这些培训班均由进修部管理。其招生对象:最高人民法院审判员和各高级人民法院副庭长以上或中级人民法院副院长以上的高级审判人员。培训期限:分专业为期一年的集中脱产培训。培养目标:提高受训法官的基础理论与法律专业知识水平,增强学员审理重大、疑难案件的能力和组织、领导下级法院审判工作的能力,以使培训对象符合规范的高级法官任职条件。对上述人员,要求在法院工作五年以上,具有大学本科学历,高级人民法院推荐,经考试录取入学。

1991 年,中国高级法官培训中心实行培训管理机制改革,增设培训部,形成培训部与进修部双轨培训体制,重新划分进修部与培训部的工作分工,分别进行不同类别的法官培训。第一,新增设的培训部负责高级法官任职资格培训。培训对象为中级法院庭长(含副处级审判员)、高级法院审判员、最高人民法院助审员。学制一年,组织受训学员深入系统地学习一个部门法律知识,全面提高专业审判能力。高级法官任职资格培训严格资格考试,择优录取。在学期间,各门课程考试合格,综合考评合格,结业时取得高级法官任职资格。第二,改制后的进修部主要负责对现任高级法官进行岗位培训,培训期限不超过半年。培训形式以进修、研讨所从事审判专业的实践问题为重点,着重提高受训学员的审判工作能力,更新学员的法律知识,拓展学员的工作视野。第三,改制后的培训部于 1991 年 9 月至 1992 年 7 月举办首届高级法官任职资格培训班,在北京大学、中国人民大学同时开展刑事专业和行政法专业高级法官任职资格培训,培训学员 120 人。改制后的进修部于 1991 年 9 月至 1992 年 12 月举办了两期刑法专业高级法官岗位培训班，一期经济法专业高级法官岗位培训班，培训学员186人。改制后的首批办班实践证明，根据不同的培训对象设定不同的培训要求，从而针对不同岗位的法官进行细化的分类培训，是科学的，也是成功的。

鉴于高级法官培训班的培训对象、培训班次、培养目标的重要性，每届培训班，中国高级法官培训中心都举行隆重的、高规格的开学典礼与结业典礼，以激励学员崇敬学业、勤奋进取。如1989年7月11日，高级法官培训中心举行首届学员结业典礼，最高人民法院院长任建新到会讲话，国家教委高教司司长夏自强、北京大学副校长罗豪才、中国人民大学副校长吴树青到会讲话。最高人民法院副院长祝铭山、中国人民大学副教务长纪宝成、著名教授芮沐、佟柔、高铭暄、肖蔚云、赵振江、张云秀、谷春德、赵中孚等参加典礼。1990年7月3日，高级法官培训中心举行第二期培训班学员结业典礼，最高人民法院院长任建新到会讲话，国家教委委员郝克明到会讲话。最高人民法院副院长祝铭山、马原，北京大学校长吴树青、校务委员会主任王学珍、副教务长向景洁，中国人民大学副校长郑杭生、党委副书记力康泰、副教务长纪宝成，著名教授王作富、王国枢、曾宪义等参加典礼。1992年12月25日，高级法官培训中心举行进修部第三期结业典礼，最高人民法院副院长祝铭山、中国人民大学副校长力康泰、国家教委成教司司长董明传到会讲话。1996年7月2日，高级法官培训中心举行培训部第五期结业典礼，最高人民法院副院长祝铭山、罗豪才，国家教委高教司副司长朱传礼、王彦，北京大学副校长梁柱，中国人民大学法律系负责人等领导参加典礼。罗豪才、梁柱等领导同志讲话，中国人民大学知名教授王作富代表教师发言，典礼颁发了学员结业证书和优秀学员证书。

1997年7月2日，因为同年11月即将挂牌成立国家法官学院，中国高级法官培训中心举行最后一届培训班结业典礼。在喜迎香港回归祖国的历史时刻，结业典礼分别在中国人民大学与国家法官学院拟定院址举行。7月2日上午，在中国人民大学举行的中国高级法官培训中心第六期行政法专业培训班结业典礼上，最高人民法院副院长罗豪才、北京大学副校长王义遒、中国人民大学副校长周建明等领导同志讲话，北京大学、中国人民大学法律系负责人吴志攀教授、曾宪义教授讲话，中国人民大学知名教授赵中孚代表教师发言，典礼颁发了学员结业证书和优秀学员证书。7 月 2 日下午,在国家法官学院校址举行的中国高级法官培训中心第六期民法专业培训班以及基层法院院长培训班结业典礼上,最高人民法院副院长高昌礼同志到会讲话,中国高级法官培训中心办公室主任梁宝俭同志作了典礼发言。

四、《中国审判案例要览》:案例教学的鼻祖与样板

1990 年,世界法律大会期间,我国台湾地区学者与律师提出建议:大陆可考虑编撰具有指导意义的法院审判案例汇编。经研究,中国高级法官培训中心与中国人民大学法学院开始合作编辑出版《中国审判案例要览》,旨在向海外介绍改革开放以后的中国审判工作及审判案例,同时指导审判实践、促进案例教学、丰富法学研究。起初,中国高级法官培训中心承担了《中国审判案例要览》的案例征集、编辑事务工作的主要任务,仅 1992 年首辑《中国审判案例要览》编辑工作,中心就担负了 170 万字的编辑、打印、制版任务。1993 年 7 月 10 日,《中国审判案例要览》在人民大会堂举行首发仪式,中共中央书记处书记、最高人民法院院长任建新,全国人大常委会副委员长雷洁琼出席了仪式,《人民日报》、《光明日报》、新华社、《中国日报》、《人民法院报》、《中国检察报》、《人民公安报》等新闻媒体对首发仪式进行了报道。《中国审判案例要览》自 1992 年起,每年出版一套"综合本",内分刑事审判、民事审判、经济审判、行政审判四卷。1996 年起,《中国审判案例要览》实行刑事审判、民事审判、商事与行政审判"三本制"。2003 年起,伴随行政审判的事业发展,《中国审判案例要览》开始实行编辑、出版工作的刑事审判、民事审判、商事审判、行政审判"四本制"。该书 1995 年前由中国人民公安大学出版社出版,1996 年起由中国人民大学出版社出版,2003 年起改由中国人民大学出版社及人民法院出版社共同出版发行。《中国审判案例要览》的出版发行具有三个历史意义:

第一,《中国审判案例要览》是我国第一套大型案例汇编,向关心中国法制建设的国外人士打开了一扇了解中国社会与中国审判的窗口,是我国法制建设与法院审判的真实写照与历史证明。该书以英文、繁体汉字、简体汉字三种版本发行,由于其精选案例的典型性、权威性、指导性,在 1994 年首届优秀法律图书评奖活动中,该书被评为一等奖,而且在仅有的四个一等奖中名列榜首。该

书还获得了北京市第三届哲学社会科学优秀成果特等奖。《中国审判案例要览》是我国国内唯一在海外出版英文版的大型案例丛书。2005 年,《中国审判案例要览精选本》英文版作为世界法律大会中国官方推荐读物赠送各国与会代表,为向世界宣传我国的法制建设成就和司法审判实践作出了重大贡献。2010 年,《中国审判案例要览》获得“十二五”国家重点图书出版规划国家出版基金资助项目。其英文版也由世界著名的法律图书出版公司——巴特沃尔斯公司出版发行,中国审判案例从此走向世界。鉴于《中国审判案例要览》的代表意义及广泛影响,美国国会图书馆已将其作为该馆的系列馆藏图书。

第二,《中国审判案例要览》具有对审判实践的指导意义。每个入选案例由一审情况、二审情况、案件解说三部分组成。《中国审判案例要览》对审判实践及法学研究具有以下作用:(1)指导性。其指导意义不仅在于入选案件的代表性与新颖性,更在于“案件解说”的法理阐释及以案释法。换句话说,《中国审判案例要览》的精华部分,就在于“案件解说”的深刻精辟与规范指导意义。(2)真实性。《中国审判案例要览》的另一个不同于一般案例选编的特点,是案例的真实性。编辑过程要求入选的案例不仅案件真实,要求案件诉讼双方当事人真实、案件事实真实、辩护人或代理人真实,而且要求判决书字号真实、一审、二审审判组织、审判过程、审结时间、裁判理由真实。(3)权威性。《中国审判案例要览》编审委员会由最高人民法院首席大法官任主任,由最高人民法院实务部门与中国人民大学法学院双方专家学者共同组成。其中,最高人民法院由各审判业务庭资深法官、国家法官学院资深教授组成编审委员会委员。中国人民大学法学院由各法学专业国家顶级教授组成编审委员会委员。编审委员会委员下设编辑部,分别由最高人民法院主管副院长及中国人民大学法学院院长牵头具体工作。《中国审判案例要览》各卷实行正、副主编与主编助理责任制,主编亦由中国人民大学著名学科专家与最高人民法院审判专家担任,分卷设编辑 6～10 人,按刑事审判案例卷、民事审判案例卷、商事审判案例卷、行政审判案例卷分类审查、编辑。编辑人员与框架体制确保了入选案例的权威性。

第三,《中国审判案例要览》是法官培训机构以及法学高等院校案例教学的样板与重要一手资料。案例教学与我国法学教育同期发育、成长。但规范的、有效的案例教学起源于 20 世纪 80 年代。我国实施改革开放基本国策以后，社会主义法制建设逐步走向"依法治国"轨道。原来仅限于高等院校法学课堂使用的内部案例逐渐汇编成册，面向社会公开出版。这些公开出版发行的案例均经过加工处理直至学术整合。真正真实可靠、切合实际、来源审判的司法案例，最早诞生于20世纪80年代的全国法院干部业余法律大学。法律业大的内部教学案例囊括刑事审判、民事审判、婚姻法、行政审判、经济审判等各个审判领域。法律业大的系列教学案例公开出版时，虽然案件事实真实，但当事人甚至审理案件的法院均被隐去或替代以假名；一审、二审等审级中的证据与论理，人为舍取因素较大，无法反映案件审理的历史原貌。出版于20世纪90年代的《中国审判案例要览》，一改之前所有公开出版的案例选编风格，以真实、纪实、写实、典型为目标，提供了真实版的案例教学的良好素材，成为各级法官培训机构案例教学的必备资料，也成为普通高校法律院系法学教育案例教学的重要参考资料。

20年来，《中国审判案例要览》编辑工作与时俱进，不断完善。由各高级法院筛选后送审的稿件来源，由2003年前的2000篇左右，直线增长到2004年的3597篇，之后逐年增长，2009年至2011年均超过6000篇，2011年达到6506篇，大大地增加了案例的可选余地。各地按照编辑要求，送审的案例新颖性、典型性、指导性、学术性越来越强；案例解说针对立法原则与司法实践，阐释的案件背景材料、发案特点、理论阐释、法律依据、焦点解析越来越有深度。鉴于报送案例的整体内容丰满扎实，每期年度要览采用的案例个数不断精选、下降，从20世纪90年代的500篇左右，下降并稳定在2005年后的380篇左右。20年来，案例的编辑工作已从技术编辑与内容编辑并重，发展到以内容编辑为主、技术编辑为辅，编辑工作更加注重案例内容，更加注重审判实践，更加注重司法改革，更加注重法制建设大局需要。编辑工作遵循"将社会生活纳入法制轨道的"编辑目标，不断增强所选案例的吸引力与可读性，努力贴近百姓、贴近生活，注重了对人权的司法保护、消费者权益保障、房地产与物业纠纷、公益诉讼、涉农案件、网络侵权等社会热点、焦点问题的案例选编，使《中国审判案例要览》与时代同步发展，成为适时、鲜活的法律实用教材。

五、外向型、国际化法官培训交流的开拓者

中国高级法官培训中心加强与有关国家、地区及国际组织的交流协作，着力培养全球视角的高级法官，开展国际法律交流研讨，促进中国了解世界，促进世界了解中国。加强对外交流是我国改革开放总方针的重要组成部分，考察、借鉴国外法官培训业已形成的有益的经验，参考国外司法体制、司法制度与法官培训机制，对人民法院队伍建设及中国特色法制建设都具有重要意义。为此，中心先后与联合国国际发展计划署、美国福特基金会、加拿大国际发展署合作，开展多方面的法官培训国际交流。具体包括以下四类：

第一，先后派出七批考察团前往美国、日本、印度、泰国、巴西、墨西哥、德国、法国等国进行法院建设、法律制度、法官培训工作考察，考察成员包括最高人民法院领导、地方各级法院领导、各审判领域资深法官、法学教授学者、政府机关官员。系列考察促进了中外司法交流，取得了有关国家法院建设、法律制度、法官培训的第一手资料，为我国司法体制改革与完善提供了有益参考。

第二，1989 年起，中心分批选派 48 名研究生出国进修、考察和进行比较研究，派往国包括美国、日本、英国、法国、加拿大、澳大利亚，考察与研究方向包括刑事、民事、行政、经济法、国际经济法等专业。所派出的研究生、进修生，很多已经成为国内法学界、司法实务界的领军人物，有的业已成为最高人民法院领导成员。这些改革开放后人民法院最早派出的出国进修生、研究生，在各自的工作岗位上，为社会主义法制建设发挥着重要作用。

第三，1990 年起，中心利用福特基金会等单位的资助，先后在全国法院系统举办了八次研讨班。中心还接受了澳大利亚驻华使馆、美国福特基金会、美国亚洲基金会、有关国家法律界人士捐赠的法律和其他领域的图书 1000 余册。

第四，邀请了美国、泰国、德国、英国的法官、教授、学者来华讲学，开拓了国内法官的专业视野。例如，1989 年 9 月，中心邀请联邦德国哥廷根大学柯里斯琴・斯塔克教授为行政法专业高级法官学员讲授“联邦德国的行政法与行政诉讼法”；1990 年 4 月，中心邀请泰国最高法院前任副院长山声教授向中心进修部学员作了泰国司法制度讲座；1990 年 8 月，中心邀请英国高等法院大法官

西恩先生、美国海商法协会肯尼斯主席为全国海事审判专业法官开设了国际海事专题讲座;1995 年 4 月,中心邀请俄罗斯莫斯科大学法律系主任苏哈诺夫教授为第四期经济法专业高级法官培训班学员讲授俄罗斯民法典的起草与现状;1996 年 11 月,中心邀请法国最高法院首席大法官特律舍先生为在中国人民大学举办的高级法官培训班学员讲授法国法院与司法,这些讲座使高级法官培训班学员以及更多的法官、法律工作者得以了解境外法律制度与司法制度,为人民法院开展涉外审判、推进司法改革提供了良好的培训条件。

1988 年 10 月 11 日至 11 月 9 日,应美中关系全国委员会的邀请,中国高级法官培训中心首次组团出国访问。考察团团长为中国高级法官培训中心委员会委员周道鸾资深法官,副团长为中国高级法官培训中心委员会委员、国家教委官员王泽农先生,团员有中国高级法官培训中心委员会委员、北京大学法律系主任赵震江教授,中国高级法官培训中心委员会委员、中国人民大学法学院副院长谷春德教授,考察团秘书兼翻译北京大学法律系副主任王晨光先生。在美期间,美国联邦最高法院大法官威廉·布伦南会见了考察团全体成员。考察团深入地了解了美国的法院体系与审判情况,根据美国法院各成体系的联邦法院与州法院的不同情况,考察团重点考察了美国的联邦法院体系。在 20 世纪 80 年代,作为官方重要的法律考察团,中国高级法官培训中心考察团积累了美国法院建设的一手资料,除法院的设置、案件的管辖、审判的格局外,考察团详细考察了涉及未来中国司法改革的具体情况。考察团注意到,美国的联邦最高法院九名法官,每年只从 5000 件左右的上诉案件中挑选 160 件事关全美社会利益的案件进行判决,以充分地发挥裁判终审权的最大效益。考察团还注意到在 1938 年以前,美国法院系统的司法行政管理工作由联邦政府司法部领导。为了确保司法独立,使法院工作免受联邦政府的干预,经美国国会立法,于 1939 年建立了由联邦最高法院领导的美国联邦法院行政管理局。该部门除了负责向国会提交联邦法院的预算、保证法院具有充足的办案经费与行政经费(1988 年联邦法院经国会批准的财政预算为 12 亿美元)外,还负责受理法院的文书人员、缓刑官、书记员和其他行政人员的工作报告,其基础作用是保证联邦法院的办案经费、办案效率,解决案件积压,报告法院工作。有关联邦法院法官人数与辅助人员配置,考察团注意到,截至 1987 年,联邦三级法院共有法官(含退休留任法官）1011人，另有行政人员20,000人。行政人员中，约有5000人从事与法律有关辅助工作，包括3200名法律助理与秘书。各级联邦法院法官可以配备1～3个法律助理、秘书若干，以使法官超脱于司法辅助工作与行政事务。考察团还注意到美国法院的高薪养廉机制与高水准的法官职业道德约束机制。上述考察，为中国出台《法官法》、《法官职业道德准则》以及书记员制度改革等司法体制改革工作提供了宝贵的可资借鉴的第一手资料。

1992年9月30日至10月17日，以中国高级法官培训中心办公室主任梁宝俭为团长的中国高级法官培训中心考察团，应邀前往日本进行了为期18天的考察访问。考察团系统考察了日本司法制度、法官制度、法官培训制度，访问了日本最高裁判所、东京地方裁判所、东京家庭裁判所、东京大学法学部、日本律师联合会、日本司法研修所、日本最高检察厅、大阪高等裁判所、大阪地方裁判所、京都大学法学部等12个司法单位，旁听了裁判所的法庭审判及大学部的法学教学。考察团重点考察了日本司法培训制度，就日本司法考试制度，法官、书记官、调查官的培养和培训制度进行了深入了解与比较研究。此次考察不仅对建立规范化、面向世界的中国法官培训制度有所启发，更为若干年后中国实行全国统一的司法考试制度研究提供了良好的借鉴基础。

第六节　“教育未竟”，“培训开端”

一、“两个转变”的战略构思

人民法院教育培训工作在战略布局上规划开展岗位培训，始自1990年。事实上，1985～1990年，正是法律业大办学工作最艰苦、最紧张的时期。这个时期，在全国法院系统，法律业大办学工作正全面、深入展开，1985级3万余名学历生刚刚毕业，1986级又招收3948名学员，1987级招收4096名学员，1988级招收9429名学员，1990级招收6074名学员。加上1988年开始举行的专业证书教育，1988～1994年，法律业大每年的在校生都在2万～4万人。

邓小平同志指出:“中国的事情能不能办好,社会主义和改革开放能不能坚持,经济能不能快一点发展起来,国家能不能长治久安,从一定意义上说,关键是人。”法院工作也是如此,人民法院能不能为改革开放保驾护航,能不能为社会主义市场经济建设服务,关键是看法院队伍是否过硬。伴随经济的发展,改革开放的深入,审判工作面临的新情况、新问题越来越多。最高人民法院党组审时度势,深刻认识到:审判工作要提高到一个新水平,必须大力加强法院队伍建设、大力提高干警文化素质与业务素质,其手段除了持之不懈办好法律业大、通过法律业大继续开展大规模的系统内学历教育,努力加强法院干警的文化基础和法学基础知识教育外,还必须开展各层次、各类别岗位培训工作,通过培训提高法官与其他法院干警的岗位工作能力。

1990 年 8 月,最高人民法院在天津召开第五次法律业大工作会议暨法院干部教育培训工作座谈会,讨论了《1991 ~ 1996 年全国法院干部教育培训规划》。这是人民法院第一个系统的关于干部教育培训工作的五年发展规划。尽管此规划制定前,全国法院陆续各自开展了各种类型的法官培训,也有部分省在 1990 年左右成立了省级法官培训中心,但各地法院所开展的法官培训属于“散打”状态,不够系统、缺乏规划。《1991 ~ 1996 年全国法院干部教育培训规划》首次确定了“有计划地进行岗位培训”原则,特别是针对按照岗位规范要求取得上岗、转岗、晋升等资格培训以及根据不同岗位工作发展需要而进行的各种适应性培训,尤其需要按规划部署,按计划进行。该次会议重点讨论了《关于对拟任法院领导职务的干部实行培训制度的意见(征求意见稿)》,《1991 ~ 1996 年全国法院干部教育培训规划》也重点部署了法院领导干部培训的相关计划,同时规划了其他法院工作人员的培训工作:第一,中国高级法官培训中心的主要任务之一,是高级法官资格培训。按照资格培训的要求,严格入学考试,择优录取,结业考试及格者,方可取得高级法官任职资格。今后要逐步做到,从取得高级法官任职资格的人员中选拔任命高级法官。中国高级法官培训中心的主要任务之二,是轮训现职中级人民法院副院长和高级人民法院副庭长以上领导干部,以及拟转岗调任或晋升上述职务的领导干部。争取到 1996 年将上述现职干部培训一遍。第二,省级法官培训中心应按计划组织各类人员进行专业适应性岗位培训,重点抓好基层法院正副院长、中级法院正副庭长等领导干部，以及拟转岗调任或晋升上述职务的领导干部。第三，今后要逐步实行拟调入担任基层法院副院长以上领导干部职务的干部，必须分别经过高级法官培训中心和省一级法官培训中心的培训，培训和考查、考核合格者，方可调入任职的制度。对经过培训考核后不合格的人员，不能任职。

1991 年 11 月召开的第六次法律业大工作会议针对法律业大办学中存在的问题集中研究了解决方案。会议同时指出：法律业大要针对审判实践中出现的新问题积极开展岗位培训。会议提出法律业大的办学任务将择时、适时由学历教育为主转变为岗位培训为主。

1993 年 3 月召开的法律业大第七次工作会议提出："法律业大的任务将由学历教育为主过渡到以岗位培训为主"。同年 9 月召开的法律业大改革与发展座谈会深入研究了法律业大办学改革和事业发展问题，确定法律业大"学历教育向高学历、高层次发展，非学历教育向正规化岗位培训发展""两个转变"的阶段办学目标。

"两个转变"论题的提出，是人民法院法官教育培训工作的重大转折。该论题的提出具有三大意义：第一，人民法院干警素质与能力的提高，既需要学历教育的手段，也需要岗位培训的手段，二者不可偏废。第二，说明当时的人民法院队伍建设，学历教育与岗位培训都是必须抓好的重要工作。作为法院教育培训工作的主要机构法律业大，必须两手抓，两手都要硬，二者不可偏废。第三，学历教育与岗位培训都要上台阶，学历教育要向更高层次发展，岗位培训要向规范化、正规化发展。"两个转变"论题切中队伍建设实际，也切中法律业大办学实际。

按照最高人民法院的统一安排和法官培训规划要求，全国各高级人民法院先后成立省一级法官培训中心。1988 年，江西等地成立法官培训中心。1989 年 9 月 3 日，最高人民法院下发《关于转发天津市高级人民法院有关创建法官培训中心两份材料的通知》，要求各地"结合当地的实际情况，参照天津市的做法，积极、稳妥、扎实地把筹建法官培训中心的工作做好"。同年，天津、上海、福建、湖北、北京、四川等地成立法官培训中心。1990 年，青海、内蒙古、浙江等地成立法官培训中心。1991 年，湖南、山东、宁夏、陕西等地成立法官培训中心。1992 年，辽宁、河北、贵州、新疆等地成立法官培训中心。1993 年，山西、广东等地成立法官培训中心。1995 年,甘肃等地成立法官培训中心。1989 ~ 1995 年,黑龙江、江苏、安徽、吉林、河南、广西、海南等省、自治区高级人民法院也相继成立了法官培训中心。至此,全国法院系统的国家一级与省一级法官培训中心基本建成,全国法官培训机构形成网络体系,法官培训工作按“两基培训体制”开始运行。

二、全国统一的培训中心办学章程

为促进各级法院法官培训中心依法设立、规范设立、规范发展,考虑到省级法官培训中心的广泛代表性和承上启下作用,省级法官培训中心是各级法官培训中心的主干部分,中国高级法官培训中心 1990 年起草了《法官培训中心办学章程(征求意见稿)》,提交同年 8 月召开的法律业大第五次工作会议暨法院干部教育培训工作会议讨论。此后,根据各地所提建议,中国高级法官培训中心对该文件做了大量修改,1994 年形成了《省、自治区、直辖市法官培训中心办学章程(讨论稿)》(以下简称《章程》),提交是年 5 月召开的全国法院干部教育培训工作会议再次讨论。这份全国统一的办学章程包括办学宗旨、机构设置、培训对象、培训目标、教学体系、师资队伍、培训教材、基地经费八方面框架内容。

有关“办学宗旨”部分,《章程》规定了法官培训中心的性质、任务和原则。指出各级法官培训中心的性质是“对法官进行正规化岗位培训的基地”。培训中心的主要任务分三项:第一,培训法官在职各类干部及其后备人才;第二,提高干部马列主义理论、法学理论水平;第三,提高干部实际工作能力。培训中心的办学原则有四项:第一,坚持社会主义办学方向、贯彻教育改革精神;第二,坚持理论联系实际、学以致用原则;第三,紧密结合我国立法、审判工作实践开展教学原则;第四,注重针对性、实用性、按需施教、讲求实效原则。

有关“机构设置”部分,《章程》规定了法官培训中心是“高级人民法院直属教育事业单位”。按照中央和地方机构对口、统一原则,法官培训中心均设置“培训中心委员会”,由主任一人、副主任二至三人组成。为保证培训中心的权威性和统筹职能,《章程》规定了主任和常务副主任由高级人民法院正、副院长兼任,专职副主任由庭级、处级干部担任。有关培训中心的内设机构,本着精简管用的原则，设教务处（科）、教研室、办公室三个部门。

有关“培训对象”部分，《章程》规定了五类培训，分别是：第一类，领导干部培训，其对象是换届选举拟担任基层人民法院正、副院长的领导干部；第二类，预备法官培训，其对象是取得法官资格尚在见习期间的人员；第三类，晋级培训，其对象是由下一级领导职务、审判职务晋升上一级领导职务、审判职务的人员；第四类，新法律新知识培训，此类培训旨在更新、补充审判干部的新法律业务知识和专门业务知识；第五类，其他干部培训，其对象是前四类培训对象以外的人民法院在职行政、专业技术干部。

有关“培训目标”部分，《章程》规定了各类法院干部培训的统一目标是：通过岗位培训，使学员掌握建设有中国特色的社会主义基本理论、专业知识、科学文化知识，提高执法能力、领导管理能力、专业技能，以适应社会主义法制建设需要，完成宪法、法律规定的人民法院审判工作和其他工作任务。

有关“教学体系”部分，《章程》规定了课程设置、教学方式、培训期间、结业事项四类内容。规定“课程设置”包括政治理论课、业务课、实践操作课三类，其中，政治理论课还包括法院干部岗位职责、职业道德、纪律教育等。规定“教学方式”以面授为主，辅助以研讨、专题讲座、案例分析、模拟审判、实际操作等手段，各种手段力求达到知识传授和能力培养相结合。规定“培训期间”以短训为主，根据不同对象、不同培训要求，确定培训时间。规定培训结业必须进行考试、考核，对成绩合格、结业鉴定合格者准予结业，由培训中心发给结业证书。具体颁证办法由省级法官培训中心依照有关规定制定。

有关“师资队伍”部分，《章程》规定了四项内容。第一，专职教师队伍组建原则为“法官教法官”原则。规定专职教师应当从具有较高政治理论和法律专业水平，又有较丰富的审判实践经验，能够胜任教学工作的审判人员、研究人员和其他干部中选调。第二，对专职教师实行优惠鼓励政策。《章程》规定，各级法院应根据有关规定，对专职教师“授予审判职务并申报专业技术职称”。第三，实行专职教师“双向交流”。《章程》规定，各级法院“应允许专职教师和审判人员的双向流动，以利于教师队伍的稳定和发展”。第四，兼职教师队伍建设。规定各级法官培训中心可以根据需要邀请有关部门、高等院校、科研单位的专家、学者、教授讲课或作专题讲座。

有关“培训教材”部分,《章程》规定了培训教材的两个编写原则。第一,各类岗位培训教材编写的一般原则。规定各类岗位培训教材编写应贯彻理论密切联系实际的原则,反映司法实践中的新问题、新情况,并有助于提高学员的实际工作能力。第二,规范化教材体系建设要求。规定全国法院系统,要在各省、自治区、直辖市法官培训中心自编教材的基础上,组织力量,逐步编写出适应形势发展需求,符合各类岗位培训要求的系列化、规范化统编教材。

有关“基地经费”部分,《章程》规定了应建设供不同层次学员脱产学习使用的培训基地,其规模“应与所担负的培训任务相适应”。有关培训中心经费,《章程》规定了“基建经费”“经常费用”“费用补贴”“费用筹措”四项内容。有关“基建经费”,《章程》规定基本建设经费,应由高级人民法院向省一级财政专题申报。有关“经常费用”,《章程》规定应“由高级人民法院向省一级财政逐年申报。列入预算”。有关“费用补贴”,《章程》规定法官培训中心经费不足部分,“可适当收取一定的学费或住宿费,由学员所在法院向当地财政申报列支”。有关“费用筹措”,《章程》规定应当广辟渠道,在政策允许的范围内,积极创造条件,筹措干部教育培训经费。

三、岗位培训的载体形式

狭义的岗位培训载体形式,是指承担岗位培训工作的部门、机构。广义的岗位培训载体形式,还包括岗位培训的类别划分与表现形式。

鉴于各高级人民法院与最高人民法院的教育培训工作情况有所不同,两类法官培训机构的设置也有所不同。在最高人民法院,法律业大总校是全国法院系统法律业大办学体系的首脑总部,下辖30所分校、349所分部、1780个教学班。考虑到法律业大所承担的繁重的学历教育规范管理和质量要求任务,最高人民法院另行设立了中国高级法官培训中心,形成了最高人民法院直属两个教育培训事业单位的机构格局。具体工作分工为:法律业大总校负责全国法院系统的学历教育管理职能,中国高级法官培训中心负责实施最高人民法院所承担的高级法官培训任务。

经各省、自治区、直辖市编委批准设置的各高级人民法院法官培训中心,虽然具有独立的编制,却一般均与法律业大分校合署办公,“一套人马,两块牌子”。法律业大分校同时就是法官培训中心,既分管学历教育,也分管法官培训。以北京为例,北京市高级人民法院经北京市编委批准,1989 年成立法官培训中心,北京市高级人民法院院长刘云峰兼任主任,副院长孙常立、张志坚以及北京市中级人民法院院长纪树翰兼任副主任,韩文中、姚克明任委员,法律业大北京分校副校长范峤兼任中心办公室主任,主持法官培训中心日常工作。法律业大分校设立的培训组、教研组、教务组、怀柔基地四个内设机构,也即中心下设的四个内设机构。法律业大分校下属的四个直属教学班、七个区县教学班,也即中心的培训教学点。法律业大分校的 25 名专职教师与 9 名管理人员,也即培训中心的专职教师与管理人员。

省级法官培训中心与法律业大分校合署办公的法官教育培训运行机制,整合了人民法院教育培训人力资源,统筹了法院系统学历教育与法官培训规划,建立了统一高效的法官教育培训管理体制。事实上,这一体制还衔接了法律业大学历教育任务完成后的机构与工作的顺利转轨。1997 年起,部分法律业大分校结束学历教育办学历史;2001 年,全国法院干部业余法律大学完成法院系统学历教育办学任务。由于法律业大分校与省级法官培训中心合署办公,其合署办公机构的工作任务自然全部转移到法官培训。

各高级人民法院设立的法官培训中心普遍采用高规格的“培训中心委员会”管理模式,由各高级人民法院院长任委员会主任,主管副院长兼任委员会副主任,委员则由政工人事部门、各业务审判庭负责人、财务装备部门负责人、法官培训部门负责人组成。这种管理模式下,法院一把手主抓教育培训,高级法院内部管人、管业务、管财务、管培训等部门的领导集体议事,法官培训工作决策机构真正能够起到高效率的决策作用,确保了各项教育培训工作的规划、实施。随着形势发展,为加强法官教育培训工作,并对各项法院教育培训工作实施统一管理,一些高级法院成立“教育培训工作领导小组”,替代了“法官培训中心委员会”,仍由高院领导亲自主抓教育培训工作,领导小组成员大体同上。

由于法官培训工作覆盖面广、培训量大,相当一部分省在成立省级法官培训中心的同时,在中级人民法院也设立了地市级法官培训中心。包括黑龙江、山东、安徽、江西、广东、四川、河南、湖北、江苏、陕西等省。这些设立在中级人民法院的法官培训机构，在编制、人员、基地、经费等办学条件短缺的困难情况下，认真规划、实施了最基层干警的岗位培训，为人民法院队伍建设和可持续发展作出了最为关键的贡献。如山东省高级人民法院于1991年成立了山东省法官培训中心，截至1993年，全省18个中院都相继成立了法官培训中心。再如，辽宁省法院系统不仅于1992年成立了辽宁省法官培训中心，而且各中院都普遍开展所辖地区的法官培训工作，其中，沈阳、大连、鞍山、丹东、锦州、朝阳、铁岭中院还成立了地市一级的法官培训中心，五个中院建有培训中心大楼。各中院的"一把手"都亲自兼任培训中心主任，并有具体工作人员负责培训中心的日常工作，有计划、有组织地开展法官培训，从而形成了健全的、全省法院系统干部教育培训工作网络体系。通过这一培训网络，该省先后举办了担保法、票据法、知识产权法、行政诉讼法、行政处罚法、国家赔偿法、刑事诉讼法、刑法等八次大型培训班，培训人数6000余人。

培训中心的自身建设首先是制度建设。如山东省法官培训中心先后制定了《山东省法官培训中心岗位培训暂行规定》《山东省法官培训中心岗位学员学籍管理条例》《山东省法官培训中心学员登记制度》等十多项规章制度，法官培训各项工作纳入规范管理轨道。中心先后举办各类培训班48期，指导地市级法官培训中心举办培训班720期，培训干警3200人次。同时，中心编写了《社会主义市场经济百家谈》《中华人民共和国国家赔偿法讲义》《司法联络员培训教材》《法庭人员培训教材》《书记员培训教材》《新增人员培训教材》等系列教材，承担了《中国司法审判方式暨法官培训内容与方法的改革与完善》的重大理论与实践课题的项目研究，创办了《法官培训工作通讯》，有效地规范和指导了全省法官培训中心的办学工作。

培训中心最重要的基础建设是法官培训基地建设。黑龙江、内蒙古、北京、天津、河北、山西、甘肃、上海、山东、河南、江西、广东、西藏等地先后建设可以开展脱产培训的培训基地。如河北省为加快法官培训基地建设，不仅谋划在石家庄建设规范的法官培训基地，而且在秦皇岛建设了可容纳150名学员脱产学习的培训基地，办公、教学、阅览、餐饮、住宿设施一应俱全，并添置了计算机、电视机、录音、录像、复印等教学设备。内蒙古法官培训中心自1990年6月成立，不断完善、改造现有教学设施，于1997年又新建了建筑面积1600平方米的培训中心大楼，举办了两期蒙语专业少数民族审判骨干培训班，通过该基地共培训各类法官797人。

培训中心建设的核心部分是教师队伍建设。各地法官培训中心在组建兼职教师队伍的同时，重点加强了专职教师队伍建设。如山西省高级人民法院党组，始终把法官培训中心的教师队伍建设放在事关法院审判事业发展的战略高度予以重视，舍得从省院各业务庭室抽调骨干充实教师力量，共配备专职教师12名，其中教授3人，讲师5人，助教4人。同时配备了具有本科学历以上、年富力强的培训管理人员。山西省高级人民法院制定政策、积极鼓励法官培训中心教师走"培训—科研—审判"三结合的发展道路。为促进法官培训工作与审判工作的密切联系，并稳定专职教师队伍，山西省高级人民法院分批解决了培训中心专职教师的审判职称，使培训中心具有审判员3人，助理审判员4人，书记员5人。

培训中心发展的动力在于不断改革和创新培训工作。为拓展法官视野，借鉴国外审判经验，配合审判工作改革，一些法官培训中心开展了中外法官交流活动。如上海市法官培训中心邀请美国、德国、日本等国的知名法官与教授来华讲学，举办了美国刑事诉讼讲习班，开设了国外知名法学家系列讲座，与外方联合举办了大陆法系与普通法系审判模式比较研讨会。天津市法官培训中心坚持实施军转干部的转岗培训，在天津市人事局军转处的支持下，坚持每年举办一期军转干部培训班，自1988年培训中心成立，培训军转干部450人，提高了军转干部的素质，奠定了军转干部的法学理论、法律知识、法院工作基础，使广大军转干部尽快地熟悉了法院工作环境，顺利地转入法院工作岗位。

培训中心的发展取决于培训中心在法院系统内的地位与作用。为了规范培训秩序、保证培训规格、完善培训管理、提高培训权威，多数法院实施了规范化培训与归口培训制度。如安徽省高级人民法院在成立省级培训中心后，专门下发文件划分省、地两级培训机构的职责范围，并确定归口培训原则。第一，规定省级法官培训中心的任务是：拟任基层人民法院正、副院长人员的岗位培训；现任基层人民法院审判庭、室负责人以上干部，以及中级人民法院审判员以上人员的岗位培训。地级法官培训中心的培训对象是上述范围以外的基层法院与中级法院的法官及其他工作人员。第二，针对法院系统重复培训、多头培训的混乱状态，安徽省高级人民法院1996年11月规定，所有培训班归口法官培训中心进行管理，由法官培训中心组织实施，任何庭、处、室非经批准，一律不得举办培训班；有关庭、处、室有培训需求与办班要求的，须在年初上报办班计划，由法官培训中心统一编制年度培训计划并组织实施，各庭、处、室有义务协助办班。

四、按需施教，学以致用

按需施教、学以致用，是人民法院岗位培训工作的基本原则，也是人民法院岗位培训工作得以发展的灵魂所在。

早在1990年，最高人民法院制定的第一个规范性的教育培训规划——《1991～1996年全国法院干部教育培训规划》就要求：各级法院的岗位培训应该从法院实际出发，面向审判工作及其他各项工作，强调针对性、实用性，注重实效。要贯彻学用结合、按需施教、干什么学什么、缺什么补什么的原则，使学员通过较短时间的培训，掌握为工作需要的专业知识和技能，并及时应用到实际工作中去。

按需施教，一是要从领导干部培训做起。为此，最高人民法院党组1990年曾给中央递交专题报告，提出：按照中央政法委员会关于今后选拔县以上政法领导干部，要把是否经过专门培训合格和是否廉洁奉公作为先决条件的要求，最高人民法院将逐步实行对审判干部的提拔使用，除应进行政治素质和工作能力的考核外，对准备担任中级人民法院副院长和高级人民法院副庭长以上的干部，必须经过高级法官培训中心的培训；准备担任县级人民法院副院长以上的干部，必须经过省一级法官培训中心的培训，认为合格，方可任职，从制度上保证法院干部的政治素质和业务素质，从根本上加强审判队伍的建设。最高人民法院党组的上述报告，既指明了法院领导干部任职要按需培训、先培训后上岗、培训合格再上岗，也为今后数十年人民法院法官队伍职业化、法院领导专业化的建设目标奠定了发展基石。

按需施教，二是要按照人民法院岗位设置需要开展培训，原来没有的工作岗位、原来没有的审判专业，或对既有岗位的新任人员，都需要按照新的岗位规范要求开展培训。如1997年3月，吉林省法官培训中心针对全省执行工作的情况和执行干部队伍建设的需要，首次开展执行干部培训班，对全省执行干部进行培训，在法律规定、政策规定不够明确的问题上统一了思想，有效地解决了执行难、执行乱的问题。再如，江西省法官培训中心针对基层法院与人民法庭领导干部的履职资格需要，先后举办了为期一年和半年的人民法院正、副院长资格培训班，培训学员160人；举办了新任法院院长培训班，培训学员190人；举办了人民法庭庭长培训班，完成了全省471个人民法庭庭长的轮训工作。

按需施教，三是需要按照人民法院现有岗位人员的履职需要，及时回应法官及其他法院工作人员的知识需求与培训要求，及时开展相关培训。青海省是个西部边远省份，法院系统人数较少，20世纪90年代仅有干警2500余人。但青海省高级人民法院党组把教育培训工作视为队伍建设的大事来抓，面对条件差、地域广、交通不便的困难，根据审判需要系统开展法官培训，使全省干警的大多数都参加过相关培训，其培训类别包括：第一，根据审判人员缺乏系统的法律知识教育的情况，分别开设了刑事审判、民事审判、经济审判、行政审判四大系列培训班。第二，根据上岗人员与转岗人员的需要，举办了为期十天的上岗人员培训班与转岗人员培训班。第三，针对新颁布的法律、法规，举办了各专业新法律、法规培训班。第四，根据政工干部、纪检干部、司法行政干部、司法警察、书记员等不同岗位工作需要，举办了相应人员培训班。第五，针对青海省法院干警文化基础相对薄弱的实际情况，抓好文化补习培训，重点抓好法律业大招生及“专升本”教育考前的文化补习培训。

按需施教，四是要针对立法机关颁布的新的法律及时开展新法适用培训。如浙江省法官培训中心，适时对审判人员开展新法律、法规培训。新刑事诉讼法、新刑法颁布后，培训中心分批对全省所有从事刑事审判工作的干警全部轮训一遍。在培训的基础上，为方便法官培训后的继续学习，还组织编写了《中国诉讼法学》《新刑事诉讼法学》《新编法律文书教程》等专业教材。解放军军事法院系统是一支特殊的司法审判队伍，但由于解放军军事法院高度重视干部教育培训工作，军法系统的培训工作一直走在司法队伍前列。1993～1997年，全军共有468名军事法院干部参加培训，占全军军法干部总数的96.5%。1996年，修订后的刑事诉讼法颁布后，解放军军事法院举办了各级军事法院院长、庭长参加的培训班，保证了刑事诉讼法在军队的顺利实施。1997年5月，解放军军事法院又针对新修订的《刑法》和《国防法》举行专题培训班，为贯彻实施上述两部法律奠定了基础。

按需施教，五是要建设好能够按既定教学目的按需施教的师资队伍。一方面，专职教师队伍要做到法官教法官，培训者先培训、培训者先提高。另一方面，要建立优秀的兼职教师队伍。如江苏省法官培训中心，从业务庭选拔一部分既有理论水平，又有实践经验的审判人员到中心任专职教师，而且固定一定从教期限，实行选任法官轮流任教。同时，江苏省法官培训中心利用华东地区文化教育发达的优势，选送审判骨干到有关院校进修学习，专业涉及法官培训即将开展的金融期货贸易、知识产权、涉港澳台案件审理等方向。在兼职教师队伍建设上，江苏省法官培训中心根据培训需求和教师知识结构要求，从全省大专院校及政府机关聘请了十几位学有专长的教授、专家担任中心兼职教师。

五、专升本教育再上新台阶

各高级人民法院法官培训中心与全国法院干部业余法律大学各分校合署办公，按照最高人民法院提出的“两个转变”战略部署，在实施法律业大办学重点由学历教育向岗位培训转移的同时，注重实施法律业大办学重点由专科学历教育向专升本教育的转移，积极开展本科层次学历教育。

1993 年 3 月，最高人民法院在深圳召开了第七次法律业大工作会议，提出了法院系统专升本教育的初步目标。此后，各分校普遍举办不同形式、不同规模的专升本教育。总体来讲，鉴于法院队伍建设的客观需要，法律业大的专升本教育开展普遍、蓬勃发展，但由于各地办学条件与认识高度不同，办学成果差异较大。总结当年法律业大时期各分校开展的法院系统专升本教育，主要反映出以下情况。

第一，各地发展不平衡。主要表现在起步早晚不同，办学规模不同。辽宁分校 1988 年起就开始举办专升本教育，至第七次法律业大工作会议，已开展了五年时间。四川分校起步也比较早，1989 年开始举办专升本教育。其余多数分校是自第七次法律业大工作会议后，1993 年开始陆续举办专升本教育的。个别分校迟迟未开办专升本教育。其次，各地开展专升本教育的规模区别较大。1994 年，山东分校在校本科生有 1100 名；黑龙江分校已毕业 138 名，在校生 569 名;辽宁分校已毕业 346 名,其中获学士学位的有 36 名,在校生 215 名;河南分校在校生 76 名;其余举办了专升本教育的分校,在校生一般在 100 ~ 300 名。普遍而言,各地的专升本教育缺少规模目标和中长期培养规划。一些省、自治区的专升本教育是法院发个通知了事,干警自行报名参加,呈现出缺乏组织性的放任自流状态。

第二,办学形式多样化。具体有三种:第一种是高级人民法院完全委托普通高校办学,法院不承担任何办学具体任务。第二种是高级人民法院与普通高校联合办学,法院承担一定的办学工作,其中,松散型联合,法院仅负责生源组织、考前复习、联络协调工作;紧密型联合,法院成立专升本办学机构,建立教学、辅导网络,配有专职办学人员,承担教务管理、教学组织等项工作,甚至由法律业大分校选派部分老师参加专升本授课、辅导。第三种是中级人民法院以及区、县人民法院直接与普通高校联合办学。如浙江省宁波市中级人民法院与宁波大学、广西南宁中级人民法院与广西大学、上海市卢湾区人民法院与华东政法学院联合办学,就属于上述类型。

第三,教学方式基本上有三种:全脱产在校就读、函授教学、自考方式。其中函授教学为主要方式。采用这种形式的法院,一般都在法律业大分校设立函授总站,对社会挂牌招生,在部分法律业大分部设立函授(辅导)站,在县、区法院设立专升本教学班。函授站实行定期面授辅导,或一学期集中一次,或一学期集中两次,集中教学,单独考试。受法院委托以函授形式举办专升本教育的普通高校有北京大学、中国政法大学、复旦大学、武汉大学、华东政法学院、黑龙江大学、辽宁大学、吉林大学、山东大学、湘潭大学、广西大学、西北政法学院、中南政法学院、西南政法学院。开办自考方式专升本教育的分校有湖南分校、福建分校、黑龙江分校等。采取自考方式虽然不用参加入学考试,但及格率不如函授有保证。

第四,专升本课程设置都注重了与法律业大专科课程的衔接,尽量避免重复开课。实行对法律业大已开过的并经国家教委抽考过的大专课程免修制度。所修专业包括法学专业、经济法专业。所开课程 14 ~ 18 门不等。如广西壮族自治区高级人民法院委托中南政法学院举办的专升本法学专业所开必修课为中国法律思想史、外国法制史、国际私法、国际经济法、立法学、外商投资法、金融法、财税法、知识产权法、劳动法、司法会计学。浙江省高级人民法院委托复旦大学的专升本经济法专业所开必修课为经济法、知识产权法、国际贸易法、国际投资法、国际金融、国际商务、海商法、票据与证券投资、财务与会计、房地产、民商法。

第五,有关专升本教育的办学经费。首先,各普通高校收取学费的标准相差较大,400~900元不等。广西大学每学期收取每个学员学费900元,复旦大学800元,山东大学700元,中南政法学院700元,宁波大学550元,吉林大学600元,黑龙江大学600元,西南政法学院450元。其次,各普通高校一般都返回一定比例学费,供联合办学的法律业大专升本教育开支用。黑龙江大学与吉林大学分别返还学费的40%,山东大学返还25%,西南政法学院返还24%,中南政法学院返还30%,武汉大学、宁波大学不予返还。返还的经费一般由函授总站(法律业大分校)与函授(辅导)站(法律业大分部)按一定比例分成,用于安排授课老师食宿、接送,租用教学场地与设备以及邮寄费、差旅费、印刷费、管理费、考务费、工作人员劳务费等各项办学开支。

第六,有关学员学费个人承担数额情况大致有三种:(1)学费个人完全负担,此为少数。(2)学员所在法院承担大部分,学员本人承担一小部分,此为较普遍的做法。如江西省高级人民法院明文规定,学员学费个人承担30%;广西壮族自治区高级人民法院明文规定学员承担600元学费中的200元。(3)学员学费全部由所在法院报销,这种情况也为数不少。其中,一些法院规定,学员所修课程全部及格,学费则由单位全部承担;如有不及格课程,则学员按一定比例承担部分学费。

法律业大各分校、分部在开展专升本教育中普遍存在的主要问题包括:(1)法院系统专升本教育的发展关键在于各地法院领导的思想认识是否明确。目前,在相当一部分法院领导思想中,存在“干法院工作,大专足够了”的满足思想。因此,专升本教育在法院干部教育培训中还没有摆上应有的位置。(2)普通高校在专升本培养目标上普遍仍注意理论性,培养目标是学院型人才,而不是应用型人才。(3)生源组织动员工作不足,复习迎考缺乏集中统一的组织。凡是生源组织得好、给予一定的脱产复习时间的,录取率都较高。如山东省法院系统在1993年招生报名前,由省法院下发文件,做了细致的思想发动工作，统一规定给考生 20～30 天脱产复习时间，干警踊跃报名，仅省法院就报名百余人，全省报名 1100 余人，一次性考取 967 人。(4)法院专升本生源外语基础差，考生因外语分数过低而淘汰的比例较高。如辽宁省 1993 年专升本招生，法院考生 500 余人达到总分录取线，因外语成绩未上线而淘汰 362 人，淘汰率占总分数线人数的 73%。(5)个别地方专升本教育由人事政工部门主抓，而不是由法律业大分校、分部主抓，因缺乏办学经验，以致造成师资、办学人员使用上的不协调和办学工作不力状态。(6)法律业大既有师资队伍及办学人员短缺，制约了专升本教育的发展。例如，湖北分校 1994 年具有 14 名专职教师，其中 7 名专职教师长期借调在外，剩余的 7 名法律业大教师连法律业大专科学历教育、专业证书教育都难以应付，难有余力开展专升本教育。山东青岛分部因办学人力不足，将法院系统专一函授站转给了海军人才大学承包。辽宁分校包括 2 位校长在内共有 9 位教师，不但承担大专学历教育、专业证书教育，而且开设了专升本函授教育总站，在校学生 215 人。此外，辽宁分校还与吉林大学联合开办了辽宁省法院系统应用型硕士研究生班，人员紧张到已拉不开栓的地步。当年该省法律业大分校(培训中心)培训大楼即将投入使用，繁重的短训任务将给原本师资短缺的辽宁分校雪上加霜。(7)专升本的教材内容陈旧。一些高校将库存积压的教科书和滞销过时的教师个人专著推销给学员。(8)部分高校收费偏高，让许多法院望而生畏，难以承受。如福建自考委托厦门大学承办自考命题工作，该校要法院支付自考辅导费数十万元。

针对以上问题，最高人民法院、法律业大总校反复强调，针对新时期人民法院的审判工作对法官的素质、学历提出的更高要求，大力开展专升本教育是形势的需要，势在必行。各地法律业大办学机构都应把专升本教育作为一项跨世纪的战略任务抓紧、抓好。对于这项工作认识要提高、速度要加快、规划要明确、措施要具体。法律业大分校要在所在高级人民法院的领导下，认真规划本省、自治区、直辖市的专升本目标，报请高级人民法院审批执行。各级法院领导要高度重视、支持和关心专升本教育，有重点地分期分批安排干警报名参加专升本学习。根据 20 世纪 90 年代的法院教育实际，最高人民法院认为：大力组织开展专升本教育是法律业大承担的一项新的办学任务。法律业大分校、分部要与法院政工部门积极配合，充分发挥主动性，发挥法律业大在专升本教育中的条件和优势。要建立、健全专升本的办学机构,做到专人负责,组织完善,把法院专升本教育的校务管理、教学组织、行政管理、财务工作、函授(辅导)站建设、学员思想政治工作等落到实处,扎扎实实地管起来。各级法院要充分考虑法律业大办学的实际困难和客观需要,充实法律业大教师和管理人员队伍,增加人力、财力的投入。

为了促进各地法院专升本工作的开展,最高人民法院1994年召开的全国法院第二次教育培训工作会议明确了全国法院系统专升本教育的“三六九”规划目标。目标既有一定的高度,对各地起到激励与鞭策作用,同时又结合了法院实际,提出了一个经过努力大多数地区可以达到的目标。目标注重分层次制定,对不同级别的法院、不同岗位的人员分别提出了要求。“三六九”规划的基点,是第七次法律业大工作会议提出的专升本教育的初步目标,即本科毕业生力争占大专以上干警的50%,多数地区认为这一目标比较接近实际。例如1994年,上海法院系统算上在校的本科生,本科生比例已达到21%;福建已达到27%;山东已达到35%;经过之后几年的努力可望实现50%的目标。个别西部、边远地区专升本教育面临一定压力,如四川省高级人民法院在全国法院第二次教育培训工作会议之前提出了本省的“一、三、五”专升本规划目标,即本科生占基层法院全体干警的10%;占中级法院全体干警的30%;占高级法院全体干警的50%,也具有一定的地方特色。此外,为与专升本教育衔接,法律业大总校决定自1994年起在大专学历教育中开设外语选修课,既适应了改革开放的审判工作需要,也为专升本教育奠定了外语基础。

第七节　以《中华人民共和国法官法》为核心的培训体系

一、法官培训及其基本原则

狭义的法官培训,又称法官岗位培训,是指已取得法官任职资格的人员,在岗期间以及晋级、转岗之前所接受的,以补充更新知识,提高工作能力,适应任职要求和工作发展需要为目的的终身教育。

1995年2月28日,第八届全国人民代表大会常务委员会第十二次全体会议审议通过了《中华人民共和国法官法》(以下简称《法官法》),并决定于1995年7月1日起施行。在中国几千年封建专制制度下,司法权与行政权合二为一。中国共产党从瑞金建立第一个红色革命政权起,就成立了最高人民法院,把司法权与行政权相分离,实现了历史性突破。《法官法》把法官从行政干部管理中分离出来,开辟了依法管理法官的新纪元,使人民法院队伍建设从此步入了科学化、规范化轨道,使我国法官制度与世界法官制度得以接轨。《法官法》系统规定了法官的任职条件与职责,法官的权利与义务,法官的任免与任职回避,法官的等级与考核,法官的培训与奖惩,法官的工资保险与福利,法官的辞职退职退休,法官的申诉控告,以及法官考评委员会等项内容。《法官法》的颁布与施行是我国民主与法制建设的重要里程碑,是人民法院建设史上一次具有重大而深远意义的历史性变革。

《法官法》颁布前,人民法院的教育培训工作,重点是大力开展学历教育和专业证书教育,从而为《法官法》的实施创造学历结构条件,打好基础。《法官法》颁布前10年,各级人民法院已依托全国法院干部业余法律大学培养了符合国家规格要求的大专层次的法律专门人才11万余人。全国法院干警中大专以上文化水平的人员已从1985年法律业大创办前的不足7%上升至1995年的70%左右。与此同时,人民法院的岗位培训工作也取得了较大发展。1991年至1993年3年间,最高人民法院共举办各类培训班14类30期,培训1550多人。各地高、中级人民法院共举办短训班培训法官及其他工作人员19万余人次。河北、浙江、江苏、辽宁、山东、江西等省已将处在审判工作第一线、承担了全国80%的民事案件和部分经济纠纷案件、刑事自诉案件审判任务的人民法庭干警普遍轮训一遍。但依照《法官法》提出的要求,20世纪90年代的法官培训工作需要完成几个转变。

第一,培训重点应从岗前培训转变为法官的在岗培训。《法官法》颁布前,各级法院的培训工作侧重点是任职培训,即培训对象系外系统调入法院、未受过系统法律专业教育培训,拟任地方各级人民法院院长(副院长)、审判员、助理审判员的人员。培训内容以学习人民法院岗位职务所要求掌握的基础专业知识和业务基本技能为主。依照《法官法》第九章的规定,法官培训是指在职法官的理论培训和业务培训。其基本任务已不在于“扫盲”,而着眼于“提高”。

第二,法官培训应从随意性较大的自愿性教育转变为义务性的强制教育。《法官法》吸收、借鉴了外国法官教育的成功经验。西方发达国家的法官培训及现代法制发展趋势,决定了法官接受培训应成为一种义务。经济的发展,科学技术的进步,新类型案件的出现和案件总数的增加,使人们认识到经常性的、制度化的法官培训实属必要。不但缺乏经验的新法官需要培训,资深法官对新的法律、法规、科技成果和专门领域也需要熟悉并开展有针对性的培训。我国《法官法》虽然未像其他有些国家的法官法一样规定法官一年间需要接受多少时间的培训,但《法官法》已明确规定法官的八项权利之一是“参加培训”。对法官应当有计划地进行培训,培训期间的成绩和鉴定是法官的“任职和晋升的依据之一”。

第三,法官培训从规划性薄弱到强化规划性转变。从全国来看,《法官法》颁布时,各地的岗位培训工作数量不少,效果不大,总体来说没有规划、层次偏低、缺乏管理,往往是一锤子买卖,干到哪儿说到哪儿。各地普遍按照《法官法》规定,根据最高人民法院1995年制定的《1996~2000年全国法院干部教育培训规划要点》,制定了当地法官培训的年度计划和中长期培训规划,详细规定了培训类别、培训时间、培训对象、培训规模。总体来看,《法官法》颁布后,全国法官培训工作开始向规范化、制度化、经常化发展。

第四,在法官培训内容上,要从狭隘的岗位基础知识培训转向理论型、业务型和扩展知识型法官培训。法官不能仅知晓经济法律,或民事法律,或刑事法律,法官是依法行使国家审判权的专门人员,应明了并懂得如何运用各不同领域的国家法律。法官培训应体现各种不同法律的内容。此外,法官培训还应增加统计学、社会学、伦理学、哲学、司法制度、法学流派、计算机应用等学科的培训内容。

《法官法》第24条第2款规定了法官培训的基本原则是:“理论联系实际、按需施教、讲求实效”。三者之间有机联系,密不可分。其中,“理论联系实际”是根本,“讲求实效”是教学目的,“按需施教”是教学要求。

“理论联系实际”要求法官培训的内容源于审判实践,服务于审判实践,既不能搞脱离实际的本本主义,也不能奉行不要理论指导的经验主义,所讲授的内容应从理论与实践结合的角度阐释法律。此外，“理论联系实际”还要求“法官教法官”，即法官培训的教员应具有丰富的审判实践经验和社会经验，能够切合各种审判工作的脉搏对症下药。培训师资可以吸收法学教授、社会问题专家，更主要的应在资深法官中选任。

“按需施教”要求法官培训要针对培训对象的现实需要，干什么学什么，缺什么补什么。

“讲求实效”要求培训内容要精、少、管用。这与拓宽法官的知识面，学习必要的新知识，通晓与办案有关的专业问题并不矛盾。学习新知识、更新旧知识也要讲求实效。

二、法官培训的类别与重点

有关法官培训的类别，《法官法》并未像《国家公务员暂行条例》规定国家公务员培训类别那样细致分类。依照最高人民法院制定的《1996～2000 年全国法院干部教育培训规划要点》规定，人民法院法官培训分岗前培训、在职培训和新法律专项培训三类。

按照《人民法院干部岗位培训实施意见》规定，法官培训中的岗前培训时间，根据不同对象的不同要求，一般培训期为 2～4 个月。培训对象主要为新增编录用、调入拟任法官的人员以及高等院校毕业从事一定期限的法院工作后拟任法官的人员。培训内容主要是法官岗位知识。

在职培训是指依照《法官法》关于法官晋升必须经过培训的要求而进行的培训，也包括审判人员转换不同类别审判岗位的转岗前的培训。培训内容主要以补充拟晋升或转换新岗位必备的业务知识、相关专业知识和提高工作能力为主。培训时间一般为两周至一个月。

新法律的专项培训，即补充、更新知识的培训，是为了使各级法官适应立法工作的发展与审判工作的发展，学习审判工作需要的新知识，学习新颁布的法律、法规和研讨新类型案件等所进行的培训。这类培训可按审判工作类别与法官级别分别进行。按照《人民法院干部岗位培训实施意见》规定，这类培训期限每次一周至二周，一般不超过一个月。

在专题研究、部署《法官法》规定的法官培训工作的全国法院干部业余法律大学第八次工作会议上，时任最高人民法院副院长祝铭山同志指出："《法官法》颁布后，上述三类培训均要普遍开展。重点是新法律的专项培训。"在1995年全国高级人民法院院长会议上，时任最高人民法院院长任建新同志指出："要分层次地对干部进行培训，重点学习有关社会主义市场经济理论和新的法律、法规，及时补充、更新知识。"20世纪90年代，国家立法步伐加快，与社会主义市场经济体制相适应的法律体系正逐步形成。要使审判工作跟上形势需要，就必须加强有关新法律的培训工作。特别要根据工作需要和形势发展举办票据法、期货交易法、证券法、国家赔偿法、知识产权法等新法律、新业务的法官培训班。

此外，另一种有关法官的培训工作也需要引起重视，即《法官法》颁布后所谓"老法官取得新资格"的专项培训。按照《法官法》第9条规定精神，在《法官法》施行前的审判人员，不具备高等学校法律专业毕业以上或高等院校非法律专业毕业以上具有法律专业知识，工作满两年的条件的，应当接受培训，在规定的期限内达到本法规定的条件。据统计，截至《法官法》颁布时的1995年，全国法院系统上述人员有6万余人，除已在各类高等院校就读法律大专或《法律（审判）专业证书》的人员外，仍余留3万余人需参加"老法官取得新资格"的培训。此类培训将是一种补课性质的培训，也是《法官法》颁布施行前一次性解决遗留问题的培训。

对于上述问题，笔者当年曾主张本着实事求是的态度分别对待：第一，对于已经过中国高级法官培训中心以及最高人民法院政治部举办的岗前培训、岗位资格培训，修业期满考核及格的；或者已经过省级法官培训中心举办的岗前培训、岗位资格培训，修业期满考核及格的，可予以认可已经过培训，视为达到《法官法》第9条规定的条件。第二，对于已担任助理审判员、审判员职务三年以上的审判人员；已担任审判庭长（副庭长）、院长（副院长）两年以上的审判人员，视为已达到《法官法》第9条规定的条件。第三，对于上述两类审判人员以外的其他审判人员如未达到《法官法》第9条规定的条件，应视从事审判工作的不同情况及拟任法官的级别要求，必须经过中国高级法官培训中心、省级法官培训中心一个月至二个月的系统培训，考核及格后，方可授予法官资格。

三、法官培训方式及培训内容

法官培训最常见和最普遍的形式是举办各种类型的培训班，实施面授教学。培训班短可为几天，长可至数月乃至一年。短班的培训内容可以是单一和专一的，如某一审判实际课题，也可以是较为广泛与系统的培训。培训班的培训方式应注意避免授课教师满堂灌，而应确定少而精的主讲教师授课，主要靠法官自己交流、研讨的教学方法，特别是提高型的法官培训班更应如此。

第二种形式是刊物函授。这种培训无须脱产集中，法官可以充分利用业余时间，合理解决工学矛盾。其培训的效果与考核亦可通过函授考查手段解决，也可集中测试考核。这种法官培训方式因为系自学为主，不影响工作，往往受到在职法官的欢迎。在西方，法官函授培训在法官培训中占有很大比例。如美国各法官培训机构几乎都创办了刊物，用来对法官进行函授培训。有的培训机构创办的刊物多达几十种。如密歇根大学法学院的继续法学教育中心，先后出版54种函授刊物，具体辅导诸如法庭审理、证据认定、陪审团活动指导、合同案件审理、婚姻案件审理、不动产案件审理、损害赔偿案件审理等法官科目的培训。

第三种形式是电化教学及远程教学方式，即利用录音、录像带进行教学，或通过电视、网络、广播电台系统实施教学计划；或定点在基层法院进行电化教学。将这种直观教学方式与学员讨论相结合，效果不差于面授教学。

20世纪90年代，上述三种法官培训形式中，我国法官培训采用较多的为第一种，第二种形式在我国仅限于法制宣传和普教的范围。第三种形式在法院法律业大的学历教育和专业证书教育中被采用，但在法官培训中未得到推广。西方成功的法官培训经验证明，像我国这样一个地广人多的大国，法官队伍庞大，国家经费有限，法官培训机构有限，多渠道、多种方式地进行法官培训，不仅是可行的，也是必须的。13年后，2008年，国家法官学院创办了“中国法官培训网”，在法官培训中引入网络教育手段，证明了不同法官培训形式的客观需要及网络教育不可阻挡的历史潮流。

各类法官培训的目的，不外乎提高法官的专业水平、办案能力。因此各类法官培训在培训内容上具有共通性。一般而言，各类法官培训应包括以下五部分内容:第一,政治理论课。结合法院工作实际,学习有关建设有中国特色的社会主义理论、有关社会主义市场经济理论知识。第二,职业道德课。包括个人品德教育、纪律教育、审判态度与审判工作作风教育、职业道德教育。第三,法学基础知识课。包括法学基础理论、宪法、司法制度、人民法院组织法等。第四,法学专业课。包括经济法、民法、婚姻法、刑法、行政法、民事诉讼法、行政诉讼法、刑事诉讼法等。第五,审判实务课。主要训练、提高业务能力与实际操作水平,如主持法庭审理、写作法院诉讼文书、证据甄别认定课等。

上述培训内容根据不同的培训对象、不同类别的培训,可以就某一部分予以拓展与突出,同时削减其他部分的培训内容。就专业知识培训与专题培训而言,更适宜删繁就简,从一而行,不必拘泥于固定模式。

四、法官培训机构及其分工

依照《法官法》第25条规定,“国家法官院校和其他法官培训机构按照有关规定承担培训法官的任务”。

《法官法》颁布前,我国法官培训机构纵线上有两个系统,即全国法院干部业余法律大学及其各省、自治区、直辖市分校,各地、市、州分部,以及中国高级法官培训中心,各省、自治区、直辖市法官培训中心,各地市、州法官培训中心;从横线上有三个层次:全国层面上有法律业大总校、中国高级法官培训中心,各省、自治区、直辖市层面上有法律业大分校、省级法官培训中心,各地、市、州层面上有法律业大分部、地级法官培训中心。《法官法》颁布时,根据规范化的法官培训工作需要,要重点建立国家级与省一级法官学院,以实施正规化、规范化的法官培训。

根据当时的法官培训体制,笔者曾建议各级法官培训机构按照“分级培训”的原则,分工实施如下各类岗位培训:中国高级法官培训中心、法律业大总校负责高级人民法院副院长、正庭长、副庭长,中级人民法院正院长、副院长,最高人民法院高级法官等的培训任务;省级法官培训中心和法律业大分校负责基层人民法院院长、中级人民法院正庭长、副庭长,处级审判人员的培训任务;地级法官培训中心、法律业大分部负责基层人民法院副院长,正庭长、副庭长和其他法官,中级人民法院科级以下的法官的培训任务。

为了更大范围地开展法官培训，更快地提高法官素质、水平，应该建立多途径、多渠道筹措法官培训经费的经费保障机制。不但国家要逐年增加经费投入，各地政府财政也要加大财政投入。除此之外，受训法官个人也应承担部分的培训费用。还可以建立法官培训教育基金会筹集基金，接受企业赞助等。目的就是按照《法官法》的规定要求，建立具有中国特色的法官培训体系。

据统计，截至1995年，全国30个高级人民法院，仅有2/3的高级人民法院建立了省级法官培训中心，全国349个中级人民法院建立法官培训中心的不及半数。然而法律业大全国却有30个分校，349个分部，专职教师1356人，兼职教师1623人；专职管理人员1057人。鉴于上述情况，《法官法》公布后，笔者曾建议全国各级法院充分利用法律业大的优势开展法官培训工作。

《法官法》公布后，1995年3月14日，时任最高人民法院副院长祝铭山代表最高人民法院党组要求："已经完成或基本完成大专学历教育和专业证书教育的法律业大分校、分部，应进一步实施法律业大主要办学任务向岗位培训转移。其余仍有一定规模学历教育和专业证书教育的分校、分部，应在今后几年内逐步完成办学工作重点的转移。""法律业大要逐步由主要适应学历教育的办学机制，向主要适应岗位培训工作的办学机制转换。"据此，笔者曾在有关报告中建议：已经完成或基本完成学历教育的法律业大分校、分部，应建立完善的岗位培训机构和工作制度。尚有一定规模学历教育的分校、分部，应在法律业大内部设立培训工作主管机构，由一名专职副校长、副主任直接分管，并配备若干名培训办学人员，分别负责岗位培训的组织、教学、考核等项工作。为了更好地完成法官培训任务，各级法院要充分地利用各级法律业大的办学条件、办学基地、办学教舍、电化教学设备、师资队伍开展法官培训工作。法律业大专职教师既有一定的理论基础，又具有一定的审判实践经验，他们应成为法官培训工作的重要师资力量。在完成学历教育任务的同时，应鼓励和调动他们从事法官培训教学。各分校的兼职教师既有教学经验，又具有丰富的审判理论经验，也是法官培训师资的合适人选。

五、法官培训的考核与作用

《法官法》第26条规定："法官在培训期间的学习成绩和鉴定，作为其任职、晋升的依据之一。"从而以法律的形式肯定了法官参加培训的重要作用。

法官培训中的考核是保证培训质量、促使法官培训工作规范化的重要环节。要建立、健全法官岗位培训的测试、考核制度和结业登记制度。学员学习期满,经测试、考核合格,准予结业。培训机构应将学员学习成绩和鉴定填入《培训结业登记表》。《培训结业登记表》一式二份,一份由培训机构保存,一份交学员所在单位存入学员人事档案。

凡接受培训合格结业的法官,应由培训机构发给培训结业合格证书。为严肃证书的制作、颁发与效力,法官培训结业合格证书由最高人民法院统一印制。证书应载明学习、培训的主要内容,学习时间和测试、考核成绩。结业合格证书可作为法官经过某种专门训练、具有某种专业知识和技能的一种证明。

有关培训制约法官任职和晋升的因素至少体现在两个方面:一是培训成绩不合格的,不能任职或晋升;二是培训期间鉴定不合格的,不能任职或晋升。就第一方面而言,对拟任法官的人员应该进行岗位培训,对于转岗或晋升职级的法官亦应先行培训,坚持先培训后上岗制度。应严格按照程序,实行规范化的持证(培训合格证)上岗。对于培训成绩不合格的,不得转岗、任职或晋升。就第二方面而言,要完善法官培训期间的表现考核与思想鉴定工作,建立必要的考核机制和适当的考核机构,实行参加培训的法官民主评议与培训机构、考核机构评定相结合,鉴定不合格的也不得任职和晋升。对于培训不合格的人员,可令其再次参加培训。前后两次培训应间隔一定时间,以利于安排工作、兼顾其他法官参加培训和确保法官培训的严肃性和规范性。

第六章

司法培训的规范期，体系健全（1997～2011）

在1997～2011年这个历史阶段，全国法院完成了从“法律业大”“培训中心”向法官学院体系的全面过渡，国家法官学院成立，各地法院法官教育培训体制健全，《法官培训条例》制定并实施，依照《法官法》《国家法官学院分院建设标准》开展的依法培训、规模化培训马力全开。这一时期教育培训工作的突出特点是人民法院教育培训事业全面振兴，各类岗位培训规范有序，培养了一大批高素质法官，为依法治国的事业发展奠定了坚实的队伍建设基础。

第一节　法官学院开创规范化培训新纪元

一、国家法官学院：当代法官培训的里程碑

关于成立法官学院的设想，最早可以追溯到20世纪80年代。1984年11月，在最高人民法院《关于创办全国法院干部业余法律大学的报告（初稿）》的结尾部分写道：“从实际需要出发，我们的业余大学必须长期办下去，并且准备在积累一定的办学经验和条件成熟后，在它的基础上，发展成为一所正规化的法官大学，为法院系统源源不断地培训高级专业人才。”

1989年3月29日，最高人民法院院长任建新在第七届全国人民代表大会第二次会议上所作的《最高人民法院工作报告》提出：“我们准备在现有的全国

法院干部业余法律大学和中国高级法官培训中心的基础上，逐步办成类似国家行政学院的中国法官学院，以建立正规化的法官教育培训体制。”1990 年 10 月 6 日，中国高级法官培训中心委员会第三次会议听取了培训中心办公室主任单长宗同志关于委托普通高校开展高级法官培训工作所面临的基地短缺、培训规模受限、教学条件困难问题的汇报，与会的最高人民法院院长任建新、北京大学校务委员会主任王学珍、中国人民大学副校长罗国杰、最高人民法院副院长马原等领导同志，以及国家教委的王泽农、郝克明、郑守成等同志，均认为有必要建设独立的国家级的高级法官培训基地。会议纪要决定：“为逐步建立正规化法官教育体制，根本改善办学条件，保证完成各类培训任务，应组织专人进行筹建办学基地的工作。同时应进一步健全培训中心机构，充实人员，添置图书资料和教学器材，为做好当前的教学工作和创建独立的办学基地准备条件。”

1991 年 5 月 15 日，任建新院长署名向李鹏总理、乔石同志递交最高人民法院“关于创办国家法官学院的请示报告”。乔石同志 5 月 22 日圈阅。李鹏同志 5 月 24 日批示：请李铁映同志主持研究、提出意见。李铁映同志 5 月 30 日批示：请开轩同志研究。同年 10 月 17 日，祝铭山同志签发最高人民法院给国家教委的关于创办国家法官学院的申请。12 月 10 日，朱开轩同志签发国家教委计划建设司给何东昌、李铁映的报告，表示同意筹建法官学院的意向。

1992 年 2 月 28 日，国家教委函复最高人民法院，原则同意“建立一所以培训、培养高级法官为主要任务的成人高等学校的设想”。同意向国家教委申请立项。同年 3 月，最高人民法院成立以祝铭山同志为组长的“国家法官学院筹备组”，筹备组下设筹建办公室，负责具体筹备工作。之后，筹建办公室草拟了《国家法官学院建设规模投资估算方案》和《国家法官学院建院框架方案》。4 月 22 日，上述方案上报国家计委申请立项。上报立项申请后，由于国家资金短缺原因，国家计委没有立即批准立项。是年 12 月，国家计委副主任姚振炎口头答复：最高人民法院可以在 2000 万元左右的限额内寻找合适的附有建筑物的办学地点，置办基地后先使用，再逐步发展。1993 ~ 1994 年，国家计委多次答复：等财政宽裕后一定立项拨款。其间，筹建办公室先后预选勘查建筑物 20 余处，由于国家购置培训基地款项限额太小，无法续谈购置工作。

随着《法官法》颁布实施后对法官的执法水平和业务能力提出的更高要

求，为实现多层次、正规化、长期不懈地培养高级法官及其后备人才，以适应审判工作发展的需要，最高人民法院党组下决心成立以开展规范化法官培训为主要目标的国家法官学院。1995 年 7 月，最高人民法院党组加快筹建国家法官学院培训基地步伐，重新组建筹备小组，张华、梁宝俭任正、副组长，成员有张力理、黑良杰、王世民。筹备小组下设基建办公室，王世民任主任。12 月，最高人民法院以法〔1995〕59 号文件向国务院申请国家法官学院立项投资。同年 12 月 18 日，时任国务院总理李鹏同志亲自批准国家法官学院立项，并拨给总理基金 6000 万元。12 月 28 日，国家计委以计投资〔1995〕2373 号批复，同意建设国家法官学院，并拨款 2000 万元作为维修改造资金。此为新中国成立以来国家建设项目从批准到投资的最快项目之一，体现了党和国家对法官教育培训的高度重视。

1996 年 2 月，为加强国家法官学院建设工作，由祝铭山、谢安山、罗豪才组成三人小组，直接领导学院建设工作。3 月 1 日，筹建中的国家法官学院在通州区现址上购地，梁宝俭代表最高人民法院与通县政府签订购置通县教育中心与通县农技推广中心房地产的协议；5 月，基建办公室主任王世民率领有关人员进驻工地，安排部署基建工作。同月有关基建工程开始施工，至同年 9 月装修改造工程基本完成。其间，三人小组多次到工地视察指导；7 月，最高人民法院党组向中央机构编制委员会办公室提交了《最高人民法院关于成立国家法官学院的请示》；9 月 6 日，培训基地开始举办培训班，边建设边使用。1996 年 10 月，江泽民总书记为国家法官学院题写院名；11 月，祝铭山副院长签发《关于申请批准成立国家法官学院的报告》（法函〔1996〕173 号），向国家教委申请提出在法律业大和培训中心的基础上合并成立国家法官学院，法官学院成立后，法律业大还需保留一段时间，继续以其名义履行大专学历教育的任务。1996 年 12 月 11 日，中央机构编制委员会办公室就学院的编制问题下发 170 号批复，“同意成立国家法官学院，新增全额拨款事业编制 178 名，法官学院正式成立后，现中国高级法官培训中心予以撤销，原有 52 名编制并入法官学院，法官学院总编制达到 230 名。全国法院干部业余法律大学机构编制保留不变”。

1997 年 4 月 17 日，笔者作为最高人民法院确定的国家法官学院建设项目国家教委联络人，落实并陪同国家教委牵头组成的高等学校设置评估检查组，前往通县国家法官学院办学基地进行现场评估验收。经评估检查组检查评议后,认为国家法官学院具备新设置成人高等院校规定的基本办学条件,同意成立国家法官学院。1997 年 9 月 18 日,国家教委下达了《关于同意成立国家法官学院的通知》(教计〔1997〕93 号),通知指出“学院成立后,中国高级法官培训中心和全国法院干部业余法律大学的建制即予撤销,考虑到法律业大在各地设有许多教学管理机构及辅导组织,且法律系统大专层次的培养、培训任务还很繁重,同意法律业大校名保留到 2001 年年底,1998 年后停止招生”。9 月,基建办提出了国家法官学院通县校区二期总体规划设计方案并制作模型。同月,天然气管道工程竣工,燃气设备安装、试车一次成功。

1997 年 11 月 10 日,国家法官学院举行落成典礼,正式成立。

国家法官学院成立 15 年的历史证明,科学准确的工作职能定位,是事业发展所要解决的首要问题。15 年的探索、发展,提炼、形成了国家法官学院的基本定位与职能,即“六个基地”:各级法院领导干部培训基地、高级法官培训基地、预备法官培养基地、应用法学与司法政策研究基地、国际法官交流基地、最高人民法院干部教育培训基地。关于学院可持续发展战略,科学的办院策略是学院可持续健康发展的保证。要确定国家法官学院科学的发展理念:“人才”是学院发展的根基;“改革”是学院发展的动力;“科研”是培训质量的理论基础;“文化”是学院的精神核心。四者互为补充,相互促进。

1997 年 11 月 10 日,最高人民法院在刚刚落成的、位于北京通县的法官培训基地隆重举行典礼,庆祝新中国第一所培养高级法官的成人高等学府——国家法官学院的正式成立。全国人大常委会委员长乔石,中央政治局常委、国务院副总理李岚清,中央书记处书记、最高人民法院院长任建新,中央政治局委员、国务院秘书长罗干,全国人大常委会副委员长王汉斌、雷洁琼,国务委员、国家行政学院院长李贵鲜,原最高人民法院院长郑天翔等党和国家领导同志出席典礼。李岚清同志代表党中央、国务院在典礼上发表重要讲话,对国家法官学院的成立表示祝贺,并指出:法官教育培训是国家民主法制建设的基础性工作之一,是保证和提高法官素质的有效途径,是促进办案质量和效率提高的重要保障。按照《法官法》的规定,定期接受教育培训是每一个法官优质高效地完成审判工作任务所必经的过程。国家法官学院的建立,为培养高层次的法官培训提供了有利条件。努力把司法队伍建设成为忠诚可靠、训练有素、精通业务、纪律严明、作风过硬、秉公执法的队伍，是国家法官学院的历史使命，也是实现法治国家的必备条件。

此前，国家法官学院首批招收的刑法专业培训班、经济法专业培训班、知识产权法专业培训班学员，以及面向全国法院以及社会招生的1997级经济法专业大专脱产班69位学生已先期入学，并于1997年9月10日举行开学典礼。首届开学典礼由国家法官学院负责人梁宝俭主持，最高人民法院副院长罗豪才、刘家琛分别讲话，国家法官学院副教授胡文铠代表教师讲话，法官培训学员及学历教育学生代表分别作了发言。

国家法官学院是在全国法院干部业余法律大学与中国高级法官培训中心基础上建立的隶属于最高人民法院的教育事业单位。按照国家教委的批复，国家法官学院实施大学后继续教育，其主要任务是根据法律规定和干部教育培训规划要求，对全国法院系统的高级法官及其后备人才进行岗位培训和资格培训；开展新法律、专门法律知识培训；同时适当举办大学专科学历教育。学院设立办公室、人事处、外事处、学员管理处、教务处、编辑发行部、学历部、图书馆、电教中心、财务处、总务处等内设机构；同时设立刑法教研室、民法教研室、经济法教研室、行政法教研室、基础理论教研室等五个专业教研室。国家法官学院新校址占地面积约80亩，建筑面积15,000平方米，可同期容纳学员400人。

成立国家法官学院不仅是规范化法官培训的象征，也是法官培训基地的规范化建设。1997年前，最高人民法院开展法官培训工作是“借鸡下蛋”，因为没有自己的基地，主要依托北京大学、中国人民大学、中央党校为办学基地。没有办学基地，无法全面完成高级法官培训任务，无法建立正规化的法官教育培训体制。委托办学由于经费、场所等客观条件限制，已不适应高级法官培训工作发展的需要，难以承担更多人数、更多规格、更多层次的法官培训任务。没有固定基地制约了法官培训的教师队伍建设、培训教材编写、教学方式改革、图书资料与教学设备置办，影响了各级法官培训机构的相互联系与资源共享，限制了国际法官培训交流工作的开展与发展。高级法官培训班学员、北京大学与中国人民大学的同志、财政部都曾提出意见，迫切要求最高人民法院建设法官培训办学基地，继而建设国家法官学院。

国家法官学院的历史作用之一，在于学院是规范、规划、管理全国法官培训工作的重要、核心机构之一。无论是学院的前身法律业大、高级法官培训中心，还是在此基础上于1997年成立的学院，都是参与制定全国法院干部教育培训工作不同历史时期、不同阶段教育培训规划的主要部门之一。

2000年，时任国家法官学院院长曹建明指示：要适应历史发展趋势，总结法院干部教育培训经验，把法官教育培训工作纳入法制化轨道。在曹建明院长的亲自研究部署下，国家法官学院与最高人民法院政治部密切配合，起草了全国法院教育培训工作的纲领性文件《法官培训条例》，同时配套起草了全国法院干部教育五年规划与学院发展五年规划。2002年10月25日下午，时任中央政治局常委、书记处书记尉健行视察国家法官学院。2002年11月1日，国家法官学院举行挂牌五周年庆典。在中央领导的殷切关怀下，在最高人民法院党组的坚强领导下，国家法官学院认真领会、贯彻中共中央在《干部教育培训条例》和《2006年～2010年全国干部教育培训规划》中提出的“大规模培训干部、大规模提高干部素质”的战略部署，在《法官培训条例》以及后续历史时期的教育培训规划文件中，强调法官教育培训是法官职业化建设的重要环节，是人民法院队伍建设的基础工程；提出改革现职法官培训制度，大力加强对法官的职业培训，建立健全与法官选任相配套的法官职业专门培训体系，完善法官继续教育制度，逐步实现以知识型培训为主向能力型培训为主的转变，从普及性培训为主向专业化培训为主的转变，从临时性培训为主向规范化培训为主的转变的法官教育培训指导思想。

国家法官学院在工作规划中，还根据中共中央《关于进一步加强人民法院、人民检察院工作的决定》（中发〔2006〕11号）、《中共中央转发〈中央政法委员会干预深化司法体制和工作机制改革若干问题的意见〉的通知》（中发〔2008〕19号）、《中共中央办公厅、国务院办公厅印发〈关于加强政法经费保障工作的意见〉的通知》（厅字〔2009〕32号），以及最高人民法院《关于加强法官队伍职业化建设的若干意见》和《关于进一步加强和改进人民法院教育培训工作的意见》等文件要求，明确提出了新时期人民法院教育培训工作的新要求，着眼全国法官教育培训整体建设大局，组成专门班子，着手调研、起草、制定《国家法官学院分院建设标准》，深入研究进一步加强法院培训机构建设，特别是加强国家法官学院及其分院基本建设，在现有基础上加大经费投入、改善教学条件，充分发挥国家法官学院及其分院在人民法院教育培训工作中的主阵地作用的实际路径，并积极探索开放式的办学模式，不断调动受训学员及地方法官培训机构的办学积极性，努力提高教育培训质量与效益，建设人民法院大教育、大培训格局。

国家法官学院的历史作用之二，在于学院是中国法院领导干部的培训基地，高级法官的摇篮，预备法官的培养基地。2009 年 8 月至 2010 年 8 月，为加强法院领导干部政治思想建设，国家法官学院配合最高人民法院政治部，在北京共举办了 12 期全国中级、基层人民法院院长"人民法官为人民"主题培训班，培训中级、基层人民法院院长 3622 人，全面落实了最高人民法院党组关于深入开展社会主义法治理念教育活动的工作部署，切实加强了全国法院系统领导干部、特别是中级与基层人民法院院长的"人民法官为人民"主题实践教育。这次培训班对来自全国的占中级、基层人民法院院长总数 95% 的领导干部进行了集中、脱产形式的"直通车式"培训，迅速、全面、准确地传达了最高人民法院党组的司法理念、工作思路和工作要求，使中级、基层人民法院院长们进一步认清了形势、提高了认识、增强了本领、明确了职责、严格了要求。院长主题培训班得到了最高人民法院党组和中央政法委的充分肯定。

国家法官学院不断强化中心任务，与时俱进，规划发展。《国家法官学院 2011～2015 年发展规划》贯彻"一个目标、两个转变、三个倡导"的人民法院教育培训工作方针，按照树立正确的法官司法理念、提升法官司法能力的目标要求，实施分类培训战略，重点规划了法院领导干部培训、高级法官培训和预备法官培训三大中心任务。规划要求：（1）在三年内完成对地方各级人民法院副院长的集中轮训工作。学院负责培训高级和中级人民法院副院长，并指导国家法官学院分院完成对基层人民法院副院长的培训工作。（2）抓好人民法院领导干部任职培训。围绕形势政策、法治理念、司法能力、领导科学、廉政建设、审判管理等内容开展好领导干部任职培训。（3）抓好高级法官培训。积极探索高级法官培训的规律，认真调研高级法官培训的需求，以提高政策水平与审判业务能力为重点，结合高级法官晋级、续职培训的特点，有针对性地开展高级法官晋级、续职培训。（4）加强对预备法官的培训。以掌握审判业务技能与养成法官职业道德为重点，狠抓预备法官培训质量与培训效率，逐步实现学院每年培训预备法官的规模不低于900人。要根据预备法官队伍的实际情况，有针对性地制定专项培训计划。对受委托承担预备法官培训任务的分院，要逐步做到预备法官培训统一计划、统一教材、统一考试。(5)在上述培训基础上，加强针对新政策、新法律、新司法解释、新审判业务技能的专项培训工作，抓好优秀中青年干部培训工作，做好司法辅助人员和司法政务人员的培训工作，加强对西部和少数民族法官的培训。

国家法官学院的历史作用之三，在于学院是全国法院的最高学府，在全国法院教育培训布局中居于核心地位，是人民法院教育培训工作的主要阵地。1997～2007年，办学前十年，国家法官学院就举办了各类培训班265期，培训高级法官32,429人，为社会主义民主与法制建设培养了一大批人才，为人民法院司法审判工作提供了有力的人才保障。可以说，国家法官学院的发展史，是人民法院教育培训工作发展历史的主线条。

国家法官学院自创立起就注重培训班的规范培养、规范办学，在培养目标、学制要求、课程设置、招生对象、招生计划、推荐程序等方面严格标准，讲求质量。如学制半年、于1998年3月15日～7月2日举办的经济法专业培训班、民法专业培训班各招收学员60人，小班授课，招收对象限定在中级人民法院以上较高级别人员范围：包括最高人民法院助理审判员、高级人民法院审判员、中级人民法院副处(县)级审判员、研究人员或相当职级的其他人员；学制一个月、于1998年3月25日～4月30日举办的《城市房地产管理法》培训班招收学员70人，小班授课，招收对象限定在各高级、中级人民法院从事房地产案件审判或研究的庭、室负责人。上述培训班的培训目标都定位在“提高学员组织与从事审判重大、疑难案件的能力”。再如，学制半年、于1998年3月15日～7月2日举办的刑事法律专业教师培训班招收学员62人，小班授课，招收对象限定在法律业大分校、分部具有讲师以上职称的专职教师。培训目标定位在“通过培训提高教师对刑法理论、新刑法和刑法修改的理解及组织与从事刑事法律教学的实际能力；进行集体备课，为完成《中国刑法》课的教学任务打下良好基础”。上述培训班均要求各高级人民法院政治部负责相关人员的报名申请、组织推荐工作，经国家法官学院学员处审批、录取后，学员方能入学。而且规定参训学员必须身体健康，能坚持住校学习，“学习期间不准事假”。

国家法官学院的历史作用之四，在于学院培训计划与培训工作对地方各级法官培训工作具有积极的示范、导向作用，往往被作为全国法官教育培训的样板与风向标。国家法官学院的年度计划，既注重贯彻“大规模培训干部、大幅度提高干部素质”的“两大”方针，又注重少而精的重点培训、培训质量与培训实效为先的社会效果；既注重调训性质的指令性计划培训，又注重干部自选性质的指导性计划培训。如2010年，国家法官学院为增强法院队伍整体素质，提高法院干警司法能力，制定了贯彻落实2011～2015年全国法院教育培训规划、实践“为大局服务、为人民司法”工作主题及“一个目标、两个转变、三个倡导”教育培训工作方针的《国家法官学院2011年度法官培训计划》，共计划举办各类法官培训班58期，培训法官7500人。其中指令性培训班35期；指导性培训班23期。指令性培训班包括高中级法院副院长培训班2期；高级法官续职培训班3期（刑事审判专业、民商事审判专业、行政审判专业各1期）；高级法官晋级培训班5期（民商事审判培训班、刑事审判培训班各2期，行政审判培训班1期）；预备法官培训班3期；高中级法院政治部主任培训班1期；全国法院系统党务干部培训班2期；全国高中级法院中青年法官培训班1期；西部地区法院少数民族法官培训班1期；培训案例教学方式专题研修师资班1期。指令性培训班还包括最高人民法院各类短期培训班16期。指导性培训班主要为各类新法律法规培训以及专题培训、特色培训等，包括全国法院刑事证据实务研修班1期；民商事审判实务专题研讨班1期；司法调解理论与实务培训研讨班1期；法院审判管理实务专题研讨班1期；第10期环境法律实务研习班。指导性培训班还包括与香港城市大学合办的中国法官法学硕士研究生班、中国高级法官研修班、中国法官博士研究生英语强化班、中国法官法学硕士研究生班赴港英语强化班、首届中国法官博士研究生班2期；与中国政法大学合办的在职法律硕士研究生班2期；外事培训班10期。在这一年度培训计划中，我们看到了高端学历教育与法官培训的有机结合，任职资格培训与短期进修培训的有机结合，专业培训与综合培训的有机结合，法官培训与法院其他工作人员培训的有机结合，常规培训与新法律法规培训的有机结合，调干培训与法官自选培训的有机结合。

国家法官学院的历史作用之五，在于学院是法官培训机构管理体制中的"领头羊"。国家法官学院下设32所分院，其分支机构与培训体系遍及全国各省级行政区。《法官培训条例》第7条规定了全国法官教育培训工作四级管理体制："最高人民法院统一管理全国法院的法官培训工作，地方各级人民法院管理本辖区的法官培训工作。"依据该条规定，最高人民法院管理全国法官教育培训工作，高级人民法院管理全省、自治区、直辖市法官教育培训工作，中级人民法院管理全地、市、盟法官教育培训工作，基层人民法院管理本县、市、旗法官教育培训工作。此项修改，强化了全国法院教育培训工作在最高人民法院的统一领导下，各级法院根据本地情况分级实施管理的特殊意义。如此规定，更便于各地法官教育培训工作因地制宜，实事求是地制定培训目标与实施细则。与上述四级管理体制不同，《法官培训条例》规定了法官教育培训机构的两级机构设置原则。《法官培训条例》第9条规定："最高人民法院设立国家法官学院及其分院。高级人民法院设立省级法官学院、法官进修学院、法官培训学院等法官培训机构。根据需要和条件，经高级人民法院批准，可设立地(市)级法官培训机构。"依据该条规定，我国法官教育培训机构的设立原则，实际上是"两级为主，三级为辅"原则，或者叫"有条件的三级体制"，即原则上设立国家法官学院及省级法官培训机构两级，确有必要的可以设立地(市)级法官培训机构。

法官教育培训工作的"四级管理体制"与"两级机构设置"如何呼应、协调，是法官教育培训工作实际操作的一个难点问题。首先，《法官培训条例》第8条第2款规定的"中级人民法院和基层人民法院教育培训主管部门负责组织落实上级法院部署的各项培训任务，并根据工作需要组织实施本辖区法官的续职培训"本身存在矛盾，依照中央发布的《干部教育培训工作条例(试行)》以及最高人民法院发布的《法官培训条例》，续职培训是人民法院重点保障的"四项资格培训任务"之一，当由最高人民法院及高级人民法院统筹规划、管理、规范，由国家法官学院及省级法官培训机构统一实施，中级人民法院和基层人民法院教育培训主管部门无法组织实施该项培训工作。其次，如果"中级人民法院和基层人民法院教育培训主管部门负责组织落实上级法院部署的各项培训任务"，则中级人民法院和基层人民法院的教育培训工作仍然只是执行、落实职能，而非严格意义上的管理职能，称其为两级管理部门勉为其难。最后，《法官培训条例》第9条第3款同时规定："各级法官培训机构负责组织、实施各项法官培训。"依照该项规定，中级人民法院和基层人民法院并不设立教育培训机构，实际上无法"组织、实施各项法官培训"。培训管理部门与培训机构的不对等设置，只有调整培训管理职权的分配，将培训规划、管理、监督权收归最高人民法院以及各高级人民法院教育培训管理部门统一行使，方能解决法官教育培训工作中的实际矛盾，满足法官培训管理工作与各项法官培训实施工作协调发展的客观需求。

二、地方法官学院：法院队伍建设的加油站

地方法官学院，是指设立在各省、自治区、直辖市高级人民法院的省级法官学院、法官进修学院或法官培训学院，以及设立在地区、盟、地级市中级人民法院的地市级法官学院、法官进修学院或法官培训学院。

1995年《法官法》颁布实施前后，为配合《法官法》的规定、开展规范化法官培训，各高级人民法院纷纷向当地政府申请，在法官培训中心与法律业大的基础上成立法官学院。地方法官培训机构由法官培训中心向法官学院的发展，是我国法官教育培训工作由"短平快"培训向经常化培训转变、由应急性培训向规范性培训转变、由缺乏计划性的零散培训向大面积、多层次的系统化培训转变的内在要求。《中国教育改革和发展纲要》指出：成人教育"要把大力发展岗位培训和继续教育作为重点，重视从业人员的知识更新"。成立法官学院以大力开展法院系统的岗位培训，也是作为成人高校的法律业大改革发展的历史趋势。除个别省、自治区、直辖市高级人民法院外，绝大多数高级人民法院均先后成立了省级法官学院、法官进修学院、法官培训学院或法官继续教育学院。

省级法官学院是我国目前地方法官学院的主干部分。省级法官学院也包括省级法官培训中心。这些机构设立在各高级人民法院以及新疆维吾尔自治区高级人民法院生产建设兵团分院，是上述法院的直属事业单位。按照《法官培训条例》规定，我国各级法院原则上设立两级法官培训机构。省级法官培训机构是必须设立的地方一级法官培训机构。目前，我国共有省级法官培训机构32个。按照《法官培训条例》规定，省级法官培训机构负责本行政区主体法官及其他工作人员的培训任务，是培训任务最为繁重的培训机构，也是法院系统

开展全员培训的主要阵地。省级法官培训机构的培训任务主要包括以下四项：初任基层人民法院副院长的任职培训；地方各级人民法院一级以下法官的续职培训；高级人民法院指定的其他培训；最高人民法院委托的培训。

地市级法官学院，在我国现行法官教育培训体制下，是指设立在中级人民法院的法官培训机构，包括省级法官学院分院以及地市级法官培训中心。地市级法官培训机构属于国家未做强制要求、可设立可不设立的培训机构。根据《法官培训条例》规定，“根据需要和条件，经高级人民法院批准，可设立地（市）级法官培训机构”。是否设立该级法官培训机构，由高级人民法院根据培训工作需要确定。《法官培训条例》特别强调了设立地市级法官培训机构的中级人民法院，必须具有能够承担相应培训任务的教育培训条件，包括培训师资、培训基地、培训经费保障以及稳定的培训任务类别与数量。虽然地市级法官培训机构属于可设立可不设立的法官培训机构，伴随着中央提出的“大规模培训干部，大幅度提高颁布素质”的“两大”培训方针以及“全员培训”战略，地方法院的法官培训任务越来越重，除直辖市与部分自治区外，多数高级人民法院都设立了数量不等的地市级法官培训机构。设立地市级法官培训机构并开展相应的法官培训工作，已成为多数省法官培训工作的重要组成部分。根据《法官培训条例》第 12 条规定，“地（市）级法官培训机构承担高级人民法院授权的培训任务”。设立地市级法官培训机构的高级人民法院，均科学规划、具体划分了地方两级培训机构的工作分工。

地方各级法官学院根据队伍建设发展需要，认真调研、制定中长期法官教育发展规划，切实服务法院审判中心工作。如江苏省为适应队伍建设和教育培训工作的需求，积极筹划建设两级培训体系。2004 年，江苏省高级人民法院成立江苏省法官培训学院，又在绝大部分中级人民法院筹建了省法官学院分院，为该省法院教育培训工作提供了有力的保障和可持续发展的良好基础。2005 年，江苏省高级人民法院根据《2006～2010 年全国法院教育培训规划》制定了《2006～2010 全省法院教育培训规划》。2011 年，江苏省高级人民法院又下发了《2011～2015 全省法官教育培训规划》，认真规划了以增强领导素质为重点的基层人民法院领导班子成员培训、以提高实务技能为重点的各类续职培训、以提升司法能力为重点的基层法官巡回培训、以培养实务能力为重点的预备法官任职培训、以培养业务带头人为目标的高层次人才队伍建设、以提高履职能力为重点的人民陪审员岗前培训与续职培训等六大类培训,划分了省级法官学院与地市级法官学院的培训任务分工。为实现规划目标,江苏省高级人民法院还积极推行了系列具有本省特色的培训保障措施:强调各级法院把教育培训作为人民法院重大战略任务的领导机制;建立全省法院干部培训积分制的培训管理机制;以优厚的条件选拔优秀法官轮岗任专职教师的师资保障体系;教育培训经费不低于法院同期业务经费5%的经费保障机制。仅"十五"期间,江苏省法官培训学院就举办各类培训班151期,培训干部15,539人次;地市级法官学院举办各类培训班585期,培训班干部39,628人次。

地方法官学院的教育培训工作注重向基层倾斜、服务基层,重点加强对基层法官、人民法庭庭长的教育培训工作。如山东省法官学院认真贯彻最高人民法院关于加强对基层人民法院法官的轮训和基层法庭庭长培训工作的规划要求,结合该省实际制定、印发了《全省基层人民法院法官轮训实施方案》,就轮训对象、内容、师资配备以及考核结业等做了具体的部署和要求。在2005年至2007年3年间,通过学院和各中院教育培训机构两条途径,分层次、分地区地开展了多期轮训班次,共轮训法官11,994人,圆满完成基层法官全员培训。其中,基层法院院长、副院长,审判业务庭庭长、副庭长、审判长和人民法庭庭长由学院负责培训,按照一个宗旨("司法为民"宗旨)、三项素养(政治素养、职业道德和现代司法理念)、五种能力(驾驭庭审、适用法律、证据认证、调解和裁判文书制作)的培养为载体,先后共开展10期轮训班,累计培训1395人。其他基层法官的轮训工作由各中院教育培训机构负责。为达到基层法官全员轮训目标,山东法官学院还在1997年,针对尚有1900余名基层法官未接受培训的情况,逐人统计、逐人落实,在青岛、菏泽等9个中院,由学院派出师资,利用周六、周日进行巡回集中授课培训。山东省全省法院共有562名人民法庭庭长。为大力加强基层法院队伍建设,进一步提高人民法庭庭长政治素质和司法技能,山东法官学院根据最高人民法院《关于认真做好人民法庭庭长轮训工作的通知》规定,按照省法院党组的部署要求,在2010年分批举办了全省法院人民法庭庭长轮训班,培训严格实行统一考核制度,凡是参加轮训的庭长必须接受考核,缺席考核或考核不及格者都不予结业。除因病请假等原因的19名人员外,共有

543 名人民法庭庭长参加了人民法庭庭长专项教育培训并取得合格证书。

《法官法》颁布实施后，鉴于全国法院系统还有相当一部分干警没有达到国民教育系列本科学历层次，不符合法定的法官任职条件，2000 年，时任国家法官学院院长曹建明从法官教育培训工作必须服务于法院队伍建设的办学目标出发，要求国家法官学院与地方法官培训机构规模性地开展本科学历教育。经国家法官学院与北京大学反复协商，报最高人民法院批准，自 2001 年 9 月起，最高人民法院与北京大学联合举办了法院系统专升本远程（网络）学历教育。国家法官学院起草了联合办学章程，设立了全国法院系统远程专升本教育领导小组，曹建明院长亲任组长。领导小组下设远程专升本教育办公室，办公室设在国家法官学院学员学生处，负责联合办学的具体事宜及法院系统远程专升本教育教学的日常管理工作。2005 年，联合办学类别拓展为高中升本科以及专科升本科两种类型。远程（网络）教学以学员自学为主，北京大学法学院教育网站实行远程教学，国家法官学院及省级法官培训机构实行教学辅导与基层管理。教学实行弹性学制，根据学员文化基础，在规定的期限内，由学员自主确定在学期间。其中，高升本教育原则上要求 3 年修满 156 个学分；专升本教育原则上要求 4 年修满 85 个学分。为了确保办学质量，远程专升本教育办公室起草了《关于全国法院远程专升本学历教育组织管理机构工作职责的若干规定》并以最高人民法院文件形式下发全国，细致划分了各级法院远程（网络）教育组织管理机构的职责分工，要求各级法官培训机构充分利用现有的教育培训师资与基地，并根据办学需要充实教学与管理人员，加快建设局域网，加大电脑、投影仪等网络、电子教学设备的办学投入。文件要求各级法院利用这次合作办学，大规模、较为彻底地解决各级法院历史遗留下来的干警队伍专科以下学历层次的提高问题。通过各级法院及法官培训机构的共同努力，至 2005 年，全国法院系统共有 7445 人取得了本科学历文凭，其中，680 人取得法学学士学位。与北京大学联合举办的远程本科教育促进了全国法院队伍学历层次的大幅度提高，为法官职业化建设与法院队伍建设谱写了新的教育培训篇章。

要充分发挥地方法官学院等法官培训机构的职能作用，必须科学界定地方法官培训机构的六项职能：

第一，法院教育培训基地。地方法官学院是地方法院教育培训的实施机构。依照《法官培训条例》关于法官教育培训管理部门与实施部门分别设置的指导思想，我国各级法官培训机构是法院教育培训工作的实施部门，其主要任务是开展各类法官培训及其他法院工作人员的相关培训。根据不同岗位要求，针对不同培训对象，对法院干部实施具体的教育、培训工作，是各级法官培训机构的基础功能。

要全面、科学、准确地对法官教育培训机构进行功能定位，必须明确法官教育培训机构的法院教育培训基地功能。法院教育培训基地是法官教育培训机构的首要功能，也是最重要的功能。这里将此功能界定为“法院教育培训基地”而非“法官教育培训基地”，是针对现行教育培训基地功能上的认识误区而特别强调的。按照党和国家有关干部“全员培训”指导思想，法官教育培训机构的教育培训基地，应该是服务全体法院工作人员，并有计划、分类别地开展法院各类工作人员教育培训。但由于历史的原因及认识的偏差，现行法官教育培训机构的教育培训基地，基本上是服务于法官培训工作，较少开展法官以外的法院其他工作人员培训工作。因此，将法官教育培训机构的首要功能界定为“法院教育培训基地”而非“法官教育培训基地”，意在扭转传统的认识误区，进一步强调法官教育培训机构的法院人员“全员培训”功能。

第二，司法政策研究与咨询中心。要全面、科学、准确地对法官教育培训机构进行功能定位，必须明确法官教育培训机构的司法政策研究与咨询中心功能。咨询功能是教学功能与科研功能的自然延伸。区别于普通高校的学科咨询，法官培训机构的咨询工作要具有针对性的司法政策与实证研究，为各级司法决策提供理论支持。目前，有关司法政策研究与咨询功能，各级法官培训机构基本上是欠缺的。干部培训院校的特点之一是开展实务培训与政策研究。以国家行政学院为例，国家行政学院是培训高、中级国家公务员，培养高层次行政管理与政策研究人才的国家基地。其基本办学功能之一，是开展国家行政政策咨询与研究工作。国家行政学院在从事培训教育的同时，全面提供政府管理政策咨询，开展公共管理等领域理论研究，围绕政府工作中的重大问题，向国务院和有关部门提出政策咨询意见和建议。建院以来，该院承担了多项国家级科研项目，主持了大量国家和省部级委托咨询课题，已成为政府公共管理领域重要的咨询中心，成为中国研究行政体制改革、依法行政和政府管理创新的政策研究中心。

法官教育培训机构发挥其司法政策研究与咨询中心的功能，具有得天独厚的资源与基础。一方面，各级法官培训机构是各级法院领导、法官及其他工作人员进修培训的基地，丰富的智力资源与人才基础，是法院其他部门所无法比拟的。另一方面，法院各类工作人员前来参加培训，不仅是为了知识更新与能力提高，而且往往是带着问题来、希望解决问题回。有关司法政策的启迪，正是受训领导、法官及其他学员希望得以研究、得到领悟的直接培训动机。各级法官教育培训机构应当树立改革的理念，借鉴《党校工作条例》关于党校是“党委和政府决策中的思想库作用”的规定，重视法官教育培训机构作为“法院党组司法决策思想库”的功能建设，充分挖掘法官教育培训资源潜力，拓展办学功能，密切法官培训机构与各级法官及其他工作人员的联系，又好、又快、又直接地听取有关法院建设及司法改革的意见与建议，并展开深入司法政策研究与咨询活动，充分发挥法官教育培训机构的司法政策研究与咨询中心功能作用，促进司法改革与法院建设的全面发展。

第三，法官培训规划与管理部门。“培训规划与管理的功能作用”，是各级法官培训机构以往与当前机构功能与作用的另一项重要体现。对于法官教育培训管理部门与实施部门分设格局中的省级法官培训机构而言，开展法官培训规划与管理工作是其主体任务之一。山东、江苏、江西、浙江、黑龙江、吉林、辽宁、河北、内蒙古、甘肃、新疆、山西、陕西、广西、广东等省、自治区法官学院，都直接或间接地承担了教育培训中长期规划起草制定工作，年度培训计划起草制定工作，对该行政区划内法官培训工作的检查、监督、考核、管理工作。对于法官教育培训管理部门与实施部门合二为一格局中的法官培训机构而言，开展法官培训规划与管理工作更是其机构的法定职能任务。北京、上海、四川、贵州、兵团法院等地均是如此。

第四，司法审判与应用法学研究中心。要全面、科学、准确地对法官教育培训机构进行功能定位，必须明确法官教育培训机构的司法审判研究与应用法学研究功能。作为法律教育教学机构，应用法学研究是各级法官教育培训机构现行的基本功能之一。各地法官培训机构在大力开展法官培训及法院其他工作人员培训的同时，应根据本地审判工作，深入开展针对提高审判质量、提高司法能力、规范审判流程、加强法院管理的实务研究。举办研讨会、组织专题研究、开展科研论文评选、有计划地牵头资深法官围绕司法审判及法院建设实施应用法学科研攻关等，应成为各级法官培训机构开展应用法学研究的主体形式。

伴随法院教育培训事业发展，全国法院系统学习氛围与理论研究风气日渐浓厚，要进一步发挥法官教育培训机构的司法审判研究与应用法学研究功能，就要在运行体制与研究内容上进行配套改革。一方面，要整合法院内部的研究机构与研究力量，将各级法院内部的研究所、研究室、院刊杂志编辑部、教育培训机构等司法审判研究与应用法学研究部门合并统一，形成高效简政的研究组织运行机制；将司法审判研究与应用法学研究人才分类整合，集思广益，集体攻关，将司法审判研究与应用法学研究工作做大做强。例如，1991 年成立的中国应用法学研究所，1999 年起就与国家法官学院为“两块牌子，一套人马”，后来各自独立后，不但研究力量有所削弱，而且研究论题重合、研究成果影响力欠缺。两个机构的重新整合，是强化最高人民法院的司法审判研究与应用法学研究的客观需要。另一方面，要统一规划人民法院中长期及年度司法审判研究与应用法学研究课题，结合国家法制建设需要与法学理论研究方向，突出人民法院的研究特色，有计划、按年度调研、规划、实施既定的研究课题与研究内容，扎实推进人民法院的司法审判研究与应用法学研究。各级法官培训机构研究课题与内容的确定，要征求受训法官的意见，征求各级法院的意见，服务司法审判的需要，服务法院建设的需求。鼓励资深法官、法院领导与法官培训机构的专业研究人员共同研究司法审判与应用法学实务问题。

第五，司法文献与法院文化中心。要全面、科学、准确地对法官教育培训机构进行功能定位，必须明确法官教育培训机构的司法文献与法院文化中心功能。法官教育培训机构作为法院文化建设单位，法院司法文献建设与法院文化建设是其重要的办学功能之一。这一功能，以往没有得到应有的重视，现在更应予以充分的强调。

2011 年 10 月中共中央《关于深化文化体制改革　推动社会主义文化大发展大繁荣若干重大问题的决定》指出：“文化是民族的血脉，是人民的精神家园”，要“必须强化教育引导，增进社会共识，创新方式方法，健全制度保障，把社会主义核心价值观融入国民教育、精神文明建设和党的建设全过程”。各级法官教育培训机构要按照中央提出的加快文化教育产业发展、宣传社会主义法制文明、借鉴国外优秀文化成果、构建文化服务体系的要求,大力开展法制文化传播、中华传统文化教育、图书情报文献服务、优秀文化产品推介活动,强化各级法官教育培训机构的博物馆建设、图书馆建设、校史馆建设、音像资料室建设、档案室建设、文体活动室等文化教育设施建设,逐渐把各级法官教育培训机构建设成为人民法院的文献信息储藏与阅览中心、学习研究与文化交流平台。

第六,法官教育培训交流中心。要全面、科学、准确地对法官教育培训机构进行功能定位,还必须强调法官教育培训机构的法官教育培训交流中心功能。笔者将法官教育培训机构的此项功能界定为“法官教育培训交流中心功能”,而不是“法官教育培训国际交流中心功能”,是针对一些法官教育培训机构偏重国际交流而忽略国内交流的倾向而力图加以纠偏。不同教育培训机构之间的交流研讨活动,是探讨教育培训规律、提高办学质量水平的有效手段。在国内交流方面,要落实《全国法院 2011 ~ 2015 年教育培训规划》提出的目标是:“建立教育培训理论研究和经验交流机制,加强对教育培训规律和重大实践问题研究,加强经验交流和成果推广,增强培训工作的科学性、前瞻性和系统性。”应注重并加强法官教育培训机构之间、法官教育培训机构与系统外的教育培训机构之间的培训交流。针对目前存在的问题,应在以下方面加以改进:(1)有计划地开展法官教育培训机构之间的实务研讨交流。以往的交流自发零散的多,缺少共同主题的多。各级法官培训机构,特别是上级法官培训机构,应将实务研讨交流列入工作计划,有目的、有主题、有范围、求实效。(2)应当加强法官教育培训机构与系统外的教育培训机构之间的培训交流,特别是与党校系统、行政学院系统、检察系统以及其他系统地干部教育培训机构之间的校际交流,学习、借鉴先进教育与管理经验,共同构建我国统一高效的干部教育培训机构体系。(3)试行不同干部教育培训机构之间互派教师观摩教学、互派学员的法官培训交流培养机制。

同时,地方法官学院应强化法官培训国际交流的功能作用,在开展各类法官培训的同时,广泛开展法官培训国际交流活动,不断拓宽司法交流合作渠道,促进我国法院深入了解域外司法,促进世界深入了解中国司法,开拓我国法官国际视野,努力培养我国高层次、专家型的涉外审判专门人才。

三、法官学院的教育管理与科研管理

法官学院教育管理的核心工作，是法官教育培训规划的摸底调查、研究制定工作。回顾人民法院教育培训工作近30年的历史，所取得的成就呈阶梯状有序进展，渊源于不同阶段所制定的教育培训规划环环相扣、紧密相连。“四六八”规划，“七八九”规划，“三六九”规划，“百万万”规划，“百千万”规划，简明的语言，简单的数字，勾勒了全国法院教育培训工作的历史轮廓。

“四六八”规划。1985年，最高人民法院提出干部教育培训的“四六八”规划，即到1990年，法院干部中的40%，审判人员中的60%，院级领导干部中的80%，法律专业知识达到大专以上水平。经过五年的努力，至1991年年中统计，这个规划的前两项指标已经完成，部分省市超额完成。但最后一项指标，也即各级法院正、副院长达到大专以上文化程度的指标，除少数省市外，大多数省、自治区没有完成。没有完成的原因是多方面的，不完全取决于培训工作。

“七八九”规划。1990年，最高人民法院在《1991～1996年全国法院干部教育培训规划》中，提出干部教育培训的“七八九”规划，即到1996年，法院干部中的70%，审判人员中的80%，院级领导干部中的90%，其法律专业知识达到大专以上水平，使法院系统干部的政治素质和业务素质有一个根本性的战略转变。最高人民法院党组原定完成“七八九”规划的期限是1995年，考虑到规划目标要更切合全国法院实际，遂将完成“七八九”规划的最后期限推迟到1996年。因此，该规划事实上是全国法院教育培训工作的“六年规划”。

“三六九”规划。1994年5月24日，最高人民法院召开全国法院干部教育培训工作会议，最高人民法院院长任建新同志在会上代表党组提出：到20世纪末，全国各级法院全体审判人员必须达到大专以上专业知识水平。其中本科层次的要达到“三六九”指标，即争取到2000年，35岁以下的具有大专学历的高级法院审判人员的90%、中级法院的60%、基层法院的30%达到本科水平。这一目标简称“三六九”规划，被写进《1996～2000年全国法院干部教育培训规划》，成为该五年规划的核心内容之一。

“百万万”规划。《2006～2010年全国法院教育培训规划》强调，贯彻“人才强院”战略，加强高素质审判人才培养，在规划期内，全国法院要培养100名以上具有丰富审判经验并在专门法律领域具有一定社会影响和学术地位的审判业务专家,同时培养10,000名以上具有一定理论素养和审判实践经验的各级人民法院审判业务骨干。鼓励干警参加研究生学历教育。中级以上人民法院要逐步形成一个具有法学(法律)硕士以上学历(学位)的法官群体。到2010年,法官中研究生层次人数要比2005年翻一番,力争达到20,000人,其中,东部地区法院、中部地区法院、西部地区法院法官中研究生层次人数所占比例分别达到该地区法官总数的15%、9%、6%。这一目标简称"百万万"规划。

"百千万"规划。《2011~2015年全国法院教育培训规划》实施专家型法官和审判业务专家梯次培养工程。最高人民法院继续开展全国审判业务专家评审活动,规划期内培养评选全国审判业务专家100名左右。各高级人民法院要组织开展专家型法官评审活动,规划期内全国法院培养评选专家型法官1000名左右。以此为基础,形成初具规模的高层次审判人才库。到2015年,通过招录和在职培养,全国法院研究生层次人数力争达到35,000人,其中,东部、中部、西部地区干警中研究生层次人数所占比例力争达到16%、10%、7%。这一目标简称"百千万"规划。

制定教育培训规划要有超前性,我们国家地域辽阔,各地经济和文化发展很不平衡,制定规划必然要考虑这种差别,但要在承认差别的基础上提出一个适当超前的全国法院的总体目标。这个目标不能因为照顾到少数经济、文化落后地区而降低到多数地区已经达到的标准之下,而必须制定在全国法院多数地区经过努力可能达到的标准之上。

以"四六八"规划为例,到1990年,"四"超额完成,"六"基本完成,"八"完成得差一点。在"四六八"基础上制定的"七八九"规划,因高于既有指标,当时很多同志心中没底,担心能否实现。事实上,在制定"七八九"规划时,个别地方已经达到"七八九"指标,有的地方接近完成,多数地方需要争取。也有的地方离"七八九"指标还差得很远,甚至个别地方到"七八九"规划中期的1993年时,连"四六八"计划还没有达到。各地既定条件不同,工作进展有先有后是正常的,大多数地方达到,少数地方达不到,不会影响全国规划的完成,更不会影响全国规划的合理性。1990年,全国法院"四六八"规划基本完成;1996年,全国法院"七八九"规划基本完成,说明这两个目标体系是基本合理的、符合实际的。

规划的合理性与导向性集中体现在：各地方法院在充分可靠的调查研究基础上，根据全国规划，结合本地情况，实事求是地制定本地区的具体规划与实施方案，确定一定高点的目标体系，或接近全国规划目标，或等于全国规划目标，或超越全国规划目标。如湖北省高级人民法院《湖北法院1996～2000年干部教育培训规划》，以全国法院系统的本科教育"三六九"规划为依据，结合本省实际，形成了湖北特色的、指标体系高于全国目标的"五七九"规划，即从1995年年底算起，争取到2000年，现年35岁以下的干部取得本科学历的，基层法院达到50%，中级法院达到70%，高级法院达到90%，同时努力培养一批高层次法律人才和专家型法官。调查基数为：1995年年底湖北省基层法院年龄在35岁以下、具有大专文化程度的2740人的50%计1370人；中级法院年龄在35岁以下、具有大专文化程度的390人的70%计272人；高级法院年龄在35岁以下、具有大专文化程度的37人的90%计33人，在规划期内完成大专起点的本科学历教育。五年平均培养335名，每地、市、州年均22名。到2000年，全省法院本科学历人员总计达到2500人，使本科学历人员和专科学历人员比率由1995年的1∶6.4，提高到2000年的1∶1.9，从而大幅度增加干警中具备本科学历人员比例。再如，西藏自治区高级人民法院《关于西藏法院干部1995～2000年教育培训规划》，结合本区实际，变通降低了指标体系，确定到2000年，要实现全区法院系统具备大专以上文化程度的干警，占干警总数的70%、审判人员的80%、领导干部的90%的"七八九"大专教育规划；力争到2000年，实现基层法院审判人员的20%、中级法院审判人员的40%、高级法院审判人员的40%达到法律本科学历，形成了西藏特色的本科教育"二四六"规划。上述湖北、西藏的两个规划，虽然与全国规划指标不尽相同，但无疑都是科学合理的、切实可行的。

法官学院教育管理工作的另一项重要内容是年度培训计划的制定与各培训班教学计划生成工作。各级法官学院注重从审判实践出发，充分听取各地法院与各级法官的意见，科学确定年度培训计划与培训班教学计划，做到了凡是年度培训班次、培训规模、培训对象等培训计划事项均事先听取有关审判庭、室、局意见，反复协商而确定；凡是培训班课程设置、教师聘请、教学形式等教学计划事项均广泛征求有关业务部门及法官意见,反复协商而确定。为使教学管理工作与时俱进,更好地服务于法官培训工作,国家法官学院不断深化法官培训教学改革。2010 年 9 月 27 日,国家法官学院印发《法官培训教务工作规程》,将以往由教务部门统一起草的各类法官培训班教学计划,改由各专业教研室起草。国家法官学院 2011 年 4 月 22 日发布的《法官培训教学计划管理办法(试行)》规范了教学单元与专题设置应围绕培训目标和所需要解决的问题突出针对性、时代性和实践性,兼顾系统性;要求坚持专兼结合、以兼为主和"法官教法官"的原则,根据课堂教学评估结果择优提出任课教师人选;倡导了案例教学和现场教学,逐步提高对话式、辩论式、研究式、体验式、模拟式、情景式、菜单式等教学方式的比重;要求教学计划精心设计学员自学、研讨、学员论坛、经验交流、小组讨论等教学活动,大力改革传统的灌输式授课为主的培训方式,加强培训的互动性,注重法官在培训过程中的亲身体验和参与,切实增强培训效果,不断增强法官培训的感染力与吸引力。2011 年 6 月 1 日,为国家法官学院印发《国家法官学院教学委员会章程(试行)》,实行教学委员会制度。教学委员会分设刑事审判教学委员会、民商事审判教学委员会、行政与综合审判教学委员会等三个分委会,分别由各学科专家学者组成,分专业负责审定法官培训规划、培训班教学计划、课程设置与教改计划等项工作。教学委员会制度遵循法官教育培训发展规律,进一步规范了办学秩序,促进了法官教育培训质量和教学水平的提高。

鉴于年度教育培训计划是全年法官教育培训工作的依据和基础,各级法官培训机构重视年度培训计划的调研与论证工作。如河南法官进修学院每年度末都下发通知,要求省高级人民法院各部门提前申报下一年度各审判系列和管理系列的培训计划和班次要求,并就培训内容、培训模式、师资等深入一线法官中进行调研。在征求意见的基础上,依据原则性和灵活性相结合的原则,形成科学、合理、系统的年度教育培训计划。年度培训计划同时对中级法院及基层法院的培训任务予以明确,并提出具体的要求和措施,使全省的法官教育培训工作形成"一盘棋"。河南省高级人民法院 2010 年还下发了《关于进一步加强和改进全省法院教育培训工作的意见》,文件专门对全省法院教育培训计划生成制度规定进行了规范和完善。

法官培训班教学计划是实现法官培养目标的直接课程体系。各级法官培训机构紧紧围绕司法能力培养要求，牢固树立按需施教理念，根据法院工作实际和干警成长需要，科学制定教学计划，合理设置教学内容，并探索、建立了以培训需求为导向的培训内容更新机制。如湖南省高级人民法院法官培训中心在法官培训班课程内容设计上，根据本省实际，确定了课程设计的四项基本原则：一是体现中国社会主义司法制度特色原则；二是体现法官职业建设需要原则；三是充分考虑法官群体现状原则；四是司法方法本土化原则。在遵循上述原则的基础上，该省法官培训课程注重了法官心理危机干预、诉讼调解技巧培训、涉诉上访应对能力、群体事件及紧急情况处置能力、媒体应对能力培训、审判管理能力等六方面的培训内容。

为规范教师教学行为，提高教学质量和水平，各级法官培训机构还制定了系统的教师行为准则及教师教学规范。如山东法官培训学院制定的《教师教学规范》，包括了教师备课规范、课堂授课规范、辅导答疑规范、命题与组卷规范、评卷与成绩考核规范、教研活动规范等教师工作内容的 27 项具体规定，规范了法官教育培训教学管理，严格了教师教学要求。

法官培训学员调训与生源组织是法官培训教育管理的源头工作。缺少培训生源，再好的法官培训工作也是无源之水。培训生源杂乱无章、参差不齐，分类培训的目标体系也就无从谈起。法官培训的调训招生机制可以概括为“三级组织，四级落实”。即最高人民法院、高级人民法院、中级人民法院等三级法院负责调训招生的规划、组织工作；同时，最高人民法院、高级人民法院、中级人民法院、基层人民法院等四级法院，又是派出生源的学员所在单位，承担按要求输送合格生源的调训招生落实工作。在上述体制当中，调训招生的规划、组织工作主要集中在国家法官学院和省级法官培训机构。其中，国家法官学院负责最高人民法院层次的全国法官年度培训计划的调训招生工作，省级法官培训机构负责各省、自治区、直辖市的法官监督培训计划的调训招生工作。在法官教育培训调训招生体制中，居于承上启下环节、任务最为繁重的是省级法官培训机构，该层次既要部署和完成最高人民法院与国家法官学院的调训招生任务，又要组织规划、安排落实本级法官培训机构的调训招生工作。

规范的法官培训调训招生体制建立于 2001 年《法官培训条例》颁布实施

之后。第一,各级法官培训机构按照《法官培训条例》关于法官培训类别及各级法官培训机构培训任务的分类要求,制定了各级各类法官培训计划与招生计划,开始建立调训招生计划编制、下达、执行工作机制。第二,国家法官学院成立了以学院院长任组长的招生工作领导小组,作为学院的调训招生决策机构。在内设职能部门学员学生处成立了学院招生工作办公室,统筹实施学历教育与法官培训招生工作。省级法官培训机构也对口设置内设职能部门作为法官培训调训招生,并指定专人负责招生工作。第三,国家法官学院与省级法官培训机构遵循调训招生工作的内在规律,将年度培训计划制定工作与调训招生工作实行一体化管理、一体化实施、一个部门负责,保证了法官培训计划与落实的统一、内容与形式的统一,增强了培训计划的科学性,提高了调训招生工作效率。第四,各级法官培训机构建立健全了调训招生制度体系,试行了全国法官培训调训招生电子平台与邮箱联络体系,实行了调训招生考评通报制度、调训招生交流研讨会议制度。

2006 年,中央提出干部教育“全员培训”战略后,各级法官教育培训机构认真落实中央部署,不断改进和强化法官教育培训调训招生机制。2007 年 12 月 29 日,国家法官学院发布了《关于加强和改进法官培训招生工作的若干意见》,系统规定了法官培训招生工作指导思想、招生计划的制定、招生计划的落实、受训名单的上报、下发入学通知、招生计划的调整、完善邮箱招生制度、网络培训招生程序、招生工作会议等九项法官培训调训招生工作的具体要求与程序规定,确定了“科学规划、刚性实施、保质保量”的调训招生基本原则。为方便各地法院与各级法官自主选择培训班次、施行供求一致的法官培训招生体制,自 2008 年起,经商最高人民法院政治部,国家法官学院调训招生工作实行重大改革,试行指令性计划招生与指导性计划招生。“指令性计划招生”是要求各级人民法院必须完成的资格性培训调训计划,包括预备法官培训、晋高培训、高级法官续职培训、师资培训班调训计划等。“指导性计划招生”是指国家法官学院根据审判工作需求举办的各类专题班、研讨班、新法律法规司法解释培训班等招生计划,各地法院可根据审判工作需要,酌情完成。

指令性计划招生与指导性计划招生体制的形成,标志着法官培训生源组织工作中,强制性的调训计划招生与自愿性的“菜单式”招生两种生源组织形式的正式分离。其意义不仅在于刚性计划与刚性实施的法官培训"调训"机制正式建立，从而为法官培训机构依法制定培训计划、落实培训计划，特别是规划与落实职务培训计划提供了坚实保障；而且，该种体制为按需施教、灵活选修的现代法官培训管理模式提供了发展平台，为进一步深化法官教育培训体制改革与教学改革奠定了基础。

法官培训评估机制是法官学院教育管理的"封关"环节，也是检测与制约教育质量与培训水平的重要方法。各级法官学院普遍建立了法官培训评估机制。在评估人员构成上，组成由学院领导、部门负责人、教师与学员代表构成的具有广泛代表性的评估机构。其中，教师授课评估，以学员评价为主，以学员满意为评判标准。评估方式以问卷调查为主，现场考察、法官座谈、口头询问、网络发帖等方式为辅，力图广泛地收集第一手评估信息，为评估工作提供真实和全面的参考。为此，各级法官学院实行了培训班学员座谈、征求意见制度，院方领导与部门负责人听课、抽查制度，征求意见箱收集信息制度，学院内外网听取学员建议制度等。传统的评估制度只是针对授课教师，评估结果作为选聘培训师资、评价个人绩效、评聘教师职称与奖惩教师的重要依据。因此，法官培训机构普遍将培训工作评估与绩效考核挂钩，奖优罚劣，及时调整、淘汰对学员反映较差、评估结果不合格的专兼职教师。伴随法官培训教育改革的不断深化，健全法官培训评估机制，除需要进一步规范评估组织、评估程序、评估方式、评估期限、评估考核、评估档案、评估标准体系等内容外，还需理顺、扩大评估范围，由传统的教学评估、教师评估向与之并举的培养目标评估、教学计划评估、培训管理评估、后勤保障评估等综合评估发展，以全面听取受训法官意见，切实改进培训工作。

各级法官教育培训机构将科学研究作为体现法官教育培训机构价值、提升法官教育培训能力的基础工作。围绕全国法院系统学术讨论会以及各省、自治区、直辖市学术讨论会这一传统项目的工作主线，各级法官教育培训机构积极推进各地法院的应用法学研究与审判理论研究。为形成良好的科研管理机制，各级法官教育培训机构普遍制定了学术讨论会章程、科研项目管理办法、审判课题研究奖励办法、学术行为规范、学术委员会章程、学术发展基金管理办法、学术科研组织管理办法等系列管理制度。

根据司法改革与法院建设发展的现实需要以及法官教育培训工作的实际需要,各地法官培训机构不断创新科研领域与科研载体形式。例如,为了促进应用法学研究与法官教育培训的双向结合,自1999年起至2005年,最高人民法院所属的中国应用法学研究所一直与国家法官学院合署办公。其中,1999年至2000年是松散性合署办公阶段;2001年至2005年是紧密型合署办公阶段。为适应新形势下实务法学研究工作的需要,2010年,国家法官学院又成立了“案例开发研究中心”和“审判实务问题研究中心”,制定了两个研究中心章程,开展了具有法官学院特色的案例教学与审判事务教学专业研究。其中,案例研究中心的主要任务,是对建立案例资源库,编写案例教学教材,参与法官培训案例教学计划的制定,组织案例教学学术研讨会,促进法官培训案例教学的健康发展。审判实务问题研究中心的主要任务,是收集和整理审判实务疑难问题,建立审判实务问题数据库,开展审判实务问题研究,组织审判实务问题论坛,探索按需施教的法官教育培训教学体制。两个中心的成立,对推动法官学院科研工作发展,对理论向实践成果的转化都起到了重要的推动作用。“研究中心”的科研载体及科研体制,既紧密结合了法官培训的教学改革,又及时满足了新兴科研主题与科研要求,为法官教育培训机构科研工作的开拓发展提供了模板式的有益借鉴。

各级法官培训机构注重把科学研究工作与审判实践、人才培养相结合,促使科研工作向推动审判工作与法院建设发展的“现实生产力”转化。如国家法官学院北京分院,努力构建多样化、体系化、实用化的科研管理机制,其科研工作形成了法院建设不可或缺的重要元素。第一,大力开展审判理论研究。北京分院积极推动全市法院系统结合审判实践的学术讨论和调研工作,历届全国法院系统学术研讨会,北京分院报送的学术论文数量与质量均居前列。其中,2012年,北京市三级法院共报送353篇论文,评选出55篇优秀论文参加全国法院系统评比,荣获一等奖论文2篇、二等奖论文7篇、三等奖论文9篇、优秀奖论文10篇。第二,积极推进应用法学研究。北京分院积极组织全市法官参加北京市应用法学研究活动。2012年,北京市法院系统承担的26个北京市法学会2011年度法学研究课题顺利结项,有19个课题成功立项为北京市法学会2012年度重点及专项课题,有13篇论文入选预防跨国犯罪司法实务国际研讨会论文集。第三，着力编写法官培训教材及法学理论读物。北京分院组织编写了新录用大学生、预备法官专用教材，《书记员业务培训教材》《诉讼档案业务培训手册》《北京市高级人民法院知识产权审判新发展》《专利侵权与诉讼》以及《一起听讲座》系列丛书，以及增强干警的归属感的区情、县情教材。第四，将科研工作与岗位练兵相结合。北京分院积极开展优秀裁判文书评比活动中，在教育培训网上制作发布裁判文书制作审核视频，以及庭审驾驭能力示范光盘百余个。为提高庭审、裁判文书制作水平，北京分院拟裁判文书制作培训光盘，并将百篇精品文书编辑成册。北京分院还在教育培训网上设立“调解能力专项培训”网络模块，制作、上载 87 位调解能手法官的经验介绍。第五，将科研工作与法院人才培养相结合。北京分院按照首都人才发展战略的整体部署，开展了《北京市法院人才培养动态管理机制》专题研究，不断加大人才管理及培养力度，着力研究审判领域专家型人才的培养路径与制度体系。2012 年度，北京市法院系统有 4 位同志获国家级人才表彰，189 位同志获省部级人才表彰。该年度内，北京分院还结合人才培养工作，组织了三级法院大学生招录考试、预备法官资格统一考试、军转干部考试、聘用制书记员定级考试、事业编工作人员考试等系列活动，共进行笔试、面试命题 192 套，阅卷 5300 余份。上述科研工作不仅提升了法官培训机构的教学与办学水平，而且直接促进了法院建设与审判工作的科学发展。

针对法官培训教育教学管理工作中普遍存在的问题，在法官培训中长期规划、年度培训计划、各类培训班教学计划制定过程中，各级法官培训机构的教育管理改革要突出解决三个重点问题。

第一，以实效性为重心完善法官教育培训中长期规划制定机制。《2010～2020 年干部教育培训改革纲要》指出，干部教育培训工作中存在的诸多问题，不仅涉及干部教育培训内容方式，更涉及干部教育培训体制机制等关键问题。因此，中央要求“各级党委（党组）必须进一步解放思想，加大改革创新力度，着力破除制约干部教育培训科学发展的体制机制障碍，切实提高干部教育培训质量和效益，全面推进干部教育培训事业发展，努力形成有中国特色的干部教育培训体系”。长期以来，少数法院法官教育培训工作难以得到重视，教育培训机构被边缘化，可重可轻、可有可无的现象难以得到扭转，其根本原因在于体制与机制问题。法官教育培训中长期规划为纲,法官培训年度计划为目。纲为统领,纲举目张。在制定法官培训规划时,针对问题,注重实效,着力解决法官培训改革发展问题,在法官教育培训中长期规划上破解难题、建立机制、勇于创新、改革务实。

要确立中央提出的"以体制机制改革为重点,以提高培训质量为主线"的干部教育培训改革指导思想,全面落实党的十七大与《2010~2020年干部教育培训改革纲要》确定的"大规模培训干部、大幅度提高干部素质的战略任务"。提倡全国法院系统中央与地方"两个积极性",加强统一规划,推进地方改革。落实"又好又多"的培训要求,坚持法官教育培训工作质量第一,规范发展。实践科学发展观,将"两大"方针落在实处,切实抓好任职培训、续职培训、晋级培训、预备法官培训,建立"逢晋必训""逢进必考"机制,踏实开展续职培训,推动法官培训向法制化、规范化方向发展。建立人民法院教育培训工作"大培训、大教育"的新格局,加强教育培训机构建设,提倡有条件的中级法院建立法官教育培训机构,基层法院应有专人负责教育培训工作。

鉴于教育培训发展关键在于师资,贯彻中央精神,制定"法官教育培训师资培养计划",提高教师待遇、改善工作条件。解决专职教师的整合、稳定、提高问题,实施专职教师队伍的动态管理,择优入库。针对专职教师的业务锻炼与骨干教师的挂职锻炼提出意见,逐步解决现有师资的审判职称问题。制定具体制度,切实保障专职教师实行"教学—审判—科研"三结合。解决专职教师队伍输出人才、吸引人才问题,实行专职教师参加"五大学院"进修培训制度,建立教师进修机制与进修经费保障制度。实行"法官教法官",制定优秀职业法官"轮流从教"制度与配套措施。

要解决培训机制问题,强调法官教育培训工作"归口负责",法院教育培训工作由教育培训机构归口实施,人民法院其他部门不得举办培训班,避免多头培训,创收性培训,非培训部门培训,非规范性培训。加强新时期法院教育培训管理工作,强调法院政治部门与教育培训机构协调配合、统筹规划,实施资源整合、挖潜增效。加强教育培训工作的规划指导与监督检查,对各地法院培训规划的实施情况、目标体系进行规划中期与规划末期检查,敦促落实。既要大规模培训干部,也要从实际出发,减轻法官教育培训负担,倡导不脱产的网络培训、在线学习，方便法官办案，有效解决工学矛盾的突出问题。制定不同培训的替代制度，避免重复培训。

制定教育培训规划要有超前性，是教育培训规划的本质属性。制定规划的调研工作是教育培训规划生成的基础工作，其基本要求是客观、全面、准确、翔实。而不同规划期间目标体系的相互关系，则要求与时俱进、改革创新、适当超前、相互衔接。回顾人民法院教育培训工作近30年的历史，所取得的成就呈阶梯状有序进展，渊源于不同阶段所制定的教育培训规划环环相扣、紧密相连。所谓规划目标，是个奋斗目标，而不是既定现实状况。所谓规划目标，是个高于被计划主体平均水平的理想前景，而不是平均水平之下或停留在平均水平线上的指标体系。规划的合理性与导向性集中体现在：各地方法院在充分可靠的调查研究基础上，根据全国规划，结合本地情况，实事求是地制定本地区的具体规划与实施方案，确定一定高点的目标体系，或接近全国规划目标，或等于全国规划目标，或超越全国规划目标。

第二，要以连续性为重点完善年度计划生成机制。年度培训计划是衔接中长期法官教育培训规划与具体培训班教学计划的中间环节。如果把教育培训体系比喻成一个网络体系，则中长期规划为纲，年度计划为目，培训班教学计划为点。年度培训计划具有两个属性，即作为实现中长期培训规划直接手段的属性，以及作为整合与规范各类培训班计划体系的属性。科学的年度培训计划，应当实现以上属性要求，充分发挥年度培训计划的功能效用。按照教育科学理论，法官教育培训工作归属于成人教育培训系列，其年度培训计划能够充分满足社会各界的期望。教育培训的社会期望可以划分为三种类型：一是组织期望，即党政部门、社团组织、社会阶层、企事业单位和部门对教育培训的期望。组织期望包括合格的学员期望与效用期望；二是学员期望，即教育对象对教育的期望，包括求知、人格平等和成才期望等要素；三是学院期望，即学院对培养什么人、达到什么样的培养目标的期望。以上三种期望，也即三种需求：组织的需求、学员的需求、教育培训机构的需求。组织的需求体现了学员工作单位对学员岗位工作的质效要求。学员的需要体现了学员个人对个人成长及实现自我价值的要求。教育培训机构的需求体现了教育培训专业机构按照教育培训体系与教育科学理论要求，对培训对象的教学目的与培养目标的要求。满足上述三类需求,是年度培训生成机制的基本要求。

在现行的法官培训年度计划制定过程中,以上三类需求都有所兼顾。年度培训计划既由人民法院各审判庭、室、局以及法院其他内设部门提出的培训班次组成,也适当征求法官及法院其他工作人员的意见,法官教育培训机构也以制定年度培训计划或参与制定年度培训计划为主。事实上,研究各级法官培训机构的年度培训计划的生成机制,上至国家法官学院的年度培训计划,下至地方各级法官培训机构的年度培训计划,基本上是培训机构所在法院各审判庭、室、局以及法院其他内设部门提出的培训需求与培训班次要求的汇总与集成。对于教育培训机构而言,这样的汇总工作简单易行,不会产生负面影响。因为,对于法院各审判庭、室、局以及法院其他内设部门而言,这样的汇总体现了部门意志与工作安排;对于由此集合而成的年度培训计划而言,形式上体现了按需施教的基本要求。教育培训机构或者法官培训主管部门在制定年度培训计划工作中的任务,就是平衡各部门提出的办班要求,排序形成年度培训班次体系即大功告成。

但是,上述年度培训计划生成机制忽略了年度培训计划的一个重要本质属性,即年度培训计划作为中长期培训规划的直接实现手段,应当逐年分解、实现中长期培训规划。按需施教,在培训计划制定工作中,包括两方面要求:一是按照干部培养要求及管理要求制定计划;二是按照岗位工作要求及现实工作要求制定计划。第一类要求的主导部门,是法官培训管理部门及法官培训机构。第二类要求的主导部门,是法院各审判庭、室、局以及法院其他内设部门。第一类要求的形式载体,主要是任职培训、领导干部培训、晋级培训、预备法官培训、续职培训等强制性资格类培训。第二类要求的形式载体,主要是新法律法规培训、司法政策培训、司法解释培训、司法技能培训、短期进修培训等非资格类培训。第一类要求更多地体现了法官培训的职务管理与制度化功能要求,第二类要求更多地体现了法官培训的实际效果与时效性功能要求。法官培训年度计划,无疑应当结合两类要求,实现两种按需施教的基本功能。针对现实存在的问题,要从以下方面改革与完善法官培训年度计划生成机制:(1)强化资格性培训办班力度。在年度培训计划中统筹规划资格性培训与非资格性培训,突出培训计划的管理功能,综合平衡“全员培训”与法官培训、全面培训与重点培训的相互关系,保证资格性培训班次的既定比例,保证法官教育培训工作服务于、服从于队伍建设与人才培养的整体需要。(2)进一步推进分类计划、分类培训、分类要求制度。不断扩大培训能力,努力满足法院内设各部门,特别是各审判庭、室、局的培训办班需求。对于资格类培训实行严格管理、严格条件、严格程序,对于新法律法规、司法政策培训等短期进修培训,施行宏观管理、简化培训程序。(3)以连续性为重点完善年度培训计划生成机制。强调年度计划围绕法官培训规划、实现法官培训规划的功能属性。在法官培训中长期规划期内,设定不同年度培训计划的分解目标、年度任务,强化各年度培训计划之间的内在联系与统筹关系。应通过各年度培训计划形成体制合力,逐年规划实现法官培训中长期任务目标的有机链条体系。

第三,要以针对性为重点完善教学计划生成机制。培训班教学计划是法官培训教育计划中最微观的组成部分。对比法官培训中长期规划以及年度培训计划,培训班教学计划是具体培训班次的课程体系、教学手段的方案体系。从宏观来讲,培训班教学计划与法官培训中长期规划以及年度培训计划具有共通的计划属性,培训班教学计划是实现培训规划与年度计划的具体步骤与方案。从微观来讲,培训班教学计划又具有独立的本质属性与要求,其基本要求是教学计划的时效性和针对性,也即教学计划要按需施教,针对法官的现实问题,满足法官的现实需要。

中共中央发布的《2010 ~ 2020 年干部教育培训改革纲要》要求干部培训院校"突出干部在学习培训中的主体地位,强化培训需求导向,真正做到科学发展需要什么就培训什么,干部成长缺什么就补什么,更好地为科学发展服务、为干部成长服务"。最高人民法院《关于进一步加强和改进人民法院教育培训工作的意见》要求法官培训工作"要切实保证培训内容的针对性和实效性,牢固树立按需培训的理念"。"按需施教"是《干部教育培训工作条例(试行)》与《法官培训条例》确立的干部教育培训与法官教育培训工作的基本原则。培训班教学计划的制定工作,是法官教育培训工作的基础工作。应将"按需施教"原则作为制定法官培训班教学计划的首要原则与核心要求。

要做到培训计划"按需施教",增强培训计划的针对性与时效性,最重要的是建立健全"按需施教"的调研机制。第一,要扎实开展各类培训班教学计划的调研工作，把干部需求调研作为培训计划生成的第一环节，真正了解干部的培训需求、研究干部的培训需求，深入研究人民法院工作对干部素质能力的新要求，为科学设置培训班课程体系奠定基础。第二，要设立专门机构、确定专门人员，开展深入细致的需求调研，全面、准确地把握干部需求。培训需求调研人员应具有较好的专业素养、相应的调研能力与分析决策能力。第三，调研对象应包括三类：培训对象；学员所在单位；主题培训班业务主管部门。针对培训对象（学员）的调研与征求意见应具有一定的广泛性，并达到既定比例。不同的培训班次需求调研，应征求不同业务主管部门的意见。同时，培训班次的教学计划应兼顾到不同地区法院的不同培训需求。上述三类对象均不应局限于一个法院或一个地区的法院。第四，应有目的地开展调研工作。调研工作开始前，应制定相关调研预案，明确告知调研对象培训班的办班任务目标、培训期限、培训手段与形式等办班事项。第五，在注重对干部使用部门调研工作的同时，应适时开展对干部管理部门的调研工作，征求干部管理部门针对不同干部成长需要、培养需要、管理需要而对培训班课程体系设置的意见，做到征求意见机制中调研对象的使用与管理相结合、个人与组织相结合。第六，从效率与节俭的需要出发，要建立调研资料共享机制。年度内相同主题培训班次可以共享同一主题不同班次的调研资料，年度内相同主题培训班次可以共享同类培训机构的调研资料。要充分利用现代科技手段，发挥网络与信息技术功能，提高需求调研效率，节省调研工作开支。

要增强培训计划的针对性与时效性，必须建立健全“按需施教”的教学计划生成机制。在开展全面、细致的培训计划需求调研基础上，要着重抓好以下工作：(1)汇总、分析调研数据，形成调研数据的量化体系、关联结构、分析结论。汇总数据工作中避免丢失数据，分析数据工作中避免先入为主，形成调研结论时避免失之偏颇。(2)制定调研班次教学计划的初步方案。其中，应用调研数据与结论，确定课程体系最为重要。确定主讲教师与教学方式应注重与课程体系及培训目标的协调一致。(3)重点做好教学计划初步方案的论证完善工作。着重开展培训机构内教育培训专家、审判业务或学科教研室、教学教务管理部门等机构与人员间的征求意见与论证工作。(4)建立健全干部教育培训管理部门和培训机构之间的培训班教学计划制定会商机制，共同确定、分工负责不同的教学计划，特别是重点培训班次的计划内容、计划主题、课程开发、主讲教师选聘、培训班考试考核等项内容。(5)建立教学计划草案的再征求意见机制。法官培训机构应将初步确定的培训班教学计划草案，或与法官教育培训管理部门初步商定的培训班教学计划草案，再次征求审判业务部门等法院内设机构的组织意见及法官和法院其他工作人员的个人意见，进一步强化教学计划"按需施教"的针对性。(6)健全教学计划的决策机制。法官培训机构应将培训班教学计划决策工作，列入培训机构最高决策事项的工作范畴，确保教学计划的科学性、针对性、权威性。要推广由专业人士组成的审判业务或学科委员会决策机制。重点培训班次的教学计划应建立法官培训机构与教育培训主管部门共同决策机制。(7)建立教学计划的跟踪评估与反馈修正机制。在既定教学计划实施过程中与培训班结束后，要及时采取问卷调查、学员座谈、电话访谈、走访调查等方式，跟踪了解、搜集教学方、学员方、学员所在单位对既定教学计划的意见，了解受训学员返回工作岗位后"学用结合"的情况，以及培训成果转化为工作能力的情况，不断修正、完善既定培训班教学计划，促进教学计划与组织需求、岗位需求、干部成长需求有机结合，构建法官培训班教学计划生成的良性机制。

四、法官学院的行政管理与学员管理

各级法官学院的行政管理与学员管理是法官学院存在、完善、发展的前提条件，管理就是质量，没有管理就没有质量。同时，管理是维护正常的教学秩序、保证教育培训活动正常进行的主要手段。提高管理水平首先要提高对管理工作的认识，提高对成人教育规律，特别是法院教育培训规律的认识。对管理来说，对办学认识的提高，是加强管理工作的思想基础。各级法官学院的机构性质与工作任务，是介于社会教育与行政机构之间的中间地段，既是办学，又是管理；既是教育培训，又带有行政特点。严格地讲，法官学院办学是法院系统内的"行政办学"，管理既是优势，也是弱势。如果重视管理，利用好各种行政手段，严格管理，它就是优势。如果不重视管理，或是放任自流，或是把自己等同于普通学校，管理就是弱势。法官学院以培训法官为主，管理也是教育，是实现教育目标的主要途径。管理不仅是维护教学秩序、保证教学活动的手段，其也是一种教育手段,是法官学院教育过程中有效的重要组成部分。

各级法官学院正是在不断提高认识的基础上,探索、把握各级法官学院管理工作的客观规律,并据此制定制度体系、执行制度规定,实行科学管理、有效管理。国家法官学院自办学伊始,注重建立正规院校的制度体系,包括党组织工作制度、教育教学管理制度、人事制度、学院院务会议与党委会议决策制度、培训班管理制度、廉政执教制度、财务总务制度、学员管理制度。特别是2010~2011年2年间,在时任院长高憬宏同志的主持下,学院定规矩,谋发展,成立了制度建设工作小组,全面清理既有制度、重新修订与制定完善的管理制度体系。首批制定、修改了有关院风院纪、法官培训、民意沟通、廉洁自律、公开招聘、财务管理、外事工作、考勤工作、公车管理、接待费用、总值班管理等11项制度;第二批制定、修改了有关中层领导竞争上岗、中层轮岗、培训班主任管理、七级以下职员聘任、合同制人员招聘、合同制人员管理、京外培训班管理、合作办学管理、外聘教师接待、教材管理、资产管理、资产采购、出差管理、学术委员会章程、学术发展基金管理、学术科研组织管理、科研项目管理、学术行为规范等19项制度。学院通过加强制度建设,明确了行为规范,实现了用制度管人,按制度办事,为学院科学发展提供了制度保障。

一个社会的文明标志,是必须有好的社会风气。学校是教书育人基地,更应当有好的院风、教风、学风。管理是好的院风、教风、学风的源头,也是好的院风、教风、学风的保障。院风是学院风气与精神风貌的总称,包括领导作风、教师教风、学员学风以及学院积淀的传统文化精神和学术探索所形成的风气和氛围,体现学院的办院理念、培训方针、学术追求和管理特色。各级法官学院由法律业大与法官培训中心发展而来。法律业大时期艰苦奋斗透射出的奉献精神与精益求精,法官培训中心办学期间传承下来的务实作风与改革理念,是法官培训工作的宝贵精神财富。院风的核心是倡导统一遵循的共同理念,实现政策公平、决策民主、管理透明,促使全体员工对积极向上的院风、教风达成共识,从而加强核心理念的正面导向和激励作用。

例如,山东法官培训学院引进现代管理理念,自2009年起,建立了具有山东法官教育培训特色的、科学化的理念识别系统。该系统意在立足学院自身特点对学院进行科学定位,理顺内部机构关系与对外关系,规范组织与个体行为,树立学院特有形象，提高学院管理水平，加强学院精神文明建设。山东法官培训学院理念识别系统的建设，立足于法官培训机构院风建设、组织建设与规范管理，主要包括以下内容：第一，通过确立“办院宗旨”，明确学院的立足点与办学目标是通过教育培训提升法官的职业道德水准、更新法律知识、增强司法能力，为人民法院队伍建设提供智力保障。第二，通过确立“核心价值观”，解决全体教职员工共同遵循的办学理念，确定解决学院发展问题与内外矛盾的思想与行为准则。第三，通过确立“发展愿景”，明确学院的未来理想与长远目标，用以号召全体教职员工为理想不懈努力、为美丽愿景勤奋工作。第四，通过确立“学院精神”，总结学院在长期办学实践中自觉形成的、被学院全体成员认同和信守的精神理念和价值追求，以增强学院的凝聚力、创造力与生命力。第五，通过确立“院训”，提炼对学院全体成员具有规范、导向与激励作用的行动口号，概括学院的价值追求，彰显学院的人文精神。第六，通过确立“院风”，倡导学院的传统文化精神和学术探索精神，弘扬学院的办院理念、培训方针、学术追求和管理特色。第七，通过确立“教风”，提出教师应具有的世界观、人生观、价值观，鼓励教师形成良好的精神风貌与教员风范。第八，通过确立“学风”，明确学员在培训过程中应该遵从的价值取向。第九，通过确立“管理原则”，用以优化、提升、改善、创新学院管理的管理思想和管理方法。第十，通过确立“人才理念”，明确学院的用人理念与育人思想，践行充分尊重人才、广泛发掘人才、放手使用人才、精心培育人才的“用人育人”之道。通过建立学院理念识别系统，山东法官培训学院在全体教职员工中统一了办学指导思想，明确了办学宗旨与学院精神，总结归纳、弘扬发展了该省法官教育培训工作的历史经验与优良传统，树立了科学发展的办学方针与培训理念，极大地促进了员工的思想建设与该省法官教育培训工作的协调、可持续发展。

为规范培训秩序、加强培训管理，各级法官培训机构普遍制定了以培训班管理办法、班主任岗位责任制、学籍管理办法为主的细致的学员管理制度体系，对法官培训学员实施全程管理。其学员管理工作继承了法院教育培训工作“从严治校”的优良传统，做到了既以人为本、又严格管理，既重制度制定、更重制度执行。

各级法官培训机构的学员管理制度体系包括以下系列制度：第一，学员学籍管理制度。制度规定,凡是受训法官,无论资格培训还是进修培训,无论中长期培训班还是短期培训,均建立学员学籍档案,填写学员登记表、结业鉴定表。第二,班主任管理制度。规定班主任的配备与选任条件、班主任的工作职责、班主任纪律、班主任的考评与奖惩等制度规定。第三,学员报到注册管理制度。规定培训班学员报到注册事项、学籍登记、学籍表格、学员信息汇总统计等制度规定。第四,学员思想教育管理制度。包括培训班临时党支部、班委会工作制度、培训班思想教育工作方案等制度规定。第五,学员纪律管理制度。规定培训班校纪校规、学员考勤制度、请销假制度、学员违纪处理等制度规定。第六,学员生活管理制度。包括学员住宿管理、就餐管理、生病住院、社会纠纷、意外伤害等突发事件处理等制度规定。第七,学员文体活动管理制度。包括学员联谊、文娱活动、体育竞赛等学员业余活动等制度规定。第八,学员结业管理制度。包括学员综合考核、结业考试、结业鉴定、结业离校等制度规定。第九,学员培训档案管理制度。包括学员培训档案建档要求、保存期限、档案反馈工作等制度规定。第十,学员管理其他制度。包括学员组织机构制度、学员班非管理制度、学员座谈会制度、学员科研管理制度等项制度。

针对特定类别的培训班,各级法官培训机构规定了相应的特定管理制度。例如,对于预备法官培训班,各级法官培训机构普遍规定了学员实习管理制度、带教导师鉴定制度、预备法官军训制度、学员夜间值班制度、学员评优制度、学员结业总结制度等;同时,对预备法官的学籍管理制度、考核考试制度、班主任配备等制度规定都更加严格。对于司法警察培训班,各级法官培训机构则普遍规定了学员军事化管理制度、学员体能训练制度以及学员执庭、押解等项管理制度,以求针对不同培训对象开展与其培训目标相适应的学员管理工作。许多法官培训机构实行了培训班班主任全程住院管理制度,坚持班主任与学员同吃、同住、同学习,全天候受理、记录、转达、协调解决学员提出的各项培训问题。

为规范培训秩序、提高培训效率,各级法官培训机构还探索了具有法官培训特色的学员管理制度。例如,国家法官学院 2009 ~ 2010 年举办了总共 12 期全国高中级法院院长主题培训班,其学员管理工作既以人为本又严格管理,既重制度制定、更重制度执行,形成了以下九方面管理工作经验:第一,明确管理制度,落实管理到人。学员学生处在已有学员管理制度基础上,制定了《主题培训班管理机构工作职责》，明确了总班主任、教学班主任、总班委会、各培训管理组岗位职责；制定了《主题培训班班主任岗位职责与工作流程》，明确了负责学员报到注册、学籍管理、考勤管理、纪律管理、思想教育管理、学习管理、生活服务、文体活动、结业管理等项工作的人员与工作分工，确保工作职责到位、员工岗位工作到位。第二，主动工作，全面协调，分工不分家。主题轮训工作很多细项具有开拓性质，很难明确具体负责部门。对此，学员处主动弥补缝隙工作，每期培训班编撰《培训手册》，并与相关部门协调工作。培训班实行了受训学员"首问负责制"，即行政班主任接受学员有关教学问题、课程意见、教务管理、食宿问题、医疗问题、录音录像等问题，要接受问题不推脱，转达问题要及时，协调处理要高效，解决问题要反馈，从而维护了学院服务大局、服务法官的统一形象。第三，全程住院管理，明确责任追究机制。工作到位要求人员到位，人员到位、思想意识到位。在培训班办班期间，学员处与网络办全体动员、全员参与。每期培训班配置的行政班主任，坚持全程住院管理，全天候受理、记录、转达、协调解决学员提出的各项培训问题。学员处还建立了培训班管理工作考核机制与责任追究机制，时刻提醒员工谨慎行事、恪尽职守。第四，实施学员报到跟踪管理。在培训班开班后，及时统计学员报到情况并与相关高院联系，追踪了解学员情况，对无故缺勤者，起草与政治部的联合通报，将相关情况通报全国，努力规范培训秩序。第五，实行座签考勤，加强教学活动管理。在每期学员报到当日，学员处确定学员考勤座位号，公布培训纪律、学员管理制度、考勤规定以及学员座签号，从预备会议起实施每日考勤。课堂授课做到每节课头尾两次按学员座签目视考勤，其考勤工作注重与缺勤学员沟通、实行人性化管理，规劝其遵守纪律。12 期培训班期间，学员处共公布考勤结果 45 次，审核、办理学员请事假事项 500 余人次，并严格按规定程序报批、存档。按照考勤结果，对病事假超期的学员取消结业资格，给予补训处理。第六，管理工作提前量，培训管理人性化。在每期培训班学员开班前，学员处先期确定培训班行政班主任与辅导教师，明确各学员班、小组学员召集人，并促使上述人员之间提前联系，告知管理事项、商讨管理工作。在每期培训班学员报到前，学员处预分好学员住宿房间，公布学员房间号码，制作明了细致的培训须知，简化学员报到程序，方便学员尽快进驻。第七，以抓好结业总结为契机，强化实际培训效果。结业环节工作既是培训学习的结束,也是培训成绩的梳理,更是培训效果的保障。在每期培训班结业前,学员处在准备好相关资料、表格的前提下,及时将每位学员培训期间考勤情况、提供给学员小组及班委会,指导学员小组及班委完成学员培训总结、结业鉴定工作。学员学业评估结果由学院建档,同时反馈各高级人民法院组织人事部门。第八,评选优秀学员,完善培训激励机制。在培训班后期,学员处按照评优五项条件、评优程序与比例,及时指导各学员小组按规定自主开展评优活动。经过公开、公平、严格的评选,主题培训班共评选优秀学员 410 名,并在结业时予以通报表扬,弘扬了法官学院的优良学风。第九,充分征求学员意见,强调学员自我管理。每期培训班都成立培训班学员临时党支部与班委会,明确支委会、班委会各成员的岗位职责,并与开班时、开班中、结业前定期召开班委会议或学员座谈会,征求学员意见,不断改进教学与管理工作。培训班还实行各省带队人负责制,由各高级法院指定学员带队人,配合学院负责管理本区域学员。

针对成人培训特点与法官培训的实际,各级法官培训机构在受训学员管理机制上,建立了校方管理与学员管理相结合的管理机制,注重受训学员的自我管理、自我教育、自我提高,充分发挥受训学员组织机构的管理职能。例如,国家法官学院在法官培训班《培训手册》中,规定了《学员班委会职责》与《学员党支部职责》,明确规定了学员班委会组成人员及学员小组长的工作职责与要求,明确规定了学员党支部的组织构成与工作职责。无论培训班时间长短,无论培训班在学院本部基地举办还是在京外举办,每期培训班开班前,国家法官学院学员管理部门都会根据培训学员情况,预先提出学员班委会、临时党支部人选,在报请学院党委审批后,正式行文成立培训班班委会与临时党支部,并在培训班开班日向全体学员宣布,介绍班委会与临时党支部成员与学员见面,以方便学员组织机构成员开展工作。在开班同时,学员管理部门及时召集培训班班委会、临时党支部会议,告知管理事项、明确管理分工,根据本培训班实际商讨管理工作。学院学员管理部门还在培训班进行中及学员结业前召开班委会议、临时党支部会议研究不同阶段的学员管理工作。对培训时间超过 10 天的培训班,国家法官学院学员学生处都要召开受训学员座谈会,征求学员对教学、管理、后勤等方面工作的意见。仅 2006 ~ 2011 年 5 年间,学员学生处就召集不同班次的学员座谈会42次,形成《法官培训学员座谈会纪要》35期,有效地改进了培训班的教学与管理工作。

国家法官学院根据自己的办学特点,形成了具有法院特色的办学经验与工作方式。例如,国家法官学院根据法官培训的特点与优势,创建了"最高人民法院领导与国家法官学院学员座谈制度",既为最高人民法院领导调研与决策提供了方便快捷的平台,也为法官教育培训事业的发展创造了机遇与条件。2008年7月24日,最高人民法院院长王胜俊来国家法官学院视察工作时指出:最高人民法院领导及有关部门应定期到国家法官学院调研,与受训法官进行座谈,并作为制度坚持下来。鉴于此,学员学生处10月14日草拟了《关于请最高人民法院召开高、中级法院院长培训班学员座谈会的请示》,经张维同志签报万鄂湘副院长。万鄂湘副院长批示:"建议每位党组成员、副院长轮流主持一次交流座谈会,以便形成可坚持下来的制度。"张军副院长批示:"很有必要。具体方式可以灵活多样,但须坚持。是又好、又直接的资源。"沈德咏副院长批示:"呈请王院长审示。赞成鄂湘同志意见,这是送上门的调研工作。请政治部统筹安排。"王胜俊院长批示:"请政治部安排。"10月23日,最高人民法院党组副书记、常务副院长沈德咏率办公厅、政治部、立案庭、刑一庭、行装局、司改办等部门负责同志,就"人民法院实现科学发展、服务科学发展"主题前往国家法官学院,与受训法官座谈,听取建议和意见。11月27日,最高人民法院党组副书记、副院长张军同志又率办公厅、政治部、审监庭、刑二庭、民一庭、研究室、行装局负责同志到国家法官学院,就"西部地区建设及人民法院改革发展"主题与学员开展座谈。"最高人民法院领导与国家法官学院学员座谈制度"得以开篇、执行。该项制度不仅密切了最高人民法院与地方法官的关系,又好、又快、又直接地听取了基层意见与建议,节省了调研经费与流程,而且深入地发挥了法官培训机构的多功能作用,促进了法院教育培训事业的全面发展。

法官教育培训管理制度是保障法官教育培训正常工作秩序、建立法官教育培训保障机制的基础工作。新的历史时期,人民法院"面临的考验更加严峻,承担的任务更加繁重,遇到的情况更加复杂,群众的期待更加迫切"。不断改革与完善法官教育培训管理制度与培训机制,是加强新时期人民法院队伍建设,推动人民法院各项工作科学发展的必然要求。针对法官培训机构行政管理、教学管理、学员管理工作的实际问题,法官培训管理工作要避免九个走偏倾向。

第一,在学员管理中注重学员的学籍管理,不重视作风管理。所谓学籍管理,也即学员的在学资格管理,包括学员的入学考试成绩、录取注册、学科成绩、操守考评、奖励处罚、学业考勤、毕(结)业履历等。学籍管理是学员管理的主要部分,自然得到各级法官学院的重视。但学院的校风建设、文化建设、学风建设、学员的生活作风建设却往往被搁置一边、淡化处理。校训是体现学风、校风的精炼浓缩。一些法官学院没有校训,一些法官学院的校训不做宣传、不被学员知晓,更无法被受训学员一体遵循。

第二,在学籍管理工作中,重视日常管理,不重视纪律管理。因为法官培训系在岗培训,学员来自不同单位,按照属人管理原则,学员的人事行政管理归其所在单位,法官学院只是对法官开展临时的进修培训,培训时间短、日程紧,再加上相当一部分培训班在法官学院基地外举办,各法官培训机构往往只注重了受训学员的学习情况与结业资格,而忽略了对学员的纪律教育与操行管理。

第三,重视对学员的管理,不重视对教师的管理。各地法官学院普遍制定了学员管理制度、学员守则,但对教师的数量、质量、要求、配备等缺乏明细规定。法官学院由于其培养对象的特殊性,对教师队伍的要求高于普通高校。法官学院的教师不仅承担教学任务,本身多为一肩双挑,负担很重的管理任务。教师数量不够、质量不高,培训质量就失去了基础。同时,对教师的管理还包括教师的进修、审判、科研、职称、报酬、奖惩、提拔使用等系列管理与保障制度,既缺乏明确规定,执行更为无力。此外,由于各级法官学院培训任务繁重,培训班次密集,由于形势需要,非常规办班常常多于常规班次,甚至一些培训班,举办形式需求大于实质要求,就教学双方而言,往往把管理对象划归于学员,弱化了对教师的管理与教育,对于法官教育培训机构的教师疏于关心,疏于引导,疏于经常化的谈心交流,疏于制度化的培养培训。例如,2009 年最高人民法院《关于进一步加强和改进人民法院教育培训工作的意见》明确规定:要“加大对骨干教师的培养力度,保证专职教师每年参加脱产培训的时间累计不少于 1 个月。要积极创造条件,为专职教师提供机会到审判岗位交流锻炼,符合条件的应当解决审判职称”。上述规定，在各级法院基本没有得到落实。

第四，注重教学流程管理，不注重课程体系建设。教师选任、教学流程、课程体系、教学评估，是教学管理的主干部分。法官培训机构普遍重视教学流程管理，一个培训班，何时开课、主讲教师、课程主题、讲课时长等教学流程事项都有详尽安排。但如何针对培训目标，有机组合各培训单元及各门课程，强化各个主讲课题之间的内在联系与整体效益，则缺乏深入研究。往往各个主讲教师各自为战，各自独立，互不了解对方讲课的内容。能够请来“领导”“大家”就算完成任务，鲜有为主讲教师提出要求，或主讲教师之间互相切磋。事实上，课程体系建设对培训教学质量至关重要。主讲教师之间的教学研讨、教学交流十分必要。要把课程体系建设深入化，日常教研活动制度化。如何把主题讲座、音像教学、课程辅导、案例教学、观摩教学、模拟法庭、学员讨论、作业练习、考试考核、教学总结等教学体系各环节综合考虑、规范管理，尚需要基本的制度与制度的落实。

第五，注重工作管理，不注重档案管理。法官培训机构年度工作有规划，培训班次有落实，日常工作环环相接、有条不紊。相比之下，培训机构办学档案管理制度不健全，档案分类不规范，归档制度不落实，办学档案短缺严重。一方面，办学档案杂乱，事无巨细，一律归档。归档无统一要求、细致检查。注重学籍管理、行政文件、办学资料归档，不注重教学计划、教学组织、建学评估、教学经验的归档。另一方面，办学档案缺乏体系，作为培训计划生成、培训班次、教学组织、师资管理、教学考评、文件起草、重要会议等核心类别档案内容短缺，杂乱无章，无法衔接，不成体系。多数培训机构档案与文件混杂，资料与档案不分，保管期限不明，归档设施缺乏，没有专用档案室及档案专业管理人员。由于档案管理工作相对滞后，要从历史的角度探讨制度沿革，或从体系的层面研究办学工作，对于多数法官培训机构来说，都是一件十分困难的工作任务。

第六，注重内部管理，不注重外部沟通。法官学院办学具有三个特点，特点之一是依托各级法院，法院的基本任务是培训的核心任务，法院的工作重心是培训的教学中心，法院的整体规划是培训的工作纲领，法院的大力支持是学院的生存保障。不研究人民法院工作规律，不围绕队伍建设中心工作，不向所在法院请示、汇报，不配合所在法院审判工作开展培训，把自己等同于一所独立运行的院校,或忙于事务、埋头培训,或自作高明、另起炉灶,此为不注重外部沟通的表现之一。特点之二是接受教委领导。法官教育培训是国家教育体系与继续教育的一部分,贯彻国家教委的方针政策,落实地方教委的工作安排,是开展法官教育培训工作的基础要求。不但如此,一些法官学院还独立举办或联合举办了不同层次的学历教育,不了解国家教育大政方针与阶段部署,不向教委汇报工作,不听取地方教育行政主管部门的办学意见,不取得教委的支持,此为不注重外部沟通的表现之二。特点之三是职业教育具有互通性、互补性。国家公务员培训、党的干部培训、法官培训、检察官培训等职业培训具有共同的办学规律与相仿的教学要求。保持对各级党校、行政学院、检察官学院、警官学院、会计师学院、律师学院、有关干部学院的走访与交流,是当今社会开放式办学与师资共享、经验共享的内在需要。不注重不同系统之间干部院校与培训机构之间的横向交流,两耳不闻窗外事,一心只读眼前书,此为不注重外部沟通的表现之三。

第七,注重制度的制定,不注重制度的执行。法官学院办学,制度是章程、是规矩、是机制,是办学工作有序行进的经纬脉络。制定办学规章、健全制度体系,是法官学院各项工作科学运转的基本要求。但制定制度重要,落实制度更为重要。一些法官学院乐于制定制度,规矩立了很多,多数成了摆设,不但无法实现科学管理,负面影响更大。科学的制度观念包括三项内容,一是制度不在繁密,而在适度;二是制度建设,贵在落实;三是制度是活规律,要保持制度稳定、与时俱进、不断完善。在制度执行方面,要建立完善的管理机制,要有程序上的要求、机构上的要求、人员上的要求、奖惩上的要求、执行措施上的要求,如此方能形成完整的制度执行机制。

第八,注重自我管理,不注重行业管理。按照《法官培训条例》的现行规定,我国设两级法官学院:国家法官学院与省级法官学院。但由于法官培训任务的大量增加,两级法官学院体制已无法适应需要,大量的地市级法官学院应运而生,承担了本地法院系统的法官教育培训任务。由于各地法院之间行政上的相互独立、块块管理的基本国情,各级法官学院之间也没有行政隶属关系。国家法官学院在全国法官培训工作中处于龙头、领军地位,而且,最高人民法院关于国家法官学院分院(与省级法官学院一套人马)的设置文件明确规定:国家法官学院领导各分院的法官培训业务工作，但由于各级法院无行政隶属关系的基本状况，以及管理观念上的顾虑与保守，国家法官学院对各分院疏于管理，缺乏统筹。省级法官学院对地市级法官学院也只是单项委托任务，缺乏统筹规划。伴随经济一体化的时代发展，加强各省、自治区、直辖市法院系统法官培训工作的行业管理、统一规划、统筹实施，乃至加强全国法院系统法官培训工作的行业管理、统一规划、统筹实施，已成为法制一体化、法官同质化的客观要求。

第九，注重增设机构，不注重工作效率。工作效率与机构设置历来是一对矛盾。法官学院如何设置内设机构，一直存在精简机构与增设机构之争，而且后者渐占上风。为提高工作效率而设置机构与为增设职位而设置机构，渊源于两种完全不同的管理理念。前者以工作为重，后者以“官本位”为核心。机构繁杂，人人唯官，处处唯权，掣肘必生。去繁简约，因需设岗，以岗设人，效率必生。增设机构绝非机构设置问题，而是人员配备问题，一个机构少则二三人，中则三五人，多则七八人。机构越多，环节越多，官员越多，人浮于事，必然忙闲不均、运转不畅。法官学院以法官培训为主业，除却法官培训规划、管理、实施部门外，其他附属、配套、行政工作自应去繁就简、突出重点。

总结法官教育培训近30年的历史，以史为鉴，必须明确并突出解决各级法官学院行政管理的核心理念问题。

学院行政管理的核心理念之一，是树立从严治校的理念。中共中央发布的《2010～2020年干部教育培训改革纲要》指出：“干部教育培训机构要坚持理论联系实际，从严治校，勤俭办学。”从严治校，是法院办学的优良传统，在1985年法律业大创办时，就被作为法律业大的办学方针之一。从严治校，要求法官教育培训机构完善内部管理制度体系，严标准、高要求，以制度管事，以制度管人。从严治校，要求法官教育培训工作必须坚持人才培养、质量第一的办学宗旨，以此为目标设定培训机构管理体制与运行机制。从严治校，就要发挥法官教育培训机构系统办学与行政办学的优势，紧紧依托各级法院的领导，强化办学管理，突出行业特点。在遵循教育培训规律的前提下，积极探索法官教育培训办学经验，充分利用行政手段，举全院之力，强化教育、促进办学，不断提高办学质量，走出了一条行政与办学相互依存、相互促进的系统办学新路。

学院行政管理的核心理念之二，是树立民主管理的理念。法官教育培训机构行政管理工作的首要原则,是民主管理原则。法官教育培训机构的内部管理制度的终极目标,是发挥广大教职员工的内在积极性和首创精神,优化、整合人力资源,提升法官教育培训机构的凝聚力与团队作用。民主是各种正作用力与积极性的有机结合,是促使各种人力优势变成现实生产力的黏合剂。民主管理也即科学管理。民主管理、制度健全、奖罚分明、高效务实,应成为法官教育培训机构行政管理工作的四项基本原则。“民主管理”是科学管理的第一要义,“制度健全”是有效管理的基础条件,“奖罚分明”是建设和谐校园的重要前提,“高效务实”是实现学院良性运行的内在要求。如果言路不畅,会导致匿名信不断,小道消息泛滥。如果奖罚不明,会形成干与不干一个样,多干少干一个样。如果偏听偏信,行政管理会失去公平、公正的事实基础。如果不善于听取不同意见,学院决策会缺少论证、失之科学,无法得到群众普遍认可。法官教育培训机构是法院系统的人才教育基地与培养基地。在法官学院行政管理工作中,要率先实践民主管理原则,为群众着想,为员工谋利。行政管理的核心是干部使用。要实现法官教育培训事业的科学发展,就要充分尊重人才、广泛挖掘人才,放手使用人才,精心培育人才。在使用干部问题上,培养人才的学校要率先做到唯才是举、德能兼备、德行在先。

学院行政管理的核心理念之三,是树立服务法官的理念。各级法官教育培训机构的一切工作要树立服务理念,无论教学、科研、管理、后勤工作都要服务于法官、服务于审判、服务于队伍建设。服务于法官,必须研究法官需求、满足法官愿望,让法官愿意接受培训、满意所提供的培训。服务于审判,必须针对审判实践、研究审判规律,做到培训计划有的放矢、培训内容与时俱进。服务理念是学院领导、教职员工对受训法官的基本态度,是法官培训机构全体教职员工应一体遵循的办学原则。要树立“发现问题是收获,正视问题是觉悟,解决问题是能力”的辩证唯物主义处事观。要围绕服务法官的核心理念,改进与完善法官培训机构各项内部管理制度。学院内部管理制度要注重服务法官培训主业。学院内设机构设置制度要突出培训教学、应用法学科研、学员管理“三大”主线,理顺工作职能,减少工作摩擦,避免人浮于事,提高工作效率。

学院行政管理的核心理念之四,是贯彻以人为本的理念。以人为本,是科学发展观的核心内容。只有以人为本,才能实现各项事业的全面协调可持续发展。谈到法官培训工作,人们习惯性地想到队伍建设与受训学员,往往重视了以学员为本、服务法官,却忽略了以教工为本、服务教工。在法官教育培训工作中,以人为本是个双向体系:各级法院及各级法官教育培训机构,既要以学员为本,又要以教工为本;既要服务法官,也要服务教工。在当前法官教育培训工作被淡化、法官教育培训机构被边缘化的态势下,作为法官教育培训机构领导机关的各级法院要注重法官培训机构的科学发展,注重广大教职员工的基本诉求。法官教育培训与社会各类教育同属教育序列,具有共通的教书育人属性。中共中央《关于面向二十一世纪加强和改进党校工作的决定》指出:"'科教兴国'的'教',包括党校教育。"毫无疑问,"科教兴国"的"教",也包括法官教育。《中华人民共和国教育法》《中华人民共和国教师法》所规定的"教育优先发展战略"与"尊师重教"国策,以及对教师的各种保护、照顾、优待法律规定,均应在法院教育培训工作中予以落实。

20余年来,我国当代法官培训的学员管理工作,在管理体制上,普遍实行的是以学员管理部门领导下的班主任管理机制。所谓班主任,是以生活服务与教学服务为主的培训机构工作人员,同时承担简单的学员学习管理、考勤管理、生活管理等工作。一般情况下,法官培训机构对培训班班主任没有特别的学历、年龄、资历、职称、级别等要求。

伴随法官培训学员的学历越来越高、层次越来越高、知识水平越来越高,以及党中央十分强调干部培训学员管理的思想教育工作,有必要研究法官培训学员管理的班主任管理机制向各级党校培训班的组织员管理机制转变的客观必要性与现实可能性。

所谓组织员,是指加强学员党性教育、从事党校学员及有关干部院校学员管理的专职人员。组织员制度,起源于党校教育管理,拓展与各类干部院校。原初意义上的组织员工作是党校教育事业的重要组成部分。鉴于组织员制度适合干部教育培训特点,有助于加强学员的党性修养与品德修养,规范并加强了干部培训学员管理工作,遂被各级党校、干部学院普遍采用。

干部教育学员管理组织员制度与党建工作组织员制度既有区别也有联系。党建工作组织员,是指专门负责党员发展工作的工作人员。1945年,刘少奇同志在中共第七次全国代表大会上作修改党章报告时提出:为保证党的组织工作的纯洁性和严肃性,要将发展党员工作委托给完全可靠的、在党的建设上有经验的、思想与作风纯正的工作人员即组织员去主持。我党的组织员制度自此建立。1990 年 8 月,中共中央组织部首次印发《中国共产党发展党员工作细则(试行)》,组织员制度列入其中。而干部教育组织员,是干部教育管理体系的一部分,专职从事干部教育学员管理与党性教育工作。两者的工作岗位不同,工作内容不同。相关的制度体系也有所不同。但两者又有相同点,都是党的工作的组成部分,服务于党的队伍纯洁性与先进性建设。干部教育学员管理体系中的组织员,事实上是干部院校学员管理部门党组织派出的组织员,代表党组织开展工作。因此,干部院校组织员制度是党建组织员制度的有益借鉴与时代发展。

第一,干部院校组织员的设立,是干部院校学员党性教育的需要。干部院校是广大党员干部学习党的理论、加强党性锻炼的熔炉。习近平同志 2010 年《在浦东干部学院座谈会上的讲话》中指出:“做好新形势下干部教育培训工作,要突出抓好马克思主义理论教育特别是中国特色社会主义理论体系教育和党性教育,着力提高干部思想政治素质和道德品质”,“指导学员把马克思主义经典著作的学习同马克思主义中国化理论成果的学习结合起来,更好地掌握马克思主义立场、观点、方法”。实践干部院校宗旨、落实干部教育培训目标,必然要求加强对学员的理想信念与党性修养教育。第二,干部院校组织员的设立,是通过培训发现干部、考察干部、培养干部的需要。干部的成长周期包括知识准备期、素质磨砺期、优势发挥期、成熟发展期等阶段。设立组织员制度的意义正在于确定了这样一种干部教育培养模式。干部院校的组织员制度适应了建立科学规范的学员评价体系与考核机制的需要。各类干部院校通过组织员开展有效的培训管理工作。同时,通过组织员,在日常学习与生活中考察学员的政治素养、理论素养、道德修养、作风表现、业务能力,对学员培训全程的综合表现进行客观考核与评价,为党的组织部门使用干部提供一手资料。第三,干部院校组织员的设立,是实现“教学合一”“研究式”学员管理的需要。一般而言,干部院校的学员具有一定干部级别,马克思主义理论基础相对较强,实际工作经验丰富,文化层级较高,学员素质较好。干部院校的学员,在某种意义上或某个领域里也是教员。越高层次的干部培训班,教学方与学习方的界限越难以界定。教学相长、教学合一，是现代干部培训的显著特点。与之相适应，干部培训班学员管理工作也离居高临下的"老师与学生"模式渐行渐远。开放式、平等式、研究式管理日渐兴起。通过与学员资历相仿、经验相仿、学识相仿、级别相仿的组织员，开展教育与管理工作，将教育与管理蕴含于培训者与管理者的言传身教之中，正是干部院校实现更高层次下的"教学合一""研究式"学员管理的客观需要。

组织员的基本职责，是负责学员的思想教育与学员管理。其负责的学员思想教育包括党性教育、政治理论教育、党员修养教育、干部道德教育等工作。其负责的学员管理工作包括学习管理、学籍管理、生活管理、组织管理、纪律管理等项工作。设立组织员制度的合理性，在于组织员制度符合干部培养培训的教育规律与学员实际。从设立组织员制度的立意可以看出，组织员工作的首要职责，是与参训学员的思想沟通，对参训学员的教育培养。组织员的作用，更多的在于与学员的沟通与交流，对学员的引导与示范。组织员必须把自己放在与学员平等的角色上，真正实现教育与学习的统一，在管理中教育，在教育中管理。

法官培训班主任管理制度，是我国法官培训机构现行学员管理制度的基本模式。其制度的基本内容是：聘任可以住校的年轻同志或返聘具有经验的退休老同志担任学员培训班班主任，负责学员的组织、学员的服务和部分学员管理工作。其特点是在班主任之外，另有若干专有人员对学员实施各自独立的纵向管理，包括学籍管理、组织管理、结业管理等工作。班主任的职责是服务学员为主、管理学员为辅。班主任承担的学员管理任务主要是考勤管理、生活管理、学习管理工作。现有的班主任管理制度较好地体现了以法官为主体、服务法官的主导思想。同时，现有的班主任管理突出体现在考勤管理与纪律管理。现有班主任管理制度的不足之处主要体现在：现行班主任干部级别及配备规格不高；少数班主任或兼职或临时聘用，工作缺乏稳定性；多数班主任的领导工作经验欠缺、马克思主义理论基础欠缺、文化水平及专业素养欠缺。现行班主任难以承担教育干部、发现干部、培养干部的组织员职责任务。

从法官培训学员管理制度科学发展的角度出发，实施从现有的班主任管理制度向组织员管理制度转变十分必要。第一，从现有的班主任管理制度向组织员管理制度转变，是加强法官培训政治思想教育工作的需要。最高人民法院

《关于进一步加强和改进人民法院教育培训工作的意见》强调:“要始终把思想政治培训放在首位,作为法院教育培训工作的重中之重,切实提高法院干警的政治素质和理论修养。在法院队伍举什么旗、走什么路以及为谁司法、为谁服务等重大问题上统一认识、统一思想、统一行动,确保人民法院正确的政治方向。”“要加大法官职业道德、行为规范、党风廉政建设方面的培训力度”,“将思想政治教育作为各类培训班的必修课”。第二,干部教育培训必须适应党的事业和党的建设的需求,促进党的建设和党的建设的发展,同时还必须适应干部成长规律的要求,帮助和促进干部全面健康成长。此为科学发展观对干部教育培训工作的内在要求。从现有的培训班班主任制度向组织员制度转变,是法官培训提高干警政治素质,加强学员党性教育、学风建设、校风建设的客观需要。组织员是法官培训党性教育的直接组织者,良好学风的营造者,优良校风建设的实践者。第三,从现有的培训班班主任制度向组织员制度转变,是完善学员党组织建设的需要。在现行的培训班班主任管理制度下,学员党支部虽然得以成立,但党组织学习制度、宣传制度、生活会议制度没有健全,学员党员的模范作用发挥不够,学员党支部的战斗堡垒作用难以得到保证。甚至有的培训机构配备的班主任尚不是中共党员,更不可能指导学员党支部开展工作。组织员作为培训机构学员管理部门党的组织派出的管理干部,具有较高的思想觉悟与理论水平,具有丰富的党的建设经验,能够有效地引导、协助学员党支部开展工作。

要实现法官培训班主任管理制度向组织员管理制度的转变,必须做好系列准备工作。第一,认真挑选组织员人选。组织员管理制度的成败,关键在于组织员人选的选定。组织员必须具有履行职责所必需的马克思主义理论基础、共产主义坚定信念、强烈的事业心与责任感,有胜任工作的组织能力、政策水平、民主作风、文化水平和法律专业知识;同时,组织员应当具有一定的领导工作经验,系培训机构具有相当级别的在职干部。组织员必须能够以自己的综合素质与干部形象赢得学员的接受与认同,能够以自己的正确思想与榜样行为影响学员、教育学员、为人师表、教书育人。第二,学员管理工作简政放权。组织员是联系培训机构与学员的桥梁与纽带,代表培训机构全权负责学员的思想教育与学员管理工作。组织员具有行政派出与党组织派出的双重身份。对前者负责,组织员具有对学员实施行政管理的权利；对后者负责，组织员具有党员管理与党性教育的权利。想要组织员获得受训学员的认可，培训机构首先要认可组织员的地位与权利。为此，法官培训机构要改革班主任管理模式下学员管理“多头负责”的工作机制，将培训班学员管理的行政工作交由组织员统一管理。其次，组织员作为培训机构党组织的派出人员，要全权协助学员党支部负责培训班的党员教育、组织管理、干部考核、组织鉴定等党务工作。第三，开展组织员培训。组织员工作最重要的是以学员为本、了解学员、尊重学员，与学员平等相待，要实行讨论式教育、研究式管理。要对拟任组织员人选开展教育方法与工作方法培训。我党早在1929年12月的《中国共产党红军第四军第九次代表大会决议案》中就提出了毛泽东同志总结的党的干部教育“十大方法”：“（1）启发式（废止注入式）；（2）由近及远；（3）由浅入深；（4）说话通俗化（新名词要释俗）；（5）说话要明白；（6）说话要有趣味；（7）以姿态助说话；（8）后次复习前次概念；（9）要提纲；（10）干部班要用讨论式。”在抗战时期，毛泽东又进一步提出干部学校的教育方法：“教员先向学生学七分，了解学生的历史、个性和需要，然后再拿三分去教学。”现在看来，这些我党传统的干部教育方法对于组织员开展工作仍然具有较强的现实指导意义。要通过培训，不断提高组织员的统筹协调能力、综合管理能力、思想引领能力、考核评估能力等基本工作能力。第四，制定完备的组织员管理与考核制度。要通过对组织员的科学有效管理，确保组织员敬业勤业，公平、公开、公正地开展工作。要建立严格的组织员双重考核机制。组织员担负学员党性教育与学员管理的双重职责，决定了组织员既要向学员管理部门负责，也要向派出部门的党组织负责。既要接受学员管理部门的考核，也要接受党组织的考核。要通过对组织员的考核制约机制，帮助组织员始终保有良好的思想道德素养、良好的精神风貌、良好的作风表现，维护培训管理工作的有序运行，维护法官教育培训机构教书育人的整体形象。

实施法官教育培训学员管理制度改革，将传统的以服务学员为主的班主任管理模式转变为更高层次的、以学员思想教育与服务学员并重的组织员管理模式，符合习近平同志在全国干部教育培训工作会议讲话中提出的“在热情服务的同时，必须加强对学员的管理”“把思想教育与制度管理结合起来”的改革方向，有利于实现法官培训学员的科学管理、民主管理和制度管理，符合法官教育培训学员管理制度的发展需要,有利于培养德才兼备、以德为先的优秀法官,有利于干警政治素质与理论素养的提高,有利于确保人民法院工作坚持正确的政治方向。

第二节 资格培训与专项培训

所谓资格培训,是指人民法院相关工作人员在其任职前、晋级前或履行职务中必须接受的任职、晋级、继续履职培训。资格培训是典型意义的岗位资格类别,在人民法院教育培训体系中具体包括四类:任职资格培训、晋级资格培训、续职资格培训、预备法官培训。依照《法官法》第 26 条关于“法官在培训期间的学习成绩和鉴定,作为其任职、晋升的依据之一”的规定,《法官培训条例》第 6 条明确规定:“拟任法官的人员以及在职法官,经过规定的培训,并考核合格的,方可任职、晋级、续职。”资格培训的特点,是此类培训具有强制性、指令性、义务性,是人民法院法官及其他相关人员任职、履职的必经程序。资格培训,是各级法官培训机构的法定任务和主要培训类别。

一、任职资格培训

任职资格培训,是指人民法院正副院长、正副庭长、审判长、执行局长、人民法庭庭长等领导岗位人员的任职前培训,其培训内容突出其任职岗位所需的政治理论、思想素质、岗位知识、业务能力、领导艺术等教育培训。

如 2012 年 6 月,国家法官学院举办了全国新任中级、基层人民法院院长培训班。培训内容共设六个专题板块,第一板块:当前国际国内政治经济形势专题。下设当前国际国内政治形势课程与当前国际国内经济形势等课程。第二板块:新时期人民法院工作指导思想和司法理念。下设新时期人民法院工作指导思想和基本思路、新时期人民法院司法理念等课程。第三板块:当前人民法院的司法改革专题。下设中央司法改革的原则和要点、人民法院“三五”改革纲要等课程。第四板块:新时期人民法院队伍建设专题。下设新时期人民法院队伍建设面临的形势和主要任务、新时期人民法院队伍廉政和作风建设等课程。第五板块：新时期人民法院队伍司法能力建设专题。下设五个能力建设课程，刑事审判工作重点、热点和难点问题课程，民事审判工作重点、热点和难点问题课程，行政审判工作重点、热点和难点问题课程，执行工作重点、热点和难点问题等课程。第六板块：中级、基层人民法院的科学管理专题。轮训以讲授式为主，辅之以课堂讨论等多种教学形式，以确保培训的针对性和实效性。各专题采取面授形式，为保证授课的权威性，各板块授课人员以最高人民法院院领导、相关中央国家机关负责人、专家学者以及部分高级人民法院院长为主。

针对新时期法院院长任职岗位要求，国家法官学院举办了全国新任中级、基层人民法院院长培训班以更新理念、统一思想、转变观念、增强能力为主题，突出一个素质教育，一个能力建设。第一，进行新任中级、基层人民法院院长的思想政治素质教育。包括科学发展观、社会主义法治理念的思想教育，对“三个至上”指导思想和“为大局服务，为人民司法”工作主题的深入再教育，对法官职业道德、法官行为规范、“五个严禁”等重要规定的再教育，同时组织学员就国情教育、司法改革、法院管理等专题进行深入研讨，进一步增强新任院长的政治意识、大局意识、为民意识、国情意识和公正意识，确保为党和人民掌好用好司法权。第二，进行新任中级、基层人民法院院长的司法能力提升教育。紧紧围绕“五个能力”，即认识和把握大局的能力、认识和把握社会矛盾的能力、认识和把握社情民意的能力、认识和把握法律精神的能力、认识和把握新情况、解决新问题的能力开展培训，教育引导新任院长增强司法能力和工作水平，提高办案质量，努力做到法律效果和社会效果的有机统一，不断增强为大局服务的能力，提高做群众工作的本领，切实化解矛盾纠纷。

二、晋级资格培训

晋级资格培训，是指各级法官、司法警官及其他专业管理人员晋升高一职级职务前必须接受的资格培训。其培训内容突出其所晋升职级岗位所需的政治思想素质与司法业务能力等教育培训。目前开展的晋级培训主要是法官晋升高级法官前的岗前培训。

早在1993年4月7日，在中国高级法官培训中心第四次会议上，时任最高人民法院院长任建新同志代表党组提出：“要把法官培训与法官法的制定、干部人事制度的改革联系起来,逐步做到法官的任职、提拔必须经过培训,特别是高级法官任职前,必须经过严格培训。"晋级资格培训是完善的法官管理制度的必要组成部分。

晋级资格培训在课程设置与培养目标上,首先要进一步夯实法官的政治理论与职业道德基础。如国家法官学院 2012 年 10 月 15 日至 11 月 2 日举办的第 39 期高级法官晋级资格培训班(民商事与行政审判专业)努力使学员领会并深入贯彻邓小平理论、"三个代表"重要思想,牢固树立科学发展观。坚定"三个至上"的指导思想,以"五个严禁"为行为准则,进一步提高法官职业道德水平,培养学员科学、缜密的法律思维能力,正确把握立法精神与司法政策,不断提高受训法官的综合素养。

晋级资格培训要特别注重新岗位的职业能力培养,使学员具备履行拟晋升岗位职责必备的职业技能,达到胜任新岗位要求的条件。国家法官学院第 39 期高级法官晋级资格培训班(民商事与行政审判专业)共分六个教学单元:综合素养与技能单元、民事诉讼与执行单元、民商事审判实务单元、行政审判实务单元、学员论坛单元、考试与自习单元。培训班在教学上采取专题讲授、案例教学、小组讨论、学员论坛、互动答疑等方式,培训目标是进一步提高参训学员的综合素养和职业技能,着力培养法官庭审驾驭能力、法律适用能力、调解能力和裁判文书制作能力等"四个能力",使学员具备履行高级法官岗位职责必备的职业技能,达到胜任高级法官的条件。"民事诉讼与执行""民商事审判实务""行政审判实务"单元的教学,力图引导学员从法学理论和审判实务等结合点上对当前民商事审判工作、行政审判工作中的重点、热点、难点问题进行深入探讨,从而进一步提高其理论水平和审判业务能力。"学员论坛"单元的教学,努力实现学员与教师、学员与学员之间的充分沟通、交流与互动,研讨解决学员在理论和实践中存在的困惑与问题。

晋级资格培训既要按照岗位规范开展统一培训,又要针对培训对象开展"按需培训"。国家法官学院在第 39 期高级法官晋级资格培训班(民商事与行政审判专业)前,专文调研、征集拟受训学员对培训课程设置的要求与意见,据此对该培训班课程安排如下:第一单元综合素养与技能,安排建设公平正义的社会主义法治国家、有关法律适用的若干问题、多元化纠纷解决机制等专题讲座。第二单元民事诉讼与执行,安排《中华人民共和国民事诉讼法》修改的解读、民事证明过程与法官心证的形成、民事申请再审案件的审查、民事审判中的事实认定、民事判决的执行等专题讲座。第三单元民商事审判实务,安排民事审判中的热点与难点问题、合同效力的认定与处理、侵权责任法的理解与适用、关于买卖合同审判实务的若干问题、公司法司法解释的理解与适用、知识产权司法保护的新思维、民事审判与行政审判交叉问题研究、反垄断诉讼、公司诉讼的裁判思维、不动产登记与不动产权属确认(案例教学)等专题讲座。第四单元行政审判实务安排审理赔偿案件中若干难点问题、房屋征收与补偿新司法解释的理解与适用、房屋登记行政案件疑难问题解析、行政诉讼新思维——“行政诉讼法修改问题”等专题讲座。第五单元以“司法公信力的影响因素及解决对策”为主题开设学员论坛。上述课程设置,既实现了在有限的时间内提升受训法官专业司法能力的培训要求,也满足了不同学员的培训需求,受到了受训学员的广泛欢迎。

高级法官晋级资格培训是规范化开展法官培训工作中,最具代表性、培训最为系统、考核最为严格的资格性培训之一。在2012年晋高培训停办之前,国家法官学院及其委托的分院开展晋高培训八年,共培训晋高学员59,435人,其中,国家法官学院网络培训34,043人、地面培训2240人;委托分院培训23,152人。历年培训人员如下:2005年国家法官学院举办3期地面晋高培训班、培训学员299人,委托分院培训5152人;2006年国家法官学院委托分院举行晋高培训并实施全国统一考试,18,000人取得高级法官任职资格培训合格证书;2007年国家法官学院举办地面培训班8期、培训学员1941人;2008年国家法官学院举办网络晋高培训班,培训学员9117人;2009年国家法官学院举办6期网络晋高培训班,培训学员8604人;2010年国家法官学院举办6期网络晋高培训班,培训学员9808人;2011年国家法官学院举办3期网络晋高培训班,培训学员6514人。

三、续职资格培训

续职资格培训,是指各类法院工作人员在履行岗位职务过程中必须接受的资格培训。《法官法》第24条第1款规定:“对法官应当有计划地进行理论培训和业务培训”,这是续职培训的基本法律依据。将续职培训规定为资格培训,也即说明法院各类工作人员不接受规定的培训不得继续履职。其意义在于针对我国法院工作实际及法官队伍文化专业构成情况,做出的现职法官及法院其他工作人员必须接受规定的强制性教育培训制度。续职培训是各类资格培训中涉及人数最多、受益面最广的培训制度。同时也是各类资格培训中最难以推行、最不容易落实的培训制度。

鉴于续职资格培训的性质是在岗提高性培训,其培训内容应突出知识更新培训、新法律法规培训、技能提高培训等教育培训内容。如国家法官学院 2011 年 6 月 7 日至 17 日举办的总第 11 期高级法官续职培训班(刑事审判专业),培训对象为全国高中级人民法院从事刑事审判工作的已任高级法官。其培训内容注重了最新司法理念、立法规定、司法解释与司法政策相关课程。第一单元综合素养板块,下设人民法院司法理念、司法原理与社会主义法治理念等课程。第二单元立法司法动态板块,下设刑法修正案(八)解读课程。第三单元刑事审判理论与实务板块,下设财产犯罪的认定、宽严相济刑事政策的司法解读、控审配合机制中的若干问题、审理职务犯罪案件的几个问题、刑事证据的相关问题、刑事附带民事诉讼的相关问题、医学鉴定结论在刑事审判领域中的应用等课程。第四单元安排案例教学。第五单元围绕《量刑规范化在实施中的问题》专题组织受训法官开展小组讨论。第六单元学员论坛板块,设定结合审判实践体会谈谈对刑事诉讼法再修改的意见、非法证据排除规则及其在司法实践中的运用、刑事证据审查判断中的突出问题及对策、死刑案件审判中的证据问题等刑事诉讼及证据专题开设学员论坛,全体学员参加,若干学员做典型发言,实行专家点评与学员互评相结合的论坛讲评。

再如,国家法官学院 2012 年 6 月 11 日至 21 日举办的总第 15 期全国法院高级法官续职培训班(民商事审判专业),受训对象为全国高中级人民法院从事民商事审判工作的已任高级法官,其培训方向切中民商事最新立法与司法审判核心问题,培训内容包括建设公平正义的社会主义法治国家、民法基本问题与理念、司法过程的利益衡量、民商事案件中涉诉信访问题研究、民商事案件审判监督问题研究、民事审判中的热点与难点问题、最高人民法院《关于适用〈中华人民共和国婚姻法〉若干问题的解释(三)》(以下简称《婚姻法司法解释三》)的理解与适用、商事审判中的热点与难点问题、合同纠纷审判实务若干问题、知识产权疑难案件的司法解决、《中华人民共和国反垄断法》的司法解释解读、《中华人民共和国物权法》的理解与适用、《中华人民共和国侵权责任法》的理解与适用、民事证据在审判中的应用、公司诉讼疑难案件的实例分析、民事执行中的若干问题研究等专题讲座。为增强法官培训的针对性和实效性，培训班要求受训学员携带审判实践中遇到的典型案例3～5个，并围绕拟安排的培训专题，由学员预先提交在培训中最迫切希望解决的实际问题。在此前提下，培训班组织两次民事审判事务问题专题讨论。学员们反映，这样的续职培训与工作实际结合紧密，培训专题涉猎立法与司法、审判与执行，更重要的是诸如民商事涉诉信访问题、《婚姻法司法解释三》的法律适用等培训内容十分鲜活、紧跟时代，培训针对性、可操作性突出。

四、预备法官培训

预备法官培训，是指法官的任职前培训，也即对于符合规定条件的拟任法官的人员开展的专门培训。标准意义上的预备法官培训，或称理想意义上的预备法官培训，是指在通过国家统一司法考试后获得《法律执业资格证书》的人员中，挑选具有更高水准的优秀生源，在国家法官学院及其分院经过一定期限的培训培养，并在法院、检察院、律师事务所、党政机关等有关单位实习锻炼后，将其综合考核合格者选拔作为法官后备人才的培训制度。

有关预备法官培训制度的探索，起源于20世纪末。1999年年底，我国共有法官16万人。其中，大学本科以上学历法官为3.1万人，仅占法官总数的19%。法官文化层次偏低，来源复杂，直接影响了人民法院的办案水平。另一方面，一大批优秀的青年大学生难以进入法官队伍。为根本改变法官队伍的文化结构和素质，国家法官学院曾建议最高人民法院改革法官来源渠道，建立从大学生、研究生中，直接选拔培养法官的新型法官培养录用制度，实行法官制度的重大改革。当年，酝酿中的新型法官培养录用制度的基本内容是：第一，每年由国家面向法律本科以上学历毕业生举行国家司法考试。第二，通过考试并合格者统一进入国家法官学院，进行为期两年的法律实务教学并从事实习法官工作。第三，学习期满后，再举行录用法官考试，合格者由国家任命为法官，分配到各基层人民法院任初级法官。第四，逐步做到高一审级法院的法官由低一审级法院的法官中晋升、选任。新型法官培养录用制度的核心是保证法官素质的高起点,设立专门针对法官职业的培养研修阶段,实行法官录用的公开考核选拔与人才的公平竞争。

按照上述指导思想,建立新型法官培养录用制度具有以下历史特征:第一,符合我国社会主义法制建设需要。在市场经济条件下,人民法院的作用日益重要。要在根本上提高人民法院的执法水平,除大力加强现有法官队伍的教育培训工作外,更重要的是改变法官的进人渠道、培养渠道,确保新任法官的政治、思想素质和文化专业素质。第二,切合人民法院审判工作改革实际。长期以来,我国法官主要从担任一定期限的书记员中选任。书记员客观上可以在法院内部研修审判业务、提高审判技能,但实践证明,这种选任法官的方法,越来越不适应建立社会主义法治国家对人民法院工作的要求。从 2001 年起,人民法院开始实施书记员职务单列,实行专业化、职业化和终身制,法官一般不再从书记员中产生。因此,大学毕业后的实务性训练是担任法官的必经研修过程。第三,符合我国高等教育的客观实际。我国现行大学阶段的法学教育侧重于理论教学。即便是优秀的大学生,由于大学教学体制和培养方案的限制,相对缺少实际工作能力与实践经验。设立必要的法官职前训练有利于实现法官等实践型人才的培养目标。第四,有利于吸收青年优秀人才进入法院系统,进一步为高校毕业生就业创造条件,形成激励高等教育发展的良性循环,同时堵塞不合理的进人渠道,有利于建立良好的审判专业人才培养机制。建立新型法官培养录用制度,是我国法官制度的重大改革。它使法官培养录用工作进一步科学化,使法官队伍有了新的更高起点,并直接为法官队伍不断输送符合国家法制建设需要的新鲜血液,保证实现法官队伍高素质的要求。这项制度的改革,将对中国依法治国,建设社会主义法治国家的历史进程产生深远的影响。

上述新型法官培养录用制度,也即后来的预备法官招录与培养制度。建立以从大学生中选拔培养法官为主渠道的法官培养录用制度,具有现实可行性。1998 年全国普通高校共毕业法律专业本科生、硕士生、博士生 11,916 人,1999 年共毕业 10,963 人。加上成人高等院校法律本科毕业生,以及法院审判工作所需要的经济、哲学、外语、贸易等相关学科本科以上毕业生,每年将有 3 万余名大学本科以上毕业生参加国家司法考试。合格者可进入国家法官学院学习。

可以预见,到21世纪中叶,我国法官队伍的主体构成将产生质的飞跃,并与国际法制环境接轨。从而进一步在宏观上保护与促进社会主义市场经济体制的发育与完善。

为了为大规模的预备法官培训做好准备,自2000年5月起,国家法官学院着手在四个方面开拓工作:第一,建议最高人民法院争取国务院领导和国务院有关部门的支持,尽快启动国家法官学院二期工程,并将此列为国家重点项目,确保工程所需资金,争取三年内完工。第二,鉴于预备法官培训制度实施后,每年将有大规模的法律院系毕业生进入国家法官学院学习,任务繁重,可考虑建设国家法官学院分院,由上海、广东、四川、山东等地条件较好的省法官学院分担培训任务。第三,在考虑《法官法》修改时,建议将建立新型法官培训录用制度的内容考虑进去。第四,建议最高人民法院有关部门和国家法官学院一起进一步修改完善国家法官学院二期工程规划,并研究制定新型法官培训录用制度的具体实施规划和文件。

有关中国预备法官培养制度,是个全球化的法制课题。法律全球化的趋势,法律的普遍性与特殊性,决定了课题的现实性与共通性。本论题的重要性,与法治、法院、法律职业、法官、司法的重要性相一致。2001年6月30日,全国人大常委会修改了《中华人民共和国法官法》及《中华人民共和国检察官法》,规定自2002年起,实行国家统一司法考试制度。最高人民法院、最高人民检察院、司法部2001年10月31日发布《国家司法考试实施办法(试行)》,旨在测试应试人员法律专业知识及从事法律职业的能力。考试内容包括五部分:理论法学;应用法学;现行法律规定;法律实务;法律职业道德。闭卷考试。自2001年12月起,最高人民法院政治部、国家法官学院就我国预备法官产生与培养问题联合进行了研究与探讨,我国预备法官培养制度正式提上议事日程。

中国预备法官培养制度,宏观上包括四大组成部分:国家统一司法考试;遴选考试;培训与实习;考核确认。具体制度内涵包括:

第一,培养目标。采用“预备法官培养”而非“预备法官培训”的概念,首先是考虑到参加统一司法考试的生源条件距离法官任职条件差距较大,需要加以培养,而非一般培训。其次是考虑到我国预备法官培养制度不是简单传授知识与提高能力的脱产培训,而是要培养预备法官特有的人生观与职业素质,包括思想素质、道德情操、法律思维、洞察力与判断力、工作作风、审判作风。中国预备法官培养的目标，是通过在参加国家统一司法考试后获得《法律职业资格证书》的人员中，挑选具有更高水准的生源，在国家法官学院及具备条件的省级法官学院经过一定期限的培养，作为法官助理或法官的后备人才。在具体培养过程中，对预备法官培养采用"分训制"（区分不同标准对预备法官进行个别化培养），与采用"合训制"（按统一标准对预备法官、预备检察官、见习律师进行同质化培养，培养法律职业团体）比较，根据我国"两官一师"的不同职业要求，以及现行培训机构的国情，以"分训制"较为科学。对于"先录后训"与"先训后录"的比较，以"先训后录"较为合理。对于坚持两级培训机构及必备的培训条件，要求不得随意放宽标准。两级培训机构的分支机构建设为必要的补充。

第二，生源遴选。生源遴选，即在通过国家统一司法考试的人员中，于自愿报名的基础上，由法定机构按照条件谨慎挑选预备法官人选。现实的遴选难题是：偏远地区报名人数过少；法律在职从业人员、特别是法院、检察院实际过关人数过少。2002 年第一年实行统一司法考试，35 万人参考，通过率仅有 7%，共 2.4 万人。内蒙古自治区呼伦贝尔盟 1000 余人参考，仅有 14 名人通过。大庆市 100 余名法院参考人士，无一人过关。全国法院 4 万余人参考，仅过关 3000 余人。全国检察系统 2.8 万人参考，仅 1000 余人过关。为了建立科学的司法考试的生源遴选机制，可以在以下方面加以改进：(1) 遴选额度，应以法官退休与缺岗数为基本依据。最终以 1∶2 的比例遴选预备法官。(2) 遴选专业，以普遍性遴选与按专业遴选的比较，以按刑事、民事、行政等不同审判业务类别确定额度并分专业招收生源较为科学，以利于专家型、专业化、职业化法官队伍建设。(3) 报名条件，以统一司法考试"一体化条件"或"特殊化条件"的比较，以"特殊化条件"为好。即要求具有良好的思想品格素质、伦理道德素质，法律本科以上学历，年满 23 周岁（可以放宽至 40 岁），具有一定的社会经验，身体健康。(4) 遴选机构，宜在最高人民法院及高级人民法院分别设立预备法官考核委员会担任遴选工作。考核委员会由六类人员组成：资深法官、资深检察官、法学教授、高级律师、法官管理机构、法官培训机构官员组成。(5) 遴选考试。考试采用笔试、口试两种方式。笔试通过者参加口试。口试也即面试。面试既是感性认识，也是理性认识，以弥补统一司法考试的欠缺。考试形式以社会事例与案例分析为主。考试内容有别于国家统一司法考试。主要测试学生思想文化底蕴、伦理道德、应变能力、口头表达、社会经验、分析与解决问题的能力以及综合素质水平。

第三，培养期限。培养期限事关人才培养质量，也事关满足实际审判需要。一年至一年半制的短期制注重于实用，疏忽于质量。两年制则期限过长。在一年制、一年半制、两年制、两年半制诸方案中，从我国实际情况出发，确定两年制较为科学。理由：生源基本情况决定；审判工作规律决定；人才培养期限决定。考虑现实需要，预备法官的办案实践，从其培养目标及要求出发，应协助法官实际办案，既是考察也是锻炼。同时解决审判人员不足问题。

第四，培养阶段。培养人才，应按照客观规律办事。作为被培养对象，有一个认识与提高的过程。最基本的过程也就是遵循理论、实践、再理论、再实践，以及由普遍到特殊，由现象到本质的认识论规律，预备法官的培养共分五个阶段，按以下顺序安排：第一阶段：综合培训（三个月）。要求深化了解社会，深化了解与审判相关的部门工作，明确法院工作的地位与状况。第二阶段：综合实习（六个月）。其中国有、集体企业一个月；政府机关一个月；律师事务所一个月；检察院一个月；法院两个月。第三阶段：专业培训（三个月）。要求熟悉审判工作，培训、提高审判业务能力。第四阶段：专业实习（十二个月）。在法院进行审判能力训练。第五阶段：预备法官学业总结。

第五，培训内容。区别于统一司法考试所测试考核的法理学、宪法、法制史、经济法、国际法、国际私法、国际经济法、法律职业道德与职业责任、刑事与刑事诉讼法、民法、商法、经济法、民事诉讼法与仲裁法、行政法与行政诉讼法等科目内容，要避免法学基础知识的重复学习，在预备法官培训中重点培训以下四方面内容：（1）职业素养。包括政治理论、品格修养、职业道德、法律思维等内容。（2）相关学科。包括政治经济学、经济体制改革与政治体制改革、经济贸易、国际政治、科学技术、语言艺术、社会管理等内容。（3）专业知识。包括司法改革、法院管理、诉讼程序实务、审判关系协调、国外法学、法学博览与研究等内容。（4）审判技能。包括驾驭法庭能力、裁判案件能力、制作文书能力、口头表达能力等内容。从预备法官培养的实际效果出发，讲求实效，鼓励探索，全国各地预备法官培训统一教学大纲，不求统一教材。

第六,培训方式。培训方式也即教学方式,是连接培训内容与培训对象的桥梁。预备法官培训的方式必须有别于大学理论教学,应注重:理论与实践的关系;应用型教学;应试与能力的关系;素质性教学;课堂与社会的关系;开放式教学;对象与主体的关系。

第七,培训师资。培训师资是培训质量的首要要素,要在以下方面重点加强预备法官培训师资队伍建设:(1)师资结构。逐步过渡到以兼职为主、专职为辅,建立流动性、实践型、技能型、专家型的预备法官培训师资队伍。(2)选任程序。努力做到选任岗位公开,选任视野宽阔,选任机构权威。(3)师资要求。审判业务专业师资的配备,要求教师职业道德良好、审判经验丰富、办案能力较强,同时具备胜任教学工作的专业理论素养及口头及文字表达水平。(4)师资待遇。在保证固有待遇不变、正常调资与调职的基础上,由任教所在学院发放任教补贴。任教结束后,予以工作条件优待。(5)任职年限。专职任教2~4年。

第八,培训管理。鉴于预备法官的培训更侧重于教育培养,预备法官的培训管理工作就是培养环节,要健全并加强以下管理工作:(1)加强学籍管理,要建立预备法官培训的硬性淘汰机制,淘汰比例控制在2%以内。(2)加强素质教育管理,包括政治思想、职业道德教育管理。(3)严格学业成绩管理,同时,实行不及格科目重修及留级制度。(4)加强纪律管理,培养政治合格、立场坚定、素质优良、纪律严明的法官后备人才。(5)档案管理。允许预备法官向预备检察官、律师的合理转岗。

第九,考核确认。考核确认是预备法官培养制度的最后环节。即在全面考核的基础上,确认预备法官的结业资格。包括以下环节工作:(1)考核体系。由政治思想表现、品德修养、学科成绩、实习鉴定、结业考试等部分构成。(2)结业考试。以笔试及口试的方式进行。主要测试预备法官的审判业务能力。(3)考核机构。最高人民法院及高级人民法院预备法官考核委员会行使考核职权。(4)资格确认。取得结业资格的预备法官,原则上不能直接担任法官,必须先行担任两年的法官助理。两年过后,合格者通过法定程序任命为法官。不合格者解除其法官助理职务。

以上预备法官培养制度作为一种理想的理论体系,要想变为现实,需要接受一定期限实践的考验，并受三个因素制约：方案本身的科学性；培养周期与现实需要的矛盾；社会制约因素，包括培训经费、培训机构、培训师资与管理人员。理论的意义在于指导实践。

国家法官学院与委托承担预备法官培训的省级法官培训机构，成功实践了具有中国特色的预备法官培养培训制度。如国家法官学院2012年举办的最高人民法院机关预备法官培训班，主要安排学员的办案实习与实践锻炼，在审判实践中对学员加以考核与培养。其中，脱产培训阶段教学内容如下：第一单元形势政策与司法国情板块，下设大国战略与中国法治发展、建设公平正义的社会主义法治国家、人民法院干部管理的相关政策等专题。第二单元职业素养与综合素质，下设法官自律的意义、人民法院司法改革的历史回顾与展望、如何提升协调沟通能力、法官的情绪与压力管理等专题。第三单元业务技能板块，下设《中华人民共和国刑事诉讼法》修改对刑事审判的影响、人民法院裁判说理、从裁判文书制作看法官业务素养的养成、民商事审判方法的社会视角、刑事审判如何寻求社会效果与法律效果的统一等专题讲座。该培训班的教学目标是着力培养学员的社会主义法治理念，提高学员的司法职业道德水平与职业素养，奠定学员从事法官岗位的理论基础与审判技能基本要求。培训班集中培训阶段所开设的"形势政策与司法国情"、"职业素养与综合素质"和"业务技能"等三个课程单元板块，与学员分组讨论相结合，贯穿学员论坛活动及现场教学、拓展训练安排。现场教学包括组织参观西柏坡爱国主义教育示范基地，开展革命传统教育。分组讨论则由学员围绕"对法官核心价值观的理解"等主题展开自由讨论。学员论坛分则分为代表发言和自由发言两个部分，在教师设定的题目下由学员自己主持、自行点评。上述预备法官集中培训阶段的课程安排及培训活动，着眼于提高预备法官的综合素质，加深学员对法院业务审判及法院建设的职业认识，明确法官的岗位要求，提高学员适应法官工作需要的业务技能，其课程设置、教学计划与预备法官培训培养的总体目标是协调一致的。

尽管我国目前的预备法官培训还存在培训标准、培训期限、培训内容不够规范、没有统一的问题，特别是预备法官培训的学员还无法做到从通过国家司法考试的人员中择优遴选、实行合理淘汰式培训，在体制上没有根本解决"先培训后录用”的法官遴选科学机制问题。但是,预备法官培训作为一个新的培训种类,从无到有,从探索到相对成熟,见证了法官初始培养制度的重大历史变革,对于中国法制建设具有划时代的深远意义。

五、新法律法规培训

新法律法规培训与专项培训是各级法官培训机构除资格培训以外的另外一类主要培训类别。所谓新法律法规培训,是指各级法官培训机构所开展的以解说、适用国家颁布的新法律法规为主题的知识更新培训。所谓专项培训,是指各级法官培训机构所开展的针对特定人员、特定任务的专门项目培训。现行的专项培训包括师资培训、人民陪审员培训、书记员培训、司法警察培训、专题教育培训等。新法律法规培训是法官可以自由选择参加的培训类别。专项培训分不同班次,是特定人员应当参加或自愿参加的培训类别。新法律法规培训的特点是与国家法制建设同步,培训紧扣时代主题、与时俱进。专项培训的特点是适时服务法院中心任务与队伍建设阶段需要。

狭义的新法律法规培训,是指针对国家立法机关新颁布的法律以及国务院制定发布的法规性规范文件的理解和适用所进行的培训活动。广义的新法律法规培训,既包括有关国家法律的立法解释、配套文件,也包括有关国务院及有关部委的涉及法规执行的政策性文件,同时包括有关最高人民法院、最高人民检察院的司法解释、适用审判与检察工作的规范性文件,还包括有关地方人大、政府、司法机关的适用于地方的规范性文件的培训活动。

21 世纪初,我国正处在社会、经济大变革时期,社会主义法制体系正在建立当中,与此相关的调整经济关系与社会关系的新法律法规不断制定并付诸实施。鉴于人民法院是国家司法审判机关,其本质功能是利用法律手段规范和调整社会关系,法官对新法律法规的及时、全面、准确理解与执行,是做好审判工作的第一要务。所以,新法律法规培训显得格外重要,已成为各级法官培训机构培训量最大、受众面最广,也最受法官期待与欢迎的培训类别。

各级法官培训机构注重新法律法规培训的及时培训与普及培训,努力促进干警的法律知识更新,提高审判人员对新法律法规的适用能力。如 2007 年国务院《诉讼费用交纳办法》实行,诉讼费大幅降低,诉讼门槛降低,民事一审级别管辖进行重大调整，基层法院案件大量增加。2008年新《中华人民共和国民事诉讼法》实施，《中华人民共和国物权法》《中华人民共和国劳动合同法》《中华人民共和国侵权责任法》等一批新法律相继实施，最高人民法院相继发布了《关于办理死刑案件审查判断证据若干问题的规定》和《关于办理刑事案件排除非法证据若干问题的规定》等系列刑事、民商事、行政审判等司法解释文件，各地法院受案范围拓展，各种新类型案件与适用新法律法规的疑难案件不断涌现，新一轮诉讼浪潮汹涌而至。“依法治国”的基本国策要求各级法官、特别是办理案件最多的基层法官必须及时、准确理解并适用。一方面，各级法官培训机构面临着广大法官对新法律法规培训的迫切需求；另一方面，基层法官案多人少、审判力量严重不足，审判人员难以分批抽调出来参加集中脱产培训。针对这种情况，多数法官培训机构采取了网络培训、电视电话会议等培训方式扩大新法律法规培训受众面。

例如，江苏省法官培训学院探索了“基层巡回培训”模式，成立了全省基层巡回培训讲师团，设立刑事、民事、行政、立案、执行等系列教学组，挑选省、市两级法院的专职、兼职教师56人开展面向全省基层法院与法官的巡回培训。巡回培训前，针对立法规定与司法文件精神，整合审判实务规范要求，法官培训学院集中人力编写了培训大纲，形成了统一的授课教案，统一汇编、印发所有参训的基层法官。基层巡回培训的授课方式，使全体基层法院法官在家门口接受了较高层次的业务培训。通过培训，使基层法官的理论水平进一步提高，正确的司法理念得以巩固，诉讼程序进一步规范，适用法律能力得以全面提升。2009年和2010年，江苏省法官培训学院连续两年开展了全省基层巡回培训，培训涉及刑事、民事、商事、行政、立案、审监、执行、审管等十余个审判条线的36个专题，培训基层法官20,611人次，培训后效果显著。2009年，江苏省基层法院案件审结率同比增长8.01%，人均结案数同比增加16.58件，公众满意率同比增加1.07分。2010年该省基层法院案件审结率、调解率均比2009年又有新的提高。公众对法院工作的满意度为83.15分，同比上升1.65分。法官教育培训活动有力地促进了审判工作。在最高人民法院开展的案件质量评查中，江苏省法院系统在2009～2010年连续两年位居全国第一。

六、师资培训

法院系统的师资培训，是指针对法官教育培训机构的专职教师与兼职教师所开展的专门职业培训。师资培训也称对“培训者的培训”，培训内容既包括理论知识的更新与拓展培训，也包括审判业务实务能力与综合素质的培训，同时还具有不同于法官培训的独特培训内容，即师资培训因要开展教学能力与教学方法的培训而要增加相关的培训内容。依据《法官培训条例》第 10 条第 1 款第 6 项规定，国家法官学院承担“地方法官培训机构的师资培训”，国家法官学院是开展法院系统师资培训的主要机构。省级法官培训机构也可开展本级机构与地市级法官培训机构的师资培训。

鉴于师资培训的独特性质与更高要求，国家法官学院对师资培训采取了特殊的方法、适用了特别的形式。例如，国家法官学院 2012 年 10 月 31 日至 11 月 9 日举办的全国法院教育培训机构师资培训班，招生对象为各级法官培训机构的专职与兼职教师、教务工作人员，培训内容突出培养教师在法官培训教学中利用案例开展教学的能力与水平。培训班设三个单元：“案例教学的理论研讨”“案例教学的实践探索”“案例教学的经验交流”。第一单元“案例教学的理论研讨”，通过了解案例教学的特点及其对法官培训工作的重要意义与作用，明确案例教学是法官培训实现“由理论研究型向理论与实践结合型转变，由知识培训型向知识与能力结合型转变”的重要手段，并通过对哈佛案例教学方式及美国、德国案例教学的介绍与分析，了解掌握国内外选择和利用案例的方法、案例教学的有效实施。第二单元“案例教学的实践探索”，通过从预备法官、法官续职培训、法官综合类培训的不同角度，进行刑事、民商事、公共事件的案例教学演示，掌握和了解教学案例的编写制作、案例教学的基本流程、案例教学的组织实施等方式方法，从而积极适应案例教学这种现代综合性、集成性、能动性教学法的发展趋势、教学特点与内在规律，推进法官培训中教学方式的改革与创新。第三单元“案例教学的经验交流”，通过分组交流研讨，进一步明确案例教学方式的定性和定位，集体编写制作本小组的教学案例和案例教学方案，并推举小组代表，做现场演示和相互点评，充分体现本次研修班的参与性、互动性。

培训班设置了具有针对性的教学实施方案如下：第一单元“案例教学的理论研讨”部分包括三项内容：(1)专题研讨：①案例教学在我国法官培训中的适用；②中国传统法律文化语境下的案例教学；③案例教学方法的理论性思考与实践性探索。(2)域外经验：①哈佛案例教学与教学案例的编写；②德国案例教学的归入法和关系法。(3)小组研讨：①什么是法官培训的案例教学；②怎样开展法官培训的案例教学。第二单元“案例教学的实践探索”部分包括两项内容：(1)案例教学演示：①案例教学演示之一：预备法官培训的案例教学——以刑事审判为例；②案例教学演示之二：法官晋级续职培训的案例教学——以民商事审判为例；③案例教学演示之三：法官综合类培训的案例教学——以公共事件为例。(2)小组研讨：要求学员以小组为单位，共同编写一份本小组的教学案例、并制作一份案例教学方案。第三单元“案例教学的经验交流”部分包括两项内容：(1)专题论坛：①各小组推举代表，运用本小组编写的教学案例和案例教学方案，演示法官培训案例教学(限时20分钟)；②点评：每小组演示后，下一小组先对上一小组的演示情况进行点评，然后再进行本小组的案例教学演示；最后演示的小组，由第一小组负责点评(限时8分钟)；③自由发言(总时长8分钟)。(2)现场教学：如何加强法院内部的规范化管理——以河北省廊坊经济开发区法院为样本。

本培训班结业前，要求每名参训学员独立撰写研修小结，包括制作一份法官培训教学案例，同时设计案例教学配套方案。通过培训班对案例教学方式的综合研讨、比较研究、实战演练、经验交流与现场教学，特别是撰写研修小结，所有参训教师进一步提升了法官培训教学水平，提高了对案例教学重要性的认识，进一步明确了案例教学的要求，掌握了案例教学的方法，强化了案例教学的技能。

七、专项教育培训

专题教育培训是专项培训中的主要类别之一，其特点是政策性强，培训对象临时确定，培训课程临时组合，培训任务具有短期需要性质。法官教育培训工作是法院队伍建设的基础手段。根据党和国家的工作大局与总体部署，政法系统或法院系统往往会在不同阶段决定对法官或法院其他工作人员提出特殊的、政策性的、临时性的培训要求。开展专题教育培训是基于中国国情的各级法官培训机构的重要政治、时事任务。

2007 年至 2008 年,为坚定人民法院工作的政治方向,牢固树立社会主义法治理念,坚持以中国特色社会主义理论体系作为人民法院工作的行动指南,真正解决为谁掌权、为谁司法、为谁服务的根本问题,最高人民法院在全国法院系统开展了为期一年的"大学习、大讨论"专项教育活动。该项教育培训活动成为各级法官培训机构的重要政治任务,也成为人民法院教育培训工作的首要任务。"大学习、大讨论"活动的重点是"党的事业至上、人民利益至上、宪法法律至上"的"三个至上"教育。"三个至上"是胡锦涛总书记对社会主义民主与法制建设规律的科学总结,是对马克思主义法制思想和社会主义法治理念的丰富和发展。在学习讨论过程中,各级法官培训机构努力解决"为什么要坚持'三者统一',不能搞'三权鼎立';为什么要坚持'三个至上',不能只讲法律至上;为什么要坚持'两个效果统一',不能片面追求法律效果"等三大实际问题,使法官在司法工作中坚持中国特色社会主义理论体系不动摇,坚持社会主义法治理念不动摇,坚持中国特色社会主义司法制度不动摇。

根据中央政法委关于在政法系统开展"大学习、大讨论"活动的安排部署,各级法官培训机构重点培训了各级法院领导干部,法院正副庭、处、科长,同时组织全体法院干部认真开展"大学习、大讨论"活动。做到领导干部培训与全体干警培训相结合,集中脱产培训与讨论提高相结合,干部自修学习与集中管理考核相结合。到法官培训机构进行集中教育培训,是"大学习、大讨论"活动的中心环节,各地法院高度重视集中教育培训活动,以领导干部集中培训为中心,制定了全面、周密的集中教育实施计划。其中,法院领导干部普遍参加了不少于一周的集中脱产培训。其他干警的学习,以自学教材为主。通过开展"大学习、大讨论"活动,全体法院干警在人民法院工作应当举什么旗、走什么路等重大问题上提高了认识,统一了思想。各级法官培训机构在各级法院党组的直接领导下,加强了培训保障,分批分类实施培训,不留死角,确保了培训的政治效果。

再如,2009 年,根据中央政法委关于"要把基层庭、科、所、队长集中到省级政法机关进行轮训"的指示精神,最高人民法院及时对人民法庭庭长专项培训工作做了安排部署，要求各地法院结合“人民法官为人民”主题实践活动，认真开展人民法庭庭长专项培训。人民法庭是基层法院的派出机构，是人民法院发挥司法职能作用、保障社会公平正义、维护社会和谐稳定的前沿阵地，同时也是人民法院联系群众、服务群众的纽带，是人民群众了解监督法院和感受司法公正的前沿阵地。人民法庭庭长培训是人民法院工作“以党建带队建，以队建促审判”思路的重要体现。各级法官培训机构按照最高人民法院党组的要求，针对人民法庭工作的特点，精心组织实施了人民法庭庭长专项培训。其培训切实践行“公正、廉洁、为民”的人民法庭庭训及司法核心价值观，以“如何当好新时期人民法庭庭长”为主线，普遍安排了社会主义法治理念，科学发展观，人民法院指导思想和工作主题，司法廉政建设，基层法庭工作法，人民法庭庭务管理等项课程，并针对法庭收案范围与审判需要，强化了基层法庭增强审判能力、提高司法水平的婚姻家庭纠纷案件、人身损害纠纷案件、劳动争议纠纷案件、物权纠纷案件、合同纠纷案件等实务审判问题的专题讲座。通过法庭庭长专项培训，增强了法庭庭长的政治责任感和历史使命感，树立了全局眼光、政治意识、群众观念，提升了法庭庭长廉洁自律、带好队伍的实际本领。

第三节　网络培训开始起步

一、地面培训面临的“三大矛盾”

由于我国经济基础相对薄弱、法官数量较大、各级法院办案任务繁重等原因，长期以来，中国法院法官培训工作始终面临着培训经费有限、培训机构培训能力不足、法官参加脱产培训工学矛盾突出三大问题。

所谓网络培训，是指各级法官培训机构通过互联网、局域网等网络手段开展的教育培训。此类培训只是相对于地面培训而言的不同培训载体形式，其内容既可以承载资格培训，也可以承载新法律法规培训与专项培训。严格意义上讲，网络培训只是一种培训手段与培训形式，其培训内容可以涵括所有法官培训项目。由于网络培训覆盖面广、投资少、见效快，必然发展成为各级法官培训机构与地面培训并驾齐驱的主要办班形式与培训渠道。

以国家法官学院为例,《法官培训条例》规定,全国法院实行两级培训,国家法官学院负责高级法官续职培训,晋高培训,院长培训,预备法官培训等培训任务。《2006~2010 年全国法院教育培训规划》规定,"晋高培训"与"预备法官培训""由最高人民法院教育培训主管部门规划,国家法官学院组织实施";国家法官学院工作职责以外的法官培训,"由高级人民法院教育培训主管部门规划,省级法官培训机构组织实施"。国家法官学院办学十年来,通过调整布局,深挖潜力,法官培训规模逐年扩大。其中,2007 年达到历史最高水平,为 6809 人。但与完成规定任务的要求还有很大距离。仅国家法官学院所承担的高级法官续职与法官晋高培训人数,每年就在 3 万人左右,培训能力与培训任务的矛盾亟待解决。

国家法官学院法官培训工作要完成条例与规划规定的法官培训任务,实现可持续发展,必须改变传统教育模式,坚持教育培训内容创新,方式方法创新,施行培训渠道的创新改革。网络教育则是法官教育培训事业的必由之路。国家法官学院实行网络教育,是解决各地法官参加培训学习面临的工学矛盾以及培训经费不足的客观要求。按规定,拟晋级法官到国家法官学院参加一个月的晋高培训,培训经费、食宿费、差旅费,合计每人次培训费用约 6000 元。委托各地培训,培训时间严重缩水,培训质量参差不齐,且一个月的培训费用也在 2000 元上下。上述两种培训方式,受训法官都需脱岗培训,繁重的审判任务难以完成。网络培训无须脱产受训,所花经费微乎其微,解决了各级法院培训经费短缺以及审判人员脱产培训困难的现实问题。

按照中央"大规模培训干部,大幅度提高干部素质"要求,从现有法官培训机构的培训能力来看,仅仅依靠传统面授培训手段,要实现对全体干部进行每 5 年轮训 3 个月的要求,存在相当大的困难。网络培训本身具有传统培训方式不可替代的优势。地面培训是有限的,网络培训是无限的,两者结合,潜力无限。通过网络培训,利用现代信息技术,整合优质教育资源,扩大培训规模,提高培训效率,能解决传统教育培训能力不足问题。

网络培训能有效缓解目前法官培训中面临的工学矛盾。最高人民法院院长王胜俊在第十一届全国人民代表大会第二次会议的工作报告中指出:"2008

年全国各级法院审结案件数是1978年的19.5倍，在数量大幅增长的同时，案件类型更加多样，处理难度越来越大，但人员数量仅增加了1.68倍，案多人少的矛盾日趋突出。”如何将法官从繁重的审判工作与必需的培训学习冲突中解放出来，参加网络培训无疑是有效的方式。网络教育把学校扩展到办公室、家庭甚至全社会的每一个角落，工作与学习相融合。受训法官通过网络，可以根据工作和个人需要，自主选择在何时何地学习，合理安排调整学习时间。

网络培训以较少的投入获得了较高的效益，是建设节约型社会的要求。我国地域宽广，人口众多，东西部经济和文化发展不平衡，教育培训资源远不能满足全体法官的需求。各级法官培训机构教育培训经费紧张，已成为影响法官培训质量和培训任务顺利完成的“瓶颈”。

长期以来，教育培训缺乏对成本的控制和成本收益的科学分析，使本来有限的培训经费更显得捉襟见肘。如何有效降低成本，在保证培训质量的同时提高培训效益，是法官培训管理者面临的现实问题之一。充分利用网络教育培训的开放性、资源的丰富性和共享性的特点，在全国法院系统内建成远程教育培训体系，可以最大限度地发挥教育培训资源的作用，从而扩大培训规模、降低培训成本、提高培训效率。

网络培训的差异化、自主化教学有助于增强受训法官的学习积极性和主动性，体现了以人为本、以法官为本的教育培训指导思想。受训学员由于各自的经验水平不同，知识基础不一致，生活工作阅历不一，思维方式不同，对培训学习有着不同的具体需求，在掌握和理解教学内容上也存在一定的差异。传统的课堂教学对每位培训学员采取的教学方法、教学内容、教学进度是相同的，很难实行因材施教。

网络课件通过运用超文本功能，对授课课件配备高比例的法律法规、司法解释、审判案例、法学文献，展现了网络教育的知识魅力。学员可以就相关重点、难点、热点问题轻松地找到相匹配的辅助资料，根据自己的知识结构和实际需要，有针对性地扩展学习。网络教学提供的全天候教学体制，使教学活动得以延伸，增强了受训法官自主学习的灵活性。教学内容的丰富性，教学形式的自主性，有利于激发受训法官学习积极性和主动性。

二、改革是必需的,过程是艰难的

2007年2月的春节寒冷而有新意。在国家法官学院时任党委副书记张维同志的安排下,国家法官学院学员学生处根据法院教育培训改革与发展需要,利用学院寒假就网络培训的必要性与可行性进行了系统调研论证。春节过后,《国家法官学院网络培训意见方案(草稿)》正式提交国家法官学院院务会议讨论。连续4个月,《国家法官学院网络培训意见方案》几易其稿,争执不休。网络培训在争论中成为焦点,也在争论中得以完善。不同意见依次出现在不同阶段,分别体现在三个方面,第一是是否在法官培训中开展网络培训的争议,第二是当时是否适合开展网络培训的争议,第三是由法官学院独立开展网络培训还是联合成熟网络教育培训机构共同开展网络培训的争议。在时任院长怀效锋以及副院长张印奎、副院长曹三明、党委副书记兼副院长张维同志的积极倡导下,国家法官学院院务会议最终形成决议:为落实党中央提出的“全员培训”战略部署,完成《法官培训条例》规定的最高人民法院党组要求的培训任务,国家法官学院着手实施网络培训,争取2008年开网;为确保办学质量,国家法官学院网络培训挑选、依托社会上既有优秀、知名的法学教育培训机构联合开展,力争从办网之日起,将法官培训网络教育切入网络教育培训的高、中水平标准。

2007年9月,国家法官学院将《法官培训网络教育实施方案》提交全国法院教育培训工作座谈会征求意见。10月10日,学院召开网络教育工作领导小组第一次会议,怀效锋院长亲任组长,决定网络教育领导小组下设网络教育办公室,办公室主任由学员学生处负责同志担任,办公室成员由电教中心、教务部、教学部、学院办公室、学员学生处等部门派员组成。会议讨论了在网络教育筹备工作中各相关部门的工作分工以及培训网筹办日程,拟定于2007年12月15日前拿出电子运行样本,2008年2月1日试运行,3月1日正式开通,首期开展民事、刑事、行政三个专业的晋高培训。10月15日,网络教育办公室召开首次会议,专题讨论、研究了网络教育外部建设、网络教育管理方案、网络教育课件方案、网络教育教务方案、网络教育辅导方案、网络教育学员管理方案、网络教育技术方案的任务分工与完成时限要求。10月23日,网络教育办公室与北京大学英华公司联合召开网络教育技术会议。10月25日,网络教育办公室就网络教育培训方案征求正在学院举办的刑事审判专业高级法官晋级培训班学员意见。11月12日,学院网络教育领导小组办公室召开工作会议,通报了最高人民法院领导对国家法官学院开展网络教育的意见:最高人民法院万鄂湘副院长认为网络培训是世界教育培训发展的新兴手段,也应该成为法官教育培训的主流手段;学院网络教育培训规划已经万鄂湘副院长和政治部李克主任审阅同意,政治部将与学院联合开展网络教育培训工作,肖扬院长将为学员主讲第一课。会议研究了网络培训课件收集工作及培训教学辅导工作。11月15日,学院召开网络教育行政审判晋高培训班学员座谈会。11月21日,学院领导和教学部教师召开网络教育课件审核座谈会。12月4日,张印奎副院长带领网络办公室成员前往最高人民法院政治部,就网络教育培训向政治部领导汇报工作。政治部刘贵祥副主任、政治部宣教部董文濮部长听取了汇报。刘贵祥副主任肯定了法官培训实施网络教育的发展方向,认为针对国家法官学院面临的繁重培训任务,运用现代化教育手段,探索新的培训模式,符合中央关于加强干部教育培训的指示精神。他强调要在网络培训对象、培训管理、培训方案、课件安排等方面多下功夫,高标准,严要求,确保培训质量,谨防网络教育流于形式。12月10日,张印奎副院长再次带队前往政治部宣教部汇报商谈联合召开"中国法官培训网建设工作会议暨国家法官学院法官培训招生会议"有关事项。12月18日,怀效锋院长主持召开网络教育课件总审会,听取了教务部、教学部、网络教育办公室负责人对网络教育课件审查情况的汇报。为落实网络教育课件总审会要求,12月19日,网络教育办公室召开会议,研究了完成各项具体工作的截止时间。12月25日,国家法官学院递交《关于注册〈中国法官培训网〉域名的报告》,拟定建设"中国法官培训网",英文域名为www.court.edu.cn。12月26日,最高人民法院政治部与国家法官学院联合下发《关于召开中国法官培训网建设工作会议暨国家法官学院法官培训招生会议的紧急电传》。

按照最高人民法院万鄂湘副院长关于"网络培训,质量第一"的指示要求,在网络培训筹备阶段,国家法官学院在精选培训课件、保障培训质量工作上开展了大量、细致的调研与准备工作。在筹备阶段,学院整理出2500余课时的课件目录、分类课程体系和师资体系,制定了网络教育教学计划。并在全国范围内广泛征集补充课件,吸收了一批质量高的优秀课件。在此基础上,学院多次组织网络教育课件审查会,严把质量关,在拟上网的134个课件中精选了88个课件作为2008年网络培训的学习课件。为实现教育培训工作的规范化、制度化和科学化,国家法官学院先后制定了《国家法官学院法官培训网络教育学籍管理办法(试行)》《网络教育考试办法》等系列配套制度,对网络教育的机构设置分工、学员资格审查与报到注册、思想教育与学习管理、考试及成绩评定、考核与结业管理等环节进行了规范。学院还坚持网络教育工作简报制度,学员学生处共编发《网络教育筹办简报》19期,将网络教育主要工作框架与实施进程、问题经验等内容定期及时以简报形式加以总结通报,成为领导与教职工进一步了解网络培训建设工作的文字平台。

2008年1月5日,最高人民法院政治部与国家法官学院召开了中国法官培训网建设工作会议,各高级法院政治部领导、各省级法官培训机构负责同志参加了会议。会议研究了中国法官培训网建设工作及晋高培训网络教育方案,确立了中国法官培训网建设的基本框架,议定了网络教育晋高培训的教学计划与管理方案。万鄂湘副院长代表最高人民法院作了重要讲话,深入阐述了开展网络培训的必要性和重要意义,提出了建设中国法官培训网的任务要求,他强调指出:长期以来,国家法官学院乃至全国法院法官培训工作始终面临着培训能力不足、培训经费有限、工学矛盾突出三大难题;国家法官学院对部分法官培训工作实行网络教育,是服务审判工作、降低培训成本、缓解工学矛盾、扩大培训规模,落实党中央关于干部教育培训工作"两大"战略的重要举措,也是落实全国法院"十一五"教育培训规划的具体措施;"网络培训既是中央的要求,也是法院队伍建设的要求。希望各级法院响应中央号召,从队伍建设大局出发,为网络培训创造条件,切实搞好队伍建设。"最高人民法院政治部刘贵祥副主任在中国法官培训网建设工作会议的总结讲话中强调,要"一抓平时上网学习","二抓学员学习管理","三抓期末考试",切实保证培训质量。这次会议贯彻了党中央关于干部教育培训工作的新要求,体现了与时俱进、开拓创新的干部教育培训精神,统一了思想,提高了认识,为网络培训工作开展确定了方向。

为保证2008年国家法官学院春季开学时网络培训同步进行的计划可以实施,2008年1月24日,在春节前夕,国家法官学院举办法官培训网络教育管理人员培训班,部署晋高培训网络教育教学、管理安排,根据各级办学机构网络教育任务分工,对来自各省级法官培训机构的网络教育班主任与教学辅导员进行网络教学与管理技术培训。

三、"中国法官培训网":一颗闪耀的新星

2008年2月20日,"中国法官培训网"开通试运行。网络领导小组办公室广泛征求意见,请最高人民法院、国家法官学院、各高级人民法院培训机构的领导及教师在中国法官培训网尝试运行、观摩网站、提出意见。

2008年2月25日,国家法官学院举行中国法官培训网开通仪式。时任最高人民法院院长、首席大法官肖扬出席,并为中国法官培训网讲授题为《司法要义》的第一课。

2008年3月1日,中国法官培训网正式运行。

2008年7月24日,时任最高人民法院院长、首席大法官王胜俊同志前来国家法官学院授课,其授课视频《紧密联系工作实际,深入开展大学习、大讨论活动》被制作成课件挂网,作为当年下半年网络培训学员必修课件。

中国法官培训网承载了全国法院系统远程法官教育培训的历史重任。最高人民法院两任首席大法官亲临培训网授课,说明最高人民法院党组对法官教育培训工作的高度重视、对中国法官培训网的殷切希望。中国法官培训网是预备法官的摇篮、高级法官的家园、法官培训远程教育之梦开始的地方。

国家法官学院通过中国法官培训网实施网络教育,是网络教育技术和内容支持系统的综合发挥,是技术性、专业性、知识性、资料性等多功能的集成组合,既需要足够的教学资源,也需要教学效果保障的网络教育能力。

为此,中国法官培训网提供了国内法官培训工作内容最强大、内涵最丰富的网络教学课件。教学课件群是实现网络教育的核心内容,是用于教师教学和学员学习、复习辅导以及考试的直接素材。中国法官培训网具有法官培训多媒体授课课件(2000余个课件)、课程模拟试题库(4500道试题)、司法案例库(9.5万个教学案例)、法律法规库(33万个法律法规)、司法解释库(5000个司法解释)、法学本科课件网络课程(30门北京大学法学课件)、网络课件管理系统(先进的引领式管理系统)、法学文献资料库(2万篇法律文献)。

中国法官培训网由北大英华公司提供技术支持,建立了功能健全的教学支

持模块,包括专题授课系统、适应性学习系统、平时作业发布及其批阅系统、网络题库系统、远程考试及评价系统、师生交流平台系统、远程教学管理系统、法学资源搜索引擎、教学资源编辑制作工具及管理系统、远程教学评价系统、学员基本信息查询系统等。其中,学员信息管理模块实现了学员在训建档和学习状态的跟踪,内容包括学员报名、登记及学籍系统、学习情况电子信息系统、学习情况检查系统、学习状态跟踪系统、考试(考评)情况记录汇总系统、毕业表格自动生成系统等。教学支持模块系统为网络教学教务支持提供了全面保障,为教务管理人员对培训学员以及授课教师的具体学习与工作情况提供了实时了解与管理手段,实现了辅助网络教学教师之间、师生之间、学员之间的网络互动。

中国法官培训网建立、健全了组织管理机构。国家法官学院设立网络培训管理委员会,负责网络教育宏观规划、行政管理、教学辅导、学员管理工作。网络培训管理委员会下设教务组、教学组、技术组、学员管理组,分别负责网络培训相关工作。各高级人民法院设立教学工作站,协助国家法官学院进行网络培训基层管理及教学辅助工作。最高人民法院要求教学工作站要配备网络培训专职班主任与网络培训辅导员。为开展必要的网络法官培训教学辅导工作,各工作站应建设一定规模的、能够集中开展电子课件教学和网上研讨活动的计算机教室和局域网,添置投影仪、声像设备等必要的电化教学设备。各级法院应从人民法院队伍建设的战略需要出发,加快法院信息化建设,对网络教育进行必要的经费支持、设备支持、技术支持、人力支持。

为更好地实现远程培训的实际效果,国家法官学院规定各工作站可以根据国家法官学院的统一安排,制定网络教育教学辅导计划,其教学辅导工作的目的在于辅导学员按照各培训班次教学要求,有计划、有重点地学好功课,确保各学科的教学质量。各工作站开展的教学辅导,要紧紧围绕国家法官学院主讲教师电子课件讲授内容进行,培养学员在线学习和独立思考的能力,帮助学员正确理解和掌握各学科的基本观点、基本理论,提高学员应用所学知识分析解决现实问题的能力。各省级法官培训机构行政班主任,应利用网络教育教师管理系统,做好本辖区各培训班次学员上网培训课时统计工作。参加网络学习的学员,学习课件达到规定时数,方可参加期末考试。对于集中进行光盘教学的法院,要更加严格地执行教学计划,确定并统计各位受训法官参加集中教学的课时情况以便确定其期中考试资格及结业资格。

为利用中国法官培训网开展全国法院系统的远程教育，使办网工作与法院队伍建设相结合，最高人民法院要求各地法院根据工作需要与人才培养计划，分期分批安排具备条件的法官受训，避免一个批次尽数安排，以致影响审判工作以及法院其他工作。具备互联网分散上网条件的法院，要减轻受训法官在学期间的办案工作量，保障受训法官工作、学习两不误，督促法官利用单位的上网条件在线学习。各级法院要鼓励学员上网在线学习，并在单位办公室、电子图书馆等地为法官上网学习创造条件。不具备分散上网条件的法院，应采用统一将互联网引入法院会议室、多媒体教室的方式，定期定时组织学员集中学习网络课件并进行测验、答疑、作业等。该类法院应制定教学实施计划，并定期将数据传输国家法官学院备查。完全不具备上网条件的法院，受训法官或前来国家法官学院参加脱产培训，或于所在法院集中实行光盘教学。进行光盘教学的基层教学点要一报一批，具备相应条件，层报国家法官学院审批后开展教学，并实行严格的培训管理制度与学习登记制度。

中国法官培训网的建立是加强人民法院法官教育培训工作的新举措，具有缓解工学矛盾、节省培训经费、学习方式灵活、统一培训标准、整合教师资源的特点，有利于法官针对个人需要自主选修学习，充分体现了以人为本、以审判为重心的现代教育发展趋势。同时，中国法官培训网的建立，强化了各级法院的信息化建设，调动了各地法院通过网络开展法官教育培训工作的积极性，推进了最高人民法院“科技强院”方针的贯彻落实。

四、网络晋高培训

1988 年 2 月 1 日，最高人民法院政治部与国家法官学院联合下发了《关于开展晋升高级法官培训网络教育的通知》（法政〔2008〕27 号、法学〔2008〕20 号），确定 2008 年全国法院系统的晋高培训，除国家法官学院举办三期脱产培训外，均通过网络教育开展培训。文件确定规定全国法院系统晋高培训网络教育的组织规划工作由最高人民法院政治部负责；课件制作、教材编写、学籍管理、教学辅导、考试组织等培训实施工作由国家法官学院负责；招生组织、基层学员管理工作由各高级人民法院政治部或法官培训机构负责。网络平台与技术支持由北大英华公司负责。同时确定国家法官学院对晋高培训实行统一培养目标、统一教学计划、统一教材适用、统一培训要求、统一考核管理。要求各级法院要重视法官培训的网络教育方式,配合国家法官学院开展网络晋高培训工作,要确定专人负责晋高培训网络教育的招生组织与学员管理工作。必要时,可以根据办学需要,组建相关领导小组及办事机构,统一负责本辖区法院的网络培训工作。各省级法官培训机构应根据网络培训实际工作需要,组建教学工作站,设立行政班主任与教学辅导员若干人,分别负责网络晋高培训的行政事务与教学组织、辅导答疑工作。

2008 年度网络晋高培训班共举办六期,每期四个半月。刑事审判专业、民商事审判专业、行政审判专业各举办两期,全年计划培训 7356 人。培训对象为各级法院本年度符合晋升高级法官职称的审判人员。学员注册后,应按教学计划,在规定时间内完成学业。因故不能按时完成学业的,保留学籍一年。一年内,学员所学成绩有效,完成全部学业并考试合格,可予结业。

根据网络培训的特点,为切实提高法官思想素质与业务技能,晋高培训网络教育强调学员上网学习与平时自学相结合,学员学业成绩由网络课件学习、平时测试成绩、平时作业成绩、期末考试成绩五部分组成。在教学方式上,晋高培训网络教育培训模式,结合全国法院的具体情况,实行互联网教学为主,内部网、局域网、光盘教学、文字教材教学为辅的立体教学模式,努力将传统的书本教育、函授教育、面授教育与现代在线网络教育结合起来,力图发挥多种教育方式并举的综合优势。每期培训班培训期间为四个半月,开设必修课 20 讲;选修课 10 讲(学员任选 5 讲);在每单元安排相应的测试、答疑与作业。考虑到网络课件的表现形式,在总学时中,必修课和选修课分别对应视频学习资料 80 学时左右;分别对应测试、作业、答疑以及评估 20 学时左右。

每期培训班的教学内容,分解为五个教学区间:前三个教学区为必修课教学区,第四个教学区为选修课教学区,第五个教学区为期末总复习教学区。前四个教学区课程实行错位开设,每区间课件挂网 30 天,要求学员在课间挂网期间完成课件学习与作业、答疑、测试等教学安排。第五个教学区间,所有课件挂网,供学员复习使用。但不安排作业、测试等教学内容。与培训内容相应,每期培训班按 1∶1 比例,配置约 100 学时的法律法规、司法解释、案例、法学文献等网络教学资源，并经常更新相关材料。每期培训班必修课为学员必学课件，共20个课件，分三个单元：第一单元综合素养，配备测试、答疑和作业；第二单元法官职业技能，配备测试、答疑和作业；第三单元理论与实务，配备测试、答疑和作业。每期培训班选修课为学员任选课件，共提供10个课件，学员任选5个，并配备测试、答疑和作业。选修课件拟逐步扩大，包括北京大学本科教育有关金融债券、计算机网络、毒品、税务、海关等相关知识素材。

在课件体系上，各专业培训班突出受训法官的综合素养教育，讲求培训理论结合实际，围绕高级法官岗位履职需要设计课程。以刑事审判专业为例，该专业培训班设必修课程20讲。第一单元“综合素养”部分开设人民法院司法体制改革、司法活动规律与司法体制改革、法官职业化建设的理论与实践、法律效果与社会效果的统一、牢固树立依法治国的理念、正确把握法律精神、法官廉政教育等专题讲座。第二单元“法官职业技能”开设如何认识与掌握司法公正的标准，刑法解释与适用，一、二审刑事裁判文书制作及注意的问题，关于刑法适用的若干问题等专题讲座。第三单元“理论与实务”部分开设社会主义法治理念与刑事政策、刑事司法理念的构建、宽严相济的刑事政策、刑事诉讼法修改中的问题、量刑的一般规则及方法、当前刑事审判中的热点难点问题、刑事个案裁判与具体司法制度改革、罪刑均衡实证研究、重大冤错案件的剖析及教训。刑事审判专业同时设选修课程10讲（学员任选5讲），开设死刑政策的司法运用、死刑案件庭审程序的若干问题、死刑案件一、二审程序问题、从犯罪构成到犯罪认定、故意杀人罪和故意伤害罪的死刑适用问题、抢劫罪和毒品案件的死刑适用问题、刑法上的占有、挪用公款罪的司法认定中的几个问题、司法精神病学在刑事司法中的应用、司法鉴定及鉴定意见的审查与判断等专题讲座。

在专题讲座主讲人方面，中国法官培训网组合全国法院系统最具有权威性的资深法官与全国最顶尖立法界、法学界的专家学者构成讲师团队。人员包括最高人民法院的所有领导、各审判庭的所有庭长、各审判专业的知名资深法官，包括各高级人民法院学有专长的领导与知名资深法官，包括全国人大的领导与立法专家，包括北京大学、中国人民大学、中国政法大学、中央党校、国家行政学院、中国社会科学院等院校的顶级学者，包括中央有关部委、地方各级党政机关的领导与专家。

参加培训学员通过在线方式进行学习,除在线学习课件外,需按教学计划参与在线答疑、网上测试,并提交指定作业。作业通过网上提交,由辅导教师判阅。每期学员在线学习总时间为100学时,包括视频教学(学员点播视频学习)75学时左右,学员在线答疑、测试、作业25学时左右。晋高培训网络教育平时成绩占学业总成绩的40%,构成如下:(1)作业题30%(在线试题,电脑打分)。(2)参加答疑5%(在线参与答疑,辅导老师打分)。(3)测试5%(辅导老师打分)。晋高培训网络教育期末考试成绩占学业总成绩的60%。期末考试采用地面考试、封闭答卷形式,全国统一时间、统一组织、统一阅卷。期末考试试题采用题库抽题方式,试题完全从题库中产生,以现场A、B卷形式同步考试。

中国法官培训网自2008年3月1日开通至2011年年初积极开展网络晋高培训:2008年培训网络晋高学员10,190人(考试合格学员9117人,不合格学员1073人,合格率89.47%),2009年培训8604人(考试合格学员7788人,不合格学员816人,合格率90.51%),2010年上半年培训学员6168人(考试合格学员5738人,不合格学员430人,合格率93.02%),2010年下半年培训学员3506人。三年总计培训网络晋高学员28,468人。其培训工作,《人民法院报》曾在"大政新闻"栏发表新闻:"实施'科技强院'战略:逾万名高级法官接受网络培训",报道了国家法官学院转变培训理念,探索培训模式,利用现代化开展网络培训的经验成果。

网络晋高培训取得了以下成绩和网络培训工作经验:第一,扩大了培训规模,降低了培训成本,提高了培训质量,取得了良好的社会效益。晋高培训班学员均系在岗学习,有效缓解了各级法院办案人员紧张的工学矛盾。98%的受训学员按照教学标准和要求参加了网络培训,通过了全国统一考试。网络培训方式使得每期学员在学数量大大增加,为法官参加培训、及时任职提供了方便。网络培训,使每名受训法官节约了传统面授培训需要的住宿、餐费、交通等费用,极大地节省了培训开支,缓解了法官培训经费紧张的现状。全国统一的晋高培训,也使原来由于资金、师资等问题而导致晋高培训缩水、标准不统一的问题得以解决,通过网络共享优质教育资源,明显提高了晋高培训质量。第二,建立了法官培训网络平台,提供了全国法官交流互动园地,使得法官培训消除了地域障碍，可以随时听课，和其他学员及辅导老师进行即时交流，改善自身的知识结构和提升专业技能能力。多数法官电脑操作运用自如。一些学员在公共讨论区以及课程答疑区称赞了网络培训学习时间地点灵活、培训成本低、足不出户接受最高人民法院领导、众多资深法官、专家教授的法律授课的教育便利。随着科学技术的发展，电脑和网络都已经成为社会工作必不可少的工具，通过网络培训也传递了这样的信息：法官应当跟上时代的步伐，不能只沉浸在厚厚的法典中，更要通过网络平台听取民声民意、更新提高自己。第三，建设了具有特色的网络教育课件体系，形成了较为成熟的办学方案、教学计划、管理运行方案。国家法官学院立足于人民法院审判工作的实际需要，研究制定了详细的网站设计方案、教学计划、教学执行计划、管理工作方案。各期培训班将培训内容分为 5 个教学区间，培训时间安排科学合理，有效地为学员学习和期末总复习提供了便利。网络培训课程设置注重循序渐进，科学严谨，从法官职业道德教育到法学综合素养教育，从法官职业技能培训到理论与实务结合的课程，让很多学员听完课感觉豁然开朗。网络培训提高了法官职业道德水平，培养了法律思维能力，把握了法律精神，了解了当前审判工作政策，提高了理论水平，使法官具备了履行高级法官岗位职责的职业技能及其他必备条件。晋高培训考核由平时成绩和期末考试两部分组成。这样的成绩组合既检查了学员是否领会课程老师讲解的内容，又结合课程学习中的实务案例分析了自己所判案例的不足，借鉴了他人所判案例的经验，使学员在整个培训中理论和实务能够兼顾。培训网在培训过程中，网站不断征求各级领导和培训机构的建议，积极改进系统，优化学习管理方案，采取了一系列更加人性化的方案，使系统的使用更加方便明了。第四，培养了网络培训管理人员团队和网站建设技术队伍，形成了具有法院特色的网络培训管理制度。全国各级法官培训机构组建了网络教育培训管理人员和技术人员队伍，建设了一支具有 115 名网络教育行政班主任、146 名辅导教师的网络教育师资队伍，及时跟进培训过程，处理教务教学与学员管理工作，摸索出一套适合于法官培训的详细而方便学员的课件学习体系与管理工作体系。国家法官学院还及时制定并逐步完善了《法官培训网络教育学籍管理办法》《国家法官学院网络教育监考人员守则》《国家法官学院网络教育考场规则》《国家法官学院网络教育考试违规处理办法》等系列网络培训管理制度。

五、网络院长轮训

2009年至2010年,国家法官学院共举办了10期全国法院院长“人民法官为人民”主题培训班。按照最高人民法院与国家法官学院主题培训领导小组的要求,全国法院院长“人民法官为人民”主题培训班在面授教学的同时,开设中国法官培训网院长主题培训专网,开辟主题教育第二课堂,共对3622名中级、基层人民法院院长开展网络教育第二课堂培训任务。国家法官学院网络办在北大英华公司的大力支持下,在认真策划、反复研究的基础上,周密安排,分段开发,利用“中国法官培训网”平台开辟了“人民法官为人民”主题培训专网。主题培训专网沿用了“中国法官培训网”网络晋高平台的简单易用风格,提供了方便受训学员掌握的基本操作方法。受训学员在业余时间可以复习观看业已讲授的课件,还可以通过学习选修课件,拓展视野,增长见识。同时,培训网为受训学员提供学员公共讨论区与小组讨论区,方便学员在线交流讨论。主题轮训专网提供了大量法律法规、理论文献、案例资源,充分发挥网络教育的优势,扩大受训学员的知识面,从单一面授形式扩展到面授与自学结合,多层次、个性化的知识培训。同时,网络课堂的开辟突破了时间和空间的限制,为学员提供学习交流的网络平台。学员在交流中和其他学员分享学习心得,对其他学员的观点进行评析,对热点问题开展讨论。

院长主题培训专网安排教育培训内容体系如下:第一,必修课件,对于此次轮训过程中所有面授内容共计123个专题课件进行电子化处理,将其加工成可以在网络上共享的形式,同时保证该课件内容上网的时效性,让各位受训学员能够在面授后通过网络继续学习,加强对面授内容的理解和掌握。第二,选修课件,提供国家法官学院制作的刑事、民商事、行政审判专业的81个视频课件,供学员选修学习。网络培训为每个课件配备了视频、音频、文字以及相关的法律法规、法学文献和司法案例等资料。第三,理论课程,提供大学本科30门基础理论课程,法学论文的思考与写作讲座,法学前沿专题(10个最新前沿问题)。第四,知识拓展,院长主题培训专网提供法律法规48万件、法学文献3万篇,司法案例10万个,供学员学习参考。

主题轮训专网作为培训的第二课堂,其内容需要紧扣当期的主题培训班授课与活动内容，因此要求对其内容做到更新及时、信息准确。网络办在每一期培训班开班前及时更新诸如教学计划、班组名单、主讲教师、课程列表等平台栏目信息，为所有参训学员、辅导教师以及教学监督人员开通相应的账户及权限。在培训过程中负责及时回复学员提出的相关技术问题，发布重要培训提示，发现专网设计不足及时与技术开发人员沟通解决。为了降低专网内容更新疏漏，首期培训班结束后网络办及时总结了经验，设计了内容更新列表，使内容更新模版化。培训专网通过中国法官培训网教学平台，对于此次轮训过程中所有面授内容进行电子化处理，将其加工成可以在网络上共享的形式，同时保证该课件内容上网的时效性，让受训学员能够在面授后通过网络继续学习，加强对面授内容的理解和掌握。网络办同志及时上载主题轮训必修课件，做到主讲教师上午授课的课件下午上载，下午授课课件上载工作不过夜，及时满足了受训学员的自学要求。为了保证课件制作的质量，网络办设计了详细的技术操作流程。

院长主题培训专网的设置与内容深受学员欢迎，在培训班面授教学安排较满的情况下，大家仍然在业余时间上网学习课件，交流讨论热烈，上网率稳定在95%左右。前五期培训班学员在轮训专网发帖少则126篇（第四期），多则174篇（第五期）。其中，第六期培训班学员讨论发帖366篇，平均每名学员发帖1.5篇。第七期主题培训班学员共在中国法官培训网轮训专网上讨论发帖753篇，平均每名学员发帖3.3篇，为历届培训班学员发帖最多的一次。第八期主题培训班学员共在中国法官培训网轮训专网上讨论发帖422篇。第十期主题培训班学员共发帖504篇。受训学员在网络平台上畅所欲言，既有对轮训办班工作的建议，参加培训的体会和感悟，也有对法院建设的思考及对司法实践的建议。培训班期间，最高人民法院政治部领导、国家法官学院教师与参训学员一起交流讨论。参训学员所发表的领导经验、学习体会、工作困惑与意见建议，不乏对法院建设与主题培训班办班工作的真知灼见。

轮训专网也得到了最高人民法院领导的高度重视，最高人民法院王胜俊院长、沈德咏副院长、万鄂湘副院长、景汉朝副院长、周泽民主任等领导同志均登录专网。院长主题培训专网设计合理、开网及时、运行稳定、服务到位，其创设与运行工作，受到了最高人民法院领导及广大受训学员的充分肯定，同时积累了专题培训班办网经验，为中国法官培训网的后续发展打下了良好的基础。

六、增强网络培训的前瞻性

在这一历史阶段，最高人民法院不但在全国干部教育培训工作中较早创建了培训网，而且面向未来，加强了网络培训总体发展规划工作：

（一）网络培训办学理念与体制创新

第一，建立中央提出的"网络培训广泛应用的办学体制"。国家法官学院要继续深化网络培训教学改革，力争将"中国法官培训网"办成我国干部教育培训工作一流网站。地方各级法官培训机构也要建立当地的法官教育培训网络体系。法院系统的各级网络培训要优化整合教育资源，构建共享体系，建立更加高效、开放和高质量的法官培训网络格局。中共中央办公厅2010年6月17日印发的《2010～2020年干部教育培训改革纲要》指出：要"加快建设干部教育培训网络平台，适应现代信息技术迅猛发展的新形势，加强网络培训基础设施建设，规范干部网络培训管理，更好地满足干部多样化的学习要求"。该规划明确提出"中国特色干部教育培训体系"五项主要目标，其中之一为"形成网络培训广泛应用的办学体制"。中央关于干部网络教育培训工作未来10年的工作要求，既是我们大力发展、规范运作人民法院网络培训工作的总体发展方向，也是未来5年至10年人民法院网络培训工作的总体目标。

第二，强化网络教育培训意识，巩固网络培训基础地位。为了贯彻落实党中央提出的"大规模培训干部""大幅度提高干部素质"的全国干部教育培训工作战略部署，根据科学发展观的基本要求，按照最高人民法院院长王胜俊提出的"一个目标、两个转变、三种方式"的法官教育培训指导思想，制定网络教育的发展战略和方针政策，确定网络教育发展规模、培训规格和培训体系，把发展网络教育作为全国法院教育培训改革的一项基本政策，本着创新培训方式、节省培训成本、解决工学矛盾、拓展培训渠道、提高培训能力的精神，进一步提高网络培训教学质量，加大对网络教育的投入，增强人民法院干部积极投入网络培训的意识，巩固网络培训的基础地位。

第三，着眼法院工作实际，拓展培训种类，提高培训能力。在总结网络教育培训工作经验的基础上，结合各级法官培训机构培训基地建设，在配合地面培训工作的同时，发挥网络培训的优势，进一步拓展培训种类，按类别分层次，适时在全国法院系统内开展全员网络教育培训，提高法院系统工作人员整体素质和业务能力，为建设一支适应现代审判要求的高素质法官队伍打下坚实基础。要创建中国法官培训网院长进修专网，实现法院院长终身学习、法官培训网终身服务的目标；继续巩固和发展中国法官培训网高级法官晋级专网的建设，进一步加强高级法官晋级培训工作；开办中国法官培训网高级法官续职培训专网，实现全国法院法官的全员续职培训；开办中国法官培训网预备法官培训专网，实现国家法官学院和地方分院预备法官培训主干课程、基础课件资源共享；建设全国法院系统教育培训网络平台，逐步实现法院系统全员培训和全国法院系统教育机构联网培训。

（二）全面加强网络教育培训管理工作

第一，加快网络培训信息化建设，建立完善的学员电子数据库，规范管理过程，优化管理环节。积极开发完善学员管理软件，对网络培训全过程，即学员招生、报名注册、学籍管理、成绩生成到结业管理实现电子一体化数字管理。对结业学员数据资源进行整合，建立完整的网络教育学员电子数据库，在全国法院教育培训各部门实现数据资源共享。要逐步完善网络培训学籍管理各项制度，细化各项配套具体管理办法，规范管理程序。强化学员资格审查与报到注册、学习过程管理、考核与结业管理等环节，进一步规范休学、退学等学籍变动程序。加强学习过程监控，确保培训质量。建立学习过程监督机制，根据培训网络的实时记录和相关数据，加强对地方培训机构工作与受训学员学习的监督和检查，及时解决教学与管理中存在的突出问题。引导学员将课程的系统性和学习的渐进性有机结合，指导学员制定学习计划，进行时间管理和自我评价，调整学习进程，培养提高学员利用现代信息通讯技术进行学习的基本能力。

第二，加强网络教育培训管理队伍的自身建设。网络培训管理队伍主要包括网络教育学籍管理人员、网络教务管理人员、网络技术人员、各专业辅导教师等四部分网络培训专业队伍。为确保网络培训质量，做到制度健全、管理到位、人员到位，必须抓好对管理者的教育培训和实践锻炼，不断提高他们的思想政治素质和业务水平，努力建设一支高素质的网络培训管理者队伍。针对法官培训需求差别化、培训方式多样化、培训手段现代化的趋势，网络培训管理人员要加强工作研究,解决实际运行过程中的问题,不断总结培训工作的经验,努力把握培训工作的规律,以便更好地指导网络培训工作实践。同时,要定期举办管理人员培训班,不断更新网络技术和各项管理专业知识,交流探讨工作方法,提高各级各类网络培训管理人员的工作水平。

在辅导教师队伍建设方面,要求各地组织审判经验丰富、具备专业知识的资深法官担任辅导老师,建立专职辅导老师队伍,从事网络培训的教学工作,突出法院办学特色。逐步探索由国家法官学院组建统一的网络培训辅导教师队伍,辅导教学教师在学院教师及各地方教师中选任,学院统一管理,对全国参加网络培训的法官进行统一尺度的教学辅导,各省教学工作站负责具体行政管理、不再负责教学工作的管理模式。各高级人民法院除确定网络教育分管部门与分管领导外,在网络培训日常管理工作中,要重点组建专门的网络教育班主任与培训辅导员两类网络培训教学管理人员,将辅导老师从行政班主任中分离出来,赋予不同权限,各司其职。

第三,引入评估机制,确定质量标准,开展质量评估。网络培训,质量是关键。开展网络教育培训质量评估工作是规范培训管理,检验培训效果,提高培训质量的重要保障措施。上级领导部门要加强对网络培训质量评估工作的检查和指导。国家法官学院要按照实事求是、客观公正、简便易行、注重实效的原则,不断总结经验,从培训方案、培训实施、培训保障和培训效果等方面建立和完善评估指标体系,提高培训机构的自我管理能力,增强培训针对性和实效性。要制定网络教育基础设施、组织管理、师资队伍、课程设置、经费保障、办学质量和效益的标准,通过网络培训机构自我监控、主管部门监控和社会监控等形式,采用检查、抽查、调查、评估、督导等质量监控手段来保证质量标准的落实,建立各级培训质量评估档案,以此来保证网络教育的总体质量,实现网络教育的科学化、标准化和规范化管理。

(三)深化网络教学改革,进一步提高网络培训质量

第一,完善体现培训需求的教学计划体系。牢固树立按需培训理念,把需求调研作为法官培训网络教育教学计划生成的必要环节。组织专门力量,开展深入细致的需求调研,准确把握组织需求、岗位需求和法官需求,建立培训计划协调会商机制,研究确定重点班次和培训计划,针对新类型网络培训制定出科

学的教学计划。

第二,加强培训课件建设,完善课件采集机制,丰富课件资源库,切实提高网络课件质量。培训课件是决定网络教学质量的重要中心环节,课件的好坏直接决定了教学质量的优劣。各级法官培训机构要与时俱进,不断探索,为学员提供内容更加丰富、知识覆盖范围广、切合工作实际需要的课件,使网络培训教学更具有指导性、针对性、时效性。在课件建立机制方面,要建立课件更新机制,结合新颁布的法律法规、司法解释,及时更新网络课件,不断积累教育资源,建立丰富强大的网络培训教师课件资源库,择优选用。在课件设置方面,要在重视基础理论学习的同时,更重视以实践为基础、以问题为中心、强调运用知识解决实际问题,重点培养学员分析与解决问题的能力。网站要进一步强化菜单式培训课程,增加可供学员选修的相关基础课件,赋予受训法官自主化选修权。在课程内容方面,要充分考虑全国地区差异和不同级别法院的差异,在课程设置上兼顾中级、基层法院偏重具体实务和实际操作的需要,以及高级法院法官偏重于司法解释、疑难重大案件等问题的研究和探讨的实际需要,突出法官基本素质的培养,关注社会热点问题,加强法学理念和前沿热点问题研究,切实提高晋高培训法官的人文素养。

目前课件库资源主要来源于在国家法官学院录制的课件。放眼未来网络教学发展前景,应进一步拓展课件采购途径,拓宽课件所涉及学术领域。发挥网络培训课件的使用优势,从课件采购范围上,着力加强全国法院系统范围内,尤其是国家法官学院本部与各分院之间的课件采集与共享工作;尝试建立与中央党校、国家行政学院及延安、浦东和井冈山干部学院的网络联系,逐步实现各类干部培训机构课件资源共享;扩大各地提供课件的使用比例,建立与其他法学院校和专家学者的沟通渠道,建立专业信息交流平台,整合网络培训课件资源;从课件内容上,着眼于提升参训学员的综合素质,增加课件所涉及知识面,丰富培训教学内容,从而为网络培训提供更优质、丰富的课件资源。

第三,建立一支高素质的专兼结合的网络培训师资队伍。进一步落实"法官教法官"的教学模式,建立专门为网络教学服务的师资聘用、选用制度,择优选聘资深法官和国内外专家学者组成的专兼结合的网络培训师资队伍,建立法官培训网络教育自身的师资库和业务档案。在网络教学活动中,充分利用网络教学平台,通过“名师在线”“专家答疑”“法官点评”等教学方式,要求教师定额、定时、定量地投入网络培训工作中,加强教师与学员教学过程中的“双向交流”等教学互动活动,从“供、选、教、管”等环节强化网络培训师资队伍建设,逐步建立中国法官培训网特有的师资队伍和师资数据库。

第四,健全网络培训考核评价机制,完善考核管理制度。严格执行干部学习培训考核制度,全面考核学员的学习态度和表现、掌握运用理论知识、学员党性修养和作风养成等情况;根据不同类型网络培训工作需求,创新考核方式,把理论素养、学习能力、专业技能、实践应用等内容作为培训考核目标,形成较为科学的试题资料库;建立、健全考核监督制度,着重加强监考、巡考(包括各地区交叉巡考)工作力度,制定科学规范、可操作性强的网络培训考核管理制度。

(四)加强网络培训平台建设,全面提高技术管理水平

第一,加强培训平台配套系统建设。目前中国法官培训网运行基本平稳,技术管理工作重心在技术保障。未来5年要根据培训量大幅度增长的工作实际,进一步完善网络平台建设,保障网络平台运行安全稳定。要根据网络教学和管理工作的实际需要,加强信息发布系统、数据查询系统、测评管理系统等配套系统软件的开发,建立相应的技术保障制度,明确界定使用权限,加强技术更新的沟通和交流,通报技术变更和后台运行数据,建立切实有效的沟通机制。

第二,加强网络培训平台的系统安全管理。中国法官培训网应集成全国法院系统内外政法信息资源,建设成为为广大法官服务的资源共享交流平台。为得到更多专家学者和参训学员的支持和信任,不断提高系统的安全管理水平,加强知识产权保护和信息安全保护。

第三,丰富网络课件载体形式,扩大宣传力度。网络培训课件形式要向多样新颖、简洁实用方向发展。目前网络培训提供的课件形式局限于文字与视频,人员的参与形式局限于开放式学习和交流。未来5年要着力开发图文课件、多媒体课件,在实时交流、互动管理方面进行技术尝试,减少课件枯燥度。课件开发除满足特定班次的培训外,提供部分共享资源课件,供广大法院系统工作人员免费使用,借以加大宣传中国法官培训网的力度。

第四,强化网络平台运行数据的管理维护。中国法官培训网的培训量逐年

加大,运行数据大幅增加,但网络平台目前提供的功能有限,学员学籍注册信息、学习状态数据、监督管理数据等大部分核心内容停留在文档管理层面,不利于提高管理效率。未来5年要强化平台运行数据的收集与整理,尝试对平台数据进行分析和挖掘,为提高培训质量提供强有力的技术支持和保障。

第四节　特色学历教育

一、经济法专业专科学历教育

根据国家教委与地方教育行政主管部门关于各级法官学院的设置意见与职能定位,各级法官学院的主要任务是法官继续教育与岗位培训,适当开展队伍建设需要的学历教育。1997年,国家法官学院成立时曾同期举办经济法专业大专脱产班,2000年开始举办法律(书记官专业)专科学历教育,2002年开始举办法律(司法警官专业)专科学历教育,2002年起开展本科学历教育,开始举办法学专业专升本教育,至今仍在举办面向社会的专科、本科成人学历教育。部分地方法官学院自1999年至2005年,曾举办国家法官学院专科学历教育直属教学班。目前,国家法官学院具有独立办学权的学历教育包括专科教育、高起本教育、专升本教育,与其他高等院校联合举办的学历教育包括法律硕士学位教育、博士研究生教育。

国家法官学院成立前,随着党和国家实施扩大内需、加快国有企业改革、加大产业结构调整、实施西部大开发、扩大出口和利用外资等经济发展战略,社会对经济法律人才需求旺盛。为充分发挥人民法院审判职能作用,为社会经济发展提供司法保障和法律服务,同时也为次年即将成立的国家法官学院奠定学历教育基础,1996年12月,法律业大总校校务处起草了《关于举办经济法专业大专学历教育脱产班的报告》及其教学计划,12月25日,最高人民法院向国家教委提交报告,申请在“1997年计划举办经济法专业脱产大专班一个,招生规模60人”,获得国家教委批准。此为国家法官学院第一个学历教育班次,也是法律业大总校申请的第一个学历教育脱产教学班次。1997年1月31日,最高人民法院召开法律业大1997年招生工作电话会议,张力理、梁宝俭同志讲话,部署了法律业大招生工作(含经济法专业脱产大专班招生工作)。

经济法专业脱产大专班学制为脱产学习两年,招生对象为具有高中毕业文化程度的法院系统及其他政法部门从事或准备从事司法或其他法律工作的在职人员。教学计划共开设31门课程,总学时1896课时。必修课26门,选修课5门。其中,政治理论课3门,占必修课总学时的10%;法学基础课9门,占必修课总学时的32%;经济法专业课9门,占必修课总学时的32%。教学安排若干审判工作专题讲座,强化实践环节的教学工作,重点把人民法院作为学生调查研究、教学研讨、教学实践的基地,安排社会调研、毕业实习四周,要求学生独立撰写调查实习报告、结合法律实践的经济法专业毕业论文。

国家法官学院1997年至2001年,共举办了三届经济法专业大专学历教育。1997年与1998年分别下达招生计划60名,1997年实际招生69人,1998年实际招生115人。1999年下达招生计划500名,考生上线935人,经国家教委调剂指标后,国家法官学院实际录取550人,其中在学院本部就学145人,其余学生在国家法官学院学历教育各直属班就学。

1999年起,鉴于国家法官学院经济法专业大专学历教育广受社会欢迎,社会考生不断增加,国家法官学院经报国家教委批准,扩大招生规模为500人,并在相关具备条件的法律业大分校举办校外办学点——大专学历教育直属班。

1999年3月4日,国家法官学院召开大专学历教育直属班工作会议,批准法律业大西藏、新疆、青海、内蒙古、甘肃、山东、天津、湖北等8个分校成立国家法官学院大专学历教育直属班。会议研究了各法律业大分校的办学条件、办班规模、教学计划,明确了直属班的管理原则和管理体制,确定直属班教育行政工作由国家法官学院学员管理处负责,教学计划及执行工作由国家法官学院学历部负责。直属班各项管理制度于1999级开学前下发执行。

此后,1999年8月10日,国家法官学院召开第二次直属班工作会议,主题为建立健全各直属班的教学、管理规章制度。2000年1月24日,国家法官学院召开第三次直属班工作会议,主题为交流直属班的教学、管理工作经验。2000年8月16日,国家法官学院召开第四次直属班工作会议,主题为提高教学质量、严格办学管理。

在经济法专业脱产大专班的教学工作中,国家法官学院不断改进教学工作,根据法院审判工作需要,努力使大专班的理论教学密切联系社会实际,着力培养应用型的经济法律人才。在教学中注重教学实习,严格实习派往、反馈、考核机制,95%以上的实习学生受到实习单位的好评。

在学生管理工作中,建立了《大专脱产班学籍管理条例》《学生文明行为守则》《班主任工作制度》《学生组织机构工作职责》《考勤制度》《课堂规则》《宿舍管理规定》《考试管理办法》《考试考场规则》《教学管理办法》《军训管理办法》《优秀学生、优秀学生干部评选办法》《关于撰写毕业论文的规定》等24项管理制度,并严格执行。最高人民法院副院长兼国家法官学院院长曹建明同志高度重视大专脱产班教育工作,亲自参加大专脱产班的学前动员、表彰仪式、就业推荐、毕业典礼等教育教学活动。

国家法官学院注重多渠道、以向法院系统推荐为主积极开展经济法专业脱产大专班毕业生的就业推荐工作,利用相关法院工作会议以及国家西部大开发战略等机遇,广泛推荐学生就业。天津直属班、山西直属班、山东直属班等毕业学生就业率都在60%左右;学院本部北京生源毕业生就业率达到85%;内蒙古直属班毕业生就业率达到95%,绝大多数毕业生被聘为各级法院书记员。

二、法律(书记官)专业专科学历教育

2000年,经教育部批准,国家法官学院计划招收经济法专业高中起点大学专科脱产班学生700名,学制两年。

最高人民法院颁发的《人民法院改革五年纲要》确定:“在2001年全面建立书记官职务单列制度。”为配合人民法院改革,培养书记官岗位工作需要的专门法律人才,国家法官学院经报经最高人民法院教育厅、政治部同意,2000年1月31日最高人民法院向教育部递交《关于更改国家法官学院2000年大专学历教育招生专业的请示报告》,教育部高教学生司于2000年2月3日以教学(招)字0004号公函批复最高人民法院:“考虑到人民法院‘在2001年全面建立书记官职务单列制度’,需要培养专门法律人才的特殊情况,同意将国家法官学院2000年成人招生专业由‘经济法’更改为‘法律(书记官)’,招生数字不变。”

法律(书记官)专业大专学历教育学制脱产学习两年,开设30门课程,总学时1942课时,其中必修课26门,选修课4门。必修课包括政治理论课3门,公共课4门,法学基础课9门。同时,必修课还包括司法档案管理学、汉字书法、人民法院诉讼文书、司法鉴定学、庭审速记、计算机应用、司法会计、口才学、办公文秘学、书记官实务等专业课10门,计654学时,占必修课总学时的36%。根据法律(书记官)专业的教学目标,结合教学进度,学院每学期安排若干时事政治报告、人民法院审判工作专题讲座,以及新法律、法规讲座。该专业重点培养学生开展书记官工作的能力,强化实践环节的教学工作。学生在学期间,需分两次参加在基层人民法院不少于两个月的书记官岗位实习。实习完毕,要求学生提交专业实习报告。学院注重对学生实行严格的在校管理,注重对学生的思想政治教育及司法职业道德教育,实施规范的军训制度,并通过军训加强对学生的组织纪律教育。

法律(书记官)专业是国家法官学院配合法院司法改革创建的又一个特色学历教育专业,也是全国高等院校第一个有关人民法院书记官(员)岗位的应用性法律专业。国家法官学院在起草该专业培养方案时,专业名称原为"书记官专业",时任最高人民法院党组副书记、常务副院长祝铭山同志认为:"书记官不是专业,是职务名称。"经最高人民法院政治部宣教部时任部长刘继军同志请示时任最高人民法院副院长、国家法官学院院长曹建明同志,将"书记官专业"改为"法律(书记官)专业"。认为这种变通符合"专业"称谓,也增加了社会的认同,将来毕业后未被法院录用的学生,也可持这种"证书"谋职。

法律(书记官)专业的开办得到了社会适龄考生的热烈欢迎,2000年首次招生,原计划700人的招生计划,经全国成人高考,上线考生达1256人,首次录取及补录发放录取通知书1099人,实际报到852人。其中,学院本部304人,天津直属班69人,山西直属班132人,内蒙古直属班93人,四川直属班114人,甘肃直属班101人,西藏直属班39人。

为培养造就年轻化、知识化、专业化、技能化的书记官后备人才,法律(书记官)专业大专脱产班招生对象要求具有高中(中专)以上文化程度,社会青年年龄在23周岁以下,法院在职考生年龄不限,品德优良,身体健康,身高适中,口齿清楚,能够脱产学习的法院系统在职人员和其他从业人员、社会青年。学院注重对学生法律基础知识和电脑、速录专业技能的培养。经过两年在校学习，使学生具备从事法院书记员、政法机关及其他单位文秘等岗位工作需要的专业知识和技能。学生毕业后，学院将择优推荐参加法院及其他用人单位的录用考试。

为使法律（书记官）专业毕业生以及经济法专业毕业生学有所用，国家法官学院努力争取、协调最高人民法院政治部，为毕业生在法院就业创造条件。在最高人民法院政治部时任副主任宋建潮同志的支持下，2000年7月12日，最高人民法院政治部以法政〔2000〕78号明传电报电告各省、自治区、直辖市高级人民法院政治部："根据国务院、教育部、人事部关于经国家批准备案的成人高等院校与普通高等院校统属国民教育系列的有关规定，国家法官学院专科毕业生与普通高等院校专科毕业生在参加社会招干考试、聘任与使用、工资待遇等方面享有同等权利。请你们在录用工作人员以及日常人事管理工作中，按照上述精神办理。"

各地法院按照上述文件精神，根据审判工作和队伍建设需要，上至最高人民法院，地方则有广东省高级人民法院、四川省高级人民法院、内蒙古自治区高级人民法院、山西省高级人民法院、山东省高级人民法院、北京市高级人民法院、安徽省高级人民法院等高级人民法院，以及佛山市中级人民法院、深圳市中级人民法院、宁波市中级人民法院、山东东营法院、辽宁海城法院、浙江海宁法院、成都青白江法院等法院，都批量从国家法官学院考试、选拔优秀专科毕业生，到法院从事书记员、司法警察、司法文秘等司法审判辅助岗位工作。业已到各级法院工作的国家法官学院毕业生敬业勤业，受到工作单位的广泛好评。其中很多人员又在工作岗位上边干边学，通过了国家司法考试，转任法官或律师，为国家法制建设发挥出更大的作用。

根据办学需要，"法律（书记官）专业"名称后更改为"法律事务专业"。

三、法律（司法警官）专业专科学历教育

法律（司法警官）专业诞生于2002年，是国家法官学院为配合人民法院司法警察体制改革，改变法院现有司法警察年龄偏大、学历较低、技能较差的现实问题，经报国家教育部批准，在最高人民法院政治部警务部的积极倡导与支持

下创办的又一个应用型专科层次法律专业。

法律(司法警官)专业大专脱产班学制两年,学生住校学习,实行面授教学和严格的军事化管理。招生对象要求具有高中(中专)以上文化程度,社会青年年龄在23周岁以下,法院在职考生年龄不限,男生身高在1.70米以上,女生身高在1.60米以上,品德优良,身体健康,口齿清楚,能够脱产学习的法院系统在职人员和其他从业人员、社会青年。录取前,国家法官学院委托各省高级人民法院对考生进行体检和面试,入学后由学院进行复检。学院注重对学生法律基础知识和警察专业技能的培养。经过两年在校学习,努力使学生具备从事法院司法警察、社会安全保卫等岗位工作需要的专业知识和技能。

为培养政治坚定、作风优良、业务精通、本领过硬的司法警官后备人才,考虑到国家法官学院欠缺培养人民警察的基地条件与师资条件,从2002年法律(司法警官)专业创办起,国家法官学院就选择了北京市优秀警察学校——北京市第三人民警察学校(以下也简称为三警校)作为合作伙伴,实行两校联合办学、优势互补。联合办学使用三警校基地及所属教室、多媒体教室、电化教育中心、计算机教室、语音教室、图书资料室、模拟法庭、室内警体训练馆、室外警体训练场、阅兵场、运动场、射击训练馆、摄影照相实验室、刑事侦查实验室、痕检实验室等教学设施。学院负责制定专业培养整体方案、制订教学计划、组织招生、毕业及就业推荐工作,三警校负责学生日常管理、纪律管理、学习管理。学院选派法理、宪法、中国司法制度、刑法、民法、婚姻法、商法、刑事诉讼法、民事诉讼法、行政法与行政诉讼法、法院诉讼文书、司法警官学原理、强制执行法、司法伦理学、司法鉴定学等15门课程的任课教师,其中司法警官学原理、强制执行法由最高人民法院政治部警务部派员讲授。三警校选派犯罪心理学、证据学、犯罪学、司法口才学、马克思主义哲学、汉字书法、大学语文、英语、计算机应用、警体、刑事侦查学、射击、机动车驾驶、形式逻辑、司法警察素质课、司法警察技能课、机关公文写作、办公现代化原理等18门课程的任课教师。学生管理干部由双方组建。三警校为此每年级配备司法警官专业学生管理队长1人、学生管理干事1人,学院配备学生管理干事1人(同时负责双方的联络工作),实行24小时值班管理。

2002年,国家法官学院成立5周年院庆,2002级法律(司法警官)专业学生代表国家法官学院全体师生，接受了尉健行、罗干、肖扬等党和国家领导人的检阅，进行了警体操练表演，展示了学习与训练成果，得到了领导同志的充分肯定，为国家法官学院争得了荣誉。

2003年4～6月，北京发生了严重的"非典"疫情。以2002级法律（司法警官）专业学生为主的198位留校同学，接受了"非典"事件的生死考验。在这场没有硝烟的战斗中，在学院业已发现"非典"病例的情况下，时任国家法官学院院长郑成良同志连续15天住在学院，与留校学生朝夕相处，主持抗击"非典"工作。学生管理职能部门学员学生处积极落实政府不同阶段的有关部署，在"非典"预防、调整教学计划、改变教学方式、停课疏散、全封闭管理等各个阶段，组织学生绝对服从上级的安排，带领全体留校学生以"抗击非典，珍爱生命"为主题，实行了全封闭管理，并制定了学生学籍管理、教学管理、思想教育管理、生活管理、文体活动工作等五大类50条应对管理措施。在全封闭期间，学员学生处除努力维系学院正常的教学与训练外，还安排了体育比赛、征文评选、文艺演出等系列文体活动，针对学生的波动情绪与恐慌心理，做了大量的学生思想工作。学生管理干部王怀珠、许宝杰、刘晓梅、李春雨、张翔、胡云峰、许红岩、彭永和、舒春秋在突如其来的"非典"灾害面前，舍小家顾大家，甚至置生死于度外，与被全封闭的学生零距离相处，同吃同住同活动，体现了人民教师的崇高情怀。"铁窗正在打开，阳光情洒进来。法官学院师生，横扫SARS阴霾！"国家法官学院在重大灾难面前，团结奋斗，众志成城，最终取得了应对非典事件的全面胜利，锻炼、培养了留校学生面对困难的坚强毅力与"一切行动听指挥"的纪律观念，其抗击"非典"工作受到了最高人民法院的高度认可。

2002年至2005年，国家法官学院圆满完成了与北京市第三人民警察学校为期3年的联合办学任务。从2005年秋季起，法律（司法警官）专业的办学基地转移至位于杭州市的浙江警官职业学院，国家法官学院与浙江警官职业学院实行新时期的联合办学。之后，国家法官学院在陕西省高级人民法院接收西安铁路警察学校的基础上，在其原校址成立国家法官学院西安司法警官分院，国家法官学院法律（司法警官）专业遂从杭州迁入西安司法警官分院办学。

国家法官学院还积极和最高人民法院政治部警务部联系，组织法律（司法警官）专业学历教育到其生源地法院警队实习。2006年，国家法官学院取得最高人民法院政治部警务部支持,在时任警务部部长王继平同志的大力支持下,于11月23日在浙江警官职业学院召开2005级法律(司法警官)专业学生就业推介会,15个有生源的省司法警察总队的领导和省高院政治部干部处的领导到会。此乃国家法官学院建校以来,第一次名副其实的学历教育毕业生推介会。推介会取得良好效果。

根据办学需要,“法律(司法警官)专业”名称后更改为“司法警务专业”。

四、专升本、高起本教育

根据人民法院队伍建设的实际需要与法院学历教育的客观发展需求,最高人民法院曾于1994年向国家教委申请在法律业大举办专升本教育;1999年,最高人民法院再次向国家教委专文申请在国家法官学院举办专升本教育;2000年8月10日,最高人民法院向教育部发出《关于保留国家法官学院专科学历教育及提请举办专升本教育的函》,说明了法律业大结束后,国家法官学院举办专升本教育的必要性。

全国人大常委会修改后的《法官法》将担任法官的学历条件由专科提高到本科以上,在规定期限内仍不具备本科学历的现任法官或将接受培训,或将免去其法官职务。为此,2001年10月11日,最高人民法院政治部下发《关于不具备大学本科学历审判人员的培训意见》,规定:“2002年1月31日以前不满40周岁、具备专科学历的审判人员,应当通过多种形式完成‘专升本’教育,取得法律本科学历。”2002年1月31日以前40周岁以上的审判人员,应当鼓励其取得法律本科学历,确有困难的,应当“接受培训,取得继续任职资格。专项培训期限为一年。培训内容比照‘专升本’的法学课程设置”。“上述培训任务一般在5年内完成。”“在上述期限内未取得本科学历或专项培训不合格的,应调离审判岗位。”

2001年,全国法院共有干警30.6万人,其中法官21万人,但法律本科以上人员仅占法官总数的30%左右,本科教育发展滞后的问题在人民法院队伍建设中亟待解决。2001年10月16日,最高人民法院再次向国家教委行文,申请国家法官学院举办全国法院系统的专升本学历教育,并说明专升本学历教育对法院队伍建设的极端重要性与紧迫性。时任最高人民法院副院长、国家法官学院院长曹建明同志就专升本问题亲自向国家教委主要领导写信说明全国法院的实际情况。国家法官学院学员处的同志罄尽全力向国家教委汇报工作、联络沟通、予以落实。

2001年年底，国家教委在下达2002年全国成人高校学历教育招生计划文件时，正式下达国家法官学院专升本招生计划300人。自此，法院系统申请了8年的专升本教育得到批准，国家法官学院具有独立办学权的本科层次学历教育就此展开，与人民法院队伍建设与时俱进的法官教育培训工作迈上了一个新的台阶。

国家法官学院专升本法学专业教育是为了适应《法官法》提出的法官必须具有本科以上学历的要求而设置的，重点招收人民法院系统内部大学专科文化层次的法官及其他干警，学制两年，学生住校脱产教学。学院教学除严格落实教育部规定的专升本法学理论课程教学外，还注重围绕司法实践与统一司法考试需要，有针对性地开展教学活动。同时突出法院特色，开设针对司法实践的审判业务特色课程，努力提高学生的法学理论水平和分析解决问题的能力。对其中符合教育部授予学位条件的授予法学学士学位。

针对专升本教育的对象特点，国家法官学院为加强对学生的政治思想教育，在2005年7月1日正式成立学生党总支，下辖法学专升本各年级、法律（书记官）专业各年级、法律（司法警官）专业各年级的10个学生党支部。各级学生党组织努力发挥基层党组织的战斗堡垒作用，针对学院学生党建工作的历史状况以及新时期学生党建工作的现实要求，加强自身组织建设与制度建设，集中清理、讨论学生党员转正问题、确定入党积极分子工作，按照学院党委要求，认真抓好学生党员保持共产党员先进性教育活动，努力在学生中营造遵纪守规、勤奋学习、全面发展、争当先进的良好风气。仅2005年，专升本及专科学历生就有363人提交入党申请书，10个学生党支部经支部会议讨论决定，审批确定入党积极分子182名、发展对象36名。经学生党总支审查，并召开各支部书记会议共同讨论研究，最后按照学院党委要求，依照宁缺毋滥、严格程序、严格标准的党建工作原则，经学生党总支审议表决，确定入党积极分子165人。但由于某种原因，国家法官学院多年未能实现学生党员零的突破。学生党总支还带动各团支部、学生会及班级班委会，全面发挥各级学生组织的管理职能，发挥学生自我管理的能动性,加强大学生思想政治教育,加强校园文化建设,举办了学生运动会、校园歌手大奖赛、速录竞赛、主题征文活动等大型学生活动。

2003 年,学员学生处组织各专业学生文艺骨干,筹划、演排了最高人民法院春节迎春晚会的全套节目共 25 个,展示了国家法官学院专升本学生、法律(书记官)专业学生、法律(司法警官)专业学生的精神风貌与良好素质,受到了时任最高人民法院院长肖扬等领导同志的高度赞扬以及最高人民法院干警的热烈欢迎。

为实现以制度规范办学、以制度促进管理,学员学生处制定了完整的学历教育管理制度体系,包括国家法官学院《学历教育学籍管理条例》《学历教育学生量化管理规定》《学历教育专业办公室工作制度》《学历教育班主任工作条例》《学历教育考试工作条例》《学生公寓管理规定》《关于进一步加强学生党支部建设的若干意见》《学生党总支工作章程》《学历教育学生组织机构工作职责》《学历教育学生考勤制度》《学历教育课堂规则》《学历教育学生食堂就餐守则》《学历教育学生评优办法》《学历教育学生军训纪律规定》《关于学历教育学生毕业鉴定工作的规定》《关于学历教育毕业暨就业推荐工作的若干规定》《学历教育直属班领导小组工作制度》。2005 年,根据国家法官学院学历教育管理工作改革需要,学员学生处修订完善了相关规章制度,成立了学院学历教育处分申诉委员会,建立了班主任例会制度,自 2005 年起在学历教育本部实行班主任、专业办的管理模式,坚持"三三制"管理模式,不仅顺利完成各项行政管理工作,还指导学生开展党、团组织工作,学历教育学生管理秩序良好。学员学生处同时编撰《国家法官学院学历教育工作简报》,每年编发 15 期左右,传达政策,宣传典型,交流经验,严格落实了国家教委与北京市教委的学生管理工作要求。

2008 年,国家法官学院本科层次学历教育再开设新类别——高起本法学专业。该专业学制四年,面向社会招收高中以上学历的在职从业人员及社会青年,实施脱产教学。该专业除按照教育部关于法学专业本科教育课程设置要求开展法学基础理论教学外,注重培养学生理论联系实际、分析和解决社会实践问题的能力,同时培养学生计算机、速录、文秘事务技能,并配合教学开展国家司法考试应试辅导,努力培养造就具有较强综合素质的本科层次法律人才。

五、研究生教育与博士教育

研究生教育与博士教育等高端教育一直是人民法院高层次人才培养的主要途径。其教育历史发展大致分为四个阶段：第一阶段，自1988年起，经报国家教委同意，中国高级法官培训中心有计划地开展应用型法学研究生培养试点工作，主要依托北京大学、中国人民大学等高校定向为法院培养应用型的硕士研究生，涉及10个法律专业。第二阶段，自1998年起，由国家法官学院联合普通高校举办法律硕士专业学位研究生教育与“双证”教育。第三阶段，自2006年起，国家法官学院与中国政法大学合作举办法律硕士专业学位研究生教育。第四阶段，自2008年起，国家法官学院与香港城市大学合作举办的法学硕士、法学博士教育。

法律硕士专业学位是国家于1995年新设置的一个法科专业性学位。此前，我国一直实行的是法学硕士研究生教育，侧重培养法学理论、研究、教学方面的人才。随着我国法制建设急需培养适应立法、司法、行政执法和法律服务部门等实务部门需要的应用型法律专门人才，国家从1995年起开始试行具有特定法律职业背景的法律硕士专业学位研究生教育试点工作。

1998年，经国务院学位委员会与司法部决定，举办法律实务部门在职攻读法律硕士专业学位研究生教育，下达全国法院系统招生培养计划640人。招生对象不同于1996年、1997年两年试点工作中面向社会招生、应届大学本科毕业生较多的情况，此类教育只招收法律实务部门在职人员，并且实行单位推荐制，培养与使用相结合，入学考试不参加全国研究生考试，而是参加举办该类教育的13所试点院校联考。1998年2月5日，最高人民法院政治部下发《关于做好法院系统在职攻读法律硕士专业学位推荐报名工作的通知》（法政〔1998〕17号），分配国家法官学院负责推荐的招生名额70人，培养合作单位为中国人民大学。

国家法官学院经过研究论证，决定探索一条复合型、专家型高层次审判人才改革之路，将高级法官培训与研究生教育相结合。经与中国人民大学协商，决定联合举办全国法院系统晋升高级法官资格培训兼读法律硕士研究生班（以下简称“双证班”），实现法官教育与高等院校联合开展高层次法官培训与学历教育，更好地实现资源共享、优势互补。在两年的学业期间，教学计划交叉安排研究生课程与高级法官资格培训课程。1998年1月17日，国务院学位办、法硕工作办、司法部教育司、最高人民法院政治部宣教部、最高人民检察院教育局、国家法官学院、中国人民大学等单位举行联席会议，议程之一为商定“双证班”办学事宜。会议决定：“双证班”在国家法官学院举办，学制脱产一年；由国家法官学院确定培养标准并组织生源、报名工作，；法律硕士教学工作以中国人民大学为主组织，高级法官资格证教学工作以国家法官学院为主组织；学员所缴学费两院分成，共同开支使用。

1998年2月8日，国家法官学院下发《关于招收高级法官晋升资格培训兼读法律硕士专业学位生的通知》（法学〔1998〕15号），决定于1998年秋季与中国人民大学联合举办“双证班”，招生计划70人，招生对象为全国各级法院大学本科毕业、直接从事法律工作5年以上，职级副处级以上，年龄在45周岁以下，具有良好的职业道德和工作业绩的在职干部。“双证班”学员所学课程经考试合格，学位论文通过答辩者，按照国务院学位委员会关于在职人员以研究生毕业同等学力申请硕士学位的有关规定，由中国人民大学授予法律硕士专业学位，同时由国家法官学院授予高级法官资格证书。

2000年7月7日，国家法官学院与中国人民大学联合在京举行首届“双证班”毕业典礼，38位法官同时获得最高人民法院颁发的“晋升高级法官资格培训合格证书”以及中国人民大学颁发的“法律硕士学位证书”。最高人民法院副院长、国家法官学院院长曹建明同志出席典礼、颁发证书，并发表讲话。最高人民法院政治部副主任岑安邦、中国人民大学法学院院长曾宪义等同志参加了典礼并颁发证书。曹建明同志指出，“双证班”是一次研究生教育的创举，它将人民法院法官的职务培训与国家高等法学教育紧密结合，在高级法律应用人才培养方面做出了有益的尝试；在首届“双证班”的教学工作中，国家法官学院和中国人民大学密切合作，以人大为主，有针对性地实施了法律硕士研究生教育和高级法官培训教育，积累了成功的办学经验。

2000年，国家法官学院在总结“双证班”办学经验的基础上，认真改进工作，扩大招生规模，分别于中国人民大学、华东政法学院、中南财经政法大学联合举办“双证班”教育，并根据办班性质需要，将招生对象限定在“具有一级法官等级的审判人员报考”，当年招生210人，努力为各级法院培养更多的复合型高级法律应用人才，推进人民法院队伍建设迈上新的台阶。

自2006年起，经国务院学位委员会和教育部批准，国家法官学院开始与中国政法大学合作培养法律硕士专业学位研究生，招生对象为具有大学本科学历、工龄3年以上的在职法官和司法行政管理人员。初期招生计划每年50人，现每年招生计划55人。国家法官学院与中国政法大学的合作办学不同于以往与中国人民大学等高校的联合办学，此次合作办学中，国家法官学院参加研究生教育实质性的教学、管理、培养工作，象征着国家法官学院学历教育在本科、专科基础上，迈上了一个更高的发展阶段，也象征着国家法官学院的教学、科研实力得到了国家教委的充分认可。

国家法官学院与中国政法大学合作培养的法律硕士专业学位研究生教育实行学分制，学习期限为3年，采取在职兼读与半脱产两种教学方式。其中，在职兼读学员双休日与晚间教学，半脱产学员每年两次集中授课1～1.5个月，授课地点均在国家法官学院。授课教师由合作双方派出，并邀请审判实务专家授课。为培养应用型法律专门人才，学员学位论文撰写工作实行国家法官学院教师与最高人民法院资深法官担任指导的“双导师”制。学员在规定期限内修满学分，成绩合格，通过两校组织的学位论文答辩，授予法律硕士专业学位。

2008年2月，在最高人民法院副院长万鄂湘同志的积极倡议和亲自联络下，国家法官学院与香港城市大学签署了“中国法官法学硕士”和“中国高级法官研修班”两个合作项目，2011年双方又联合举办了“中国高级法官博士”合作项目。“中国法官法学硕士”项目每年从内地选拔30名法官到香港城市大学学习一年，其间到美国哥伦比亚大学学习一个月。学员在学习期间修满规定学分，成绩合格，授予国家认可的香港城市大学法学硕士学位。“中国高级法官博士”项目每年招收20人，招收对象为“内地现职优秀高级法官”，要求考生具有学术潜力、工作业绩突出、法学修养深厚。项目旨在培养具有全球视野的卓越法律人才，学制三年，集中教学时间为两个学期：第一学期在香港城市大学实施教学，第二学期在国家法官学院实施教学。博士在读期间，要求学员修满54学分：8门课计32学分，博士论文计22学分。学员在学习期间修满规定学分，成绩合格，通过论文答辩，授予国家认可的香港城市大学法学博士学位。

“中国法官法学硕士”和“中国高级法官博士”合作项目,是国家法官学院落实最高人民法院万鄂湘副院长关于国家法官学院学历教育要向高层次发展、法律专门人才培养要向高精端发展的办学方针的新突破与新发展,也是万鄂湘副院长高度重视、亲抓落实的中国法官教育培训工作的历史性项目。该项目开拓了国际型、外向型高等审判人才培养途径,着力培养内地法官掌握涉外、涉港澳法律知识,努力提升内地法官审理涉外、涉港澳案件的实务能力。两个项目以及“中国高级法官研修班”项目开办以来,因其独具特色,对涉外、涉港澳审判工作的积极影响,广受各地法院欢迎,在国内外反响强烈,已培养“中国法官法学硕士”120 余名、“中国高级法官博士”40 余名,派出“中国高级法官研修班”学员 280 余名,为人民法院涉外、涉港澳审判工作提供了不可替代的人才培养与智力支撑作用。

第五节 《法官培训条例》的划时代意义

一、作为《中华人民共和国法官法》的配套法规地位

2001 ~ 2010 年是我国法治建设的重要十年,党的十五大确定了“依法治国”的基本方略,到 2010 年要形成具有中国特色的社会主义法律体系,保证国家各项工作依法进行,包括依法管理国家事务,依法管理经济文化事业,依法管理社会事务。对于法官培训工作而言,也要依照《法官法》,尽快建立配套法规与政策,实行“依法培训”,依法管理法官教育培训工作。最高人民法院 2000 年发布的《法官培训条例》正是适应这一需要而诞生的法官教育培训“最高纲领”,是各级人民法院以及法官培训机构“依法培训”的主要文件,被业内称为法官教育培训工作的“小宪法”。

最高人民法院 2000 年 10 月 20 日发布的《法官培训条例》是《法官法》的配套法规。新中国成立以来,由最高人民法院发布“条例”形式的规范性文件较为少见。有关制度性的规范性文件一般以“办法”“规定”“意见”等形式发布。九届人大三次会议通过的《中华人民共和国立法法》(以下简称《立法

法》)规范了中央、地方以及中央各部委各自权限不同的立法权。依照该法律，立法分国家法律立法、行政法规立法和行政规章立法三类。在中央一级，法律立法权由全国人大及其常委会行使，行政法规立法权由国务院行使，行政规章立法权由国务院所属各部委行使。"条例"属行政法规层次，"办法""规定"属行政规章层次。《立法法》对"两高"的立法权限未做明确规定。按照该法第56条、第71条、第89条规定，最高人民法院的立法权限可以比照行政法规的立法权限。因此，最高人民法院有权制定"条例"。《法官培训条例》叫"条例"而不叫"办法"或"规定"，有利于强调法官教育培训工作对于人民法院队伍建设的重要意义，有利于《法官培训条例》相关规定的贯彻执行，也能够更好地体现最高人民法院党组对法官教育培训工作的高度重视，更好地贯彻最高人民法院党组对法官教育培训工作的战略部署。

2000年9月16日召开的第三次全国法院教育培训工作会议，主要议题之一是研究、制定《法官培训条例》与《2001年～2005年全国法院干部教育培训规划》。之前，1990年召开的第一次全国法院教育培训工作会议，主题是在法律业大创办以后，部署并落实法院大专学历教育"七八九"规划。1994年召开的第二次全国法院教育培训工作会议，主题是部署并落实法院系统本科学历教育的"三六九"规划。第三次全国法院教育培训工作会议与前两次教育培训工作会议的学历教育主题不同，它以研究21世纪规范化的法官培训制度为主题。在人民法院法官教育培训工作史上，这是一次规格最高、意义重大，事关法院教育培训大转折、法制化、再动员的重要会议。会后，最高人民法院一连下发了三个会议文件：2000年10月16日印发《关于印发尉健行、肖扬、姜兴长、曹建明同志在全国法院教育培训工作会议上讲话的通知》(法发〔2000〕23号)，10月20日印发《关于印发〈法官培训条例〉的通知》(法发〔2000〕24号)，10月20日印发《关于印发〈2001年～2005年全国法院干部教育培训规划〉的通知》(法发〔2000〕25号)，体现了党中央、最高人民法院党组对法官教育培训工作的高度重视。

在第三次全国法院教育培训工作会议上，尉健行同志发表重要讲话，指出："国运兴衰，系于教育。人民法院的教育培训，作为国家教育事业的重要组成部分，是国家民主法制建设的基础性工作之一，是提高法官素质、确保审判质量、实现司法公正的有效途径和手段。加强法官教育培训,是建设一支高素质的法官队伍的必然选择。抓好教育培训,大力加强法官队伍的素质,就抓住了司法公正的关键。大力加强法官教育培训工作,是推进依法治国的需要。人民法院审判工作的性质和法官队伍的现状决定了对法官的教育培训更具有现实的和长远的特殊意义。"研究与制定《法官培训条例》是最高人民法院贯彻落实中央精神,在世纪之交的重要历史时刻所发布的法官教育培训纲领性文件,是建立人民法院教育培训工作的科学体系,实现人民法院教育培训工作科学化、制度化、规范化、法制化的重要标志。

(一)《法官培训条例》的酝酿与起草

《法官培训条例》是第三次全国法院教育培训工作会议的核心文件。根据新时期党和国家对人民法院队伍建设的更高要求,按照最高人民法院党组的部署,《法官培训条例》对法官教育培训工作提出了高标准、新要求,坚持在已有教育培训成果与经验的基础上设定新目标,建立具有人民法院特色、面向新世纪的法官教育培训体制,加快全国法院队伍建设的发展进程。《法官培训条例》意在规划、部署全国法院新的历史时期的干部教育培训工作,适应依法治国方略的需要,依法管理、规范全国法官教育培训工作。

《法官培训条例》初稿为《法官培训暂行办法》,在 1995 年 12 月召开的全国法院第 17 次工作会议上,《法官培训暂行办法》草案作为《法官法》的配套法规之一,以会议征求意见材料的形式与各地会议代表见面。由于会期有限,该文件草稿未安排代表讨论。

1998 年,最高人民法院教育厅认为 3 年前起草的《法官培训暂行办法》草案,其时代背景有三个:一是法官学院尚在筹办选址阶段;二是法律业大没有结束历史使命的倒计时说法;三是高级法官培训中心仍在运行,全国法院的教育培训机构运作,基本上是以法律业大总校为龙头,各地高院分校、中院分部在总校的领导下,以开展专科层次学历教育为主,兼适量的培训;各地法官培训中心多与法律业大分校合署,独立开展工作的不多。鉴于时代背景的变化,教育厅认为:第一,1997 年国家法官学院正式挂牌,法律业大也明确存在到 2001 年,法律业大总校和高级法官培训中心从编制意义上已经撤销。特别需要指出的是国家教育主管部门不同意原各地法律业大分校按国家法官学院"分院"的形式存在，并明确国家法官学院以办好“国家队”为主，这在实质上已经明确界定了国家法官学院的地位和办学性质。也就是说，不能再依照过去法律业大总校和分校的体制模式运行，其原本属于教育行政职能的工作应归由机关教育行政主管部门负责。第二，未来国家法官学院与地方法官教育培训机构也不是不存在关系，国家法官学院应成为全国法院系统的四个中心，即应用法学研究交流的中心，法官培训教材编撰、研讨中心，对外交流中心，教育培训工作业务研讨交流中心。

1998年10月，最高人民法院教育厅依照上述主导思想，修改、起草了《法官培训暂行办法（草稿第二稿）》，体例分为五章24条，认为该稿既考虑了工作实际和历史沿革，也参考了1995年草案第一稿和最高人民检察院的“检察官培训办法”。该办法第一章“总则”部分2条，说明制定依据及法官接受培训的“权利义务”原则。第二章“培训体制和职能”部分7条，说明最高人民法院教育厅的领导地位、地方高院教育行政主管部门指导培训机构实施培训、两级教育培训机构框架、国家法官学院定位、地方法官培训机构任务、应配备与培训任务相适应的专兼职教师和管理人员等问题。第三章“培训内容和方式”部分9条，说明法官培训分指令性调干培训和其他培训两类、法官培训内容、法官培训理论联系实际原则、出任法院领导须参加任职资格培训、法院领导干部培训5年一次、法官任职期间培训5年一次、法官每1～2年参加一次法律知识更新培训、晋升高级法官资格培训学制为1年、法官专向进修培训与法院领导干部岗位培训学制为半年、法院领导干部任职资格培训学制为3个月等问题。第四章“培训证书、教材和经费”部分3条，说明指令性培训颁发资格认证结业证书、各级法官培训机构组织编写教材并报最高人民法院教育厅审定、培训经费专款专用等问题。第五章“附则”部分3条，说明法院其他工作人员培训比照法官培训、军事法院法官培训自行制定办法、办法解释权等问题。

1998年11月16日，根据政治部领导意见，最高人民法院教育厅将《法官培训暂行办法（草稿第二稿）》批送国家法官学院征求意见。学院学员管理处认为“暂行办法”的内容不够全面，体例亦需变动，在原稿上提出修改意见比较困难，并且认为起草一个“培训条例”似乎比“培训办法”更便于贯彻执行。所以起草了一个“培训条例”，作为对“暂行办法”的补充与修改意见。1998年12

月 1 日,根据法官教育培训工作发展的实际需要,突出重点问题和规范管理要求,以教育厅办法为基础,学员管理处拿出《人民法院法官岗位培训条例(试行)》(草案一稿),共分总则、培训规划、培训机构、培训师资和条件、培训的实施、培训考核、培训经费、附则八章30条。对比原办法,新的草稿增加了培训归口、统一规划与分级管理、先培训后上岗、先培训后晋升、全国法院三级培训体系、各级培训机构分工、专职教师数量、确定“法官教法官”原则、专职教师“教学—审判—科研”三结合、培训基地与设备建设要求、各类培训重点内容、制定岗位规范、培训与考核挂钩、培训档案制度、培训经费重点保障、培训经费逐年增加等项内容,并界定与完善了相关概念,以立法要求努力规范文件文字表述、篇章布局及文件格式。梁宝俭同志审定、修改了全文,并将该草稿文件名称确定为《人民法院法官教育培训条例》。同年 12 月,国家法官学院将《人民法院法官教育培训条例》上报罗豪才副院长并征求政治部意见。

遵照罗豪才副院长指示,为加快第三次全国法院教育培训工作会议的筹备步伐,进一步完善《人民法院法官教育培训条例》的有关规定,国家法官学院就此文件在数月内连续召开征求意见座谈会。1999 年 2 月 5 日《人民法院法官教育培训条例》形成“总则、教育培训教材与师资、教育培训机构与职能、教育培训内容与形式、教育培训考核、教育培训经费与条件、附则”七章 38 条体例,提出了“人民法院实施教育培训优先发展战略”原则;创造性地提出并使用“续职培训”概念;法官教育培训分为任职、晋级等资格培训,续职培训,新法律法规培训等四个类别;法官任职、晋级和续职,必须接受教育培训;为加强法官教育培训工作,提出最高人民法院设立“全国法官教育培训委员会”、各高院和有条件的中院设立同级法院“法官教育培训委员会”;有条件的设立三级培训机构体系;上级法院教育行政主管部门和教育培训机构指导和检查下级法院的教育培训工作;法官培训机构的专职教师必须具有相应的法官职级;各级法官教育培训机构可依法设立法官教育培训基金,多渠道筹措教育培训经费;教育培训经费列入人民法院诉讼费中业务经费的开支范围等项内容规定。

1999 年 2 月上旬,国家法官学院在廊坊召开 5 省、市三级法院征求意见会,会后形成《人民法院法官教育培训条例(草案四稿)》,加入“法官实行终身教育培训制度”原则,续职培训改为“履职培训”,加入“参加教育培训的学员应按照规定缴纳培训费用”“法官学院的学历教育应依照《中华人民共和国高等教育法》的有关规定进行”等条款，并修改了培训分工、培训内容、培训期限等条款，文件名称简化为《法官教育培训条例》。3月1日，国家法官学院组织全体中层领导干部细致研究、讨论、修改了《法官教育培训条例》。3月10日，国家法官学院在福州召开七省两级法院征求意见会；3月14日在长沙召开湖南省高级人民法院及十一个地、市法院征求意见会。《法官教育培训条例（草稿）》在全国各地法院、各层次、各部门干警的广泛参与下不断修改、完善，在内容和体例上已基本成熟。1999年3月31日，梁宝俭同志向政治部签报《法官教育培训条例（草稿）》并“送秀红同志阅”，王秀红同志4月2日批示“请宣教部认真参考”。同月，国家法官学院在学院本部召开6省、区、市法律业大征求意见会，继续征求修改意见。6月1日，政治部宣教部将新修改的《法官教育培训条例（试行）》草案上报领导，并做说明：“一、政治部草拟的《法官培训暂行办法》，于1995年和1998年，经党组领导批示，分别作为全国高级法院院长会议的参阅文件。之后，也曾正式下发各高级法院征求意见。二、法官学院在今年征求各地法律业大分校意见的基础上，也拿出一部体例上有别于政治部‘办法’的《法官教育培训条例》。三、经研究，决定以学院‘条例’为基础，综合修改出新一稿‘培训条例’草案，供第三次教育培训工作会议筹备组领导参阅。”王秀红同志批示：“请安邦阅后，报姜副院长审示。”岑安邦同志6月3日圈阅。姜兴长同志6月4日批示：“请送豪才同志审示。”罗豪才同志6月6日批示：“宝俭同志：请有关负责同志阅，提出修改意见，宜快。”6月11日，国家法官学院学员管理处草拟了《关于〈法官教育培训条例（试行）〉的修改意见》，上报学院审批。11月27～29日，国家法官学院在南京召开部分法律业大分校校长座谈会，会议议题之一是“对明年召开的全国法院第三次教育培训工作会议的希望与建议”。会后，国家法官学院将各地反馈意见书面报告最高人民法院。12月24日，政治部宣教部整理《祝铭山同志关于全国法院第三次教育培训工作会议有关问题的讲话要点》，认为“部分法律业大分校校长座谈会与会者所反映的诸多问题，已有了明确意见，建议分送几位院领导，以供参考”。

2000年2月，经最高人民法院领导决定，成立由岑安邦、方光成同志任组长的第三次全国法院教育培训工作会议筹备组材料组，成员有刘继军、刘炳炎、彭永和、牛建华、贺庆同志，确定由彭永和主笔起草《法官培训条例》与《2001年～2005年全国法院干部教育培训规划》，由牛建华主笔起草最高人民法院领导在会议上的主报告，由贺庆主笔起草《国家法官学院2001年～2005年发展规划》。同时成立由王秀红、王世民同志任组长的第三次全国法院教育培训工作会议筹备组会务组，着手会务准备工作。2月29日～3月1日，在岑安帮、方光成同志的主持下，材料组以两天时间研究拟提交第三次全国法院教育培训工作会议（以下简称"三教会"）的系列文件起草工作，确定了《法官培训条例》（以下简称《条例》）与《2001年～2005年全国法院干部教育培训规划》（以下简称《规划》）的基本框架，指定以国家法官学院意见为主，根据小组意见全面调整、充实、修改《条例》与《规划》。3月25日，《条例》与《规划》修改稿完成。3月27日，材料组进一步讨论、修改《条例》《规划》。

2000年3月30日，岑安邦、方光成同志向最高人民法院领导签报《条例》与《规划》征求意见稿，《条例》名称正式确定为《法官培训条例》，框架确定为"总则、组织与管理、内容与形式、条件与保障、考核与责任、附则"六章结构，申请在4月10日前下发全国各高级人民法院征求意见。报告经曹建明副院长圈阅后、姜兴长副院长4月7日批示："请报肖扬、铭山同志阅示。"祝铭山副院长4月7日批示："同意下发，也可以征求组织部、人事部有关司局的意见。下发前，请建明同志再做一次精细的修改。"肖扬院长4月10日批示："请建明同志认真修改后下发征求意见。"曹建明同志4月10日批示："请法官学院配合政治部按照肖院长、祝副院长的要求，再做一次认真的修改，下发征求意见前，我再做一次统稿。"为落实领导指示，4月14～15日，材料组在太原召开天津、黑龙江、湖南、河南、河北、山西6省、市高、中两级法院座谈会，就《法官培训条例（征求意见稿）》《2001年～2005年全国法院干部教育培训规划（征求意见稿）》两个文件征求意见，材料组岑安邦、方光成、刘继军、彭永和同志参加座谈会。根据与会者意见，材料组对两个文件征求意见稿进行了认真细致的文字推敲。4月23日，材料组将"全国法院第三次教育培训工作会议文件之一《法官培训条例（征求意见稿）》""全国法院第三次教育培训工作会议文件之二《2001年～2005年全国法院干部教育培训规划（征求意见稿）》"上报曹建明同志审阅。曹建明同志对《条例》与《规划》征求意见稿进行了全面、精细的修改。

2000年5月18日，最高人民法院下发《关于做好全国法院第三次教育培训工作会议准备工作的通知》（法〔2000〕58号），将《法官培训条例（征求意见稿）》《2001年～2005年全国法院干部教育培训规划（征求意见稿）》下发各高级人民法院征求意见。8月5日，材料组根据各高级人民法院反馈意见，对《条例》与《规划》做了适当修改，形成上会的征求意见稿，提交9月16～18日召开的全国法院教育培训工作会议审议。全国法院教育培训工作会议后，根据会议讨论意见，9月25日，材料组修改出《条例》最后一稿。

2000年10月20日，最高人民法院正式下发《法官培训条例》与《2001年～2005年全国法院干部教育培训规划》，要求各地法院遵照执行。《条例》与《规划》相比，《条例》是法规，《规划》是阶段实施方案；《条例》管长远，《规划》管五年；《条例》是基本制度，《规划》是近期执行制度的方法步骤。

（二）《法官培训条例》的规范作用

1994年全国法院第二次教育培训工作会议之后至“三教会”前，人民法院教育培训工作任务更加繁重，一些长期积累下来的制约人民法院教育培训事业发展的重大问题，因为最高人民法院没有召开过有关教育培训工作的相关会议而未得到很好解决。因此，《条例》与《规划》是面向21世纪人民法院教育培训工作的纲领性文件，也是贯彻最高人民法院党组精神，高度重视并规划新时期人民法院教育培训工作，扭转近几年全国法院教育培训工作的被动局面的重要契机。为此，在起草文件的过程中，材料组认真研究人民法院教育培训工作的大政方针问题，力争在《条例》与《规划》中加以明确和规范。

1997年国家法官学院成立后，国家教委批复法律业大保留至2001年。一些法院开始撤并原有的教育培训机构，有的法院缩减编制、调离骨干，有的教育培训机构名存实亡。在这个大气候下，以法律业大办学人员为主体的法院教育培训工作人员思想波动，人心思走，教育培训办学队伍极不稳定。在国家法官学院成立庆典同时召开的法律业大专职副校长会议座谈会上，分校、分部的领导、教师、办学人员都表现出了对法院教育培训工作走向何处的焦虑与担忧，急需最高人民法院拿出一个法官教育培训发展的切实可行的远景方案，以统一思想，统一要求，明确方向。

由于上述原因，少数法院领导与干部对法律业大后期办学工作出现懈怠情绪,如何发扬法律业大优良传统、维护法律业大声誉、保证最后三年法律业大的教育质量、实现法律业大办学工作圆满收尾,成为当时法院教育培训工作的又一重要问题。除国家法官学院抓紧制定系列法律业大后期办学的加强教学与管理文件外,各地希望最高人民法院以文件形式明确法律业大的后期办学目标,要求各级法院领导重视教育、善始善终。同时各地希望最高人民法院对15年的法院办学历史进行总结,对成功的教育培训经验加以固定,对优秀的教育培训机构及人员进行表彰。

1995年召开的第八次法律业大工作会议上,最高人民法院根据全国法院"三六九"规划完成情况,提出法律业大办学任务要逐步完成从学历教育向岗位培训转移的要求。但是,如何转移,转移期限,岗位培训的种类、要求、规范、目标、期限、考核与作用等问题,都无明确规定,各地对法官培训各行其是,岗位培训工作单打独斗。《法官法》公布后,与之配套的制度未及时出台,不同级别的法官职责、岗位要求、培训内容、培训任务尚不明确,培训体系、规划、教材等没有落实,导致全国各地岗位培训的规模、效率、效果无法达到理想要求。各地呼唤最高人民法院及早出台有关法官培训的规范性培训办法或意见,使之与《法官法》的规定配套,从而实现依法培训。

各地希望尽早召开"三教会",共商教育培训发展大计,切实解决制约法官教育培训事业发展的根本问题。首先,要建立适合法官教育培训工作的管理体制,继承法律业大办学传统,形成法院系统办学的办学模式和管理体制,在法院内部实行一体化管理,建立各级法院教育培训委员会,体现教育培训的权威,对教育培训统一领导,合理规划,妥善解决工学矛盾。其次,设立全国法院法官培训教材编审委员会,确定科学的法官岗位培训规范、内容要求、目标体制,根据不同类型培训要求,编写全国统编教材,使教育培训在科学化、标准化轨道上行进。全国法院应予设立学术委员会、教师专业职称评审委员会,统领与开展相关工作。最后,要切实关心教师政治、生活待遇,继续坚持"法官教法官"原则,解决、落实专职教师"审判、教学"双职称问题,实行教师定期轮岗,培养、重视骨干教师,稳定教师与办学人员队伍,不断提高教职员工的物质生活待遇。

最高人民法院党组高度重视各地法院对法官教育培训工作的意见与建议,指示最高人民法院政治部和国家法官学院认真听取意见、汇集各地建议、研究解决方案。最高人民法院政治部较早地启动了新时期教育培训规范性文件《法官培训暂行办法》的起草与上会工作,并着手准备“九五”期间法官教育培训规划等第三次法官教育培训工作会议的有关文件。经过两年多的调研、修改、讨论与反复征求意见,《条例》前后20余稿,全面地吸收了各地法院关于法官教育培训工作的各类意见建议,《条例》与《规划》起草与制定过程中,考察了西方主要国家的法官培训制度,借鉴了中央有关部委教育培训工作的规范性文件,总结了人民法院教育培训工作经验,认真领会、贯彻了党和国家关于新时期干部教育培训工作的改革要求,结合了法院的工作实际,努力制定法官培训工作制度化、科学化的规范性文件。

《条例》科学地界定了法官培训的分类与内涵,规定了法官培训的基本原则、管理体制、培训机构、培训任务、培训教材、培训内容、培训期间、培训基地、培训条件、培训档案、培训考核、培训师资、培训经费、培训证书、培训交流、检查评估等项带有法官培训工作基础建设类的制度内容。《条例》共设六章32条,在体例与内容上参考了《检察官培训暂行规定》《国家公务员培训暂行规定》《公安机关人民警宗培训暂行规定》《中小学校长培训规定》等教育培训办法。

作为新颁布实施的法规性文件,为了使各地法院做好实施前的各项准备工作,《条例》采取了“择期生效制”,定于2001年1月1日起施行,也即与《规划》同时执行。鉴于《条例》的宏观规定和调控作用,不便将条文规定的过细。有关规范化的法官培训制度中,确有一些基本问题有待进一步研究、探讨。各地在研究具体执行时将有更多的问题需要统一加以规定。材料组在第三次全国法院教育培训工作会议上充分听取各地意见,会后对《条例》与《规划》做了必要的修改。对于那些不宜在《条例》与《规划》中加以规定、但确系应予明确又有争议的问题,留待《条例》与《规划》施行后认真研究,以便进一步统一思想后在后续教育培训文件中再做规定,切实贯彻落实中共中央以及最高人民法院党组关于加强法院队伍建设与法官教育培训工作的各项有关规定。

“三教会”后,最高人民法院下发了《条例》《规划》等会议文件。各地反映,最高人民法院颁布的《条例》和确定的“九五”期间全国法院干部教育培训规划,起点较高,目标远大,客观可行。虽然有些地区反映某些要求实行起来难度较大,但既已颁布即应执行。各高级人民法院普遍认识到新时期法官教育培训工作的重要性，首先在高级人民法院党组范围内及时传达，认真学习，从而统一了思想，提高了认识，明确了方向。各地反映中央政治局常委尉健行同志在会议上的重要讲话，强调了国运兴衰，系于教育，指出人民法院教育培训工作是国家教育事业的重要组成部分，是国家民主法制建设的基础性工作之一。肖扬院长所作的《大兴学习之风》的重要讲话，深刻剖析了新时期法官加强学习的紧迫性、必要性和极端重要性。提交会议讨论的《条例》与《规划》两个重要文件，是人民法院教育培训工作走向规范化、制度化、法制化的重要标志。各地认为，认真贯彻、落实"三教会"的会议精神，必将推进全国法院队伍建设迈上一个新的台阶。

与以往不同的是，各高级人民法院"一把手"亲自抓"三教会"精神的传达、贯彻、落实工作。各法律业大分校专职副校长反映，这种"一把手"挂帅抓教育培训工作的现象已经多年未见了，大家感到仿佛又回到了15年前各级法院"一把手"挂帅抓法律业大创建工作的时期。与会法院教育工作者们兴奋地说：继人民法院创办法律业大，法官文化、专业素质发生历史性变化以后，法院教育培训工作的第二个春天即将来临。实践证明，法院教育培训工作能否搞得好，关键要看领导是否重视，关键看"一把手"是否真抓实干。各高级人民法院"一把手"亲自抓法官教育培训工作，既是形势所迫，也是法院队伍建设的客观需要。同时说明了各高级人民法院领导班子对法官教育培训工作有了更深刻的认识。

为了更好地贯彻、落实会议精神，各高级人民法院党组按照"三教会"上姜兴长副院长总结讲话中的要求，以书面报告形式或以当面汇报的方式，分别向省、自治区、直辖市党委、人大、政府、政法委等部门及其领导同志报告了"三教会"精神，得到了党政领导部门的高度重视和具体支持。贵州省高级人民法院在"三教会"9月18日结束后，9月22日即向省委递交了报告。省委常委、政法委书记姜延虎同志作了长达两页的批示，并对报告提出具体修改意见，要求修改后报省委书记审批。甘肃省高级人民法院在向省委的报告中，结合甘肃实际，着重提出了贯彻落实的五点意见方案。省委副书记仲兆隆同志对此予以充分肯定。安徽省高级人民法院韩云萍院长亲自率队带领出席会议的同志一起向省委、省政府领导汇报，在培训基地建设上获得了省委、省政府的大力支持。

（三）《法官培训条例》的修改与完善

2004年，最高人民法院政治部根据形势发展需要和队伍建设实际，开始着手修改《条例》。作为规范性的专门文件，最高人民法院认为，《条例》是管长远的制度性文件，对其颁布施行以后的法官培训工作的科学化与规范化起到了重要的作用，其规范效力仍应继续下去。另外，党和国家高度重视干部教育培训工作，短短几年又有新的法律、政策规定与要求。随着司法改革的深入与审判业务的发展，预备法官培训、网络培训等培训类别与形式逐渐重要起来，法官培训工作也面临着新形势、新挑战，各地法官培训工作也形成了可资推广与规范的新型经验，对2000年版《条例》的修改也是形势所需、势在必行。经最高人民法院政治部与国家法官学院研究，为保持《条例》的稳定性和持续有效，修订工作遵循“必须改动的，慎重修改”原则，经过一年多的调研与征求意见，经2006年2月召开的第四次全国法院教育培训工作会议暨队伍建设座谈会讨论后再修订，2006年3月30日，最高人民法院下发《关于印发〈法官培训条例〉的通知》（法发〔2006〕6号），将修改后的《条例》下发全国执行，《条例》自2006年4月1日起施行。

2006年版《条例》比2000年版《条例》新增两条。一是新增第17条“法官培训应不断探索灵活多样的培训手段和方法，推广和运用远程教育等方式，提高法官教育培训的质量和效果”。二是新增第21条“鼓励具有丰富审判经验的高素质法官担任法官培训兼职教师。兼职教师经组织安排到各级法官培训机构从事培训工作的，工作量应当纳入所在部门业务考核范围”。2006年版《条例》六章架构不变，条文从2000年版《条例》的32条增加为34条。

2006年版《条例》对2000年版《条例》的其他主要修改如下：

第一，在法官培训类别中增加预备法官培训类别，规定“拟任法官的人员，须接受预备法官培训”；预备法官培训任务由国家法官学院承担；预备法官培训应注重岗位规范、职业道德和审判实务的培训，“培训时间不少于一年”。

第二，在法官培训管理体制规定上，删去“法官培训实行两级管理体制”规定；将2000年版《条例》中有关“高级人民法院领导本辖区人民法院的法官培训工作”修改为“地方各级人民法院管理本辖区的法官教育培训工作”；增加“中级人民法院和基层人民法院教育培训主管部门负责组织落实上级法院部署的各项培训任务,并根据工作需要组织实施本辖区法官的续职培训”一款规定。

第三,关于培训机构和培训任务,增加了国家法官学院分院的机构规定,规定“最高人民法院设立国家法官学院及其分院”,国家法官学院承担的培训任务,必要时,可以委托其分院承担;将2000年版《条例》规定的基层人民法院院长初任任职培训提升到国家法官学院管辖,“初任基层人民法院副院长的任职培训”由省级法官培训机构管辖。

第四,提出了教材、培养目标、师资队伍的新要求,放宽法官培训教材由最高人民法院统一组织的编写权限,删去2000年版《条例》规定的“经法官培训教材编审委员会批准,高级人民法院根据需要,可编写法官培训辅助教材”;明确规定法官培训着重提高“四个能力”:“法官庭审驾驭能力、诉讼调解能力、法律适用能力和裁判文书制作能力”;将法官培训专职教师的学历要求从2000年版《条例》的“大学本科以上”提高到“研究生以上学历”。

第五,缩短了集中培训时间,对于任职培训,将原“不少于三个月”缩短为“不少于一个半月”;将晋高培训的时间从“不少于两个月”缩短为“不少于一个月”;将续职培训的时间从原定的“法官每三年接受一次续职资格培训,培训时间不少于一个月”修改为法官每年须接受续职培训,“每年接受续职培训的时间累计不少于半个月”。

第六,强化了培训保障机制,增加了各级人民法院法官教育培训经费占同期法院业务经费的比例“应不低于3%”的硬性规定。

修改后的《条例》贯彻落实了2006年中共中央印发的《干部教育培训工作条例(试行)》规定的干部教育培训指导思想与基本原则,进一步规范了培训类别与培训要求,根据修改后的《法官法》关于法官的任职要求以及全国统一司法考试给人民法院法官培训工作提出的新课题,强化了法官任职前的预备法官培训系列要求,更加强调重视法官教育培训师资队伍建设,对主导法官培训质量的兼职教师的条件、配备与考核进行了规定,强调了“法官教法官”及专职教师队伍的审判职称与审判实践的重要作用,使法官教育培训制度与时俱进,法官教育培训体系更加科学合理,为“十一五”规划期间的人民法院教育培训工作指明了方向。

二、《法官培训条例》的基本原则

有关法官培训工作应遵循的基本精神，《条例》第一章“总则”规定了法官培训的四项基本原则，即“权利义务相统一原则”，“统一管理、统一规划、归口负责、分级实施”的原则，“理论联系实际、学用一致、按需施教、讲求实效的原则”，“拟任法官的人员以及在职法官，经过规定的培训，并考核合格的，方可任职、晋级、续职”的原则。起草过程中，原拟规定的“法官终身教育原则”“全员培训原则”“法官教育培训优先发展原则”等，因“总则”的篇幅所限等原因未再纳入《条例》当中，但是基本精神仍需在人民法院教育培训工作中加以贯彻执行。

（一）“权利与义务相统一”原则

《条例》第3条规定：“法官有依法接受培训的权利和义务。”这条基本原则来源于《中华人民共和国宪法》第46条“公民有受教育的权利和义务”的规定。中共中央印发的《干部教育培训工作条例（试行）》第10条规定：“干部有接受教育培训的权利和义务。”《条例》之所以重申法官接受培训的权利与义务，并作为基本原则之一，原因有三点：第一，法官接受教育培训不仅是宪法规定的公民权利与义务，更是《法官法》对法官职业的特殊要求，该法第24条第1款规定：“对法官应当有计划地进行理论培训和业务培训。”所以，《条例》强调的是法官“依法”接受教育培训。第二，法官接受教育培训既是法官的权利，也是法官的义务。从权利的角度讲，法官有更新知识、接受教育、提高素质的请求资格。从义务的角度讲，法官任职前、晋级前、续职中，都必须接受相关培训，并考核合格后，方得任职、晋级、续职。第三，法官接受教育培训，不仅是法官的个人成长与职业需求问题，更是司法公正、依法治国的全局需要。法官作为国家审判机关的公务人员，其思想、文化、业务素质与水平必须始终保持在相当的水准，方能正确行使人民法院的司法审判权。所以，法官接受教育培训具有特别的法律意义与社会价值。

为了保证法官享受接受教育培训的权利，最高人民法院及地方各级人民法院应当合理规划各专业法官的年度受训计划；法官所在法院应当合理安排法官的工作与学习，分批选派法官参加培训；国家法官学院及其他法官培训机构应当准备适合于不同专业法官的培训班次、培训主题、培训内容,使受训法官学有所获,学用结合。按照《条例》第 27 条第 2 款规定:“参加培训的法官,培训期间享受在职法官的工资福利待遇,培训费、差旅费等按规定予以报销。”为此,各级人民法院应当为保障法官行使依法接受教育培训的权利提供物质条件和相关经济待遇。对于法官所在法院不当剥夺法官接受教育培训权利的,法官可以向上一级法院告诉申诉,对于不履行干部教育培训职责的法院,上级法院应当责令其限期改正,并可视情况在一定范围内给予通报批评。

为了促使法官履行参加教育培训的义务,各级法院必须贯彻“培训与使用”相结合的用人制度,严格执行组织工作规定与《条例》规定,做到法官不接受资格培训并考核合格,不得任职、晋级、继续履职。《条例》第 28 条规定:“法官无正当理由拒不参加培训的,所在人民法院应督促其改正,并视情节轻重给予批评教育直至取消任职、晋级资格。”同时,各级法院应当建立法官培训档案,对于确有合法理由未按规定参加教育培训或未达到教育培训要求的,应当及时安排补训。对于弄虚作假取得培训成绩,或取得学历、学位的,应当给予工作纪律处理直至追究法律责任。

(二)“统一规划、归口培训”原则

《条例》第 4 条规定:“法官培训实行统一管理、统一规划、归口负责、分级实施。”我们简称为“统一规划、归口培训”原则。该原则有两层含义。第一,统一规划,是指人民法院教育培训工作实行统一规范、统一管理,最高人民法院管理全国法官教育培训工作,各高级人民法院负责管理本辖区法院的教育培训工作。第二,归口培训,是指各类教育培训类别、班次,由各级法官教育培训机构归口负责、统一实施,人民法院其他部门及个人不得从事法官教育培训教学组织与办班管理工作。

国家教委、劳动部、人事部、国家经济体制改革委员会、全国总工会 1989 年印发的《关于开展岗位培训若干问题的意见》明确指出:岗位培训“由各级各类教育培训部门承担”。针对少数党政机关及其职能部门受经济利益驱动,乱办班、乱收费的问题,党中央决定整顿办班管理、收费管理、颁发证书管理等三方面秩序,专门开展“三乱”治理活动。1985 年 3 月,中组部、国家经贸委、国家教委、财政部、人事部联合印发了《关于加强干部教育培训管理工作的若干规

定》，强调“坚持政事分开，党委和政府机关一般不直接举办培训班。干部培训主管部门，主要负责制定规划和提出培训任务，检查、督促、指导培训规划和培训任务的落实。办班的教学组织工作，应由经过批准的培训机构负责”。《条例》发布前，人民法院也不同程度地存在乱办班、乱收费、乱发证书的现象，甚至个别审判庭、室在经济利益驱使下，置十分繁重的审判任务于不顾，也在报纸、杂志刊登办班广告，招揽社会生源，并收取数倍于法官培训机构收费标准的培训费用。这种状况不仅影响了审判工作的正常开展，更违反了党和国家的政策规定，造成了不良的社会影响。因此，《条例》确定“归口培训”原则，强调“各级法官培训机构负责组织、实施各项法官培训”，是针对法院系统的“三乱”问题而做出的禁止性规范，十分必要。

（三）“理论联系实际、按需施教”原则

《条例》第5条规定：“法官培训贯彻理论联系实际、学用一致、按需施教、讲求实效的原则。”该条规定可以简称为“理论联系实际、按需施教”原则。该原则字面上直白易懂：教育培训内容理论结合实际、服务实践，针对受训对象实际，做到干什么培训什么、需要什么解决什么。人民法院教育培训工作的宝贵经验之一，就是始终坚持从实际出发，立足于解决现实问题。法律业大的创办、中国高级法官培训中心的建立，都是解放思想、服务法院队伍建设的产物。法律业大与中国高级法官培训中心的办学水平通过了国家教育行政主管部门的严格考核验收，其人才培养质量受到了国家教委与法学界、高教界的一致好评，重要原因之一就是法律业大与中国高级法官培训中心的教学理论密切联系实际、教学与培训按需施教。所以，“理论联系实际、按需施教”的原则既是法官教育培训工作必须贯彻的工作原则之一，又是人民法院教育培训工作特有的优良传统之一。

“理论联系实际、按需施教”原则的深层含义，要求教育培训服务法院全体工作人员，切合人民法院各类不同岗位的工作需要，建立“大培训、大教育”格局，“大规模培训干部，大幅度提高干部素质”。各级法院要认真学习中央文件精神，深刻领会贯彻中央部署，明确干部教育培训工作的指导思想，“进一步发挥干部教育培训工作的战略性、基础性作用”，落实“又好又多”的培训要求，建立人民法院教育培训工作“大培训、大教育”的新格局。“大培训、大教育”工作格局，既包括思想政治教育，也包括专业技能教育；既包括职业道德培训，也包括审判业务培训；既包括法官教育培训工作，也包括法院其他工作人员教育培训工作。

要贯彻中央要求，依照《法官法》规定，严格落实法官资格培训制度，规划法官及其他工作人员培训，大力加强专门业务培训与技能训练，针对不同对象，突出培训重点，开展法官以及法院其他工作人员的全员培训。构建“大培训、大教育”工作格局，是人民法院建设“学习型社会”的具体举措，是加强法院队伍建设、提高法官整体素质的重要措施。为保障“大培训、大教育”工作任务的具体实施，要加强教育培训机构建设，建立“三级机构、四级教育”的法官培训体系。即建设最高人民法院、高级人民法院、中级人民法院所属的三级教育培训机构，四级法院实施教育培训工作的全方位法官教育培训格局。“大培训、大教育”格局的最终目的在于培养政治坚定、理论联系实际、司法能力较强、法院业务精通的法官队伍及人民法院其他工作人员队伍，落实全员培训、全员提高的干部教育培训指导思想。要实现按需培训的理念，就要加强各类培训班教学计划的调研工作，科学制订教学计划，把组织需求、岗位需求和干部成长需求有机结合起来，做到培训对象干什么学什么、缺什么补什么，切实保证培训内容的针对性和实效性。

（四）“培训与使用相结合”原则

《条例》第6条规定：“拟任法官的人员以及在职法官，经过规定的培训，并考核合格的，方可任职、晋级、续职。”该条规定可以简称为“培训与使用相结合”原则。实际上，这也是《条例》第五章“考核与责任”整章论述的“培训—考核—使用”相结合机制的出发点与基本原则。强化培训效力，形成培训、考核、任职“三位一体”的运行机制，既是新型法官培训制度的核心内容之一，也是新型法官培训制度得以实施的保障。这一机制不建立，各类法官资格培训就无法真正实施。根据《条例》与《规划》，建立这一机制，涉及法官管理部门、法院教育培训行政管理部门、法官教育培训部门三个机构的协调合作。在规范化的法官培训工作中，上述部门如何协调、如何合作，《条例》第五章中都有了明确规定。

《条例》发布后，各地法院积极倡导与落实“培训与使用相结合”法官教育培训原则，为法官培训工作争得了地位、树立了权威，促进了各项法官教育培训工作的健康、规范开展。如《条例》发布后，广东省高级人民法院为确保法官教育培训工作的顺利实施,提高法官教育培训工作的地位,实行强制培训制度,全面建立培训、考核、使用"三位一体"的法官培训机制,实行"一票否决制",即法官及拟任法官的人员未经规定的培训或培训不合格,不得任职、晋级或继续履职。此举在2000年11月12日召开的广东省法院教育培训工作会议上出台后,引起了社会各界特别是港澳地区的极大反响。香港特别行政区新闻媒体将法官培训"一票否决制"放在突出的位置予以报道,视为广东省法院改革发展的重大举措。

中共中央办公厅印发的《2010～2020年干部教育培训改革纲要》指出:当前干部教育培训工作存在的问题之一是"干部学习内生动力不足"。解决干警参加教育培训的内生动力问题,必须加强培训管理,树立培训权威,完善培训归口、分级管理体制,建立法官"培训—考核—使用"相结合"三位一体"的干部教育培训考核机制,严格培训考核,增强培训效果,并通过培训考核发现人才与培养人才,实现教育培训工作与干部使用工作之间的良性互动。

三、法官培训的组织与管理

(一)培训类别的标准化

法官培训的科学分类是规范化法官培训的首要条件。没有准确、合理的培训分类,不仅培训制度的基点无法确定,各项培训规定互相交叉,难以执行,而且培训活动混乱无序,标准各异,随意性突出,实际效果较差。

依照《法官法》规定,《条例》第2条、第10条、第11条确定了法官培训的种类,具体分为预备法官培训、任职培训、晋级培训、续职培训、其他培训五类。前四类属于资格类培训,第五类"其他培训"属于非资格类培训,其下又包括师资培训、新法律法规培训、专项培训等。《条例》同时规定,拟任法官的人员,须接受预备法官培训;初任法院院长、副院长,须接受任职培训;晋升高级法官,须接受晋级培训;法官履职期间,须接受续职培训。

关于法官培训的分类,有两个问题需要明确。第一,依照《条例》,法官培训类别是四类还是五类?有同志认为,《条例》第2条明确规定,法官培训只包括预备法官培训、任职培训、晋级培训、续职培训,不包括"其他培训"类别。事实上,《条例》的立法原意仍是五类分类法,在该条例第10条、第11条中已明确规定了“其他培训”，第2条的相关规定只是突出了法官资格培训的主导地位。第二，续职培训是否属于资格培训？有的同志认为，续职培训量大任务重，既无细致量化规定，也没有跟进的检查落实措施，开展与完成情况并不乐观，续职培训应不属于强制性的资格培训。我们认为，无论2000年版还是2006年版的《法官培训条例》，都明确规定“法官履职期间，须接受续职培训”，“须接受”也即“必须接受”；2006年版《法官培训条例》第6条明确规定：在职法官“经过规定的培训，并考核合格的”，方可“续职”；2000年版的《法官培训条例》更是明确指出“续职培训”属于“资格培训”。综上，“续职培训”当属“资格培训”范畴。

有关培训类别的标准化，一个实际应用问题是“晋级培训”是否仅指由法官晋升高级法官前的“晋高培训”？《条例》规定晋级培训制度的立法本意，是为了配合法官等级评定工作。确定晋级培训制度，是为了严格不同等级的法官职业标准，调动法官学习业务知识的积极性，促进法官水平随着其级别同步提高。《条例》就最重要的法官级别培训做了明确强调，但晋级培训的立法精神，自然包括一级到五级法官职级之间的晋级培训。也就是说，《条例》体现的是“逢晋必训”精神，因各地法院工作与法官培训的实际情况不同，一级到五级法官职级之间，开展哪个级别的晋级培训，可由各地法院自行确定施行方案。

有关法官培训分类，《条例》起草过程中，材料组曾讨论过若干方案，包括两分类法（指令性调干培训与市场性培训）、大三分类法（岗前培训、岗位培训、转岗培训）、小三分类法（任职、晋级等资格培训，履职培训，新法律法规培训）、五分类法（任职资格培训、晋升资格培训、岗位培训、专项业务进修培训、其他培训）。材料组认真研究了国家教委《关于改革和发展成人教育的决定》、中共中央和国务院《中国教育改革与发展五年纲要》、国家教委《关于加强成人教育管理干部岗位培训工作的意见》、北京市教委《成人教育管理干部岗位培训内容与方法》等有关文件，探讨了成人高等教育制度、大学后继续教育制度，特别是岗位培训制度的客观规律，努力总结人民法院15年来法官学历教育及岗位培训工作的历史经验，结合人民法院法官职业教育的实际情况，根据人民法院自身的特点，最终在《条例》中确定了预备法官培训、任职培训、晋级培训、续职培训、其他培训等五种法定的规范培训分类，同时明确规定了不同种类培训的内涵。各级法院认为，这样的分类较为科学合理，也便于操作执行。

《条例》公布后，个别法院一时难以适应规范的"任职培训"与"晋级培训"制度，特别是无法接受法官每年必须参加教育培训的"续职培训"制度，认为法院的任职晋级、续职资格的培训期限要求无法保障；任职、晋级、续职都由干部部门掌握，且没有规律，临时性大，教育培训部门提前制定规划有很大难度，即使制定了也不可能按计划实行。但从《条例》实施若干年后的效果来看，持续不断的续职培训大幅提高了法院干警的整体素质，符合党和国家之后提出的"终身学习""全员培训"的教育培训工作理念。

（二）预备法官培养与培训理念

预备法官培训，是指对通过国家司法考试、拟任法官的人员所开展的专门培训。

本书之所以把预备法官培训从《条例》规定的各法官培训种类中分列出来，单独解读，一是因为预备法官培训是2006年版《条例》新规定的培训种类，其制度体系、培训要求、课程设置、培训期限、培训机制都还存有争议，有待探索；二是因为预备法官培训是许多大陆法系国家法官培训的第一要务。所谓预备法官培训，也即大陆法系国家的"见习法官培训""实习生培训""实习法曹培训"等，传统的法官培训机构因为预备法官培训而设置并存在。在我国，预备法官培训是法官队伍建设的源头与基础，预备法官的素质事关社会主义法制建设大局。国家法官学院前任院长、法学教育家郑成良曾预言：预备法官培训将成为国家法官学院教育培训工作的核心主业。

2000年版《条例》并没有明确规定预备法官培训，但《条例》制定过程中业已预计到预备法官培训即将成为法官培训的主要类别，但囿于预备法官培训制度尚有待研究论证，所以在同期制定的《规划》中，在"基本任务"部分岗位培训第5项，专门说明了"规划期间，随着法官进人方式的改革，将实行国家统一考试、统一招录预备法官制度。经招考合格的本科生、研究生，统一在国家法官学院接受1～2年的法官职业和审判技能培训"。从2002年起，国家法官学院以及受委托的部分符合条件的省级法官培训机构开始开展预备法官培训。2006年版《条例》第2条第2款规定："拟任法官的人员，须接受预备法官培训。"2007年国家法官学院成立10周年庆典时，国家法官学院同期召开法官教育培训工作座谈会,会前曾由教学部制定《2007年~2010年全国法院预备法官培训实施方案》提交会议讨论。

2008年,中共中央政法委员会办公室下发了《关于对政法院校招录培养体制改革总体设想和试点方案征求意见的函》(政法办函〔2008〕123号),文件贯彻党的十七大精神,提出了人民警察、法官、检察官招录培养体制改革方案。该方案立意长远,原则明确,职业特点突出。根据方案要求,最高人民法院2008年4月8日要求国家法官学院按照中共中央政法委员会文件精神,总结业已实施6年的预备法官培训经验,制定我国预备法官培训的详细方案。此后,国家法官学院要求学员学生处根据政法办函〔2008〕123号文件规定,具体研究、起草配套培训方案。

当年学员学生处起草的方案认为,预备法官培训,由于受训对象的年龄、资历、学识、经验等特点,按其培训目标要求,其培训更带有培养、教育的特点,遂首次正式提出"预备法官培养"的概念。有关预备法官培训培养的大方向,针对社会上尤其是普通高等院校部分同志认为有关预备法官招录培养任务应由普通高等院校承担、不由国家法官学院等培训机构承担的意见,学员学生处起草的方案认为其意见违背了《法官法》和《法官培训条例》规定,与业已形成的预备法官培训国情和法官职业化建设方向不符,相关培训培养问题有待科学论证。预备法官培训任务由国家法官学院负责实施更符合预备法官的培养方向,更适合我国法官教育培训制度的基本国情。

预备法官培训十余年的实践证明,预备法官培养培训制度的基本理念,是构建符合中国国情、建立完善的预备法官培训制度体系的核心原则与精神。其内容包括以下几个方面。

第一,关于预备法官培训性质。预备法官培训与培养系学历后教育性质,属于法官培训的职业教育范畴。预备法官培训不是简单的知识传授与理论提高,而要培养法官职业特有的人生价值观、思想素质、道德情操、法律思维、司法能力、审判作风。事实上,我国法律界已将预备法官培训列为法官培训种类之一,而不是高等教育种类之一。最高人民法院颁布的《法官培训条例》规定:"法官培训分为预备法官培训、任职培训、晋级培训和续职培训。"理想的预备法官培训制度,是指在通过国家统一司法考试后获得法律执业资格证书的人员中，挑选具有更高水准的生源，在国家法官学院及所属分院经过一定期限的培养，作为法官助理或法官的后备人才的培训制度。预备法官培训制度改革，要落实“招生等于招干”的职业培训方向，突出其不同于学历教育的“应用性”与“务实性”性质，强化其法官职业教育特点，着力培养法官职业特有的思想素质与道德情操、司法能力与审判作风。

因此，从中国的预备法官培养现状与实际需求出发，应将其培训性质归位于职业培训，而非普通高等教育，并据此设置相关制度方案。

第二，关于预备法官培训机构。鉴于预备法官不同于高等学历教育的特殊属性，按照国际通例，预备法官培训任务多由非高等院校的专门职业培训机构组织实施。2001 年 6 月 30 日，全国人大常委会修改了《法官法》，该法第 12 条第 1 款规定：“初任法官采用严格考核的办法，按照德才兼备的标准，从通过国家统一司法考试取得资格，并且具备法官条件的人员中择优提出人选。”第 27 条规定：“国家法官院校和其他法官培训机构按照有关规定承担法官培训的任务。”根据第 9 条第 2 款规定，法官培训具体办法由最高人民法院制定。据此，《法官培训条例》规定：“拟任法官的人员须接受预备法官培训。”该条例第 10 条第 1 款第 1 项规定：“国家法官学院承担预备法官培训。”自 2002 年起，我国预备法官培训工作一直由最高人民法院规划，国家法官学院实施。《2006～2010 年全国法院教育培训规划》规定：“预备法官培训由最高人民法院教育培训主管部门规划，国家法官学院组织实施。培训时间不少于一年。”

2002 年至 2012 年 10 年来，国家法官学院及其委托的分院业已培训预备法官 43，276 人。其中 2006 年国家法官学院本部培训预备法官 259 人；2007 年起预备法官培训执行一年期培养计划，当年国家法官学院本部培训预备法官 285 人，全国合计培训预备法官 3190 人；2008 年，国家法官学院本部培训预备法官 410 人，委托分院培训 2864 人，全国合计培训预备法官 3274 人；2009 年，国家法官学院本部培训预备法官 575 人，委托分院培训 6417 人，全国合计培训预备法官 6992 人；2010 年，国家法官学院本部培训预备法官 422 人，委托分院培训 6543 人，全国合计培训预备法官 6965 人；2011 年，国家法官学院本部培训预备法官 496 人，委托分院培训 10，112 人，全国合计培训预备法官 10，608 人；2012 年，国家法官学院本部培训预备法官 238 人，委托分院培训 10，089 人，全国合计培训预备法官10,327人。

第三,关于预备法官培训模式。预备法官培训实行“法官教法官”模式。其培养方向为提高“一个素养,四个能力”:法官基本素养;庭审驾驭能力、诉讼调解能力、法律适用能力、判决文书制作能力。这一方向,确定了法官培训机构实施预备法官培训的系统优势。预备法官培训课程80%为审判实务课程,培训师资80%为资深法官与具有审判经验的专职教师。为此,国家法官学院除聘请专职法官担任预备法官授课任务外,已完成选派专职教师在人民法院各审判业务部门进行办案实践,不断积累审判经验的专职教师队伍建设任务。这也是普通高校教师所不具备的师资优势。同时,国家法官学院及其分院预备法官培训实行专职教师选配,并推行“江苏模式”,试行优秀专职法官在法院内部轮流前来学院全职任教一年,实施预备法官教育的“法官教法官”制度,从而形成了法官培训机构作为预备法官培养机构的独有特色。国家法官学院及有关分院现有的专职教师必须进一步丰富审判实践经验,下派各级法院挂职锻炼,不断积累审判经验,增强预备法官教学的实践功能。

国家法官学院举办的预备法官培训强调校外实习,密切与各级法院的联系,加强预备法官在法院实习的规划与规范,强化学员在基层法院与法庭的办案锻炼与实习考核。在法院的实习主要在中级法院与基层法院进行。根据审判岗位需要,实习部门不得少于两个。同时,应强调实行预备法官学员到检察院、律师事务所、相关政府部门和社会机构实习锻炼。国家法官学院及其分院与各级法院的紧密联系,确保了预备法官实习工作的顺利实施。

第四,关于预备法官培训课程设置。预备法官培训课程在突出学员的社会主义法治理念与职业道德培训的同时,要强化各审判专业开庭程序与规范、证据审查与认定、裁判文书制作、调解能力、立案信访与审监执行能力培训等事务课程。国家法官学院对全国预备法官培训教学课程进行了统筹规划,设置了预备法官培训骨干课程,统一了培训的规格和标准。其课程包括六大板块:(1)社会主义法治理念与职业道德培训课程;(2)各审判专业开庭程序与规范的庭审驾驭能力培训课程;(3)各审判专业证据审查与认定的法律适用培训课程;(4)各审判专业裁判文书制作能力培训课程;(5)各审判专业调解能力培训课程;(6)立案与信访、审监执行能力培训课程。上述课程的设置与教学,体现了法官培训的职业特点。其课程体系与教学改革，培训师资“专兼结合，以兼为主”，专职教师队伍“教学—审判—科研”三结合的建设方向，确定了国家法官学院等法官培训机构在预备法官培训中不可替代的特殊地位。

第五，关于应用型人才培养规律。中央政法委员会指出招录培养体制改革工作的指导思想是：“以造就政治业务素质高、实战能力强的政法复合型应用人才为目标，改革政法院校招录体制和人才培养模式。”这一方针充分体现了中共中央关于司法体制改革的总体部署与中央领导同志的指示精神，符合应用型人才的培养规律，是确定预备法官培训格局的基本思路。

为完善预备法官培养模式，可以借鉴我国法律硕士专业学位研究生培养模式的得失经验。法律硕士培养属于应用型人才培养模式，与法学硕士的培养目标不同，侧重于“实务性”与“应用性”，应由具有司法实务资源优势的法官与检察官培训机构承担培养任务。这也成为国际通行的应用型高层次人才培养模式。我国1995年起开始进行法律硕士专业学位试点工作。由于全部在普通高校进行试点，该项工作已经背离法律硕士专业学位试点初衷。法律硕士与法学硕士培养已无本质区别，法律硕士的“实务性”与“应用性”没有得到具体落实。经国务院学位委员会批准，自2006年起，国家法官学院开始举办法律硕士专业学位研究生教育，正是应用型人才培养的回归与法律硕士试点精神的落实与尝试。预备法官培训更加偏重于审判实践，属于“实战性”人才培养类别。按照应用型人才培养规律，预备法官培训理应由国家法官学院及其委托的符合条件的法官培训机构承担。

第六，预备法官培训的既定格局。国家法官学院已具有10年的预备法官培训经验，逐步形成了具有中国特色的预备法官培养模式，在培养目标、生源遴选、课程设置、学员管理、培养期限、培训阶段、培训内容、培训方式、培训师资、结业考核与资格确认等方面均形成了系列规范制度，受到了国外司法培训同行的好评。同时，国家法官学院预备法官培训较好地利用了高级法官培训资源，实现了两者利益共享，优势互补。

为进一步改进预备法官培训工作，提高培训质量，国家法官学院近年来已举办预备法官培训国际研讨会四次，借鉴了各国预备法官培训与培养经验。最高人民法院2007年下发的《2007年～2010年全国法院预备法官培训实施方案》,2008 年下发的《关于进一步规范预备法官培训工作的意见》,是国家法官学院总结多年培训经验所形成的我国预备法官培训规律的有益探索和实践成果。国家法官学院 2008 年 3 月开通的“中国法官培训网”,每年在线进修法官 7000 余人。该培训网正规划开展预备法官基础与主干课程培训。同时,国家法官学院正在研究学院本部与所属分院之间的教学资源整合与法官培训联动体制。国家法官学院及其相关分院具有独特的预备法官培训经验、能力、师资、机制,是国家司法考试实施以来国内唯一实施预备法官培训的机构。遵循法律规定与预备法官培养规律,全国法院预备法官教育培训格局已基本形成,必将对全国法官教育培训工作及法院队伍建设产生积极的促进作用。

(三)各级法官培训机构的任务分工

根据《条例》第 8 条、第 9 条规定,我国法官教育培训机构设置与培训管理实行“有条件的三级机构、四级管理体制”,或称“原则上的两级机构,必要时的三级机构、四级管理体制”。按照要求,最高人民法院设立国家法官学院及其分院,业已设立 32 所国家法官学院分院。高级人民法院设立省级法官学院、法官进修学院、法官培训学院等省级法官培训机构。工作需要并具备条件的地区,经高级人民法院批准,可设立第三级培训机构(地市级法官培训机构)。各级法官培训机构负责组织、实施各类法官培训。2006 年版《条例》删去了 2000 年版《条例》关于法官教育培训实行最高人民法院、各高级人民法院“两级管理”的规定,规定各级法院均负有教育培训的“组织管理”职能。

有关法官培训体制,在制定《条例》过程中,最突出的两个问题是设立几级法官培训机构以及是否设立法官教育培训委员会问题。有关法官教育培训机构,《条例》规定的实际上是“两级为主、三级为辅”的原则,或者叫“有条件的三级体制”,即原则上设立国家法官学院及省级法官培训机构两级,确有必要的可以设立地(市)级法官培训机构。规定这一原则,主要是沿袭最高人民法院的一贯提法。在 1998 年、1999 年两年的高级人民法院院长会议文件中,以及《人民法院五年改革纲要》中均采用了这种提法。但伴随《条例》两年多的起草过程,历次征求意见座谈会,以及 2000 年最高人民法院专文征求意见的反馈情况看,各地一致认为:法官教育培训机构设置应以“三级为主、两级为辅”,即原则上设定三级,直辖市以及少数民族、边远贫困地区等不具备条件的高级人民法院可不在其辖区内设立地(市)级法官培训机构。提出这一原则的理由集中在三个方面:第一,截至2001年,我国有16万名法官,尚不论法院其他工作人员的培训,仅法官培训,两级培训机构就已无法完成任务。第二,法官培训的管理、组织、实施、考核,应与法官的任免、考核三级管理体制相一致。第三,当时法官教育培训工作的实际情况是:法律业大的三级办学体制仍然具有较好的基础,三级教育培训网络基本健全。最高人民检察院在没有三级培训体制的情况下,为适应新的形势需要,1999年提出要"建立中央、省、地(市)三级检察干部教育培训体制",如果法院系统主动放弃已有的三级体制,不利于法院队伍建设的长远发展。

《条例》没有规定有关"法官教育培训委员会"的相关条款。但在起草过程中,较有代表性的一种意见认为,应在最高人民法院、高级人民法院、设立教育培训机构的中级人民法院设立法官教育培训委员会,统筹领导所辖区域的法官教育培训工作。理由也有三项:第一,规范化的法官培训是法院内部的一项系统工程,涉及培训经费、调干培训、培训规划与实施,法官考核与任免等方方面面,培训对象上至院长,下至每一名法官,仅由法院教育培训机构或法官人事管理部门组织实施,难以奏效。第二,法律业大系统办学的重要经验,是各级法院院长任"一把手"的校务委员会起了坚强有力的领导作用。好的传统与成功的经验应予继承与发扬。第三,各级法院的教育培训工作由谁来领导,是由政治部门统一规划与领导,还是院长分工领导下的部门负责?在目前尚难以统一模式的前提下,设立院长任主任的法官教育培训委员会,可以化解这一矛盾,并确保法官教育培训工作的全面实施。

有关各级法官培训机构的培训任务分工,《条例》起草过程中做了周密、细致的调研工作与测算工作。最高人民法院政治部与国家法官学院一道,在认真统揽政治部已有全国各级法院干部系统数据的基础上,又专文要求各高级人民法院上报有关培训任务分工的基础干部文化、职务、法官等级等数据。在能够获得的、截至1999年12月的法院队伍建设数据库前,材料组分类统计、交叉测算,最终根据法院干警总数、法官总数、大法官数、高级法官数、一级至二级法官数、三级至五级法官数,以及法官文化结构中的博士、硕士、大学、大专、高中以下数字等十多个项目计算结果,对法官教育培训工作量进行了分类测算,量化比较。《条例》起草工作确定了各类教育培训机构任务分工测算的基本原则为“均衡承担,重点突出,任务与机构性质相适应,数量与培训能力相结合”。经过对4500多种数据的反复测算与比较,并征求各级法院、法官教育培训机构意见,最高人民法院最终确立了《条例》第9条、第10条规定的各级法官教育培训任务分工架构。

国家法官学院是全国法院教育培训工作的核心部门与中枢机构。作为国家级法官教育培训机构,根据《法官法》和《法官培训条例》规定,国家法官学院的基本职能是“三个基地、两个中心”,即各级法院领导干部培训基地、高级法官培训基地、预备法官培养基地、全国法院应用法学研究中心、国际法官交流中心。

按照《条例》第14条规定,国家法官学院承担各级法院领导干部培训、最高人民法院法官培训、高级法官培训、预备法官培养等法定培训任务。主要包括:第一,承担全国法院系统领导干部的任职培训、岗位培训、研修教育。按照中央关于县处级领导干部“每五年累计参加三个月以上的脱产培训”要求,国家法官学院每年需完成培训法院系统在职领导干部5200余人的培训任务(含全国高级人民法院正副院长180余人,全国各中级人民法院正副院长1900余人,基层人民法院院长3100余人),培训时间为18天。除此之外,各级法院领导干部任职前须接受培训不少于30天。第二,按照每三年培训一次要求,承担全国法院系统四级以上高级法官的续职培训,每年13,000人(全国各级法院具有高级法官40,100余人,高级以下法官由各省级法官培训机构进行培训),培训时间为12天。同时,国家法官学院每年承担法官晋升高级法官的晋级资格培训,培训量为每年5000人。培训时间为30天。第三,承担全国预备法官培训,根据中央关于建立政法干警统招统训的精神,对拟担任法官的人员进行职业培训。依照目前法院自然减员和淘汰情况,国家法官学院每年需完成培训5000~6000人。培训时间为360天。第四,承担全国法院系统的师资培训、新法律法规培训、审判专项业务培训,每年培训约5000人(全国法院培训机构专兼职教师1500人),其中,师资培训时间15天,新法律法规培训、审判专项业务培训时间为5天。

2006年,中共中央下发了《干部教育培训工作条例(试行)》和《2006~

2010年全国干部教育培训规划》，提出了以科学发展观统领，“大规模培训干部、大幅度提高干部素质”的新时期干部教育培训工作方针。2008年中央召开全国干部教育培训工作会议，强调干部教育培训工作是干部队伍建设的先导性、基础性、战略性工程，要求各地党政机关要以改革创新精神做好新一轮大规模培训干部工作。

依照严格的法律规定与中央要求，上述各项国家法官学院的培训任务，年培训量约35，000人。除网络培训与分院培训外，国家法官学院本部需解决同期在院培训人员1800～2000人的硬件设施。当时国家法官学院培训基地的培训能力是同期在院培训400人，远远达不到《法官法》和《法官培训条例》规定培训任务的要求。为了尽可能地完成培训任务，国家法官学院利用租赁周边企事业单位设施、设备的办法，加大培训能力，但每年只能培训法官8000余人。为此，国家法官学院新校区应加快建设，待新校区工程完成后，国家法官学院在现有年脱产培训规模4000人的基础上，培训规模将拓展三倍，达到12，000人。国家法官学院及其分院的年脱产培训能力将达到每年培训60，000人。

按照《条例》第11条规定，省级法官培训机构承担基层法院副院长的初任培训、地方法院一级以下法官的培训、高级人民法院或最高人民法院指定或委托的培训任务。全国法院法官总数的90%属于省级法官培训机构的教育培训范围。除法官外，人民法院法官助理、书记员、司法警察、司法行政人员等其他工作人员全员培训任务的主体部分也由省级法官培训机构承担。按照《条例》第9条、第12条规定，根据工作需要，高级人民法院可以决定在其辖区内成立地市级法官培训机构，承担高级人民法院授权的教育培训任务。

《条例》细化了《法官法》关于地方法官培训机构的设置要求，推动了省级法官培训机构的正规化建设。2000年，四川、内蒙古、天津、山东、广东等高级人民法院成立了地方法官学院、法官进修（培训）学院。同年，吉林、河南、甘肃、广西、贵州等高级人民法院也拟成立法官进修（培训）学院。上海、北京、新疆、湖南、福建等高级人民法院则根据本地区情况，拟仍沿用法官培训中心开展法官培训，不再成立事业单位性质的法官学院。广东省高级人民法院为确保法官教育培训工作的顺利实施，提高法官教育培训工作的地位，拟在高院及各中院成立法官教育培训委员会，由两级法院“一把手”任主任，统筹规划、领导、管理辖区内的法官教育培训工作。

《条例》公布后，在培训机构设置过程中，除直辖市外，几乎所有的省、自治区高级人民法院都计划设立辖区内的法官培训两级机构。其原因有两点：第一，只有设立地市级法官培训机构才有可能完成繁重的法官培训任务。第二，我国行政区域广阔，分散到基层培训有利于节省资金、方便审判工作。山东省高级人民法院拟在各中院设立山东法官培训学院分院。江苏省高级人民法院规定各中院均开展法官培训。其中，一级至二级法官由省级法院培训中心培训，三级至五级法官由地市级法官培训中心培训。江苏省 2000 年有 13 个中院，当时 8 个中院已建成基地，另 5 个正在建设之中。广东法院拟跨地市设立 4 个广东法官培训学院分院。出乎意外的是，原以为限于经济条件相对落后，难以设立地市级法官培训机构的西部地区法院，在设立地方两级培训机构问题上克服困难、立足长远。内蒙古自治区高级人民法院已在通辽、呼盟、赤峰、东胜设立 4 个法官培训中心。贵州省高级人民法院拟在贵阳、遵义、六盘水市中级人民法院设立 3 个地市级法官培训基地。甘肃省高级人民法院拟分别在兰州、河间、河东、河北、河西成立 5 个法官培训基地。

地市级法官培训机构在人民法院全员培训架构中发挥了积极的基础作用。如四川省具有地市级法官教育培训机构 22 个，分别设立在 22 个中级法院中。其中，教育培训机构属于行政单位的 20 个、属于事业单位的 2 个，培训机构人员数共计 58 人。属于行政单位的中级法院培训机构，由政治部宣传教育培训处或培训处行使法院教育培训职能。2006 年至 2010 年，四川省各中级法院法官教育培训机构积极开展了对所属辖区两级法院三级以下法官的续职资格培训、人民陪审员岗位培训、各类专项培训、新进人员培训和其他工作人员的各类培训工作，并将培训工作完成情况纳入当年法院岗位目标考核体系。此外，各中级法院法官教育培训机构还积极开展了多种形式的专升本学历教育和高层次人才培养。2006 年至 2010 年 5 年间，四川省各中级法院法官教育培训机构举办续职资格培训班 56 期，培训干警 4692 人次；举办新进人员岗前培训班 110 期，培训干警 3700 余人次；举办其他专项培训班 1090 期，共培训干警 64, 608 人次。

与此同时，四川省法院还落实《条例》有关人民法院教育培训工作“四级管理"的要求，按照《条例》第8条关于基层人民法院"根据工作需要组织实施辖区内法官的续职培训"的要求，要求各基层人民法院抓好所辖区域法院干警的教育培训工作。2006年至2010年，四川省各基层人民法院普遍制订了本院的中期培训规划和年度培训计划，采取灵活多样的教育培训形式，组织疑难案件研讨、典型案例评析、案件质量评查讲评、新法或司法解释讲座等，邀请专家学者讲授社会学、心理学、经济学、美学等相关专门知识，提高了法官的审美情趣。通过丰富多彩的活动，使广大法官在繁重的工作之余，加强人文品格的修养，形成努力追求业余生活高品位、高格调的文化氛围。5年来，四川省各基层人民法院共举办培训班3614期，培训干警90,650人次。

各地法院与法官培训机构在执行、落实《条例》的过程中，也反映了制约法官培训工作的主要问题：第一，法院内部教育培训机构与教育培训行政管理部门的关系亟待理顺。大家认为，如果法院的教育培训行政管理部门只负责对法官培训工作起到规划作用，从精简、高效的原则出发，可以确定两个机构合署办公，从而实现法官教育培训规划、实施、考核、管理一体化，此体制符合人民法院的实际情况。上海、北京、吉林、江苏、甘肃、四川、新疆等高级人民法院已实现两个部门"一套人马，两块牌子"。第二，省、地两级法官培训机构并不承担学历教育，不属高等院校，而是法院内设的一个职能部门，应将其性质确定在行政机构，而不是事业单位。将省、地两级法官培训机构定位在行政单位或实行"参公管理"，不但有利于法官培训师资和管理队伍的稳定，而且也是实行法官教育培训工作中"法官教法官"、培训师资与法官"双向交流"的内在需要。一方面，各级法官培训机构必须建设一支具有审判实践经验的专职老师队伍；另一方面，各业务庭的法官不愿意调往事业单位。一些高级人民法院仍然沿用定编不定人，模糊单位性质的传统办法。另一些高级人民法院则实行新人新办法，老人老办法。凡此种种权宜之计，都未在根本上解决问题。将省、地级法官培训机构定性在行政机构才是根本出路。《条例》及《规划》的实施，是人民法院队伍建设中的一件大事，各地希望能进一步解决上述事关发展性的重要问题，以利于法官教育培训工作规范化、制度化、法制化建设。

事实上，落实《条例》的最大问题，仍然是培训机构的法律地位不足以及无法依法管理培训问题。邓小平同志指出："中国的事情能不能办好，社会主义和改革开放能不能坚持,经济能不能快一点发展起来,国家能不能长治久安,从一定意义上说,关键是人。”法院工作也是如此,人民法院能不能为改革开放保驾护航,能不能为社会主义市场经济建设服务,关键是看法官素质是否合格、法院队伍是否过硬。中共中央下发的《干部教育培训工作条例(试行)》将干部教育培训工作置于干部队伍建设的“基础性、战略性、先导性”地位。随着社会经济的进步、改革开放的深入、国家法制的发展,人民法院审判工作面临的新情况、新问题越来越多。大力加强法院队伍建设、大力提高干警文化素质与业务素质,其基础手段与主要途径是坚持不懈地实施法官教育、加强法官培训,通过教育培训,提高法官与其他法院干警的综合素质与工作能力。法官教育培训机构位于法官教育培训工作的核心地位。明确法官教育培训机构的法律地位,以使法官教育培训机构依法设立、依法培训、依法发展、依法保障,是法官教育培训机构改革与发展的首要问题。

21 世纪初,我国法官教育培训机构的法律地位不够明确、不够充分,已成为制约法官教育培训事业发展的现实问题。2001 年 6 月 30 日,全国人大常委会修改的《法官法》第 27 条规定:“国家法官院校和其他法官培训机构按照有关规定承担法官培训的任务。”这是我国法律有关法官培训机构的唯一表述。该条规定明确了法官培训机构的法定地位,也明确了法官培训实行“归口培训”的法定原则。法官法的上述规定开创了我国法官培训工作依法培训的历史纪元,对于促进我国法官教育培训事业发展具有重要的法律意义。但是,2001 年修订的《法官法》在法官培训机构及其任务的表述上简单地承继了 1995 年颁布的《法官法》的表述,甚至没有顾及 1997 年国家法官学院的成立事实,而对“国家法官院校”的称谓进行与时俱进的更正。就《法官法》的现行规定而言,没有对法官培训机构的设置原则、对法官培训机构的体系架构、对法官培训机构的法律保障、对法官培训机构的法定任务类别、对法官培训机构的组织运行、对各级法官培训机构的任务分工加以规定。

中共中央发布的《干部教育培训工作条例(试行)》《2010～2020 年干部教育培训改革纲要》,以及不同历史时期的干部教育培训五年规划,对包括法官培训机构在内的干部教育培训机构,提出了比《法官法》更为全面、更为细致的建设要求与工作规范。应当说,中共中央的规范性文件对于法官教育培训工作,同样具有较强的约束作用。但在依法治国的框架下,党的政策与国家法律的作用层面与法律意义尚有区别。所以说,除了《法官法》对法官培训机构的简单表述外,我国法律再无有关法官培训机构的相关规定。而仅就《法官法》的规定而言,我国法律有关法官培训机构的规定不但落后于形势需要,而且明显不足。根据《法官法》第9条第2款规定,法官培训具体办法由最高人民法院制定。据此,最高人民法院制定的《法官培训条例》,规定了法官培训机构的系列问题。但《条例》充其量只是法规性文件,而且是法院系统自行制定的规范性文件,在法官培训机构性质、编制、经费保障、任务分工等重大原则问题上,对国家相关权力机关并无约束作用。鉴于我国各级法院按行政区划设立,相互之间并无隶属关系,所以,《条例》的有关规定,甚至对各省、自治区、直辖市法院的法官培训机构的约束作用也是相当有限的。

我国可以借鉴西方发达国家法制建设经验,以国家立法的形式规范和保障法官培训机构建设。如澳大利亚的培训工作,无论是各州、各地区还是各培训机构都按照国家统一规划组织实施。联邦政府主要负责向州和地区提供拨款、制定培训相关的法律法规,对继续教育培训进行扶持、鼓励、规范。20世纪90年代,为了保证培训质量,规范办学行为,联邦政府、州政府和地区政府之间共同签署并实施了全国性协议——《国家培训框架》(*The National Training Framework*),对培训机构的准入和实施过程进行严格的审查、监督和管理。国家培训框架实施后,联邦政府对培训的指导作用进一步增强。在联邦政府的积极推动下,澳大利亚逐步形成了统一的国家培训市场,建立了全国统一的培训机构注册标准和评价标准,制定了统一的全国培训认证体系。我国立法机关应当明确法官教育培训事业作为法官综合素质保障的基础手段,在法律上明确其重要意义,并将法官教育培训工作及法官教育培训机构纳入依法设立、依法管理、依法保障的国家法制轨道。

(四)"逢进必训"与"逢晋必训"

加大干部教育培训力度,必须坚持"逢进必训"与"逢晋必训"原则。"逢进必训",是指凡是进入人民法院队伍的人员必须先培训后上岗。"逢晋必训",是指人民法院的在职人员,凡是提级晋升的必须先培训后晋升。

针对法院队伍建设的实际需要,应当重点加强各级法院领导干部、新进人员、晋级法官的教育培训工作。胡锦涛同志曾在全国大法官、大检察官座谈会上指出,法院领导干部必须保持高度的政治意识、大局意识、责任意识、法律意识、廉政意识,其思想、业务、作风状况直接影响着法院的队伍面貌与工作状态。中央政法委提出:法院领导干部首先应当是政治家,然后才是法律人。第一位的是把握好政治方向,坚持中国特色社会主义司法制度的自我完善和发展。人民法院队伍建设,关键在于领导班子建设。各级法院领导同志要带头学习政治理论,参加培训进修。只有不断地学习,不断地领悟,才能够培养政治意识,提升思想境界,把握社会规律,抓好审判工作。要学会用政治家的标准要求自己,用政治家的思维观察处理问题,用政治家的观点审查人民法院工作。领导干部要花更多的时间学习理论,钻研业务,讲党性,重品行,做表率,严于律己,带好队伍。

人民法院队伍建设必须坚持“逢进必训”原则。抓好通过司法考试的人员在进入法官队伍前的预备法官培训,是做好法官队伍建设的源头工作。预备法官培训制度改革,要落实“招生等于招干”的职业培训方向,突出其不同于学历教育的“应用性”与“务实性”性质,强化其法官职业教育特点,着力培养法官职业特有的思想素质与道德情操、司法能力与审判作风。预备法官培训课程在突出学员的社会主义法治理念与职业道德培训的同时,要强化各审判专业开庭程序与规范、证据审查与认定、裁判文书制作、调解能力、立案信访与审监执行能力培训等事务课程。

为使教育培训成为法官素质提高的基本渠道,使法官教育培训工作成为司法公正与司法能力的基础保障,全国法官教育培训工作实行“逢晋必训”原则。“逢晋必训”原则符合党中央提出的全面加强新时期干部队伍教育培训工作的战略部署。每名法官在由低级别向高级别晋升前,须参加相应的晋级培训。按照《法官培训条例》关于培训管辖的分工,普通法官晋级培训由地方法官培训机构承担。法官晋升高级法官培训、高级法官职级内的晋升培训,由国家法官学院承担。

考虑到“逢晋必训”的培训量,新时期的法官培训工作,要充分发挥互联网、内部网、局域网的规模办学效应,减少法官脱产培训时间,保证各级法院办案需要。真正落实“逢晋必训”原则,取决于五个前提条件:第一,全国法院特别是法院领导干部对于“逢晋必训”原则认识到位，积极践行。第二，各级法官培训机构具有地面、网络培训的培训能力与条件。第三，最高人民法院确定“逢晋必训”的规划、目标、要求、内容。第四，各地法院制定“逢晋必训”的实施方案。第五，全国各级法院各司其职，各负其责，形成统一协调、分工协作、齐抓共管、有序运行的“逢晋必训”工作机制。

四、法官培训的内容与形式

（一）教学内容的改革

《条例》第 14 条、第 15 条提出了法官培训教学内容改革的要求，要求“法官培训的具体内容应视不同培训对象的需求有所侧重”：预备法官培训应注重法官岗位规范、职业道德和审判实务的培训；任职培训应进行以提高履行岗位职责必备的管理与业务能力为主要内容的培训；晋级培训应注重法官履行高一级岗位职责必备的知识和技能的培训；续职培训应注重所在岗位专业知识更新与业务技能提高的培训。

与《条例》同期发布的《规划》确定了新时期人民法院教育培训工作规划与实施的五条基本原则，其中，首条就是“坚持把思想政治教育放在首位的原则”。在法官培训的内容改革中，要切实扭转法官培训“重视业务培训、轻视思想教育；重视审判技能提高、轻视政治理念素养”的走偏倾向。法官学院首先是学校，学校是培养人才的基地。培养人才要从四个方面着手：第一，思想理念培养。要树立坚定的马克思主义信仰、坚定的共产主义理念、坚定的社会主义法治理念，坚持正确的政治方向，坚持社会主义方向，在政治上培养合格的人才。第二，工作作风培养。要教育法官亲民、爱民、服务人民，同时具有良好的职业道德。第三，专业知识培训。也就是通过法律知识普及、应用法学教育，使学员系统地掌握相关理论与专业知识。第四，实际能力培养。包括思想方法、思维方式的培养，分析问题与解决问题能力的培养。中国国情决定了法官教育培训工作的双重培训任务：业务培训与思想教育并重；学历教育与岗位培训互补。

上述法官教育培训的目标任务决定了建设法官队伍，必须首先抓职业道德教育。法官职业化建设的核心，是培养公平正义的职业道德。法官教育培训工作必须根据实际需要,强化法官职业道德教育培训内容。法官教育培训课程设置,要加大政治思想理论教育课程与法官职业道德课程的授课比例。有关职业道德规范要反复讲,经常讲,真正做到让法官入脑入心,切实筑牢法官拒腐防变的思想道德防线。法官职业道德教育要采取集中培训与经常教育并举的方式方法,建立法官职业道德教育体系、防范体系、谈话制度、惩戒制度。各级法院每年至少集中开展两次警示教育活动,以先进典型宣传职业规范,以反面典型进行警示诫勉。

法官教育培训的目标任务同时决定了"为民司法"工作作风教育的必要性,要通过教育切实改变法官等法院工作人员的审判作风与工作作风。鉴于法官教育培训要针对各地法院工作作风中的具体问题,有针对性地寻求与讲解解决方案。要通过教育培训,宣讲建立法官行为管理体制,对法官的职业操守管理工作,从"问题管理"向"行为管理"转移的重要意义,将问题防范在出现前,将矛盾解决在行进中。要在法官教育培训工作中探讨在制度上解决法官职业道德建设的机制问题,逐级实施廉政警示制度,建立警示教育长效机制,完善道德教育行规提示、德行记载、量化考核、定期评估、问题警告、训诫处理等警示教育制度。

在法官教育培训过程中,要牢固树立为人民服务的工作宗旨,做到情为民所系,权为民所用,不断增强与群众的联系,加深与群众的感情,取得群众的支持。要认真领会与贯彻习近平同志在十八届中共中央政治局第一次集体学习时的讲话精神,牢固树立"密切党群、干群关系,保持同人民群众的血肉联系,始终是我们党立于不败之地的根基"理念,教育各级法院领导及法官重视听取人民群众对人民法院反腐倡廉工作的意见,建立顺畅的民意沟通机制,对相关意见要加以认真解决,从基础上提高人民法院的司法公信力。法官职业道德教育,是人民法院廉政建设的基础工作,必须常抓不懈,持之以恒。各级法官培训机构既是法官教育培训基地,也是法院管理与司法科学研究基地,要开展防腐倡廉应用研究,贯彻党的十八大精神,开展"反对腐败、建设廉洁政治,保持党的肌体健康"的教育研究,帮助各级法院建立健全惩治和预防腐败体系及运行机制,扎实做好人民法院预防与惩治腐败工作。

有关业务培训的内容,《条例》第 14 条强调了"一个素养,四个能力"的培养教育；法官基本素养教育；庭审驾驭能力、诉讼调解能力、法律适用能力、裁判文书制作能力的培养。根据人民司法工作的发展需要，2010年，最高人民法院又提出法官教育培训工作要抓好法院干警“五个能力”的培训。第一，要加强认识和把握大局能力的培训，进一步提高法院干警尤其是领导干部的大局意识，保证人民法院审判工作在党和国家工作大局下开展。第二，要加强认识和把握社会矛盾能力的培训，进一步加深法院干警对社会问题和社会矛盾的了解和理解，使他们熟练掌握新形势下群众工作的规律，灵活运用调解和裁判手段化解社会矛盾。第三，要加强认识和把握社情民意能力的培训，进一步加深法院干警对群众疾苦和公众意愿的体察和感受，确保司法审判关注民生、维护人民群众的根本利益。第四，要加强认识和把握法律精神能力的培训，进一步提升法院干警对法律规定、法律精神和立法原意的理解水平，使他们正确适用法律进行调判和执行，努力实现法律效果和社会效果的有机统一。第五，要加强认识和把握新情况、解决新问题能力的培训，使法院干警进一步解放思想，不断创新工作形式和工作内容，更好地适应构建和谐社会的新要求。

要实现最高人民法院提出的上述法官教育培训工作新目标，就要求教育培训机构不断研究、把握新时期法院干警司法能力培养的规律和特点，大力开展学习型法院建设，让法院干警在实践中学习，在学习中实践，在提高驾驭庭审、诉讼调解、适用法律、制作文书等司法技能的基础上，进一步增强解决实际问题、化解矛盾纠纷的能力。要积极探索提高司法能力的各种方法和途径，广泛开展岗位练兵、上派下挂、社会调查、学习考察等活动，鼓励法院干警深入基层，贴近群众，及时了解社情民意，不断提升自身素质。根据党与国家的新要求与队伍建设的新情况，法官教育培训工作应从规划布局到组织实施，进行系统的调查研究、改革调整。法官培训教学内容要与时俱进，强化社会主义法治理念教育，为全面创新法官培训体制奠定基础。

中共中央发布的《2010～2020年干部教育培训改革纲要》把干部政治理念教育与培训机构师资建设要求结合起来，要求“教师要严守纪律、严谨治学、以德施教”。2008年7月16日，习近平同志在全国干部教育培训工作会议上的讲话中也强调指出：“教育培训机构是教育培训干部、充实提高干部的地方，一定要坚持正确的政治方向。从事教育培训工作的教师和科研、管理人员，一定要带头讲政治、守规矩,坚持研究无禁区、讲坛有纪律。党校、行政学院、干部学院的教师,要在思想上政治上行动上同党中央保持高度一致。”法官培训机构等干部教育培训机构,不同于其他社会培训机构,其培养培训对象是执掌国家政权的国家公务人员。法官教育培训工作顾大局、讲政治,首先必须加强教师的职业道德教育与政治思想教育。

法官培训机构教师要做到“在思想上政治上行动上同党中央保持高度一致”,就必须把对法官的政治思想教育放到法官培训工作的首位。要做到“研究无禁区,讲坛有纪律”,各级法官教育培训机构就必须在倡导学术研究“双百”方针的前提下,进一步严格专兼职教师的授课管理制度,加强对教师的思想教育与行为管理。教师的思想水平与行为表现直接关系到教育培训的客观效果。法官培训培养的是公正司法、忠于人民的法律卫士。“正人先正己”,必须加强对教师的职业道德教育和思想政治教育。教师应当遵守法律与职业规范,为人师表,应当遵守规章制度、履行教师职责,积极开展对受训法官的宪法法律教育、思想品德教育、文化专业教育、社会实践教育。要引导教师明确:人民法院审判工作必然要讲政治,法官教育培训工作也必然要讲政治。作为专政机关,人民法院审判工作不可能脱离政治。人民法院教育培训工作必须在坚持思想政治教育为先的前提下,才能得到科学发展。教师要不断提高思想觉悟与教育教学业务水平,要把学术研究与讲坛授课相分离。在法官培训教学中,绝不允许教师散布和传播违反党的理论、路线、方针政策及中央决定的错误观点,并将此作为法官教育培训机构的政治纪律与教师授课管理制度的首要内容。

(二)培训方式的改革

培训方式,是指培训的外在表现形式与培训实现渠道,解决的是集中培训与分散培训、面授教学与网络教学等关系问题。有关培训方式的改革,《条例》第16条规定:“法官培训主要采取在职离岗集中培训的方式,也可采取分段培训、累计学时的方法。”第17条规定:“法官培训应不断探索灵活多样的培训手段和方法,推广和应用远程教育等方式,提高法官教育培训的质量和效益。”

各类法官培训中,续职培训是一种以更新知识与提高技能为主的培训,在对培训方式的改革当中,续职培训宜采取分年度、分阶段累计学时的方法。同时,为避免多头培训、重复培训,对于法官及法院其他工作人员通过组织调训形式参加各级党校培训、行政学院的培训，或其他经法院教育培训主管部门认可的培训，应当按照一定的比例，统一计算为法官履职期间应接受的续职培训时间。为此，要继续完善分级管理体制和有效运行机制，细化各类培训管理办法，建立严格的培训年度计划备案、培训项目认可等管理制度，整合培训类别，提高培训效率。

部分法官培训机构探索了法官"菜单选修式"培训，强调法官根据自身知识结构与培训需要自主进修的培训方式，提高了法官教育培训的质量和效率。各类培训要做到向基层法院倾斜，向基层法官倾斜。全国法院80%的案件在基层，80%的法官在基层，80%的案件质量与违纪问题也在基层。培训能力有限，培训对象上移，是人民法院教育培训工作"十五"(2001～2015年)、"十一五"(2006～2010年)规划期间法官培训工作出现的客观问题。"十二五"(2011～2015年)规划期间，主要突出法官教育培训向基层倾斜的指导思想，加强基层建设，变通培训方式，减少培训成本。

要逐步建立培训班集中授课与法官自学相结合的培训方式体系。在培训针对性方面，试行法官享有自主权的"菜单性"培训，由集中统一培训的方式向集中统一培训与专题选修相结合、以专题选修为主的培训模式，并逐步将其制度化、规范化，逐步增加自主选学的比重；要积极采取措施，为干警在职自学提供必要的条件，鼓励法院干警通过自学提高素质。

法官参加教育培训的基本途径为两种：传统的地面脱产形式与各种远程教育培训形式。其中，由国家法官学院创办的"中国法官培训网"为高级法官培训的主要渠道。许多法官培训机构也通过法院内网或社会网络以及电化教育形式举行了不同类型的现代化教育培训。由于经济基础相对薄弱、法官数量较大、办案任务繁重等原因，长期以来，基层法院法官培训工作始终面临着培训经费有限、培训机构培训能力不足、法官参加脱产培训工学矛盾突出三大问题。针对以上问题，各基层法院要按照中央提出的"大力推进干部自主选学、在线学习等方式"，"大力推广网络培训"，"创新培训模式"的要求，加快建设受众面广、学习时间灵活、无须脱产学习、学习成本较低的网络培训体系，将互联网接入法院会议室、图书室、多媒体教室。同时，有机结合内部网、局域网培训手段，发挥网络教育的综合效应。要通过实施网络培训，加强基层法院的信息化建设与网络图书馆建设,为法官提供办案所需的最全面、最新颖的法律法规、司法解释、审判案例、法学文献资料库。

四川省法官培训工作尝试了"在线学习考试"培训模式,开发了网上学习考试系统试题库,按照考试题量1∶20的比例,创建了刑事、民商事、行政审判和执行、司法赔偿、司法警察、综合后勤、书记员等八个科目约11,500道题的题库,通过考试软件将练习题按照不同的考试科目随机组合,考试题自动生成,每名干警根据各自岗位职责和专业科目,定向反复练习,通过"以考促学、以考促训"的方式,促进了全省法院针对不同岗位全员培训的开展和队伍素质的提高。四川省法院干警参加在线学习考试率为100%,考试成绩优秀率达94.12%,取到了良好的学习培训效果。"在线学习考试"制度还促进了四川省法院信息化建设,有115个基层法院建立了局域网,28个基层法院开通了三级专网,40个人民法庭开通了四级专网,其余基层法院三级专网即将全部开通。同时,300个人民法庭也将开通四级专网。19个中级法院建立了各自的局域网并与省法院专网联通共享。

(三)教学方法的改革

教学方法,是指教师开展培训教学的具体手段,解决的是教学双方的互动关系问题。法官培训要改革教学方式方法,分类别、分层次,探讨不同班次、不同教学内容的实现形式。《条例》第17条规定:"法官培训应不断探索灵活多样的培训手段和方法。"中共中央2006年印发的《干部教育培训工作条例(试行)》提出了干部教育培训工作要"综合运用讲授式、研究式、案例式、模拟式、体验式等教学方法"。

结合法官培训的特点与实际,案例教学法应成为法官培训普遍采用的主要教学方法。尽管我国是成文法国家,法学教育主要是讲授法学的基本原理和基础知识,但法学教育尤其是法官培训不能忽视法律适用能力的养成,案例讨论分析是其能力养成的重要环节。案例教学法在法学教育中具有日渐重要的地位,更是法官培训独具特色的教学优势,也是法官培训中最有效果与最受欢迎的教学手段。

国家法官学院是中国高级法官的摇篮。2005年之前,国家法官学院的案例教学尚处在教师自发应用、缺乏整体效应、没有配套措施的散打阶段。为了促进法官培训的案例教学,2005 ~2006 年,国家法官学院学员学生处结合高级法官培训的教学与管理实际,开发了“高级法官案例讲坛”教学改革系列项目。该项目是一个包括若干子项目的教学改革与研究项目,旨在以国家法官学院接受培训的高级法官在教学活动中讨论案件、解释案件、共同点评的视角切入,对被形式化法律语言掩盖的判决书添加权威的注释,让人们能够充分领略判决书背后的法律逻辑和理性思维,有助于推进专家型法官、学习型法官的培养,同时也为实务界和理论界的案例研究提供帮助。

“高级法官案例讲坛”系列项目内容包括以下七个方面:第一,鉴于高级法官的高端培养目标,在高级法官培训班中贯彻倡导案例教学的改革思路,以组织受训法官分析探讨审判实践中的疑难、典型案例为基础,以提高学员分析解决实际问题的司法能力为目标。第二,借鉴学院以往培训班要求参训法官携带书面审判典型案例的做法,在下发学员的培训班报到通知中留下指定的电子邮箱,要求学员上报 3 ~5 个各自审判实践中的典型、疑难案例电子件,并附有处理意见。第三,由学院老师对学员上报案例进行集中清理,按刑事、民事、经济、行政、立案、审监、执行、法院管理等专业对所报案例进行分类,精选若干案例,准备若干问题。第四,将挑选的案例题目与准备的问题在培训班张贴,在受训法官接受正常培训的同时,组织学员以自愿参加为原则、以学习小组为单位,分专业开展案例讨论。第五,邀请学院各教研室教师与北京大学教师参加学员小组讨论,加以教师点评。第六,在学员上报的案例库中筛选一批疑难、典型案例,供有兴趣、有能力的受训法官研究、分析。第七,将受训法官分组讨论及学员分析的典型、疑难案例汇编成册,分专业出版《高级法官案例讲坛》丛书,丰富法学理论研究,交流审判实践经验,促进法官审判实务能力的提高。

2005 ~2006 年两年间,学员学生处共组织高级法官培训班案例讨论会 50 余批次,参加学员 1200 余人。同时,在时任国家法官学院院长怀效锋与北京大学副校长吴志攀教授的主持、审定下,出版《高级法官案例讲坛》系列丛书 6 本共 240 万字。事实证明,案例教学的推广是法学教育培训改革的发展方向,“高级法官案例讲坛”系列项目既适应了法官教育培训强化案例教学的迫切需要,也适应了普通高等院校法律教学与研究的客观需求。

为了切实增强培训效果,2011 年起,国家法官学院着重改进教学方式、教学方法，在时任院长高憬宏同志的指导下，在各培训班倡导了研讨式教学、案例教学、法官与学者对话、现场教学、答疑课题等多种教学方式相结合的复合式教学方法。各培训班教学采取主讲式、互动式、讨论式、案例式、点评式等教学方式，强调主讲教师专题授课中结合答疑并参加讨论，强化培训的互动性，同时组织学员就不同的专题分组进行，由学员发表见解、开展交流、借鉴经验，在培训班开班前征集前来参加培训的学员有关审判实践疑难案例及相关问题，供研讨班研讨、分析，并由主讲教师进行必要的辅导，以突出专题教学结合审判实践、解决实际问题的培训效果。

为了帮助刑事法官尽快领会最高人民法院颁布的《关于办理死刑案件审查判断证据若干问题的规定》和《关于办理刑事案件排除非法证据若干问题的规定》（以下简称“两个规定”）的精神实质，指导与规范审判实践，2011 年 1 月 5～15 日，国家法官学院举办了刑事证据专题研修班，首次对上述复合式教学方法进行了尝试。第一，课堂授课模块，由学者、专家、教授、司法解释起草者、资深法官讲授当前刑事证据面临的问题与挑战、“两个规定”视角下的认证规则、“两个规定”的理解与适用、从证据角度看冤错案件、刑事证据审查与判断的合理性、审理死刑案件证据的把握与认定、物证及鉴定结论的审查判断、物证鉴定技术的新发展、鉴定意见在刑事审判领域中的应用、电子证据在刑事审判中的运用、量刑证据的理解及运用、刑事证明对象及实务把握等 13 个证据理论与实务专题。第二，法官与学者的对话模块，由全国法院审判业务专家郝银钟与知名教授陈卫东对话讨论，全体学员旁听辨析。第三，案例教学模块，由刑事审判业务教研室挑选、确定若干疑难案例，在学员分组讨论后由教师进行点评。第四，现场教学模块，围绕刑事证据的运用，邀请名案的控、辩、审三方谈案件的审理及相关问题。第五，刑事证据问题答疑课堂模块，由最高人民法院刑事审判庭领导及资深法官进行现场答疑，取得了良好的教学效果。

五、法官培训的条件与保障

（一）专职教师队伍建设

人民法院专职教师，是指专职从事法官教育培训教育教学工作的专业人员。《条例》第 20 条第 1 款规定：“法官培训机构应当建立与培训任务相适应的专职教师和管理人员队伍。”一定数量、相对稳定的专职教师队伍是实现法官培训的连续性、计划性，保证培训质量的基础条件。一些高级人民法院曾提出要求，为便于教育培训机构的定编定人，希望对专职教师队伍建设予以量化，明确规定专职教师的最低限额。《条例》草案曾参照全国各地法律业大师资队伍建设的经验，规定“省级法官培训机构的专职老师不得少于15人”，“地（市）级法官培训机构的专职教师不得少于5人”。由于各地法官数量与培训任务相差很大，较大的省法官超过万名，较小的省、区法官不足千人，且有的设立地（市）级法官机构，有的不设立，教育培训机构大小不一，因此客观上很难确定一个各地统一的专职教师数量标准。所以，最终《条例》未对教师数量做全国统一规定。按照《中华人民共和国教师法》（以下简称《教师法》）第41条第1款规定，“学校和其他教育机构中的教育教学辅助人员，可以根据实际情况参照本法的有关规定执行”，本着尊师重教、从优待教的原则精神，专职从事法院教育培训管理工作的专业人员属于人民法院专职教师范畴，享受法律法规与政策规定的教师优待政策。

《条例》公布后，各高级人民法院普遍认识到法官培训师资对法官培训质量的决定性作用。针对法律业大原有师资流失严重的情况，黑龙江省高级人民法院在2000年9月18日“三教会”结束后，即于9月27日召开法律业大分部主任会议传达“三教会”精神，要求各中级人民法院稳定法律业大师资队伍，充分发挥法律业大老师作为法官教育培训工作“主力军”的作用。吉林省高级人民法院9月26日召开党组会议决定，给予法官培训专兼职教师以合理报酬，并将老师的教学工作量计入干警年度考核岗位指标中。江苏省高级人民法院建立了由各中级人民法院优秀审判骨干组成、全省法官培训工作统一调用的兼职讲师团，并由高级人民法院给予每人每年资料、备课费500元。

最高人民法院注重建设具有特色的法官教育培训师资队伍。早在1988年11月15日，最高人民法院就下发了《关于加强法律业大教师队伍建设的若干规定》[法（学）发〔1988〕27号]，对专兼职教师的数量与质量、职务评定和聘任、教师职责与工作量、教师的定期考核等问题进行了规定。该文件提出建设“审判—教学—科研”三结合的法院教育培训师资队伍。在法律业大时期，最高人民法院一方面加强了专职教师队伍建设，建设了一支具有1829人的专职教师队伍，其中教授14人，副教授140人，讲师535人。这批教师大多数来自审判一线岗位，又具有较高的学历，其中硕士研究生93人，本科毕业生1466人。另一方面，为了保证法律业大的办学水准，最高人民法院加强了兼职教师队伍建设，共有兼职教师1642人，其中教授24人，副教授31人，知识界、理论界、有关部门的领导专家1500余人。

最高人民法院早在法律业大办学时期就制定了有利于专职教师队伍培养的相关政策。最高人民法院1985年3月21日下发的《关于全国法院干部业余法律大学教学管理机构设置和教职员配备方案》规定："专职办学人员和专职教师，现任的审判职务均不免除，也不影响应有的提职提级。"1993年1月，国务院转发了国家教委《关于进一步改革和发展成人高等教育的意见》，规定："要努力建立各类成人高等学校与企业、部门双向介入、生产、工作和教学相互渗透、相互促进的运行机制。在有条件的成人高等院校可在部分专业实行教师职务双师制（既是工程师，又是相应职务的教师）。"最高人民法院在1985年法律业大创办初期，根据法律业大的办学宗旨及教育培养对象的特点，明确提出了法律业大教学工作要与法院的审判工作紧密结合、相互促进，实施法律业大专职教师的"双职称"制度。最高人民法院法发〔1993〕7号文件指出："法律业大教师可以既有教师职称又有审判职称。"实践证明，实行双向介入和"双职称"制度，有利于贯彻理论与实际相结合的办学方针，有利于教学工作为审判工作服务，同时，也有利于教师队伍的稳定、巩固和发展，也符合国务院、国家教委关于成人高等师资队伍"双师制"建设的发展方向。1994年，最高人民法院原院长任建新进一步提出"法官教法官"，为法律业大教师实行"双师制"提出了新的要求。

根据法官培训专职教师队伍的来源与不同成分，法官培训的专职教师队伍有两种建设途径，一是对于业已在法官培训机构的专职教师，如上所述，要建立保障制度，保障教师实行"双职称"、三结合，定期到审判业务庭从事审判工作、了解审判需要、积累审判经验；二是对选拔优秀在职法官调任专职教师的，也要建立相关配套保障制度，保证法官愿意来、能够来，并保障有数量足够、素质较高、来源稳定的专职教师后备人选。在这方面，江苏省法院系统堪称全国典范。从1994年起，该省开始实行各审判业务庭法官轮流到江苏省法官培训学院担任专职教师的制度，为此，江苏省高级人民法院专门下发了《关于江苏省法官培训学院专职教师实行“轮岗制”的决定》（苏高法〔2004〕213 号）。2012 年，江苏省高级人民法院总结了该项制度并加以完善，为使专职教师轮岗工作制度化，根据法官教学工作需要，针对轮岗制度实施 8 年来存在的问题，经政治部与法官学院修订原办法，2012 年 10 月 9 日江苏省高级人民法院又印发了《关于印发〈江苏省法官培训学院专职教师管理办法〉的通知》（苏高法〔2012〕404 号）。《江苏省法官培训学院专职教师管理办法》以提高法官培训教学和教学管理水平为目标，坚持贯彻“法官教法官”原则，鼓励并规定江苏高院现职法官到法官培训学院担任专职教师，从事教学工作或教育管理工作。其制度出发点还包括创造“有利于法官培训工作的开展，有利于专职教师的培养和成长，有利于专职教师队伍的稳定和教学、调研任务的完成”。该办法规定了专职教师轮岗条件与程序、专职教师的权利义务、专职教师的培养与使用、专职教师的管理与考核、专职教师的奖惩规定等项内容。江苏省高级人民法院规定：“省法院各审判业务庭（处、室）符合条件的法官，在职期间原则上都应当至法官学院轮岗一次。”轮岗期限一般为两年，轮岗期间，法官脱离原工作岗位，法官党团组织关系转移到法官培训学院，年终考核在法官培训学院进行。轮岗法官人选，由法官学院根据工作需要先行挑选，报政治部一同确定，由政治部通知法官轮岗到学院工作。轮岗教师“在享受机关干警的同等待遇前提下，享受教学酬金，享受每年一个月的带薪休假”。省法院为专职教师的成长创造以下条件：第一，“优先接受高层次的培训、进修”，包括选派出国（境）培训。第二，“同等条件下优先安排就读法学、法律硕士、博士”。第三，“同等条件下优先考虑法官的聘任、晋职、晋级”。第四，“专职教师每年度享受教学科研经费 2000 元”。专职教师的教学效果考评，由法官学院负责。担任专职班主任的，要听取学员的反馈意见。对教师的考评，是教师受聘任教、实施奖惩的依据。专职教师必须参加每周一次的教学例会和每月一次的教学研讨会，不断提高教学能力，拓展培训内容，改进教学方法，提高教学水平。

教育培训工作，教师是基础，投入是关键。为了完成新时期繁重的法官教育培训任务，各级法院应以师资队伍改革为中心，加大教育培训基地建设等基础设施投入。为了使法官教育培训工作紧密联系审判工作实际，总结近 30 年来的法官教育培训师资建设经验,必须从以下几方面加强专职教师队伍建设:第一,要从教学需要和法院实际出发,注意从法院的业务庭室选调专职教师从事法官教育培训工作。第二,要实行能够胜任教学的骨干审判人员定期轮换到法官教育培训岗位上担任专职教师。第三,对于具有审判职务的专职教师,评定教师职务后,为了定期参加审判实践,原有的审判职务应予保留,且要保证其审判职务按照审判职务序列的正常程序得以晋级。第四,专职教师实行"双职称"制。

为了稳定和发展法官教育培训专职教师队伍,根据法律规定,结合人民法院实际,必须落实尊师重教、从优待教政策。第一,落实中央要求,结合法院实际,确定教育培训工作是法院队伍建设的先导性、基础性重要工作,继承法院教育培训工作的优良传统,实行法院工作两手抓:一手抓审判工作,一手抓教育培训,把法官教育培训师资队伍建设放在优先发展的战略高度加以重视解决,倡导尊师重教、从优待教的院风。第二,落实《教师法》第 25 条关于"教师的平均工资应当不低于或者高于国家公务员的平均工资水平,并逐步提高"的法律规定,保证法院教师的工资待遇不低于或者高于法官的平均工资水平。根据国务院工资制度改革小组和劳动人事部《关于地方各级人民法院工作人员工资制度改革问题的通知》(劳人薪〔1987〕56 号)的规定,"审判业务人员担任两种或两种以上职务的,其职务工资按照所担任职务中工资较高的一种确定"。因此,凡既有审判职称又有教学职称的法院教师,其工资待遇应按其中较高的一种确定。第三,落实《教师法》第 28 条第 1 款关于"地方各级人民政府和国务院有关部门,对城市教师住房的建设、租赁、出售实行优先、优惠"的法律规定,对人民法院教师优先、优惠解决住房与租赁问题。第四,落实《教师法》第 29 条第 1 款关于"教师医疗同当地国家公务员享受同等的待遇;定期对教师进行身体检查,并因地制宜地安排教师进行休养"的法律规定,关心法院教师,落实在医疗待遇上教师与法官同等待遇,定期对教师进行体检,并优先安排教师休假疗养。

为了不断提高教师思想政治水平和学科业务水平与教学能力,确保法官教育培训质量,必须从以下四个方面加强法院专职教师队伍建设:第一,健全对教师的培养机制。所谓教师的培养,既包括传统意义上所指的专门教育机构为各级各类教师的补充更新而进行的专业性学历教育，也包括对已经取得教师资格者的扶助、发展、培育过程。对于人民法院教师而言，后者是主要的培养任务。要选拔聘用政治素质好、思想觉悟高、专业基础扎实、理论功底厚重、综合能力适合教书育人的教育培训专业人才。在此基础上，有计划地对初任教师制定培养计划，通过理论与实践两个途径使教师加快适应岗位要求。第二，加强教师培训工作。《教师法》第 19 条规定："各级人民政府教育行政部门、学校主管部门和学校应当制定教师培训计划，对教师进行多种形式的思想教育、业务培训。"人民法院教师的主要任务是培训法官，开展"培训者的培训"，不断强化培训者的培训技能、培训水平，是法官培训质量的首要保证。要有计划地制定针对教师群体与针对教师个人的培训规划，使不同的教师得到不同的培训，使每一个教师在不同的阶段得到不同的培训。此外，《教师法》第 20 条规定："国家机关、企业事业单位和其他社会组织应当为教师的社会调查和社会实践提供方便，给予协助。"据此，各级法院都应为法院教师的审判实践、调查研究提供一切便利。第三，健全教师考核体系，加强对教师的任职考核与日常考核。此乃对教师约束与管理的核心内容。教师的考核包括思想政治考核、工作表现与工作态度考核、工作业绩考核三大部分。考核的意义在于激励与约束。考核的程序在于公开、客观。考核的作用在于管理、使用。考核的效果取决于考核的规范化与经常化。考核的结果要与教师的聘任、续聘、晋级、奖励、解聘、处罚相结合。第四，加强对教师的思想教育与行为管理。教师的思想水平与行为表现直接关系到教育培训的客观效果。法官培训培养的是公正司法、忠于人民的法律卫士。"正人先正己"，必须加强对教师的职业道德教育和思想政治教育。教师应当遵守法律与职业规范，为人师表，应当遵守规章制度、履行教师职责，开展对学生学员的宪法法律教育、思想品德教育、文化专业教育、社会实践教育，不断提高思想觉悟与教育教学业务水平。教师故意不完成教育教学任务或品行不端的，应予行为惩戒。

（二）兼职教师队伍建设

人民法院教育培训工作兼职教师，是指兼职从事法官教育培训教育教学工作的专业人员。最高人民法院十分重视兼职教师队伍建设，2006 年修改《条例》时，专门增加了第 21 条，规定了兼职教师的条件、鼓励法官担任兼职教师、兼职教师工作量计入业务考核的有关内容。为鼓励法官从教,法官兼职教师应享受法律法规与政策规定的兼职教师优待政策。以资深法官为主体的兼职教师是法官培训师资的主体部分。事实上,法官兼职教师从事法官培训,是实行“法官教法官”培养培训制度的主要实现形式。除此之外,法官教育培训机构的兼职教师,还包括法官教育培训机构聘请的高等院校教师,法学研究机构学者,立法机关、检察机关与其他政府机关专家,以及其他学有专长的专门人士。

法学是一门应用性很强的社会科学。法官应当具有较高的法学理论和法律专业知识水平,又有较强的审判实践能力。这种人才既不可能从司法实践中自发产生,也不可能从现有高校直接培养出来。法官的培养必须理论与实践结合,法官教育的教师队伍也必须采取从法院和高校分别选拔、专职教师和兼职教师强强联合的建设模式。

1988 年 4 月 9 日,国家教委印发了《成人高等学校设置的暂行规定》,其中规定:“岗位培训或者继续教育,各门课程的教师来源应有切实的保证,除有专任教师任课外,应聘请具有丰富实践经验和技术专长的专家担任兼职教师。”对于法官教育培训而言,兼职教师的合适数量国家教委并无具体规定。法律业大在法官教育培训兼职教师队伍建设中,注意“发挥法院、社会两个积极性”,即一方面聘请法院系统内部长期从事审判工作、具有教学能力的审判业务骨干担任兼职教师,另一方面聘请高素质的普通高校教师担任兼职教师。这种系统内部兼职教师与社会兼职教师相结合的兼职教师构架,融合了方方面面资源,保证了审判的开放性与法学的实践性。

最高人民法院《关于加强法律业大教师队伍建设的若干规定》在“关于教师数量和质量要求”部分里对在法院系统聘请兼职教师做了如下规定:“每门课程除了有专职教师任教外,还应有 1 ~ 2 名兼职教师承担教学任务。”“兼职教师在受聘任课的一学期内,一般应脱离原工作岗位,集中精力从事教学工作。专职教师在未任课期间,可与兼职教师轮换,到审判庭参加办案。”专职教师与兼职教师轮岗、双向交流从事审判工作与教学工作,是法院教育培训工作的宝贵经验和优良传统,对于教师队伍理论联系实际、开展有针对性的教育培训、培养学以致用的人民法官具有重要意义。

为加强法官教育培训工作,提高法官教育培训质量,贯彻落实“法官教法官”原则，各地法官培训机构普遍制定了兼职教师管理办法，注重从各级法院中选聘具有较高理论水平和丰富审判实践经验的资深法官和审判业务骨干，并要求兼职教师具备良好的政治素质与职业道德水平，能够胜任教学需要，具有一定科研调研能力。兼职教官的选聘原则与业务结构，根据法官培训教学的实际需要，结合法官培训机构专职教师的人员结构与专业方向确定。确定兼职教师人选途径有两种：一是审判业务部门根据法官培训机构专业需要选派人选，经法官培训机构考察后聘任；二是法官培训机构为主，先行考察、初选，然后由法院人事部门与审判业务部门协商办理聘任手续。兼职教师聘期多数为 2～3 年。聘期届满后考评合格者予以续聘，未予续聘者自动解聘。法官培训机构根据培训教学需要，统筹安排兼职教师的授课主题、授课要求、授课日程和教学考评，组织兼职教师参加集体备课、科研与教研活动。江苏法官培训学院成立了包括行政及综合教研指导组、民事教研指导组、商事教研指导组、知识产权与涉外商事教研指导组、刑事教研指导组等五个法官学院教学教研指导组，指定由相关业务庭副庭长任教研指导组长，负责指导、开展法官学院的教学计划、教研实施、教师选派指导工作。

各地法官培训机构制定了系列制度、规则，规范开展了对兼职教官的教学管理工作，并建立了兼职教师业务管理档案，记载兼职教师的备课、授课、科研、参加教研活动、考评评估结果等情况，督促兼职教师在聘期内完成规定的各项教学培训任务。山东法官学院将兼职教官实行分级管理制度，确定了兼职教官四级体制，规定：一级教官应具备大法官级别；二级教官应具备一级至二级高级法官级别；三级教官应具备三级至四级高级法官级别；四级教官应具备一级至五级法官级别。各级教官负责相应的教学教研工作。浙江省高级人民法院 2010 年 12 月 8 日下发了《关于印发〈法官培训兼职教师的管理办法〉的通知》(浙高法〔2010〕78 号)，规定各级法院要保证兼职教师享有四项权利：“优先接受高层次的培训进修”，“所从事的培训教学工作列入工作业绩考核范围”，“享有授课相关的权利，安排适当的备课时间”，“按规定获得课筹”，要求“各级人民法院应当将兼职教师作为高层次法律人才培养的重点对象，为兼职教师从事培训教学工作提供相应的保障”。为统筹发挥兼职教师效用，浙江省高级人民法院还制定了浙江法官进修学院聘任的兼职教师在全省法院统筹使用的办法，规定各中级人民法院及宁波海事法院教育培训机构，可以根据教育培训工作需要提出使用兼职教师的要求，由浙江法官进修学院统一协调、安排、调剂使用。

（三）“专兼结合，以兼为主”

《条例》第19条规定：“法官培训的师资实行专兼结合，以兼为主。”普通高等学校教师鉴于其教学培养目标及普通高等教育的特点，其教师队伍建设是以专职教师为主、兼职教师为辅。《中国共产党党校工作条例》规定各级党校的教师队伍建设实行“专职为主，兼职为辅”的原则。与普通高校及党校教育培训不同，除国家法官学院外，地方法官培训机构并不承担学历教育任务，这点甚至与先前存在的法院系统第一所学校法律业大有所不同。普通高校与党校教育培训偏重于理论性的学历教育师资队伍或干部培训，需要稳定的、专业化的专职教师作为教育培训师资的主体部分。法官培训侧重于实践培训，主要任务是岗位规范培训与技能提高培训，其师资应以来源于实践的一线法官为主，辅之以一定数量的、从事专门理论教育的专职教师。法官培训师资实行“专兼结合，以兼为主”，也系借鉴了世界各国法官培训师资队伍建设的经验。法官培训教学的主要部分系法官在岗的职业技能教育，主要内容是审判业务技能的提高教育与所在岗位专业知识的更新教育，培训师资应以在职法官为主。法官培训师资实行“专兼结合，以兼为主”，从事法官教育培训工作的教师主要选聘自现职法官，也即任教时现任法官从教，任教完毕，现任法官返回原工作岗位。因为法官培训教师任教科目一般属于专门讲座性质，讲座或半天或一天，所以兼职教师无须离岗教学。在兼职教师队伍建设过程中，应逐步建立规范制度，将各级法院领导、业务审判庭领导以及审判业务骨干轮流承担法官培训授课任务的法官培训兼职教师任课制固定化、程序化、制度化，并建立制约机制、规定配套措施，努力建设一支职业特点鲜明的法官教育培训兼职教师队伍。

国家法官学院是机构性质相对特殊的法官培训机构，其主要办学任务是法官培训，适量开展成人学历教育，并定位于成人高等院校。国家教委《成人高等学校设置的暂行规定》规定：“成人高等学校的兼职教师人数，应当不超过本校专任教师的三分之二，其中专科或本科专业的兼职教师人数，应当不超过本专业专任教师的三分之一。”这样的规定说明国家教委要求成人高校师资队伍建设以专职为主、兼职为辅，是为了避免成人高校聘任过多的兼职教师而削减专职教师的配备,从而影响既定的成人高校设立条件与教育质量。国家法官学院目前的办学工作分两大类别,第一类别的办学工作为法院领导干部任职培训、晋高培训、高级法官续职培训、预备法官培训、师资培训、专项培训、新法律法规培训等各类法官培训,年培训量地面培训与网络培训分别为 1 万人左右。第二类别办学工作为学历教育性质办学,学院举办本、专科成人学历教育,联合举办研究生与博士教育,同期在校人数千人左右。第一类别教师以兼职为主、专职为辅。第二类别教师以专职为主、兼职为辅。最终发展趋势,国家法官学院学历教育将向小规模、高层次发展,法官培训将成为绝对主业,师资队伍结构仍将与地方法官学院趋同,实行"兼职为主,专职为辅"。

法官培训师资是保证法官教育培训质量的首要条件。人民法院的主要教育培训任务是法官培训,针对地方各级法院教育培训机构均不开展学历教育的实际情况,为了使法官培训密切结合审判实际,法官教育培训实行"法官教法官"机制,培训教师队伍建设确立以"兼职为主,专职为辅"的建设方针,是符合法官培训工作的客观需要与未来发展趋势的。

(四)"教学—科研—审判"三结合

"教学—科研—审判"三结合制度,是人民法院教育培训师资队伍建设的实践总结与成功经验,也是法官教育培训工作积累的宝贵财富。该制度起源于法官教育培训工作的实际需要,确定于 20 世纪 80 年代法律业大办学时期,完善于面向 21 世纪的法官培训工作当中。1988 年,最高人民法院印发的《关于加强法律业大教师队伍建设的若干规定》,专节规定了法律业大专职教师"实行教学、科研、审判实践三结合"制度。最高人民法院印发的《2001 ~ 2005 年全国法院干部教育培训规划》在"加强师资队伍建设"部分中要求各级法院"要有步骤地推行'教学—审判—科研'相结合的专职教师培养模式,努力造就高素质的、理论密切联系实际的教育培训师资队伍"。

教育培训是以理论为基础的教书育人工作,学术研讨、理论研究是奠定教师理论基础、提高教育培训水平与能力的重要途径。同时,法官教育培训工作既然以服务于法官、服务于审判工作为中心,则要求从事法官教育培训工作的教师必须了解法官需求、熟悉审判工作、明了审判问题、针对审判实践。这是"教学—科研—审判"三结合制度的立论基础。

“教学—科研—审判”三结合制度以教学为本位，以科研与审判实践为两翼，以培养理论密切联系实际的教师队伍为目标。其主要内容包括以下三项：第一，专职教师除了完成规定的教学任务外，在任教期间内必须定期参加审判实践，在审判实践中了解和研究审判工作的新情况、新问题，丰富感性认识和实践经验，从而使教学始终与审判实际保持密切联系，以适应培养应用型法律人才的需要。第二，原来没有审判职务的教师从事审判实践时，符合担任审判职务的，应当按照有关规定与程序，由各级人民法院人事部门针对专职教师报批、任命相应的审判职务，以利于教师开展审判工作。第三，无论专职教师还是兼职教师，都要结合法官教育培训和审判实践积极开展理论研究与科研活动，不断提高理论水平的科研能力。各级法官教育培训机构要围绕教学和审判工作的需要，认真组织教师制定科研计划，明确每位教师的科研项目和每年应完成的科研任务，鼓励教师参加教材编写与理论创新。各级法院要支持、鼓励教师参加法院有关会议和学术团体组织的学术讨论会议。教师参加科研活动的情况和成果，应当记入教师业务档案，作为考核使用教师，评定职务和晋升职级的依据之一。

落实“教学—科研—审判”三结合制度，实行专职教师定期参加审判实践是重点；解决专职教师的审判业务职称是难点；确定教师工作量与人均科研标准是三结合制度的基本要求。《法官培训条例》明确规定，“法官培训的师资一般应从法官中选任”，逐步实行“法官教法官”。2001 年，除海南省外，全国 31 个省、自治区、直辖市法院的法律业大或培训中心的专职教师已实行与审判岗位的密切结合，解决了教师的法官职称，落实了最高人民法院从法律业大办学初就倡导的法律业大教师实行教师职称与审判职称“双师制”的法官师资队伍建设目标。法律业大师资队伍建设的这一做法保证了 15 年来法律业大学历教育及法官培训教育紧密结合人民法院审判工作实际，稳定并强化了专职教师队伍，培养造就了一批理论密切联系实际，法学理论基础较好，具有一定审判经验的优秀的法官教育培训专职教师。

法律业大时期，最高人民法院规定每个专职教师“每 2～3 年要抽出半年到一年的时间参加审判实践”。按照这个标准，也即每个专职教师的 1/5 至 1/3 的时间从事审判实践工作，4/5 至 2/3 的时间从事法官培训教育教学工作，并在教育教学工作中开展科学研究工作。实践证明，这一标准有利于促进法官教学与审判实践的紧密结合，时间周期切合审判工作的发展步伐，有利于教师审判理念的确立、审判知识的更新，以及教师对审判问题的及时发现与研究解决。实行上述标准比例，专职教师队伍的1/3左右，会轮流实践在审判一线。所以，充足的专职教师数量是实行专职教师“教学—科研—审判”三结合制度的建设基础。

解决专职教师的审判业务职称，关键在于理念。在法律业大时期，尽管国家教委有“双师制”“双职称”的要求，最高人民法院也明文规定：对专职教师符合担任审判职务条件的，应“由各级法院人事部门报批任命相应的审判职务”，绝大多数法院也解决了法律业大专职教师的审判职称问题，甚至有的法院还在法律业大办学机构专门设立了合议庭，以方便教师办案实践，但仍有少数法院始终未解决专职教师的审判职称，主要理由是没有国家人事部门的明确规定，且事业单位与国家机关应实行不同管理系列。到目前为止，此类理由仍然冠冕堂皇、颇有市场。不能说这些法院政工人事部门没有道理，只能说不同的工作理念导致不同的工作结果，不同的政策水平带来不同的工作业绩。改革创新与因循守旧，主动探索与等靠政策，重视教育与形式主义，优先发展与平均主义，爱才护才与四平八稳，远见卓识与囿于现实，上述两类截然不同的工作理念与用人观念，其矛盾与碰撞会伴随社会始终，也自然存在并体现于不同法院的实际工作当中。

为了落实教学与审判结合的师资建设目标，建设“教学—科研—审判”三结合的专职教师队伍，法律业大办学时期，建立了专职教师轮流到审判庭办案的制度，一些具有法定数量、审判职称的专职教师的法律业大办学机构，诸如法律业大山西分校等，单独建立了审判合议庭。法律业大办学期间，法律业大专职教师共审判案件59,326件。同时，法律业大倡导教师通过开展理论研究提高教学水平。法律业大期间，法律业大总校与中国高级法官培训中心联合举办学术讨论会12届，地方各级法律业大举办本地区的学术讨论会152届，法律业大教师发表论文2937篇，发表论著553部。学术讨论会活跃了法院理论研究，促进了法学理论与法律实践的结合，同时促进了法律业大教学水平的提高。法律业大办学任务结束后，法院系统的学术研讨会作为全国法院的应用法学研究与审判理论研究平台，因由国家法官学院为主举办而得以延续。在这个平台上，各级法官培训机构专职、兼职教师的应用法学科研工作得以深入开展，其研究成果成为历届学术讨论会的重要组成部分。

人民法院教育培训工作的历史经验证明，要贯彻落实“教学—审判—科研”三结合制度，其基础保障是建立教师在法院内部挂职办案机制，实行专职教师的教学职称与审判职称“双职称”制度，在人民法院倡导“从优待教”的良好风气。同时，要建立专职教师与在职法官“双向交流”机制，选派专职教师定期到地方法院审判部门办案锻炼；同时，选派优秀法官定期交流到法官培训机构从事教学工作。

（五）经费保障与基地条件

在《条例》与《规划》的制定和征求意见过程中，各地普遍反映，经费问题是规范化法官培训面临的最大问题。部分高级人民法院认为应先行解决培训经费、基地建设经费问题，经费不落实，《条例》与《规划》的实施根本无法启动。因此，《条例》第 22 条专文规定了法官培训经费的保障机制。

建立什么样的法官培训经费保障机制？特别是在少数民族地区、边远贫困地区，这是个法院系统内难以解决的棘手问题。按照形势发展需要与党和国家的要求，最高人民法院有义务下大气力抓好全国法院系统的法官培训工作。但地方财政分灶吃饭、法院系统经费并非统收统支的矛盾客观上限制了法官培训经费的妥善解决。第三次全国法院教育培训工作会议筹备组材料组认真研究了国民经济与社会发展规划中有关教育经费保障的规定，以及中共中央、国务院《中国教育改革与发展纲要》制定的“教育经费逐年增长”的基本国策，学习了江泽民总书记及李岚清同志在 1999 年第三次全国教育培训工作会议上的重要讲话，结合人民法院实际并贯彻最高人民法院党组的有关精神，2000 年版《条例》规定了法官教育培训经费保障机制的三点框架：第一，在经费预算中，应单独列支各级人民法院的教育培训经费；第二，法官培训经费必须专款专用，不得截留、挪用和挤占；第三，法官教育培训经费应随着国民经济的增长和法官培训需要逐年增加。对比 2000 年版《条例》做出的经费保障机制，2006 年版《条例》为保证教育培训经费的专款专用与足额使用，除保留上述条款外，还专门规定了教育培训经费的量化比例，要求各级法院教育培训经费“占同期法院业务经费的比例应不低于3%”。

在制定《2001年～2005年全国法院干部教育培训规划》时则考虑到，《条例》实施的头五年也是规范化法官培训的创业时期，必须格外注重培训经费的落实。因此，《规划》中强调：“各级法院领导要落实江泽民总书记在第三次全国教育培训工作会议上提出的‘宁可其他方面的事情放慢一些，也要提高教育支出在财政支出中的比例，为教育优先发展提供物质保证’的讲话精神，加大教育培训经费投入。”“规划期间，各地法院教育培训经费的增长幅度要高于法院经费的增长幅度。”《规划》特别指出：“有条件的高级法院，可以实行所辖法院教育培训经费统筹上缴、统一规划使用。”从山东、上海、黑龙江等高级人民法院业已实行的干部教育培训经费统筹使用以及在诉讼费中明确规定法官教育培训经费的固定比例的经验来看，收效较好，保障有力。一些高级人民法院还希望由最高人民法院对全国法院教育培训经费在诉讼费中按比例实行统筹收支制度，以弥补教育培训经验不足，特别是解决少数民族地区、边远贫困地区法官教育经费短缺的实际困难。

“三教会”后，各高级人民法院已基本上达成共识，注重多渠道解决法官培训经费问题，普遍从三方面采取措施确保法官培训经费：国家财政拨款；法院诉讼费切块；合理收取培训费用。贵州省高级人民法院等还拟建立法官教育基金会，弥补法官教育培训的经费不足。各高级人民法院“一把手”都以中央的有关规定及“三教会”的领导讲话为依据，努力争取政府支持，疏通财政拨款的主渠道。各省、自治区、直辖市党委、政府在各级法院领导的积极争取下，表示贯彻中央有关规定，在力所能及的范围内解决法官培训经费。其中海南省政府已原则同意将法官培训经费在地方财政中单独列支。同时，各高级人民法院普遍计划在诉讼费中优先解决教育培训经费。吉林省高级人民法院决定以省院诉讼费弥补法官培训的财政拨款不足部分，由省院负责培训的法官从2001年起可望享受免费培训。吉林省高级人民法院还决定今后每年给省法院培训中心拨款10万元，用于培训图书资料建设。湖南省高级人民法院拟切割诉讼费的8%用于法官教育培训。江西拟在诉讼费中切割5%，供全省法官培训工作统筹使用。

《条例》在强调法官培训工作的规范化、科学化、制度化的同时，注重了教育培训基地及配套建设,在人民法院教育培训史上第一次提出建立教育培训基地的要求。《条例》第23条规定:“法官培训机构应当具有与培训任务相适应的培训基地、图书资料、教学设备等培训条件。”尉健行同志在“三教会”上的重要讲话中指出:“当前政法干部教育培训工作存在的突出问题之一,就是教育培训基地的容量与实际需要的相差甚远。各级政府要统筹规划,切实支持政法部门加快培训基地建设,为教育优先发展提供物质保障。”在“三教会”后,各高级人民法院在向同级党委、政府等领导部门的工作汇报中,都把培训基地摆在了重要位置,请求解决落实,并不同程度地得到了关注与支持。“三教会”后,各高级人民法院积极开展培训基地规划与建设工作,基地建设大致分为三种模式:第一,旧楼改造型。湖南、四川、甘肃等高级人民法院计划在新办公楼建成后,将老办公楼改造为省级法官培训基地。第二,新建基地型。黑龙江、江苏、上海、广东等高级人民法院已初步建成新型基地,陕西、宁夏、山西等高级人民法院正申请征地新建基地。第三,购买院校型。山东、安徽等高级人民法院在政府支持下,已分别成建制购买或拟购买一所中等专业学校,在此基础上建设省级法官培训基地。

正是从《条例》颁布与“三教会”后贯彻落实会议精神开始,各高级人民法院陆续按照上述多种模式,结合本地实际情况,着手规划并建设各地法官教育培训基地。也正是基于之后10年内各地法官教育培训基地建设所取得的成绩以及在此基础上开展规范性基地建设的客观需要,2011年,国家发展和改革委员会、住房和城乡建设部才得以出台全国统一的规范化法官教育培训基地建设标准即《国家法官学院分院建设标准》。

六、法官培训的考核与责任

(一)法官培训档案制度

《条例》依照《法官法》规定的“法官在培训期间的学习成绩和鉴定,作为其任职、晋升的依据之一”,在第五章专章规定了法官培训的“考核与责任”。其中,关于建立健全法官培训档案,《条例》第25条规定:“人民法院法官管理部门应按照管理权限建立所辖人民法院法官的培训档案。法官参加培训的履历、成绩和鉴定应存入本人档案。”第26条规定:要“严格各类培训《合格证书》的验收、发证制度。预备法官培训和任职、晋级、续职培训的《合格证书》由最高人民法院统一印制。国家法官学院举办的任职、晋级、续职培训的《合格证书》由最高人民法院教育培训主管部门和国家法官学院验证、发放。省级法官培训机构举办任职、续职培训的《合格证书》由高级人民法院教育培训主管部门和省级法官培训机构验证、发放”。

建立法官培训档案制度是新时期开展“依法培训”，实行法官“培训—考核—使用”相结合机制的前提条件。在《条例》颁布前，人民法院的干部管理并无“建立培训档案”的专门要求，也没有“建立培训档案”的实际意义。《条例》规定了法官“培训—考核—使用”相结合机制，也就使培训考核与培训档案具有了实际意义。从这个意义上讲，人民法院人事管理部门建立干部的培训档案始自《条例》规定。

为执行《条例》有关法官培训档案的规定，建立相应配套制度，规范法官培训的履历登记和培训考核证书管理，在《条例》公布实施后，2001 年 4 月，最高人民法院政治部着手起草《人民法院教育培训履历登记和培训证书管理办法》。该文件讨论稿拟定后征求国家法官学院意见，根据方光成副院长批示，学员学生处又根据法官培训的实际情况与需要，将讨论稿进行了细化、修改，6 月 21 日，经方光成副院长改定，修改稿上报最高人民法院政治部宣教部。该修改稿的总体思路是建立科学合理的法院工作人员培训档案，包括履历登记与培训成绩，并规范培训证书管理。主要精神如下：第一，各级法院法官管理部门、人事管理部门，以及法官培训机构建立法官及法院其他工作人员的培训档案。第二，法官和法院其他工作人员有权利和义务接受培训，未按规定参加教育培训，或者参加教育培训，经考核不合格，或者没有进行教育培训登记的，不得办理任职、续职、晋升职级（衔）手续。第三，各级法院法官管理部门和人事管理部门建立法官及法院其他工作人员的教育培训履历登记册，准确记载法官和其他法院工作人员参加教育培训的经历与成绩。第四，各级法院法官管理部门和人事管理部门以及法官培训机构建立的培训档案，应包括受训人员的名单及基本情况，职务变动情况，培训的履历、成绩、综合考核、培训鉴定等事项。第五，法官及法院其他工作人员无论参加任职、晋级、续职等资格培训，还是其他专项培训、新法律法规培训、其他短期培训，均要进行履历登记。第六，最高人民法院统一印制、编号管理法官和其他法院工作人员个人持有的《人民法院培训手册》，由个人在培训时请法官培训机构予以写实登记，培训结束后到所在法院法官管理部门或人事管理部门登记造册。

为建立和完善人民法院法官和其他工作人员的培训制度，规范培训证书的颁发和管理，2001 年 8 月 14 日，最高人民法院政治部印发《关于印发〈人民法院培训手册和培训证书管理办法〉的通知》（法政〔2001〕133 号），主要规定了以下事项：第一，人民法院教育培训工作实行颁发教育培训合格（结业）证书制度和履历登记制度。《人民法院培训手册》和合格（结业）证书应准确记载法官和其他人员参加教育培训的经历和成绩。第二，人民法院法官和其他人员参加国家认可的院校和培训机构组织的各类班次的学习情况，包括学历教育和非学历教育情况，应当记入《人民法院培训手册》。手册由最高人民法院政治部统一印制、编号，各级人民法院教育培训主管部门负责登记、管理，法官和其他工作人员个人持有，不得涂改、伪造。第三，教育培训《合格（结业）证书》由最高人民法院政治部统一印制，人民法院教育培训主管部门和国家法官学院以及各级人民法院教育培训机构负责验证、颁发。第四，法官和其他工作人员参加各类培训班、短训班后，应持合格（结业）证书和《人民法院培训手册》到所在法院教育培训主管部门办理登记手续。国家法官学院以及各级人民法院教育培训机构，应及时将学员的学习成绩单及其鉴定送学员所在单位存档。第五，每年 1 月 31 日前，下级人民法院教育培训主管部门应将本辖区法官和其他工作人员上一年度参加教育培训的情况，报上一级人民法院教育培训主管部门备案。为具体实施证书管理办法，该文件还作为附件印发了三个配套文件：人民法院培训合格（结业）证书及填写说明；《人民法院培训手册》及填写说明；全国法院《人民法院培训手册》编码。

鉴于该文件效力低于《条例》，又先于《条例》发布，有三点应以《条例》为准。第一，法官培训档案的管理部门应为各级法院的法官管理部门，不能是法官教育培训主管部门。第二，法官培训档案除了应该记载法官的培训成绩、培训履历外，还应该依照《条例》规定，记载参加培训学员的组织“鉴定”情况。第三，资格培训《合格结业证书》的验证、发放，应分为国家法官学院及省级法官培训机构两个层次，分别由相应的培训机构与教育培训主管部门共同验证、发放。

《关于印发〈人民法院培训手册和培训证书管理办法〉的通知》建立了法官培训档案制度，使《法官培训条例》规定的法官培训考核与使用规定在程序上得以操作实施，从而在法官培训规范化管理工作上迈出了关键一步。

学员培训档案管理与反馈制度，是建立法官培训约束机制的两个前提条件与基本要素。虽然，法官约束机制的构建主要取决于法官管理部门、法院人事部门，建立学员的培训档案是法官管理部门与法院人事部门的基础工作。《条例》已颁布实施12年，各地法院尚未普遍建立法官“培训与使用相结合”的约束机制，所以干部培训档案也未被作为各地法院法官管理部门与法院人事部门的必然工作。鉴于以上情况，各级法官培训机构从法院队伍建设的大局出发和长远考虑，不但依法开展了各类法官培训，通过考核考察确定了受训法官的培训成绩与综合评价，而且普遍建立了受训法官完整的培训档案，为真正实施法院干部“培训与使用相结合”的约束机制奠定了培训基础与档案基础。

法官培训机构的学员培训档案主要包括三类档案资料：第一类为学员学业成绩。包括学员在培训期间的各课程考试、考查、作业、论文成绩。第二类为学员综合评价。包括学员在培训期间的遵守纪律情况、考勤情况、培训班班组鉴定、培训机构鉴定情况，以及培训期间所受奖惩情况。第三类为历次培训档案。包括每位法官及其他法院工作人员，在该法官培训机构参加的任职培训、预备法官培训、晋级培训、续职培训等资格培训，以及专项培训、新法律法规培训、短期培训等非资格类培训的学业成绩与综合评价情况。

为了落实法院干部“培训与使用相结合”的教育培训约束机制，各级法官培训机构还建立了干部培训档案反馈制度。即将干部培训学业成绩、综合评价等培训档案，及时反馈给有关法院的法官管理部门与法院人事管理部门。对于特定资格类培训班，干部培训档案一般随培训班结束而随即反馈移交。对于其他类别培训班，法官培训机构的学员培训档案反馈期限一般是按季反馈或半年反馈一次。

按照党和国家有关新时期干部教育培训工作的要求，建立健全干部培训档案，是依法管理法官教育培训工作的基础工作。《干部教育培训工作条例（试行）》规定：“干部教育培训实行登记管理。各级干部教育培训主管部门和干部所在单位应当按照干部管理权限，建立和完善干部教育培训档案，如实记载干部参加教育培训情况和考核结果。”《法官培训条例》规定:“人民法院法官管理部门应按照管理权限建立所辖人民法院法官的培训档案。法官参加培训的履历、成绩和鉴定应存入本人档案。”应当讲,《法官培训条例》根据法院干部队伍建设实际,强化了法官教育培训档案管理机制,不但将培训档案管理部门规定为对法官管理更有权威的法官管理部门,而且要求档案全面记载受训法官的培训履历、成绩和鉴定。各级法院应当据此依法建立健全法官等法院工作人员的培训档案,并把培训档案建档工作作为法院建设基础工作与年度工作考核的规定指标加以落实。

依法建立、健全干部培训档案管理制度,要求干部培训档案必须具有权威性、连续性和规范性。所谓权威性,要求培训档案建档部门系法院人事管理部门,其中,法官培训档案建档部门应系法院法官管理部门。在规范性的干部培训档案制度建立前,可以实行干部培训档案由法官教育培训机构与法院人事管理部门双重建档制度。所谓连续性,要求无论一个法院干部在何岗位工作,其培训档案不能因其岗位变迁、职务调整而有所中断;新调入的法院干部或新调出的法院干部,其培训档案要保持历史连续性,随其干部人事档案一并转移。所谓规范性,要求干部培训档案有关培训履历、培训成绩、培训期间的综合表现鉴定等档案材料,全面具体,名副其实;培训档案管理要由传统的纸质化向电子化过渡;应建立健全培训档案的建档、查档制度,其各项管理工作应符合国家机关档案管理规范要求。

(二)“培训—考核—使用”约束机制

最高人民法院副院长姜兴长在第三次全国法院教育培训工作会议上的讲话中强调指出:“要把对法官的教育培训同对法官的考核、使用挂钩,实现依法培训,强化培训效力,形成培训与考核、任用‘三位一体’的有效运行机制。这是落实《法官法》关于法官有接受培训的权利和义务的规定的制度保证。我们务必强化这一运行机制,坚持未参加培训或培训不合格的不得担任法院领导职务;每名法官任职期间接受培训的效果,应当作为考核其是否称职的指标之一,不称职的不得继续履行法官职务。这要成为各级人民法院一项重要的法官管理制度。”姜兴长副院长的讲话,是在《法官法》颁布后最高人民法院党组关于法官考核制度的重要宣言,也是有关“培训—考核—使用”相结合机制的一次明确界定与阐释。将“培训—考核—使用”相结合机制上升到“法官教育培训运行机制”以及“一项重要的法官管理制度”上加以强调，要求“务必强化”，现在看来，不但很有必要，而且很有差距。

培训效力不足一直是制约教育培训工作开展与发展的主要问题。培训考核也是法官队伍建设与教育培训的关键环节。所以，《法官法》特别规定“法官在培训期间的学习成绩和鉴定，作为其任职、晋升的依据之一”。鉴于《法官法》的规定较为原则，法官教育培训工作的健康发展呼吁建立、严格培训考核制度，通过提高培训效力激励法官参加培训学习、不断增强办案水平；同时，法官培训考核应予以制度化、权威化、效力化。《条例》正是根据《法官法》的精神，适应形势需要，明确提出了建立法官“培训—考核—使用”相结合、“三位一体”的干部教育培训考核机制。

《条例》在五个方面系统规定了“培训—考核—使用”相结合的法官教育培训约束机制的相关内容，有关条款层层递进，互相呼应，形成了完整、细致的机制体系。第一，《条例》在第一章“总则”中，确定了“拟任法官的人员以及在职法官，经过规定的培训，并考核合格的，方可任职、晋级、续职”的基本原则，这是该考核机制的核心内容与落脚点。第二，如前所述，考核机制的基础工作是系统、准确的培训档案，《条例》明确了各级法院法官管理部门对法官培训档案的建档要求，并在干部考核、使用工作中，负责落实所提拔、使用的干部符合培训考核要求的相关规定。第三，保证法官“依法接受培训”的权利，并为法官依法参加培训提供便利条件，“培训期间享受在职法官的工资福利待遇，培训费、差旅费等按规定予以报销”。对此，《规划》还特别补充到：对于培训权利被无故剥夺的，法官可以向上一级人民法院反映，上级人民法院应督促下级法院改正。第四，规定法官履行“接受培训”的义务，对无正当理由拒不参加培训的，所在法院应督促其改正，并视情节分别给予批评教育，直至取消任职、晋级资格。第五，保证培训质量，《条例》规定了各级法官培训机构必须具备相应的“培训条件”，达到相应的“培训质量”，并建立经常性的培训机构评估机制，以保证法官培训的内容符合法官需求，法官培训的水平不断得到提高。

“建立法官培训考核制度”，是《条例》对法官教育培训工作提出的新要求，也是建立法官“培训—考核—使用”相结合的干部教育培训约束机制的中心环节。法官培训考核制度包括考核内容、考核标准、考核机构、考核手段、考核档案、考核反馈等六个有机关联的组成部分。第一,考核内容。培训考核不只是培训成绩,更应该包括对受训学员在培训期间的综合评价与组织鉴定。要全面考核干部的学习态度与综合表现。对于领导干部任职培训班、中青年后备干部培训班,要注重考核学员的党性修养与学风、作风,考核学员应用所学理论解决实际问题的能力。第二,考核标准。各类法官培训,应根据不同的培训对象与培训要求,制定不同的考核标准,并将相关标准按照不同培训班的办班任务与考核要求,组成科学合理的考核体系。考核标准应予量化,考核体系应予完整。第三,考核机构。鉴于培训考核的重要性,考核机构应具有权威性,考核结果应具有客观性,考核组织应具有稳定性,考核程序应具有规范性。在培训考核工作中,既要重视培训班基层管理者的鉴定意见,也要综合受训学员、班级组织、教学部门、授课教师、培训管理机构等各方面意见。培训考核的最终意见与鉴定,应经过规范程序,由培训机构审查给定。第四,考核手段。考核手段包括:(1)学习成绩的单次考查、阶段考查、全面考查;(2)学员表现的个人总结、班级评价、班主任评价、培训管理部门鉴定;(3)考核方式的听取意见、问卷调查、试卷考查、组织考察。上述考核手段应视对培训对象的不同考核需要设定,短训班、新法律法规培训班的培训考核应本着简化宜行的原则设定;领导干部培训班、资格培训班的考核手段应细致周密予以设定。第五,考核档案。不仅法院法官管理部门需要建立法官培训档案,法官培训机构也要建立受训学员的考核档案,健全存档、查档制度,以便与法官管理部门的培训档案相互对应,必要时以备查档需要。第六,考核反馈。法官培训机构应及时将法官培训成绩与鉴定反馈给学员派出法院的法官管理部门,以便各级法院及时建立法官培训档案。总结各地法官培训机构的法官培训考核反馈经验,本级法官培训机构向本级法院法官管理部门反馈法官培训成绩与鉴定的,按月或季度反馈即可;上级法官培训机构向下级法院法官管理部门反馈法官培训成绩与鉴定的,每半年或一年反馈一次即可。同时,要逐步建立培训档案的计算机管理与联网共享。为此,《2006~2010年全国法院教育培训规划》提出了分级建立与积分制相配套的,由计算机管理的教育培训档案,规范各类教育培训的登记与考核制度,将培训记录、成绩与鉴定作为干部考核、评优、任用和晋升的依据之一。

建立强制性的干部调训制度体系，是新时期人民法院教育培训工作的改革目标之一。《2010～2020年干部教育培训改革纲要》规定，要“严格执行调训计划申报制度，加强对调训计划的统筹协调，提高调训计划的科学性和透明度，解决多头调训、重复调训、多年不训的问题。对政治理论、党性教育、党和国家重大战略部署等需要组织调训的，坚持实行组织调训。对主要领导干部、重点岗位干部以及需要点名调训的，可实行点名调训”。干部调训制度是强制培训制度，其意义在于督促干部必须参加相关培训。要按照中央的要求，建立法官培训调训制度。针对当前法官教育培训工作实际，重点要解决法官及法院其他工作人员该训不训、多年不训、训与不训一个样的突出问题。同时，要建立与完善法院干部调训机制。调训计划与决策权应归口由法官教育培训主管机构一个部门行使，以增强干部调训的严肃性与权威性。对于重点培训班次、法院主要领导以及其他需要重点培训的人员，可实行点名调训。对于该训却不训的多年缺训人员，应建立点名调训机制。法官教育培训机构应配合法官教育培训主管部门建立法官及法院其他工作人员培训档案，配合制订干部调训计划，具体执行干部调训培训计划。

法院干部全员培训与调训培训的依据是《干部教育培训工作条例（试行）》第3条关于“全员培训”原则，第14条关于“干部必须遵守教育培训的规章制度，完成规定的教育培训任务”的规定，以及第4条关于本条例适用于“人民法院”的规定。法院干部资格培训调训的直接依据，是《法官培训条例》第6条关于“拟任法官的人员以及在职法官，经过规定的培训，并考核合格的，方可任职、晋级、续职”的规定，也即拟任法官的人员，须接受预备法官培训；初任法院院长、副院长，须接受任职培训；晋升高级法官，须接受晋级培训；法官履职期间，须接受续职培训。法院干部调训的参训时间依据，根据《中华人民共和国人民法院组织法》《中华人民共和国法官法》《中华人民共和国人民警察法》《干部教育培训工作条例（试行）》《法官培训条例》及有关法律、法规规定，法院领导干部任职培训以每年45天为期，处以上领导干部续职培训每年不少于15天，法官晋级培训以30天为期，法官续职培训每年不少于15天，新录用司法警察培训以2个月为期，警衔晋升以1个月为期，司法警察岗位培训以每年15天为期，预备法官培训以3个月为期，法院其他工作人员培训每年不少于12

天。各级法院要严格依照上述法律、法规规定，全面规划法院干部教育培训工作，按照《2010～2020年干部教育培训改革纲要》提出的要求，“建立组织调训为主、自主选学为辅的干部参训机制”，坚持和完善组织调训制度，并充分发挥计划调训与点名调训作用，切实落实党和国家关于干部队伍“全员培训”的基本策略，以教育培训工作推动法院队伍建设的全面、健康发展。

法官培训约束机制是法官培训的权威所在。所谓干部教育培训约束机制，是指督促与保证干部参加规定培训的制约系统，包括应当参加规定培训的纪律要求与未参加规定培训的组织处理。干部教育培训约束机制，是科学、规范的干部教育培训体制的核心内容之一，也是依法管理干部教育培训工作的重点环节之一。《2010～2020年干部教育培训改革纲要》要求“完善干部学习培训激励约束机制”。习近平同志在全国干部教育培训工作会议上的讲话中强调指出，要“建立健全干部教育培训的激励约束机制”，“解决培训与不培训一个样、培训成效好与不好一个样的问题”。总结《条例》实施12年的经验教训，针对法院教育培训工作存在的问题与改革发展的实际需要，有关法官教育培训管理工作的当务之急，是建立法院干部教育培训约束机制。

法院干部教育培训约束机制的核心，是真正建立干部培训与干部使用挂钩的制度体系。《2011～2015年全国法院教育培训规划》提出：“十二五”规划期内的法院干部教育培训工作目标之一是“建立培训、考核、任用三位一体的培训激励约束机制，把学习培训情况作为年度考核、晋升任用的重要依据”。事实上，这一目标提出12年并未实现。最高人民法院2000年发布的《法官培训条例》就已明确规定：“拟任法官的人员以及在职法官，经过规定的培训，并考试合格的，方可任职、晋级、续职。”没有执行规定制度的原因包括三个方面：一是最高人民法院没有在人事管理文件中硬性规定干部培训与干部使用挂钩制度；二是法院审判工作繁重，各级法院不愿意执行干部培训与干部使用挂钩制度；三是各级法院不重视法官教育培训工作，认为法官培训包括资格培训可有可无、可以不与干部使用挂钩。要从根本上解决问题，必须对症下药，依法管理：第一，坚决贯彻中央关于建立“干部培训约束机制”的规定以及习近平同志代表中央在全国干部教育培训工作会议上的讲话精神，“把干部教育培训作为培养干部、发现干部、考察识别干部的重要渠道，把干部的教育培训情况作为干部选拔任用的重要依据,促进培训和使用有机结合”,明确将“干部培训与干部使用挂钩”的规定纳入法院人事管理规范,而不是停留在教育培训的规划范畴与文件规定上。第二,由最高人民法院人事管理部门制定“干部培训与干部使用挂钩”的制度规范,包括参加规定培训的使用规定、未参加规定培训的不予使用规定,以及未参加规定培训予以使用的责任追究规定。对于提拔担任县处级以上领导干部的,要求干部必须达到规定的培训时间要求。确因特殊情况在提任前未达到要求的,须在提任后一年内完成培训。要落实《2011~2015年全国法院教育培训规划》要求,对于提任后一年内仍未完成规定培训的,“应予延长试用期限”。第三,将干部参加规定培训情况纳入干部年度考核内容之一,并予以如实记载。在干部任用考察时,须将干部接受教育培训履历、成绩与鉴定作为重要考察内容。第四,规定干部培训的补训制度,对于确因工作原因、个人身体原因等理由未参加规定培训的,应提供补训机会并记载在案。对无正当理由不参加教育培训的,给予批评教育直至组织处理。要落实《2011~2015年全国法院教育培训规划》要求,对于“干部学习培训考核不合格的,年度考核不得确定为优秀等次”。第五,建立法院人事部门与法院教育培训主管部门、法官教育培训机构之间的信息沟通与工作协商机制,及时统计、汇总、交流法院干部培训履历等培训档案,准确认定干部参加培训情况。

建立法院干部教育培训约束机制的重要内容,是建立健全干部培训考核制度体系。针对法院干部队伍建设的实际需要,要重点加强以下考核机制建设:第一,有关法官培训考核机构。各类法官培训班的学员培训考核工作由各级法官培训机构负责。法院领导任职培训班、中青年后备干部培训班等重点班次,学员的培训考核方式、考核内容等事项可由法院人事管理部门与干部教育培训机构共同协商。法官培训机构应健全干部教育培训登记管理制度,将干部培训履历、培训成绩和考核结果如实建档,并将有关培训档案向干部所在单位以及干部考察、使用部门及时反馈。第二,有关分类考核制度。法官培训机构要建立不同培训班的分类考核体制。资格类培训与非资格类培训学员的考核体系应有所区别。资格类培训考核应从严要求,并重点考核相关人员经过培训是否具备履行新的岗位职务的思想素质与综合能力。同时,要根据人民法院八个不同工作岗位序列,分别设置领导干部、法官、法官助理、书记员、司法警察、政工行政干部、专业技术人员、后勤服务人员的培训考核标准。第三,有关培训考核的内容。考核的内容应包括学业成绩考核与综合表现考核两部分。学业成绩考核包括培训中期考核与结业考核,以及特殊班次的单项考核。综合表现考核包括培训班班组评价、培训机构学员管理部门评价、培训机构结业鉴定三部分。综合表现要注重考核学员学习态度、参与程度、考勤情况、互动效果、学风表现、遵守纪律情况等相关情况。第四,有关培训考核的方式。应当建立符合干部继续教育学习规律、以人为本、灵活机动、简便易行的考核方式方法体系。避免简单采用学院式、理论化的考核方式。考核方式要有益于调动学员培训积极性,启发学员思考与研究的兴趣,考察学员的学习能力与理论素养,培养提高学员应用理论分析解决实际问题的能力。综合表现考核方式,要促使学员及时转变身份,自觉融入并热心投入培训班集体生活,强化、提高学员培训自律性的思想意识。

建立科学、健全的法院干部教育培训约束机制,必须强化培训效力及其保障机制,强调培训地位、培训效力、培训纪律,以及依法培训对队伍建设的重要意义。要按照《干部教育培训工作条例(试行)》第52条的规定,建立干部所在单位不履行培训职责的责任追究机制,对"干部所在单位未按规定履行干部教育培训职责的,由干部教育培训管理部门责令其限期整改,并在一定范围内给予通报批评"。要落实《2010~2020年干部教育培训改革纲要》的要求,"将开展干部教育培训工作情况作为各地区各部门和干部所在单位领导班子年度考核的重要内容",落实2011年4月1日最高人民法院院长王胜俊在全国法院第五次教育培训工作会议上强调的"把教育培训工作纳入法院综合考评指标体系"的讲话精神,健全并完善各级法院领导干部的"一岗双责"制度:各级法院领导既要抓审判业务建设,也要抓包括教育培训在内的队伍建设工作;既要抓案件程序合法、实体公正,也要抓审判人员的廉政教育、作风建设。要建立针对法官教育培训工作而开展的对法院领导班子的专项考核体系,重点考核各级法院党组是否做到了"一手抓审判工作,一手抓教育培训",法官教育培训领导机制是否完善,法官教育培训机构建设是否得到重视,法官教育培训工作是否得以健康发展,"培训、考核、任用三位一体"的法官教育培训约束机制是否得到落实等相关情况。同时,要落实《2010~2020年干部教育培训改革纲要》关于

“纪检监察机关要将干部学习培训期间的表现纳入干部日常监督管理范围，对培训期间违反有关规定和纪律的，视情节轻重，给予批评教育直至纪律处分”的要求，建立各级法院针对法官教育培训约束机制的强有力的支撑机制。

（三）培训机构的评估制度

要探索教育培训评估检查制度，从办学方针、基础设施、组织管理、师资队伍、课程设置、经费保障、培训数量、培训质量等方面加强对培训机构的评估，确保培训水平与质量。

对培训机构的评估检查重点之一，应是评估检查续职培训的开展情况。按照中央规定，一般干部每年须接受不少于12天的基础培训；按照最高人民法院规定，各级法官每年应当参加不少于15天的续职培训。总结各级法官培训机构的教育培训实际，由于各种原因，法官续职培训大多被各级法院省略，少数被缩水。而续职培训恰恰是保证绝大多数法官良好的职业素养、合格的审判技能、与时俱进的司法能力的基础工作。续职培训不应是简单的脱产培训、集中培训，可以采取在线培训、电话会议、视频讲座、司法研讨、案例分析、新法律法规学习等多种形式进行。如四川省是个法官人数超过万名的西部大省，经济情况较为落后。四川法官学院按照“分级培训”体制和采取分类培训的方式，将开展基层法官轮训与全省中基层法官的续职培训有机结合起来，将集中脱产培训与在线自学培训结合起来，扎实开展全体法官续职培训。为了促进边远一线法官的知识更新，方便少数民族地区法官接受更高级别的培训，该院还为甘孜州、阿坝州法院开展巡回授课，从而实现了对全省法官每三年轮训一遍的要求。

对培训机构开展评估的另一个重点，是评估检查基层法官培训与少数民族法官培训的开展情况。基层法院是人民法院全部工作的根基。要抓好队伍建设，必须落实《法官培训条例》《2006～2010年全国法院教育培训规划》规定，在基层法院实施人才强院战略，加强基层法院的法官教育培训工作，保障基层法官的教育培训权利。因此，要检查法官培训机构立足基层法院，结合常规培训，在基层法院加快培养既懂审判，又熟悉经济、管理、科技、外语等其他专业知识的复合型法官的培训情况。对于具有少数民族法官的地区，要检查少数民族法官培训任务完成情况，包括对少数民族法官开展“双语言”教育培训的情况。要通过检查评估，促进少数民族地区法官培训机构根据审判工作需要，选送少数民族法官参加第二专业学习，或进行专门的金融证券、科技信息、对外贸易、知识产权等相关领域教育培训。

法官培训机构的培训质量、工作水准，形式上取决于培训机构本身，深层次体现的是培训机构所在法院对教育培训工作的重视与认同程度、投入与支持程度，更取决于培训机构所在法院是否维护培训地位、树立培训权威、实施培训干部与使用干部挂钩的问题。所以，在《条例》下发全国征求意见时，江苏等地法院提出意见，要将对培训机构的考核与法院相关配套制度的建立与执行结合起来，解决好法官培训与法官使用相互衔接的问题。多年来，法官培训和使用脱节的情况一定程度上影响了法官参加培训的积极性。学和不学一个样，学好学差一个样，法院人事政工部门在考核干部时忽略考核对象接受培训的情况，使培训经历与培训成绩在干部升迁中无足轻重，此种现象严重影响了法官培训的质量与效果。教学人员无以为重，受训法官不以为重，教学双方无法形成合力，教学质量与实际效果也便无从谈起。因此，对法官培训机构的考核内容，应当强调设立法官培训机构的法院领导真正重视法官教育培训工作，将其作为法院建设和发展的一件大事来抓，列入各级法院岗位目标考核体系。鉴于此，将法院领导干部和领导班子对法官教育培训工作的重视与支持情况作为对培训机构的考核评估的重要内容，是符合法官教育培训工作的发展规律的。

第六节　法官培训机构的体系建设

一、国家法官学院分院建设

全国法院教育培训体制建设，是指全国法院系统中教育培训机构的设置方案与运行机制，包括全国法院培训体系建设、培训机构设置的构架与布局、培训机构之间的相互关系及其管理原则、各级培训机构之间的分工合作、各级培训机构的建设原则与有效联动、法官培训机构的办学管理体制、法官培训机构的运行机制等内容。

在法律业大历史时期，全国法院教育培训体制建设是个相对简单的话题，法律业大总校、分校、分部、教学班四级办学体制，与最高人民法院、高级人民法院、中级人民法院、基层人民法院四级法院设置相配套，其教育培训工作全国统一规划，办学与行政高度统一，各级法律业大办学机构的设置与运行全国统一标准，而且令行禁止。2001 年法律业大完成大专层次学历教育的历史使命后，各级法院的教育培训工作尽管仍然实行全国统一规划，人民法院法官教育培训工作的“十五”规划、“十一五”规划、“十二五”规划分别规范了 2001～2005 年、2006～2010 年、2011～2015 年全国法院教育培训工作的阶段任务目标，但是各级法院的教育培训工作相对独立，各级法官教育培训机构不再具有领导关系与隶属关系。新形势下的法官教育培训体制体现了各级法院依法独立运行的法院体制特点，强化了各地法官教育培训工作的地域性、自主性属性。然而，如同全国法院仍然需要统一的建院要求、审判要求一样，中国国情决定了中国法官教育培训工作、各级法官教育培训机构，需要设立全国统一建设标准、全国统一运行目标。

中共中央办公厅2010 年6 月17 日印发的《2010～2020 年干部教育培训改革纲要》指出：“干部教育培训是建设高素质干部队伍的先导性、基础性、战略性工程，是加强党的执政能力建设和先进性建设的重要途径，是推动科学发展、促进社会和谐的重要保证，在建设和发展中国特色社会主义事业中具有不可替代的地位和作用。”面对党的十七大做出的“大规模培训干部、大幅度提高干部素质”的“两大”干部教育工作重大决策，面对党的十七届四中全会提出的“建设马克思主义学习型政党”的战略任务，面对党和国家对干部教育培训工作提出的新的、更高的要求，人民法院教育培训工作还存在很大差距，主要体现在：少数法院对干部教育培训工作的认识还没有提高到党和国家要求的高度上来，没有做到法官教育培训工作优先发展；少数法院党组还没有做到“一手抓审判工作，一手抓教育培训”，没有把法官教育培训工作摆到党组的重要议程，重审判、轻教育，不舍得对法官教育培训的人、财、物投入；少数地区法官教育培训机构形同虚设，法官教育培训工作被“边缘化”现象严重；法官培训中，思想道德教育与党性宗旨教育相对薄弱，培训内容针对性不强，培训方式单调乏味，对网络培训等新兴手段缺乏认同；法官培训考核与干部使用挂钩机制常讲常提，但不落在实处，没有建立法官教育培训约束、激励机制；国家法官学院与省级法官培训机构两级体制无法适应“两大”培训战略需要，应当规模化地建设地市级法官教育培训机构，同时明确基层法院教育培训任务与管理人员配置要求。

针对以上法官教育培训工作中存在的系列问题，各级人民法院必须切实按照《教育法》《法官法》《干部教育培训工作条例（试行）》《2010～2020年干部教育培训改革纲要》《法官培训条例》等法律法规与文件要求，高度重视法官教育培训工作，切实加强法官培训机构建设，扎实推进法院干部教育培训体制改革。针对法官资格培训、基层法官培训、新法律法规培训、人民陪审员培训等法官培训任务，总结法官教育培训工作经验，为满足教育培训需要，规范培训秩序，应明确“三级机构、四级教育”法官培训体系。“三级机构”即最高人民法院、高级人民法院、中级人民法院三级教育培训管理，“四级教育”即包括基层人民法院在内的全方位法官教育培训格局。

根据我国目前法院教育培训体制的实际情况，鉴于各省级法官培训机构同时系国家法官学院各地方分院，地市级法官培训机构多数系省级法官培训机构的分支机构，应紧紧抓住法官教育培训工作主线条，以加强国家法官学院分院建设为切入点，以深化培训机构建设为落脚点，以改革创新、不断增强法官教育培训活力与可持续发展能力为目标，以点带面，全面加强全国法院教育培训体制建设。

（一）分院建设的宗旨与目标

国家法官学院分院建设，起源于曹建明院长主政国家法官学院时期。2001年9月24日，学员学生处向学院递交了《关于设置国家法官学院分院的报告》，报告提出：近几年来，一些高级人民法院陆续来函，申请在该地区成立国家法官学院分院。肖扬院长对此十分重视，2001年9月5日就成立分院的问题作出批示，要求对“有条件的省份可以先申请先批准。”报告认为，国家法官学院建院4年来，各项办学工作已步入正轨，其办学目标及任务业已基本定型，根据形势发展和高级法官培训工作的需要，成立国家法官学院分院的时机已经成熟。关于设置国家法官学院分院的必要性及意义，学员学生处认为：第一，根据最高人民法院党组的决定以及《法官法》《法官培训条例》的规定，国家法官学院的主要办学任务是高级法官的晋级培训、续职培训和法院领导任职培训等资格培训。当年，全国各级法院高级法官近3万人，加上法院领导干部培训生源，由国家法官学院承担的年培训量平均为1.5万人。而当年国家法官学院同期在校受训法官容量仅为200人，年培训量不足2000人。即使二期工程完成后，同期在校受训法官容量800人，年培训量仍不过6000余人。因此，设立国家法官学院分院，是完成高级法官培训任务的客观需要。第二，肖扬院长在全国法院基层建设工作会议上向社会郑重承诺，通过国家统一司法考试拟到人民法院从事审判工作的人员，必须经过国家法官学院为期两年的职业训练后，方可择优担任法官职务。全国人大常委会2000年确定了全国统一司法考试制度。按照有关规定，自2002年起，凡通过国家统一司法考试的预备法官必须经过国家法官学院的专业培训，并通过法官任职资格考试后方可到基层人民法院担任法官，预计国家法官学院承担的预备法官培训任务为年均万余人。因此，设立国家法官学院分院，也是完成预备法官培训任务的客观需要。第三，设立国家法官学院分院，通过国家法官学院及其分院，开展规模化、规范化的高级法官培训工作和预备法官培训工作，必将全面提高高级法官及预备法官的思想政治素质和业务素质，带动各级法院教育培训工作全面发展，为现代法官培养、培训制度提供了一个新的平台和模式。因此，设立国家法官学院分院，是国家法官学院现代化建设的重要举措，标志着我国法官教育培训事业迈上一个新的台阶。

《关于设置国家法官学院分院的报告》经方光成副院长审改后提交曹建明院长。2001年12月5日，曹建明院长批示：考虑到天津、山东、甘肃等省市已提出设立国家法官学院分院的要求，院党组2011年第33次会议亦要求由政治部和法官学院制定分院的标准，根据法官培训的发展需要，应当规划分院布局、分批设立国家法官学院分院；同时应当着手研究制定设立国家法官学院分院的统一程序与条件规定并加以验收，报党组审定。遵照曹建明院长的指示精神，学员学生处起草了《关于设立国家法官学院分院条件与程序的若干规定（讨论稿）》，经国家法官学院院务会议讨论修改后，于12月6日上报最高人民法院。

2002年4月26日，最高人民法院下发《关于印发〈关于设立国家法官学院分院条件与程序的若干规定〉的通知》（法发〔2002〕6号）。该文件自发布至2012年10年间，一直作为各高级人民法院申请设立国家法官学院分院的条件依据；该文件也是国家法官学院审核有关高级人民法院设立分院申请的依据；

该文件同时是最高人民法院批准有关高级人民法院设立国家法官学院分院的主要依据；该文件也成为2009～2010年国家发展和改革委员会、住房和城乡建设部制定《国家法官学院分院建设标准》的主要参考依据。

最高人民法院设立国家法官学院分院，主要是为了全面完成国家法官学院的法定教育培训任务，所以，国家法官学院各分院有义务承担国家法官学院委托的单项或系列办学任务，包括法院领导干部任职培训、法官晋升高级法官的晋级资格培训、高级法官续职资格培训、预备法官培训、师资培训等专项培训、双语培训与少数民族干部培训、特定层次的学历教育，以及其他国家法官学院委托的办学任务。《关于设立国家法官学院分院条件与程序的若干规定》要求国家法官学院在委托培训工作时，应当明确委托权限与具体要求，同时要求分院不得超越委托权限，以国家法官学院分院名义开展超委托权限的工作。

对于国家法官学院与分院的关系，《关于设立国家法官学院分院条件与程序的若干规定》明确：国家法官学院分院的性质是国家法官学院的分支办学机构。事实上，所有国家法官学院分院均为隶属于各高级人民法院的省级法官培训机构，是一个机构双重性质。因此，国家法官学院分院的人员编制与经费相对独立，由申请设置国家法官学院分院的高级人民法院解决，不纳入国家核定的国家法官学院编制及经费预算；分院承担的委托办学任务所需的人员及经费，原则上由所在高级人民法院自行解决，或按国家法官学院规定的标准收取培训费用；国家法官学院分院的人事管理、基地建设、经费管理等项工作由所在高级人民法院领导，同时接受国家法官学院指导。对于委托的办学工作，国家法官学院实施统一领导、统一规划、统一要求、统一考核，学员毕（结）业，颁发国家法官学院统一制作的毕（结）业证书。

为了规范国家法官学院分院院长、副院长的任免工作，加强对国家法官学院分院的管理，2002年11月27日，最高人民法院政治部下发《关于印发〈关于国家法官学院分院院长副院长任免有关事宜的规定〉的通知》（法政〔2002〕172号），规定国家法官学院分院设院长1名、副院长若干名，选拔任用国家法官学院分院院长，必须遵循《党政领导干部选拔任用工作条例》规定的原则，符合条例规定的基本条件，同时应具备下列条件和资格："1. 具有较高的法学理论水平；2. 应当具有大学本科以上学历；3. 一般应具有法学教学或审判工作经历；

4. 担任院长的应为副局级以上干部，担任副院长的应为正处级以上干部。”文件要求任免国家法官学院分院院长，在征得国家法官学院、最高人民法院政治部同意后，由有关高级人民法院按干部管理权限办理任免手续。国家法官学院分院副院长由有关高级人民法院按干部管理权限任免，任免后报国家法官学院备案。此文件的主要意义有三点：第一，规范了国家法官学院分院领导的任用程序，任免分院院长属于党政领导干部任免事项，须严格程序与条件，事先征得国家法官学院与最高人民法院政治部同意，先报批后任免。第二，国家法官学院分院领导属于法学、法律范畴专业领导干部，应当具有相当的法学理论水平以及学历。第三，规定了国家法官学院分院领导的高规格，其中，分院院长“应为副局级以上干部”，也即分院院长的行政级别与规格，高于高级人民法院内设的庭、室、处的庭长、主任、处长的级别与规格。从而提高了国家法官学院分院的政治地位与法官教育培训工作权威。

（二）分院建设的程序与条件

为全面完成法官培训任务，根据国家法官学院办学工作的实际需要，学员学生处在起草制定《关于设立国家法官学院分院条件与程序的若干规定》的过程中，综合采纳法官培训主管部门、各地法官学院及有关高级人民法院的意见，努力做到规定条件科学合理，规定程序严格完备。《关于设立国家法官学院分院条件与程序的若干规定》的内容既体现高标准、高起点，也考虑到各地法院的实际情况，留有余地，突出条文规定的导向性、规范性作用。

有关国家法官学院分院的设立条件与程序，先后有两个互相印证的文件，一是最高人民法院于 2002 年 4 月 26 日下发的《关于设立国家法官学院分院条件与程序的若干规定》，二是国家法官学院与最高人民法院政治部于 2004 年 6 月 4 日联合下发的《关于下发〈申请设置国家法官学院分院条件一览表〉的通知》（法政〔2004〕67 号）。

按照上述文件规定，国家法官学院分院应当设置在具备条件的高级人民法院法官教育培训机构（法官学院、法官进修学院、法官培训学院、法官培训中心），要求：第一，设置国家法官学院分院的高级人民法院党组，对法官培训工作的战略意义具有明确认识，高度重视，舍得投入，规划长远，真抓实干。第二，国家法官学院分院应设立在具有国家重点高等院校及其他重点教育资源的社会城市,以便分院依托所在地高等院校开展高层次的法官教育培训工作。第三,设置国家法官学院分院的高级人民法院法官教育培训机构,应具有足够开展当地法官教育培训工作和国家法官学院委托的法官教育培训工作所必需的专兼职教师和管理人员。第四,设置国家法官学院分院的高级人民法院,应具有专用于法官教育培训工作的办学基地与经费保障,其办学规模及能力能够保证国家法官学院委托的各项办学任务的完成。

成立国家法官学院分院,需达到下列四方面基本条件:第一,机构与编制条件:(1)成立省(自治区、直辖市)法官培训机构,并设有教学、教育行政、后勤管理等职能部门;(2)有法官培训及国家高等学历教育办学经验,教育培训工作成绩突出;(3)省编制部门批准的人员编制不少于30人。第二,基地与设施条件:(1)具有培训工作专用基地,容量不少于同期在训学员300人;(2)建筑面积不低于10,000平方米,50人教室不少于5个,百人教室不少于1个,计算机教室规模不少于30人;(3)住宿条件完备,电教设备齐全,有必要文体活动设施。第三,师资与结构条件:(1)专职教师不少于10人,中级以上职称不少于5人,高级职称不少于3人;(2)兼职教师不少于30人;(3)专兼教师队伍相对稳定,实现"教学—审判—科研"三结合。第四,经费与图书条件:(1)有稳定经费来源和保障机制,培训经费东部、中部、西部每年分别不少于150万元、100万元、50万元;(2)按规定逐年增加教育培训经费,增幅一般应高于法院经费增幅;(3)图书馆藏书东部、中部、西部地区分别不少于4万册、3万册、2万册,订阅专业报刊不少于25种。

按照上述文件规定,成立国家法官学院分院,需履行以下审批程序:第一,申请成立国家法官学院分院的高级人民法院应向最高人民法院提出书面申请,填报办学条件等基础数据统计表,详细列明培训机构、培训师资、教育培训经验、培训基地、教学设施、培训经费图书、培训规划及培训成果等教育培训基本内容。第二,国家法官学院负责对有关高级人民法院的报告进行初步审查,对于不符合批准条件的不予申报;对于符合批准条件的起草说明报告,上报最高人民法院申请实地考察。获准考察后,国家法官学院会同最高人民法院政治部组成联合考察组,前往申请高级人民法院对该院法官教育培训条件进行实地考察。第三,联合考察组按照最高人民法院《关于设立国家法官学院分院条件与程序的若干规定》文件规定，通过听取汇报、开展座谈、查看资料、实地考察等方式，对申请的高级人民法院的教育培训条件进行考察验收。第四，经过实地考察，对于已经具备国家法官学院分院成立条件的，由考察验收小组写出书面报告，经国家法官学院及最高人民法院政治部研究同意后，提交最高人民法院审批。批准设立的，由最高人民法院行文批复申请高级人民法院。国家法官学院分院统一冠名为"国家法官学院某某分院"，如"国家法官学院河南分院"，不使用"省、自治区、直辖市"字样。第五，对于培训机构、师资、基地、经费、图书等个别办学条件暂时欠缺或有差距，但设立分院确能促进基地建设，完善相关欠缺条件或改进差距的，经实地考察基本合格后，可先行批准设立国家法官学院分院（筹备），待全部条件具备，经过申请，再次实地验收合格后，按规定手续报批最高人民法院批准，正式设立国家法官学院分院。第六，分院成立后，每隔3年，由最高人民法院政治部和国家法官学院进行考核评估。评估不合格的，限期整改，整改后评估仍不合格的，予以摘牌，不再承担委托任务。

（三）分院建设的架构与布局

关于国家法官学院分院架构与布局，《关于设立国家法官学院分院条件与程序的若干规定》规定："国家法官学院分院的设置数量，根据国家法官学院所承担的法官教育培训任务及长远发展规划，本着具备条件、满足需要、设置合理的原则确定。"事实上，国家法官学院关于分院设置的工作思路在两个不同的历史阶段策略有所不同。国家法官学院分院建设的第一个历史阶段：2001～2003年，是国家法官学院分院建设的初期阶段。在这个阶段，国家法官学院意图建设少而精的分院，以大区为单位，全国只建设若干个分院。国家法官学院分院建设的第二个历史阶段：2004～2011年阶段，是国家法官学院全面开展分院建设的阶段。在这个阶段，根据大规模开展培训工作的需要，经国家法官学院同意，报最高人民法院批准，国家法官学院在各高级人民法院分别设立了分院，全国共完成建设分院33个。

在国家法官学院分院建设的第一个历史阶段，2001年9月24日，国家法官学院《关于设置国家法官学院分院的报告》提出，国家法官学院在全国法院干部教育培训工作"十五"规划期间，完成分院设置工作。分院建设拟在东北、华北、华东、华南、西北、西南地区，按大区各设立1～2个分院，承担面向本大区的高级法官与预备法官培训任务。除此之外,对于法院干警在1.5万人以上的省高级人民法院,具备条件的也可以设立分院,承担面向本省的高级法官与预备法官培训任务。按照这个原则,除已批准设立的国家法官学院河南分院,拟委托其承担国家法官学院面向中南地区的高级法官培训任务与预备法官培训任务外,国家法官学院审查并报批最高人民法院同意,首批拟设立广东、山东、四川、甘肃、黑龙江、上海6个分院(2012年1月31日国家法官学院《关于国家法官学院分院建设有关事项的情况报告》拟增设天津分院)。具体情况如下:

第一,针对广东省高级人民法院申请在广东法官(培训)学院的基础上成立国家法官学院广东分院的申请,国家法官学院会同最高人民法院政治部实地考察了广东法官(培训)学院。该院当年已具有可供200人培训的教育基地。当时正在建设中的培训大楼共18层,建筑面积2万平方米,可供300余名法官培训使用。同时。广州市中级人民法院也具有可同时培训200余人的设施齐全的法官培训基地。该学院共有31名专职、兼职教师。该院已受国家法官学院委托成功地举办了基层人民法院院长续职培训班。拟建立的国家法官学院广东分院承担国家法官学院委托的面向华南地区的高级法官培训任务与预备法官培训任务。

第二,针对山东省高级人民法院1999年提请在山东法官培训学院的基础上成立国家法官学院山东分院的申请,国家法官学院与最高人民法院政治部实地考察了山东法官培训学院。该院当年占地87亩,建筑面积4.3万平方米,可同期容纳1000人学习与食宿。该学院在建的二期工程1.8万平方米的综合培训大楼竣工后,其培训能力将大幅增加。该学院共有专职教职员工147人。山东省高级人民法院党组报经省财政主管部门同意,每年将诉讼费划拨学院,从而保证了法官培训经费的需要。该院已受国家法官学院委托举办法律(书记官)专业大专脱产班。拟建立的国家法官学院山东分院承担国家法官学院委托的面向华东地区的高级法官培训任务与预备法官培训任务。

第三,四川法官学院是全国最早成立的地方法官学院。针对四川省高级人民法院在其基础上建立国家法官学院分院的申请,国家法官学院会同最高人民法院政治部进行了实地考察。该院当时以成都法官培训中心为主要培训基地,建筑面积9800平方米,教室600平方米,可容纳400人食宿。四川省高级人民法院党组已经决定,新办公大楼建成后,原办公区改造后全部用于法官培训,年培训人数可达千人。四川法官学院具有专职、兼职教师50余人,已受国家法官学院委托,举办法律(书记官)专业大专脱产班。之后,四川省高级人民法院又建设了三星堆法官培训基地。拟建立的国家法官学院四川分院承担国家法官学院委托的面向西南地区的高级法官培训任务与预备法官培训任务。

第四,针对甘肃省高级人民法院1999年曾专文申请在甘肃省法官培训中心的基础上成立国家法官学院分院的申请,国家法官学院与最高人民法院政治部组成联合考察组实地考察了甘肃省法官培训中心。甘肃省高级人民法院党组极为重视干部教育培训工作,在新办公大楼落成后,即将位于兰州市中心地段的原办公大楼全部交由甘肃省法官培训中心,供法官教育培训工作使用。作为经济相对困难的西北地区省份,甘肃省高级人民法院克服重重困难,投资260万元改造基地,当年培训容量达250人。该中心共有专职、兼职教师46人。甘肃省委、省政府同意,在国家法官学院分院获准批准后,即行免税划拨建设用地及专用资金建设分院。甘肃省法官培训中心已连续多年承办国家法官学院委托的法律(书记官)专业大专脱产班。拟建立的国家法官学院甘肃分院承担国家法官学院委托的面向西北地区的高级法官培训任务与预备法官培训任务。

第五,针对黑龙江省高级人民法院关于成立国家法官学院分院的申请,国家法官学院与最高人民法院政治部考察组实地考察了黑龙江省高级人民法院的法官培训条件。黑龙江法官学院于2000年年底自筹资金建成独具特色、教育培训专用的法官培训基地。基地紧邻黑龙江省高级人民法院,建筑面积1.2万平方米,集教学、食宿、会议活动、法院接待为一体,可同期容纳300人脱产学习。学院具有专职教职员工93人,兼职教师50余人。经省财政部门同意,基地建设费用由省财政在诉讼费回拨中统筹解决。学院法官培训费用全部由省法院统一支付。除此之外,法官学院争取了省高级人民法院每年拨付学院110万元,用于各项办学费用。拟建立的国家法官学院黑龙江分院承担国家法官学院委托的面向东北地区的高级法官培训任务与预备法官培训任务。

第六,针对上海市高级人民法院关于成立国家法官学院分院的申请,国家法官学院与最高人民法院政治部联合考察了上海市法官培训中心。上海市法官培训中心培训基地当年占地80亩,建筑面积2万平方米,食宿可容纳170

人,教学可容纳500人。该院具有专职教师15人,兼职教师22人。上海的法官教育培训特点是较早建立了规范的法官培训制度,坚持依法培训、可持续发展。其法官培训工作注重与国际接轨,具有一定的超前意识。拟建立的国家法官学院上海分院,除完成国家法官学院委托的上海市的高级法官和预备法官培训任务外,还可适当承担国家法官学院委托的华东地区乃至全国的高级法官培训任务与预备法官培训任务。

第七,天津法官进修学院2001年有办公用房2180平方米,其中教室16间,电化教室1间。2001年,该学院法官培训基地已由市政府立项拨款,大港区政府划拨土地150亩,规划2万平方米,2001年已在建,2002年上半年1万平方米的教学培训大楼及相关配套设施即可投入使用。天津法官进修学院专职教师16人,其中正、副教授9人。藏书3万册。拟建立的国家法官学院天津分院除承担国家法官学院委托的天津地区的高级法官培训任务外,还可适当承担国家法官学院委托的华北地区的法官培训任务。

按照曹建明院长、苏泽林主任的批示,2002年6月4日起,分别由郑成良、曹三明、杨永波同志任组长,彭永和、李相波同志为成员,组成最高人民法院考察小组,前往上海市、山东省、黑龙江省高级人民法院,考察3个高级人民法院成立国家法官学院分院的办学条件。考察组根据最高人民法院《关于设立国家法官学院分院条件与程序的若干规定》文件精神,就上述高级人民法院法官教育培训机构的人员与编制条件、培训基地与设施条件、教师数量与职务比例、教育经费与图书条件、教育培训工作领导机制与工作成绩等方面进行了实地考察、座谈和评估。在听取考察组的汇报意见后,国家法官学院与最高人民法院政治部一致认为上述3省市高级人民法院已基本具备国家法官学院分院的办学条件,建议最高人民法院批准上述高级人民法院设立国家法官学院分院。鉴于天津法官进修学院教育培训基地正在建设中,拟同时批准天津市高级人民法院筹备成立国家法官学院分院,待正式成立分院的条件具备后,再按照规定程序进行考察报批。2002年7月23日,国家法官学院、最高人民法院政治部向最高人民法院党组提交了《关于国家法官学院分院首批考察单位考察结果的报告》。

2002年11月6日,最高人民法院一日内连续下发四个决定,同意设立国家法官学院天津分院(筹备)、山东分院、上海分院、黑龙江分院。加上在此之前批准的河南分院，国家法官学院首批5个分院正式成立。

2003年4月10日，鉴于四川省高级人民法院、甘肃省高级人民法院、广东省高级人民法院、内蒙古自治区高级人民法院的申请，国家法官学院提交了《关于确定国家法官学院分院第二批考察单位的报告》，拟确定四川、甘肃、广东、内蒙古自治区高级人民法院等四个高级人民法院为国家法官学院分院第二批考察单位。6月23日，鉴于截至6月中旬，江苏、湖南、安徽、重庆、云南、山西、青海等7个省市高级人民法院申请成立国家法官学院分院，学员学生处向学院提交《关于第三批分院设置考察单位的报告》，建议对照规定条件，就其中部分具备条件的高级人民法院进行实地考察。经过院务会议讨论决定，学院指定学员学生处设计可供详尽了解并分类细化《关于设立国家法官学院分院条件与程序的若干规定》规定条件、促进相关申请单位改进办学条件的《申请设置国家法官学院分院条件一览表》，以最高人民法院政治部与国家法官学院两家名义下发，由上述7个省市高级人民法院填写后再研究、审查。

在国家法官学院分院建设的第二个历史阶段，全国法官教育培训工作形势发生了根本性转变，特别是党的十七大提出建设"学习型"社会，2006年中共中央印发的《干部教育培训工作条例（试行）》提出了干部队伍"全员培训"原则，各地法院愈加重视法官教育培训工作，各地原有法官培训基地普遍容量过小，无法满足新时期法院干部培训工作需要。同时，国家法官学院贯彻中共中央与最高人民法院的要求，抓住机遇，依照《法官培训条例》规定实行依法培训，努力规范预备法官、高级法官的岗位、岗前培训。各高级人民法院普遍反映，当地法官培训基地建设面临新的发展机遇，但根据当地政府要求，只有以国家法官学院分院名义建设或与国家法官学院分院结合起来建设，各高级人民法院的法官培训基地才有希望改建、扩建，才有可能实现中央提出的干部教育培训"两大"战略要求。为此，在怀效锋院长的主持下，国家法官学院经报最高人民法院同意，转变原有的"少而精"分院建设原则，实施了以促进省级法官培训机构与基地建设为目标的分院建设原则。在这个时期，国家法官学院适当放宽了《关于设立国家法官学院分院条件与程序的若干规定》所规定的分院建设标准。如按照规定，申请成立分院的高级人民法院须"具有从事法官培训工作的专用基地，培训容量不少于同期在训学员300人"，但在这个时期，对专有培训基地尚在规划或建设中的，根据有关高级人民法院申请，为促进省级法官培训基地建设，也有予以批准设立分院的情况。另外，按照《关于设立国家法官学院分院条件与程序的若干规定》规定，申请成立分院的高级人民法院必须具备培训机构、编制、图书、经费、专职教师数量与科学结构等量化条件，但在这个时期的审查与考察中，为促进有关省级法官培训机构建设，相关条件都不同程度地有所放宽。另外，在第二个历史阶段，国家法官学院也严格掌握了分院设置的既定标准，凡是依照规定标准有一定差距的，均不批准设立正式分院，而是批准"筹备"分院。同时，在最高人民法院的批复文件中，对于相关条件欠缺的，均在公文中指出其应予改进、加强的具体建设要求。

在国家法官学院分院建设的第二个历史阶段，继承第一个历史阶段的分院建设成果，最高人民法院共批准设立国家法官学院分院33个。其中最重要的是实现了国家法官学院在全国31个省、自治区、直辖市高级人民法院分别设立了国家法官学院分院，形成了国家法官学院辐射全国的培训体系。根据最高人民法院《关于设立国家法官学院分院条件与程序的若干规定》规定，国家法官学院及其分院存在母体相连的紧密关系，表现在"国家法官学院分院系国家法官学院的分支办学机构"，"对于委托办学工作，由国家法官学院实施统一领导、统一规划、统一要求、统一考核"，国家法官学院指导"国家法官学院分院的人事管理、基地建设、经费管理等项工作"等，所以国家法官学院完成覆盖全国的分支机构建设，健全了全国一体的法官培训体制，为法官教育培训工作上下联动、统一规范、统一实施、统一要求奠定了机构体制基础。从这个意义上讲，最高人民法院完成国家法官学院分院的系统化、一体化建设，是2006～2010年"十一五"规划期间人民法院法官教育培训工作的重要成就。

最高人民法院除了在全国31个省、自治区、直辖市高级人民法院设立了国家法官学院分院，还设立了两个特殊的分院，即国家法官学院西安司法警察分院以及新疆维吾尔自治区高级人民法院生产建设兵团分院。前者是国家法官学院第一个专业分院，鉴于司法警察培训对于师资队伍、培训条件等的专业要求，最高人民法院设立国家法官学院司法警察分院，有利于人民法院按照《中华人民共和国人民警察法》规定，开展规范化的高级司法警察任职培训、晋级培训与续职培训。后者是最高人民法院首次在不是高级人民法院的法院单位设立国家法官学院分院。建设国家法官学院兵团分院具有重要的政治意义。党中央一贯高度重视生产建设兵团在维护新疆稳定发展战略部署中的地位作用。成立国家法官学院兵团分院是加强兵团法院建设、促进兵团法院发展、提高兵团法官素质的需要，是规范兵团法院培训体制的需要，也是打击“三股势力”、维护新疆稳定、促进社会和谐进步的迫切需要。新疆生产建设兵团是全国唯一的正部级党政军企合一的特殊组织。根据中央文件精神，兵团自行管理内部行政、司法事务，在国家实行计划单列，是中央一级预算单位。由于兵团的特殊体制，法律适用往往具有不同于地方法院的特点，相关案件审理只能在坚持法律原则的前提下，根据中央关于“加强兵团戍边维稳能力建设”、推动兵团“稳边、戍边、兴边”的改革发展目标，参照政策进行处理。无疑，兵团法官教育培训工作需要服务兵团审判的特殊需要。此外，建立国家法官学院兵团分院有利于促进人民法院法官教育培训工作的协调发展，形成针对不同地域、不同对象、不同特点，整体联动的法官培训协调体系，建立富有特点的各地法院“全员培训”“分类培训”机制。

自最高人民法院 2002 年 4 月 26 日下发《关于设立国家法官学院分院条件与程序的若干规定》，截至 2012 年 12 月，最高人民法院已批准设置国家法官学院分院 33 所。已批准设置的国家法官学院分院中，正式分院 22 所，分别为河南、黑龙江、上海、天津、山东、四川、内蒙古、广西、广东、甘肃、北京、江苏、重庆、云南、新疆、西藏、辽宁、吉林、陕西、青海、河北分院，西安司法警官分院。已批准设置的国家法官学院分院中，筹备分院 11 所，分别为湖南、安徽、山西、湖北、贵州、浙江、福建、海南、江西、宁夏分院，新疆维吾尔自治区高级人民法院生产建设兵团分院。

二、《国家法官学院分院建设标准》的立论与原则

（一）《国家法官学院分院建设标准》的历史意义

《国家法官学院分院建设标准》是国家法官学院各地方分院建设的国家标准与规范要求体系。如前所述，国家法官学院业已设立 33 所分院，遍及全国各省、自治区、直辖市，而且国家法官学院各分院与各省、自治区、直辖市法官培训机构合为一体、合署办公。所以，国家法官学院分院建设也即全国法院系统法

官培训机构建设。

党的十五大提出“依法治国”重大治国方略后，人民法院工作日显重要。作为国家司法机关，人民法院是人民民主专政的国家机器的重要组成部分，肩负着贯彻依法治国基本方略的重要使命。2006年5月3日，中共中央下发了《关于进一步加强人民法院、人民检察院工作的决定》(中发〔2006〕11号)，2008年12月5日，中共中央转发了《〈中央政法委员会关于深化司法体制和工作机制改革若干问题的意见〉的通知》(中发〔2008〕19号)，2009年7月23日，中共中央办公厅、国务院办公厅印发《关于加强政法经费保障工作的意见的通知》(中厅字〔2009〕32号)，分别强调了人民法院等政法工作的极端重要性，要求切实加强政法基础建设，建立司法保障体制。国家发展和改革委员会为此专门下发《关于抓紧开展政法基础设施建设标准编制和修订工作的通知》和《2010年国家发展改革委落实司法体制和工作机制改革意见的实施方案》，分批解决政法系统重点基础设施建设问题。经过最高人民法院的积极争取，2009年5月11日，国家发展和改革委员会办公厅下发了《关于抓紧开展政法基础设施建设标准编制和修订工作的通知》(发改办投资〔2009〕1015号)，批准最高人民法院启动《人民法院法庭建设标准》《国家法官学院地方分院建设标准》(以下简称《地方分院建设标准》)两个国家级基础设施建设标准的编制与修订工作。国家有关部门将国家法官学院分院建设纳入政法基础设施建设范畴，并优先予以批准编制国家标准，充分体现了国家对人民法院法官培训工作的高度重视，也对法官培训基地建设提出了针对新的历史时期的更高要求。

《人民法院法庭建设标准》《地方分院建设标准》两个国家标准，前一个标准为在原有《人民法院法庭建设标准》基础上的修订，后一个标准为新系列国家标准的初始编制。在最高人民法院上报的五个人民法院基础建设系列项目中，国家发展和改革委员会优先批准了《地方分院建设标准》，并将国家法官学院地方分院建设与人民法院法庭建设、公安机关技术业务用房建设、国家安全部门拘留羁押场所建设标准的制定工作相提并论，已表明法官培训工作对人民法院队伍建设的极端重要性。该项目关系到国家法官学院地方分院建设实行国家统一标准，纳入政法基础设施建设，逐步由国家投资保障的人民法院教育培训改革与发展工作大局。按照国家发展和改革委员会要求，该标准全部编撰与论证工作需在2009年内完成，年底前上报。在此之前，编制小组需进行细致调研工作，统计国家法官学院各分院数据，要参考国家相关建设要求，并结合法官教育培训工作实际，草拟标准框架，制定标准草案，召开系列座谈会，聘请专家论证。项目将申请专项调研等编制经费。

2009年5月31日，受怀效锋院长委托，学员学生处派员参加最高人民法院司法行政装备管理局（以下简称行装局）召开的《地方分院建设标准》编制工作协调会议。行装局张印奎局长、迟柏春巡视员，最高人民法院政治部警务部王继平部长参加了会议。会议确定启动《地方分院建设标准》编撰工作；明确全国地方各级法院的司法警官培训场所与设施建设，纳入《地方分院建设标准》一并考虑。具体编制起草系列工作以国家法官学院为主，由学院尽快确定起草小组人员，研究《地方分院建设标准》分类别条目草案，草拟国家法官学院分院系列调研统计表，做好调研前期准备工作。在行装局的直接领导下，国家法官学院高度重视《地方分院建设标准》的编制工作，成立了以怀效锋、张维同志为正、副组长的《地方分院建设标准》编写小组，编写小组成员为彭永和、罗军怀、吕安、马胜军、张士澄五位同志，由彭永和同志负责标准编写的日常组织工作。

《地方分院建设标准》编制小组从编写工作规划开始，就解放思想，力图在加强培训基地建设的基础上，兼顾并理顺制约法官教育培训工作的若干关系，编写内容拟包括国家法官学院各分院职能定位、培训任务、建设标准编制依据、编制必要性与可行性、机构编制、师资队伍、经费保障、培训规模等相关内容。编写小组一边加紧标准大纲的编写工作，一边加紧调研，召开了分院建设标准专题座谈会，征求了八个与会分院意见。在集思广益的基础上，形成了《地方分院建设标准编撰提纲（草稿）》。《地方分院建设标准》制定工作没有相仿的、现行的国家建设标准可资参考。编写小组认真学习研究其他国家标准，借鉴了人民法庭建设标准的编写先例，根据国家有关文件要求，结合法院教育培训工作与分院建设实际，研究制定了《地方分院建设标准编写方案》与《编写大纲》，上报国家法官学院领导小组与最高人民法院行装局后，迅即开展调研与编撰。在编写工作中，编写小组注意既务实工作，也超前考量；既贯彻国家基本要求，也切合法院队伍建设实际，自觉将分院标准编写工作纳入人民法院教育培训改革与发展大局。

2009年10月15日，国家法官学院下发《关于调取国家法官学院部分地方分院培训基地建设资料的函》（法学函〔2009〕4号），调取全国各分院建设资料，前后统计分析、测算评估分院建设数据5000余个。内容包括：第一，机构规格、机构编制、师资队伍、图书资料、经费保障、培训类别与培训任务、同期培训规模、年培训规模。第二，培训基地现有占地面积、建筑面积、建筑类别、功能分区、设备标准。第三，培训基地各类办公用房、会议室、教学用房、图书资料室、模拟法庭、网络教育中心、司法警官训练馆、学员宿舍、文体场馆、食堂及餐厅、外事交流接待用房、办公及业务辅助用房等详细标准情况。第四，培训基地各类办公设备、教室桌椅、音像设备、校园局域网设备、远程教育设备。在国家法官学院建设史上，《地方分院建设标准》编撰小组第一次对32所分院机构、师资、基地、经费等基础数据进行分类汇总、量化分析。其汇总数据不但为《地方分院建设标准》制定工作提供了翔实材料，而且为建设国家法官学院为龙头、各分院相互配合、集中统一、辐射全国的法官教育培训体系提供了基础资料。

2009年11月11日，起草小组拿出《地方分院建设标准（一稿）》，召开杭州座谈会，征求部分分院联席会议意见。北京、天津、山东、江苏、浙江、上海、广东、四川等8省市分院院长参会。11月18日，国家法官学院《地方分院建设标准》编写小组向最高人民法院行装局、政治部警务部上报《地方分院建设标准（一稿）》。其中，有关司法警察培训场地及设施建设有两种方案：一是纳入各分院建设要求，二是纳入一类分院建设或指定设立若干基地，其他分院可以参考建设。

2009年11月24日，起草小组拿出《地方分院建设标准（二稿）》。为科学制定建设项目内容，增强编制工作针对性，国家法官学院专题召开《地方分院建设标准》南宁座谈会，实地考察广西分院建设。国家法官学院广西、广东、湖南、湖北、海南、山东、江苏、四川、河南、黑龙江分院10省市分院与西安司法警察分院院长参会。最高人民法院行装局杨阳同志到会指导。12月22日，起草小组拿出《地方分院建设标准（三稿）》，征求国家法官学院分院院长会议（哈尔滨会议）意见。国家法官学院32所分院院长参加会议。

2010年3月5日，行装局召开《人民法院法庭建设标准》与《地方分院建设标准》（以下简称“两个标准”）编写会议。编写会议上，张印奎局长、郭继胜副局长分别强调了“两个标准”编写工作的重要意义，指出最高人民法院是“两个标准”的承办起草单位，“两个标准”编写工作系政法部门基层基础设施建设的重要组成部分。为加强对编写工作的领导，最高人民法院决定：成立编写工作领导小组，最高人民法院党组副书记、常务副院长沈德咏同志担任组长，万鄂湘、苏泽林、景汉朝副院长任副组长，张印奎、高憬宏、郭继胜等同志为小组成员；领导小组下设两个编写组：《人民法院法庭建设标准》编写组组长郭继胜，副组长杜汉生；《地方分院建设标准》编写组组长郭继胜，副组长杜汉生、彭永和。此前，行装局已先行将行装局起草的《人民法院法庭建设标准》草案及国家法官学院起草的《地方分院建设标准》草案提交住房和城乡建设部审示，对方表示两个方案内容细致，但须进一步修改。《人民法院法庭建设标准》需要办公厅、立案庭、行装局密切配合，重点解决立案信访、档案用房、信息技术用房标准与建设问题。《地方分院建设标准》因系新制定的标准，体例、条款尚需推敲。会议决定：“两个标准”编写组人员集中到京郊封闭工作一周，集中讨论制定相关标准；封闭期间，拟邀请国家发展和改革委员会、住房和城乡建设部、教育部、财政部专家到会指导工作。会议拟加快编写进度，拟定尽快召开部分高级人民法院、中级人民法院、国家法官学院地方分院座谈会，讨论修改两个标准，拟定标准送审稿，报最高人民法院党组审定后，上报国家发展和改革委员会、住房和城乡建设部审定。

2010年3月9～20日，起草小组按照行装局的统一安排，在温都水城与九华山庄召开封闭写作会议。在行装局的具体指导下，起草小组按照新的编撰体例、指导思想与编写要求，较大幅度地对原稿进行修改论证，拿出《地方分院建设标准(四稿)》；3月25～27日，起草小组参加最高人民法院行装局召开的长沙审稿会议，对建设标准进行进一步修改。在此期间，起草小组就《地方分院建设标准(五稿)》征求住房和城乡建设部、国家发展和改革委员会、教育部等部门专家意见，对建设标准进行进一步修改论证；并邀请有关专家前来国家法官学院进行考察座谈；同时，起草小组在《地方分院建设标准》正文基本定型的基础上，着手编写《地方分院建设标准说明》及其他配套送审材料，并邀请住房和城乡建设部、国家发展和改革委员会、教育部等部门专家，对国家法官学院部分分院进行实地考察，对建设标准进行可行性论证。

2010年4月13日，最高人民法院下发《关于征求〈人民法院法庭建设标准（征求意见稿）〉和〈国家法官学院地方分院建设标准（征求意见稿）〉意见的通知》（法〔2010〕164号），将《地方分院建设标准（征求意见稿）》正式下发全国各高级人民法院、新疆维吾尔自治区高级人民法院生产建设兵团分院征求意见，要求各高级人民法院、兵团分院有选择地组织辖区内高级、中级、基层人民法院，结合工作实际，提出具体修改意见。《地方分院建设标准（征求意见稿）》也即起草小组根据长沙会议精神，修改出的《地方分院建设标准（五稿）》。2010年5月，住房和城乡建设部亦将《地方分院建设标准（征求意见稿）》发送全国征求意见。最高人民法院、住房和城乡建设部将《地方分院建设标准（征求意见稿）》下发全国后，共收到各地反馈意见81条。编写组根据反馈意见对《地方分院建设标准（征求意见稿）》进行了修改，形成《地方分院建设标准（送审稿）》。其中，地方发展和改革委员会、建设厅反馈意见11条，《地方分院建设标准（送审稿）》采纳了7条，待定2条，未采纳2条，采纳率为70%。法院系统内部收到反馈意见70条，《地方分院标准建设（送审稿）》采纳了38条，未采纳32条，采纳率为55%。全面修改后，最高人民法院将《地方分院建设标准（送审稿）》报送住房和城乡建设部、国家发展和改革委员会审定。

2010年6月9日，住房和城乡建设部、国家发展和改革委员会在南京召开专家评审会议，对最高人民法院提交的《地方分院建设标准（送审稿）》进行专家评审。国家发展和改革委员会投资司、政策法规司，住房和城乡建设部标准定额司，清华大学，有关省与直辖市发展和改革委系统的26位领导与专家出席了会议。最高人民法院标准编制领导小组和编制组成员参加了会议。苏泽林副院长到会指导工作并讲话。专家评审组经过讨论、评审，形成专家组审查会议纪要。专家评审组认为："编制《地方分院建设标准》是规范法院工作人员培训一体化、制度化和科学化的要求，是加强国家法官学院各分院建设的重要措施，对高质量开展法院系统工作人员培训起到了积极的推动作用。"评审组认为："《地方分院建设标准》编制工作程序规范，调研、论证和各项准备工作深入细致，论证充分，从实际出发，标准制定适度。本标准送审稿内容上符合法律法规和国家政策，规模面积和经济技术指标基本符合培训工作开展现状和发展的需要。评审组原则上通过了《地方分院建设标准（送审稿）》的评审。"同时，评审组提出了6条修改和完善建议。

按照住房和城乡建设部、国家发展和改革委员会要求，最高人民法院应根据专家评审会议意见，对《地方分院建设标准（送审稿）》进行进一步修改。专家评审会议各方共对《地方分院建设标准（送审稿）》提出63条修改意见。编制组采纳了其中57条意见，采纳率为90%。根据专家意见，编制小组重点对《地方分院建设标准（送审稿）》的九个方面进行了修改，：第一，下调了人均建筑面积，由《地方分院建设标准（送审稿）》的一类、二类、三类分院人均分别为75m^2、76.7m^2、84m^2，下调为《国家法官学院分院建设标准（报批稿）》的一类、二类、三类分院人均分别为52.76m^2、56.26m^2、65.03m^2。第二，整合、精简了各类教室。一类分院，普通教室由原来的10个减少为6个，阶梯教室由原来的3个减少为2个，双语教室由原来的2个减少为1个。其他分院依次递减。第三，调整房屋类别，将计算中心、模拟刑事审判法庭、模拟民事审判法庭、模拟行政审判法庭、模拟未成年人案件审判法庭、模拟调解室、模拟候审羁押室、模拟信访接待室、司法警察训练馆、射击馆调整为训练用房。第四，调整与减少了停车场用地，由停车场按同期培训人数的40%配置减少为30%配置。停车指标由每辆30m^2减少为25m^2。第五，减少了绿化用地指标，由原来的人均绿化用地面积“不宜超过8m^2”下调为“不宜超过6m^2”。第六，调整了平面利用系数，取值由原来的0.6上调为0.6～0.9。第七，减少了运动场地面积，由原来的一类、二类、三类分院运动场地分别为20,000m^2、17,600m^2、12,900m^2，下调为一类、二类、三类分院分别为20,004m^2、13,126m^2、8514m^2。环形田径跑道由原来的“一类、二类分院建设400米环形跑道，三类分院建设300米环形跑道”，缩小更改为“一类分院建设400米环形跑道，二类分院建设300米环形跑道，三类分院建设200米环形跑道”。第八，减少了校园建设用地，建筑容积率由原来的0.48标准，更改为“不宜低于0.60”。第九，变更了各类分院同期培训规模。各分院的年培训人数，由原来所辖区域全体工作人员的“年训三分之一至三分之二”更改为“年训三分之二”。照此原则，在修改后形成的《国家法官学院分院建设标准（报批稿）》中，一类、二类、三类分院同期培训人数由原来的500～700人、400～499人、300～399人，更改为“一类分院同期容纳770人培训，二类分院同期容纳515人培训，三类分院同期容纳260人培训”。

另外，编制小组认为，国家发展和改革委员会办公厅《关于抓紧开展政法基础设施建设标准编制和修订工作的通知》所确定的《地方分院建设标准》名称可去掉“地方”二字，其标准名称更改为《国家法官学院分院建设标准》（以下简称《分院建设标准》），以符合现已存在的国家法官学院专门分院称谓的实际情况。专家评审会议未对此提出不同意见。《地方分院建设标准（送审稿）》修改后，编写组逐条对比、研究、落实专家评审会议意见，修改出《分院建设标准（报批稿）》。

2010年6月23日，最高人民法院党组召开2010年第16次党组会议，审议行装局与国家法官学院报送的《分院建设标准（报批稿）》。王胜俊院长主持会议。国家法官学院院长高憬宏同志在做报批说明时指出：《分院建设标准》系住房和城乡建设部、国家发展和改革委员会批准最高人民法院编制的国家标准，编制该标准的意义在于国家法官学院分院将实行国家统一建设标准，纳入政法基础设施建设，由国家投资保障。最高人民法院党组充分肯定了行装局与国家法官学院持续一年多的调研编制工作，同时提出了重要修改完善意见，要求行装局与国家法官学院按照住房和城乡建设部、国家发展和改革委员会要求，对《分院建设标准（报批稿）》进一步修改后，正式提交住房和城乡建设部、国家发展和改革委员会审定、发布实施。

根据最高人民法院党组意见，编制小组对《分院建设标准（报批稿）》进行了相应的修改与斟酌完善。2010年6月30日，最高人民法院向住房和城乡建设部、国家发展和改革委员会发出《关于报请审批〈国家法官学院分院建设标准（报批稿）〉的函》（法函〔2010〕48号），上报《分院建设标准（报批稿）》等四个文件。

2010年12月13日，住房和城乡建设部、国家发展和改革委员会下发《关于批准发布〈国家法官学院分院建设标准〉的通知》（建标〔2010〕221号），行文通知最高人民法院，各省、自治区、直辖市、计划单列市住房和城乡建设厅（委、局）、发展和改革委员会，新疆生产建设兵团建设局、发展和改革委员会：“根据住房和城乡建设部《关于印发〈2009年工程项目建设标准和建设项目评价方法与参数编制项目计划〉的通知》（建标函〔2009〕320号）要求，由最高人民法院编制的《分院建设标准》已经有关部门会审通过，现批准发布，自2011年2月1

日起施行。在国家法官学院分院项目的审批、设计和建设过程中，要严格遵守国家关于严格控制建设标准，进一步降低工程造价的相关要求，认真执行本建设标准，坚决控制工程造价。本建设标准的管理由住房和城乡建设部和国家发展改革委负责，具体解释工作由最高人民法院负责。”《分院建设标准》在国家建设标准体系中的标准编码为“建标 146－2010”。

《分院建设标准》共分七章，主要内容如下：第一章总则，主要说明标准编制原则、分院工作定位、培训任务种类、标准编制依据、标准适用范围以及国家资金保障机制。第二章项目建设规模与项目构成。本章根据各地法院法官与其他工作人员的编制总数，将上述分院分为三类，分别确定了各类分院培训规模与项目建设构成。第三章布局、选址与校园规划，主要说明分院建设用地选址，以及教学区、办公区、生活区、训练区四个功能区域的布局要求。第四章建设用地指标，说明分院建设用地中，房屋建筑用地、运动场地、停车场用地、绿化用地四部分用地原则。第五章建筑面积指标，具体说明三类分院建设房屋建筑项目中，教学用房、训练用房、办公用房、信息网络技术用房、生活用房、辅助用房等六类用房的项目构成与建筑面积。第六章主要建筑标准，说明分院建设的建筑风格、建材要求、结构要求、设备要求、卫生环保规范。第七章管理与运行，说明分院的人员编制、内设机构、管理人员与专业人员的分配比例。

至此，自 2009 年 5 月《分院建设标准》项目启动，至 2010 年 12 月国家发布标准，《分院建设标准》编写工作历时一年半。在最高人民法院党组和苏泽林副院长的积极倡导和支持下，在最高人民法院行装局张印奎局长、郭纪胜副局长的直接策划与领导下，在行装局迟柏春、杜汉生、孙福辉、杨阳、汤继东、巩茗菲等同志的共同研究和创作下，在国家法官学院怀效锋院长、高憬宏院长、张维副书记兼副院长的具体指导下，《分院建设标准》编写工作贯彻了依法规范法院教育培训工作，促使培训机构建设一体化、制度化和科学化的要求，标准的实施对于重视并强化法官培训机制建设、规范并推进法官培训基地建设、高质量开展人民法院教育培训工作必将起到积极的推动作用。

（二）《分院建设标准》的基本原则

《分院建设标准》从无到有，标准制定工作没有培训机构国家建设标准可资参考。编写小组认真学习研究其他国家建设标准，重点研究了《普通高等学校建筑规划面积指标》《高等学校来华留学生生活用房建设标准》《科学技术馆建设标准》《党政机关办公用房标准》《城市普通中小学校校舍建设标准》《农村普通中小学建设标准》《特殊教育学校建设标准(征求意见稿)》《办公建筑设计规范》等15个相近国家标准,借鉴了人民法庭建设标准的编写先例,根据国家有关文件要求,结合法院教育培训工作与分院建设实际,本着对法院建设与法官教育培训工作高度负责的态度,编制工作坚持既务求实际,也超前考量;既贯彻国家基本要求,也切合法院队伍建设实际,自觉将分院标准编写工作纳入国家标准编写规范体系,同时纳入人民法院教育培训改革与发展大局,努力通过编制工作为建设国家法官学院为龙头、各分院相互配合、集中统一、辐射全国的法官教育培训体系提供基础保障。

在上述指导思想下,《分院建设标准》形成并遵循了标准编制工作的五项基本原则,即培训依据规范化的原则,国家统一标准的原则,全面协调的基础建设原则,科学合理、适当超前的原则,全员培训原则。这五项原则作为标准编制与立意的主线条,贯穿于《分院建设标准》的四部分法规性文件当中,落实在《分院建设标准》《〈分院建设标准〉名词解释》《〈分院建设标准〉用词说明》《〈分院建设标准〉条文说明》诸文件的规定、名词解释、条文说明各部分里。有关五项基本原则分述如下:

第一,培训依据规范化的原则。《分院建设标准》第1条规定:“为切实加强人民法院教育培训工作,建设统一高效的法院教育培训体系,不断提高人民法院全体工作人员的政治思想觉悟与审判专业水平,满足教学活动和师生生活的基本要求,根据《中华人民共和国人民法院组织法》、《中华人民共和国法官法》、《中华人民共和国人民警察法》、《干部教育培训工作条例(试行)》、《法官培训条例》及有关法律、法规,制定本建设标准。”鉴于《分院建设标准》是国家法规性文件,一旦颁布,将成为国家法官学院分院建设的强制性国家标准。其编制工作必须依法进行、于法有据。只有做到在法制的前提下确定标准,在法律的框架下编制标准,在法律的指导下制定原则,有关标准才具有较高层次的法律意义与约束作用。

在编制过程中,最初的编写大纲,只是切实贯彻了《法官法》的直接规定,将该法律确定为标准的编制法律依据,依照该法确定了“依法培训”、业务培训与资格培训相结合、国家法官学院与省级法官学院两级培训机构等标准编制依据要素。根据法院教育培训工作实际与编制工作需要，编制组又将《中华人民共和国人民警察法》作为司法警察培训目标、类别、期限、条件等有关编制内容的法律依据。在九龙山庄封闭编写会议上，最高人民法院编写工作领导小组郭继胜同志提出，人民法院的分级管理、分级培训、人员组成等事项均由《中华人民共和国人民法院组织法》予以规定，该法当作为编写标准的法律依据。至此，形成三法鼎立的标准编制法律依据。

法律的规定具有抽象、原则、恒久的特点。编制标准要做到《分院建设标准》编制工作于法有据，内容具体，避免无的放矢、凭空想象，还应该将相关的法规性文件作为编制依据，同时破除法律文牍主义影响，结合中国的“一党领导”实际，勇于将党的规范性文件作为法规性文件，作为编制标准的培训依据。同时，本着法规性文件不宜过多以致影响国家法律依据地位的编写理念，编写组精选、确定了两个法规性文件，即中共中央 2006 年印发的《干部教育培训工作条例（试行）》，以及最高人民法院 2006 年修订的《法官培训条例》，作为《分院建设标准》编制工作的两个法规依据。

第二，国家统一标准的原则。《分院建设标准》第 2 条规定：“本建设标准是国家法官学院分院建设项目决策及合理确定分院建设水平的国家统一建设控制标准，是编制、评估、审批分院建设项目建议书和可行性研究报告的重要依据，是有关部门审查项目初步设计和监督、检查项目建设全过程的尺度。”本条阐明了本建设标准对各省级法官培训基地建设的统筹规划与权威作用。

从全国来看，除了个别发达地区，各省、自治区、直辖市法官培训基地短缺、建设规模过小、无法适应法官培训需要问题严重。截至 2009 年 10 月底，全国法院共有干警 320，641 人。依照有关法律法规关于全员培训的要求，以及法院系统“逢进必训”“逢晋必训”原则，各级各类法院工作人员每年至少需要参加一次相关培训，担任特定领导职务或晋升职级的人员需要参加两次以上培训。国家法官学院各分院年度培训数量的不断增长，也表明了法官等法院工作人员对教育培训工作的内在需求。2008 年，国家法官学院各分院共培训干警 70，281 人。其中，法官续职培训 1280 人，基层法院院长培训 1222 人，预备法官培训 7530 人，司法考试培训 3704 人，各类审判业务培训 37，771 人，其他培训

18,774 人。2009 年,国家法官学院各分院共培训干警 175,740 人。其中,领导干部 10,704 人,法官 93,320 人,法官助理 9630 人,预备法官 9335 人,司法警察 7638 人,其他人员 32,248 人。2009 年培训数量比 2008 年增长了 250%。

但国家法官学院各分院现有的培训基地规模严重不足,部分分院没有培训专属基地,无法满足全员培训的法定要求,制约了法院教育培训工作的正常开展与健康发展。截至 2009 年年底,没有法官培训专属基地的有山西、安徽、福建、江西、湖北、湖南、海南、青海、宁夏、贵州、四川等 11 个分院;培训基地建筑面积不满 1 万平方米的有辽宁、重庆、西藏、甘肃、新疆等 5 个分院;培训基地建筑面积 1 万平方米以上不满 2 万平方米的有河北、内蒙古、黑龙江、江苏、浙江、云南、陕西分院和西安司法警察分院等 8 个分院;培训基地建筑面积 2 万平方米以上不满 3 万平方米的有北京、天津、上海、河南、广东、广西等 6 个分院;培训基地建筑面积 3 万平方米以上的有吉林、山东 2 个分院。显然,培训基地短缺与基地建筑规模过小,是国家法官学院分院建设中急需解决的突出问题。

《分院建设标准》为全国各省级法官培训基地完成法定培训任务提供了依据,为相关培训基地建设制定了统一标准。同时,《分院建设标准》兼顾了不同地域法院设置和经济发展水平的差异以及不同规模分院的需要。《分院建设标准》及有关附件,是有关部门审批分院建设项目、确定建设水平、控制投资规模、进行工程设计和监督、检查建设的法定依据。

第三,全面协调的基础建设原则。本原则规定的是培训基地建设周期以及不同时期建设项目的内部协调统一问题。培训基地基础建设是一个系统工程,既包括一次性新建工程,也包括分批建设工程,还包括改建与扩建工程。《分院建设标准》第 3 条规定:"本建设标准适用于国家法官学院分院的新建、改建与扩建工程。国家法官学院专门分院按照培训的专业要求和培训任务,参照本建设标准建设。"第 4 条规定:"国家法官学院分院改建、扩建项目应充分利用原有可用设施,做到合理规划、设计和建造。按本建设标准测算的总建筑面积,应包含可利用的原有房屋建筑的建筑面积。"

依照上述规定,国家法官学院分院尚无培训专有基地的,新建基地要统筹规划,所建规模既要满足当前需要,也要兼顾未来发展。其建设周期,应当根据当地经济情况,既可以一次性设计、一次性建设,也可以一次性设计、分批建设。

当时阶段难以达到本建设标准的，要依据本建设标准规定，可以规划一步到位，建设分步实施。对于国家法官学院分院已建有专有培训基地，但基地规模较小，需要改建或扩建的，应该在充分利用原有设施和条件的基础上进行规划建设，避免既有基地资源浪费。具体来说，原有培训基地需要改建、扩建的，应科学规划，合理设计，根据法定的培训需求，针对具体的项目内容，充分利用原有可用设施与房屋建筑，综合协调，取长补短，可并可扩，力求节约。

至于国家法官学院司法警察分院等专门分院基地建设，应根据培训的特殊要求和实际培训任务，参照本建设标准建设。其中，国家法官学院西安司法警察分院，应根据高级司法警察的训练特点和专项培训工作需要，特别是全国法院系统的警督晋级培训、高级警官续职培训需要，比照二类以上分院基地规模，科学合理地确定建设标准，并予以改建、扩建。

第四，科学合理、适当超前的原则。这是培训基地建设的基础理念与原则，也是国家法官学院分院培训基地建设的总体要求。《分院建设标准》第5条对此规定："国家法官学院分院建设应做到选址科学、功能齐全、布局合理、设施完善、规模适当。"此条规定立意解决的是选址与建设关系问题、功能与设施关系问题、布局与规模关系问题、需要与发展关系问题。

省级法官培训基地建设的总体要求定位在何处？编写小组详细考察分析了相关教育培训基地，反复研究、论证了法官培训基地建设理念，最终确定了"30字方针"，即"选址科学、功能齐全、布局合理、设施完善、规模适当、适度超前"。最高人民法院2010年6月30日上报《分院建设标准（报批稿）》时，此条表述仍为"30字方针"。国家有关主管部门最后审批发布标准时删除"适度超前"四个字的表述。事实上，"30字方针"不但得到了南京专家评审会议的认可，而且被有关建设主管部门及建设标准专家普遍认可，认为符合建设规划理念，有利于避免重复建设与多次反复投资的浪费现象。

删除"适度超前"四个字的表述，有利于避免在培训基地建设中盲目追求"高、大、全、新"的建设误区。但是，鉴于法官培训的实际情况，国家法官学院各分院建设应当适度超前、留有余地。

2008年，国家法官学院各分院共培训干警70,281人。2009年，国家法官学院各分院共培训干警175,740人，培训数量比2008年增长了150%。国家法官学院各分院年度培训数量的不断增长，表明了法官等法院工作人员对教育培训工作的内在需求。但国家法官学院各分院现有的培训基地规模严重不足，部分分院没有培训专属基地，无法满足全员培训的法定要求，制约了法院教育培训工作的正常开展与健康发展。

更为重要的是，测算分院建设规模时，需充分考虑以下因素：(1)本标准测算分院建设规模时，以2009年全国法院在编干警人数为计算基础。各地法院实有干警人数，因为含地方编人员与聘用制人员，远远大于本标准测算数字。例如，本标准测算的各级法院司法警察基本数字为2.8万人，实有人数为5.1万人（含地方编与聘用制人员）。鉴于各地法院的地方编人员与聘用制人员也系法院工作人员，必须接受相关职业培训。因此，本标准所确定的各类分院建设规模，实际上尚无法完全满足法院现有人员的实际需要，分院实际规划与建设应留有余地。(2)本标准测算分院建设规模时，未包含即将增编人员。2010年4月22日，最高人民法院在全国高级人民法院院长会议上正式宣布：经中央批准，全国法院今后5年内增编4万人。为此，分院实际规划与建设应留有余地。(3)本标准测算分院建设规模时，仅以法院全员的1/3～2/3为年度培训数字。按照有关法律、法规规定，全员培训应每年每人一训。同时，在培训期限上，本标准仅以应当受训的最低期限为测算分院建设规模的标准。如法官续职培训每年应不少于15天，本标准以15天测算；法院其他工作人员续职培训每年应不少于12天，本标准以12天计算。因此，分院实际规划与建设应留有余地。(4)法院培训不同于其他系统培训的特点之一，为依照法律规定，须承担系统外的人民陪审员培训。2005年以来，各地法院先后三批共选任人民陪审员77,705名，初任职务时均接受了3天的法定培训。此届陪审员任期5年，2010年届满。人民陪审员新的选任即将开始，新的人民陪审员初任培训也将全面展开。本标准未含此类人员。分院实际规划与建设应为新一届人民陪审员培训留有余地。因此，分院实际规划与建设应留有余地。

第五，全员培训原则。《分院建设标准》明确把“全员培训”原则确定为分院建设的基础原则。《分院建设标准》附录的“名词解释”明确了“法院全员培训”概念，界定了“法院全员培训”是指：“按照《中华人民共和国法官法》、《中华人民共和国人民警察法》、《干部教育培训工作条例（试行）》、《法官培训条例》及相关法律、法规规定，人民法院领导干部、法官、法官助理、书记员、司法警察、政工行政干部、专业技术人员及后勤服务人员每年需要参加相关职业培训的制度体系。”《分院建设标准》第6条同时规定：“国家法官学院分院建设应根据各地人民法院审判工作与队伍建设需要，按照法院工作人员全员培训原则，客观合理地确定建设规模与建设水平。”上述规定，是我国法律法规性文件第一次界定“法院全员培训”概念及含义。

全员培训的依据是《法官法》《人民警察法》《干部教育培训工作条例(试行)》《2006～2010年全国干部教育培训规划》《法官培训条例》《2006～2010年全国法院教育培训规划》《人民法院第三个五年改革纲要(2009～2013)》《人民法院司法警察培训暂行办法》《关于加强全国法院司法警察训练工作的意见》《人民法院司法警察训练大纲》及有关法律、法规、规范性文件。中共中央2006年1月21日印发的《干部教育培训工作条例(试行)》第3条确定了干部教育培训工作原则：全员培训，保证质量。大规模培训干部，大幅度提高干部素质。最高人民法院2009年3月25日印发的《人民法院第三个五年改革纲要(2009～2013)》要求“建立符合法官职业特点的在职培训制度。推行法官全员定期集中培训制度”。按照上述规定，各级各类法院工作人员每年至少需要参加一次相关培训，担任特定领导职务或晋升职级的人员需要参加两次以上培训。

依据有关法律、法规、规范性文件规定，人民法院全员培训的具体内容与标准包括以下几个方面。

(1)法院领导干部培训要求。中共中央印发的《干部教育培训工作条例(试行)》第13条第1款规定：“省部级、厅局级、县处级党政领导干部每5年应当参加党校、行政学院、干部学院或者经厅局级以上单位组织(人事)部门认可的其他培训机构累计3个月以上的培训。”最高人民法院2000年12月1日印发、2006年3月30日修订的《法官培训条例》第2条第3款规定：“初任法院院长、副院长，须接受任职培训。”第15条第2款规定：“任职培训，要按照岗位规范要求，进行以提高履行岗位职责必备的管理与业务能力为主要内容的培训。培训时间不少于一个半月。”

(2)法官晋级培训要求。最高人民法院印发的《法官培训条例》第2条第4款规定：“晋升高级法官，须接受晋级培训。”第15条第3款规定：“晋级培训应注重高级法官履行岗位职责必备的知识和技能的培训。培训时间不少于一个月。”

(3)法官续职培训要求。最高人民法院印发的《法官培训条例》第2条第5款规定:“法官履职期间,须接受续职培训。”第15条第4款规定:“续职培训应注重所在岗位专业知识更新的培训和审判业务技能提高的培训。法官每年接受续职培训的时间累计不少于半个月。”

(4)司法警察培训要求。最高人民法院1999年4月19日印发的《人民法院司法警察培训暂行办法》第10条规定,新录用司法警察初任培训时间不少于2个月。第11条规定,警衔晋升和新任司法警察职务培训时间不少于1个月。第12条规定,“专门业务和岗位培训时间不少于15天”。最高人民法院2005年3月16日印发的《关于加强全国法院司法警察训练工作的意见》,要求全面实施“三个必训”制度:“一是全面实施首任和上岗必训,培训时间10~30天;二是全面实施职务和警衔晋升必训,培训时间10~30天;三是全面实施司法警察年度职能训练,培训时间不少于10天。”

(5)预备法官培训要求。最高人民法院印发的《法官培训条例》第2条第2款规定,“拟任法官的人员,须接受预备法官培训”。第15条第1款规定,“预备法官培训应注重岗位规范、职业道德和审判实务的培训。培训时间不少于一年”。

(6)人民陪审员培训要求。最高人民法院2006年3月30日印发的《2006~2010年全国法院教育培训规划》,在“初任培训”部分里规定:“初任人民陪审员上岗前应当接受履行职责所必备的审判业务知识和技能培训。培训的面授时间一般不少于3天。”

(7)法院其他工作人员培训。中共中央印发的《干部教育培训工作条例(试行)》第13条第2款规定,“其他干部参加脱产教育培训的时间,根据有关规定和工作需要确定,一般每年累计不少于12天”。最高人民法院印发的《2006~2010年全国法院教育培训规划》,在“续职培训”部分里规定:“在重点开展各类法官培训的同时,认真组织好法官助理、书记员、司法警察、司法政务人员等其他工作人员的培训。其他工作人员培训时间每年累计不少于12天。”

法院系统的全员培训,作为一项业已确定实施的法院教育培训基本原则,体现了国家要求与法院实际的结合,国家法制建设与法院队伍建设的结合,司法能力建设与宏观战略目标的结合。全员培训既是制定分院建设标准的内化动力,也是具体确定各个分院建设规模的基本原则。

(三)基地建设之外的法官培训理念

当代法官教育培训史自1985年起算,已走过28年历史。1985年至2002年的前18年历史,机构的沿袭线条清晰,事业的发展脉络分明。2003年至2013年的后10年,对法官教育培训工作的定位与发展目标缺少研究,对人民法院教育培训工作的内在规律缺乏总结。近10年来,关于法官教育培训工作的整体布局,关于人民法院教育培训体制问题、运行机制问题,关于新时期法官教育培训机构的目标定位问题,关于法官教育培训机构设置和师资队伍建设问题,关于《法官培训条例》实行后"依法培训"的实际困难等基础问题,长期制约着法官教育培训工作的科学发展,亟须研究解决。

2006年后,党和国家高度重视干部教育培训工作,中共中央印发了《干部教育培训工作条例(试行)》,确定了"全员培训"干部教育培训战略;党的十七大做出"大规模培训干部,大幅度提高干部素质"的重大决策;2008年,全国干部教育工作会议,习近平同志与李源潮同志对新的历史时期干部教育培训工作提出系列具体要求;党的十七届四中全会提出"建设学习型政党"战略任务;中共中央办公厅印发的《2010 ~2020年干部教育培训改革纲要》指出:"干部教育培训工作是建设高素质干部队伍的先导性、基础性、战略性工程,是加强党的执政能力建设和先进性建设的重要途径,是推动科学发展、促进社会和谐的重要保证,在建设和发展中国特色社会主义事业中具有不可替代的地位和作用。"为了贯彻党中央关于干部教育培训工作的上述重要举措,最高人民法院先后制定了《2006 ~2010年全国法院教育培训规划》,修改了《法官培训条例》,2009年下发了《关于进一步加强和改进人民法院教育培训工作的意见》,2011年4月召开了第五次全国法院教育培训工作会议,会议采取电话会议方式举行,对新时期的人民法院教育培训工作作出了规划,提出了要求。但由于认识差距与缺少研究,很多法院对法官教育培训工作的重视程度始终没有达到党中央要求的高度,对于法官教育培训工作的领导机制问题、优先发展问题、培训地位与权威性问题、管理机制问题、体制问题、经费保障问题、培训约束与激励机制问题等系列基础问题,甚至更为根本的全员培训问题与学习型法院问题,都没有呼应中央的要求、制定具体的执行方案,规定结合法院实际的、切实可行的落实措施。

《分院建设标准》原本是住房和城乡建设部关于培训基地建设的建设标准体系。针对人民法院教育工作的上述实际问题,《分院建设标准》编写小组从编写工作规划开始,就抓住制定法院教育培训基地建设国家标准的机遇,确立了统筹规划理念,力图解放思想、梳理问题,努力落实中央要求、呼应中央规定,着眼于法官教育培训全局考虑,一方面,努力使《分院建设标准》编写工作跳出培训基地建设的框框,做到着眼基地工程建设又不限于基地工程建设,同时探讨和规定法官教育培训基础问题;另一方面,努力使《分院建设标准》编写工作跳出国家法官学院分院建设的框框,努力做到着眼地方分院建设又不限于地方分院建设,力图通过标准编写工作理顺全国法院教育培训机构体制,促进各项法官教育培训工作全面、协调发展。

《分院建设标准》编写小组的上述立意与理念得到了最高人民法院党组的认可与支持,也得到了有关专家组的认可与支持,更得到了国家发展和改革委员会、住房和城乡建设部的大力支持与最终确认。按照上述理念,《分院建设标准》共3.8万字,虽因简明而成为国家建设标准,却确定了人民法院教育培训工作的若干基础原则,解决了法官教育培训工作面临的若干重大问题。

第一,除了规定培训基地建设中的建设项目与构成、布局选址与规划、建设用地指标、建设面积指标、主要建筑标准、建筑类别、功能分区、设备标准等建设要求外,《分院建设标准》还规定了人民法院全员培训原则,国家法官学院分院的职能定位、培训任务、机构编制、师资队伍、图书资料、经费保障、培训规模等根本问题,回应、归纳、总结了《条例》颁布10年来,特别是近5年来法官教育培训的问题与经验,规范现在如何办,展望未来怎么办。

第二,细化了"依法培训"的原则,明确并扩展了"依法培训"的法律法规依据。一方面,《分院建设标准》第1条规定了法官培训依据不仅包括《中华人民共和国人民法院组织法》《中华人民共和国法官法》《中华人民共和国人民警察法》等国家法律,而且包括《干部教育培训工作条例(试行)》《法官培训条例》等法规性规范文件;另一方面,《分院建设标准》还在《〈分院建设标准〉条文说明》中指出：除了上述法律法规性文件外，法官培训依据还包括《2006～2010年全国干部教育培训规划》《人民法院第三个五年改革纲要（2009～2013）》《关于深化司法体制和工作机制改革若干问题的意见》《关于抓紧开展政法基础设施建设标准编制和修订工作的通知》等政策性文件，明示了中央有关干部教育工作的文件以及最高人民法院在不同历史时期的教育培训规划，都是不同历史时期开展法官培训工作的依据文件，从而为人民法院教育培训工作"依法培训"添加了注解，为今后法官培训工作的规范化建设指出了方向。

第三，明确将司法警察培训纳入全国法院培训工作统筹考虑范围。司法警察是人民法院所辖的专门武装力量，在法庭执庭、案犯押解、法院安全、判决与裁定执行、死刑执行等工作中具有重要作用。在《分院建设标准》颁布前，全国各级法院的司法警察培训面临缺少规划、基地困难、师资短缺等问题。《分院建设标准》对此做了相应规定：（1）规定人民法院"全员培训"八类对象人员中包括司法警察类别。规定了司法警察培训分为"司法警察任职、续职、晋级培训"三类培训任务。（2）规定"新录用司法警察培训以2个月为期，警衔晋升以1个月为期，司法警察岗位培训以每年15天为期"。（3）将全国地方各级法院的司法警官培训场所与设施建设纳入《分院建设标准》一并考虑，将司法警察训练馆、模拟法庭、运动场所等司法警察培训必备设施规定为分院培训基地必建项目。（4）规范了相关概念，规定"司法警察训练馆"是指"为解决司法警察学员在雨雪天进行体能训练、技能训练以及其他学员雨雪天锻炼需要而设置的专门场馆"。"运动场地"是指"用于司法警察室外技能训练及受训学员课外活动的主要场所"。

第四，针对《法官培训条例》的空白条款，补充规定了人民法院法定培训的范围与标准。（1）明确了预备法官培训事项。确定国家法官学院分院是"预备法官培训基地"。界定了预备法官的培训对象是"各级法院通过司法考试、拟任法官的人员"。（2）明确了"法官助理、书记员、行政管理人员、专业技术人员等法院工作人员的任职与续职培训任务"。（3）确定了人民陪审员培训类别。在《分院建设标准》的制定过程中，始终考虑了人民陪审员的任职培训与续职培训需求。为说明培训基地容量，最高人民法院在《关于报请审批〈国家法官学院分院建设标准（报批稿）〉的函》（法函〔2010〕48号）中特别指出："法院承担任职培训任务的7.7万名人民陪审员未在法院编制范围内。”

第五，规定了人民法院教育培训规范建设、科学发展的若干问题。(1)界定了国家法官学院分院职能、性质、任务，明确了国家法官学院分院的“五个基地”性质与“六项任务”。间接说明了国家法官学院的职能、性质、任务。(2)根据法律法规及中央文件、最高人民法院行业岗位要求规定，总结归纳、明确了人民法院培训工作九类不同人员培训的培训期限要求。(3)规定了替代培训与网络培训原则。规定：“考虑到认可其他党政培训对法院培训的减免替代，以及网络培训方式的客观需要，确定各区域法院全员的三分之二为年度培训数字。”(4)规定了每年10个有效培训月(200个工作日)、13期培训班、平均每期15天的培训周期，以满足未来需要。(5)确定了分院类别以及三类分院的标准与培训规模要求。

第六，规范法官培训基地建设项目内容与类别要求，实行全国统一项目分类，统一规划标准，统一衡量标准。《分院建设标准》规定：“国家法官学院分院建设项目由房屋建筑、场地、建筑设备三部分组成。”其中，“房屋建筑”划分为六类用房：教学用房、办公用房、信息网络用房、生活用房、训练用房、辅助用房。“场地”包括室外器械训练场、室外球类运动场、室外田径场、停车场、绿化用地。“建筑设备”包括安防设备、给排水、暖通空调、供配电系统及设备。

第七，间接引入“培训机构编制”概念，依法保障培训机构编制，为谋划未来发展留有余地。《分院建设标准》规定：“分院工作人员的编制应当确保法院工作人员培训的需要。”《〈分院建设标准〉条文说明》第23条规定：“根据调研数据及实际需要测算，国家法官学院分院学员与教职员工的比例为10∶3.2。教职员工中行政管理人员与专职教师等专业技术人员分别占40%和60%。”实行以人为本，解决教工单身宿舍问题，《〈分院建设标准〉条文说明》第23条规定：“单身教工宿舍是从事培训教学、管理工作的单身人员住宿场所。单身教工数量以全体教职员工的20%比例计算，单身教工宿舍均为单人间。为满足受训学员食宿行等后勤保障工作、方便工勤人员住院服务需要，配备一定数量的工勤人员宿舍。参照《普通高等学校建筑规划面积指标》中相关指标确定宿舍大小，工勤人员宿舍为四人间。”

第八，根据规范化的法官培训工作需要，面向未来发展，在全国统一界定系列法官教育培训基础概念以及基地建设概念的基础上，重点解决突出需要解决的问题。（1）突出研讨室建设。根据法官培训培训方式改革的需要，高端法官培训将以法官研讨为主要培训形式之一，《〈分院建设标准〉条文说明》界定："研讨室是指用于学术研究讨论的专门教室，是实现案例教学方式的必备条件。"为了保证研讨效果，以同期参加培训学员总数的1/4作为基数，每15人一个研讨室，即每个培训班每15名学员为一个讨论小组。其面积参照《办公建筑设计规范》（JGJ 67—2006）规定的小型会议室标准确定，设置为每间30m^2。（2）针对现代网络教育需要，规定建设远程教育教室。"远程教育教室是指用于学员参加远程培训的教室，宜配备计算机网络和视频会议网络。"（3）针对少数民族法官培养需要，设置双语教室。《分院建设标准》规定：双语教室"是指用于以民族语言或外语授课的专门教室"，宜采用语音教室布局，并配备翻译系统，一般可容纳50名学员。其面积是由额定席位、桌椅尺寸及平面布置方式等因素决定，设置为90m^2。（4）针对现场教学需要，加强模拟法庭建设。针对法官培训的教学需要，特别是庭审教学、预备法官教学、人民陪审员教学、司法警察执庭教学需要，《分院建设标准》界定：模拟法庭是指"用于模拟开庭和观摩实际审判的场所，是现场教学方式的主要场所"。同时做出刚性规定：各类分院至少建设两个模拟法庭，一类分院建设四个模拟法庭。模拟法庭分刑事、民事、行政、未成年人审判模拟法庭四类，每个法庭采用150m^{2}标准。（5）推动法官培训基地后勤管理社会化。《分院建设标准》将法官培训机构工作人员分为三类：法官教育培训管理人员、专业技术人员、工勤人员。其中，前两类人员为在编人员。第三类"工勤人员"是指"临时聘用的从事勤杂工作的劳务人员"，"工勤人员根据工作需要聘用"，从事后勤服务、校园保洁、设备管理等工勤工作。

三、法官培训机构与体系建设

（一）国家法官学院分院的机构性质与培训任务

关于国家法官学院分院的机构性质，《分院建设标准》确定了国家法官学院分院的双重机构性质，一方面，国家法官学院分院是国家法官学院的分支机构；另一方面，国家法官学院分院是省级法院培训机构。鉴于我国法官教育培训设置实行“两级为主、三级为辅”原则,《〈分院建设标准〉条文说明》重申了国家法官学院分院的重要地位:“国家法官学院及其分院是人民法院教育培训体系的核心部分,承担着培养、培训法院干警,为社会主义法治建设、人民法院队伍建设提供智力支持的重要责任。”“国家法官学院分院是全国法院教育培训工作的主干阵地。”同时强调了制定本建设标准的基本目的,即“切实加强人民法院教育培训基础工作,科学规范国家法官学院分院建设,建立统一高效的法院教育培训体系,全面提高法官及人民法院其他工作人员的政治素质与业务素质”。由此,《分院建设标准》也就确定了国家法官学院在各省、自治区、直辖市均设立分院的教育培训格局与分支机构布局架构。

关于国家法官学院分院的机构性质、编制、管理和运行,《分院建设标准》尽量予以规范、规定,以便分院依法建设、开展工作。对比其他国家建设标准(包括《国家检察官学院地方分院建设标准》),《分院建设标准》独特地规定了一章即“第七章管理与运行”,规定了国家法官学院分院的管理与运行需设置教学管理机构、行政管理机构、后勤管理机构三类内设机构。并且要求,国家法官学院分院的办公建筑应满足上述部门设置的需要。《分院建设标准》第40条第1款专门规定了“国家法官学院分院工作人员编制总数主要根据学员培训规模确定”。在《〈分院建设标准〉条文说明》第23条中,更是明确规定:“根据调研数据及实际需要测算,国家法官学院分院学员与教职员工的比例为10∶3.2。”从而为国家法官学院分院的教育培训工作发展留有了充分的人员编制余地。《分院建设标准》的相关规定,也是国家法官学院各分院依据关于分院建设的国家法规性文件,争取足够的人员编制的法定依据之一。此外,《分院建设标准》还研究、参照了高等学校与相关培训机构的教工队伍建设经验,规定了分院行政人员与专职教师的科学比例,要求在国家法官学院分院工作人员中,“管理人员不宜超过人员总数的40%,教师等专业技术人员不宜低于人员总数的60%。工勤人员根据工作需要聘用”。从而为国家法官学院各分院建立科学、高效的培训机构运行机制提供了基础支撑。

关于国家法官学院分院的培训任务,《分院建设标准》也根据其机构性质确定了其双重任务。《〈分院建设标准〉条文说明》规定:国家法官学院分院“承担本地区的法院教育培训工作及国家法官学院委托的培训任务”。有关“本地区的法院教育培训工作”,依照有关法律、法规、规范性文件规定,并总结全国各地法官教育经验,《〈分院建设标准〉条文说明》将其总结、归纳、确定为六类:基层法院副院长以下的领导干部的任职资格培训;普通法官的晋级资格培训;普通法官的续职培训;拟任法官的人员培训;司法警察培训;法院系统的其他人员培训工作。依照上述规定,国家法官学院分院的主要任务是所辖区域内除国家法官学院培训对象之外的全体法院干警的全员培训任务。有关“国家法官学院委托的培训任务”,是指依照《法官法》《法官培训条例》,国家法官学院委托的高中级人民法院正副院长与基层人民法院院长等领导干部培训、法官晋升高级法官的晋级培训、高级法官续职培训、预备法官培训,以及其他依法应由国家法官学院分院承担的培训类别及学历教育办学任务。

为了方便培训组织与培训实施,实行分类培训、分类管理,在《分院建设标准》编写工程中,编制小组还按照人民法院内部不同岗位的性质特点,经过调查研究,遵循司法规律,借鉴北京市法院人员分类管理办法,研究确定了分类培训规范与要求。《〈分院建设标准〉名词解释》部分将各级人民法院工作人员分为以下八类:“人民法院领导干部、法官、法官助理、书记员、司法警察、政工行政干部、专业技术人员及后勤服务人员。”相应确定了八个培训类别:

第一,领导干部培训。领导干部是指在各级法院担任庭、室、处、办、局、科、队等中层以上领导职务的人员。他们的主要职责是担负各级法院内设机构及所在法院的领导工作。领导干部同时是法官、司法警察、政工行政干部或专业技术人员的,其培训类别按领导干部计算。如领导干部培训不能涵盖的,按相应的法官岗位或其他岗位人员培训要求计算。

第二,法官培训。法官是指由《法官法》规定具有审判职务的非领导人员。他们的主要职责是负责各级法院的审判、执行、调研等工作。各级法院审判业务庭中的审判长培训归入法官培训类别,而不归入法院领导干部培训范畴。

第三,法官助理培训。法官助理是从事审判业务性工作的辅助人员,不具有审判权,在法官的具体指导下开展工作。鉴于法官助理参照《中华人民共和国公务员法》进行单独序列管理,法官助理也是法官的主要来源之一,法官助理培训的内容可参照法官培训的内容,并结合法官助理岗位工作需要确定。

第四,书记员培训。书记员是从事审判事务性工作的专门辅助人员。书记员队伍含聘用合同制书记员与公务员管理制书记员两种,培训的内容主要为庭审记录、诉讼文书处理、公文运转、档案装订与归档等书记员业务和速录技术。

第五,司法警察培训。司法警察是指为审判工作服务的人民警察,简称法警。其主要职责是从事送达法律文书、法庭保卫、协助搜查、押解、看管犯罪嫌疑人、协助判决与裁判文书执行、执行死刑等任务。对两种不同管理方式的法警,无论是按公务员制管理的法警,还是聘用合同制管理的法警,都应开展相应的岗前培训与续职培训。对于公务员制管理的法警,还应开展晋升警衔培训。依照最高人民法院2005年3月16日印发的《关于加强全国法院司法警察训练工作的意见》,要全面开展"三个必训"制度:"一是全面实施首任和上岗必训,培训时间10~30天;二是全面实施职务和警衔晋升必训,培训时间10~30天;三是全面实施司法警察年度职能训练,培训时间不少于10天。"按照最高人民法院2005年2月21日印发的《人民法院司法警察训练大纲》规定"业务培训科目"内容:科目一为司法警察概论,科目二为押解,科目三为看管,科目四为值庭,科目五为安全检查,科目六为送达,科目七为参与执行,科目八为执行死刑,科目九为强制措施;规定"体能培训内容":(1)体能训练常识;(2)俯卧撑(女警仰卧起坐);(3)100米跑;(4)1000米跑(女警800米跑);(5)单杠引体向上(女警免修);(6)5公里越野(选训)。

第六,政工行政干部培训。政工行政干部指为审判工作服务的政治思想工作人员和行政管理人员。其培训注重党的组织建设与工作要求、思想政治建设与工作要求、干部分类管理与人事管理、司法行政管理、行政事务管理科学等内容。

第七,专业技术人员培训。专业技术人员指法院内部从事教育培训、编辑、翻译、图书管理、计算机学科、法医与司法鉴定、财会审计、档案管理等为审判工作服务的技术性工作人员,其培训应按其专业技术序列要求,与社会有关部门专业培训结合,开展岗前培训、岗位培训、晋级培训。

第八,后勤服务人员培训。后勤服务人员是指在人民法院从事生活服务、后勤保障的人员,其培训也应按照国家有关职业规范要求,结合社会有关部门组织的业务培训,开展相应的岗位培训。

关于各类人员培训的时间,中共中央2006年发布的《干部教育培训工作条例（试行）》，规定了省部级、厅局级、县处级党政领导干部每5年应当参加党校、行政学院、干部学院或者经厅局级以上单位组织（人事）部门认可的其他培训机构累计3个月以上的培训；其他干部参加脱产教育培训的时间，根据有关规定和工作需要确定，一般每年累计不少于12天。为了切实落实培训要求，保证培训实际效果，《干部教育培训工作条例（试行）》第14条特别强调："干部必须遵守教育培训的规章制度，完成规定的教育培训任务。"《2006～2010年全国法院教育培训规划》在"续职培训"部分里规定："在重点开展各类法官培训的同时，认真组织好法官助理、书记员、司法警察、司法政务人员等其他工作人员的培训。其他工作人员培训时间每年累计不少于12天。"

此外，人民陪审员虽然不属于人民法院编内人员或管辖人员，但依照法律规定，人民法院教育培训机构依法负责人民陪审员的教育培训工作。最高人民法院2006年3月30日印发的《2006～2010年全国法院教育培训规划》在"初任培训"部分里规定："初任人民陪审员上岗前应当接受履行职责所必备的审判业务知识和技能培训。培训的面授时间一般不少于3天。"

（二）国家法官学院分院的类别与培训规模

国家法官学院分院的类别有两种划分标准，一是专业标准，二是规模标准。专业标准，即以培训专业与培训对象的不同作为分院分类标准。规模标准，即以培训人数的多寡及培训基地建设容量作为分院分类标准。

按照专业标准划分，国家法官学院分院分为两类：普通分院与专门分院。《分院建设标准》第3条规定了承担普通培训任务的国家法官学院分院与专职承担高级司法警官培训任务的西安司法警官分院等专门分院。《〈分院建设标准〉名词解释》规定："国家法官学院分院"是"国家法官学院的分支机构，承担本地区法院的全员培训工作及国家法官学院委托的培训任务"。"国家法官学院专门分院"，是指"承担高级司法警察等专门业务培训职责的国家法官学院分院"。

按照培训规模划分，国家法官学院分院分为三类：一类分院、二类分院、三类分院。国家法官学院各分院基本建设规模，客观上主要取决于培训数量的大小不同。国家法官学院现有32所分院。在调查研究的基础上，《分院建设标准》将其划分为三个等级，也符合住房和城乡建设部提出的"中间大、两头小"

的分院建设布局要求。按照辖区内各级人民法院法官与其他工作人员的总编制数确定的同期培训人员规模,起草小组最初拟定的三类分院建设规模的计算基础人数标准为:一类分院年度培训 10,000 人以上;二类分院年度培训 6700 人以上;三类分院年度培训 3400 人。为了更精确地计算培训容量,最高人民法院党组审议后行文上报的三类分院建设规模及计算标准如下:一类分院辖区内法院在职工作人员超过 1.5 万人,同期容纳学员 770 人以上;二类分院辖区内法院在职工作人员在 0.5 万人至 1.5 万人,同期容纳学员 515 人以上;三类分院辖区内法院在职工作人员不满 0.5 万人,同期容纳学员 260 人。国家主管部门实际批准三类分院的建设规模及计算标准如下:一类分院辖区内法院在职工作人员超过 1.5 万人,同期容纳学员 700 人以上;二类分院辖区内法院在职工作人员在 0.5 万人至 1.5 万人,同期容纳学员 450 人以上;三类分院辖区内法院在职工作人员不满 0.5 万人,同期容纳学员 230 人。《分院建设标准》同时规定,对于法院人数超出本标准一类分院培训员额较多的分院建设,按照实际培训规模需要,可以单独报主管部门批准,适当增加建设规模。

国家法官学院各分院基本建设规模,客观上主要取决于培训数量的大小不同。全国各地法院工作人员数量分布不均,培训数量差异较大。在调查研究的基础上,按照职业培训人数不同来确定建设分院的建设等级,编写小组认为确定为三个等级较为科学,也符合不同建设规模的分院建设的合理布局要求。按照既定划分标准,三个等级分院建设布局为:年度总培训人数不满 5000 人的三类分院 6 个(1 个直辖市分院,2 个自治区分院,2 个省分院,1 个专业分院);年度总培训人数在 5000 人以上、不满 15,000 人的二类分院 20 个(3 个直辖市分院,3 个自治区分院,14 个省分院);年度总培训人数在 15,000 人以上的一类分院 6 个(6 个省分院)。

国家法官学院各分院的年度培训规模以及同期培训规模,其测算依据是根据相关法律、法规及规范性文件规定,在汇总各类法院工作人员每年须参加不同种类与期限的脱产培训的基础上,结合法院工作特点与审判工作需要,同时认可其他党政培训对法院培训的减免替代,以及网络培训替代脱产培训的原则下,科学、客观计算而得。根据相关法律、法规及规范性文件规定,各级各类法院工作人员每年须参加一次脱产培训。法院各类人员应接受脱产培训的种类与期限如下：(1)法院领导干部培训：任职培训以45天为期，每年接受续职培训以15天为期；(2)法官培训：晋级培训以30天为期，每年续职培训以15天为期；(3)司法警察培训：新录用的初任培训以60天为期，警衔晋升以30天为期，岗位培训以15天为期；(4)预备法官培训：以1年为期；(5)人民陪审员培训：初任培训以3天为期；(6)其他人员培训：续职培训以12天为期。在上述数据基础上，根据全国法院教育培训规划标准，在确定培训规模时，《分院建设标准》仅以法院全员的2/3为年度培训数字，以平均各类培训15天为限，每年按10个有效培训月测算。

确定国家法官学院各分院的建设规模，其根本依据是法定的培训任务规模，同时应结合当地的社会、经济发展状况，使建成后的分院各项功能齐全、适应工作，同时经济适用。分院建设要因地制宜，利用当地现有条件、设施和资源，既要有长远规划，也要量力而行。不能一次建设到位的，可以根据轻重缓急分期完成，并留有改建和发展余地。本着满足需要、适当超前的原则，经过调查研究、认真测算，最高人民法院申请报批三类分院房屋建筑面积标准为：一类分院40,624平方米；；二类分院28,973平方米；三类分院16,907平方米。国家主管部门实际批准三类分院房屋建筑面积标准为：一类分院32,727平方米；二类分院22,011平方米；三类分院12,515平方米。最高人民法院申请将报批标准“作为分院建设的最低标准”。国家发展和改革委员会、住房和城乡建设部正式批复发布的《分院建设标准》规定“不应超过规定的控制指标”。

（三）培训经费保障机制

《〈分院建设标准〉条文说明》第4条明确规定了国家法官学院分院建设的经费保障机制：“分院建设是国家政法基础设施建设的重要组成部分。应保障分院建设资金，包括基本建设经费、维修改造建设经费、扩建经费以及相关的配套设施经费等。”在《分院建设标准》草案中，曾规定“国家保障国家法官学院分院的建设资金”。考虑到中央财政与地方财政“分灶吃饭”的实际情况，有关“国家保障”含义不清，容易引起混乱，遂去掉该条表述。事实上，《分院建设标准》作为国家建设标准，国家法官学院分院建设又系国家政法基础设施建设的重要组成部分，中央与地方财政均有义务保障获得批准的国家法官学院分院建设项目建设资金。近5年来，国家法官学院分院建设一直采取中央财政与地方财政相结合的建设资金保障机制。为此，最高人民法院高度重视，业已申请了中央财政有关国家法官学院建设专项资金的大力支持。

有关干部教育培训经费保障机制，中共中央在2006年发布的《2006～2010年全国干部教育培训规划》中强调："加强基础建设，为干部教育培训提供有力保障"，"加大干部教育培训经费投入"，"各级政府要将干部教育培训经费列入年度财政预算，保证干部教育培训工作的需要。加大干部教育培训基地建设项目的投入"。最高人民法院2006年3月30日印发的《2006～2010年全国法院教育培训规划》规定的更为具体，该规划在"保障教育培训经费投入"部分里要求"各级人民法院教育培训经费应不低于同期法院业务经费的3%。其中，东部地区法院和其他经济较发达地区法院教育培训经费应不低于同期法院业务经费的5%"。

法官学院的经费保障是法官学院得以生存的经济命脉。作为国家公办的法官教育培训机构，应由国家保证稳定的办学经费来源。其法律依据即《中华人民共和国教育法》（以下简称《教育法》）。该法第2条规定："在中华人民共和国境内的各级各类教育，适用本法。"第19条第1款规定："国家实行职业教育制度和成人教育制度。"第3款规定："国家鼓励发展多种形式的成人教育，使公民接受适当形式的政治、经济、文化、科学、技术、业务教育和终身教育。"依照上述规定，各级法官学院自然属于教育范畴，适用《教育法》规定的经费保障体系。

关于国家拨款办学，《教育法》第七章"教育投入与条件保障"规定："国家财政性教育经费支出占国民生产总值的比例应当随着国民经济的发展和财政收入的增长逐步提高。""全国各级财政支出总额中教育经费所占比例随着国民经济的发展逐步提高。""各级人民政府的教育经费支出，按照事权与财权相统一的原则，在财政预算中单独列项。各级人民政府教育财政拨款的增长应当高于财政经常性收入的增长，并使按在校学生人数平均的教育费用逐步增长，保证教师工资和学生人均公用经费逐步增长。"

要保证国家财政拨款的稳定投入，很重要的一条是在各级法院内部对法官学院经费的优先保障。要树立教育优先发展与经费充足保障的理念，在国家直接拨款不足或法官教育培训经费实际需要的情况下，各级法院应在行政、业务经费中,在政策许可的范围内,调剂、保障法官教育培训经费。保证对法官学院经费需求的“国家稳定的教育拨款”,理应包括法院内部经费的调剂、补充与足额保障。

例如,20 世纪 80 年代,为了保证全国法院系统法律业大办学等教育培训经费,经最高人民法院争取,财政部 1986 年 3 月 5 日以《关于法院干部业余法律大学分校、分部和教学班的经费标准和列报科目问题的函复》答复最高人民法院:“分校、分部和教学班办学所需经费应由各地法院根据实际需要与可能,向同级财政部门编报预算,经财政部门核定后,在现行国家预算收支科目第 180 款第 2 项政府机关干部训练费中列支。”

此外,作为国家公办教育事业单位,为了保障各级法官学院的办学经费需要,除了保证国家稳定的教育拨款外,还应依法建立法官学院经费“多渠道筹措机制”。按照《教育法》的规定,建立“以财政拨款为主,其他多渠道筹措经费为辅的体制,逐步增加对教育的投入,保证国家举办的学校教育经费的稳定来源”。所谓多渠道,除财政拨款外,大致还包括三类:第一,社会企业单位、事业单位的投资与捐款,社会团体与组织的投资与捐款,个人的投资与捐款,海外团体、组织与个人的投资与捐款。这类经费来源应逐步成为法官教育培训经费筹措机制的主体部分。综观世界各国与我国港澳台地区的现代教育,其经费筹措的主体部分越来越多地鼓励和接受各类政府以外的投资与捐款。如韩国现代企业基金会、德国大众汽车基金会、日本各类株式会社基金会、美国福特基金会、洛克菲勒基金会、我国香港李嘉诚基金会等对社会教育的大量资助,说明社会各界对教育的关注日渐浓厚、对教育的投入日渐增多。依照我国《教育法》,国家鼓励全社会投资兴办教育,倡导多渠道筹措教育经费机制,法官教育培训工作历史上曾接受社会资助,今后应建立健全法官教育培训经费投资与捐资制度与运行机制。第二,社会服务与校办产业的经费收入。按照《教育法》第 58 条规定,国家鼓励教育单位在不影响教育教学的前提下,开展社会服务,兴办校办产业。并规定各级政府对此应给予优惠与扶持。各类法官培训机构的社会服务与校办产业应依托法律优势、发挥社会服务的综合教育培训功能,如举办各类社会专业人员培训班、图书出版发行、法律期刊资料与数据库服务等。第三,收取学费。法官教育培训除适当收取受训学员个人学费外,鉴于各级法院财政“分灶吃饭”,法官学院还可采取由有关法院分担部分资料费、学费、住宿费等培训费用的方法,增加经费收入、弥补教育培训经费的不足部分。此类经费来源应将其制度化,经报所在法院及有关主管部门批准后,逐步成为新型法官教育培训经费筹措机制的稳定来源之一。

(四)培训机构的网络信息化建设

网络信息化建设是现代法官培训的必要要素。在《分院建设标准》制定过程中,编制组十分重视培训基地的网络信息化建设,为此,专门调研了在网络信息化建设方面处于领先地位的延安干部学院、浦东干部学院、井冈山干部学院、北京国家会计学院、国家法官学院吉林分院,制定了具有超前意识的、详细的国家法官学院分院校园信息化建设方案,并贯穿、体现在《分院建设标准》的各个部分和建设项目中。有关校园信息化建设方案,包括校园局域网络、远程培训网络、电话通信、对外宣传网站、培训信息管理系统、多媒体设备系统等组成部分。《〈分院建设标准〉条文说明》还特别强调,考虑到网络信息化建设的日新月异,国家法官学院的网络信息化建设,根据实际需要,应“考虑预留发展的空间”。

根据分院信息化实施现状,从科学合理、适当超前的原则出发,《分院建设标准》对国家法官学院分院的八类信息网络用房使用面积制定了相对超前的标准。

为贯彻最高人民法院提出的“科技强院”方针,提高培训管理工作效率,提升教育管理的现代化水平,必须使用网络化的平台对各级法官培训机构的教育培训工作进行科学管理。针对目前法官培训信息化管理的主要问题是各级法官教育培训机构调训工作组织和培训流程管理尚未实行计算机管理的实际状况,培训机构的网络信息化建设的首要任务是设计并推行各级法官培训机构统一适用的培训管理信息系统。该信息系统应根据各级法官培训机构之间的一体化管理需求和未来发展趋势加以设计,主要包括以下内容:

第一,系统建设目标。总体目标为:通过在线网络,统一实现对法官培训中的调训招生、教务管理、学员管理、学籍档案等环节进行组织管理,实现培训过程的培训计划、学员信息、学籍信息、考勤信息、成绩信息、结业鉴定信息、各级法院培训档案信息等资料的系统化整合,有效提升法官培训管理的工作效率,为全国法官培训工作提供保障。具体目标为:(1)调训管理。对每一期法官培训班学员调训信息进行管理,推进国家法官学院与各省院的招生名单审核工作在信息化平台上开展。提供两种方式,推进国家法官学院与各省院的名单审核工作的开展:国家法官学院指定人员参加某一培训班的培训;国家法官学院选定培训对象的范围、分配名额,由各省院确定具体参训人员,并提交审核。在本模块可以实现参训学员信息的录入、培训资讯的发布。(2)对参加培训班学员的个人信息进行信息化管理,包括学籍管理、入学通知、报到管理、奖惩管理。本模块采用二代身份证识别等技术手段实现学籍管理的效率、准确度提升。(3)受训学员日常管理。对参加培训的学员日常考勤、表现等信息进行信息化管理,系统可自动生成日常管理情况汇总报表,并提供培训班整体或者学员个人考勤等情况的表单下载、打印。(4)受训学员考核与结业管理。对参加培训学员的考核及结业资格进行信息化管理,包括考核结论、结业资格、结业材料等。(5)法官培训档案管理。对参训学员档案进行信息化管理,推进实现培训档案电子化。(6)系统管理。对系统使用机构和工作人员进行信息化管理,实现人员权限控制,保证使用者各取所需、系统运行稳定安全。

第二,系统总体要求:(1)符合法官培训现代化信息管理平台的业务要求与技术需求。(2)系统建设总体要求:系统框架明了,操作直观方便,界面美观,符合各级管理员、领导的操作习惯;支持各环节信息的记录功能,支持数据的管理统计决策分析;充分考虑现有国家法官学院的IT设备;支持多层分级管理,各层级可独立管理,上级可监控下级的信息管理工作。(3)总体性能要求:系统支持全国各级法官培训管理机构的管理要求,充分满足现有多个部门进行适时管理的工作要求;系统能很好地适应当前系统的网络安全环境;系统具有良好的多用户并行处理和快速响应的能力;设备的存储空间和整体性能均必须满足最高人民法院远程教育系统的业务发展需求,要求具有一定的扩展空间,满足未来法官教育培训工作的发展需求。

第三,系统业务与技术指标。在业务功能上,软件系统要达到:(1)基于标准化的学员信息管理平台,支持各环节信息的管理。提供标准化的信息管理平台,实现对招生、学籍管理、注册管理、考勤管理、考核与结业鉴定管理等模块符合现有实际的业务使用需求,实现对必要信息的记录,并能提供表单的下载、打印,便于送呈审阅。(2)系统管理方面具备分级多域管理功能,包括单位管理、用户管理(管理员用户)、备份管理、日志管理等四个模块。可以灵活设置系统的各级组织结构、部门和人员,以及相应的管理权限和操作权限等,最大限度地体现系统设计的自由性和便捷性。各级管理员具有不同的权限,最高人民法院、国家法官学院可以浏览各级法院的学员信息情况,各省高级人民法院可以浏览下属的学员信息情况等,但不能查看其他省院的学员信息情况。(3)培训档案管理功能。系统应保留法官历次培训和考试的档案,包括受训人员的名单及基本情况、受训人员职务变动情况、资格培训的履历、成绩和鉴定;要动态记载历次培训经历及成绩、职务变动情况,便于各级法官管理职能部门分析该法官应接受的新的培训计划。

第四,系统建设原则:(1)易用性:系统要保证在功能和人机交互界面上贴近用户的操作习惯,功能模块、功能按钮的说明定义清晰、命名直观,达到简单易用、提高工作效率的目的。(2)安全性:系统要提供有效的安全保障,具备完善的身份认证、访问控制、日志管理和系统审计等安全保密机制,保证管理系统内部信息的安全。(3)可靠性:系统不仅要求长期稳定工作的能力,而且要求服务器能承受较频繁的数据修改要求;当出现误操作或异常情况时,有良好的系统纠错和恢复能力。(4)先进性:系统采用的技术要具有先进性和前瞻性,采用先进的软件体系机构和应用平台,建设符合信息技术的最新发展潮流的应用基础架构和应用系统,满足3~5年的系统扩展应用需求。(5)灵活性:提供灵活的配置功能,让系统在较短的时间内适应不断变化的组织结构和业务需求,适应管理策略的不稳定性而收敛到稳定状态。(6)成熟性:在注重先进性的同时,系统设计和开发平台应采用业界公认成熟并被广泛应用的技术,降低系统实施风险。(7)模块化:系统中各功能模块的设计应注重业务逻辑的细化,采用模块化、组件化和开放性设计,方便地实现应用模块的增加和删除。(8)经济性:系统能满足性能价格比在同类系统条件下达到最优,系统各种相关费用尽可能低。

第五,应用需求。(1)总体要求为:满足各级法官培训机构法官培训工作中的招生、学籍、考勤、结业、培训档案等各环节信息化管理的要求。其中,报名平台:实现国家法官学院与地方各级法官培训机构法官培训报名信息资料的联网共享。学员管理平台：支持培训开展的学籍管理、注册管理、考勤管理、奖惩管理、成绩管理、结业鉴定等环节的信息化管理。查询与管理平台：支持培训档案资料的整合、查询。对培训组织各人员角色的培训工作信息进行管理。（2）用户对象：教育培训主管部门和教育培训管理机构的各级管理人员。该系统使用人员拥有多级组织架构，其组织架构如下：第一层次为最高人民法院法官管理部门。第二层次为国家法官学院招生办公室、学籍管理办公室、结业办公室、档案办公室。第三层次为各高级人民法院教育培训职能部门。同时，本系统的建设考虑可持续发展的实际需求，实现不限层级的组织管理。在每一级部门中都可以设置用户角色，充分满足各种培训组织架构的要求。（3）用户角色。根据法官培训学员信息管理系统建设的实际需要，用户角色主要分为：国家法官学院领导以及国家法官学院层级的培训管理部门领导、招生负责人、学籍负责人、考勤负责人、考核与结业负责人、档案负责人；省级法官培训机构以及这一层级的培训管理部门领导，招生、学籍、考核、结业、档案工作等负责人；其他法官培训机构层级的角色人员。此外，最高人民法院领导、最高人民法院政治部、各高级人民法院均可以单独设置用户角色。

信息系统应满足全国不同层级法官培训机构与同一培训机构内不同层级管理人员的管理与使用要求：（1）法官培训宏观管理层面：可以查看各年度培训计划、每个培训班的招生、学员管理、学员档案信息等动态情况，也可以查看各项统计分析数据。（2）法官学院培训管理部门层面：可以查看各年度培训计划以及培训计划的执行情况；可以查看招生、学籍、结业、档案各个环节具体工作情况和动态信息；可以汇总生成各项台账和分析报表。招生管理员：负责对招生报名信息的管理，包括与各高级法院的沟通交流；能够对招生模块的信息进行浏览、增加、修改、删除。（3）学籍管理工作人员层面：负责对培训班中的学籍信息、入学通知、报到注册、奖惩的信息进行管理。能够对本模块进行浏览、增加、修改、删除。（4）班主任等日常管理人员层面：负责对培训班中的学员考勤信息进行表单填写，并根据管理要求动态生成考勤台账和动态报表，便于进行考勤分析后的下一步工作。（5）教务管理人员层面：负责对培训班学员的届末考核结论信息进行上传，查看、审核学员个人结业鉴定，办理结业手续，进行信息管理。能够对结业模块进行浏览、增加、修改、删除。（6）法官培训计划、档案管理人员层面:负责对培训计划、培训资料的管理。能够对档案模块进行浏览、增加。根据学员培训管理工作的要求,动态生成学员参与培训时间、培训情况等分析指标,以便后续培训工作的开展。(7)系统管理员层面:定位于系统全局性的维护和管理,负责对系统组织架构、用户角色、系统基础数据等进行维护。

(五)具有法院特色的文化建设与情报数据库建设

《〈分院建设标准〉名词解释》第12项解释界定:国家法官学院分院图书馆,是"供全体教职员工及受训学员查询阅览、研究处理图书资料和情报信息的场所"。中共中央《关于深化文化体制改革推动社会主义文化事业大发展大繁荣若干重大问题的决定》提出,要"大力发展图书馆文化事业""提高文化支出占财政支出比例"。《分院建设标准》强化了国家法官学院分院基地的图书馆建设、音像资料编辑室建设、档案室建设、文体活动室建设。在建筑面积上予以保障、在设施配备上留有空间。

国家法官学院各分院图书馆是人民法院文化建设以及法官学院文化建设的文化展示、文化应用、文化服务、文化宣传、文化建设主阵地。要深入学习、贯彻党的十七届六中全会《关于深化文化体制改革推动社会主义文化事业大发展大繁荣若干重大问题的决定》,遵循图书馆建设规律,全面发挥图书馆功能,把国家法官学院分院图书馆建设成为"设施完备、特色鲜明、功能强大、管理科学、服务优良、环境优美、国内一流"的法院文化建设基地。要学习、借鉴高校与社会图书馆经验,拓展法官学院图书馆传统工作业务,从传统单一的纸制图书阅览服务向"纸制图书服务、文献资料服务、数字情报服务、司法文化交流、专题咨询检索、文化博览活动"的目标转变,充分发挥图书馆为学院基础建设、教学科研服务的社会职能。要根据当代图书馆的建设规律,大力推进图书馆自动化、网络化进程,探讨建立法官学院分院内部的图书馆局域网,为法官培训学员及教职员工提供高质量、高效率的文献信息服务,实现电子图书情报文献在教学区、学员宿舍区、行政办公区的全院资源共享,促进分院图书馆数字化建设。同时加强图书馆自身的自动化管理,逐步实施图书馆行政事务与业务工作计算机管理。

依照《分院建设标准》关于图书情报建设的明确要求,要积极推进国家法官学院各分院图书馆建设，开展各分院图书情报建设达标工作，促进各分院情报资源共享，探讨建立全国法官培训机构图书情报联网共享机制，建设法官学院、全国法院自有情报数据库，开展法官学院数字图书馆“三库建设”，全面服务审判工作与法官需求。

国家法官学院本部与各法官学院分院联网的图书情报“三库建设”，是指以“司法制度与法院建设数据库、审判理论与审判经验数据库、法院资料与司法文献数据库”三个数据库为主体的数字图书馆建设方案。也可将“三库”简称为法院建设、审判理论、法院文献数据库。其中，第一个数据库为法院历史与现状数据库；第二个数据库为审判理论与审判经验数据库；第三个数据库为法院文件与综合资料数据库。法官学院图书馆“三库建设”旨在推进法院文化事业大发展，满足各级法院的建设需求与各地法官的知识需求。路径是以国家法官学院图书馆为核心，整合国家法官学院各分院乃至全国法院系统图书情报资源，依照《分院建设标准》，推进各分院图书馆建设，促进全国情报资源共享，建立法官培训系统图书情报联网共享机制，更好地推进法院文化建设，服务审判工作。

长期以来，各地法院在司法制度与法院建设、审判理论与审判经验方面积累了大量的信息资料，是法院建设发展中非常宝贵的财富。深度开发各地法院的特色资源与区域资源，整合、建设全国共享的数字资源网络平台，已成为法院建设的深层需求。法官培训系统图书馆是各级法院的文献信息藏阅中心，是为受训法官提供学习研究与文化交流的知识平台。各地法官培训机构图书馆要发挥自身优势，突出自身特色，有计划地把有关符合“三库建设”的现有馆藏纸质文献资源数字化，并加强数字信息资源的采集、建库工作。国家法官学院图书馆要发挥统筹职能，承担“三库建设”的规划制定、组织协调、业务指导等工作，统筹全国法院培训系统做好“三库资源”建设，实现共建共享，搭建起以国家法官学院图书馆为中心，全国法官培训机构图书馆为主体的数字资源共建共享的统一平台。

“三库建设”的重点是具有法院特色的情报资料资源。要重视与突出五种资源：具有各地法院特色的司法制度历史资源、法院建设资源、司法理论研究资源、司法审判经验资源、法院文库与其他资料资源。各分院要深度挖掘当地法院及法官学院的信息资源，打造具有研究价值和使用价值的特色数据库：第一，全国法院司法制度与法院建设数据库。全国法院司法制度与法院建设数据库主要包括各级各地法院在司法制度发展与法院载体建设、队伍建设、精神文明建设、物质文明建设方面的史料与成就。司法制度建设主要包括司法改革方面的内容，包括司法理念、组织、方式方法等的改革；也包括法律适用方式、标准等的调整或演变方面的内容。法院队伍建设内容包括法官队伍、法官助理队伍、司法警察队伍、书记员队伍、司法行政与管理队伍等综合人员建设情况。法院精神文明建设的主要内容是各地法院通过对精神塑造、规范约束和物质保障来造就高素质的法院群体方面的经验。法院物质文明建设方面的内容包括法院建筑设计、装饰装修、环境美化或后勤保障等方面的成就。第二，审判理论与审判经验数据库。改革开放 30 年来，全国各地法院受理的案件逐年大幅增加。2011 年，全国法院共受理案件 1170 余万件，同比上升 2.8%，受理案件的审结、执结率高达 98%。2012 年，全国法院共受理案件 1220 万件，同比上升 4.4%，受理案件的审结、执结率高达 99%。在案多人少的重压下，各地各级法官创造性地探索了很多卓有成效的审判经验。上述审判经验与成果是广大法官共同创造的宝贵财富，善于应用审判理论与审判经验能够做到事半功倍。把这些经验总结集中起来，让全国各地法院及法官共同分享这些宝贵的经验，是促进我国司法水平整体提高的一项功在历史的文献建设工作。截至 2012 年，国家法官学院主办了 22 届以司法审判为主题的全国法院应用审判理论研讨会。各省、自治区、直辖市法院又分别举办辐射面更广的研讨交流。各地法院应用理论研究已蔚然成风。如 2012 年 6 月基本完成的 17 个铁路中级人民法院、58 个铁路基层法院整体移交地方的工作，审判管辖问题的研究已成为热点。这些审判理论与实践研究成果是中国法院的独有时代资源。第三，法院资料与司法文献数据库。内容涵括上述两类数据库所无法载入的法院文件、图片、资料。主要包括各地法院与法官学院历届领导的生平事迹、工作简历与法院建设成果、主要著作及理论贡献；法院的重要会议及文件；各地法院与法官学院院志及院史；具有历史影响力的，在法院与法官学院工作过的法官、其他工作人员的有价值的审判经验、理论文章、讲稿课件、手稿照片、字画墨迹；法院集体或法官个人、法官学院集体或教师个人在国内外获得的各种荣誉证书等文献资料；各地法院与法官学院公开出版与内部发行的所有出版物；各地法院形成的与法院审判活动以及法院工作有关的各种载体形式的文献资料等。

（六）国家法官学院分院的评估与考核

国家法官学院分院评估与考核工作，是国家法官学院分院管理工作的有机组成部分，对促进分院办学条件达标、培训基地建设、圆满完成受委托工作具有重要的导向与约束作用。为此，2011 年，国家法官学院制定了《国家法官学院分院年度工作考评办法（试行）》，2012 年 10 月 26 日又加以修订。该考评办法确定了六项分院年度工作考评内容：第一，年度培训计划制定情况。包括拟举办培训班是否符合法官需求、培训规模及培训特色等内容。第二，法官培训工作开展情况。包括完成年度培训计划、培训方式改革与培训效果情况。第三，分院建设情况。包括领导班子团结、教职员工爱岗、管理制度和创新、培训的能力和水平情况、基础设施建设情况。第四，向国家法官学院提供宣传信息资料情况。第五，工作交流情况，指配合国家法官学院及兄弟分院开展法官培训、师资交流、学术科研和工作调研的情况。第六，其他工作。除上述考评事项外，该办法规定：各分院具有完成或配合完成国家法官学院年度调训工作、师资库建设、教学实践基地建设、法官培训教材建设等情况的，予以加分。分院考评采取百分制，每年对各分院予以考评排名，奖励先进。

《国家法官学院分院年度工作考评办法（试行）》填补了《法官培训条例》《关于设立国家法官学院分院条件与程序的若干规定》发布实施以来，对已经设立的国家法官学院分院缺少考核评估的工作空白，促进了国家法官学院分院的规范化建设，对提高各分院的培训质量与水平具有积极的推动作用。为建立科学合理的国家法官学院分院考核评估机制，需要在总结经验的基础上，着重在以下方面改进分院考核评估机制。

第一，着力建设全国一体化、充满活力、高效和谐的国家法官学院分院体系。国家法官学院要增强服务意识，更多地了解分院困难，更多地关心分院建设，更好地支持分院发展，发挥好国家法官学院的核心带头作用，努力建设全国一体化、科学合理、有效联动的法官教育培训体系。国家法官学院应进一步研究学院与分院的职能分工与互动体系，增强国家法官学院的整体办学功能，加强学院与分院、分院与分院之间的教学研讨与培训交流，建立国家教育培训师资库和业务档案，制定教师联聘办法，优化师资配置，实现资源共享，优势互补。国家法官学院与分院的关系要逐步实现“五个统一”：统一发展规划，统一培训内容，统一考核要求，统一师资队伍，统一规范管理。要通过考评，大力加强分院基础建设。全面落实《分院建设标准》，加强分院基地建设、机构建设，指导解决各分院培训机构与编制、专职教师数量、兼职师资队伍、培训基地建设与改造、培训设施与保障问题。在有条件的分院建设法官双语培训基地。

第二，明确分院考核评估指导思想。最高人民法院《关于设立国家法官学院分院条件与程序的若干规定》规定：“分院成立后，每隔三年由最高人民法院政治部和国家法官学院进行考核评估。评估不合格的，限期整改。整改后评估仍不合格的，予以摘牌，不再承担委托任务。”最高人民法院的上述文件是国家法官学院分院考核评估工作的最高依据。据此，国家法官学院对所属分院的考评，应当主要考评已成立的分院是否仍然具备成立国家法官学院分院的既定条件，而不是考核其年度工作开展情况。鉴于国家法官学院各分院同时系各高级人民法院的培训机构，国家法官学院与各分院之间并无行政隶属关系，不能把国家法官学院各分院当成国家法官学院的内设机构实施年度考评。国家法官学院各分院的年度工作理应由所在高级人民法院进行考评。

第三，建立科学的考核评估指标体系。对分院的考核评估内容应紧紧围绕最高人民法院规定的国家法官学院设立分院的经费与编制条件、培训基地与设施条件、师资数量与职务比例、经费与图书条件等四类条件展开。在此前提下，考核的指标体系应有别于年度工作考核，侧重于分院办学条件指标。鉴于分院的考评源于分院的成立，考评分院的指标体系应当依照最高人民法院政治部、国家法官学院2004年6月4日联合下发的《国家法官学院分院条件一览表》规定的11项子内容具体设置标准，全面建立以下系统指标体系：(1)领导体制部分。近3年来培训机构所在高院党组年度讨论教育培训工作情况，高级人民法院党组是否做到了“一手抓审判工作，一手抓教育培训”，高级人民法院院长重视、过问、主抓教育培训工作情况，高级人民法院教育培训领导机制（是否设立了教育培训委员会等高级人民法院主要负责人领导下的综合、统一的领导机构），高级人民法院分管领导配备条件与开展工作情况，全省（自治区、直辖市）法院制定中、长期教育培训发展规划情况，高级人民法院教育培训机构与教育培训主管部门设置情况与相互关系，近3年来中级人民法院、基层人民法院教育培训设置与开展工作情况。（2）培训机构部分。考核培训机构性质、级别、编制情况，培训机构实有人员与培训规模人数比例情况，培训机构管理人员与教师比例情况，内设机构职能及作用情况，原法律业大编制使用情况，现有领导人员配置情况与满足工作情况，现有专职培训管理人员配备及满足工作需要情况，拟调入专职培训管理人员情况及具体期限。（3）工作成绩部分。原法律业大工作主要成绩，分院成立后法官培训、学历教育、专家型与复合型人才培养工作情况，全员培训开展情况，各类资格培训应培训数量与实际培训人数，教学方式改革情况，网络培训平台、培训规模、培训人数、培训类别及培训成绩，各类资格培训班培训期限及培训内容，培训机构对外交流情况，国家法官学院委托工作开展情况，培训机构近3年来立功受奖情况。（4）培训基地性质部分。培训基地地址及使用时间，基地是否属于教育培训工作专用，基地使用后开展培训的培训人数、培训班次，培训基地管理机构与培训机构关系，基地工作人员编制情况及现有人员数量与文化结构，基地管理机构领导人员情况。（5）基地规模。现有培训基地占地面积、建筑面积、绿化面积、停车场面积，室外器械训练场、室外球类训练场、室外田径场建设面积，拟再建项目内容及面积，培训基地选址、布局及校园规划情况，普通教室（多媒体教室）、阶梯教室、双语教室、研讨室、远程教育教室、大礼堂、音像资料编辑室等教学用房建设及面积，各类信息网络用房面积，行政办公用房、医务室、档案室、行政会议室等办公用房建设及面积，学员宿舍、专家公寓、教职员工宿舍、学员食堂、教职员工食堂等生活用房建设及面积，文体活动室建设内容、种类、面积状况，模拟刑事审判法庭、模拟民事审判法庭、模拟行政审判法庭、模拟未成年人案件审判法庭、模拟调解室、模拟候审羁押室、模拟信访接待室等训练用房建设及面积，司法警官训练馆建设包含内容及分类建筑面积，建筑设备内容及状况，建筑标准情况。（6）设施条件部分。教育培训固定资产总值，保证教学与办公需要的机动车辆数量及状况，电教设备数量及状况，文体活动设施种类、数量及状况，洗浴、商业、邮政、存储款、物品储藏等生活服务设施状况。（7）专职教师部分。现有专职教师年龄、教学职称、审判职称、学历、专业结构情况，专职教师学科分布，专职教师从事教育培训年限情况，具有正、副高级教学职称专职教师的人数、评定年限情况,具有法官等级专职教师的人数、法官级别、任职年限情况,具有中级教学职称专职教师的人数、评定年限情况,拟调入专职教师情况,专职教师管理制度及执行情况。(8)兼职教师部分。现有兼职教师人数、年龄、学历、职称、专业、毕业年限情况,兼职教师职业分布情况,法院系统兼职教师审判职称、审判专业、专长领域、从事法官培训兼职教师年限情况,法院系统外兼职教师专业技术职称、专业、专长领域、从事法官培训兼职教师年限情况,兼职教师管理制度及执行情况。(9)教师队伍实行"教学—审判—科研"三结合部分。专职教师教学与审判"双职称"制度及执行情况,具有"双职称"的专职教师人数,所在高级人民法院有无三结合制度、制度行文年限、制度执行情况,兼职教师具有教学职称情况,专职教师近3年从事审判工作人数、时间、办案数量,兼职教师从教方式(离岗任教、轮岗从教、在岗任教),专职教师与兼职教师近5年科研成果情况。(10)经费保障部分。近3年内各年度教育培训机构人员编制经费数额,近3年内各年度干部教育培训经费数额,教育培训机构人员编制经费来源,干部教育培训经费来源,近3年来各年度高级人民法院教育培训经费占法院经费比例,近3年来各年度高级人民法院干部教育培训经费增长比例,近3年来各年度高级人民法院经费增长比例。(11)图书文献条件部分。培训机构有无专有图书馆或图书资料室(是否与法院图书馆或图书资料室合二为一),高级人民法院图书馆或图书资料室建筑面积、读者容量、图书数量、期刊数量,培训机构图书馆或图书资料室建筑面积、读者容量、图书数量、期刊数量,培训机构近3年采买的图书数量种类与数量,培训机构图书种类(社科、文艺、法学、外文、其他)分布情况,近3年来培训机构数据库种类及采买情况,培训机构自建数据库情况,培训机构数字图书馆建设情况,图书借阅与流转、图书馆或图书资料室计算机管理状况。

第四,建立科学的考核评估机制。(1)考评目的,是通过考评,决定是否继续保留省级法官培训机构的国家法官学院分院资质,是否继续委托该省级法官培训机构实施国家法官学院的办学任务,不是奖惩省级法官培训机构的日常管理与年度工作。(2)考评环节,除了要严格按照成立分院的既定标准内容开展测评,其重点考评环节应系考评分院完成学院本部委托任务的情况。目前,重点要考评分院完成学院委托的预备法官培训、教材编写工作、专项调研工作等工作的完成情况。(3)考评期限，应当以高效力的最高人民法院文件规定为准，“每三年一次”，而不是一年一次。(4)考评形式，应当采取书面考察与实地考察两种方式，避免书面审查的偏颇失准。(5)考评机构，鉴于分院的设立系最高人民法院行为，具体由最高人民法院政治部与国家法官学院共同考察审批，分院的考评工作直接涉及分院的资质条件评断，分院的考评工作亦应由最高人民法院政治部与国家法官学院共同进行。(6)考评积分，宜避免采用考评内容不确定的“额外加分工作”“其他加分事项”等主观表述，有关“工作宣传”“上报信息”“新闻稿件”“工作交流”等日常行政工作事项亦不宜作为是否符合分院条件的考评标准。

四、法官培训基地建设

法官培训基地是法官培训得以开展的物质载体与基础条件，也是《分院建设标准》加以规范、力求统筹解决的核心问题。按照《分院建设标准》第10条规定，国家法官学院分院建设项目“由房屋建筑、场地、建筑设备三部分组成”。

(一)房屋建筑建设

按照《分院建设标准》第11条规定，房屋建筑项目由以下六部分建筑用房组成：教学用房、办公用房、信息网络用房、生活用房、训练用房、辅助用房。

第一，有关教学用房，参考、归纳国家关于其他教育院校教学用房的建设标准，针对法官培训实际，《分院建设标准》将国家法官学院分院教学用房分为普通教室(多媒体教室)、研讨室、阶梯教室、双语教室、远程教育教室、大礼堂、音像资料编辑室、图书馆等八类建筑。

按照法官培训工作的需要，国家法官学院分院的普通教室参照文法类高校普通教室生均标准以及外语类高校普通教室生均标准，结合法官培训实际需要，考虑到参训学员一般系一定级别法官，需要设置较宽通道，并配备软椅和较宽的桌子(可以放置笔记本电脑并配有电源插座)普通教室生均1.07～1.08m^2。《分院建设标准》结合阶梯教室、研讨室的同期容量，确定三类分院建设普通教室2个，二类分院建设普通教室4个，一类分院建设普通教室6个，不设置机动普通教室。每间普通教室的使用面积为80m^2。同时，为满足现代法官培训需求,国家法官学院分院的普通教室均要求按多媒体教室建设,每间教室配备必要的多媒体设备。

研讨室指用于学术研究讨论的专门场地,是实现案例教学培训方式的必备条件。法官培训倡导并实行案例教学与研讨交流培训。为了保证研讨效果,《分院建设标准》以同期参加培训学员的1/4作为基数,额定席位15人确定研讨室数量。其面积参照办公建筑设计规范规定的小型会议室标准,确定每个研讨室使用面积为30m^2。考虑到研讨活动在法官培训中日益重要的作用,最高人民法院报批三类分院建设6个研讨室,二类分院建设8个研讨室,一类分院建设12个研讨室。国家主管部门实际批准三类分院建设4个研讨室,二类分院建设7个研讨室,一类分院建设11个研讨室。

阶梯教室是指用于合班教学的教室,一般可容纳150~200名学员。鉴于合班上课是法官培训的常态教学方式,国家法官学院三类分院的阶梯教室建设1个,并根据培训既定规模递增,二类与一类分院均建设2个阶梯教室。考虑到在国家法官学院分院参加法官培训的学员一般系资深法官、年龄较大,需要设置较宽的教室通道并配备软椅和较宽的可以放置笔记本电脑并配有电源插座的课桌,每间阶梯教室的使用面积设置可按容纳150名学员的180m^2使用面积标准建设。

双语教室是指用于民族语言或外语授课的专门教室,宜采用语音教室布局,配备翻译系统,一间双语教室可按容纳50名学员90m^2使用面积建设。各类分院根据民族干部培训以及涉外培训教学需要,至应保证建设双语教室1个。

远程教育教室是指用于学员参加远程培训的教室,宜配备计算机网络和视频会议网络。《分院建设标准》确定各类分院均建设1个远程教育教室,其中三类分院建设使用面积为90m^2的远程教育教室1个,二类分院建设使用面积为210m^2的远程教育教室1个,三类分院建设使用面积为290m^2的远程教育教室1个。

大礼堂是指用于进行大型会议、大型讲座或报告会、开学典礼、结业仪式的场所,建筑面积应满足同时容纳全体参训学员及相应教职员工的建设需要。参照《普通高等学校建筑规划面积指标》(建标〔1992〕245号)会堂建设标准,国家法官学院分院建设中的大礼堂,三类分院建筑面积控制在460m^2,二类分院建筑面积控制在900m^2,一类分院建筑面积控制在1400m^2。

图书馆是国家法官学院分院的重要建筑项目，是供全体教职员工及受训学员查询阅览、研究处理图书资料和情报信息的专用场所。按照《分院建设标准》要求，图书馆以各种阅览室和书库为主，同时应配套设置目录厅、出纳厅、内部业务用房等。其面积按照《普通高等学校建筑规划面积指标》（建标〔1992〕245 号）规定的每名生员人均 $3m^2$ 确定，即一类分院图书馆建筑面积控制在 $690m^2$，二类分院图书馆建筑面积控制在 $1350m^2$，三类分院图书馆建筑面积控制在 $2100m^2$。

第二，有关办公用房，对比、参照其他相关国家标准，《分院建设标准》将国家法官学院分院办公用房分为行政办公用房、医务室、传达室、值班室、档案室、行政会议室等六类建筑。由于目前国家法官学院分院的教职工人数尚无明文规定，根据调研数据及实际需要测算，学员与教职工的比例为 10∶3.2。本标准照此比例低限测算相关教职员工用房。教职员工中，行政管理人员与专职教师等专业技术人员分别按 40% 和 60% 测算。

行政办公用房是指实施各种培训服务、管理工作职能的行政用房。国家法官学院分院的行政办公用房，参照《党政机关办公用房建设标准》规定的二级机关标准，处级人员办公室人均使用面积按 $12m^2$ 计算，其他人员人均使用面积按 $6m^2$ 计算。《分院建设标准》编制过程中，按照人员级别构成实际综合两项，处级人员占 20%，人均使用面积为 $7.2m^2$。行政办公用房可根据学院规模大小按工作职能设综合办公室、院长办公室、党务工作办公室、学员管理办公室、信息化管理办公室、教学办公室、教务办公室、外事交流管理办公室、财务办公室、总务办公室等。

有关专职教师办公用房，参照《普通高等学校建筑规划面积指标》（建标〔1992〕245 号），《分院建设标准》以 30% 专职教师人均使用面积为 $4m^2$，其他专职教师人均使用面积为 $1m^2$ 计算，确定一类分院专职教师办公用房面积为 $280m^2$，一类分院专职教师办公用房面积为 $188m^2$，一类分院专职教师办公用房面积为 $95m^2$。

有关兼职教师的办公用房，应据兼职教师数量设置。《分院建设标准》考虑到兼职教师来自人民法院业务庭室，定期交流到分院从事一段时间的培训授课工作，一般职级较高，在编制过程中遂在确定兼职教师办公室面积时，按照人均 12m²（处级干部行政用房标准）计算。兼职教师数量按照培训工作的实际需求，一类、二类、三类分院分别确定为 5 个、4 个、3 个。

第三，信息网络用房，是指置放网络系统设备以及网络信息管理工作用房。《分院建设标准》全面吸收了其他国家标准有关信息网络用房的规定，将国家法官学院信息网络用房划分为八类：校园网中心机房、远程教育机房、管理室、通信机房、UPS 电源室及灾备室、线路接入及管理室、数字电视信息设备及管理室、设备维护及备品室。

《〈分院建设标准〉条文说明》第 35 条特别强调，为满足培训需要，各种教学用房、行政用房和学员宿舍均应接入法院专线网，教室应安装音频、视频终端，以满足远程教学和多媒体教学的需要，便于学员开展网络学习。

第四，关于生活用房。《分院建设标准》坚持以人为本的编制原则，努力贯彻教育培训先行、优待教师的基本国策，充分照顾到受训法官与分院教职员工的生活需要，根据法官培训的实际需要，努力提高、全面保障国家法官学院分院的生活用房标准。具体生活用房分为九类：学员宿舍、专家公寓、教工单身宿舍、工勤人员宿舍、学员食堂、教工食堂、工勤人员食堂、公共浴室、文体活动室。

考虑到法官的社会地位与特殊重要性，《分院建设标准》以安排 50% 学员住单人宿舍、50% 学员住双人宿舍为依据确定学员宿舍数量。参照《宿舍建筑设计规范》（JGJ 36—2005）一类宿舍人均使用面积 16m²（不含附设卫生间和阳台面积）的规定，调高法官住宿标准，确定国家法官学院分院学员宿舍每间使用面积为 18m²。同时，为了解决特聘专家、学者来院授课和学术交流期间临时住宿需要，参照《普通高等学校建筑规划面积指标》（建标〔1992〕245 号）中关于留学生公寓的面积指标，《分院建设标准》特别规定各类分院建设专家公寓，公寓每套使用面积为 36m²。其中，三类分院建设 3 套专家公寓，二类分院建设 6 套专家公寓，一类分院建设 10 套专家公寓。

为了保障国家法官学院分院工作人员住房需要，《分院建设标准》规定要按全体教工总数的 20% 建设单身教工宿舍，单身教工宿舍均为单人间，三类分院建设单身教工宿舍 15 间，二类分院建设单身教工宿舍 29 间，一类分院建设单身教工宿舍 45 间，每间使用面积为 9m²。《分院建设标准》同时规定，三类分院要建设工勤人员宿舍 5 间，二类分院建设工勤人员宿舍 9 间，一类分院建设工勤人员宿舍14间，每间使用面积为18m²。上述宿舍、公寓，均应在每层设置独立的衣帽间、消毒间、公共卫生间，每间不低于15m²的使用面积。

《分院建设标准》还结合分院在职教育的实际情况，吸收《饮食建筑设计规范》（JGJ 64—89）的有关规定，根据不同人员类别及服务类别，分设学员食堂、教工食堂、工勤人员餐厅。各类食堂均包括就餐、初加工、烹调、备餐间、仓库、更衣室等区域，采用自助餐形式的还需包括取餐区域。其中，学员食堂就餐总人数按照同期培训人数的100%计算，其分配以培训班次为依据，每个学员人均面积为1.41m²。一类分院与二类分院各设2个学员餐厅，三类分院设1个学员餐厅。考虑到兼职教师临时就餐以及来院研讨交流、上级机关指导调研、受训学员因公接待人员等接待就餐需要，教工食堂就餐人数标准按照教工总人数的110%计算。考虑到工勤人员与学院教工的工作时间差异，分设教工食堂与工勤人员2个餐厅。为满足分院教工以及工勤人员公共洗浴的生活需要，《分院建设标准》还规定各类分院建设公共浴室。其中，三类分院建设1个浴室40个浴位（男女分设），二类与一类分院建设2个浴室80个浴位（男女分设），每个浴室使用面积为90m²。

第五，训练用房。训练用房是用于司法警察体能、业务技能训练，法官、预备法官审判业务技能培训，以及法院工作人员岗位技能培训的场所。

训练用房中的模拟法庭是法院培训的特色，是法官、法官助理、书记员、司法警察、预备法官、人民陪审员培训的必备场所。为满足各类人员、各类培训班模拟开庭的实际需要，按照不同案件的审判特点，应分别设置模拟刑事审判法庭、模拟候审羁押室、模拟民事审判法庭、模拟调解室、模拟未成年人案件审判法庭、模拟信访接待室。其面积根据《人民法庭建设标准》确定，模拟法庭旁听席容量宜控制在150～200人。《分院建设标准》要求各类分院均须设置模拟法庭，但可根据培训需要在模拟刑事审判法庭、模拟候审羁押室、模拟民事审判法庭、模拟调解室、模拟未成年人案件审判法庭、模拟信访接待室等中选择设置。其中，三类分院设置模拟刑事审判法庭与模拟民事审判法庭各1个，模拟候审羁押室与模拟信访接待室各1个。

司法警察训练馆是分院建设训练用房中的另一重要组成部分。国家法官学院各分院分别承担少则300人，多则数千人的司法警察年度岗位培训。司法警察训练馆是为解决学员在雨雪天气体能训练、技能训练需要的室内场所。最高人民法院原本报批一类分院司法警察训练馆2480m^2，二类分院1660m^2，三类分院840m^2。但遵循国家主管部门要求，为了控制建筑面积，标准从严要求，只规定了能够满足基本要求的司法警察训练馆面积，即三类分院司法警察训练馆实行同一标准：建筑面积为1001m^2，折合使用面积为850m^2。司法警察训练馆中应设置队列训练场地、擒拿训练场地及器械区，并适当设置球类活动场地（一般宜设篮球馆、网球馆、羽毛球馆），参考面积如下：一套健身房为200m^2；一个网球场为720m^2；一个篮球场为608m^2；1个排球场地为322m^2；一个羽毛球馆为175m^2。上述建设项目可按多用途共享型项目建设。

第六，辅助用房。辅助用房是指分院基地中各类仓库和设备间用房。辅助用房是校园运行保障的重要组成部分。

（二）场地建设

国家法官学院分院的场地建设包括室外器械训练场、室外球类训练场、室外田径场、停车场、绿化用地五部分内容。

第一，室外运动场地。室外运动场地是指司法警察体能、队列、专业技能训练以及受训法官课外健身活动所需要的运动场地。国家法官学院分院培训区别于其他院校的特点，是承担全国5.1万名司法警察的年度岗位培训。鉴于司法警察年度技能与岗位训练及考核（男警1500米跑、女警800米跑）的实际需要，田径场成为分院建设的必备内容。同时，由于司法警察的实际训练与法官学员的体育锻炼需要，各类分院应建设适量的室外警体、球类、器械等运动场地。

室外运动场地建设参考标准，以一类分院室外运动场地11，170m^2为例，可建设1个300米田径场、1个器械场、1个篮球场、1个排球场、2个网球场。培训规模小于一类分院的二类、三类分院室外运动场地，可建设1个200米田径场、1个器械场，场地中间套建1个篮球场、1个网球场。

第二，停车场用地。停车场是指用于停放学员及教职工车辆的场地。参照特殊教育学校建设标准以教工人数的30%计算停车位，考虑到法官培训学员不同于学校学生，停车需求量较大，《分院建设标准》以学员数量为计算基础，规定以同期在校学员人数的10%确定停车位（教工停车位并入其中，不另计算），每车位占地面积为25m^2。

第三，绿化用地。为了体现以人为本和绿色校园的理念，有效改善校园环境和校园周边小气候，同时考虑国土资源紧张的原因，《分院建设标准》编制过程中，参照《普通高等学校建筑规划面积指标》（建标〔1992〕245号）生均绿地标准，设计了分院集中绿化用地的面积指标按每个学员绿化面积生均6m^2计算。同时，《分院建设标准》还要求分院基地绿化率达到一定水准，校园绿地率可达到40%。

（三）建筑设备

建筑设备，是指安防设备、给排水系统及设备、暖通空调系统及设备、供配电系统及设备的总称。

按照《分院建设标准》规定，国家法官学院分院的安防设备要满足校园安全监控、安防保卫的需要；给排水系统及设备、暖通空调系统及设备、供配电系统及设备要满足分院教学、工作、生活正常运行，并符合国家有关水暖电气技术指标要求。各类教学用房、办公用房、信息网络用房、生活用房等房屋建筑项目，应根据不同的气候条件与工作需要设置空气调节系统。未设置空气调节系统的，可配置机械通风设施。

上述用房应按照人民法院网络建设与智能化管理规定，从法官培训教学与法官生活的实际需要出发，设置线路，预留接口，避免重复建设，以备未来发展需要。

第七节　借鉴域外法官培训经验

一、法官培训机制

法律借鉴，是指一个国家或地区，将其他国家或地区的法律参考吸纳到自己的法律体系之中的专门活动。法官培训制度作为法制体系的一部分，认真研究、参考、借鉴其他国家或者地区的法官培训制度与经验，确有必要。法律借鉴，又称法律移植，是法律发展的规律之一。法律是社会发展的产物，社会是一个互相制约的系统，法律是这一系统中的要素。法律是文化的一种，也是历史发展到一定阶段的产物,其发展也具有历史的延续性。从世界法律发展史来看,法律借鉴是法律发展的一个基本历史现象。在清末和民国时代,我国曾大量移植了法、德、美、英的法律,尤其是日本的法律。新中国成立以后,我们全方位地借鉴了苏联的法律。改革开放以后,我们又研究参考了西方国家的各种法律。

关于吸收借鉴世界优秀法治文化,习近平总书记2017年5月3日在中国政法大学考察时指出:"在法学学科体系建设上要有底气、有自信。要以我为主、兼收并蓄、突出特色……努力以中国智慧、中国实践为世界法治文明建设做出贡献。对世界上优秀的法治文明成果,要积极吸收借鉴,也要加以甄别,有选择地吸收和转化,不能囫囵吞枣、照搬照抄。"[①]研究作为人类文化建设智慧结晶的法律制度,是建设我国社会主义法律制度体系的有益参考。同样,了解与研究作为法治国家、法制文化智慧结晶的其他国家与地区的法官教育培训制度与经验,同样也是建设、健全具有中国特色的社会主义法官培训体系的有益参考。

(一)司法改革中的法官培训

综观世界各国及地区,无论是大陆法系还是英美法系,法官培训不仅立足于、服务于司法审判的现实需要,而且法官教育培训制度本身就是司法改革的产物,也必须宣传、效力于司法改革。自1999年起,最高人民法院已经公布了三个《人民法院五年改革纲要》,确定了人民法院不同历史时期司法改革的阶段目标,是人民法院组织建设、审判制度与司法改革的纲领性文件。其中,1999年10月20日最高人民法院公布的第一个《人民法院五年改革纲要》就明确指出人民法院改革的基本原则之一是"坚持从中国的国情出发,借鉴国外在法院和法官教育培训工作中的有益经验"。

法兰西共和国具有悠久的司法历史与经验,在司法制度与法系上系典型的大陆法系国家。中国的审判制度、法官培训制度与司法改革,与大陆法系的审判制度、法官培训制度与司法改革具有方方面面的密切联系。研究、分析法国司法制度、法官培训制度及其改革,对于借鉴域外的成功经验,推进我国法院的

---

① 《人民日报》,2017年5月4日。

司法改革及培训体系建设具有重要意义。

第一，司法改革原则。法国的司法改革从18世纪起前后持续300余年，一以贯之地贯穿着必要性、连续性、稳定性相统一的基本原则。在民主社会里，司法作为个人自由和法治国家的卫士，监督法律的执行。司法改革的必要性有如公民权利与自由的重要性。由于司法工作始终处在社会成员之间矛盾冲突的交叉点上，所承担的解决争端的任务决定了诉讼的结果不可避免地有胜诉一方及败诉一方。因此，司法公正必然是社会新闻媒体与公众舆论关心、评论的对象。司法公正与司法改革则就此成为一个永恒的话题。

数百年来，法国司法改革经历了从宫廷司法制度到独立的司法制度，从为封建统治下成长起来的新兴资产阶级服务到为现代化的产业革命时代服务，从民俗惯例和国内法规向欧盟法律和国际法过渡的历程。其间，法院设置、司法功能、审判制度、诉讼程序等都有了持续的改革与完善。法国司法改革的稳定性、连续性特点突出。19世纪，拿破仑实现了法国法制的统一，取消了“旧法”、罗马法与习惯法。1804年《拿破仑法典》以及随后的民事诉讼、商事、刑事诉讼、刑法至今仍然在起作用。法国20世纪90年代的司法制度就是建立在上述法典基础之上的。法律的本性在于它跨越历史时代的普遍、持续效应。法国的司法改革充分体现了法律的特性与法制的稳定性、继承性要求。换句话说，改革是扬弃而不是抛弃，司法改革尤其是继承既定法制与传统前提下的自我完善。

第二，司法制度改革。普通法院与行政法院共处的局面是法国司法制度的特色。法兰西宪法规定了这一权力分离的体制，它导致了按金字塔结构构筑起来的审判机构两大系统的出现。所有的法院因此分成行政系统和普通系统两种。行政系统法院负责审理当行政当局使用公共权力时与被治理的平民之间发生的诉讼，普通系统法院则负责审理民事、刑事以及其他专门领域的法律纠纷。二者各形成一套按等级区分的审判机关，分属于两个不同的最高审判机构：行政法院和最高法院。这种二元性体制是出于对旧制度下，司法权与制定规章制度及进行行政管理权限的重叠与互相干预的防范与治理，真正实行行政权与司法权的分离。事实上，这一体制也推进了相对于私法和刑事法而言独立的行政法的发展。对某一特定的案件，有时很难判断它属于普通法院还是行政法院的审判管辖。这种情况下，一半由行政法院成员、一半由最高法院成员组成的权限裁定法院便负责指定有权审理的机关。权限裁定法院还有权对两大系统法庭对同一案件的审理所发生的判决冲突进行审议裁决。

法官与检察官的关系。在法国，为了实现法制统一与司法权威，司法权被严格限定在法院审判权的范畴内。检察机关是设立在法院内部的负有既定责任的公诉机关和监督机关。最高法院内设总检察长1人，代理总检察长1人，检察官若干人。上诉法院设检察长1人，代理检察长1人，检察官若干人。高级法庭设检察官1人，副检察官及第一代理检察官3人。代理检察官若干人。法院内设的检察机关围绕法院的司法活动开展工作，不受法院管理，而受司法行政机关领导。总检察长向国家司法部汇报工作。检察官的工作由检察长或总检察长负责，系领导与被领导的关系，这和法官与法院院长、庭长间的平等关系不同。检察官的具体作用体现在两个方面：一方面，在刑事法庭上，检察官的作用是对推定为不法分子的人员提起刑事起诉。在诉讼程序开始阶段，检察官领导司法警察的活动。在刑事诉讼结束阶段，其负责保证判处的刑罚得到执行。另一方面，在民事诉讼中，检察官负责捍卫社会和公众利益，促使法律得到良好执行。

法国最高法院是实现国家法制统一的调节器。它是普通法院系统中的最高机关，指导和监督各级审判机关，但并不构成第三级审判。最高法院的作用是审核所有第一级和第二级审判机关作出的判决是否符合法律的要求。原则上所有法庭或上诉法院的终审判决，都能由个人或检察官向最高法院提出申诉。最高法院只监督原判是否符合法律要求，而不重新审查事实。所以，最高法院的法官又叫“法律的法官”，最高法院又叫“撤销原判法院”。对以下五种情况最高法院有权撤销原判：违反法律；缺少合法依据；法庭无权能的判决；未遵守对撤销刑罚规定的程式；越权判决。由于最高法院的裁决并不就争议的实体问题作出裁判，看起来仿佛缺少强制性。且下级审判机关并不受最高法院的裁决案例的约束。但毫无疑问，最高法院是最有权威解释法律和规范法律、统一社会法制的机关。它不但可以依法撤销各类审判庭的判决，而且可以根据社会的发展，相应修改自己以往的裁决判例，以使某一项过时的、不再适用的法规适应新的变化与形势需要，从而引导法律适用向最高法院看齐，保障法律在全社会的统一贯彻实行。

第三，审判方式改革。立审分立、审执分立。在检察机关将刑事案件移交法院受审或当事人就民事纠纷向法院起诉后，决定是否立案审判的预审是法院诉讼中必要的环节。法国法院为此组成一些专门法庭或法官介入，他们的作用是研究被起诉的人员是否应当受到审判或受理民事诉讼是否应予受理。即使是在负有较为重要审判职责的高级法庭普通诉讼程序中，预审的法官仍然必不可少。预审法官倾听律师和当事人的陈述，审阅案卷中所有的文件材料，保存证据，同时采取调查措施(如鉴定、具体事实的验证、传讯与案件有牵连的某个人)，颁布开庭法令等。经过预审法庭或预审法官的预审许可后，民事或刑事案件方才正式进入庭审。庭审在一位并非预审法官的法官主持下进行，或在权力相等的几位法官组成的合议庭主持下进行。与上述程序相仿，庭审结束并由独任法官或合议庭判决后，案件的执行亦由专门的执行法官负责，并与负责审理案件的主审法官分离。在刑事方面，还特设了刑罚执行法官，负责决定监狱待遇、减刑、假释等涉及犯人权利的全部措施。

对席辩论原则。法律、法官保证所有受司法管辖的人有权进行对席辩论、公开质证。对席辩论原则是法国司法诉讼活动中的基本原则之一，旨在于保护公民的权利并强化当事人的举证责任。审判是在对立的要求中作出选择。为使这项任务顺利完成，法官就要很好地了解各当事人的意图，而当事各方则要向法官陈述清楚自己的观点，主张并说明证据。法官则依据双方当事人当庭对席辩论的举证来确认当事人的主张。法官有义务在所有审判环节让人们遵守这条原则，敦促各当事人完成法律规定的举证责任，提供法律规定的诉讼程序文书，并在相互之间交换诉讼所必需的文件、证明材料等。法官本人在提出供双方当事人辩论的证据时，也同样遵守这项原则，对双方当事人就证据进行当庭审核、对质。

审判与裁判文书的公开性。为了保证受司法管辖的人员免受枉法裁判，并保证司法判决的透明度，法国及欧盟法院已经批准的《欧洲人权公约》规定：实行“一种公平、公开、对席的，并在合理时间内作出判决的诉讼”。依照法国法律，每个人都能够接触到审判并监督法官作出判决。任何人都可以方便地出席旁听审判。但如果被审判的人是未成年人等需加以保护的对象；涉及夫妻婚姻状况等私生活;为了维持治安、避免引起骚乱等情况下,则不允许公众旁听。法律规定法院所有的判决必须是道理明确的。法官应该陈述客观事实和法律依据,以说明他们所作决定的正确和促使他们解决讼端的动机无误;法官们还被要求在法律文书上列举证据,并在必要时加以解释。

即时结案的效率性。法国普通法院系统及行政法院系统均设立三级法院,其中普通法院系统由高至低为最高法院、上诉法院、一审法庭(基层法院)。一审法庭又包括高级法庭、初级法庭和其他专门法庭。全国共设 581 个一审法庭,35 个上诉法院。审判实行严格的二审终审制,且两级审判仅局限于一审法庭与上诉法院。最高法院不构成一个审级,即不承担任何性质的一审案件和二审案件,只负有法律监督与指导义务。

法国法院司法审级及管辖的分工从根本上限制了诉讼时限,减少了诉讼环节,保证了案件的及时了结。法律同时规定:一审初级法庭所审理的诉讼标较小的纠纷案件,一审法庭所作出的判决即为终审判决,不得上诉。此外,违警罪法庭对重要性不大的案件的判决亦为终审判决,只有法律规定的第五等违警罪,判决后才可以上诉。重罪法庭所作出的判决既是一审判决,也是终审判决,对其判决是不能上诉的。这些规定都有效地避免了诉讼赘累,缩短了诉讼时限。

调解与调停。法国司法审判方式中的调解与调停既是法国历史上解决纠纷的经验,也是现代司法改革的结果。调解适用于民事审判,其目的在于使当事人双方直接达成协议,以便结束发生对立的冲突。在劳资调解委员会和婚姻家庭纠纷、交通事故赔偿、保险纠纷等案件中,调解是必须采取的审判方式。调停适用于刑事案件,是对一些最轻的违法犯罪行为(如一般的盗窃、损坏财物、违反公路交通法、签发空头支票等)采用的审判方式。作为一种替代刑事诉讼的结案方式,刑事调停是经刑事诉讼法典加以规范的方式。经检察官商得有关当事人的同意之后,刑事调停的目的是开展必要的对话,使违法犯罪分子衡量他的行为造成的危害结果,争取他自愿向受害人赔偿损失。法国刑事诉讼程序改革法令明确规定:在未成年违法犯罪者同意、其父母也赞同的条件下,检察官有权建议采取调停措施,以赔偿对被害人造成的损害。审判机关也可以建议进行刑事调停。如果调停成功,法庭将随后作出免予刑事处罚判决。

第四,审判组织改革。实行法官责任制。法国法院的审判组织较为简单,即法官独任审判或若干法官组成合议庭主持的合议审判,不存在庭务会议、审判委员会、院务会议以及由其讨论、决定案件的情况。审案实行法官责任制。法庭庭长或法院院长只有参加到一个合议庭中才对案件有发言权,否则不得过问案件。法庭庭长或法院院长的领导职责只在于平时组织一定的法官管理工作,而不在于审判权力的大小。所有的法官地位平等,享有同样的表决权。对于案件的预审工作、不重要的违警犯罪案件、简单的民事纠纷案件实行法官独任审判制。轻罪案、重罪案以及复杂的民事案件由权力平等的 3 位职业法官组成合议庭进行审理。上诉法院通常也由 3 位职业法官共同审理案件。

最大限度地实现公民参与审判。依照法国法律,公民参与审判通过组建两种审判机关的方式实施:(1)建立混合审判机关。在以法官主持的审判活动中,选拔陪审官协助审理案件。如农村租约纠纷仲裁法庭,由初审法官主持,由 4 位被选出的陪审官(2 位出租人和 2 位承租人)协助。这种法庭有权审理农村不动产业主与其农场工人或雇农之间发生的纠纷,并作出一审乃至终审判决。负责审理、裁决有关社会保障法律纠纷的社会保障事务法庭亦属混合审判机关。该审判庭由高级法庭庭长或由他委派的 1 名职业法官主持,选任 2 位陪审员,1 位是雇员代表,另 1 位是雇主或独立劳动者的代表。这是一个审判庭成员权利平等、当事双方代理人人数均等的审判机关。(2)建立非职业法官组成的审判机关。全法国设立了 229 个商事法庭,以解决商人之间的纠纷或裁决个人与商社在商业活动中发生的争端。每个商事法庭至少有 3 位法官,但这些法官不是职业法官,而是由商人团体推举的具有中等地位身份的商人来担任。这些法官不拿国家报酬,每届任期两年。“劳动法庭劳资调解委员会”是另一种非职业法官组成的审判机关。法国共有 271 个劳动法庭,其职能是调解当事人或裁决因个人劳动合同引起的冲突。每个法庭是一个出庭双方代表人数均等的审判机关,由一半是雇主代表、一半为受雇人员的代表任法官组成。上述称为劳动法官的代表分别由与他们地位相同的同行推选出来。每个劳动法庭设五个分庭:人事安排、工业、商业、农业、其他职业。每个分庭设三个办公室:调解办公室、速审办公室、审判办公室。

未成年人司法。1945 年以来,法国法律根据未成年人犯罪的特点建立了未成年人司法制度,逐步设立了儿童法庭和未成年人重罪法庭。儿童法官、未成年人犯罪法官和教育协助法官作为高级法庭的专门职业法官,负有适应每个孩子的不同情况采取一切措施保护和帮助教育孩子的责任。对于犯有较轻违法犯罪行为的未成年人,法官实行不公开的独任审判。遇有严重的违法犯罪,法官便请求儿童法庭或未成年人重罪法庭审理。儿童法庭由 1 位儿童法官和 2 位非职业的陪审员组成,审理因严重不法行为被起诉的 16 岁以下的未成年人犯罪案件,其处理措施偏重教育。未成年人重罪法庭是唯一被授权审理因犯重罪被控告的 16 岁以下未成年人的审判机关。法庭由 3 位职业法官(其中的 2 位原则上是儿童法官或未成年人犯罪法官)和 9 位抽签选出的陪审员组成。其处理或者采取教育措施,或者采取减轻处罚形式的宣判刑罚。

第五,法院人事管理制度改革。法官的择优选拔与结构优化。在法国,法官的社会、政治、经济地位由国家的法律予以保障,优于同类政府公务员。任何一个公民要走上法官岗位,必须在激烈的竞争中首先考取国家法官学院,参加为期 31 个月的培训,取得合格的学业成绩后,方有可能被任命为法官。法国政府注重在建立和补充法官队伍的同时优化法官结构。对参加考试的考生予以录取的额度,主要以社会对法院司法工作的实际需要为标准,大约每年招收 150 ~ 200 名学员。这一额度也同样参考前一年度退休等法官缺岗职数。所谓“社会的实际需要”,既包括现代法制社会对法官专门人才需求量越来越大的趋势,这一点导致法官队伍逐年有所扩大;同时也包括在数量上避免人浮于事,注重建设精干、高效的法官队伍的要求。鉴于此,20 年来法国全国法官队伍仅扩大了 1000 余人。法国注意女法官的培养。这与法国的女权运动、女性卓越的品格修养及勤勉好学不无关系。20 年来,法国女法官的比例由占全体法官的 30% 左右上升到 50% 左右,几乎每两个法官中便有一个女法官。

保障法官独立审判。作为个人自由的守护人,法官享有唯一的身份并行使独立的职权。这种独立性在法国是通过宪法第 64 条予以保证的。因此,法官的职务是一种享有特殊地位的公务,构成这种公务的职业不受任何政治变化的影响。法官的独立不仅指相对政府的独立,还包括独立于立法权和社会媒体。社会新闻媒介不得随意追踪法官,发表评论,贬斥法官,违者以干扰法庭审判治罪。为了保障法官能够独立行使司法权,法国对职业法官实行职务终身不变的原则。这与法官实行的退休制度不矛盾。法官终身制指法官非经法定弹劾程序，不得被免职、撤换。法官的惩戒设有专门的机构，即最高司法会议，基本上由被选举产生的法官们组成，其他任何权力部门无权干预。在法国，政治地位与经济地位的统一是不言而喻的。法官能够独立行使职权的崇高的政治地位，是以法官稳定的高薪待遇作后盾的。

法官助理人员分别管理。近 5 年来，法国职业法官数字始终徘徊在 6600 人上下。但开展司法工作，如果没有司法助理人员的介入，法官是无法行使他们的职权的。以法国最大的上诉法院巴黎上诉法院为例：该法院共有 250 名法官，却有 700 名公务员为其服务，有 1 万余人在其办公楼内办公。司法助理人员在司法工作中有着不可替代的重要作用，具体包括：(1)书记官。书记官自成体系、终身任职。其职务序列既包括一般书记员，也包括负有一定领导职务的书记官。他们与法官一起工作，协助法官准备各种资料文件并管理办公室的公务人员，领导法院内设行政各部门，并负责这些部门的正常运转。在诉讼过程中，书记官是当之无愧的法官助理，起草判决文书，记录审判活动，协助法官熟悉案情，安排诉讼程序，保管档案并抄送判决副本。(2)送达执行官。其职责是将各种司法文书正式通知当事人；在法庭判决后的执行阶段，送达执行官的任务尤为重要，唯有他们才能执行法庭的判决。必要时，可予强制执行。(3)司法鉴定人。他们是为法官提供某项专门技术结论与分析报告的职业人员。鉴定人由主审法官选定。为了保证鉴定人的中立和客观，这些专家的活动受民事上的监督法官和刑事上的预审法官监督。(4)社会工作者。主要是指“司法保护青少年组织”与“缓刑监督和刑满释放犯人协助委员会”机构的工作人员。这些人员为帮助法官了解当事人状况、违法犯罪人状况，尤其是青少年违法犯罪人员的有关情况，展开必要的调查活动。(5)律师、代理人、当事人的助理人员。这些人员的职责只有一个，即捍卫诉讼当事人的利益。其中，律师是一种自由职业，他们按团体的方式组织起来，律师团又称作律师公会。由于律师的职业特点，律师公会设在高级法庭内。(6)顾问律师。顾问律师专指在行政法院或最高法院工作的律师。他们是当事人在最高审判机关的代理人。由于在最高审判机关，有关案件事实不再重审，顾问律师的作用就是对案件适用法律方面或程序方面提出书面意见。顾问律师不是自由职业者，他们有着正式职务，并由政府任命。

法国司法制度对法官助理人员单列职务序列，实行不同于法官序列的人事管理（如录用、任免、奖惩、晋升、工资、退休）制度，既有效地保障了法官的地位，突出了法官在司法活动中的核心作用，又强调了法律的权威，提高了办案效率，值得我国法院司法改革借鉴。

（二）法官培训机构

在法国，由于法官职业的重要地位，事关法官素质高低的法官教育培训工作受到了格外的青睐。有关法官教育培训工作，法兰西共和国不断地以颁布国家法律的形式先后颁布法令加以规定，从而在国家法律层面上建立了法官教育培训的基本框架，健全了法官教育培训制度，强调了法官教育培训的特殊意义，有力地推动了此项工作的全面开展。法国国家法官学院是国家的法官教育培训机构，所有法官都诞生于该所学校，是名副其实的“法官摇篮”。同时，国家法官学院也是法国法官继续教育和法官文化传播教育的规划部门和实施主体。鉴于法官教育培训的重要作用，法国并没有简单地把国家法官学院定位在事业单位的办学实体，而是从法官教育培训工作的特殊性和有利于法官教育培训工作的发展出发，在主体上把国家法官学院规定为国家行政机构，同时赋予教育事业单位的办学职能。根据法国 1970 年 7 月 10 日发布的 70－613 号国家法令，“国家法官学院，系国家的行政机构，由行政理事会和一位校长负责管理”。行政理事会是国家法官学院的权力机构，由 20 名成员组成。这些成员既有国家司法界、教育界的权威人士，也有学校的教师及学员，具有广泛的代表性。其中，有 4 名法律规定的成员：最高法院院长或副院长、最高法院的检察长或副检察长、司法部法律事务司司长或他的代表、行政事务总督或他的代表；8 名司法部长任命的成员：1 名司法部办公厅主任或由司法部长指定的另 1 名代表、1 名上诉法院院长或检察长、1 名巴黎上诉法院或高级法院的高级法官或二级法官、1 名高级法院的院长或检察长、1 名或曾担任 7 年以上法院教育工作的法官、1 名其他法律工作者、2 名资历较深的社会人士；2 名由司法部长和教育部长共同决定任命的成员（含 1 名大学教授）；1 名由全校无记名投票选举的教师；1 名授权组织培训的法官；1 名法官教育培训实习中心主任；1 名法官协会等法官专业组织的代表；2 名选举产生的国家法官学院在校学员代表。法国国家法官学院校长,由司法部长提名,由国会通过法定的程序与形式予以任命。

德国设立两级法官培训机构,即联邦政府法官培训机构——国家法官学院,以及各州法官培训机构,分别由联邦司法部以及各州司法部管辖。其主要任务,一是培养培训预备法官,二是开展在职法官培训。德国法官的教育培养制度,集中体现在《德国法官法案》的相关规定。德国的法官,其培养培训包括两个阶段,需通过两次司法考试。一是在大学法律系,大学生一般在学习5年本科课程后,可以参加第一次司法考试。通过考试者,到国家法官学院以及相关单位参加为期两年半的预备法官(见习法官)培训及实习。在培训阶段,受训学员必须参加民事法院、刑事法院、检察官办公室、政府行政机构、律师事务所等单位必修的和任选的法律实践与社会锻炼。在完成预备法官培训任务后,受训学员可以参加第二次司法考试。第二次司法考试决定受训学员能否取得法官资格。事实上,只有2%～8%的预备法官(见习法官)受训学员能够最终取得法官资格。与第一次司法考试不同,第二次司法考试虽然由各州主持,也分笔试与面试两部分,但视各州情况不同:考官不再有教授、律师、公务员参加,而是考官或者全部由法官组成,或者由法官与高级文官共同担任;而且第二次考试内容主要是考核受训学员理论联系实际、解决司法实践问题的能力。本着培养法官的一体化标准,以及德意志民族理性思维的缜密轨道,法官的素质培养已渗入大学教育之中。无论是法律本科教育还是法官培训机构的专门培训,德国法律人(含法官、检察官、律师、公证人等)的培养模式,都高度重视法律思维的统一养成教育与培训。通过案例分析,考核学员掌握归入法和关系法的推理能力、法律思维能力,是两次司法考试的通过考核方式。在形式上,德国的联邦法律以及各州法律也都将大学法律教育与司法考试、法官的培养与培训结合在一起加以统一规定。联邦政府的《高等教育体制法》以及各州的法律与规则正是这些严谨规定的书面载体。

德国法律院校的学生在本科教育阶段即进行归入法的法律适用方法学习。两次司法考试内容也是用归入法分析案例,两次考试没有通过,则自此失去司法考试资格。有关人员被任命为法官后,培训进修权完全由自己决定。法官学院每年将培训计划菜单发给在职法官,每个法官根据培训内容、个人需要和工作情况,自主进行报名学习,培训费用由法官学院承担。在法官的职业生涯中,可以多次报名参加学习培训,也可以根据个人意愿不去参加培训。

与德国类似,韩国的法官培养制度也潜在地将法学教育与法官培训紧密相连。换句话说,韩国法官的培养,将韩国的大学教育、司法研究生院、法官培训机构紧密联系在一起,将预备法官的培养与培训联系在一起。韩国的法官培养制度目前仍是"双轨制"渠道,第一条路径是类似于我国的司法考试制度,第二条路径是类似于日本的司法研究生院制度。在第一条路径前提下,法官培养培训机构是较为单纯的韩国司法研修院。在第二条路径前提下,法官培养培训机构则呈复合形式,包括专门设立的司法研究生院与韩国司法研修院。法官培养的司法考试制度路径,是韩国自 1948 年起采用的、传统的法官培养制度。其模式为:大学四年制的法学教育 + 国家司法考试 + 在司法研修院的预备法官培训 = 法官。其中,"大学四年制的法学教育"是以法学理论教育为目标的传统教育体制。然而,司法考试的实际例外是,很多没有经过大学法学教育的其他专业大学生甚至社会人员也被允许参加司法考试甚至通过司法考试。为提高考生专业素质,自 2004 年起,韩国限制了考生的英语水平;自 2006 年起,又进一步限制了考生的法学专业背景。"国家司法考试"是韩国法务部组织进行的系列考试,分三次考试。未通过前一次考试者不得参加下一次考试。按年度不同,第一次考试考核法学、社会科学、外语;第二次考试考核法学系列学科;第三次考试考核综合素养与职业道德。韩国国家司法考试的过关率较低:第一次考试的过关率约为考生的 6%;第二次考试的过关率约为考生的 50%;第三次考试的过关率约为考生的 95%。"在司法研修院的预备法官培训"为期两年,培训的主要内容不再是法学理论教育,而是法官、检察官、律师实务教学与训练,同时到法院、检察院等实务部门进行司法实务实习。参训学员经过两年的研修,要接受研修院组织的毕业考试。通过考试者获得大法院颁发的资格证书,根据个人意愿,择优录用为法官。需要指出的是,韩国法官培养的司法考试路径,是类似于德国的法律人一体化培训体制。大法院下属的司法研修院不仅培养与培训预备法官,而且培养与培训检察官、律师。1995 年前,每年录入司法研修院参训的学员约为 300 名,1996 年后逐年增加,2004 ~ 2010 年稳定在每年 1000 人左右。其毕业生中,约 30% 被录用为法官、检察官,其余 70% 从事了律师职业。

韩国培养法官的第二条路径为司法研究生制度，其基本模式为：针对司法研究生的司法研究生院(Law school)教育＋律师资格考试＋在司法研修院的新任法官岗前培训＝法官。韩国的司法研究生制度起自于2004年12月大法院下属的"司法改革委员会"关于改进司法人员培养制度的"法学专门研究生院制度"议案，该议案发展成为2005年10月提交国会审议的《关于实行法学专门研究生院的法律提案(草案)》。该项草案2007年7月获得国会通过，自2007年9月起实行。2008年，韩国确定25所大学成立司法研究生院，开展司法研究生教育，总招生人数为每年2000人，每所学校招生人数不等，视办学条件，分别为40～150人。2009年3月，各司法研究生院正式开学。在韩国，司法研究生教育制度是为了替代传统的司法考试制度而诞生的新型司法人员培养制度。其缘由如下：传统的司法考试制度导致只要通过司法考试即可进入法律界，大学教育只注重应试教育而忽略了法学基础教育；没有坚实法学基础的人员亦得以通过考试进入法律界；致力于司法考试应试教育的机构与人员逐渐膨胀；通过司法考试进入法律界的人员缺乏法学教育以外的综合知识教育与素养教育；通过司法考试的人员一并进入大法院下的司法研修院接受一体化培训，相同的培训导致法官、检察官、律师等法律从业人员的"法律意识竞合"现象，不利于不同职业的人才培养与法律思维多样化。由此可见，韩国的司法人员培养制度改革是极具现代意识的深层次体制改革。在新的司法研究生教育路径下，所谓"司法研究生院教育"指为法官、检察官、律师等法律实务从业人员专门设立的大学本科后应用型研究生教育，系专业硕士学位教育，学制三年，招生对象为获得学士学位或同等学历人员，参考其本科教育阶段的学习成绩、外语能力、综合实践能力择优选拔入学。其入学考试为国家教育部举办的每年一次的法学教育能力测试。为培养复合型应用法律人才，韩国限定各法学院司法研究生生源分布必须多样化，其中1/3以上生源必须系非法律专业，1/3以上生源必须系非本校毕业生。所谓"法学院"(Law school)则是指为上述司法研究生专门教育设立的培养培训机构。法学院经过严格评估，在有条件的大学设立，并根据律师协会与教授协会的考察分配招生名额。为保证人才培养质量，韩国要求法学院每名教员所带学生不超过15人，同时法学院具有专职教员20人以上，具有5年以上法律实务工作经历并具有律师资格的教师须达到全体教员的1/5以上。法学院应有充足的经费保障，具有针对性的模拟法庭、专门图书馆、常规教学设施等基础办学条件。2009年，韩国全国共有10,960人报考司法研究生，报考人数与预录人数之比为5.5∶1。2010年，韩国全国共有8428人报考司法研究生，报考人数与预录人数之比为4.2∶1。按报考生源的大学所学专业划分，2009年生源中，法学专业生源仅为32%，其他学科生源依次为：工学生源为15%，经济学生源为15%，人文科学生源为13%，社会学生源为11%，另有自然学科、师范学科、医学学科等各学科生源报考；2010年生源中，法学专业生源为34%，经济学生源为15%，工学生源为14%，人文科学生源为12%，社会学生源为12%。两年报考生源中，女性生源每年约占全体生源的36%。法学院课程设置实行法学理论与实务培训课程并举，努力实现理论与实践结合的专业硕士学位人才培养目标。所谓的"律师资格考试"，是韩国法官培养制度改革的重点，2012年开始实施，每年一次，实行全国统一考试，参加对象限定为已获得司法研究生硕士学位的人员，同时为避免人力资源的浪费，限定既定考生取得学位后最多考五年五次。考试科目均为有关法律专业与职业伦理，民事法与刑事法由考生任选其一。为优中选优，律师考试确定一定的淘汰率指标，控制及格率。所谓的"在司法研修院的新任法官岗前培训"，是此次韩国法官培养培训制度的重点之一。由于2012年才有首届司法研究生毕业生，并实行律师考试，后续预备法官培训具体如何开展，尚处在论证与讨论之中。但有三点是明确的：第一，原则上不从律师考试的合格者中直接选任法官，而是采取类似于美国的做法，从有经验的从业律师中选任法官。第二，可以探讨安排通过律师考试获得执业资格的人员参加审判实践，担任法官助理，接受实务培训。第三，对于来自不同渠道的新任法官，开展具有针对性的上岗前职业培训。

根据以上域外法官培训机构的功能与培训任务分析，可以发现法官培训与培养的日益紧密联系，职业技能培训逐渐渗透到法律基础教育过程中，而法律教育特别是职业素养与伦理教育也逐步延伸到职业法官的培训当中。一定意义上讲，法官培训机构也是法官教育机构，法官培养机构也是法官培训机构。这种教育与培训的融合、培养与培训的融合，是当代法官培训培养制度的发展趋势。同时可以发现，传统意义上典型的英美法系从律师中选任法官模式，与大陆法系的通过司法考试选拔法官模式，开始互采所长、互补互通。适合国情的就是最好的。无论韩国改革后实行的三年制法学院培养制，还是日本实行的法律专业生源两年培养制与非法律专业生源三年培养制，都提供给我国进一步改进国家司法考试制度的良好参考资料。同时，参考域外的法官培训机构建设经验，我国法官培训机构须加强法制化建设，进一步在国家法律层面明确定位各级两级法官培训机构体制，建立预备法官培训、法官岗位培训体系，探讨相应的依法管理、高端管理、经费保障、师资建设、课程体系、教学方式、配套服务等法官培养培训机制建设问题解决方案。

借鉴域外法官培训机构建设最为重要、也是最为关键的经验，即确定我国法官培训机构的行政机构性质与国家机关法律地位。这一问题是否能够得到妥善解决，事关我国法官培训机构的改革发展及其生死存亡。目前我国绝大多数法官教育培训机构，在被批准成立时就被定位于事业单位。2011 年 3 月 23 日，中共中央、国务院正式印发《关于分类推进事业单位改革的指导意见》（中发〔2011〕5 号），随后下发 10 个配套文件，要求在 5 年内完成事业单位分类清理，承担行政职能事业单位和从事生产经营活动事业单位的改革基本完成，从事公益服务事业单位在人事管理、收入分配、社会保险、财税政策和机构编制等方面改革取得明显进展，管办分离、完善治理结构等改革取得较大突破；到 2020 年，建立起功能明确、治理完善、运行高效、监管有力的管理体制和运行机制，形成基本服务优先、供给水平适度、布局结构合理、服务公平公正的中国特色公益服务体系。按照中央文件精神，国家将按行政类事业单位、生产经营类事业单位、公益服务类事业单位等三类标准划分、清理现有事业单位，“对承担行政职能的，逐步将其行政职能划归行政机构或转为行政机构；对从事生产经营活动的，逐步将其转为企业；对从事公益服务的，继续将其保留在事业单位序列、强化其公益属性”。所以，法官教育培训机构归属何等事业单位，直接关系到其工作任务及命运前途。结合事业单位任务分类及工作性质，按照中共中央、国务院关于事业单位改革文件精神，各级法官教育培训机构不属于生产经营类事业单位，也不属于公益服务类事业单位。所谓生产经营类事业单位，是指以生产经营活动为主业的事业单位，法官教育培训机构显然不以生产经营为目的，不属于生产经营类事业单位。所谓公益服务类事业单位，是以社会公益服务为主业、面向社会的事业单位，法官教育培训机构是专职从事法官教育培训工作、面向法院系统内的事业单位,也不属于公益服务类事业单位。

按照我国目前正在进行的机构改革的一般理论,行政事业单位要同时满足三个条件:一是主要承担行政职能,二是承担的行政职能有明确的依据,三是承担的行政职能有明确的授权。法官培训机构依照《法官法》和《法官培训条例》成立,属于依法授权、依法培训的机构。依照《法官法》和《法官培训条例》规定,法官教育培训机构的主要任务是法院领导干部任职资格培训、预备法官资格培训、法官晋级资格培训、法官续职资格培训等四类资格培训,其工作范畴属于资格培训、能力考核、行政执行的行业管理与权力执行领域。因此,法官教育培训机构当属行政类事业单位。

我国人事部 2006 年印发的《〈事业单位岗位设置管理试行办法〉实施意见》(国人部发〔2006〕87 号),首次把事业单位划分为主要以专业技术提供社会公益服务的事业单位,主要承担社会事务管理职责的事业单位,主要承担技能操作维护、服务保障等职责的事业单位等三类事业单位。其中,主要承担社会事务管理职责的事业单位,就是行政类事业单位。按照此类标准,法官教育培训机构既不属于以专业技术提供社会公益服务的事业单位,也不属于主要承担技能操作维护、服务保障等职责的事业单位,而当然属于主要承担社会事务管理职责的事业单位,即行政类事业单位。中共中央、国务院《关于分类推进事业单位改革的指导意见》在界定行政类事业单位的认定依据和职能范围时要求:"根据国家有关法律法规和中央有关政策规定,按照是否主要履行行政决策、行政执行、行政监督等职能,从严认定承担行政职能的事业单位。"中央党校、国家行政学院、中国浦东干部学院、中国延安干部学院、中国井冈山干部学院等干部教育培训机构业已据此认定为行政类事业单位,国家法官学院等法官培训机构与上述干部教育培训机构承担同样性质的干部教育培训工作,亦应据此认定为行政类事业单位。

相比较英国、美国等公务人员培训立法较早、法律规范体系较为完善而言,我国的公务人员培训立法与法官培训立法有待进一步加快步伐。如美国联邦政府 1936 年就出台了《乔治狄恩法》,1958 年美国国会通过《在职文官培训法》,1970 年颁布了《政府间人员法》,1976 年实施了《雇员综合培训法》。而英国国会早在 1958 年就通过了《雇员培训法令》,1964 年又颁布了《雇员培训法》，1970 年成立了专司高级公务人员培训的“文官学院”。我国《法官法》第 8 条规定了“法官享有参加法官培训”的权利，并专设第九章“培训”部分，规定了法官培训的原则、法官培训机构的任务、法官培训成绩和鉴定的作用。鉴于培训机构是培训体系与培训工作的核心环节，为了尽快完善我国法官培训工作的法律规范体系，突出解决法官教育培训事业中的主要矛盾与关键问题，建议结合我国国情，吸取国外经验，论证出台“法官培训机构法”，重点解决各级法官机构依法设立、规范运行问题，同时统一规定法官培训机构的办学宗旨、机构设置、培训类别、培训目标、教学体系、师资队伍、培训教材、基地经费等制约法官教育培训事业发展的主要事项。

（三）教育培训经费

教育投资是指用于社会基础教育、专门人才培养以及投入到现有从业人员素质教育培训领域的货币体现。教育投资是教育事业发展的必要前提，也是提高教育质量的物质基础。根据世界银行的数据，2009 年，美国对教育事业投资占全国生产总值的 5.9%、澳大利亚占全国生产总值的 4.8%、新西兰占全国生产总值的 6.97%、泰国占全国生产总值的 4.2%、新加坡占全国生产总值的 3.7%、越南占全国生产总值的 2.9%。而我国对教育事业投资占全国生产总值的比例只有 2.1%，明显低于上述国家。“二战”后日本经济的迅速发展，原因之一归功于日本的教育投入与人才培养。至今，日本对教育的投入仍占 GDP 的 17%。这是日本高居世界第二经济强国所拥有的教育基础。相比之下，我国当时的教育投入始终没有超出 GDP 的 3%。

除此之外，西方国家注重教育培训经费的多渠道筹集与支撑。例如，法国国家法官学院依照法律具有国家行政机构和教育事业单位的双重性，其办学经费的来源也具有双重保障机制。一方面，作为国家的重要行政机构，其学校经费主要由法兰西共和国国会直接审批拨付。另一方面，法律明确规定，国家法官学院还可以发挥事业单位的优势，接受以下六个方面的经费补充：为社会提供服务的酬金、社会团体提供的基金、社会的捐赠及遗赠、转让财产的收入、财产的直接收入、贷款等。

改革开放以来，我国各级政府重点保障了教育经费的财政支出。总体而言，30 年来，我国教育投资有了很大增长。但按照联合国教科文组织近 5 年来的统计，发达国家公共教育经费占国民生产总值的百分比为5%左右，发展中国家公共教育经费占国民生产总值的百分比为4%左右，不发达国家公共教育经费占国民生产总值的百分比为3%左右。而我国公共教育经费占国民生产总值的百分比一直徘徊在3%左右，属于世界上教育经费开支较低的国家。为此，按照我国教育法律、法规规定以及国家经济与社会发展规划，各级政府要保证财政教育拨款增长高于财政经常性收入的增长比率，并自2012年起，国家财政性教育经费支出所占国内生产总值比例保持在4%以上。

20世纪90年代前，在我国旧有的教育投资管理体制下，教育经费的分配由中央财政统筹规划、按计划下达，起始于20世纪80年代的教育投资管理体制改革，形成了中央和地方分级办学、分级管理的体制，高等教育和法官培训教育，按照我国两级法官培训机构的设置体系，实行中央和省、自治区、直辖市两级管理。换句话说，国家法官学院教育培训经费，由财政部划拨给最高人民法院，再由最高人民法院二次划拨给国家法官学院。近5年来，中央财政适当支持了国家法官学院分院建设经费。而各省级法官培训经费则由省级财政部门划拨。按照国家现行财政政策，中央与省级两级法官培训机构教育培训经费，均实行“包干使用，超支不补，节余留用”的原则。客观上，2006年后，由于贯彻落实中央提出的干部教育培训“全员培训”战略，我国两级法官培训机构的实际办学成本与运行费用，均大幅超出中央财政与省级财政政府拨款额度。

回顾法院教育培训工作的历史，是教育培训事业不断发展、教育培训经费不断提高的历史。1990年8月，最高人民法院在天津召开全国法院第一次教育培训工作会议暨第五次法律业大工作会议，会议提出了法院干部教育培训工作“七八九”规划，制定了《1991～1996年全国法院干部教育培训规划》。该阶段规划提出：“各级人民法院要努力争取并切实解决好干部教育培训的基地建设和培训经费。要主动向当地党委、政府以及计划、财政、教育部门汇报工作情况，争取各方面的支持，以保证法院进行干部经常化培训的需要。”1994年5月，最高人民法院在北京召开全国法院第二次教育培训工作会议暨法律业大专职副校长座谈会，会议制定了全国法院队伍本科教育“三六九”规划。2000年，最高人民法院在北京召开全国法院第三次教育培训工作会议，研究、讨论了《法官培训条例》《2001～2005年全国法院干部教育培训规划》。该次会议提出了法官教育培训工作具有历史意义的“三个转变”,即“法官培训应从学历教育为主向岗位培训为主转变,从应急性、临时性的法官培训为主向系统化、规范化的法官培训为主转变,从普及型培训为主向职业化、精英化培训为主转变”。该阶段规划对比上一个五年规划,更加重视法官教育培训的经费保障,要求各级法院要落实江泽民同志在第三次全国教育工作会议上提出的“宁可其他方面的事情放慢一点,也要提高教学支出在财政支出中的比例,为教育优先发展提供物质保证”的讲话精神,加大教育培训经费投入。规划要求各级法院“要根据教育培训工作的实际需要,做到教育培训经费在法院经费中计划单列,重点保障。各地法院要按照国家规定,逐年增加教育培训经费。规划期间,各地法院教育培训经费的增长幅度要高于法院经费的增长幅度。有条件的高级法院,可以实行所辖法院教育培训经费统筹上缴、统一规划使用”。2006 年 2 月,最高人民法院在广州召开全国法院第四次教育培训工作会议,研究修订《法官培训条例》,讨论制定《2006～2010 年全国法院教育培训规划》。该阶段规划不仅重点、专款规定各级法院要“保证教育培训经费投入”,对比先前的“十五”教育培训规划,其进步意义在于制定了强制性的教育培训经费保障指标,即“各级人民法院教育培训经费应不低于同期法院业务经费的 3%,其中,东部地区法院和其他经济较发达地区法院教育培训经费应不低于同期法院业务经费的 5%”。2011 年 4 月 1 日,最高人民法院以电视电话会议形式召开全国法院第五次教育培训工作会议,王胜俊院长作了《认真贯彻教育培训方针,全面落实教育培训规划,努力推进人民法院教育培训工作科学发展》主题讲话,会议发布了《2011～2015 年全国法院教育培训规划》。该阶段规划强调根据我国现行财政体制,建立两级法官培训机构的经费保障机制。同时提出了该规划高于“十一五”规划期间的法官教育培训经费增长指标,要求“各级人民法院要确保经费投入,教育培训经费应不低于同期法院业务经费的 5%,并逐步建立正常的经费增长机制”。

借鉴西方发达国家教育经费保障机制以及法制发达国家法官教育培训经费保障建设经验,结合我国国情与人民法院实际情况,应从以下三个方面加强与改进我国法官教育培训经费保障机制建设:第一,进一步加大国家投入比例,将法官教育培训经费当作政法事业经费的重要组成部分加以重视与保障。第二,各级法院建立教育培训经费优先保障机制。在现阶段,根据法官教育培训工作的实际需要,但凡法官教育培训机构从事法定的教育培训工作经费不足的,经费缺额部分由所在法院全额调剂、补齐、保障。第三,建立多渠道的法官教育培训经费筹措机制。逐渐建立国家投资为主,社会捐资办学、个人缴纳学费、派出单位分担学费、企业支持办学、社会基金资助、社会服务收入等多渠道筹措法官教育培训经费的资金筹措机制,切实保障法官教育培训经费需要,促进法官教育培训事业健康、稳步发展。

二、预备法官培训经验的借鉴

(一)遴选法官的条件、程序与标准

2001年6月30日,我国第九届全国人大常委会第二十二次会议通过了修改《法官法》的决定。新的《法官法》第12条规定初任法官采用严格的考核办法,按照德才兼备的标准,从通过国家统一司法考试取得资格,并且具备法官条件的人员中择优提出人选。该项考试制度自2002年开始实行,至今已经举行了十次国家考试。如何借鉴国外既有经验,从我国预备法官遴选和培训的实际情况出发,在数十万通过国家司法考试的人员中择优遴选优秀人员为预备法官,并通过系统、务实、科学的培养和培训造就合格的法官后备人才,这个被忽略了的但又不容被忽略的问题,是国家法制建设的百年大计与基础工程。

我国《法官法》第1条明确规定,法官是依法行使国家审判权的审判人员。也就是说法官肩负着国家和人民赋予的审判职责,解决人们的纠纷,维护社会的正义和良知的使命。自古以来,中国传统文化中的海瑞、包公的故事代代相传,为人们广为传颂。西方圣经中的所罗门和希腊神话中无所不能的大力士德谟克利特的形象也是人们称道的法官的楷模。究其原因,他们不仅具有广博的知识、高尚的品德,更重要的是具备坚持真理、维护正义的胆量和决心。肖杨同志2002年7月7日在《法官职业化是法院队伍建设的一条主线》一文中指出:“法官之于法治的意义,甚至远远超过了任何法律规范的本身。法官的素质直接影响人类对法治理念的建立,就像传教士的品质影响人们对上帝的信仰一样。”因此,各国及地区在遴选法官时都非常慎重,制定了严格的条件和标准。全美律师协会联邦司法委员会提出美国联邦法院法官素质的考核应当适用三

个标准，即正直（integrity）、职业能力（professionalcompetence）和司法品性（judicialtem-perament）。正直指候选人的品格、在法律职业共同体中的威望，以及勤勉程度等品德；职业能力指候选人的智力、判断力、写作和分析能力、法律知识以及执业经验等；司法品性指候选人的性情、决断力、开放性、敏锐度、礼仪、耐心、不抱偏见和对正义的追求等性格。普通法系的学者通常认为：法官素质应当包括一些共同的要素，如能力、独立性、正直品德、高度的道德水准、不偏不倚和公平待遇。我国民国时期著名法学家孙晓楼早在《法律教育》一书中就指出：法律人才应该具备三个要件：法律学问、社会常识、法律道德。有了法律学问而缺少社会常识，将会满腹经纶却不合时宜，无法适应时代的需要。有了法律学问而缺少法律道德，不免沦为庸俗腐化的官僚政客。三者具备方可称为法律人才。

国外法官遴选制度主要分为英美法系模式和大陆法系模式。虽然各国具体规定不尽相同，但基本的原则是相同的。

英美法系审理案件遵循判例，法官可以创制法律。因此英美法系国家的法官必须由富有实务经验且道德学问优秀的人士担任。取得律师资格并具有一定期限的律师从业经验是担任法官的必要条件。在英国，法学院的毕业生通过考试进入律师学院学习。考试合格后拿到律师学位，成为律师。再经过一年的见习，由见习律师事务所根据见习表现决定是否录用。在经过一定年限的律师经历后才有机会被选任为法官。美国法官的培养方式和英国基本相同。区别是法学院的教育实际上是研究生教育，法学院招收的学生至少要有大学本科学历。法学院的毕业生大部分从事律师行业，经过若干年的律师生涯，再被任命为法官。在英美法系国家从法学院学生到法官是一个漫长的过程，需经过各种磨炼和苛刻的考试，选任的法官年龄较大。无论是专业水平还是德行人品，堪称精英。英国在法官选任制度上，其法官全是从律师中挑选。美国没有独立的法官立法。原则上，担任美国联邦法院的法官必须经过严格的律师资格考试合格，取得律师资格，并从事律师工作若干年。一些州法院法官实行选举制，因而不少法官没有法律背景，更没当过律师。在美国，关于法官产生的程序，因联邦法院州法院体系不同而有所不同。联邦法院系统的三级法院的法官，即最高法院、巡回上诉法院、地区法院法官，均由总统提名，参议院批准，总统任命。美国州法院系统的三级法院，即最高法院、上诉法院、初审法院的法官，绝大多数州的法官都是通过选民选举产生，也有的是由议会选举或者州长任命。

大陆法系以成文法典为断案依据，法官的主要职责在于解释和适用法律而不是创制法律。因此，大陆法系国家更注重的是法官专业知识的培养，法官必须接受专门的训练，熟练地掌握法律知识和技巧。在法国，法学院的学生毕业以后，必须经过由政府主持的考试，合格者进入国立法官学院进行为期31个月的专业培训，系列考试合格者方可任命为法官。在日本，立法、行政和司法三权分立是现行政体的核心。1949年5月，日本国会批准了法务省提出的法律案，实施了《司法考试法》。新制度的主要内容包括：(1)将司法官(法曹)选拔制度与行政官选拔制度分开；(2)建立法曹三者统一的司法考试制度；(3)建立对司法考试合格者统一进行培训的司法研修制度，合格者才能获得法曹三者的工作资格。在日本，要想成为法官必须从助理法官做起，而助理法官则从通过司法考试后完成了司法实习的人员当中任命。一般从事助理法官工作10年左右，积累了相当的实际经验后，才能取得被任命为法官的资格。由于大陆法系国家加大了法官遴选中法律实践的力度，预备法官培训就显得尤为重要。

在我国，关于法官的任职资格，1995年的《法官法》规定："担任法官必须具备下列条件：(一)具有中华人民共和国国籍；(二)年满二十三岁；(三)拥护中华人民共和国宪法；(四)有良好的政治、业务素质和良好的品行；(五)身体健康；(六)高等院校法律专业毕业或者高等院校非法律专业毕业具有法律专业知识，工作满二年的；或者获得法律专业学士学位，工作满一年的；获得法律专业硕士学位、法律专业博士学位的，可以不受上述工作年限的限制。""担任院长、副院长、审判委员会委员、庭长、副庭长，应当从具有实际工作经验的人员中择优提出人选。"

根据《法官法》规定的初任法官资格，我国法官遴选的基本条件包括以下几个方面：(1)本科以上学历；(2)通过统一司法考试；(3)从事过一定年限的法律工作。除此之外，候选者的政治素质、业务素质和道德素质等软条件尤为重要。政治素质是核心，业务素质是保障，道德素质是基础。实践证明，法官是否具备优良的品行、高尚的道德情操，对于确保司法公正具有重要意义。有关法官的品行，德国法学家拉德布鲁赫曾指出："我们不常说所谓'谨守法律的'法官，而只谈‘公正的法官’，因为法官的品行应该是不惜一切代价，甚至包括牺牲生命，以正义为本。”统一司法考试解决了遴选法官的专业标准，人品道德标准只能依靠遴选制度来实现。遴选法官的人品道德考量与培养最为重要，只有道德高尚的法官才能正确理解和适用法律，而适合中国国情的法官遴选制度是选择德才兼备法官的保障。

我国修改后的《法官法》提出的法官任职标准与大陆法系国家有相似之处。法官不仅应该具备专业标准，更应该具备高尚的道德和人品素质。统一司法考试基本解决了专业问题，人品道德的考察依靠什么来完成呢？笔者认为必须依靠科学的法官遴选制度和严格的预备法官培训来保障。任何制度的建立必须有可行性，必须和现有制度合理衔接，否则只能停留在理论阶段。制定适合中国国情的法官遴选制度，首先应该了解我国法官产生的现状和有关人事制度。根据《法官法》第 11 条规定，我国法官的任免权虽然在人大或人大常委会，但提名权却在法院，实践中容易形成任人唯亲和法官地方化的局面。同时，各级法院的人事权由同级组织人事部门统一管理，有严格的编制限制，又可能造成法院需要的人才难以录用的情况。正如肖扬同志在《人民法院改革的进程与展望》一文中所指出的，“目前我国地方人民法院的法官通常由地方自己任免，自己管理，一切待遇都由地方提供。这一制度客观上造成了地方法院被当作地方的法院，地方法院的法官被当作‘地方的法官’”。因此，制定在保持现有政治制度不变的情况下可与其相衔接的法官遴选制度，真正实现实质意义上的任免权，保证真正优秀的法律人才选拔成为法官，逐渐形成一支职业化的法官队伍是目前我们亟待解决的问题。K. 科尼尔斯在《斯堪德纳维亚国家的法官教育制度》著作中客观地总结道：“对于选拔和培养法官这样重要的任务，世界各国都按照各自不同的方式解决。他们所遵循的原则是：根据各自司法制度特殊的历史发展而决定，依照国家当时的现实情况而变更。”

研究并借鉴域外经验，根据我国国情及法官生源遴选的实际需要，可以建立以下遴选机制：（1）法官遴选机构。既然我国普通法官的任命是由人大常委会行使的权利，可以考虑在全国人大常委会和各省、自治区、直辖市人大常委会分别设立法官遴选委员会。全国人大常委会法官遴选委员会专门负责最高人民法院和高级人民法院的法官的遴选。各省、自治区、直辖市人大常委会负责本地区初任法官和中级法院法官的遴选。委员会组成人员由人大代表中的有法律背景的专业人士组成。法官遴选委员会全面负责法官晋升、预备法官人选的考察、推荐和任命。这样设置既符合法律规定,又使困扰多年的法官遴选独立化问题得到解决。(2)法官遴选程序。对于初任法官的遴选,可采用以下做法:每年各级人民法院向同级组织人事部门申报法官缺额,地方组织人事部门批准后由各省、自治区、直辖市高级人民法院汇总本省缺额法官人数报同级人大常委会法官遴选委员会,由法官遴选委员会面向社会公开招录。凡是通过统一司法考试愿意从事法官职业的人员不限地域,在规定的时间内向法官遴选委员会提出申请。法官遴选委员会对报名考生进行审查。审查包括成长经历、大学成绩、统一司法考试成绩和品德调查。从中选择出政治可靠、道德人品优秀的考生进行面试,合格的人选推荐给同级人民法院,由人民法院推荐到国家法官学院参加预备法官培训。培训分为在校学习和实习两个阶段。培训期间重视学员的道德品行观察,法官职业意识、法官职业道德和法官职业技能的培养。培训结束后参加最高人民法院组织的考试。考试合格、操行合格的学员由推荐地法官遴选委员会向社会公示,无异议的推荐到各基层人民法院,由院长提名,同级人大常委会任命为法官。(3)对于中级人民法院、高级人民法院、最高人民法院法官的遴选,采用类似的程序。基层法院工作满5年的法官可以申请担任中级人民法院的法官,中级人民法院的法官工作满5年可以申请担任高级人民法院的法官,高级人民法院法官工作满5年可以申请担任最高人民法院法官。除最高人民法院的法官由全国人大常委会法官遴选委员会负责考察、遴选以外,其他基层法院以外的法官都由各省、自治区、直辖市人大常委会法官遴选委员会负责遴选。

(二)遴选考试制度

通过会考从优秀大学毕业生中选拔法官后备人选,是被相关国家和地区法制建设证明行之有效的成功经验。

在日本,自1947年起,法官的培养与录用就实行两次考试制度。第一次考试为国家司法考试。考生条件为修完大学课程并取得学士学位的青年。考试合格者录用为司法修习生(法律学徒),由最高法院(最高裁判所)的下级机构——国家司法研修所组织进行任职前的培养与训练。训练期间为2年,包括

4 个月的初始训练、16 个月的实务训练和 4 个月的后期训练。在上述学员完成 2 年的司法训练后，第二次考试为实质意义上的录用法官考试，也即由最高法院举行严格的结业考试，合格者被任命为修补法官（法官助理）。日本的司法考试制度实际上起到了从法学教育所培养的毕业生中选拔法制精英的作用。其基本运作的特点是：（1）司法考试的管理与实施由司法考试管理委员会和司法考试考查委员会等专门机构负责。（2）考试覆盖科目多、难度大、周期长。（3）报名人数多而录取率极低。（4）考题形式复杂、内容全面。在日本实行司法考试制度后，前 50 年经历了进入司法研修所的数量由每年 100 人左右到逐年增加的过程。从 2000 年开始，数量达到每年 1000 人左右。司法研修的期限曾为 2 年，从 1999 年开始司法研修的期限缩短为 1 年半，其中 3 个月为前期修习，然后进行 1 年的实务修习，最后进行 3 个月的后期修习。

在德国，选任法官通过两次国家考试。第一次考试是在每年大学毕业生结束 5 年左右的大学法律专业学习后举行的，考生在通过第一次国家考试后，分别前往法律实务部门进行至少 2 年的见习实践。其中，必须到地方法院或州法院的刑庭或民庭分别作为法官助理见习 9 个月，并到检察院、律师事务所、政府机构等部门见习 3 个月。见习结束后，学员们还将重返大学参加为期 4 个月的第二次国家考试前的综合训练，然后参加第二次国家考试。通过第二次国家考试者，取得法官任职资格。但即便已取得法官任职资格，也并不意味着能立刻成为法官。他们还必须从事多年的法律职业，并完全符合德国法官法规定的法官培训要求后，方能被任命为法官。

美国、英国等国家虽然没有特定的法官考试，但都把必须担任过一定期限的律师作为法官任职条件之一。其中担任英国地方法院的法官必须具有不少于 7 年的出庭律师经历。担任美国联邦法官，必须具有法学学士或博士学位并具有 8 年以上的律师经历。而律师资格的取得，则具有严格的考试制度。

在我国台湾地区，自 1950 年后，经高等考试录取，每年招收 90 位学员到“司法官训练所”进行 14 个月至 18 个月的训练。训练分为法律授课与研究、业务实习、综合研讨等三个阶段。在我国香港特别行政区，要具有大律师资格、律师资格，并至少具有 5 年法律经验，才能担任地方法院的法官。

在我国澳门特别行政区，自 1995 年设立司法官培训中心，其任务是为澳门培养法官和检察官。澳门特别行政区司法官入职培训制度载于一系列法律法规。确定出任法院司法官或检察院司法官编制职级,须先被录取为实习员并完成由司法官培训中心开办的培训课程及实习且成绩及格。报考实习员的考生须先接受法律知识考试、语言能力考试和心理素质测验。合格人员由行政长官批示委任为实习员,参加司法官培训中心的培训课程及实习。培训课程及实习为期 2 年,分两个阶段进行,包括:第一,课程阶段,在培训中心进行,为期 1 年,旨在使实习员具备执行司法职务的能力;第二,实习阶段,在法院及检察院进行,为期 1 年,旨在使实习员适应有关职务。第一阶段课程阶段的内容包括理论培训;实践培训;调查研究;研讨会、讨论会及学习访问活动;短期课程。其中,理论培训内容包括澳门特别行政区宪制组织及体系、司法组织、专业操守、民法、商法、刑法、行政法、税法、劳动法、诉讼法、未成年人监护法。实践培训的目的是使实习员能通过口头及书面方式进行司法行为的模拟练习,逐步接触司法方面的实际情况。调查研究活动包括为作出批示或判决而进行的准备工作,以及对法律、学说及司法见解的资料进行处理的工作。研讨会、讨论会及参观的目的是使实习员能更容易掌握将来从事的司法工作,并确保其吸收新知识。短期课程类似于内地法官培训的专题讲座。课程阶段的最后成绩及格的实习员,可进入实习阶段;不及格者,即被开除。实习阶段在法院及检察院进行,由担任培训导师的司法官加以指导,旨在提高实践能力。

在法国,1958 年成立国家司法官学院,最初的工作就是开展司法官职前教育。国家司法官学院通过每年举行的“一、二、三级”会考公开向社会招收学员。报考人员必须具备大学毕业学历及法律专业知识条件。通过会考招收的学员进校后为见习司法官(助理办案员),学员在完成两年半的学习并通过学院及实习单位的双重考核后,方可任命为法官。

法国国家司法官学院通过国家会考每年招收的学员进校后为见习法官。招收学员的数量以全国法官前一年的缺岗数、退休数为基本额度,具体招生数额由国家司法部予以确定并向社会公布。每年,法国向社会公开招考的对象限定为三种人:一是法律专业大学毕业 3 年且品学兼优的青年;二是具有 5 年以上政府工作资历的高等公务员;三是具有 10 年以上政府工作资历的公务员。考试内容主要为法律专业知识,也包括一定的社会、文化知识。考试方式为笔试与口试两种。根据以上情况，法国国家会考分“一、二、三级”，分级会考的宗旨是根据考生不同的社会资历及年龄条件等实行有区别、有侧重的入学测试。会考招生的组织形式、纪律规定、口试、笔试会考科目和阅卷方式由司法部长征求国家法官学院行政理事会的意见后确定。考生知识水平及业务能力的考核评价由会考委员会负责。该委员会由以下5名成员组成：1名最高法院法官任主席；2名大学教授；1名高等教育部部长的代表；1名公共事务部部长的代表。各级会考均分初试与复试两部分。鉴于报考国家法官学院的学员，必须先行具备大学毕业的学历条件及法律专业知识条件，会考不再测试一般的法律专业知识，而是重点考核考生应用法律解决社会现实问题的能力。以一级会考为例，初试包括以下内容：(1)用5小时写作一篇关于社会、法律、政治、经济和文化等方面的论文；(2)用5小时写作一篇有关民法主题的论文；(3)用5小时写作一篇关于刑法、国际法或欧洲法的论文（任选）；(4)用5小时就给定的法律文件写一篇综合笔记。复试包括以下内容：(1)接受会考委员会就广泛的社会问题口试考核30分钟；(2)就商法或行政法口试考核15分钟；(3)就初试中第三方面考核内容中考生未选择的主题，口试考核15分钟；(4)就司法机构、司法权限、诉讼程序等主题口试考试15分钟；(5)就社会法口试15分钟；(6)30分钟外语口试；(7)健康状况及身体素质测试。通过会考被择优录取进入国家法官学院学习的学员，均为实习法官（助理办案员），可以协助在职法官审理案件，但对判决的确定没有表决权。

借鉴其他国家与地区的法官遴选考试经验，结合我国国情，可以从以下方面对我国法官遴选考试（国家统一司法考试）制度加以改进：(1)遴选考试分级制。根据遴选对象的不同，将遴选生源分为三类：在法院、检察院工作，已经具有5年以上司法辅助工作经验的人员：在其他国家机关工作10年以上的国家公务员：大学毕业生及社会其他人员。针对以上三类人员，分别采用不同的考试方式，设置不同的考试内容。(2)预备法官培训期间，重点培养受训学员的职业道德意识与法律职业综合素质。培训期间的重点考核内容之一，是受训学员办案水平、知识能力之外的思想素质与人格品德。培养与培训并重，考试与考核并举。(3)设置并实行两次会考制。第一次会考为国家会考，即国家统一司法考试。第二次会考为最高人民法院组织的全国会考，参加对象为通过第一次会考、已在国家法官学院及其分院参加完毕预备法官培训的受训学员，会考目的旨在通过考试与面试，考核预备法官学员通过集中培训与办案实习，是否具备了作为后备法官人选的各类条件。(4)建立见习法官制度。通过两次会考的人员，不能被任命为职业法官，应从事3～5年的见习法官工作并被证明称职后，方可正式任命为法官。

(三)预备法官的培训实施

对于任何一个法治国家和地区而言，法官遴选制度是挑选具备专业标准和更高道德水准法官的保障。预备法官培训是法官遴选考试后法官培养制度的核心组成部分，法官选任制度离不开预备法官培训。通过预备法官培训，既加强了参训学生的专业知识和技能，增加了法院工作的实践经验，又培养并考察了参训学生的人品和道德素养。因此，预备法官培训是法官培养制度的关键环节。

在法国，通过国家会考进入国家法官学院的学员，需参加预备法官培训，完成在校2年半(31个月)的集中学习与办案实践。其中，第一阶段25个月，为围绕司法组织和法官工作而进行的多学科的普通教育培训。包括：3个月在企业、行政机关等司法机构以外的单位实习，目的在于站在社会角度重审法官的职业并理解其职责要求，同时增进对社会的认识；7个月在司法官学院进行有关司法技能、业务知识的培训，主要对学员就有关司法技能、业务知识及合作部门的业务知识进行培训；14个月在法院实习并帮助办案。在法院实习阶段，还应有2个月左右时间在监狱、警察局、律师事务所实习，担任监所教育辅导员、副监狱长、出庭辩护的实习律师等；1个月的总结、研讨。第二阶段6个月，学员继续在法院系统进行5个月的实习，从事预审法官、少年法官、一审法官、二审法官、执行法官等法官岗位之一的辅助办案工作，然后为1个月的实习总结。

法国预备法官培训的目的是培养法官，所以其教学不是一般的法律讲授，而是教育学员掌握审判专业技能，提高办案能力与水平，提高职业素养。国家法官学院的预备法官培训注重发展双重技术培训：一是司法各岗位职能及方法论的培训，二是与司法工作有关的业务范围和技术的培训。通过第一种培训，使学员剖析具体案例和法律文书，逐步掌握普通法官、专业法官和检察官的不同职能。通过第二种培训，使学员掌握法医学、心理学、精神病学，以及交谈、联络、信息技术等学科的基本内容。同时辅导学员熟悉他们的工作环境，了解并促进与律师、警察、行政官员及社会各界人士的合作关系。基础教育还注重通过一定的调查，向学员剖析司法诉讼的复杂性，努力开拓学员对社会的观察视野，使他们熟悉司法工作的严格要求，明确司法工作的根本原则和道义准则，充分认识司法判决的社会影响，全面提高学员的思想、道德、文化业务水准。

法国国家法官学院预备法官培训的教育方式原则上不采用死板的学院式教育方式，而注重在实践部门的实习、考察等实践活动，即使是在校的理论学习，其教学方式也主要采用报告会和小组研讨等方式。预备法官培训的第一阶段为25个月，为围绕司法组织和法官条例进行的多学科型的普通教育培训。在第一阶段教育培训结束后，学员应返回学院接受考核，并参加为期1个月的研究活动，进一步消化实习成果，总结办案经验。预备法官培训的第二阶段为5个月，被称为专业化的教学阶段，也是为即将担任法官职务做准备的最后教育阶段。在这个阶段，学员继续在法院系统实习，并从事预审法官、少年法官、一审法官、二审法官、执行法官等法官岗位之一的辅助办案工作。在这个阶段，教育培训努力实现技能与实践并重，理论与实践结合。

法国预备法官培训的结业考核。通过国家会考进入国家法官学院参加预备法官培训的学员，并不可能当然地取得毕业资格而就任法官。在历时两年的学习中，他们要接受学院及实习单位的双重考核。来自任何一方的否定评价都将使学员遭到淘汰。考核包括理论考核、实践考核和纪律考核。事实上，法国国家法官学院的每届学员总有1～2名最终被淘汰。而每年总有4～5名学员因考核不合格而重新参加司法技能的实习锻炼。

我国台湾地区的司法官职前培训，自2001年的第42期司法官职前培训班起，培训学制由原来的三阶段1年6个月调整为四阶段2年。第一，培训理念为：培养具备民主、自由、法治、人权的核心价值理念，并拥有专业智识、人文素养、宏观视野、伦理观、责任心及使命感的合格司法官。教育目标为：培养具有一般社会知识、分析争端及解决、批判性阅读、论述、沟通与倾听、搜集资讯与独立研究、卷证分析与运用等核心智能，并强化公益服务与利他的观念，充实对于历史、社会、政治、经济、文化，以及多元价值体系的认可与尊重，增强“司法为民、保障人权、关怀弱势、促进司法进步”的使命感，使能肩负定分止争的司法任务,保障人民诉讼权,满足社会对司法的期待。第二,课程体系。司法官养成课程“以实务为主,理论为辅,力求理论与实务相结合”,课程体系涵盖“基础讲习、司法实务、法律理论、辅助与一般性等课程”:(1)基础讲习课程:着重认识司法、认知司法官角色、奠定专业能力之基础及行政机关学习预备课程,塑造司法官学员专业的人格特质。(2)司法实务课程:以检察(包括侦查与公诉)、审判及民刑事小额及简易案件为范围,“均以实际案例为教材,依案件处理流程,由数位讲座就程序与实体分别讲授案件如何侦办或审理及如何正确适用法律”。(3)法律理论课程:为厚植专业司法官法学研究根基,“以专题方式并与学员互相讨论”,深入探讨新兴法律理论与争议问题。(4)辅助课程:“充实与司法相关学科智识课程。”(5)一般性课程:“培养司法伦理、高尚情操、人文关怀、开阔视野胸襟。”一般性课程实现方式包括团体活动、艺文欣赏、媒体互动、分享座谈、体育康乐、迎新会、恳亲会、性向测验、外文选读、师长座谈、导师辅导、参观访问等。第三,实施阶段。第一阶段:基础讲习。自2010年的第51期培训班起,由原来的6周缩短为4周,其间包括两次前往行政机关、律师事务所、会计师事务所、非政府组织等实务见习。第二阶段:司法实务及理论讲授。“上课期间均留研习时间,促使学员能有充分时间思考”,并由导师2~3人辅助教学事宜。本阶段注意陶冶学员专业素养。第三阶段:院检实习,派赴地方法院及检察署实地学习民刑案件审判、检察及行政诉讼等事务。该阶段聘请在职法官、检察官任兼职导师,辅导考核学员。第四阶段:综合检讨与成果验收。包括测验、口试、综合研讨、裁判文书讲评。由民、刑、检实务课程之讲座负责,再行辅导与鼓励。结业前几日,“按总考评成绩名次,依其自愿,分发为法官、检察官,旋即施以职务分科教育,加强其处理实务之能力,并未到职前之准备”。①

借鉴域外的预备法官培训经验,我国预备法官培训可针对不同对象设定不同的培训期限。在我国,通过了统一司法考试并自愿从事法官职业的人员中,有法院在职非审判岗位干部,有具有多年法律实践工作经验的从业人员,还有在法律院校从事法学教育工作的专家学者,更多的是应届与往届大学毕业生。

---

① 我国台湾地区司法官学院:《台湾司法官的职前培训》,2013年10月。

如果采用统一的培训方式，可能会造成资源的重复和浪费。荷兰的做法值得借鉴。荷兰的法官来源有内部候选人培训任命和外部候选人选拔任命两种。内部候选人指年纪较轻而被选拔进入法院的律师，对他们进行为期6年的培训。前4年在法院进行，由一名资深法官指导，参与所有将来法官可能从事的工作。后2年在法院系统外进行学徒式训练。6年中每年对学员进行评估，不合格的开除，合格的根据志愿任命为助理法官。再经过一两年的实习，如果实习的法院满意，可推荐任命为正式法官。而对于外部候选人，因为他们都是至少有6年以上丰富经验的律师或其他法律职业者，选拔主要看他们的品行及担任法官的能力。一般由选拔委员会选出后到法院担任助理法官，经过一两年的考察，实习法院可推荐任命其为正式法官。

在我国，可建立以下预备法官培训分类培训制度：第一，对于通过统一司法考试没有法律工作背景的学员，培训期为24个月。培训的目的是培养预备法官的人生观与职业素质，包括法律思维、审判实践、道德情操、工作作风等诸多方面。同时，通过2年的观察，判断学员是否具有从事法官职业必须具备的道德品质，是否具有良好的洞察力和判断力等专业素质。培训分为课堂学习和法律实践两部分。其中，在校学习6个月，到法院、检察院、律师事务所等部门实习12个月，到政府机关、企业事业等单位综合实习6个月。实习法院可选择拟就职的基层法院。通过实习，既可以使学员积累法律实践，又创造了拟就职法院考察学员的机会，为是否提名任命法官提供依据。培训任务完成后，由国家法官学院及其分院对受训学员的人品道德做出综合评价。第二，对于通过统一司法考试的法院在职的非审判岗位人员、从事法律实务工作5年以上人员、法律院校教师，培训期可设定为12个月。其中在校学习6个月，实习6个月。

结合我国国情，我国预备法官培训可分为五个阶段：第一阶段：综合培训（3个月）；第二阶段：综合实习（6个月）；第三阶段：专业培训（3个月）；第四阶段：专业实习（12个月）；第五阶段：预备法官学业总结与结业考试、考核。考虑现实需要，预备法官的办案实践，从其培养目标及要求出发，应协助法官实际办案，既是考察也是锻炼，同时也有利于解决各级法院审判人员不足问题。预备法官集中培训的内容，应强化职业道德与职业素养教育。同时，开展相关学科教育、法学专业知识教育以及各类审判技能教育。预备法官培训的方式，应注重以下四个方面的教学改革:为科学处理理论与实践的关系,应加强应用型教学;为科学处理应试与能力的关系,应加强素质性教学;为科学处理培训课堂与社会的关系,应加强开放式教学;为科学处理培训对象与主体的关系,应加强研讨式教学。

三、在职法官培训的借鉴

(一)法官培训的职业基础

我国的司法权包括审判权和检察权。法官手中操有最终解决纠纷的审判权和裁判权。在法律职业者之中,检察官、律师对法律的适用和裁判的作用有重大影响,但对案件的最终裁判权握在法官手中。西方国家对法官的资格要求比律师、检察官更高。关于法官的任职资格,由于法官在社会生活中的极端重要性及普通法重视实务的特点,英美法系历来强调法官必须由富有实务经验且道德学问优秀的人士担任。大陆法系国家和地区也十分重视法官的任职资格,但大陆法系国家和地区不像普通法系国家和地区那样要求法官必须是年长的且富有经验的,而是更注重法官的专业知识的训练。

鉴于法官职位的崇高与特点,各国和地区普遍重视法官培训工作。法国国家法官学院与日本司法研修所都明确地将在职法官培训作为其常规工作。在日本,最高法院下属的司法研修所针对在职法官实施各类培训。2008 年以来,该所每年实施 40 余种培训,约 1400 名法官参加培训,相当于 40% 左右的在职法官参加了在职培训。日本在职法官的培训也极具特点:所谓教官,并不传授法学理论或法律实务技能。培训的目的在于参训法官自己提出问题、相互研究、共同讨论。教官的职责只是主持讨论、汇总观点、提出建议,并不给定结论。在美国,由于法官素质普遍较高,过去法官的培训未形成要求。自 20 世纪 60 年代以来,美国也加强了对法官的培训工作。1964 年设立了全国州级初审法官学院。美国许多著名大学开设了一系列法官培训课程,美国律师协会也举行了一系列研讨会推动法官的培训。可以说,法官培训已成为各法治发达国家司法制度的一项重要内容。

法官培训的职业基础,在于法官职业的稳定性也即职业保障。法官保障制度包括法官的身份保障与薪金保障。法官的身份保障,是指为解除法官后顾之忧，使其免受外部干扰而依法行使职权，法律规定法官一经任命，便不得随意更换，不得被免职、转职或调换工作，只有依据法定条件，才能予以弹劾、撤职、调离或令其提前退休。法官的身份保障制度始于英国。1701 年英国议会正式制定的《王位继承法》规定，法官行为良好便继续留任。英国的法官身份保障制度为美国所接受。1787 年的美国宪法规定："最高法院和低级法院的法官如行为端正，得继续任职，并应在规定期间得到他们的服务报酬。"它有利于解除法官的后顾之忧，使法官无须考虑未来的选举或者是否继续留任问题。尽管总统可以任命政治上接近他的法官，但总统无法控制他任命的法官。美国州法院法官一般实行任期制，多数为 6～8 年。有 7 个州法院对法官的任命是终身的。尽管世界各国和地区大都采纳了法官身份保障制度，但对法官仍有退休年龄的限制。德国一般为 65 岁以上。美国与大陆法系国家所不同的是其并未采取到达法定年龄便强制退休的办法，而是采取自愿退休的制度。英国法官的任职年龄被限制在 75 岁以下。

有关法官的惩戒制度，在英美国家，只有弹劾而无惩戒制度。法官非受弹劾而不被免职。在大陆法系国家和地区，除规定法官弹劾制度以外，还规定了对法官的惩戒制度，即对法官的失职行为可予以处分。在美国，弹劾案是很少的，只有涉及严重刑事犯罪时才使用弹劾程序，过失失职行为不在弹劾之列。在美国联邦法院成立后的 200 年中，只有 11 名法官被弹劾。在大陆法系国家，弹劾也有严格的程序，如在日本，弹劾法官，须由参、众两院 7 名议员组成的弹劾法院进行审理。

有关法官的薪金保障。法官收入高于公务员，是世界大多数国家的通例。这是因为法官的职业及其审判行为被视为一种最为复杂而重要的劳动，理应获得较高的物质报酬，高薪制更有助于养廉。如英国的法官和地区法官、巡回法官、高级法院法官、上诉法官、大法官、首席大法官的年薪收入都明显高于同级政府公务员。其中，英国大法官的年薪高于国家首相。韩国总人口为 4700 万人，具有法官 2300 人。韩国公务员九级制，初任法官为较高级别的三级公务员，以示优待。韩国保证法官按年限逐次晋升等级，晋升条件按通过司法考试的初始年限论资排辈，没有破格，以示公平。同时，世界各国的法官退休后，享有优厚的退休金保障。

与域外的法官身份保障制度相比,我国免除法官职务的事由是宽泛的。《法官法》规定法官有下列情形之一的,应当依法提请免除其职务:(1)丧失中华人民共和国国籍的;(2)调出本法院的;(3)职务变动不需要保留原职务的;(4)经考核确定为不称职的;(5)因健康原因长期不能履行职务的;(6)退休的;(7)辞职、辞退的;(8)因违纪、违法犯罪不能继续任职的;(9)因其他原因需要免职的。应当借鉴其他国家法官身份保障制度,适当限制法官免职理由,解决法官免职理由过宽问题。

我国《法官法》规定:法官的工资制度和工资标准,根据审判工作特点,由国家规定,从而将法官的工资制度与行政人员的工资序列相互分开。这在法律上建立了法官独特的工资制度,符合审判工作的特色和规律。《法官法》还规定:"法官的退休制度,根据审判工作的特点,由国家另行规定。"但《法官法》已经实施近 20 年,对比公务员而言,我国尚未建立较高标准的法官薪金与退休金保障机制,应尽快解决法官高薪养廉问题与法官高额退休金保障问题。此外,我国《法官法》规定了对法官的免职、辞退和惩戒。关于法官的惩戒制度。该法第 30 条列举了各种应受惩戒的违法行为。为了加强法官的职业保障,在我国,可考虑取消法官惩戒制度,实行法官弹劾制度,并由国家颁布法律,细致规定弹劾法官的条件、程序与受理弹劾机构。

法官教育培训要做到有的放矢,不但要了解作为教育培训对象的法官的工作环境与职业背景,更要深入研究作为教育培训对象的法官的学习需求与个人特点。此乃开展具有针对性与实效性的法官培训教学与管理的基础工作。

第一,法官培训的学员带有成人学习的一般特点。著名的教育学家加涅提出了知识与技能的增长理论,其基本概念为"教学相长""以学论教"。加涅指出:教师的"教学"虽然必要,但只是被教育对象成长的外因;被教育对象的原意"学习"与善于"学习"最为重要,是被教育对象达到学习目的的内因。知识与技能的增长理论将"教学"的环节划分为五种类型:(1)言语信息,是指通过口头与书面方式传达的知识信息。(2)智力技能,是指被教育对象理解与掌握前人的知识与经验的过程。(3)认知策略,是指被教育对象认知教学成果,并对自己的行为进行修正的过程。(4)动作技能,是指与认知学习相互作用的学习能力。(5)学习态度,是指影响被教育对象接受教育的情感、动力等内部状态。按照加涅教学理论,最重要的教学策略在于告知学习目标、激励学习目标、引导学习目标。加涅认为:教学的“五个环节”中有三个环节体现了辅导者的重要性。可见,成人学习不同于儿童与青少年时期的基础教育,其自主性体现得更为明显,内在的学习动力、身边辅导者的榜样作用、提高技能与增长知识并重的学习需求等要素,都决定了成人学习与教育培训的不同类型。

第二,法官培训的学员,其学习能力与其他成人继续教育培训对象一样,呈现出体验能力与理解能力的综合优势。1928 年,心理学家桑代克出版了著名的论述成人智力发展的专著《成人的学习》,通过试验研究揭示了人的学习能力与年龄发展的关系曲线图,即人的学习能力在 22 岁达到顶峰,在 25~45 岁虽然学习能力每年递减 1%,但仍具有有效学习的能力。随后,美国心理学家雷蒙德·卡特尔对成人智力结构进一步研究,发现随着自然人的年龄增长,虽然代表人的机械记忆能力的流体智力逐渐衰退,但代表人的理解记忆能力的晶体智力不断上升,从而揭示了成人的综合学习能力不亚于未成年人的科学论断。因此,现代教育培训的突出特点,在于强调社会主体的终身教育。而社会主体的发展需求与接受教育能力是决定终身教育可行性的两个基本要素。

第三,法官培训的学员带有法律专业与司法工作的职业特点。法官培训的学员尽管包括法院负责人员、各审判专业法官、法院其他岗位工作人员,但其培训都带有法律专业、司法部门、围绕审判的特点。法官培训的学员认同培训、接受培训的直接原因,源于学员的培训动机,也即促使法官等法院工作人员参加教育培训的内在动因和心理倾向。其产生培训动机的原因之一,是来自法院不同岗位的工作需求。这些需求表现为岗位规范、岗位所要求的技能与知识、不适应岗位工作所产生的压力与不适,特别是晋升更高工作岗位的技能与知识需求。上述需求是单位工作给与的培训诱因,也是学员产生培训动机的外部条件。不同的法院工作人员具有不同的个性化、差异化培训需求,但共同的法律职业特点决定了法官培训学员的共同诉求与共同利益。认同这种共性与个性的统一、普遍性与特殊性的统一,是开展法官培训学员管理工作的基础。

第四,法官培训的学员带有能力提高的需求特点。研究型、提高型特点突出;理论型、知识型特点减弱。传统的教育强调教师教学的重要性,教育对象在教育活动中属于被动、接受的教育客体。现代教育特别是成人继续教育,更强调教学双方的互相促进,教师是教育一方的主导者,学员则是学习一方的主导与主体。由于司法工作对于解决社会矛盾、维持社会平衡关系的极端重要性,培训的动机一部分还来自法官自身,也即激发法官等法院工作人员培训动机产生的内在条件,具体表现为学员自身的培训需求,包括实现自我价值、增强工作能力、得到社会认可的内心驱动。由于法官培训的需求特点,当代法官教育培训日益体现出"按需施教"、由学员主导培训方案制定、教学方式选择、培训目标实现的教育特点。因此,研究性学习、提高性培训将成为法官教育培训的基本方式。

第五,在我国,法官培训的学员带有起点较高的素质特点。随着我国法制建设的发展,法官作为法院工作人员的主体,其任职条件不断提高。全国人大修改后的《法官法》将担任法官的学历条件由专科提高到本科以上,新任法官则要求通过国家统一司法考试并经过相关培训。对法官任职要求的提高带动了法院工作人员整体素质的提升。整个法院队伍呈现出政治素质较高、文化素质较高、综合素养较高的"三高"趋势。具有"三高"特点的法院工作人员,其参加培训的实用性、功利性特点更为突出,也即对法官培训的期望值更高,迫切希望通过培训解决实际工作和人生中的现实问题。同时,"三高"人群自律水平与自我意识较强,学习的自我导向性目标明确,自主判断与自我选择能力体现充分。我国法官教育培训的教学与管理工作,必须更新理念、改变模式,适应具有"三高"特点的法官培训受训学员需要,适应不断发展变化中的审判工作需要。

(二)全员性的法官终身教育

在职法官培训也即法官的继续教育,属于无限制范围的全员性的法官终身教育,是指在职法官随时可以参与的以拓展视野、提高技能、更新知识为目标的教育培训。在职法官培训也可称为岗位培训。

在日本,国家司法研修所对职业法官的培训有别于对助理法官实施的提供专业知识基础的培训。对职业法官培训的立足点是帮助每个法官进行自我钻研、相互研讨和在职训练。针对应对专业诉讼逐渐成为21世纪司法主题之一,日本国家司法研修所加强了有关医疗纠纷诉讼、知识产权诉讼、金融投资诉讼等专题研究的培训。这种培训采取"研究会"形式，每个法官都会平等地参与，培训目的在于帮助法官加深对该专业领域的了解与研究。此外，近年来，日本对职业法官的培训适用了新的培训方式——"派遣式"体验培训，即由司法研修所将法官派往各种社会组织以获得不同的社会体验，促使法官换个角度看待法院、法官与司法，以使法官充分了解社会对司法的需求与希望。

在德国，联邦法官学院有两处院址，分别坐落于德国西部的 Trier 和东部的 Wustrau 两个城市。Trier 联邦法官学院建立于 1973 年。德国统一后，联邦政府于 1993 年又建立了 Wustrau 院址。两处院址统一制订年度培训计划，法官一般按地域就近参加培训。在德国，接受继续教育（在职培训）是全体法官的终生权利，但完全采取自愿参加原则。法官培训年度计划由法官教育专门委员会制订，该委员会成员由联邦法官学院派员与 16 个州具有法官身份的代表等人员组成。年度培训计划提前半年制订完毕，下发全国由法官自愿选择、报名参加。培训班大多采取短训制，一般期限为 1 周左右。培训班教学形式灵活多样，一些培训班完全系学员自由研讨形式。培训班主讲教师多数为法官，也包括检察官、律师、教授以及其他领域专家。培训班的类别将近一半为特定专业培训班，另 1/3 为跨专业培训班，其余为社会综合业务培训班。在德国，法官参加培训的费用得到充分保障，其食宿费用与教学费用由联邦政府与各州政府各承担一半。

在法国，相对于预备法官教育培训而言，法官继续教育起步稍晚，1966 年开始实施，1970 年由国家法律正式加以规定，但 20 世纪 70 年代以后，法官继续教育规模迅速扩大。1998 年后，占法官总数 98% 的法官参加了不同类型与主题的继续教育。法国法官的继续教育已作为预备法官教育培训的延续，伴随着法官的整个职业生涯，使他们适应现代社会的迅速发展，不断提高审理各类案件的业务水平。

法国试图通过让法官接受继续教育，确保法官文化专业素养适应时代发展，实现法官办案的科学、公正、合理。规范的继续教育制度。继续教育既是法官的权利，更是法官的义务。1970 年国家 70－642 号法令把法官必须接受继续教育写进了《法官条例》，确定国家法官学院除负责法官的基础教育外，同时负责保证在职法官的继续教育。1992 年国家 92－189 号法令通过的《法院组织法》确认“任何法官每年至少应有5天的培训期”。“法官参加继续培训的权利必须得到保证,同时法院的正常工作不得受到影响。”由于得到法律的保证,几十年来,法国法官继续教育制度规范、有序地向前发展。国家法官学院行政理事会根据院长建议,制订了多种形式继续与培训法官的年度计划。这一计划下发至各级法院。每年9月,每个法官都能收到一份来年的全国法院培训计划。计划中写明培训活动内容、日期、对象、名额及报名办法。每个法官根据各自的不同需要和国家法官学院的安排,自主选择每年的受训时间与受训内容。经过各法院院长对本院所辖法官的培训要求综合审查后,按照轻重缓急的不同需要,依次排出受训法官计划表,交给国家法官学院,由国家法官学院负责实施。为确保法官素质符合国家要求,考虑到法官接受继续教育的特殊重要意义,法国国家司法部与人事部等有关部门联合签署文件规定,法官参加继续培训实行《个人培训卡》制度,其培训情况归入国家永久档案。《个人培训卡》记载每位法官每年是否依法接受培训教育、培训的成绩与表现等内容。《个人培训卡》由法官本人持有,由国家法官学院在全国联网管理。

法国法官培训采取集中培训与分散培训相结合的方式。法国传统的法官继续教育培训是由国家法官学院单独规划并组织实施的。由于正规化、全员性的法官继续教育任务繁重,各地法官培训又有其特殊要求,法官继续教育的权力自20世纪80年代末有所下放。1989年10月15日及11月6日法国司法部的两个通知规定:继续培训的部分权利下放到上诉法院。现行的法国法官继续教育制度,实行由国家法官学院举办的全国性的集中培训与由各上诉法院举办的分散培训相结合的两级培训体制。事实上,分散培训是全国集中培训的重要补充。依照1972年5月4日法国国家72－355号法令第51－2条规定:“每个上诉法院必须组成一个法官分散继续培训委员会,由上诉法院院长和检察长共同主持,1名授权负责继续培训的法官兼任秘书。委员会的组成人员及其职能,由国家司法部长签令批准。”该委员会讨论、确定由委员会秘书提出的分散培训计划,并上报国家法官学院,由国家法官学院审核、评价,对其中列入正式培训计划的,由国家法官学院行政理事会拨给该上诉法院分散继续培训的经费。分散培训具有集中培训所不具备的特点。这种培训离工作单位近,培训期短,专业性强,反映了基层法官的愿望。分散继续培训还能使法官有机会在当地同一些经常合作的律师及其他司法界人士、行政官员等共同研讨法律与社会问题。其灵活性及务实性受到广泛欢迎。例如，巴黎，里昂上诉法院关于外国法律的培训，波尔多上诉法院关于酒与葡萄税收主题的培训，普瓦提上诉法院关于海洋法的培训，梅兹上诉法院在阿尔萨斯和摩泽尔省地方法规主题方面的培训等，都取得了良好的社会效果。

法国的法官培训方式充分考虑到成人教育的特点，针对法官已具有一定的文化专业基础以及法官的职业素养需要，采用的继续教育培训方式不同于学院式的古板授课方式，而是生动活泼，切合培训对象，富有职业特点，形成了独特的培训方式、方法：(1)“讨论会”方式。主要是对规定的有关主题进行深入讨论，在讨论会主持人的领导人开展以下活动：报告会，与会者和报告人展开辩论，有时也集体参加一些实践活动。培训期限一般为5天。(2)“周期培训”方式。主要是以小组为形式，分成若干次进行培训。期限：半年内分几次进行，每次2～3天。(3)“讨论日”方式。主要是配合司法改革或学习新的知识进行“一日讨论”活动。这种方式直截了当、解决问题，属于就近便利的分散培训的一种。(4)“会见活动”方式。主要是安排法官与司法界其他同行，如律师、警官等以及政府官员、心理学家、法学家、金融专家等的直接对话，目的是让法官和其他业务部门交换看法。期限一般为1～3天。(5)“现场培训活动”方式。在一位法官学院指导教师的帮助下，法官们围绕学校确定的主题观摩其他法官的审判活动，并尝试展开自己的工作。目的在于互相启发借鉴，促使参加活动的法官发挥创造性，增进业务知识，培养独立思考能力。期限长短不同。(6)“实习”方式。由法官学院组织法官在国家机关、国有企业或私营机构进行集体实习或个人实习。期限为3～5天。(7)“研究会”方式。主要是采取恳谈的方式由与会法官们共同研究某一个或几个司法界共同关注的热门话题。期限无固定要求。

在我国台湾地区，司法官的在职培训开展较晚，一般系“自愿参加相关之在职研习，以增进工作品质与效率，符合社会之期望”。司法官在职研习，“以实务研习会方式办理”：(1)“采取小班制”，以期“发挥相互研讨之功能”。(2)研习原则上不超过1周，以期不妨碍业务工作。(3)各项课程聘请学者、实务专家共同主持，“尽量以讨论方式为之，以求沟通，避免研究结论有所偏执”。

(4)为谋法官、检察官执行职务之融洽,“各项在职研习,常有法官、检察官共同参加,以期在相互研讨中充分沟通,避免不必要之对立”。[①] 我国台湾地区的司法官在职培训,严格意义上系“进修”“研习”“讨论”,比前述有关国家和地区更为突出司法官培训的自主性、研修期间师生的平等性、进修研讨的互动性。实际上体现了司法的特质与内在要求。

(三)法官继续教育的分类培训与课程设计

在职法官的继续教育,集中地体现为从业法官的职业培训。而针对不同法官的需要开展有针对性的培训,已成为各国法官培训的共有制度。法官培训的分类设计,既包括针对培训对象的分类,也包括针对相同培训对象而具有不同培训需要人员的分类培训设计。随着时代的发展,法官培训的分类设计愈加细化、愈加专业,成为当代法官培训的发展趋势。

以韩国国家司法研修院2010年法官培训计划为例,该院将法官培训的领域细化,根据不同任职资历的法官人群,以及新任法官、独任法官、新任院长、新任军事法官等不同培训对象的岗位需求,分析出各类专门主题培训、小主题培训、专题培训、专题研讨会,甚至于个性化的“订购式”法官培训。2010年全年,韩国国家司法研修院举办的法官培训班分为新任法官培训班、法官职务培训班、各审判专业培训班、小主题培训班、外国法培训班、院外培训班六大类:

第一类新任法官培训班,包括:(1)刚刚从律师、检察官中选任进入研修院的新任法官培训班,通过培训旨在让学员掌握履行法官职务所需的理论与实务能力,提高对作为法官应具备的基本素质和态度的认识,同时针对法官职务需要开展实务培训。培训内容包括民事及刑事判决书制作实务、民事及刑事判决书制作点评、评议与记录技巧、财产保全和先予执行、家事诉讼、损害赔偿实务、对民事及刑事程序理论的教育、法院现状介绍、司法行政管理、法官人事管理、法官的态度、法官伦理、开庭言行、法官素养教育、从社会的角度看待法官以及审判等。培训时间为12周。(2)结束司法研修院预备法官培训后准备上岗的新任法官培训班,通过培训旨在加强应有的法官态度、素养、伦理等基本素质。培训时间视班次不同,分别为3~7天。(3)对新任的公益法务官以及军事法

---

① 我国台湾地区司法官学院:《台湾司法官的在职培训:教育内容》,2013年10月。

务官的新任法官培训班。培训时间安排在法务部和国防部下达对上述新任法官人事命令后、新任法官实际上岗之前。培训时间为10天。培训班对学员开展各项审判工作所需要的实务培训，突出强化民事及刑事审判实务、民事诉讼中的事实认定、最新民事案例动向、司法礼仪、法官之路、与法官前辈的对话、判决书制作、今后三年的审判动向与趋势等内容。

第二类法官职务培训班，包括：（1）分院院长培训班，培训对象为地方法院审判庭庭长以下的所有新任分院院长，培训目标旨在提供分院院长工作所需的各种信息。培训时间为1天，培训内容包括司法行政的难点问题、预算管理的有效执行、登记官与执行官业务现状及监督事项、与分院院长的座谈、与业已卸任的分院院长的座谈等。（2）独任法官培训班，招生对象为在职的独任法官，培训重点突出庭审驾驭、案件管理技巧、独任法官所需的实务知识，提升法官的综合素养。独任法官培训班全年举办三次，由法官根据审判空闲时间自行选定班次，每次培训5天。（3）资深法官培训班，招生对象为具有10年以上审判经历，且即将上任高级法院陪审法官的法官。资深法官培训班全年举办两次，以便法官合理安排工作。培训时间为5天。其培训的主体形式，不采用单向授课方式，而是开展座谈会、研讨式培训，并开设合理的社会活动与人际关系技巧，时事、艺术、经济、伦理、体育等讲座。（4）初任地方法院审判庭庭长培训班，招生对象为所有2010年拟调任地方法院审判庭庭长的法官。培训重点为按照审判庭庭长职级与职务所需的实务培训与知识培训，突出案件管理、庭审驾驭、领导能力、法院成员应发挥的作用、说话与说服的技术等培训内容，并适当安排讲座，增长管理者的见识。培训强调为受训学员提供休息和充电的机会。培训时间为5天，包括两天一夜的院外培训。（5）已任地方法院审判庭庭长培训班，招生对象为已被调任地方法院审判庭庭长，但尚未接受地方法院审判庭庭长培训的法官。培训目标、期限、方式等，与初任地方法院审判庭庭长培训班相同。（6）高级管理者培训班，培训对象为接受过高级管理者培训的法院院长以及高级法院审判庭庭长，培训时间为2天，重点提升高级管理者的综合素养、增长见识，同时提供休息与充电。培训内容为外请专家讲座以及体育活动等。（7）专任市郡法院法官培训班，此类培训班为长期计划培训班，每隔2～3年举办一次。培训目标与培训内容，与资深法官培训班相似。

第三类审判专业培训班，包括：(1)刑事审判专业实务培训班，培训对象为即将担任刑事审判庭审判长的法官，培训时间为3天，培训内容为新的人身羁押制度、公判准备程序与证据开始制度、执行修订版刑事诉讼法的证据调查程序、审判方式改革、量刑委员会的现状及发展等。(2)行政审判专业实务培训班，培训对象为首次担任行政审判的法官，培训时间为5天，培训内容包括行政诉讼与违宪审判、税务诉讼、一般行政诉讼的焦点问题、劳动关系行政诉讼、从大法院的角度看行政诉讼、从律师的角度看行政诉讼等。(3)知识产权审判专业实务培训班，培训对象为首次担任知识产权审判工作的法官及关注知识产权审判实务的法官，培训时间为5天，培训内容为著作权侵权诉讼、专利权侵权诉讼、知识产权假处分诉讼、知识产权领域的国内外动向等。

第四类小主题培训班，包括：(1)企业会计理解培训班，培训对象为自愿申请参加培训的法官40人，培训时间为3天。(2)公正交易法的理论与实务培训班，培训对象为自愿申请参加培训的法官40人，培训时间为3天。(3)开发、改造、改建法律实务培训班，培训对象为自愿申请参加培训的法官40人，培训时间为3天。(4)证券交易与企业金融培训班，培训对象为自愿申请参加培训的法官40人，培训时间为3天。(5)采光、视野、噪声诉讼实务培训班，培训对象为自愿申请参加培训的法官40人，培训时间为3天。(6)司法信息化实务培训班，该培训班由司法信息化小组规划与组织培训，司法研修院提供行政支持与进行间接培训。培训对象为自愿申请参加培训的法官40人，培训时间为3天。(7)调解与和解实务培训班，培训内容包括促进调解与和解的有效办法、说服当事人或诉讼代理人的技巧、协商的技巧与战略等，培训时间为3天。(8)违宪审判实务培训班，为期3天。(9)女性法律问题培训班，为期3天。(10)国际贸易诉讼培训班，为期3天。(11)医疗诉讼的理论与实务培训班，该培训班由医疗法小组规划与组织培训，司法研修院提供行政支持与进行间接培训，培训时间为3天。(12)税务诉讼理论与实务培训班，为期3天。(13)专利权与著作权焦点问题培训班，该培训班由知识产权小组规划与组织培训，司法研修院提供行政支持与进行间接培训，为期3天。

第五类外国法培训班，包括司法研修院2010年上半年与下半年各举办一期的英美法培训班，培训对象为因境外培训需要、访问需要、研究需要而申请参加培训的人员。培训内容包括英美法概论、英美法模拟审判、英美国家司法礼仪、日常英语、法律英语等。培训期间要求把英语作为交流语言。

第六类院外培训班，包括：(1)受信任的法院与信息交流培训班，为期3天，在忠清南道安眠岛举行。由外请的戴尔·卡耐基研究所讲师进行如何缓解矛盾的培训。(2)国际化时代的法官主题培训班，在江原道隆坪度假村举办，培训对象为自愿申请的法官及其家属。

世界各国的在职法官继续教育培训，针对国情不同，有强制性培训与自愿性培训之分。英国、美国、澳大利亚、德国等国的在职法官，采取自愿原则参加继续教育培训，培训不具有强制意义。法国则以国家法令的形式规定了强制性的法官继续教育义务。韩国则实行规定的义务培训与自愿报名的进修培训相结合的继续教育培训管理制度。我国亦属于混合型培训管理体制：新任法院领导培训、法官晋级培训、预备法官培训、法官续职培训属于义务性、强制性的资格培训；新法律法规培训、司法解释培训、审判专题培训等属于法官自愿性的培训类别。这种培训管理体制适合我国法官队伍与法院建设实际。借鉴国外经验，我国的在职法官培训应从以下方面加以改进：第一，减少授课式的单向培训，增加研讨式、对话式、座谈式培训，以增强培训的针对性、有效性与学员的参与意识。第二，强化"菜单式"培训。年度培训计划应提早在前一年度下发，同时公布培训主题与培训内容，培训班次由学员根据自己的需要，预先自愿选定，培训名额已满，则优先在下一年度安排。第三，参照韩国等国法官可以申请到国外进修培训的经验，可以根据法官的自愿，派出法官到周边国家及港澳台地区接受培训或考察访问。第四，以人为本，对继续教育培训实行人性化设计、人性化管理，把法官充电、休息、拓展知识，甚至家庭亲情培养作为继续教育培训的主导精神之一加以贯彻，试行休闲培训、家属陪同培训，在培训地点上可根据需要安排在休假疗养地。

借鉴域外法官培训经验，我国的法官培训工作除根据网络培训特点，在网络教育培训中适宜全面推行"菜单式"教学外，同时要在地面培训中推广"菜单式"培训。按照《2010～2020年干部教育培训改革纲要》提出的"推行干部自主选学，鼓励干部自愿参训，逐步扩大干部选择培训机构、培训内容、培训师资、培训时间的自主权"的要求，新的法官教育培训体制，在年度培训计划与培训班教学计划两个层面都要注重“按需施教”培训目标。在地面培训中，要推行两个序列的“菜单式”培训：一是资格类培训，在基础课程既定的前提下，允许学员对培训课程、培训师资的一定选择权；二是对于非资格类培训，建立学分制与积分制培训制度，准予学员更大的选择权，包括对培训班次、培训课程、培训师资、培训时间的选择权，建设更加注重个性需求的培训体系，不断提高法官培训的针对性和有效性。

(四)法律文化传播教育：法官培训国际化

有关法官的法律文化传播教育，是指法官教育的国际化，主要是指向其他国家的法官传播本国的法律文化，介绍本国的司法制度，同时也包括派出本国法官到他国进修培训。韩国法官可以根据申请，由国家统一安排到国外进修，目的地主要是中国、美国、英国、日本等国。法国法律文化传播教育的主要机构是法国国家法官学院。鉴于法国司法制度历史悠久，是典型、完善的大陆法系制度，法国的法官教育培训制度在欧洲、非洲、澳洲乃至美洲都是颇受赞许的，具有较强的借鉴、参考价值。正因如此，法国十分注重法律文化传播教育，把本民族的法律文化和司法制度视为世界文化财富，努力实现文化共享。有关法官的法律文化传播教育，已成为该国与预备法官培训、法官继续教育并重的第三大教育，共同构成法国法官教育制度的有机整体。

法国的法律文化传播教育地区日益扩大。法国国家法官学院有关法官的法律文化传播教育的最早任务，是在法属非洲国家获得独立期间，保证对这些国家法官的基础培训。非洲，特别是曾经为法属的非洲国家，是法国国家法官学院优先考虑的培训对象。在中欧和东欧地区，学院接受了来自波兰、罗马尼亚、匈牙利、保加利亚、捷克、斯洛伐克、摩尔达维亚、乌克兰、斯洛文尼亚等国的实习法官。法国国家法官学院保持和发展了与德国、意大利、西班牙、葡萄牙、荷兰、英国、美国、加拿大、俄罗斯等国的法律合作关系，共同组织了法官法律研讨与交流活动。在加勒比海地区，法国国家法官学院积极参加了该地区司法机构的重建及加强法制建设的培训活动，帮助当地建立了法官培训机构。在中东地区、马格勒布和东南亚国家，法国国家法官学院加强了与摩洛哥、突尼斯、巴勒斯坦、黎巴嫩等国的法官教育合作，帮助越南和柬埔寨建立法官培训机构并培训法官。在中美洲，学院为6个国家组织了10次法官培训活动，与巴西及部分拉丁美洲国家法官教育培训院校建立了互相协作的经常性联系。

法国的法律文化传播教育方式多样化,包括:(1)传统方式的基础培训。其中主要为两年半的基础培训,力图使受训的外国法官系统熟悉与掌握法国司法制度。法国国家法官学院先后招收了巴勒斯坦、柬埔寨、乍得、越南、科摩罗、吉布提、毛里塔尼亚、老挝、刚果、摩纳哥、海地等国的法官,进行在职培训。(2)半年至一年的法官进修培训。通过这种方式使学员较为系统、全面地了解法国司法制度。(3)1～3个月互派法官调研或实习。这种方式往往就派往国法律的某一方面进行较为深入的研究。(4)联合举办专题研讨班。例如,法方与中美洲国家举办的"经济与法""法官与人权""法院的行政管理"等专题培训班,以及法国国家法官学院与中国国家法官学院联合举办的"公司法研讨班""金融及法律研讨班"等。这类培训研讨班时代感强、投资少、见效快,是被广泛应用的法官培训合作方式。(5)互派短期访问、考察团。访问、考察主题根据需要,既可以是全面的、宏观的,也可以是双方国家的法律制度、司法工作或法官教育培训的某一专题。

在世界经济交往密切、全球贸易一体化的大趋势下,法律文化相互借鉴、相互交融、相互影响的法律国际化格局逐渐形成。为了宣传我国法律文化,同时培养具有国际视野的专家型法官,我国各级法官培训机构十分注重法律文化的世界交流,"请进来""走出去"已成为各级法官培训机构普遍开展的中外法律合作形式。2011年起实施的《国家法官学院分院建设标准》将国家法官学院及其分院进行了功能定位,特别指出:法官学院及其分院既是各级法官培训基地,也是法官教育培训国际交流基地。国家法官学院成立15年来,已与欧洲、北美洲、大洋洲和亚洲的18个国家和地区开展了法官培训交流。除邀请外国首席法官、大法官、资深法官来华讲座,共同举办专题国际研讨会,选派法官出国考察、访问、培训外,2007～2011年,国家法官学院连续5年对蒙古共和国法官进行培训,共培训法官120人。借鉴域外的法官培训机构法律文化成功经验,我国法官培训机构应当将法官国际交流工作作为常规工作之一,列入法官培训五年规划与年度计划,有步骤、有规划、循序渐进、逐渐深入地开展法官培训国际交流。域外交流的重点是开阔我国法官,特别是各级法院涉外、涉港澳台审判事务法官的视野,了解、借鉴外国及域外地区的法律制度、法官制度、法院审判。

为此,要更多地邀请外国及地区的资深法官为我国法官开设讲座,培养法官的国际意识与国际视角。同时,要注重涉外、涉港澳台审判专家型、复合型法官的培养,有计划地派出法官外出参加国际培训、开展外国及我国港澳台地区的实地考察与制度研究。在吸收与借鉴外来经验的基础上,要加强中国特色社会主义法律制度与审判制度的体系建设与对外宣传,注重传播中国的法律文化与司法特色,有计划地接受并开展外籍法官在中国的法官培训交流活动,建立法官教育培训双向交流的长效机制。

有关与域外法官教育培训机构之间的国际交流研讨活动,应强调有针对性、讲求实效的国际交流。如涉港澳台案件较多的法院,其法官培训机构应注重与港澳台地区法院及法官培训机构的交流与合作。与周边国家交界地区的法官教育培训机构,则应着力开展相关司法教育交流活动。例如,2008～2010年,广西法官学院按照广西壮族自治区高级人民法院的安排,积极参与组织以"司法与和谐发展的中国—东盟自由贸易区"为主题的中国—东盟自由贸易区地方法官研讨会,以"司法与中越边境贸易的繁荣发展"为主题的中国广西与越南部分地方法院法官研讨会,以"加强国际司法交流与合作,促进区域经济发展与繁荣"为主题的亚太地区国家与国际组织的法官研讨会,法官学院专兼职教师广泛参与上述交流,开阔了视野,加强了沟通,增进了合作。另外,各级法官教育培训机构要借鉴中央党校、国家行政学院的国际交流经验,建立法官培训国际交流机制,尝试在法院领导培训班、资深法官培训班教学计划中,安排境外考察、进修培训课程,以全面提高法院领导、资深法官的综合领导能力与司法审判能力。

四、法官培训理念的借鉴

法官培训的理念,是指统领和贯穿法官培训组织与实施工作的基本思想与指导方针。理念是宏观的、根本的、基础的,工作是微观的、外在的、现实的。在理念与工作之间还有一个承上启下的层面,即开展工作的"原则"。事实上,在本节的相关叙述中,已分别阐述了域外法官教育培训制度的相关原则,如法官培训服务于法院建设与司法改革的原则;以有利于法官培训事业发展为基点确定培训机构性质的原则;教育培训经费保障机制先行的原则;预备法官培训为法官培训之本的原则;先有法官职业保障,后有法官教育培训的原则;法官全员性终身教育的原则;分类培训与多样化培训的原则;法官培训国际化的原则等。这些原则烘托与体现了以下法官教育培训基本理念:

第一,法官教育培训原点:提高司法社会公信力的理念。法官培训最终是为了提高法官的综合素质与公正断案能力。其更深层次的意义,在于取信于民,赢得国民及社会对法院及司法的信赖。以韩国为例,韩国司法研修院教授金焕洙指出:“法官培训的任务与方向,是通过法官培训,就提升国民对司法的信赖方案进行培训。”为此,韩国的法官培训注重两项素质的培养:一方面,注重针对不同资历的法官,设置和开展与其职务相当的知识文化、审判技能的培训;另一方面,注重对法官的沟通民众、服务社会意识的培养,在培训中引导法官合理处理与当事人的关系、与证人的关系、与陪审员的关系、与律师的关系、与检察官的关系,教导法官从社会的良好关系与现实可能性考虑,恰当处理受理案件、排案时间、审前准备、庭前调解、开庭审理、量刑、判决等各办案环节工作,以求法律效果与社会效果的统一。

第二,法官教育培训目标:提高实践能力的理念。法官教育培训,作为改进法院工作的工具,就在于向法官提供必要的基础技能和专业知识,以利于法官应用这些知识与技能处理复杂的各类案件。法官教育培训只有不断进行法官独立思考能力,提高认识和解决社会问题的敏锐性,更新法官已有的知识结构,开拓法官思想境界,才具有它存在的价值。以法国法官教育培训工作为例,其最大特点是理论密切联系实际,教育培训工作的每一个环节都紧紧围绕司法实践这个中心。务实性、实用性、实践性是法国法官教育培训的出发点与归宿。无论基础培训、继续教育、文化传播教育都集中体现了这一特点。

第三,法官教育培训选题:注重现实问题的理念。如法国国家法官学院制订教育培训计划,立足于当年的审判工作需要,广泛征求有关部门的意见,包括政府部门、狱政部门、司法部法学教育委员会、法官协会,乃至上诉法院的意见,同时参考前一年法官们对培训规划的选题情况,突出培训主题的现实性,增强培训的实际效果。分析法国国家法官学院的年度培训计划,我们可以鲜明地感受到其教育培训的现实性和实践性。各年度培训班可以大致分为五大类别:(1)法院审判业务培训班。包括新任法院院长培训班,关于职务调动的培训,关于上诉法院法官的培训,法院院长和书记长的会见活动,法院书记长的职业培训,法庭书记员的职业培训,少年法官业务培训班,预审法官与检察官培训,初审法官的专业培训,社会法庭,团伙犯罪,检察院的民事职能,少年犯罪新表现,执行刑罚,法官责任,在城市的司法诉讼,审判过程,刑事诉讼法与改革,司法交谈艺术,尊重无罪推定,刑事取证与科学进步,司法与监督劳动,审理时限(紧急审理),医生的刑事责任,法院管理工作,如何实施法院工作计划,主持重罪法庭,司法调解的实践,刑事判决执行,刑罚、刑事法庭(主持起诉庭),起诉庭庭长与法官,法官与检察官对刑事案件的检讨,执行民事诉讼法,刑事责任的演变,商事审判庭;目前的立法与判例,最高法院现状,司法与审判,司法的位置(法官地位),刑事国际合作,人体损害赔偿,司法与司法警察等主题培训。(2)有关司法工作所涉猎的经济领域专题班。包括劳动法、金融业务、贷款与储蓄、社会保障(社会投入与财政投入)、司法与雇主,处于困境的企业、保险、假冒伪劣产品、欧盟内部资金的自由流通与非法活动、经济与金融刑法、建筑法、公司法、税收法、农业与农村土地答约、征用、会计学、订货与送货、住宅、企业新问题等主题培训班。(3)以扩充法官必须了解的相关学科知识为主题的培训班。包括谈话艺术、司法精神病学、保护人权、互联网的理论与实践、国际司法权限、建筑知识、行政机关工作要素、法官与心理学家、欧洲的毒品与吸毒者、新技术对专业的影响、治安的地方政策、欧洲委员会、欧洲共同体法、高科技系统工程、关于国防、听取儿童的陈述、欧洲如何处理金融案件、有关神学政治问题、新闻法、英国萨克逊法律、欧洲共同体法院、司法部门职责、家庭的演变及法律的演变、探讨人种精神病学等主题培训班。(4)探讨与法律有关的社会问题的法官教育培训班。包括当代青年问题,卫生与安全,公共秩序与司法警察,在法国的外国居民,性犯罪与凶杀案,腐败问题,法典,儿童及其父母,家庭冲突与国际司法协助,处理危急状况,欧洲司法面临的挑战,儿童与虐待,伊斯兰和现代阿拉伯世界,保护脆弱者,在欧洲的侨民一体化与其文化,遗产,司法与劳动者工会,大众传播媒介迅速发展的社会问题,法官社会危机与变化,宗派小集团,地区、身份、暴力,结伙、冒险、灾难等主题培训班。(5)旨在跨国间法官交流研讨的各类国际法官研讨班。

第四,法官教育培训内容:阐明审判需要的理念。以法国国家法官学院举办的、堪称经典的第三届“从事少年审判的法官业务培训班”为例,短短的5天,培训班围绕从事少年审判的法官审判青少年犯罪案件的实际需要和近年来青少年犯罪的新情况,共安排11位权威报告人做主题演讲,并由他们组织参加培训的法官进行座谈讨论。具体如下:由富有少年犯罪审判经验的克雷德依省少年法庭副庭长海尔维·哈蒙先生做的“少年法庭建立以来的工作体会、经验以及存在的问题”主题报告;司法部青年法律保护司教育工作办公室主任达米安·牟里埃兹先生以及沃特维埃纳省议会副议长共同做的“和少年法官伙伴的定期联系”主题报告;巴黎蒙特苏里·儒尔丹研究所精神病医生菲利普·夏梅先生做的“深入了解青少年”主题报告;心理学家日内维埃瓦·迈尔曼夫人与心理学家阿尔贝尔·克里维勒先生共同主持的以小组为形式进行实例剖析的“性虐待与性暴力”主题研讨;人种学家苏扎纳·普纳西埃勒-邦吉吉夫人所做的“深入了解出身非洲家庭的少年”主题报告;弗朗索瓦·桑蒂斯先生和司法部青年法律保护司法教育工作办公室主任助理共同做的“对少年犯罪司法解释”主题报告;法国国家法官学院教师洛朗丝·贝隆夫人、米歇尔·纳斯夫人、卡特丽娜·苏尔丹夫人共同主持的“少年犯罪审理的技术和法律问题”研讨活动。

第五,法官教育培训师资:“法官教法官”理念。建设一支高素质的法官教育培训队伍,是实现法官培训目标的先决条件。教师不仅要制订培养法官和培训法官的教学计划,还要负责具体实施教学计划。因此,法官教育培训的教师队伍建设,在法国尤其受到国家重视,由法兰西共和国1959年6月25日发布的59-772号法令予以专门规定。法国法官教育培训,教师由专职脱产从事法官教育工作的专职教师以及兼职从事法官教学工作的兼职教师两部分组成。国家法官学院专职教师均系法官,共29人,分别具有一等至二等的各级法官资格。他们当中,一部分终身从事法官教育工作,另一部分是国家法官学院根据教学需要,通过既定程序从法官当中选调来的,按要求在学院从事专职教学工作2~5年。具体选调程序是,国家法官学院根据教师岗位缺岗情况,列出明细要求下发至各上诉法院传达到每个法官,由自愿从事法官教育工作的法官个人申报,上诉法院根据条件择优推荐,国家法官学院考核选调。专职教师的主要条件是:具有一定的审判实践经验,较强的办案能力,并且具有能够胜任教学的道德、专业理论素养以及口头与文字表达水平。

法国国家法官学院兼职教师队伍,由法院系统内的兼职教师和社会上的兼职教师两部分组成。法院系统内的兼职教师 200 余人,人选相对固定,均系在每一审判领域或法院管理工作方面具有专长的法官、检察官、书记长。他们定期承担国家法官学院法官基础教育、法官继续教育等教学任务。国家法官学院还通过与上诉法院院长协商,在每个上诉法院任命 1 名或几名授权负责法官培训教育的法官,同时任命 1 名法官为教育实习(实践)中心主任,他们每届任期 3 年,负责在其法院管辖范围内的预备法官教育招生工作、预备法官的实习工作,以及在职法官培训的招生工作和分散培训的组织、教学工作。社会上的兼职教师,实际上是根据不同的法官教育培训需要,临时聘请的专题报告人。由于法国法官教育培训的显著成就及其完善的教育培训制度,正如法国国家法官学院院长多米尼克·曼所言,“法国已被国际社会推举为法官教育培训工作的专家与先驱”。

综上所述,各国和地区法官教育师资队伍建设基本实行以兼职教师为主、专职教师为辅,法官培训实行法官教法官的基本策略。负有预备法官教育培训任务的法官培训机构,相对于仅有在职法官继续教育培训任务的法官培训机构,其专职教师相对人员较多。如韩国大法院考虑到预备法官的培训需要,为司法研修院配备了 62 名专职教师,足以组织与开展各年度招收的预备法官培训工作。这些专职教师不但都是法官,而且都具有 15 年以上的法官资格。其中,现任司法研修院院长为尊贵的大法官。如此架构的法官培训师资,切实保证了“法官教法官”策略的贯彻实施。相比之下,我国一些法官培训机构的专职教师量少质弱,或长期脱离审判实践,或从未从事审判工作,《法官培训条例》规定的“法官教法官”策略未落在实处。我国各级法官培训机构急需建立“在职法官轮岗从教”“专职教师任法官办案”的法官培训教师队伍双向建设机制。这一教师队伍发展方向有利于实现法官培训方案源于司法实践,法官培训内容阐释司法实践,法官培训教学方式配合司法实践,法官培训教学目的服务司法实践,从而在法官教育培训工作的各个方面确保法官教育培训工作的针对性、务实性、实践性、有效性。

第八节　法官教育培训战略布局的六大关系

一、法官教育培训工作继承与发展的关系

只有传统的才是当代的,只有继承的才是发展的。历史唯物主义认为,只有认同历史、传承历史才能推动历史;只有总结经验、以史为鉴才能发展进步。法官教育培训历史亦是如此:在中国特色法官教育培训事业建设进程中,研究历史与总结经验是事业发展的前提基础,认同历史与传承经验是事业发展的内在需求。

全国法院干部教育培训工作自 1985 年创办法律业大、举办大规模补课性学历教育算起,历经中国高级法官培训中心及地方法官培训中心的规模化岗位培训的发展阶段,以及国家法官学院与地方法官学院开展规范性法官培训的当今时期,已近 30 年历史。30 年风雨,机构的沿袭线条清晰,教育培训的经验硕果累累。笔者把法官教育培训工作继承与发展的关系放在法官教育培训战略布局的六大关系之首,意在总结法官教育培训工作的历史经验,以求发扬法律业大与培训中心办学的优良校风,传承法院教育培训工作的宝贵精神。

第一,一切从实际出发,教育培训工作大胆改革、创新探索、与时俱进。这既是法律业大、培训中心诞生的出发点,也是法律业大、培训中心发展的生长点。如前所述,没有法律业大就没有法院干部学历层次的大幅提高,没有培训中心就没有各级法官业务技能的普遍提高。但法律业大与培训中心的建立并不是按部就班地等待结果,更不是法院队伍的嗟来之食。审判工作要求了法官队伍,法官队伍要求了教育培训,教育培训则要求了法律业大与培训中心。作为老一辈革命家,原最高人民法院院长郑天翔以及那个年代各地法院的在任领导,以他们敏锐的洞察力与驾驭时局的魄力创建了法律业大与培训中心,让我们体会到以邓小平同志为首的党的第二代领导集体以及他们领导下的各级党政干部一切从实际出发,求真务实,改革创新的博大精神。“四六八”规划、“七八九”规划、“三六九”规划、“百千万”规划;大专层次学历教育、专业证书教育、专升本科教育、远程专升本教育、高层次复合性人才培养;中国高级法官培训中

心、地方法官培训中心、国家法官学院、地方各级法官学院；酝酿起草与颁布《法官法》、制定法院系统教育培训工作最高纲领《法官培训条例》、出台《国家法官学院分院建设标准》并纳入国家标准颁布实施，一组组数字、一个个规划、一段段历史、一步步发展，实现了中国法官教育培训工作首尾相连、环环相扣、与时俱进、依法办学。法院教育培训史，是一部一切从实际出发、改革创新的历史。也只有一切从实际出发，在继承优良历史传统的基础上，不断改革创新、与时俱进，才能发展中国法官教育培训事业。

第二，各级法院高度重视教育培训工作，各级法院院长主抓教育培训工作，亲自兼任校长、主任。法官教育培训工作是法院队伍建设的先导性、基础性、战略性工作，教育培训工作能否得到重视、得以发展，关键在于领导，更在于法院“一把手”。原最高人民法院院长郑天翔说：我不做挂名校长，不做名誉校长，而要做实实在在的法律业大校长。郑天翔同志奠定了各地法院“一把手”兼任法律业大总校校长、分校校长、分部主任、教学班主任、法官培训中心主任的法院教育培训工作领导格局。而且，郑天翔同志带领的最高人民法院党组确定了全国法院与各级法院领导“两手抓”战略，即各级法院领导“一手抓审判业务，一手抓教育培训”。各级法院院长兼任法官教育培训机构负责人的历史时期，是法官教育培训工作得以重视、全面健康发展的最好历史时期。至今，仍有部分高级人民法院院长，诸如江苏、上海、北京、广东等省、市高级人民法院院长，仍然兼任当地法官教育培训机构负责人。从全国党校系统来看，胡锦涛同志、习近平同志都曾兼任中央党校校长，各地党委主要负责人也都兼任地方各级党校校长。全国法院系统，每个省、自治区、直辖市只有一所省级法官培训机构，各高级人民法院院长兼任培训机构负责人，不仅体现了领导对法官教育培训工作的重视，从而明确了法官教育培训工作对队伍建设和审判工作的基础作用，更主要的是便于确定法官教育培训工作的大政方针，切实解决法官教育培训工作的实际问题。

第三，建立权威、管用、高层次、高效率的教育培训领导机制。法律业大与培训中心办学时期，各级法院分别成立了法律业大校务委员会与培训中心委员会作为办学机构最高决策机构，法律业大总校校务委员会主任先后由原最高人民法院院长郑天翔、任建新担任，培训中心委员会主任也先后由原最高人民法院院长郑天翔、任建新担任，校务委员会委员分别由最高人民法院分管人、财、物的职能部门——人事厅、政治部、行装局负责人，以及各审判业务庭负责人担任。如此，法官教育培训机构最高决策层既能够及时汇总反映审判工作对教育培训的客观需要，又能够及时调整法官教育培训工作方向与阶段目标；既能够使法官教育培训工作时时服务于人民法院的中心工作与队伍建设大局，又能够及时研究解决法官教育培训工作对专兼职教师、教育行政管理人员、经费与设备等办学条件的需求问题。最高人民法院 1985 年 3 月 21 日《关于全国法院干部业余法律大学办学中若干问题的说明》曾明确要求相关法院院长"亲自担任分校校长、分部主任"。依照最高人民法院的规定与办学领导机构组成办法，地方各级法律业大办学机构校务委员会及培训中心委员会亦按法律业大总校校务委员会及中国高级法官培训中心委员会构成办法组建，形成了上下一体、高权威、高效率的教育培训决策机构。时至今日，一些法官学院仍沿用"校务委员会"作为法官教育培训工作最高领导决策机构，一些法官学院或培训中心的最高领导决策机构则发展成为"法官教育培训工作领导小组"，一些高级人民法院院长仍然兼任法官教育培训委员会或领导小组负责人。

法官教育培训体制改革，有必要强化法官教育培训工作的领导机制。在《法官培训条例》起草过程中，1999 年 2 月 5 日的条例草稿曾提出"法官教育培训委员会"条款，规定最高人民法院设立"全国法官教育培训委员会"、各高级人民法院和有条件的中级人民法院设立同级法院"法官教育培训委员会"，由同级人民法院院长担任委员会主任，委员会作为同级法官教育培训机构的最高决策部门。教育培训委员会是法律业大时期、培训中心时期法官教育培训工作行之有效的决策、管理机构。对加强各级法院对法官教育培训工作的领导，权威决策、高效实施法官教育培训方针政策，都起到了无法替代的关键作用。

鉴于《法官培训条例》起草过程中的不同意见以及篇幅所限，"教育培训委员会"的草案条款，与"法官终身教育""全员培训""教育培训优先发展"等条款内容，都在 2000 年发布条例的正式文稿中予以删减，未加规定。但未加规定的内容不等于不符合实际或不应当强调的内容。实践证明，"法官终身教育""全员培训""教育培训优先发展"乃至"教育培训委员会"等条款内容，都成为 2000 年条例发布之后我国法官教育培训工作的基本原则或者成功经验。迄今为止，北京、上海、山东、江苏、广东省等高级人民法院，至今仍实行“法官教育培训委员会”或“教育培训领导小组”的最高决策机构运行机制。

借鉴《党校工作条例》关于党校领导体制的规定：“党校实行校务委员会领导机制”，“党校校长一般由同级党委书记或副书记兼任”，在最高人民法院、高级人民法院、设立教育培训机构的中级人民法院设立法官教育培训委员会，由法院主要领导担任主任，统筹领导所辖区域的法官教育培训工作，符合法官教育培训工作发展规律，有利于新时期强调并加强法官教育培训管理工作。首先，规范化的法官培训是法院内部的一项系统工程，牵涉培训地位、调干培训、培训经费、培训保障，培训规划与实施，培训师资与管理，法官考核与任免等一系列工作。培训对象上至法院领导，下至每一名法官，仅由法院教育培训机构或法官人事管理部门规划管理或协调处理，难以奏效。其次，法律业大与培训中心办学时期的重要成功经验之一，是各级法院院长亲自担任法律业大校务委员会主任或培训中心委员会主任，一手抓审判，一手抓教育，法律业大校务委员会或培训中心委员对各级法院教育培训工作起到了坚强有力的领导作用。好的传统与成功的经验应予继承与发扬。最后，各级法院的教育培训工作由谁来领导，是由政治部门统一规划与领导，还是院长分工领导下的部门负责制，在目前尚难以统一模式的前提下，设立院长任主任的法官教育培训委员会，可以化解这一矛盾，并确保法官教育培训工作的全面实施。

设立法官教育培训委员会符合党中央的政策要求。2008 年 7 月 16 日，习近平同志在全国干部教育培训工作会议上的讲话中充分肯定了干部教育培训高端领导机制，指出：“各级党委对干部教育培训工作的领导责任，主要是搞好规划、保障投入、加强协调。”“各地区各部门党政主要负责同志要重视关心干部教育培训工作，深入实际，调查研究，加强对这项工作的领导。要完善干部教育领导小组和干部教育联席会议制度，明确职责分工，健全沟通合作机制，形成各司其职、各负其责、齐抓共管的工作格局。”各地法院要充分领会全国干部教育培训工作会议的精神，落实党中央的要求，建立、健全各地法官教育培训委员会或法官教育培训领导小组机制，推动全国法官教育培训工作科学、协调发展。

第四，法院内部尊师重教，从优待教，教师队伍实行“三结合”“双职称”。《教育法》总则规定：“教育是社会主义现代化建设的基础，国家保障教育事业优先发展。全社会应当关心和支持教育事业的发展。全社会应当尊重教师。”法律业大与培训中心时期人民法院教育培训工作的光荣传统之一，是法院内部形成了尊师重教、优待教育的良好风气。按照最高人民法院要求，各级法院挑选优秀的领导、法官、干部从事法官培训工作。20 世纪 80～90 年代大学生短缺，中级人民法院及基层人民法院的大学生更是凤毛麟角，而上自最高人民法院，下至基层人民法院，都把新招录的大学本科毕业生分配至法律业大、培训中心从事教师工作。为鼓励审判人员从教，对教师实行“教学、科研、审判”“三结合”，保留专职教师的审判职称，对于没有审判职务的教师按照相应条件予以落实，并实行专职教师“教师职称、审判职称”同时具备的双职称制度，最高人民法院明文规定教师的双重薪金与补助待遇。各级法院优先分配教师住房，同等条件下对教师优先提拔使用，同时保持专职教师岗位与审判工作岗位人员的经常性与顺畅流通。鉴于此，各级法院人才不断流向教师队伍，根据工作需要，法院教师又流向各个专业审判工作岗位。因此，法律业大与培训中心既是培养人才的基地，同时又成为培养干部的摇篮。很多法律业大与培训中心的专职教师逐步走上基层人民法院、中级人民法院、高级人民法院甚至最高人民法院的领导岗位，更多的教师成为法院各个部门的中层领导及审判业务骨干。

第五，办学一丝不苟，质量第一，从严治校，严抓细管。各级法律业大、培训中心的办学发挥了三种优势，形成了独特的风格。这三种优势是：系统办学的优势，上下联动，统一要求，统一规格；抗大式办学的优势，团结紧张，严肃活泼，艰苦奋斗，拼搏奉献；行政办学的优势，令行禁止，雷厉风行。形成的独特风格是：质量第一，从严治校。法律业大与培训中心在国家教委与地方教育主管部门的指导和帮助下，不断加强和改进办学基础建设，遵循教育规律、结合法院实际，建立了完善的教育培训制度体系，并利用行政手段恪守各项规章制度，一层抓一层，及时部署、及时约束、及时检查、及时通报，对办学各项环节工作严抓细管。最高人民法院及各高级人民法院在每年的法院工作会议上，甚至在每年向人民代表大会汇报工作时，都会按照培养人才、质量第一的办学方针，部署落实或全面汇报法院教育培训工作。上述优势与风格体现了法律业大与培训中心的良好校风，也形成了人民法院教育培训工作的优良传统。

第六，教学计划、教材编写、教师队伍、教育形式、教学内容理论密切联系审判实际,突出法院办学特点。理论密切联系实际,是法律业大与培训中心办学的出发点、生命线和落脚点,也是法律业大与培训中心办学的突出特色。法院系统创办法律业大是为了大幅度、大面积提高干警的文化、专业知识水平;创办培训中心是为了提高以法官为主的法院干部的办案能力和工作能力。教育培训工作只有联系审判工作和法院工作实际,着眼于干警的实际需要,干什么教什么,缺什么补什么,才能达到教育培训工作的终极目的。为此,在最高人民法院的要求和示范下,全国各地法院结合本地实际,充分发挥主观能动性,在培养目标制定、培训规划研究、教学计划制订、教师队伍结构、教学方式方法、教学资料编写、考试考核工作等法官教育培训工作的各个方面全面贯彻理论联系实际的根本要求,探索和形成了各具特色的法院办学经验,尤其是法律业大与培训中心的教学计划、课程安排、师资队伍、教材体系和人才培养质量受到了法学教育界的一致好评。1985 年,全国法院系统有 15 万名干警,2011 年有干警 31 万人,人员增长 1 倍左右。1985 年,全国各级法院受理案件约 200 万件,2011 年受理案件 1300 万件,案件增长约 6 倍。28 年来,人民法院增长 1 倍的人员办理增长 6 倍的案件,充分说明了法院干警的知识水平与业务能力得到了长足的发展,这与法院教育培训工作的巨大贡献密不可分。

第七,建立教育培训约束机制,实行教育培训与干部任用考核相结合,做到教育培训切实服务队伍建设,队伍建设树立教育培训的基础地位。干部教育培训工作如果不与干部考核使用挂钩,就不会形成教育培训的约束机制,更不会形成教育培训权威,从而影响干部教育培训工作的实际效果。在法律业大办学时期,最高人民法院不仅积极号召不具备大学专科学历的干警参加学历教育学习,而且不断制定政策要求干警必须参加学习,先是规定自法律业大办学起,在 1996 年规划期间内不具备大学专科学历的人员不得担任审判职务;后来又规定到 2000 年规划期内,仍不具备大学本科学历的人员不得任命法官或担任法院领导干部,届时已任院长、副院长的不符合条件人员应予免职。在培训中心办学时期,最高人民法院规定:未参加中国高级法官培训中心规定培训并取得资格证书的法官不得提拔、任命为高级法官;未参加省级法官培训中心规定培训并取得相应证书的人员不得任命为法官或晋升相应职务。这种“培训—考核—使用”相结合的教育培训与法院人事政策,既强化了干警参加学习培训的原动力，更在运行机制上保证了法官队伍不断通过参加教育培训提高思想觉悟、更新法律知识、提升审判能力与效率的队伍建设目标的实现。

第八，全国“一盘棋”，全院“一盘棋”，不唯书、不唯权、不唯官，只为发展壮大法官教育培训事业。在法律业大与培训中心办学时期，教育培训工作是全国法院的共同事业，法律业大与培训中心办学机构的领导是各级法院的主要领导，法律业大与培训中心的教材编写集中了全国各地法院的审判专家，法律业大与培训中心的主讲教师会集了全国各地法院的骨干人员，全国一体的培训规划，全国一体的师资库建设，实现了全国教育培训师资共享，办学经验共享。在法律业大与培训中心办学时期，在一家法院，教育培训工作是全院干警的共同工作，法院内部各主要部门的领导同时是法律业大校务委员会委员或中心培训委员会委员，法律业大与培训中心的各项办学工作由法院统一研究、部署，各个部门分头落实，要钱有钱，要人有人，要物有物。在法律业大与培训中心办学时期，不讲脱离实际的条条框框、本本主义，教育培训规划、实施部门合二为一，最高人民法院教育厅同时是法律业大总校，高级法院教育培训处同时是法律业大分校，教育培训规划、管理、实施工作一个目标、一体施行，不扯皮，不争权，不推诿。在法律业大与培训中心办学时期，教育培训人员艰苦创业、团结和谐，工作人员兢兢业业比奉献，领导干部勤勤恳恳不为官。一所法律业大分校上千名学员，只有十几名办学人员；法律业大总校管理几万名学员，只有几十名办学人员。精简高效、改革创新、以人为本、奋发图强，法律业大与培训中心的优良传统与工作作风是人民法院教育培训工作的宝贵财富，值得认真总结、发扬光大。

人民法院要实现法官教育培训工作的科学发展，必须系统总结、认真继承法律业大创办以来法官教育培训工作的优良传统，切实贯彻落实“教育培训优先发展”战略。

中共中央办公厅2010年6月17日印发的《2010～2020年干部教育培训改革纲要》指出：“干部教育培训是建设高素质干部队伍的先导性、基础性、战略性工程，是加强党的执政能力建设和先进性建设的重要途径，是推动科学发展、促进社会和谐的重要保证，在建设和发展中国特色社会主义事业中具有不可替代的地位和作用。”面对党的十七大做出的大规模培训干部、大幅提高干部素质的“两大”干部教育工作重大决策，面对党的十七届四中全会提出的“建设马克思主义学习型政党"的战略任务,面对党和国家对干部教育培训工作提出的新的、更高的要求,人民法院教育培训工作还存在很大差距,主要体现在:少数法院对干部教育培训工作的认识还没有提高到党和国家要求的高度上来,没有做到法官教育培训工作优先发展;少数法院党组还没有做到"一手抓审判,一手抓教育",没有把法官教育培训工作纳入党组的重要议程中,重审判、轻教育,重短期效应、轻基础建设,不舍得对法官教育培训的人、财、物投入;少数地区法官教育培训机构形同虚设,法官教育培训工作被"边缘化"现象严重;法院提干、提职、提薪时,总把法官教育培训机构作为事业单位,对其另眼相看、暂缓实行;"尊师重教"常讲常提,但不落在实处,没有建立法官教育培训工作激励机制。

针对以上法官教育培训工作中存在的一系列问题,各级人民法院必须切实按照《中华人民共和国教育法》《中华人民共和国法官法》《干部教育培训工作条例(试行)》《2010～2020年干部教育培训改革纲要》《法官培训条例》等法律法规与文件要求,牢固树立"教育培训优先发展"的基本理念,高度重视法官教育培训工作,切实加强法官培训机构建设,扎实推进法院干部教育培训体制改革。要重视、研究、回应法官培训机构的生存问题,以及培训机构工作人员所关注的实际问题。

要落实"教育培训优先发展"战略,就必须制定特殊、鼓励、优惠政策,在法院机关及各事业单位中,优待法官教育培训事业,优待法官教育培训机构,优先保证教育培训事业健康发展。要落实"教育培训优先发展"战略,就必须在全体法院工作人员中,制定特殊、鼓励、优惠政策,优待法官教育培训工作人员,创造尊师重教、以教师为荣,形成各级法院普遍认可教师职业具有更大吸引力的工作氛围。要落实"教育培训优先发展"战略,就必须采取优惠政策保证优秀法官得以从教,建立机制,鼓励各审判业务庭法官轮流到法官培训机构担任专职教师。要落实"教育培训优先发展"战略,就有必要坚持法官教育培训师资队伍建设的"双职称"制度。最高人民法院早在法律业大办学时期就制定了有利于专职教师队伍培养的相关政策。1993年,最高人民法院贯彻国务院提出的"教师职务双师制",要求全国各级法院建立并实施法律业大专职教师又有教师职称又有审判职称的"双职称"制度。事实证明,这一制度符合法院教育特点,应予继承与发展。

二、法官教育培训与社会教育培训的关系

法官教育培训与社会各类教育同属教育序列,具有共通的教书育人属性。中共中央《关于面向二十一世纪加强和改进党校工作的决定》指出:"'科教兴国'的'教',包括党校教育。"毫无疑问,"科教兴国"的"教",也包括法官教育。《教育法》《教师法》所规定的"教育优先发展战略"与"尊师重教"国策,以及对教师的各种保护、照顾、优待法律规定,均应在法院教育培训工作中予以落实。

法官培训机构的教育培训有其独特的规律。要研究其固有办学规律,就要明确法官培训机构的办学特点。法官教育培训工作既具有成人教育的一般特点,也具有法院系统的特殊性质。把这种一般规律与特殊规律相结合,就把握了法官培训机构的办学特点。第一,成人高等教育和普通高等教育,在教育对象上有很大差别。成人高校的学员在年龄上小的20几岁,大的60多岁,普通高校的学生在同一年龄段录取、年龄相仿。成人高校学员的文化基础有高有低、参差不齐,普通高校的学生经过统一高考录取,文化基础相对整齐,易于施教。第二,成人高校学员与普通高校学生的学习目的、教学目标不同。成人高校学员是为工作而学,普通高校学生是为学业而学。成人高等教育教学目标是提高学员的实践能力,普通高等教育的教学目的是奠定学生的学科理论基础。第三,成人高校的学员精力较为分散、工作负担重、家庭事务多、理解能力较强,普通高校的学生精力较为集中、阶段任务单一、社会阅历较浅、记忆能力较强。要根据上述成人教育的特点,确定成人教育不同于普通高校的教学体系、管理制度。第四,法官培训机构与其他成人高校的办学宗旨有所不同:法官学院的主要办学任务是法官培训,法官的岗位培训教育是法官学院的核心工作,各类学历教育位居其次;某些成人高校的主要任务,是成人学历教育或面向社会的继续教育。第五,法官培训机构与其他干部培训院校的办学方向也有所不同。法官培训机构是法院系统内的职业教育,培训对象稳定,行业特点突出,培养方案针对法官的司法能力与执法水平;其他干部院校或具有特定的行业特点,或属于党校、行政学院、干部学院等综合性培训性质的干部教育培训机构,其培训对象具有相对的宽泛性和包容性。鉴于此,各类成人教育、成人高校、培训机构

各具特点,办学规律有所不同。

解析对比与国家法官学院等法官培训机构办学性质、培训任务相仿的国家行政学院、中国井冈山干部学院、中国浦东干部学院、中国延安干部学院,可以探寻司法培训应有的办学规律与建设要求。

第一,培训机构性质与内设机构。国家行政学院、井冈山干部学院、浦东干部学院、延安干部学院均系事业单位,同时均系参公管理的事业单位。国家行政学院为国务院直属事业单位。井冈山干部学院、延安干部学院、浦东干部学院属于同一性质的三大干部学院,均系中组部管理的中共中央直属事业单位,其办学性质既有别于中央党校,有别于国家法官学院,又有别于国家行政学院,更不同于普通高校与成人高校。三个学院实行理事会领导下的院务委员会负责制。

井冈山干部学院下设6个内设机构:办公厅、教务部、培训部、对外交流与开发部(内设国内交流处与国际交流处)、教学科研部(包括案例研究中心)、人力资源部与机关党委。6个部下设26个处。井冈山干部学院编制135人,目前实有人员122人。浦东干部学院内设8个部门:办公厅、教务部、培训部、教学研究部、科研部、对外交流与培训开发部、信息技术部、人力资源部,编制400人。上述学院内设机构均系司局级单位。

比较得知,法官培训机构与国家行政学院、井冈山干部学院、浦东干部学院、延安干部学院属于同一类工作性质的机构,即属于部分行使行政职权的干部教育培训机构。法官培训机构不同于国民教育学校,不同于一般成人高校,也不同于一般社会教育培训机构。所以,法官培训机构理应参公管理。内设机构亦少而精,并提高内设机构级别,便于高效开展各类办学工作。

第二,定位与领导体制。国家行政学院定位在培训高级、中级国家公务员,以及培养高层次行政管理与政策研究人才的国家基地。国家行政学院在从事培训教育的同时,着力加强科研建设与咨询研究工作,建院以来承担了多项国家级科研项目,已成为中国研究行政体制改革、依法行政和政府管理创新的重要科研基地。井冈山干部学院定位:“两基、一站、一熔炉、一窗口”。“两基”是革命传统教育基地和国情教育基地。“一站”是永葆革命激情的加油站。“一熔炉”是提高领导干部素质的熔炉。“一窗口”是进行国际合作交流的窗口。

浦东干部学院定位在对党政领导干部、企业经营管理者、专业技术人员和军队干部进行改革开放意识、中国特色社会主义信念、现代化建设知识和能力教育以及开展国际培训交流合作的国家级培训基地。延安干部学院定位在对党政干部、企业经营管理者、专业技术人员和军队干部进行中共党史、党建理论、革命传统教育和基本国情教育的国家级培训基地。三大干部学院的功能定位分别体现了井冈山模式、延安模式、浦东模式，重在对学员进行思想教育、理想信念教育、党风党纪教育、改革开放教育，而不是知识教育、技能教育、理论教育。

国家行政学院为国务院直属事业单位，实行院长负责制，院长由国务院领导同志担任，常务副院长主持日常工作。中国井冈山干部学院、中国延安干部学院、中国浦东干部学院实行理事会领导下的院务委员会负责制，院长由中央领导担任，副院长一般由学院所在地省委、市委主要负责同志担任。理事会有20余家理事单位，大多为中央机构，理事单位包括中央党校、国家行政学院、中央政策研究室、中央文献研究室、财政部、人力资源与社会保障部以及学院所在地省委、市委组织部、建设厅等有关领导部门。理事会与院务委员会成员单位多有重叠，也不完全一致。院务委员会下设秘书处。中央领导同志既是院长，也是理事长。

比较得知，法官培训机构必须具有明确的职能定位，此定位应将其与其他培训机构区别开来，体现司法系统特色。同时，其定位应依法确定，依章办事，其职能所体现的办学任务与培养对象应长期稳定，具有长远规划，并逐年分步实施。依照《法官法》《法官培训条例》规定，法官培训机构的基本定位与职能应确定为“三个基地，三个中心”，即各级法院领导干部培训基地、法官培训基地、预备法官培养基地，法院应用法学研究中心、司法政策研究与传播中心、国际法官交流中心。关于法官培训机构的领导机制，比较得知，法官培训机构宜建立由法院主要领导担任负责人的、具有权威性的办学领导、决策、支持机构，继承法院教育培训工作的成功经验，领导机构可为“法官教育培训委员会”。

第三，培训组织与教学计划。国家行政学院同期培训学员容量400余人。主体培训班次为四类：以省部级公务员为主要培训对象的主体研究班，学制不超过3个月；以国务院各部门晋升司局级领导职务的国家公务员和地方政府晋升司局级公务员为主要培训对象的任职培训班，学制不少于3个月；以司局级国家公务员为主要培养对象的进修培训班，目的是更新知识与业务培训，学制3个月左右；后备干部培训班。井冈山干部学院自2011年起，同期培训容量450人，2011年培训8500人，举办了143期培训班，班次类别分为主体班与合作班两类。主体班，为中组部计划培训班，包括井冈山干部学院独立培训班以及委托培训班两类（中央党校委托培训班、国家行政学院委托培训班、国防大学委托培训班等）。合作班，为井冈山干部学院自主与其他单位合作联合举办的培训班。在2011年举办的143期培训班中，主体培训班占43%，合作培训班占57%。

有关国家行政学院年度培训计划，国家行政学院根据经济、社会发展和公务员队伍建设需要，按照全国干部教育培训规划及国家公务员培训规划，自行拟订年度培训计划，在与有关主管部门协商确定后，由有关部门与国家行政学院联合下发并报国务院备案。国家行政学院与三大干部学院主体班次的招生计划均系刚性计划，各地各部门应按计划完成调训任务指标。三大干部学院的教学形式包括情景教学、现场教学、激情教学、社会实践教学、研讨式教学。（1）情景教学，是体验式教学，如重走挑粮小道。（2）现场教学，是在各红色教学点，现场讲解半小时左右。如井冈山干部学院的毛泽东读书对联教育："万里风云三尺剑，一亭花草半床书"，横批"名教乐地"，此对联毛主席由井冈山拓印至中南海，伴随终生。（3）唱红歌形式的激情教学。（4）走村入户的社会实践教学。（5）学员自我教育形式的研讨式教学。

比较得知，法官培训机构应强化主体培训班观念，严格遵守、实践法定的主体培训班培训体系。各级领导干部任职培训班、拟任法官的预备法官培训班、法官晋级培训班、以提高法官知识水平与业务能力为目标的法官续职培训班四类资格培训班应成为年度培训计划的主体部分。各类短期、临时业务、新法律法规培训班，应在完成主体培训班次的常规动作前提下，随机安排，而不应冲击主体培训。同时，主体培训班次的培训时间应予适当延长，以15天到1个月为最短期限。并加强调训计划的计划性、权威性，切实落实培训与使用挂钩。有关法官学院的年度培训计划，应由法官学院按照有序培训、逐年递进、遵循规律、科学安排的原则制定，并商主管部门确定计划后联合下发执行。教学方式应形成法院特色，依托法院设施，重点实施案例教学、现场教学、互动式教学、法官研讨式教学。

第四，受训学员管理。国家行政学院注重对受训学员的思想教育与管理工作，协同有关部门直至吸收学员所在单位，加强对学员的在校成绩及综合表现进行考核，并将其考评情况作为国家公务员任职或者晋级的重要依据。并且，学院建立了受训学员档案库，并有权向有关部门提出推荐学员和使用学员建议。井冈山干部学院学员管理实行组织员、联络员、教学督导员“三员管理制”，以组织员为主。组织员、联络员由培训部派出。教学督导员由教务部派出，负责对教学情况进行评估。分别确定了组织员、联络员、教学督导员职责。培训班管理工作共分为75个环节，实行定量、定点、定人的模式化管理。该校实行准军事化管理，早晨由武警吹起床号，要整队、报数，特定时间学员须着红军服装。同时实行精细化管理，实现管理环节无缝衔接。上课前5分钟，所有人员必须到位，形成有机的管理体系，分工负责，有统有分。培训部负责主体班、合作班管理、制定培训班管理方案，配备副处级以上干部任组织员。组织员、联络员均由培训部派出，向培训部负责。培训部派出组织员不足的，从学院其他部门挑选合适人员，培训后再上岗。培训班督导员由教务部派出。督导员不足的，从其他部门选调。

比较得知，严格的培训管理是培训质量的可靠保证。教学是育人，管理同样是育人。学员的培训成绩与综合鉴定同干部使用挂钩，是干部培训制度的本质要求，体现了干部培训的职业特点，也是依法培训的重要标志。《法官法》《干部教育培训工作条例（试行）》《法官培训条例》都明确规定了干部培训成绩与鉴定是干部任职和使用的重要依据。各级法官培训机构建立受训学员培训档案，各级法院组织人事部门考核、任用、提拔干部，应充分了解、参考干部培训成绩与鉴定，应成为人民法院教育培训机构与干部管理部门的重要工作内容。

第五，教师队伍建设与管理。国家行政学院教师队伍建设实行“专兼结合，以兼为主”方针，并按照“优化精干、结构合理、专业配套”的原则组建专职教师队伍。国家行政学院专职教师实行参公管理，定期参加社会实践、调查研究、挂职锻炼。按照规定，各级地方政府对此应该予以支持。井冈山干部学院教师队伍实行“专职为主，兼职为辅”。学院整体上实行参公管理，教师按照自愿原则分为参公管理人员和专业技术人员。参公管理人员也有专业技术职称,但不聘任。井冈山干部学院实行教师队伍开放式管理。有关课程开发,学院教职员工都可以选择一个主题科目申报讲课,由教学评估领导小组评估后决定任用授课人员。即使是参公管理人员,只要试讲后效果好,就可以上课任教。教学评估领导小组由 9 人组成,学术委员会由 13 人组成。参公管理人员授课,拿与教师一样的讲课报酬。而专职教师,一般不参与“三员”的工作,其主岗位是教学。井冈山干部学院大量的现场教学,一个班最多七八节课在教室上,所以教师以专职人员为主。井冈山干部学院的干部考核分任职考核与年度考核,以常态化的年度考核为主。考核内容包括德、能、勤、绩、廉、学(学习情况及其实际运用效果)六个方面,重点考核工作实绩。考核方法:强化部门考核,处以下干部考核推优由本部门决定,副处以上干部考核推优由学院副处以上干部参加。考核程序分为个人总结述职、民主评议、领导评鉴、考核等次审定、考核结果的反馈等五个环节。其中,重“个人总结述职”,部门领导在全院人员会议上述职。“民主评议”在听取述职的范围内进行。部门领导的“领导评鉴”由学院分管领导撰写,其他人员由部门撰写。部门领导的“考核结果”由常务副院长反馈,副处以上干部的由分管院领导反馈。干部考核与工资挂钩:连续 2 年被确定称职以上者,“在本职务工资标准内晋升一个工资档次”;连续 5 年被确定为称职以上等次的,“晋升一个级别”。井冈山干部学院的人才培养包括职业培训、挂职锻炼、双向交流等培养环节。其中,“职业培训”包括选送参加中央党校、国家行政学院、其他干部学院以及专业培训班培训,主要培训骨干教师。“挂职锻炼”分“上挂”与“下挂”,“上挂”即到中组部、中办信访局等单位挂职,“下挂”即到乡镇领导岗位挂职。“双向交流”即中组部下派干部与由学院上调干部相结合。

对比得知,专兼职教师队伍的比例关系取决于各院校培训工作的任务特点与课程内容,法官培训的师资队伍宜实行“兼职为主,专职为辅”。要遵循此原则,建立规模适当、结构合理、特点突出、素质优良的法官教育培训师资队伍。专职教师队伍建设,要认真贯彻“教学—科研—审判”“三结合”原则,理顺挂职办案程序,丰富审判实践经验,实行“教学与审判双职称”制度,切实提高教师待遇,把“法官教法官”教学模式落在实处。要建立专职教师与法官“双向交流”机制，在全国范围内荐选足够数量的具有一定法学理论功底、审判实践经验和教学授课能力的法官及退休的资深法官作为法官培训师资来源。优秀法官定期交流从事教学工作，同时选派专职教师到地方法院审判部门办案锻炼。鉴于法官培训机构不同于普通高校及社会培训机构的特殊地位，可借鉴中央党校、国家行政学院、三大干部学院的成功经验，将各级法官培训机构管理人员纳入公务员编制。

第六，培训保障。国家行政学院总建筑面积约 13.4 万平方米，拥有教学办公楼、图书馆、电教中心、学术报告厅、会议中心、学员公寓、学员餐厅、文体中心、综合服务楼、国勤楼等设施。浦东干部学院占地面积 619 亩（含水面面积），建筑面积 10.6 万平方米，拥有行政中心、教学中心、会议中心、图书信息中心、文体中心、国际交流中心、餐饮中心以及宿舍楼等 15 栋单体建筑，教学设施先进，可同时容纳 862 人在校培训，校园绿化率高达 79%。延安干部学院占地 250 亩，一期工程占地约 110 亩，总建筑面积 3 万多平方米，主要包括报告厅、教学图书楼、学员餐厅、学员宿舍等 11 栋单体建筑，可容纳同期在校学员 400 人。井冈山干部学院重视信息化建设，内外网接入学员宿舍，宿舍均配备了电脑。以信息校园为目标，多媒体教学广泛应用，实现远程教育延伸服务：学院设立了网络干部学院。学员结业后，凭学院发送的密码，在原工作单位可以随时浏览、学习井冈山学院课件。上述学院的后勤服务、物业管理均实行外包制的“社会化管理”。

比较得知，各级法官培训机构应根据全员培训需要，依照国家发展和改革委员会、住房和城乡建设部发布的《国家法官学院分院建设标准》，从长计议，规划建设现代化的法官培训基地。培训基地建设要突出信息化建设、图书情报建设、警务训练设施建设、基地多功能建设。培训基地后勤服务宜实行社会化管理。物业管理外包开支小，服务好。初看后勤物业外包，好像物业管理费用高于自主管理后勤物业。实际上，自主管理物业潜在费用更高，主要体现在三大开支方面：后勤管理人员的福利、养老费用；学院管理物业人员的费用；大病医疗、重大安全事故开支。实行后勤物业社会外包，有利于腾出、集中有限的人员编制，加强并满足培训主业需要。如井冈山干部学院 2012 年编制 135 人，实有人员 122 人，无工人岗位，所有人员均在培训教学及管理岗位。国家法官学院2012年编制220人,实有编制内人员123人(含部分编制内工人),同时自主聘用、管理合同工172人,后者已成为学院发展的沉重负担。同时,各级法官培训机构应借鉴其他干部培训院校,内设机构宜少,干部配备宜高。如井冈山干部学院配备了常务副院长1名(正厅级);副院长3名(1名正厅级,2名副厅级);7个内设部门配7名中层干部(7名副厅级)。各级法官学院要推广省级法官学院院长由高级人民法院院长兼任的领导模式,加强国家法官学院机构建设,提高各级法官学院的行政级别与规格,以便培训机构开展权威性的法官培训工作。

三、法官教育培训与队伍建设的关系

法官教育培训与队伍建设的关系包括两个层面,第一个层面是人民法院队伍建设与法官教育培训工作的关系。这二者之间存在互相促进的辩证关系。公平正义是政法机关的生命线,更是人民法院审判工作的生命线。教育培训工作则是人民法院审判工作守住公正底线的基础与保障。各级法院领导干部抓队伍建设,首先要抓教育。法官教育培训工作,是人民法院队伍建设的基础工作。百年大计,教育为本。社会发展,人才为先。法院队伍建设,关键是法官素质建设。法官素质建设,关键是教育培训工作。要高度重视法官教育培训工作,将其置于司法公正与效率的前提条件加以强调与落实。不抓教育的领导是没有远见的领导,抓不好教育的领导是不称职的领导。有些法院领导认为,抓教育是地方领导的事,抓人才培养是大学的事,法院只是使用人才的部门,这个观念无疑是短视的、错误的。全党抓教育,振兴教育,是党的教育方针。人才培养,不仅在于院校,更在于社会实践。要健全完善各级法院领导干部的"一岗双责"制度,既要抓审判业务建设,也要抓包括教育培训在内的队伍建设工作;既要抓案件程序合法、实体公正,也要抓审判人员的廉政教育、作风建设。

党中央发布的《2010~2020年干部教育培训改革纲要》指出,干部教育培训"是加强党的执政能力建设和先进性建设的重要途径,是推动科学发展、促进社会和谐的重要保证,在建设和发展中国特色社会主义事业中具有不可替代的地位和作用"。这个论断同样适用于法官教育培训工作。加强法官教育培训工作,不断提高法官思想素质和业务素质,是推进人民法院改革和法官队伍建设的现实需要,是在全社会实现公平与正义、构建和谐社会的必然要求。要充分认识法官教育培训工作在人民法院队伍建设中的重要作用。队伍建设是人民法院的永恒主题,是人民法院一切工作的根本和关键。从法官教育培训历史进程来看,不同时期的法官教育培训工作满足了不同时期人民法院队伍建设的要求。自20世纪80年代起,面对法官队伍专业素质不高、学历普遍偏低的状况,最高人民法院成立了全国法院干部业余法律大学和中国高级法官培训中心,形成最高人民法院和各省、自治区、直辖市高级人民法院两级法官教育培训机构的网络体系,圆满完成了人民法院"七五"规划、"八五"规划以及"九五"规划期间的干部教育培训规划任务,为全国法院培训培养了大批学以致用的审判专业人才,为人民法院队伍建设和《法官法》的顺利实施奠定了坚实的人才基础。全国法院干部业余法律大学和中国高级法官培训中心合并为国家法官学院以后,2000年,最高人民法院根据我国社会经济全面进步发展对司法审判工作的形势需要,做出了法官教育培训工作要实现从学历教育向岗位培训转变,从基础法律教育向高层次法律教育转变,从知识型法律教育向能力型、素质型法律教育转变的决定,全面开展以法官任职、晋级和续职资格培训为主体内容的各类教育培训活动。2000年,最高人民法院制定并颁布了《法官培训条例》,法官教育培训工作朝着科学化、制度化、规模化的方向健康、持续发展。现在,又一个10年过去,人民法院队伍结构又发生了很大变化,所面临的形势也与10年前大不相同。为了使我们的队伍更能适应新形势、处理新问题,圆满完成党和国家交给的审判任务,我们需要通过调整法官教育培训的方针、政策、内容、形式,以适应队伍建设的新发展。队伍建设离不开教育培训,教育培训工作促进了队伍建设。

21世纪前10年,我国进入改革开放和全面建设小康社会的关键时期,人民法院面临的考验更加严峻,承担的任务更加繁重,遇到的情况更加复杂,群众的期待更加迫切,人民法院服务发展的责任更加重大。但是,人民法院的队伍建设与党和国家的要求以及人民群众的期待还存在一定的差距,司法工作的质量和水平还有待进一步提高。这一历史时期,最高人民法院确立了一系列新的工作思路,要求全国法院始终坚持"三个至上"工作指导思想,坚持"为大局服务,为人民司法"工作主题,坚持"从严治院、公信立院、科技强院"工作方针,深入开展了"人民法官为人民"主题实践活动,全面推进社会矛盾化解、社会管理创新、公正廉洁执法三项重点工作。要通过教育培训,服务法院工作,服务队伍建设,及时将这些新思路、新部署传达到全国法院,落实到基层,确保全国法院适应形势的变化,贯彻党和国家的方针政策以及最高人民法院的工作部署,努力实现人民法院工作的新发展。2010 年 4 月 15 日,最高人民法院院长王胜俊在听取上海市高级人民法院工作汇报后的讲话中指出:"要加强培训。概括起来就是:坚持一个目标,即树立社会主义法治理念,提高司法能力;实现两个转变,即由理论研究型培训向理论与实践结合转变,由知识型培训向知识与能力结合转变;倡导三种方式,即倡导法官教学、倡导案例教学、倡导现场教学。"王胜俊提出的上述法官教育培训指导思想,简称为"一个目标、两个转变、三种方式"指导思想。围绕这一指导思想,第一,各级法官培训机构要把思想政治培训和业务能力培训两方面结合好,确保人民法院工作始终沿着正确方向前进。要注重教育培训为审判工作服务,法官培训工作要做"应用文"、解"应用题",把培训由理论研究型培训向理论与实践结合转变、由知识型培训向知识与能力结合转变。法官教育培训务必把思想政治培训和业务能力培训两个方面结合好,把坚持走中国特色社会主义法治道路、坚持中国特色社会主义司法制度作为法官教育培训的重要政治方向;必须把树立社会主义法治理念、提高司法能力作为法官教育培训的目标;必须紧紧围绕深入推进三项重点工作的具体要求,找准培训结合点;必须强化人民法官为人民的核心价值观以及司法的人民性、司法能动性、社会主义司法制度优越性等重要理念,提高法官"为大局服务,为人民司法"的政治意识。第二,要进一步深化改革培训内容和培训方式。在培训内容方面,要实施分类培训战略,根据法官任职、晋高、续职等不同培训的要求,总结培训经验,细化培训要求,科学设置不同的课程体系,通过对全局性、战略性、前瞻性问题的研究,开发出精品课程,实现类型化、体系化的课程服务,满足法院领导干部和不同层次法官的培训需要,真正提高受训领导干部和法官的领导水平及业务本领。在培训方式上,要倡导法官教学、案例教学、现场教学,以及情景教学、菜单式教学、专题讲座、答疑课堂、司法论坛等丰富多样的教学方式,增强培训效果。促进学员和教员互动,加强学员之间的交流与研讨,把审判实务问题、审判经验、处理实际问题方法作为教学和交流的重点,将理论与研究相结合、知识与能力相结合落到实处。

法官教育培训与队伍建设的关系的第二个层面，是法官教育培训工作与培训机构、教师队伍的关系。重视法官教育培训工作，必须重视并加强法官教育培训队伍建设，必须以人为本，重视、研究、回应法官培训机构与人员的现实问题，首先是法官培训机构的单位性质问题。法官培训机构确定什么机构性质，是法院内设的行政机构还是事业单位，《法官法》《法官培训条例》《国家法官学院分院建设标准》都没有规定。原因是在这个问题上不能“一刀切”也无法“一刀切”。各地情况千差万别，有关地方政策也不尽一致。从现状来看，全国法院已建立的地市级法官培训机构基本上是行政机构，教育培训人员走审判系列或行政系列。省级法官培训机构教师及管理人员大致分为2/3走行政序列，1/3走事业序列。在这个问题上，允许各地探索、实践，要以改革的思路寻求解决方案，从而做出切合当地实际的选择。但总的原则是要促进教育培训工作开展。《2001年～2005年全国法院干部教育培训规划》在“强化培训机构”规划部分提出了教育培训机构建设的“三个有利于”原则，即法官教育培训机构设置、机构性质与人员性质走什么序列，要“按照有利于人民法院队伍建设，有利于法院教育培训事业的发展，有利于发挥法院教育培训工作人员积极性的原则来确定各地法官教育培训机构的性质和规模”。教育培训机构建设的“三个有利于”原则是人民法院教育培训工作的优良传统和宝贵经验，应予继承与发扬。

法院内部教育培训主管部门与教育培训机构是什么关系？法律业大传统的办学模式是“政事合一”，即办学机构同时也是法院的教育培训规划和管理部门。现在，福建、贵州、上海、北京、吉林、黑龙江、新疆、四川等高级人民法院的法官培训工作采用这种模式，即高级人民法院的教育（培训）处与法官教育培训机构实现某种形式的“合署办公”，表现为“一套人马，两块牌子”。另一些高级人民法院的教育培训工作则是分设教育培训主管部门与法官培训机构。《法官培训条例》第8条第1款规定：“最高人民法院、高级人民法院教育培训主管部门负责法官培训的规划、管理和协调工作”，但对于教育培训的规划管理机构与教育培训机构是分别设立还是合署办公并未规定。在这个问题上，全国各高级人民法院要不要统一要求？在《法官培训条例》与《国家法官学院分院建设标准》制定过程中，反复研究过这个问题，但没有明确统一的标准。各地的法官学院等培训机构与法律业大不同,与国家法官学院也不同,不是高等院校,没有学历教育。所以一些高级人民法院一直主张将法官教育培训机构设定为法院的一个内设行政机构,实行法官教育培训的规划管理与具体实施工作由一个机构承担,以便提高效率,精简机构,减少扯皮。第三次全国法院教育培训工作会议讨论制定《法官培训条例》时,也是两种意见,两种观点,不相上下。因此,在这个问题上,无论是2000年版《法官培训条例》还是2006年版《法官培训条例》,采取的态度都是予以回避,仅仅作出了原则性规定,也是尊重现实,留有余地,把主动权留给地方。

以当时四川省法官教育培训管理体制为例,根据《法官培训条例》确立的培训体制,四川省高级人民法院制定了《四川省〈法官培训条例〉实施细则》,建立并逐步完善了四川省内两级法官培训机构以及教育培训管理体系,实施了全省法官及其他工作人员分级、分类培训制度。四川法官学院是四川省高级人民法院下属的省级法官培训机构,主要负责各类具体教学计划的制订、教学的实施与组织管理;制定教育培训实施制度和建立培训档案;检查、指导全省法院教育培训工作。四川法官学院院长由省高级人民法院院长兼任。学院内设的办公室与省法院各庭、处、室等同级。四川法官学院下设成都、泸州、宜宾3所分院,另有南充、乐山、遂宁、内江4所分院正在筹建中。四川法官学院同时挂牌国家法官学院四川分院,分院院长由省高级人民法院院长兼任。四川省高级人民法院政治部培训处的工作职责为:组织制订全省法院中长期教育培训发展规划和年度培训计划,检查、指导全省法院教育培训工作;组织管理各类调训工作;处理教育行政事务;完成党组和院领导交办的其他事项。四川省高级人民法院法官教育培训工作实际管理体制及其运行机制为:高级人民法院政治部培训处、四川法官学院、国家法官学院四川分院"一套人马,三块牌子",实行合署办公,由四川法官学院、国家法官学院四川分院常务副院长主持日常工作,政治部培训处9名干部中有6人系四川法官学院专职教师。也即四川省法官教育培训规划工作、管理工作、实施工作"三位一体"。全省法院教育培训工作按省内三级法院设置,实行"两级培训机构、分级实施培训、三级法院管理"体制。这种法官教育培训规划、管理、实施"三位一体"的法官教育培训运行机制,内部关系简单,队伍人员稳定,决策运作高效,是符合地方法院教育培训工作规律的切实可行的发展路径。

按照中共中央、国务院2011年3月23日发布的《关于分类推进事业单位改革的指导意见》，之后启动的事业单位改革，目的是在清理规范的基础上，对现有的事业单位，按照社会功能划分为行政类事业单位、生产经营类事业单位、公益服务类事业单位等三个不同类别，“对承担行政职能的，逐步将其行政职能划归行政机构或转为行政机构；对从事生产经营活动的，逐步将其转为企业；对从事公益服务的，继续将其保留在事业单位序列、强化其公益属性”。最终保留公益服务类事业单位，并根据其职责任务、服务对象和资源配置方式等情况，将公益服务类事业单位划分为两类：公益一类事业单位与公益二类事业单位。其中，“承担义务教育、基础性科研、公共文化、公共卫生及基层的基本医疗服务等基本公益服务，不能或不宜由市场配置资源的，划入公益一类；承担高等教育、非营利医疗等公益服务，可部分由市场配置资源的，划入公益二类”。

法官教育培训机构属于行政类事业单位，改革的最终结局，或将其转入行政机构，或将其行政职能划归行政机构、将其改变为公益服务类事业单位，二者必选之一。依据《关于分类推进事业单位改革的指导意见》，法官教育培训机构本质上既不属于“由市场配置资源的”的公益一类事业单位，也不同于“承担高等教育”“可部分由市场配置资源的”公益二类事业单位。改革的结局只有一个：将法官教育培训机构转入行政机构。将法官教育培训机构转入行政机构，不但符合国家政策导向，切合法院教育培训工作实际，而且最终实现了法官教育培训规划、管理、实施“三位一体”的科学高效运行机制目标。

至于法官教育培训机构的教学人员是否走法官序列，《法官培训条例》第20条第2款已经作了明确规定，“从事法官培训工作的专职教师一般应当具有研究生以上学历和较高政治、业务素质，并具有相应的法官资格和审判工作经验”。各地的客观实际也已经作了回答。据统计，31个省、自治区、直辖市高级人民法院法官培训机构都不同规模地解决了专职教师的法官职称以及审判实践问题。法官培训机构的教师走法官序列，实行“法官教法官”，可以使法官培训工作紧密联系审判工作实际，确保法官教育的行业特点。这是法院系统近30年办学的成功经验，也是具有人民法院特色的经验。西方法治国家的法官培训也是“法官教法官”的办学模式。今后，法官教育培训工作要逐步做到法官培训师资由在职优秀法官中选任、轮流担任，切实实行在职法官与法官培训师资“双向交流”制度。

与法官教育培训机构的性质定位密切相连的一个问题，是法官教育培训机构的人员管理序列问题。机构由具体工作人员组成，人员的性质与管理是机构运行的实质条件。中共中央、国务院《关于分类推进事业单位改革的指导意见》在“基本原则”部分特别强调了事业单位改革的“以人为本”原则。中央机构编制委员会办公室主任王东明在《求是》杂志 2011 年第 17 期上撰文指出：“分类推进事业单位改革要始终坚持以人为本”，“绝不是简单地精简机构和人员，绝不是为了‘甩包袱’。改革要有利于社会主义市场经济体制的完善和政府职能转变，有利于公益事业资源的优化配置和事业单位服务功能的充分发挥，有利于调动事业单位广大职工的积极性，有利于促进基本公共服务均等化”。法官教育培训机构的改革与发展，无法回避也不该回避其工作人员的属性与管理问题，反而应当研究法官教育培训机构工作人员的属性与管理问题。

参公管理，是指依照国家规定，对不属于国家公务员序列又行使国家公务员职能的事业单位人员，参照公务员管理、享受公务员待遇的制度体系。2005 年 4 月 27 日全国人大常委会通过的《中华人民共和国公务员法》规定：“本法所称公务员，是指依法履行公职、纳入国家行政编制、由国家财政负担工资福利的工作人员。”该法第 106 条规定：“法律、法规授权的具有公共事务管理职能的事业单位中除工勤人员以外的工作人员，经批准参照本法进行管理。”此即参公管理的法律依据。这一规定明确了行政类事业单位也即“参照公务员管理”事业单位。换句话说，上述法律规定，认可了参照公务员管理事业单位的客观存在。参照公务员管理事业单位，是具有中国特色的、介于国家机关与公益性事业单位之间的特殊机构。

法官教育培训机构属于行政类事业单位。其承担的主要工作是各级法院领导干部、各级法官及其他工作人员职务培训与考核，以及预备法官的培养、培训、业务考核工作，其工作与行政职能、公共权力有关。法官教育培训机构的主体人员属于与行政职能、公共权力有关的人员。毫无疑问，法官教育培训机构的主体人员属于“参公管理”人员。按照《中华人民共和国公务员法》第 14 条规定，法官教育培训机构的工作人员中，管理类工作人员可以享受管理类公务员待遇、参照综合管理类公务员管理,教师类工作人员可以享受专业技术类公务员待遇、参照专业技术类公务员管理。

实施参公管理过程中,依照《法官培训条例》规定,应当解决好法官教育培训机构教师的法官职称问题。该条例第20条第2款明确规定:“从事法官培训工作的专职教师一般应当具有研究生以上学历和较高政治、业务素质,并具有相应的法官资格和审判工作经验。”据统计,31个省、自治区、直辖市高级人民法院法官培训机构都不同规模地解决了专职教师的法官职称以及审判实践问题。赋予法官培训机构的教师以法官职称,实行法官教法官,可以使法官培训工作紧密联系审判工作实际,确保法官教育的行业特点。这是法院系统近30年办学的成功经验,也是具有人民法院特色的经验。西方法治国家的法官培训也是“法官教法官”的办学模式。今后,法官教育培训工作要逐步做到法官培训师资由在职优秀法官中选任、轮流担任,切实实行在职法官与法官培训师资“双向交流”制度。

四、地面培训与网络培训的关系

网络教育与传统面授教育相比,具有规模大、投入少、耗能小、解决工学矛盾、教学手段先进、学习方式灵活等特点,为当今世界各国教育制度所普遍采用。将网络培训方式引入教育培训领域已成为现代教育发展的重要趋势之一。

以美国为例,笔者2007年12月参加在西安举行的“中美刑事辩护远程教育培训研讨会”,与会的美国纽约法学院迈克尔·佩林教授具有24年的法学教学经验,从教前曾为律师。自2000年起,他创立了在线精神障碍法课程。后来,迈克尔·佩林教授主讲伤残人士法,法律、政策与实践,国际人权与精神障碍法,监狱中的心理健康,性犯罪等专题。迈克尔·佩林教授将远程教育定义为“因地理隔离,将老师与学生连接起来的教育方法”。他认为远程教育所体现的各类专业人士进行合作的特征明显。其联络手段有电脑、无线通信、数字网络。如死刑案件的辩护律师,可以随时与司法鉴定专家、犯罪校正专家、精神健康专家进行咨询、开展交流。

迈克尔·佩林教授所在的纽约法学院的远程教育课程在2000年只有1

门,2008年业已拓展到7门,并开展一项在线硕士教育,专业为精神障碍学。http://www.nyls.biackboard.com为纽约法学院内部的封闭网站,只有注册学生才能进入,凭用户名与密码进入。http://www.nyls.edu/pages/5483.asp为纽约法学院公开网站。互联网远程教育课程均为选修课程。由大学生点击选修,选修课程所得学分部分来自学生的课堂参与(聊天室、留言板、面授参与),部分来自期末考试成绩。好的远程教育应涵盖视觉、阅读、倾听、参与等不同学习方法。纽约法学院每堂课都有视频,有布置阅读作业(视频或文字),如案例,然后回答问题。每周的视频流不同。互动形式:有主持人的在线聊天(每周一次,时间固定,周五晚,一小时)、电子邮箱(学员互发)、不间断的在线留言板、适时开设研讨课。视频形式可以是专题讲座、圆桌讨论、模拟审判、互动授课。远程教育的优越性体现在:不限距离,不限经费,可以轻松获取海量资料,专家群效应。网上知识群固化,平台固化,不会听过了或没听,就看不到了。这一点优于面授教学。学员上网学习,网络教育实行"7×24小时"教学制,每周7天,每天24小时,给学员足够的学习时间选择权。远程教育非常有效益:节省时间,节省经费。远程教育还可以加强国际交流,实现国际合作。

网络培训在国内干部教育培训中也逐渐形成与传统面授培训相得益彰的培训手段。例如,全国公安系统每年都有大批量的干警需要接受初任和晋升专业培训,公安院校的培训能力无法满足如此大规模的培训需求。同时,很多需要培训的干警公务繁忙,无法参加脱产培训。作为金盾工程的重要组成部分,公安部远程教育训练系统主要用于解决此类干警参加培训中工学矛盾突出的问题。公安部于2006年3月进行网络培训系统招标,同年4月开始实施开发设计,最终形成由学习管理系统、在线直播课堂和课件制作工具三部分组成的公安部远程教育训练系统,系统在2006年6月通过公安部"金盾办"组织的验收并投入运行,目前该系统主要用于警官培训(如初任、晋升)和在线考试。

2007年,中共中央印发了《关于在全国农村开展党员干部现代远程教育工作的意见》,决定自2007年下半年起,在全国农村普遍开展党员干部现代远程教育工作。中共中央印发的《干部教育培训工作条例(试行)》《2006~2010年全国干部教育培训规划》要求全党树立"大规模培训干部的战略任务"观念,提出干部教育培训工作要"大力推进干部自主选学、在线学习等方式","大力推广网络培训"。《2006 ~2010 年全国法院教育培训规划》中明确指出:"为适应培训的现代化要求,减少工学矛盾,增强培训效果,扩大培训的受益面,将建设法院教育培训网作为全国法院网络建设的重要组成部分。"实行法官培训网络教育与地面教育相结合,正是贯彻落实中央精神,加快人民法院教育培训工作改革,有效解决培训需求与实际培训能力矛盾,提高培训质量,加大培训力度的重要举措。而从现实来看,在全国范围内开展网络培训,早已具备网络建设基础条件。信息产业部 2007 年 12 月 11 日发布的统计数据表明,截至 2007 年 10 月,全国 97% 的乡镇具备互联网接入条件,92% 的乡镇开通了宽带。

地面培训与网络培训各有特点,适合于不同的培训类别。一般而言,地面培训采取面授形式,适用于资格类培训;网络培训自主性强,适用于更新知识类的选修类培训。就人民法院各培训类别而言,网络培训适用于新法律法规培训、专项教育培训、续职培训。而当前重要的任务是提高各地法院对网络教育手段的认识,改变网络培训是短期任务的认识误区,确定法官培训工作由地面培训与网络教育合二为一、优势互补的培训格局。

例如,2008 ~2009 年,四川省法院系统按照省政法委的统一部署,展开为期一年半的以"素质大培训、技能大练兵、作风大转变"为主要内容的三大主题活动。省院党组要求全省各级法院加大信息化基础建设力度,用 3 年时间全部实现三级法院联网,以积极的态度推开在线网络教育培训模式,充分发挥网络教学的优势,形成全员大培训的长效机制。通过三大主题网络培训,以在线学习考试取代了大规模集中面授,做到了干警人人学习、人人培训、人人考试,探索了全员培训新模式,通过在线学习考试,共培训全省法院干警 1.7 万人次。

依照《法官培训条例》规定,每个法官的续职培训每年不少于 15 天。全国各级法院具有法官 20 万人。鉴于培训能力有限,各级法官培训机构每年全年的同期容量不足万人。客观上,仅依靠传统地面教育方式完成续职培训任务存在不可逾越的困难。网络晋高培训为高级法官网络续职培训奠定了基础。续职培训的特点要求培训内容及时更新,网络培训可以较好地解决这个问题。通过网络续职培训,可以在新的法律、法规和司法解释出台后,以最快的速度和便捷的方式,使受训法官及时、全面地补充专业信息。同时整合中央和地方的教学资源及业内最新的研究成果，开阔受训法官的视野。续职培训网络教育推行“菜单式”教学法，即由学员在上网时自主选择教学内容、教学专题及授课教师，以便提升教学针对性，强化学习效能，激发学员自主学习的积极性。

续职培训网络教育强调学员自主学习，不同专业课程适当交叉设置。每期培训班培训时间可定为 2 个月，开设 60 个课件供学员选修。每名学员结业标准为：从已列课件库中任选 15 个以上课件学习，并完成相应的课后测试、案例分析、答疑与作业。学员选择课程组合时可根据兴趣自主选择不同课程及选修课件数量。考虑到网络课件的表现形式，学员需要观看视频学习资料及完成测试、作业、答疑，申请结业时学习总学时不低于 50 学时。课件挂网时间为 60 天，学员应当在本期限内完成课程学习、提交平时作业和论文。

网络续职培训“菜单式”教学方法按照课件涉及的不同内容细分为 4 个培训模块：综合素养模块、法官职业技能模块、法官审判实务模块、知识拓展模块。其中法官职业技能模块和法官审判实务模块中交叉设置有刑事专业、民事专业、商事专业、行政法专业课程。法官可在法官培训网上自主选择课件进行学习。“菜单式”教学法要最大限度地满足法官个体需要。为此，一要精心准备课件，备好“菜单”。拟在国家法官学院电子课件库及北大英华公司提供的共约 400 个优秀课件中，精选出网络续职培训的备选课件。二要适应需求，及时“上菜”，更换课件。审判实务涉及的问题非常广泛，许多问题时效性很强，要有针对性地及时剖析法学最新理论和审判实务中热点、难点问题，择优选取和更换课件。三是开阔视野，满足需求。与培训内容相应，在知识拓展模块中按 1∶1 配置约 60 学时的法律法规、司法解释、案例、法学文献等网络教学资源，并经常更新相关材料。续职网络培训的学员考核根据学员的课件学习、上网学时、平时成绩以及论文评判结果是否达到结业要求予以评定。续职培训的所有备选课件在课后安排了作业、测试等内容，相对于学习 15 个课件的要求，学员应完成 15 个课件的课后练习。每个课件平时成绩为 4 分，取前 15 个最高的平时作业成绩之和作为学员平时作业的总评成绩（学员平时作业满分为 60 分）。学员可以通过完成平时作业巩固所学知识、增强培训效果、检测学习质量。

各级法官续职培训的主渠道为人民法院内网平台上的教育培训。对由于技术条件限制，分散学习确有困难的法官，各级法院可组织相关法官通过法院计算机教室、电子阅览室、多媒体系统集中上网开展学习培训。法官培训网络教育进一步的改革方向，是加快各级法院的网络建设步伐，有机地结合内部网、局域网、互联网培训手段，发挥网络教育的综合效应。

网络培训课件主讲人要进一步集中立法界、司法界与理论界权威专家，整合地方法官培训师资与国家法官学院培训师资。同时，与时俱进，适时更新网络课件，配发文字教材与参考读物，增强学员之间的教学互动、教师与学员之间的教学互动，开发网络教育的多种功能。实现多种教育培训手段互通互融的最佳组合。要通过实施网络培训，加强各地法院特别是“老、少、边、贫”地区法院与基层法院的信息化建设与网络图书馆建设，提供法官办案所需的最全面、最新颖的法律法规、司法解释、审判案例、法学文献，展现网络教育的深层魅力。要根据不同地域、不同法官的不同需要，坚持传统面授脱产培训与在岗网络培训两种优势互补的法官培训发展方向。要以我国城乡互联网建设与法院系统信息建设现实状况为依据，兼顾各地域法院的不同情况，根据各培训类别的不同特点，区别对待、分类实施。

五、培训工作与学历教育的关系

人民法院法官培训工作与学历教育具有深刻的历史渊源。第一，人民法院法官教育培训工作源于法律业大的专科学历教育，没有法律业大就没有人民法院的 17 万法律业大毕业生，没有法律业大就没有人民法院自己的教育培训机构。换句话说，人民法院教育培训历史是从学历教育起步，由全国四级法院办学的学历教育体制逐步向法制化、规范化、现代化的法官培训体制过渡和发展的历史。第二，培训工作属于大教育的范畴，思想教育、职业道德教育、业务知识教育始终是法官培训的自有要义。从队伍建设的需求与法官教育培训的现状来看，本科、专科学历教育仍然是西部边远、少数民族地区法院教育培训工作的重要内容；法律硕士研究生教育与博士教育等高端性质的学历教育已然是多数法院法官教育培训工作不可分割的有机组成部分。第三，学历教育任务与培养项目、指标，一直是最高人民法院制定的全国法院教育培训五年规划的主要内容，也是各高级人民法院法官教育培训规划的重要内容，成为各地法官教育培训工作开展情况及考核验收的风向标。

然而,就全国法院教育培训工作的均衡发展状况而言,从2010年起新时期审判工作与队伍建设的实际需要与发展目标出发,法官教育培训工作与学历教育的关系已经发生根本性的重大变化:法官教育培训工作不再以学历教育为主,而是以岗位培训为主;不再以提高学历层次为主,而是以适应工作需要的继续教育为主;不再以普及知识教育及法学教育为主,而是以提升司法能力的法官培训为主。这一发展趋势主要体现在以下方面:

第一,党和国家关于干部教育培训工作改革与发展的指导思想,是大力加强干部培训工作,把法官培训作为干部队伍建设的主要手段,把学历教育作为干部队伍建设的辅助手段,通过干部培训,大规模、大幅度提高干部素质。2006年中共中央印发的《干部教育培训工作条例(试行)》确定了"全员培训"原则,该条例第12条规定了干部教育培训的五个类别,即岗位培训、任职培训、专门业务培训、初任培训、其他培训。该条例并未提出干部学历教育的任务与目标。该条例第4条第1款明确规定:"本条例适用于各级党委、人大、政府、政协、纪委、人民法院、人民检察院和各民主党派、人民团体机关的干部教育培训工作。"2010年中共中央办公厅印发的《2010~2020年干部教育培训改革纲要》通篇规定的是"落实大规模培训干部、大幅度提高干部素质的战略任务"前提下办学体制改革、运行机制改革、师资管理改革、宏观管理改革等项内容,该纲要也未提出干部学历教育的任务与目标。

国家关于成人高等院校以及成人教育改革与发展的指导思想,一直是限制成人高等院校以及成人教育开展学历教育,其目标是逐步合并、取消成人高等院校以及成人教育中的学历教育,引导成人高等院校及成人教育机构发展学历教育后的继续教育和岗位培训。早在1987年,国务院转发了《国家教育委员会关于改革和发展成人教育的决定》,指出成人教育包括五项任务:(1)岗位培训;(2)转岗培训;(3)继续教育;(4)社会文化教育;(5)文化补习及学历教育。其中,学历教育只属于成人教育机构中特殊阶段补课性质的阶段性、次要办学任务。《国家教育委员会关于改革和发展成人教育的决定》中指出:必须"把开展岗位培训作为成人教育的重点",广泛地开展岗位培训,这是成人教育的一项重大改革。国家教育委员会印发的《成人高等学校设置的暂行规定》指出成人高等学校的办学任务有三项：岗位培训、继续教育、文化和专业教育。其中，成人高等学校的文化和专业教育只针对“在职、在业而又达不到岗位要求的高等文化程度和专业水平的人员”。

第二，全国法院教育培训工作改革与发展的指导思想是逐步突出和强化法官培训工作，把法官培训作为干部队伍建设的主要手段，把学历教育作为干部队伍建设的辅助手段。（1）《1991～1996 年全国法院干部教育培训规划》具有浓厚的以学历教育为主体任务的色彩，开篇即从全国法院干部文化结构、学历教育层次的差距入手，确定了“从整体上看，历史原因造成的这支队伍文化、专业素质偏低的状况还没有根本改观”结论，在规划的三项“目标与任务”中，将“学历教育、专业证书教育和高中（中专）文化补习”确定为其中一项，提出了专科学历教育的“七、八、九”规划。（2）《2001～2005 年全国法院干部教育培训规划》与《法官培训条例》同期发布，重在解读《法官培训条例》，该规划详细地规定了建立规范的制度化的法官培训体制的各项内容与要求。该规划仍将“本科及专科学历教育”确定为规划期间的三项“基本任务”中，在另一项基本任务“高层次人才培养与培训”中亦提出了“积极推进研究生教育”的工作目标。（3）《2006～2010 年全国法院教育培训规划》力在推进法官职业化建设，明确提出“以法官培训为重点”，全面加强各类资格培训与全员培训工作，不断加强和改进全国法院教育培训工作。规划同时提出了高层次人才培养、复合型人才培养和研究生培养的规划目标。《2011～2015 年全国法院教育培训规划》以司法能力建设与人民法院科学发展为主题，突出了规划期间三项总体目标：法院队伍整体素质进一步提升；培训工作科学化水平进一步提升；教育培训基础建设进一步完善。该规划同时提出了规划期间的主要任务和目标：领导干部培训、法官全员培训、预备法官培训、高层次人才队伍建设、人民培训员培训、司法辅助人员及司法政务人员培训、西部及少数民族地区法官培训等七项基本任务。学历教育只在其中的“高层次人才队伍建设任务”部分制定了研究生教育目标，其他地方未予提及。

第三，从全国法院教育培训工作改革与发展的实践来看，是逐步突出和强化法官培训工作的主体地位。法院教育培训工作从 20 世纪 80 年代法律业大历史时期的“学历教育为主”阶段，向 20 世纪 90 年代《法官法》颁布实施后“学历教育与法官培训并重”阶段过渡，最后形成“以法官培训为主，以学历教育为辅”的基本格局。

各地方法官培训机构是教育培训事业单位，学历教育并非其既定办学任务。国家法官学院系教育部批准的成人高等院校，但其主要办学任务在学院成立时就已确定，即以法官培训与继续教育为主、学历教育为辅。1997 年 9 月，国家教委下发了《关于同意成立国家法官学院的通知》（教计〔1997〕93 号），规定：“国家法官学院系成人高等学校，其主要任务是对高级法官进行岗位培训和资格培训，必要时可适量承担专科层次的学历教育。”国家教委在通知中同时强调：请最高人民法院加强对国家法官学院的领导，认真做好学校发展规划，“认真学习借鉴国内外的先进经验，发挥优势，积极探索，讲求质量，办出特色，做到准确定位、名副其实。使国家法官学院在培养、培训应用型高层次法律专门人才和推进国家的民主法制建设中做出应有贡献”。可见，按照国家教委给国家法官学院的定位，本专科学历教育只是学院办学任务中应当加以限制的、临时的、次要和辅助的办学工作。

从国家法官学院法官培训与学历教育当年的办学规模来看，从学院成立至 2001 年，法官培训缺乏强制性与约束性，国家法官学院的法官培训规模十分有限，其中，1997 年，国家法官学院仅培训法官 298 人，1998 年培训法官 794 人。在这种情况下，专科学历层次的学历教育既锻炼了法官学院的师资，也有效利用了既有的办学条件，一定规模的学历教育也是法官培训的必要补充。由于《法官培训条例》的颁布施行，法官培训走向规模化、制度化、规范化，2003 年以后的国家法官学院法官培训数量逐年快速增长，2003 年培训法官 1723 人；2004 年翻番增长为 3730 人；2005 年培训法官 4379 人。面对法官培训任务的急剧增长，培训师资、管理人员、校舍、教室、食堂等基础条件都面临法官培训需要的重大压力，本专科学历教育开始面临是否应该向法官培训主业让路、如何向法官培训主业让路的现实问题。特别是 2006 年中共中央颁布的《干部教育培训工作条例（试行）》规定“大规模培训干部、大幅度提高干部素质”以及实行干部“全员培训”战略后，《2006～2010 年全国法院教育培训规划》确定了人民法院“法官全员培训”方针，国家法官学院法官培训数量继续逐年大幅增长，其中，2006 年培训法官 5959 人；2007 年培训法官 6809 人；2008 年地面培训法官

8084 人，网络培训法官 10，190 人；2009 年地面培训法官 9157 人，网络培训法官 8604 人；2010 年地面培训法官 14，838 人，网络培训法官 9808 人；2011 年培训法官 12，896 人，网络培训法官 6514 人；2012 年国家法官学院网络培训因故暂停，地面培训法官创造了最高纪录，达到 15，465 人。

面临上述法官培训的繁重任务，国家法官学院 75% 的教师以及教师课时的 75% 分布却仍然集中在本专科学历教育，学院本部基地的教室、食堂、宿舍超过一半数量提供给本专科学历教育使用，相当数量的专职管理人员、专职班主任、专职宿管员从事本专科学历教育管理。学院本部开始出现法官培训为本专科学历教育让步的情况。以学院本部举办的预备法官培训为例，2013 年学院本部计划培训预备法官数量锐减为举办一期培训班，培训规模 80 人。此数字为 2006 年起 8 年来学院本部培训预备法官的最低数量，直接原因是学院本部食宿条件不足，预备法官培训为本科学历教育让步。

如何解决学历教育工作与法官培训工作的矛盾，已成为国家法官学院法官培训工作发展与国家法官学院职能定位中急需解决的重大问题。在近几年来国家法官学院的教师总数与管理人员总数基本没有增加、培训基地容量基本没有增加的情况下，应当根据国家教委确定的国家法官学院的办学职能定位，根据中共中央颁布的《干部教育培训工作条例（试行）》的干部培训要求，以及最高人民法院《法官培训条例》与培训规划规定的法官培训要求，确定国家法官学院办学工作中法官培训的主体办学地位，确定面向社会的成人本专科学历教育的从属、辅助地位，理性地削减本专科学历教育办学规模，把学历教育的重点转移到博士、硕士等高层次学历教育上来，把专职教师从较低层次的、面向社会的学历教育中解放出来，充分发挥学院教师在法官培训工作中的核心、骨干作用，集中学院的人力、物力、办学条件，切实保障各项法官培训和法院其他工作人员培训的实际需要。

在处理这一时期人民法院教育培训工作宏观发展战略关系时，“法官培训与学历教育两者并重、不分主次”的模糊观点是看似平衡，实则模糊了法官培训机构的功能定位，忽略了法官教育培训工作的发展规律。针对法官培训教师短缺、专有教师讲授法官培训课时较少的实际问题，应研究制定锻炼、培养法官培训专职教师队伍方案，研究、建立鼓励教师从事法官培训教学与辅助工作机制，把师资主体、管理人员主体转移到培训主业上来，不断提高培训质量和培训力度，落实党和国家关于干部教育培训工作的基本要求，落实最高人民法院党组关于法官培训的基本要求。在此基础上，研究、发展与法院建设、审判工作密切相连的应用型研究生教育与博士教育等高端学历教育，不断开拓人民法院高层次人才培养新途径。

六、思想教育与业务培训的关系

对比法官教育培训工作中的业务培训专题内容，政治思想教育与职业道德教育是容易被漠视与淡化的培训内容。但是，从中国国情出发，特别是当时党群关系、干群关系面临重大考验，社会民众的司法信任度有所下降的历史时期，政治思想教育与职业道德教育不仅是法官培训内容的有机组成部分，更应该是急需突出强调的培训重点。领会并落实党的十八大精神，大力开展信仰教育、宪法教育、廉政教育、反腐教育、司法公正教育，应成为新时期法官教育培训工作的重点任务。习近平同志在十八届中共中央政治局第一次集体学习时的讲话中强调："物必先腐，而后虫生"，"反对腐败，建设廉洁政治，保持党的肌体健康，始终是我们党一贯坚持的鲜明政治立场"。改革开放以来，全国法院审理的各类案件逐年增加，涉诉信访案件成倍递增，各级法院结案数量却呈现较大增长，办案质量明显提高，全国法院违纪违法现象逐年减少，充分说明了法官教育培训工作对法官思想政治觉悟及职业道德水平的成功提升，充分说明了法官教育培训工作对法官审判业务水平与办案能力的成功提升。

要开展法官培训中的政治思想教育，首先要回答人民法院工作要不要讲政治、怎么讲政治。之所以作为一个问题提出来，说明还有一些不同认识与反对意见存在。"人民法院审判工作必然要讲政治"。作为专政机关，人民法院要脱离政治或者远离政治，是根本不切实际的。人民法院教育培训工作要在坚持思想政治教育为先的前提下，明确以下原则：

第一，人民法院干部不能把思想政治教育当作务虚的口号，思想僵化的代名词，等同于阶级斗争和政治运动。"讲政治"是具体的，不是抽象的，最重要的是要落实在具体工作里、日常事务中。要为"讲政治"正名。"讲政治"要光明正大，要与时代结合，任何把"讲政治"当作说不出口、抬不起头的政治古董看待的观点都是错误的。审判工作讲政治是实实在在的,不讲政治就背离了人民法院的宗旨。人民法院是政治上层建筑,是依附于政治的国家设施,而法律制度则是服务于政治与维系政治统治的手段体系。政治是阶级统治的需要,无法将人民法院审判工作与政治相互剥离。国家与法院、法院与审判、审判与社会效果,是一般与个别的关系,是大局与局部的关系,个别服从一般,局部服从大局,审判服从政治。历史经验早已昭明:人民法院干部,特别是审判业务干部,应增强"讲政治"的自觉性,树立"讲政治"的观念,以此统率和指导工作,方能摆正位置,坚持方向,实现审判工作的社会效果。法官从事的是带有政治导向性的审判工作,更要培养政治鉴别力、政治敏锐性。

第二,对法院干部开展思想政治教育,必然要讲信仰,讲政治立场,讲政治方向。不信仰共产主义,就做不到"讲政治"。但共产主义是什么,几辈子人为之矢志不移、奋斗终身的共产主义有哪些本质特征,在这些问题上既要讲条条,又不能死守条条,既要讲马列经典论述,又不能死守马列经典论述。客观上,马克思列宁主义是个发展的理论,共产主义是个发展的制度。但要"讲政治"就必须划清大是大非的是非界限。一个理论,要让人信服,要具有两个特征:一是理论的彻底性,即自圆其说;二是能解决现实问题。共产主义理论,马克思主义学说,还有没有人信仰,还有没有说服力,还能不能自圆其说,马克思主义与社会主义的真谛在哪里,说服力在哪里?正如小平同志所指出,至少有两条。"实现共同富裕是社会主义的根本原则和本质特征;人民当家做主是马克思主义的学说之本和理论归宿。"

第三,开展政治思想教育要理论联系实际,讲在实践中应用理论、丰富理论、发展理论,讲改革,讲创新。马克思主义理论、社会主义学说本质上是发展的,开放的。信仰马克思主义不是要故步自封。"讲政治"也不是只会重复经典论述,搞空头政治。毛泽东思想是马克思主义与中国社会革命结合的第一次飞跃,邓小平理论则是马克思主义与中国革命结合的第二次飞跃。这两次飞跃都是一种创新。理论与现实结合,能解决社会现实问题;理论与工作结合,用理论来指导具体工作,于现实与工作中创新与发展理论,这就是"讲政治"的体现与具体要求。改革开放以来,人民法院队伍建设与各项审判工作在改革中不断发展创新,是"讲政治""讲大局"的具体体现。人民法院的系列改革顺应和体现了历史的必然性。伴随经济体制改革的深入进行,我国社会经济基础已然向前快速发展,而与之相应的政治体制改革却相对落后,思想上层建筑和政治上层建筑改革滞后,政治、法律设施与制度必然顺应经济基础的变革而变革。因此,人民法院"讲政治"必须讲改革。但讲改革不是根本改变人民法院性质,而是在坚持四项基本原则根本前提下的局部改革,是经济基础未发生质的改变前提下的上层建筑调整。

第四,法官培训开展政治思想教育,必须讲审判工作为经济建设服务。集中力量把经济搞上去才是最大的政治。经济发展是社会主义的本质特征,代表着人民最根本的利益。人民法院审判工作要以经济建设为中心,服务于经济建设中心工作,为经济建设提供强有力的政治保证。因此,一方面,人民法院干部不仅要懂政治,懂法律,而且必须懂经济。不懂政治,把握不准方向;不懂法律,做不好本职工作;不懂经济,无法使审判工作服务于经济建设中心工作。做到"懂经济"十分不易。所谓"懂",不是一般的了解,不是仅仅掌握其基本常识而是要深入其中,把握规律。一般的了解法律或具备法律常识对于一个法官来说是远远不够的,一般的了解经济或具备经济常识对于法官来说也是远远不够的。"懂经济",要求对国家的经济发展战略,对改革开放的基本格局,对社会主义市场经济体制,对经济运行机制,对国有企业改革方向和要求,对国家宏观调控的手段与策略,对不同所有制经济的结构与地位,对社会分配方式与制度体系等都应该有明确的把握、有较为深刻的理解与认识。如此才能使法院的审判工作有的放矢,服务于经济建设。另一方面,法律不是一般的上层建筑,其服务于经济基础的方式与作用具有特殊性。市场经济建设中,人民法院地位与作用尤为重要。在市场经济条件下,国家宏观调控的主要手段有两种:一种是金融与财税等经济手段;另一种是法律手段。人民法院的审判工作绝不能仅仅满足于"提供服务",要发挥其在市场经济建设中的社会调节器作用、经济杠杆作用,主动调节社会关系,调节市场关系,参与国家的宏观调控与管理。

第五,开展思想政治教育,要研究利用法院作为法律上层建筑的相对独立性、稳定性,舒展法律的特殊功能,充分发挥其反作用。法治国家取决于两种要求:一是法律环境,主要是立法与保证执法的条件;二是执法者的能动性,水平与素质。法律的完备是相对而言的。在审判工作中,不能做"法律事务主义者”,不能简单地以法条论法条,使审判工作游离于政治之外。要发挥法律的功能,利用法律的空间,阐释政治的要求,引导社会的走向。在新旧体制交替更迭的改革变动历史时期,更要忌讳“法律文赎主义”。要多一层政治意识,多一层大局观念,多一层政治家的远见洞察力和辨别力。

第六,对法官开展思想政治教育工作,就要“讲学习”,建设学习型法院。审判工作是一项知识性、理论性较强的专业工作,不是一般的行政管理工作。要做好审判工作,专业水平与文化素质是基础。因此,各级法院要切实把教育培训工作提上重要议事日程,把教育培训工作摆在优先发展的战略地位。重视教育培训工作,就要做到教育培训“五有”,即“有编制、有基地、有机构、有规划、有保障”。审判工作是硬任务,教育培训同样是硬任务。要通过“讲学习”,提高政治理论水平,提高法院专业水平,丰富社会经济知识,提高通过审判工作服务于经济建设、调节社会关系、引导社会走向的宏观调控水平。

第七,法官培训工作中的思想政治工作,要结合行业实际,研究、宣传如何使人民法院审判工作有利于实现社会公平与公正,保障公民参与国家管理、行使公民权利。法院是社会正义的象征,是公正精神的体现。“公正司法”是审判工作的出发点与落脚点。两年来,人民法院以确保司法公正为核心的审判工作改革,充分体现了这一“讲政治”要求。中国社会主义建设宏观上分为物质文明建设和精神文明建设两大部分。精神文明建设的核心是“社会主义民主政治建设”。而民主政治与法制建设是相辅相成、密不可分的一对,其中,人民法院作用十分重要。民主的本质是平等、公正。人民法院通过审判工作实现社会公平、正义、维护公民民主权利,也是讲政治的具体体现。

第八,法官教育培训工作中的思想政治工作,既要态度鲜明,又要防止和反对另外一种倾向,即将人民法院审判工作简单地等同于政治,以政治代替审判,以党的政策代替法律的错误倾向。犯简单论的错误,把法院这一具有特殊规律性和自身法则的社会制度等同于一般的社会上层建筑,不讲法律,不讲法制,随心所欲,则否定了依法办事,否定了建设社会主义法治国家的目标,从而也就否定了法律本身。要防止司法行政化,依人治办案。结合党的十八大精神,在新的历史时期强调人民法院审判工作“讲政治”十分必要。然而,审判工作“讲政治”是一项系统工程,各审判业务部门讲政治都是一篇大文章,需要细致谋划、深入研究。

法官职业道德教育,是法官教育培训内容中另一个永恒的主题。2001 年 10 月 18 日,最高人民法院印发了《中华人民共和国法官职业道德基本准则》,规定了司法公正、司法效率、清正廉洁、司法礼仪、自身修养、业外活动等六方面内容。2005 年 11 月 4 日,最高人民法院印发了《法官行为规范(试行)》,规定了法官行为的八方面规范:一般规定(包括政治信仰、司法效率、独立审判、司法廉洁、职业修养、着装仪表、举止言行);法官在立案、庭审、诉讼调解、文书制作、执行、涉诉信访处理以及业外活动中的行为规范。《法官行为规范(试行)》既有实体要求,也有程序要求;既有法律要求,也有职业道德。司法公正,是审判工作的生命和灵魂,是法官职业道德的核心内容;而法官职业道德是实现司法公正的重要保障。审判独立是实现司法公正的前提和基础。司法效率是实现司法公正的重要保障。清正廉洁,是法官应当具备的价值观念和品质,是维护司法公正、司法权威的基石。司法礼仪,是维护司法权威的客观要求,是司法文明的具体体现。加强自身修养,是人民群众和法官职业对法官的内在要求。法官业外活动,是其道德操守的重要展示,对法官形象和法院公信力有很大影响。

在这一历史时期,我国法官职业道德建设面临五个现实问题:法官职业尚不成熟;文化底蕴基础有限;道德缺失现象存在;职业道德标准偏低;责任重大、任务繁重、待遇较低。据最高人民法院统计,2006 年,全国法院基层法院各类法官人均办案数量为 76 件,在有效工作日中,平均 3 天办理 1 件案件。全国基层法院法官办案数量最高的是北京市基层法院的法官,平均年办案 179 件。全国基层法院法官办案数量最低的是西藏自治区基层法院的法官,平均年办案 19 件。全国基层法院法官办案数量按审判专业划分,民事法官办案最多,为人均 106 件;刑事法官办案居中,为人均 61 件;行政法官办案最少,为人均 17 件。以北京市法院系统为例,北京市全市三级法院 1999 年受理案件 17 万件,2003 年增长为 24 万件,案件增长 45%;而三级法院工作人员 1999 年为 3751 人,2003 年为 3789 人,工作人员仅增长 1%。此外,由于"法官是不系保险绳的走钢丝者",法官职业工作辛苦、风险较大、待遇较低,"白加黑是常态,5+2 是生活",法官队伍骨干人员流失严重。以四川法院为例,2003~2007 年,四川全省法院系统共有1539人参加司法考试，通过考试的149人中有123人外流做律师，占通过司法考试人数的82%。

法官的职业道德是个思想理念范畴的社会概念，社会存在与发展的诸多因素都会影响法官职业道德的客观表现。美国政治学家塞缪尔·P.亨廷顿在《变革社会中的政治秩序》一书中指出："不太稳定的社会比相对稳定的社会更容易出现腐败。处于现代化进程中的国家比传统社会国家的腐败更为普遍。"法官职业道德也是法官专业化、职业化的重要内容。一方面，法官职业化建设的现实目标，是严格法官的职业准入，强化法官的职业意识，培养法官的职业道德，提高法官的职业技能，树立法官的职业形象，加强法官的职业保障，完善法官的职业监督。法官职业化建设的终极目标，是确立法官的法律权威，将法官管理分离于公务员管理，将法官职业独立于公务员系列，行政化的法院与行政化的法官将成为尘封的历史。另一方面，法官道德是约束法官行为的内心准则。约束法官行为的基本方式有三种：刑事责任、纪律责任、职业道德责任。在我国，约束法官的主要途径，强化了前两种方式，弱化了第三种方式。而最终起根本作用的，恰恰是职业道德的内心操守。著名哲学家李泽厚先生在《中国古代思想史论》一书中分析说："道是总规律，是最高的真理，也是最真实的存在。这三者（规律、真理、存在）在《老子》中是混为一体不可分的。正因如此，便不可能用任何有限的概念、语言来界定道、表达道和说明道。一落言筌，便成有限，便不是那个无限整体和绝对真理了。""德正是由循行、遵循的功能、规范义转而为实体性能义，最终变成心性要求义的。它的原意并非道德，而可能是各氏族的习惯法规。德逐渐由必须循行的习惯法规转移为品格要求。"早在1924年，美国律师协会就提出了《法官行为规范》。美国的法官极少出现违法犯罪行为，在公众中始终保持良好的形象，与其严格受到《司法行为准则》的职业道德约束不无关系。2001年，我国公布了《公民道德建设实施纲要》，提出"爱国守法，明礼诚信，团结友善，勤俭自强，敬业奉献"20字方针。此为法官作为公民亦当遵守之基本内容。最高人民法院公布的《法官职业道德基本准则》提出的"公正效率、清正廉洁、司法礼仪、自身修养、业外活动"各项要求，当为法官遵守之职业规范。

中国法官的职业道德水准、职业道德教育，以及人民法院司法职业道德建

设的理想架构,最终取决于以下四个方面的工作格局:

第一,重视法官的思想意识建设,对法官的内心信念教育以树立信仰为主。习近平总书记在十八届中共中央政治局第一次集体学习时的讲话中指出:“坚定理想信念,坚守共产党人精神追求,始终是共产党人安身立命的根本。”“形象地说,理想信念就是共产党人精神上的‘钙’,没有理想信念,理想信念不坚定,精神上就会‘缺钙’,就会得‘软骨病’。”①法官职业道德架构,从道德的性质与本意讲,应该是个法官内心信念与信仰的目标体系,并不表现为否定的评价体系。如加拿大司法委员会《法官道德原则》特别强调:法官道德“不是也不应被作为一部准则或一份禁止性行为清单。本原则并不制订及界定司法不端行为的标准”。道德的本性,是先赋予自由,后强调信仰。信仰是正面的、积极的,道德是理性的、潜在的。在应对道德问题时,经常存在不止一种选择。而多种选择均可为道德。

第二,道德教育需持之以恒。保持良好的司法道德是个动态过程,取决于四个要素:任命的法官、行为准则教育、理解与执行的可能性、执行过程的持续教育。道德的养成在于其内心“善”的理念“一直重复着,直到变成自发行为”。美国学者雅克·蒂洛在《伦理学:理论与实践》专著中指出:“在讨论道德的应用时,可以考虑四大方面的道德,即宗教道德、自然道德、个人道德和社会道德。”“几乎所有的道德体系都或明或暗地坚持这些原则:生命价值原则;善良原则;公正原则;诚实原则;平等原则(个人自由原则,人们作为各有特点的个体的人,必须有选择自己道德修养的方式方法的自由)(道德上的平等,乃为根本的道德原则,其他一切道德原则皆由此萌发)。”

第三,提高法官待遇,保障法官权利。谈到职业道德,对于法官群体整体而言,实当先待遇到位,后境界到位;先保障权利,后要求责任。从现实来看,要做到司法公正,法官的身份保障与薪金保障十分重要。梁慧星先生在《〈民商法论丛〉第九卷编后感》中指出:“导致裁判不公的因素有三:一曰地方保护主义;二曰行政干预;三曰司法腐败。”可见,就我国国情,在依法治国进程中,保障法官依法独立行使审判权的重要意义,在一定程度上甚于法官逆向行为的惩戒意

① 《人民日报》,2012年12月18日。

义。法官兼教授理查德·A.波斯纳曾在《超越法律》一书中列出如下法官效用函数模型：U＝U（tj，tl，I，R，O）。其中，tj 为法官每天用于审判的时间，tl 为法官用于休闲的时间，I 为金钱收入，R 为声誉，O 为社会地位及威望。波斯纳先生试图说明法官敬业勤业取决于以下要素：工作与休闲时间的比例、薪金待遇、社会地位、激励机制。任何一个理论，只有实用时，才有它的价值。法官道德监督制度的重要性，根植于法官定分止争的神圣职责与正义化身的尊贵地位。社会文明须法律至上。法律至上即法官至上。法官乃动态的法律、实践的法律、现实的法律。中国法官道德监督制度的全面实施，取决于法官地位的最终落实。建立科学的法官道德监督制度，必须平衡法官的权利与义务，在法官的权利与义务之间寻找平衡点，权利大则责任重，权利小则责任轻。针对我国国情及法官职业的特殊性质，法官道德监督制度要建立在权利型责任制度基础之上，重心着力于赋予法官并保障法官的审判独立权，为法官行使职权营造宽松职业氛围，排除有碍于审判独立的不当干扰；同时，谨慎查处并惩戒法官，惩戒手段重道德与纪律惩戒，慎用法律惩罚手段。

第四，重构法官职业道德实施机制。新的工作目标，要求法官惩戒机构从“问题管理”向“行为管理”转移。行为管理的要素包括道德教育、行规提示、德行记载、量化考核、定期评估、问题警告等诸项内容。被惩戒行为存在由量变到质变的规律体现。法官的行为管理也存在由量化渐进到防微杜渐的现实过程。法官行为管理机制包括观察机制、监督机制、激励机制、改良机制、惩戒机制五个部分。按照管理机制运行要求，应建立针对法官的不良行为谈话、教育、劝诫、警示、书面警告、罚款、减薪、降级、转岗、停职、免职等管理手段的科学体系。鉴于我国法官道德监督机构内设于法院当中，贴近法官，贴近案件审理，行使党的纪律检查职责或国家监察机构职责，具有宏观监督职能，因此，法官道德监督机构在管理法官行为的同时，应当肩负排除不法干扰、检举与查处妨碍审判独立的事件与行为，保障法官依法独立行使审判权的神圣职责。鉴于我国政治、经济、社会状况，建立通畅、高效的法官道德监督渠道，需要强调法官道德监督机构的权威性；强调法院政治部门与纪检监察部门的职能与人员重组；强调法官行为管理与法官惩戒管理的一体化；强调法官道德教育、受理违纪投诉、查处违法线索、移交司法追究的效率性；强调法官违法行为的检查权、调查权、建议权与处分权的确认与法定。法官道德监督机构将变法官行为定位监督为宏观监督,不再实行一法院一机构,而是若干法院或按区域或按审级设立一个法官道德监督机构,以防止法官的地方保护,以及针对法官独立审判的内部干扰。法官道德监督机构将变独立监督机构为兼职监督机构,成立法官道德监督委员会,其成员主要由在职资深法官兼任。法官惩戒处分权限将分常规处分与免职处分。常规处分将改变现行的警告、记过、记大过、降级、降职、撤职、开除种类,改行适应法官职业道德与纪律需要的处分种类最高处分为短期停职,并突出劝诫类处分。常规处分由法官道德监督委员会行使,免职处分由国家专门机构行使。可以探索保障法官行使职权,实行法官违法弹劾。实行双轨制法官道德监督管理制度,即法官道德监督常规管理与弹劾管理。对法官无不良行为得终身任职;不经弹劾程序并予决定,不得免职。而弹劾程序的启动动因为法官的违法犯罪。理想化的法官弹劾管理应由国家统一的法官弹劾委员会负责,行使全国法官弹劾案件的调查、审理与决定。

第七章
司法培训的新时代，全面发展（2012～2021）

党的十八大以后，党中央确定了"干部教育培训工作是干部队伍建设的先导性、基础性、战略性工程，在进行伟大斗争、建设伟大工程、推进伟大事业、实现伟大梦想中具有不可替代的重要地位和作用"。[①] 法官教育培训工作得到高度重视，法官培训被作为专门研究对象，呈现了法院教育培训全员化、专业化、科学化、系统化配套发展，实现了政治思想教育与审判业务培训有机结合、应用法学理论与实践技能培养有机结合、线上培训与线下培训有机结合、国内法官培训与国际法官研修有机结合。这一时期人民法院教育培训工作的突出特点是教育培训法律法规体系日益健全，依法培训、全员培训、分类培训、精准化培训与智慧学院建设全面布局，法官教育培训事业呈现持续向好的创新发展态势。

第一节　培训理念：把握新阶段，贯彻新理念，构建新格局

一、党的十八大开启"大学习、大讨论、大培训"新征程

2012 年 11 月 8～14 日，中国共产党第十八次代表大会在北京召开。2012

① 中共中央《2018～2022 年全国干部教育培训规划》。

年11月15日,党的十八届中央委员会第一次会议选举习近平同志为中央委员会总书记。

党的十八大的主题是:高举中国特色社会主义伟大旗帜,以邓小平理论、“三个代表”重要思想、科学发展观为指导,解放思想,改革开放,凝聚力量,攻坚克难,坚定不移沿着中国特色社会主义道路前进,为全面建成小康社会而奋斗。大会明确了科学发展观同马克思列宁主义、毛泽东思想、邓小平理论、“三个代表”重要思想一道,是党必须长期坚持的指导思想。被党的十七大写入党章的科学发展观,第一要务是发展,核心是以人为本,基本要求是全面协调可持续发展,根本方法是统筹兼顾。

党的十八大贯穿始终的主线是坚持和发展中国特色社会主义。建设中国特色社会主义,总依据是社会主义初级阶段,总布局是社会主义经济建设、政治建设、文化建设、社会建设、生态文明建设“五位一体”。大会确定了全面建成小康社会和全面深化改革开放的目标,确保到2020年实现全面建成小康社会宏伟目标,实现国民生产总值和城乡居民人均收入比2010年翻一番;人民民主不断扩大;文化软实力显著增强;人民生活水平全面提高;资源节约型、环境友好型社会建设取得重大进展。

关于党的建设和教育培训工作,党的十八大强调:必须以改革创新精神全面推进党的建设新的伟大工程,全面提高党的建设科学化水平,全面加强党的思想建设、组织建设、作风建设,建设学习型、服务型、创新型的马克思主义执政党,确保党始终成为中国特色社会主义事业的坚强领导核心。①

党的十八大以来,习近平总书记高度重视干部教育培训工作,作出了一系列重要指示,要求“抓好全党大学习、干部大培训”,②为开展干部教育培训工作指明了方向,提供了根本遵循。党的十八大开启了干部教育培训“大学习、大研讨、大培训”新局面。党的十八大以后的人民法院教育培训工作特点,是认真落实新时代党的干部教育培训方针,坚持把思想政治建设与政治理论培训摆

① 参见中共中央党史研究室:《中国共产党的九十年》,中共党史出版社、党建读物出版社2016年版,第992~996页。

② 全国干部培训教材编审指导委员会组织编写:《新时代 新思想 新征程》,人民出版社、党建读物出版社2019年版,第3页。

在首位,人民法院全面推进“大学习、大研讨、大培训”,全体干警的思想政治素质和业务素质切实提高,法官教育培训工作不断创新、蓬勃发展。

党的十八大召开后的第一年度,2013年5月,国家法官学院就党的十八大精神学习,举办全国法院新任中级和基层人民法院院长培训班,培训两级院长365名。周强院长作了题为《恪尽职守　奋发有为　同心共筑伟大中国梦》的重要讲话,最高人民法院各位院领导就党的十八大精神在培训班做了有关辅导授课。为促进全国各级法院深入开展十八大精神的学习与培训工作,培训班期间,周强院长还邀请22名院长班学员到最高人民法院机关,与周强院长等最高人民法院领导座谈交流各地法院的相关学习培训安排。

为落实中共中央关于全党大学习、干部大培训的新时代干部培训部署,2012～2019年,国家法官学院法官培训工作快速发展:2012年举办培训班70期,培训学员15,465人;2013年举办培训班71期,培训学员18,119人;2014年举办培训班64期,培训学员14,045人;2015年举办培训班68期,培训学员13,675人,行政诉讼法视频培训45,422人;2016年举办培训班106期,培训学员17,767人;2017年举办培训班138期,培训学员21,079人;2018年举办培训班174期,培训学员23,090人,举办网络培训班9期,培训学员22,105人;2019年1～6月举办培训班89期,培训学员11,055人,网络培训20,823人;2020年举办培训班74期,培训学员11,238人,举办9类网络培训班,培训学员46,007人。

党的十八大以来,全国各省级法官培训机构坚持问题导向、需求导向,以司法能力建设为主线,持续推进大规模培训干部、大幅度提高干部素质战略任务,全面深化教育培训改革,全面提升教育培训质量,全面加强培训组织管理,不断提高培训教学的针对性和实效性,培训总量呈逐年递增态势:2013～2018年6年间,各级法官培训机构取得了前所未有的培训成果:各省级法官培训机构举办各类培训班5005期,培训学员765,408人。2013年举办培训班661期,培训学员76,758人;2014年举办培训班904期,培训学员120,463人;2015年举办培训班917期,培训学员126,285人;2016年举办培训班991期,培训学员181,679人;2017年举办培训班1059期,培训学员158,046人;2018年举办培训班1134期,培训学员178,935人。

国家法官学院上海分院2013年以来,共举办各类培训班605期,41,836人次参训。上海分院在多年的教育培训探索和实践中,不断丰富创新培训载体和形式,建立并推广“1+2+4”培训模式。“1”是以“菜单式”培训为主线,确定分级、分类、分菜单的培训方式,不断增强培训的针对性。“2”是把握“专项培训”和“条线培训”两条培训辅线。在完成“菜单式”自主选学培训的同时,契合上海法院重要工作举措和审判工作需求,有重点地开展专项培训,并围绕审判实践中遇到的新情况、新问题以及新法规与司法解释等内容,开展条线岗位培训,增强了培训的针对性和实用性。“4”是大力推进法官教学、案例教学、现场教学、网络教学四种教学方式,将其落实到教育培训的全过程,实现法官培训方式的多元发展。①

二、第六次全国法院教育培训工作会议

2015年6月18日,全国法院第六次教育培训工作会议在线举行。会议总结了过去5年的教育培训工作,部署了今后5年的工作任务,北京、上海、江苏、河南、新疆等高级人民法院介绍了教育培训工作经验。最高人民法院院长周强出席会议并指出:自2011年第五次全国法院教育培训工作会议以来,全国法院认真贯彻《法官培训条例》和《2011~2015年全国法院教育培训规划》,扎实开展全员培训,培训能力显著增强,法院队伍整体素质显著提高。周强强调:要深入学习贯彻党的十八大,十八届三中、四中全会精神和习近平总书记系列重要讲话精神,紧紧围绕“四个全面”战略布局,坚持需求导向,以坚定理想信念为首要任务,以提高司法能力为主线,大力推进人民法院队伍正规化、专业化、职业化建设,为实现“努力让人民群众在每一个司法案件中感受到公平正义”目标提供坚实的人才保障和智力支持。

会议提出了2015~2019年的全国法院教育培训工作任务:

第一,认真贯彻落实《2015~2019年全国法院教育培训规划》,按照规划要

① 上海市高级人民法院:《上海法院教育培训工作70年总结》,2019年7月29日;《国家法官学院湖南分院70年教育培训工作总结》,2019年7月10日;河北省高级人民法院:《河北法院教育培训史》,2019年7月20日;《国家法官学院黑龙江分院教育培训情况》,2020年3月18日;《国家法官学院重庆分院相关情况介绍》,2020年3月10日;《内蒙古自治区法官教育培训工作概述》,2020年3月15日;《陕西省法官教育培训工作总结》,2020年3月15日;《宁夏法院教育培训工作的回顾与展望》,2020年3月15日。

求,全面深化教育培训改革,全面提升教育培训质量,全面提高法院队伍能力素质。第二,坚持问题导向,加强司法改革工作培训,以提升司法公信力为根本尺度,以人民群众满意度为标准,坚定不移、积极稳妥地推进司法改革,引导大家正确理解改革,积极主持参与改革、做改革的促进派。第三,把理想信念教育作为法院教育培训的首要任务,把理想坚定、政治过硬作为法院队伍建设的首要标准,教育引导干部遵守党的政治纪律、组织纪律和政治规矩,坚守司法公正底线。第四,坚持把提高司法能力作为教育培训的主线,坚持分类分级抓好重点培训,做到培训目标指向司法能力,培训内容偏重司法能力,培训方式着眼司法能力。要建立法院领导干部定期轮训长效机制,提高领导干部驾驭全局、推进改革、科学管理的能力。要按照让审理者裁判、让裁判者负责的要求,全面加强一线法官的能力建设。第五,加强信息化在教育培训中的应用,依托"天平工程",搭建开放、兼容、共享的网络培训平台,打造"云端"学习资料馆。要更加注重深化教育培训改革,坚持法官教法官、现场教学,尤其要把案例教学作为主要方法,摆到更加突出的位置。第六,加强法院教育培训的组织领导和指导协调,搞好规划,保障投入。充分发挥各级法官教育培训机构的主阵地作用,建立规范有效的培训考核激励机制。

国家法官学院湖南分院全面落实中共中央提出的"全员培训"干部教育培训方针,坚持教育培训资源、教育培训设施向基层倾斜。2015~2017 年,3 年实现了对全省 477 个人民法庭全体审判人员轮训一次的预期目标,共培训基层人民法院人民法庭审判人员 818 人次。同时,湖南分院从法院队伍建设的总体培养培训目标出发,落实《国家法官学院分院建设标准》和《法官培训条例》规定,从 2017 年开始,全省法院司法警察授、晋衔培训与法官培训一起实行统一规划、归口培训,由国家法官学院湖南分院统一实施,2017~2019 年共培训司法警察 1244 人。① 2018 年,国家法官学院河北分院积极开展大培训活动,在龙凤湖、固安、北戴河 3 个校区、全年举办培训班 63 期的同时,注重应用信息化手段开展培训,全年举办网络培训 10 期,培训人员 81,400 人次。② 国家法官学院黑

① 《国家法官学院湖南分院 70 年教育培训工作总结》,2019 年 7 月 10 日。

② 河北省高级人民法院:《河北法院教育培训史》,2019 年 7 月 20 日。

龙江分院注重举办高层次审判人才培训班。2017 年、2018 年与中国政法大学、浙江大学联合举办了两期高层次审判人才培训班。① 国家法官学院重庆分院确立了“有需必训”培训原则，实施了“重点培训与一般培训结合、理论培训与实践培养结合、地面培训与网络培训结合”的大培训格局。② 国家法官学院内蒙古分院根据本自治区地域特点，全面推进教学方式创新，从 2014 年起，共举办了 5 期全区法院网络培训班，取得了良好的培训效果。③ 国家法官学院西安司法警察分院 2015 年编辑创办了全国法院唯一的司法警察刊物《法警园地》，2017 年开发运行了“人民法院司法警察培训网”，根据司法警察执法资格等级考试规范，制定了 5000 道试题的标准化试题库。④

作为全国最少法官职数的宁夏，2000～2019 年 19 年间，司法培训大发展，宁夏法官学院共举办培训班 250 期，培训干警 29,087 人。其中，党的十八大以后 8 年的培训质效远超前 11 年，法官培训高质量、大发展、全覆盖，共举办培训班 126 期，占总期数的 50.4%；培训干警 15,347 人，占总人数的 52.7%。⑤

三、“双一流”建设目标与“三个服务”新理念的确定

国家法官学院是全国法院司法培训的主阵地与核心单位，在全国法院教育培训体系中处于统领地位、起着风向标作用。

党的十八大以来，最高人民法院和周强院长高度重视国家法官学院职能定位与作用发挥。2015 年 9 月 15 日，国家法官学院新校区首次使用并举行秋季开学典礼，周强院长出席典礼，为新落成的国家法官学院和最高人民法院法官国际交流中心揭牌，并围绕在全面依法治国新形势下深入贯彻习近平总书记关于向邹碧华同志学习的重要批示，以“培养什么样的法官，怎样培养法官”为题开讲第一课。在此次授课中，周强提出了国家法官学院“三个基地一个中心”和“国际一流司法学府”的建设目标，周强指出：国家法官学院要以新校区的投

① 《国家法官学院黑龙江分院教育培训情况》，2020 年 3 月 18 日。
② 《国家法官学院重庆分院相关情况介绍》，2020 年 3 月 10 日。
③ 《内蒙古自治区法官教育培训工作概述》，2020 年 3 月 15 日。
④ 《陕西省法官教育培训工作总结》，2020 年 3 月 15 日。
⑤ 《宁夏法院教育培训工作的回顾与展望》，2020 年 3 月 15 日。

入使用为新的起点,认真贯彻全国法院第六次教育培训工作会议精神,把学院建设成为高层次审判人才的教育培训基地,法学理论与实践研究相结合的教学基地,国内外司法案例研究重要基地,国际司法交流中心,国际一流司法学府。

2016年9月30日,在最高人民法院司法案例研究院揭牌暨“中国司法案例网”开通仪式上,周强院长又提出了“国际一流的司法案例数据库、司法案例研究中心”建设目标,周强指出:司法案例研究事业使命光荣、任重道远。要以建设国际一流的司法案例数据库、司法案例研究中心为己任,充分发挥司法案例研究在实现审判体系和审判能力现代化中的重要作用,大力推进司法为民、公正司法各项工作。

2020年9月18日,国家法官学院召开干部大会,最高人民法院审判委员会专职委员刘贵祥主持会议,最高人民法院政治部组织人事部部长李家军宣读最高人民法院党组关于孙晓勇同志任国家法官学院党委书记、院长,最高人民法院司法案例研究院院长的任职决定,最高人民法院政治部主任马世忠出席会议并讲话。会议再次强调:要突出政治统领,始终坚持把政治建设摆在队伍建设首位;进一步突出担当作为,着力培养干部队伍能力素质和战斗力;进一步突出团结协作,切实激发队伍凝聚力向心力;进一步突出从严管理,不断磨炼过硬作风;积极进取,开拓创新,朝着建设“国际一流司法学府”目标不断迈进。

为落实国际一流司法学府建设要求,在孙晓勇院长带领下,国家法官学院新一届党委班子认真调研论证,确定了“服务大局,服务司法,服务学员教工”的“三个服务”教育培训新理念:(1)服务大局。即紧紧围绕党和国家的中心工作,不折不扣地落实习近平总书记和党中央的决策部署,自觉将法官培训工作融入中国特色社会主义事业当中。服务大局,是司法培训的最高宗旨,也是新时代法官教育培训工作应当牢固树立的基本理念。围绕这一理念,2020年,国家法官学院在完成抗疫防疫工作的同时,共举办77个培训班、14期“人民法院大讲堂”、3期“案例大讲坛”、11场学术讨论会、22次国际司法交流。(2)服务司法。即突出服务人民法院审判执行主责主业,不折不扣地落实最高人民法院党组和周强院长的工作要求,大幅度提高干警政治判断力、领悟力、执行力,大幅度提高干警业务水平和履职能力,切实发挥国家法官学院人才培养和决策智库职能作用。服务司法,是司法培训的应当应分,是司法培训的立足点和生长点。(3)服务学员教工。即在法官教育培训事业中,作为教学对象,一切为了学员,一切围绕学员;作为教学主体,一切依靠教工,努力提升教工的政治素质、执教水平和幸福生活指数。“服务学院教工”,是“以人民为中心”思想在司法培训事业中的具体实践。“服务大局,服务司法,服务学员教工”新理念,纵向体现了国家、法院、学院三个层次的内在联系,横向体现了司法培训“服务理念”的相互贯通和协调一致。

2021 年 3 月 23 日,国家法官学院 2021 年春季开学,最高人民法院周强院长出席开班仪式并讲话,强调要坚持以习近平新时代中国特色社会主义思想武装头脑、指导实践、推动工作,真学真信笃行习近平法治思想,为“十四五”开好局、起好步提供有力司法服务。在开班仪式上,周强院长归纳总结了国家法官学院“双一流”建设目标,强调国家法官学院要紧紧围绕“国际一流司法学府、世界一流司法案例研究中心”建设目标开展工作。周强院长明确界定了国家法官学院建设“一流司法学府”的六大要素:(1)一流的办学理念。要以习近平新时代中国特色社会主义思想和习近平法治思想为统领,发挥国家法官学院作为国家最高司法学府、案例研究中心、国际法官交流中心的综合优势,立足“国之大者”,服务法治中国建设。(2)一流的经验传承。要结合建党百年的党史研究和教育,既要总结传承新中国成立以来法院教育培训的成功经验,也要总结传承我党百年司法培训的优良传统。(3)一流的培训师资。既要高度重视建设一流的专职教师队伍,也要倾心打造一流的资深法官和高端专家组成的兼职教师队伍。(4)一流的管理机制。要不断强化教学管理、学员管理、教职员工管理,建立健全符合实际、务实管用、严格规范的管理制度,做到教书育人、资政育人。(5)一流的科研与教材。要健全科研人员激励奖励机制,培养一流的应用法学研究人才队伍,编撰理论结合实际、服务队伍建设与司法审判的系列权威教材。(6)一流的培训效果。一流的学府要有一流的人才产出,2020 年年底开始举办的一年制的“最高人民法院新入院人员习近平新时代中国特色社会主义思想培训班”,从“系好人生第一粒扣子”开始,系统开展习近平新时代中国特色社会主义思想教育,很有必要也很有成效。认真规划好初任法官培训、高级法官培训、法院领导培训,使国家法官学院成为名副其实的法官“摇篮和家园”。

四、教学科研双丰收：教材建设与课题研究

党的十八大后，司法培训科研工作再上台阶。科研与教学是法官培训的“鸟之双翼、车之两轮”。仅2015～2020年，国家法官学院科研工作成果丰硕，编写和出版法学著作20部，在国内法学核心期刊发表论文50余篇，国家社科基金重大项目立项2个，国家社科基金一般项目1个，省部级科研项目立项9个。2018年国家法官学院创办了科研内参《学院研究专报》，编写内参21期。其中，2019年3月以“人民法院队伍建设中的风险防范与化解”为主题的8期《学院研究专报》，为最高人民法院主要领导批示，发给最高人民法院各庭室参阅。2019年6月20日，国家法官学院等单位成功主办了以“司法体制综合配套改革与刑事审判问题研究”为主题的全国法院第30届学术讨论会。自1989年中国高级法官培训中心、法律业大举办首届学术讨论会，全国法院学术讨论会深入研究人民法院在不同历史阶段面临的新情况、新问题，不断总结审判实践经验，推动法院学术研究发展，促进法学理论同审判实践相结合，发现和培养人民法院理论研究人才。全国法院学术讨论会已成为全国法院系统应用法学理论研究的最高水准学术会议。30年来，各届全国法院学术讨论会共征集论文32,573篇，评选一等奖论文254篇、二等奖论文2787篇、三等奖论文3998篇、优秀奖论文2895篇。

2020年9月以来，国家法官学院新的党委班子更加注重应用法学科研工作，更加强调应用法学科研工作从审判端、案例端预测问题、发现问题、分析问题、研究问题，提供问题解决方案。2021年3月23日下午，国家法官学院召开第19次党委扩大会议，贯彻落实当日上午周强院长在国家法官学院2021年春季开学典礼上提出的“健全科研人员激励奖励机制”要求，专题研究制定《科研工作激励机制实施办法》，从职称申报、破格提拔、奖金兑现等方面综合考量，鼓励激励专职教师联合最高人民法院一线审判人员和全国法院应用法学研究人员，针对国家经济建设和社会发展，加强司法端应用法学问题研究，多出成果、快出成果、出好成果。

同时，国家法官学院新的党委班子高度重视科研工作围绕党和国家中心工作，服务“三去一降”、“一带一路”、“乡村振兴战略”、服务经济社会高质量发

展，主动将法官学院科研工作与国家战略相结合。2020年年底，国家法官学院为贯彻落实党的十九届五中全会精神，首次牵头申报“国家社会科学基金重大项目”，申报主题为《探索宅基地所有权、资格权、使用权实现形式研究》，联合单位包括最高人民法院民事审判第一庭、行政审判庭，农业农村部农村合作经济指导司，中国人民大学农业与农村发展学院，清华大学法学院，吉林大学法学院，中国司法大数据研究院，北京市大兴区人民政府，浙江省嘉兴市人民政府等，从而实现了国家法官学院牵头申报国家级重点课题的“零的突破”。

国家法官学院院刊《法律适用》是应用法学科研的基础刊物，2015年被国家新闻广电总局评定为最高人民法院首批唯一的A类学术期刊，2018年被评为中国人文社会科学A刊核心期刊。《法律适用》系国家核心期刊，创刊于1986年，前身为法律业大校刊《学习与辅导》，1993年更名为《法律适用》，在法学界影响广泛。《法律适用》立足于中国司法实践，突出对审判实践中新型、疑难、特殊问题的研究，贯彻理论联系实际，探讨争鸣、完善司法的办刊原则，全面刊载、展示我国法官应用法学学术研究的优秀成果。2017年变更为半月刊，增加《法律适用·司法案例》（下半月刊），加强了司法审判中的案例研究与案例指导。十八大以来，国家法官学院在抓好“常规”科研工作的同时，突出开拓了富有特色的科研项目，成立了八个研究平台。2018年4月，国家法官学院在原有的“中国特色社会主义法治理论研究中心”“一带一路司法研究中心”研究机构基础上，新组建成立了“执行学院”“司法网络信息学院”“金融、税收司法研究院”“乡村振兴司法研究中心”“司法公开研究中心”“党内法规研究中心”六个研究机构。“八大平台”结合各自研究领域召开专题学术研究会，举办审判专题业务培训班，深入开展务实研究，编辑出版了系列研究成果。“八大平台”建设让国家法官学院的科研工作更接地气、更有针对性、更加切合审判实践、更好地服务了党和国家的改革发展大局。

教材建设成效显著。党的十八大后编撰的《预备法官培训教材》《基层法官轮训教材》《人民法院执行信息化培训读本》等全国法官教育培训统编教材受到社会好评。《邓小平法治思想研究》《江泽民法治思想研究》《群众路线是人民司法工作的生命线》等教材紧紧围绕党的依法治国方略开展深层次理论研究。十九大后，法官培训教材建设再上新台阶。2017年再版的《法治中国——学习习近平总书记关于法治的重要论述》一书系统阐释了党的十八大以来习近平总书记的中国特色社会主义法治思想精髓。2019 年 6 月,法官培训教材建设大丰收,国家法官学院出版 12 种最新教材:《司法信息学》《党领导人民法院工作党内法规制度建设研究》《中国金融司法报告(2018)》《最高人民法院执行案例精选》《乡村振兴司法服务与保障典型案例评析》《司法案例大讲坛(第一辑)》《司法案例大讲坛(第二辑)》《记载中国法治进程之典型案件——于欢案》《记载中国法治进程之典型案件——聂树斌案》《执行工作长效机制的创新探索——门头沟法院实践》《法官视野中的案例研究:能力建设与方法探索》《司法案例的生成与运用》。

2020 年 10 月,为深入学习贯彻习近平生态文明思想,从审判端、大数据端研判问题,提出生态文明社会治理法律解决方案,国家法官学院创新人民法院教材编写方式,以习近平生态文明思想和习近平法治思想为统领、从环资审判现实问题为切入点、以近三年来的全国司法大数据为依托、以环境资源保护重点区域实际调研为基础、以一线环资审判法官办案实践为经验来源,着手编撰《环境资源诉讼问题研究》统编教材。先后召开环境资源审判法官培训班学员座谈会、全国中高级法院院长培训班学员座谈会,前往河南鹤壁、濮阳及陕西延安等地,召开地方法院、检察院、水务局、环保局、林业局等单位座谈会,一线访谈环资诉讼当事人、环资保护志愿者、环资诉讼代理律师,深入调研环境资源保护与环资诉讼深层次问题,从环境污染防治、生态保护、资源开发利用、气候变化应对、生态环境治理与服务等五个维度,落实党的十八届四中全会强调的"用最严格的法律制度保护生态环境"要求。国家法官学院教材编写新思路,使得人民法院统编教材更具政治高度,更加贴近实际,更有实用价值,更具指导意义。

五、做强在线培训:中国法官培训网,最高人民法院云课堂

党的十八大后,国家法官学院积极推进法官培训教学方式改革,在深入开展研讨式、案例式、模拟式、体验式教学的同时,认真落实中共中央 2015 年 10 月 18 日印发的《干部教育培训工作条例》中提出的"充分运用现代信息技术,完善网络培训制度,建立兼容、开放、共享、规范的干部网络培训体系"要求,开

发建设了中国法官培训网、最高人民法院云课堂,建设网上法官学院,开启信息化培训新时代。

全国法官培训机构着力做强在线培训,加强资源共享。最高人民法院党组高度重视法官培训的信息化建设。人民法院"五五"改革纲要(2019~2023)指出:要"完善法院人员教育培训机制,坚持网络视频培训常态化、开放性,推进'云课堂'建设,建好在线精品课程库,完善相关配套措施"。周强院长2019年3月12日在十三届全国人大二次会议上所作的最高人民法院工作报告中再次强调:"加强高素质法治人才培养,利用中国法官培训网、数字图书馆等资源,推行开放式在线培训。"国家法官学院在网络培训工作中,三年迈上三个台阶。

2018年1月16日,国家法官学院主导建设的"中国法官培训网"升级版正式开网运行。周强院长主讲了第一课《深入学习贯彻党的十九大精神,进一步加强新时代人民法院教育培训工作》。周强院长指出:"'中国法官培训网'开网是'智慧法院'建设的最新成果,从此掀开了人民法院教育培训事业新的一页,对推动人民法院队伍建设具有重大而深远的影响,意义十分重大。"关于网络培训工作,周强院长强调指出:要建好用好"中国法官培训网",创新形式和载体,加大法官教育培训工作力度,一要充分认识"中国法官培训网"在改革法官培训工作方面的重要价值,首批培训班精选了106位资深法官和国内外专家学者,构建了一个师资雄厚、功能强大的网络大课堂,相当于在线运行的第二个国家法官学院,战略意义凸显;二要不断完善和发挥好"中国法官培训网"功能,强化培训网的教育培训基础功能,充分拓展在线实施政治理论、法律法规、司法解释等各类培训,辅助现场培训开展好法院领导干部培训、职前培训、续职培训等资格培训,尤其要抓好新招录人员的岗前培训;三要不断推进和完善"中国法官培训网"平台建设,大力推行"慕课式"教学方式,增强培训课程的交互性和可视化效果,坚持以干警需求为导向,丰富网络教学活动,不断优化用户体验。要强化网络培训一体化意识,实现与各地法院法官培训网联通共享,建设开放共享的网络培训师资库。各级法院党组要高度重视法官教育培训,各级政工部门、法官培训机构要落实主体责任,加大网络培训人员和经费投入,将网络培训工作驰而不息地推进下去。

开网活动后,胡云腾大法官立即召开国家法官学院院务会议,研究落实就周强院长指示，国家法官学院制定下发了《关于"中国法官培训网"建设工作意见的实施方案》，成为进一步建设完善"中国法官培训网"的指导性文件。"中国法官培训网"首期开设的 8 个培训班，各地法院干警参训报名总人数达到 22, 370 人，培训峰值同时在线学习人数达到 6000 余人，累计浏览网站人数已达到 57 万余人次。升级改造后的"中国法官培训网"注重了新时期网络培训时代特点，建设了法院内网、互联网登录、手机 APP 同步应用的教育培训信息平台，建立了四级法院教育培训大数据整合分析呈现平台，新增了全国法院统一的审判文献数据库，建立了与各地法院人事信息管理系统无缝连接的学习档案系统。

2019 年 12 月 27 日，最高人民法院政治部与国家法官学院开发建设的"最高人民法院云课堂"正式开通上线。云课堂为最高人民法院机关干警（含各巡回法庭）的线上学习专有平台。鉴于往年最高人民法院机关干警办案任务繁重、难以参加脱产培训、实际参训人员不足 30% 的实际问题，为落实中共中央提出的"全员培训"干部培训方针，2018 年 5 月，国家法官学院着手建设专供最高人民法院机关干警在线学习的教育培训平台："最高人民法院云课堂"。为此，国家法官学院时任院长黄文俊先后五次召开学院党委会议，大力推进云课堂建设工作，为打造精品平台自我加压；胡云腾大法官先后四次就"最高人民法院云课堂"建设听取专题汇报，就课程体系、菜单式学习、教学计划、课程评估等问题提出了明确要求。"最高人民法院云课堂"自 2018 年 9 月试运行，上网学习已达 20, 868 人次，学习时数 6053 学时。最高人民法院政治部主任马世忠参加云课堂上线活动时指出：云课堂上线开通是最高人民法院充分运用信息化手段加强法官教育培训工作的重要举措，是教育培训领域推进"智慧法院"建设取得的重大成果，对于加强和改进最高人民法院机关干警学习培训具有重要意义。马世忠强调：机关各部门要充分认识云课堂的重要价值，切实建设好、运用好云课堂，加强网络学习培训的组织管理，全面提升机关干警司法能力，加快推进机关干警队伍革命化、正规化、专业化、职业化建设。

2020 年 12 月 8 日，经最高人民法院政治部批准，国家法官学院设立网络培训部，负责网络培训工作的规划管理、教学计划制定、培训班次实施、师资选聘与课件管理、网络培训招生与学员管理工作。网络培训部的设置，标志着网络培训成为一个独立的培训序列、开始与传统的地面培训统筹规划协调发展，标志着国家法官学院和人民法院法官教育培训工作开始走上规范化信息化发展道路。

人民法院网络培训，三年三个脚印，坚韧不拔，踏铁有痕。中国法官培训网、最高人民法院云课堂为建设“学习型机关、学习型法院”，在全国法院开展“大学习、大讨论、大培训”提供了创新型的在线基础平台。网络培训以其集约经典的课件、便捷使用的方式、自主选学的优势、高效节约的成本，受到了全国法院干警的热烈欢迎。截至2021年3月26日，中国法官培训网干警点击学习66.99万人次，系统培训学员4.60万人；最高人民法院云课堂干警点击学习7.82万人次。

党的十八大后，国家法官学院各地方分院网络培训工作飞速发展，网络培训方式不断创新，信息化培训力度不断增强。国家法官学院北京分院建立了京法网络课堂、京法微课、北京法官教育培训云平台“三位一体”的网络培训体系。其中，京法网络课堂覆盖北京市法院系统全体干警，为每个干警开通了手机APP账号，已举办讲堂42期；2014年建成的京法微课每周播出，共开播微课43期，3.5万人参加学习；北京法官教育培训云平台上传课件1700余个5400学时，供全体干警根据需要自修选学。① 国家法官学院浙江分院充分利用互联网的优势，重抓法院内网平台、微信公众号、智慧法院三大培训园地的有机衔接。对热点关注课程，利用学院微信公众号和智慧法院在线培训网，实时进行同步直播。② 国家法官学院天津分院2015年年底建成“天津法院法官培训网”，为干警学习提供优质丰富的学习资源和方便快捷的服务，根据法院工作实际与干警培训需求，精选名家课程，培训网上线600多个课件，极大地满足了全市法院干警的培训需求。每期培训，分设必修、选修课程，必修课程以思想政治课程及专业课程为主，选修课程内容多样，配合必修课程，以满足干警多样化需求为目的设置。培训网的开通，实现了线上报名、随时跟进、线上管理、线上统计，推进了天津法院教育培训的信息化进程，深受广大干警好评。③

① “国家法官学院网络培训工作座谈会”交流材料，2020年4月10日。

② 浙江省高级人民法院：《浙江分院史料报送稿》，2020年3月17日。

③ 天津市高级人民法院：《建国以来天津法院教育培训工作总结》，2020年3月12日。

六、打通理论与实践“最后一公里”：联合培养应用型法治人才

2017 年 5 月 3 日，习近平总书记考察中国政法大学时，就“德法兼修抓好法治人才培养”发表重要讲话，指出：没有正确的法治理论引领，就不可能有正确的法治实践。法学教育要坚持立德树人，不仅要提高学生的法学知识水平，还要培养学生的思想道德素养。坚持依法治国和以德治国相结合，法治和德治两手抓，两手都要硬。习近平总书记强调：“法学学科是实践性很强的学科，法学教育要处理好知识教学和实践教学的关系。要打破高校和社会之间的体制壁垒，将实际工作部门的优质教学资源引进高校，加强法学教育、法学研究工作者和法治实际工作者之间的交流。”①

2020 年 11 月 10 日，国家法官学院党委扩大会议再次学习习近平总书记考察中国政法大学时的重要讲话，学习最高人民法院党组 2017 年两次学习习近平总书记重要讲话精神要求以及周强院长关于“打通理论与实践最后一公里”的法治人才培养要求，坚决做到贯彻落实习近平总书记重要讲话精神落地见效。11 月 17 日，国家法官学院院长、最高人民法院司法案例研究院院长孙晓勇与复旦大学法学院院长王志强会面，就“两院合作”、联合培养法学硕士、博士研究生达成一致意见。12 月 29 日，国家法官学院、最高人民法院司法案例研究院将两院合作协议上报最高人民法院政治部审批，获准同意。按照联合培养协议，复旦大学法学院经学生本人申请、严格选拔，择优推荐了 9 名在籍在校博士、硕士研究生参加司法案例研究院实习。2021 年 3 月 1 日，复旦大学第一批 9 名博士、硕士研究生前来司法案例研究院参加为期五个月的实践实习和联合培养活动。

最高人民法院司法案例研究院为每位实习生量身定制了培养方案，该方案以参与司法案例研究工作为主，让每位实习生参与不少于一个司法案例研究课题的研究工作。对实习生辅以参与一定的法官培训教学工作，兼修法官培训相关课程，通过多元培养体系满足个性化目标需求，以学定教、因材施教。联合培养项目创新机制，采取导师组方式对实习生们进行指导，每个导师组由国家法

① 《人民日报》，2017 年 5 月 4 日。

官学院和司法案例研究院的高级职务教师和导师助理组成。导师组团队政治素质过硬、业务能力精湛、育人水平高超，能真正为实习生们作出表率、教授真知，全面提升其政治修养、道德修养、知识修养、作风修养。国家法官学院、司法案例研究院秉承“以人为本”的精神，积极改善实习生生活环境，为实习生重新粉刷、装修宿舍，配备洗衣机等日用设施，满足实习生们的日常需求。为了更好地方便实习生开展研究，为实习生们配备了研究专用办公室和每人一台台式电脑，专门每日为实习生开放图书馆法律阅览室，为其提供安静独立的学习环境与全面丰富的学习资源。同时，持续关心了解同学们的其他需求，并及时予以回应，营造和谐共进的良好氛围。

联合培养项目以“培养德法兼修卓越法治人才”为宗旨，以“打破司法实践与法学院校壁垒，建立两院人才培养长效机制”为目标，树立了以下基本合作理念：

第一，服务大局，坚持以应用型案例课题研究为主要合作内容。本项目践行习近平总书记“一个案例胜过一沓文件”的重要指示精神，不断发掘案例课题研究在“努力让人民群众在每一个司法案件中感受到公平正义”生动实践中的展示作用，全面深化应用型司法案例在指导中国司法实践、解决中国司法问题中的典型作用，努力打造世界一流司法案例研究中心和高端智库平台。

第二，发挥专长，坚持以理论与实践互补为合作基础。本项目一方面充分发挥司法案例研究院对复旦大学法学院学术研究的滋养作用，以丰富的案例资源滋养理论科研，为中国特色社会主义法治理论提供鲜活养分；另一方面充分挖掘复旦大学法学院对司法案例研究院智库打造的助推作用，以前沿的理论研究助推案例研究，为促进应用法学研究向纵深发展提供强大驱动力。

第三，深层互动，坚持以创新型人才培养模式为主要抓手。本项目实习生以参与案例研究工作为主，充分发挥司法案例研究院的平台作用，将司法实践的生动案例带进复旦大学法学院的人才培养中，将习近平总书记法治思想的最新研究成果带进复旦大学法学院的教学实践中，让青年学生更好更快地锻炼成长，为中国特色社会主义法治建设打造具有政治判断力、政治领悟力、政治执行力的高层次法治人才后备力量。

第二节　法官培训：突出政治培训，创新特色培训，开展精准培训

一、政治培训,“把思想政治建设摆在首位”

2018年1月5日,习近平在学习贯彻党的十九大精神研讨班开班仪式上发表重要讲话,强调了学习贯彻中国特色社会主义思想的重要意义和政治要求,指出:只有回看走过的路、比较别人的路、远眺前行的路,弄清楚我们从哪儿来、往哪儿去,很多问题才能看得深、把得准。时代是出卷人,我们是答卷人,人民是阅卷人;在统揽伟大斗争、伟大工程、伟大事业、伟大梦想中,起决定性作用的是新时代党的建设新的伟大工程,必须做到政治过硬,牢固树立“四个意识”,“在思想政治上讲政治立场、政治方向、政治原则、政治道路,在行动实践上讲维护党中央权威、执行党的政治路线、严格遵守党的政治纪律和政治规矩”。①

100年风雨历程,党中央总结我党干部教育培训历史经验,确定了新时期“五位一体”的干部教育培训工作指导思想:第一,突出政治训练、政治历练;第二,坚持以德为先、注重能力;第三,坚持精准培训、全员覆盖;第四,坚持改革创新、共建共享;第五,坚持联系实际、从严管理。② 按照上述指导思想,新时期的人民法院教育培训工作要努力实现以下工作目标:理论教育更加深入,党性教育更加扎实,专业化能力培训更加精准,知识培训更加有效,干部教育培训体系改革更加深化。其中,人民法院教育培训工作必须以学习贯彻习近平新时代中国特色社会主义思想为首要任务,以坚决维护习近平总书记的核心地位、坚决维护党中央权威和集中统一领导为最高政治原则,以坚定理想信念宗旨为根本,把提高政治觉悟、政治能力贯穿全过程,以全面增强执政本领为重点,坚持政治统领、服务大局。

高度重视政治思想教育,是中国共产党百年司法培训的优良传统。新中国

---

① 中华人民共和国中央人民政府网,2018年1月5日。

② 中共中央《2018～2022年全国干部教育培训规划》。

成立初期、共和国曲折发展阶段、改革开放历史时期、学历教育为主的自主办学阶段、法官学院依法培训阶段,政治理论教育都是人民法院教育培训工作的首要任务,甚至是特殊历史阶段的唯一任务。但新时代“把思想政治建设摆在首位”的法官培训理念,是历史上党的干部教育培训方针的继承和发展,是新的历史条件下科学处理政治思想教育与专业素质培训辩证关系的成果探索,是“把党的政治建设摆在首位”、以提高司法能力建设为重点的新时代法官培训指导思想的具体实践。

党的十八大以来,以习近平同志为核心的党中央“以全新的视野深化对共产党执政规律、社会主义建设规律、人类社会发展规律的认识,进行艰辛理论探索,取得重大理论创新成果,创立了习近平新时代中国特色社会主义思想。”① 各级法官培训机构按照党中央提出的“全面推进依法治国,必须大力提高法治工作队伍思想政治素质、业务工作能力、职业道德水准”,“把思想政治建设摆在首位”,“推进法治专门队伍正规化、专业化、职业化”建设要求,大力强化干部队伍的政治思想建设,把理想信念教育摆在法院队伍建设的第一位,将习近平新时代中国特色社会主义思想作为各类培训班次的必修课,综合采取课堂讲授、专题辅导、现场教学、集中教育等多种形式,确保“政治理论课不少于三分之一课时”要求,引导广大干警切实增强“四个意识”,坚定“四个自信”,做到“两个维护”。

2015 年 6 月 18 日,全国法院第六次教育培训工作会议召开,周强院长强调:要深入学习贯彻党的十八大、十八届三中、四中全会精神和习近平总书记系列重要讲话精神,紧紧围绕“四个全面”战略布局,坚持需求导向,以坚定理想信念为首要任务,以提高司法能力为主线,全面深化教育培训改革,全面提升教育培训质量,全面提高法院队伍能力素质,大力推进人民法院队伍正规化、专业化、职业化建设,为实现“让人民群众在每一个司法案件中感受到公平正义”的目标提供坚实的人才保障和智力支持。

2018 年,各级法官培训机构在全部培训班开设习近平新时代中国特色社会主义思想专门课程。国家法官学院全年举办了 7 期中高级领导干部专题学

---

① 《党的十九大报告辅导读本》,人民出版社 2017 年版,第 2 页。

习班，各高级法院院长和 387 名中级法院院长、800 名基层法院院长参加习近平新时代中国特色社会主义思想专题培训。国家法官学院指导各分院举办了 238 期学习贯彻习近平新时代中国特色社会主义思想专题培训班，培训干警 51，800 人次，实现了全国法院系统中高级领导干部和业务骨干学习习近平新时代中国特色社会主义思想全覆盖。

为深入开展“不忘初心、牢记使命”主题教育活动，2019 年 7 月 15 日至 8 月 2 日，国家法官学院分三期举办最高人民法院机关“不忘初心、牢记使命”主题教育集中学习培训班，最高人民法院机关和直属单位处级以上领导干部全员参加，三期共培训领导干部 880 人。每期培训 5 天，分六个教学单元：一是专题辅导单元：围绕“不忘司法为民初心、践行公正司法使命”主题，邀请部分专家学者作专题辅导；二是集中自学单元：重点学习党的十九大报告和党章，习近平总书记系列重要讲话精神；三是典型宣讲单元：邀请法院系统先进典型就“牢记初心使命、忠诚履职尽责”进行宣讲；四是专题教育单元：组织观看《榜样》《党章电视辅导教材》；五是分组讨论单元：重点围绕如何自觉运用科学理论指导解决实际问题，结合突出问题集中整治活动，切实改进司法审判工作；六是各小组的大会交流、学习提高单元。

2020 年 10 月 26 日，党的十九届五中全会召开，审议通过了《中共中央关于制定国民经济和社会发展第十四个五年规划和二〇三五年远景目标的建议》。11 月 16 日，中央全面依法治国工作会议召开，将习近平法治思想明确为全面依法治国的指导思想。为加强最高人民法院队伍政治建设，最高人民法院党组决定，自 2020 年 12 月 22 日至 2021 年 2 月底，最高人民法院全员培训，采取线上线下相结合的方式，组织全体干警深入学习十九届五中全会精神和习近平法治思想。12 月 22 日，最高人民法院首期《深入学习贯彻党的十九届五中全会精神和习近平法治思想集中培训班》在国家法官学院开班，周强院长做学习部署动员报告，并就学习贯彻中央全面依法治国工作会议精神做辅导报告。为了推动全国法院学习培训贯彻活动，培训班动员与辅导报告采取全国各高级人民法院、中级人民法院、基层人民法院联网适时直播方式，全国四级法院干警在线参加学习。

二、院长培训，抓好法院队伍龙头教育

各级法院院长、副院长等领导干部，是各级法院工作的领头人，对全国法院工作和法官队伍建设起着决定性的关键作用。法院领导培训，是各级法官培训机构的重点培训项目。党的十八大以来，最高人民法院高度重视法官教育培训工作、特别是各级法院领导班子教育培训工作，在坚持政治培训统领前提下，全面推进各级法官培训机构开展大学习、大研讨、大培训，切实提高全体法院干警特别是领导班子成员的思想政治素质和业务素质，教育培训规模呈持续递增趋势。最高人民法院颁布的《2015～2019 年全国法院教育培训规划》细致规划了全员培训的时数标准："基层人民法院领导班子成员 5 年内至少参加一次省级以上法院组织的集中培训，集中培训时间不少于 7 天"，"一线法官每年接受业务培训不少于 10 天"，"审判辅助人员、司法行政人员每年业务培训时间不少于 7 天"。

2014 年 10 月 23 日，党的十八届四中全会审议通过了《中共中央关于全面推进依法治国若干重大问题的决定》。这是我党发展史上第一个关于法治国家建设的专门文件。决定提出了依法治国的总目标，明确了全面推进依法治国的重大任务，指出"公正是法治的生命线。司法公正对社会公正具有重要引领作用，司法不公对社会具有致命破坏作用。必须完善司法管理体制和司法权力运行机制，规范司法行为，加强对司法活动的监督，努力让人民群众在每一个司法案件中感受到公平正义"。党的十八届四中全会后，各级法官培训机构加大了依法治国培训、司法廉政培训、司法公正培训、司法改革培训力度。2015 年，国家法官学院突出开展了各级法院领导班子学习贯彻四中全会精神脱产培训，就"依法治国"主题与法院改革工作，举办了全国高中级法院班子成员培训班 4 期、全国中级基层法院院长培训班 4 期、最高法院基层党组织书记党风廉政建设主体责任培训班 1 期、全国法院基层党支部书记示范培训班 1 期、司法责任制改革专题培训班 1 期、全国法院"四五改革纲要"培训班 1 期、全国法院法官职务套改工作培训班 1 期。

结合法院领导及其后备人才培训，各级法官培训机构充分发挥资源共享效应，加强联合办学与现场办学。国家法官学院黑龙江分院与全国知名高校建立

合作关系,举办高层次审判人才培训班。2017~2019年,黑龙江分院分别与中国政法大学、浙江大学、西南政法大学成功举办了三期高层次审判人才培训班。为更多业务能力突出、学术造诣深厚的中青年法官创造条件,提供高层次培训机会。坚持以学员为中心,创新教学形式,采取专家授课、现场教学、参观考察和交流研讨相结合等方式,将法学理论与审判实践相结合,邀请知名教授授课,内容涵盖了民法、刑法、行政法等领域,并专门设置了舆情处置与应对和情绪管理与压力释放课程。在现场教学中学员实地参观了渣滓洞、白公馆、红岩革命纪念馆,接受革命传统教育;在重庆自贸区法院和高科技公司,感受智慧法院建设和共享经济发展理念。[①] 国家法官学院江西分院结合江西是人民司法的发祥地,利用井冈山革命烈士陵园,八角楼毛泽东旧居,瑞金中华苏维埃最高法院及红军担粮小道,最高人民法院原院长、老红军江华墓,东京审判大法官梅汝璈故居等传统革命现场教学基地,大力推进现场教学,教育学员不忘初心,牢记使命,净化灵魂,增强"四个意识",坚定"四个自信",做到"两个维护"。[②]

按照《法官培训条例》规定,国家法官学院负责各高级人民法院领导班子成员、各中级人民法院领导班子成员、各基层人民法院院长培训工作。党的十八大后,国家法官学院始终把法院领导培训置放在年度培训计划的首位,大力加强各级法院领导班子政治建设、思想建设、作风建设。2020年9月20日至26日,在新冠疫情防控形势刚刚好转的情况下,为了突出抓好地方法院领导班子建设,国家法官学院克服疫情困难,一手抓疫情防控、一手抓法官培训,举办了《地方法院领导班子成员学习贯彻党的十九届四中全会精神专题培训班》,来自全国地方法院、兵团分院、解放军军事法院的150名法院领导班子成员参加了脱产培训。2021年3月22日至28日,国家法官学院举办了《地方法院领导班子成员学习贯彻党的十九届五中全会精神和习近平法治思想培训班》《"两援"地区法院领导干部培训班》,全国地方法院、兵团分院、解放军军事法院的149名法院领导班子成员参加了培训,来自西藏、新疆的76名"两援"地区法院领导同步参加了培训学习。培训班上,最高人民法院周强院长做了《深入

① 《国家法官学院黑龙江分院教育培训情况》,2020年3月18日。
② 《江西分院教育培训资料》,2020年3月10日。

学习贯彻习近平法治思想，推动新时代人民法院工作高质量发展》的动员讲话，最高人民法院常务副院长贺荣、副院长姜伟、政治部主任马世忠、中央纪委国家监委驻最高人民法院纪检监察组组长刘海泉、审判委员会副部级专职委员刘贵祥等领导同志分别在培训班上进行了专题授课。

三、高级法官培训，抓好法官队伍骨干教育

高级法官是各级法院的资深法官和审判业务带头人，是各级法院审判工作质量与水平的代表，也是人民法院审判执行工作提质增效的骨干力量。高级法官晋级培训与在职培训是《法官培训条例》赋予国家法官学院的主要培训任务。国家法官学院在重点规范高级法官晋级培训的基础上，大力加强高级法官在职培训，针对资深法官培训进修特点，努力适应当代世界各国法官培训主流模式，增加高级法官研讨式培训比重。按照《干部教育培训工作条例（试行）》要求，国家法官学院注重综合应用讲授式、研究式、模拟式、案例式、体验式教学方法开展法官培训，2013 年在国家法官学院新校区建设设计方案中特别加大了研讨室建设项目，增建了 19 个研讨室、2 个模拟法庭教室，确保每个培训班研究式、研讨式、模拟式、体验式教学开展。2015 年中共中央修订发布《干部教育培训工作条例》后，国家法官学院各教研部在高级法官培训中积极开展了“两人对辩式”“法官、检察官、律师三人行”等体验式、研讨式教学。国家法官学院天津分院 2012 年开始推行“以研讨代培训”教学模式，充分发挥研讨教学针对性强、感受性强的特点优势，以研讨会替代单纯的集中授课培训。研讨会第一阶段采取受训学员主题发言和自由发言交叉进行的方式。第二阶段由专家发言归纳，审判专家和高校学者分别从不同角度，剖析学员反映比较集中的问题，讲解如何入手、如何操作、如何保障最大限度地达到法律效果与社会效果的统一。专家带着问题讲，学员带着疑问学，实现了一线法官、审判专家与高校学者智慧碰撞，对统一受训学员的法律思维、推广切实可行的裁判方法具有积极作用。①

地方法官培训机构在接受委托的晋高培训及其他法官培训中，为适应少数

---

① 天津市高级人民法院：《建国以来天津法院教育培训工作总结》，2020 年 3 月 12 日。

民族审判队伍建设需要，还注意开展民族法官双语培训。开展双语审判，能够更好地体现我国民族平等原则，确保诉讼工作的顺利开展和发挥司法的宣传教育作用，促进民族地区纠纷解决机制的完善和法治建设。开展双语法官培训是开展双语审判的基础和前提。国家法官学院及其分院根据国家西部大开发战略方针和最高人民法院《2011～2015年全国法院教育培训规划》要求，“依托相关高院法官培训机构，建立双语法官培训基地，逐步扩大双语法官培训规模”。内蒙古自治区高级人民法院2014年12月建成全国蒙汉双语法官培训基地(国家法官学院内蒙古分院)并投入使用，少数民族法官培训法官进一步科学化、规范化、规模化，提升了全区三级法院以及全国八省区蒙汉双语法官的培训规模和条件，同时也为开展国际司法合作交流创造了有利条件。国家法官学院内蒙古分院自系统开展双语培训工作以来，累计培训双语法官952人次，其中包括新疆、青海、甘肃、辽宁、吉林等地学员141人次。①

云南省是少数民族大省，截至2018年，全省法院11,273名干警中具有少数民族干警3539人，占全体干警的32%。全省民汉双语法官580人，司法改革后，进入法官员额的双语法官271人，占员额法官总数的6.93%。双语法官类型为彝族占21.79%，白族占17.93%，傣族占9.31%，哈尼族占8.79%，壮族占8.08%，主要使用彝汉、白汉、傣汉、哈尼汉，壮汉双语审理案件。云南省自2012年起每年选派20名藏区法官参加国家法官学院委托举办的藏汉双语骨干法官培训。近五年来，云南三级法院共有356名双语法官参加了各类双语培训。同时，2012年12月，第一批定向培养的19名少数民族定向生走上法院工作岗位。国家法官学院云南分院承担了云南、四川、贵州、广西四省区的彝汉双语法官培训任务，五年来共举办5期“全国部分省区彝汉双语法官培训”，154名彝汉双语法官获得“彝汉双语考评考核合格证”，通过培训培养“会彝语、熟审判、懂民俗、善沟通”的彝汉双语法官，边疆民族地区法官综合素质、双语水平和司法能力得到持续加强。②

2020年10月，在高级法官晋级培训停办8年后，为规范法官晋级管理，提

---

① 《内蒙古自治区法官教育培训工作概述》，2020年3月15日。
② 云南省高级人民法院：《法官学院简史》，2020年3月20日。

升高级法官任职履职能力，经最高人民法院政治部批准，国家法官学院恢复开展高级法官晋级资格试点培训。10月10日，《全国法院法官晋高培训班（民商事审判专业）》在国家法官学院举办，来自全国的148名法官参加培训。11月2日，《全国法院法官晋高培训班（刑事审判专业）》继续举办，来自全国的143名法官参加培训。在两个晋高培训班分别为两周的培训期间，重点开展了习近平新时代中国特色社会主义思想教育，引导学员切实用以武装头脑、指导实践、推动工作。同时，针对高级法官任职履职需求，增强了大法官讲座、专家讲座等高端前沿课程教学，培养拟晋升的法官以前瞻性眼光和先导性举措，自觉服务保障国家治理体系和治理能力现代化。针对参训学员审判经验丰富特点，晋高培训加强了案例教学、互动教学、现场教学、学员论坛等教学板块内容建设与形式创新。同时，结合晋高培训期限较长、学员工作繁忙、疫情防控需要，晋高培训班实行了线上线下结合方式开展培训。除面授教学外，民商事审判专业晋高班148名学员在10月13日至11月24日的规定网上学习期限内，共上线学习网上课件7578人次；刑事审判专业晋高班143名学员在11月2日至12月15日的规定网上学习期限内，共上线学习网上课件7369人次，圆满完成线上线下培训任务。

四、职前培训，抓好新任法官入口教育

党的十八大后，司法培训的最大成就之一，是持续16年开展的作为法官入口教育的预备法官培训在2018年圆满结束，并向法官职前培训过渡。据2019年5月统计，2006年至2018年，全国法官培训机构共培训预备法官99, 610人，其中，国家法官学院本部培训预备法官3423人，接受委托的各分院培训预备法官96, 187人。

法官任职前的职前培训，在2018年前，统称为预备法官培训。预备法官培训是新任法官的职前培训，对于人民法院队伍建设和司法审判事业极其重要。因此，预备法官培训在与2000年制定的《法官培训条例》配套发布的全国法院教育培训五年培训规划中，即规划了“国家统一考试、统一招录预备法官制度”。从2002年起，国家法官学院以及具备条件接受委托的分院陆续试点开展预备法官培训。2006年3月，最高人民法院印发修订后的《法官培训条例》，明

确将预备法官培训规定为资格类培训的一种。条例规定："国家法官学院承担预备法官培训"，"拟任法官的人员，须接受预备法官培训"，"预备法官培训应注重岗位规范、职业道德和审判实务的培训，培训时间不少于一年"。是年，国家法官学院制定了《2007～2010 年全国法院预备法官培训实施方案》。2006 年至 2007 年，为了提高预备法官培训效率、满足日益增长的法官培养需求，国家法官学院开始小量委托具备条件的分院举办预备法官培训班。2008 年起，随着国家法官学院各分院基础建设的不断完善，作为国家法治建设重要组成部分的预备法官培训开始规范化设计、大规模展开，国家法官学院开始大规模委托分院举办预备法官培训。2006 年至 2017 年，国家法官学院本部预备法官示范培训班总计培训 3423 人，其中，2006 年培训 259 人，2007 年培训 285 人，2008 年培训 410 人，2009 年培训 575 人，2010 年培训 422 人，2011 年培训 496 人，2012 年培训 238 人，2013 年培训 127 人，2014 年培训 149 人，2015 年培训 214 人，2016 年培训 190 人，2017 年培训 58 人。

2013 年，最高人民法院政治部和国家法官学院联合下发了《关于进一步加强和规范预备法官培训工作的通知》，明确指出："做好预备法官培训工作，既关系到人民法院的长远发展，又关系到法院队伍正规化、专业化、职业化建设"，"未经预备法官培训或培训不合格的，不得任命为法官"。从此，预备法官培训工作走上了更加科学规范的快车道。国家法官学院和各委托分院不断创新预备法官培养培训方式，以"师傅带徒弟"的方式确定预备法官指导老师，精细化设计培养培训工作环节，加强实操课程教学与训练，强化预备法官的上岗能力培养，严格预备法官的学员管理和结业考核，通过确定一定比例的淘汰率激励学员勤奋学习、刻苦锻炼，各分院创新、积累了大量宝贵的预备法官资格培训办学经验。

2014 年 6 月 6 日，中央全面深化改革领导小组第三次会议通过了《关于司法体制改革试点若干问题的框架意见》，标志着我国司法体制改革正式启动。为了配合司法改革开展法官培训机制体制改革，2016 年 12 月，最高人民法院政治部与国家法官学院联合召开了预备法官培训改革暨法官培训条例修订座谈会，听取了 16 个高级人民法院政治部和国家法官学院相关分院有关预备法官培训改革的意见。随着 2016 年我国所有省份司法改革的全面铺开和法官员额制的实施,法官选任制度发生了重大变化,最高人民法院政治部下发通知,确定 2017 年为举办预备法官培训的最后一年,从 2018 年开始,停止预备法官培训工作。

2015 年 12 月中共中央办公厅、国务院办公厅印发了《关于完善国家统一法律职业资格制度的意见》,国家建立统一法律职业资格制度及法律职业人员统一职前培训制度,鉴于司法部已在研究制定法律职业人员统一职前培训实施方案,传统的"预备法官培训"被即将开展的"法官职前培训"所替代。2018 年 12 月 25 日,随着国家法官学院吉林分院最后一批预备法官培训学员审核验证工作的结束,预备法官培训在完成了 16 年预备法官人才培养的历史使命后,光荣地退出了法官培训的历史舞台。从 2006 年到 2018 年,国家法官学院及其分院共培训预备法官 96, 187 人。实行法官员额制后,通过预备法官培训取得法官任职培训合格证书的 96, 187 人全部走上审判业务岗位,成为全国各级法院的审判执行工作骨干。持续 16 年的预备法官培训,为法官队伍建设储备了大批合格人才,为党的十八届三中全会确定的司法体制改革,为加快建设公正高效的社会主义司法制度做出了重大贡献。

在预备法官培训和后续的员额法官培训中,各地法官培训机构全面实施"精准培训",努力提升法官培训质效。"精准培训"是党的十八大对干部教育培训工作提出的创新要求,也是干部教育培训的时代要求。"精准培训"是"针对性培训""分类培训""点对点培训"的客观依据。各级法官培训机构坚持法官培训"精准培训"指导思想,坚持教育培训"干什么训什么、缺什么补什么",把干部队伍建设的组织需求、岗位需求、个人需求统一起来,坚持"问题导向""需求导向""效果导向",强化法官教学、案例教学、现场教学,把生动的审判实践转化为教学课堂,优化培训内容,创新培训方式,开发精品课程和精品课件,全面提升法官培训的针对性和实效性。国家法官学院江苏分院针对深化司法改革工作中入额法官的培训需求与岗位需要,2017 年开始举办全省法院员额法官全覆盖轮训工作,2019 年 3 月又对全省新增补入额的 434 名法官专门举办了 2 期培训班。入额法官培训班采用了集中讲座与菜单式选学相结合的方式,针对刑事、民事、行政、审监、执行各条线业务特点,分别探讨培训解决审判执行疑难问题,增强培训精准性,促进员额法官队伍的审判执行能力有效提升。

针对不同书记员的岗位需要，为提升书记员的职业素养，国家法官学院江苏分院2018年前分类举办了5期书记员等级培训班。2019年继续区别层级举办了2期全省法院初级书记员岗位等级培训班、3期全省法院中级书记员岗位等级培训班和1期全省法院高级书记员岗位等级培训班，培训初级书记员559人、中级书记员703人、高级书记员45人。根据江苏法院推行的书记员改革“三级九等”设置，江苏分院分类设计不同等级书记员培训方案，突出培训重点，科学设置课程，提升书记员的综合素养、专业知识和职业技能。如初级书记员重点培训基础法律知识和工作流程；中级书记员培训将理论知识和专业技能相结合，以案例教学为主，以提升技能为目的；高级书记员在培训工作审判辅助技能之外还增加了对教学技能与方法的内容，以帮助其更好地实现对初级、中级书记员的示范、培训与指导功能。为深化对不同人员的分类“精准培训”，2018年，国家法官学院江苏分院还就女法官的素质能力培养专门举办了2期全省女法官人文素养培训班，不断提升女法官人文素养，促进家庭和美、社会和谐与司法文明。2019年，该院继续举办了2期全省女法官人文素养培训班，全省三级法院361名女法官、女干警参加培训。①

为贯彻《法官培训条例》《国家法官学院分院建设标准》等法规性文件关于司法警官的初任培训与履职培训要求，作为全国唯一的国家法官学院司法考警察分院，国家法官学院西安司法警察分院不断加大全国法院司法警察培训力度。2016年以来，为配合最高人民法院司法警察管理局在全国法院司法警察中开展执法资格等级考试工作，国家法官学院西安司法警察分院负责试题命制、监考和阅卷工作，参与起草了《考试说明》《考试大纲》，建成了有5000余道标准化试题的题库，共命制试题161套、印刷试卷23, 315份，派员赴全国各省、市、自治区监考145人次，批阅试卷18, 896份，促进了全国法院司法警察队伍革命化、正规化、专业化、职业化建设。五年来，国家法官学院西安司法警察分院共举办省以及全国司法警察教育培训班72期，包括2期初任司法警察培训示范班和4期全国法院高级警官班。国家法官学院西安司法警察分院在司法警察培养培训工作中，积累了大量的、专业化的课程设置、教学体系、学员管理、

① 《国家法官学院江苏分院2019年度工作总结报告》，2019年12月30日。

办学组织经验,得到最高人民法院司法警察管理局的高度评价。除了教学培训外,国家法官学院西安司法警察分院2015年创办了全国法院唯一的司法警察刊物《法警园地》,打造了全国法院司法警察科研平台。2017年开始运行的人民法院司法警察培训网站,为全国法院司法警察提供了培训、学习、经验交流、理论研究平台,日益受到全国法院司法警察的关注、欢迎。[①]

五、新入院人员培训,“系好人生第一粒扣子”

2020年12月22日上午,在寒冬料峭、疫情防控的年终时节,一个司法培训的新类型培训班——“最高人民法院新入院人员习近平新时代中国特色社会主义思想培训班”在国家法官学院举行开班典礼。

新入院人员培训班为期一年,培训对象为:2020年度最高人民法院全体新进人员,包括机关新招录工作人员(录用、遴选、选调公务员及接收安置军转干部等)以及直属单位新招录、招聘人员。在为期一年的培训培养活动中,受训学员在国家法官学院集中脱产培训2个月(开班后及结业前各1个月),其他10个月以在线网络学习和在岗锻炼的方式开展。培训班的指导思想为:坚持以习近平新时代中国特色社会主义思想为指导,坚持围绕中心、服务大局,立足人民法院审判工作实际需要和长远发展,旨在用过硬培训切实提升新时代人民法院年轻干部的政治素质和能力水平,切实培养造就理想坚定、政治过硬、责任过硬、作风过硬的高素质革命化专业化年轻干部队伍。

对所有新入院人员集中开展政治培训,培训时间整整一年,如此决心之大、时间之长、难度之巨,不仅在最高人民法院培训史上绝无仅有,在全国法院培训史上绝无仅有,而且在我国当代干部教育培训史上绝无仅有。体现了最高人民法院党组在年轻干部“系好人生第一粒扣子、迈好入院第一步”教育培训上的高度站位和严苛要求。正如最高人民法院政治部主任马世忠在开班典礼上的讲话指出:该期培训班是最高人民法院对干部队伍建设自我加压,为适应新时代新使命对人民法院工作提出的新任务新要求,深刻吸取干部队伍管理中存在的突出问题带来的教训,加强新时期最高人民法院干部队伍源头培养,推动新

---

① 陕西省高级人民法院:《陕西省法院教育培训总结》,2019年7月31日。

入院年轻干部选、育、管、用“四位一体”融合发展,为建设高素质、专业化干部队伍奠定坚实基础而推出的干部培养培训重大举措。

2020 年 12 月 22 日至 2021 年 1 月 22 日,新入院人员培训班圆满完成第一阶段脱产集中培训任务。第一阶段共安排 38 堂专题授课,5 次分组讨论,2 次现场教学。教育培训侧重于政治理论学习和思想品格养成,政治主题突出、内容涵盖面广、形式灵活多样。授课教师高端权威,不仅包括最高人民法院政治部主任马世忠、中央纪委国家监委驻最高人民法院纪检监察组组长刘海泉、最高人民法院审判委员会副部级专职委员刘贵祥等最高人民法院领导,还包括财政部原副部长朱光耀、军事科学院世界军事研究部原副部长罗援、中投公司副总经理祁斌、国家信息中心首席经济学家祝宝良、中共中央党史和文献研究院院长曲青山、中国纪检监察学院副书记兼纪委书记蔡志强、中国社会科学院国际法研究所所长莫纪宏、中国人民大学马克思主义学院院长吴付来、中央党校(国家行政学院)副秘书长张忠军等各界专家领导。在专题讲授和主题论坛之后,设置互动交流环节,由学员与授课教师进行互动交流,既让学员感受“面”上的一般讲授,更能通过提问交流深化“点”上的思想理念,促进学习培训更有成效,教学相长。

培训班第一阶段集中授课突出了五大类内容:一是思想政治理论教育培训,包括习近平新时代中国特色社会主义思想、习近平法治思想、社会主义核心价值观、社会主义法治理论、中国国情与国际关系等内容的学习培训;二是党员意识和政治机关意识教育培训,包括理想信念学习教育,《中国共产党章程》等党内法规以及审判机关首先是政治机关专题教育;同时,针对党员意识弱化、规矩意识淡化等思想倾向,有针对性地开展主题党课、政治纪律和政治规矩、组织观念和组织纪律等专题教育;三是司法理念和职业良知教育培训,包括人民法院司法文化、职业道德、职业素养和司法良知及司法作风教育等内容;四是院情院风及机关办事规则教育培训,包括最高人民法院基本情况介绍、机关办文办会办事规则、审判管理流程等基础业务技能培训;五是司法廉政教育培训,包括《中国共产党廉洁自律准则》《中国共产党纪律处分条例》《中华人民共和国公务员法》《中华人民共和国监察法》《中华人民共和国法官法》等法律法规,中央关于防止干预过问案件的“三个规定”及最高人民法院关于法官惩戒、任职回避、从业限制、业外兼职、考勤管理等院规院纪学习教育内容。

除了安排集中授课与论坛研讨外，新入院人员培训班第一阶段培训还注重观摩教学与实践教学。2020 年 12 月 30 日，陕北梁家河零下 20 摄氏度严寒，是陕西省延川县有历史记载以来的极寒天气，培训班全体学员在班主任孙晓勇的带领下，前往延川县梁家河开展现场教学，参观梁家河村史馆、梁家河知青故居、梁家河知青劳动体验基地，走过习近平总书记当年留下足迹的知青窑、沼气池、淤地坝，亲身感悟领袖的使命情怀；参观了陕甘宁边区高等法院旧址，接受了一次继承和弘扬人民司法优良传统的思想洗礼。12 月 31 日，结合梁家河参观感受和阅读《习近平的七年知青岁月》所思所想，培训班组织开展了“追忆梁家河、畅谈新青年”交流研讨活动，学员竞相上台发言，分享心得体会。大家一致认为，梁家河之行既是一次思想政治的深刻洗礼，更是一场意义非凡的党性教育，通过重走知青下乡路，让大家真切感受了伟大领袖一心为民的公仆情怀、履职尽责的担当精神、非同寻常的人格魅力，进一步增强了对党中央和习近平总书记的高度信赖和衷心拥戴，进一步强化了做好人民法院红色接班人的使命感和责任感。

培训班注重在管理模式上创新，从“德法兼修”“资政育人”培养目标出发，不仅注重教学育人，而且注重管理育人，最高人民法院政治部组织人事部部长李家军亲自担任培训班督导员，国家法官学院党委书记、院长孙晓勇亲自担任培训班班主任，将严管厚爱、使用与培训相结合落在实处。一年培训期间，受训学员党组织关系转入国家法官学院，由国家法官学院进行全程管理。受训学员在岗实践锻炼期间，每月两次回到国家法官学院进行党支部及党小组集中学习。在岗实践考核围绕政治理论、群众观念、业务能力、廉洁自律、工作作风、工作绩效进行综合考核，分为优秀、合格、基本合格、不合格四个层次。在线网络学习考核以是否完成必修课学习、同时达到规定学时为标准，分为通过与不通过。截至 2021 年 3 月 26 日，新入院人员培训班 66 名受训学员已在“最高人民法院云课堂”点击学习网络课件 5404 人次。入院培训结束前，政治部会同法官学院对新入院人员在岗实践锻炼情况实施考核，法官学院负责对参训学员集中脱产培训和在线网络学习成绩进行评估，并为每名学员出具培训考核评定意见，并将考核评定结果作为确定学员入院培训成绩档次的依据。

虽然最高人民法院第一期新入院人员培训班还在进行当中，但第一阶段教学与业已开展的在岗实践在线学习已凸显了本期培训班的历史意义、创新价值和标杆作用。本期培训班通过对最高人民法院机关2020年度的新入院人员，全员开展为期一年的系统培训，培养造就理想坚定、政治过硬、责任过硬、作风过硬的革命化高素质专业化年轻干部队伍，其历史意义在于：解决最高人民法院干部教育培训中的突出问题；帮助年轻干部系好人生第一粒扣子，迈好入院第一步；筑牢干部队伍政治思想根基。其创新价值体现在：最高人民法院干部队伍建设的新举措；政治思想建设的新改革；人才培养的新路径。其培训示范与标杆作用表现在：第一期新入职人员全员培训的示范作用；对各高级人民法院教育培训的示范作用；对全国干部教育工作的启示作用。

第三节　案例研究："一个案例胜过一沓文件"

一、最高人民法院司法案例研究院，案例法治的开端

习近平总书记指出："一个案例胜过一沓文件。"司法案例既是法官培训的研究对象，也是提高法官理论和专业素质的鲜活教材，更是提升法官审判质效的重要参考。司法案例与司法培训有着不解的渊源，在我党的司法培训史上，司法案例不仅是司法培训的形式，同时也是司法培训的内容。在中国特色社会主义法治建设进程中，司法案例不仅是促进类案类判的载体，更是社会公平正义的象征，是依法治国的见证人和实践者。深入开展司法案例研究、宣传与应用，是我党司法教育培训史上的优良传统，也是司法培训的应有之义。

早在中华苏维埃共和国时期，临时最高法庭和最高法院对各级裁判机关审判业务的指导，主要是通过对每个报批案件、复核案件的批复、训令、指示信来实现的。例如1932年4月20日临时最高法院的第二号训令，就江西省裁判部判决判定"经其审判的死刑犯无权上诉"违反了中央执行委员会1931年12月13日颁布的《关于处理反革命案件和建立司法机关的暂行程序》。1932年5月26日，临时最高法庭批示信中指出：朱多伸判处死刑一案不能批准，并非反

革命案,“朱多伸由枪毙改为监禁两年”。[①] 1934年3月25日《中华苏维埃共和国最高特别法庭特字第一号判决书》判处前中央执行委员、于都县苏区主席、渎职贪污被告人熊先碧“监禁一年”“期满后剥夺公权一年”,详细列举了熊先碧犯罪行为的《最高特别法庭临时检察长梁柏台控诉书》,被刊登在《红色中华》报上广为告知,[②]不仅是以案释法、指导审判的重要工具,而且是法制宣传、警戒犯罪的有效手段。1932年4月20日《临时最高法庭训令》、1932年10月14日《临时最高法庭给会昌县苏裁判部的指示信》、1932年10月15日《临时最高法庭给寻乌县苏裁判部的指示信》、1932年10月19日《临时最高法庭致会昌县苏维埃裁判部的信》、1934年2月20日《中央执行委员会命令》,均以公开的具体案例阐释了批复形式,指导下级裁判机构的司法审判工作。

陕甘宁边区政府继承了中央苏区的案例指导和案例培训传统,更为重视司法案例工作,不仅将指导性的案例上升为“判例”,而且有步骤、分类别地精选和发布判例,由陕甘宁边区高等法院院长做最后审核,通过法定渠道规范发布司法判例,共发布6批次刑事、民事判例,涵盖了1938年至1946年陕甘宁边区司法审判的经典案例。这些判例也成为陕甘宁边区司法培训的必修课程。对此,谢觉哉总结道:“告状的状词,判案的判词,都是说明道理,要使人一看就懂,而且心折。判词要剖析现微,合情合理,使败诉者不能不心服。上控案子总是原判失当,或者判得虽对而说得不清,遂致两造都上诉得累。从前有才的官,喜用四六判词,乔太守乱点鸳鸯谱的判词是说:‘夺人妇人亦夺其妇,两家恩怨,总息风波。’‘独乐乐不如众乐乐’‘三对夫妻各谐雨水’。上联说理,下联说情,不服的也自然服了。现在当然不要这些掉文了,但呆板地引用‘第几百几十条’也不是老百姓愿意听的。我意断案应根据条文,做判词应很通俗地说明道理,状词上提到的应给予回答,没提到的也应替他想到。务要判词出来,人人拍手,同时也就是一种实际的社会教育。”[③]

新中国成立后,继承和发扬了中华苏维埃共和国时期、陕甘宁边区司法案

---

① 郭玉元主编:《人民司法从这里走来》,江西省赣州市中级人民法院2010年10月15日编印,第148页。

② 《红色中华》报,1934年3月29日。

③ 艾绍润编:《陕甘宁边区判例案例选》,陕西人民出版社2007年版,第1页。

例工作的优良传统，尤其注重从司法案件中剖析存在的问题、总结审判经验、指导审判实践。1953年5月，最高人民法院为保护幼女身心健康，抽查了全国奸淫幼女类型的大量案件，开拓了“对类型案件进行总结”的先河，制定了《关于处理奸淫幼女案件的经验总结和对奸淫幼女罪犯的处刑意见》。1954年5月至1955年5月，最高人民法院组织分院和地方法院，批量检查了分析司法类案，形成了劳资纠纷、行车事故纠纷、婚姻债务纠纷、贪污、盗窃、烟毒、赌博等82个类案经验总结和处理意见报告，规范和促进了新中国成立初期的司法审判工作。1955年11月，董必武提出对刑事案件的罪名、刑种和量刑进行案件分析的要求。最高人民法院调集了全国各地法院的19,200件刑事案例，从中选出5500件作为案例分析素材，细致研判后，拟定了刑事审判工作通用的9类罪名和10个刑种，并选出了具有代表性的典型案例。1956年2月，《关于刑事案件罪名、刑种和量刑幅度的初步总结(初稿)》全部完成，提交第三届全国司法工作会议审议讨论。1956年7月13日，全国各省、市、自治区公安厅厅长、检察长、法院院长联席会议召开，周恩来总理在会上充分肯定新中国成立后两次镇反运动的巨大成绩，同时指出还有很多缺点和错误，要求抓住好的、中间的、差的典型进行分析。按照会议要求，各地法院重点对冤案、错案、积案进行了检查抽查和案例分析总结。①

党的十八大后，最高人民法院党组和周强院长高度重视案例工作。经中央编办批准，国家法官学院加挂最高人民法院司法案例研究院牌子。2016年9月30日，最高人民法院司法案例研究院在国家法官学院正式揭牌，与国家法官学院合署办公。司法案例研究是国家法官学院全方位服务法院队伍建设与司法审判工作的新领域，也是党的十八大后人民法院教育培训工作职能的新拓展。揭牌当日，中国司法案例网开通，公布首批司法案例研究成果，周强院长出席揭牌仪式并发表讲话。周强院长指出：党的十八大以来，以习近平同志为总书记的党中央对全面推进依法治国作出重大部署。党的十八届三中全会提出了“加快建设公正高效权威的社会主义司法制度，维护人民权益，让人民群众在每一个司法案件中都感受到公平正义”。党的十八届四中全会专题研究依

---

① 《当代中国的审判工作(上)》，当代中国出版社1993年版，第70～75页。

法治国问题,并提出“加强和规范司法解释和案例指导,统一法律适用标准”,为加强司法案例研究工作进一步指明了方向。周强院长强调:最高人民法院决定成立司法案例研究院,就是要凝聚各方面人才,共同参与司法案例的收集、生成、研究、成果转化和中外司法交流工作,着力建设国际一流的司法案例数据库和研究中心。

2017 年 7 月 28 日,为加强全国法院司法案例研究工作,最高人民法院在国家法官学院召开司法案例工作推进会,周强院长以《构建司法案例研究大格局,开创司法案例应用新局面》为题发表了讲话,周强院长指出:当前,人民法院司法案例工作还不能适应形势的变化,存在一些问题和不足,包括对案例的法治价值认识不到位;指导案例制度还不够健全,指导案例引用规则还不明确,指导作用尚未充分发挥;对重大案例研究不深,宣传不够;案例工作思维传统、方法陈旧、缺乏资源整合;最高人民法院各业务庭室和直属单位多头要求下级法院报送案例,增加下级法院负担;案例编写标准不统一,缺乏权威规范的案例发布平台等问题。周强院长强调:最高人民法院司法案例研究院要深入学习贯彻习近平新时代中国特色社会主义思想,加强和推进人民法院司法案例工作,积极构建司法案例研究大格局,建设司法案例研究智库,汇聚古今中外经典司法案例和人民法院优秀案例资源,开创人民法院司法案例生成、研究、应用新局面。

在上述两次会议上,有关如何加强新时代司法案例工作,周强院长进行了全面阐述,勾勒了中国特色社会主义案例法治的基本框架。

第一,有关案例工作理念,周强院长强调要始终坚持以中国特色社会主义法治理论引领中国司法案例的研究与实践,以我为主、兼收并蓄、突出特色,自成体系。

第二,有关案例工作机制,周强院长指出:最高人民法院各业务庭室和直属单位要将中国司法案例网作为接收下级法院报送案例、社会各界推荐案例的统一平台,坚决统一各类司法案例的报送和接收渠道,任何部门不得另辟渠道向下级法院和个人索要案例及其作品。各部门形成的案例研究成果也要统一汇集到平台,方便法官查阅、研究。每年数以千万份的裁判文书都能够在全国法院裁判文书网上统一公布,每年数以万计的典型案例及其作品更能够做到在中国司法案例网上统一报送和展示。最高人民法院各部门对从中国司法案例网平台上提取的案例，形成最终研究成果后，要在发表、出版的同时再汇聚于平台，以形成案例报送、提取和研究入口与出口的统一，最大限度地实现案例资源、司法信息与研究成果共享。

第三，有关中国司法案例网与案例库建设，周强院长要求把中国司法案例网建设成服务法官办案的智能、高效、便捷平台，建设成为服务指导性案例生成的平台，建设成为法学理论的研究平台，建设成审判执行业务的研究平台，建设成普及法律知识平台。有关典型案例库建设，周强院长强调要依托中国司法案例网，把最高人民法院司法案例库建设成为囊括古今中外典型司法案例的、具有全球影响力的司法案例库。

第四，有关案例研究人才队伍建设，周强院长要求要以首席研究员为领军人物组成专家团队开展案例研究，充分发挥司法案例研究院专家委员会专家的作用。要聚合法官队伍中的案例研究人才和法律信息人才，调动法院系统内部的积极性，把法院的人才用好。要凝聚各方面人才，共同参与司法案例的收集、生成、研究、成果转化和中外司法交流工作。

第五，有关案例研究与案例教学，周强院长要求充分运用平台思维，调动多方面积极性，密切合作、开放共赢，促成案例研究百花齐放新格局。要聚焦案例研究重点，探索建立案例研究成果评价机制，不断提升案例研究质量和水平。要积极开展国际热点案例研究。要总结研究中国案例应用经验，加强案例理论研究，形成中国特色的司法案例学，指导案例的教学与实践。要加强培训，提高法官案例应用的理念与意识，提升案例运用能力。要应用大数据研究方法，加快推进案例研究方法的提升与变革。

第六，有关司法案例国际交流，周强院长强调指出：司法案例是国际司法交流的重要载体，是促进司法文化交流的重要手段。要以案例为载体，通过“走出去”与“引进来”双向互动，构建国际司法交流合作大平台。

二、案例研究服务审判，服务法官，规范裁判

自 2016 年 9 月最高人民法院司法案例研究院成立至今，司法案例研究院努力提高政治站位，认真落实最高人民法院党组的工作部署，积极服务党和国

家中心工作,服务审判执行工作,服务法官办案需求,全方位推进了司法案例系列工作。

第一,加强中国司法案例网建设,努力打造案例收集生成平台。自 2016 年中国司法案例网建成上线以来,通过三次上级功能、更新页面、优化检索流程和后台管理,对网站研究成果、案例推选、热点追踪等内容进行高质量、高密度的更新,借助大数据分析技术,通过分析中国裁判文书网中用户访问痕迹,选出全世界用户最关注的各维度热点文书,通过精编后,作为大数据特色专题和定制化专题予以广泛推送。网站上线以来,注册用户 67.88 万人,众筹案例 1.36 万篇,发文总数 1496 篇。依托平台建立了人民法院案例通讯编辑队伍,包含 31 家高级法院(含兵团分院)共 42 位通讯编辑。利用信息平台支持环资庭评选年度"十大环境资源审判优秀案例"、与新闻局合作评选"推动法治进程十大案件"、与中国案例法学会合作评选"十大影响性诉讼",与教育部合作共建"教育案例库"。注重平台效应,积极传播案例好声音,司法案例研究院官方微信号稳居全国法院新媒体官方排名十强,2020 年 8 月排行榜仅次于最高人民法院官方微信、位列全国法院排名第二。目前,案例院官方微信号累计关注用户 41 万人,累计推送文章 4871 篇,2020 年读者阅读量高达 1069 万次,阅读过万文章 208 篇。2020 年"两会"期间,司法案例研究院官方微信紧密配合宣传最高人民法院工作报告、代表优秀提案、民法典专题和社会主义核心价值观推文,公众号推文总阅读量创历史新高,达到 255 万人次,成为司法案例研究领域的重要线上交流平台。

第二,全面建设中国司法案例网司法案例库。已收录以指导性案例为代表的各类典型案例 5.2 万个。建成了 4 个分库、13 个子库、42 个专题库的中华法系案例数据库,精选了善本 52 套、法律典籍 100 卷加工入库,精选古代司法文献 214 篇,入库中华法系案例 1200 个,收录中华法系电子文献资源 8000 万字。构建了中国当代司法案例专题数据库 22 个,囊括教育案例库、文化传媒案例库、弘扬社会主义价值观案例库、案典案例库。逐步开展域外典型案例的收集、整理与研究工作,建设收录了部分涉"一带一路"国家典型司法案例和葡语案例,分专题、分领域建设了 12 个国家的司法案例库,包括俄罗斯最高法院案例、吉尔吉斯斯坦最高法院案例、乌兹别克斯坦最高法院案例、韩国最高法院案例。

上述数据库建设扩大了司法案例研究院在法治建设、法学研究和法治宣传中的影响力，最大限度地凝聚案例工作共识，汇聚各方智慧，服务法治政府、法治国家和法治社会一体化建设。

开发建设典型案例数据库。2017 年，国家法官学院与有关单位以《中国审判案例要览》为核心资源，拓展链接相关法律法规、图书资料等各类数据而开发建设的案例综合数据库——中国审判案例数据库上线。作为《中国审判案例要览》的数字产品和拓展产品，该数据库得到了业内人士的广泛赞誉，荣获 2019 年数博会第二届新闻出版大数据高峰论坛“数字出版创新成果”奖、第十二届新闻出版业互联网发展大会“优秀知识服务平台”大奖。该数据库以《中国审判案例要览》案例资源为主开发。《中国审判案例要览》系中国高级法官培训中心（国家法官学院前身）与中国人民大学法学院自 1993 年起合作编辑出版的年度案例经典汇编。2005 年 8 月，《中国审判案例要览（精选本）》英文版出版，作为第 22 届世界法律大会礼品赠送给参会各国代表。截至 2019 年，《中国审判案例要览》共出版 24 套 96 卷 61 册系列丛书，精选了全国各级人民法院审结的典型案例 11，000 个。中国审判案例数据库的成功上线，为强化案例研究、辅助实施案例指导制度、繁荣应用法学研究做出了新的尝试。

第三，以研究为立院之本，深入推进司法案例研究。2017 年司法案例研究院聘任了首席研究员 12 人、专家委员会成员 72 人，成立了案例研究学术委员会，构建了以首席研究员、专家委员会为核心，各级法院为主体，社会各界有志人士积极参与的司法案例研究格局，通过开展“优步案”“胚胎案”“英国脱欧公投诉讼”“于欢案”“抖音国际版违规收集儿童数据被罚案”“美国长臂管辖司法应对研究”“2020 年美国总统选举诉诸司法前景分析报告”等系列研究及其成果上报，及时回应当前社会关注的热点、焦点案例，发挥智库功能，服务司法决策。4 年来，司法案例研究院通过公开发布司法案例研究课题、特别委托课题等方式，共发布 3 批 57 个司法案例研究课题，引导凝聚各国家机关从事法律研究人员、律师、政法院校师生等社会各界人士共同参与司法案例研究。其中课题“指导性案例司法适用的现状与前景”研究成果发表在《法学研究》，课题“三大诉讼裁判文书风格与案例要旨接轨机制研究”代表性成果发表在《中国法学》等法学类权威期刊上。作为中国法学会案例法学研究会的常务副会长单位,协助案例法学研究会成功换届并举办年会,会聚全国案例法学研究人才,构建案例研究百花齐放、百家争鸣的新格局。

司法案例研究院成立4年来,编辑发行了57期《国内外热点案件信息周报》、12期专刊,刊发了3486篇案件资讯、89篇深论文章,重点关注世界范围内各国最新热点案件,及时跟踪研究域外热点案件的进展和走势,为掌握国外司法裁判与政治、经济、法治发展提供鲜活的司法信息资料。拍摄《聂树斌案》《于欢案》视频宣传片,组织出版《保护企业家权益　弘扬企业家精神典型案例》《法官视野中的案例研究》《司法案例大讲坛》《中国审判案例要览》《中国法院年度案例》等案例书籍,对案例进行深入挖掘和系统研究。编辑出版了全国法院统编教材《司法信息学》,弥补了人民法院信息化建设教材空白。编发了27期《司法案例研究信息》,及时推送案例研究报告与咨询报告。编辑出版了49期《法律适用·司法案例》期刊,刊发了460篇当代司法案例研究优秀论文,集中刊载和宣传我国司法案例研究优秀成果,成为案例学术交流的重要载体。

第四,重视司法责任制改革推进过程中案例研究的引领作用,努力构建案例应用大格局。注重编写案例教学与教材,总结中国案例应用经验,编辑出版《民法典新规则适用典型案例》《刑法修正案(十一)新规则案例适用》《司法审判案例指导与参考》第1~3辑,将案例思维、大数据工具、互联网方法、法学理论与司法实践紧密结合。为落实院党组和周强院长对加强新时代司法案例工作的系列要求,司法案例研究院举办了4期案例专题培训班,近600名法官参加了研修培训。在胡云腾大法官的策划、主持下,司法案例研究院成功举办了26期案例大讲坛,通过对260个新型、典型、热点案例进行研讨,深入挖掘司法实务问题解决方案,为司法审判实践提供参考,为法学教育、法治宣传与法治中国建设提供服务,打造了具有中国特色和国际视野的案例话语体系,受到了社会公众乃至国际司法界的广泛关注,创立了人民法院案例研究经典品牌。其中,"正当防卫""司法案例弘扬社会主义核心价值观""高空抛物坠物""服务防控大局、助力复工复产""环境公益诉讼""涉冷冻胚胎类案研究""新经济视野下劳动争议纠纷解决"等主题案例大讲坛深受社会关注,充分发挥了典型案例助力司法审判实践、弘扬社会主义核心价值观的积极作用。与中央电视台联合发布“2017 年推动法治进程十大案例”“2018 年推动法治进程十大案例”，第 16 期案例大讲坛发布了“人民法院依法平等保护民营企业家人身财产安全十大典型案例”，第 19 期案例大讲坛发布了“依法平等保护民营企业家的人身财产安全”六大典型案例，第 20 期案例大讲坛发布了未成年人权益保护与少年司法创新九大典型案例，服务司法审判实践，助推裁判尺度统一。

第五，以案例为载体，初步开展了司法案例国际交流工作。注重宣传中华法系司法文明，传播中国特色社会主义优秀案例成果，建设了中华法系文献阅览室，馆藏了各类精品中华法系优秀典籍 3500 册，组织出版了《中华法系司法案例秋审案例》（18 册）、《清代判牍案例汇编》（50 册），编辑《中华法系司法案例文明》（三辑），传承、弘扬中华法系司法文明。在《司法案例信息周报》开设“各国最高法院动态”栏目，在《法律适用 · 司法案例》期刊开设“域外案例”栏目，关注并深入研究域外热点重点案例。依托中国司法案例网平台，以“金砖五国”为重点，密切关注域外案例电子数据库和域外司法机构数据库，获得域外网站案例资源。在最高人民法院国际合作局指导下，探索与域外新加坡、阿布扎比及葡语国家建立案例互换机制。与有关单位合作翻译出版了《“一带一路”海事海商案例汇编（英文版）》，为中国企业“走出去”提供法律支持，为“一带一路”建设提供司法服务。

第六，构建“两位一体”、协同发展的案例研究新格局。中国法学会、最高人民法院党组 2018 年推选胡云腾大法官担任新一届中国法学会案例法学研究会会长。案例法学研究会秘书处设在国家法官学院，不仅表明了中国法学会、最高人民法院院党组对司法案例研究工作的高度重视，更是构建了司法案例研究院与案例法学研究会“两位一体”、协同发展的案例研究新格局。2019 年 4 月 19 日，案例研究院携手案例法学研究会、法律出版社、《南方周末》报社共同发布“2018 年影响性诉讼十大案例”，迈出“两位一体”、协同发展第一步。司法案例研究院、案例法学研究会将以新一届案例法学研究会理事会换届选举为契机，充分凝聚法院、公安、检察、司法行政机关与重点高校、律师协会的法律界人士、专家学者协同开展案例研究，最大限度地发挥实务界与理论界的双方合力，推动新时代司法案例研究向纵深发展，建设具有国际影响力的中国特色案例研究机制与研究平台。

各地法官培训机构针对法官教育培训需求与法官职业培训特点,不断强化和创新案例教学法。国家法官学院天津分院率先在预备法官培训中实施“四步骤个案全程教学法”。第一步,精选案例,培养专业思维。从审结的案件中精选典型案例,培训前将案件卷宗副卷等全部诉讼材料发给学员。培养学员像法官一样看到全部案件材料,了解实践中的诉讼材料分类、内容和特点,增强对法官办案的感性认识。第二步,细化办案过程,强化全面技能训练。结合法官办案特点,从收案到结案的9个环节工作,即收案后审查的主要内容、组织庭前交换证据、拟制庭审提纲、归纳诉辩各方争议焦点、梳理审查和证据材料、寻找案件所适用的法律、组织庭审、调解技巧、制作判决书环节,培养学员在办案全程中得到全方位训练。第三步,指导教师(法官)传授办案技巧,学员交流“办案”体会。由指导教师(法官)从上述9个办案环节入手,分别讲授各环节法官“做什么”“怎么做”和“为什么这样做”的办案经验。同时,采取学员预习、小组讨论、大会交流相结合的方式,界定学员作为办案第一人,启发学员独立思考,提高办案技能。第四步,以庭审为中心,实践庭审裁判过程。围绕庭审和裁判文书制作重点环节,组织学员分组进行模拟庭审,学员以不同身份直接参与庭审,庭审结束后由指导教师(法官)现场点评,规范庭审行为,传授庭审技巧。同时,每位学员独立制作裁判文书,指导教师(法官)点评裁判文书,起到“画龙点睛”的作用。“四步骤个案全程教学法”针对性强、实践性强、客观真实,有力提升了学员的司法审判职业技能。①

三、围绕“世界一流案例研究中心和高端智库”建设的大调研、大规划、大提升

2021年2月23日,最高人民法院党组专题听取司法案例研究院工作汇报,周强院长强调指出:设立司法案例研究院,是最高人民法院落实习近平总书记“一个案例胜过一沓文件”重要指示,加强案例研究、服务司法审判的重要决策。司法案例研究院要以习近平法治思想为指引,增强“四个意识”、坚定“四个自信”、做到“两个维护”,提高认识,提高站位,以打造世界一流司法案例研

① 天津市高级人民法院:《建国以来天津法院教育培训工作总结》,2020年3月12日。

究中心和高端智库平台为目标，稳中求进、守正创新，明确定位、补齐短板，服务大局、深化研究，全面推动人民法院司法案例研究工作创新发展。

为规划落实最高人民法院党组和周强院长关于案例研究工作的新要求、新目标，司法案例研究院院长孙晓勇带领相关部门负责人组成调研组，就如何打造世界一流案例研究中心和高端智库，如何服务党和国家中心任务，如何服务最高人民法院党组部署，如何服务机关各审判业务部门，如何服务司法审判一线法官，展开大调研、大思考、大论证。2021 年 3 月 1 日至 4 月 6 日，调研组分别前往最高人民法院新闻局、审管办、研究室、环资庭、民二庭、执行局、民四庭、刑三庭、刑一庭、刑四庭、刑五庭、民一庭、审监庭、信息中心、出版社、国合局、刑二庭、法研所、立案庭、民三庭、行政庭等 21 家单位深入听取意见，征求改进司法案例研究工作建议。明确了以下工作思路：

第一，坚持以习近平新时代中国特色社会主义思想为指导，提高案例研究政治站位。坚持以习近平新时代中国特色社会主义思想为指导，深入贯彻习近平法治思想，提高案例研究政治站位，努力做到案例研究服务党和国家大局，服务社会经济发展，服务“国之大者”。要通过案例研究，让人民群众在每一个司法案件中感受到公平正义。要统筹全社会案例研究资源，设立专项课题，组建专家团队，通过典型司法案例研究，全面、系统、深入开展习近平法治思想的学习研究宣传工作。

第二，制定世界一流案例研究中心和高端智库建设标准，坚持案例研究为党中央、院党组提供决策参考，为立法机关提供规则制定依据，为广大法官提供裁判指引，以为国际社会宣讲中国司法智慧为宗旨，努力打造世界一流司法案例研究中心和高端智库平台。学习研究习近平法治思想、经济思想和生态文明思想，运用大数据分析类案规模趋势的变化，观察经济社会发展现象，研究国家治理、社会管理和审判执行中的热点、难点和规律性问题，从司法审判端为中央决策、国家经济社会发展和人民法院工作发展提供咨询服务，打造中国特色社会主义司法案例研究新高地。

第三，坚持以各界力量共同参与的众创理念，提高案例研究的平台效应。充分发挥司法案例研究院在全国法院系统案例工作中的服务和枢纽功能，以众创理念补齐案例研究短板，搭建案例研究平台，推动案例研究高质量发展：

(1)联络参训法官和各高院案例通讯编辑,坚持参训学员“案例+疑难问题两带来”制度,引导学员积极参与案例研究,通过各高级人民法院案例通讯编辑带动各地法院案例研究工作新发展;(2)联络中华司法研究会和中国法学会案例法学研究会,建立“一院两会”司法案例研究新机制,推出复合型高端研究新成果;(3)联络海内外案例研究专家,提升案例研究国际水平,促进案例研究高质量发展;(4)联络最高人民法院各部门,紧紧依靠最高人民法院法官资源和案例资源,探索实行“院院合作”新模式,推出系列案例研究精品成果;(5)联络发改委等经济管理部门、国家文物局等文化管理部门,开阔司法案例研究视野,发挥社会各界案例研究资源作用,促进形成司法案例大研究格局。

第四,坚持以信息化建设为依托,升级中国司法案例网,为法官办案提供便捷应用平台。重启并升级中国司法案例网,确保党组确定的“推案例、找案例、用案例,就上中国司法案例网”建设目标的顺利实现,把中国司法案例网建设成人民法院信息化4.0版目标中的样板工程,为法官办案提供便捷应用平台服务。依托中国司法案例网坚持以服务审判执行工作为宗旨,建设系统、权威、动态、好用的司法案例数据库。重点建设成体系的典型案例库。以最高人民法院指导性案例、公报案例、各地参考性案例、各类典型案例为基础,以民法典案例数据库和金融案例数据库为重点,建设包含各类案件、各项罪名、各个案由的带有指导规范意义的典型案例库,为统一司法裁判标准、深化司法案例研究提供智能化服务。

第五,贯彻“稳中求进,守正创新”指导思想,巩固案例研究既有品牌,创新案例研究方式方法。2021年,以纪念《中国审判案例要览》丛书编辑出版30年、《中国法院年度案例》丛书编辑出版10年为契机,发挥老品牌新作用;统筹发挥司法案例研究课题、案例大讲坛、《司法案例研究信息》、案例研究院微信公众号、案例研究与指导丛书出版等既有平台作用,深化拓展案例研究;围绕党和国家中心工作,创新案例教学、案例微课程开发、网络研究交流平台等研究渠道,针对社会热点、审判难点、案例焦点,推动案例研究创新发展。

第六,坚持拓展司法案例国际交流,讲好中国法治故事,增强案例研究的国际话语权。深入贯彻习近平法治思想,坚持统筹推进国内法治和国际法治相结合,积极研究国际法治中的重大新型案例,重点突出“一带一路”沿线相关司法案例研究,服务构建人类命运共同体。通过案例宣传中国司法公正形象,开阔国际视野、增强国际司法话语权,积极开展域外案例交流工作,形成常态化、系统化的中国司法典型案例外翻机制,在涉外培训中开设案例课程,以好案例讲好中国法治故事。

第七,坚持人才优先的发展理念,重构案例研究人才队伍,汇聚案例研究高端智库。以案例研究院建院五周年为契机,树立高端站位,开阔国际视野,重新构建案例研究院首席研究员队伍、专家委员队伍、研究员队伍;充分发挥司法案例研究平台会聚人才的功能,广泛吸纳国内外专业人才共同深化司法案例研究;探索与知名高校和品牌研究机构共建合作研究机制,引领司法案例研究方向;探索建立海外专家、一线法官、高校学者在案例研究院挂职、研究机制,全面提升新发展阶段案例研究院质效水平。

第四节　国际交流:涉外培训大发展

一、法官国际交流中心

党的十八大以来,各级法官培训机构全力推进司法外交,成为中国司法国际交流的重要窗口。国家法官学院作为最高人民法院法官国际交流中心,接待了大批国外司法政要的参访活动。2015 年 9 月至 2019 年 7 月,36 个国家的最高法院院长、首席大法官前来国家法官学院参访。地方法官培训机构也纷纷走出国门,扩大法官培训国际交流,开阔法官培训国际视野。2012 年 10 月,经最高人民法院和国家外国专家局批准,内蒙古自治区法官学院组织各盟市法院 18 名资深法官组成培训团到美国进行学习培训。2013 年 8 月,内蒙古自治区法院系统德国司法制度与审判技能培训班 20 名法官赴德国进行培训学习。[①]国家法官学院广泛开展了与国外司法培训机构、国外高等院校的办学合作。

2015 年国家法官学院新校区启用以来,加拿大、德国、古巴、克罗地亚、阿

① 《内蒙古自治区法官教育培训工作概述》,2020 年 3 月 15 日。

塞拜疆、越南、哈萨克斯坦、阿尔巴尼亚、波黑、爱沙尼亚、拉脱维亚、立陶宛、马其顿、黑山、塞尔维亚、葡萄牙、英国、秘鲁、澳大利亚、玻利维亚、芬兰、泰国、意大利、新加坡、苏丹、莫桑比克、圣多美和普林西比、南非、巴基斯坦、阿富汗、乌兹别克斯坦、比利时、摩洛哥、巴拿马、朝鲜等36个国家的最高法院院长、首席大法官,匈牙利、波兰、斯洛伐克、法国、巴西等5个国家的大法官,国际法院院长,巴西法官协会主席等共39个国家、国际组织的40名司法政要参访了国家法官学院。通过参访,扩大了中国和相关国家、国际组织的司法合作与交流,展示了中国法治建设成果,宣传了中国特色社会主义的制度优势。

2016年以来,国家法官学院贯彻"走出去"和"请进来"的对外开放合作方针,努力构建法官教育培训国际合作新格局,与北美洲、欧洲、亚洲、拉丁美洲的15个国家的16所高等院校、司法培训机构建立了合作关系。先后与德国国际合作机构(GIZ)、加拿大蒙特利尔大学法学院、韩国司法研修与培训学院、蒙古国司法研修与培训学院、斯洛伐克司法官学院、巴西司法官学院、尼泊尔司法官学院、哈萨克斯坦司法官学院、法国国家司法官学院(ENM)、玻利维亚司法官学校10所高等院校、司法培训机构签署了《司法合作谅解备忘录》,开展了富有成效的司法合作。

国家法官学院与加拿大蒙特利尔大学法学院的交流合作始于1997年,是国家法官学院开展最早的国际合作项目。2014年4月,国家法官学院和蒙特利尔大学法学院共同签署了《中国国家法官学院与加拿大蒙特利尔大学法学院司法培训合作项目框架协议》(2014~2016年),3年间每年组织一期法官代表团赴蒙特利尔大学法学院培训,时间21天,人数16~20人。该项目得到了两国政府的高度重视,2016年9月,李克强总理访问加拿大,该项目被纳入两国政府官方合作项目,双方签署了《中国国家法官学院与加拿大蒙特利尔大学法学院司法培训合作项目框架协议》(2017~2019年),国家法官学院分别于2017年、2018年选派培训团前往蒙特利尔大学法学院,以"弱势群体权益司法保护"和"加拿大法院职能及准司法在社会治理中的作用"为主题进行了21天的培训。2018年1月,周强院长会见蒙特利尔大学校长盖伊·布雷顿(Guy Breton)一行,希望今后双方在司法培训、司法案例研究和司法人工智能等领域进一步加强交流合作。2019年6月中加司法交流座谈会在国家法官学院举办。加拿大代表团分别在最高人民法院、北京互联网法院、阿里巴巴北京总部、北京知识产权法院、北京韩村河村进行了交流研修。本次座谈会为中加司法交流互鉴开创了新局面。

国家法官学院与德国国际合作机构(GIZ)在法官培训领域的合作是国家法官学院国际合作的传统项目。该项目2000年开展，自2005年起被纳入两国政府的合作计划中，成为中德两国法治国家对话项目的重要组成部分。截至2019年，国家法官学院已在学院本部及分院举办了近70期"德国法律适用方法"培训班，每期培训班100～120人，选取中国疑难和典型案例，运用中国的法律，采用德国的案例分析方法(归入法、关系分析法)分析案件，得出结论。编写出版了《德国法律适用方法》系列书籍，2016年至2017年已经翻译了20个德国最高法院典型案例，并由中方专家对每一个案件写出提要，准备汇集出版。联合举办中德法官交流研讨会，会议每年一次，交替在国家法官学院和德国法官学院举行，截至2019年7月，有400余名中德两国法官参加了11期研讨会，为中国法官与德国同行建立了广阔的交流平台。项目开展以来，每年组织一期赴德国及其他欧洲国家专题交流团，前往德国各级法院、司法部、高等院校及司法机构进行专题交流，内容涉及法官培训、消费者权益保护、环境司法、涉互联网案件的司法应对、家事审判问题、知识产权司法保护、弱势群体权益保护等内容。专题交流团由国家法官学院教师、法官及国家法官学院分院教师组成。

国家法官学院与法国国家司法官学院(ENM)自2002年起建立了长期稳定的合作关系，2017年5月，国家法官学院与法国国家司法官学院签署了司法合作协议，继续开展双方已经持续了15年的两国司法培训交流合作，法国国家司法官学院分别于2017年至2019年选派三批准司法官来国家法官学院进行研修，国家法官学院教师就中国司法制度及司法体制改革最新成果等主题为准司法官进行专题讲授。2014年7月，国家法官学院和韩国司法研修与培训学院签署了《合作谅解备忘录》，国家法官学院分别于2015年、2017年、2019年组团赴韩进行司法研修。2016年5月，韩国司法研修团一行6人来国家法官学院进行了为期5天的专题交流，2018年5月，以韩国高等法院首席法官、司法研修与培训学院院长成乐松为团长一行6人来院开展为期5天的研修活动。

2018年11月,国家法官学院和韩国司法研修与培训学院举办"中韩家事审判"视频交流研讨会,中韩两国200余位法官参加了研讨。为落实《中国—老挝司法合作项目谅解备忘录》,云南省法官进修学院派出法官与教师赴老挝访问并讲学。2012年8月为老挝法院培训法官1期15人。2018年8月来自尼泊尔法官研修班的25名法官在云南就中国法律文化、中国司法制度等内容进行考察研修。①

二、国内法治与涉外法治

涉外司法培训是法官培训对外交流、宣传中国法治的主要途径之一。党的十八大以来,国家法官学院及地方法官培训机构注重国内法治与涉外法治共同推进,加大力度宣讲中国法治故事,实现了涉外培训大发展。

2007年5月,第一期蒙古国法官研修班的成功举办拉开了国家法官学院对外司法培训的序幕。在2007年至2012年的对外司法培训的探索阶段,培训对象仅涉及亚洲5个国家的144名司法官员。自2013年起,国家法官学院对外培训迅速扩大,进入快速发展阶段,培训对象除亚洲各国外,拓展到非洲、南美洲,来自22个国家的260名国外司法官员来华参加培训。2017年6月,在第三次全国法院外事工作会议上,周强院长强调:要加大对外司法援助力度,扩大援外法官培训的范围和规模,加大对"一带一路"沿线国家司法机关的援助。2021年3月30日至4月1日,国家法官学院举办第二期老挝法官研修班,研修班以视频连线形式举行,中国最高人民法院院长周强、老挝最高人民法院院长万通·西潘敦参加了开班式并致辞。中国驻老挝大使姜再冬出席开班式。老挝最高人民法院法官等25名老挝法官参加了为期3天的视频研修。研修班以"中国独任审判制度""中国知识产权审判制度""新冠疫情期间中国人民法院审判工作经验"为主题开展专题讲座,并进行双方交流研讨。

为落实最高人民法院党组和周强院长的指示精神,2018年国家法官学院将对外司法培训的范围又扩展到东欧和拉丁美洲及区域性大国,2018年5月,克罗地亚法官研修班的成功举办拉开了东欧国家法官培训的序幕;同年8月,

---

① 云南省高级人民法院:《法官学院简史》,2020年3月20日。

首届土耳其法官研修班的成功举办，来自土耳其的45名司法官员来华进行了为期18天的研修，成为国家法官学院历届国外法官培训规模最大的一期，开启了地区性大国司法培训新篇章。2018年，共有来自37个国家的285名司法官员来华进行了交流研修，培训国外法官的总期数及总人数超过了前5年的总和。

涉外司法培训坚持以习近平外交思想为指导，紧紧围绕并服务于“一带一路”等国家外交战略。2013年9月，习近平总书记提出了“一带一路”建设合作倡议。为贯彻习近平总书记新时代外交思想，在最高人民法院的统一安排指导下，2013年至2017年，国家法官学院共举办了12期国外法官研修班，培训了22个国家的法官260人，包括亚洲的蒙古国、韩国、马来西亚、缅甸、泰国、尼泊尔、阿塞拜疆、格鲁吉亚、哈萨克斯坦、吉尔吉斯斯坦、塔吉克斯坦、乌兹别克斯坦，欧洲的法国，南美的巴西、玻利维亚，非洲的马达加斯加、马拉维、尼日利亚、苏丹、南苏丹、坦桑尼亚、赞比亚等国法官。玻利维亚最高法院院长、首席大法官马马尼亲自担任团长，率领25名法官参加了在国家法官学院举办的为期16天的“第一期玻利维亚法官研修班”，并前往延安、西安参观考察，玻利维亚法官们深切感受到了新中国的革命历史和文明传承。党的十九大后，对外司法培训驶入“快车道”。2018年，国家法官学院共举办13期国外法官研修班，来自亚洲、非洲、拉丁美洲、欧洲的285名司法官员在国家法官学院进行了交流研修。2019年，国家法官学院举办国外法官研修班18期，来自东亚、东南亚、南亚、中亚、南美洲、非洲、拉丁美洲、欧洲的约400名司法官前来国家法官学院参加培训。2019年国家法官学院甘肃分院首次举办了摩尔多瓦和乌兹别克斯坦法官研修班，通过交流互鉴，共同推动解决司法工作中遇到的难题，提高了维护公平正义的能力和水平，开创了“一带一路”司法合作的新局面。①

国家法官学院精心设计“一带一路”涉外法官培训课程体系及活动安排，形成了具有中国司法培训特色的涉外培训“四大板块体系”。

第一板块：综合培训。包括中国历史与文明，习近平新时代中国特色社会主义思想，习近平法治思想，“一带一路”下的国际格局与大国外交，“一带一

① 《甘肃分院培训史料》，2020年3月15日。

路”沿线经济合作及中国改革开放和经济建设。

第二板块:中国特色法律文化及司法制度。包括中华法律文化传统与当代中国法治、中国司法改革成就,中国司法制度及法官培训制度介绍,多元化纠纷解决机制及“一带一路”概念下的中国国际司法协助。

第三板块:现场教学、庭审观摩、交流座谈。包括参访最高人民法院、北京市相关法院、其他省(自治区、直辖市)法院,旁听各类案件法庭审理,并与主审法官交流座谈,直观感受中国司法审判和法治建设。

第四板块:中国文化深度体验。除司法培训外,“一带一路”涉外培训还安排参训法官参访阿里巴巴、腾讯、京东等中国企业,实地感受中国经济发展状况;安排参训法官体验中国传统文化,感受中华文明国粹魅力;安排中国历史文化参观考察,包括故宫、长城、国家博物馆、国家法院博物馆、其他省(自治区、直辖市)的历史文化景观,参观“一带一路”国际合作高峰论坛会址,让国外法官实地感受中国法文化的悠久历史和深厚底蕴,感受“一带一路”国家战略体现出的和平、交流、理解、包容、合作、共赢的时代精神。

国家法官学院注重参与多边司法培训会议机制,用好多边司法交流舞台,开拓并参与有关国际司法组织的会商交流合作。国际司法培训组织(IOJT)成立于2002年的耶路撒冷会议,是世界上最大的法官培训国际组织,旨在促进全球法治、支持世界各地司法培训机构开展工作,促进各国司法培训机构之间的合作与信息交流。国际司法培训组织自成立起至2017年11月,每两年举办一次国际会议,目前已吸引来自全球80个国家的130个成员加入。国家法官学院是国际司法培训组织的创始成员机构,派员出席了第一届至第四届以及第七届、第八届国际司法培训会议并做了大会发言,介绍了中国司法制度和法官培训制度,提升了中国司法培训的国际影响力。国家法官学院将继续以宣讲习近平新时代中国特色社会主义思想为核心任务,将展现中国社会经济发展与法治建设伟大成就作为主要内容,为涉外法治及“一带一路”倡议提供智力支持和司法培训服务。

我国港澳台地区与内地(大陆)血脉相连、文化相通。在全面推进国外司法合作的同时,国家法官学院还积极开展港澳台法官培训交流。2016年至2019年,国家法官学院先后举办了“澳门特别行政区第五届准司法官入职培训班”及4期“司法范畴培训班”，31名澳门司法官参加了培训。2011年7月12日，澳门终审法院院长岑浩辉率澳门特别行政区法院代表团一行10人参访国家法官学院。2016年6月29日，香港特别行政区终审法院首席法官马道立率领香港特区司法机构访问团参访国家法官学院。2013年6月，我国台湾地区司法研习所吕太郎所长一行4人访问国家法官学院。2015年11月，以林辉煌为团长的我国台湾地区两岸互助交流团访问国家法官学院。2019年5月，受香港中联办委托，国家法官学院成功举办了“第五期中国委托公证人研修班暨第十二批新增中国委托公证人专题培训班”，第十二批中国委托公证人、中国法律服务（香港）有限公司、中国委托公证人协会相关代表共64人接受培训。2019年6月，国家法官学院与国际公益法律服务协会成功举办“第一期粤港澳大湾区法律人才研修班”，来自香港的36位法律界人士参加研修。国家法官学院积极加强粤港澳司法交流与协作，为粤港澳大湾区建设贡献了司法智慧和服务保障。2021年3月21日至27日，国家法官学院举办了“第五期澳门特别行政区司法范畴培训班”，包括终审法院全体3名法官在内的17名澳门司法官在杭州进行了为期7天的培训学习。最高人民法院常务副院长贺荣、澳门终审法院院长岑浩辉参加了结业仪式暨深化两地司法合作座谈会。本期培训班的成功举办，标志着最高人民法院完成了对澳门所有现职法官的全员轮训。

三、东盟基地、舟曲基地、广东葡语培训基地

国家法官学院不断创新国际交流模式，不但在国家法官学院本部积极拓展涉外司法培训，还从“一带一路”国家发展战略出发，在全国各分院中通盘布局、设立国际交流基地，构建了以国家法官学院为龙头、上下联动、两级共享，以具有区域优势与特色分院为延伸的国际司法交流与涉外培训一体化格局。为加强与“一带一路”沿线国家之间的司法交流，2016年至2017年，最高人民法院分别在国家法官学院北京分院、广东分院、广西分院、甘肃分院、云南分院设立了“最高人民法院法官国际交流（北京）中心”、“中国与葡萄牙语国家司法交流合作基地”、“中国—东盟国家法官交流培训基地”、“中国—中亚西亚国家法官交流培训基地”及“中国—东南亚、南亚国家法官交流培训基地”。2019年，在国家法官学院江苏分院、海南分院分别设立了最高人民法院法官国际交流中

心江苏基地、海南基地。借助分院的地区优势,成功举办了第一期亚洲法官研修班、中亚法官研修班、尼泊尔法官研修班。

2017 年 6 月 9 日,经最高人民法院批准,依托广西法官学院设立的“中国—东盟国家法官交流培训基地”和“中国—东盟国家法律与司法信息中心”揭牌成立。最高人民法院周强院长、广西壮族自治区人民政府陈武主席、老挝人民民主共和国最高人民法院院长坎潘 · 西提丹帕为“基地和中心”揭牌。揭牌仪式的同时,中国—东盟法律与司法信息中心网站正式上线,网站开发了司法交流、国际条约、法律法规、典型案例、司法研究等功能模块,并与东盟各国最高法院网站相互连通,建立中国与东盟成员国司法合作上传递信息,建立网上联动合作机制。2020 年 12 月,“中国—东盟国家法官交流培训基地”和“中国—东盟国家法律与司法信息中心”两块牌子整合为“最高人民法院法官国际交流中心广西基地”。作为最高人民法院援外培训的具体实施机构,广西基地每年将承办 1 ~3 个涉外培训班。

截至 2020 年,广西基地共举办了 5 期涉外研修班,共 115 名东盟国家法官、检察官参加了研修。其中,2018 年共举办了 2 期亚洲法官研修班,老挝、马来西亚、缅甸、蒙古国、巴基斯坦、乌兹别克斯坦、阿富汗和阿曼等 8 个国家的 38 名法官参加了研修。2019 年举办了柬埔寨高级法官检察官研修班,老挝高级法官检察官研修班,东南亚、南亚法官检察官研修班。柬埔寨、老挝、缅甸、尼泊尔、巴基斯坦、斯里兰卡、越南等 7 个国家的 77 名法官、检察官参加了研修。其中,经最高人民法院、最高人民检察院批准,广西壮族自治区高级人民法院、广西壮族自治区人民检察院 2019 年 3 月起首次联合开展“两院涉外研修班”。各研修班主要讲授中国国情、广西壮族自治区区情、中国司法制度,开展以“涉外案件的审判和国际司法协助的开展情况”为主题的中外法官座谈。教学研讨中,研修班到广西壮族自治区三级法院及人民法庭、人民检察院进行现场教学与庭审观摩,同时安排参训学员参观考察广西法院文化展馆、广西民族博物馆、南宁市青秀山、中国—东盟博览会会址、桂林市啄木鸟医疗器械有限公司等地,让研修班成员在感受深具广西特色的自然环境及人文环境中体验到广西在“一带一路”倡议下的快速发展。东盟司法研修班的举办,推动了中国与东南亚、南亚国家在司法领域的交流与合作,促进了法治文明融合共通,增进了中外司法官员之间的友谊,培养和积累了对华友好的人脉资源,提升了我国司法制度的国际影响力。

2017 年 9 月,最高人民法院批复在甘肃舟曲设立“中国—中亚西亚国家法官交流培训基地”。基地的设立开辟了中国与中亚、西亚国家司法交流与合作的新渠道,为丝绸之路沿线国家加强司法交流、增进司法互信、推动工作发展构筑了一个平等开放的重要平台。

2018 年 6 月,中国—中亚西亚国家法官交流培训基地首次承办了由商务部主办的 2018 年中亚国家法官研修班,来自哈萨克斯坦共和国、吉尔吉斯斯坦共和国、摩尔多瓦共和国、塔吉克斯坦共和国、乌兹别克斯坦共和国 5 个国家的 29 名法官参加了研修。研修班统筹考虑中亚国家国情和司法实际,精心设置了内容丰富的专题讲座、实地考察、文化交流、旁听案件、座谈交流等多种研讨交流形式,既有中国国情、中国新一届领导集体治国理政相关内容,也有贸易争端多元解决、国际司法合作等专业课程。研修班向各国学员全面介绍了中国司法制度和司法改革。研修班授课教师均由最高人民法院和甘肃法院的资深法官以及高等院校知名教授担任。为加深学员对中国法院司法实践的了解,研修班安排学员访问了甘肃省高级人民法院,参观了甘肃省高级人民法院智慧法院五大中心及法治文化长廊,并在陇南市中级人民法院对典型案件庭审进行了观摩旁听。研修之余,特别安排学员在甘肃舟曲参加了具有我国民族地方特色的传统文化艺术节,参观了舟曲藏族民俗博物馆,考察了地方经济社会发展状况,让各国学员全面深入地了解和感受了中国深厚悠久的历史文化以及稳健发展的社会经济。2019 年 8 月,中国—中亚西亚国家法官交流培训基地承办摩尔多瓦和乌兹别克斯坦法官研修班,研修班持续两周,来自摩尔多瓦共和国和乌兹别克斯坦共和国的 14 名法官将在甘肃、北京两地进行研修,就有关司法问题共同开展深入的学习与探讨。研修班促进了中国与中亚、西亚各国司法领域的务实合作,加深了中国和丝绸之路沿线国家法官之间的了解、互信和友谊。

2018 年 3 月,经中共中央批准,最高人民法院在广州举办首届中国与葡萄牙语国家最高法院院长会议。为巩固会议成果,进一步加强中国与葡萄牙语国家的司法交流与合作,经最高人民法院和广东省政法委批准,在国家法官学院广东分院设立“中国与葡萄牙语国家司法交流合作基地”。3 月 25 日,举行“中葡基地”揭牌仪式，最高人民法院周强院长、中葡最高法院院长会议外方代表以及广东政法委、广东省高级人民法院相关领导出席仪式。设立“中葡基地”有力地服务了我国对外开放大局和国家外交政策的需要，完善了我国司法协助机制，加强了大陆法系内部交流的需要，有效提升了我国司法的国际公信力。2019 年 11 月 6 日至 21 日，“2019 年葡语国家法官研修班”在广东分院举办，来自佛得角、莫桑比克、葡萄牙、圣多美和普林西比 4 个国家的 25 名司法官员参加了为期 11 天的专题讲座、研讨交流和现场教学等活动。研修学员向参训学员介绍了中国法院组织制度和法官制度、中国审判和执行制度，中国“一带一路”倡议与世界经济新格局，中国国情、广东省情以及澳门司法制度，安排参访了广东省地方三级法院和广州互联网法院，同时组织安排参观了珠海格力电器股份有限公司、横琴展览馆和港珠澳大桥等研修活动，使各国研修学员深入了解了中国司法制度与司法审判，了解了“一带一路”框架方案与相关法律制度，亲身体会了中国改革开放和经济建设取得的巨大成就。

第五节　基础建设：司法培训服务“国之大者”

一、党的十九大精神与习近平法治思想培训

2017 年 10 月 18 ~ 24 日，中国共产党第十九次全国代表大会召开，习近平代表第十八届中央委员会在大会上作了《决胜全面建成小康社会　夺取新时代中国特色社会主义伟大胜利》的报告。大会的主题是：不忘初心，牢记使命，高举中国特色社会主义伟大旗帜，决胜全面建成小康社会，夺取新时代中国特色社会主义伟大胜利，为实现中华民族伟大复兴的中国梦不懈奋斗。党的十九大通过的党章修正案把习近平新时代中国特色社会主义思想教育确立为我党的行动指南。新时代坚持和发展中国特色社会主义的基本方略是：(1)坚持党对一切工作的领导；(2)坚持以人民为中心；(3)坚持全面深化改革；(4)坚持新发展理念；(5)坚持人民当家作主；(6)坚持全面依法治国；(7)坚持社会主义核心价值体系；(8)坚持在发展中保障和改善民生；(9)坚持人与自然和谐共生；

(10)坚持总体国家安全观;(11)坚持党对人民军队的绝对领导;(12)坚持"一国两制"和推进祖国统一;(13)坚持推动构建人类命运共同体;(14)坚持全面从严治党。

关于法治建设,党的十九大报告指出:全面依法治国是国家治理的一场深刻革命,必须坚持厉行法治,推进科学立法、严格执法、公正司法、全民守法。成立中央全面依法治国领导小组,加强对法治中国建设的统一领导。加大全民普法力度,建设社会主义法治文化,树立宪法法律至上、法律面前人人平等的法治理念,绝不允许以言代法、以权压法、逐利违法、徇私枉法。

关于教育培训工作,党的十九大报告指出:建设教育强国是中华民族伟大复兴的基础工程,必须把教育事业放在优先位置。要完善职业教育和培训体系,加快建设学习型社会。"要增强学习本领,在全党营造善于学习、勇于实践的浓厚氛围,建设马克思主义学习型政党,推动建设学习大国。"①

党的十九大将习近平新时代中国特色社会主义思想确立为党的指导思想,强调"把党的政治建设摆在首位","全党要坚定执行党的政治路线,严格遵守政治纪律和政治规矩,在政治立场、政治方向、政治原则、政治道路上同党中央保持高度一致"。2019年2月27日,习近平总书记在为第五批全国干部学习培训教材所作序言中指出:"没有全党大学习,没有干部大培训,就没有事业大发展。"习近平总书记强调要"抓好全党大学习、干部大培训"。②

2020年11月16日至17日,中央全面依法治国工作会议召开。会议提出了"习近平法治思想"的科学概念,强调指出:推进全面依法治国要重点抓好11项工作:(1)要坚持党对全面依法治国的领导;(2)要坚持以人民为中心;(3)要坚持中国特色社会主义法治道路;(4)要坚持依宪治国、依宪执政;(5)要坚持在法治轨道上推进国家治理体系和治理能力现代化;(6)要坚持建设中国特色社会主义法治体系;(7)要坚持依法治国、依法执政、依法行政共同推进,法治国家、法治政府、法治社会一体建设;(8)要坚持全面推进科学立法、严格执法、公正司法、全民守法;(9)要坚持统筹推进国内法治和涉外法治;(10)要坚持

① 《党的十九大报告辅导读本》,人民出版社2017年版,第67页。

② 全国干部培训教材编审指导委员会组织编写:《新时代　新思想　新征程》,人民出版社、党建读物出版社2019年版,第1～3页。

建设德才兼备的高素质法治工作队伍;(11)要坚持抓住领导干部这个“关键少数”。①

党的十九大闭幕后,最高人民法院党组和周强院长高度重视并立即部署习近平新时代中国特色社会主义思想的学习与培训工作,要求国家法官学院立即调整办班计划,增加十九大精神培训班。2017 年 12 月 27 日,在国家法官学院学习贯彻党的十九大精神研讨会暨建院 20 周年座谈会上,周强院长指出:要深入学习贯彻党的十九大精神,坚持以习近平新时代中国特色社会主义思想为指导,切实加强人民法院教育培训工作,为推动人民法院队伍正规化、专业化、职业化建设,实现新时代人民司法事业新发展做出贡献。

2018 年 1 月 6 日,中国法官培训网开网,周强院长开讲第一课,强调:要把握教育培训工作正确政治方向,坚持把学习习近平新时代中国特色社会主义思想作为教育培训的核心内容和首要任务,确保进课堂、进教材、进头脑。培训网专题开设“十九大精神专题培训班”,邀请来自各级人民法院的十九大代表在线授课。同时,在培训网首批 8 个培训班上均安排了 20 课时“十九大精神辅导课程”。全国法院 2.2 万人参加了十九大精神网络培训。

各级法官培训机构坚持把习近平新时代中国特色社会主义思想教育以及习近平法治思想贯穿法官培训全过程,将其作为法官培训必修课,在政治理论学习班系统讲、在各类法官培训班重点讲,引导全国法院干警认真学习领会和贯彻落实,努力做到习近平新时代中国特色社会主义思想和习近平法治思想入脑入心,见行见效。

二、第七次全国法院教育培训工作会议

2019 年 11 月 15 日,第七次全国法院教育培训工作会议在线举行,会议印发了《2019 ~ 2023 年全国法院教育培训规划》。最高人民法院政治部主任马世忠主持会议。北京市、上海市、湖北省、广东省、青海省等高级人民法院在会上作经验交流。最高人民法院院长周强出席会议并讲话,周强指出,自 2015 年第六次全国法院教育培训工作会议以来,各级法院紧紧围绕“努力让人民群众在

① 中华人民共和国中央人民政府网,2020 年 11 月 17 日。

每一个司法案件中感受到公平正义”目标，大力加强和改进教育培训工作，法院队伍思想根基不断夯实，教育培训针对性不断提升，法治人才培养机制更加优化，教育培训工作质效不断增强，教育培训保障能力全面提升。周强强调，要坚持以习近平新时代中国特色社会主义思想为指导，深入学习贯彻党的十九届四中全会精神，认真落实教育培训规划，扎实开展教育培训工作，加快推进法院队伍革命化、正规化、专业化、职业化建设，为做好新时代人民法院工作提供更加有力的人才保障和智力支持。

会议对今后5年的法官教育培训工作提出以下要求：

第一，贯彻落实最高人民法院制定印发的《2019～2023年全国法院教育培训规划》，明确今后5年法院教育培训工作的指导思想、目标任务和工作要求。新的五年规划是当前和今后一个时期全国法院开展教育培训工作的重要依据。各级法院党组和教育培训部门要以强烈的责任担当狠抓各项任务落实，努力推动人民法院教育培训工作不断取得新成效。

第二，深入学习贯彻党的十九届四中全会精神，切实增强做好人民法院教育培训工作的责任感和使命感。要坚持以习近平新时代中国特色社会主义思想为指导，深入学习贯彻党的十九届四中全会精神，认真落实教育培训规划，扎实推进教育培训工作，教育全国法院干警增强“四个意识”、坚定“四个自信”、做到“两个维护”，充分发挥审判职能作用，努力为坚持和完善中国特色社会主义制度、推进国家治理体系和治理能力现代化提供有力的司法服务。

第三，紧贴人民法院工作实际，把旗帜鲜明讲政治作为人民法院教育培训的根本要求。要始终把学习贯彻习近平新时代中国特色社会主义思想作为首要政治任务，建立健全习近平新时代中国特色社会主义思想学习教育长效机制，扎实开展专题培训，切实巩固主题教育成果。要把政治素质和政治能力建设作为教育培训工作一以贯之的要求，加强理想信念学习教育，深化党性教育，增强干警政治能力训练和政治实践历练，教育引导干警增强斗争精神，提高斗争本领。要把职业道德和司法良知教育作为教育培训工作的重要任务，深入开展社会主义核心价值观教育，加强司法作风和司法廉洁教育，引导干警坚守司法为民、公正司法的价值追求。

第四，聚焦司法能力水平，着力增强人民法院教育培训工作的时代性、针对性、有效性。要把准教育培训重点,围绕新时代党和国家工作大局,聚焦司法责任制和审判权运行机制改革、推进审判体系和审判能力现代化新要求、新形势、新任务,切实增强干警实际本领。要大力实施精准培训,精准把握培训需求,分层分类组织培训,推动优质培训资源向基层倾斜,完善高层次审判人才培养机制,突出专业化能力培训,做到因需施教、因岗施教、因材施教。要改革创新方式方法,推进优秀法官、先进典型、领导干部上讲台,积极开展案例教学,注重信息化应用,推动课堂讲授与研讨交流、现场体验、练兵比武等形式相结合。

第五,强化责任担当,推动人民法院教育培训工作高质量发展。要加强教育培训组织领导,各级法院党组要把教育培训工作纳入法院工作整体布局、摆上重要位置,政治部门要加强整体规划、制度建设、工作指导和督促检查,法官培训机构要科学组织实施,形成工作合力。要落实教育培训制度机制,建立完善需求调研制度、组织调训制度、教学组织管理制度、培训质量评估制度,健全具有法院特色的教育培训制度体系。要加大教育培训保障力度,探索实践开门办学、开放办学,加强培训教材建设,加大培训机构建设力度,重视教育培训队伍建设。

三、《法官教育培训工作条例》的修订与实施

党的十八大后,司法培训工作的重大事项之一是《法官培训条例》的修订与实施。《法官培训条例》是人民法院教育培训工作的法规性文件,是依法培训与规范化培训的纲领性文件。条例自 2000 年 10 月 20 日正式印发,经过 2006 年 3 月 30 日最高人民法院修订后印发,之后 14 年未做修订。

2020 年 8 月 21 日,最高人民法院印发了新修订的《法官教育培训工作条例》(法发〔2020〕30 号),自 2020 年 9 月 1 日起施行。此次印发的修订稿是该法规性文件的第二次修订,也是修改幅度较大的一次修订。原条例分总则、组织与管理、内容与形式、条件与保障、考核与责任、附则 6 章 34 条;现条例分总则,教育培训管理体制,教育培训内容,教育培训方式方法,教育培训机构,教育培训师资、课程、教材、经费,教育培训考核与评估,附则 8 章 57 条。新修订的《法官教育培训工作条例》坚持以习近平新时代中国特色社会主义思想为指导,认真贯彻落实中央关于新时代干部教育培训工作的工作部署,适应新形势

下人民法院队伍建设需要和司法改革工作需要，充分吸收了人民法院教育培训工作的实践经验和创新做法，具有权威性、创新性、时代性，是做好新时代人民法院教育培训工作的重要纲领性文件。新条例既继承、保留了原条例的有效内容和基本规定，又与时俱进，根据新形势、新发展、新需要进行了全面修订。对比原条例，新条例具有以下鲜明特点：

第一，明确将“习近平新时代中国特色社会主义思想”确定为人民法院教育培训工作的指导思想，贯彻党的十八大以来有关干部教育培训工作的各项方针政策，更加重视法官培训工作，强调“法官教育培训是建设高素质法官队伍的先导性、基础性、战略性工程”，明确提出新时代法官教育培训工作的基本方针为：坚持以习近平新时代中国特色社会主义思想为指导，增强“四个意识”、坚定“四个自信”、做到“两个维护”，紧紧围绕“努力让人民群众在每一个司法案件中感受到公平正义”目标，坚持服务大局、司法为民、公正司法，以坚定理想信念为根本，以提升法官职业道德素养和司法能力为重点，深化教育培训改革创新，完善教育培训制度体系，提高教育培训质量效果，加快推进审判体系和审判能力现代化，全面推进法院队伍革命化、正规化、专业化、职业化建设，为新时代人民法院审判执行工作提供人才保障和智力支持。

第二，对比原条例，新修订的《法官教育培训工作条例》在文件名称中增加了“教育”二字，强调了“经常性教育”，突出了干部培训的教育内容与教育形式，继承了我党干部教育培训工作的教育、培养、考核、使用“四位一体”的优良传统。新条例强调：“坚持政治统领。把学习贯彻习近平新时代中国特色社会主义思想摆在法官教育培训工作最突出位置，使之进教材、进课堂、进头脑，加强理想信念教育和党性党规党纪教育，提升法官政治素养和政治能力，教育引导广大法官牢牢坚持党对司法工作的绝对领导，坚定不移走中国特色社会主义法治道路。”要求教育培训机构坚持从严管理，建立健全法官教育培训规章制度，依法依规开展法官教育培训，从严治校、从严治教、从严治学，保持良好的教学秩序和学习风气。新修订的《法官教育培训工作条例》在文件名称上与中共中央 2015 年 10 月 18 日发布的《干部教育培训工作条例》保持一致。

第三，新条例根据法治建设和队伍建设的新需求，重新确定了法官培训种类，将原条例规定的“预备法官培训、任职培训、晋级培训和续职培训”等“老四类培训”，调整为“法官职前培训、任职培训、晋高培训、在职培训”等“新四类培训”。其中，根据2015年中共中央办公厅、国务院办公厅印发的《关于完善国家统一法律职业资格制度的意见》（厅字〔2015〕25号），要求建立国家统一法律职业资格制度及法律职业人员统一职前培训制度，据此将“预备法官培训”调整为“法官职前培训”。新条例规定：(1)拟初任法官的人员，须接受法官职前培训，着重掌握审判实务技能，提高审判工作能力。培训时间为一年（原条例规定不少于一年）；(2)初任法院院长、副院长，须接受任职培训，着重提高法院组织管理领导能力。培训时间不少于半个月（原条例规定不少于一个半月）；(3)晋升高级法官，须接受晋高培训，着重提高审判理论和实务的综合司法能力。培训时间不少于一个月；(4)法官履职期间，须接受在职培训，着重提高法学理论素养和司法审判能力。每年培训时间不少于12天（原条例规定不少于半个月）。

第四，新条例突出了教育改革的方针，将法官教育培训内容划分为4个板块：政治能力培训、职业道德培训、司法能力培训、综合素质培训。强调：(1)法官政治能力培训，应当把习近平新时代中国特色社会主义思想作为必修课，重点开展习近平总书记全面依法治国新理念新思想新战略、党的基本理论教育和党性教育、党章党规党纪教育等学习培训；(2)法官职业道德素养培训，重点开展中国特色社会主义法治理论、职业道德和司法良知、廉洁司法等学习教育；(3)司法能力培训，重点开展法律政策运用、庭审驾驭、证据认定、诉讼调解、裁判思维、法律适用、裁判文书说理等审判执行业务培训；(4)综合素质培训，重点开展意识形态、防控风险、群众路线、舆论引导、人文科技等方面的培训。新条例同时要求突出培训的针对性、有效性，规定：坚持分类分级，把教育培训的普遍性要求与不同类别、不同层次、不同岗位法官的培训需求结合起来，精准施训、靶向教学，增强教育培训的针对性和有效性。

第五，实现了教育方法的与时俱进，强调了教育方式的多样性、网络培训与案例教学。要求：(1)加强法官培训网络建设，充分利用微课程、微讲座、人民法院移动客户端学习平台等有效方式，推行线上线下相结合的培训模式；(2)依托法院系统内网和视频会议系统，积极开展远程视频培训，扩大优秀课程覆盖面；(3)建立健全法官在职自学制度，各级人民法院应当鼓励和支持法官在职自学，并创造和提供必要条件；（4）广泛开展岗位练兵，组织优秀庭审评选、优秀裁判文书评选、办案标兵评选、学术论文研讨等审判实务技能竞赛活动，检验、深化法官培训效果；（5）突出实践、实务、实效导向，根据培训对象和培训内容，综合运用讲授式、研讨式、案例式、模拟式、体验式等教学方法，实现教学相长、学学相长；（6）充分利用最高人民法院指导性案例、最高人民法院公报案例等案例资源，建立完善全国法院法官教学案例库，加强案例教学，使法官教育培训精准对接审判执行工作需要。

第六，突出强调了教师、教学及法官培训的政治方向、政治纪律。要求：（1）从事法官教育培训工作的教师，必须对党忠诚、政治坚定，严守纪律、严谨治学，具有良好的职业道德修养、扎实的专业知识基础，具备胜任教学、科研工作的能力；（2）授课教师应当联系实际开展教学，有的放矢，力戒空谈，严守讲坛纪律，不得传播违反党的理论和路线方针政策、违反中央决策部署的错误观点和言论。对违反讲坛纪律的，给予批评教育直至纪律处分；（3）法官教育培训机构应当严格落实意识形态工作责任制，加强对师资、课程等方面的审核把关，把旗帜鲜明讲政治和从严办学要求贯穿教学管理全过程和各方面。

第七，强调了法官参训的刚性要求与考核机制。规定：（1）法官必须严格完成规定的教育培训任务。因故未按规定参加培训或者未达到培训要求的，应当及时补训。（2）拟初任法官以及拟晋升高级法官的人员，接受规定的培训，并考核合格的，方可任职、晋升高级法官。（3）法官必须严格遵守教育培训规章制度和廉洁自律各项规定。法官在培训期间违反有关纪律规定的，视情节轻重，给予批评教育直至纪律处分。（4）健全完善法官教育培训登记管理制度。各级人民法院组织人事部门应当按照管理权限建立法官培训档案，及时记载法官参加教育培训情况和考核结果。法官参加教育培训情况和考核结果应当作为法官考核的内容和任职、晋升的重要依据。（5）健全完善法官教育培训机构跟班管理制度，完善培训情况登记、反馈、跟踪管理等制度，加强对法官参加教育培训的考核与监督。

第八，贯彻实事求是精神，根据新阶段教育培训工作实际需要，实现了管理机制创新。新条例规定：（1）最高人民法院政治部是全国法院法官教育培训主管部门，履行法官教育培训工作的整体规划、制度建设、工作指导、组织协调、督促检查等职能。高级人民法院政治部履行辖区法官教育培训工作的规划、管理和协调等职能。中级人民法院和基层人民法院政治部负责组织落实上级法院部署的各项教育培训任务,并根据工作需要组织辖区的法官教育培训。(2)国家法官学院指导国家法官学院分院的教学科研工作,科学规范国家法官学院分院管理,建立统一高效的全国法院教育培训实施体系。(3)地(市)级法官教育培训机构承担高级人民法院授权的培训任务,根据需要承担辖区法官在职培训。(4)建立健全"法官教法官"激励机制和人民法院领导干部上讲台制度。法官经组织安排到各级法官教育培训机构从事培训工作的,工作量应当纳入所在部门业务考核范围。

四、夯实基础建设,顺应人心向背

培训基地是司法培训必备的办学条件。党的十八大以来,国家法官学院和地方各级法官培训机构基地建设不断完善。国家法官学院及其分院根据国家住房和城乡建设部、国家发展和改革委员会颁布的《国家法官学院分院建设标准》,立足当前,着眼长远,下大力气抓好培训基地与分支机构建设,为教育培训全面发展奠定了基础。

2015 年金秋时节,庄严肃穆的国家法官学院新校区落成。国家法官学院新校区投入使用,是在党的十八大以后,最高人民法院党组认真学习党的十八届三中、四中全会精神,贯彻落实习近平总书记系列重要讲话精神,在全面依法治国新形势下,加强法官教育培训工作的重要举措。2015 年 9 月 15 日,国家法官学院举行新校区开学典礼,周强院长为新落成的国家法官学院新校区揭牌并讲授第一课。国家法官学院新校区占地面积256 亩,比老校区 78 亩增加 3.1 倍;新校区建筑面积 6.4 万 m^2,比老校区 2.3 万 m^2 增加 2.9 倍;新校区绿化面积 7.3 万 m^2,比老校区 1.92 万 m^2 增加 3.3 倍;新校区 1 个大教室、2 个阶梯教室、16 个普通教室、2 个模拟法庭教室、19 个研讨室,比老校区 2 个阶梯教室、9 个普通教室、4 个研讨室增加 2.8 倍;新校区图书馆建筑面积 4800m^2,比老校区 520m^2 增加 9.2 倍;新校区藏书 22 万册,比老校区 8.6 万册增加 2.5 倍。新校区培训容量与培训条件大大提升,新校区法官学员床位 735 个(均为单间),比老校区 240 个(部分单间)增加 3 倍。

山东省高级人民法院认真执行国家法官学院分院建设标准,分别建设了高标准的法官培训基地和司法警察培训基地。其中,法官培训基地占地87亩,建筑面积52,000m^2,可同时容纳400名法官学员培训学习;司法警察培训基地建筑面积9800m^2,可同时满足100名警官学员培训学习。① 内蒙古自治区高级人民法院为满足双语法官培训需求,积极申请落实国家法官学院分院建设标准,改善全区法官培训基础条件,报批建设全国蒙汉双语法官培训基地。经过4年的规划建设,2016年全国蒙汉双语法官培训基地——内蒙古法官进修学院新院址投入使用。法官培训住宿条件、餐厅伙食、教室和多媒体设备等教学培训的硬件设施都得到很大改善,交通也更加便利。基地的投入使用显著提升了全区三级法院以及全国8省区蒙汉双语法官的培训规模和条件,同时也为开展国际司法合作交流创造了有利条件。② 2006年至2020年,国家法官学院内蒙古分院累计举办双语培训班13期,培训自治区内外蒙汉双语法官1012人次,其中,区内863人次,区外149人次。③ 2017年,黑龙江省高级人民法院经批准,将"黑龙江省法官学院镜泊湖分院"作为国家法官学院黑龙江分院校区,挂"国家法官学院黑龙江分院"牌子。④ 重庆法官进修学院(国家法官学院重庆分院)新院址于2018年2月试运营,选址重庆市郊铜梁教育科技园区内,规划占地200亩,总建筑面积3.8万m^2,按照国家法官学院分院建设标准的相关规定和重庆法院培训的实际情况,学院建有能够容纳500人的学术报告厅、大小学员教室6间以及多个不同规格的会议室、讨论室,模拟法庭、图书阅览室和多媒体教学机房各1间、标准客房134间和能够容纳500多人同时就餐的学员餐厅。⑤ 2019年7月,国家法官学院山西分院暨山西法官培训学院新址建设完成。学院位于太原市西南20公里处悬瓮山麓,总占地面积49,013m^2,总建筑面积28,891.4m^2,包括教学楼、办公楼、学员公寓、综合楼等7幢建筑物。⑥

培训机构是司法培训运行的组织保障,党的十八大以来,各级法官培训机

① 山东省高级人民法院:《山东法院教育培训工作总结》,2019年7月25日。

② 《内蒙古自治区法官教育培训工作概述》,2020年3月15日。

③ 《国家法官学院内蒙古分院蒙汉双语法官培训及涉外培训概况》,2021年3月28日。

④ 《国家法官学院黑龙江分院教育培训情况》,2018年3月18日。

⑤ 《国家法官学院重庆分院相关情况介绍》,2020年3月10日。

⑥ 《山西法官培训学院70年教育培训总结及史料整理》,2020年3月15日。

构不断创新发展。重庆法官进修学院(国家法官学院重庆分院)经重庆市编制委员会批准为正处级事业单位,隶属重庆市高级人民法院,核准人员编制为32名,目前学院事业在编人员15人,配备一正两副领导岗位。自法官进修学院成立以来,院长职位一直由重庆市高级人民法院党组成员、政治部主任兼任。① 2019年,黑龙江省法官学院按照《黑龙江省高级人民法院所属事业单位机构改革方案》的规定,事业编制人数调整为17人。明确了内设机构设置及工作职责,坚持做到人岗相宜。2019年,提拔正副科级干部各1名,并通过与省委组织组、人社厅的积极沟通协调,申请增加3个专业技术岗位,解决了存在多年的副高级职称的人员无法兑现待遇的问题,激发干部队伍干事创业热情,提升职业发展空间。② 山西法官培训学院实有教职员工20人。学院内设办公室、培训部、教研室、财务科及后勤科5个内设科室。③ 根据大学习、大培训发展需要,山东省先后在济南、青岛、枣庄、东营、烟台等12个中级人民法院设立了中院分院,在济南、东营等6个基层人民法院建立了教学实践基地。2012~2019年,山西省建立了全省三级法院教育培训一体化联动机制,培训范围完全覆盖全省三级法院系统的全体干警。8年间,山西省高级人民法院共举办培训班1295期,培训学员62,557人;全省各中基层法院独立组织培训共918期次,培训法院干警60,569人次。④

全国法院教育培训师资队伍渐具特色。国家法官学院及地方法官培训机构着力建设"专兼结合、以兼为主,法官教法官"的法官培训教师队伍。国家法官学院具有专职教师56人,其中具有教授资格人员17名、副教授26人、讲师13人,博士学位人员31名。党的十八大以来,各级法官培训机构注重加强教师队伍素质素养建设,切实提升教师在法官培训教学中以增强司法能力、提高司法水平为目标,突出"为大局服务,为人民司法"工作主题,坚持"一个目标、两个转变、三个倡导"的法官教育培训工作方针。国家法官学院先后聘任兼职教授304人。党的十八大以来,周强、贺荣、李少平、姜伟、陶凯元、高憬宏、马世

① 《国家法官学院重庆分院相关情况介绍》,2020年3月10日。
② 《国家法官学院黑龙江分院教育培训情况》,2018年3月18日。
③ 《山西法官培训学院70年教育培训总结及史料整理》,2020年3月15日。
④ 《山西法官培训学院70年教育培训总结及史料整理》,2020年3月15日。

忠、刘海泉、杨万明、杨临萍、贺小荣、刘贵祥、沈亮、张述元、沈德咏、江必新、罗东川、景汉朝、徐家新、裴显鼎、黄尔梅、南英、孙华璞、胡云腾、刘学文、杜万华、苏泽林、张建南等20余位最高人民法院领导多次到国家法官学院授课。胡云腾大法官先后为学院教工讲授“严以律己，勇于担当，为法官培训事业再立新功”“不忘初心，牢记使命”主题党课，主持六次国家法官学院党委会议研究加强教师队伍建设工作。兼职教师是“法官教法官”培训模式的主要承担者。国家法官学院江苏分院率先制定的注重从审判一线发现、选拔、培养兼职教师的《法官教育培训兼职教师管理办法》，带动了全国优秀兼职教师队伍建设。专职教师是法官培训的规划管理核心。国家法官学院浙江分院建设了由122名具有深厚法学理论功底和丰富司法审判经验的资深法官组成的兼职教师队伍。每年新聘续聘全省法院各条线的审判专家和业务精英，作为分院新一届的兼职老师，并对新聘师资进行了集中培训。在每周一教学例会上，专门开设政治学习时间段，设置“微课堂”学习环节，由党员教师轮流做30分钟左右的主题发言，加强政治理论学习，不断提升教师素质，增强专兼职教师的责任感和使命感。[①] 为优化师资队伍结构，国家法官学院天津分院研究制定了《天津法院教官聘任及管理办法（试行）》及《教官管理工作标准》，促进教官教授管理工作制度化、科学化、规范化。天津分院从全市法院、地方院校、研究机构和相关实务部门中筛选首批教官41名、教授29名。2017年7月6日，天津市高级人民法院成功举行首批教官和教授聘任仪式。天津教育培训已初步形成了“以专职教师为基础、以资深法官为支撑、以专家学者为补充”的师资队伍格局。[②]

2020年，作为法官培训机构的龙头单位，国家法官学院党委着力加强党组织建设和教职工思想政治建设，团结教职工凝心聚力，充分发挥党建引领作用，以极大的勇气和担当解决历史遗留问题，打通干部晋升通道，落实从优待师政策，教职工精神面貌发生明显变化，工作热情高涨，执行力提升，各项工作取得新成效。2020年12月以来，国家法官学院党委以人为本，顺应民意，创新开展了“自己的校园自己设计、自己建设”活动，鼓励教职工撸起袖子自己干，增强

---

① 浙江省高级人民法院：《浙江分院史料报送稿》，2020年3月17日。

② 天津市高级人民法院：《建国以来天津法院教育培训工作总结》，2020年3月12日。

主人翁意识和归属感。活动的主题是：自己的校园自己设计、自己建设。活动的目的是：当好学院建设主人翁，自觉融入学院发展史；在校园打上自己的烙印，留下美好的回忆；让身心更放松、更健康、更愉悦，让学院更美丽、更温馨、更和谐。活动的理念是：人与自然和谐相处，人与景观和谐相融，人人动手、人人参与。活动开展后，广大教职工踊跃参与、献计献策，学院19个内设部门都提出了自己的设计方案和建设意见，共收到部门建设方案23份、个人建设方案或建议113条。根据大家集中反映的意见和建议，学院党委集思广益，决定2021年春季在美丽和谐校园建设上集中做好六项工作：栽种葡萄、建设葡萄休闲廊；建设校园池塘、山丘；栽种石榴树、建设石榴园；栽种柿子树，建设柿子园；合并同类树木、花卉；建设校园循环休闲步道。“自己的校园自己设计、自己建设”活动聚集了人气、凝聚了人心，在建设美丽校园过程中，进一步锻造提升了教职工健康生活、阳光心态的良好精神面貌。

五、以民法典培训为主，服务民生与国家经济社会发展

2020年5月28日，第十三届全国人民代表大会第三次会议通过了《中华人民共和国民法典》，自2021年1月1日起施行。民法典是我国立法史上第一部以“法典”命名的法律，是固根本、稳预期、利长远的基础性法律，民法典的颁布与施行是新中国法治建设的重大成就。

2020年6月8日，最高人民法院政治部制定了《关于组织开展〈民法典〉学习培训工作的方案》，决定采取系列措施大力推进民法典学习培训工作：(1)创立“人民法院大讲堂”，邀请首席大法官宣讲民法典，通过视频会议系统覆盖地方法院干警。(2)举办大法官系列讲座，自7月至年底，依托“人民法院大讲堂”，由最高人民法院分管民事审判工作的大法官作民法典系列专题讲座。(3)邀请民法典编撰工作组有关专家作民法典辅导讲座。(4)办好民法典专题培训班，以地方法院领导班子成员、民商事审判庭业务骨干为重点，采用地面、视频、网络培训相结合的形式，举办“全国法院民法典专题培训班”。(5)开发民法典信息化学习平台。利用中国法官培训网、法信等网络平台，开通启用民法典线上学习培训专区、专栏，实现人民法院全员培训。(6)开展巡回授课活动，组建“最高人民法院民法典讲师团”(含部分全国法院审判业务专家)开展

“贯彻实施民法典巡回授课活动”。同时指导各高级人民法院结合新一轮全国基层法官轮训，广泛开展民法典下基层巡回授课活动。（7）举办审判业务专家民法典适用论坛，充分发挥全国审判业务专家等高层次人才在贯彻实施民法典实践中的示范引领作用。（8）编写学习教材。成立最高人民法院民法典学习教材编审委员会，将大法官、法官、专家在人民法院系统的辅导讲座汇编成书出版，形成培训教材；组织编写民法典理解与适用的系列参考书目、指导性案例，配套开发相关音像制品。做好民法典和相关司法解释、培训教材的少数民族语言翻译工作。6月12日，最高人民法院发布《关于认真学习和贯彻〈中华人民共和国民法典〉的通知》。6月29日，周强院长启动“人民法院大讲堂”并首场宣讲民法典，通过视频会议系统覆盖四级法院，全国法院干警在线同步收看。7月10日，通过全国法院视频会议系统，中国社会科学院学部委员孙宪忠作第二场辅导讲座。7月24日，通过全国法院视频会议系统，贺荣常务副院长作第三场辅导讲座。

国家法官学院认真落实最高人民法院关于民法典的培训工作部署，从服务民法典学习培训和贯彻实施大局出发，克服疫情困难，大规模举办地面民法典培训班，首批培训班自2020年8月16日起，同时在北京、河北、山西、内蒙古、四川五地开班，首期培训全国各地的民商事法官1443人。国家法官学院严格规划、确定民法典培训班授课教师，邀请教师均系国家立法机关、最高人民法院、高等院校及科研单位参加民法典编撰工作的有关专家学者，确保了授课质量和解读权威性、司法实践指导性。截至2020年年底，国家法官学院在京内外共举办“民法典专题”地面培训班20期，培训法官5519人次。同时，为落实周强院长对青海法院进行教育培训予以倾斜支持的工作要求，国家法官学院学院在内蒙古分院通过视频直播方式对青海三级法院进行了民法典轮训，共计1300名法官参加在线培训。

在举办地面培训班的同时，按照最高人民法院工作要求，由国家法官学院运行的“中国法官培训网”利用信息化手段大力推进全国法院民法典学习培训，在网站首页专门设立了“人民法院大讲堂”民法典专区和“民法典学习培训”专区。“人民法院大讲堂”民法典专区，将“人民法院大讲堂”上周强院长、贺荣常务副院长、孙宪忠教授、王利明教授等各期授课视频上传至网站，供各级法院组织民法典学习培训以及全体干警个人自学使用。“民法典学习培训”专区由“民法典学习课件”“民法典学习资料”“民法典学习应用”3个板块构成。其中,“民法典学习课件”板块由国家法官学院及各分院开展民法典地面培训优质课件,来自高校、科研机构部分专家学者讲授的公开课构成,并同时设置链接,通过点击可跳转至“人民法院大讲堂”相关课件。“民法典学习资料”板块除“法信”“北大法宝”数据库外,还上传了《中华人民共和国民法典立法资料汇编》《民法典对九部现行法的变迁沿革》等民法典原文、释义以及民法典与关联法律法规新旧对照等材料。“民法典学习应用”板块由与民法典理解适用相关的案例、专题文章等组成。民法典在线学习平台受到了全国法院干警的高度关注和广泛使用,自2020年9月17日民法典专区上线至2021年3月26日,“人民法院大讲堂”民法典专区共计35,217人次登录学习,“民法典学习培训”专区共计80,759人次登录学习。

为了配合民法典学习解读和司法实践,最高人民法院司法案例研究院积极服务民法典学习宣传贯彻实施大局,在疫情防控期间,通过在线组织、在线联络、在线组稿、在线编辑,组织全国法院司法案例专家策划编辑《民法典新规则案例适用》一书,已于2020年11月由中国法制出版社出版。该书从各高级法院精选的67个经典司法案例入手,重点围绕解读民法典的规则变化以及新规的基本法理、适用难点、新旧法衔接处理等问题,解读民法典新规的基本要义,提供民法典新规在司法适用中的指引参考,促进民法典的普及宣传和司法适用。鉴于《民法典新规则案例适用》一书的精准定位、法理清晰、解读准确适用,该书被读者评估列入2020年度民法典适用热销书排行榜。

2020年是全国人民艰难抗击新冠肺炎疫情的一年。面对来势汹汹的疫情,党领导人民进行了一场惊心动魄、峰回路转、永载史册的抗疫大战。受重大疫情影响,法官培训受到前所未有的冲击。在各级人民法院党组的坚强领导下,各地法官培训机构发扬“生命至上、举国同心、舍生忘死、尊重科学、命运与共”的伟大抗疫精神,一手抓疫情防控,一手抓队伍建设,取得了疫情防控与教育培训的双丰收。2020年,国家法官学院共举办地面培训班74期,培训人数11,238人次。其中,举办组织调训培训班28期,培训2799人次,包括“人民法院大讲堂”民法典辅导讲座暨全国法院民法典学习贯彻专题培训班4期,培训最高人民法院法官、最高人民检察院检察官共计520人次；举办法院系统计划外培训班31期，培训7176人次，包括“民法典专题培训班”20期，培训5519人次；举办法院系统外合作培训班14期，培训1240人次，举办香港城大法学硕士英语强化班1期，培训23人次。

2020年度全国各省级法官培训机构共举办地面培训班861期，培训92,734人次；重点举办了线上培训班，培训889,385人次。疫情期间，各地法官培训机构不断创新线上培训模式，北京市高级人民法院教育培训处创设“京法网上课堂”，就疫情防控相关法律问题进行网上授课，已举办121期专家授课，累计4.5万人次参训，依托“北京法院教育云平台”提供线上培训套餐，目前累计有1800个课件供干警选学；[①]上海市法官培训中心升级上海法院在线学习平台，对接上海干部在线学习城，成立网络教学小组，将传统的线下“菜单式”培训向“向上与线下相结合”转变，上传优质音视频课件162个，打造融在线学习、教学管理、交流互动于一体的立体学习空间；[②]国家法官学院江西分院2020年举办了10期线上培训班，培训学员18,000余人次，分别以“现场直播＋回放点播＋钉钉平台”相结合的方式开展，每节课程安排带班老师线上管理，与学员互动；[③]国家法官学院江苏分院倾心建设升级版“网络法官学院”，对慕课平台进行扩容，年内做到了同时容纳2000人在线学习，开发的线上课程均保证了课堂练习和课后作业，通过慕课平台组织了234名新入职法官助理进行了为期一个月的线上培训及考试，实现了线上培训“新常态”。[④]

2020年，国家法官学院在线上线下开展教育培训主责主业的同时，调整工作重点，积极推进受疫情影响较小的线上对外交流和案例研究、科学研究、教材编写工作：开展了22次国际司法交流活动，与新加坡、泰国司法界在线研讨交流，出版了《中国—新加坡“一带一路”国际商事审判案例选》；创新司法案例研究，举办3期“案例大讲坛”，聚焦助力复工复产、胚胎继承、电商平台用工等热点问题，精选、研讨、推出35个经典案例，发布年度司法案例研究课题23项，报

---

① 《北京市高级人民法院2020年度教育培训工作总结》。
② 《上海市高级人民法院2020年度教育培训工作总结》。
③ 《国家法官学院江西分院2020年度工作总结》。
④ 《国家法官学院江苏分院2020年度工作总结》。

送24期《司法案例研究信息》,服务审判执行和法院工作大局;打造了应用法学科研矩阵,成功申报了博士后工作站,鼓励新课程研发,编发了50期《法治研究信息》;启动了《环境资源审判研究》教材编写工作,深入黄河流域开展环资审判调研;创新开展了全国法院学术讨论会各项工作,举办了11场线上学术讨论会。

全国法院教育培训机构接受了新冠肺炎疫情的大考,司法培训事业更是在大考中迎来了新的发展生机,寻找了应对疫情、应用科技、线上发展的教育培训长效机制。国家法官学院线上培训两个平台——“最高人民法院云课堂”“中国法官培训网”双星闪耀。截至2021年3月26日,“最高人民法院云课堂”设置的学“习”专区、十九届四中全会专区、十九届五中全会专区、人民法院“一站式”建设专区、环资审判培训专区、知识产权审判业务专区、新入院人员线上培训专区等14个板块,最高人民法院干警登录学习78,298人次;“中国法官培训网”设置的十九大精神专题培训班、司法改革专题培训班、人民法院信息化专题培训班、以审判为中心专题培训班、行政审判专题培训班、入额法官续职提高培训班、人民法院大讲堂专区、民法典学习培训专区、法官晋高线上培训专区、战“疫”专区等18个板块,全国法院干警登录学习669,986人次。自2008年国家法官学院开展网络培训,到2018年上线“中国法官培训网”、2019年上线“最高人民法院云课堂”、2020年单独设立网络培训管理部门,司法培训历经了12年风风雨雨,顺应了信息化智慧培训的历史趋势,法官培训经过曲折奋争,终于参与到人民法院“智慧法院”建设大潮中来,开始了网络培训与地面培训“两翼双飞”的现代化进程。

习近平总书记指出:“善于学习,就是善于进步。党的历史经验和现实发展都告诉我们,没有全党大学习,没有干部大培训,就没有事业大发展。”“要加快推进马克思主义学习型政党、学习大国建设。”①回顾历史,筚路蓝缕。展望未来,任重而道远。百年司法培训史,人民司法事业依靠学习走向未来。“我们党历来重视全党特别是领导干部的学习,这是推动党和人民事业发展的一条

① 全国干部培训教材编审指导委员会组织编写:《新时代 新思想 新征程》,人民出版社、党建读物出版社2019年版,第1~3页。

成功经验。在每一个重大转折时期，面对新形势新任务，我们党总是号召全党同志加强学习；而每次这样的学习热潮，都能推动党和人民事业实现大发展大进步。”①人民法院教育培训工作，始终伴随着新中国法治建设的进步与完善，见证了人民法院改革发展的伟大进程。新的时代、新的征程，肩负培养人才与队伍建设重任的人民法院教育培训工作，必将为“培养忠诚干净担当的高素质干部队伍和宏大的人才队伍”作出新的历史贡献！②

---

① 《习近平谈治国理政》（第1卷），外文出版社2018年版，第401页。

② 参见习近平：《在庆祝改革开放四十周年大上的讲话》，载《习近平关于“不忘初心、牢记使命”重要论述选编》，中央文献出版社、党建读物出版社2019年版，第379页。

后 记

2021年3月31日21时35分，在新浪邮箱点发邮件，《百年司法培训研究》书稿成功发送至法律出版社编辑的电子邮箱，压在肩上许久的重担终于落地。

“欲知大道，必先为史。”总结历史，即是发现规律。但总结历史是极需耐心、极见功底的难事。三年前，在参与撰写《人民法院史70年(1949～2019)》一书过程中，一直激情地向往延安的窑洞、井冈山的翠竹。三年来，无数个加班，梦想日渐靠近，感悟越来越多。感谢妻子静波三年来承担了全部家务，鼎力支持夫君写作。感谢胡云腾大法官在本书编写过程中给予的指导和帮助。感谢司法培训前辈方光成、王世民、郑成良、孙世光、曹三明、张印奎、张维提供大量资料、核对相关史实。感谢国家法官学院领导和同事、各省级法官培训机构领导和同事给予的指导和帮助。感谢法律出版社接纳并出版拙作，感谢冯雨春分社长、朱海波编辑对本书出版给予的具体建议与指导。

感谢实地调研和史料搜集过程中，江西省人大法制委员会副主任委员郭兵，江西省法官学院副院长蔡玫而，赣州市中级人民法院政治部主任刘新生、培训中心副主任杨剑龙，吉安市吉州区人民法院院长郭泽庆，兴国县人民法院院长兰业福，瑞金市人民法院院长温金来，宁都县人民法院副院长赖林仔、研究室负责人廖安生，井冈山革命博物馆馆长肖邮华，井冈山红色文化教育学院院长游九如、院长助理王战君及李海珍女士，兴国县政协文史办主任胡玉春，宁都县史办副主任曾春生、博物馆副馆长曾晨英，瑞金市中华苏维埃共和国史研究院院长严帆，国家法官学院西安司法警察分院副院长申延珍，陕西省高级人民法院研究室闫涛、杨新斌，延安市中级人民法院副院长雷均、政治部主任刘卫中、培训中心主任张巍，西北政法大学教授汪世荣等给予的大力支持。

司法培训是司法公正的基础和保障，是国家法治奠基石的有机组成部分。八年前，我在《中国当代法官培训史论》一书中曾写道："法治，与中国有约。我们期待着……"现在，法治中国的春天已经展开，硕果累累的金秋正在走来。

在紧张写作的最后阶段，3 月 24 日 20 时 52 分，敬爱的母亲因病去世。我大半生离乡在外求学就业，母亲胸怀大局全力支持。忠孝难全，注定遗憾，痛彻心扉！此书亦是对母亲大海一样恩情的点滴报答。

彭永和

2021 年 3 月 31 日

定稿于北京・南四环西路 111 号